VERÖFFENTLICHUNGEN DER KOMMISSION FÜR ZEITGESCHICHTE

VERÖFFENTLICHUNGEN DER KOMMISSION FÜR ZEITGESCHICHTE

In Verbindung mit Hans Günter Hockerts · Rudolf Morsey
Norbert Trippen

Herausgegeben von Ulrich von Hehl

Reihe B: Forschungen · Band 83

CARL SCHMITT
UND DER DEUTSCHE KATHOLIZISMUS
1888 – 1936

FERDINAND SCHÖNINGH
PADERBORN · MÜNCHEN · WIEN · ZÜRICH

MANFRED DAHLHEIMER

CARL SCHMITT UND DER DEUTSCHE KATHOLIZISMUS 1888 – 1936

1998

FERDINAND SCHÖNINGH
PADERBORN · MÜNCHEN · WIEN · ZÜRICH

Dieser Band wurde seitens der Kommission für Zeitgeschichte
redaktionell betreut von Hans Günter Hockerts

Die Deutsche Bibliothek – CIP-Einheitsaufnahme

Dahlheimer, Manfred:
Carl Schmitt und der deutsche Katholizismus 1888-1936 / Manfred
Dahlheimer. – Paderborn; München; Wien; Zürich: Schöningh, 1998
  (Veröffentlichungen der Kommission für Zeitgeschichte: Reihe B,
  Forschungen; Bd. 83)
  Zugl.: Freiburg (Breisgau), Univ., Diss., 1996
  ISBN 3-506-79988-6

Umschlaggestaltung: INNOVA GmbH, D-33178 Borchen

Gedruckt auf umweltfreundlichem, chlorfrei gebleichtem
und alterungsbeständigem Papier ∞ ISO 9706

© 1998 Ferdinand Schöningh, Paderborn
(Verlag Ferdinand Schöningh GmbH, Jühenplatz 1, D-33098 Paderborn)

Alle Rechte vorbehalten. Dieses Werk sowie einzelne Teile desselben sind urheberrechtlich
geschützt. Jede Verwertung in anderen als den gesetzlich zugelassenen Fällen ist ohne vorherige schriftliche Zustimmung des Verlages nicht zulässig.

Printed in Germany. Herstellung: Ferdinand Schöningh, Paderborn

ISBN 3-506-79988-6

INHALTSVERZEICHNIS

Vorwort 11

Verzeichnis der Siglen und Abkürzungen 12

I. Einleitung 13
   1. Zielsetzung und Eingrenzung 13
   2. Forschungsstand 17
   3. Aufbau und Methode 19
   4. Quellen 21

II. Katholische Staats- und Rechtsphilosophie 22
   1. Die Vorgaben der Päpste seit der Französischen Revolution ... 22
   2. Die Situation in Deutschland 31
      a) Staatsrechtslehre und katholische Staatslehre ... 31
      b) Renaissance des Naturrechts 33
      c) Demokratie und Volkssouveränität 36
      d) Organisch-autoritäres Denken 40

III. Carl Schmitts Positionen und Begriffe im Kontext des deutschen Katholizismus 43
   1. Distanz zum Naturrecht 43
      a) Wissenschaftliches Umfeld 43
      b) »Der Wert des Staates und die Bedeutung des Einzelnen« (1914) .. 44
      c) Katholische Rechts- und Staatslehre? 48
   2. Klassik statt Romantik 56
      a) »Politische Romantik« (1919) 56
      b) Romantik im deutschen Katholizismus 60
      c) Katholische Absagen an die Romantik 63
      d) Carl Schmitts Stellung im Katholizismus 65
      e) Zeitgenössische Kritik 67
      f) Carl Schmitt und Othmar Spann 78
   3. Rechtskirche statt Liebeskirche 82
      a) »Römischer Katholizismus und politische Form« (1923) 83

b) Zeitgeschichtlicher Kontext 87
   Vatikanische Aktivitäten 87 – Der antirömische Affekt in der
   protestantischen Theologie 88 – Die neue Kulturidentität der
   deutschen Katholiken 91 – Die katholische Klassik 94 –
   Die Diskussion um das Abendland 100
c) Parallele Ansätze 106
d) Katholische Apologetik und Programmatik 111
e) Zeitgenössische Kritik 115
f) Hermann Ports parteipolitische Operationalisierung 144
g) Exkurs: Carl Schmitt und der französische Katholizismus 149
   Die französischen Traditionalisten 149 – Louis Veuillot 151 – Georges Sorel 152 – »Renouveau catholique« 153 – Charles Maurras und die Action Française 156

4. Primat des Politischen statt Herrschaft des Ökonomischen 163
   a) Carl Schmitts Kampf gegen das ökonomisch-technische Denken .. 163
   b) Zeitgeschichtliche Parallelen 167
   c) Ökonomie-Konzeptionen im deutschen Katholizismus 173
   d) Carl Schmitts Position im Kontext der päpstlichen Wirtschaftsethik 176

5. Dezisionismus statt Naturrecht 177
   a) Carl Schmitts dezisionistische Rechtstheorie 177
   b) Dezisionismus und Naturrecht 180
   c) Parallele Theorieansätze 184
   d) Zeitgenössische Kritik 192
   e) Dezisionismus im Christentum 196
   f) Exkurs: Carl Schmitt und Donoso Cortés 200

6. Politische Theologie als politische Theorie 205
   a) Soziologie juristischer Begriffe 205
   b) Politische Theologie – eine Begriffsbestimmung 207
   c) Politische Theologie – Carl Schmitts Position 209
   d) Zeitgenössische Kritik 213
   e) Zeitgeschichtliche politische Theologien 224

7. Diktatur statt Parlamentarismus 232
   a) Zentrale Elemente der Staatstheorie Schmitts in der Weimarer
      Republik 233
      »Die Diktatur« (1921) 233 – »Die geistesgeschichtliche Lage des
      heutigen Parlamentarismus« (1923) 234 – »Verfassungslehre«
      (1928) 238 – »Das Problem der innerpolitischen Neutralität des
      Staates« (1930) 241 – »Der Hüter der Verfassung« (1931) 242 –
      »Legalität und Legitimität« (1932) 243

Inhaltsverzeichnis 7

    b) Beiträge unter katholischen Vorzeichen 245
        »Die Rheinlande als Objekt internationaler Politik« (1925) 245
        – Mitarbeit am Staatslexikon der Görres-Gesellschaft 248
    c) Parallelen 250
    d) Zeitgenössische Kritik 261
        »Die Diktatur« 261 – »Die geistesgeschichtliche Lage des heutigen Parlamentarismus« 264 – »Verfassungslehre« 266 – »Das Problem der innerpolitischen Neutralität des Staates« 267 – »Der Hüter der Verfassung« 270 – »Legalität und Legitimität« 271 – »Die Rheinlande als Objekt internationaler Politik« 273
    e) Gegenpositionen 274
    f) Katholische Staats- und Rechtslehre? 278

8. Unterscheidung von Freund und Feind 287
    a) »Die Kernfrage des Völkerbundes« (1926) 287
    b) »Der Begriff des Politischen« (1927) 289
    c) Herman Hefeles Betrachtung des Politischen 294
    d) Exkurs: Carl Schmitt und Niccolò Machiavelli 297
    e) Zeitgenössische Kritik 298
        »Die Kernfrage des Völkerbundes« 298 – »Der Begriff des Politischen« 303
    f) Zeitgeschichtlicher Kontext und Zielsetzung 326
    g) Katholische Theorie? 330
    h) Exkurs: Wilhelm Stapels theologische Grundlegung des Politik-Begriffes 334

9. Totaler Staat statt pluralistischer Gesellschaft 337
    a) Carl Schmitts Einführung des Begriffes »totaler Staat« 337
    b) »Staat, Bewegung, Volk« (1933) 341
    c) Zeitgenössische Kritik 346
    d) Der totale Staat und die katholische Staats- und Gesellschaftslehre . 381
    e) Der totale Staat und die politische Theologie 385
    f) Die Dreigliederung der katholischen Kirche 387
        Die politische Theologie von Günther Krauss 387 – Zeitgenössische Kritik 391

10. Konkretes Ordnungs- und Gestaltungsdenken 396
    a) Die Überwindung von Normativismus und Dezisionismus 396
    b) Katholisches Naturrechtsdenken? 399
    c) Zeitgenössische Kritik 402
    d) Joseph Kleins kanonistische Parallele 404
    e) Carl Schmitt und Maurice Hauriou 407

IV. Carl Schmitts Weg im deutschen Katholizismus 411

1. Katholische Herkunft 411

2. Akademischer Aufsteiger.................................... 414
   a) Stationen einer Karriere 414
   b) Der Katholik und die Wissenschaft 416

3. Katholischer Rechtsgelehrter............................... 418
   a) Carl Schmitt und das Zentrum 418
   b) Carl Schmitt und die katholischen Verbände 430
   c) Carl Schmitt und die katholische Publizistik............ 436
   d) Carl Schmitt und die katholische Jugendbewegung 444
   e) Carl Schmitt und das Rheinland 451
   f) Carl Schmitt und das katholische Eherecht 453

4. Nationalsozialistischer Parteigänger 456
   a) Mitwirken im Nationalsozialismus 456
   b) Zugang zum Nationalsozialismus im katholischen Vergleich 459
      Katholisches Naturrechtsdenken 459 – Antiliberalismus und Autoritarismus 461 – Organisches Denken 464 – Der Reichsgedanke 465
   c) Katholizismus als Verhängnis 470

V. Persönliche Beziehungen und inhaltliche Bezüge 480

1. Professoren... 480
   a) Erik Peterson 480
   b) Karl Eschweiler 486
   c) Hans Barion 493
   d) Wilhelm Neuß 498
   e) Romano Guardini 500
   f) Joseph Lortz 506

2. Schüler 510
   a) Werner Becker 511
   b) Günther Krauss 518
   c) Ernst Friesenhahn 522

3. Publizisten 526
   a) Waldemar Gurian 526
   b) Paul Adams 537
   c) Theodor Haecker 539
   d) Franz Blei 545
   e) Karl Muth 550

f) Hugo Ball 553
g) Erich Przywara 559
h) Karl Anton Prinz Rohan 565

VI. ZUSAMMENFASSUNG 570

   1. Eine »katholische« Karriere mit Brüchen 570

   2. Eine Rechtsphilosophie um das katholische Naturrechtsdenken herum 572

   3. Ein römischer Ordnungskatholizismus als Vorbild für die politische Form 574

   4. Eine Staatsrechtslehre mit Parallelen und Differenzen zur katholischen Soziallehre 576

   5. Katholische Freunde und Gleichgesinnte 580

   6. Das Schicksal katholischer Schmitt-Kritiker 582

QUELLEN- UND LITERATURVERZEICHNIS 584
PERSONEN-, ORTS- UND SACHREGISTER 614

VORWORT

Die vorliegende Arbeit wurde im September 1994 bei der Rechtswissenschaftlichen Fakultät der Albert-Ludwigs-Universität Freiburg eingereicht und im Oktober 1996 als Dissertation angenommen. Sie wurde für die Drucklegung geringfügig überarbeitet. Die nach 1993 erschienene Literatur ist nur teilweise berücksichtigt. Insbesondere eine an sich notwendige, grundlegende Auseinandersetzung mit der in jeder Hinsicht bemerkenswerten Arbeit von Andreas Koenen aus dem Jahre 1995 konnte nachträglich nicht mehr geleistet werden.

Herr Prof. Dr. Alexander Hollerbach hat die Arbeit 1986 im Rahmen seiner Forschungen zur Geschichte der Rechtswissenschaft und des deutschen Katholizismus angeregt. Ich danke ihm sehr für seine engagierte und zugleich einfühlsame Betreuung, auch für die Geduld, die er für seinen berufstätigen Doktoranden aufbrachte. Für kritische Hinweise und Anregungen möchte ich des weiteren Herrn Prof. Dr. Dr. Ernst-Wolfgang Böckenförde, der im Promotionsverfahren das Zweitgutachten erstellte, und Herrn Prof. Dr. Hans Maier danken. Mein Dank gilt schließlich der Kommission für Zeitgeschichte für die Aufnahme der Arbeit in ihre Veröffentlichungsreihe und Herrn Prof. Dr. Hans Günter Hockerts für die Betreuung der Drucklegung.

Die Arbeit widme ich meiner Ehefrau Ursula. Ohne ihr Verständnis, mit dem sie mir auch den notwendigen Freiraum in unserer Familie verschaffte, hätte ich die Dissertation nicht zum Abschluß bringen können.

Renningen, im Januar 1998   Manfred Dahlheimer

VERZEICHNIS DER SIGLEN UND ABKÜRZUNGEN

AKB	Akademische Bonifatius-Korrespondenz
BdP	Der Begriff des Politischen
DJZ	Deutsche Juristen-Zeitung
GelbeH	Gelbe Hefte
HdV	Der Hüter der Verfassung
HJ	Historisches Jahrbuch der Görres-Gesellschaft
Hochl.	Hochland
HPBl	Historisch-politische Blätter
HWP	Historisches Wörterbuch der Philosophie
JCSW	Jahrbuch für christliche Sozialwissenschaften
KathGed	Der Katholische Gedanke
KVGR	Kritische Vierteljahresschrift für Gesetzgebung und Rechtswissenschaft
LThK	Lexikon für Theologie und Kirche
NOrd	Die neue Ordnung
NSR	Neue Schweizerische Rundschau
PR	Politische Romantik
PT	Politische Theologie. Vier Kapitel zur Lehre von der Souveränität
PT II	Politische Theologie II. Die Legende von der Erledigung jeder Politischen Theologie
RelBes	Religiöse Besinnung
RK	Römischer Katholizismus und politische Form
SBV	Staat, Bewegung, Volk. Die Dreiteilung der politischen Einheit
Schol.	Scholastik
SchwRd	Schweizerische Rundschau
SK	Die Sichtbarkeit der Kirche. Eine scholastische Erwägung
StL	Staatslexikon
StZ	Stimmen der Zeit
WdS	Der Wert des Staates und die Bedeutung des Einzelnen
ZGStW	Zeitschrift für die gesamte Staatswissenschaft
ZPol	Zeitschrift für Politik

I. EINLEITUNG

1. Zielsetzung und Eingrenzung

Die vorliegende Arbeit unternimmt den Versuch, Leben und Werk Carl Schmitts (1888 – 1985), des wohl bedeutendsten und zugleich umstrittensten deutschen Staatsrechtslehrers des 20. Jahrhunderts, mit dem Katholizismus, und hier insbesondere mit dem deutschen Katholizismus, etwa bis zum Jahre 1936 in Beziehung zu setzen, nach Gemeinsamkeiten und Unterschieden bei diesen beiden Größen zu suchen und eine nüchterne Bestandsaufnahme ihres Verhältnisses vorzunehmen. Es geht nicht darum, eine umfassende, einheitliche Interpretation des Gesamtwerkes Schmitts vorzulegen, also den vielen Deutungen Schmitts eine weitere, religiös oder konfessionell ausgerichtete hinzuzufügen. Auch die persönliche Gläubigkeit und religiöse Praxis Schmitts, die aus seinem Freundeskreis beschrieben wurden[1], werden nicht erörtert.

Der Versuch ist insofern einem doppelten Risiko ausgesetzt, als weder Carl Schmitt noch der deutsche Katholizismus Begriffe sind, mit denen unumstrittene, klar definierbare Inhalte zu beschreiben sind. Beide lösen unterschiedliche Assoziationen und Urteile aus. Dies gilt insbesondere, wenn sie mit einem der dunkelsten Kapiteln der deutschen Geschichte, dem Nationalsozialismus und dem vorangegangenen Scheitern der Weimarer Republik, in Verbindung gebracht werden.

»Das rätselhafte Schillern, die Inkonsistenz und das Unfertige vieler Topoi und Begriffe Carl Schmitts«[2] sind oft beschrieben worden. »Die Thesen der verschiedenen Werke enthalten Widersprüche, die Positionen wechseln, die Begriffe sind nicht identisch, die Wörter changieren«, stellte etwa Josef Isensee fest[3]. Da ist es nicht verwunderlich, daß die Theorien Schmitts von seinen Zeitgenossen, aber auch in der Forschung unterschiedlich, zu einem nicht geringen Teil sogar gegensätzlich interpretiert wurden und werden. Auch Schmitt selbst hat durch spätere Deutungen und Umdeutungen seiner Aussagen nicht gerade dazu beigetragen, daß sein Werk als eine fest umrissene theoretische Größe betrachtet werden kann. Insofern wird diese Arbeit, die Carl Schmitt in Beziehung zum

---

[1] Vgl. G. Krauss, Erinnerungen, Teil 2, S. 184 zu C. Schmitts Verehrung der Jungfrau Maria; nach B. Willms bekannte C. Schmitt: »Ich bin so katholisch, wie der Baum grün ist«. (Aussprache zu K. Kröger, S. 167)
[2] G. Maschke, Zweideutigkeit, S. 193.
[3] J. Isensee, Aussprache zu E.-W. Böckenförde, Schlüssel, S. 301.

deutschen Katholizismus setzen will, jeweils der Frage ausgesetzt sein, ob das, was da in Bezug gesetzt wird, überhaupt die authentische Theorie Schmitts ist.

Nach Hans Maier bezeichnet das Wort Katholizismus »all jene Erscheinungsformen des katholischen Christentums, die historisch-kontingenter Natur sind, also ›weder zum bleibenden Wesen der Kirche gerechnet noch als dessen *notwendige* geschichtliche Ausprägung angesehen werden können‹ (K. Rahner)«[4]. Der Katholizismus könne in den einzelnen Ländern folglich unterschiedliche Profile entwickeln. In Deutschland sei Katholizismus »die aus dem Zusammenbruch des alten Reiches gerettete moralische Einheit des Corpus Catholicorum, die sich – wesentlich unter dem Einfluß katholischer Laien – zu einer sozialen und politischen Einheit weiterentwickelt und mit dem Anspruch auf Freiheit und Selbständigkeit dem Staat gegenüberstellt«[5].

Historisch geht das Wort Katholizismus auf das Zeitalter der Konfessionsbildung zurück. Es ist von daher insbesondere in der Abgrenzung zum Protestantismus zu verstehen. Deshalb werden die Begriffe Katholizismus und katholische Kirche zum Teil auch heute noch synonym verwendet[6]. Allen voran ist in diesem Zusammenhang Carl Schmitt zu nennen, der in seinem berühmten Essay »Römischer Katholizismus und politische Form« ganz selbstverständlich diese Gleichsetzung vornahm und sich damit auch in Übereinstimmung mit zeitgenössischen katholischen Theologen befand[7].

Zur möglichst umfassenden Verhältnisbestimmung der beiden Größen »Carl Schmitt« und »Katholizismus« wird hier Katholizismus nicht nur im Sinne der freien, d.h. nicht vom Lehramt gebundenen gesellschaftlichen oder politischen Aktivitäten von Katholiken unter geschichtlich wechselnden Verhältnissen[8] verstanden. Vielmehr sollen auch die Staat und Gesellschaft betreffenden Lehräußerungen der katholischen Kirche in Form der päpstlichen Soziallehre, wie sie zu Beginn des 20. Jahrhunderts vorlag, von diesem Begriff mitumfaßt werden. Streng genommen handelt es sich hierbei, wenn dieser weite Katholizismus-Begriff zugrunde gelegt wird, zwar nicht um »deutschen«, sondern auch um »römischen« Katholizismus. Da aber der deutsche Katholizismus nur im Spiegel dieser päpstlichen Vorgaben verständlich wird, kann auf ihre Darstellung und Konfrontation mit den Theorien Schmitts nicht verzichtet werden.

---

[4] H. MAIER, Katholizismus, Sp. 1368.
[5] EBD., Sp. 1369.
[6] Vgl. etwa das Stichwort »Katholizismus« in: PHILOSOPHISCHES WÖRTERBUCH, S. 342.
[7] Vgl. dazu unten III. 3. b) Die neue Kulturidentität der deutschen Katholiken.
[8] Vgl. dazu auch H. MAIER, Soziologie, S. 271.

1. Zielsetzung und Eingrenzung

Die Arbeit beabsichtigt nicht, eine umfassende oder gar repräsentative Darstellung des deutschen Katholizismus der 20er und 30er Jahre zu geben. Dieser ist nur insoweit von Interesse, als sachliche oder persönliche Bezüge zu Carl Schmitt hergestellt werden können. Der Fokus der Untersuchung ist primär auf ihn gerichtet. So ist mit Blick auf Carl Schmitt kein abschließendes Bild über das sehr vielschichtige Verhältnis des deutschen Katholizismus zur Weimarer Republik oder zum Nationalsozialismus zu zeichnen.

Jacob Taubes, der »Erzjude«, wie er sich selbst vorstellte, bezeichnete Schmitt 1986 als einen »profunden katholischen Denker«[9]. Zahlreiche ähnliche Aussagen lassen sich bereits in den 20er und 30er Jahre finden. Auch nach seinem eigenen Selbstverständnis war Schmitt in seinem persönlichen Bekenntnis und in seiner Theorie Katholik. In einem Brief an den Konvertiten Helmut Rumpf stellte er sich 1948 als »Katholik nicht nur dem Bekenntnis, sondern auch der geschichtlichen Herkunft, wenn ich so sagen darf, der Rasse nach«[10] vor. Und seinem Tagebuch vertraute er 1948 an, »das Ringen um die eigentlich katholische Verschärfung (gegen die Neutralisierer, die ästhetischen Schlaraffen, gegen Fruchtabtreiber, Leichenverbrenner und Pazifisten)« sei »das geheime Schlüsselwort« seiner »gesamten geistigen und politischen Existenz«[11]. Gerade in jüngster Zeit hat die Zahl der Schmitt-Exegeten, die dieser Spur gefolgt ist und den Versuch der Verifizierung dieser Selbstaussage anhand seines Werkes unternommen hat, zugenommen. Andererseits wurde Carl Schmitt bereits in den 20er Jahren von nicht wenigen katholischen Kritikern in die Nähe von Charles Maurras und dessen »catholicisme du dehors« gerückt[12]. Manche haben sogar den Maurras zugeschriebenen Satz »Je suis catholique, mais je suis athée« auf Schmitt anwenden wollen[13].

Um der Beantwortung der Frage näherzukommen, ob Schmitts Theorien und politische Grundüberzeugungen tatsächlich katholisch waren oder ob sie doch eher für einen »Ordnungskatholizismus«[14] stehen, sollen seine zentralen Theorien in den Kontext des deutschen Katholizismus der Weimarer Zeit hineingestellt werden. Als Maßstäbe zur Beurteilung der »Katholizität« der von Schmitt vorgetragenen Theorien sind dabei sowohl die von den Päpsten entwickelte Staats-, Gesellschafts- und Rechts-

---

[9] Zit. nach H. Quaritsch, Einleitung, S. 13.
[10] C. Schmitt, Glossarium, S. 131.
[11] Ebd., S. 165.
[12] Vgl. dazu unten III. 3. g) Charles Maurras und die Action Française.
[13] So etwa H. Getzeny, Katholizismus, S. 343.
[14] So H. Maier, Politische Theologie, S. 187.

philosophie, als auch die Lehren der zeitgenössischen deutschen katholischen Sozialethiker und Staatsrechtler heranzuziehen. Von besonderem Interesse ist dabei die Frage, wie diese katholischen Zeitgenossen Schmitts Theorien beurteilt und eingeordnet haben. Gerade dabei wird sich zeigen, daß der deutsche Katholizismus in den 20er und 30er Jahren weit davon entfernt war, ein monolithischer Block zu sein, wie sich ihn Außenstehende vielfach vorstellten. An Carl Schmitt schieden sich, um es vorwegzunehmen, auch im katholischen Lager die Geister.

Die Stellung Schmitts im deutschen Katholizismus läßt sich nicht ohne einen Blick auf die Biographie Schmitts würdigen. Neben den wichtigsten Etappen seiner Vita sind hier insbesondere die Beziehungen Schmitts zu Institutionen, Gruppierungen oder gesellschaftlichen Größen, die soziologisch dem weiten Feld des deutschen Katholizismus zugerechnet werden können, beachtenswert. Den zahlreichen Arbeiten, die in den letzten Jahren von biographischer Seite das Lebenswerk Schmitts – mit unterschiedlichen Ergebnissen und Wertungen – zu erschließen suchten, soll jedoch keine weitere hinzugefügt werden. Schmitts persönliche Lebensumstände werden nur untersucht, soweit sie einen Bezug zum deutschen Katholizismus aufweisen.

Inwieweit Schmitt mit seiner politischen und staatsrechtlichen Theorie im Rahmen der innerhalb des deutschen Katholizismus vertretenen Positionen blieb, läßt sich auch durch einen Blick auf die Auffassungen jener zahlreichen katholischen Persönlichkeiten klären, mit denen Schmitt in den 20er und 30er Jahren befreundet war oder sonst in einem engeren Verhältnis stand. Deshalb soll der Frage nach Parallelen und Unterschieden insbesondere hinsichtlich der politischen und staatstheoretischen Überzeugungen solcher Katholiken nachgegangen werden.

Carl Schmitt und den deutschen Katholizismus in Beziehung zueinander zu setzen erfordert Grenzziehungen, um die Thematik nicht ins Unüberschaubare abgleiten zu lassen. Eine erste, zeitliche Grenze stellt etwa das Jahr 1936 dar. Es bietet sich als Zäsur an, da zu diesem Zeitpunkt Schmitts parteipolitische Karriere im NS-Staat beendet wurde und danach andere Themen in seiner Theorie in den Vordergrund traten. Soweit Schmitt bestimmte Positionen und Lehren erst nach diesem Zeitpunkt entwickelt oder prononciert vertreten hat, bleiben sie grundsätzlich unberücksichtigt. Das Gleiche gilt für Katholiken, die erst nach 1936 in Beziehung zu Schmitt getreten sind. Um einen Eindruck abzurunden, läßt sich freilich vereinzelt ein Blick in sachlicher oder biographischer Hinsicht über diese Grenze nicht vermeiden. Die vorgenommene zeitliche Begrenzung ermöglicht außerdem, die Kontakte und inhaltlichen Bezüge

Schmitts zu namhaften Katholiken, die erst nach dem Zweiten Weltkrieg entstanden sind, auszuklammern.

Wenn vom deutschen Katholizismus die Rede ist, soll damit keine nationalstaatliche Engführung vorgenommen werden. »Deutsch« ist hier vielmehr im Sinne von deutschsprachig zu verstehen. Damit wird keineswegs dem im deutschen Katholizismus noch bis in die 30er Jahre vorhandenen Neigungen zu »großdeutschen Lösungen« oder Reichsvisionen das Wort geredet. Vielmehr erscheint es der Sache angemessen, zu Schmitts Werk die veröffentlichten Urteile bedeutender Katholiken aus Österreich oder der Schweiz, die auch in Deutschland beachtet und gelesen wurden und insofern meinungsbildend waren, ebenfalls zu berücksichtigen. Darüber hinaus wird in Exkursen die Frage untersucht, welchen Einfluß der französische Katholizismus und ein bedeutender spanischer Katholik, Donoso Cortés, auf Schmitt hatten. Die Reaktionen auf Schmitts Lehren aus katholischen Ländern wie Frankreich, Italien oder Spanien werden dagegen nicht in die Untersuchung einbezogen.

Weit wird schließlich der Begriff des Katholizismus insoweit verstanden, als vereinzelt auch Stellungnahmen von Protestanten berücksichtigt werden, wenn sie in katholischen Zeitschriften vorgetragen und nicht unter den Vorbehalt einer protestantischen Sichtweise gestellt wurden. Schließlich hatten auch solche Äußerungen im katholischen Lager ihre Wirkung. Wenn sich eine sachliche Notwendigkeit zur theologischen Einordnung der Position Schmitts ergibt, wird auch ein Blick auf die Lehren protestantischer Theologen vorgenommen.

Die seit Jahren in der Literatur quälend diskutierte und wissenschaftliche Lager bildende Frage, ob oder wie intensiv Carl Schmitt Nationalsozialist war[15], braucht hier nicht aufgegriffen zu werden. Warum sich Schmitt 1933 – und nicht vorher – zur Unterstützung des Nationalsozialismus bereitgefunden hat, ist nur insoweit von Interesse, als sich spezifisch katholische Handlungs- und Einstellungsmuster als Erklärungen dafür anbieten. Ein Psychogramm Schmitts zu erstellen liegt außerhalb der Themenstellung. Dies gilt nicht nur für die Zeit seines nationalsozialistischen Engagements.

2. FORSCHUNGSSTAND[16]

Die Literatur zu Carl Schmitts Leben und Werk ist spätestens seit dessen Tod 1985 kaum mehr zu übersehen. Mit der Auflistung der Monographi-

---
[15] Vgl. statt vieler P. NOACK, S. 207 ff.
[16] Die Schriften der im folgenden genannten Autoren sind im Literaturverzeichnis aufgeführt.

en und Aufsätze, die sich mit dieser schillerndsten Persönlichkeit der jüngeren deutschen Staatsrechtslehre befassen, lassen sich mittlerweile eigene Bücher füllen[17]. Kein anderer deutscher Theoretiker stand gerade im letzten Jahrzehnt so im Rampenlicht des wissenschaftlichen Interesses wie Carl Schmitt.

Von dem Kanonisten Hans Barion abgesehen, der sich bereits in den 50er und 60er Jahren mit Schmitts politischer Theologie auseinandersetzte, nahmen die Werkinterpreten bis in die 70er Jahre Schmitts katholische Herkunft nur beiläufig zur Kenntnis. Sie maßen ihr in der Regel auch keine größere Bedeutung bei. Danach wurde Schmitts Katholizität jedoch in zahlreichen Arbeiten entdeckt und in verschiedener Hinsicht behandelt. Der erste Meilenstein zur Aufhellung der katholischen Vergangenheit und Interpretationsmöglichkeit war 1975 Piet Tommissens Aufsatz »Carl Schmitt – metaphysisch betrachtet. Seine Sonderstellung im katholischen Renouveau des Deutschlands des 20er Jahre«. Tommissen leistete ohnehin durch seine inzwischen zahlreichen bibliographischen und biographischen Beiträge wertvollste Hilfen für die Carl Schmitt-Forschung. Eine Skizze zur Stellung Carl Schmitts im deutschen Katholizismus entwarf 1976 auch Alexander Hollerbach. Einen knappen Überblick über »Carl Schmitt und der Katholizismus der Weimarer Republik« präsentierte 1994 Karl-Egon Lönne.

Wichtige Hinweise zur Thematik geben die beiden biographisch ausgerichteten Carl Schmitt-Gesamtdeutungen der amerikanischen Forscher George Schwab (1970) und Joseph W. Bendersky (1983) sowie die Schmitt-Biographie von Paul Noack (1993).

In den 70er Jahren fand Schmitts politische Theologie vor allem infolge der von Johann B. Metz formulierten »Theologie der Welt« zunehmendes Interesse. Ausgelöst wurde die Auseinandersetzung mit dieser Theorie Schmitts durch Hans Maiers auf Erik Peterson gestützte und von diesem u.a. gegen Carl Schmitt gerichtete These von der theologischen Unmöglichkeit jeder politischen Theologie[18]. Mit diesem Komplex beschäftigten sich in der Folge etwa Klaus Michael Kodalle (1973), Frithard Scholz (1978), Ernst-Wolfgang Böckenförde (1981), José M. Beneyto (1983), Günter Maschke (1989) und Barbara Nichtweiß (1992). Heinrich Meier verfocht in zwei Arbeiten (1988 und 1994) die These, die politische Theologie sei die politische Einheit des Schmittschen Werkes. Mit der politi-

---

[17] Einen Überblick über die wichtigsten Monographien geben R. MEHRING, S. 23, und D. VAN LAAK, S. 9.
[18] Vgl. H. MAIER, Politische Theologie, S. 185 ff.; vgl. dazu auch C. SCHMITT, Politische Theologie II, S. 31 ff.

schen Theologie unter dem Aspekt des »Römertums« Schmitts setzte sich mehrfach, zuletzt 1994, Richard Faber auseinander.

In den 80er Jahren erschienen Deutungen des Gesamtwerks Schmitts, die seine katholische Ausrichtung oder Grundprägung mituntersuchten und betonten. Genannt seien hier etwa Reinhard Mehring (1989) und Helmut Quaritsch (1989). Letzterer steuerte auch zahlreiche biographische Hinweise auf Schmitts Verhältnis zum deutschen Katholizismus sowie auf einzelne Stellungnahmen von Katholiken gegenüber Schmitts Schriften bei. Günter Maschke (1987) wies auf die Verbindungen Schmitts zu katholischen Intellektuellen hin. Auch Bernd Rüthers beschäftigte sich seit 1988 mehrfach mit solchen Fragestellungen. Hinzuweisen ist auf den von Bernd Wacker (1994) herausgegebenen Sammelband »Die eigentlich katholische Verschärfung ...«, die sich der Erforschung des »katholischen Motivs« in Schmitts Werk widmet. Wacker selbst beschäftigt sich darin u.a. mit dem Stand der Schmitt-Forschung aus katholischer Perspektive. Herausragend hinsichtlich des zusammengetragenen Materials zu Leben und Werk Carl Schmitts, aber gewagt hinsichtlich der zentralen These ist schließlich die voluminöse Arbeit von Andreas Koenen (1995). Er sieht die katholische Reichstheologie als geistigen Ursprung und zentrale Richtschnur des Denkens und Handelns Schmitts. Daraus lasse sich auch dessen Engagement für den Nationalsozialismus erklären.

Carl Schmitts persönliche und sachliche Nähe zu katholischen Intellektuellen war Gegenstand von Untersuchungen zu solchen katholischen Persönlichkeiten. Für diese Verhältnisbestimmung besonders ertragreiche Arbeiten erstellten Heinz Hürten (1970) zu Waldemar Gurian, Ellen Kennedy (1988), Joachim Schickel (1993) und Bernd Wacker (1994) zu Hugo Ball und Barbara Nichtweiß (1992 und 1994) zu Erik Peterson. Ulrich Bröckling (1993) befaßte sich im Rahmen einer Studie zu katholischen Intellektuellen in der Weimarer Republik auch mit dem Verhältnis von Ernst Michel zu Carl Schmitt. Einen guten Überblick über den Stand der jüngeren Schmitt-Forschung bis 1993 gibt Manfred Lauermann (1994).

3. Aufbau und Methode

Im ersten Kapitel werden die zentralen Elemente der katholischen Staats- und Rechtsphilosophie skizziert, soweit sie für die Einordnung und das Verständnis der entsprechenden Theorien Schmitts bedeutsam sind. Zu berücksichtigen ist dabei zunächst die päpstliche Sozialllehre seit der Französischen Revolution. Außerdem wird die Lage der katholischen Staats-

und Rechtsphilosophie zu Anfang des 20. Jahrhunderts summarisch vorgestellt.

Im zweiten Kapitel werden die wichtigsten rechtsphilosophischen, staatsrechtlichen und politologischen Positionen und Begriffe Schmitts in den Kontext der katholischen Lehre und der Zeitgeschichte gestellt. Ein Schwergewicht liegt dabei auf der Darstellung und Bewertung von Stellungnahmen zeitgenössischer katholischer Kritiker gegenüber den Arbeiten Schmitts. Auch Parallelen und Gegenpositionen werden berücksichtigt. Außerdem wird nach der Vereinbarkeit von Schmitts Theorien mit der katholischen Soziallehre gefragt. Vereinzelt sind dabei Begriffsklärungen notwendig. Die Positionen Schmitts werden aufgrund ihrer zum Teil überraschenden Weiterentwicklung im wesentlichen in historischer Reihenfolge dargestellt. Dies gilt wegen ihrer großen Bandbreite auch für die zeitgenössischen Kritiken aus dem katholischen Lager. Gelegentliche zeitliche Vorgriffe lassen sich jedoch aus Gründen des Sachzusammenhangs nicht vermeiden.

Im dritten Kapitel werden Schmitts persönliche Verbindungen zum deutschen Katholizismus untersucht. Von besonderem Interesse ist in diesem Zusammenhang die Frage nach Schmitts Beziehungen zum Zentrum, zu katholischen Verbänden, zur katholischen Publizistik, zur katholischen Jugendbewegung sowie zur Rolle des Katholizismus bei seiner Entmachtung durch die Nationalsozialisten im Jahre 1936. Vereinzelt müssen dabei auch thematische Fragen erörtert werden. Dies gilt insbesondere bei der Darstellung der Zugangsmöglichkeiten der deutschen Katholiken zum Nationalsozialismus.

Im vierten Kapitel werden Schmitts persönliche Beziehungen und inhaltliche Bezüge zu namhaften katholischen Professoren-Kollegen, Schülern und Publizisten untersucht. Dabei sind nicht alle Katholiken berücksichtigt, die mit Schmitt in Verbindung standen. Ausgeklammert sind etwa Kontakte zu Künstlern oder Literaten, die unter dem Aspekt der Staats- und Rechtsphilosophie sowie der Politologie eher unergiebig sind. Manche katholische Persönlichkeiten standen nur zu flüchtig mit Schmitt in Kontakt, um ihr Verhältnis zu würdigen[19]. Soweit Äußerungen von Katholiken zu Schmitts Theorien oder dessen politisches Engagement nach 1933 im zweiten oder dritten Kapitel berücksichtigt sind, werden sie hier nur kurz erwähnt.

---

[19] Nicht berücksichtigt werden z. B. die Literaten Albert Paris Gütersloh, Theodor Däubler und Konrad Weiß, der Maler Richard Seewald sowie der Theologe Joseph Bernhart.

4. Quellen

Die Arbeit stützt sich zunächst auf die Schriften Schmitts und die dazu erschienene Sekundärliteratur. Als Hauptquellen wurden die wichtigsten katholischen Zeitschriften und Zeitungen der 20er und 30er Jahre sowie andere Veröffentlichungen katholischer Autoren in diesem Zeitraum herangezogen und ausgewertet. In die Arbeit eingeflossen sind schließlich mündliche Hinweise von Walter Dirks, Ernst Rudolf Huber und Bernhard Hanssler. Sie konnten Schmitts Wirken und seine Kontakte zu Katholiken in dem hier untersuchten Zeitraum noch aus eigener Erinnerung würdigen.

Der Schmitt-Nachlaß wurde aus Gründen der Zeitökonomie nicht ausgewertet. Da der Schwerpunkt der Arbeit im sachlich-systematischen und nicht im historisch-biographischen Teil liegt, erscheint dieser Mangel vertretbar. Wenn aus persönlichen Unterlagen Schmitts, insbesondere aus Briefen oder Tagebüchern, zitiert wird, mußte auf die vorhandene Sekundärliteratur zurückgegriffen werden. Es ist zu erwarten, daß durch die Auswertung des zum Teil sehr intensiven Briefwechsels Schmitts mit namhaften Katholiken das hier skizzierte Bild ihrer Beziehungen wesentlich verfeinert werden kann.

Insgesamt stützt sich die Arbeit, von der Sekundärliteratur abgesehen, somit weitestgehend auf die Veröffentlichungen Carl Schmitts und die Resonanz, die Carl Schmitt in der katholischen Publizistik gefunden hat. Auch wegen dieser Beschränkung hinsichtlich der Quellen will diese Arbeit nicht für sich beanspruchen, den deutschen Katholizismus sowie seine in ihm vertretenen Haltungen zu Carl Schmitt umfassend in seiner ganzen Breite darstellen zu können. Was geschrieben wird oder zur Veröffentlichung bestimmt ist, muß nicht immer mit dem tatsächlich oder mehrheitlich Gedachten übereinstimmen. Die Frage, ob etwa die in der katholischen Publizistik zu findenden Äußerungen zu Carl Schmitt oder zur Weimarer Republik im Schwerpunkt identisch sind mit den Positionen handelnder Politiker, die sich nur selten auf theoretische Auseinandersetzungen einlassen, läßt sich nur aus der Auswertung der Publizistik abschließend nicht beantworten.

II. KATHOLISCHE STAATS- UND RECHTSPHILOSOPHIE

Carl Schmitt galt und gilt als katholischer Staatsrechtslehrer. Bei dieser Kategorisierung bleibt jedoch offen, ob damit lediglich eine Aussage über seine konfessionelle Herkunft oder die Affinität und möglicherweise sogar Identität seiner Theorien mit einer oder »der« katholischen Staats- und Rechtsphilosophie gemacht werden soll. Daß zwischen einem getauften und katholisch erzogenen Juristen und einem Vertreter der katholischen Soziallehre große Unterschiede bestehen können, haben mehrere katholische Juristen im 19. und Anfang des 20. Jahrhunderts belegt[1]. Ob Schmitts Lehre mit einer katholischen Staats- und Rechtsphilosophie in Übereinstimmung gebracht werden kann, ist zum einen vor dem Hintergrund der päpstlichen Staats-, Rechts- und Gesellschaftslehre, insbesondere wie sie von Leo XIII. vertreten wurde, zu beurteilen. Zum anderen ist dazu ein Blick auf die im Lichte der päpstlichen Staatsphilosophie geführten Diskussionen im zeitgenössischen deutschen Katholizismus über das Recht und seine Grundlagen sowie über die konkrete Staatsverfassung zu werfen.

1. Die Vorgaben der Päpste seit der Französischen Revolution

Die päpstliche Soziallehre Ende des 18. bis Anfang des 20. Jahrhunderts stand im Zeichen des Kampfes gegen die »Ideen von 1789«, die Aufklärung und ihre beiden philosophischen Abkömmlinge Liberalismus und Sozialismus. Galt es zunächst vor allem, das Ideengut der Französischen Revolution und Mitte des 19. Jahrhunderts die den Kirchenstaat gefährdenden, republikanisch geprägten Einheitsbestrebungen in Italien zurückzudrängen, rückten Ende des 19. und Anfang des 20. Jahrhunderts Fragen der Wirtschafts- und Sozialpolitik in den Vordergrund.

Die Französische Revolution war in ihren Anfängen keineswegs kirchenfeindlich ausgerichtet. Eine solche Wendung nahm sie erst mit der Enteignung von Kirchengut und vor allem mit der sog. Zivilkonstitution von 1790, in der der revolutionäre Staat sich das Recht nahm, auch die in-

---

[1] Vgl. A. HOLLERBACH, Katholizismus, S. 74; genannt werden in diesem Sinne insbesondere Richard Thoma und Joseph Kohler.

neren Angelegenheiten der Kirche bis hin zur Besetzung der Bischofsstühle und Pfarreien nach seinen Vorstellungen zu regeln. Pius VI. (1775 – 1799) verdammte 1791 in seinem Breve »Quod aliquantum« diese staatlichen Eingriffe und wandte sich in diesem Zusammenhang gegen die Forderungen der französischen Revolutionäre nach Freiheit und Gleichheit. In dem Freiheitspostulat sieht er eine Gefahr für die angestammte Ordnung. Für ihn bedeutet Freiheit, Gott und den von ihm eingesetzten Autoritäten zu gehorchen. Die Rede von der allgemeinen Gleichheit verstößt nach seiner Überzeugung gegen die göttliche Schöpfungsordnung. Akzeptabel sind für Pius VI. allein die Gesetze, die sich auf weltliche Dinge beziehen und die die Zustimmung des Königs besitzen[2].

Der Wiener Kongreß restaurierte das Ancien Régime. Ludwig XVIII. erhob in Frankreich das katholische Bekenntnis sogar zur offiziellen Staatsreligion. Katholiken wie de Maistre und de Bonald feierten die Wiederherstellung der Allianz von Thron und Altar. Doch mit der Julirevolution von 1930 wurde diese staatliche Ordnung erneut beseitigt.

Gregor XVI. (1831 – 1846) verurteilte 1832 in seiner Enzyklika »Mirari vos« den Versuch von Lamennais und einigen liberal gesinnten Katholiken, zwischen dem Grundanliegen der Französischen Revolution und den Lehren der katholischen Kirche zu vermitteln und damit gleichsam die »Revolution zu taufen«[3]. Der Papst beklagt die »Zügellosigkeit der *Aufrührer*, welche die Zeichen des Kampfes wieder bis in unsere Nähe zu tragen wagten«[4]. Aus der verderblichen Gleichgültigkeit gegenüber dem wahren und einzigen Glauben fließe »jene törichte und irrige Meinung – oder noch besser jener Wahnsinn, es solle für jeden die *Freiheit* des *Gewissens* verkündet und erkämpft werden«[5]. Für die Seele gebe es keinen schlimmeren Tod als die Freiheit des Irrtums. »Denn wenn der Zügel zerbrochen ist, mit dem die Menschen auf den Pfaden der Wahrheit gehalten werden, dann stürzt ihre ohnehin zum Bösen geneigte Natur rasend schnell in den Abgrund, und wir sehen wahrhaftig den Höllenpfuhl offen, aus dem Johannes den Rauch aufsteigen sah«, skizziert der Papst ein apokalyptisches Szenario. Selbst blühende Staatswesen seien »durch zügellose Meinungsfreiheit, Redefreiheit, Neuerungssucht« erbärmlich zusammengebrochen. Folglich wendet er sich gegen »jene nie genug zu verurteilende und zu verabscheuende *Freiheit* des *Buchhandels*, um alle möglichen Schriften unter das Volk zu werfen«, und rühmt den »äußerst

---

[2] Vgl. A. GNÄGI, S. 116 f. mit dem lateinischen Text des Breve.
[3] G. LINDGENS, S. 28.
[4] Zit. nach E. MARMY, S. 16 (Mirari vos).
[5] EBD., S. 24; folgende Zitate EBD.

heilsamen Beschluß«, ein »*Verzeichnis der Bücher* herauszugeben, in denen schlechte Lehren enthalten sind«[6].

Scharf verurteilt Gregor XVI. schließlich jene Schriften, »welche die den Fürsten schuldige Treue und Gehorsamspflicht ins Wanken bringen und überall die *Fackel* des *Aufruhrs* anzünden«[7]. Deren Autoren gibt er zu bedenken, daß es nach dem Wort des Apostels Paulus keine Gewalt gibt außer von Gott: »Wer also der Obrigkeit widersteht, widersetzt sich Gottes Anordnung, und die so widerstehen, ziehen sich das Strafgericht zu«[8].

Wie kein anderer Papst repräsentierte im 19. Jahrhundert Pius IX. (1846 – 1878) die katholische Absage an den Geist der Aufklärung und der Französischen Revolution. Er stützte die politischen Kräfte der Restauration und stellte die Weichen einer kulturellen Trennung von Kirche und Welt bis weit ins 20. Jahrhundert. In den düstersten Farben zeichnet er in der Enzyklika »Quanta cura« 1864 die Anfeindungen gegen die Kirche und die bestehenden politischen Ordnungen. Er wiederholt das Wahnsinn-Verdikt von Gregor XVI. gegenüber den modernen Freiheitsrechten, schilt »den böswilligen, unsinnigen Grundsatz des sogenannten *Naturalismus*«[9], der die menschliche Gesellschaft ohne Religion einrichten wolle, und verdammt die Lehre jener, die »zu verkünden wagen, ›der Wille des Volkes, in der sogenannten öffentlichen Meinung oder auf andere Weise kundgetan, stelle das oberste Gesetz dar, losgelöst von allem göttlichen und menschlichen Rechte, und in der staatlichen Ordnung hätten vollendete Tatsachen, gerade weil sie vollendet sind, schon Rechtskraft‹«[10]. Sozialismus und Kommunismus hält er für einen »verhängnisvollen Irrtum«[11].

Bekannt wurde Pius IX. vor allem durch den »Syllabus« von 1864, das der Enzyklika »Quanta cura« angeschlossene Verzeichnis »der *hauptsächlichen Irrtümer unserer Zeit*«[12]. Mit dem Irrtum Nr. 39: »Der Staat ist Ursprung und Quelle aller Rechte und verfügt daher über ein unumschränktes Recht«[13] wird die Lehre von der Volkssouveränität im Sinne Rousseaus verurteilt. Als Irrtum Nr. 60 wird die These verworfen, die Staatsgewalt sei »nichts anderes als Zahlenmenge und Gesamtheit stoffli-

---

[6] EBD., S. 25.
[7] EBD., S. 26.
[8] EBD., S. 26.
[9] EBD., S. 35 (Quanta cura).
[10] EBD., S. 36.
[11] EBD., S. 37.
[12] EBD., S. 43 (Syllabus).
[13] EBD., S. 48.

1. Vorgaben der Päpste seit der Französ. Revolution 25

cher Kräfte«[14]. Die paulinische Lehre in Röm. 13 wird durch Irrtum Nr. 63: »Man kann rechtmäßigen Herrschern den Gehorsam verweigern, ja auch gegen sie aufstehen.« unterstrichen. Am bezeichnendsten für den Geist des Syllabus ist der letzte abgelehnte Satz: »Der Römische Papst kann und soll sich mit dem Fortschritt, mit dem Liberalismus und mit der neuen Menschheitsbildung versöhnen und befreunden«[15]. Die einzelnen Verurteilungen bringen bei isolierter Betrachtung im Vergleich zu den Lehren Gregor XVI. nichts wesentlich Neues. Es ist eher die knappe, konzentrierte Form der Darstellung der »Irrtümer« und der schneidende, apodiktische Ton, die die Radikalität des Syllabus ausmachen und die Kluft zwischen Kirche und Moderne drastisch vertiefen.

Mit dem Syllabus unternahm Pius IX. einen fast schon verzweifelten Versuch, einen Damm gegen den Geist der Aufklärung, den Prozeß der Verweltlichung und die damit einhergehende Gefahr einer Absolutsetzung des Menschen und des Staates zu errichten. In seinem Kampf für eine aus seiner Sicht angemessene Rolle der Kirche in der Öffentlichkeit verwarf er die Grundfesten des modernen freiheitlichen Verfassungsstaates, ja der Neuzeit überhaupt[16].

In der konkreten historischen Situation, in der Pius IX. den Syllabus formulierte, war dieses Verzeichnis auch ein Musterbeispiel einer theologisierenden Politik. Warf der Papst doch zur Verteidigung seines weltlichen Kirchstaates gegen die politischen Angriffe der republikanischen »Aufrührer« seine gesamte geistige und theologische Autorität in die Waagschale[17]. So wird u.a. als Irrtum Nr. 76 der Satz verurteilt, die »Abschaffung der weltlichen Macht des Apostolischen Stuhles würde zur Freiheit und zum Glücke der Kirche ungemein viel beitragen«[18].

Die Nachfolger Pius IX. haben in der Auseinandersetzung mit dem Geist der Neuzeit zwar die Schärfe im Ton zurückgenommen, in der Sache aber nur wenige Abstriche gemacht. So konnte der Syllabus bis weit ins 20. Jahrhundert große Wirkung entfalten. Unter Berufung auf ihn war eine streitige Frage schnell zu beantworten oder eine Diskussion zu beenden[19]. Er prägte die ersten Auflagen des von der Görres-Gesellschaft herausgegebenen Staatslexikons. Noch in der Weimarer Republik fanden sich viele sog. Syllabus-Katholiken, die ihr Weltbild mit der Inbrunst uner-

---

[14] EBD., S. 51; folgendes Zitat EBD.
[15] EBD., S. 54.
[16] Vgl. A. GNÄGI, S. 146.
[17] Vgl. EBD., S. 147.
[18] Zit. nach E. MARMY, S. 53 (Syllabus).
[19] Vgl. A. GNÄGI, S. 143.

schütterlicher Überzeugung an dem Irrtum-Katalog von Pius IX. ausrichteten[20].

Zwei katholische Literaten, die das intransigente Weltbild Pius' IX. wesentlich prägten, müssen auch im Zusammenhang mit Carl Schmitt genannt werden: Der feurige Kämpfer wider den Liberalismus und Sozialismus Donoso Cortés und der Chefredakteur des im Vatikan einflußreichen, für die bedingungslose Restauration des Ancien Régime streitenden »L' Univers« Louis Veuillot. Carl Schmitt wußte Werk und Person dieser beiden katholischen Gegenrevolutionäre sehr zu schätzen[21].

Leo XIII. (1878 – 1903), ein glänzender Staats- und Rechtsphilosoph, bestimmte durch seine systematische Staats-, Rechts- und Gesellschaftslehre maßgeblich den politischen Weg der deutschen Katholiken vom Kaiserreich über die Weimarer Republik bis hin zur nationalsozialistischen Diktatur. Im Anschluß an Aristoteles und Thomas von Aquin beschreibt er den Menschen als ens sociale, dem von Natur aus der Trieb zum staatlichen Zusammenschluß gegeben sei[22]. Im Unterschied zum Tier werde vom Menschen die Notwendigkeit des Staates auch denkend erfaßt und deshalb gewollt[23]. Da die Natur im Schöpfungsakt gründe, sei Gott Erst- und Hauptursache (causa prima et principalis) des Staates[24]. Durch die Trennung von Erst- und Zweitursache des Staates erreicht Leo XIII. eine Differenzierung zwischen dem Staat als solchem, der auf Gott zurückgeht, und dem konkreten Staat als geschichtlichem Gebilde, der im Wirken des Menschen seinen Grund hat. Damit wird die grundsätzliche Neutralität der Kirche gegenüber den geschichtlichen Staatsformen möglich. Wenn die Herrschaft eines einzelnen oder vieler auf das allgemeine Wohl abziele und die Gerechtigkeit nicht verletzt werde, sei es »den Völkern unbenommen, jene Regierungsform bei sich einzuführen, die ihrer Eigenart, oder den Sitten und Gebräuchen ihrer Vorfahren mehr entspricht«[25]. Zweck und Aufgabe des Staates ist das von der Summe des Privatwohls der Bürger verschiedene Gemeinwohl, das bonum commune[26]. Auch die Staatsgewalt empfängt von ihm ihre Begründung und Normierung[27]. Das öffentliche Wohl ist »nicht nur oberstes Gesetz und höchste

---

[20] Aus dem persönlichen Umkreis von C. Schmitt sind etwa K. Eschweiler und H. Platz zu nennen.
[21] Vgl. zu Donoso Cortés unten III. 5. f) und zu Louis Veuillot unten III. 3. g) Louis Veuillot.
[22] Vgl. P. TISCHLEDER, Staatslehre, S. 42 ff., 49.
[23] EBD., S. 49.
[24] EBD., S. 49.
[25] EBD., S. 249.
[26] EBD., S. 139 ff., S. 142.
[27] EBD., S. 137.

1. Vorgaben der Päpste seit der Französ. Revolution

Richtschnur, sondern Urgrund und Endzweck der Staatsgewalt überhaupt«[28].

Wie Aristoteles und Thomas von Aquin huldigt auch Leo XIII. dem organischen Denken. Nur wenn die Glieder des Staates nach dem Vorbild des menschlichen Körpers »in Würden, Ämtern, Berufen verschieden eingestuft einträchtig zum Gemeinwohl zusammenwirken,« stelle sich »das Bild eines gesunden und der Natur entsprechenden Staatswesens dar«[29]. Daß Leo XIII. auf der Basis dieses organischen Denkens das neuzeitliche Postulat der Gleichheit aller Menschen ablehnt, ist nicht verwunderlich[30].

Die Lehre von der Volkssouveränität im Sinne Rousseaus weist Leo XIII. scharf zurück. Die Katholiken leiteten für den Staat »das Befehlsrecht von Gott ab, als seinem natürlichen und notwendigen Ursprung«[31]. Der Papst hält es zwar für möglich, daß »die Staatsmänner nach Willen und Urteil des Volkes bestimmt werden können«, schränkt die Bedeutung dieser Wahl aber deutlich ein: »Durch eine solche Wahl wird wohl der Gewaltinhaber bezeichnet, aber nicht das Herrscherrecht verliehen: noch wird die Herrschaft übertragen, sondern es wird nur bestimmt, wer dieselbe auszuüben hat«[32]. Bis heute streiten sich die Vertreter und Interpreten der katholischen Staatslehre, ob Leo XIII. sich damit der Designationstheorie, nach der die Staatsgewalt dem Herrscher unmittelbar von Gott übertragen wird, angeschlossen und die scholastische Translationstheorie, nach der das Volk der naturrechtliche Träger der Staatsgewalt ist, verworfen hat. Überzeugt zeigt sich Leo XIII., daß die naturrechtswidrige Volksherrschaft keine Gewähr für die öffentliche Sicherheit, für Ruhe und Ordnung im Staat bieten kann[33].

Das spezifische Mittel der Staatsgewalt ist für Leo XIII. das Gesetz. Dabei unterscheidet er Gesetze, die a priori feststehende naturrechtliche Gebote lediglich einschärfen, von solchen, die nur mittelbar aus dem Naturrecht abgeleitet werden; »sie bestimmen verschiedene Dinge näher, für welche durch die Natur nur allgemein und vom großen Ganzen her gesorgt ist«[34]. Gegen jeden Rechtspositivismus betont der Papst, daß auch solche Gesetze »den Spuren des Urgesetzes«[35] folgen und ihre Richtschnur im Gesetz Gottes haben. Wenn alle menschlichen Gesetze letztlich

---
[28] Zit. nach EBD., S. 137.
[29] Zit. nach EBD., S. 142.
[30] Vgl. E. MARMY, S. 587 f. (Immortale Dei).
[31] Zit. nach EBD., S. 556 (Diuturnum illud).
[32] EBD., S. 556.
[33] EBD., S. 590 (Immortale Dei).
[34] EBD., S. 93 (Libertas praestantissimum).
[35] EBD., S. 94; folgende Zitate EBD.

»Ausfluß des ewigen Gesetzes sind«, bedeute das für die Herrschenden, daß sie nichts vorschreiben könnten, »was nicht in ihm als der Quelle jeden Rechtes enthalten« ist. Für den Papst ergeben sich die Grenzen der bürgerlichen Gehorsamspflicht, wenn »die Gesetze des Staates mit dem göttlichen Recht in offenkundigem Widerspruch stehen, wenn sie der Kirche ein Unrecht zufügen oder den religiösen Verpflichtungen widerstreiten oder die Autorität Jesu Christi im Papst verletzen«[36]. Andererseits wahrt Leo XIII. die Selbständigkeit des Staates jedoch in höchst erdenklichem Maße: »Wenn es zuweilen vorkommt, daß die öffentliche Gewalt von den Fürsten ohne Überlegung und über das Maß hinaus gehandhabt wird, so duldet die Lehre der katholischen Kirche nicht, *daß man sich gegen sie auf eigene Faust erhebe, damit die öffentliche Ruhe und Ordnung nicht noch mehr gestört wird und die Gemeinschaft nicht noch größern Schaden leidet. Wenn es soweit gekommen ist, daß keine andere Hoffnung auf Rettung mehr leuchtet, so geht ihre Weisung dahin, durch die Verdienste christlicher Geduld und inständiges Gebet zu Gott die Hilfe zu beschleunigen*«[37]. Die Aufrechterhaltung von öffentlicher Sicherheit und Ordnung wird also höher eingestuft als die tatkräftige und geschichtsmächtige Schaffung von Gerechtigkeit. Für Leo XIII. ist es schmachvoll, »eine noch so gerechte Sache mit ungerechten Mittel schützen zu wollen. Von Gerechtigkeit aber kann keine Rede sein, wo Gewalt in Anwendung kommt«[38]. Gewaltsamer Widerstand aus politischen Gründen wird den Katholiken damit ausdrücklich untersagt.

Die Verpflichtung der Katholiken, die jeweilige Regierung und Staatsform anzuerkennen, geht für Leo XIII. so weit, daß auch eine aufgrund eines Staatsstreichs oder einer Revolution etablierten Obrigkeit Anspruch auf Achtung habe, da auch ihre Gewalt gemäß Röm. 13 von Gott sei. Sobald die neuen Regierungen sich konstituiert haben, »*ist deren Anerkennung nicht nur erlaubt, sondern geboten, geboten nämlich durch die gebieterische Notwendigkeit des gesellschaftlichen Wohles, das sie geschaffen hat und erhält. Das gilt um so mehr, als die Erhebung gegen sie den Haß unter den Bürgern schürt, Bürgerkriege hervorruft und die Nation in das Chaos der Anarchie zurückwerfen kann. Und diese ernste Pflicht der Achtung und Unterwerfung muß fortdauern, solange die Bedürfnisse des Gemeinwohls sie erheischen; denn nach Gott ist das Gemeinwohl das erste und letzte Gesetz in der Gemeinschaft*«[39]. Die Aufrechterhaltung der öf-

---

[36] P. TISCHLEDER, Staatslehre, S. 222.
[37] EBD., S. 230.
[38] EBD., S. 231.
[39] EBD., S. 256 f.

fentlichen Sicherheit und Ordnung wird hier mit dem Gemeinwohl nahezu gleichgesetzt. Jedenfalls ist das Gemeinwohl in der Interpretation Leos XIII. ein außerordentlich statisches Element.

Was die Ablehnung der modernen Freiheitsrechte angeht, folgt Leo XIII. der Tradition seiner Vorgänger. Er stellt fest, »daß es niemals erlaubt ist, die Gedankenfreiheit, Pressefreiheit, Lehrfreiheit, sowie unterschiedslose Religionsfreiheit zu fordern, zu verteidigen, oder zu gewähren, als seien dies ebensoviele Rechte, welche die Natur den Menschen verliehen habe«[40]. Als Wurzelgrund der liberalen Freiheitsforderungen erkennt Leo XIII. »jene verderbliche und beklagenswerte Neuerungssucht, die im 16. Jahrhundert aufkam, erst einmal in der christlichen Religion Verwirrung angerichtet hatte [...]. Aus dieser Quelle stammen jene modernen Lehren von der zügellosen Freiheit, die in den gewaltigen Umwälzungen des vorigen Jahrhunderts ausgedacht und in aller Öffentlichkeit verkündet wurden; daher stammen auch die Leitsätze und Grundlehren des *neuen Rechtes*, das vordem unbekannt war, und das nicht allein mit dem christlichen Recht, sondern auch mit dem Naturrecht in mehr als einer Beziehung in Widerspruch steht«[41]. Mit anderen Worten: Verantwortlich für den Ungeist der Neuzeit, für den Liberalismus und alle seine philosophischen und rechtlichen Folgerungen ist für den Papst der Protestantismus[42].

Insgesamt hinterläßt die Staatslehre Leos XIII. einen zwiespältigen Eindruck. Zwar betont der Papst das grundsätzliche Recht eines jeden Volkes, die ihm gemäße Staatsform zu wählen. Da er aber die Lehre von der absoluten Volkssouveränität verwirft, noch nicht einmal die scholastische Translationstheorie eindeutig bejaht und die liberalen Freiheitsrechte, die die Grundlage jeder modernen demokratischen Verfassung darstellen, verurteilt, kann von einer Versöhnung der katholischen Soziallehre mit den Fundamentalprinzipien einer im Zeichen der Aufklärung stehenden Staatslehre nicht die Rede sein. Das Staatsideal Leos XIII. bleibt der autoritäre Staat, der sich dem von der Kirche interpretierten Naturrecht verpflichtet weiß und der Kirche selbst größtmöglichen Freiraum zugesteht. Leos XIII. Blick richtet sich primär auf die Abwehr des individualistisch-liberalistischen Staates der Aufklärung. An der Erarbeitung einer politischen Ethik für einen freiheitlich-demokratischen Staat hat er kein Interesse.

---

[40] E. MARMY, S. 114 (Libertas praestantissimum).
[41] EBD., S. 587 f. (Immortale Dei).
[42] Vgl. die insoweit identische Position von C. SCHMITT, Romantik, S. 162; die Verbindung von Reformation und Revolution war in der restaurativen katholischen Staatsphilosophie üblich.

Der Pontifikat Pius' X. (1903 – 1914) stand ganz im Zeichen der innerkirchlichen Restauration. Verzweifelt versuchte er, den Geist der Neuzeit aus der Kirche auszusperren. Sein Kampf gegen den sog. Modernismus trug ebenso fanatische wie tragische Züge. Da er der erste Papst war, dessen Wirken der junge Carl Schmitt als Zeitgenosse mitverfolgen konnte, verdient ein Ereignis mit staatstheoretischem Einschlag besondere Beachtung: die Verurteilung der französischen Sillon-Bewegung.

Die französischen Katholiken waren Ende des 19. und Anfang des 20. Jahrhunderts politisch tief gespalten. Während ein starkes monarchistisch-legitimistisches Lager die politische Restauration des Ancien Régime und die Überwindung des Geistes der Französischen Revolution erkämpfen wollte, engagierte sich eine beachtliche Minderheit für die französische Republik. Eine um die Jahrhundertwende aus der katholischen Jugendbewegung um Marc Sangnier entstandene Bewegung sprach sich sogar für die Aussöhnung der Kirche mit dem modernen Zeitgeist und für den Aufbau einer christlichen, konsequenten Demokratie aus. »Die Demokratie für Christus gewinnen«[43], lautete die griffige Parole von Marc Sangnier. Zum Wesen einer solchen Demokratie gehörte es nach dessen Vorstellungen, einen idealen Ausgleich zwischen Autorität und Freiheit zu schaffen[44]. Freiheit gebe es nur, wo das Gesetz herrsche, das von der inneren Zustimmung des Volkes getragen werde. Überwog in der traditionellen katholischen Staatslehre die Betonung der Autorität, so setzte der Sillon die Akzente stärker zugunsten der Freiheit des Individuums[45].

Pius X. verurteilte 1910 diesen Versuch einer katholischen Demokratie-Konzeption. Der Sillon räume zwar ein, daß die Autorität von Gott stamme, aber nach seiner Lehre ruhe sie, soweit sie auf der gemeinsamen Übereinstimmung aller gründe, doch in erster Linie im Volk. Wenn die öffentliche Gewalt auf die Regierung übergehe, dann in der Weise, daß sie auch weiterhin beim Volk verbleibe[46]. Für Pius X. war diese Lehre folglich »une théorie contraire à la vérité catholique«[47]. Aufschlußreich ist auch, von wem sich der Papst die Wiederaufrichtung der durch die Revolution zerbrochenen gesellschaftlichen Ordnung versprach: »les vrais amis du peuple ne sont ni révolutionnaires, ni novateurs, mais traditionnalistes«[48].

---

[43] Zit. nach H. PLATZ, Kämpfe, S. 299.
[44] Vgl. EBD., S. 356.
[45] Vgl. EBD., S. 357.
[46] Vgl. G. J. EBERS, Reichsverfassung, S. 572.
[47] A. GNÄGI, S. 164.
[48] EBD., S. 165.

Das päpstliche Verdikt gegen Marc Sangnier mußte 1910 zu einer Aufwertung der aggressiv antidemokratischen und antiparlamentarischen Action Française um Charles Maurras, der politischen Gegenspielerin des Sillon, führen. Dieser Schritt Roms wird den 22jährigen, in Straßburg gerade zum Doktor promovierten Carl Schmitt, der die Vorgänge in Frankreich aufmerksam verfolgte, nicht unbeeindruckt gelassen haben.

Pius XI. (1922 – 1939) hat in seinem Rundschreiben »Ubi arcano« 1922 seine Skepsis gegenüber der Demokratie und den Parteikämpfen deutlich artikuliert. Statt daß die Parteien wetteiferten, je auf ihre Weise dem Gemeinwohl zu dienen, »sehen wir nur zu oft, wie sie rücksichtslos ihre selbstsüchtigen Zwecke verfolgen, mögen die anderen darunter auch noch so sehr leiden. [...] alles das muß um so verderblicher wirken, je größeren Anteil das Volk an der Staatsregierung hat, wie dies bei den modernen demokratischen Regierungen der Fall ist. Zwar verwirft die Kirche diese Regierungsform nicht [...], aber es ist doch eine bekannte Tatsache, daß dieses Regierungssystem für Parteiränke besonders zugänglich ist«[49]. Carl Schmitt hatte demnach Anfang der 20er Jahre bei seiner Kritik am Parlamentarismus den amtierenden Papst dem Grunde nach auf seiner Seite. Der parlamentarischen Demokratie gehörte nicht die Sympathie des Oberhaupts der katholischen Kirche.

Pius XI. hat im übrigen in der Enzyklika »Quadragesimo anno« 1931 die Grundzüge der leonischen Soziallehre bekräftigt und um zwei Elemente erweitert, die für das Verhältnis von Schmitts politischen Theorien zum zeitgenössischen Katholizismus von Bedeutung sind: zum einen um die klassische Ausformulierung des Subsidiaritätsprinzips und zum anderen um die Forderung nach dem Aufbau einer berufsständischen Ordnung[50].

2. Die Situation in Deutschland

a) Staatsrechtslehre und katholische Staatslehre

Nachdem die mittelalterliche Einheit von Staat und Kirche mit der Reformation zerbrochen war, entwickelten sich die beiden Korporationen in der Neuzeit zunehmend auseinander: »Religion und Kirche erschienen immer mehr als etwas rein persönliches und geistliches, Recht und Staat dagegen als etwas rein sachliches und weltliches«[51]. Folglich trifteten auch

---
[49] Zit. nach E. MARMY, S. 716 f. (Ubi arcano).
[50] Vgl. unten III. 9. d).
[51] K. NEUNDÖRFER, Form, S. 323.

die weltliche Staatsrechtslehre und die kirchliche Staatslehre immer weiter auseiander. Die Lehre vom öffentlichen Recht zog sich weitgehend auf das positive Recht zurück und folgte der im Zivilrecht dominierenden Methode des Rechtspositivismus.

Dazu kam, daß die katholische Soziallehre dem im 19. Jahrhundert an den Universitäten verkündeten »Grundsatz der Voraussetzungslosigkeit der Wissenschaft« nicht entsprach und von daher nicht ernst genommen wurde[52]. Die Katholiken übernahmen das ihnen zugewiesene oder überlassene Feld der »Metaphysik« und entwickelten darin ihre naturrechtlich ausgerichtete Staatslehre[53]. Katholische Staats- und Rechtslehre wurde zur Domäne der Theologen und Philosophen. Zu nennen sind für die 2. Hälfte des 19. Jahrhunderts und das beginnende 20. Jahrhundert insbesondere Theodor Meyer, Victor Cathrein, Georg Freiherr von Hertling, Joseph Mausbach und Heinrich Pesch. In den 20er Jahren beherrschen vor allem Peter Tischleder, Otto Schilling, Gustav Gundlach und Oswald von Nell-Breuning das Feld der katholischen Staats- und Rechtslehre.

Katholische Juristen von Rang, die sich um die Jahrhundertwende um eine katholische Ausrichtung ihrer Wissenschaft bemüht hätten, waren nicht auszumachen[54]. An der Ausarbeitung der Weimarer Reichsverfassung nahm lediglich der Münchner Rechtshistoriker Konrad Beyerle als katholischer Jurist teil. Der Moraltheologe Joseph Mausbach spielte für das Zentrum hier eine wesentlich gewichtigere Rolle.

Angesichts dieser mindestens bis zum Ende des Ersten Weltkrieges andauernden Trennung von positivistisch ausgerichtetem Staatsrecht und eher naturrechtlich-moraltheologisch argumentierendem katholischem Rechtsdenken war es nicht selbstverständlich, daß es dem Katholiken Carl Schmitt gleich zu Beginn der Weimarer Republik gelang, in »die vordere Reihe der Weimarer Staatsrechtslehre«[55] einzudringen. Als sein Stern Anfang der 20er Jahre am deutschen Wissenschaftshimmel aufging, mußte er zwangsläufig zum katholischen Hoffnungsträger in der Staatsrechtslehre avancieren; dies um so mehr, als er dem Rechtspositivismus mächtig zusetzte. Er war in dieser Zeit der einzige namhafte Staatsrechtler und Rechtsphilosoph, der seine katholische Herkunft nicht nur nicht, wie etwa Richard Thoma[56], verschwieg, sondern sich sogar ausdrücklich zu ihr bekannte. Ihm konnte man zutrauen, den tiefen Graben zwischen »welt-

---

[52] Vgl. E. R. Huber, Verfassungsgeschichte, S. 963.
[53] Vgl. H. Maier, Gesellschaftslehre, S. 87.
[54] Vgl. A. Hollerbach, Katholizismus, S. 55 ff.
[55] H. Maier, Gesellschaftslehre, S. 104.
[56] Vgl. A. Hollerbach, Katholizismus, S. 74.

2. Die Situation in Deutschland

licher« Staatsrechtslehre und katholischer Staatslehre zu überbrücken oder doch wesentlich zu verkleinern.

b) Renaissance des Naturrechts

Der »Sezession des katholischen Staatsdenkens aus dem Zusammenhang des öffentlichen Rechts, ja der deutschen Jurisprudenz überhaupt«[57] entsprach im zweiten Drittel des 19. Jahrhunderts eine Erneuerung der katholischen Soziallehre auf scholastischer Grundlage. Wiederentdeckt wurde, nicht zuletzt aufgrund der Vorgaben Leos XIII., das thomistische Naturrecht als Fundament der katholischen Staats- und Rechtslehre. Danach sind allem menschlichem Ordnungsstreben vom Schöpfergott der Natur eingestiftete und unabänderliche Ordnungsstrukturen vorgegeben. Da dieses Naturrecht mit Hilfe der menschlichen Vernunft nach katholischer Lehre auch für Nichtchristen einsichtig ist, gilt es auch für diese[58]. Diese neuthomistische Theorie hat die päpstliche Soziallehre seit Leo XIII. nachhaltig bestimmt.

Im Kulturkampf mußten die deutschen Katholiken die Erfahrung machen, daß die Beschneidung der von der Kirche beanspruchten Rechte und Freiheiten streng im Rahmen positiv-gesetzlicher Normen, also in rechtsstaatlicher Weise, geschah. Der Staat nahm aus katholischer Sicht willkürlich das Recht in Anspruch, seine Kompetenzen der Kirche gegenüber eigenmächtig zu bestimmen. Deshalb drängte sich für die katholische Rechts- und Staatsphilosophie verstärkt die Frage nach dem Wesen des Rechts und dem Verhältnis des Rechts zur Macht und zum Staat auf. Es galt zu klären, »ob es unabhängig vom positiven Gesetz des Staates eine ›natürliche Rechtsordnung‹ gibt, die verpflichtende Geltung hat«[59].

Viktor Cathrein wendet sich 1909 auf naturrechtlicher Basis entschieden gegen den Rechtspositivismus. Wer alles Recht vom Staat herleitete, »entzieht dem Staat jede rechtliche Grundlage und degradiert ihn zu einem bloßen *Machtverhältnis*. Ist das Recht das Produkt oder die Wirkung des Staates, dann ist der Staat schon vor dem Recht. [...][60] Sieht man das Staatsgesetz als die letzte Quelle alles Rechts an, so muß man jedes noch so absurde, vernunftwidrige, niederträchtige Gesetz als wahres Gesetz ansehen, und man darf sich nicht mehr über Unrecht beklagen«[61]. Cathrein

---

57 H. MAIER, Gesellschaftslehre, S. 87.
58 Vgl. zum Begriff und zur Problematik des Naturrechts F. BÖCKLE / E.-W. BÖCKENFÖRDE, Mainz 1973.
59 H. MAIER, Gesellschaftslehre, S. 97.
60 V. CATHREIN, Recht, S. 138.
61 EBD., S. 139.

bekennt sich dagegen zu einem über dem Staat stehenden allgemeingültigen Naturrecht. Es sei nicht, wie von der historischen Schule angenommen, bloß ein seinsollendes, sondern »ein wahres, wirkliches, geltendes, seiendes Recht«[62]. Der kantianischen Trennung von Recht und Sittlichkeit setzt Cathrein seine Behauptung entgegen: »das Recht sei ein wesentlicher Teil der sittlichen Ordnung«[63]. Und: »Jedes wahre Gesetz ist eine sittliche Norm, d. h. eine im Gewissen bindende Richtschnur des Handelns«[64]. Denn »das Naturgesetz bildet die unentbehrliche Voraussetzung und Grundlage jedes menschlichen Gesetzes, die Quelle, aus der dieses seine bindende Kraft schöpft. Daraus folgt weiter, daß ein Gesetz seine bindende Kraft verliert, sobald es dem natürlichen Sittengesetz widerspricht«[65]. Da für Cathrein das Recht ein Ausschnitt aus der gesamten sittlichen Ordnung ist, muß die Rechtsphilosophie auch ein Teil der Moraltheologie sein[66]. Ähnliche Überlegungen zum Naturrecht als Garanten des positiven Rechts und verbindendem Glied zwischen Recht und Sittlichkeit lassen sich auch bei anderen Verfechtern des katholischen Naturrechtsdenkens finden. Genannt sei hier nur Georg von Hertling[67].

Mächtigen Auftrieb erfuhr das katholische Naturrechtsdenken nach dem Ersten Weltkrieg. Das entsetzliche Gemetzel an den Fronten sowie die gewaltigen wirtschaftlichen und politischen Folgen dieses Krieges hatten vielen vor Augen geführt, wie zerstörerisch und armselig Menschenwerk sein kann. Der Glaube an die Machbarkeit der Verhältnisse hatte schwer gelitten. Auch der Rechtspositivismus mußte unter diesen Voraussetzungen viel von seinem früheren Glanz einbüßen. Allenthalben wurde neu über den tragenden Grund des Rechts und sein Verhältnis zur Gerechtigkeit nachgedacht[68]. Vor diesem Hintergrund erklärte sich Werner Becker 1925 auch, »daß die katholische Rechtslehre überraschend in den Vordergrund trat«[69].

In den 20er Jahren war folglich die Überzeugung im deutschen Katholizismus weit verbreitet, daß mit Hilfe des Naturrechtsdenkens der Rechtspositivismus überwunden werden könne. Das Naturrecht sollte in dieser Phase der Ernüchterung »hinausführen über subjektivistische Will-

---

[62] EBD., S. 223.
[63] EBD., S. 308.
[64] EBD., S. 310.
[65] EBD., S. 311.
[66] EBD., S. 324.
[67] Vgl. C. BAUER, Sozialllehre, S. 12.
[68] Vgl. J. B. SCHUSTER, Naturrecht, S. 196 m.w.N.
[69] W. BECKER, Naturrecht, S. 220.

2. Die Situation in Deutschland

kür und relativistische Zersetzung zum Objektiven, Überzeitlichen, Allgemein-Gültigen«[70]. Wie sehr die katholische Rechtsphilosophie an Bedeutung gewinnen konnte, zeigt sich auch darin, daß das renommierte »Archiv für Rechts- und Wirtschaftsphilosophie« 1922 ihr ein Sonderheft widmete. Carl Schmitt war darin mit einem Beitrag über »Die Staatsphilosophie der Gegenrevolution«, dem 4. Kapitel seiner »Politischen Theologie«, vertreten. Er stand damit neben so bekannten Theologen wie Otto Schilling, Viktor Cathrein und Joseph Mausbach.

Tatsächlich wandten sich auch nichtkatholische Juristen vom Rechtspositivismus ab. Allen voran ist hier Erich Kaufmann zu nennen[71], der in seiner 1921 erschienenen und vielbeachteten »Kritik der neukantianischen Rechtsphilosophie« dieser noch modernen rechtsphilosophischen Schule Blindheit für konkrete geistige Werte vorwarf. Abschließend fragt er rhetorisch, ob es der deutsche Geist, der sich in einer schweren Krise befinde, verstehe, »seine Seele wieder einen Ankergrund finden zu lassen im Ewigen«[72]. In einem Aufsehen erregenden – und zugleich scharf kritisierten[73] – Referat vor der Vereinigung Deutscher Staatsrechtslehrer bekannte sich Kaufmann 1926 in Münster sogar zu dem Satz: »Der Staat schafft nicht Recht, der Staat schafft Gesetze, und Staat und Gesetz stehen unter dem Recht«[74]. Die Genugtuung im deutschen Katholizismus über dieses Bekenntnis eines führenden deutschen Staatsrechtslehrers zum Naturrecht war groß[75].

Da sich sogar die Zunft der weltlichen Juristen und Rechtsphilosophen auf die Suche nach überpositiven oder metajuristischen Anknüpfungspunkten für das Recht machten, hätte es nahe gelegen, daß sich Carl Schmitt in die Phalanx der katholischen Naturrechtstheoretiker einreihte und dieses sich nun im Staatsrecht auf dem Wege der Rehabilitation befindliche Rechtsdenken seinen eigenen Theorien zugrunde legte. Aber Schmitt tat den Katholiken diesen Gefallen nicht. Trotz seines entschiedenen Kampfes gegen den Rechtspositivismus bekannte er sich nicht – um es vorwegzunehmen – zum katholischen Naturrechtsverständnis. Schmitt

---

[70] A. H., S. 160.
[71] Genannt werden könnte auch Julius Binder, der 1925 die Abhängigkeit der positiven Norm von der Idee der Gerechtigkeit betonte. Entschieden wandte er sich allerdings gegen den Verdacht, er bezwecke mit seiner Lehre von der Rechtsidee »die Wiedererweckung des Naturrechtes aus seinem Grabe« (J. BINDER, S. 760).
[72] E. KAUFMANN, Kritik, S. 101.
[73] Vgl. zur Kritik der Positivisten Nawiasky, Anschütz und Kelsen noch auf dieser Tagung: K. SONTHEIMER, Denken, S. 86.
[74] Zit. nach K. SONTHEIMER, Denken, S. 85 f.
[75] Vgl. J. B. SCHUSTER, Naturrecht, S. 196 f.

stand jedoch mit seiner Distanz zur scholastischen Naturrechtslehre, die Pius X. nachdrücklich in den Rang einer kirchenamtlich verbindlichen Doktrin erhoben hatte, keineswegs alleine. Vor allem im sozialistisch orientierten linken Flügel des deutschen Katholizismus wurde sie als zu statisch und unpolitisch abgelehnt[76]. Auch in der katholischen Jugendbewegung, die stark »vitalistisch«, vom »Primat des Lebens« geprägt war, stand man der als trocken empfundenen rationalistischen Neuscholastik eher ablehnend gegenüber[77].

c) Demokratie und Volkssouveränität

Ganz im Sinne Leos XIII. erklärten die katholischen Sozialtheoretiker in Deutschland Ende des 19. und zu Beginn des 20. Jahrhunderts überwiegend jede Staatsform für »in sich zulässig und gerecht, durch die sich der wesentliche Zweck des Staates: das Gemeinwohl, erreichen *läßt*«[78]. Nach dem Abwägen der Licht- und Schattenseiten der Staatsverfassungen kamen sie in der Regel zum Ergebnis, daß die Monarchie den Zweck des Staates, »Rechtssicherheit, Eintracht und Ordnung unter den Bürgern«, am leichtesten erreiche, da der Souverän als »Einigungspunkt und als Vertreter der Gesamtheit *über* den Parteien«[79] stehe.

Einig war man sich in der Ablehnung der Lehre von der Volkssouveränität im Sinne Rousseaus. Wenn die Demokratie als Staatsform als zulässig erachtet wurde, dann unter der Voraussetzung, daß die Staatsgewalt von Gott abgeleitet wird und das Volk – nach scholastischer Tradition – lediglich ihr naturrechtlicher Träger ist. Nach der sog. Translationstheorie hat das Volk die Möglichkeit, die Staatsgewalt auch unter Vorbehalt gewisser Rechte, etwa dem Widerstandsrecht bei Mißachtung des Gemeinwohls, auf einen oder mehrere Herrscher zu übertragen[80]. Nach der in der Regel von monarchistischen Legitimisten vertretenen Designationstheorie ist dagegen nicht das Volk, sondern Gott allein Träger der Staatsgewalt. Das Volk bestimmt lediglich, wer die Herrschaft auszuüben hat. Der so »Designierte« erhält dann unmittelbar von Gott die Staatsgewalt übertragen. Praktisch wird durch diese Theorie die Bedeutung des Volkes minimiert und die Legitimität der Herrschenden durch die unmittelbare Berufung auf »Gottes Gnaden« theologisch maximiert. Ein legitimer Träger der Staatsgewalt kann allenfalls »de facto«,

---

[76] Vgl. unten III. 5. c).
[77] K. SCHATZ, S. 218; vgl. zur kath. Jugendbewegung unten IV. 3. d).
[78] So etwa V. CATHREIN, Moralphilosophie, S. 670.
[79] EBD., S. 672.
[80] Vgl. dazu B. STANGL, S. 40 ff.

2. Die Situation in Deutschland

aber nicht »de jure« aus seiner Stellung verdrängt werden[81]. Die Vertreter beider Theorien interpretierten die Staatslehre Leos XIII. zu ihren Gunsten[82].

Im deutschen Katholizismus entzündete sich der Streit zwischen den Lagern an Art. 1 der Weimarer Reichsverfassung: »Das Deutsche Reich ist ein Republik. Die Staatsgewalt geht vom Volke aus«. Leidenschaftlich verwarfen die Legitimisten, insbesondere der Bonner Kirchenhistoriker Heinrich Schrörs und der Regensburger Domdekan Franz Xaver Kiefl, diese Festlegung als mit der katholischen Lehre unvereinbar. Kiefl zitierte Schrörs, die Bezeichnung »von Gottes Gnaden« sei »der kürzeste Ausdruck der katholischen Lehre vom Ursprunge der Staatsgewalt aus Gott. Darum kann es auch vom offenbarungsgläubigen Standpunkte aus nicht gebilligt werden, daß man jetzt mit Spott jenen Ausdruck abtut, und ihm das ›Von Volkes Gnaden‹ als neueste Errungenschaft entgegenstellt«[83]. Letztere Vorstellung sei nicht nur falsch, sondern auch unkatholisch[84]. Kiefl vertrat die Auffassung, Leo XIII. habe die scholastische Lehre vom Volk als Träger der Staatsgewalt aufgegeben[85]. Unter Berufung auf Kardinal Faulhaber verurteilte er scharf die Absetzung eines rechtmäßigen Herrschers in einer Revolution[86].

Der Münchner Erzbischof Kardinal Michael von Faulhaber war im deutschen Episkopat während der Weimarer Republik der profilierteste Anhänger der Monarchie. Bei der Trauerrede auf König Ludwig III. formulierte er seine Überzeugung plakativ: »Könige von Volkes Gnaden sind keine Gnade für das Volk, und wo das Volk sein eigener König ist, wird es über kurz oder lang auch sein eigener Totengräber«[87]. Und auf dem Münchner Katholikentag von 1922 erklärte Faulhaber: »Die Revolution war Meineid und Hochverrat und bleibt in der Geschichte erblich belastet und mit dem Kainsmal gezeichnet«[88]. Konsequent weigerte sich der Münchner Erzbischof, in seiner Diözese ein Trauerläuten für den 1925 verstorbenen Reichspräsidenten Friedrich Ebert anzuordnen. Daß gerade in Bayern die legitimistische Grundströmung besonders verbreitet war, zeigt sich auch daran, daß die katholische Bayerische Volkspartei 1925 bei der Reichspräsidentenwahl nicht den Zentrumskandidaten Marx, sondern

---
[81] Vgl. EBD., S. 43.
[82] Vgl. EBD., S. 49 f.
[83] F. X. KIEFL, S. 60.
[84] EBD., S. 60.
[85] EBD., S. 68 f.
[86] EBD., S. 108.
[87] Zit. nach L. VOLK, S. 177.
[88] Zit. nach EBD., S. 177.

den erklärten Monarchisten Hindenburg unterstützte und ihm letzlich auch zum Erfolg verhalf[89].

Publizistisches Bollwerk der Legitimisten war die traditionsreiche, einem kämpferischen Antiliberalismus verhaftete katholische Zeitschrift »Historisch-politische Blätter.« Man geißelte die Republik als »das Staatsideal des Liberalismus und der Aufklärungsphilosophie eines Rousseau und Montesquieu«[90] und stellte verbittert fest, daß sich das Zentrum, das mehrheitlich diese Republik akzeptierte, »von einer sozial-konservativen Partei der Mitte zu einer liberal-sozialen und demokratisch sozialen Linkspartei entwickelt hat«[91]. Sollte sich das Zentrum dem Gedankengut monarchistischer Kreise nicht wieder öffnen, zwinge es diese, so Freiherr von Lüninck, »dem Zentrum den Rücken zu kehren«[92]. Daß dies keine leere Drohung war, zeigt sich darin, daß viele Legitimisten ihre Angriffe in dem 1921 gegründeten, von dem Historiker Martin Spahn geführten Katholikenausschuß der Deutschnationalen Volkspartei, der freilich keine allzu große politische Bedeutung erlangen konnte, fortführten. Ausdrücklich beriefen sich die katholischen Monarchisten in ihrem Kampf gegen die Politik der Zentrumsmehrheit auf den Syllabus von Pius IX. Dieser verwerfe »ein Recht auf Grund des Bodens der Tatsachen«. Man könne auch nicht die Herrschaft des Bolschewismus oder einer Räterepublik anerkennen, nur weil sie eine gewisse Festigung erfahren habe[93].

Die renommiertesten Vertreter der sich im Verfassungsstreit des deutschen Katholizismus im Laufe der 20er Jahre doch zunehmend durchsetzenden Gegenposition waren der Moraltheologe und Zentrumspolitiker Joseph Mausbach und sein Schüler Peter Tischleder. Entsprechend den Vorgaben Leos XIII. mißbilligte Mausbach zwar die Revolution von 1918, stellte sich jedoch »auf den Boden der gegebenen, vollendeten Tatsachen«, weil er in der demokratischen Republik die einzige Möglichkeit sah, »aus dem Chaos der Revolution herauszukommen«[94]. Das Prinzip der Legitimität müsse, wenn es mit dem höchsten Staatszweck, dem Gemeinwohl, in Konflikt gerate, diesem untergeordnet werden[95]. Artikel 1 Satz 2 der Verfassung interpretierte er im Sinne der scholastischen Lehre und nicht im Sinne der Philosophie Rousseaus.

---

[89] Vgl. K. Schatz, S. 236.
[90] Germanus, Treue, S. 482.
[91] H. Frhr. v. Lüninck, Zentrum, S. 68.
[92] Ebd., S. 63.
[93] Germanus, Katholiken, S. 109.
[94] Zit. nach B. Stangl, S. 132.
[95] Ebd., S. 133.

2. Die Situation in Deutschland

Dieser Deutung schloß sich auch Peter Tischleder an. Das Prinzip des Gemeinwohls erfordere ein Absehen von der Wiedererrichtung der Monarchie und eine Akzeptanz der Demokratie[96]. In seinen gegen die Legitimisten gerichteten Schriften, insbesondere in seinen Arbeiten über Thomas von Aquin und die Staatslehre Leos XIII., legte er eindrucksvoll die scholastische Tradition vom Volk als naturrechtlichem Träger der Staatsgewalt frei. Demokratie war für ihn nicht nur eine Staatsform, sondern eine sittliche Idee und die »einzige Hoffnung für die Menschheit«[97]. Andere namhafte Katholiken, etwa die Juristen Heinrich Rommen, Konrad Beyerle[98] und Godehard Josef Ebers[99], argumentierten ähnlich. Die führenden Zentrumspolitiker folgten überwiegend der naturrechtlichen Argumentation ihres Vordenkers Joseph Mausbach. Sie liebten die Republik nicht unbedingt, aber sie akzeptierten sie doch; zumindest angesichts der drohenden sozialistischen Alternative. Man hat sie deshalb auch als »Vernunftrepublikaner« bezeichnet. Auf dem Kasseler Reichsparteitag von 1925 wurde der Anteil der »sattelfesten Republikaner« unter den Zentrumsmitgliedern auf 60 %, der der entschiedenen Monarchisten auf 10 % und derjenige der Unentschiedenen auf 30 % geschätzt[100].

Daß sich im Zentrum eine Mehrheit für die Akzeptanz der Republik finden ließ, ist sicherlich auch auf die soziale und politische Bildungsarbeit des 1890 gegründeten »Volksvereins für das katholische Deutschland« zurückzuführen. Dieser Verein, der 1914 ca. 800 000 Mitglieder zählte, setzte sich nach dem Kulturkampf das Ziel, die in die Isolation geratenen Katholiken der modernen, industriell geprägten Gesellschaft anzunähern und sie in allen Bereichen zur Mitarbeit zu befähigen. In den entscheidenden Jahren um 1918 konnten unter dem Einfluß des Volksvereins das Kleinbürgertum und die Arbeiterschaft unter die führenden Zentrumspolitiker vordringen und den Adel, das Großbürgertum und den Klerus in ihrer Bedeutung zurückdrängen[101]. Diese Gruppen, die bis dahin das Zentrum wesentlich geprägt hatten, waren traditionell eher der Monarchie als einer demokratischen Republik als Staatsform zugeneigt.

---

[96] P. TISCHLEDER, Staatsgewalt, S. 81, 86 ff.
[97] B. STANGL, S. 131.
[98] Auf K. Beyerle geht die Formulierung »Alle Staatsgewalt geht vom Volke aus« zurück. Um Mißverständnisse zu vermeiden, schlug er anstelle dieser Fassung in Anlehnung an die von einer katholischen Mehrheit in Belgien in die Verfassung aufgenommene Formulierung »Tous les pouvoirs émanent de la nation« vor: »Die Staatsgewalt liegt beim Volk« (vgl. G. J. EBERS, Reichsverfassung, S. 567).
[99] G. J. EBERS, Reichsverfassung, S. 568 ff.
[100] Vgl. H. LUTZ, S. 107.
[101] Vgl. K. SCHATZ, S. 176.

Insbesondere auf dem linken Zentrumsflügel waren durchaus auch sog. Herzensrepublikaner zu finden, die sich als echte Treuhänder der demokratischen Werte und des republikanischen Ideals verstanden und folglich den Weimarer Staat engagiert verteidigten. Allen voran ist hier Joseph Wirth zu nennen, mit dem das Zentrum 1921/22 sogar den Reichskanzler stellte. Ihm war die Selbstdefinition des Zentrums als »Verfassungspartei« zu wenig. Er verlangte auf dem erwähnten Kasseler Parteitag 1925 von seiner Partei – vergebens – ein positives Bekenntnis zur demokratischen und republikanischen Staatsform[102]. Politische Unterstützung erfuhr Wirth von den katholischen Arbeitervereinen und dem »Reichsverband der Deutschen Windthorstbunde«, der Jugendorganisation des Zentrums[103]. Publizistisch engagierte sich vor allem die 1923 von Friedrich Dessauer gegründete Rhein-Mainische Volkszeitung für Wirth. Walter Dirks war einer ihrer profiliertesten Redakteure. Intellektueller Kopf des Kreises um diese Zeitung war Ernst Michel. Die katholische Jugend kann trotz der Unterstützung Wirths durch die Windhorstbunde insgesamt keineswegs als Treuhänder der Weimarer Republik angesehen werden. Vor allem die katholische Jugendbewegung um Romano Guardini stand dem parlamentarischen Parteienstaat äußerst skeptisch gegenüber[104].

Carl Schmitt hat sich im zermürbenden Verfassungsstreit, der noch in den 20er Jahren alle politischen Grundsatzfragen überlagerte und wertvollste intellektuelle Kräfte band, sehr zurückgehalten. Er sprach sich zwar entschieden gegen Monarchismus und Legitimismus aus, im neuscholastischen Lager um Mausbach und Tischleder sucht man ihn jedoch vergebens. Er ging hier seinen eigenen Weg außerhalb der katholischen Fraktionen und Blockbildungen.

d) Organisch – autoritäres Denken

So sehr man sich im deutschen Katholizismus von Weimar über die theologische oder naturrechtliche Berechtigung der republikanisch-demokratischen Staatsform stritt, so sehr waren sich die Sozialethiker doch einig in der Forderung nach »Überwindung der individualistischen und mechanischen Auffassung von Gesellschaft zugunsten einer organischen Einheit des Volkes«[105]. Selbst ein dem Grunde nach überzeugter Demokrat wie Tischleder stellte der »Formdemokratie, diesem mathematischen Rechen-

---

[102] Vgl. EBD., S. 229 f.
[103] J. Giers, S. 110 f.
[104] Vgl. zur katholischen Jugendbewegung und ihrer politischen Ausrichtung unten IV. 3. d).
[105] J. GIERS, S. 86.

2. Die Situation in Deutschland

und Organisationskunststückchen« die »Ehrwürdigkeit einer von christkatholischen Grundsätzen getragenen organischen Demokratie«[106] entgegen. Mit Blick auf Weimar stellte er fest, »daß wir von dem Ideal einer echten organischen Demokratie noch recht weit entfernt sind«[107]. Er tadelte »die Methode des Liberalismus, der die bloße Formaldemokratie den Massen als Abschlagszahlung hinwirft, dann aber hinter der Fassade dieser Scheindemokratie die ungeistigste und gewissenloseste Macht der Plutokratie, den Geldsack als den wahren Herrscher installiert«[108]. Wer, wie viele Katholiken, im Horizont des organischen Denkens im Staat von Weimar nur eine »mechanische« oder »westlerische Formaldemokratie«[109] verwirklicht sah, konnte die Verfassung in Übereinstimmung mit Carl Schmitt leicht als »Notbau«[110] empfinden, die bei passender politischer Gelegenheit den eigenen Vorstellungen entsprechend umgebaut werden konnte und mußte.

Die Antwort auf die Frage, wie das »Organische« im Staat im einzelnen verwirklicht werden sollte, blieb bei vielen katholischen Sozialethikern in unpräzisen Allgemeinplätzen stecken[111]. Teilweise wurde sie auch in der Verklärung des mittelalterlichen Ständewesens gefunden. Das diesbezüglich geschlossenste Konzept lieferte in den 20er Jahren der Österreicher Othmar Spann. Seinen »wahren Staat«, wie der Titel seines Bestsellers lautete, entwarf er nach den Vorbildern Platons, der politischen Romantiker und vor allem Adam Müllers[112].

Die Forderung nach einer autoritären Staatsführung lag durchaus in der Grundlinie des organischen Denkens. So begründete auch Mausbach, der an seiner Loyalität zur Weimarer Republik um des Gemeinwohl willens keinen Zweifel ließ, in bester katholischer Tradition seine theoretische Vorliebe für die Monarchie unter Berufung auf Aristoteles und Thomas von Aquin damit, daß jeder Organismus eines Hauptes bedürfe. Unter den Verfassungsformen führe die Monarchie dieses Bild am vollkommensten durch[113]. August Pieper, der in verschiedenen Funktionen, u.a. als Generalsekretär und Generaldirektor, Verantwortung beim Volksverein trug und einer der Hauptadepten des Universalismus Spanns in Deutsch-

---

[106] P. Tischleder, Staatsgewalt, S. 68.
[107] Ebd., S. 69.
[108] P. Tischleder, Klerus, S. 26.
[109] K. Muth, Politik, S. 114; A. Dempf, Gallikanismus, S. 243 f.
[110] Der Begriff war im deutschen Katholizismus sehr beliebt (vgl. z. B. W. Gerhart, S. 39).
[111] Vgl. etwa die Ausführungen zur »echten organischen Demokratie« von P. Tischleder, Klerus, S. 67 ff.
[112] Vgl. dazu unten III. 2. b) und f).
[113] J. Mausbach, S. 25.

land war, stellte bereits 1926 fest, das Volk, »welches der Lebensführer aus den zur Masse gewordenen Vereinzelten wieder erwecken will, ist gegliedert in *Führer und Gefolgschaft*«[114]. Daß man bei abstrakt-idealistischen Vorstellungen nicht stehen blieb, zeigte Otto Schilling, Vertreter einer eher gemäßigten organischen Theorie. Er hielt es 1933 für »besonders bemerkenswert«, daß der Nationalsozialismus »die übertriebene Formaldemokratie verwirft und das Führerprinzip, das Prinzip der Autorität in den Vordergrund stellt«[115].

Trotz der grundsätzlichen Anerkennung der Demokratie bei den Anhängern der Designationstheorie und bei der Mehrheit des Zentrums blieb gerade in der Perspektive des organisch-autoritären Denkens im deutschen Katholizismus eine gehörige Reserve gegenüber dem Weimarer Staat. Ebers mahnende Aufforderung von 1929, es sei eine »sittliche Pflicht eines jeden deutschen Bürgers«, der Verfassung »nicht nur äußeren Gehorsam zu leisten, sondern auch innerlich als im Gewissen verbindlichem Gesetz Anerkennung zu zollen«[116], nahmen zu wenig Katholiken ernst[117]. Die Weimarer Republik war den meisten keine Herzensangelegenheit. Das polemische und heftig attackierte Wort Hellpachs von 1928, der Katholik sei zwar Bürger, »aber der Katholizismus nicht Bürge der Demokratie«[118], traf eine offene Wunde im deutschen Katholizismus.

Carl Schmitt war zwar ein Anhänger des autoritären Staatsgedankens. Dem im Katholizismus verbreiteten organischen Denken stand er jedoch skeptisch gegenüber.[119] Aus katholischer Sicht bewegte er sich auch in diesem Punkt auf einem Sonderweg.

---

[114] A. PIEPER, S. 126.
[115] O. SCHILLING, S. 108.
[116] G. J. EBERS, Reichsverfassung, S. 578.
[117] Ähnlich K. Beyerles Feststellung aus dem gleichen Jahr, die »tatsächlich geltende und rechtmäßig zustande gekommene« Verfassung binde jeden Katholiken im Gewissen (K. BEYERLE, Katholiken, S. 93).
[118] W. HELLPACH, S. 232; P. Tischleder setzte seine Überzeugung dagegen, die Katholiken seien die »Bürgen des neuen Volksstaates« (P. TISCHLEDER, Klerus, S. 59).
[119] Vgl. unten III. 2. a) und d).

III. CARL SCHMITTS POSITIONEN UND BEGRIFFE IM KONTEXT DES DEUTSCHEN KATHOLIZISMUS

1. Distanz zum Naturrecht

a) Wissenschaftliches Umfeld

Im ausgehenden 19. und beginnenden 20. Jahrhundert stand die Rechtswissenschaft ganz im Zeichen des Rechtspositivismus. Diese im wesentlichen im Privatrecht[1] entwickelte juristische Methode wurde bald auf das Staatsrecht übertragen[2] und die Staatsrechtslehre in der 2. Hälfte des 19. Jahrhunderts zusehends von Philosophie, Ethik und Politik »gereinigt«. Die Vorspiele im philosophischen Himmel sollten aus der Staatsrechtslehre verschwinden.[3]

Die Frage nach dem Geltungsgrund des Rechts, nach Begründung oder Legitimation des Staates und der staatlichen Gewalt wurde von der positivistischen Staatslehre als unjuristisches oder metaphysisches Problem abqualifiziert. Das Naturrecht hatte für diese Lehre keinerlei Funktion; gefragt war die »juristische Behandlung des Staatsrechts«[4]. Paul Laband, um die Jahrhundertwende der führende positivistische Staatsrechtler, sah die Aufgabe der wissenschaftlichen Dogmatik »in der Zurückführung der einzelnen Rechtssätze auf allgemeinere Begriffe und andererseits in der Herleitung der aus diesen Begriffen sich ergebenden Folgerungen«[5]. Zur Lösung dieser Aufgabe gebe es »kein anderes Mittel als die Logik«. Historische, politische und philosophische Betrachtungen dienten »nur zu häufig dazu, den Mangel an konstruktiver Arbeit zu verhüllen«. Das Recht und der das Recht setzende Staat wurden in dieser positivistischen Staatslehre identifiziert. Eine über den Staat hinausgehende Appellationsinstanz war nicht denkbar.

Mit der »reinen Rechtslehre« der sog. Wiener Schule um Hans Kelsen, die in der Tradition Carl Friedrich von Gerbers und Paul Labands stand, fand der Rechtspositivismus Anfang des 20. Jahrhunderts seinen Höhe-

---
[1] Zu nennen sind z.B. G. F. Puchta, C. F. v. Gerber und R. v. Jhering; vgl. H. Hofmann, S. 26.
[2] Vgl. P. Laband, S. VII.
[3] Vgl. H. Maier, Gesellschaftslehre, S. 87.
[4] P. Laband, S. VII.
[5] Ebd., S. IX; folgende Zitate ebd.

punkt und Abschluß. Kelsen ging selbstverständlich davon aus, daß »das objektive Recht Wille des Staates ist«, also Rechtsordnung und staatliche Ordnung identisch sind[6]. Der Wille des Staates und damit die Rechtsordnung würden durch einen sozialen Prozeß erzeugt, seien also von Menschen gestaltbar[7]. War so die Frage nach der Legitimität des Rechts und der Staatsgewalt wissenschaftlich gegenstandslos, so trat an ihre Stelle diejenige nach der Legalität beim Zustandekommen staatlichen Rechts. Begünstigt wurde der Prozeß der Positivierung des Staatsrechts durch die fortschreitende Konstitutionalisierung, insbesondere durch die Verfassungen von 1848 und 1871. Die Bedeutung von staatstheoretischen Fragestellungen allgemeiner Art nahm damit in der staatsrechtlichen Praxis erheblich ab.

Carl Schmitt wandte sich in seinen ersten Arbeiten, seiner strafrechtlichen Dissertation »Über Schuld und Schuldarten« (1910), seiner Habilitationsschrift »Der Wert des Staates und die Bedeutung des Einzelnen« (1914) sowie »Theodor Däublers ›Nordlicht‹« (1916) gegen die Dominanz der Tatsachen im rechtswissenschaftlichen Positivismus. Auf dem Boden eines um die Jahrhundertwende aufkommenden neukantianischen Dualismus, der streng Idee und Wirklichkeit, Sollen und Sein, Recht und faktische Realität, Form und tatsächliche Befindlichkeit trennte und unterschied, verteidigte Schmitt die »Werte des Geistes«[8] gegen die herrschenden Strömungen des Positivismus und Relativismus. Als zentrales Problem erwies sich dabei in Schmitts frühen Arbeiten die Frage nach dem Verhältnis zwischen diesen beiden Polen. Schmitt suchte nach einer Brücke zwischen dem Ideal und der Wirklichkeit[9]. »Aus dem, was geschieht, läßt sich gewiß nicht ableiten, was geschehen soll«[10], stellte Schmitt bereits 1910 in seiner Dissertation fest.

b) »Der Wert des Staates und die Bedeutung des Einzelnen« (1914)

Carl Schmitt beschränkt sich in seiner Arbeit »Der Wert des Staates und die Bedeutung des Einzelnen« auf bestimmte Fragen: »die nach dem Verhältnis von Recht und Staat, nach der Definition des Staates und den Konsequenzen, die sich für das Individuum im Staate daraus ergeben«[11]. Gleich in der Einleitung nimmt Schmitt als sein Ergebnis vorweg, daß er

---

[6] H. KELSEN, S. 97.
[7] Vgl. EBD., S. 98 f.
[8] Vgl. dazu M. NICOLETTI, S. 109 f.
[9] Vgl. EBD., S. 109 ff.; vgl. H. HOFMANN, S. 41 ff.
[10] C. SCHMITT, Gesetz, S. 3.
[11] C. SCHMITT, Wert, S. 14.

1. Distanz zum Naturrecht 45

den Sinn des Staates als Mittelpunkt der Reihe »Recht, Staat und Individuum« ausschließlich in der Aufgabe der Rechtsverwirklichung sieht: »Das Recht, als reine, wertende, aus Tatsachen nicht zu rechtfertigende Norm stellt logisch das erste Glied dieser Reihe dar; der Staat vollstreckt die Verbindung dieser Gedankenwelt mit der Welt realer empirischer Erscheinungen und repräsentiert das einzige Subjekt des Rechtsethos; das Individuum aber, als empirisches Einzelwesen, verschwindet, um vom Recht und dem Staat, als der Aufgabe, Recht zu verwirklichen, erfaßt zu werden und selbst seinen Sinn in einer Aufgabe und seinen Wert in dieser abgeschlossenen Welt nach ihren eigenen Normen zu empfangen«[12].

Schmitt verwirft die positivistische Machttheorie, wonach Recht nur das Ergebnis tatsächlicher Machtverhältnisse ist. Diese Auffassung könne zwischen der »Macht des Mörders gegenüber seinem Opfer und der Macht des Staates gegenüber dem Mörder«[13] nicht unterscheiden. Aber auch die Rechtstheorie, die das Recht in der »Meinung der meisten, der anständig und billig denkenden Menschen«[14] gründe, findet bei Schmitt keine Anerkennung. Wenn das Meinen eines einzelnen Menschen eine Norm ganz offenkundig nicht zu begründen vermöge, »so können es zehn oder hunderttausend Einzelner ebensowenig, weil die Summe sich nicht aus eigener Kraft über die Art des Summierten zu erheben vermag«[15]. Die entscheidende Frage sei nicht, »ob das Recht oder die Macht in der Welt vorgeht, sondern die, ob das Recht aus Tatsachen abgeleitet werden kann«[16]. Schmitt verneint diese Frage und kommt somit zum »Gegensatz zweier Welten«[17], zu einem »Dualismus, der den Antithesen von Sollen und Sein« entspreche. Das Recht ist für ihn »abstrakter Gedanke, der nicht aus Tatsachen abgeleitet und nicht auf Tatsachen einwirken kann«[18].

Schmitt wendet sich gegen die juristische Methode, »durch eine Abstraktion aus hundert unvollkommenen Dingen« den »Begriff des Vollkommenen«[19] zu gewinnen. Erläutert wird diese Methode u.a. anhand der von ihr aufgestellten Forderung einer höchsten Staatsgewalt. Sie sei immer dem Einwand ausgesetzt, »daß es demnach mehrere hundert höchste Gewalten auf der Erde gibt«[20]. Die Kirche sei dabei mit ihrem Anspruch der

---

[12] EBD., S. 2 f.
[13] EBD., S. 16.
[14] EBD., S. 18.
[15] EBD., S. 30.
[16] EBD., S. 38.
[17] EBD., S. 20; folgende Zitate EBD.
[18] EBD., S. 38.
[19] EBD., S. 45.
[20] EBD., S. 44.

Katholizität gegenüber dem einzelnen Staat, der hundert andere als gleichberechtigt neben sich anerkennen müsse, »in einem unendlichen Vorteil«[21]: »Der konkrete Staat hat sich bei der Frage nach dem idealen Staat, der immer nur Einer sein kann, beständig den Vergleich mit der Empirie gefallen zu lassen, während die Kirche, bei der Ideal und Wirklichkeit nach der eigenen Position zusammenfallen, selbst als der ideale Staat, die civitas Dei auftritt, so daß sie gleichzeitig jedes Argument der philosophischen Begründung eines idealen Staates für sich und gegen den konkreten Staat ins Feld führen kann. Gibt es nur Eine Kirche, so ist die Kirche notwendig vollkommen; gibt es hundert Staaten, so ist der einzelne konkrete Staat notwendig unvollkommen«.

Der Staat verdankt nach Schmitt seine Würde einer Gesetzlichkeit, die »nur im Recht gefunden werden kann«[22]. Das bedeute, »daß das Recht nicht aus dem Staat, sondern der Staat aus dem Recht zu definieren, der Staat nicht Schöpfer des Rechts, sondern das Recht Schöpfer des Staates ist: das Recht geht dem Staate vorher.« Da Schmitt dem Staat die ausschließliche Aufgabe zuweist, das Recht zu verwirklichen, ist für ihn jeder Staat ein Rechtsstaat. Empfange der Staat doch »seine Legitimation als erster Diener des Rechts«[23].

Bei näherer Betrachtung der staatlichen Aufgabe, Recht zu verwirklichen, stellt Schmitt fest, daß bedingt durch den Prozeß der Vermittlung zwischen dem Recht und der Welt jeder Rechtssatz aus zwei Teilen bestehe: einerseits »das Recht, das vor dem Staat da war und als Gedanke unabhängig von ihm ist«[24] und andererseits »das staatliche Recht, als dienendes, zweckbestimmtes, vermittelndes Recht.« Jeder einzelne Rechtssatz zerfalle in eine Rechtsnorm und eine Rechtsverwirklichungsnorm. Zur näheren Bestimmung des originären, nichtstaatlichen Rechts führt Schmitt nur reichlich dunkel aus, »daß es als ein Naturrecht ohne Naturalismus auftreten muß«[25].

Freilich deutet sich bei der Beschreibung des staatlichen Vermittlungsprozesses zwischen Recht und Wirklichkeit bereits Schmitts späterer Dezisionismus an: »Zwischen jedem Konkretum und jedem Abstraktum liegt eine unüberwindliche Kluft, die durch keinen allmählichen Übergang geschlossen wird. Daher ist es notwendig, daß in jedem positiven Gesetz dies Moment des bloßen Festgestelltseins zur Geltung kommt, wonach es

---

[21] Ebd., S. 45; folgende Zitate ebd.
[22] Ebd., S. 46; folgendes Zitat ebd.
[23] Ebd., S. 53.
[24] Ebd., S. 75; folgendes Zitat ebd.
[25] Ebd., S. 76.

1. Distanz zum Naturrecht   47

unter Umständen wichtiger ist, *daß* überhaupt etwas positive Bestimmung wird, als welcher konkrete Inhalt dazu wird«[26].

Wo Ideen und Gedanken verwirklicht werden sollen, gibt es für Schmitt »neben dem Bedürfnis nach einer konkreten Entscheidung, die vor allem, und sei es auf Kosten des Gedankens bestimmt sein muß, das Bestreben nach einer in der selben Weise bestimmten und unfehlbaren Instanz, die diese Formulierung gibt«[27]. Ein »Beispiel typischer Reinheit« sieht er hier in der Lehre der katholischen Kirche: »Als der Gedanke einer sichtbaren, durch eine Rechtsordnung verfassungsmäßig eingerichteten Kirche und damit ein jus divinum, das ein wahres jus und keine Ethik ist, durchgedrungen war, bedurfte es solcher konkreten Formulierungen für Zweifelsfälle. [...] Die Konsequenz der Unfehlbarkeit von Entscheidungen ex cathedra liegt auf der Hand, und wer die Prämisse, ein jus divinum und eine Rechtsordnung der Kirche, zugibt, wird dieser Konsequenz seine Bewunderung nicht versagen.«

Schmitt definiert den Staat als eine »überindividuelle, nicht interindividuelle Instanz, die ihre Würde keiner Schilderhebung der Einzelnen verdankt, sondern ihnen mit originärer Autorität entgegentritt«[28]. Außerdem bewundert er die Leistung des Staates, in ein »Meer zügellosen und bornierten Egoismus und rohester Instinkte« eine Ordnung gebracht zu haben[29].

Das Individuum ist für Schmitt gegenüber dem Staat bedeutungslos. Dieser sei keine »Konstruktion, die Menschen sich gemacht haben, er macht im Gegenteil aus jedem Menschen eine Konstruktion«[30]. Die Bedeutung des Individuums erschöpfe sich darin, »der zufällige Träger der allein wesentlichen Aufgabe«[31] zu sein. Schmitts Ideal des Individuums ist der Beamte, der sich im Staat allein von seiner Aufgabe her definiert. Die einzelnen Funktionen, die der Mensch absolvieren solle, seien nichts anderes als »Behälter«[32], die nicht jeder ausfüllen könne. Auch hier folgt der Blick auf die Kirche: »Wieder ist es die Lehre der römisch-katholischen Kirche, die hier die größte methodische Klarheit und daher auch den stärksten historischen Bestand erreicht hat: der infallible Papst, das in diesem Sinne Absoluteste, das auf der Erde nur zu denken ist, ist nichts für

---

[26] EBD., S. 79.
[27] EBD., S. 81; folgende Zitate EBD.
[28] EBD., S. 85.
[29] EBD., S. 84.
[30] EBD., S. 93.
[31] EBD., S. 86.
[32] EBD., S. 90.

seine Person, ist nur Instrument, Statthalter Christi auf Erden, servus servorum Dei«[33].

Wegen der Bedeutungslosigkeit des Einzelnen kann für Schmitt »eine Norm, die gilt, weil sie gut und richtig ist, nicht um der Interessen der aufsummierten einzelnen Menschen gelten.« Deshalb steht er auch der »Formel, daß das Gesetz um der Menschen Willen, nicht aber der Mensch um des Gesetzes Willen da sei«[34], sehr reserviert gegenüber.

c) Katholische Rechts- und Staatslehre?

Viele Zeitgenossen Schmitts sahen in »Der Wert des Staates und die Bedeutung des Einzelnen« eine Naturrechtslehre oder eine katholische Staats- und Rechtsphilosophie. Indem er in jedem Satz des positiven Rechts den Teil bestimme, der unmittelbar aus dem Rechtsgedanken fließe, bekenne Schmitt »sich offen als Naturrechtler«[35], meinte 1915 Otto Tesar. Ludwig Waldecker sah in Schmitt 1916 einen »konstruierenden Begriffsjuristen naturrechtlichen Angedenkens«[36]. Heinrich Wohlgemuth erkannte 1932 in dieser Schrift das Bekenntnis »zu dem offiziösen Standpunkt der katholischen Rechtsphilosophie«[37]. Und Hans Krupa war 1937 überzeugt, daß die Abhandlung »ihren geistigen Ursprung in der katholischen Rechts- und Staatslehre hat«[38].

Gemeinsam ist dem katholischen Naturrechtsdenken und Schmitts Rechtslehre die Ablehnung des Rechtspositivismus. Schmitts zentrale These, daß das Recht dem Staat vorgeht, der Staat also nicht Schöpfer des Rechts ist, könnte in dieser Abstraktion auch von einem katholischen Naturrechtler formuliert worden sein.[39] Dasselbe gilt für Schmitts Feststellung, daß eine Norm nicht durch das »Meinen« vieler einzelner begründet werden kann. So verurteilte Pius IX. im Zusammenhang mit der Ablehnung der Lehre von der Volkssouveränität die Auffassung, daß der Wille des Volkes in der öffentlichen Meinung das oberste Gesetz darstelle[40].

Den sich in diesem Zusammenhang aufdrängenden Fragen nach Ursprung und Träger der Staatsgewalt geht Carl Schmitt in seiner Habilitati-

---

[33] EBD., S. 95.
[34] EBD., S. 99.
[35] O. TESAR, S. 249.
[36] L. WALDECKER, S. 339.
[37] H. WOHLGEMUTH, S. 67 f., Anm. 58.
[38] H. KRUPA, S. 3.
[39] E. Kaufmann wurde für seine in diesem Punkt mit C. Schmitt identische Überzeugung: »Der Staat schafft nicht Recht, er schafft Rechtssätze; Staat und Gesetz stehen unter dem Recht« von J. B. SCHUSTER, Naturrecht, S. 196, gelobt.
[40] Vgl. E. MARMY, S. 36 (Quanta cura); vgl. oben II. 1.

onsschrift nicht nach. Er nimmt auch zu dem in der katholischen Staats- und Rechtslehre lebhaft ausgetragenen Streit zwischen Befürwortern der Translations- und der Designationstheorie nicht Stellung. Diese Zurückhaltung läßt sich aus der Perspektive von 1914 damit erklären, daß dieser Themenkomplex erst aufgrund des Art. 1 der Weimarer Verfassung von 1919 im deutschen Katholizismus seine praktische Bedeutung erlangte.

Schmitts Definition des Staates als eine überindividuelle Instanz, »die ihre Würde keiner Schilderhebung der Einzelnen verdankt«[41], kann jedoch als eine Absage an die moderne Lehre von der Volkssouveränität, wie sie von Rousseau entwickelt und der katholischen Staatslehre abgelehnt wurde, verstanden werden. Allerdings hat sich Schmitt in den 20er Jahren die Staatstheorie Rousseaus unter eigenwilligen Vorzeichen zur Begründung seiner eigenen Demokratie-Definition zunutze gemacht.[42] Es ist deshalb Vorsicht angebracht, aus dieser Aussage Schmitts gleich eine Opposition gegen den Contrat social Rousseaus herauslesen zu wollen.

Die von Schmitt vorgenomme Unterscheidung von originärem und staatlichem Recht hat eine lange Tradition. Ausgangspunkt der Trennungstheorie ist die berühmte Definition Aristoteles': »Das für politische Gemeinschaften geltende Recht (πολιτικὸν δίκαιον) zerfällt in das natürliche (φυσικόν) und das gesetzliche (νόμιμον). Natürlich ist jenes, das überall (πανταχοῦ) die gleiche Kraft besitzt, unabhängig davon, ob es anerkannt ist oder nicht. Gesetzlich ist jenes, dessen Inhalt ursprünglich so oder anders sein kann und erst durch positive Festsetzung so bestimmt wird«[43]. In die christliche Tradition hat die in der Stoa entwickelte Dreiteilung des Rechts in lex aeterna, lex naturalis und lex humana[44], die sowohl von Augustinus[45] als auch von Thomas von Aquin[46] vertreten wurde, Eingang gefunden. Die lex aeterna ist die unveränderliche Schöpfungsordnung Gottes[47], die lex humana oder temporalis das den jeweiligen Umständen angepaßte, wandelbare positive Gesetz. Die lex naturalis ist die Brücke zwischen diesen beiden Polen. Augustinus versteht darunter die Transskription des ewigen Gesetzes in die Seele oder das Gewissen des Menschen.[48] Nach Thomas von Aquin ist die lex

---

[41] C. SCHMITT, Wert, S. 85.
[42] Vgl. unten III. 7. a) »Die geistesgeschichtliche Lage des heutigen Parlamentarismus« (1923).
[43] Zit. nach H. WELZEL, S. 32.
[44] Vgl. H. WELZEL, S. 39.
[45] Vgl. EBD., S 54 f.
[46] Vgl. THOMAS VON AQUIN, s. th. II 1 qu. 90, 1.
[47] Vgl. H. WELZEL, S. 55, 58.
[48] Vgl. EBD., S. 55.

naturalis die Teilnahme des vernunftbegabten Geschöpfes an der lex aeterna.[49]

Leo XIII. übernahm die traditionelle Dreiteilung des Rechts. Dabei setzte er das Naturgesetz, »das hineingeschrieben und eingeprägt ist in das Herz eines jeden Menschen«[50], in letzter Konsequenz mit dem ewigen Gesetz gleich.[51] Auch das menschliche Gesetz steht nach Leo XIII. in einem inneren und wesensnotwendigen Zusammenhang mit dem natürlichen und ewigen Gesetz.[52] Die positiven menschlichen Gesetze hätten »keineswegs ihren letzten Grund und Ursprung in der menschlichen Gesellschaft«, heißt es gegen den Rechtspositivismus gerichtet. Sie seien vielmehr ebenfalls »auf das Naturgesetz und demzufolge auf das ewige Gesetz als ihren letzten Grund zurückzuführen.« Solche positiven Gesetze seien insofern im Naturrecht begründet, als die rechtmäßige Staatsgewalt das Recht und die Pflicht habe, zum Nutzen des Gemeinwohls bestimmte Leistungen vorzuschreiben[53]. Diese Relation gilt freilich auch umgedreht: Jedes menschliche Gesetz hat nach Leo XIII. »nur insoweit Gesetzescharakter, als es sich vom Naturgesetz in der einen oder andern Form herleitet«[54].

Vergleicht man Schmitts Unterscheidung von originärem und staatlichem Recht mit dieser katholischen Tradition, so läßt sich ein wesentlicher Unterschied feststellen: Die »unüberwindliche Kluft«[55], die nach Schmitt zwischen den beiden Rechtskategorien in jedem einzelnen empirischen Rechtssatz besteht und nur durch einen Akt souveräner Entscheidung überbrückt werden kann, besteht in der katholischen Rechtslehre in dieser Schärfe nicht. Zwar unterscheidet die katholische Lehre zwischen dem primären Naturrecht der zeitlosen und allgemeinen Prinzipien und dem sekundären Naturrecht, welches diese Grundsätze dem geschichtlichen Wandel entsprechend umsetzt.[56] Allerdings beansprucht das natürliche Recht in bestimmten Fällen wie dem Tötungsverbot auch völlig unabhängig von Umsetzungsmaßnahmen der staatlichen Gewalt Geltung.[57] Schließlich gründet jedes Gesetz harmonisch im Naturgesetz und ewigen Gesetz. Das eine geht aus dem anderen hervor, was Schuster, ein engagierter Vertreter des katholischen Naturrechtsdenkens 1928 anschaulich

---

[49] Vgl. THOMAS VON AQUIN, s. th. II 1 qu. 91, 2.
[50] Zit. nach P. TISCHLEDER, Staatslehre, S. 30.
[51] Vgl. EBD., S. 30.
[52] Vgl. EBD., S. 33; folgende Zitate EBD.
[53] Vgl. EBD., S. 36.
[54] EBD., S. 36.
[55] C. SCHMITT, Wert, S. 79.
[56] Vgl. dazu etwa H. SCHAMBECK, S. 32.
[57] Vgl. J. B. SCHUSTER, Naturrecht, S. 199.

formulierte: »Die positiven Normen der Autorität müssen als Teilerscheinung des geistigen Kulturlebens der menschlichen Gemeinschaft in Beziehung gebracht werden zu den höchsten und allgemeinsten Normen des menschlichen Lebens überhaupt. Dies geschieht aber durch Eingliederung der positiven Rechtsordnung in die sittliche Weltordnung. Sie wird Ausfluß und Widerschein des Naturgesetzes, ja einer ewigen Weltordnung. [...] Alles positive Recht will die menschliche Gemeinschaft regeln im Dienste und nach den Ideen der Gerechtigkeit. Kein Wunder darum, daß auch Norm der Beurteilung und Kriterium des positiven Rechts in erster Linie aus dieser höchsten Idee der Gerechtigkeit geholt werden muß«[58]. Deshalb ist für Schuster in Übereinstimmung mit der katholischen Rechtstradition auch die positive Rechtsordnung ein Bestandteil der sittlichen Ordnung[59]. Und der Staat »ist eine sittliche Institution, und wenn er seine sittliche Basis verläßt, dann ist er nicht mehr Recht, sondern Gewalt«[60].

Die katholische Naturrechtslehre verkennt nicht, daß das Recht nicht ohne weiteres mit der Ethik, die Rechtswissenschaft nicht mit der Moraltheologie identifiziert werden dürfen. So schreibt schon Thomas von Aquin dem Recht eine gewisse Äußerlichkeit zu.[61] Jedoch gilt als selbstverständlich, daß auch die positive Rechtsordnung der sittlichen Fundierung bedarf.[62] Hier liegt der zentrale Unterschied zu der von Carl Schmitt entwickelten Auffassung vom Recht. Denn die gleiche tiefe Kluft, die Schmitt zwischen dem originären und dem staatlichen Recht sieht, stellt er auch zwischen dem originären Recht und der Ethik fest. Vor allem gegen Stammler und Stahl gerichtet betont Schmitt, Recht und Sittlichkeit seien »nicht auf dasselbe Prinzip zurückzuführen. Sie können nicht in Widerspruch miteinander geraten, weil sie nichts miteinander zu tun haben«[63]. Schmitt wendet sich engagiert gegen jede »Herabsetzung des Rechts [...] zur Magd, zur Hausfrau«[64], die er in der Theorie, wonach das Recht die äußere Bedingung der Sittlichkeit sein soll, sieht. Außerdem macht er in diesem Kontext eine andere Gefahr aus: »Alle Philosophie, die Recht und Sittlichkeit auf ein und dasselbe Prinzip zurückführen will, sollte wenigstens die Konsequenz übersehen, daß danach Staat und Gott sich nicht anders zueinander verhalten wie Recht und Sittlichkeit, und beide mit derselben Notwendigkeit und in demselben Sinne als göttlich

---

[58] EBD., S. 200.
[59] EBD., S. 200.
[60] EBD., S. 207.
[61] Vgl. THOMAS VON AQUIN, s. th. II 2 qu. 57, 1.
[62] Vgl. J. B. SCHUSTER, Naturrecht, S. 207.
[63] C. SCHMITT, Wert, S. 67.
[64] EBD., S. 68.

zu betrachten sind. Die Vermengung der beiden Gebiete führt zu einer unbeschreiblichen Verwirrung der Anschauungen über den Staat, dem bei einer Verschmelzung von Recht und Sittlichkeit göttlicher Charakter zugeschrieben werden muß«[65].

Schmitt ist der Auffassung, die Forderung nach Trennung der beiden Bereiche »müßte sich schon aus der Unterscheidung von äußerer und innerer Freiheit und der Unmöglichkeit, das Sichtbare mit dem Unsichtbaren, Zeitliches und Ewiges unter einen Begriff zu bringen, leicht schließen lassen«[66]. Daraus zieht er den praktischen Schluß: »Wenn, nach Luthers Wort, die Juristen ›sich in das Reich Gottes nicht mengen‹ sollen, so sollen auch die reinen Ethiker wenigstens die methodische Autochthonie des Reiches der Welt gelten lassen«[67].

Die katholische Soziallehre will Recht und Sittlichkeit zwar nicht verschmelzen, aber die katholische Kirche wird nicht darauf verzichten, das »Reich der Welt« auch und gerade unter sittlichen Aspekten zu betrachten und zu beurteilen. Sie sieht in der Einbindung der positiven Rechtsordnung in das Sittengesetz keine Vergottung des Staates, sondern gerade seine Begrenzung. Wenn Schmitt hier die Gefahr der Vergöttlichung des Staates erkennt, stellt er sich damit gegen die katholische Rechtstradition.

Schmitt weiß, daß er sich mit seiner Position im deutschen Katholizismus kein Lob einhandeln kann. Seine These, »daß das Recht nicht aus der Ethik abgeleitet werden kann«, fände, so räumt er selbst ein, »den Widerspruch gerade derjenigen Rechtsphilosophen, denen die Ableitung des Rechts aus Tatsachen besonders fern liegt«[68]. Schmitt führte damit seinen Kampf gegen den Rechtspositivismus in aller Offenheit außerhalb der Tradition des katholischen Naturrechtsdenkens. Da diese Doktrin für den deutschen Katholizismus »ein Element seiner geistigen Selbstfindung«[69] war, klinkte er sich 1914 aus der rechtsphilosophischen Hauptströmung des zeitgenössischen Katholizismus aus. Diese Absage an das katholische Naturrechtsdenken zieht sich wie ein roter Faden durch seine Staatsrechtslehre der 20er und 30er Jahre. Sie gehört zu den Konstanten seiner politischen Theorie.

Die Staatsvergottung, die durch die scharfe Trennung von Recht und Ethik verhindert werden soll, ist in Form einer Verabsolutierung des Staates auf Kosten des Individuums genau das Resultat, für das Schmitt be-

---

[65] EBD., S. 67.
[66] EBD., S. 11.
[67] EBD., S. 12.
[68] C. SCHMITT, Wert, S. 11.
[69] A. HOLLERBACH, Katholizismus, S. 78.

1. Distanz zum Naturrecht 53

reits mit seiner Rechts- und Staatslehre von 1914 die Fundamente legt. Der Staat, der das Recht in einem »Akt souveräner Entscheidung« setzt, gerät in die Nähe der Unfehlbarkeit, wenn »unter Umständen wichtiger ist, d a ß überhaupt Etwas positive Bestimmung wird, als welcher konkrete Inhalt dazu wird«[70]. Der Primat des Rechts, von dem keine konkreten inhaltlichen Impulse an den Vermittler zwischen Recht und Wirklichkeit ausgehen, wird auf eine rein logische Fiktion reduziert.[71] Der Staat, der theoretisch an das Recht gebunden ist, wird, weil er gar nicht gegen das Recht verstoßen kann, praktisch allmächtig.

Dieser Befund gilt umso mehr, als Schmitt den Vorgang der Verstaatlichung des Rechts keiner Kontrolle zum Schutz der abstrakten Norm unterwerfen will. Die katholische Lehre von der potestas indirecta des Papstes, in der Schmitt ein für die Methodik der Rechtswissenschaft an sich mustergültiges Modell sieht, zwischen Recht und Staat noch eine Instanz zu schieben, »um das Recht vor der Macht zu schützen«[72], lehnt er kategorisch ab. Es seien »immer nur Menschen, die zu Hütern der Gesetze aufgestellt werden können, und wer selbst den Hütern nicht traut, dem hilft es nichts, ihnen wieder neue Hüter zu geben«[73]. Die »unübersteigliche Kluft zwischen der reinen Norm und ihrer Verwirklichung« könne »nicht durch noch so viele Zwischenglieder« ausgefüllt werden[74].

Die von Schmitt entwickelte Überhöhung des Staates ist in der katholischen Soziallehre nicht anzutreffen. Leo XIII. bezeichnet zwar die Staatsgewalt, die auf das Gemeinwohl bezogene Ordnung schafft, als »Abglanz und Abbild der göttlichen Majestät«[75]. Jedoch ist diese an sich sehr positiven Würdigung der Staatsgewalt gerade wegen der einschränkenden

---

[70] C. SCHMITT, Wert, S. 79.
[71] Vgl. H. HOFMANN, S. 52 f.
[72] C. SCHMITT, Wert, S. 82.
[73] EBD., S. 83; folgendes Zitat EBD.
[74] Der Kampf gegen die »potestas indirecta« gehört zu den tragenden Säulen der politischen Theorie C. Schmitts. Er wird in den 30er Jahren im Zusammenhang mit der Lehre vom »totalen Staat« weiterentwickelt im Kampf gegen die Macht der pluralistischen Interessenorganisationen, zu denen C. Schmitt auch die Kirchen zählt; vgl. unten III. 9. a). C. Schmitts Position stieß bei katholischen Zeitgenossen auf heftige Kritik. So schrieb E. Peterson 1938 an C. Schmitt, die Polemik gegen die potestas indirecta habe nur dann einen Sinn, »wenn man darauf verzichtet, ein Christ zu sein und sich für das Heidentum entschieden hat« (zit. nach B. NICHTWEIß, Verfassungslehren, S. 57). Auch W. Neuß war in einem Brief an E. Peterson 1938 der Auffassung, C. Schmitt müsse sich wegen der heimtückischen Angriffe gegen die »indirekten Gewalten« schämen (vgl. EBD., S. 57). Auffallend ist, daß diese katholische Empörung erst 1938 anläßlich des Erscheinens von C. Schmitts »Leviathan« zum Ausdruck kam. Den Kern seiner Lehre gegen die »potestas indirecta« hatte C. Schmitt bereits 1914 formuliert.
[75] Zit. nach P. TISCHLEDER, Staatslehre, S. 205.

Verweisung auf das Gemeinwohl alles andere als eine Vergötzung des Staates. Selbst wenn Leo XIII. wie schon vor ihm Pius IX. die in der Scholastik entwickelte Lehre vom legitimen Widerstandsrecht gegen einen Herrscher, der sein Privatwohl zum Schaden des »bonum commune« verfolgt, stark relativiert, hält auch er nur Anordnungen »zum *Zwecke des allgemeinen Wohles*« für rechtmäßige Gesetze[76]. Die »ernste Pflicht der Achtung und des Gehorsams« gegenüber der Staatsgewalt bestehe nur solange, »als die Bedürfnisse des Gemeinwohls es erfordern; *denn das Gemeinwohl ist in der Gemeinschaft nach Gott das erste und letzte Gesetz*«[77]. Carl Schmitt bekennt sich dagegen in seiner Rechts- und Staatsphilosophie von 1914 weder zur Lehre vom Gemeinwohl, noch benennt er Grenzen der Staatsgewalt bei der Rechtsverwirklichung. Allein der Hinweis, der Staat sei wegen seiner Orientierung am Recht immer Rechtsstaat, ist jedenfalls keine Grenzziehung gegen die staatliche Allmacht im Sinne der katholischen Gemeinwohllehre.

Es kann auch kein Zweifel daran bestehen, daß Schmitts überaus skeptische, ja fast verachtende Beurteilung des Individuums in seinem Verhältnis zum Staat dem christlichen Menschenbild, wie es nach dem Zweiten Vatikanischen Konzil in der katholischen Theologie vertreten wird, nicht entspricht. Die Würde der Person, die ihre tiefste Begründung in der Gottesebenbildlichkeit des Menschen findet, gehört auch in der katholischen Soziallehre zum Fundament bei der Begründung der modernen Menschen- und Freiheitsrechte, an denen der Staat seine Grenzen findet. In der vorkonziliaren Kirche, insbesondere im 18. und 19. Jahrhundert, kann jedoch von einer vorbehaltlosen katholischen Akzeptanz dieser erst vom Liberalismus durchgesetzten Wertschätzung des Individuums als Träger politischer, auch gegen den Staat gerichteter Rechte keine Rede sein.[78] Wenn Schmitt in seiner Rechts- und Staatstheorie gegen den Staat gerichteten Freiheitsrechten des Individuums skeptisch begegnet[79], so finden sich in dieser antiliberalen Grundhaltung Parallelen in der Tradition der päpstlichen Soziallehre vor allem im 19. Jahrhundert.[80]

Die negative Bewertung der Summe der Individuen als »ein Meer zügellosen und bornierten Egoismus und rohester Instinkte«[81], die der Staat

---

[76] Zit. nach EBD., S. 138.
[77] EBD., S. 139.
[78] Vgl. G. LINDGENS, S. 28.
[79] Vgl. C. SCHMITT, Wert, S. 99 f.
[80] Vgl. oben II. 1.
[81] C. SCHMITT, Wert, S. 84.

1. Distanz zum Naturrecht

einzudämmen habe, hat in der katholischen Tradition in dieser Radikalität allerdings keinen Platz. Hier deutet sich bei Schmitt bereits die vor allem im »Begriff des Politischen« präsentierte einseitig negative Anthropologie und das in der »Politischen Theologie« vorgenommene Bekenntnis zum Hobbes-Axiom »homo homini lupus« an. Die thomistische Lehre lautet genau entgegengesetzt: »homo homini naturaliter familiaris et amicus«[82]. Der Mensch ist als geselliges Wesen – unabhängig von der Frage der Erbsünde – von Natur her zur Freundschaft mit anderen Menschen angewiesen. Darum ist der Staat nach katholischer Lehre auch eine in der Natur der Menschen verwurzelte Ordnung[83]; eine Erkenntnis, die man in Schmitts Habilitationsschrift vergebens sucht.

Mehrfach verweist Carl Schmitt mit ehrfürchtiger Bewunderung auf die Lehre der katholischen Kirche als Beispiel größter methodischer Klarheit für die Rechtswissenschaft. Immer wieder gewinnt dabei der Leser den Eindruck, daß nicht nur die Durchformung der katholischen Dogmatik ein Muster juristischer Reinheit ist, sondern die katholische Kirche auch als Anschauungsmaterial für die staatliche Organisation herhalten muß. Wenn Schmitt der positivistischen Staatsrechtslehre auf ihrer Suche nach dem Staatsbegriff demonstrativ die als katholisch vorgestellte Tendenz, daß EINER Wahrheit auch EINE höchste Gewalt entsprechen müsse[84], vor Augen führt oder den unfehlbaren Papst als vorzügliches Beispiel für Rechtsverwirklichung vorstellt, dann bringt er nicht nur eine eindeutige Sympathie für einen entscheidungsfreudigen Alleinherrscher zum Ausdruck. Er legt hier den Grundstein für seine These von 1923, daß der römische Katholizismus die ideale politische Form verwirklicht habe und als organisatorisches Vorbild für den Staat gelten könne.

Aus dieser Bewunderung der katholischen Kirche kann jedoch nach dem hier festgestellten Befund hinsichtlich der Abweichungen Schmitts von der katholischen Soziallehre nicht auf ein vorbehaltloses Bekenntnis zu den Lehren dieser Kirche geschlossen werden. Der Respekt, der Schmitt der katholischen Kirche entgegenbringt, ist der eines analytisch denkenden Juristen. Die rein rechtsmethodische Anerkennung und Bewunderung der katholischen Lehren könnte auch von einem Nichtkatholiken oder Atheisten herrühren.

---

[82] THOMAS VON AQUIN, Summa contra gentiles III, S. 117, 125.
[83] Vgl. für Leo XIII. P. TISCHLEDER, Staatslehre, S. 43 f.
[84] C. SCHMITT, Wert, S. 44 f.

2. Klassik statt Romantik

Carl Schmitts wissenschaftliches Interesse war bis in die 20er Jahre nicht auf ein bestimmtes Gebiet beschränkt. In seiner Dissertation »Über Schuld und Schuldarten« beschäftigte er sich mit strafrechtlichen, in seiner Habilitationsschrift »Der Wert des Staates und die Bedeutung des Einzelnen« mit rechtsphilosophischen Fragen. Später wurde er in erster Linie als Staatsrechtler bekannt. Zu den Forschungen Schmitts, die in der Sekundärliteratur, zumal in der juristischen, wenig Beachtung fanden, gehörten seine Studien zur Romantik. Für seinen Standort im deutschen Katholizismus waren gerade sie von großer Bedeutung.

a) »Politische Romantik« (1919)

In seiner 1919 in 1. Auflage erschienenen »Politischen Romantik« stellt Schmitt bei den herkömmlichen Versuchen der Begriffsbestimmung für die Romantik zahlreiche Widersprüche und eine ziemliche »Verwirrung«[85] fest. Hätten die gegenrevolutionären Schriftsteller noch das »›Monstrum mit den drei Köpfen‹: Reformation, Revolution und Romantik«[86] bekämpft, so könne man heute in Deutschland »den Eindruck haben, als wäre die Romantik ein natürlicher Bundesgenosse konservativer Ideen«; sie verbinde sich hier »mit der Restauration, mit Feudalität und ständischen Idealen gegen die Revolution«[87]. So erscheine die politische Romantik als »Flucht in die Vergangenheit«. Wer nicht »bedingungslos die Gegenwart für besser, freiheitlicher und fortschrittlicher« halte als frühere Zeiten, werde zum Romantiker gestempelt; ein für Schmitt nicht nachvollziehbarer Vorgang, da aus seiner Sicht dann gerade die französischen Royalisten »ein Schulbeispiel politischer Romantik« wären.

Verfehlt sei es auch, die Romantik durch eine Übereinstimmung im Negativen zu bestimmen, indem man etwa darunter alles fasse, was im Gegensatz zu Rationalismus und Aufklärung stehe. Diese »kuriose Logik«[88] führe dazu, die katholische Kirche, »diesen Wunderbau christlicher Ordnung und Disziplin, dogmatischer Klarheit und präziser Moral, ebenfalls für romantisch zu erklären und im romantischen Pantheon neben allen möglichen Genies, Sekten und Bewegungen auch noch das Bild des Katholizismus aufzustellen.«

---

[85] C. Schmitt, Politische Romantik, S. 13.
[86] C. Schmitt, Romantik, S. 162.
[87] Ebd., S. 163; folgendes Zitat ebd.
[88] Ebd., S. 160; folgendes Zitat ebd.

2. Klassik statt Romantik

Wegen dieser Verwirrungen geht Schmitt methodisch einen anderen Weg. Er fragt nicht nach dem mehr oder weniger zufälligen Objekt der Romantik; er interessiert sich vielmehr für das Subjekt der Romantik, den Romantiker, und das, was ihn ausmacht[89]. Die romantische Haltung, die »den Zwang der berechenbaren Ursächlichkeit« und »jede Bindung an eine Norm« verneine[90], wird für Schmitt an klarsten mit dem Begriff der occasio bezeichnet. Das Gelegentliche und Zufällige werde zum Prinzip erhoben. In dem metaphysischen System des Occasionalismus, etwa in der Philosophie des Malebranche, sei »Gott die letzte, absolute Instanz und die ganze Welt und alles, was in ihr vorgeht, bloßer Anlaß seiner alleinigen Wirksamkeit.« Diese occasionalistische Haltung könne bestehen bleiben und gleichzeitig an die Stelle Gottes eine andere höchste Instanz, etwa der Staat, das Volk oder das einzelne Ich, treten. Die Romantik ersetze Gott durch das Ich. Sie ist deshalb für Schmitt »subjektivierter Occasionalismus, d.h. im Romantischen behandelt das romantische Subjekt die Welt als Anlaß und Gelegenheit seiner romantischen Produktivität.« Schmitt beschreibt hier also einen Prozeß der Säkularisierung, d.h. die Ersetzung Gottes »durch irdische und diesseitige Faktoren.«

Zur romantischen Situation gehört für Schmitt, »sich zwischen mehreren Realitäten zu reservieren«[91], sich nicht entscheiden zu können und statt dessen in »das höhere, alle Gegensätze in harmonische Einheit auflösende subjektivierte Dritte«[92] auszuweichen. Die Romantiker »wollen nicht Partei ergreifen, wie das jeder tun muß, der von gut und böse im moralischen Sinne spricht und Recht von Unrecht unterscheidet«[93]. Daß der Romantiker »in der organischen Passivität, die zu seiner occasionalistischen Struktur gehört, produktiv sein will, ohne aktiv zu werden«, rechtfertige »den Eindruck innerer Unwahrhaftigkeit«[94].

Als Prototyp des politischen Romantikers macht Schmitt Adam Müller aus. Über viele Seiten übergießt er ihn mit Hohn und Spott. Sein Staat, der despektierlich in Anführungszeichen gesetzt wird, sei »eine Projektion des romantischen Subjekts ins Politische«[95]. Adam Müllers »mit allem einverstandener, alles gutheißender Pantheismus« sei »aus seiner weiblichen, pflanzenhaften Natur zu erklären«[96]. »Weder logische

---
[89] EBD., S. 162.
[90] EBD., S. 169; folgende Zitate EBD.
[91] C. SCHMITT, Politische Romantik, S. 84.
[92] EBD., S. 146.
[93] EBD., S. 98.
[94] EBD., S. 161.
[95] EBD., S. 111.
[96] EBD., S. 112 f.

Distinktionen, noch moralische Werturteile, noch politische Distinktionen sind ihm möglich. Die wichtigste Quelle politischer Vitalität, der Glaube an das Recht und die Empörung über das Unrecht, existiert nicht für ihn«[97].

Die Tatsache, daß viele Romantiker ihre geistige Heimat – zu einem großen Teil als Konvertiten – im Katholizismus fanden, bringt Schmitt nicht in Erklärungsnotstand: »in der katholischen Kirche und ihrer Theologie waren in einem Jahrtausend geistiger Arbeit alle menschlichen Probleme in der prinzipiellsten Form, die sie haben können, nämlich theologisch, erörtert, das war ein mächtiges Arsenal von handlichen Begriffen und tiefsinnigen Formeln. Ohne sich in die mühselige und undankbare Arbeit dogmatischer Untersuchungen einzulassen, gebrauchen sie, wie sie früher naturphilosophische Termini verwendeten, jetzt Worte wie Gnade, Erbsünde, Offenbarung, die letzten Dinge, als kostbare Behälter, in die das romantische Erlebnis sich ausgießt«[98]. Schmitt spricht also den Romantikern ein glaubensmäßiges Bekenntnis zur katholischen Kirche ab. Katholizismus und Romantik sind für ihn unvereinbare Größen: »Denn sooft die katholische Kirche das Objekt romantischen Interesses war, und sooft sie auch romantische Tendenzen in ihren Dienst zu stellen wußte, sie selbst ist nie, sowenig wie irgendeine andere Weltmacht, Subjekt und Träger einer Romantik gewesen«[99].

Schmitts Bewunderung der katholischen Kirche, auf die Begriffe wie »Weltmacht« oder »Wunderbau« hinweisen, setzt sich also auch in der »Politischen Romantik« fort. Eine Verbindung der katholischen Kirche mit Negativem, was für Schmitt die Romantik darstellt, läßt er nicht zu. Insofern er das elementum fascinosum der katholischen Kirche beschreibt, trägt seine Schrift apologetische Züge. Da auch in ihr wie bereits in »Der Wert des Staates und die Bedeutung des Einzelnen« ein Bekenntnis zu den Lehren der katholischen Kirche fehlt, hat sie allerdings bestenfalls den Charakter einer Außenapologie[100].

Carl Schmitt läßt den Leser nicht im unklaren darüber, was er letztlich mit seiner Studie über die politische Romantik bezweckt. Es geht ihm um den Nachweis, »daß Männer wie Burke, de Maistre und Bonald nicht ohne weiteres mit Adam Müller und Friedrich Schlegel unter dieselbe Kate-

---

[97] Ebd., S. 114.
[98] Ebd., S. 119.
[99] Ebd., S. 46.
[100] Charles Maurras hat die katholische Kirche als Atheist ganz ähnlich beschrieben (vgl. dazu unten III. 3. g) Charles Maurras und die Action Française). W. Gurian hat ihn deshalb einen »Außenapologeten« genannt (W. Gurian, Maurras, S. 244).

gorie politischer Geistigkeit gebracht werden dürfen«[101]. Zwischen seinen 1922 in der »Politischen Theologie« präsentierten eigenen Gewährsleuten und den von ihm vorgeführten politischen Romantikern will er also einen dicken Trennungsstrich ziehen und das große Mißverständnis, das er auch und gerade im deutschen Katholizismus weit verbreitet sieht, aus dem Felde räumen, die politische Romantik eigne sich als theoretisches Waffenarsenal im Kampf gegen den Liberalismus in allen seinen Ausprägungen.

Auch wenn sich Schmitt dagegen wehrt, die Romantik mit irgendwelchen Inhalten zu verbinden, so tut er doch etwas ganz Ähnliches, wenn er ausführt, die Romantik sei »psychologisch und historisch ein Produkt bürgerlicher Sekurität«[102], und 1924 die Verknüpfung zum liberalen Individualismus herstellt: »Nur in einer individualistisch aufgelösten Gesellschaft konnte das ästhetisch produzierende Subjekt das geistige Zentrum in sich selbst verlegen, nur in einer bürgerlichen Welt, die das Individuum im Geistigen isoliert, es an sich selbst verweist und ihm die ganze Last aufbürdet, die sonst in einer sozialen Ordnung in verschiedenen Funktionen hierarchisch verteilt war. In dieser Gesellschaft ist es dem privaten Individuum überlassen, sein eigener Priester zu sein, aber nicht nur das, sondern, wegen der zentralen Bedeutung und Konsequenz des Religiösen, infolgedessen auch der eigene Dichter, der eigene Philosoph, der eigene König, der eigene Dombaumeister an der Kathedrale seiner Persönlichkeit. Im privaten Priestertum liegt die letzte Wurzel der Romantik und der romantischen Phänomene«[103]. Der Individualismus und der Liberalismus werden somit als geistige, ja quasitheologische Väter der Romantik ausgemacht. Schmitt erprobt damit an der Romantik den Schlüssel der religiös-politischen Analogie, den er in seiner »Politischen Theologie« von 1922 eindrucksvoll vorstellt.

1924 bezieht Schmitt die romantische Kunst in seine Kritik ein. Bei ihr vermißt er »die Verpflichtung zu einer großen und strengen Form oder Sachlichkeit«[104]. Sie sei eine »Kunst ohne Publizität und ohne Repräsentation.« Auch wenn sie den Anspruch erhebe, »wahre, echte, natürliche, universale Kunst zu sein«, sei sie »als Ganzes der Ausdruck einer Zeit, die, wie auf anderen geistigen Gebieten, auch in der Kunst keinen großen Stil aufbringt und, im prägnanten Sinne, keiner Repräsentation mehr fähig ist«[105]. Schmitt spricht es zwar nicht explizit aus, aber hinter seiner For-

---

[101] C. SCHMITT, Politische Romantik, S. 18.
[102] EBD., S. 91.
[103] C. SCHMITT, Romantik, S. 171.
[104] EBD., S. 168; folgendes Zitat EBD.
[105] EBD., S. 167.

derung nach strenger Form und Repräsentation verbirgt sich ein Plädoyer für die Klassik – und natürlich für die Form der römisch-katholischen Kirche, bei der er diese beiden Elemente am reinsten realisiert sieht.

b) Romantik im deutschen Katholizismus

Die Romantik spielte im deutschen Katholizismus im 19. und zu Beginn des 20. Jahrhunderts in der politischen Theorie und in der Kunsttheorie eine zentrale Rolle[106]. Zeitgeschichtlich muß sie als Gegenbewegung zur Aufklärung und zum Ideengut der Französischen Revolution gesehen werden. Wollte der aufklärerische Rationalismus alle Erkenntnisse und Wertungen aus der Vernunft ableiten, setzte die Romantik der ratio die diese übersteigenden Kräfte des Gemüts, der Religion und des ästhetischen Empfindens entgegen[107].

In der politisch-soziologischen Theorie knüpften die katholischen Romantiker nicht wie Hobbes oder Rousseau, die Propheten der neuen Zeit, am Individuum, sondern am Vorrang der Gemeinschaft gegenüber dem Einzelnen an. Der Topos des sozialen Organismus, der bereits bei Aristoteles und Thomas von Aquin seine philosophische Ausformulierung findet, wurde zum Kennzeichen und tragenden Element der romantischen Gesellschaftslehre[108]. Staatstheoretisch setzten die Romantiker den Gedanken des sozialen Organismus um in die Forderung nach einem ständisch gegliederten Staatsaufbau. Von diesem Standpunkt aus machten sie die herrschende materialistische, positivistische und liberal-individualistische Philosophie für die Auflösungstendenzen in der Gesellschaft und für die zunehmend destruktiv erlebten Konsequenzen der liberal-kapitalistischen Wirtschaftsordnung verantwortlich. Der ständisch gegliederte Staat sollte die aufgebrochenen Interessengegensätze nach dem Vorbild des nun idealisierten christlichen, mittelalterlichen Ständestaates überbrücken und die ersehnte, »alte« Harmonie wiederherstellen.

Die französischen Traditionalisten wie de Maistre und de Bonald, die entgegen den theoretischen Anstrengungen Schmitts im deutschen Katholizismus ganz überwiegend zu den politischen Romantikern gezählt wurden[109], trafen sich mit Kleist, Novalis, Adam Müller, Friedrich Schlegel und Joseph Görres in ihrem leidenschaftlichen, gegen den Liberalismus gerichteten Kampf für die Wiederherstellung einer ständischen Ver-

---

[106] Bezeichnenderweise wurde in der 7. Auflage des Staatslexikons der Görres-Gesellschaft (1985 ff.) ein Stichwort »Romantik« nicht mehr für nötig befunden.
[107] Vgl. K. ZIMMERMANN, Sp. 1018.
[108] Vgl. O. KÖHLER, Romantik, Sp. 950.
[109] Vgl. dazu K. ZIMMERMANN, Sp. 1016.

2. Klassik statt Romantik

fassung des Staates. Dabei nahmen die politischen Romantiker in Deutschland wie in Frankreich an, daß die Religion die natürliche Grundlage auch der sozialen Gebilde und des Staates zu sein habe[110].

Die deutsche katholische Soziallehre des späten 19. Jahrhunderts wurde im Hinblick auf diese Gesellschaftslehre formuliert. Katholiken, die sich gesellschaftspolitisch exponierten, waren in der Regel vom Gedankengut der Romantik durchdrungen. Das gilt auch für Persönlichkeiten wie Joseph Görres, die nicht erst zum Katholizismus konvertiert waren.[111] Zu nennen ist in diesem Zusammenhang auch Karl von Vogelsang, ein besonders glühender Verehrer der berufsständischen Ordnung des Mittelalters.[112] Seine Schule brachte von Österreich her in der 2. Hälfte des 19. Jahrhunderts romantische Züge in die deutsche katholische Soziallehre ein.

Nach der Revolution von 1918 steigerte sich bei vielen Katholiken das Gefühl, in einem politischen Chaos zu leben. Entsprechend verstärkte sich bei ihnen der Wunsch nach einer Restauration der alten Ordnung. Wer nicht, wie die Mehrheit des Zentrums Anfang der 20er Jahre, seinen Frieden mit der Republik machen wollte, setzte neben der Forderung nach Wiederherstellung der Erbmonarchie seine Hoffnung auf den Aufbau einer ständischen, in der Regel berufsständischen Ordnung. So plädierte etwa Clemens von Loé, Präsident des Rheinischen Bauernvereins und einflußreicher Exponent des rechten Zentrumsflügels, für »ein grundsätzliches Bekenntnis zur Monarchie« und »den schleunigen Auf- und Ausbau der Berufsstände«[113]. Auch Hermann Freiherr von Lüninck, ein reger Publizist, der von Göring 1933 zum rheinischen Oberpräsidenten ernannt wurde[114], zählte zu dieser Gruppierung. Deren politisch erfolgreichster Exponent freilich war Franz von Papen. Er brachte es 1932 sogar bis zur Reichskanzlerschaft.

Der Parlamentarismus wurde auf diesem Flügel des Katholizismus zu den »verderblichen Errungenschaften« der Revolution gezählt[115]. Typisch für die Entgegensetzung von ständischer Ordnung und Parlamentarismus ist die Position von Franz Xaver Hoermann, dem Schriftleiter der rechtsgerichteten »Historisch-politischen Blätter«: »Der moderne Parlamenta-

---

110 Vgl. EBD., Sp. 1016.
111 Vgl. dazu A. DOEBERL, S. 445.
112 Vgl. H. MUTH, S. 128; H. SORGENFREI, S. 170 ff.
113 Zit. nach H. MUTH, S. 126.
114 H. Frhr. v. Lüninck, geb. 1893, ab 1925 Präsident der Rheinischen Landwirtschaftskammer, 1933 erster katholischer Oberpräsident der Rheinprovinz, 1935 entmachtet (vgl. H. HÜRTEN, Deutsche Briefe II, S. 343; F. MUCKERMANN, Epochen, S. 85).
115 H. PFEIFFER, S. 579.

rismus und die modernen Parteien vermögen den ›Willen des Volkes‹ nicht zur Geltung zu bringen. Der Parlamentarismus, das ›System der Fiktionen‹, hat in diesem Sinne abgewirtschaftet. Soll das Volk an den Aufgaben und der Entwicklung des Staates mitwirken, dann kann es nur [...] durch Abgesandte seiner rechtlich gegliederten beruflichen Schichten, nicht durch Vertreter der ungegliederten Masse geschehen. Nur Korporationen, nicht Individuen, können vertreten werden«[116].

Romantisches Gedankengut fand auch Eingang in Kreise der katholischen Jugendbewegung. Hier erteilte man dem Individualismus eine Absage und strebte statt dessen zu bündischen Gemeinschaftsideen, die sich politisch auch in der Forderung nach einer ständischen Ordnung auswirkten[117].

Das Interesse an der romantischen Staatslehre nahm nach dem Ersten Weltkrieg im Katholizismus sprunghaft zu. Zurückzuführen ist das u.a. auf die Aktivitäten des Österreichers Othmar Spann und seiner universalistischen Schule. Spann berief sich ausdrücklich auf Adam Müller als seinen Gewährsmann[118]. Zahlreiche einschlägige Veröffentlichungen und Neudrucke der Schriften Adam Müllers, die Anfang der 20er Jahre erschienen[119], erleichterten den Zugang zu romantischem Gedankengut. Begünstigt wurde der Aufschwung des Universalismus im Katholizismus durch die Enzyklika »Quadragesimo anno« von 1931, in der sich Pius XI. für den Aufbau einer berufsständischen Ordnung aussprach.

Wer sich zu Beginn des 20. Jahrhunderts auf katholischer Seite der politischen Romantik besonders verbunden wußte, huldigte in der Regel auch der Romantik als Kunstideal. Hier waren es vor allem der Dichter und Kulturhistoriker Richard von Kralik (1852 – 1926), einer der führenden Vertreter der integralistischen Richtung im deutschen Katholizismus, sowie die von ihm angeführten Gralsbündler, die eifrig und eifernd die Romantik als katholisches Kulturideal verkündeten[120]. Der römische und der romantische Katholizismus war für von Kralik ein und dasselbe[121]; eine Auffassung, die noch vor dem Krieg auf den erbitterten Widerstand Karl Muths stieß.

---

[116] F. X. HOERMANN, Stand, S. 537.
[117] Vgl. O. KÖHLER, Romantik, Sp. 953.
[118] Vgl. O. SPANN, Staat, S. 326.
[119] Nachweise bei K. NEUNDÖRFER, Form, S. 323.
[120] R. v. Kralik (1852 – 1934) war Mitbegründer des »Verbandes katholischer Schriftsteller« und Kopf des »Gralsbundes«, der die Zeitschrift DER GRAL ins Leben rief (vgl. F. MUCKERMANN, Epochen, S. 95).
[121] R. v. KRALIK, S. 515.

c) Katholische Absagen an die Romantik

Mit seiner Kritik an der Romantik stand Carl Schmitt im zeitgenössischen Katholizismus nicht völlig allein. Es waren vor allem zwei Intellektuelle, die sich in dieser Richtung ebenfalls, wenn auch mit unterschiedlichen Akzenten, entsprechend exponiert haben: Karl Muth und Herman[122] Hefele.

Bereits 1898 beklagt Karl Muth, der spätere »Hochland«-Herausgeber, in seiner Kampfschrift »Steht die katholische Belletristik auf der Höhe der Zeit?«, bezeichnenderweise unter einem Pseudonym, das der Romantik verbundene literarische Schaffen der Katholiken als unzeitgemäß. In seinem 1909 erschienenen Buch »Die Wiedergeburt der Dichtung aus dem religiösen Erlebnis« stellt er zum ersten Mal und nun unter seinem richtigen Namen die bekannt gewordene Frage: »Klassisch oder romantisch?« Er nimmt damit eine scharfe Trennung zwischen den beiden Kunstrichtungen vor[123].

Muth hält Richard von Kralik, der mit seiner »Gleichsetzung der Romantik mit dem Katholizismus die Begriffe verwirrt«[124] habe, entgegen, »daß Romantik nicht Autorität ist, sondern das Gegenteil von aller Autorität«[125]; ein Satz, der auch aus der Feder Schmitts stammen könnte. Auch die Diagnosen zur instrumentellen Bedeutung der Religion in der Romantik und der Konversionen zum Katholizismus decken sich weitgehend mit denjenigen Schmitts: »Die Religion war ihr gerade gut genug, um ihre Gefühle, ihre Sehnsucht in die höchsten Formen zu kleiden«[126], stellt Muth fest. Und die Übertritte der Romantiker zur katholischen Kirche wertet er als »das Aufgeben dessen, was man wohl die spezifischen Ideale der Schule im Gegensatz zum Klassischen nennen darf«[127]. Sein entgegengesetztes Ideal des Klassischen definiert Muth als »die vollständige und restlose Übereinstimmung und Gleichsetzung von Inhalt und Form, von Seelischem und Sinnlichem«[128]. Für ihn kann »kein Zweifel mehr bestehen, daß unsere literarische und künstlerische Entwicklung dem Verständnis eines neuen klassischen Ideals zudrängt«[129]. Aber er

---

[122] Die meisten Veröffentlichungen H. Hefeles erschienen unter dem Vornamen *Herman*. Dieser Schreibweise soll hier gefolgt werden.
[123] K. Muth, Wiedergeburt, S. 78 ff.
[124] Ebd., S. 90.
[125] Ebd., S. 79.
[126] Ebd., S. 80.
[127] Ebd., S. 81.
[128] Ebd., S. 82.
[129] Ebd., S. 88.

macht sich keine Illusionen darüber, »daß gerade den deutschen Katholiken für diese neue Wendung genau in dem Maße das Verständnis fehlen wird, als sie in der Vorstellung befangen bleiben, nur in einer romantischen Kunst und Dichtung ihr Ideal verehren zu dürfen. Denn weil viele von der romantischen Kunst eine falsche Vorstellung haben, da sie glauben, diese in Gegensatz zur modernen stellen zu können, und weil sie wegen ihrer Befangenheit in der romantischen Stimmung diese neuesten Regungen eines klassischen Bedürfnisses als ihnen fremde und deshalb moderne empfinden und ablehnen, so würde hier nur von neuem ein Zurückbleiben hinter der Zeit die Folge sein«[130].

Karl Muth hatte in seinem Kampf für die Klassik als katholisches Kunstideal und die damit einhergehende, gegen die Integralisten gerichtete These von der »Eigengesetzlichkeit der Kulturtatsachen« vor dem Ersten Weltkrieg im deutschen Katholizismus einen schweren Stand. Er mußte sich sogar als Modernist beschimpfen lassen. Auf dem Höhepunkt des sog. Literaturstreits mit Richard von Kralik wurde 1909 eine Ausgabe der Zeitschrift »Hochland« indiziert. Erst in den 20er Jahren konnte sich Muth mit seinen kulturellen Thesen von seinem Image als Außenseiter im deutschen Katholizismus lösen.

Einen deutlich antiromantischen Akzent vertrat Anfang des 20. Jahrhunderts auch der katholische Historiker Herman Hefele[131] in seinen Bemühungen um die Renaissance der klassischen Form. Zur Romantik, die er »als die vollendete Reife des Gedankens der Reformation« bezeichnet[132], stellt er 1919 fest: »Was in Gotik und Mystik und im geistigen Komplex der Reformation noch an objektiver Geltung und klar umrissener Form geblieben war, das erfuhr nun seine endgültige und letzte Auflösung ins restlos Subjektive«[133]. Theoretisch bestehe zwar zwischen Katholizismus und Romantik eine tiefe Wesensfeindschaft, praktisch hätten sich die Katholiken jedoch unter dem Eindruck der Konversionen verschiedener Führer der romantischen Bewegung auf die Seite der Romantik drängen lassen:

---

[130] EBD., S. 88.
[131] H. Hefele, 1885 in Stuttgart geboren, studierte in Tübingen Philosophie, Geschichte und katholische Theologie. Zu seinem Lebenslauf vgl. H. HEFELE, Bettelorden, S. 141. Er beschäftigte sich intensiv mit der italienischen Renaissance und der deutschen Klassik. Zu Machiavelli, den er glühend verehrte, veröffentlichte er bis 1933 mehrer Beiträge. Mitte der 20er Jahre war er Regierungsrat am Staatsarchiv in Stuttgart, ab etwa 1931 Professor an der Staatlichen Akademie in Braunsberg (vgl. H. HEFELE, Machiavelli 1933, S. 1). H. Hefele und C. Schmitt dachten in vielen Punkten sehr ähnlich; vgl. unten III. 3. c) und III. 8. c).
[132] H. HEFELE, Katholizismus, S. 26.
[133] EBD., S. 27.

»Man empfand nicht, daß die Romantik [...] dem römischen Wesen im Pantheon ihrer Werte nur einen Platz unter vielen, aber keinen Vorrang und keine Hegemonie einräumte; und man fühlte nicht, daß die meisten dieser Konvertiten, Friedrich Schlegel voran, den Katholizismus nur von der Seite subjektiver Neigung aus zu fassen wußten und ihn nur als Brücke und Durchgang zu anderen, trüberen Sphären des Geistigen gebrauchten«[134]. Lediglich im Bereich des politischen Denkens habe der Katholizismus die instinktive Gegnerschaft zum romantischen Geist gefühlt: »Daß der Liberalismus nur das ins politische Gebiet übersetzte romantische Gefühl war, blieb zwar noch lange verborgen; wohl aber empfand man aber die von ihm geforderte Geltung des Subjektiven, sein ungehemmtes Freiheitsstreben in allen Dingen des geistigen und geistiggesetzlichen Lebens [...] als etwas dem katholischen Wesen im tiefsten Innern Feindliches«[135].

Hefele und Schmitt kamen 1919 somit unabhängig voneinander zu weitgehend übereinstimmenden Romantik-Beschreibungen. Auffällig ist die bei beiden vorkommende geistesgeschichtliche Verknüpfung von Protestantismus, Romantik und Liberalismus sowie die fast bis in die Terminologie hinein identische Wertung der Rolle des Katholizismus in der Romantik. Hervorzuheben ist auch die beiden gemeinsame Antithese zur Romantik, das Ideal der klassischen Form, das sie zu Beginn der Weimarer Republik in der katholischen Kirche am vollkommensten verwirklicht sahen.

Hefele hat sich für seine programmatische Romantik-Schelte im deutschen Katholizismus ganz überwiegend ablehnende Kritik eingehandelt. Insbesondere die Gleichsetzung der Romantik mit dem Liberalismus stieß auf schärfsten Widerspruch.[136] »Da wir doch aus der Geschichte wissen, daß sich beide in jahrelangen geistigen Waffengängen aufs bitterste bekämpften«, verstand so mancher Katholik die Koordinaten in Hefeles geistiger Welt nicht mehr und griff »sich an den Kopf«[137].

d) Carl Schmitts Stellung im Katholizismus

Carl Schmitts harsche Absage an Liberalismus und Parlamentarismus hätte ihn als einen Vertreter des ständestaatlich-antiparlamentarischen Flügels im deutschen Katholizismus ausweisen können. Gerade in diesem Lager

---

[134] EBD., S. 29.
[135] EBD., S. 30 f.
[136] Vgl. W. KOSCH, S. 75; A. DOEBERL, S. 444.
[137] A. STOCKMANN, S. 215.

wurde die Verbindung von Protestantismus und Liberalismus, die auch Schmitt sah, nachdrücklich betont[138]. Aufgrund seiner beißenden Polemik gegen die politischen Romantiker, die Gewährsleute dieser Richtung, konnte Schmitt aber in diesem Block der deutschen Katholiken in den 20er Jahren keine politische Heimat finden. Wer den Romantikern die katholische Gesinnung absprach, wer einen Gegensatz zwischen Romantik und Katholizismus konstruierte, mußte sich im rechten katholischen Spektrum geradezu politisch exkommunizieren.

Bundesgenossen im Kampf gegen Adam Müller und Othmar Spann hätte Carl Schmitt vor allem auf dem linken Spektrum des deutschen Katholizismus, etwa beim Kreis um die Rhein-Mainische Volkszeitung, gewinnen können. So charakterisierte Ernst Michel jede politische Romantik als »glaubenslose Reaktion«[139]. Und Walter Dirks bezeichnete das Gedankengut der Wiener Zeitschrift »Schönere Zukunft«, die sich als Sprachrohr des Universalismus verstand, als »Irrlehre der katholischen Kultur«[140].

Schmitt plazierte sich mit seiner Romantik-Kritik im Katholizismus zwischen der demokratisch-parlamentarischen und der ständisch-antiparlamentarischen Richtung. Dies ist ein entscheidender Grund dafür, daß er ganz im Gegensatz zu dem auch mit populärwissenschaftlichen Gaben ausgestatteten Othmar Spann keine quantitativ große Anhängerschaft im Katholizismus hinter sich scharen konnte[141]. Auch wenn Carl Schmitt Mitte der 20er Jahre neben Herman Hefele und anderen katholischen Persönlichkeiten mit Blick auf seine Schrift »Römischer Katholizismus und politische Form« als Vertreter einer neuen katholischen Klassik vorgestellt wurde[142], ändert dies nichts an seiner politischen Sonderstellung im Katholizismus von Weimar. Karl Muth oder Herman Hefele, aber auch Romano Guardini oder Hermann Platz, die ebenfalls im Ruf standen, katholische Klassik-Verehrer zu sein, gehörten nicht zu den parteipolitisch aktiven Katholiken; ihr Einfluß beschränkte sich auf das kulturelle und religiöse Leben. Da sich Schmitt nicht in erster Linie als Literat, Kulturkritiker oder gar Theologe verstand, sondern als Staatsrechtler ganz gezielt auf die politische Diskussion Einfluß nehmen wollte, mußte sich seine Absage an die politische Romantik gerade auf dem für ihn interessanteren rechten Flügel des politischen Katholizismus negativ auswirken.

---

[138] Vgl. F. LANDMESSER, Kampf, S. 733.
[139] E. MICHEL, Politik, S. 12.
[140] Zit. nach B. LÖWITSCH, S. 41.
[141] Vgl. H. MUTH, S. 130.
[142] Vgl. z. B. O. KUNZE, Rhein, S. 855.

Schmitt hatte kein besonderes Interesse daran, nur in die Phalanx der katholischen Klassik eingereiht zu werden, ansonsten aber politisch einflußlos zu bleiben. Unter diesem Aspekt mußte die Bilanz der »Politischen Romantik« für ihn negativ ausfallen.

In eine recht schwierige Situation kam Schmitt Anfang der 30er Jahre, als einerseits seine antiparlamentarische Theorie immer attraktiver wurde, andererseits aber auch die Ständestaatler, politisch um Franz von Papen und theoretisch um Othmar Spann gruppiert, zunehmend an Einfluß gewannen. Wollte Schmitt politisch erfolgreich taktieren, mußte er seine Abneigung gegen die politische Romantik und ihre modernen Exponenten zurückstellen. Genau dies ist auch geschehen. So wanderte etwa seine Skepsis gegenüber dem von konservativer Seite propagierten Ausbau des Reichswirtschaftsrates als politisch einflußreiche berufsständische Organisation in die Fußnoten ab.[143] Organischen Tendenzen in der nationalsozialistischen Staatslehre kam Schmitt 1933 sogar großzügig entgegen.[144]

e) Zeitgenössische Kritik

Wie sehr das Thema »Romantik« im deutschen Katholizismus der 20er Jahre aktuell war, zeigen zahlreiche Besprechungen der Schrift Schmitts. Vereinzelt sind zwar auch zustimmende Äußerungen zu verzeichnen, der Vorherrschaft des romantischen Gedankenguts im Katholizismus entsprechend überwiegt jedoch in der zeitgenössischen Kritik die Skepsis, ob Schmitt tatsächlich das Wesen der Romantik erfaßt und ihre Bedeutung zutreffend gewürdigt habe.

In einem 1924 in der »Kölnischen Volkszeitung« erschienenen Aufsatz ergreift Hans Honegger Partei für die Romantik-Position Carl Schmitts[145] und gegen diejenige des Spann-Schülers Jakob Baxa. Man könne zwar von politischer Romantik, aber kaum »von einer romantischen Politik im Sinne einer ernst zu nehmenden, besonderen Auffassung vom Wesen der Politik sprechen«[146]. Trotzdem gebe es immer wieder Zeiten, die glaubten, »dem Gefühl und damit der Romantik eine besondere Rolle bei der

---

[143] Vgl. C. SCHMITT, Staat, S. 9, Fn. 1. Am 23. November 1932 warnte C. Schmitt in seiner Rede vor dem Langnamverein noch ausdrücklich davor, die mittelalterliche Geschichte der Berufsstände zu idealisieren. Die Stände hätten nie aus sich heraus einen einheitlichen Staatswillen gebildet, sondern lediglich Königen oder Fürsten gegenübergestanden und immer nach Ständen getrennt gestimmt (vgl. C. SCHMITT, Starker Staat, S. 81, 91).
[144] Vgl. C. SCHMITT, Staat, S. 13 mit Ausführungen zur Selbstverwaltung des Volkes.
[145] Neben der »Politischen Romantik« wird auch C. Schmitts Aufsatz »Politische Theorie und Romantik« berücksichtigt.
[146] H. HONEGGER, »Politische Romantik«, in: KÖLNISCHE VOLKSZEITUNG, Nr. 445, 13. Juni 1924, S. 4; folgende Zitate EBD.

Führung der Staatsgeschäfte zuweisen zu müssen und denen eine romantische Politik als Ideal der Politik überhaupt vorschwebt«. Honegger macht sich dabei keine Illusionen über den katholischen Zeitgeist Mitte der 20er Jahre. Gerade in kirchlich gestimmten Kreisen erkennt er, »ähnlich wie in der ›klassischen‹ Zeit der Romantik nach der Französischen Revolution, allenthalben ein kräftiges Aufblühen dieses ›unpolitischen‹ Geistes der politischen Romantik«.

Die Äußerungen der Romantiker können für Honegger lediglich »als Beweis lebhafter Einbildungskraft gelten«, aber »ernsthaftem Nachdenken über die großen Probleme der Politik nicht genügen«. Die politische Romantik sei keine Theorie, sondern nur eine gefühlsbetonte Reaktion auf die verstandesmäßige Aufklärung. »Von diesem einzig richtigen Gesichtspunkt aus« habe der Bonner Staatsrechtslehrer Carl Schmitt, »um den man die rheinische Hochschule beneiden kann, sein scharfsinniges Denken den Problemen der politischen Romantik zugewandt.« Honegger teilt Schmitts Skepsis gegenüber dem organischen Denken der Romantik: »Die Hinneigung der Romantiker zum mittelalterlichen Gedanken der zünftigen Gliederung der Gesellschaft, zum Feudalismus und zur nationalen Autarkie, ist [...] lediglich eine gefühlsmäßige Einstellung zugunsten der um die Wende des achtzehnten Jahrhunderts infolge der fortschreitenden Weltwirtschaft bedrohten wirtschaftlichen Mächte der Vergangenheit.«

Daß mit Gefühlen Politik gemacht wird, hält Honegger für den »Kernirrtum aller politischen Romantik«, den er in ganz Europa »in einem erschreckenden Ausmaße« am Werke sieht. Deshalb endet er mit einem leidenschaftlichen Appell: »Massengefühle, die sich auf die Politik richten, führen stets zu *Fanatismus*, zu blindem *Draufgängertum*, und der richtet, bei aller ehrlicher Absicht, die diesen politischen Gefühlen zugrunde liegen mag, alleweg notwendigerweise Not und Unheil an. Es ist eine der wichtigsten Forderungen an unsere Zeit: Befreiung von jeglicher politischen Romantik und romantischen Politik, Rückkehr zu einer klarblickenden, nüchternen Verstandespolitik!«

Wie recht Honegger mit seiner Diagnose bezüglich der Gefühle in der Politik hatte, zeigte sich schon wenige Jahre später. Daß er dabei Carl Schmitt, den er 1924 auf der Seite der Vernunft wähnte, 1933 neben Fanatismus und Draufgängertum bei den »politischen Romantikern« antreffen würde, hätte er sich sicherlich nicht träumen lassen. Aber Honegger hatte sich mit Schmitts Gesamtwerk zu wenig auseinandergesetzt, um dessen irrationale Impulse zu entdecken. Auch Schmitts späteren Politik-Begriff konnte er nicht erahnen. So bleibt die Tatsache, daß Carl Schmitt 1924 in

2. Klassik statt Romantik

der führenden katholischen Tageszeitung Deutschlands mit einer »klarblickenden, nüchternen Verstandespolitik« in Zusammenhang gebracht wurde.

In seiner Interpretation der Schriften Schmitts von 1919 bis 1923 befaßt sich Hugo Ball 1924 insbesondere mit der Funktion, die Schmitts »Politische Romantik« für seine »Politische Theologie« einnimmt: »Beide Bücher verhalten sich zueinander wie etwa die ›Kritik der reinen Vernunft‹ sich zur ›Kritik der praktischen Vernunft‹ verhält, und nicht nur, weil die Titel Kongruenzen ausweisen. Letzten Endes war die ganze Untersuchung in ›Politische Romantik‹ nur unternommen, um die großen politischen Theologen Burke, Bonald und de Maistre vor einer Verwechselung mit Talmipolitikern und Adapteuren wie Adam Müller und Fr. Schlegel zu schützen«[147].

Ball teilt Schmitts Diktum, daß dem Romantiker die Fähigkeit zur Entscheidung fehle. Der Romantiker sei zur »Impotenz, zur endlosen Diskussion, zu einer haltlosen Rhetorik verurteilt«[148], weil »ihm der höchste Begriff, die Realität Gottes, zerstört ist«[149]. Den habe er durch Pseudo-Realitäten ersetzt. Ball bewundert dagegen an Schmitt, daß er anders als die Romantiker seine rationale Kraft von »der irrationalen Größe der Kirche und ihren juristischen Normen bezieht«[150]. Aber auch er stellt fest, Schmitt bekämpfe in der Romantik »die irrationale Gefahr seines eigenen schöpferischen Fonds, dessen Klärung seine Schriften sämtlich gewidmet scheinen«[151]. Bei aller Begeisterung für Schmitts politische Theologie deutet Ball damit doch zumindest einen gewissen Vorbehalt gegenüber dessen Schriften an.

Eine zweite, kurze Auseinandersetzung mit der »Politischen Romantik« schiebt Ball nach dem Bruch seiner Freundschaft[152] mit Carl Schmitt im Hochland 1926 nach. Sie ist, ganz im Gegensatz zu seinem großen Aufsatz von 1924, von einem barschen und abweisenden Ton geprägt. Schmitt habe »einen säkularisierten Gnadenbegriff der Descartesschule, den Occasionalismus«[153], als das bestimmende Element der Romantik reklamiert; eine Begriffsbildung, mit der Ball zeigt, wie sehr er den theoretischen Dreh- und Angelpunkt in Schmitts Frühwerk, die politische

---

[147] H. BALL, Theologie, S. 269.
[148] EBD., S. 282.
[149] EBD., S. 289.
[150] EBD., S. 276.
[151] EBD., S. 285.
[152] Zum persönlichen Verhältnis von H. Ball zu C. Schmitt vgl. unten V. 3. d).
[153] H. BALL, Künstler, S. 135; folgende Zitate EBD.

Theologie, durchschaut. Schmitts Romantik-Wertung kann er nun nicht mehr nachvollziehen: »Indem er den schwächsten Punkt der Romantik, ihre Politik angriff und die Romantik auf staatliche Normen bezog, hatte er leichtes Spiel, eine dilettantische Wertverwirrung aufzuzeigen. Sein Argument aber blieb eine Konstruktion; denn auch Goethe wäre dann, eigenem Geständnis zufolge, Okkasionalist gewesen; das Gelegenheitsgedicht hielt der Herr Geheimrat für die erfreulichste Gattung der Lyrik. *Ex contrario* könnte man sagen, daß die Romantik politisch nicht begriffen werden kann, weil sie gerade politisch nicht begriffen werden will; weil sie der Politik vorsätzlich widerstrebt. Die Bemühungen Adam Müllers haben einen ganz anderen Sinn als denjenigen, politische Normen zu setzen. Sie sind eher ein Versuch, die Politik durch Romantisierung aufzuheben. Wenn er sich dabei auf einige strengere Restaurationsphilosophen berief – als Feudalherren waren De Bonald und De Maistre doch gleichfalls Romantiker –, so war das vielleicht nicht einmal ein Mißverständnis.«

Einen größeren Affront, als diese französischen Restaurationsphilosophen doch wieder mit Adam Müller in einem Atemzug zu nennen, konnte man Schmitt nicht antun. Auch wenn Ball Schmitt noch 1926 eingangs den »weitaus stärksten Versuch«, den »Geist der Romantik zu definieren«, konzediert, ihm also seinen Respekt bekundet, attestiert er ihm mit diesen Ausführungen doch letztlich nichts anderes als ein theoretisches Scheitern. Ball stellt sich mit dieser Distanzierung von Schmitts Romantik-Begriff auf den Boden der dominierenden katholischen Romantik-Beurteilung.

Carl Schmitts »Entgegenstellung von Romantik und Katholizismus ist ja bekannt genug«, stellt das protestantische Zentrumsmitglied Alfred von Martin (1882 – 1979)[154], Kultursoziologe und Historiker in München, 1925 in seinem umfangreichen Hochland-Aufsatz »Romantischer ›Katholizismus‹ und katholische ›Romantik‹« fest[155]. Er ist jedoch keineswegs gewillt, dieser Polarisierung zu folgen, und bringt gleich eingangs mit einem Seitenhieb auf Schmitt zum Ausdruck, daß er eine einseitige Akzentuierung des kontroversen Begriffs Romantik ablehnt: Um »streitbare Termini zum Einlenken zu bewegen, ist oft der ›Verhandlungsweg‹ geeigneter als der der – ›Diktatur‹. Vielleicht kommt dabei doch etwas mehr heraus als das verpönte ›ewige Gespräch‹«[156].

---

[154] A. v. Martin lehrte Geistesgeschichte und Soziologie an den Universitäten Frankfurt, München (1924 bis 1931) und Göttingen. 1933 legte er seine Lehrtätigkeit nieder. Ab 1946 lehrte er an der Technischen Universität München (A. v. MARTIN, Religion, S. 5; L. WACHINGER, S. 35). O. Kunze stellt ihn 1924 als angesehenes evang.-lutherisches Mitglied der Zentrumspartei vor (Vorwort zu: A. v. MARTIN, Wirtschaftsauffassung, S. 812).
[155] A. v. MARTIN, Katholizismus, S. 315.
[156] EBD., S. 315.

2. Klassik statt Romantik

Alfred von Martin räumt ein, daß »der frische Lufthauch«, den Carl Schmitt in die Romantik-Forschung habe hineinziehen lassen, »geradezu befreiend wirkte«[157]. Auch er geht davon aus, daß die Romantik zur »Auflösung alles Objektiven«[158] tendiere: »Dieser Ichkultus, das hat Carl Schmitt mit treffender Klarheit gesehen und formuliert, hat keinen Sinn für die ›Entscheidung‹ – für jene Entscheidung des Glaubens an das große und alles andere bestimmende Faktum der Erlösung aus Gnade – des Glaubens, ohne den es nun einmal ein (kierkegaardisch oder katholisch) ›entschiedenes‹ Christentum nicht geben kann. Der Romantiker aber will sich immer, völlig unverbindlich, alle Möglichkeiten offenlassen und vorbehalten«[159].

Alfred von Martin verwahrt sich allerdings gegen jede Einseitigkeit. So meldet er – nicht nur gegen Schmitt gerichtet – »gewichtige Vorbehalte [...] gegen eine undifferenzierte, schlagwortartige Parallelisierung von Romantik und Reformation« an[160]. Sein Urteil ist ausgewogen: »Gewiß haben jene neuesten Chorführer recht, welche nicht müde werden zu betonen, daß der Katholizismus Klassik sei. Aber es gibt auch eine starre und tote Klassik; und es gibt auch einen starren und innerlich toten Katholizismus. Da dient denn ein Teilchen Romantik nur zum Guten«[161].

Romantischer Subjektivismus sei nützlich, »wenn das Objektive starr und kalt zu werden droht«[162]. Zum positiven Aufbau sei er jedoch »nie vermögend: dazu bedarf es stets des Felsengrundes des Objektiven«. Alfred von Martins Fazit lautet deshalb: »Das ›Gesetz der Form‹ allein tut es nicht; das Ende könnte eines Tages sein, daß man eine Schale ohne lebensvollen Inhalt in der Hand hielte. Die *formzersprengende* Romantik bezeichnet den *anderen* Pol. Das ›höhere Dritte über den Polen‹ aber [...] ist ebenso weit entfernt von der Formzersprengung wie von der Selbstgenügsamkeit des Formgedankens: es ist das Objektive in der ihm wesensnotwendigen Form, die ihrerseits Gefäß eines von allen Strömen des Lebens gespeisten Inhalts ist.«

Bei aller Bewunderung für Schmitts Originalität und Scharfsinn formuliert Alfred von Martin damit einen Tenor, der auch bei der Kritik an Schmitts »Römischer Katholizismus und politische Form« immer wieder anklingt und den Zusammenhang der »Politischen Romantik« mit dieser

---
[157] EBD., S. 318.
[158] EBD., S. 324.
[159] EBD., S. 325.
[160] EBD., S. 337.
[161] EBD., S. 336.
[162] EBD., S. 337; folgende Zitate EBD.

Schrift offenlegt: Die Betonung der Form, des Objektiven, des Juristischen ist dem Katholizismus zwar wesensgemäß, ihre Überbetonung kann ihm jedoch mehr schaden als nutzen und zu einer Aushöhlung der katholischen Ekklesiologie führen. Entscheidend ist, das richtige Maß zwischen den Extremen zu finden. Alfred von Martin bemüht dafür ein schönes Bild aus der Medizin: »Romantik hat an sich mit Katholizismus nichts zu tun – mehr: Romantik im Übermaß genossen, ist Gift. Aber Romantik in kleinen Dosen ist ein sehr heilsames Anregungsmittel. Und es gibt Momente, in denen der Körper solche Anregungsmittel nötig hat«[163].

Der Jesuit Erich Przywara stellt 1925 in einer Besprechung der »Politischen Romantik« zunächst anerkennend fest, Schmitt habe »sehr tief in das Wesen der Romantik gesehen«[164]. Er verweise mit seinen Ausführungen über den ästhetisierenden Occasionalismus »auf den letzten Muttergrund des Romantischen«, auf den »Augustinismus der Auflösung der causa secundae«[165], den Augustinismus des »Gott, der allein wirkt«. Aber mit dieser »Rückführung der Romantik auf Augustinismus« erhellt sich für Przywara auch »die stellenweise fast ungerechte Einseitigkeit der Zeichnungen Schmitts«. Und so kommt er, wenn auch wesentlich theologischer argumentierend, zum nahezu identischen Ergebnis wie Alfred von Martin: »Bei aller Eigenwirklichkeit und Eigenwirksamkeit und Eigengesetzlichkeit bleibt nun einmal die Schöpfung das Paradox der (wie Augustinus sagt) Spannung zwischen ›war‹ und ›wird‹, das immerwährende ›von weg zu‹. Aus diesem Bewußtsein heraus haben immer und immer wieder christliche Geister von der heidnischen Weltgeschlossenheit der Klassik und der christlichen Weltaufgebrochenheit der Romantik gesprochen. Das Beruhigte der geschlossenen Schöpfung, dem Schmitt mit Leidenschaft anhängt (aber einer kalten Leidenschaft, die sich in der fast spöttischen Behandlung des Romantischen offenbart), ist für sich allein genau so eine Gefahr echter Christlichkeit und echten Gottesglaubens überhaupt, wie die Spannungs-Unruhe des Romantischen.«

Die Lösung liegt für Przywara jenseits aller »ismen«: »Sie liegt in der Art, wie Augustin durch alle nachfolgenden Augustinismen hindurch in Thomas sich erfüllt und Thomas, durch alle Aristotelismen hindurch, auf Augustinus zurückweist. Sie liegt im ›quiescendo operari‹ [...], in der beruhigten Unruhe und in der unruhigen Ruhe, die das Entweder-oder von Klassik und Romantik zur echten Demut des Geschöpflichen löst. [...]

---
[163] EBD., S. 336.
[164] E. PRZYWARA, Augustinismus, S. 471.
[165] EBD., S. 472; folgende Zitate EBD.

2. Klassik statt Romantik 73

Romantische Polarität und klassische Konstruktion sind *beide* götzendienerisches ›Spiel‹. Aber im Spannungsgedanken Augustin – Thomas ist ihr Echtes zur Einheit gelöst und erlöst.«

Das theologische Koordinatensystem »Augustinismus – Thomismus«, das Przywara seiner Besprechung zugrunde legt, ist sehr aufschlußreich. Mit der Zuordnung der Romantik zum Augustinismus wird die Gegenposition Schmitts, wenn auch nicht ausdrücklich formuliert, so doch indirekt dem Thomismus zugeschlagen. Bei aller Kritik, die der Jesuitenpater 1925 an der »Politischen Romantik« formuliert, ist mit dieser Einordnung Schmitts gerade vor dem Hintergrund der neuthomistischen Blüte im Katholizismus zu Beginn des 20. Jahrhunderts eine Auszeichnung verbunden. Schmitts Dezisionismus steht freilich, um dieses Koordinatensystem Przywaras aufzugreifen, wieder eher in der augustinischen als in der thomistischen Tradition.[166]

Spätestens als Carl Schmitt 1923 in »Römischer Katholizismus und politische Form« die Fähigkeit der katholischen Kirche und Theologie zur »complexio oppositorum« bewunderte, mußte er wissen, daß seiner Polemik gegen die Romantik seitens der katholischen Kritik mit genau diesem Instrument zu Leibe gerückt würde. Der Kulturhistoriker Alfred von Martin und der Theologe Erich Przywara haben ihm das katholische Sowohl-als-auch jedenfalls beispielhaft vor Augen geführt.

Wie Hugo Ball bestimmt auch der Jurist und Theologe Karl Neundörfer[167] im Rahmen einer Besprechung des Frühwerks Schmitts 1925 die Funktion der »Politischen Romantik« für dessen politische Theologie. Dabei holt er weit aus, um Schmitts Theorie geistesgeschichtlich einzuordnen. Seit dem großen Bruch im sechzehnten Jahrhundert hätten sich Rechts- und Religionsphilosophie auseinanderentwickelt. Erst die spekulative Philosophie Fichtes, Schellings, Hegels und, von ihr beeinflußt, die Romantik hätten hier wieder eine Wendung gebracht. Neundörfer hält es für »ein geschichtliches Verdienst Adam Müllers«, daß er das »Problem der Wechselbeziehung von Recht und Staat mit Glaube und Kirche wieder entdeckt und eine Lösung versucht hat«[168].

Zufrieden ist Neundörfer mit diesem Lösungsversuch, der »stark an jener Vermischung der Sphären leidet, an welcher die Romantik überhaupt

---

[166] Vgl. unten III. 5. e).
[167] K. Neundörfer (1885 – 1926), Pfarrer und Caritasdirektor in Mainz, war eng mit R. Guardini befreundet und fand über diesen Zugang zur katholischen Jugendbewegung. Seit seiner Doktorarbeit beschäftigte er sich mit dem Verhältnis von Kirche und Staat. Sein Unfalltod bei einer Bergwanderung in den Alpen verhinderte eine wissenschaftliche Laufbahn (vgl. die biographischen Angaben in: K. NEUNDÖRFER, Kirche, S. 179).
[168] K. NEUNDÖRFER, Form, S. 323.

krankt,« nicht[169]. So ziehe Müller »das Göttliche derart in das menschliche Gemeinschaftsleben hinein, daß beides seine Eigenart zu verlieren droht«. Wenn Gott selbst unmittelbar »in die Geschäfte der Erde herabsteigen« müsse, wie Müller verlange, führe das letztlich dazu, »daß eine bestimmte, geschichtlich gewordene Agrarordnung religiös dogmatisiert wird«. Carl Schmitt wende sich in seiner »Politischen Romantik« gegen die »Mängel der Müller'schen wie – seiner Meinung nach – der ganzen romantischen Staatslehre [...] mit der ganzen Wucht seines wissenschaftlich geschulten Geistes und zugleich eines politisch bewegten Willens«. Aber Neundörfer entdeckt genau wie Ball in dieser Schrift Schmitts den Ansatz der politischen Theologie: »Aber so scharf er mit der Romantik auch ins Gericht geht, in Hinsicht auf das Verhältnis von Religion und Recht bleibt er doch in der Linie, welche die Romantik eingeschlagen hat. Er unterscheidet zwar zwischen romantischer und mystischer Gottesauffassung, romantischer und mystischer Politik [...]; aber seine eigene Neigung zu einem ›politischen Irrationalismus, der in seinen Grundlagen mystischen oder religiösen Ursprungs ist‹ (...), kommt doch, wenn auch nur gelegentlich, zum Durchbruch«[170].

Die katholischen Zeitgenossen Schmitts haben also bereits hinter dessen politischen Irrationalismus Züge entdeckt, die gemeinsame Wurzeln mit der politischen Romantik haben. Hier liegt auch der tiefste Grund dafür, daß Schmitt selbst später ein politischer Romantiker genannt werden konnte. Karl Neundörfer hat außerdem auf eine ganz zentrale Frage für jeden Versuch, Schmitts Schriften theologisch zu interpretieren, aufmerksam gemacht und sie zugleich offen gelassen: Ist dessen politischer Irrationalismus mystischen oder religiösen Ursprungs?

Der Historiker Philipp Funk[171] zeigt 1925 im »Literarischen Ratgeber für die Katholiken Deutschlands« die 2. Auflage von Schmitts »Politischer Romantik« an. Seine kurze Anmerkung dazu ist außerordentlich aufschlußreich und soll deshalb in vollem Wortlaut wiedergegeben werden: »Karl Schmitt hat seine Untersuchung gegen die Romantik, die ein Plädoyer ist und keine historische Analyse, bedeutend ausgebaut. Seine Kritik an den Staatsphilosophen der Romantik (oder Restauration im schlimmen Sinn?) gewinnt an Schärfe, aber überzeugt den nicht Voreingenommenen nicht mehr als das erstemal. Schmitt ist ungerecht, er verzerrt

---

[169] EBD., S. 324; folgende Zitate EBD.
[170] EBD., S. 325.
[171] Vgl. zu Ph. Funk (1884 – 1937) O. KÖHLER, Funk, und C. BAUER, Funk, S. 526 – 532. Ph. Funk war von 1927 bis 1937 Herausgeber des HISTORISCHEN JAHRBUCHS DER GÖRRES-GESELLSCHAFT.

die Bilder seiner Gegner. Er ist Staatsanwalt einer Art von Positivismus und seiner genialen Dialektik ist nicht leicht jemand gewachsen. Der arme Historiker kann sich da nur in sein Schneckenhaus zurückziehen mit der allgemeinen Verwahrung, daß das alles den Akten nicht gemäß ist. Eigentlich schlagen wird Schmitt nur ein ebenbürtiger Philosoph können«[172].

Was der renommierte katholische Historiker Philipp Funk, ein außerordentlich reger und engagierter Publizist im Weimarer Katholizismus, hier zu Papier brachte, dürfte für einen erheblichen Teil der katholischen Intellektuellen die Stimmungslage bezüglich Carl Schmitt getroffen haben. Man war einerseits von dem rhetorischen Glanz beeindruckt, hatte aber andererseits das Gefühl oder gar die Gewißheit, daß da irgend etwas nicht stimmen konnte. Doch der geballten Genialität Schmitts gegenüber zeigten sich nur die wenigsten gewachsen. Diese Dialektik, die Philipp Funk formulierte, kann deshalb geradezu als eine Kurzformel für das Verhältnis des deutschen Katholizismus zu Carl Schmitt betrachtet werden.

Schmitts Romantik-Definition nimmt der saarländische Dichter-Priester Johannes Kirschweng[173] 1926 in der Rhein-Mainischen Volkszeitung zum Anlaß für eine bitterböse Polemik gegen den »Romantiker Carl Schmitt«[174]. Das Wesen der Romantik darin zu sehen, »daß sie ohne Wesen, ohne Substanz ist«, findet Kirschweng »sehr einfach«. Der Romantiker erscheine als der Mensch, der alles nur zum Anlaß nimmt, um sich selbst zu produzieren. Alles, was er anpacke, ob Philosophie, Religion, Politik, Pilgerfahrten nach Rom oder Reisen nach Illyrien, formuliert Kirschweng seine erste Spitze gegen Schmitt[175], werde »zu Instrumenten, auf denen sein aufgeregter Geist eine Weile spielt zum Entzücken der aufhorchenden Menge«.

Romantiker im Sinne des subjektivierten Okkasionalismus seien nicht selten; Anspielungen auf den unsteten Werdegang Max Schelers, der sich zunächst öffentlichkeitswirksam zum Katholizismus bekannte und sich dann doch wieder von ihm verabschiedete, kann sich Kirschweng nicht verkneifen. Aber auch »in Carl Schmitt selber scheint uns einer zu begegnen. Er mag erschrecken oder mit seiner bekannten vornehmen Geste

---

[172] Ph. FUNK, Ratgeber, S. 98.
[173] J. Kirschweng veröffentlichte in den 30er und 40er Jahren zahlreiche Erzählungen.
[174] J. KIRSCHWENG, »Der Romantiker Carl Schmitt«, in: RHEIN-MAINISCHE VOLKSZEITUNG, Nr. 16, 21. Januar 1926; J. Kirschweng eröffnete mit diesem Beitrag eine Reihe von kritischen Beiträgen in dieser als linksrepublikanisch eingestuften katholischen Zeitung; vgl. unten IV. 3. c).
[175] Vgl. C. SCHMITT, Illyrien. C. Schmitt war auch für seine regelmäßigen Rom-Reisen bekannt.

überlegen abwinken, wir halten ihn in der Tat für einen ganz hervorragenden Romantiker im Sinne seiner eigenen Definition.« Kirschwengs Begründung für diese These ist mehrschichtig: »Carl Schmitt hat die Kritik zu einem Instrument gemacht, auf dem er selber spielt. Carl Schmitt das ist ohne Frage eine sehr feine und elegante Melodie. Carl Schmitt contra Romantik! Das ist ein ganz glänzendes Thema, würdig, immer und überall gespielt zu werden, in umfangreichen Abhandlungen und in kurzen Aufsätzen, in Franz Bleis großem Zirkus, ›Bestiarium der deutschen Literatur‹ genannt, in Deutschland und in Illyrien. Da hebt ein Funkeln und Glänzen an, ein Spiel mit dialektischen Konstruktionen, daß dagegen eine mondbeglänzte Zaubernacht als sehr harmloses und kindliches Vergnügen erscheinen muß. Wir können uns nicht denken, daß ein Mensch, der auch nur leises Gefühl für die ästhetischen Wirkungen solcher Dinge hat, an Carl Schmitts Ausführungen nicht das innigste Vergnügen haben sollte. Wer aber zugleich auch nur die mindeste Fähigkeit zur Kritik, die mindeste Selbständigkeit hat, wird mitten darin lachend oder weinend oder erzürnend ausrufen: ›Aber das ist doch blutige Romantik!‹«

Kirschweng hat ein anderes Romantik-Verständnis als Carl Schmitt: »Wir glauben, daß ein Romantiker ein Mensch der Sehnsucht ist und nicht der Erfüllung, des Strebens und nicht des Besitzens, des seelischen Nordens und nicht des Südens, daß darum auch besondere Zusammenhänge bestehen zwischen den nordischen Völkern und der Romantik, weiter, daß diese naturgemäß Bewegung ist und nicht friedliches Ausruhen, ein nach allen Höhen und Tiefen des Daseins suchen, statt an der Oberfläche sich seiner zu erfreuen. Der Romantiker ist darum auch der Mensch des Rausches und der Qual, der Extase und der Verzweiflung.«

Auch im Sinne seiner eigenen Definition hält Kirschweng Carl Schmitt für einen Romantiker. Dies werde gerade in der Art deutlich, in der Carl Schmitt die Romantik bekämpfe: »Ein solch erhitzter Kampf wird von geistigen Menschen nur dann geführt, wenn der Kampfplatz weniger in der Außenwelt als in ihrem Innern liegt. Wer am meisten Norden in sich trägt, wird am meisten den Süden lieben und den Norden bekämpfen, vorausgesetzt, daß er die geistigen Maße eines Menschen besitzt, mit dem man rechnen muß, die geistigen Maße eines Carl Schmitt. Er ist ja wahrhaftig nicht der erste, der sich von Dingen, die er immer nur für Anfänge und Ausgangspunkte nehmen kann, dadurch zu befreien sucht, daß er Gericht hält über sie. Wer aber zu hören versteht, der wird denn auch gerade bei Carl Schmitt jenen Ton ingrimmiger Entrüstung entnehmen, der seinen Grund nicht wohl in wissenschaftlichem Eifer, sondern nur in der glühenden Atmosphäre ganz persönlicher Beteiligung haben kann. Jedenfalls wird der, der einmal die Legende Carl Schmitts zu schreiben hat, [...] das Judaskapitel nicht auslassen dürfen.« Philipp Funk habe Schmitts Arbeit ein Plädoyer und ihn selber einen Staatsanwalt eines gewissen Positivismus gegen die Romantik genannt. Das sei zwar schön gesagt: »Wir glauben aber, daß dieser Staatsanwalt eines Tages verhüllten Hauptes das Tribunal verlassen wird, weil er sonst fürchten müßte, auf die Anklagebank versetzt zu werden und weil auf die Dauer niemand Verräter seiner selbst sein kann.«

Kirschweng zeichnet hier, ohne daß er sich spezifisch religiöser oder konfessioneller Argumente bedient hätte, ein frühes Psychogramm Schmitts, dessen Umrisse sich 1933 tatsächlich bewahrheiten sollten. Der »Staatsanwalt« gegen die Romantik hat seine Rolle tatsächlich schnell aufgegeben, als die angeklagte Romantik sich anschickte, selbst in die Rolle einer Nebenklägerin zu schlüpfen. Im übrigen hat Kirschweng mit seiner Polemik gegen den »Romantiker« Carl Schmitt diesem ein Etikett angeheftet, das auch im katholischen Lager immer wieder herangezogen wurde.[176] Auch die Stich- und Reizworte »Judas« und »Verräter«, die hier zum ersten Mal im Kontext der Romantik-Gegenkritik fallen, konnte 1933 so mancher Katholik unmittelbar und weit politischer auf Schmitt beziehen.

In der 5. Auflage des Staatslexikons der Görres-Gesellschaft stellt Karl Zimmermann 1931 in seinem Beitrag »Romantik« Schmitts Theorie vom subjektivierten Okkasionalismus ausführlich vor; ein Zeichen dafür, daß sie im deutschen Katholizismus auf großes Interesse gestoßen war und als sehr beachtlich eingestuft wurde. Folgen kann Zimmermann dieser Theorie jedoch nicht. Es sei »ein methodischer Fehler, eine geistige Bewegung bloß vom Subjekt aus beurteilen zu wollen.« Innerhalb jeder Bewegung würden Ideen geschaffen, die »vollkommen unabhängig vom schöpferischen Subjekt, das sie geschaffen, bestehen u. für deren Weiterwirken es gleichgültig ist, ob das Subjekt sie auch wirklich ernst gemeint hat«[177]. Als Ideenkreise, die die Romantik bestimmten, nennt Zimmermann die Religion, die Geschichte und die Gemeinschaft. Die französischen Traditionalisten werden – Carl Schmitt zum Trotz – in eine Linie mit den deutschen politischen Romantikern gestellt. Gemeinsam seien ihnen der Kampf für die Wiederherstellung der alten ständischen Verfassung und der Widerstand gegen den Liberalismus[178].

---

[176] Vgl. O. Frhr. v. SODEN, Kritik, S. 442; siehe unten III. 8. e) »Die Kernfrage des Völkerbundes«.
[177] K. ZIMMERMANN, Sp.1013.
[178] EBD., Sp. 1016.

Nimmt man diesen, ein dutzend Jahre nach der 1. Auflage der »Politischen Romantik« erschienenen Lexikon-Beitrag als repräsentativ für die Haltung im deutschen Katholizismus, dann kann Schmitts Theorie hier als gescheitert gelten. Der Katholizismus hielt an seiner überkommenen Verbindung der französischen Philosophen der Gegenrevolution mit der politischen Romantik und deren positiver Bewertung fest. Schmitts Position wurde mit großem Interesse zur Kenntnis genommen und doch beiseite geschoben.

f) Carl Schmitt und Othmar Spann

Die »Politische Romantik« führte Carl Schmitt in einen scharfen Gegensatz zu Othmar Spann (1878 – 1950). Kannte der eine nur Verachtung für die politische Romantik, machte sie der andere zu seinem theoretischen Fundament. Da nimmt es nicht wunder, daß der sachlichen Spannung die persönliche Abneigung folgte.

Othmar Spann war ab 1919 ordentlicher Professor für Nationalökonomie und Gesellschaftslehre an der Universität Wien.[179] Seine universalistische Gesellschafts- und Staatsphilosophie stieß im deutschen Katholizismus in den 20er und vor allem Anfang der 30er Jahre auf eine große Resonanz. Spann zählte zu den gefragtesten akademischen Rednern in Deutschland. Auch zahlreiche Berufungen an deutsche Universitäten, die Spann allesamt ablehnte, zeugen von seiner wissenschaftlichen Wertschätzung.[180]

Spanns Universalismus, der praktisch in die Forderung nach einer ständischen Ordnung einmündet, fußt auf dem aristotelischen Axiom vom Vorrang des Ganzen vor seinen Teilen. Bei der philosophischen Entfaltung dieses Grundsatzes stützt sich Spann wesentlich auf die Staats- und Gesellschaftslehre der Romantik. Ausdrücklich erwähnt er dabei Adam Müller als seinen Gewährsmann: »Lange habe ich die Forderung *Adam Müllers* nach der Rückkehr zum Mittelalter als zeitwidrig, utopisch und unsachgemäß angesehen. [...] Je mehr und folgerichtiger ich aber den universalistischen Gedankengang zu Ende dachte, umso mehr mußte ich auf dieselben Forderungen und Schlußfolgerungen wie Adam Müller kommen«[181]. Den Titel seines Hauptwerkes »Der wahre Staat«, der in den 20er und 30er Jahre mehrere Auflagen erlebte, wählte Spann nach einem der Schlagworte Adam Müllers.

---
[179] Zu den persönlichen Daten vgl. im folgenden W. Heinrich, S. 19.
[180] Ebd., S. 37.
[181] O. Spann, Staat, S. 326 f.

2. Klassik statt Romantik

Carl Schmitt und Othmar Spann haben von ihren Schriften gegenseitig so gut wie keine Notiz genommen.[182] Auch die in Wien erscheinende bekannte katholische Zeitschrift »Schönere Zukunft«, die dem ständischen Gedanken Spanns verpflichtet war und in Deutschland eine große Leserschaft hatte, strafte Carl Schmitt mit Nichtachtung. Im Gegenzug tat Schmitt alles, um nicht in einem Atemzug mit Spann genannt zu werden. So zog er 1925 einen Aufsatz, der in einem Sammelband erscheinen sollte, zurück, als er erfuhr, daß darin auch Othmar Spann mit einem Beitrag vertreten sein sollte. In dem Brief an den Herausgeber Alfred Bäumler schreibt Schmitt am 6. August 1925 zur Begründung seiner Entscheidung u.a.: »Jedenfalls ist der sachliche Gegensatz zwischen Prof. Othmar Spann und mir so gross, dass meiner Meinung nach eine einheitliche Wirkung eines Werkes, an welchem beide mitarbeiten, unmöglich ist und der Eindruck entsteht, dem ich mich auf keinen Fall aussetzen möchte, daß ich mich an dem beteilige, was im prägnanten Sinne eine liberale Diskussion ist. Ich bitte mich nicht dahin missverstehen, als ob ich das Werk und die Bedeutung von Prof. Spann herabsetzen wollte, aber ich lehne es ab, an seiner Seite in der Oeffentlichkeit zu erscheinen, nicht nur weil er zu dem Kreis derjenigen gehört, welche systematisch meine Arbeiten ignorieren und meinen Namen grundsätzlich nicht nennen, sondern auch deshalb, weil ich ein Problem wie Staatsphilosophie heute zu ernst nehme, als dass ich es in einer äusseren Umgebung erscheinen lassen könnte, die bei jedem ehrlichen Leser die Meinung hervorruft, als fügte ich mich mit meinen Ansichten irgendeiner die Gegensätze umfassenden und daher relativierenden Synthese oder einem organischen Höheren, oder wie man dergleichen immer nennt, relativistisch ein«[183].

Daß sich Othmar Spann 1931 gegen eine von der Universität Wien beabsichtigte Berufung Schmitts wandte, ist angesichts dieser persönlichen Verhältnisse nachvollziehbar. Die Begründung für sein Sondervotum, eine Berufung sei angesichts der schlechteren Besoldung österreichischer Ordinarien eine Utopie[184], klingt wenig überzeugend.

Othmar Spann war im deutschen Katholizismus keineswegs unumstritten. Die wissenschaftliche Auseinandersetzung mit seinem Universalismus fand durchaus statt. Besonders erwähnenswert sind in diesem Zu-

---

182 C. SCHMITT erwähnt O. Spann beiläufig in: Hüter, S. 25, Anm. 1. Er weist darauf hin, daß die von den politischen Romantikern sowie von O. Spann häufig gebrauchte Unterscheidung »wahr« und »falsch« der »Reflex einer existentiellen Unterscheidung von Freund und Feind« sei.
183 Zit. nach P. TOMMISSEN, Problemen, S. 180 f.
184 Vgl. P. TOMMISSEN, Bausteine, S. 85.

sammenhang neben den ablehnenden Haltungen von Ernst Michel und Walter Dirks[185] diejenigen von Dietrich von Hildebrand und Gustav Gundlach, die sich beide auch als Gegner Schmitts profilierten.[186] Von Hildebrand betonte dabei gegen Spann insbesondere den Eigenwert der Person auch in der Gemeinschaft.[187] Gundlach lehnte Spanns soziologische Kategorien als »fälschlich absolut gesetzt und gewaltsam ihrer geschichtlichen Bedingtheit entkleidet«[188] ab. Seine Theorie sei unkatholisch, u.a. weil sie stark von der Romantik beeinflußt sei, die doch Konvertiten den Stempel aufgedrückt hätte und deshalb nur als protestantisches Strandgut am Gestade des Katholizismus bewertet werden könne[189]. Gerade diese Argumentation des von Spanns Anhängern für seinen »ganz banalen Linkskurs«[190] gescholtenen Jesuiten zeigt, wie sehr Schmitt mit seiner Kritik an der politischen Romantik, die eher von »links« geübt wurde, die üblichen Koordinaten des deutschen Katholizismus durcheinander brachte. Gundlach andererseits zögerte keineswegs, Spann und Schmitt in die gleiche politische Schublade zu stecken, als er 1932 im Ständestaat universalistischer Prägung den »Weg zur Beseitigung der parlamentarischen Demokratie u. zur Aufrichtung des durchaus nicht unmißverständlichen ›totalen Staats‹«[191] sah.

Gemeinsam ist Carl Schmitt und Othmar Spann die Opposition gegen die »Grundsätze von 1789«, auf denen nach Spanns Überzeugung Individualismus, Liberalismus, Kapitalismus und die parlamentarische Demokratie beruhen[192]. Spann geißelt scharf die Grundvorstellungen der individualistisch geprägten Demokratie, in der nicht der Wert und die Wahrheit, sondern die Menge herrsche, was zu Unstetigkeit und Nivellierung führe[193]. Gegen das mechanische Zählen der Stimmen fordert Spann, diese zu wägen. Nicht die Mehrheit solle herrschen, sondern »das Beste«[194]. Ehe sich das Volk äußern könne, müsse dessen Wille erst durch die Führer gebildet werden[195]. Spann stellt deshalb einen »Schlangenkreis der

---

[185] Vgl. oben III. 2. d).
[186] Vgl. unten III. 8. e) »Der Begriff des Politischen« und III. 9. c).
[187] Vgl. F. LANDMESSER, Wirtschaftsentwicklung, S. 78 mit Hinweis auf die Diskussion der 2. soziologischen Tagung des Katholischen Akademikerverbandes in Maria Laach 1932.
[188] G. GUNDLACH, Konservatismus, S. 295.
[189] So referiert E. FERBER, S. 367, über einen Vortrag G. Gundlachs. Vgl. auch solche Hinweise bei F. LANDMESSER, Wirtschaftsentwicklung, S. 77.
[190] Ebd., S. 367.
[191] G. GUNDLACH, Ständestaat, Sp. 71.
[192] Vgl. O. SPANN, Schicksalsstunde, S. 565.
[193] O. SPANN, Staat, S. 117.
[194] EBD., S. 118.
[195] EBD., S. 119.

2. Klassik statt Romantik

demokratischen Logik« fest[196], den auch Schmitt hätte formulieren können: »Es wird ein Herrscherelement vorausgesetzt, der Volkswille, noch ehe er da ist; es wird die Herrscherkraft der Führer abgeleitet von dem, was vorher ohne sie gar nicht ist, vom Volkswillen. Statt daß die Leute den Führern sagen, was sie zu machen haben, sagen die Führer den Leuten, *was sie wollen sollen*«[197].

Daß solche Parolen 1933 auf einen politisch fruchtbaren Boden fallen konnten und bald in plakativeren Abwandlungen populär wurden[198], ist nicht verwunderlich. Auch Spann selbst hatte keinen weiten Weg zurückzulegen, als er sich in den Dienst des Nationalsozialismus stellte und vom Aufbau einer ständischen Ordnung im Dritten Reich träumte. Trotz zahlreicher Gemeinsamkeiten in der Terminologie waren jedoch Universalismus und Nationalsozialismus zwei theoretisch unvereinbare Größen. Die Nazis dachten im Ernst nicht daran, einen Ständestaat nach den theoretischen Vorgaben Spanns zu errichten. Spann wurde bald zu einem nicht mehr benötigten und sogar störenden Theoretiker. 1938, nach dem Anschluß Österreichs an Hitler-Deutschland, wurde Spann seines Lehrstuhls enthoben und von der Gestapo ins Gefängnis geworfen.[199]

Nicht nur die theoretischen Parallelen, die in den 30er Jahren viele dazu brachten, Schmitt und Spann gemeinsam als Vertreter eines »katholischen Konservatismus« dem Zentrum-Katholizismus entgegenzustellen,[200] sind beachtlich. Auch biographisch sind die Ähnlichkeiten nicht zu übersehen: Zwei Katholiken, die den Nationalsozialismus jeweils auf ihre Weise und nach ihren Vorstellungen gestalten wollten, gerieten unter die Räder, als man sie als theoretische Stichwortgeber nicht mehr benötigte. Wie wenig sich die Nationalsozialisten für theoretische Feinheiten interessierten, zeigt auch ein Dossier des Sicherheitsdienstes der SS, in dem Carl Schmitt als ein Katholik geführt wurde, »dessen Einsatz für Prof. Spann (Ständestaat) bekannt ist«[201]. Beide konnten schließlich nach 1945 wegen ihrer nationalsozialistischen Vergangenheit ihre akademische Lehrtätigkeit nicht fortsetzen.[202]

---

[196] EBD., S. 120.
[197] EBD., S. 120.
[198] Z. B. »Führer befiehl, wir folgen dir!«
[199] Vgl. W. HEINRICH, S. 19.
[200] Vgl. dazu C. LANG, Ideologie, S. 962, wonach »eine Zusammenfassung Schmitts mit Othmar Spann zu einem ›katholischen Konservatismus‹ für eine objektive Erkenntnis wertlos ist«.
[201] H. BOBERACH, S. 298.
[202] Für O. Spann vgl. W. HEINRICH, S. 19.

3. RECHTSKIRCHE STATT LIEBESKIRCHE

Carl Schmitt hat sich in seinem Frühwerk eingehend mit der katholischen Kirche in ihrer weltlich-juridischen Form beschäftigt. Bereits in »Der Wert des Staates und die Bedeutung des Einzelnen« präsentierte er 1914 die Lehren der katholischen Dogmatik als Vorbild für die Methodik der Rechtswissenschaft. Im zeitgenössischen Katholizismus blieb diese Schrift jedoch ohne Resonanz.

1917 veröffentlicht Schmitt in der von Franz Blei herausgegebenen Zeitschrift »Summa« seinen Aufsatz »Die Sichtbarkeit der Kirche. Eine scholastische Erwägung«. Es ist die einzige Schrift Schmitts, in der er ausgesprochen theologisch argumentiert. Wie bereits durch den Titel ausgewiesen richtet sie sich gegen Rudolph Sohms These von der unsichtbaren Kirche Christi[203]. Für Schmitt ergibt sich die Sichtbarkeit der Kirche aufgrund ihres Wesens und ihrer Aufgabe, als »große Mittelinstitution« eine Verbindung von Gott und der Welt herzustellen und zwischen dem Mittler Christus und den Menschen zu vermitteln[204]. Die Einheit Gottes nehme in der Geschichtlichkeit einer Vermittlung durch sterbliche Menschen die Form einer Rechtsnachfolge an. Jede spiritualistische Sekte, die den Begriff der Kirche als sichtbare Gemeinschaft in den eines corpus mere mysticum verflüchtige, zweifle im Grunde an der Menschwerdung Christi[205].

Über die Konstatierung der Mittelbarkeit des Verhältnisses von Mensch und Gott und die Notwendigkeit einer Vermittlung zwischen ihnen präsentiert Schmitt schon 1917 einen Gedanken, den er später mit dem Begriff der Repräsentation als einen seiner staatsrechtlichen Schlüsselbegriffe einführen wird: »Eine Veranstaltung zur Geltendmachung des Unsichtbaren im Sichtbaren muß im Unsichtbaren wurzeln und im Sichtbaren erscheinen, der Mittler steigt hernieder, weil die Vermittlung nur von oben nach unten, nicht von unten nach oben erfolgen kann, die Erlösung liegt darin, daß Gott Mensch (nicht daß der Mensch Gott) wird«[206].

Schmitt nimmt mit der Feststellung des Rechtscharakters der Kirche und ihrer Fähigkeit zur Repräsentation wesentliche Gedanken seines »Römischer Katholizismus und politische Form« von 1923 voraus. Dennoch ist der Charakter dieser Schrift ein ganz anderer. Die theologisch-

---

[203] Zu R. Sohm vgl. unten III. 3. b) Der antirömische Affekt in der protestantischen Theologie.
[204] C. SCHMITT, Sichtbarkeit, S. 79.
[205] EBD., S. 75.
[206] EBD., S. 75.

ekklesiologische Argumentation von 1917 wird 1923 abgelöst durch ein phänomenologisches Vorgehen und eine politologische Perspektive.[207] Der Aufsatz von 1917 blieb, ganz im Gegensatz zur staatsrechtlich-politologischen Schrift von 1923, die in den 20er Jahren im deutschen Katholizismus zu den bekanntesten Arbeiten Schmitts gehörte und intensiv diskutiert wurde, weitgehend unbekannt und unbeachtet.

a) »Römischer Katholizismus und politische Form« (1923)

»Römischer Katholizismus und politische Form« erschien 1923 in 1. Auflage bei dem katholischen Verleger Jakob Hegner und in 2. Auflage mit bischöflichem Imprimatur versehen in der vom »Verband der Vereine der katholischen Akademiker« herausgegebenen Schriftenreihe »Der katholische Gedanke« im Münchner Theatiner-Verlag. Die Schrift fand in den 20er Jahren weit über den Katholizismus hinaus Beachtung[208] und konnte noch in den 30er Jahren großen Einfluß ausüben.[209] Sie ist eine Apologie der weltgeschichtlichen Machtform der katholischen Kirche, ein »Elogium«, wie es Hans Barion nannte[210], das in seinem stilistischen Glanz im 20. Jahrhundert ein zweites Mal nicht mehr erreicht wurde. Und sie ist eine tiefe Verbeugung vor der innerweltlichen Macht der katholischen Kirche. Schmitt selbst nannte sie 1972 »noch ein Zeugnis des ganz ungebrochenen katholischen Impulses, der mir selbstverständlich geblieben war«[211].

Wie der doppeldeutige Titel des Essays bereits anklingen läßt, beschäftigt sich Carl Schmitt mit dem Verhältnis von römischem Katholizismus und politischer Form, also mit der Beziehung zwischen Kirche und Politik, und mit der politischen Form des römischen Katholizismus oder, wie sich Schmitt auch auszudrücken pflegt, mit der politischen Idee des römischen Katholizismus. Schmitt schreibt nun nicht mehr wie 1917 eine »scholastische Erwägung«, aber im Titel klingt mit dem Begriff »Form« ein scholastischer Einschlag an. Nach der scholastischen Sozialidee sind in einem gesellschaftlichen Ganzheitszusammenhang die Individuen die »Materie« oder das Materialfeld, zu deren innersten Wesen als »Form« die

---

[207] Vgl. auch A. ADAM, S. 21.
[208] Vgl. etwa die Besprechung von F. STERNTHAL.
[209] N. Sombart, geb. 1923, schreibt über sein Religionsverständnis als Schüler in seinen Erinnerungen: »Unser Verständnis der Weltreligionen, auch der christlichen, mit einer unverhohlenen Vorliebe für den Katholizismus ›als große Form‹, war rein ästhetisch. Wir verstanden sie als höchste Repräsentantin der Kunst« (N. SOMBART, S. 217). Der Einfluß von C. Schmitts Katholizismus-Verständnis ist hier unverkennbar.
[210] H. BARION, Machtform, S. 605.
[211] SCHMITT im Gespräch, S. 95.

Zuordnung auf das Ganze hin gehört. Erst die Vereinigung von Materie und Form ergibt die konkrete Ganzheit der Gemeinschaft als neues und größeres Sein.[212]

Schmitts Eröffnung, die aus katholischer Sicht stark apologetische Züge aufweist, ist sehr berühmt geworden: »Es gibt einen antirömischen Affekt. Aus ihm nährt sich jener Kampf gegen Papismus, Jesuitismus und Klerikalismus, der einige Jahrhunderte europäischer Geschichte bewegt, mit einem riesenhaften Aufgebot von religiösen und politischen Energien«[213].

Schmitts erster Schlüsselbegriff dieser Schrift ist die complexio oppositorum: »Ich glaube, der Affekt würde sich noch unendlich vertiefen, wenn man es in seiner ganzen Tiefe begriffe, wie sehr die katholische Kirche eine complexio oppositorum ist. Es scheint keinen Gegensatz zu geben, den sie nicht umfaßt. Seit langem rühmt sie sich, alle Staats- und Regierungsformen in sich zu vereinigen, eine autokratische Monarchie zu sein, deren Haupt von der Aristokratie der Kardinäle gewählt wird, und in der doch soviel Demokratie ist, daß ohne Rücksicht auf Stand und Herkunft der letzte Abruzzenhirt, wie Dupanloup es formulierte, die Möglichkeit hat, dieser autokratische Souverän zu werden«[214].

Auch in theologischen Fragen herrsche die complexio oppositorum. Altes und neues Testament stünden nebeneinander, nach dem tridentinischen Dogma sei der Mensch von Natur weder böse noch gut; der Papst gelte als Vater, die Kirche als Mutter der Gläubigen[215]. Schließlich verbinde sich diese Vieldeutigkeit mit »dem präzisesten Dogmatismus und einem Willen zur Dezision, wie er in der Lehre von der päpstlichen Unfehlbarkeit kulminiert«[216]. Schmitts zentrale These zu dieser complexio oppositorum lautet: »Von der politischen Idee des Katholizismus aus betrachtet liegt das Wesen dieser römisch-katholischen complexio oppositorum in einer spezifisch formalen Überlegenheit über die Materie des menschlichen Lebens, die bisher kein Imperium gekannt hat. Hier ist eine substantielle Gestaltung der historischen und sozialen Wirklichkeit gelungen, die trotz ihres formalen Charakters ein existentielles Ethos hat, lebensvoll und doch im höchsten Maße rational ist. Diese formale Eigenheit des römischen Katholizismus beruht auf der strengen Durchführung des Prinzips der Repräsentation«[217].

---

[212] Vgl. dazu F. LANDMESSER, Katholizismus, S. 268.
[213] C. SCHMITT, Katholizismus, S. 7.
[214] EBD., S. 15.
[215] EBD., S. 16 f.
[216] EBD., S. 17 f.
[217] EBD., S. 18.

3. Rechtskirche statt Liebeskirche   85

Damit ist Carl Schmitt bei seinem zweiten Hauptbegriff, dem Begriff der repraesentatio, angekommen, um den sein Essay kreist. Die Bedeutung der Repräsentation in der katholischen Kirche erläutert Schmitt am Gegensatz zum ökonomischen Denken, das absolut sachlich sei[218]. Im Unterschied dazu sei der Katholizismus »im eminenten Sinne politisch«[219]. »Zum Politischen gehört die Idee, weil es keine Politik gibt ohne Autorität und keine Autorität ohne ein Ethos der Überzeugung«[220]. Unabhängig von ökonomischen oder militärischen Machtmitteln habe die Kirche »jenes Pathos der Autorität in seiner ganzen Reinheit«[221]. Sie sei »in großem Stil die Trägerin juristischen Geistes und die wahre Erbin der römischen Jurisprudenz«[222]. Der Zusammenhang von Form und Idee ist für Schmitt im Katholizismus besonders gut aufzeigbar: »Darin, daß sie die Fähigkeit zur juristischen Form hat, liegt eines ihrer soziologischen Geheimnisse. Aber sie hat die Kraft zu dieser wie zu jeder Form nur, weil sie die Kraft zur Repräsentation hat. Sie repräsentiert die civitas humana, repräsentiert in jedem Augenblick den historischen Zusammenhang mit dem historischen Augenblick der Menschwerdung und des Kreuzesopfers Christi, repräsentiert Christus selbst, persönlich, den in geschichtlicher Wirklichkeit Mensch gewordenen Gott«[223].

Schmitt bewundert die vom Gedanken der Repräsentation bestimmte »politische Idee des Katholizismus und seine Kraft zu der dreifach großen Form: zur ästhetischen Form des Künstlerischen, zur juridischen Rechtsform und endlich zu dem ruhmvollen Glanz einer weltgeschichtlichen Machtform«[224]. Es sind die drei Formen, die Schmitt im einzelnen beschreibt. Zur Machtform führt er etwa aus: »Die Kirche will die königliche Braut Christi sein; sie repräsentiert den regierenden, herrschenden, siegenden Christus«[225]. »Die Kirche wird, wie jeder weltumfassende Imperialismus, wenn er sein Ziel erreicht, der Welt den Frieden bringen«[226].

Nach Schmitts Überzeugung wird sich der Katholizismus jeder Gesellschafts- und Staatsordnung anpassen, auch einer solchen der Kapitalisten oder Gewerkschaften. Voraussetzung sei allerdings, daß »die zur Herrschaft gelangten Kapitalisten oder Arbeiter in aller Form die staatliche

---
[218] C. Schmitt, Katholizismus, S. 34.
[219] Ebd., S. 34.
[220] Ebd., S. 36.
[221] Ebd., S. 39.
[222] Ebd., S. 39.
[223] Ebd., S. 39 f.
[224] Ebd., S. 45.
[225] Ebd., S. 65 f.
[226] Ebd., S. 66.

Repräsentation [...] auf sich nehmen«[227]. Die Kirche brauche »eine staatliche Form, weil sonst nichts vorhanden ist, das ihrer wesentlich repräsentativen Haltung korrespondiert«[228]. Eine hinter den Kulissen ausgeübte Herrschaft sei jedenfalls keine Form; sie könne lediglich die bestehende politische Form zu einer leeren Fassade machen. In diesem Zusammenhang formuliert Schmitt eine – aus staatlicher Sicht – schreckliche Vision: »Gelingt ihr das, hat sie den Staat restlos ›entpolitisiert‹, und gelänge es dem ökonomischen Denken, sein utopisches Ziel zu realisieren, einen absolut unpolitischen Zustand der menschlichen Gesellschaft herbeizuführen, so bliebe die Kirche die einzige Trägerin politischen Denkens und politischer Form; sie hätte ein ungeheuerliches Monopol, und ihre Hierarchie wäre der politischen Weltherrschaft näher als jemals im Mittelalter. Nach ihrer eigenen Theorie und ideellen Struktur dürfte sie freilich einen solchen Zustand nicht wünschen, weil sie den politischen Staat, eine societas perfecta und nicht einen Interessenten-Konzern neben sich supponiert. Sie will mit dem Staat in der besonderen Gemeinschaft leben, in der zwei Repräsentationen sich als Partner gegenüberstehen«[229].

Schmitt ist der Überzeugung, daß die katholische Kirche in Europa trotz des herrschenden antirömischen Affekts keinen repräsentativen Gegner mehr hat. Aus dem Auflösungsprozeß des ökonomischen Denkens sei auf der einen Seite im Liberalismus der Rest der europäischen Bildung und auf der anderen Seite das klassenkämpferische Industrieproletariat sowie das sich von Europa abwendende Russentum hervorgegangen. Nicht zufällig seien diese beiden großen Massen in der russischen Räterepublik zusammengekommen. Im Hinblick auf den Kampf zwischen den beiden feindlichen Gruppierungen gelte: »Sub specie ihrer alles überlebenden Dauer braucht die katholische Kirche sich auch hier nicht zu entscheiden, auch hier wird sie die complexio alles Überlebenden sein. Sie ist die Erbin«[230]. Dennoch gebe es »eine unvermeidliche Entscheidung des gegenwärtigen Tages, der aktuellen Konstellation und der gegenwärtigen Generation«[231]. Und hier sieht Schmitt die katholische Kirche »auf der Seite von Idee und westeuropäischer Zivilisation«[232], so wie sie im 19. Jahrhundert neben Mazzini und nicht neben Bakunin gestanden habe.

---
[227] EBD., S. 51.
[228] EBD., S. 52.
[229] EBD., S. 52 f.
[230] EBD., S. 79 f.
[231] EBD., S. 80.
[232] EBD., S. 80.

3. Rechtskirche statt Liebeskirche

Schmitt teilt also dem Grunde nach die Diagnose von Donoso Cortés, der zuerst eine geistesgeschichtliche Frontlinie zwischen Katholizismus und atheistischem Sozialismus feststellte. Und er weist der katholischen Kirche nach dem gesamten Duktus seiner Schrift die Aufgabe zu, als einzige im Auflösungsprozeß des ökonomisch-technischen Zeitalters noch verbliebene politische Kraft katalytisch die politische Restauration Europas zu bewirken.

b) Zeitgeschichtlicher Kontext

Vatikanische Aktivitäten

Der römische Katholizismus, den Schmitt 1923 skizziert, hatte – wie es der Begriff bereits offenlegt – im päpstlichen Rom und nicht so sehr in der Wirklichkeit des deutschen Katholizismus seine historische Stütze. Der Vatikan sonnte sich zu dieser Zeit nicht nur in der künstlerischen Ästhetik eines Michelangelos, er demonstrierte auch die juristische Form des Katholizismus und seinen »ruhmvollen Glanz einer weltgeschichtlichen Machtform«[233]. So wurde 1917 als Krönung und Abschluß einer Jahrhunderte alten katholischen Rechtstradition der Codex Iuris Canonici promulgiert. Er betont den juristischen Charakter der Kirche zulasten ihres pastoralen Auftrags. Lehrzuchtverfahren gegen »modernistische« Abweichler in Theologie und Kultur, insbesondere unter dem autoritär regierenden Pius X. (1903 – 1914), zeigten, daß der Rechtscharakter der Kirche nicht nur eine leere Formel war.[234]

Im Zuge der diplomatischen Aktivitäten Benedikts XV. (1914 – 1922) gewann der Hl. Stuhl als Völkerrechtssubjekt Gewicht. Nach dem Krieg verhandelte der Vatikan mit zahlreichen Ländern über die Neuordnung der kirchlichen Verhältnisse. In Deutschland kam es 1924 mit Bayern, 1929 mit Preußen und 1932 mit Baden zum Abschluß von Konkordaten. Mit den Lateranverträgen gelang 1929 die Lösung der sog. Römischen Frage. Durch die Vertragsverhandlungen und die Vertragsabschlüsse konnte der Hl. Stuhl seine Bedeutung als »weltgeschichtliche Machtform« (Carl Schmitt) unterstreichen.

Papst Pius XI. stellte 1922 in seiner Enzyklika »Ubi arcano« sein Pontifikat unter das Motto: Pax Christi in regno Christi. Im Zeitalter der untergehenden Monarchien predigte der Papst der Welt das Königtum Christi. 1925 führte er das Christkönigsfest ein. Das Heilige Jahr 1925 stellte er

---
[233] EBD., S. 45.
[234] 1925 wurde z. B. der katholische Theologe Josef Wittig verurteilt.

unter das Motto: »Christus muß herrschen«[235]. Hunderttausende deutscher Katholiken pilgerten anläßlich des Heiligen Jahres nach Rom und kehrten tief beeindruckt, manche sogar regelrecht berauscht von der Pracht der heiligen Stadt nach Deutschland zurück. Wie kaum ein Papst vor ihm verstand es Pius XI., durch die glanzvolle Gestaltung zahlreicher Jubiläen und großer kirchlicher Gedenktage[236] die Blicke der Katholiken auf Rom zu richten und das Papsttum als genuin römische Institution erfahrbar zu machen.

Das eindrucksvolle Gemälde, das Schmitt in seinem Essay über den römischen Katholizismus zeichnete, hatte also gerade durch das Wirken der Päpste in den 20er Jahren eine eindrucksvolle historische Stütze. Schmitt brauchte sich nicht nur am Anspruch des spezifisch römischen Katholizismus, er konnte sich zu einem großen Teil an dessen Wirklichkeit orientieren.

Der antirömische Affekt in der protestantischen Theologie

Schon in den 20er Jahren verbreitete sich im deutschen Katholizismus die Auffassung, die Beschreibung der katholischen Kirche als complexio oppositorum sei *das* Thema Carl Schmitts. Tatsächlich hat er aber weder den Begriff der complexio oppositorum in die wissenschaftliche Diskussion eingeführt, noch erstmals die juristische Form der katholischen Kirche beschrieben. Beides haben zunächst protestantische Theologen um die Jahrhundertwende unternommen.

Der erste und bedeutendste protestantische Theologe, der zu dieser Zeit die katholische Kirche frontal angriff, war Adolf von Harnack. »Der römische Katholizismus als äußere Kirche, als ein Staat des Rechts und der Gewalt, hat mit dem Evangelium nichts zu tun, ja widerspricht ihm grundsätzlich«[237], lautet seine radikale These. In der katholischen Kirche sieht er »das durch das Evangelium geweihte alte römische Reich«[238]. Als das weströmische Reich im 5. Jahrhundert zusammengebrochen sei, hätte es allein die katholische Kirche gewagt, »in das leer gewordene Gehäuse des Imperiums einzuziehen«[239]. Heute sei die katholische Kirche mit dem römischen Weltreich identisch: »*Dieser Kirche ist es ebenso wesentlich, Regierungsgewalt auszuüben, wie das Evangelium zu verkünden. Das* ›Christus vincit, Christus regnat, Christus triumphat‹ ist politisch zu ver-

---

[235] A. FRANZEN, S. 363.
[236] Vgl. W. NEUß, Kirche, S. 424.
[237] A. v. HARNACK, S. 165.
[238] EBD., S. 157.
[239] EBD., S. 156.

stehen: er herrscht auf Erden, indem seine von Rom geleitete Kirche herrscht, und zwar durch Recht und Gewalt, d.h. durch alle die Mittel, deren sich die Staaten bedienen«[240].

Adolf von Harnack schildert einen Säkularisierungsprozeß der katholischen Kirche, den Schmitt zwei Jahrzehnte später mit anderer Richtung und Wertung als Vorbild für eine politische Restauration des Staates präsentiert: »Die Entwicklung, die die Kirche als irdischer Staat genommen hat, mußte sie dann folgerichtig bis zur absoluten Monarchie des Papstes und bis zur Unfehlbarkeit desselben führen; denn die Unfehlbarkeit bedeutet in einer irdischen Theokratie im Grunde nichts anderes als das, was die volle Souveränität in dem Weltstaate bedeutet. Daß aber die Kirche vor dieser letzten Konsequenz nicht zurückgeschreckt ist, ist ein Beweis, in welchem Maße das Heilige in ihr verweltlicht ist«[241].

Ohne große Herleitung bestätigt von Harnack der Organisation der katholischen Kirche die »Fähigkeit, sich dem geschichtlichen Gang der Dinge anzupassen, wie keine andere: sie bleibt immer die alte – oder erscheint doch so – und wird immer neu«[242]. Durch die Verbindung von römischer, rechtlicher und politischer Äußerlichkeit und augustinischer Innerlichkeit sei »die erstaunliche ›complexio oppositorum‹ im abendländischen Katholizismus entstanden«[243]. Seine zusammenfassende These lautet: »Der römische Katholizismus als äußere Kirche, als ein Staat des Rechts und der Gewalt, hat mit dem Evangelium nichts zu thun, ja widerspricht ihm grundsätzlich«[244].

Der von der katholischen zur evangelischen Kirche konvertierte Friedrich Heiler definiert 1919 aufsehenerregend in Anlehnung an Adolf von Harnack: »Katholizismus ist Synkretismus, *complexio oppositorum*, Mischung und Zusammenfassung der Gegensätze. Sein Werden ist ein wunderbares Schauspiel: immer umfassender, immer reicher, immer mannigfaltiger; immer Neues und Fremdes strömt hinzu – und auf der anderen Seite wird er immer starrer, härter, beschränkter, abgeschlossener; die institutionelle Hülle, welche das vielgestaltige innere Leben umschließt, verhärtet sich immer mehr, ohne daß dadurch dieses Leben selbst zerstört oder geschwächt würde«[245].

---

[240] EBD., S. 158.
[241] EBD., S. 159.
[242] EBD., S. 160.
[243] EBD., S. 162.
[244] EBD., S. 165.
[245] F. HEILER, Wesen, S. 14 f.

Im Katholizismus sieht Heiler die judaistische Gesetzesreligion mit dem Romanismus, »d.h. die Auffassung der Religion als einer Rechtssache und die Umwandlung der Religion in die Religionspolitik«[246], vereinigt. Es gebe jedoch eine größere Gefahr: »Noch gefährlicher als der Rechtsgedanke ist der Machtwille der katholischen Kirche: Das christliche Rom erbte vom heidnischen Rom nicht allein den sakralen Rechtsgedanken und die sakrale Rechtsweisheit, sondern ebenso die grandiose Idee des Weltimperiums, jenen unbändigen Willen zur Weltmacht, der in den altrömischen Staatsmännern und Heerführern lebte; die römische Kirche ist eine *hierarchische* Kirche. Hierarchie – schon das Wort enhält eine *contradictio in adjecto*; denn Heiligkeit und Herrschaft sind wie Feuer und Wasser; es gibt bei Menschen keine Heiligkeit ohne Demut, ohne Unterordnung, ohne Dienst. Aber der Katholizismus hat ja so viele dem Evangelium Jesu widersprechende Elemente ins Christentum aufgenommen; warum sollte er nicht auch das dem christlichen Geiste Fremdeste, den weltlichen Machtgedanken ins Christentum aufnehmen?«[247]

Für das päpstliche Rom hat Heiler nur Verachtung übrig: »*dieses Rom ist keine religiöse Autorität*, sondern eine seltsame Mischung von berechnendem weltlichem Machtstreben und fanatischem kirchlichem Interesse. Diese kuriale Bureaukratie hat ihr tiefstes Interesse nicht an Dogma und Sittenlehre, ihr Hauptstreben geht vielmehr dahin, *sich selbst zu behaupten*. [...] Das Papsttum ist der Erbe des römischen Cäsarentums; der Herrschergeist der römischen Cäsaren lebt fort in den ›Statthaltern‹ Jesu Christi«[248].

Eine Attacke gegen den römischen Katholizismus aus kirchenrechtlicher Sicht steuert vor dem Ersten Weltkrieg Rudolph Sohm bei. Berühmt wurde seine These von der Unvereinbarkeit des Kirchenrechts mit dem Wesen der Kirche. Sohm geht von der Unterscheidung Luthers zwischen der für den Glauben in Wort und Sakrament erfahrbaren, für die Welt aber unsichtbaren Kirche Christi und der für jedermann sichtbaren rechtlich verfaßten Kirche aus[249]. Im Mangel der Unterscheidung zwischen Kirche im religiösen Sinn und der Kirche im Rechtssinn liege das katholische Prinzip. Für den Katholizismus sei Kirche im Lehrsinn zugleich Kirche im Rechtssinn, und umgekehrt. »Die Kirche Christi ist ihm eine rechtlich verfaßte Organisation: das Leben der Christenheit ist durch das katholische Kirchenrecht geregelt«[250]. Die »Lehre von der Sichtbarkeit

---

[246] EBD., S. 39 f.
[247] EBD., S. 41.
[248] EBD., S. 43 f.
[249] R. SOHM, S. 11 ff.
[250] EBD., S. 14.

3. Rechtskirche statt Liebeskirche

der Kirche«[251] ist für Sohm das Grunddogma des Katholizismus. Daraus resultiere »seine Macht und seine Schwäche«[252]. Die religiöse Überzeugung der Gläubigen werde rechtlich gebunden, ihr geistliches Eigenleben durch die hierarchische Regierungsgewalt vernichtet und damit das Wesen der Christenheit zerstört[253].

Adolf von Harnack, Friedrich Heiler und Rudolph Sohm, um nur einige prominente protestantische Theologen zu nennen, gaben somit die Stichworte und Themenbereiche vor, mit denen sich Carl Schmitt in seinem Kirchenessay von 1923[254] auseinandersetzte: die katholische Kirche als complexio oppositorum, Rechts- und Machtkirche, das päpstliche Rom als Hort eines herrschsüchtigen Imperialismus. Der von der protestantischen Theologie gepflegte antirömische Affekt, den Carl Schmitt in seinem Büchlein eingangs feststellt, war zu Beginn des 20. Jahrhunderts für die Katholiken noch greifbare Wirklichkeit.

Die neue Kulturidentität der deutschen Katholiken

Der liberale und protestantische Kulturtriumphalismus erlebte in Deutschland nach dem Ersten Weltkrieg einen jähen Rückschlag. Die geistige Welt der Moderne, mit der sich Liberalismus und Protestantismus verbunden wußten, war unter den Schlägen des Krieges und der Revolution von 1919 zusammengebrochen. Der Zeitgeist schrieb nun die Sehnsucht nach unverbrüchlichen objektiven Werten auf seine Fahne. Damit schlug die Stunde des Katholizismus. Voller Genugtuung sah man Anfang der 20er Jahre »auf das Trümmerfeld des kulturellen Liberalismus, Relativismus und Subjektivismus« und baute sein »Haus aus den Quadern der Philosophia perennis, den Säulen des kirchlichen Dogmas und den kühnen aber festen Gewölberippen der päpstlichen und bischöflichen Hirtenworte«[255].

In der Zeit des allgemeinen Zusammenbruchs trete man an den Katholizismus heran mit der Frage: »Was kannst du bieten?«, heißt es 1924 in einem Vortrag von Josef Adrian[256]. Die Antwort lautet nicht unbescheiden: »Alles!« Der Katholizismus vermöge »die richtige Idee des Staates« ebenso zu geben wie »die richtige Idee der ›Nation‹« und die »richtige

---

[251] EBD., S. 25.
[252] EBD., S. 14.
[253] Vgl. EBD., S. 22.
[254] C. SCHMITT, Sichtbarkeit, richtete sich bereits 1917 gegen R. Sohms These von der für die Welt unsichtbaren Kirche Christi.
[255] O. KUNZE, Nationalbewußtsein, S. 80.
[256] J. ADRIAN, S. 134.

Idee der Gesellschaft der Menschen«[257]. Allgemein führt Adrian aus: »Woher wird die Rettung kommen? Nur von der Ordnung! Wer allein kann Ordnung bringen? Eine allumfassende Ordnung kennt nur der ewige, alles umspannende Gottesgeist. Wo hat man die Idee der alles durchdringenden und alles erfüllenden göttlichen Ordnung allzeit geglaubt, gelehrt, gehegt und gepflegt? Nirgends, als nur in der allumfassenden, d. i. die katholische Kirche, die schon zweimal in der Weltgeschichte den Beweis göttlicher Ordnungskraft erbracht zu haben sich rühmen kann, einmal in der Väterzeit im Rahmen des griechisch-römischen Weltreiches, ein zweites Mal auf dem Boden des unter christlich-germanischem Einfluß stehenden mittelalterlichen Europa. Warum sollte dieselbe Kirche nicht noch einmal die Lage meistern auf einem weit größeren Gebiet, das aber ihr ureigenes ist: ›bis an die Grenzen der Erde‹; denn ›ihr Feld ist die Welt‹. ›Seines Reiches wird keine Grenze sein‹«[258].

Schmitts Gemälde der ecclesia triumphans paßte somit exakt zur neuen, selbstbewußten Kulturidentität der deutschen Katholiken nach dem Ersten Weltkrieg. Seine These von der ordnungsstiftenden Wirkung des Katholizismus im Bereich des Politischen konnte vor diesem Hintergrund mit einer bereitwilligen Aufnahme rechnen. Sie war ein weiteres Stimulans für das katholische Hochgefühl. Traf sie doch genau auf die Sehnsüchte der katholischen Zeitgenossen nach kultureller Rehabilitation oder gar Überlegenheit.

Die katholische Kirche übte in den 20er Jahren auch auf die nichtkatholische Welt in ihrer »Sehnsucht nach Festem, Endgültigem und Absoluten«, in ihrer »Hingabe an das Objektive«[259] eine große Anziehungskraft aus. Jesuiten hielten in großen Städten Deutschlands Einführungskurse in den Katholizismus für Protestanten und Juden ab.[260] Auch Nichtkatholiken wallfahrten zu den Benediktinerklöstern, vor allem nach Maria Laach und Beuron.[261] Zahlreiche Konversionen bekannter Persönlichkeiten zur katholischen Kirche unterstrichen diesen mächtigen Drang der Zeit zum Katholizismus.

Carl Schmitt hat durch seine Apologie der katholischen Kirche auf Intellektuelle, die außerhalb oder am Rande der Kirche standen und mit dem Gedanken der Konversion spielten, nachhaltig eingewirkt. »Ein halbes Dutzend nennenswerter Leute hat mit mir gesprochen, um bei mir ir-

---

[257] Ebd., S. 138.
[258] Ebd., S. 137.
[259] Ph. Funk, Gang, S. 111.
[260] Vgl. F. Heiler, Katholizismus, S. 8.
[261] Vgl. ebd., S. 8.

3. Rechtskirche statt Liebeskirche 93

gendeine Bestätigung ihres Übertritts zu finden«[262], gab Schmitt in den 70er Jahren selbst zu Protokoll. Da ist es verständlich, daß »Römischer Katholizismus und politische Form« in evangelischen Pfarrhäusern gefürchtet war.[263]

Trotz allen Selbstbewußtseins war Anfang der 20er Jahre der Alpdruck des Inferioritätsvorwurfs nicht völlig von den Katholiken gewichen. Kulturkampfängste waren nach wie vor latent vorhanden.[264] Zur Beunruhigung beigetragen hatte 1918/19 die Ankündigung des linkssozialistischen Kultusministers Adolf Hoffmann, Kirche und Staat sowie Kirche und Schule radikal voneinander zu trennen.[265] Tatsächlich regelte er im November 1918 durch später von der preußischen Regierung teilweise wieder zurückgenommene Erlasse die Befreiung der Kinder kirchlich nicht gebundener Eltern vom Religionsunterricht, die Beseitigung der geistlichen Schulaufsicht und die Aufhebung des obligatorischen Charakter des Religionsunterrichts. Die Zentrumspartei stellte diese Kulturpolitik 1919 mit großem Erfolg in den Mittelpunkt ihres Wahlkampfes in Preußen und im Reich.[266]

Als man von katholischer Seite nach dem Ersten Weltkrieg vorschlug, das leerstehende Bensberger Schloß in ein Jesuiten-Internat umzuwandeln, polemisierte dagegen die protestantische Presse. Die Katholiken sahen daraufhin wieder den »furor protestanticus« wüten und wollten es sich nicht gefallen lassen, »auch heute noch als Staatsbürger zweiter Klasse und national minderwertig betrachtet zu werden«[267]. Ein weiterer Auslöser von Kulturkampfängsten war die Rede Ludendorffs im sog. Hitler-Prozeß 1924. Der General, der selbst der Beihilfe zum Hochverrat angeklagt war, agierte in alter Kulturkampfmanier gegen Vatikan, Jesuiten und Zentrum.[268] Da war es sehr passend, daß Prälat Kaas, der als Berater von Nuntius Eugenio Pacelli die Abwehr eines neuen Kulturkampfes als vordringliches Ziel verfolgte[269], Schmitts durchschlagenden Satz vom antirömischen Affekt Ludendorff im Reichstag entgegenschleudern konnte. Carl Schmitt selbst hat stolz darauf hingewiesen.[270]

Dem kulturellen Aufschwung des Katholizismus entsprach die zunehmende Beschäftigung der katholischen Theologie mit dem Wesen der Kir-

---
262 SCHMITT im Gespräch, S. 95.
263 Vgl. EBD., S. 95.
264 Vgl. O. SACHSE, Parteipolitik, S. 562 f.; O. KUNZE, Kulturkampf, S. 141 f.
265 Vgl. zu den Einzelheiten R. MORSEY, Zentrumspartei 1966, S. 110 ff.
266 G. A. RITTER / S. MILLER, S. 253 – 264.
267 F. SCHLANG, S. 439.
268 O. KUNZE, Nationalbewußtsein, S. 80.
269 Vgl. A. LINDT, S. 120.
270 C. SCHMITT, Politische Theologie II, S. 27, Anm. 4.

che. Epochemachend waren hier Romano Guardinis Bonner Vorträge von 1921, die unter dem Titel »Vom Sinn der Kirche« veröffentlicht wurden. Den Zeitgeist treffend konstatiert Guardini einen religiösen »Vorgang von unabsehbarer Tragweite«[271], das Erwachen der Kirche in den Seelen. Gegen jeden religiösen Individualismus und Subjektivismus betont er jedoch: »Das religiöse Leben kommt nicht nur vom Ich her, sondern erwacht zugleich im Gegenpol, in der objektiven, geformten Gemeinschaft«[272].

Den theologischen Klassiker über »Das Wesen des Katholizismus« veröffentlichte 1924 der Tübinger Dogmatiker Karl Adam. Bis 1946 erlebte dieses Werk elf Auflagen. Es gilt als die bedeutendste unter den vielen Entgegnungen auf Friedrich Heilers Buch von 1923 »Der Katholizismus, seine Idee und seine Erscheinung«, in dem die bereits 1919 vorgetragenen Angriffe gegen die katholische Kirche weiter ausgebaut und systematisiert wurden.[273] Adam stellt die Idee vom Leib Christi in den Mittelpunkt seiner Ekklesiologie. Nur durch die Kirche vermittelt könne der Gläubige zu Christus kommen. Es ist die klassische katholische Antithese gegen den Protestantismus, gegen die Vorstellung von der Unmittelbarkeit des Gläubigen vor Gott. Adam bringt Kirche und Dogma in einer für seine katholischen Zeitgenossen eindrucksvollen Weise wieder zum Leuchten.[274]

Als sich Carl Schmitt 1923 intensiver mit dem römischen Katholizismus beschäftigte, lag er damit im Trend der Theologie. Selbst renommierte Fachtheologen wie Karl Adam hatten im übrigen damals keine Bedenken, die Begriffe Katholizismus und katholische Kirche synonym zu verwenden. Wenn Schmitt wegen dieser Terminologie später ein »Mangel an Begriffsschärfe«[275] vorgeworfen wurde, ist dieser Vorhalt deshalb zumindest unter zeitgeschichtlichem Aspekt zu relativieren.

Die katholische Klassik

»Klassisch oder romantisch?«[276] Die so von dem Klassik-Verehrer Karl Muth 1909 noch aus einer Außenseiterposition gegen Richard von Kralik gerichtete Frage nach dem katholischen Literaturideal beschäftigte zu Beginn des 20. Jahrhunderts den deutschen Katholizismus in einer die Lite-

---

[271] R. GUARDINI, Sinn, S. 1.
[272] EBD., S. 13.
[273] So K. NEUNDÖRFER, Bücher, S. 203; dort auch Hinweise auf andere Neuerscheinungen, die sich mit der katholischen Kirche beschäftigten.
[274] Vgl. auch J. HEILER.
[275] H. BARION, Form, S. 465.
[276] K. MUTH, Wiedergeburt, S. 78.

ratur übersteigenden Grundsätzlichkeit. Wußte man sich in der katholischen Staats- und Gesellschaftslehre traditionell der politischen Romantik verpflichtet, so gewannen gerade in den 20er Jahren die Stimmen derjenigen an Boden, die in Übereinstimmung mit Karl Muth die Klassik als das dem Katholizismus besser entsprechende Kunst- und Kulturideal verehrten. Diese Einschätzung ging einher mit der nach dem Ersten Weltkrieg aufkommenden allgemeinen Sehnsucht nach Objektivem, Festem und Verläßlichem. So sah man schließlich allenthalben ein neues klassisches Ideal auf katholischem Boden im Werden und kreiste in seinen Gedanken um die strenge, klassische Form. Wo anders war diese Form vollendeter realisiert als in der katholischen Kirche selbst, in der juristischen Form ihres Codex, der ästhetischen Form ihrer Liturgie und der politischen Form ihrer Hierarchie?

Die im wesentlichen von den Benediktinerklöstern Maria Laach und Beuron ausgehende Liturgiebewegung betrieb nach dem Ersten Weltkrieg mit großem Engagement die Erneuerung der liturgischen Formen und faszinierte damit ein breites Publikum über die Grenzen des Katholizismus hinaus. Als Kopf dieser Bewegung betätigte sich der Abt von Maria Laach, Ildefons Herwegen, der zuvor Prior in Beuron war.[277] Man schwor bei den Benediktinern »nur auf Antike und südliche Klarheit«[278].

Aus der liturgischen Bewegung rekrutierten sich die führenden Köpfe des Katholischen Akademikerverbandes, der in den 20er Jahren zu großer Bedeutung aufsteigen konnte. Zu nennen sind hier neben Abt Ildefons Herwegen[279] Prälat Franz Xaver Münch[280], Hermann Platz und Heinrich Brüning. Dieser Verband avancierte auch zum Bannerträger eines formbetonten, römisch ausgerichteten Kulturkatholizismus.[281] Man feierte die katholische Kirche inmitten einer als formlos empfundenen Welt »als geformte und formende religiöse Kulturmacht«[282]. Die Tagungen des Akademikerverbandes »suchen mit Vorliebe die Tempel des Barock auf und lassen darin feierliche Hochämter mit großer, rauschender Musik abhalten«, stellte Philipp Funk 1925 mit kritischem Unterton fest[283]. Daß

---

[277] EBD., S. 15.
[278] R. GUARDINI, zit. nach H.-B. GERL, S. 129.
[279] Vgl. V. BERNING, Platz, S. 15.
[280] F. X. Münch (1883 – 1940), seit 1916 Generalsekretär des Katholischen Akademikerverbandes; Begründer der Zeitschrift DER KATHOLISCHE GEDANKE sowie der Salzburger Hochschulwochen (F. MUCKERMANN, Epochen, S. 338).
[281] Vgl. zum Katholischen Akademikerverband unten IV. 3. b).
[282] F. MUCKERMANN, Rätsel, S. 160.
[283] Ph. FUNK, Selbstbewußtsein, S. 112; Ph. Funk blickt voller Skepsis auf die Innsbrucker Tagung des Katholischen Akademikerverbandes des Jahres 1925. Er spricht vom »rauschhaften Charakter dieser Bewegung« und von »einer geistigen Inflation« (EBD., S. 110).

Schmitts »Römischer Katholizismus und politische Form« 1925 in 2. Auflage in der Schriftenreihe des Katholischen Akademikerverbandes »Der katholische Gedanke« erschien, war bei dieser Ausrichtung folgerichtig.

Im übrigen war auch die 1. Auflage bei Jakob Hegner bezüglich der Formvollendung in besten Händen. Hegners Drang zur stilistischen Perfektion in Druck, Gestaltung und Ausstattung kann ohne weiteres als Teil des Aufbruchs zu einer neuen katholischen Klassik nach dem Ersten Weltkrieg verstanden werden. Seine Bücher wurden zum »Schönsten vom Schönen« gerechnet[284]. Es sei ein »Genuß, sie vor der Lektüre, um sich zunächst oberflächlich mit ihnen zu befreunden, eine Zeitlang anzusehen«, schwärmten katholische Zeitgenossen; ein Urteil, das auch für Schmitts »Römischer Katholizismus und politische Form« seine Berechtigung hat.

Die Begeisterung für ein klassisches Ideal beschränkte sich nicht nur auf die Liturgie- und Akademikerbewegung. Sie war weit verbreitet. Selbst in der katholischen Jugendbewegung fanden sich unter dem Einfluß von Romano Guardini Verehrer eines klassischen Katholizismusideals.[285]

Im »Hochland« wurde bereits 1920 Carl Schmitts scharfe Absage an die politische Romantik als Beitrag zur katholischen Hinwendung zu einem klassischen Ideal gewertet.[286] Mit seiner Lobpreisung des Katholizismus als große juristische, politische und ästhetische Form konnte sich Schmitt endgültig in die Phalanx der katholischen Klassik einreihen. Von einigen seiner Zeitgenossen wurde dieser Schritt auch ausdrücklich registriert.

Otto Kunze, Schriftleiter der katholischen »Allgemeinen Rundschau«, beklagt 1924, das Leben der europäischen Menschheit habe »weder Sinn noch Form«[287]. Von der Romantik könne man das Heil nicht mehr erwarten. Seine Hoffnung setzt er allein auf die katholische Kirche. Sie »hüte noch die gemeinsame geistige Substanz des Abendlandes, den Glauben an Gott, den Sinn für objektive Wahrheit und objektive Werte«. Hermann Platz, dessen Schrift »Um Rhein und Abendland« Kunze bespricht, vertrete mit »Hefele, Karl Schmitt, Guardini und Abt Ildefons Herwegen [...] ein klassisches Ideal, eine Kultur der Grenzen, Formen und festen Werte«, eine Kultur, »die nicht an selbstgewählten irdischen Maßstäben, sondern an den ewigen, die Gott in Verstand und Gewissen gelegt hat«, messe.

»Die kämpfende Kirche nimmt nie ohne inneren Schaden die Haltung der triumphierenden vorweg. Das Zeichen, unter dem sie siegen kann, ist das Zeichen der Marter und des Todes, nicht der Adler des imperialistischen Rom« (EBD., S. 111).
[284] H. MERK, S. 742; folgendes Zitat EBD.
[285] Vgl. zu R. Guardini unten V. 1. d) und zur katholischen Jugendbewegung unten IV. 3. d).
[286] WEIHNACHTSBÜCHERSCHAU, S. 387.
[287] O. KUNZE, Rhein, S. 854 f.; folgende Zitate EBD.

3. Rechtskirche statt Liebeskirche

Während Kunze bei der Nennung der Namen in einer Fußnote noch bemerkt, er wisse, »daß im einzelnen vieles diese Männer trennt«, übernimmt Alfred von Martin 1925 diese Liste uneingeschränkt. Hinter der Ablehnung der Romantik stehe das Weltanschauungsideal »der neuen katholischen Klassik, die sich religiös auf Guardini und Abt Ildefons Herwegen, ästhetisch auf Herman Hefele, juristisch-politisch auf Carl Schmitt beruft«[288]. Eine kunsthistorische Parallele biete Wilhelm Neuß mit seiner Wertschätzung der Nazarener.[289]

In einer Besprechung von Schmitts »Römischer Katholizismus und politische Form« beklagt Emil Gerber 1925 in der »Augsburger Postzeitung«, der ältesten katholischen Zeitung Deutschlands[290]: »Man findet im Norden wenig klassische Menschen mehr; Menschen, die vom allgemeinen Tanz ums Ich und die Materie nicht mitgerissen, Subjekt und Objekt gemessen auseinander halten; [...]. Menschen, in denen die Einsicht lebt, daß nicht die Materie das Leben beherrscht und die Geschichte, sondern das Geistige, Ideen, zutiefst, als letztes Prinzip alles Geistigen [...] Gott; Menschen, die trotz und wegen ihrer mannigfachen Bindungen an Gott und das sonst Seiende frei sind [...]; die aus dieser weiten Freiheit heraus wirken und gestalten, nicht subjektiv verkrampft, formlos, verzerrt, mit Blick nur fürs Ziel, – vielmehr in ruhiger Harmonie, gehalten in Fülle, architektonisch aufbauend in schöner, wohl wirkender Gesetzmäßigkeit und Form«[291]. Da der Jude »formlos, chaotisch« sei und der Protestantismus seine Bekenner schon dogmatisch und ethisch im Subjektivismus stecken lasse, sei dies Menschtum »in der abendländischen Kultur dem katholischen Menschen vorbehalten«, soweit es dem Katholizismus überhaupt möglich sei, »außerhalb oder über dem modernen antiklassischen und im tiefsten antigeistigen Zeit›geist‹ zu stehen«[292]. Jedenfalls gebe es Menschen der aufgezeigten Art, wobei Gerber zunächst Herman Hefele und Romano Guardini nennt. Auch der »Orden des hl. Benedikt mit seiner Pflege der Liturgie, seiner eigenen, objektiven Kunst« lasse sich hierher rechnen. Und »sicher gehört Carl Schmitt, der Jurist, zum Typ des klassischen Menschen.«

Romano Guardini[293], Herman Hefele[294], Hermann Platz, Abt Ildefons Herwegen und Wilhelm Neuß wurden also neben Carl Schmitt als Ver-

---

[288] A. v. MARTIN, Katholizismus, S. 316.
[289] EBD., S. 316.
[290] H. BLANKENBERG, S. 110.
[291] E. GERBER, »Römischer Katholizismus und politische Form«, in: AUGSBURGER POSTZEITUNG (Sonntagsbeilage), Nr. 35, 30. August 1925, S. 1.
[292] EBD., S. 1.
[293] Vgl. zu R. Guardini unten III. 4. b) und V. 1. d).
[294] Vgl. zu H. Hefele oben III. 2. c) und III. 8. c).

treter eines katholischen Klassik-Ideals genannt und in die Front gegen die Romantik gestellt. Ergänzt werden kann diese Liste auf jeden Fall um Karl Muth[295] und auch um Franz Blei[296].

Der Bonner Romanist Hermann Platz (1880 -1945) war ein scharfer Kritiker der Moderne, ein Vertreter der liturgischen Bewegung und ein leidenschaftlicher Verfechter des Abendland-Gedankens. Er zeichnet, wie so viele Katholiken in den 20er Jahren, die Geschichte der Neuzeit als eine Geschichte des kulturellen Verfalls.[297] Der Romantik schreibt er in diesem neuzeitlichen, individualistisch geprägten Auflösungsprozeß die Rolle eines Geburtshelfers zu.[298] Den Ausweg aus dem durch den Krieg offenkundig gewordenen »anthropozentrischen Chaos«[299] sieht Platz in der katholischen Kirche und hier vor allem in ihrer Liturgie. Der eucharistische Christus sei »*der theozentrische Kosmos, den die im Anthropozentrischen verhungernden Seelen zutiefst ersehnen*«[300].

In der Liturgie Maria Laachs erfährt Platz ein »Hineinleben in das Objektive«[301]. Die Sehnsucht nach dem Objektiven ist bei ihm zugleich eine »Sehnsucht nach dem Organischen«[302], mit dem er allein die versachlichte, ökonomische und technisierte Neuzeit überwinden zu können glaubt. Dieser stark romantische Einschlag, der auch in den überaus schwülstigen Formulierungen des Romanisten zum Ausdruck kommt, mag der Grund dafür gewesen sein, daß Carl Schmitt in seinen Schriften von seinem langjährigen Bonner Professoren-Kollegen keinerlei Notiz genommen hat, obwohl beide in vielem ähnlich dachten.[303] So lobt Platz noch 1928 seiner antimodernistischen Grundüberzeugung entsprechend den Syllabus, der »wieder Klarheit in die verschwommenen individualistischen Anschauungen, die die Aufklärung ins 19. Jahrhundert hineingespült hatte«[304], gebracht habe.

Die kunsthistorische Parallele zur katholischen Klassik, die Alfred von Martin bei dem Bonner Kirchenhistoriker Wilhelm Neuß ausmachte, be-

---

[295] Vgl. zu K. Muth oben III. 2. c) und unten V. 3. c).
[296] Vgl. zu F. Blei unten V. 3. b).
[297] H. PLATZ, Zeitgeist, S. 9 ff.
[298] H. PLATZ, Großstadt, S. 4.
[299] H. PLATZ, Zeitgeist, S. 80.
[300] EBD., S. 81.
[301] EBD., S. 107.
[302] EBD., S. 67, 79.
[303] H. Platz bat C. Schmitt 1928 in einem Brief – vergeblich – , eine Sammlung mit dem Titel »Untersuchungen zur abendländischen Geistesgeschichte« mitzutragen (vgl. A. KOENEN, S. 34, Fn. 63). H. Platz deshalb als »Schmitt-Freund« (vgl. EBD., S. 34) zu bezeichnen, scheint jedoch nicht gerechtfertigt.
[304] H. PLATZ, Religiöse, S. 141.

3. Rechtskirche statt Liebeskirche

zieht sich auf dessen anläßlich der Generalversammlung der Görres-Gesellschaft 1924 in Heidelberg gehaltenen Vortrag über »Die Bedeutung der Nazarener im 19. Jahrhundert«. Neuß stellt darin diese religiös ausgerichteten Künstler in ihrem Suchen nach »dem Objektiven« und »allgemeinen großen Überzeugungen« in einen Gegensatz zu den Romantikern, bei denen er nur reinen »Subjektivismus« ausmachen kann. »Strengste Zucht«, so Neuß, präge bei den Nazarenern »große Ideen in klarer und bestimmter Form«[305] aus.

Für Ildefons Herwegen ist die auf dem Siegel der Kölner Universität dargestellte »Epiphanie, die Erscheinung der Königsherrlichkeit Christi vor der sehnsüchtig nach Erlösung verlangenden Menscheit, [...] so ganz das Bild unserer Gegenwart. Christus muß wieder unser König werden, er muß es vor allem werden für die ›Weisen‹, für die Gebildeten, die selbst wieder Führer für andere werden sollen«[306]. Im »Chaos der Zeit« fordert Herwegen 1932 den deutschen Geist auf, »im Absoluten sich zu verwurzeln und von dort das Gesetz der Form sich schenken zu lassen«[307]. Von dieser Grundeinstellung war der Weg nicht weit zu einer positiven Haltung gegenüber dem Nationalsozialismus. Mit Herwegen erhofften sich viele Benediktiner in Maria Laach 1933 von dieser Bewegung die Überwindung des gesellschaftlichen Chaos und die Aufrichtung einer neuen Ordnung.[308] Es gab also für Katholiken nicht nur über die politische Romantik und ihre Organismustheorien, sondern auch über die politische Klassik Zugangsmöglichkeiten zum NS-Staat.

Daß die Verherrlichung des klassischen Ideals, mit dem das Ganze und das Objektive in den Mittelpunkt von Theologie und Liturgie gerückt wurden, auf Kosten der freien Persönlichkeit gehen und totalitärem staatsrechtlichem Denken Vorschub leisten konnte, wurde von kritischen Geistern bereits früh erkannt.[309] So weist ein Freund Romano Guardinis 1934 auf die politischen Folgen des benediktinischen Liturgie-Verständnisses hin: »Die Liturgie wurde so ausgeweitet, daß sie das ganze religiöse Leben

---

[305] Zit. nach A. v. MARTIN, Katholizismus, S. 316.
[306] I. HERWEGEN, Lumen Christi, S. 20.
[307] I. HERWEGEN, Antike, S. 71.
[308] Vgl. F. MUCKERMANN, Epochen, S. 341; I. Herwegen wurde durch die politische Praxis der Nationalsozialisten freilich schnell ernüchtert. So sprach er bereits 1934 öffentlich davon, daß es »gegenüber einem heftigen Ansturm wider unsere hl. katholische Kirche« Pflicht sei, den Glauben zu hegen und zu pflegen (vgl. H. HÜRTEN, Deutsche Briefe I, S. 26). Die Gestapo ließ nicht lange auf sich warten und nahm den Abt ins Verhör (vgl. EBD., S. 354).
C. Schmitt unterhielt noch Anfang der 30er Jahre Kontakte zu den Benediktinern, insbesondere mit denen von Maria Laach (vgl. A. KOENEN, S. 287 f.).
[309] Vgl. F. MUCKERMANN, Epochen, S. 339 ff.

umfaßte. [...] Die Folge ist, daß alles starr wird. Hier ist Maria Laach mit der neuen Staatsauffassung einig. Diese sagt: Die staatsfreie Individualsphäre gibt es nicht. Und jene: Die liturgiefreie Sphäre gibt es nicht«[310].

Allerdings gab es von der liturgischen Bewegung keine Einbahnstraße zum Nationalsozialismus. Hermann Platz unterstrich sein Engagement für die Weimarer Republik 1925 im Reichstag durch seine Verfassungsrede zum Tag der Weimarer Verfassung.[311] Mit dem ebenfalls zur katholischen Klassik gezählten Wilhelm Neuß gehörte er 1934 zu den Autoren der gegen Alfred Rosenbergs antikirchliches Pamphlet »Der Mythus des 20. Jahrhunderts« gerichteten und anonym erschienenen Schrift »Studien zum Mythus des 20. Jahrhunderts«[312].

Die Diskussion um das Abendland

Aufgewühlt durch den 1918 von Oswald Spengler beschriebenen »Untergang des Abendlandes« machten sich zahlreiche Katholiken in den 20er Jahren ans Werk, die »Rettung des Abendlandes« aus dem Geist der katholischen Kirche zu verkünden. Der Abendland-Gedanke konnte vor dem Hintergrund des neuen kulturellen Hochgefühls im deutschen Katholizismus der Weimarer Republik große Beachtung verbuchen. 1925 wurde auf Anregung von Hermann Platz die Zeitschrift »Abendland« gegründet, die dieses kulturelle Programm verfolgte. Einer der »intransigentesten katholischen Abendländer«[313], Georg Moenius, übernahm 1929 die Schriftleitung der Münchner »Allgemeinen Rundschau«, die noch im gleichen Jahr der Abendland-Thematik ein umfangreiches Sonderheft widmete. 1931 erschien Theodor Haeckers »Vergil. Vater des Abendlands«, in dem er Vergil als das Geheimnis der abendländischen Kultur feierte.

Abendländisches Denken war zunächst polemisch gegen den östlichen Bolschewismus gerichtet. Ein anschauliches Beispiel für die im deutschen Katholizismus empfundene Auseinandersetzung zwischen Abendland und Morgenland, zwischen West und Ost, bietet ein Aufsatz von Fritz Helmschried in den »Schildgenossen« im Jahre 1931. Im Osten sei die Individuation des Menschen zur Persönlichkeit nie gelungen. Der östliche Mensch begegne der Welt als All und Universum, der westliche Mensch als Schöpfung, mit der er als Person in einer rechten Ordnung leben wolle. Während die Ordnung für den Abendländer die zentrale Grundposi-

---

[310] E. Görner, zit. nach H.-B. GERL, S. 129.
[311] Vgl. V. BERNING, Platz, S. 26 Anm. 11.
[312] Vgl. W. NEUß, Kampf, S. 15; A. DEMPF, Intelligenz, S. 239.
[313] R. FABER, Abendland, S. 124.

tion sei, habe der Osten mit seinem Drang zum Kollektiv niemals das Phänomen der Ordnung gekannt, »sondern immer nur Gewaltherrschaft über Massen und die Sehnsucht der Erlösung davon: die Anarchie«[314]. So sei es auch kein Zufall, daß zuerst in Rußland der Bolschewismus entstanden sei, der mit seiner Absolutsetzung und seinem Missionsglauben nun zum offenen Kampf gegen den Westen antrete. Unter Berufung auf Carl Schmitt wird ausgeführt, für den Westen sei damit »eine echte politische Situation entstanden«[315]. Es gehe dabei nicht nur um Deutschland, sondern um das Abendland. Östliche und westliche Existenz seien »in Front geraten und zur Entscheidung gestellt«[316]. Den Schlüssel zur politischen Entscheidung sieht Helmschried »in dem Zurückfinden des Westens zu seiner existenzbestimmenden Substanz«, dem Mythos des Abendlandes. Der Kapitalismus, der für die Fehlentwicklung der letzten dreihundert Jahre, für die Herauslösung der Person aus überindividueller Bindung in ungebundene Wirtschaftsmenschen verantwortlich und deshalb »der Fall des Abendlandes« sei, könne immer noch überwunden werden[317].

Die Überzeugung, daß bei der anstehenden politischen Restauration des Abendlandes der Katholizismus eine bedeutende Aufgabe zu übernehmen habe, war weit verbreitet. So wie die römische Kirche durch ihr antikes Erbe in den Wirren der Völkerwanderung den Aufbau einer neuen europäischen Ordnung ermöglicht und dadurch die Kultur Europas gerettet habe, so müsse auch bei dem jetzt anstehenden »Aufbau des Abendlandes die erste Rolle dem Katholizismus zufallen«[318], meinte 1929 der rechtskonservative Franz Xaver Hoermann. Daß der abendländische Gedanke nicht nur im rechten Spektrum des Katholizismus angesiedelt war, zeigt etwa das stark europäisch ausgerichtete Denken von Walter Dirks.[319] Europa war für viele nur ein anderer Name für den abendländischen Gedanken. Allerdings gab es auch Stimmen, die »Europa« als bloß »säkularisiertes Abendland« verwarfen[320]. Insgesamt kann der Abendland-Gedanke als »konservative Utopie«[321] bezeichnet werden. Die Übergänge zu den auch im Katholizismus angestellten Reichs-Visionen waren dabei fließend. Auffallend ist auch die Sympathie, die in den 20er Jahren

---

[314] F. HELMSCHRIED, S. 373.
[315] EBD., S. 376.
[316] EBD., S. 376.
[317] EBD., S. 374.
[318] F. X. HOERMANN, Europa, S. 794.
[319] Vgl. z. B. W. DIRKS, Primat, S. 139.
[320] A. Mirgeler, zit. nach R. FABER, Abendland, S. 114 m.w.N.
[321] R. FABER, Abendland, S. 20.

von katholischen Abendländern dem italienischen Faschismus und der ideologisch ähnlich ausgerichteten Action Française Charles Maurras' entgegengebracht wurde[322].

Der Begriff »Abendland« kommt in »Römischer Katholizismus und politische Form« nicht vor. Er spielt auch in Schmitts sonstigem Schrifttum der Weimarer Zeit keine Rolle. Schmitt kann deshalb kein Platz an der ideologischen Spitze des katholischen Abendland-Gedankens zugesprochen werden[323]. Daß er dieser Idee dennoch verhaftet war, zeigt das Vergil-Zitat »Ab integro nascitur ordo«, mit dem er mehrere Aufsätze abschloß. Vergils Fundamentalsatz: »Du aber Römer, gedenke mit Macht der Völker zu walten, / Dies sei deine Berufung – des Friedens Gesetze zu ordnen, / Schon den, der sich gefügt, doch brich den Trotz der Rebellen!«[324] könnte ebenfalls als Motto der staatsrechtlichen Schriften Schmitts gelten. Mit seiner die Souveränität der Nationalstaaten so stark betonenden Staatsrechtslehre, mit seinem späteren Begriff des Politischen und seiner beißenden Kritik am Völkerbund paßte Schmitt allerdings we-

---

[322] Vgl. O. Sachse: »Der italienische Nationalismus wendet sich hier von Mazzini und Carducci zu Konstantin und Dante und sieht Rom und Papsttum, Lateinisch und Christlich in eins« (O. SACHSE, Katholizismus, S. 13 f.). G. Moenius, seit 1929 Schriftleiter der ALLGEMEINEN RUNDSCHAU, war mit Ch. Maurras befreundet und auch mit Mussolini sowie den Kardinälen Faulhaber und Pacelli, dem späteren Papst Pius XII., eng verbunden (R. FABER, Abendland, S. 137). G. Moenius schrieb 1929 zu Mussolini, den auch C. Schmitt sehr verehrte (vgl. den Bericht von W. Neuß, zit. von P. TOMMISSEN, Bausteine, S. 92): »Wenn [...] Mussolini meint, daß das ungeformte palästinensische Religionsgut erst [...] nach Rom gebracht werden mußte, um hier die damalige kristallinische Form zu bekommen; wenn er meint, daß der Rahmen des Imperium Romanum gerade geschaffen war, um die neue Lehre aufzunehmen und ihr den Weg zu bereiten [...]; wenn er meint, daß die Idee der ›Pax Romana‹ im Katholizismus neues Leben gewänne aus dem neuen Geist: dann begegnet er sich fürwahr mit den besten unserer katholischen Apologeten, die immer wieder die providentielle Bedeutung von Rom hervorgekehrt haben« (G. MOENIUS, Streiflichter, S. 385).

[323] Für A. Koenen war C. Schmitt dagegen der »spiritus rector« des katholischen Abendland-Kreises (A. KOENEN, S. 51) und führender katholischer Reichstheologe, wobei A. Koenen die Abendland-Ideologie und die Reichstheologie gleichsetzt. Diese Grundeinstellung habe C. Schmitt jedoch als »Fabrikationsgeheimnis« (EBD., S. 831) bis 1933 verborgen gehalten. Auf der Basis der katholischen Reichstheologie habe er versucht, dem Nationalsozialismus einen Sinn zu geben. Aus den Schriften C. Schmitts läßt sich die These von seiner führenden Rolle unter den katholischen Abendländern und Reichstheologen jedoch kaum belegen. Nach K. Sontheimer steht deshalb A. Koenens Versuch »auf wackligen Beinen« (K. SONTHEIMER, »Schlüsselfigur der konservativen Revolution. ›Der Fall Carl Schmitt‹: Andreas Koenens angestrengter Versuch, die Rolle des Staatsrechtlers als Wegbereiter und Kronjurist des ›Dritten Reiches‹ zu klären, in: DIE ZEIT, Nr. 42, 13. Oktober 1995, S. 31). Sehr skeptisch gegenüber der Hauptthese A. Koenens äußert sich auch H. Hürten. Er bemängelt insbesondere dessen unzureichende Vertrautheit mit manchen Bereichen im katholischen Umfeld C. Schmitts (H. HÜRTEN, Schmitt, S. 501).

[324] VERGIL, Aeneis, 6. Gesang, Vers 851 ff., S. 169.

3. Rechtskirche statt Liebeskirche

niger ins Klischee des abendländischen Gedankens. Versuchten doch die katholischen Abendländer, allen voran Hermann Platz, gerade das enge nationalstaatliche Denken zu überwinden und vor allem eine geistige Brücke zu Frankreich zu bauen; anknüpfend an die mittelalterliche Begebenheit, daß Albert Magnus in Köln und dessen Schüler Thomas von Aquin in Paris lehrte[325]. Außerdem entwickelten die Abendland-Katholiken einen ausgeprägten »antipreußischen Affekt«[326]. Als die katholischen Reichstheologen zu Beginn der 30er Jahre auf den Fundamenten des Abendland-Theorems aufbauten, konnte sich Carl Schmitt auch deshalb nicht in diese Denkrichtung einklinken.

In Schmitts Katholizismus-Essay von 1923 ergeben sich gleichwohl einige Parallelen zum Abendland-Gedanken. Integrieren läßt sich hier die Forderung nach einer »Rettung des Politischen« vor dem kapitalistisch-ökonomischen Denken. Als Abendländer zeigt sich Schmitt vor allem insofern, als er mit der dem römischen Katholizismus immanenten Ordnungsvorstellung den Zentralgedanken des Abendlandes aufgreift und gegen die Formlosigkeit und das aus dem Osten drohende anarchistische Chaos stellt. Die Kirche soll im Kampf gegen den russischen Bolschewismus Partei ergreifen für die westeuropäische Zivilisation. Schmitt weist schließlich wie in der Abendland-Ideologie der katholischen Kirche aufgrund ihrer vorbildlichen politischen, juristischen und ästhetischen Form die Aufgabe zu, die geistige Restauration der europäischen Staatenwelt zu bewirken. In diesem Kontext ist auch Schmitts Interesse und Sympathie für Mussolini und Charles Maurras zu erwähnen. Beide sahen in der katholischen Kirche einen politischen Ordnungsfaktor erster Güte und einen wichtigen politischen Verbündeten in ihrem Kampf für eine autoritäre, faschistische Herrschaft.

Wie sehr Carl Schmitt zum östlichen Denken auf Distanz ging, zeigt vor allem seine Polemik gegen Dostojewski, dessen Legende vom Großinquisitor als einer der gewaltigsten Angriffe, die geistig je gegen die katholische Kirche vorgetragen wurden, gelten kann. Der Großinquisitor nimmt im Auftrag des Satans Stellung gegen die Erlösungsidee Christi und propagiert im Bewußtsein der menschlichen Schwäche das Ergreifen der irdischen Macht als sein Erlösungsideal. Schmitt kommentierte dazu: »Dostojewskis Großinquisitor bekennt, den Versuchungen des Satans gefolgt zu sein, weil er weiß, daß der Mensch von Natur böse und niedrig ist, ein feiger Rebell, der eines Herren bedarf, und weil niemand anders als

---

[325] Vgl. dazu R. FABER, Abendland, S. 160 ff.
[326] Vgl. im einzelnen EBD., S. 172 ff.

der römische Priester den Mut findet, alle die Verdammnis auf sich zu nehmen, die zu solcher Macht gehört. Hier hat Dostojewski mit großer Gewalt seinen eigenen, potentiellen Atheismus in die römische Kirche projiziert. Für seinen im Grunde anarchistischen – und das ist immer atheistischen – Instinkt war jede Macht etwas Böses und Unmenschliches. [...] Eine dunkle, weitverbreitete Stimmung empfindet die institutionelle Kälte des Katholizismus als böse und Dostojewskis gestaltlose Weite als wahres Christentum. Das ist so flach wie alles, was nur Stimmung und Empfindung ist«[327].

Dostojewskis Legende hat im deutschen Katholizismus großes Aufsehen erregt. Die Auffassung, es handele sich dabei um eine Kritik der römisch-katholischen Kirche, war weit verbreitet. Andererseits beruhigte man sich damit, daß das Geheimnis des Großinquisitors einzig in seinem Unglauben liege[328]. Daß Schmitt den Großinquisitor, den Repräsentanten der westlichen römischen Kirche aus der Sicht des Ostens, in diesem Kontext in Schutz nahm, war ein mutiges, ja fast tollkühnes Unterfangen. Er glaubte dies tun zu können, indem er Dostojewski mit dem Anarchismus, mit der Negation staatlicher Ordnung und aus katholischer Sicht damit mit einer sündhaften Haltung identifizierte.

Neben der Frontstellung von Abendland und Morgenland, also von Westen und Osten, gab es im deutschen Katholizismus in den 20er Jahren auch eine solche von Romanitas und Germanitas, von Süden und Norden. Die Auseinandersetzung erreichte nicht die Breitenwirkung der Ost-West-Diskussion, sie wurde aber gleichwohl von einigen Intellektuellen mit großer Leidenschaft betrieben. Häufig gingen die Koordinaten auch ineinander über. So wurde nicht selten der abendländische als der römische Mensch vorgestellt. Dieser sei im Gegensatz zum formenfeindlichen germanischen Nordländer »ein Mensch des staatlichen Willens, der Organisation, des Rechts und damit auch der Autorität«[329]. Man beklagte von dieser Warte eine nationalistische »Aufnordung der Kirche«[330]. Das Wörtchen »welsch« sei bei den kirchlichen Nationalisten das Schimpfwort, hinter dem sich deren »antirömische Idiosynkrasie«[331] sammle. In diesem Kontext hätte auch Schmitts Wort vom »antirömischen Affekt« fallen können.

Ein eindrucksvolles Beispiel für die Gleichsetzung von Romanität und Katholizität liefert 1929 Georg Moenius: »Die abendländische Kultur hat

---
[327] C. Schmitt, Katholizismus, S. 66 – 68.
[328] S. Frank, S. 63.
[329] P. Lippert, S. 325.
[330] So ein Aufsatz-Titel von R. K. Lemin.
[331] Ebd., S. 797.

sich dank der ihr innewohnenden römischen Substanz dem preußisch-asiatischen Bolschewismus entgegengestellt, und sie wird auch weiterhin die starke Mauer bilden, an deren Quadern sich die Hengste aus dem Stalle Attilas die Schädel zerschmettern. Der Katholizismus bietet aber auch jenen Schutz dar, der gegen die feineren Vergasungen durch einen asiatischen Geist notwendig ist, wie er durch alle Ritzen und Fugen eines geistig nicht mehr festgefügten Europas dringt. Er ist das festgeschlossene und wohlgebaute System, von dessen uneinnehmbarer Zitadelle aus sichere Direktiven gegeben werden und der Feind signalisiert und unschädlich gemacht wird«[332]. Und 1930 zeigt sich Moenius überzeugt, daß sich der Satz seines französischen Freundes Charles Maurras als wahr erweisen werde: »›Die einzige Internationale, die hält, ist der Katholizismus.‹ In diesem Sinne ist Rom ewig. Roma aeterna ist die ewige Idee von Rom, von jener Weltordnung, wie sie der Christenheit zu verwirklichen als Aufgabe gesetzt ist. Sie muß Europa schaffen, wie sie einst im Mittelalter die Christenheit geschaffen«[333].

Mit seiner Identifizierung von Katholizismus und Romanismus stand Schmitt in der eher verdeckten Frontlinie zwischen Romanitas und Germanitas auf der Seite der Römer. Freilich verzichtete er auf jede Polemik gegen eine vermeintliche oder tatsächliche Germanisierung der deutschen Kirche. Trotz seiner Option für eine spezifisch römisch-lateinische Kirche wurde Schmitt von deutschnationaler Seite, wo der »antirömische Affekt« am verbreitetsten war[334], auch nicht angegriffen. Im Gegenteil; gerade auf der Basis dieser politischen Grundeinstellung kam Unterstützung für Schmitts Kulturkatholizismus-Konzept.[335] Auch dies ist ein Beleg dafür, daß sich das Verhältnis Carl Schmitts zum deutschen Katholizismus von Weimar nicht im Rahmen von starren geistigen Koordinaten festlegen läßt.

Erstaunlicherweise wurde Schmitt in der Ende der 20er Jahre zwischen den Schweizer Klerikern Georg Sebastian Huber[336] und Gonzague Graf de Reynold, einem Freund von Georg Moenius[337], in deutschen katholischen Zeitschriften hitzig diskutierten These der möglichen Gleichsetzung von Romanität und Katholizität nicht als Gewährsmann der Lateiner vorgestellt, obwohl er sich dafür geeignet hätte.[338] De Reynold, der

---

[332] G. MOENIUS, Psychologie, S. 787.
[333] G. MOENIUS, Romanae, S. 145.
[334] Vgl. F. MUCKERMANN, Epochen, S. 319.
[335] Vgl. R. GROSCHE, Student, S. 66 – 70; siehe unten III. 3. e).
[336] G. S. HUBER.
[337] Vgl. R. FABER, Abendland, S. 117.
[338] Vgl. G. REYNOLD, S. 781 ff.

diese Identifizierung vornahm und damit den Widerspruch Hubers provozierte, nahm in seinen Beiträgen keinerlei Notiz von Schmitts Katholizismus-Essay. Wenn Huber bei de Reynold eine »römische Überschätzung von Form und Maß« feststellte und dahinter den häretischen Wunsch Maurras' vom Sieg des »organischen Katholizismus« über das »anarchische Evangelium« ausmachte[339], formulierte er damit einen Vorwurf, der von einigen Katholiken auch gegen Schmitts »Römischer Katholizismus und politische Form« gerichtet wurde.

c) Parallele Ansätze

Wie kein anderer hat Herman Hefele vor Carl Schmitt die Romanität des Katholizismus betont und als kulturelles Programm vertreten. Trotzig und in alter Kulturkampfmanier wendet er sich 1919 gegen jene katholischen Kreise, die unter dem Druck des Ultramontanismus-Vorwurfs bereit seien, »das innerste Wesen des Katholizismus«, seine Verbindung mit dem römischen Wesen, zu verleugnen. »Der Katholizismus ist entweder römisch oder er ist gar nicht«, stellt er apodiktisch fest[340]. Hefele beklagt, daß in Deutschland »das asiatische Lebensgefühl mit seinem Element des Grenzenlosen und der Auflösung so breiten Raum gewonnen«[341] habe. Als Historiker, »der die Dinge unter einem weiteren Horizont als dem eng nationalen zu betrachten bemüht ist«[342], sieht er für den Katholizismus in Deutschland aufgrund seiner Verbindung zum römisch-lateinischen Wesen den historischen Auftrag, »die Brücke vom deutschen Wesen zu den dem römischen Geist verwandten Kulturen Westeuropas zu schlagen, der Träger des universalen Kulturwillens in Deutschland zu werden und um sich herum alle Strebungen konservativer Festigung des geistigen Lebens zu kristallisieren«[343]. Allein der Katholizismus könne in Deutschland als konservative Bastion gegen die nivellierenden Kräfte des Liberalismus und des Fortschrittsglaubens dem geistigen Leben noch Form und Ordnung verleihen. Der Katholizismus verkörpere »das eigentlich aristokratische Prinzip der deutschen Kultur«[344]. Sein innerster Kern sei »die Anbetung des objektivierten Wertes«[345]. In ihm finde man »das objektiv Geltende, Form geworden und erstarrt im Dogma, in der

---

[339] G. S. HUBER, S. 301.
[340] H. HEFELE, Katholizismus, S. 49.
[341] EBD., S. 50.
[342] EBD., S. 49 f.
[343] EBD., S. 50.
[344] EBD., S. 59.
[345] EBD., S. 54.

Liturgie, in den Satzungen des Kirchenrechts, immer dauernd und bleibend mit dem unverrückbaren Ewigkeitswillen gegenüber allem Wechsel und Wandel der Zeiten«[346].

Hefele weiß um die Vorbehalte vor allem der national gesinnten Katholiken »gegen dies Neuerwachen römischen Lebensgefühls in Deutschland«[347]. Er glaubt deshalb 1919, daß die lateinische Richtung innerhalb des deutschen Katholizismus immer »auf eine verschwindende Minderheit beschränkt sein«[348] werde. Denn »ein klares Erfassen des lateinischen Geistes« setze »einen ausgeprägten römischen Typ des Charakters und der Geistesrichtung oder aber eine bis ins letzte geklärte und gefestigte Bildung voraus, wie sie beide nur in seltenen Fällen vorhanden sein«[349] könnten.

Herman Hefele und Carl Schmitt betrachten die katholische Kirche aus römischer und objektivistischer Perspektive. Beide sehen in ihr den Anker im politisch-kulturellen Chaos der Zeit, in der Epoche der Auflösung aller Werte und Gewißheiten. Beide weisen dem Katholizismus gegenüber Staat, Gesellschaft und Kultur eine therapeutische Funktion zu, wobei Schmitt die Rolle des Katholizismus als Sauerteig primär im Bereich des Politischen ansiedelt. Macht und Recht der Kirche, von vielen gescholten, sind für Hefele und Schmitt nicht nur kein Problem, sondern Gegenstand der Bewunderung.[350] Ein wesentlicher Unterschied ist freilich festzuhalten: Bereits 1919, also unmittelbar unter dem Eindruck des Ersten Weltkriegs, ist Hefele meilenweit entfernt von nationalem Pathos. Der Katholizismus hat für ihn auch die supranationale Aufgabe des Brückenbaus zwischen den Kulturen; eine Betrachtung, die in Schmitts Katholizismus-Essay nicht zu finden ist.

Herman Hefeles Ausführungen von 1919 zeigen, daß Carl Schmitt die römisch-objektivistische Betrachtung der katholischen Kirche und die Beschreibung ihrer konstruktiven gesellschafts- und kulturpolitischen Funktion nicht als erster in den deutschen Katholizismus eingebracht hat. Das geistige Erstgeburtsrecht gebührt hier Hefele. Schmitt, der sich auf Hefele nicht berief, beschrieb jedoch den Sinn für Form, Gesetz und Autorität, der nach seiner Auffassung den römischen Katholizismus prägt, weitaus glänzender und evidenter. Deshalb stand und steht er bis heute für die lateinisch-objektive Richtung im deutschen Katholizismus, für die Verherr-

---

[346] EBD., S. 55.
[347] EBD., S. 53.
[348] EBD., S. 53.
[349] EBD., S. 52 f.
[350] Vgl. H. HEFELE, Der politische Katholizismus, S. 127 ff.

lichung der Macht- und Rechtskirche und den »Ordnungskatholizismus«[351], während Hefele weitgehend in Vergessenheit geraten ist.[352]

Carl Schmitt hat selbst darauf hingewiesen, daß »Römischer Katholizismus und politische Form« aus »Gesprächen mit sehr verschiedenen damaligen Freunden: Th. Haecker, K. Weiß und Franz Blei«[353] hervorgegangen sei. Theodor Haecker und Franz Blei waren – jeder auf seine Weise – Konvertiten[354], die sich deshalb mit der katholischen Kirche besonders auseinandersetzen mußten. Kurz vor seinem Wiedereintritt in die katholische Kirche hat Franz Blei 1918 einen Aufsatz über »Die Krise der Kirche« veröffentlicht, der in vielen Punkten eine erstaunliche begriffliche Nähe, im Tenor aber geradezu eine Antithese zu Schmitts Katholizismus-Verständnis enthält.

Im Mittelpunkt des Aufsatzes steht der nach dem Ersten Weltkrieg häufig verwendete Begriff der Form. Kirche und Staat sind für Blei Machtformen, die gegensätzlich zueinander stehen, wobei er von einer Überlegenheit der Kirche ausgeht: »Auf geistige Herrschaft mit allem hohen Rechte des ihr innenwohnenden Geistigen gerichtet, kam die Kirche mit dem kräftigsten Willen, der immer dem Geistigen eignet, in die Welt, mit tiefer verwurzeltem Willen als der zu irgend einer Form des staatlichen Lebens, was auch Grund ist, daß die Form der Kirche alle Staatsformen sozusagen überlebt, denn im Grunde ruiniert sie jedes Gesetz, das sie nicht gegeben hat«[355]. Die »neuere Anmaßung der Staatsform, sich als die unbedingte menschliche Form schlechthin zu behaupten und sich gegen die ›Ansprüche der Kirche‹ zu stellen«, weist Blei zurück[356]. Andererseits verachtet er Kirchen, die sich dem Staat unterwerfen. Sie bewiesen nur, daß sie keine Kirchen sind.

Wie Schmitt wendet sich Blei gegen die These, daß die Religion Privatsache sei. Sie ist für ihn vielmehr »alleröffentlichste Angelegenheit«[357]. Wenn die Kirche aber heute statt auf direktem Weg »auf dem Umwege über den Staatsbürger – als Wähler, Ehekandidat, Steuerzahler, Schulbesucher – zum Menschen« kommen wolle, sei dies ein Zeichen ihrer Schwäche[358] und ihrer tatsächlichen Unterordnung unter den Staat. So sei sie im Laufe der Zeit zu einer »ecclesia devasta, depopulata und vor allem

---

[351] Der Begriff wurde geprägt von H. MAIER, Politische Theologie, S. 187.
[352] Zum Werk von H. Hefele vgl. C. BAUER, Hefele.
[353] C. SCHMITT, Politische Theologie II, S. 27, Anm. 4.
[354] Vgl. zu Th. Haecker unten V. 3. a) und zu F. Blei unten V. 3. b).
[355] F. BLEI, Krise, S. 172; folgendes Zitat EBD.
[356] EBD., S. 172.
[357] EBD., S. 173.
[358] EBD., S. 174; folgendes Zitat EBD.

deformata« geworden³⁵⁹. Sei die Kirche einmal soweit, ihre Autorität vom Staat zu beziehen, dann sei »diese Ordnung der Seele keinerlei Form mehr, sondern nur mehr so etwas wie eine Sittenpolizei unter staatlicher Oberkontrolle«³⁶⁰.

Blei bekennt sich zur Aufgabe der Kirche, das Reich Gottes im Kampf gegen alle anderen Formen, auch den Staat, durchzusetzen und die »Welt« von ihrem Fürsten, dem Satan, zu befreien³⁶¹. In der Zeit der Christenverfolgung »wurden die Grundfesten der kirchlichen Form gelegt«³⁶². Am deutlichsten seien Sinn und Wille der Kirche unter Bonifaz VIII. zum Ausdruck gekommen: »er war das große, gigantische Beispiel des Willens, diese Erde Gott zu unterwerfen. Er wollte die Welt in seine zwei Hände nehmen und ihr den Frieden geben«³⁶³. Für die Kritiker dieses »Diktator-Papstes«³⁶⁴ hat Blei kein Verständnis: »Daß das Mittel der Gewalt falsch gewesen sei, weil es Gewalt gewesen, behaupten die Beschaulichen, denen das Faktum auf ihre schwachen Nerven fällt, daß aller Geist sich inkarnieren muß, um manifest zu werden, daß er Form bilden muß, um wirkend zu sein, wie es der Logos will. [...] Geist wird immer Form werden und als Form Widerstände in anderen Formen finden«³⁶⁵. Der Fehler dieser Diktatur habe nicht in der Gewalt gelegen – »man vergesse nicht, daß das kirchliche Papsttum immer auch Weiterführung des antiken römischen Pontifikats war, des zeitlich einzig bekannten Beispiels eines Imperium mundi –«, sondern »in nichts sonst als im Mißlingen«.

Vor dieser historischen Kulisse beschreibt Blei das Elend der heutigen Kirche. Habe der Papst im Kriege im Rahmen des durch die geschwächte Form Möglichen noch »die Idee der Kirche« vertreten, hätten sich die Landeskirchen »jedem gewünschten oder befohlenen Patriotismus der Staaten zur Verfügung gestellt«³⁶⁶. Die Kirche habe auch »konträr ihrer Institution die Armen im Stich gelassen«. Statt die Arbeit vom Kapitalismus zu befreien, habe die Kirche gegen den Sozialismus gekämpft, »dessen institutioneller Partner sie ist«.

Äußerst polemische Worte findet Blei gegen den Klerus, der »immer ungebildeter, formalistischer, unrespektabler«³⁶⁷ werde, und die niveaulo-

---

³⁵⁹ EBD., S. 174.
³⁶⁰ EBD., S. 175; folgendes Zitat EBD.
³⁶¹ EBD., S. 176.
³⁶² EBD., S. 175.
³⁶³ EBD., S. 177.
³⁶⁴ EBD., S. 178.
³⁶⁵ EBD., S. 179; folgende Zitate EBD.
³⁶⁶ EBD., S. 180; folgende Zitate EBD.
³⁶⁷ EBD., S. 181.

se katholische Presse. Da die Kirche als Form zerfallen sei, habe sie die Intelligenz nicht mehr. »Sie hat die Mediokrität und wird von dieser zu sich hinabgezogen«[368]. Katholische Literatur und Kunst seien armselig, der Schmuck der neueren Gotteshäuser schnödeste Fabrikware, das feierliche Gewand des Priesters Dutzendware: »Wie schwach, wie elend aus trüben Seelen nur gespeist ist heute die Form der Kirche, daß sie es nicht mehr vermag, diese anderen Formen des Geistes, die Künste sich dienstbar zu machen und zu weihen! Aber es drückt sich auch im Verlust dieser geistigen Formen aus, daß die heutige Kirche in ihrer offiziellen Gestalt aufs tiefste erschöpft ist und zu Form nicht mehr die Kraft findet. Sie lebt von den Resten einer früheren Zeit«[369].

Der Vergleich dieses Blei-Aufsatzes von 1918 mit Schmitts »Römischer Katholizismus und politische Form« von 1923 ergibt eine Reihe von Parallelen, aber auch etliche Unterschiede. Gemeinsam ist beiden die Überzeugung vom Primat des Geistes über die Materie, die auch im antikapitalistischen Affekt ihren Ausdruck findet. Die Kirche als Form des Geistigen ist dem Staat vorrangig, so Bleis These. Der Katholizismus ist die Verwirklichung der reinen Idee, damit Prototyp des Politischen und Vorbild für die staatliche Organisation, argumentiert Schmitt. Während bei diesem durch die weitgehende Synonymisierung des Geistigen und des Politischen Religion und Politik parallelisiert werden und die politische Theologie ermöglicht wird, plädiert Blei für eine eindeutige Unterordnung der Politik unter die Religion.

Gemeinsam ist beiden die Freude am Erfolg der ordnungsstiftenden Tat, die auch die Gewalt nicht scheut. »Die Kirche wird, wie jeder weltumfassende Imperialismus, wenn er sein Ziel erreicht, der Welt den Frieden bringen, aber darin erblickt die formenfeindliche Angst den Sieg des Teufels«[370], schreibt Schmitt 1923 gegen Sohm gerichtet. Für Blei wollte Bonifaz VIII. der Welt notfalls mit Gewalt, die den Beschaulichen auf die schwachen Nerven falle, den Frieden geben[371]. Der Grundgedanke ist bis in die Terminologie hinein derselbe. Gemeinsam ist den beiden Freunden auch die positive Bewertung der mittelalterlichen Kirche. Während Blei die Kirche von dieser Zeit noch zehren läßt, bekennt sich Schmitt 1918 in Bleis Zeitschrift »Summa« zur Behauptung, alles, was es an wahrem Respekt vor dem Geistigen noch gebe, sei das Erbe des mittelalterlichen Christentums[372].

---

[368] EBD., S. 182.
[369] EBD., S. 182.
[370] C. SCHMITT, Katholizismus, S. 66.
[371] F. BLEI, Krise, S. 177, 179.
[372] C. SCHMITT, Buribunken, S. 91, Anm.

3. Rechtskirche statt Liebeskirche 111

Die Gedankenwelt der beiden Freunde ist also im Kern weitgehend identisch. Nur ist Bleis Blick mehr auf die Kirche, derjenige Schmitts mehr auf die Welt gerichtet. Es bleibt aber ein ganz zentraler Unterschied: Während Schmitt die Kraft des römischen Katholizismus zur ästhetischen, juristischen und weltgeschichtlichen Machtform in den leuchtendsten Farben schildert, hat die Kirche für Blei, der diese abstrakt zwar noch als Form definiert und diesen Begriff in den Mittelpunkt seiner Überlegungen stellt, genau diese Kraft nicht mehr. Die Begrifflichkeit ist auch hier identisch, die Wertung jedoch genau entgegengesetzt. Schmitts ecclesia triumphans ist für Blei eine ecclesia devasta.

d) Katholische Apologetik und Programmatik

Warum hat Carl Schmitt »Römischer Katholizismus und politische Form« geschrieben? Welche Ziele verfolgte er damit? Die Antworten auf diese Fragen gehen auch heute noch weit auseinander[373]. Sie können nur gegeben werden mit Blick auf den zeitgeschichtlichen Kontext, in dem dieses Werk entstand.

Schmitts Schrift ist zunächst die Antwort eines katholischen Professors auf den antirömischen Affekt der protestantischen Theologie Anfang des 20. Jahrhunderts. Sie ist geradezu die Antithese zu Adolf von Harnacks und Friedrich Heilers Polemik wider den Katholizismus. Während dort die »complexio oppositorum« als durch und durch negativ besetzter Kampfbegriff dazu dient, die katholische Kirche als synkretistisches Gebilde lächerlich zu machen, dreht Schmitt den Spieß um und beschreibt das Wesen der römisch-katholischen »complexio oppositorum« als eine »spezifisch formale Überlegenheit über die Materie des menschlichen Lebens, die bisher kein Imperium gekannt hat«[374]. Die »complexio oppositorum« wird so zu einem Begriff des Ruhms und der Ehre geadelt. Gerade diese Begriffsveredelung oder -umwertung zeigt, wie sehr Schmitt die protestantische Theologie mit ihren eigenen Waffen zu schlagen wußte.

Auch Adolf von Harnacks als Vorwurf zu verstehende Feststellung, die katholische Kirche sei in das Gehäuse des römischen Imperiums eingezogen[375], wird von Schmitt aufgegriffen und durch die Betonung des Römischen am Katholizismus, die sich wie ein roter Faden durch das Büchlein zieht, ins Positive verwandelt. Gerade die juristische Form der katholischen Kirche, die die protestantische Theologie als unheilvolle Allianz

---
[373] Vgl. die Aussprache zu K. Kröger, S. 167–180.
[374] C. Schmitt, Katholizismus, S. 18.
[375] A. v. Harnack, S. 156.

von Romanismus und Religion ausgemacht hatte[376], stellt Schmitt als Kennzeichen des Katholizismus vor. Wie Rudolph Sohm sieht Schmitt das Wesen des Katholizismus in der Identität von Kirche im Rechtssinne und Kirche im religiösen Sinne. Was der Protestant aber als Zerstörung des Christentums brandmarkt, bejaht der Katholik als eines der Geheimnisse der katholischen Kirche[377]. Auch die Macht des Papstes, die die Protestanten geißeln, wird von Schmitt als Ruhm, Glanz und Ehre der königlichen Braut Christi beschrieben, die »den regierenden, herrschenden, siegreichen Christus«[378] repräsentiert. Schmitt bewundert diese Macht, auch wenn sie von der Kirche ausgeübt wird.

Schmitts »Römischer Katholizismus und politische Form« ist somit eine Apologie der katholischen Kirche, eine rhetorische Offensive gegen den von der protestantischen Theologie gepflegten antirömischen Affekt. Der teilweise enthusiastische Beifall seiner katholischen Zeitgenossen zeigt, daß diese Schrift auch so verstanden wurde. Sie war Balsam auf die Wunden der durch den Inferioritätsvorwurf noch geplagten katholischen Intelligenz, insbesondere in der Wissenschaft. Wenn etwa eine Zeitschrift wie »Der Neue Merkur«, die dem Katholizismus nicht gerade freundlich gesonnen war, Schmitts Schrift in einer umfangreichen Besprechung als vorzügliches Beispiel für den »Angriffsgeist der wiederhergestellten Kirche«[379] bezeichnete und den Rat hinzufügte, niemand »sollte auch nur ein Wort über die römische Kirche sagen, der nicht dieses Büchlein gelesen hat«[380], zeigt dies, wie sehr »Römischer Katholizismus und politische Form« auch extra muros Beachtung und Achtung gefunden hat.

Anders als 1914, als Schmitt als Privatdozent noch eine wissenschaftliche Karriere durch ein zu offenes Bekenntnis zum Katholizismus hätte verspielen können, war er 1923 in der Position eines ordentlichen Professors selbstbewußt genug, sich zu seiner in der Wissenschaft noch als Stigma geltenden Konfession zu bekennen. Ja es gelang ihm in den Augen seiner Zeitgenossen sogar der Nachweis, daß dieses Stigma ehrenwert, glanzvoll und eine Auszeichnung ist.

Diese apologetische Zielsetzung ist auch der Grund dafür, daß Schmitt im Gegensatz zu Franz Blei nicht die Krise der römischen Kirche, sondern deren Glanz und Ruhm, deren ideale Form beschreibt. Auch wenn sein Rom-Gemälde in der Wirklichkeit der 20er Jahre durchaus seine

---

[376] Vgl. F. Heiler, Wesen, S. 39 f.
[377] C. Schmitt, Katholizismus, S. 39.
[378] Ebd., S. 65 f.
[379] F. Sternthal, S. 764.
[380] Ebd., S. 768.

Stützen hatte[381], wußte Schmitt, nicht zuletzt aus den Gesprächen mit Franz Blei, daß Praxis und Realität der katholischen Kirche nicht so glanzvoll waren, wie sein Kirchen-Essay suggerierte. Eine katholische Apologetik kann sich jedoch nicht an den Banalitäten des Alltags orientieren. Sie wird immer die von menschlicher Schwäche nicht getrübte Idee im Auge haben.

Schmitt stellt des weiteren in seiner Schrift dar, »wie es kommt, daß die katholische Kirche sich mit allen Staatsformen verträgt«[382]. Im Hinblick auf Leos XIII. Ralliement-Politik gegenüber der französischen Republik und der positiven Haltung der führenden Vertreter des politischen Katholizismus und des Episkopats in Deutschland zur Weimarer Republik war diese Fähigkeit der katholischen Kirche nach ihrer vorherigen engen Verbindung mit der monarchischen Staatsform durchaus erklärungsbedürftig. Leo XIII. forderte 1892 die französischen Katholiken, insbesondere den starken royalistischen Flügel unter ihnen, auf, die Dritte Republik anzuerkennen. Als Begründung für diese Weisung nannte er im wesentlichen die allgemeine Verpflichtung der Katholiken, das jeweils bestehende Regierungssystem zu akzeptieren; eine Argumentation, die letztlich auf dem naturrechtlich hergeleiteten Gebot beruht, um des Gemeinwohles willen von einer gewaltsamen Änderung der Staats- oder Regierungsform abzusehen.[383]

Carl Schmitt erklärt die Anpassungsfähigkeit der Kirche nicht naturrechtlich, sondern mit dem Hinweis auf die politisch-juristische Struktur des Katholizismus. Als Repräsentanten einer Idee und damit als politische Größen sind Staat und Kirche für Schmitt verwandt und können in gleichberechtigte Beziehungen zueinander treten. Sobald eine Idee in einem Mindestmaß an Form realisiert und »Ordnung hergestellt« ist[384], kann sich nach Schmitt der Katholizismus als Rechtskirche zu jedem Machtkomplex positiv verhalten[385].

Im Ergebnis, in der Feststellung der Anpassungsfähigkeit der katholischen Kirche gegenüber einer erfolgreichen Revolution, stimmen die neuscholastische Staatslehre und Schmitts Katholizismus-Theorie überein. Während Leo XIII. dafür aber eine statisch-naturrechtliche Begründung anbietet, kommt Schmitt dazu auf dem Wege einer politischen Theorie, dem Repräsentationsgedanken. Er vermeidet dadurch die mit der

---

[381] Vgl. oben III. 3. b) Vatikanische Aktivitäten.
[382] K. BEYERLE, Katholizismus, S. 241.
[383] Vgl. P. TISCHLEDER, Staatslehre, S. 255 ff.; H. BARION, Form, S. 478.
[384] C. SCHMITT, Katholizismus, S. 62.
[385] EBD., S. 61.

leonischen Staatslehre verbundene Gefahr der Geschichtsblindheit. Im Vergleich zur päpstlichen Staatslehre bietet Schmitt damit den tieferen theoretischen Ansatz.

Aufgrund der strukturell-politischen Gleichartigkeit von Kirche und Staat ist es für Schmitt selbstverständlich, daß beide als gleichberechtigte Parteien miteinander verhandeln »und dadurch neues Recht schaffen«[386]. Die zahlreichen Konkordatsverhandlungen zu Beginn der 20er Jahre vor Augen spricht sich Schmitt eindeutig für die Zulässigkeit und Notwendigkeit vertraglicher Beziehungen zwischen Kirche und Staat aus. Ja er verknüpft »die Konkordatsidee unlösbar mit dem Wesen von Kirche und Staat«[387]. Die rechtlich-politische Form der Kirche, die ein Konkordat voraussetzt, steht für Schmitt außer Zweifel. Die katholische Kirche als einzige noch zur Repräsentation fähige Kraft verlange grundsätzlich einen repräsentativen politischen Staat. »Sie will mit dem Staat in der besonderen Gemeinschaft leben, in der zwei Repräsentanten gegenüberstehen«[388].

Ein solche Position, die heute weitgehend Selbstverständliches zum Inhalt hat, war 1923 alles andere als unstreitig. Die Konkordatsidee wurde sowohl von kirchlich-religiöser, als auch von staatlich-politischer Seite in Frage gestellt. Während so mancher – nicht nur evangelischer – Christ die Geistlichkeit der Kirche in Gefahr sah, meinten andere, die Souveränität des Staates werde beeinträchtigt, wenn er sich vertraglich der Kirche gegenüber binde[389]. Kein Geringerer als der Schmitt-Schüler Günther Krauss stellte 1933 – allerdings noch vor Abschluß des Reichskonkordats – anklagend fest, die Kirche sei nicht dem neuen Staat, sondern der liberalen Gesellschaft gleichartig: »nur mit ihr konnte sie sich durch Konkordate ›verständigen‹«[390].

Schmitts Votum für die kirchliche Konkordatspolitik impliziert die These, daß allein der römische Papst, der »Statthalter Christi auf Erden«[391], die Richtlinien der kirchlichen Politik bestimmt. Rom ist Rechtssubjekt und politisches Subjekt des Katholizismus. Es ist dies unmittelbar und direkt. Der Katholizismus als solcher ist politisch. Er braucht deshalb nicht unbedingt eine parteipolitische Vermittlung im tagespolitischen Geschäft. Hier läßt sich eine versteckte Distanzierung zur parteipolitisch organisierten Form des deutschen Katholizismus ableiten.

---

[386] EBD., S. 62.
[387] K. NEUNDÖRFER, Problem, S. 304.
[388] C. SCHMITT, Katholizismus, S. 53.
[389] Zu den Argumenten vgl. K. NEUNDÖRFER, Problem, S. 304.
[390] C. LANG (= G. Krauss), Kirche, S. 1047.
[391] C. SCHMITT, Katholizismus, S. 38.

Schmitt übergeht jedoch die Niederungen des deutschen Katholizismus mit weitem Blick. Sein Thema ist nicht der deutsche, sondern der römische Katholizismus. Und die Behandlung dieses Themas geschieht auf einem so hohen und abstrakten Niveau, daß die konkreten Probleme des zeitgenössischen deutschen politischen Katholizismus so gut wie nicht sichtbar werden. Auch die zahlreichen Zitate französischer Katholiken und solcher aus dem weiteren romanischen und angelsächsischen Sprachraum signalisieren den übernationalen und damit den dem römisch-katholischen Charakter der Kirche angemessenen Duktus der Schrift Schmitts.

Carl Schmitt wollte keine katholische Ekklesiologie schreiben. Es ging ihm in seinem Essay letztlich darum, das katholische Prinzip, das er 1923 in der Repräsentation einer Idee sieht und das er als die dominante Kategorie des Politischen bestimmt, politologisch und staatsrechtlich fruchtbar zu machen. Der Begriff der Repräsentation, der im Schrifttum Schmitts in den 20er Jahren eine zentrale Rolle spielt[392], wird hier aus dem Kontext der katholischen Dogmatik für staatsrechtliche Zwecke isoliert und seine Realisierung in der katholischen Kirche der Staatenwelt als Vorbild präsentiert.

Schmitts Methode und Perspektive war deshalb keine theologische, sondern eine politologisch-juristische. Vor allem in der Auseinandersetzung mit dem dominierenden technisch-ökonomischen Denken schrieb er einen Beitrag zur »Rettung des Politischen«. Am Vorbild der katholischen Kirche soll das Politische genesen, so könnte man Schmitts Programmatik aus »Römischer Katholizismus und politische Form« auf den Punkt bringen. Damit wird deutlich, wie sehr diese Schrift im Kontext seiner politischen Theologie, seiner These von der Strukturanalogie von Theologie und Staatsrecht, anzusiedeln ist.[393] Die Beschäftigung Schmitts mit dem römischen Katholizismus war nicht Selbstzweck im Sinne eines isolierten Interesses am Wesen der katholischen Kirche, sondern Mittel zum Zweck der vertieften Erläuterung seiner politischen Theologie. In der zeitgenössischen Diskussion um Schmitts Katholizismus-Schrift wurde dieser Zusammenhang häufig nicht beachtet.

e) Zeitgenössische Kritik

Neben Schmitts »Der Begriff des Politischen« war sein »Römischer Katholizismus und politische Form« die im deutschen Katholizismus am

---
[392] Vgl. unten III. 7. a) »Verfassungslehre« (1928).
[393] C. Schmitt hat selbst auf diese Zielrichtung seines Katholizismus-Essays hingewiesen (C. SCHMITT, Politische Theologie II, S. 28).

meisten beachtete Schrift. Sie wurde teils mit überschwenglichem Lob überschüttet, teils aber auch entschieden abgelehnt und dem Katholizismus sogar als abträglich eingestuft. Die kritischen Stimmen mehrten sich dabei ab Mitte der 20er Jahre.

Einer der ersten, die Schmitts »Römischer Katholizismus und politische Form« rezensierten, war der Münchner Rechtshistoriker Konrad Beyerle[394] (1872 – 1933). Er gehörte 1919 der Nationalversammlung an, wo er maßgeblichen Einfluß auf die Aufnahme und Konzeption des Systems der Grundrechte und -pflichten der Weimarer Verfassung nehmen konnte. Von 1920 bis 1924 war er der profilierteste Abgeordnete der Bayerischen Volkspartei im Reichstag. Er arbeitete in zahlreichen Kommissionen und Verbänden mit. Ab 1924 übte er die Funktion des Vizepräsidenten der Görres-Gesellschaft aus. Beyerle gehörte somit zu den bedeutendsten Persönlichkeiten des deutschen Katholizismus nach dem Ersten Weltkrieg.[395] Seiner Bewertung von Schmitts Schrift, im Mai 1923 veröffentlicht in der renommierten »Allgemeinen Rundschau«, mußte deshalb besonderes Gewicht zukommen.

Beyerle schickt seiner eigentlichen Besprechung eine höchst bemerkenswerte allgemeine Einschätzung Carl Schmitts voraus: Dem katholischen Deutschland sei in den letzten Jahren »ein bedeutender staatsphilosophischer Denker erstanden«, der in einer ernsten Zeit reife Geistesnahrung biete, die zu neuer Lebenshoffnung aufrichte. Schmitt verdiene »in steigendem Maße das Interesse der katholischen Intelligenz«. Er gehöre »zu den gelehrtesten Vertretern seines Faches«, sei ein »Forscher von nicht gewöhnlicher Denkkraft und ein starker Anreger«. Beyerle macht aber bei allem Lob auch seine Vorbehalte gegen Schmitt deutlich: »Wir werden nicht alle seine geistreichen Bilder billigen und ihm manche willkürlich anmutende Abschweifung verzeihen, weil wir auch dabei sehen und lernen. Der strenge Staats- und Rechtsphilosoph mag dies und jenes an seinen Schriften aussetzen, er wird keine für unbedeutend und darum für wertlos halten.«

Bezogen auf »Römischer Katholizismus und politische Form« fällt Beyerles Urteil insgesamt positiv aus: »Schmitt erweist sich darin als ebenso gründlicher Völkerpsycholog, wie als wohlorientierter Kenner katholischen Wesens. Die Theologen mögen nach dem Rechten sehen, wie sich die eine oder andere Gedankenparallele zum streng dogmatischen

---

[394] K. BEYERLE, Katholizismus, S. 241 f.; alle Zitate sind im folgenden diesem Aufsatz entnommen.
[395] Vgl. zu K. Beyerle: J. FEDERER; A. LAUFS.

3. Rechtskirche statt Liebeskirche   117

Standpunkt verhält, sie werden aber das ehrliche Streben anerkennen müssen, dem Katholizismus und der Kirche gerecht zu werden. Der Soziologe und der praktische Politiker werden sich mit dem Theologen freuen können, daß von einem deutschen Katheder wieder solche Töne erklingen, solch geistvolle Gedankenbilder entworfen werden, die sicherlich Vielen vieles in neuer Beleuchtung erscheinen lassen und damit soziologische Werte des Katholizismus enthüllen, an denen der Alltag in seiner Gewöhnung allzuleicht vorüberging.«

Beyerle versagt sich, den von ihm im einzelnen nachgezeichneten Gedankengang Schmitts »durch kritische Ausstellungen abzuschwächen«. Er stellt lediglich fest, »wie sehr die Beweisführung von Schmitt auf der Höhe staats- und geschichtsphilosophischen Denkens stehenbleibt«. Schmitt verzichte darauf, »aus seinen Thesen für das praktisch-politische Verhalten des Katholizismus zum nachrevolutionären Verfassungsrecht die letzten Folgerungen zu ziehen«. Es genüge ihm, die innere Freiheit der Kirche »gegenüber der politischen Staatsform darzutun und so zu erweisen, daß dabei die Anwürfe gegen die angebliche Opportunitätspolitik des Katholizismus scheitern«. Beyerles Fazit lautet: »Die brillant vorgetragenen Gedankenfolgen sind von hohem Reiz, weil sie das begrifflich Politische am Katholizismus in vornehmer staatsphilosophischer Betrachtung würdigen. So werden sie in unseren Tagen gärenden Uebergangs und ringenden Werdens zu einer Apologie des religiös-politischen Denkens katholischer Prägung. Sie zeigen dieses letztere weit entrückt der müden Verzweiflung Spenglerscher Theorien, sie zeigen es als unverwüstlichen positiven Kulturerzeuger, dessen die Gegenwart so dringend bedarf.«

Beyerle bewundert also Schmitt als einen großen, brillant formulierenden und das kulturelle Selbstbewußtsein der Katholiken aufbauenden Hoffnungsträger. Er akzeptiert die Grundzüge der im Kirchen-Essay steckenden politischen Theologie. Ihm ist auch klar, daß Schmitt nicht theologisch, sondern rechtlich-geschichtsphilosophisch argumentiert und daß schon deshalb die Theologen »nach dem Rechten« sehen müssen. Als Jurist hält er sich in dieser Hinsicht mit Kritik zurück. Insgesamt zeigt Beyerles Beitrag, wie wertvoll Schmitts Schrift für den deutschen Katholizismus im zeitgenössischen Kontext war. Schmitt seinerseits konnte mit diesem Echo des prominenten katholischen Politikers und Rechtswissenschaftlers hochzufrieden sein.

Ausführlich stellt »Hochland«-Herausgeber Karl Muth im Oktober 1923 den Lesern seiner Zeitschrift »Römischer Katholizismus und politische Form« vor. In seiner »kleinen, aber beachtenswerten Schrift« argumentiere Schmitt »mehr geistreich als begrifflich-logisch«, stellt Muth eingangs fest³⁹⁶. Er mache, heißt es mit einem Seitenhieb auf das Zentrum, nicht den Fehler, die politische Idee des Katholizismus als diejenige »einer bestimmten, sich katholisch wissenden Zeit und Menschengruppe« hinzustellen³⁹⁷. Im Gegenzug zu der stark hervortretenden Tendenz, die Welt zu entpolitisieren und die Ordnung allein dem Spiel der ökonomischen und technischen Kräfte zu überlassen, sehe Schmitt »in der Kirche die Hüterin der politischen Form schlechthin«³⁹⁸. Insgesamt findet Muth Schmitts Ausführungen »glänzend und richtig«, stellt aber doch die rhetorische Frage, »ob mit dieser Umschreibung des Verhältnisses des römischen Katholizismus zur politischen ›Form‹ wirklich auch die politische Idee des Katholizismus ausgesprochen sei und ob sich das Wesen einer katholischen Politik mit solch formalen Betrachtungen erfassen lasse«³⁹⁹. Obwohl er damit ein gewisses Unbehagen zum Ausdruck bringt, pflichtet er Schmitts Betrachtungen letztlich doch bei: »Aber ich glaube, es gibt tatsächlich keine andere politische Idee des Katholizismus. Was man auch immer mit ihr verbinden wollte, [...] kann doch nur beiläufig und unter gewissen Umständen mit katholischer Argumentation verfochten werden. Wesenhaft gehört es nicht zu einer katholischen Politik.«

Entschieden wendet sich Muth gegen Ernst Michels bereits 1923 vertretene These, die katholische Kirche sei dadurch, daß sie nicht mehr Völkern und Staaten, sondern Einzelmenschen gegenüberstehe, als aktive politische Macht aus dem Völker- und Staatenleben Europas ausgeschieden⁴⁰⁰. Nach seiner Überzeugung ist es »vollkommen unrichtig zu behaupten, die Kirche habe ihre politische Sendung an den Einzelnen abgetreten«⁴⁰¹. Muth empfindet es deshalb mit Blick auf einen Aufsatz von Robert Grosche als schwächliche Geisteshaltung, wenn auch Katholiken die Souveränität des Papstes auf die »rein religiöse Sphäre« einschränken wollten. Dies sei eine überkommene »Sprechweise des Liberalismus«⁴⁰². Muth stellt dem sein eigenes Bekenntnis gegenüber: »Die Kirche mischt sich zwar in die weltlichen Händel nicht wie gleich zu gleich ein, aber sie verzichtet auch nicht auf ihr Recht, die Völker und Machthaber zur Ordnung zu rufen, wenn sie in diesen Händeln gegen die *lex naturalis* und *lex divina* freveln«⁴⁰³.

---

³⁹⁶ K. MUTH, Zeitgeschichte, S. 96.
³⁹⁷ EBD., S. 97.
³⁹⁸ EBD., S. 97.
³⁹⁹ EBD., S. 99; folgende Zitate EBD.
⁴⁰⁰ Zu E. Michels Theorie vgl. unten in diesem Kapitel.
⁴⁰¹ K. MUTH, Zeitgeschichte, S. 99.
⁴⁰² EBD., S. 100.
⁴⁰³ EBD., S. 100.

3. Rechtskirche statt Liebeskirche

Karl Muth schöpft in seiner Besprechung den geistigen Gehalt von Schmitts Katholizismus-Essay bei weitem nicht aus. Er sieht den zentralen Gedankengang in dieser Schrift, die Funktionalisierung des Katholizismus für eine politische Theorie, nicht oder erkennt sie nicht als Gefahr. Insbesondere gegen Michel setzt er recht plakativ die klassische Lehre der katholischen Kirche von der potestas indirecta in temporalibus; eine Lehre, die von Schmitt im übrigen rechtsmethodisch nicht akzeptiert wurde[404]. Insgesamt wird jedoch deutlich, daß Muth in Sachen Katholizismus-Theorie eher im Lager Schmitts als in demjenigen Michels anzusiedeln war.

Der Literat Hugo Ball gehörte zu den Zeitgenossen Schmitts, die sich am intensivsten und erhellendsten mit dessen Werk auseinandergesetzt haben. »Römischer Katholizismus und politische Form« stellt er in seinem umfangreichen, das gesamte Frühwerk interpretierenden »Hochland«-Aufsatz vom Juni 1924 ganz in den Kontext von Schmitts Frühschriften, in denen er »die typische Fragestellung des Thomismus« nachwirken und wiederaufleben sieht.

Auch in dieser Schrift stehe »das Problem der *ratio* im Mittelpunkt der Gestaltung, einer sehr kunstvollen Gestaltung, die so sehr gelungen ist, daß die wissenschaftliche Frage auch stilistisch ins theologische Geheimnis mündet«[405]. Die kirchliche ratio beziehe sich »nach oben auf die Offenbarung und nach unten auf den Staat«[406]. Die ratio setze ihrem Wesen nach die repraesentatio, die Vergegenwärtigung von Gegenständen unbildlicher, immaterieller, ideologischer und irrationaler Art, voraus. Ratio und repraesentatio, das »sind die Grundbegriffe, um die der Lateiner Carl Schmitt seine Schrift gruppiert, und zwar läßt er sie seiner Antithese getreu vom Verhältnis der *ratio* zur *repraesentatio* handeln, ein scholastisches Thema, das hier im konkreten Gewande heutiger Prägung erscheint«[407]. Im römischen Katholizismus sehe Schmitt »die juristische, politische, ja ideologische Form überhaupt und damit alle höheren Kategorien der europäischen Zivilisation garantiert«[408].

Die Repräsentation, aus der sich die Kraft der Kirche zu dieser Stellung ergebe, ist für Ball aufs engste mit der Eschatologie verbunden: »Die *repraesentatio* entspringt dem Streben nach Dauer und Endgültigkeit. [...] Die institutionelle Repräsentation ist die Vergegenwärtigung der Immor-

---

[404] Vgl. C. SCHMITT, Wert, S. 82 f.
[405] H. BALL, Theologie, S. 283.
[406] EBD., S. 284.
[407] EBD., S. 284.
[408] EBD., S. 285.

talität, der Dauer. Sie gibt dem römischen Katholizismus jenes ›Pathos der Autorität‹, das Schmitt als ihre politische Macht bezeichnet, jene Würde und Überlegenheit über den politischen und sozialen Zufall. Darum kann sie jederzeit zur Quelle neuen Rechtes werden, weil jede neue politische Konstellation ihr Gesetz und ihr Maß nur vom Absoluten beziehen kann«[409]. Vor diesem Hintergrund enthüllten sich auch die Impulse, die den »antirömischen Affekt« belebten, »als normfeindlich, als abhold der politischen Verantwortung wie der künstlerischen Gestalt«. Sie trieben »zur Willkür, oder zu einer unkontrollierbaren Mystik, oder zur Verneinung der Autorität«[410]. Allen Gegnern der katholischen Kirche, »die mit Rudolf Sohm in der Juristik der Kirche ihren eigentlichen Sündenfall sehen, oder mit Dostojewski einen indischen Schauder vor Macht und Gesetz empfinden«, sei gemeinsam »die Abneigung gegen die rationale Formkraft des Absoluten«[411]. Damit benennt Ball Schmitt als einen der überzeugendsten Verfechter des lateinisch-abendländischen Gedankens in der Auseinandersetzung mit dem als formen- und normfeindlich verrufenen Osten und als einen katholischen Apologeten wider den Protestantismus.

Auf der Basis dieser Überzeugungen ist es durchaus verständlich, daß Hugo Ball Schmitts Schrift vorbehaltlos positiv bewertet und in einen scholastischen Kontext stellt. Deren objektivistischer Duktus und die beiden Begriffe ratio und repraesentatio, die zweifellos zu den Schlüsselbegriffen in Schmitts Gesamtwerk gehören, machen dieses grundsätzlich auch einer katholischen Interpretation zugänglich. Die bibeltheologischen, insbesondere paulinischen Ansätze, von denen etwa Ernst Michel seine Einwände gegen Schmitts Kirchenverständnis formulierte, gehören nicht zum theoretischen Repertoire des in den 20er Jahren bekannten Kulturkritikers Hugo Ball.

Hugo Ball war keineswegs der einzige Katholik, der hinter Schmitts Theorien thomistisches Gedankengut erkannte, aber er war 1923 der erste.[412] Die von Ball vorgenommene subtile Verknüpfung Carl Schmitts mit Thomas von Aquin dürfte jedenfalls einen nicht unerheblichen Bei-

---

[409] EBD., S. 285.
[410] EBD., S. 286.
[411] EBD., S. 286.
[412] Vgl. z. B. auch die Ausführungen von W. Becker und J. Semmel unten in diesem Kapitel, ebenso den Hinweis von C. LANG, Ideologie, S. 962, auf C. Schmitts aristotelisch-scholastischen Realismus. Auch von nichtkatholischer Seite wurde C. Schmitt z. B. neben E. Przywara, J. Maritain und A. D. Sertillanges in die Phalanx des kulturkämpferischen Neothomismus eingereiht (vgl. M. RAPHAEL). Zum Verhältnis C. Schmitts zu Thomas von Aquin vgl. oben III. 1. c) und unten III. 10. b).

3. Rechtskirche statt Liebeskirche   121

trag zur großen Reputation des von ihm verehrten Staatslehrers im deutschen Katholizismus geleistet haben.

Eine sehr umfangreiche Besprechung von Schmitts Katholizismus-Buch liefert 1925 Emil Gerber[413] in der Sonntagsbeilage der in Süddeutschland während der Weimarer Republik renommiertesten katholischen Tageszeitung, der »Augsburger Postzeitung«. Sie gehörte neben der »Kölnischen Volkszeitung« und der Berliner »Germania« zu den drei großen überregional bedeutenden katholischen Zeitungen. In dem zweiteiligen Beitrag gibt Gerber »Römischer Katholizismus und politische Form« über weite Strecken wörtlich und voller Anerkennung wieder. Schmitts Arbeiten fänden, »auch bei Nichtjuristen und Nichtkatholiken, immer größere Beachtung«. Gerade seine Schrift »Römischer Katholizismus und politische Form« erfahre »von vielen Seiten freudige Bejahung und dankbare Anerkennung«.

Gerber teilt Schmitts Auffassung, daß der Katholizismus aufgrund seiner Fähigkeit zur Repräsentation der vornehmste Träger der politischen Form wie der Form überhaupt sei. Vom dem heutigen Denken fremd gewordenen Begriff der Repräsentation her entwickele Schmitt scharfsinnig und »mit erstaunlicher Beredsamkeit ein Charakteristikum des Katholizismus, seine formende Kraft«. Er schildere »voll packender Eindringlichkeit«, wie das gegenwärtige Zeitalter »der Knechtschaft der Materie« verfallen sei. In der Gegenüberstellung von katholischer Form und ökonomisch-technischer Formlosigkeit liege wie im Bekenntnis zur Herrschaft von Idee und Form, zu katholischer Humanität und Bildung »eine ebenso glänzende Kritik wie starke Abwehr des materialistischen Zeitgeistes«. Das Büchlein bringe »eine erstaunliche Fülle neuer Erkenntnisse, deckt nicht gekannte oder nur geahnte Zusammenhänge auf; scheinbar Unklares und Paradoxes wird sinnreich; verloren gegangene oder abgenutzte Begriffe werden in ihrer Bedeutung wiederhergestellt. [...] Schmitt durchschaut, wie heute wenige, das Wesen der Dinge; den Grund der Bezüge, das, worauf es ankommt. Und das sagt er nicht dürr und trocken darlegend, nicht lehrhaft, pedantisch bis ins einzelne zerlegt, sondern in geistvoller, fein geschliffener, funkelnder Rede. [...] Die Schönheit der Form an ihm ist überhaupt auffallend. Nicht nur, daß die Sprache wohllautend, fein und natürlich rhythmisiert ist, – was an sich schon bei einer wissenschaftlichen Arbeit in Erstaunen setzt; nicht nur, daß der Stil brillierend, groß in Haltung und Geste erscheint, – der Stoff selbst ist so

---

[413] E. GERBER, »Römischer Katholizismus und politische Form«, in: AUGSBURGER POSTZEITUNG (Sonntagsbeilage), Nr. 35, 30. August 1925, S. 1 (Teil 1) und Nr. 36, 6. September 1925, S. 1 (Teil 2); alle Zitate sind im folgenden diesem Aufsatz entnommen.

geistvoll disponiert, [...] daß man nicht weiß, ob man eher an den im Buche einmal erwähnten *esprit classique* oder an ein wundervolles Barockbauwerk denken soll. Hier hat eine große Materie neuer Erkenntnis in glänzender Form Gestaltung gewonnen. Man muß Freude daran haben.«

Gerbers Freude an Schmitts ästhetischer Form ist so groß, sein Glaube an den Typus des klassischen Menschen als Ausdruck des Katholizismus so unerschütterlich, daß er die Frage nach einer Ekklesiologie, die hinter diesem kunstvollen Bauwerk stehen könnte, gar nicht stellt. Für ihn ist Schmitt der berufenste Prophet der nach dem Ersten Weltkrieg mächtig aufkommenden objektiven, formalen Katholizismus-Interpretation.

Gerbers Rezension ist eines der eindrucksvollsten Zeugnisse für den Erfolg, aber auch die fast betörende Wirkung, die »Römischer Katholizismus und politische Form« Mitte der 20er Jahre hatte. Daß Schmitt zu dieser Zeit durch solche Lobpreisungen an prominenter Stelle im deutschen Katholizismus berühmt wurde, versteht sich von selbst.

Den markantesten Gegenentwurf zu Schmitts Kirchenverständnis entwickelte in den 20er Jahren kein Fachtheologe, sondern ein theologischer Autodidakt, der im deutschen Katholizismus selbst einen schweren Stand hatte: Ernst Michel (1889 – 1964). Michel war in der Weimarer Republik in der gewerkschaftlich orientierten Erwachsenenbildung tätig. Er gehörte damit zu den wenigen Katholiken, die den Sprung aus dem Ghetto des Katholizismus wagten und sich dem zweiten großen gesellschaftlichen Lager in Weimar, der Arbeiterbewegung mit ihren sozialistischen Traditionen, zuwandten, ohne die konfessionelle Herkunft infrage zu stellen. Nach dem Studium der Germanistik, Geschichte und Kulturgeographie lehrte er an verschiedenen Schulen und Einrichtungen, seit 1921 als Mitbegründer an der »Akademie der Arbeit« in Frankfurt, einer gewerkschaftlich getragenen Fortbildungsstätte, später auch als Professor an der Universität Frankfurt. Michel war der führende Kopf eines in Frankfurt um die »Rhein-Mainische Volkszeitung« angesiedelten Kreises katholischer Intellektueller. Er gehörte zu den bedeutendsten Autoren dieser überregional geachteten linksrepublikanischen katholischen Zeitung. Michel bekannte sich gegen Ende der 20er Jahre öffentlich zum Sozialismus, ohne jedoch einer sozialistischen Partei beizutreten. Nicht zuletzt dieses politische Bekenntnis trug ihm scharfe Kritik aus dem katholischen Lager ein.[414]

---

[414] E. Michel wurde 1933 die Venia legendi entzogen. Bis zum Ende des Zweiten Weltkrieges wirkte er als beratender Psychologe. Seit 1946 war er Honorarprofessor für Soziologie an der Universität Frankfurt. Er verlegte den Schwerpunkt seiner publizistischen Tätigkeit nach 1945 in den Bereich der Soziologie und Psychologie. Zur Person E. Michels vgl.

3. Rechtskirche statt Liebeskirche

Michel trägt seine in diametralem Gegensatz zu Schmitts Theorie stehende These über das Verhältnis von Kirche und Politik, von Kirche und Welt zuerst 1924 in seinem Buch »Zur Grundlegung einer katholischen Politik« und vor allem in dem 1926 erschienenen, sehr bekannt gewordenen Buch »Politik aus dem Glauben« vor. Sein theoretischer Ansatz fußt ganz auf der geschichtsphilosophischen Diagnostik seines Lehrers Eugen Rosenstock.[415] Danach ist die europäische, abendländische Staatenwelt zusammengebrochen und an ihre Stelle als »Produkt eines revolutionären allgemeinen Entformungsprozesses [...] die arbeitsteilig verbundene Völkergesellschaft in ihrem nach Ordnung rufenden nackten Dasein«[416] getreten. Die Kirche hat nach Michel deshalb nicht mehr souveräne Staaten, sondern die durch die Arbeitswelt geprägte, aber auch ungeformte Gesellschaft als Gegenüber.

Für Michel muß eine christliche »Politik aus dem Glauben«[417] mit der Realisierung des Zusammenbruchs der Institutionen des tausendjährigen Abendlandes beginnen. Der sog. Erneuerungsbewegung nach dem Krieg, die der Verherrlichung der Kirche gedient und mit ihrer suggestiven Kraft den Katholizismus als Modeerscheinung aufgebaut habe, sei diese epochale Zeitenwende nicht klar. Sie komme deshalb über »Aktionen der Restauration«[418] nicht hinaus. Außerdem sieht Michel hinter diesen Versuchen eine »irrige Auffassung der christlichen *Reich-Gottes-Verkündigung*«[419]. Da man dort das Reich Gottes nicht eschatologisch auffasse und nicht in seiner Eigenständigkeit gegenüber der Kirche sehe, sei ein »fundamentales Mißverstehen der Kirche, ihrer Weltsendung, ihrer Gestalt und Wirkform unausbleiblich«. Michel will deshalb »aus Anlaß des vielgenannten Büchleins *Carl Schmitts* ›Römischer Katholizismus und politische Form‹ einiges Grundsätzliche« zu diesem Kirchenverständnis sagen.

Michel hält die verbreitete Auffassung, »daß das Reich Gottes mit der Kirche angebrochen oder zumindest in ihr vorgebildet sei«[420], für unzu-

---

E. MICHEL, Sozialgeschichte, S. 227; H. BLANKENBERG, S. 100; B. LÖWITSCH, S. 37; U. BRÖCKLING, S. 66.

[415] Vgl. die prägnante Zusammenfassung dieser Geschichtsphilosophie bei H. ROMMEN, Liebeskirche, S. 104 – 113. Der Breslauer Rechtshistoriker E. Rosenstock (1888 – 1973) war als Katholik zum Protestantismus konvertiert. 1933 emigrierte er wegen seiner nichtarischen Abstammung in die USA. Er stand mit C. Schmitt in lockerem Kontakt (vgl. P. TOMMISSEN, Bausteine, S. 85). Dies hinderte ihn nicht, nach dem Krieg diesen einen »Lumpen« zu nennen, »der sich vierzig Jahre über alles ihn selber verpflichtendes Recht lustig gemacht hat« (zit. nach H. THIEME, S. 15).
[416] E. MICHEL, Politik, S. 24.
[417] EBD., S. 7.
[418] EBD., S. 28.
[419] EBD., S. 29; folgende Zitate EBD.
[420] EBD., S. 29.

treffend. Wenn die Kirche als Reich-Gottes-Zelle über ihren übernatürlichen Charakter hinaus wesensmäßig auch die erneuerte irdische Menschheit verkörpere, dann wäre ein kirchlicher Imperialismus, der den Anspruch auf die potestas directa sive indirecta in temporalibus erhebe, gerechtfertigt. Diese Auffassung setze als dogmatische Grundlage voraus, daß die Kirche die menschliche und die göttliche Natur Jesu Christi repräsentiere[421]. Dem setzt Michel seine theologische Überzeugung entgegen, daß sie in sakramentaler Weise lediglich Christus, seine göttliche Natur, verleibliche. Als übernatürliches Reich der Erlösungsgnade sei die Kirche »in die Irdischkeit eingetreten *neben* das Reich der Schöpfung«[422]. Folglich stünden sich die Kirche als sakramentaler Leib Christi und die Schöpfung eigenständig, wenn auch »einander zugeordnet in *wirkender Polarität*«[423] gegenüber. Das Reich Gottes werde Ereignis an der Schöpfung und in ihr. Die Kirche vermöge dies nicht zu bewirken, indem sie sich aktivistisch die Welt einverleibe. Der Anspruch, den Michel teilweise bei benediktinisch geprägter Sakralkultur entdeckt, die Kirche könne »urbildliche Lebensform – nicht nur Gleichnis – für die in Christo zu erneuernde ›Welt‹ sein, Urform also des Reiches Gottes«, erscheint ihm »vor der Heilsgeschichte als Utopie«[424].

Die Erneuerung der Erde aus der Polarität von Kirche und Welt ist für Michel eine Aufgabe des verantwortlichen christlichen Individuums, das als Glied der Kirche an derem übernatürlichen Leben teilhabe und als Glied der Welt geschöpflich und sündig sei. In ihm werfe sich aber die Kirche »*als Salz der Erde in den Acker der Zeitlichkeit*«[425]. Der Kirche als solcher sei eine unmittelbare politische Wirkung nicht aufgegeben, sondern als »Nebenwirkung ihres ›politischen‹ Aufbaus als sichtbar verfaßte Gesellschaft *dreingegeben*«. Sie wirke »nicht eigentlich aus sich, sondern aus der schöpferischen Kraft ihrer *der Welt zugewandten Liebe*«. Als dienende Liebe sei es der Kirche auch möglich, ihre äußere Gestalt dem geschichtlichen Wandel der Zeit und den Notwendigkeiten entsprechend anzupassen[426].

Michel leugnet nicht den rechtlichen Aufbau der Kirche. Aber er unterscheidet zwischen dem ius divinum, das als innere Lebensform der sakramentalen Gemeinschaft zum Leib Christi gehöre, und dem ius huma-

---

[421] EBD., S. 30.
[422] EBD., S. 31.
[423] EBD., S. 32.
[424] EBD., S. 33.
[425] EBD., S. 34; folgende Zitate EBD.
[426] EBD., S. 35.

num, dem weltlichen Rechtspanzer, den sich die Kirche seit der Jahrtausendwende als Sicherung ihres weltlichen Eigenlebens geschaffen habe: »Dieser weltliche Rechtspanzer, die ihm entsprechende jurisdiktionelle Gewalt und das ius humanum lassen sich als Notwehrakt begründen, aber auch so bleibt dieser Prozeß Einbruch der Welt in die Kirche und er fließt weder aus ihrem Lebensprinzip noch aus ihrer Sendung«[427]. Der weltliche Aufbau der Kirche scheide deshalb für die Formung einer staatsphilosophischen complexio oppositorum, in der Gottheit und Menschheit gleichermaßen einbefaßt seien, aus. Aber auch der göttlich gewirkte Leib Christi gebe für eine politische Aufgabe der Kirche oder ein ihr angeblich innewohnendes Prinzip der politischen Repräsentation nichts her. Seine Form sei auch nicht absolut und zeitlos.

Michel betont, daß »die spezifisch romanische These von einer zentralen und unmittelbaren Sendung der Kirche, ja von einer Weltmission ihrer abendländischen staatlich-juridischen Repräsentation [...] kaum irgendwo so eindringlich und geistig umfassend dargestellt« worden sei, wie in Schmitts »Römischer Katholizismus und politische Form«. Er habe nichts gegen eine rechtliche oder soziologische Beschreibung der Kirche als Vorbild für die politische Form, wenn ausdrücklich gesagt werde, daß man damit nicht die eigentliche Struktur der Kirche erfassen wolle. Aber Schmitt wolle mit dem Staatlich-Juridischen »das Lebensprinzip der Kirche« darstellen, »den Kern der geschichtlichen Sendung der Kirche für die irdische Sozietät erschließen und letztendings auch die zentrale Zukunftsaufgabe der römisch-abendländischen Kirche für den Wiederaufbau der politischen Gesamtordnung Europas zumindest andeuten«[428]. Um dieses Anspruchs willen, der zwar nicht direkt formuliert sei, aber über der gesamten Schrift liege, müsse man sich mit ihr auseinandersetzen.

Michel stimmt mit Schmitt überein, daß die Kirche die Fähigkeit zur Repräsentation hat. Denn sie sei »von Anbeginn an durch ius divinum, durch Sakramentsrecht geordnetes, daher übernatürliches Gemeinwesen«[429]. Aber gerade dies meine Schmitt offenbar nicht. Denn sein ganzes Büchlein stehe »näher besehen ganz unter einer Betrachtung, die nicht die *christlichen* Kategorien, sondern die *staatsphilosophischen* Kategorien auf die Kirche anwendet«[430]. Zwar halte Schmitt die Lehre von Christus und der Kirche dogmatisch korrekt fest. Dies könne jedoch nicht darüber hinwegtäuschen, »daß es sich in der Sache nicht um die Kirche als heilsge-

---
[427] EBD., S. 36; folgende Zitate EBD.
[428] EBD., S. 37 f.
[429] EBD., S. 38.
[430] EBD., S. 38.

schichtliche Wirkform des spezifisch Christologischen, vor allem der Agape handelt, sondern um die Repräsentation politischer Kategorien, um die beiden Urformen des Staates: die Repräsentation der *Idee der Gerechtigkeit* (civitas terrena) und die Repräsentation der *personalen Souveränität* (Christus!), beide *polar* in der Kirche geeint und von ihr *urbildlich* verwirklicht. Es ist kein Zufall, daß nirgends in dem Büchlein von Christus in einem anderen Sinne die Rede ist als von dem monarchischen Urbild, dem ›*regierenden, herrschenden, siegenden Christus*‹, der Anspruch ›*auf Ruhm und Ehre*‹ hat. Macht, Ehre, Ruhm und Herrlichkeit (gloire) hier, Gerechtigkeit (justice) dort: in der polaren, ja antagonistischen Verkörperung beider Urprinzipien steht die Kirche als souveräne civitas Dei da. Am Ziel ihrer imperialistischen Expansion angelangt, wird sie der Welt den Frieden bringen, also das Reich Gottes aufrichten«[431].

Die Gleichsetzung des Jüngsten Gerichts mit einer Appellationsinstanz beweise, daß Schmitt nicht nur formal, sondern material den Schwerpunkt der Kirche im Staatlich-Juridischen sehe: »Zwar ist die *Idee der Gerechtigkeit*, die die Kirche repräsentiert, hier in Christus *personal* gefaßt, und ebenso die Idee der *Macht*; und demgemäß, da die repräsentierten Ideen die göttliche Person Christi selber sind, steigt die Kirche über den Staat empor zum inkarnierten Urbild der Civität. Aber Urbild (Kirche) und Nachbild (Staat) stehen unter denselben Kategorien und Ideen des Staatlich-Juridischen: jedes ist complexio oppositorum, der Gegensätze von Ethos der Gerechtigkeit und Ethos der Macht. In der Gottheit Christi sind diese Gegensätze personal geeint«[432].

Für Michel bewegt sich Schmitts Schrift ausschließlich in innerweltlichen Kategorien: »Es fehlt ganz das Denken in *christlichen* Kategorien. Nirgends klingt die christliche Offenbarung auf, daß Christus aus der Gnade Gottes die *Sohnschaft* gebracht, [...] daß die ›*Gerechtigkeit*‹ Gottes [...] nicht die, wenn auch vollkommene *sittlich-rechtliche* Gerechtigkeit, sondern die *übernatürliche* Gerechtigkeit der Gnadenordnung ist (Rechtfertigung aus dem Glauben); daß also die Kirche primär nicht die civitas terrena, die vollkommene sittlich-rechtliche Gesamtordung, sondern in sakramentaler Weise die aus dem Geheimnis der Sohnschaft geheiligte Menschheit repräsentiert; erst sekundär aber, als Wirkung ihrer Liebe gegen die Welt *auch*, d.h. sinnbildlich und beispielhaft, die civitas terrena«[433]. »Kein Wort dieser Schrift deutet an, daß die Kraft zur Repräsentation, die dem abendländischen Staatsphilosophen Eins und Alles zu sein

---
[431] EBD., S. 39.
[432] EBD., S. 40.
[433] EBD., S. 41.

scheint, selbst wieder nur Ausfluß und Wirkungsweise des eigentlichen Lebensprinzips der Kirche, der in Christus geoffenbarten Barmherzigkeit und Liebe Gottes ist; daß die Liebe sowohl das konstitutive Prinzip der Kirche wie der Inhalt ihrer Sendung hinein in die Welt ist. Das Wort ›Liebe‹ fehlt in dieser Schrift von der Kirche, ebenso wie das Wort ›Heiliger Geist‹, dagegen steht an seiner Statt das Wort ›Humanität‹: Carl Schmitt wechselt hier wenigstens auch nicht im Ausdruck in die christlichen Kategorien hinüber. Nirgends wird die juridische Auffassung der Repräsentation, als immanentes Prinzip und Quelle der Form der Kirche, durchbrochen von der gläubigen Erkenntnis der dienenden Rolle der Form und ihrer wahren Quelle. Denn gerade weil und insoweit die Kirche nicht nach Prinzipien und immanentem Formgesetz sich aufbaute, sondern, mit dem Blick auf die Sündennot der Welt, aus dem Glauben, in der Liebe und auf Hoffnung hin wirkte, ward ihr das Geheimnis der Form als wirkende Kraft verliehen«[434].

Auch mit der Darstellung der complexio oppositorum durch Schmitt ist Michel nicht einverstanden: »Denn abgesehen davon, daß es denn doch nicht angeht, die geschichtlich nacheinander gelebten Lebensformen der Kirche auf der Ebene der Gleichzeitigkeit oder der ungeschichtlichen Seins-Ebene zu versammeln und damit die Gegensätze weithin überhaupt erst zu bilden, erkennt Schmitt in fast naiver Gutgläubigkeit unterschiedslos auch vieles Abwegige der empirischen Kirche als ihrem Wesen gemäß an: eben aus der Leidenschaft heraus, die Paradoxie der kirchlichen complexio oppositorum möglichst eindringlich zu machen und damit die souveräne Kraft der politischen Gestaltung der Kirche zu erweisen«[435].

In geistesgeschichtlicher Perspektive sieht Michel in Schmitts Schrift »einen *letztmöglichen Selbstbehauptungsversuch der abendländischen Staatsmetaphysik*, die sich in die Kirche rettet und von ihr, als Arche Noah, nach der Sintflut die Restauration der abendländischen-antiken Staatenwelt erwartet«[436]. Für Michel ist Schmitt deshalb auch ein abendländischer Staatsphilosoph, wobei er »abendländisch« im Sinne einer begrenzten Geschichtsepoche versteht[437].

Schmitts Büchlein fordere durch seine klare geistige Prägung zu einer geistigen Entscheidung heraus, die bei Michel »im Sinn einer *grundsätzlichen Ablehnung*«[438] ausfällt. Für ihn steht fest: »Ist die Kirche das, wofür

---
[434] EBD., S. 41 f.
[435] EBD., S. 42.
[436] EBD., S. 44.
[437] EBD., S. 40.
[438] EBD., S. 44.

Carl Schmitt sie ausgibt, dann sind seine Folgerungen richtig. Dann hat der Großinquisitor gegen Christus recht. Ist die Kirche aber das Sakrament der *Agape*, dann wird sie den Cordon, den die Juristen um sie ziehen, durchbrechen: dann wird sie nicht die aristokratische Erbin sein, die ihres Partners harrt, sondern sie wird den Notschrei der unrepräsentierten ›Gesellschaft‹ an sie hören und Samariterdienst in der Form üben, die ihr die Liebe eingibt und die ›hier und jetzt‹ eben nottut«[439].

Ernst Michel war in den 20er Jahren der einzige katholische Intellektuelle, der sich mit theologischer und zugleich mit geschichtsphilosophischer Schärfe und Gründlichkeit mit Schmitts Katholizismus-Schrift auseinandergesetzt hat. Seine unübertroffene Stärke liegt darin, daß er nicht nur Schmitts ekklesiologischen Defizite und staatsphilosophische Immanenz schonungslos offenlegt, sondern diesem Katholizismus-Verständnis eine klare theologische Alternative zur Bestimmung des Verhältnisses von *Kirche* und *Welt* aufzeigt, das bei Schmitt 1923 noch ein solches zwischen *Kirche* und *Staat* ist.

Ob Michel Carl Schmitt allerdings in allen Punkten zutreffend interpretiert hat, erscheint zweifelhaft. Daß Schmitt, wie von Michel unterstellt, insofern einer häretischen Ekklesiologie anhängt, als er in der Kirche eine ausbaufähige Reich-Gottes-Zelle sieht, steht zunächst mit Michels eigener Diagnose in einem Spannungsverhältnis, Schmitt bewege sich allein in staatsphilosophischen Kategorien. Zum anderen ist dieser Vorwurf der Sache nach nicht zu halten. Schmitt weiß sehr wohl um den eschatologischen Vorbehalt, der die Menschen und auch die Christen in ihrer Kirche vom Reich Gottes trennt.[440] Und wenn ihm die – schreckliche und von ihm überhaupt nicht angestrebte – Vision vor Augen steht, die Kirche könne kraft ihrer juristisch-politischen Form und angesichts der darniederliegenden, entformten Staatenwelt als politische Monopolistin ihre frühere Weltherrschaft wieder erlangen und der Welt so den Frieden bringen, will er damit nicht sagen, daß die Kirche das Reich Gottes in der Welt errichten könne, sondern daß es in der Welt schlecht um das Politische bestellt ist. Es geht ihm nicht um ekklesiologische, sondern um staatsrechtliche oder politologische Aussagen. Die von Michel zu Recht problematisierte Politisierung des Reich-Gottes-Begriffs als

---

[439] EBD., S. 45.
[440] »Man kann auch über das Reich Gottes keine Bücher schreiben und alle noch so ergreifenden Worte, die je darüber gefunden wurden, rühren von einem Menschen her, der im Augenblick, da er sie fand oder sprach, nicht im Reiche Gottes war« (C. SCHMITT, Sichtbarkeit, S. 72). Die Aussage ist zwar retroperspektivisch, sie läßt aber gleichwohl die Distanz der Menschen zum Reich Gottes erkennen.

3. Rechtskirche statt Liebeskirche

»Urbild auch für die menschliche Gesellschaft auf Erden als einer wirklichen seinsmäßigen Ganzheit, die von einem geistigen Formprinzip getragen wird«[441], wie Franz Landmesser formulierte, wurde allerdings tatsächlich in Kreisen des Katholischen Akademikerverbandes vorgenommen.

Nach Michel wirkt die Kirche politisch nicht unmittelbar als Kirche, sondern nur mittelbar über den einzelnen verantwortlichen Christen, der Glied der Kirche ist und voll in der Welt steht, »als Salz der Erde im Acker der Zeitlichkeit«. Michels politische Theologie ist deshalb keine institutionelle, sondern eine personale. Sie kann als eine Vorstufe und ein Vorbild für die in den 60er Jahren von der Schule um Johann Baptist Metz entwickelte politische Theologie gelten. Daß Michel auf dieser theologischen Basis – ganz anders als Carl Schmitt – dem Konkordatsgedanken, »der das katholische Kirchenvolk als Vertrags-Objekt behandelt«, skeptisch gegenüberstand, ist nicht verwunderlich.[442]

Zweifellos vertrat Ernst Michel mit seinem theologischen Personalismus gegenüber Schmitts staatsphilosophisch konzipiertem Modell eines Ordnungskatholizismus – aus heutiger Sicht – einen moderneren theoretischen Ansatz. Er war in der geschichtlichen Diagnostik auch näher an der Wirklichkeit als das restaurative politologische Denken Schmitts, das sich zwar in der Analyse später nicht mehr primär am Staatlichen orientierte, in dem jedoch gleichwohl staatsrechtliche Begriffe, etwa der Begriff der Souveränität, noch die dominierende Rolle spielten. Michel hatte die Zeichen der Zeit erkannt, als er das von Schmitt verachtete ökonomisch-technische Denken seiner Theorie einer von der Arbeit und nicht vom Staat dominierten Gesellschaft zugrunde legte.[443]

Wie weit Michel seiner Zeit auch innerkirchlich voraus war, zeigt die Tatsache, daß das Zweite Vatikanische Konzil wesentliche Elemente seiner politischen Theologie und Ekklesiologie aufgriff. Danach sind die Laien »eigentlich, wenn auch nicht ausschließlich zuständig für die weltlichen Aufgaben«[444]. Die Sendung der Kirche »bezieht sich zwar nicht auf den politischen, wirtschaftlichen oder sozialen Bereich: das Ziel, das Christus ihr gesetzt hat, gehört ja der religiösen Ordnung an. Doch fließen aus eben dieser religiösen Sendung Auftrag, Licht und Kraft, um der mensch-

---

[441] F. LANDMESSER, Katholizismus, S. 267.
[442] Vgl. E. MICHEL, Politik, S. 58.
[443] U. Bröckling vertritt deshalb die Auffassung, Schmitt sei »Ideologe des Staates, Michel wider Willen Ideologe der bürgerlichen Gesellschaft« (U. BRÖCKLING, S. 77).
[444] Zit. nach TEXTE ZUR KATHOLISCHEN SOZIALLEHRE, S. 360 f. (Gaudium et spes, Nr. 43).

lichen Gesellschaft zu Aufbau und Festigung nach göttlichem Gesetz behilflich zu sein«[445].

Von der ecclesia triumphans ist im Vaticanum II keine Rede mehr. Die Kirche ist »nicht gegründet, um irdische Herrlichkeit zu suchen, sondern um Dienst und Selbstverleugnung auch durch ihr Beispiel auszubreiten«[446]. Statt »weltgeschichtlicher Machtform« beschreibt das Konzil eher eine »Kirche der Armen«. Auch wenn am Rechtscharakter der Kirche festgehalten wird, ist doch der pastorale, der juristischen Form gelegentlich schroff entgegengesetzte Ton des Konzils dominant. Außerdem trägt die Kirche nach der Kirchenkonstitution »in ihren Sakramenten und Einrichtungen, die noch zu dieser Weltzeit gehören, die Gestalt dieser Welt, die vergeht«[447]. Mit anderen Worten: Die der Welt zugewandte Form der Kirche ist vergänglich und wandelbar. Ernst Michel durfte sich also, ganz anders als Carl Schmitt, vom Zweiten Vatikanischen Konzil in wesentlichen Punkten bestätigt fühlen.

In den 20er Jahren löste Ernst Michels politische Theologie nicht nur eine lebendige Diskussion über das Wesen der katholischen Kirche, sondern auch einen Sturm der Entrüstung aus. Teilweise mußte sich Michel spöttische und persönlich verletzende Besprechungen und Bemerkungen gefallen lassen. Man stellte seine Katholizität, wohl nicht zuletzt aufgrund seines öffentlichen Bekenntnisses zum Sozialismus, in Frage und beschimpfte ihn als Protestanten.[448] Der Höhepunkt des konfessionellen

---

[445] Zit. nach EBD., S. 359 (Gaudium et spes, Nr. 42).
[446] Zit. nach K. RAHNER / H. VORGRIMLER, S. 131 (Lumen Gentium, Nr. 8).
[447] Zit. nach EBD., S. 181 (Lumen Gentium, Nr. 48)
[448] Nachweise bei J. EBERLE, S. 373 f.; J. Eberle wirft E. Michel vor, er vertrete die protestantische Formel »Der Geist ist alles, die Form ist belanglos« (EBD., S. 373).
Auch U. Bröckling meint noch 1993, E. Michels Katholizismus atme sehr viel Luthertum (U. BRÖCKLING, S. 75). Seine These, E. Michels religiöser Subjektivismus werde durch C. Schmitts vernichtendes Urteil über die bürgerlichen Freiheitsrechte, insbesondere über die Religionsfreiheit, getroffen, Religion werde, so C. Schmitt, zur Privatsache und das Private religiös geheiligt, sobald der Einzelne in Glauben und Gewissen frei sei, greift ebenso zu kurz wie seine Auffassung, E. Michels »subjektivierte Liebe als Freiheit« verkehre sich in den Kultus des Privateigentums (EBD., S. 78). Hier wird E. Michels grundsätzlicher Antiliberalismus nicht hinreichend gewürdigt (vgl. dazu E. MICHEL, Lebensverantwortung, S. 33 ff.). E. Michel spricht sich gerade gegen den Liberalismus im Religiösen aus, der den Schwerpunkt des religiösen Lebens in die religiöse Gewissensfreiheit des Christen verlagere, »so daß der Glaube nicht mehr in der Einheit des Verhältnisses zwischen Gott und Mensch, in der Verbundenheit von göttlichem Offenbarungswort und ganzheitlicher, personaler Zustimmung des Menschen besteht, sondern primär als menschliche Haltung, als sein *freier sittlicher Akt* verstanden wird« (EBD., S. 40). Und entschieden wendet sich E. Michel gegen den vom Liberalismus genährten laizistischen Irrtum«, das Christentum zur Privatsache zu erklären. Der Christ wisse, »daß auch das Ökonomische, Soziale, Kulturelle und Politische unabdingbar und in der Ausrichtung auf den Willen Gottes zu seinem Leben gehörten (EBD., S. 180 f.).

Kesseltreibens gegen Michel war 1929 die kirchenamtliche Indizierung von »Politik aus dem Glauben«. Die Gründe für dieses Verbot gab die Indexkongregation selbst dem davon Betroffenen nicht bekannt.[449] Vielleicht war die Indizierung auch eine Reaktion auf Michels Publikationen in dem 1929 gegründeten »Roten Blatt der katholischen Sozialisten«; ein rotes Tuch für viele Katholiken.[450] »Politik aus dem Glauben«, in dem das Ideal einer Liebeskirche vertreten wurde, stand jedenfalls in den 20er Jahren weit mehr in der Schußlinie der Kritik als die Schrift »Römischer Katholizismus und politische Form«, die die rechtliche, politische und ästhetische Form der katholischen Kirche verherrlichte.[451]

Die Antithese von Rechtskirche und Liebeskirche beherrschte die kirchliche Diskussion über viele Jahre. Carl Schmitt und Ernst Michel galten dabei als die beiden Exponenten, die stellvertretend für die eine oder die andere Richtung genannt und zitiert wurden. Daß in der theologischen Diskussion auch hier häufig die complexio oppositorum hergestellt wurde, braucht nicht zu überraschen. So stellte Heinrich Rommen 1931 zur Diskussion fest: »Die Antithese Liebeskirche – Rechtskirche lebt nur im Kopfe. Wirklich ist die Una Sancta, die aus der Liebe und der Kraft der Sakramente lebt, aber eben *im* Recht. Wirklich ist die Kirche, die Liebe *und* Macht, freies Pneuma *und* gebundene Form des Rechtes hat und ist. [...] Der Glaube aber zeigt uns im Gefäß des Rechts die Kraft des Charismas, in der Hülle des Rechts die *Mater* Ecclesia. Sie selbst mag und wird bestimmen, welche einzelnen Rechtsformen ihrer Aufgabe im Wege stehen. Sie hat die längste Erfahrung – und die Verheißung bis ans Ende der Zeiten. Sie wird nicht zur Rechtskirche erstarren, in deren Panzer die Kraft des Geistes erloschen ist«[452].

Unter den Kritikern, die sich um ein vermittelndes Sowohl-als-auch zwischen Schmitts Rechtskirche und Michels Liebeskirche mühten, ist zuerst Karl Neundörfer[453] zu nennen. Er sieht 1925 in der von Schmitt in »Römischer Katholizismus und politische Form« hergestellten positiven Beziehung von religiösem Glauben und politischer Form »eine geistesgeschichtliche Wendung«[454]. In ihr liege »die Überwindung des spiritualistischen Kirchen- und materialistischen Staatsbegriffs«, wie er zumindest außerhalb der katholischen Kirche die letzten Jahrhunderte der europäi-

---

[449] KRITISCHE UMSCHAU, S. 29 f.
[450] Vgl. U. BRÖCKLING, S. 97.
[451] Zum Einfluß von E. Michels Theologie auf die katholische Jugendbewegung siehe unten IV. 3. d).
[452] H. ROMMEN, Liebeskirche, S. 113.
[453] Vgl. zu Person und Theorie K. Neundörfers oben III. 2. e).
[454] K. NEUNDÖRFER, Form, S. 331; folgende Zitate EBD.

schen Geschichte beherrscht habe. Insofern bedeuteten Schmitts Erkenntnisse »eine Neueroberung katholischen Gedankengutes«, die jedoch auch zu Gefährdungen führen könne: »Die politische Form der Kirche erscheint [...] mehr als ein kultureller, denn ein religiöser Wert. Und die religiöse Einstellung Schmitts ist von einer einseitigen Betonung des ›Amtes‹ gegenüber dem ›Charisma‹ nicht ganz frei. Demgegenüber kann das Wesen der katholischen Kirche nur im Religiösen, und muß das Wesen dieses Religiösen ebenso von der Seite der lebendigen Fülle wie von jener der geordneten Form erfaßt werden. Das Charisma ist der katholischen Kirche ebenso notwendig wie das Amt.«

Mit dem Codex Iuris Canonici sei »für alle Zeiten gesagt, daß die katholische Kirche *auch* Rechtskirche ist, und daß gewisse Rechtsformen in ihrem unveränderlichen Wesen wurzeln. Damit ist aber *nicht* gesagt, daß das Wesen der Kirche in solch politischer Form bestehe. Mit Recht wendet sich Ernst Michel dagegen, daß man ›in dem sichtbaren Aufbau der Kirche einen geradlinigen Prozeß der substantiellen Vergottung irdischer Formen sieht‹.«

Neundörfer bejaht in dem Konflikt »Rechtsform oder Lebensbund«[455] also einerseits die staatlichen Formen der Kirche. Dazu gehöre auch »jenes Rechtlich-Institutionelle, Politisch-Repräsentative der Kirche als solcher, wie es Carl Schmitt so stark betont«[456]. Aber er warnt doch, was für einen Kirchenrechtler nicht selbstverständlich ist, vor einer Überbetonung und Überbewertung des Rechtlichen in der Kirche. Er steht ein für die Notwendigkeit des Charismas. Mit dieser ausgewogenen Stellungnahme, die der scharfen Antithetik von Rechtskirche und Liebeskirche die Spitze nimmt, formulierte Neundörfer eine mittlere Linie, die sich schon bald als herrschende Meinung in der Kontroverse Schmitt – Michel durchsetzen konnte.

Neundörfer kämpfte in seinen Schriften stets an zwei Fronten: Wie Carl Schmitt verteidigte er die äußere Form der katholische Kirche gegen die polemischen Attacken protestantischer Theologen.[457] Andererseits wandte er sich gegen die gerade in der katholischen Jugendbewegung vorhandenen Tendenzen, die Kirche zu sehr zu spiritualisieren. Hier pochte er auf die Notwendigkeit der rechtlichen Ordnung einer jeden Gemeinschaft.

Einer mittleren Linie zwischen Schmitt und Michel folgt 1926 auch Schmitt-Schüler Werner Becker in seinen »Gedanken zur Staatslehre Leos

---

[455] K. NEUNDÖRFER, Problem, S. 305.
[456] EBD., S. 305.
[457] Vgl. K. NEUNDÖRFER, Recht.

XIII.«. Die Kirche sei »nicht nur religiös-mystisch, sondern auch soziologisch eine Körperschaft, eine societas, und zwar eine societas perfecta«[458]. Als ›Träger politischer Repräsentation (Carl Schmitt)‹ stünde sie deshalb auf einer Ebene mit dem Staat. Deshalb stellt Becker fest, die Kirche könne »unter Anerkennung der ›relativen Selbständigkeit und gleichzeitigen Abhängigkeit des religiösen und des politischen Lebens‹ (Neundörfer) den Staaten gegenübertreten als gleichberechtigter Partner auf politischem Felde.« Sie könne also mit ihm Konkordate schließen. Warum, fragt Becker, solle man auf die Kirche, soweit sie Gesellschaft sei, nicht weltwissenschaftliche, soziologische Methoden anwenden dürfen. »Natürlich wäre es ein ungeheurer Irrtum, zu glauben, daß man damit das wirkliche Wesen der Kirche erfassen könne!«

Becker nimmt aber auch Michel in Schutz. Dieser erkenne die Kirche als »sichtbar verfaßte Gemeinschaft« ja an und gestehe ihr eine Ämterordnung zu. Davon unterscheide er den »weltlichen Rechtspanzer«, das eigentlich Staatliche an der Kirche. Diese Trennung sei nur aus seiner Soziologie zu erklären: »Für Michel ist der Staat etwas von außen Kommendes, nicht (wie für Thomas von Aquin und Leo XIII.) eine Körperschaft von Menschen und ein Ganzes, in dem jeder einzelne als Teil steht, ob er will oder nicht will, sondern irgend ein Apparat, der diese Körperschaft von oben her ordnet; und das Recht ist hier irgend ein Gesetz, eine Norm, die das Sollen, nicht das Sein des Menschen betrifft. Für Michel ist ›Staat‹ eine bestimmte Art von öffentlicher Ordnung, die durch eine andere abgelöst werden kann, für Leo ist Staat ›öffentliche Ruhe und Ordnung‹ schlechthin.« Nehme man den Staat Michels weg, bleibe immer noch »Volksordnung« oder zumindest »nach Ordnung rufendes nacktes Dasein« übrig. Vorausgesetzt, das Staatliche am Staat, das Vorhandensein einer Autorität, die für das Gemeinwohl Sorge trägt, bestehe auch in der »Volksordnung«, sei die Auffassung von Ernst Michel durchaus mit der Lehre der katholischen Kirche vereinbar.

Auch wenn Becker die zwischen Carl Schmitt und Ernst Michel bestehenden theoretischen Gegensätze nicht weiter ausleuchtet, wird in seinem Beitrag deutlich, wie sehr diese beiden Antipoden in der katholischen Diskussion als polare Größen behandelt wurden. Insgesamt betrachtet Becker mit Blick auf die Staatslehre Leos XIII. das Staatlich-Rechtliche wesentlich positiver als Michel. Von daher dürfte ihm auch »Römischer Katholizismus und politische Form« näher gestanden haben als »Politik aus dem Glauben«.

---

[458] W. BECKER, Gedanken, S. 199; folgende Zitate EBD.

Aufgrund seiner geistig-theoretischen Verwandtschaft mit Schmitt ist es nicht verwunderlich, daß Herman Hefele zu den größten Verehrern von Schmitts Katholizismus-Büchlein zählt. In einem »Abendland«-Aufsatz stellt er 1926 fest: »Das politische Problem des Katholizismus hat in den letzten Jahren seine gewichtigste theoretische Förderung durch Carl Schmitts überaus kluge und geistvolle, leider viel zu wenig beachtete Schrift ›Römischer Katholizismus und politische Form‹ gefunden. Denn hier ist einmal grundsätzlich der Moder veralteter Terminologie und überholter Deduktionen abgeschüttelt und das ewig lebendige Problem ins Licht des lebendigen heutigen Tages gestellt. In scharfer und glänzender Formulierung ist dargetan, daß der Katholizismus weder eine bloße Synthese im romanischen Sinn noch ein bloßer Gegenpol im Sinn relativistischer Geschichtsauffassung, sondern daß er eine absolute und ewige, sich selbst Gesetz und Richtung gebende Wirklichkeit sei; daß also im katholischen Glauben kein Verzicht auf eine positive und konkrete Gestaltung des politischen Wesens liege, daß er vielmehr fordernd und richtend an die letzten und grundsätzlichsten Dinge des Politischen greife, und daß das Gesetz, wonach die katholische Idee das Politische zu richten gezwungen ist, in ihrer repräsentativen Wirklichkeit als mystischer Leib Christi und in ihrem Rechtscharakter als Kirche gegeben sei. In der Konfrontation der katholischen Idee mit dem ihr wesensfremden und wesensfeindlichen modernen ökonomischen Denken erscheint der Katholizismus sogar als der letzte Schutz und eigentliche Inhalt des politischen Wesens an sich; der Kampf, den die Kirche in den kommenden Jahrhunderten mit der Welt zu führen haben wird, geht nicht mehr um politische Rechte, Stellungen und Möglichkeiten, sondern um die Existenz einer politischen Ordnung der Dinge überhaupt«[459]. Das heißt mit anderen Worten, daß Schmitt im Vergleich zum politischen Katholizismus des Zentrums für Hefele die weitaus grundsätzlichere und perspektivischere Konzeption für den Katholizismus präsentiert. Hefele ist denn auch der Meinung, die Diskussion über die politische Aufgabe des Katholizismus werde für lange Jahre gut daran tun, sich an die Gedankengänge Schmitts zu halten.

Hefele ergänzt seine Huldigung der Schmitt-Schrift »um einige mehr oder weniger selbständige Gedanken, die von ihr angeregt sind und nur aus ihr verstanden werden wollen«[460]. In einem wesentlichen Punkt führen diese Gedanken freilich von Schmitt weg. Strenggenommen, so Hefele in Vorwegnahme von Hans Barions Kritik an Schmitts politischer

---
[459] H. Hefele, Politik, S. 195.
[460] Ebd., S. 195.

Theologie[461], könne man nicht von kirchlicher Politik sprechen, da die Kirche mit der politischen Materie nur »ratione peccati« zu tun habe: »Sie steht außerhalb des Politischen, weil sie sich gegenüber kein Gleichberechtigtes kennt. [...] Sie fühlt sich im Grunde genommen dem Staatlichen gegenüber nie als Partner, sondern immer nur als Erzieher, und ihre Aufgabe in dieser Welt ist dem Staat wie dem Einzelnen gegenüber eine pädagogische und keine politische«[462]. Dem entspricht auch Hefeles Überzeugung, daß die metaphysische wie rechtliche Begründung der Kirche »eine wesenhaft andere als die des Staates«[463] sei. Für den Katholiken könne »der Staat als solcher nie ein Letztes und Absolutes sein«. Die Einflußnahme der Kirche über den Weg der politischen Existenz der Gläubigen auf die Willensbildung des Staates widerspreche nicht dessen Wesen, da der Staat dem Willen des Volkes untergeordnet sei, »während umgekehrt eine Einflußnahme des Staates auf kirchliche Dinge dem Wesen der Kirche widerspricht, die unabhängig vom Willen ihrer Gläubigen besteht und bestehen muß«[464].

Durch diese Relativierung des Staates entzieht Hefele der von Michel in Schmitts Schrift kritisierten Urbild-Abbild-Analogie zwischen Kirche und Staat den Boden. Bei dem von Hefele vorausgesetzten Dualismus von Staat und Gesellschaft ist die von Schmitt später vorgenommene, für die Eigenständigkeit der Gesellschaft gefährliche Verabsolutierung des Politischen nicht möglich. Bei aller Begeisterung für Schmitts »Römischer Katholizismus und politische Form« hat Hefele damit – vermutlich ohne sich seiner Abgrenzung gegenüber Schmitt bewußt zu sein – den in der politischen Theologie dieser Schrift lauernden Gefahren einen Riegel vorgeschoben. Ganz nebenbei orientiert sich Hefele insoweit an Michel, als er die Einflußnahme der Kirche über die politische Existenz der Gläubigen vertritt.

In einer Auseinandersetzung mit Ernst Michel ergreift der Jesuit Jakob Semmel 1927 beiläufig für Carl Schmitt Partei. Wenn Michel gegen Schmitt den Vorwurf erhebe, er sehe in der Rechtsmacht, der »juristischen Repräsentation« das Lebensprinzip der Kirche, dann habe er Schmitt »kaum richtig wiedergegeben«[465]. Schmitt vergleiche »die äußere soziologische Erscheinung der Kirche mit der politischen Soziologie, muß aber

---

[461] Vgl. unten III. 6. d).
[462] H. HEFELE, Politik, S. 195.
[463] EBD., S. 196; folgende Zitate EBD.
[464] Exakt mit dieser These stellte sich H. Peters 1935 auch gegen die absolutistischen Ansprüche des totalen Staates. Vgl. unten III. 9. c).
[465] J. SEMMEL, S. 288.

gerade deshalb oft auf die tiefen Wesensunterschiede hinweisen«[466]. So beruhe die Macht der Kirche nach Schmitt gerade nicht auf ökonomischen oder militärischen Machtmitteln, sondern auf der Repräsentation Christi. Insgesamt beharrt Semmel, Karl Neundörfer vergleichbar, auf dem Rechtscharakter der Kirche: »Die Kirche ist Liebeskirche ohnegleichen und Rechtskirche ohnegleichen. Wenn schon nach des Aristoteles Worten, auf die Thomas gerne hinweist, ›die Gerechtigkeit die vorzüglichste Tugend ist, daß Abendstern und Morgenstern ihr an Glanz nicht gleichkommen‹, wenn Christus selbst das ›ewige Gesetz‹ ist und ›seiner‹ Kirche ein Recht gab für alle Menschenseelen, zu binden und zu lösen mit Wirkung bis in den Himmel, ein Recht, das irdisches Recht schützt und stärkt, aber nicht antastet, so wollen wir mutvoll der Kirche der Liebe auch den Ruhmestitel einer Kirche des Rechtes schenken«[467].

Wie bereits Werner Becker stellt somit auch Jakob Semmel Carl Schmitt indirekt in die katholische aristotelisch-thomistische Tradition, in der die Einheit von Recht und Ordnung in der Verbindung von Irdischem und Himmlischem eine zentrale philosophische Kategorie darstellt. Mit diesem Maß konnte Ernst Michels Kirchenverständnis rasch als »protestantisch« vermessen werden; ein Vorwurf, der bei Semmel allerdings nur zwischen den Zeilen formuliert wird.

Jakob Semmels Stellungnahme zu »Römischer Katholizismus und politische Form« im Rahmen der Auseinandersetzung mit »Politik aus dem Glauben« ist ein gutes Beispiel für die Rolle, die Schmitts Katholizismusverständnis in den 20er Jahren vielfach zukam: Schmitt galt als der Antipode des als mehr oder weniger liberal oder / und protestantisch verketzerten Michel. Wer gegen Michel argumentierte oder polemisierte, nahm nur zu bereitwillig den von diesem angegriffenen Carl Schmitt in Schutz oder griff sogar auf seine Konzeption zurück. Natürlich funktionierte das Spiel auch mit umgedrehten Rollen: Wer sich für Michels Ekklesiologie stark machte, mußte fast zwangsläufig Schmitts Ordnungskatholizismus als unkatholische Überzeichnung attackieren.

Im Gegensatz zu Semmel stellt sich Heinrich Getzeny 1927 in einem »Schildgenossen«-Aufsatz ganz auf die Seite Ernst Michels. Getzeny kam aus der katholischen Jugendbewegung und war langjähriger Sekretär des Mönchengladbacher Volksvereins in Württemberg. Vor allem seine Herkunft aus der Jugendbewegung erklärt seine Parteinahme für Michel.

---
[466] EBD., S. 288.
[467] EBD., S. 289.

3. Rechtskirche statt Liebeskirche

Dem Katholizismus, so Getzeny, fehle »mehr und mehr das unbeirrbare Taktgefühl für das Ureigene, für das wurzelecht Katholische«[468]. Die innere Unsicherheit sei vor allem spürbar, seit nach dem Krieg der Katholizismus als kulturelle Erscheinung in Mode gekommen sei: »Wie mancher wurde da als einer der Unsrigen akklamiert, der den Katholizismus nicht als Glaubenswirklichkeit, sondern kunsthistorisch, oder ästhetisch oder soziologisch, oder als ein ›Gehäuse‹ entdeckt hatte, in dem man in der ringsum zusammenbrechenden Welt Unterschlupf suchen konnte. Besonders verhängnisvoll erscheint mir heute jene Betrachtung des Katholizismus zu sein, die ihn in erster Linie als *soziale* und *politische Formkraft* wertet«.

Für Getzeny ist es »ein Zeichen für diesen mangelhaften Spürsinn, wenn ein Buch wie Carl Schmitts ›Römischer Katholizismus und politische Form‹ vom katholischen Akademikerverband in seine Sammlung ›Der Katholische Gedanke‹ (!) aufgenommen« werde. Wer wie Schmitt im Staatlich-Juridischen das Lebensprinzip der Kirche sehe, verschiebe »vollkommen die Wesensordnung der Kirche«. Getzeny macht sich damit den zentralen Kritikpunkt Michels an Schmitt zueigen. Er bezieht auch Hefeles Katholizismus-Verständnis in seine Ablehnung ein: »Vom *Evangelium* spürt man in diesem Buch auch nicht einen Hauch. Selbst bei den Schriften von Hermann Hefele, die sich mit dem Katholizismus befassen, wird man manchmal das peinliche Gefühl nicht los, daß hier die Kirche als Mysterium, [...] als Werk des wehenden, immer neu schaffenden Pneuma Gottes ferne bleibt, daß hier die Kirche von außen her geschätzt wird als formbildende Kraft und als geformtes Gebilde, als das *absolute Prinzip der Form*, ja als Prinzip des Absoluten überhaupt, was auf ein Verharren im *Philosophischen* hindeutet«[469].

Michel habe die »Notwendigkeit der rechtlichen Ausformung der Kirche« nicht geleugnet und die heilsgeschichtliche Bedeutung ihres »Rechtspanzers« als Schutzmittel anerkannt. Getzeny ist sogar der Auffassung, daß in dem kirchlichen Zentralismus seit dem Tridentinum und vor allem dem Vaticanum das Walten des Heiligen Geistes insofern erkannt werden müsse, als in »dieser Zeit allgemeiner moralischer und geistiger Knochenerweichung, allgemeiner relativistischer Verwischung und Verflachung« die Wahrheit Christi nur von einer solchen Kirche gewahrt werden könne, »die, wenn es nötig ist, dieser Zeit auch die Zähne zu weisen vermag«. Damit sind die Zugeständnisse zugunsten einer straffen, ju-

---

[468] H. GETZENY, Katholizismus, S. 341; folgende Zitate EBD.
[469] EBD., S. 342; folgende Zitate EBD.

ristischen Organisation der Kirche jedoch zu Ende: Kein »größeres Verhängnis könnte die Kirche treffen, als wenn diese äußern Formen der rechtlichen Organisation, der Repräsentation, aus der Rolle des dienenden Mittels zum Selbstzweck werden würden, wenn man in der Ausbildung eines möglichst reibungslos laufenden Verwaltungsapparates die wichtigste kirchliche Aufgabe der Gegenwart erblicken würde: ›*Religio depopulata*‹, entvolkte Religion, wäre das Ende. Die äußerste Konsequenz aber dieser Überbewertung des Äußeren, Organisatorischen, Repräsentativen an der Kirche ist jener Katholizismus, der in dem bekannten Worte ›*Je suis catholique, mais je suis athéiste*‹, seine einprägsamste Formulierung gefunden hat. Darum schädigen die Kirche mehr als alle Freidenker jene Intellektuellen, jene Form- und Staatsromantiker, die heutzutage die größte Gefahr für die Kirche darstellen, die man sich denken kann, indem sie den Massen die Kirche als ein straff organisiertes Machtsystem oder als ein raffiniert ausgedachtes Formenspiel vor Augen stellen und ihnen so den Weg verbauen, die Kirche als Trägerin und Bringerin des Heils und der Gnade, als Mittlerin der Erlösung zu erkennen«[470].

Es ist unverkennbar, daß sich Getzeny bis in die Wortwohl hinein den Lehren Eugen Rosenstocks und Ernst Michels verpflichtet weiß. Im Vergleich zu Michel fügt er der Kritik an Schmitt keine wesentlich neuen Argumente hinzu. Aber er verschärft diese Kritik und versieht sie mit polemischen Zügen. War für Michel Schmitts Kirchenverständnis materiell unzutreffend, so sieht Getzeny kirchenpolitisch darin höchste Gefahr. Ja er bringt Schmitt indirekt sogar mit dem Atheisten Charles Maurras, dem Begründer der Action Française, in Verbindung, dem das Zitat »Je suis catholique, mais je suis athée« zugeschrieben wurde. Nach der kirchlichen Verurteilung der Action Française war damit auch der Stab über Carl Schmitts Katholizität gebrochen.[471] Insgesamt war der Beitrag Getzenys in den 20er Jahren die im Ton radikalste Absage, die sich Schmitt aus dem katholischen Lager eingehandelt hat.

Eine mittelbare Auseinandersetzung mit Schmitts »Römischer Katholizismus und politische Form«, die aufgrund der Beschreibung der Erfolge oder Wirkungen dieser Schrift sehr aufschlußreich ist, liefert 1927 der Kölner Studentenpfarrer Robert Grosche (1888 – 1967) in seinem Aufsatz »Der katholische Student und die Kirche«[472]. Grosche unterscheidet dar-

---

[470] EBD., S. 342 f. (Statt »athéiste« müßte es richtig »athée« heißen).
[471] Vgl. dazu unten III. 3. g) Charles Maurras und die Action Française.
[472] R. Grosche wirkte seit 1920 in Köln als der bekannteste deutsche Studentenseelsorger in der Weimarer Republik. Seit 1930 war er Pfarrer und ab 1943 Stadtdechant in Köln. Er gehörte zu den Vätern der ökumenischen Bewegung und 1932 zu den Mitbegründern der

3. Rechtskirche statt Liebeskirche

in vier Gruppen von Studenten. Der erste Typ sei der »des Minderwertigkeitsgefühls«[473]. Er sei bei weitem nicht mehr so bedeutsam wie in der Zeit der Inferioritätsdebatten.

Als zweiten und wichtigeren Typ stellt Grosche den »des katholischen Selbstgefühls« vor, der die Kirche ebenso wie der erste wesentlich als Kulturmacht sehe, im Gegensatz zu jenem aber unter positiven Vorzeichen: »Er weiß, daß der Katholizismus heute wieder hoch im Kurs steht. [...] Er spricht nach berühmten Mustern davon, daß wieder ein katholischer Zug durch die Welt geht; [...] Dieser Katholik macht die Fronleichnamsprozession mit; denn die Beteiligung daran ist ›Ehrensache‹: es gilt dabei, den Katholizismus zu bekennen. Das ist die Grundformel für seine Stellung zur Kirche. Er redet bezeichnenderweise nicht von der Kirche, sondern vom ›Katholizismus‹, d.h. nicht von einer konkreten Wirklichkeit, sondern von einer abstrakten Idee; oder man redet von der Kirche als politisch-institutioneller Einrichtung. Und er ›glaubt‹ nicht (wenigstens ist dies nicht seine wesentliche Haltung), sondern er ›bekennt‹. [...] Die Kirche wird eine Art von religiösem Vaterland«[474]. Für Grosche ist es erschütternd, daß man hier »gar nicht merkt, wie wenig diese Haltung an *das Religiöse* heranreicht, wie sehr sie im bloß Politischen und Kulturellen befangen bleibt«[475]. Die Kirche werde hier nur »als Idee, Kulturmacht, als sachlich-dingliche Größe, als hütende und schützende Autorität, als politische Institution, als ›Reich von dieser Welt‹, nicht als sakramentale Gemeinschaft, als *corpus Christi mysticum*« erlebt. Vertreten sieht Grosche diese Kultur-Katholiken vor allem in den Studentenverbindungen, da diese am stärksten durch die Tradition des Kulturkampfes geprägt seien.

Der dritte Typus, der sich von den beiden ersten scharf abhebe, spreche dagegen nicht vom Katholizismus, sondern von Kirche. Er frage nicht »nach ihrer Bedeutung vor der Welt und in der Welt, sondern er fragt nach ihr selbst, nach ihrem ›Sinn‹«. Soziologisch repräsentiert werde er durch die katholische Jugendbewegung und »*die gesamte von einem neuen Lebensgefühl bewegten Generation der Wende*«: »Die Kirche, die die-

---

Zeitschrift CATHOLICA. Außerdem engagierte er sich für den Kreis um die RHEIN-MAINISCHE VOLKSZEITUNG. Seine Aufsätze in dieser Zeitung erschienen allerdings unter einem Pseudonym. Nach 1933 zählte R. Grosche – wie C. Schmitt – zum sog. Siedlinghäuser Kreis um den Landarzt Dr. F. Schranz (vgl. zur Biographie H. BLANKENBERG, S. 113; B. LÖWITSCH, S. 36; F. MUCKERMANN, Epochen, S. 346; vgl. zum Verhältnis C. Schmitts zu R. Grosche auch A. KOENEN, S. 294, Fn. 114). Zu R. Grosches Theologie und Theorien vgl. unten III. 6. e), III. 9. c) und IV. 4. b).
[473] R. GROSCHE, Student, S. 67.
[474] EBD., S. 67.
[475] EBD., S. 68; folgende Zitate EBD.

ser Typus ersehnt und träumt – sein Ideal ist die Urkirche –, trägt unverkennbar mehr paulinische und vor allem johanneische als petrinische Züge. Gerade mit dem spezifisch Römischen an der Kirche werden diese Menschen, die aus ihrer Besinnung auf das wesentlich Religiöse heraus oft viel stärker in der unsichtbaren Kirche als in der sichtbaren leben, am allerschwersten fertig. [...] Die hierarchische Institution der Kirche gilt als Verrat an ihrem Geist, [...] die Kirche in ihrer irdischen Gestalt, [...] in der Überspitzung des Juridischen, in ihrer Bürokratisierung kann zu einem Ärgernis werden, das man nur schwer verwindet«[476].

Als vierten Typus beschreibt Grosche den des reinen, bewußten und im Grunde unreligiösen Kulturkatholiken, der die Kirche nur als Ordnungsmacht bejahe. Er komme vor allem bei den vaterländischen Verbänden und bei Vertretern katholischer Korporationen vor: »In seiner extremsten Form kann er prononciert sagen: *Je suis athéiste, mais je suis catholique.* Die Kirche, die er bejaht, ist im Grunde die Kirche des Großinquisitors, die Kirche ist für ihn die einzige repräsentative und aristokratische Macht, die sich den nivellierenden Tendenzen des neuzeitlichen Ökonomismus und Sozialismus entgegenzuwerfen die Kraft hat. Sie erscheint als die einzige Retterin vor dem Chaos des östlichen Bolschewismus. Darum bejaht er die Kirche als ›Gesetz und Form‹, und zwar nur als Gesetz und Form, als Disziplin, als Autorität, als Ordnung. Die politische Reaktion in den katholischen Ländern, aber auch bei uns, hat sich dieses Katholizismus, dem sie sich innerlich wahlverwandt fühlt, als eines geeigneten und wirksamen Mittels bemächtigt. Mussolini und die *Action Française* sind seine sichtbarsten Exponenten. Aber auch bei uns hat er in feinerer Form seine Vertreter, denen die Kirche wesentlich politische Form, politische Sozietät ist«[477].

Es ist unverkennbar, daß Grosche den Kulturkatholizismus auf der Folie von »Römischer Katholizismus und politische Form« zeichnet und indirekt damit auch diese Schrift in Frage stellt. Der Name Carl Schmitt fällt in dem Aufsatz Grosches nicht, obwohl er – neben Herman Hefele – als These für den zweiten und vierten und als Antithese für den dritten Typus das theoretische Gerüst abgibt. Grosche läßt auch offen, ob er Schmitt selbst bzw. dessen Katholizismus-Buch eher unter den Typus des unbewußten oder des bewußten Kulturkatholiken subsumiert. Letztlich spricht er ohnehin beiden echte Katholizität ab, wobei sich der vierte Typus noch den Vorwurf des verantwortungslosen politischen Mißbrauchs

---

[476] Ebd., S. 69.
[477] Ebd., S. 70.

3. Rechtskirche statt Liebeskirche

religiöser Formen gefallen lassen muß. Jedenfalls zeigte Grosche in einem eindrucksvollen Szenarium auf, mit welchem politischen Lager »Römischer Katholizismus und politische Form« in Verbindung gebracht werden konnte. Er arbeitete mit nahezu prophetischer Gabe die Gefahrenpotentiale heraus, die in diesem Essay verborgen lagen.

Daß die von Carl Schmitt aufgeworfene Problematik des Verhältnisses von römischem Katholizismus und politischer Form noch Anfang der 30er Jahre sehr aktuell war, zeigt der Jesuit Friedrich Muckermann[478] in seinem Aufsatz »Diktatur und Christentum«, in dem er der – nicht zuletzt durch die Schriften Schmitts – aufgeworfenen »Frage der Stunde«[479] nachgeht, »ob man sich als Christ und als Katholik vernünftigerweise heute für die Errichtung einer Diktatur erklären könne«[480]. Bei der allgemeinen Verhältnisbestimmung von Kirche und Staat geht er auch auf das von Schmitt angerissene Problem des politischen Vorbildcharakters der katholischen Kirche ein.

Grundsätzlich wehrt Muckermann die Meinung ab, »als lasse sich die soziologische Form der Kirche als einer rechtlich geordneten Gesellschaft ohne weiteres auf den Staat übertragen«[481]. Die Kirche gehöre der übernatürlichen, der Staat der natürlichen Ordnung an. Beide folgten ihren eigenen Gesetzen, weshalb die Eigenarten des einen nicht ohne weiteres auf den anderen Bereich übertragen werden dürften. Im Gegensatz zum Staat sei die Verfassung der Kirche bis in die Einzelheiten von ihrem Stifter festgelegt[482]. So müsse der Staat nicht einen Kaiser haben, nur weil es in der Kirche einen Papst gebe[483]. Und es sei auch nicht notwendig, daß in einer Monarchie selbst dem einfachsten Hirtenkinde die Möglichkeit winke, einmal selber den höchsten Thron zu besteigen[484].

Diese grundsätzliche Verschiedenheiten hindert nach Muckermann die katholische Kirche freilich nicht daran, daß sie »der anderen vollkommenen Gesellschaft, des Staates, in wesentlichen Dingen ein Vorbild sein

---

[478] Zu F. Muckermann siehe H. GRUBER, Mainz 1993.
[479] F. MUCKERMANN, Diktatur, S. 72.
[480] EBD., S. 77. F. Muckermann plädiert für die Beibehaltung der Demokratie aus Vernunftgründen, fordert jedoch, Europa müsse »die Kirchenpolitik der Periode des aufklärerischen Liberalismus liquidieren« (EBD., S. 80). Da die Demokratie von der Tugend ihrer Bürger abhänge, müsse man jedoch »von den Demokraten verlangen, daß sie jene Mächte wieder anerkennen, die berufen sind, mit der Religion auch die Tugend zu pflegen« (EBD., S. 79).
[481] EBD., S. 68.
[482] EBD., S. 68.
[483] Genau in dieser Analogie dachte jedoch R. Grosche 1933; vgl. unten III. 6. e).
[484] F. Muckermann bezieht sich dabei auf ein Bild von Dupanloup, das C. SCHMITT, Katholizismus, S. 15, bekannt gemacht hatte.

kann«[485]. Schließlich würden alle Notwendigkeiten einer geordneten Gemeinschaft in der Kirche »nicht nur der Lehre nach verkündet, sondern der Form nach ständig dargestellt«[486]. Daraus zieht Muckermann die Konsequenz: »Sollte darum auch auf Erden einmal alles rettungslos der Zersetzung und dem gesellschaftlichen Untergang anheimfallen, man könnte aus der Kirche, die ja auch dann noch bestünde, wie sie in der Völkerwanderung bestanden hat, die Gesetze ableiten und geradezu absehen, die für jedes Gemeinschaftsleben maßgebend sind«[487].

Mit dieser Positionsbestimmung stellt sich Muckermann zwischen Carl Schmitt und Ernst Michel, ohne jedoch auf deren Auseinandersetzung auch nur mit einem Wort direkt einzugehen. Betont er mit Michel die grundsätzliche Verschiedenheit von Kirche und Staat, so sieht er mit Schmitt zumindest die praktische Möglichkeit der kirchlichen Vorbildfunktion in Zeiten des gesellschaftlichen Zerfalls. Allerdings läßt Muckermann die Frage offen, ob die politisch-gesellschaftliche Situation um 1930 eine solche ist, die den rettenden Blick auf die politische Form der katholischen Kirche notwendig macht. Die Ausführungen Muckermanns zeigen jedenfalls bis in die Terminologie hinein, wie sehr die Gedanken Schmitts in »Römischer Katholizismus und politische Form« die katholischen Sozialethiker über viele Jahre beschäftigten und in ihren Bann schlugen.

Ignaz Zangerle wendet sich 1933 auf dem Hintergrund der ersten Erfahrungen mit dem totalitären NS-Staat entschieden gegen die auf dem Boden der Reichstheologie vorgetragenen »ideologischen Versuche geistig führender Katholiken, eine tiefere, eine religiöse Beziehung zwischen der Kirche und diesem Staate herzustellen«[488]. Es gebe Katholiken, »die unter den Stichworten: Autorität, Ordnung, Tradition gewisse Analogien zwischen diesem Staat und der hierarchisch aufgebauten Kirche aufzuweisen sich bemühen, indem sie unerlaubterweise religiöse Begriffe ins Politische übertragen und umgekehrt«[489]. Zangerle dürfte bei dieser Feststellung auch an die politische Theologie des Schmitt-Schülers Günther Krauss gedacht haben.[490]

Den Erfolg des Nationalsozialismus kann sich Zangerle nur so erklären, daß er »von säkularisierten religiösen Energien getrieben wird«[491].

---

[485] F. MUCKERMANN, Diktatur, S. 69.
[486] EBD., S. 69.
[487] EBD., S. 70.
[488] I. ZANGERLE, S. 77.
[489] EBD., S. 69.
[490] Vgl. unten III. 9. f) Die politische Theologie von Günther Krauss.
[491] I. ZANGERLE, S. 71.

3. Rechtskirche statt Liebeskirche 143

Dabei sieht er die Bereitschaft, den Staat mit einer christlichen Sendung auszustatten, im Anschluß an Luthers Staatslehre an sich lediglich im Protestantismus. Die deutschen Katholiken hätten es sich aufgrund der Notwendigkeit, gerade gegenüber dem Protestantismus die Eigenständigkeit des Religiösen zu behaupten, gar nicht leisten können, das »Staatlich-Organisatorische, Juristisch-Formale oder gar das spezifisch Romanische als Prinzip des Katholizismus zu abstrahieren, um es ohne weiteres zum Aufbau eines antiliberalen, neukonservativen, scheinkatholischen Staatssystems zu verwenden«[492]. Eine solche Gefahr der Säkularisierung habe es nur in romanischen Ländern gegeben. Eine Einschränkung muß Zangerle freilich machen: »Und doch hat ein deutscher Katholik, der Staatsrechtler *Carl Schmitt*, in seiner kleinen Schrift ›Römischer Katholizismus und politische Form‹, deren Diktion noch die unheimliche Starrheit eines seltsam kalten Intellekts spiegelt, eine Theorie entwickelt, die wie gebannt auf das Staatlich-Juristische an der Kirche starrt und damit an der übernatürlichen Wirklichkeit des Corpus Christi mysticum vorbeisieht, eine Theorie, der die konkrete Kirche zu einer gewiß großartig gesehenen innerweltlichen complexio oppositorum wird und damit unter der Hand zu einem abstrakten Prinzip, zum ›Katholizismus‹ schlechthin, – eine Theorie schließlich, die der Rettung der zusammenbrechenden europäischen Staatenordnung vor dem drohenden Chaos der Wirtschaft und Gesellschaft dienen soll, indem dem Staat empfohlen wird, dieses vermeintliche Baugesetz der Kirche analogisch zu verwenden«[493].

Zangerle hält die Staatslehre Schmitts für »eine einzige Säkularisierung katholischen Gedankenguts«[494]. Er stellt sich uneingeschränkt hinter Ernst Michels »Politik aus dem Glauben«, ein Buch, das für ihn »das genaue Gegenteil zur gesamten Staatsideologie eines Carl Schmitt« ist[495]. Michel formuliere einen »Evangelismus, der die bisher reinste Selbstverwirklichung der Kirche« darstelle und das »verborgene Wahre im Protestantismus« nach- und heimhole[496]. Mit Michel ist Zangerle der Meinung, daß die Mission der Kirche, die neben der Aufgabe der Heiligung des einzelnen Menschen hinzutrete, diejenige sei, »sich in ihren Gliedern für die Gewinnung einer Volksordnung ›auf Hoffnung hin‹ durch eine neue europäische Arbeitsordnung in die atomisierte Gesellschaft hineinzuopfern«[497]. Und be-

---

[492] Ebd., S. 51.
[493] Ebd., S. 52.
[494] Ebd., S. 53.
[495] Ebd., S. 52.
[496] Ebd., S. 53.
[497] Ebd., S. 72.

zogen auf die Situation der Kirche im Jahre 1933 stellt er fest: »Vielleicht müssen es gerade Laien und unter diesen wieder entschiedene ›Einzelne‹ sein, die mit dem Mute und der Ausschließlichkeit, die in einer Zeit notwendig sind, da das Christsein wieder gefährlich wird, die Sache der Kirche vertreten«[498].

Ignaz Zangerle hatte es aus der Sicht des Jahres 1933 sicherlich einfacher als viele Kritiker Mitte der 20er Jahre, die in »Römischer Katholizismus und politische Form« enthaltenen Gefahrenpotentiale für eine politische Theologie aufzuzeigen, die auf verhängnisvolle politische Abwege geriet. Dem ganzen Duktus seiner Ausführungen nach ließ Zangerle keinen Zweifel daran, daß er in Schmitt einen der Väter jener »After-Theologie, die durch die Weihe, mit der sie das Bestehende umgibt, nur zu einer weiteren Verweltlichung des Christlichen selber führt«[499], sah.

f) Hermann Ports parteipolitische Operationalisierung

Der Berliner Journalist Hermann Port war in den 20er Jahren der einzige katholische Intellektuelle, der Schmitts vor allem in »Römischer Katholizismus und politische Form« vorgetragene politische Theologie für die seit Beginn der Weimarer Republik geführte Diskussion über Aufgaben, Zielsetzung und Charakter der Zentrumspartei fruchtbar zu machen versuchte.

Wie sehr sich Port mit Schmitts Katholizismus-Essay identifiziert, zeigt seine 1925 im Lichte dieser Schrift in den »Gelben Heften«, der Nachfolgezeitschrift der rechtsgerichteten »Historisch-politischen Blätter«, angestellte Betrachtung über die religiösen Grundlagen der Politik und der Wirtschaft. In diesem Beitrag will Port lediglich »einiges Gemeinverständliche zur Einführung«[500] in dieses Werk sagen, es mit anderen Worten also popularisieren[501]. Zentral ist für ihn, daß der Katholizismus mit Gott »*den Schlüsselpunkt aller politischen Ideale*«[502] in sich trage. Es gebe keinen Idealismus ohne den Gottesglauben und keine »gesunde Politik ohne den granitenen Fels der Religion«. Darin liege zugleich »das Geheimnis für die politische Macht des Katholizismus«. Eine Gesellschaft, in der nicht »das Höhere das Niedere, die Religion die Politik und die Politik die Wirtschaft« in Zucht nehme, treibe dem Selbstmord entgegen. Für Port ist die politische Krise im Grunde eine religiöse. Heil sei nur von

---

[498] EBD., S. 80.
[499] EBD., S. 78.
[500] H. PORT, Katholizismus, S. 451, Anm.
[501] Vgl. zu dieser Methode auch H. PORT, Rheinlande, S. 113 f.
[502] EBD., S. 454; folgende Zitate EBD.

3. Rechtskirche statt Liebeskirche

der Kirche zu erwarten: »In der Gesinnung der Menschen liegt die Wurzel aller Übel, aber auch alles Guten. Hier ergreift uns der Idealismus der Politik und über ihr die noch höhere Majestät der Religion. Sichtbare Verkörperung gewinnt diese in der Person Christi. Die Kirche: das ist der siegende Christus«[503]. Port zeigt bereits mit diesen integralistischen Ausführungen, daß er die Grundüberzeugungen Schmitts nicht nur teilt, sondern mit fundamentalistischem Eifer noch zu verstärken versteht.

In seinem »Hochland«-Aufsatz »Zweiparteiensystem und Zentrum« führt Port 1925 die Krise des Zentrums auf die Eigenarten des parlamentarischen Systems zurück. Dieses erfordere zur Aufrechterhaltung seiner Funktionsfähigkeit eine regierende Mehrheit und eine oppositionelle Minderheit, praktisch eine Linke und eine Rechte. Das Zentrum als »Partei der Mitte« widerspreche dem Lebensgesetz der Parlamentsdemokratie. Es stehe ohnehin »mit einem völlig anderen, nämlich kulturpolitischen Ziel« den Parteien der Profanpolitik gegenüber[504].

Das parlamentarische System ist für Port »der staatspolitische Niederschlag des liberalen Geistes«, der letztlich den Ideen der Französischen Revolution entstamme. Diese hätten zunächst die kirchliche und dann auch die staatliche Autorität erschüttert und jede normative Moral und damit die Stabilität aus der Politik verbannt. Im Hintergrund des Gedankens vom freien Spiel der Kräfte stehe geistig der Pantheismus, der »die Qualität zur Quantität und den Staat zu einem Automaten degradieren will, in dem nur die Zahlen herrschen« und der den Herrgott leugne. Er stehe im Widerspruch zur christlichen Staatslehre, die einen sichtbaren Träger der Autorität fordere, hinter dem Gott stehe[505]. Im Widerspruch des Zentrums gegen das Zweiparteienparlament komme also ein tiefer geistesgeschichtlicher Gegensatz zum Durchbruch. In dieser Situation sieht Port für das Zentrum eine große Aufgabe: »Nach dem Sturz der traditionellen Gewalten steht der Katholizismus als der Hort des theistischen Denkens in Parteiform einem vollkommen liberalisierten Staat gegenüber. Aus solcher Ausnahmestellung erwächst ihm die Rolle des *großen Gegenspielers gegen das Zweiparteien-Parlament*. [...] Es ist berufen, unserer in der Labilität von Parlamentsregierungen schwankenden Staatspolitik festen Kurs zu geben und Faktor jener Stabilität und Kontinuität zu sein, die zur Staatshoheit gehören und die der Parlamentarismus aus sich nicht schafft. [...] Eine Zentrumspartei, die sich selber in die Zwei-Parteien-Ma-

---

[503] EBD., S. 455 f.
[504] H. PORT, Zweiparteiensystem, S. 371; folgende Zitate EBD.
[505] EBD., S. 372.

schine saugen ließe, betrüge sich um ihr eigenstes Wesen und hätte im Getriebe eines liberalen Staates keinen Sinn mehr. Das Zentrum, welches Sinn hat, *weil* es dem Zwei-Parteien-System widerspricht, möge das stolze Wort der ›splendid isolation‹ auf den Schild heben«[506].

Port geht noch einen Schritt weiter und fordert das Zentrum auf, »zum *ersten Gegner des überspannten Parlamentarismus überhaupt*«[507] zu werden. Der politische Liberalismus habe seine Funktion erfüllt. Es gebe »immer weniger Leute, die noch an die ›Harmonie‹ der freien Diskussion und den praktischen Wert öffentlicher Parlamentstagungen glauben. Aus den Niederungen der ewigen Wahlen und Regierungskrisen müssen wir heraus«. Port will die Demokratie nicht aufgeben, aber im Lichte der christlichen Philosophie müsse sie auch aristokratische und monarchische Elemente in sich einschließen. Es gehe darum, »die mechanische Demokratie zur organischen zu entwickeln«. Und da hat Port die Konzeption Schmitts vor Augen: »Im Ringen um die Staatsform der Zukunft möge der Katholizismus – nicht nur in der Politik der große Gegenspieler des Liberalismus – die Führung übernehmen. In Anlehnung an die *societas perfecta* seiner sichtbaren Kirche möge er aus dem Ghetto der ›kleinen‹, katholischen Volksgemeinschaft heraus mit Mut, Entschlossenheit und Zuversicht das schaffen, was wir schaffen *müssen*: die große deutsche Volksgemeinschaft im deutschen Volksstaat«[508].

Rückblickend stellt Port eine Wandlung des Zentrums von der ehemals kirchlichen Oppositionspartei gegen die Staatsallmacht zum Hort der Staatsgewalt fest. Vor die kulturpolitische Aufgabe habe sich eine eminent staatspolitische gedrängt. Nicht ein Diktator oder der Reichspräsident, sondern das Zentrum habe die Funktion der gestürzten Monarchie, der vorherigen Gegenspielerin des Parlaments, übernommen. Was das Zentrum zu dieser Rolle befähige, sei seine Verwurzelung im Religiösen. Durch sie rage es über die »profan-politischen Gegenströmungen« hinaus. »Es erfaßt die Gegensätze in sich selbst zusammen und führt sie zu einer Grundhaltung mittlerer Linie«[509].

In einem grandiosen Finale unterstreicht Port die staatsrettende Funktion des Katholizismus: »Weil der Staat auch objektive Hoheit ist, setzt er hierarchisches Denken voraus, und weil alle Politik beim Staate beginnt, bedarf sie wesensmäßig des – bewußten oder unbewußten – Hintergrundes einer hierarchischen Metaphysik. Hinter den Thronen stehen die Al-

---

[506] EBD., S. 373 f.
[507] EBD., S. 374; folgende Zitate EBD.
[508] EBD., S. 375.
[509] EBD., S. 376.

3. Rechtskirche statt Liebeskirche

täre, und als jene in der Übermacht der fremden Waffen zusammenbrachen, da blieben die Altäre stehen und wurden in der Bresche der gestürzten Dynastien ein unsichtbarer Rückhalt neuerrichteter Staatsordnung. [...] Die Throne vergehen, die Altäre bleiben, und hier liegt der Schlüssel zu jener staatsbildenden Sendung des deutschen Katholizismus, die eben erst begonnen hat. Da harren geistige Kräfte für die Gesundung entarteter Politik der Erschließung, von denen das heidnische Europa keine blasse Ahnung hat. Erfassen wir den Sinn der gegenwärtigen Krise, so wird Deutschlands katholische Kirche sich in Zeiten nationaler Not nicht nur als Schutzwehr gegen Umsturz und als Sammelpunkt sozialer Versöhnung, sondern auch als eine Quelle staatlicher Wiedergeburt und neuer politischer Größe erwiesen haben«[510].

Ports dunkler Rat an das Zentrum, das stolze Wort der »splendid isolation« auf den Schild zu heben und eine »Partei über den Parteien« zu sein, war die Aufforderung, sich aus dem parteipolitischen Tagesgeschäft zurückzuziehen und sich auf die Rolle eines politischen Moderators zu beschränken. Wie sich die praktische Politik unter dieser Vorgabe gestalten soll, blieb jedoch völlig offen.

Primär war Ports Aufsatz gegen den republikanischen Flügel des Zentrums gerichtet, wo man genau die entgegengesetzte Entwicklung des Zentrums von einer zeitlich überholten, die Rechte der Kirche gegen einen kulturkämpferischen Staat verteidigenden und politisch weitgehend konturenlosen Weltanschauungspartei zu einer sich im politischen Tagesgeschäft stärker exponierenden parlamentarischen Partei forderte.[511] Tatsächlich gelang es Port auch, mit seinem Beitrag großes Aufsehen zu erregen und eine neue, lebhafte Diskussionsrunde im Streit um den Charakter der Zentrumspartei auszulösen. Von republikanischer Seite wurden Port zwar »originelle und reizvolle« Gedanken bestätigt[512], seine Vorstellungen jedoch erwartungsgemäß entschieden abgelehnt. Die metaphysische Überhöhung der Partei sei ein untauglicher Versuch, die Krise des Zentrums zu lösen[513]. Zustimmung erfuhr Port dagegen von Franz von Papen, dem rechten Flügelmann des Zentrums. Dieser würdigte den Aufsatz als »den bisher wertvollsten Beitrag zur Diskussion über den ›Weg des Zentrums‹« und vertrat ebenfalls die Auffassung, daß der Weg der Partei nicht »auf der Linie der reinen Parlamentsdemokratie« liegen kön-

---

[510] EBD., S. 377.
[511] Vgl. W. DIRKS, Primat; K. NEUNDÖRFER, Basis; K. NEUNDÖFER, Katholizismus.
[512] So R. KÜNZER, »Parlamentarismus und Zweiparteiensystem«, in: GERMANIA, Nr. 356, 2. August 1925, S. 1 f.
[513] KÖLNISCHE ZEITUNG, 16. August 1925, zit. nach J. A. BACH, S. 104, Fn. 4.

ne⁵¹⁴. Der deutsche politische Katholizismus sei dazu berufen, alle Kräfte zu sammeln, die als stabiles, autoritäres Element der Staatspolitik die Festigkeit und Stetigkeit zu geben in der Lage wären, die der Parlamentarismus »aus dem Chaos der sich widerstreitenden Parteien allein nicht zu finden vermag«⁵¹⁵.

Hermann Ports »Hochland«-Aufsatz atmet über weite Strecken den Geist Carl Schmitts. In einer Fußnote wird auch zum »geistes-, ja heilsgeschichtlichen Hintergrund der modernen Staatsumwälzungen« auf Schmitts Schriften »Politische Theologie«, »Die geistesgeschichtliche Lage des heutigen Parlamentarismus« und »Römischer Katholizismus und politische Form« hingewiesen.⁵¹⁶ Ports Absage an den real existierenden Parlamentarismus ist ebenso von diesen Schriften gedeckt wie der Glaube an die staatspolitische Sendung der katholischen Kirche. Ein Unterschied besteht bezüglich der politischen Theologie allenfalls, als Port mit der Inbrunst des Integralisten die Kirche materiell und substantiell als »Quelle staatlicher Wiedergeburt und neuer politischer Größe«⁵¹⁷ präsentiert, während Schmitt aus staatsrechtlicher Perspektive eher formal den politischen Charakter des römischen Katholizismus als idealtypisches Vorbild für die politische Struktur des Staates sieht, Port also mehr aus kirchlicher und Schmitt aus staatlicher Sicht schreibt.

Port plädiert expressis verbis nicht für eine Auflösung des Zentrums, sondern schreibt ihm lediglich eine außerhalb des Parlamentarismus stehende Aufgabe zu. Wenn aber gegen Ende seines Aufsatzes nicht mehr von der staatsbildenden Funktion des Zentrums, sondern nur noch des deutschen Katholizismus die Rede ist, dann spricht vieles dafür, daß Port eine parteipolitische Organisation des deutschen Katholizismus letztlich gar nicht für notwendig erachtet. Dann wäre die Rede vom Zentrum nichts anderes als eine Kurzform für den Katholizismus. In diesem Sinne könnte sich Port auch auf Schmitt berufen, der in seinen Schriften keine katholische Partei voraussetzt und für den der römische Katholizismus als solcher aufgrund seiner Kraft zur Form Vorbild für die im liberalistischen Chaos versinkende Staatenwelt sein kann. Wenn Port für das Zentrum eine »Grundhaltung mittlerer Linie« fordert, dann kann dies aus der Perspektive Schmitts nur für den Katholizismus als solchen gelten, der als repräsentative Kraft die Fähigkeit zur complexio oppositorum hat und insofern über den Dingen steht. Im Bereich des tagespolitischen Ge-

---
⁵¹⁴ Zit. nach EBD., S. 106.
⁵¹⁵ EBD., S. 106.
⁵¹⁶ H. PORT, Zweiparteiensystem, S. 372.
⁵¹⁷ EBD., S. 377.

3. Rechtskirche statt Liebeskirche 149

schäfts, wo politische Entscheidung gefordert ist, hat Schmitt »mittlere Linien« verworfen.[518] Im übrigen war auch der organische Staat, den Port an die Stelle einer mechanischen Demokratie setzen wollte, Schmitts politisches Ideal nicht.[519] Und Ende der 20er und Anfang der 30er Jahre hat Schmitt im Gegensatz zu Port nicht mehr auf den Katholizismus, sondern auf den Reichspräsidenten als Garanten der politischen Einheit gesetzt.

g) Exkurs: Carl Schmitt und der französische Katholizismus

Carl Schmitt war stets an den geistigen und politischen Entwicklungen in Frankreich interessiert. Die Beherrschung der französischen Sprache hat ihm die Lektüre der französischen Literatur und der zeitgenössischen Periodika ermöglicht. Er konnte somit einen unmittelbaren und unverfälschten Zugang zum kulturellen und wissenschaftlichen Schaffen Frankreichs finden.

Frankreich beherbergte seit dem 18. Jahrhundert die Vorhut des europäischen Geistes. Hier lebten und wirkten die Wegbereiter und Denker der Französischen Revolution ebenso wie ihre leidenschaftlichsten Gegner. Mit de Maistre, de Bonald, Tocqueville, Taine, Bourget, Le Bon, Barrès, Drumont, Sorel oder Maurras stellte Frankreich auch das »Waffenarsenal des Kampfes gegen die Demokratie«[520]. Viele dieser Gegenrevolutionäre waren Katholiken und viele beeinflußten maßgeblich das Denken Carl Schmitts.[521]

Die französischen Traditionalisten

Carl Schmitt hat 1922 in seiner »Politischen Theologie« neben Donoso Cortés die beiden französischen Traditionalisten de Bonald und de Maistre als Vorläufer des dezisionistischen Denkens vorgestellt. Abgesehen von dieser methodischen Funktion muß Schmitt ihre Auseinandersetzung mit der Französischen Revolution von 1789 und ihr Versuch, die Notwendigkeit einer konservativen Gegenrevolution theologisch zu begründen, fasziniert haben.

De Maistre und de Bonald stellen ihre Theorien ganz in den Dienst der Restauration des theokratischen Ancien Régime. Die katholische Theologie bildet dabei das theoretische Fundament für die Wiederaufrichtung

---

[518] Vgl. C. Schmitt, Legalität, S. 300.
[519] Vgl. oben III. 2. a), d) und f).
[520] M. Freund, S. 194.
[521] Hier soll nur auf einige der genannten französischen Gegenrevolutionäre eingegangen werden.

der vorrevolutionären Ordnung. Mit ihrer Hilfe soll der Ungeist der demokratischen und aufklärerischen Theorien vertrieben werden. Der Katholizismus gerät dabei in eine durch und durch soziologische Funktion: Er ist der Garant der gesellschaftlichen Stabilität.

In einem Brief an den Wiener Nuntius Severoli kündigte de Maistre 1815 den Plan seines Hauptwerkes »Du Pape« an, das die päpstliche Autorität als wichtigste Voraussetzung für die europäische Restauration darstellen soll: »Si j'etais athée et souverain, Monsigneur, je declarais le pape infaillible par édit public, pour l' établissement et la sûreté de la paix dans mes états«[522]. Die päpstliche Unfehlbarkeit wird so, wie die gesamte Theologie, in den Dienst der Staatsraison gestellt. Die staatliche Autorität erhält ihre Legitimation von der Religion, dem Katholizismus und letztlich vom unfehlbaren Papst, der seine Autorität direkt von Gott ableitet[523]. Die Kirche ist für de Maistre ein politisches Gebilde wie jedes andere auch.[524] Theologische Wahrheiten sind nichts anderes als allgemeine Wahrheiten, lediglich in besonderer Weise geoffenbart. Unfehlbarkeit und Souveränität sind für de Maistre »parfaitement synonymes«[525]. Der theologische Begriff der Unfehlbarkeit wird mit dem Begriffsinhalt der politischen Souveränität aufgefüllt und die Unfehlbarkeit andererseits auf die Notwendigkeit der Aufrechterhaltung der öffentlichen Ordnung reduziert[526].

Diesen Weg der Analogisierung von Staat und Kirche sowie Gesellschaftslehre und Theologie ging auch Louis de Bonald. Die Demokraten sind für ihn »die Atheisten der Politik«[527]. Die Gottesfürchtigen müssen folglich Monarchisten sein. Theismus und Monarchie entsprechen sich in seinem System. Allein sie garantieren ein gedeihliches Zusammenleben der Menschen. De Bonald verficht ohnehin einen grenzenlosen theologischen Pragmatismus: Die Dogmen von der Existenz Gottes, der Unsterblichkeit der Seele und einer letzten Vergeltung des Guten und des Bösen sind für ihn »wahr, weil sie nützlich sind für die Erhaltung der bürgerlichen Gesellschaft«[528].

De Maistre und de Bonald machen mit der Parallelisierung von Theismus und Monarchie sowie Unfehlbarkeit und Souveränität die katholi-

---
[522] Zit. nach H. J. POTTMEYER, S. 62.
[523] Vgl. EBD., S. 62 f.
[524] Vgl. EBD., S. 66.
[525] So zitiert ihn C. SCHMITT, Politische Theologie, S. 71.
[526] Vgl. H. J. POTTMEYER, S. 67.
[527] Zit. nach R. FABER, Verkündigung, S. 144.
[528] EBD., S. 177.

sche Kirche zum Modellfall für den Staat. Die beiden Restaurationsphilosophen, die treffender als theologisierende Staatsideologen zu bezeichnen wären, sind damit politische Theologen bzw. theologisierende Politiker erster Ordnung. Sie berauben die Theologie weitgehend ihrer materiellen Substanz und funktionieren sie zur konservativen Soziologie, zur »Stabilitätswissenschaft«[529] um.

Carl Schmitt hat die Traditionalisten de Maistre und de Bonald in »Römischer Katholizismus und politische Form«, anders als in seiner »Politischen Theologie«, nicht als seine Gewährsleute benannt. Aber ihr Geist schwebt auch über diesem Büchlein. De Maistre, de Bonald und Carl Schmitt treiben politische Theologie, indem sie in ganz ähnlicher Weise der katholischen Kirche nach revolutionären Wirren eine zentrale Aufgabe bei der Wiederaufrichtung des Staatlichen bzw. des Politischen zuschreiben. Alle drei stehen unter dem Verdacht, daß sie einen gesellschaftlichen Ordnungskatholizismus im Auge haben, der auch ohne das Kreuz Christi seine Existenzberechtigung haben könnte. Den von Günther Krauss als Anerkennung formulierten Feststellungen, Carl Schmitt habe von den französischen Theologen der Gegenrevolution »einen mächtigen Auftrieb«[530] erhalten und sei »der Jurist der Gegenrevolution«[531], kann ohne weiteres beigepflichtet werden. Sie erhalten vor dem geschilderten Hintergrund jedoch eine zweifelhafte Note.

Louis Veuillot

Als seinen, wenn auch schon verstorbenen, »Freund«[532] verstand Carl Schmitt den katholischen Journalisten Louis Veuillot (1813 – 1883). Der kämpferische Restaurationskatholik kann als zeitliches Verbindungsglied zwischen den Traditionalisten de Maistre und de Bonald und dem Begründer der Action Française, Charles Maurras, gelten. Maurras übernahm von ihm wesentliche Elemente seines Gedankengebäudes.[533]

Louis Veuillot war als Chefredakteur des einflußreichen, intransigent ultramontanen »L'Univers«[534] ein bedingungsloser Verfechter der Allianz von Thron und Altar mit privilegierter Stellung der katholischen Kirche im Staat. Er verdammte in den schärfsten Tönen die modernen Freiheiten und versuchte, die liberalen Errungenschaften der Lächerlichkeit preiszu-

---

[529] Vgl. EBD., S. 177.
[530] EBD., S. 84.
[531] G. KRAUSS, Erinnerungen, Teil 4, S. 84.
[532] Vgl. A. SCHÜTT-HENNINGS, S. 196.
[533] Vgl. E. NOLTE, S. 554.
[534] Vgl. L. PFLEGER, Sp. 759.

geben[535]. 1852 schrieb er im »L'Univers«: »Man hat gesagt, daß das parlamentarische System auf einem häretischen Prinzip beruht. Auch wenn wir jede Übertreibung zu vermeiden wünschen, glauben wir, daß damit noch nicht genug gesagt ist«[536]. Karl den Großen lobte Veuillot dafür, daß er die sich gegen die Taufe sträubenden Sachsen töten ließ.[537] Für solchen Fanatismus stand der spanische Ultrakonservative Donoso Cortés Pate, den Veuillot innig verehrte und dessen Reden und Schriften er 1862 in einem Sammelband herausgab und damit der breiten Öffentlichkeit in Frankreich zugänglich machte.[538] Innerkirchlich kämpfte Veuillot vor und während des Ersten Vatikanischen Konzils für eine weite Ausdehnung des päpstlichen Unfehlbarkeitsdogmas auf weltliche Angelegenheiten.[539] Berühmt-berüchtigt wurde sein an die Liberalen gerichteter Satz: »Nous vous demandons la liberté au nom de vos principes; nous vous la nions au nom des nôtres«[540].

Carl Schmitt zitiert diesen Satz in »Römischer Katholizismus und politische Form«, ohne Veuillot als Autor zu benennen.[541] Er betont hier außerdem mit dezisionistischem Akzent, daß bei Donoso Cortés sowie den Franzosen Léon Bloy und Louis Veuillot die Erwartung des jüngsten Gerichts noch lebendig sei[542]. Insgesamt ist der Geist seines »Freundes« Veuillot in Schmitts Werk deutlich spürbar.

Georges Sorel

In den Theorien Carl Schmitts lassen sich zahlreiche Parallelen zum Gedankengut *Georges Sorels* (1847 – 1922), des Hauptvertreters des »revolutionären Konservatismus«[543] in Frankreich, feststellen. Sorel sah nach dem Zusammenbruch von abendländischer Form und Gestalt in der Französischen Revolution und dem Sieg des Finanzkapitalismus in der Gegenwart Unordnung und Chaos[544]. Verzweifelt suchte er nach einer Kraft, die das weitere Verfaulen der Gesellschaft, den Zerfall der Sitten und die Auflösung des Rechts verhindern könnte. Hoffnung setzte er dabei auf das Christentum und die katholische Kirche.

---

[535] Vgl. A. GNÄGI, S. 136.
[536] Zit. nach A. GNÄGI, S. 11 f.
[537] Vgl. EBD., S. 136.
[538] F. X. HOERMANN, Staatsmann, S. 7.
[539] Vgl. L. PFLEGER, Sp. 760.
[540] Zit. nach W. STEED, S. 81.
[541] C. SCHMITT, Katholizismus, S. 10.
[542] EBD., S. 32.
[543] F. J. SCHÖNINGH, S. 565.
[544] Vgl. M. FREUND, S. 201.

3. Rechtskirche statt Liebeskirche

»Wir leben heute noch vom Erbe des Christentums«, war Sorels Überzeugung. »Wovon wird man nach uns leben?«[545] Er selbst bezeichnete sich nicht als einen Christen, sondern als einen Erben des Christentums, dessen Kräfte es in neue Formen hinüber zu retten gelte[546]. Die katholische Kirche war für ihn wie der römische Staat gebaut. Er bewunderte sie unter Ausklammerung ihrer Offenbarung als Bewahrerin der römischen Tugenden, des abendländischen Geistes, der ratio, der sittlichen Zucht und des ordo[547]. Ihr Naturrechtsdenken lehnte er ab. In seiner politischen Theorie griff er allerdings immer wieder auf katholische Denkmuster zurück, etwa wenn er die Mönchsorden als Vorbilder für seine Arbeitersyndikate bezeichnete[548]. Wohl auch wegen dieser Analogien nannte Michael Freund Georges Sorel 1932 »eine große katholische Figur«[549]. Auch der Begriff der Sünde und der des absolut Bösen beherrschten das Denken Sorels.[550] Im Krieg sah er die große bewegende Kraft der abendländischen Menschheit.[551] Er verachtete den Parlamentarismus als eine Maschine des politischen Beutekampfes, als politico-kriminelle Assoziation, die außerhalb der Verantwortung als Macht für sich bestehe[552].

Carl Schmitt knüpfte insbesondere in »Die geistesgeschichtliche Lage des heutigen Parlamentarismus« an Georges Sorels »Réflexions sur la violence« und seine Theorie vom Mythus an[553]. Er belegte Sorel in dieser Schrift sogar mit dem Ehrentitel »Römer«[554]. Die geistige Verwandtschaft Schmitts zum konservativen Revolutionär Sorel geht jedoch weit über diese Bezugnahme hinaus.

»Renouveau catholique«

Carl Schmitt schenkte auch der philosophischen und sozialkritischen Bewegung des »Renouveau catholique«, die Ende des 19. und Anfang des 20. Jahrhunderts große Bedeutung hatte, seine Aufmerksamkeit. Der Re-

---

545 Zit. nach F. J. SCHÖNINGH, S. 566; vgl. dazu C. Schmitts Ausspruch, alles, was es an wahrem Respekt vor dem Geistigen auf der Erde noch gebe, sei das Erbe des mittelalterlichen Christentums, von dem wir noch ein paar kurze Jahrhunderte in dulci jubilo leben (C. SCHMITT, Buribunken, S. 91, Anm. 1). C. Schmitt dürfte diesen Gedanken von G. Sorel übernommen haben.
546 F. J. SCHÖNINGH, S. 566.
547 EBD., S. 566.
548 EBD., S. 567.
549 Zit. nach EBD., S. 567.
550 M. FREUND, S. 204.
551 EBD., S. 198.
552 EBD., S. 199.
553 C. SCHMITT, Lage, S. 78 ff.
554 EBD., S. 83, Anm. 1.

nouveau catholique erstrebte die geistige und nationale Erneuerung Frankreichs, die Überwindung des positivistischen und materialistischen Denkens. Den Anfang machten stark religiös geprägte Autoren. Ehemals laizistische Dichter wie Paul Claudel stießen unter dem Einfluß Bergsons zu dieser religiös-kulturellen Bewegung. Aus der Sicht Schmitts sind drei Hauptvertreter des Renouveau catholique, die Kritiker und Polemisten Ernest Hello, Léon Bloy und Georges Bernanos, besonders erwähnenswert.

Ernest Hello (1828 – 1885) war ursprünglich Jurist. Aus Protest gegen den modischen Rechtspositivismus seiner Zeit verzichtete er jedoch auf eine Advokatur. In seinen Werken knüpfte er in geistvoller, sarkastisch-polemischer Weise an den Vorstellungen de Maistres und de Bonalds an.[555] Mit großer Bewunderung und als Beleg für seine eigene Auffassung schildert Schmitt in seinem Katholizismus-Essay eine von Hello entworfene Szene des jüngsten Gerichts: »Wenn das Urteil des Weltenrichters ergangen ist, wird ein Verdammter, von Verbrechen bedeckt, stehen bleiben und zum Entsetzen des Weltalls dem Richter sagen: j' en appelle. ›Bei diesem Wort erlöschen die Sterne.‹ Nach der Idee des jüngsten Gerichtes ist doch sein Spruch unendlich definitiv effroyablement sans appel. An wen appellierst du von meinem Gericht? fragt der Richter Jesus Christus, und in einer furchtbaren Stille anwortet der Verdammte: J' en appelle de ta justice à ta gloire«[556]. Hier habe ein französischer Katholik, so Schmitt, den Mut gehabt, selbst in einer solchen Szenerie mit den Formen Gericht und Appellation die juridische Kategorie zu wahren. Schmitt stellt mit diesem Hinweis Ernest Hello, den Exponenten des formwahrenden katholischen Westens, gegen die »gestaltlose Weite« des Ostens, personifiziert in dem Russen Dostojewski[557].

Hellos Freund *Léon Bloy* (1846 – 1917), der ärmlichen Verhältnissen entstammte[558], hat sich besonders durch seine Pamphlete gegen den Bourgeois einen Namen gemacht.[559] Dieser ist für ihn ein zum stupiden Tier gewordener Mensch, eine Maske des Teufels. Er habe Christus verraten, indem er das Symbol des Logos, das Geld, zum Gott machte und dadurch dem Teufel auslieferte. Der Bourgeois entwürdige oder mißbrauche alle Symbole, verwandele etwa die Kunst in eine reine Unterhaltungsangelegenheit, sei der Feind jedes Außerordentlichen und wolle in seinem Si-

---

[555] Vgl. H. K. WEINERT, Sp. 223.
[556] C. SCHMITT, Katholizismus, S. 68 f.
[557] EBD., S. 68.
[558] C. HOHOFF, Erinnerung, S. 429 f.
[559] Zu Léon Bloy im folgenden W. GURIAN, Bloy.

3. Rechtskirche statt Liebeskirche 155

cherheitsstreben immer einen mittleren Weg gehen. Auffällig sind bei Bloy auch sein heftiger Antisemitismus, den er mit der Bourgeois-Kritik verknüpft, und sein theologisch motivierter Nationalismus, aufgrund dessen er Frankreich als Königreich Jesu Christi verehrt und Deutschland haßt und fanatisch bekämpft. Gegen die lüsterne Bourgeoisie setzt Bloy seine Formel von der Pilgerschaft zum Absoluten.[560] Er schockiert seine Leser mit der Verteidigung der grausamsten Formen der Inquisition.[561] Was Carl Schmitt an Léon Bloy besonders beeindruckt haben muß, das sind der Hang zum Absoluten, zur Unerbittlichkeit und Schärfe, die Ablehnung des Naturrechts, die Radikalität im Denken, das keine »mittleren Linien« zuläßt, sowie die Verachtung des Bürgertums und dessen Kapitalismus-Ideologie. Auch der Antisemitismus Bloys wird nicht spurenlos an Schmitt vorbeigegangen sein.[562]

Aus der Schule Bloys erregte nach dem Ersten Weltkrieg der katholische Romancier *Georges Bernanos* (1886 – 1948) auch in Deutschland großes Aufsehen. Bekannt wurde er vor allem durch seine Romane »Unter der Sonne Satans«[563] und »Der Abtrünnige«. Als politischer Pamphletist griff Bernanos im Gefolge der Action Française, mit der er trotz ihrer kirchlichen Verurteilung noch sympathisierte[564], in schärfster Weise die Juden, aber auch Teile des Klerus an. Nach der Vermutung des Schmitt-Schülers Günther Krauss waren die antisemitischen Ausfälle seines Lehrers nach 1933 weniger von Hitler als von Bernanos' Schriften beeinflußt.[565]

In Deutschland war es der katholische Verleger Jakob Hegner, der für die Verbreitung der Schriften Claudels, Hellos, Bernanos' und anderer Autoren des französischen Renouveau sorgte. Carl Schmitt war ebenso wie etwa Franz Blei oder Hugo Ball[566] mit ihm befreundet. So gab Hegner auch Bleis Zeitschrift »Summa« und in 1. Auflage Schmitts »Römischer Katholizismus und politische Form« heraus.[567]

---

[560] C. Hohoff, Erinnerung, S. 428.
[561] Ebd., S. 435.
[562] Auffällig sind die persönlichen Verbindungen, die aus dem Umfeld C. Schmitts zu Léon Bloy führen: K. Eschweiler war mit dem französischen Neuscholastiker Jacques Maritain befreundet, der unter dem Einfluß L. Bloys zum Katholizismus konvertierte. J. Maritain und seine Ehefrau waren sogar L. Bloys Patenkinder (vgl. W. Gurian, Bloy, S. 122). Nach G. Krauss übertrug C. Schmitt den Haß D. Cortés', L. Bloys und K. Marx' gegen die Bourgeoisie auf das deutsche Bürgertum (G. Krauss, Erinnerungen, Teil 4, S. 87).
[563] Vgl. dazu P. Adams, Frankreich, S. 223.
[564] Vgl. W. Gurian, Abtrünnige, S. 356.
[565] G. Krauss, Erinnerungen, Teil 2, S. 181.
[566] Vgl. H. Ball, Flucht, S. 8 f.
[567] J. Hegner (1882 – 1962) konnte zahlreiche katholische Freunde und Bekannte C. Schmitts, z. B. F. Blei, R. Guardini, E. Przywara, Th. Haecker und J. Bernhart, für Publikationen in seinem Hellerauer Verlag gewinnen. Er war zwar Katholik, aber nichtarischer

e) Charles Maurras und die Action Française

»Je suis athée, mais je suis catholique«. Mit diesem Charles Maurras zugeschriebenen Zitat haben 1927 Heinrich Getzeny und Robert Grosche Carl Schmitts »Römischer Katholizismus und politische Form«, ohne dessen Autor beim Namen zu nennen, zumindest mittelbar in die Nähe Charles Maurras' und seiner Action Française gerückt. Nachdem Rom diese Bewegung katholischer Royalisten in Frankreich 1926 verurteilt hatte, kam die Herstellung dieser Verbindung einer Häresie-Anklage gleich. Erstaunlicherweise hat einer der schärfsten katholischen Kritiker Schmitts, der Dominikanerpater Franziskus Stratmann, diesen gegen den Vorwurf der geistigen Verwandtschaft mit Charles Maurras in Schutz genommen. Er stellt 1928 fest, die Führer der Action Française hätten »die Trennung von äußerer Form und innerem Gehalt der römischen Kirche bis zur Absurdität getrieben«[568]. Man habe aber kein Recht, Carl Schmitt einer ähnlichen Trennung für verdächtig zu halten. Dieser habe vielmehr »das Bedürfnis, auch das Evangelium für seinen Standpunkt sprechen zu lassen oder wenigstens sich nicht im Gegensatz zu ihm zu befinden. Allein es gelingt ihm nicht«[569].

Die Action Française hat ihre Wurzeln in der sog. Dreyfus-Affäre. Die französische Linke forderte die Wiederaufnahme des Verfahrens gegen den 1894 wegen angeblichen Landesverrats verurteilten jüdischen Offizier. Der Journalist *Charles Maurras* (1868 – 1952) kämpfte leidenschaftlich aus Gründen der Staatsraison, insbesondere zur Rettung des Prestiges der französischen Armee, gegen eine solche Revision. Ein Kreis von Nationalisten und Monarchisten scharte sich um den feurigen Publizisten und gründete die Action Française. Charles Maurras gab ihnen das Programm, mit dem politisch die Abschaffung der parlamentarischen Demokratie und die Restitution der Monarchie gefordert wurde.

Charles Maurras, wie Carl Schmitt in einem von Klerikern geleiteten katholischen Kolleg erzogen[570], stützt sich in seinen Schriften vor allem auf de Maistre, de Bonald, Auguste Comte, Le Play, Renan, Taine und Fustel de Coulanges, also die publizistischen Hauptstützen der französischen Gegenrevolutionäre. Auch der ultrakonservative Louis Veuillot gehört zu seinen geistigen Vorbildern.[571] Die Grundbegriffe, die sich in

---

Abstammung. 1936 mußte er deshalb seinen Verlag nach Wien verlegen (vgl. H. HÜRTEN, Deutsche Briefe II, S. 29). 1938 emigrierte er nach London.
[568] F. STRATMANN, Begriff, Teil 2, S. 1.
[569] EBD., S. 1.
[570] E. NOLTE, S. 96.
[571] EBD., S. 62, 554.

seinen Werken wiederholen, lauten Ordnung, Autorität, Hierarchie, Vernunft, human, Zivilisation.[572] Bereits dieser phänomenologische Befund der Gewährsleute und der Zentralbegriffe zeigt die Nähe, die zwischen dem Denken Schmitts und Maurras' besteht.

Im Mittelpunkt der Geschichts- und Gesellschaftstheorie Maurras' steht die soziale Ordnung, die aufgrund des Einbrechens des Irrationalen in die Geschichte immer wieder neu hergestellt werden muß.[573] Das Individuum existiert in diesem Weltbild nur als Träger dieser Ordnung und der Humanität, als Verwirklicher der Zivilisation. In dieser Aufgabe sehe der einzelne Mensch auch die Befriedigung seines Verstandes und seines Herzens[574]. Die dem Menschen eigentümliche Ordnung vermöge dieser aufgrund seiner Vernunft zu erkennen. In der Geschichte habe diese Vernunft ihre größten Erfolge im antiken Griechenland, in Rom, in der katholischen Kirche und im Frankreich der vierzig kapetingischen Könige gefeiert. Im Gesellschaftlichen sei die erbliche Aristokratie die humane Regierungsform. Die Demokratie beruhe auf der Herrschaft einer blinden, nur den Launen unterworfenen Masse und führe zum Untergang der Staaten[575]. Man glaube, die Demokratie könne das Allgemeininteresse mechanisch aus den Druck- und Zugkräften der Partikularinteressen hervorbringen. Tatsächlich aber werde der Staat auf Kosten der öffentlichen Interessen zur Beute der blinden Gier zahlloser Einzelner. Die Demokratie sei deshalb eigentlich keine Regierungsform, sondern eine Art der Anarchie[576]. Aufgrund ihrer nivellierenden Tendenzen sei sie eine Macht der Zerstörung[577]. Ordnung schaffen bedeute dagegen nichts anderes als Ungleichheiten und Aristokratien schaffen[578]. Maurras' Kritik an der Demokratie läuft auf eine einfache politische Forderung hinaus: »Es gibt nur ein Mittel, die Demokratie zu verbessern: sie zu vernichten«[579].

Die Erneuerung Frankreichs verspricht sich Maurras von einer erblichen und antiparlamentarischen Monarchie[580]. Diese Staatsform habe in der Geschichte Frankreichs die besten Ergebnisse gezeigt. So begründet Maurras seinen Monarchismus nicht legitimistisch, sondern geschichtlich-pragmatisch. Antiparlamentarisch müsse die Monarchie sein, um etwa ei-

---

[572] Vgl. W. GURIAN, Maurras, S. 239.
[573] Vgl. EBD., S. 240.
[574] Vgl. EBD., S. 240.
[575] Vgl. EBD., S. 242.
[576] Vgl. E. NOLTE, S. 150.
[577] Vgl. EBD., S. 152.
[578] EBD., S. 152.
[579] Zit. nach EBD., S. 151.
[580] Vgl. W. GURIAN, Maurras, S. 243.

ne kontinuierliche Außenpolitik treiben und der allgemeinen Nivellierung, die zur Herrschaft der Finanz führe, ein Ende machen zu können[581].

In Kunst und Dichtung ist Maurras ein leidenschaftlicher Anhänger der Klassik. Er liebt das antike Griechenland, römische Klarheit und deshalb auch die römische Kirche als Erbin Roms und Repräsentantin des hierarchischen Sinnes. Auch die Monarchie Frankreichs sei ein Muster des hierarchischen und geordneten Staates gewesen[582]. Dagegen verachtet Maurras die Romantik als Ausdruck revolutionärer Gesinnung und als Gefahr für die Zivilisation und Humanität. In der romantischen Linie sieht er auch die Juden mit ihrem irrationalen Gott, ihren besessenen Propheten, den Protestantismus, der an die Stelle der sichtbaren bestimmten Autorität die unbestimmte schwankende Stimme des inneren Gewissens setze, und die Deutschen als Volk eines hemmungslosen Individualismus[583].

Maurras erkennt einen natürlichen Zusammenhang zwischen französischer Monarchie und römischem Katholizismus. Negativ ergebe sich das schon daraus, daß die Feindschaft der französischen Republik gegen die katholische Kirche auf die vier antimonarchistischen »Clans« der Freimaurer, Protestanten, Metöken (Eingebürgerte) und Juden zurückgehe[584]. Als Erbin der Antike sei das päpstliche Rom Repräsentantin der Humanität und damit die höchste sichtbare moralische Autorität. Die Monarchie als Staatsform der Ordnung und die katholische Kirche als geistige Garantin dieser Ordnung gehören deshalb für Maurras untrennbar zusammen[585].

Ganz anders als etwa de Maistre kommt Maurras aber nicht als Theologe, sondern als Soziologe, auf den positivistischen Spuren Auguste Comtes wandelnd, zur Verehrung der katholischen Kirche, in der er lediglich den gesellschaftsstabilisierenden Ordnungsfaktor sieht. Er läßt gar keinen Zweifel daran, daß er persönlich nicht gläubig im Sinne der katholischen Kirche ist. Sein Eintreten für diese Kirche und seine Begeisterung für den Syllabus Pius' IX. entspringen der positivistischen Gesellschaftsphilosophie.[586] Die übernatürlichen Heilslehren der Kirche haben als solche keinerlei Bedeutung mehr. Maurras geht hier den bei den französischen Traditionalisten vorgezeichneten Weg zu einem »Katholizismus

---

[581] Vgl. EBD., S. 243.
[582] Vgl. EBD., S. 242.
[583] Vgl. EBD., S. 242.
[584] Vgl. EBD., S. 243.
[585] Vgl. EBD., S. 244.
[586] Vgl. W. GURIAN, Kirche, S. 340.

3. Rechtskirche statt Liebeskirche

ohne Christentum«[587] konsequent zu Ende. Auch mit seinem bekanntgewordenen Schlagwort »Politique d'abord« macht er deutlich, daß es ihm nicht mehr um politische Theologie im engeren Sinne, sondern allenfalls um eine theologisch-doktrinär begründete Politik geht, in der das theologische Element notfalls abgestoßen werden kann, wenn es den politischen Zielen hinderlich ist.

Nach außen gab sich die Action Française, die gerade Katholiken zur politischen Mitarbeit im Kampf gegen die Demokratie und für die Monarchie ermunterte, einen bewußt katholischen Anstrich. So wurde der Lehrstuhl für die Erörterung des Verhältnisses von Staat, Kirche und Politik an der 1906 gegründeten Hochschule der Bewegung, dem »Institut d' Action française«, bezeichnenderweise »Chaire du Syllabus« benannt und Geistlichen vorbehalten.[588]

Das Verhältnis der katholischen Kirche zur Action Française war zwiespältig. Bereits aus politischen Gründen hätte Rom Maurras um die Jahrhundertwende zur Ordnung rufen müssen. Denn es waren gerade die katholischen Monarchisten, die sich im Gegensatz zu der sog. Sillon-Bewegung um Marc Sangnier der Ralliement-Politik Leos XIII., dem Rat, die französische Republik zu akzeptieren, verschlossen. Statt dessen polemisierte Maurras gegen Sangnier und forderte unverhüllt die katholischen Behörden zum Einschreiten gegen seinen politischen Widersacher auf.[589] Hohe kirchliche Würdenträger in Frankreich und im Vatikan, Theologen und katholische Literaten ergriffen Partei für Maurras, sogar Pius X. verbarg seine Sympathien für die Action Française nicht. Als er 1910 den Sillon, die idealistischen Demokraten um Marc Sagnier, zum Teil unter Rückgriff auf Formulierungen Maurras' verurteilte, konnte dieser über seinen Kontrahenten, der sich sofort dem Spruch Roms unterwarf, triumphieren. In der Folgezeit behielt Maurras im französischen Katholizismus politisch die Oberhand. Die 1908 gegründete Tageszeitung der Action Française gehörte zu den aggressivsten Presseorganen des Landes; die camelots du Roi, eine Schlägertruppe, terrorisierten politische Veranstaltungen der Gegner.[590]

Am 20. Dezember 1926 schließlich verurteilte Pius XI. die Action Française: »Es ist den Katholiken nicht erlaubt, sich aktiv der Schule derjenigen anzuschließen, die die Parteiinteressen vor die Religion stellen«, schrieb der Papst[591]. »Wir werden unser Vaterland nicht verraten. Non

---
[587] R. FABER, Verkündigung, S. 177.
[588] Vgl. E. NOLTE, S. 131.
[589] Vgl. EBD., S. 106.
[590] Vgl. im einzelnen EBD., S. 106, 108, 130 ff.
[591] Zit. nach EBD., S. 116.

possumus«⁵⁹², antwortete Maurras und richtete sich damit aus katholischer Sicht selbst. Die Bedeutung der Action Française, deren Monarchismus in den 20er Jahren ohnehin nicht mehr als zeitgemäß erschien, ging mit diesem Verdikt aus Rom deutlich zurück. Eine späte Renaissance erlebte Maurras noch als Propagandist des Vichy-Regimes, was ihm nach 1945 eine Haftstrafe einbrachte.⁵⁹³

Der unmittelbare Einfluß von Charles Maurras auf den deutschen Katholizismus blieb gering. Die Action Française konnte hier nur wenige Intellektuelle als Sympathisanten gewinnen. Politisch mußte der chauvinistische und gewalttätige französische Nationalismus eher abstoßend wirken. Aber auch der leidenschaftliche Royalismus wirkte in Deutschland mit wachsendem Abstand zur Revolution von 1918 deplaziert. Die Minderheit der deutschen Monarchisten war national ausgerichtet und reagierte deshalb auf antideutsche Haßtiraden sehr gereizt. Als einen religiösen Grund für die Resistenz der deutschen Katholiken gegen einen säkularisierenden Mißbrauch ihres Bekenntnisses hat Ignaz Zangerle die in romanischen Ländern fehlende Abwehrhaltung gegen den Protestantismus angegeben.⁵⁹⁴

Konnten Maurras und seine Action Française in Deutschland keine allzu großen Erfolge vorzeigen, so war doch der Gedanke, die äußeren Formen der katholischen Kirche als Aufbauprinzip des Staates heranzuziehen, den deutschen Katholiken in Weimar nicht fremd. Waldemar Gurian beschäftigte sich bereits Mitte der 20er Jahre eingehend mit dem Phänomen des säkularisierten Katholizismus. Er stellte wie einige Jahre später Ignaz Zangerle fest, daß der »catholicisme du dehors« oder der »Katholizismus von außen«, der die katholische Kirche ohne Rücksicht auf ihren überweltlichen Charakter »zur Garantin oder zur Hervorruferin natürlichweltlicher Ordnungen« mache und für den überweltliche Gegebenheiten »nur in ihrer Funktion für die Welt, für soziale Formen, für ästhetische Bedürfnisse, für politische Ordnung bedeutsam« seien⁵⁹⁵, in Frankreich am verbreitetsten sei. Den Grund dafür sah er darin, daß es zum Wesen des französischen Geistes gehöre, Angst vor dem Unendlichen zu haben. Man wolle »Präzision und klare übersehbare Formen«⁵⁹⁶, ein Wunsch, für den in Deutschland, im katholischen zumal, der Name Carl Schmitt stand.⁵⁹⁷

---

⁵⁹² Zit. nach EBD., S. 116.
⁵⁹³ Vgl. EBD., S. 119 ff.
⁵⁹⁴ Vgl. I. ZANGERLE, S. 51.
⁵⁹⁵ W. GURIAN, Katholizismus, S. 446.
⁵⁹⁶ EBD., S. 446.
⁵⁹⁷ Neben C. Schmitt und H. Hefele wurde in Deutschland auch noch der im katholischen Rheinland geborene Dichter Stefan George (1868 – 1933) mit dem Katholizismus-Verständnis Maurras' in Verbindung gebracht. Vgl. dazu P. WOLFF, S. 48 f.

3. Rechtskirche statt Liebeskirche 161

Als zentralen theologischen Fehler konnte Gurian bei diesem Katholizismus, soweit er noch mit Glauben zu tun habe, ein falsches Verständnis des Reiches Gottes ausmachen. Damit formulierte er außerdem exakt den Vorwurf, den Ernst Michel Carl Schmitt gegenüber erhob: »Das Reich Gottes hat sich säkularisiert. Man glaubt es – und zwar ist dieser Glaube durchaus ehrlich – mit Hilfe von menschlicher Aktivität erreichen zu können. Gnade und menschliche Willensfreiheit stehen einander fast als gleichberechtigte Kontrahenten gegenüber«[598]. Für Gurian war die Action Française repräsentativ für eine »sehr verbreitete Geisteshaltung, von der auch Kreise bestimmend beeinflußt werden, die sich dessen gar nicht bewußt sind«[599]. Allerdings sucht man in seinen Veröffentlichungen vergeblich nach einem Hinweis, wen er damit in Deutschland gemeint haben könnte[600].

Ignaz Zangerle stellte 1933 fest, im Unterschied zu Charles Maurras habe Carl Schmitt unter den jungen deutschen Katholiken »keine nennenswerte Gefolgschaft gefunden«. Für sie sei Katholisch-sein »unablösbar an einen persönlichen und übernatürlichen Akt des Glaubens gebunden«[601]. Soweit er die katholische Jugendbewegung im Blick hatte, deckt sich sein Befund, daß sie Ernst Michel gefolgt sei[602], mit demjenigen von Robert Grosche. Aber gerade die Ausführungen dieses Studentenpfarrers zeigen, daß unter der akademischen Jugend in den 20er Jahren viele Sympathisanten eines Kirchenverständnisses anzutreffen waren, das sich an den Formulierungen Carl Schmitts orientierte und das in Richtung auf Charles Maurras' Vorstellungen nur schwer abgrenzbar war.[603]

Zwischen Schmitt und Maurras bestehen vor allem hinsichtlich der Rolle der katholischen Kirche als säkularer Größe nicht zu übersehende Parallelen. Zu nennen sind die Betonung der politischen Vor- und Urbildfunktion der römischen Kirche, ihre Aufgabe als Repräsentantin der Humanität und der Zivilisation, ihre positive Definition als Erbin Roms, aber auch die kämpferische Bevorzugung der Klassik, wobei die abgelehnte Romantik in eine Reihe mit Protestantismus und Individualismus gestellt wird, sowie der scharfe Antiparlamentarismus. In der letzten Parallele zeigt sich freilich auch der zentrale Unterschied: Während Maurras der als nivellierend verachteten Demokratie nostalgisch das Postulat der

---
[598] EBD., S. 447.
[599] W. GURIAN, Kirche, S. 330.
[600] W. Gurian hat in einem Brief an E. Peterson C. Schmitt mit Ch. Maurras verglichen; vgl. unten V. 2. b).
[601] I. ZANGERLE, S. 52.
[602] EBD., S. 52.
[603] Vgl. oben III. 3. e).

Monarchie entgegensetzte, wußte Schmitt, daß die Zeit der Könige definitiv vorbei war. Für ihn mußte dies der entscheidende politische Grund dafür gewesen sein, sich öffentlich nicht als Anhänger Maurras' zu bekennen. Royalismus, für den dieser in der Öffentlichkeit zuallererst stand, war Schmitt völlig fremd.

Die Aktivitäten der Action Française müssen Schmitt, der ihre Tageszeitung an seinem Bonner Institut abonniert hatte und eifrig studierte[604], gleichwohl beeindruckt haben. Machte da doch eine sich katholisch gebende Gruppierung ernst mit dem Antiparlamentarismus und versuchte, ganz anders als der deutsche Katholizismus, ohne Institutionalisierung als parlamentarische Partei, den Staat und das gesellschaftliche Leben von katholischen Vor- und Urbildern her maßgeblich zu prägen, ja eine katholische Restauration zu ermöglichen. Das Katholizismus-Konzept, das Schmitt in »Römischer Katholizismus und politische Form« entwickelte, stand jedenfalls näher an dem politischen Modell »Action Française« als an dem Modell »Zentrum«.

»Ich bin Römer, ich bin human«, lautet ein bekanntes Wort Maurras'[605]. »Ich bin Römer nach Herkunft, Tradition und Recht«, pflegte sich Carl Schmitt vorzustellen[606]. In der Identität als Römer und in der Verehrung Roms waren sich Charles Maurras und Carl Schmitt einig. Der Satz »Je suis athée, mais je suis catholique« wäre Schmitt jedoch nie über die Lippen gekommen. Hier liegt denn auch der zentrale Unterschied zwischen den beiden politischen Gegenrevolutionären. Während Maurras die katholische Kirche für seine politischen Zwecke gebrauchte und mißbrauchte, ist Schmitt – in Übereinstimmung mit Franziskus Stratmann – nicht abzusprechen, daß er Mitte der 20er Jahre eine persönliche Identität zwischen seiner Konfession und seiner Staatslehre anstrebte. Eine vorsätzliche, von areligiösen Motiven gespeiste zynische Instrumentalisierung der katholischen Kirche kann ihm nicht unterstellt werden. Daß er ihr Wesen in einer Art beschrieben hat, die eine problemlose Verlängerung in faschistisches Gedankengut, wie es auch Maurras vertrat, ermöglichte, steht auf einem anderen Blatt.

Aufschlußreich ist in diesem Zusammenhang die unterschiedliche Einstellung zu Auguste Comte. Während Maurras ganz in dessen Tradition steht, distanziert sich Schmitt von Comtes »positivistischer« Kirche: »Was aus seiner Bemühung entstand, ist eine peinlich wirkende Imitation«. Gleichwohl bewundert er »die edle Gesinnung dieses Mannes«. Selbst sei-

---
[604] H. QUARITSCH, Positionen, S. 61, Anm. 112 unter Berufung auf E. R. Huber.
[605] Zit. nach W. GURIAN, Maurras, S. 244.
[606] Zit. nach E. NIEKISCH, S. 242.

ne Imitation sei noch großartig im Vergleich zu anderen ähnlichen Versuchen[607]. Von welchen ähnlichen Versuchen oder welchen Personen Schmitt hier abrücken will und ob etwa Maurras darunter zählt, behält er seinen Leser vor. So läßt sich im Schrifttum Schmitts weder ein eindeutiges Bekenntnis zu Maurras noch eine klare Distanzierung von ihm feststellen. Sein Verhältnis zu Charles Maurras und der Action Française bleibt hier in einer eigentümlichen Schwebe. Lediglich im Freundeskreis soll sich Schmitt abfällig über die kirchliche Verurteilung der Action Française geäußert und damit seine Sympathie für Charles Maurras bekundet haben.[608]

4. Primat des Politischen statt Herrschaft des Ökonomischen

a) Carl Schmitts Kampf gegen das ökonomisch-technische Denken

Bereits als Kind wurde Carl Schmitt von seinem Vater in die Praxis des örtlichen Kirchensteuerwesens eingeführt.[609] Diese pädagogischen Bemühungen waren so erfolgreich, daß sich Schmitt immer für wirtschaftliche, geldtheoretische oder steuerrechtliche Fragen interessierte.[610] Die Offenheit gegenüber der Wirtschaft wird unterstrichen durch seine Lehrtätigkeiten an den Handelshochschulen München und Berlin. Außerdem pflegte Schmitt Freundschaften zu bedeutenden Wirtschaftstheoretikern wie Johannes Popitz[611] und Werner Sombart[612] sowie führenden Industriellen, etwa zu Georg von Schnitzler, Vorstandsmitglied der Frankfurter IG Farben[613]. In zahlreichen Beiträgen und Vorträ-

---

[607] C. Schmitt, Katholizismus, S. 41.
[608] Vgl. B. Nichtweiß, Peterson, S. 729.
[609] Schmitt im Gespräch, S. 92.
[610] Vgl. P. Tommissen, Bausteine, S. 98, Anm. 77.
[611] J. Popitz (1884 – 1945) war Steuerrechtler und Finanzwissenschaftler, 1925 – 1929 Staatssekretär im Reichsfinanzministerium, von November 1932 bis Januar 1933 Reichsminister ohne Geschäftsbereich, 1933 Staatsrat und preußischer Finanzminister bis 1944. Von 1932 bis 1944 gehörte er der sog. Mittwochs-Gesellschaft an und stand ab 1939 im Zentrum der Opposition gegen das NS-Regime. Er wurde am 21. Juli 1944 verhaftet und am 2. Februar 1945 in Plötzensee hingerichtet. Mit C. Schmitt war er seit 1929 befreundet (vgl. P. Noack, S. 104 ff.).
[612] W. Sombart (1863 – 1941) war der international bekannteste deutsche Nationalökonom in der ersten Hälfte des 20. Jahrhunderts; vgl. die Erinnerungen an Begegnungen mit C. Schmitt von W. Sombarts Sohn N. Sombart, S. 248 ff.
[613] C. Schmitts Freundschaft mit G. v. Schnitzler geht auf die gemeinsame Tätigkeit im Münchner Kriegsministerium zurück. G. v. Schnitzler wurde nach dem Zweiten Weltkrieg we-

gen[614] setzte er sich mit wirtschaftlichen Fragen auseinander. Dies alles hinderte ihn jedoch nicht, sich kritisch mit dem Geist des ökonomischen Denkens auseinanderzusetzen.

Für Schmitt ist das 19. und 20. Jahrhundert das Zeitalter des ökonomischen und technischen Denkens. Im Zuge der Säkularisierung habe sich der europäische Geist »vom Theologischen zum Metaphysischen und schließlich zum Ökonomischen«[615] bewegt. Schmitt macht sich keine Illusionen darüber, daß »der Weg zur allgemeinen Ökonomisierung des geistigen Lebens und zu einer Geistesverfassung, die in Produktion und Konsum die zentralen Kategorien menschlichen Daseins findet«[616], schon ein großes Stück gegangen ist und »die naturwissenschaftlich-technische Methode heute das Denken beherrscht«[617].

In »Römischer Katholizismus und politische Form« liefert Schmitt seine Generalabrechnung mit dem ökonomischen Denken. Dies kenne »nur eine Art der Form, nämlich technische Präzision, und das ist die weiteste Entfernung von der Idee des Repräsentativen«[618]. Es verlange in seiner Verbindung mit dem Technischen »eine Realpräsenz der Dinge«. Für Schmitt schwindet mit der Ausbreitung des ökonomischen Denkens das Verständnis für jede Art von Repräsentation[619]. Einem Denken, das seine Normen »aus der Immanenz des Ökonomisch-Technischen« ableite, erscheine das Ideelle als »ein Eingriff von außen, eine Störung der von selbst laufenden Maschine«. Nur wo ein Rest von Idee bestehe, »herrscht auch die Vorstellung, daß vor der gegebenen Wirklichkeit des Materiellen etwas präexistent ist, transzendent, und das bedeutet immer eine Autorität von oben«[620].

Schmitt hält das ökonomische Denken für ein Kind des liberalen Protestantismus, der sich »zum Herrn der Natur macht und sie unterjocht«[621]. Römisch-katholische Völker hätten ein anderes Verhältnis zur mütterlichen Erde und zur Natur: »Die Natur ist für sie nicht der Gegensatz von Kunst und Menschenwerk, auch nicht der Gegensatz von Verstand und Gefühl

---

gen seiner Tätigkeit in der Zentralverwaltung der I.G. Farben von den Amerikanern in Nürnberg angeklagt (P. Tommissen, Bausteine, S. 77).

[614] Vgl. die Hinweise bei G. Maschke, Aussprache zu E. R. Huber, Schmitt, S. 66; vgl. C. Schmitt, Starker Staat.
[615] C. Schmitt, Zeitalter, S. 67.
[616] Ebd., S. 70.
[617] C. Schmitt, Katholizismus, S. 27.
[618] Ebd., S. 43; folgendes Zitat ebd.
[619] Ebd., S. 53.
[620] Ebd., S. 56.
[621] Ebd., S. 22 f.

4. Primat des Politischen statt Herrschaft des Ökonomischen 165

oder Herz, sondern menschliche Arbeit und organisches Wachstum, Natur und Ratio sind Eins. Der Weinbau ist das schönste Symbol dieser Vereinigung, aber auch die Städte, die aus solcher Geistesart gebaut sind, erscheinen wie natürlich gewachsene Produkte des Bodens, die sich der Landschaft einfügen und ihrer Erde treu bleiben. In dem ihnen wesentlichen Begriff des ›Urbanen‹ haben sie eine Humanität, wie sie dem Präzisionsmechanismus einer modernen Industriestadt ewig unzugänglich bleibt«[622].

Daß das moderne ökonomisch-technische Denken »einem weitverbreiteten katholischen Empfinden solches Grauen und Entsetzen« bereite, erklärt Schmitt damit, daß bei diesem Denken in einer für das katholische Gefühl phantastischen Verdrehung »ein der Befriedigung materieller Bedürfnisse dienender Produktionsmechanismus ›rational‹ heißt, ohne daß nach der allein wesentlichen Rationalität des Zweckes gefragt wird, dem der höchst rationale Mechanismus zur Verfügung steht«[623].

Schmitt schreibt zwar den Geist des ökonomischen Denkens dem Liberalismus zu, sieht jedoch im Kapitalismus und Sozialismus keinen wesentlichen Unterschied: »Das Weltbild des modernen industriellen Unternehmers gleicht dem des Industrieproletariers wie ein Zwillingsbruder dem anderen.[...] Der große Unternehmer hat kein anderes Ideal als Lenin, nämlich eine ›elektrifizierte Erde‹. Beide streiten eigentlich nur um die richtige Methode der Elektrifizierung. Amerikanische Finanzleute und russische Bolschewisten finden sich zusammen im Kampf für das ökonomische Denken, das heißt im Kampf gegen Politiker und Juristen«[624].

In diesem Kampf gegen Politik und Staat besteht Schmitt auf dem Primat der Politik und des Staates gegenüber der Ökonomie. Ein Staat, der in einem ökonomischen Zeitalter darauf verzichte, die ökonomischen Verhältnisse zu leiten, verzichte auf seinen Anspruch zu herrschen[625]. Deshalb verlangt Schmitt 1933 auch von dem qualitativ totalen Staat, daß er seinen politischen Primat gegenüber der Ökonomie durchsetzt.[626]

Dem auch im deutschen Katholizismus diskutierten und vertretenen Gedanken, die parlamentarische Demokratie durch eine berufsständische Ordnung zu ersetzen, kann Schmitts nichts abgewinnen. Noch kurz vor der nationalsozialistischen Machtergreifung äußert er sich skeptisch zur Idealisierung der mittelalterlichen Berufsstände. Auch die Forderung, den Reichswirtschaftsrat als eine zweite Kammer auszubauen, lehnt er in die-

---
[622] Ebd., S. 23.
[623] Ebd., S. 32 f.
[624] Ebd., S. 27 f.
[625] C. Schmitt, Zeitalter, S. 74.
[626] Vgl. C. Schmitt, Machtpositionen, S. 227.

sem Zusammenhang ab. Nur ein starker Staat könne eine Selbstverwaltung der Wirtschaft gewährleisten, nicht jedoch mit Hilfe der Wirtschaft die Autorität des Staates gestärkt werden[627]. 1933 spricht Schmitt von einer berufsständischen Wirtschafts- und Sozialordnung im Rahmen einer der Selbstverwaltung überlassenen Sphäre des Volkes, die freilich der politischen Führung der Bewegung unterstellt wird[628]. Wie diese berufsständische Ordnung im einzelnen aussehen soll, bleibt jedoch offen.

Wie zwischen Ökonomie und ökonomischen Denken differenziert Schmitt auch zwischen der Technik und dem Geist des technischen Denkens. Gehörten zum ökonomischen Denken »noch gewisse rechtliche Begriffe wie Besitz und Vertrag«[629], so sei die Technik »wirklich das revolutionäre Prinzip«[630], weil es zur absoluten Sachlichkeit tendiere, über die man nicht wie über theologische, metaphysische, moralische und auch wirtschaftliche Fragen endlos streiten könne[631]. Die Sphäre der Technik erscheine als eine Sphäre des Friedens, der Verständigung und der Versöhnung, da auf ihrem scheinbar neutralen Gebiet konfessioneller, nationaler oder sozialer Streit nivelliert werde[632].

Schmitt dagegen hält die Technik für kulturell blind[633]. Außerdem hat er bereits 1929 keinen Zweifel daran, daß sich jede starke Politik ihrer bedienen werde[634]. So ist es nur konsequent, wenn er 1933 die gewaltigen neuen technischen Möglichkeiten im Bereich des Verkehrs, der Waffen, des Rundfunks und des Films in die Hand des starken Staates legen will. Sie erforderten auch »einen neuen Typus menschlichen und politischen Willens, der imstande ist, Befehle zu geben, denen die neuen Machtmittel gehorchen«[635]. Dem gewaltigen Machtgefüge des modernen Staates müsse eine ebenso gewaltige Zusammenfassung aller geistigen Kräfte des Volkes entsprechen[636].

Kein Verständnis hat Schmitt für die auch im deutschen Katholizismus weit verbreitete Aversion gegen die Technik als solche. Er vermißt die Kraft, sich des Instrumentariums der Technik zu bedienen: »Auch ist es nicht zulässig, ein Ergebnis menschlichen Verstandes und menschlicher

---

[627] C. SCHMITT, Starker Staat, S. 91 f.
[628] C. SCHMITT, Staat, S. 13.
[629] C. SCHMITT, Katholizismus, S. 58.
[630] EBD., S. 57.
[631] C. SCHMITT, Zeitalter, S. 76.
[632] EBD., S. 77.
[633] EBD., S. 77.
[634] EBD., S. 80.
[635] C. SCHMITT, Machtpositionen, S. 230.
[636] EBD., S. 230.

4. Primat des Politischen statt Herrschaft des Ökonomischen   167

Disziplin [...] einfach als tot und seelenlos hinzustellen und die Religion der Technizität mit der Technik selbst zu verwechseln. Der Geist der Technizität [...] ist Geist, vielleicht böser und teuflischer Geist, aber nicht als mechanisch abzutun und nicht der Technik zuzurechnen«[637]. Wer im Zeitalter der Technik »nur den geistigen Tod und seelenlose Mechanik«[638] sieht, greift für Schmitt zu kurz: »Wir [...] wissen, daß das Zentralgebiet des geistigen Daseins kein neutrales Gebiet sein kann und daß es falsch ist, ein politisches Problem mit Antithesen von mechanisch und organisch, Tod und Leben zu lösen. Ein Leben, das gegenüber sich selbst nichts mehr hat als den Tod, ist kein Leben mehr, sondern Ohnmacht und Hilflosigkeit. Wer keinen anderen Feind mehr kennt als den Tod und in seinem Feinde nichts erblickt als leere Mechanik, ist dem Tod näher als dem Leben, und die bequeme Antithese vom Organischen und Mechanischen ist in sich selbst etwas Roh-Mechanisches. Eine Gruppierung, die auf der einen Seite nur Geist und Leben, auf der anderen nur Tod und Mechanik sieht, bedeutet nichts als einen Verzicht auf den Kampf und hat nur den Wert einer romantischen Klage. Denn das Leben kämpft nicht mit dem Tod und der Geist nicht mit der Geistlosigkeit. Geist kämpft gegen Geist, Leben gegen Leben«[639].

Unmittelbare Adressaten dieser Kritik waren zweifellos die katholischen Universalisten, die die Begriffe »natürlich«, »lebendig« oder »organisch« den als »mechanisch« verketzerten Organisationsstrukturen der Neuzeit entgegenstellten[640]. Ja das gesamte katholische Denken mit seiner traditionellen Orientierung an Organismustheorien war in den 20er Jahren geneigt, auf der Basis dieser Antithesen Gesellschafts- und Kulturkritik zu betreiben. Carl Schmitt macht diese Form des Neuzeitpessimismus nicht mit. Eindrucksvoll zeigt er, daß Ökonomie und Technik Mittel in der Hand des Menschen sind, der sie als geistiges, lebendiges und politisches Wesen für seine eigenen Zwecke gebrauchen kann und muß. Wer glaubt, er könne mittels Ökonomie und Technik dem Politischen entgehen, der gibt sich für Schmitt einer gefährlichen Täuschung hin. »Politique d' abord« ist hier seine These und Botschaft.

b) Zeitgeschichtliche Parallelen

Bereits im 19. Jahrhundert reagierte der deutsche Katholizismus auf die wirtschaftlichen Umbrüche, die durch die Industrialisierung hervorgeru-

---

[637] C. SCHMITT, Zeitalter, S. 79.
[638] EBD., S. 81.
[639] EBD., S. 81.
[640] So lautete ein Buchtitel von O. SPANN: Tote und lebendige Wissenschaft.

fen wurden, mit einer heftigen Kapitalismus-Kritik. Gegen die »Ideen von 1789«, die in erster Linie für die aus katholischer Sicht zerstörerischen Neuerungen auch auf wirtschaftlichem Gebiet verantwortlich gemacht wurden, wandten sich vor allem die politischen Romantiker, allen voran Adam Müller. Angesichts der wirtschaftlichen Krise, die die Weimarer Republik erschütterte, griffen viele Katholiken auf die aus dem 19. Jahrhundert vorgefundenen Argumentationsmuster zurück.[641] Die Klage über die »Herrschaft des Ökonomischen« und die Beschränkung des Weltbildes des Großstadtbewohners auf technische und industrielle Vorstellungen sowie deren Projektion ins Kosmische und Metaphysische[642] gehörten dabei ebenso zum katholischen Zeitgeist der 20er Jahre wie Unsicherheiten gegenüber den rasanten Fortschritten der Technik, die auch die überwiegend ländlich strukturierten katholischen Gebiete nicht unberührt ließen. Vor allem mit der Schelte gegen den »Geist des ökonomischen Denkens« bewegte sich Schmitt im Hauptstrom des Weimarer Katholizismus. Stellvertretend für viele andere seien hier die diesbezüglichen Diagnosen einiger prominenter Katholiken, denen Schmitt zum Teil auch persönlich nahe stand, aufgezeigt.

Hermann Platz beschreibt 1921 die Entwicklung zur Ökonomisierung und Technisierung aller Lebensverhältnisse als eine Folge des allgemeinen Verweltlichungsprozesses. Seine These geht dahin, »daß erst der Industrialismus die Abkehr vom Heiligtum [...] zu einer allgemeinen Erscheinung gemacht hat«[643]: »Immer erfolgreicher belauschte eine spürfrohe Wissenschaft die Geheimnisse der Natur, um mit Hilfe von Gesetz und Formel sie zur willfährigen Magd einer scharfäugig-zähen Technik zu machen. Rasch und rücksichtslos traten die Entdeckungen in den Dienst des ernüchterten Lebens, das bald seiner liebsten Gewohnheiten entraten mußte. Die billigen Fabrikwaren erweiterten Bedürfnisse und Nachfrage. Die Anlagen mußten erweitert und neue Menschen in den Wirbel des Maschinismus hineingezogen werden. Mit dem wachsenden politischen Interesse entwuchsen die Menschen in immer größerer Zahl den traditionellen Verhältnissen, fanden Freude an dem bewegten Leben der Städte, bejahten froh die eben erst aus dem Boden gestampften Bedürfnisse, zu deren Befriedigung sie nach neuen Erwerbmöglichkeiten schauen mußten. Dank einer neuen Form der Kapitalbeschaffung (Aktiengesellschaft) eroberte der kapitalistische Geist rasch weite Kreise des breiten Bürgertums«[644].

---
[641] Vgl. F. MÜLLER.
[642] Vgl. Th. BRAUER, S. 366 unter Berufung auf C. Schmitt.
[643] H. PLATZ, Zeitgeist, S. 22.
[644] EBD., S. 18 f.

4. Primat des Politischen statt Herrschaft des Ökonomischen   169

Platz betrachtet und verachtet das ökonomische und technische Denken als Ausfluß der Moderne, den Industrialismus als materialistischen Vollstrecker der aufklärerischen Philosophie. Schmitt denkt im Vergleich dazu, trotz gewisser Parallelen in der Grundeinstellung, aufgrund seiner Differenzierung zwischen Geist des ökonomischen und technischen Denkens und Ökonomie und Technik als solcher moderner und politischer.

Zu den engagiertesten Kapitalismus-Kritikern auf katholischer Seite gehörte Franz Xaver Hoermann. 1923, also im Jahr des Erscheinens von Schmitts »Römischer Katholizismus und politische Form«, schreibt er: »Die in der Freiwirtschaft sich praktisch äußernde individuelle und egoistische Autonomie Adam Smiths verbindet sich mit der Kantschen autonomen Sittlichkeit. Beide erschüttern die Moral. [...] Die Habsucht, die Mutter allen Übels, ist heute zur allgemeinen Sünde der Gesellschaft geworden. An die Stelle des idealen und selbstlosen christlichen Geistes ist der materialistische Händler- und Geschäftsgeist, an die Stelle der christlichen Nächstenliebe die wirtschaftliche Erwürgung des Nächsten getreten«[645]. »Die vom Individuum in religiösen, politischen und sozialen Revolutionen erkämpfte Autonomie und Freiheit hat zur Unterwerfung derselben unter die despotische Macht des Geldes und Stoffes, zur wirtschaftlichen Tyrannei des Amerikanismus geführt. Das jeder Ethik entbehrende Erwerbsleben ist heute auf dem denkbar tiefsten Stande angelangt«[646]. »Der individualistisch-egoistische und der aus ihm geborene kapitalistisch-materialistische Geist ist auch die erste Ursache, warum die moderne Zeit keine *Wirtschaftsordnung* zu schaffen vermochte, wie sie uns das katholische Mittelalter in seinen Stadtwirtschaften zeigt«[647].

In der Front gegen die hinter allem Übel ausgemachten »Ideen von 1789« treffen sich Carl Schmitt und Franz Xaver Hoermann. Allerdings wird Hoermanns Opposition gegen das materialistische Wirtschaftsleben aus einem ethischen und religiösen Antrieb gespeist. Bei Schmitt dagegen steht die Sorge um die Rettung des Politischen im Vordergrund seiner ablehnenden Haltung gegen das ökonomische Denken. Auch das von Hoermann vertretene Ideal einer am Mittelalter orientierten berufsständischen Ordnung akzeptiert Schmitt nicht.

Herman Hefele macht 1924 den Liberalismus für die Unförmigkeiten in der Wirtschaft verantwortlich. Dieser entwickele die Freiheit des Geschäftstüchtigen auf Kosten der Gesamtheit. Hefele sieht als bereits fühlbares Resultat dieser Ideologie »die unumschränkte Herrschaft anonymer

---
[645] F. X. HOERMANN, Zum neuen Jahre, 1923, S. 9.
[646] EBD., S. 10.
[647] EBD., S. 8.

Wirtschaftskörper über die gesamte Menschheit«[648]. Hefeles Diagnose ist bis in die Terminologie hinein mit derjenigen Schmitts identisch: »Die Politik hat abgedankt, die Wirtschaft ist an ihre Stelle getreten. Das ökonomische Denken hat von der Gesamtheit des gesellschaftlichen Organismus Besitz ergriffen. [...] Nicht mehr die Ordnung ist das Gesetz des Verhaltens, sondern die Wirtschaftlichkeit, nicht mehr das Recht herrscht, sondern die Rente«[649].

Für Hefele ist »die Schicksalsfrage die, daß überhaupt Politik gemacht werde und daß der wesenhaft politische Wille als solcher sich gegen den ökonomischen durchzusetzen wisse«[650]. Gleichwohl ist er überzeugt, daß der Primat des wirtschaftlichen Denkens nur ein vorübergehender »Zustand der politischen Perversion«[651] ist. Der politische Wille werde nie »die Autonomie, geschweige denn den Primat der Wirtschaft, wie er heute lebendig ist, dulden können, gleichwohl, ob diese Wirtschaft kapitalistisch oder sozialistisch regiert«[652]. Die geistige Verwandtschaft von Herman Hefele und Carl Schmitt zeigt sich damit auch bei der Verhältnisbestimmung von Politik und Ökonomie.[653]

Romano Guardini verbreitet insbesondere in seinen 1924 veröffentlichten »Briefen aus Italien« kulturpessimistische Klänge. Grund seines Schwermuts ist das Empfinden, daß durch den Siegeszug der Technik die »Welt der natürlichen Menschlichkeit, der menschendurchwohnten Natur«[654] untergehe. Es komme eine »Welt herauf, darin ›der Mensch‹ [...] nicht mehr leben kann«[655]. Guardini beschreibt mit Schrecken den Einbruch der Industrie in die oberitalienische Zivilisation, in der er »das Erbe jahrtausendalter Formung« und feinste, humanste Kultur sieht[656]. Er schildert, »wie der Tod über ein Leben von menschlicher Schönheit kam«[657]: »Sieh, und nun sah ich auf einmal im singenden Linienzug einer kleinen Landstadt den großen Kasten einer Fabrik! Sah, wie in der Gestalt einer Ortschaft, darin alle Anstiege und Senkungen, alle Maße und Gliederungen sich zu einer einzigen, klaren Melodie fügten, neben dem hohen Campanile auf einmal ein Schornstein stand, und alles zerriß. Es war furchtbar!«[658]

---

[648] H. Hefele, Demokratie, S. 39.
[649] H. Hefele, Machiavelli 1940, S. 318.
[650] Ebd., S. 320.
[651] Ebd., S. 320.
[652] H. Hefele, Demokratie, S. 42.
[653] Vgl. oben III. 2. c) und unten III. 8. c).
[654] R. Guardini, Briefe, S. 337.
[655] Ebd., S. 337.
[656] Ebd., S. 336.
[657] Ebd., S. 336.
[658] Ebd., S. 337.

4. Primat des Politischen statt Herrschaft des Ökonomischen   171

Auf den ersten Blick erinnert Guardinis Beschreibung der italienischen Zivilisation an den Naturbegriff, den Schmitt den katholischen im Gegensatz zu den industrialisierten protestantischen Völkern zuschreibt.[659] Allerdings wendet sich Schmitt entschieden gegen den von Guardini gepflegten Kulturpessimismus angesichts des Siegeszuges der Technik. Seine Polemik gegen den effektvoll aufgebauten, aber selbstgerechten Dualismus von Leben und Tod, Geist und Mechanik liest sich wie gegen Romano Guardini gerichtet.[660]

Eingehende Gedanken mit Parallelen zur Terminologie und zu den Grundüberzeugungen seines Freundes Carl Schmitt macht sich 1925 der Theologe Karl Eschweiler in seinem Aufsatz über »Die Herkunft des industriellen Menschen«. Er sieht »das Politische schon zu einer Funktion am ›technisch-ökonomischen Wesen‹ (Carl Schmitt) aufgelöst«[661]: »Die Weltherrschaft des technisch-ökonomischen Denkens ist da und sie ist am Werke, sich ins Dauernde und Unbeschränkte zu befestigen. [...] Die Herrschaft des technisch-ökonomischen Wesens ist gerade in ihrer Rationalität und Zweckmäßigkeit zum dunkelsten Rätsel geworden«[662]. »Kunst, Wissenschaft, Sittlichkeit, Religion sind den industriellen Menschen nicht mehr die Zielwirklichkeiten, die zu erstreben und denen zu dienen der natürliche Wesensausdruck des Menschen ist; sie sind umgekehrt die Hilfsmittel zur Beförderung des tatsächlich dominierenden Lebenszweckes: der Technik und der Wirtschaft. So weit ist die Herrschaft des technisch-ökonomischen Wesens schon in sich geschlossen, so unabhängig – automatisch – läuft seine Maschinerie, daß es die fremden Götter des Geistigen nicht einmal mehr neben sich, geschweige denn über sich dulden kann«[663].

Als geistigen Wurzelgrund des industriellen Menschen macht Eschweiler die Philosophie Kants aus, die mit der absoluten Autonomie des Individuums die menschliche Wirklichkeit »zu einer Funktion des unendlichen Prozesses« entwest und den industriellen Menschen zum Funktionär der ökonomischen Rationalität entwürdigt habe[664]. Dagegen und als Ansatz für eine Neubesinnung setzt Eschweiler den Humanitätsbegriff Thomas von Aquins, der den Menschen »als ein einzelnes Glied in einer universalen Wesens- und Wirkensordnung« sehe[665].

---
[659] Vgl. C. SCHMITT, Katholizismus, S. 23.
[660] Vgl. C. SCHMITT, Zeitalter, S. 79; vgl. oben III. 4. a).
[661] K. ESCHWEILER, Herkunft, S. 378.
[662] EBD., S. 379 f.
[663] EBD., S. 380 f.
[664] EBD., S. 390.
[665] EBD., S. 383.

Einer Meinung mit Schmitt ist Eschweiler, »daß die im Industrialismus akut gewordene Menschheitsfrage nicht mit dem Tradieren mittelalterlicher Texte und noch weniger mit ›organischer‹ Romantik zu bewältigen ist«[666]. Die Kirche könne schließlich »aus dem Glauben an die Wirklichkeitsmacht des natürlichen Menschen«[667] der neuen Technik und Wirtschaft unbefangen gegenübertreten. Daraus wird deutlich, daß auch Eschweiler nur den Geist des ökonomischen und technischen Denkens, nicht aber Ökonomie und Technik als solche verwirft. In dieser Unbefangenheit trifft er sich mit Schmitt.

Eine nahezu identische Position zur Technik wie Carl Schmitt vertritt 1932 Kardinal Faulhaber. Für ihn sind die Errungenschaften der Technik Folgen des göttlichen Kulturgebotes, der Mensch möge sich der Erde untertan machen. Auch wenn Faulhaber die negativen Auswirkungen der Maschinen wie Arbeitslosigkeit und monotone Bedienung nicht verschweigt, so steht er der Technik als solcher doch positiv gegenüber: »Manche Kranke [...] konnten noch mit den heiligen Sakramenten versehen werden, weil der Seelsorger durch das Telefon gerufen werden konnte. Manche Verunglückte wurden vor dem Sterben vom Kaplan der nächsten Pfarrei noch erreicht, weil dieser mit dem Kraftrad in ein paar Minuten zur Stelle sein konnte«[668].

Fasziniert zeigt sich Kardinal Faulhaber insbesondere vom Rundfunk, der es etwa ermögliche, daß bei Katholikentagen die deutschen Katholiken sich zu einer einzigen Gemeinde zusammenfänden. So könne »der Sender des Rundfunks auch zu einem Sendboten des Reiches Gottes werden«[669]. Aus diesen Gründen ruft der Kardinal die Katholiken auf, das neue Zeitalter der Technik mitzugestalten: »Wir dürfen den Fortschritt auf diesen Gebieten nicht denen überlassen, die mit Bombentechnik nur zerstören wollen oder Menschen unter die Maschine stellen. Die Geisteswissenschaften müssen im Geistesleben der Menschheit den Primat vor aller Technik behalten«[670].

Kardinal Faulhaber sieht wie Carl Schmitt also die enormen Multiplikationseffekte, die sich für das Ideelle durch den Gebrauch der modernen Technik ergeben. Beide lassen keinen Zweifel daran, daß sich die Technik dem Primat der Idee oder des Geistes zu fügen hat. Was der Staatsrechtler für Politik und Staat in Anspruch nimmt, tut der Theologe für Religion

---

[666] EBD., S. 398.
[667] EBD., S. 398.
[668] KARDINAL M. V. FAULHABER, Kirche, S. 1101.
[669] EBD., S. 1101.
[670] EBD., S. 1101.

4. Primat des Politischen statt Herrschaft des Ökonomischen   173

und Kirche. Beide wollen sich der Technik als Mittel zu ideellen Zwecken bedienen und stehen damit weit über der wirklichkeitsfremden Nostalgie, die etwa bei Romano Guardini zum Ausdruck kommt.

Im übrigen ergibt sich auch eine erstaunliche inhaltliche und terminologische Nähe zu Schmitts Kritik am ökonomischen Denken, wenn der Kardinal 1932 die Enzyklika »Quadragesimo anno« mit den Worten kommentiert: »Im besonderen verurteilt der Heilige Vater jenen Kapitalismus, der zur Weltherrschaft, zum Imperialismus geworden ist, der in das staatliche und sogar in das zwischenstaatliche Leben der Völker hineinregiert, der sich also zu einer Nebenregierung neben den rechtmäßigen Regierungen, ich sage sogar: zu einer Art Oberregierung ausgewachsen hat«[671].

c) Ökonomie-Konzeptionen im deutschen Katholizismus

Im Kampf gegen die Auswüchse des Kapitalismus waren sich die Katholiken in der Zeit der Weimarer Republik einig. In der Wirtschaftstheorie und -ethik, in der Frage, wie diesen Verwerfungen konstruktiv beizukommen sei, gab es jedoch keine einheitliche Antwort.

Im wesentlichen[672] lassen sich drei Schulen oder Grundrichtungen in der katholischen Wirtschaftslehre ausmachen: der Wirtschaftsliberalismus, der Solidarismus und der Universalismus[673].

Adolf Weber[674] bejaht grundsätzlich die Mechanismen der freien Marktwirtschaft, insbesondere also freie Konkurrenz und Preisbildung, ohne jedoch die Notwendigkeit einer korrigierenden Sozialpolitik des Staates zu verkennen.[675] Er wendet sich vor allem gegen die sozialistische Planwirtschaft und verteidigt seine Theorie der sozialen Marktwirtschaft gegen den Vorwurf, sie rede dem freien Spiel egoistischer Sonderinteressen das Wort[676]. Der Staat solle sich in der Wirtschaft möglichst zurückhalten. Es könne keinen »Primat des Staates über die Volkswirtschaft ge-

---

[671] Kardinal M. v. Faulhaber, Brückenbau, S. 491 f.
[672] Ein umfassender Überblick über die von Katholiken vertretenen Wirtschaftstheorien ist hier nicht möglich. Hingewiesen sei am Rande noch auf den Nationalökonomen Götz Briefs (1889 – 1974), der sich in sozialethischer Hinsicht sowohl gegenüber dem liberalistischen Individualismus als auch gegenüber dem marxistischen Kollektivismus abgrenzte. Zu G. Briefs siehe B. Külp, Sp. 887 ff.
[673] Der Universalismus O. Spanns übernahm im wesentlichen das antikapitalistische Wirtschaftsideal der auf Karl Frhr. v. Vogelsang (1818 – 1890) zurückgehenden katholisch-sozialen Bewegung, auf deren Darstellung hier deshalb verzichtet werden kann. Beide stützten ihre Theorien wesentlich auf A. Müller. Vgl. zu Vogelsang J. Oelinger, Sp. 765 f.
[674] Vgl. zu Person und Werk A. Webers G. N. Halm.
[675] Vgl. A. Weber, Sozialpolitik, S. 24. –
[676] A. Weber, Volkswirtschaft, S. 561 – 582.

ben. Wer nach diesem unmöglichen Ziel strebt, arbeitet ohne es zu wissen an der Vernichtung des Staates und der Volkswirtschaft«[677].

In der katholischen Wirtschaftsethik dominierte in den 20er und 30er Jahren der sog. Wirtschafts-Solidarismus. Er wurde insbesondere von den Jesuiten Heinrich Pesch, der zugleich als dessen Begründer gilt, Gustav Gundlach und Oswald von Nell-Breuning vertreten. Pesch stellt 1919 fest, »daß eine Wirtschaftsverfassung, in welcher die Volkswirtschaft ganz von dem privaten Geldinteresse beherrscht wird, wo man den Profit unter dem Schleier einer verfälschten Produktionskostenberechnung und mit den dunklen Mitteln der Geheimdiplomatie raffinierter Bilanzen zu verdecken versteht, wo der materialistische, mammonistische Geist oberster Leiter ist, daß eine solche kapitalistische Wirtschaftsverfassung nur im Gegensatz zur christlichen Moral geworden ist (und bis heute ihre schmachvolle Existenz gefristet hat). Kapitalismus und Christentum stehen einander gegenüber wie Feuer und Wasser!«[678] Anstelle des Kapitalismus und des Sozialismus, der mit der Überwindung des Privateigentums die falsche Antwort gebe, stellt Pesch eine Wirtschaftsverfassung, in der nicht der subjektive Gewinnzweck, sondern die Bedarfsversorgung des Volkes an erster Stelle zu stehen habe. »Nach diesem Zwecke wird der volkswirtschaftliche Prozeß seine Regelung empfangen durch das Gewissen des einzelnen, durch die berufsgenossenschaftlichen Organisationen [...] und in höchster Instanz durch den Staat«[679].

Othmar Spann formuliert 1932 seine Überzeugung, daß die Wirtschaft wie der Staat »auf den Grundsätzen von 1789«, d.h. auf den Grundsätzen »des Individualismus und seiner wichtigsten politischen Form, des Liberalismus« beruht[680]. Gegen die individualistische Staats- und Volkswirtschaftslehre, zu der seiner Auffassung nach »die politisch bestimmenden deutschen Katholiken nicht nur taktisch, sondern grundsätzlich Ja und Amen gesagt haben«, stellt er die »Grundsätze des organischen oder der universalistischen Auffassung von Gesellschaft, Staat und Wirtschaft, wie sie in der Ideenwelt vor der Aufklärung herrschten«. In einer ständischen Wirtschaftsordnung entstehe die Wirtschaft nicht durch das Zusammentreffen Einzelner auf dem Markte. Sie erweise sich vielmehr »als ein Teil des Gesamtganzen der Gesellschaft, und zwar als jener Teil, welcher die Mittel für die Erreichung der Ziele des Lebens bereitstellt«. Spann postu-

---

[677] Zit. nach O. Issing, S. 33.
[678] H. Pesch, S. 8 f.
[679] Ebd., S. 10.
[680] O. Spann, Schicksalsstunde, S. 565; folgende Zitate ebd.

4. Primat des Politischen statt Herrschaft des Ökonomischen 175

liert damit eindeutig den Primat der Politik, genauer: der universalistischen Philosophie über die Wirtschaft.

Zwischen den Anhängern der drei genannten Richtungen wurden in den 20er und vor allem 30er Jahren hitzige Auseinandersetzungen ausgetragen. Die Ganzheitstheoretiker polemisierten gegen den »ganz banalen Linkskurs« der Solidaristen Gundlach und Nell-Breuning[681]. Gundlach scheute sich im Gegenzug nicht, die Philosophie Spanns als unsachlich und gewaltsam zu brandmarken[682]. Der von Spann-Anhängern als Neuliberaler verunglimpfte Adolf Weber, der noch ganz den individualistisch-liberalen Ideen der Aufklärung verhaftet sei[683], warnte vor »volkswirtschaftlichen Traumtänzereien«. Philosophische Prinzipien gäben »den Menschen nicht das Brot, das wir für sie haben wollen«[684]. Freilich fand sich Weber bald im geschichtlichen Abseits. Spann erhielt 1931 durch die Forderung von »Quadragesimo anno«, eine berufsständische Ordnung zu errichten, mächtigen Auftrieb. Und die Nationalsozialisten nahmen seine theoretischen Versatzstücke bereits vor ihrer Machtergreifung in ihr Programm auf.

Carl Schmitt nimmt in seinen Schriften von diesen Auseinandersetzungen der katholischen Wirtschaftstheoretiker und Sozialethiker keine Notiz. Seine politische Theorie mit der Forderung des Primats der Politik über die Wirtschaft beschränkt sich im wesentlichen auf die im Katholizismus verbreitete Kritik am Geist des Kapitalismus, die bei Schmitt allgemeiner als Kritik des ökonomischen Denkens vorgetragen wird. Sie ist insoweit allenfalls eine theoretische Negation des Bestehenden und vor allem Kritik am Liberalismus.

Die Ablehnung des Kapitalismus als Ausdruck des Liberalismus und der »Ideen von 1789« ermöglichte vielen Katholiken 1933 den Zugang zum Nationalsozialismus, der gerade den Primat der Politik über Ökonomie und Technik forderte und einen scharfen Antikapitalismus vertrat. So schienen 1933 dem Protestanten Albrecht Erich Günther »in den sozialen Tendenzen des Katholizismus, vor allem insoweit sie die folgerichtige Wendung des Katholizismus gegen den liberalen Kapitalismus zum Ausdruck bringen, eine Ausgangsstelle für die *aktive* Beteiligung des Katholizismus im neuen Staate zu liegen«[685].

---

[681] E. Ferber, S. 367.
[682] G. Gundlach, Konservatismus, S. 295.
[683] E. Ferber, S. 364.
[684] A. Weber, Idee, S. 161 f.
[685] A. E. Günther, Zwiesprache, S. 400.

III. Schmitts Positionen im Kontext des Katholizismus

d) Carl Schmitts Position im Kontext der päpstlichen Wirtschaftsethik

Schmitts Eintreten für den Primat des Politischen gegenüber dem Ökonomischen liegt auf der Linie der päpstlichen Soziallehre. Bereits Leo XIII. verwirft in seiner Enzyklika »Rerum novarum« 1891 den liberalen Nachtwächterstaat, der den unsozialen Wucherungen des Manchester-Kapitalismus keinen Einhalt gebiete. Pius XI. unterstreicht noch klarer als Leo XIII., daß die Wirtschaft nicht allein den Gesetzen des Marktes überlassen werden darf. »Höhere und edlere Kräfte müssen es sein, die die wirtschaftliche Macht in strenge und weise Zucht nehmen: die soziale Gerechtigkeit und die soziale Liebe!«[686] Der Papst fordert deshalb von den Staaten, eine Rechts- und Gesellschaftsordnung herbeizuführen, in der die soziale Gerechtigkeit der Wirtschaft das Gepräge gebe[687]. Eine solche Berufung auf die Gerechtigkeit findet sich bei Schmitt jedoch nicht. Der Staatsrechtler argumentiert bei seinem Kampf gegen das aus liberalem Geist gespeiste ökonomische Denken nicht ethisch, sondern ausschließlich politisch und rechtlich.

Der Technik steht die päpstliche Soziallehre unbefangen gegenüber. Allenfalls die Menschen, die mit Hilfe dieser Technik ungerechte Gesellschaftsverhältnisse schaffen, werden kritisch betrachtet; die Technik selbst wird – wie bei Schmitt – nicht beklagt.

Während die sog. soziale Frage, die Frage nach der Stellung der Arbeiterschaft in der Gesellschaft, die päpstliche Soziallehre Ende des 19. und Anfang des 20. Jahrhunderts intensiv beschäftigt, nimmt sich Schmitt dieser Problematik nur am Rande an. Er sieht 1928 zwar eine zentrale Aufgabe des Staates darin, »das Proletariat, eine nicht besitzende und nicht gebildete Masse, in eine politische Einheit zu integrieren«[688]. Im Gegensatz zur katholischen Staatslehre, die diese Aufgabe vordringlich als eine ethische definiert, betrachtet Schmitt das Proletariat ausschließlich aus staatsrechtlicher Perspektive. Das Funktionieren des Staates ist sein Maß, nicht das Schicksal der Arbeiterschaft.

Zum Gedanken der berufsständischen Ordnung, einem Kernstück der Enzyklika »Quadragesimo anno« von 1931, findet Carl Schmitt 1933 zumindest begrifflich einen Zugang.[689] Unabhängig von der Frage der näheren Ausgestaltung der berufsständischen Ordnung, die sowohl bei Pius XI. als auch bei Carl Schmitt offen bleibt, können beide unter diesem Begriff inhaltlich jedoch nicht dasselbe verstanden haben. In »Quadragesimo anno« steht die Forderung nach dem Aufbau einer berufsständischen

---

[686] Zit. nach TEXTE ZUR KATHOLISCHEN SOZIALLEHRE, S. 124 (Quadragesimo anno, Nr. 88).
[687] Ebd., S. 124.
[688] C. SCHMITT, Rechtsstaat, S. 202.
[689] Vgl. C. SCHMITT, Staat, S. 13.

Ordnung neben derjenigen nach der Verwirklichung des Subsidiaritätsprinzips. Trotz der Verantwortung, die Pius XI. dem Staat etwa für die Sozialgesetzgebung zuschreibt, ist nach dem Subsidiaritätsprinzip eine weitgehende Selbstverwaltung der Stände erforderlich. Deshalb ist die Forderung nach einer berufsständischen Ordnung und nach Realisierung des Subsidiaritätsprinzips gerade gegen die politische Allmacht des Staates gerichtet. Bei Schmitts Autonomievorstellungen für die Selbstverwaltung im Rahmen des starken Staates liegt der Akzent sehr viel deutlicher bei der Verantwortung der politischen Führung, also bei der Betonung der Machtfülle des Staates auch gegenüber dem Bereich der Selbstverwaltung. Deshalb kann nicht davon ausgegangen werden, Schmitt habe 1933 mit seinem Eintreten für eine berufsständische Ordnung eine Forderung der päpstlichen Soziallehre aufgenommen.[690]

5. Dezisionismus statt Naturrecht

a) Carl Schmitts dezisionistische Rechtstheorie

»Souverän ist, wer über den Ausnahmezustand entscheidet«[691]. Mit dieser berühmt gewordenen Definition beginnt Carl Schmitt 1922 das erste der vier Kapitel zur Lehre von der Souveränität, der »Politischen Theologie«, und faßt damit das Ergebnis seiner Dezisionismus-Theorie zusammen, die er insbesondere in den beiden ersten Kapiteln entwickelt. Schmitts Souveränitätsbegriff ist personalistisch, da er auf die Bedeutung des entscheidenden Subjekts hinweist[692], und er ist von der Ausnahme her geprägt: »Die Ausnahme ist interessanter als der Normalfall. Das Normale beweist nichts, die Ausnahme beweist alles«[693]. Mit beiden Dimensionen ist Schmitts »Politische Theologie« wie bereits »Der Wert des Staates und die Bedeutung des Einzelnen« eine Kampfschrift gegen den Rechtspositivismus, der das Recht als die Summe der staatlich gesetzten Normen betrachtet.

Der Ausnahmezustand ist für Schmitt etwas anderes als Anarchie und Chaos. Im juristischen Sinne bestehe in ihm »immer noch eine Ordnung, wenn auch keine Rechtsordnung. Die Existenz des Staates bewährt hier eine zweifellose Überlegenheit über die Geltung der Rechtsnorm. Die Entscheidung macht sich frei von jeder normativen Gebundenheit und wird im eigentlichen Sinne absolut«[694]. Kurz: »Die Entscheidung ist nor-

---
[690] Vgl. unten III. 9. d).
[691] C. Schmitt, Politische Theologie, S. 11.
[692] Ebd., S. 44.
[693] Ebd., S. 22.
[694] Ebd., S. 19.

mativ betrachtet aus dem Nichts geboren«[695]. In der Ausnahme offenbare sich »ein spezifisch juristisches Formelement, die Dezision, in absoluter Reinheit. In seiner absoluten Gestalt ist der Ausnahmefall dann eingetreten, wenn erst die Situation geschaffen werden muß, in der Rechtssätze gelten können«[696]. »Es gibt keine Norm, die auf ein Chaos anwendbar wäre«[697].

Als klassischen Vertreter des dezisionistischen Typus benennt Carl Schmitt Thomas Hobbes, zu dessen berühmter Formel »auctoritas, non veritas facit legem« er sich bekennt[698]. Hobbes habe auch den Zusammenhang von Dezisionismus und Personalismus zutreffend gewürdigt: »Bei der selbständigen Bedeutung der Entscheidung hat das Subjekt der Entscheidung eine selbständige Bedeutung neben ihrem Inhalt. Es kommt für die Wirklichkeit des Rechtslebens darauf an, wer entscheidet. Neben der Frage nach der inhaltlichen Richtigkeit steht die Frage nach der Zuständigkeit und in der Eigenbedeutung des Subjekts liegt das Problem der juristischen Form. Sie hat nicht die apriorische Leerheit der transzendentalen Form; denn sie entsteht gerade aus dem juristisch Konkreten«[699].

Als Gewährsleute für seine dezisionistische Theorie benennt Schmitt die katholischen Staatsphilosophen der Gegenrevolution de Bonald, de Maistre und Donoso Cortés. Diese grenzt er ausdrücklich gegen die deutschen politischen Romantiker Novalis und Adam Müller ab, denen die Vorstellung vom »ewigen Gespräch« eigentümlich sei[700]. Bei de Bonald, de Maistre und Donoso Cortés dagegen trete »der Begriff der Entscheidung in den Mittelpunkt ihres Denkens«. Entgegen der üblichen Terminologie spricht Schmitt bei diesen katholischen Philosophen nicht von Traditionalisten, wenngleich er einräumt, daß die Restauration mit dem Begriff der Tradition »gegen den aktivistischen Geist der Revolution« gekämpft habe. Für ihn sind diese Philosophen vielmehr Dezisionisten. »Alle formulieren ein großes Entweder-Oder, dessen Rigorosität eher nach Diktatur klingt als nach einem ewigen Gespräch.«

Bei de Bonald seien es »die Gegensätze von Gut und Böse, Gott und Teufel, zwischen denen auf Leben und Tod ein Entweder-Oder besteht«[701]. De Maistre betone die Souveränität, die bei ihm wesentlich Entscheidung bedeute, und die Wesensgleichheit von der Souveränität der

---
[695] EBD., S. 42.
[696] EBD., S. 19.
[697] EBD., S. 20.
[698] Vgl. EBD., S. 44.
[699] EBD., S. 46.
[700] EBD., S. 69; folgende Zitate EBD.
[701] EBD., S. 71.

staatlichen Ordnung mit der geistlichen Ordnung. »Jede Souveränität handelt, als wäre sie unfehlbar, jede Regierung ist absolut«[702], zitiert Schmitt de Maistre. In der Praxis sei es für den Franzosen dasselbe: »Keinem Irrtum unterworfen zu sein und keines Irrtums angeklagt werden zu können; das Wesentliche ist, daß keine höhere Instanz die Entscheidung überprüft«[703].

Der bedeutendste katholische Repräsentant des dezisionistischen Denkens ist für Carl Schmitt Donoso Cortés. Dessen typisches Bild, »die blutige Entscheidungsschlacht«[704] zwischen Katholizismus und atheistischem Sozialismus, sowie dessen Definition der Bourgeoisie als »*diskutierende Klasse*« faszinieren ihn besonders: »Damit ist sie gerichtet, denn darin liegt, daß sie der Entscheidung ausweichen will. Eine Klasse, die alle politischen Aktivitäten ins Reden verlegt, in Presse und Parlament, ist einer Zeit sozialer Kämpfe nicht gewachsen.« »Jener Liberalismus mit seinen Inkonsequenzen und Kompromissen lebt für Cortes nur in dem kurzen Interim, in dem es möglich ist, auf die Frage: Christus oder Barrabas, mit einem Vertagungsantrag oder der Einsetzung einer Untersuchungskommission zu antworten«[705].

Sobald Donoso Cortés erkannt habe, daß die Zeit der Monarchie zu Ende ist, »führte er seinen Dezisionismus zu Ende, das heißt, er verlangte eine politische Diktatur«[706]. Für Schmitt ist dies die »Reduzierung des Staates auf das Moment der Entscheidung, konsequent auf eine reine, nicht räsonnierende und nicht diskutierende, sich nicht rechtfertigende, also aus dem Nichts geschaffene absolute Entscheidung.« Das sei »wesentlich Diktatur, nicht Legitimität«. Angesichts des letzten Kampfes zwischen Katholizismus und Sozialismus werde für Donoso Cortés der Gedanke der Erbfolge »leere Rechthaberei«.

Bereits in Schmitts »Der Wert des Staates und die Bedeutung des Einzelnen« von 1914 geriet der Staat bei seiner Aufgabe, das Recht zu verwirklichen, faktisch in eine dem Recht überlegene Stellung, da das Recht im Kern als substanzlos und wehrlos vorgestellt wurde. In der »Politischen Theologie« wird 1922 nur noch die Frage nach dem Subjekt der Entscheidung, nicht jedoch ihr Inhalt thematisiert. Die Person des Entscheidenden steht ganz im Mittelpunkt der Rechtstheorie. Auctoritas, non

---

[702] EBD., S. 71.
[703] EBD., S. 72.
[704] EBD., S. 75; folgende Zitate EBD.
[705] EBD., S. 78; die Formulierung ist sinngemäß von D. Cortés übernommen (vgl. F. X. HOERMANN, Staatsmann, S. 10).
[706] C. SCHMITT, Politische Theologie, S. 83; folgende Zitate EBD.

veritas facit legem. Die »veritas« gerät hier nahezu in den Bereich der Belanglosigkeit. Schmitt läßt die Frage nach der inhaltlichen Richtigkeit der Entscheidung, um die er noch 1912 in seiner Arbeit »Gesetz und Urteil« kreiste, zwar noch zu[707], sein Interesse gilt ihr jedoch nicht mehr. Diese Tendenz zeichnete sich bereits mit der Bemerkung Schmitts in seiner Habilitationsschrift von 1914 ab, es sei unter Umständen wichtiger, »*daß* überhaupt etwas positive Bestimmung wird, als welcher konkrete Inhalt dazu wird«[708].

b) Dezisionismus und Naturrecht

Wollte sich Schmitt 1914 in »Der Wert des Staates und die Bedeutung des Einzelnen« noch an einem »Naturrecht ohne Naturalismus« orientieren, so sucht man in seinen Werken Anfang der 20er Jahre vergeblich nach einem Bezug auf ein solches vorgegebenes Recht. Schmitt strebt nach einer »Philosophie des konkreten Lebens«[709], in der eine naturrechtliche Umfassung im Sinne eines Gerechtigkeitsnaturrechts nicht mehr vorgesehen ist.

In seiner »Diktatur« unterscheidet Schmitt 1921 zwei Arten von Naturrecht: ein Gerechtigkeitsnaturrecht und ein wissenschaftliches Naturrecht. Für ersteres stehe Grotius. Es gehe davon aus, »daß ein Recht mit bestimmtem Inhalt als vorstaatliches Recht besteht«[710]. Letzterem liege der Satz von Hobbes zugrunde, »daß es vor dem Staate und außerhalb des Staates kein Recht gibt und der Wert des Staates gerade darin liegt, daß er das Recht schafft, indem er den Streit um das Recht entscheidet«. Während sich die eine Richtung des Naturrechts am Inhalt einer Entscheidung orientiere, sei für die andere nur von Interesse, »daß überhaupt eine *Entscheidung* getroffen wird«. Vor dem Hintergrund seiner Ausführungen in »Politische Theologie« von 1922 bestehen keine Zweifel, welche der beiden Arten von Naturrechtsvorstellungen Schmitt bevorzugte.

In der thomistisch-naturrechtlichen Staats- und Rechtslehre sind im Vergleich zu Schmitts Dezisionismus die Akzente anders gesetzt. Mittelpunkt dieser Lehre ist das Ausgerichtetsein des individuellen wie des staatlichen Willens auf die von Gott festgelegte Ordnung der lex aeterna[711], an der der Mensch über die durch den Intellekt erkennbare lex naturalis

---
[707] EBD., S. 46.
[708] C. SCHMITT, Wert, S. 79.
[709] C. SCHMITT, Politische Theologie, S. 22.
[710] C. SCHMITT, Diktatur, S. 22; folgende Zitate EBD.
[711] THOMAS VON AQUIN, s. th. II 1 qu. 91, 2.

5. Dezisionismus statt Naturrecht

teilnimmt. Der Mensch kann dadurch erkennen, was vernünftig und sittlich geboten ist. Der Wille des Menschen erstrebt in sittlicher Freiheit, was die Vernunft durch ein Urteil als Zielgut erfaßt hat.[712] Lex aeterna, lex naturalis und Vernunft sind demnach dem Willen, der auch als freier und dem Irrtum zugänglicher Wille ernstgenommen wird, vorgelagert. Gleiches gilt für den Staat und seine Gewalt, die sich vorrangig als Gesetzgebungsgewalt betätigt. Da nach der thomistischen Naturrechtslehre jedes Gesetz unmittelbar oder mittelbar auf das ewige Gesetz zurückgeht, ist dieses folglich die höchste und unbedingte Richtschnur der Staatsgewalt.[713] In der juristischen Form, um in der Terminologie Schmitts zu bleiben, gebührt nach diesem katholischen Naturrechtsdenken dem Inhalt einer Norm oder Entscheidung der Vorrang vor dem Subjekt der Normsetzung oder Entscheidung. Autorität ist außerdem göttliche Gabe bei der Aufgabe der Gemeinwohlverwirklichung; das erste und letzte Gesetz in der Gemeinschaft.[714] Der aristotelische Gedanke der Entelechie, der hinter dieser Staatszweckbestimmung steht, ist in Schmitts Dezisionismus ebensowenig zu finden wie der für die naturrechtliche Staatslehre zentrale Begriff des »bonum commune«[715].

Wenn Schmitt Hobbes' These »auctoritas, non veritas facit legem« zustimmt, dann ist damit zwar per se nicht gesagt, daß die veritas bedeutungslos ist. Die *auctoritas* könnte sich ja an der *veritas* orientieren. Aus dem polemischen Kontext ergibt sich jedoch, daß die auctoritas durchaus auf Kosten der veritas entscheiden kann. Auch Schmitts Satz, die Entscheidung sei, normativ betrachtet, aus einem Nichts geboren[716], zeigt, daß sein Dezisionismus nicht nur gegenüber einem persönliche Autorität ablehnenden Rechtspositivismus auf Kollisionskurs geht, sondern auch vom an normativen Elementen orientierten katholischen Naturrechtsdenken weit entfernt ist.[717] Für das thomistische Naturrecht wurzelt jede Norm letztlich in der lex aeterna, also in einer göttlichen Norm, die jedoch ebenfalls als Norm gedacht wird. Eine Entscheidung aus einem normativen Nichts kann es nach dieser Lehre folglich nicht geben. Bei aller

---

[712] Vgl. P. TISCHLEDER, Staatslehre, S. 23.
[713] EBD., S. 219 f.
[714] EBD., S. 257.
[715] C. Schmitt gebraucht diesen Begriff, soweit ersichtlich, nur in einer Rede anläßlich einer Veranstaltung der rheinischen Zentrumspartei; vgl. unten III. 7. b) »Die Rheinlande als Objekt internationaler Politik« (1925).
[716] C. SCHMITT, Politische Theologie, S. 42.
[717] Was C. Schmitt vom Naturrecht hielt, hat er 1961 in einem Brief an J. Freund unmißverständlich zum Ausdruck gebracht: »Das Naturrecht ist praktisch nur eine Summe von Generalklauseln, die so billig, banal und vielseitig sind, dass ich mich geniere, mich ihrer zu bedienen« (C. Schmitt, in: P. TOMMISSEN, Schmittiana – 2, S. 51).

Wertschätzung, die in der katholischen Soziallehre der Autorität der Staatsgewalt zugesprochen wird, besteht doch kein Zweifel, daß die Staatsautorität über die lex naturalis von der lex aeterna auch bei der Umsetzung der zeitlosen und allgemeingültigen Prinzipien in zeit- und ortsbezogene Rechtssätze in die Pflicht genommen wird. Dies gilt auch im Ausnahmefall.

Wenn Schmitt feststellt, daß die Ordnung hergestellt sein muß, damit die Rechtsordnung einen Sinn hat[718], steht dahinter eine Wertschätzung der Ordnung, die in der philosophia perennis durchaus ihre Entsprechung findet. »Alles in der Welt ist geordnet«, sagt Thomas von Aquin unter Berufung auf die paulinische Staatslehre in Röm. 13[719]. In der Welt hat demnach alles einen durch Gott bestimmten Platz und eine eindeutige Zweckbestimmung. Gerade aus diesem für das Mittelalter grundlegenden Ordnungsgedanken, der sein Fundament in der aristotelischen Metaphysik hat, entwickelt Thomas von Aquin die Lehre von der lex aeterna, mittels derer Gott allen Geschöpfen ihre spezifische Zweckbestimmung eingeprägt hat.[720] Nachdem Gott im Schöpfungsakt aus dem Chaos Kosmos hervorgebracht hat, wird nun diese Schöpfungsordnung als bestehend vorausgesetzt. Der Mensch kann sie allenfalls vorübergehend stören. In diesem Falle ist es die Aufgabe des Staates, die Ordnung wiederherzustellen. Wenn Schmitt dies mit seiner Feststellung meint, es müsse im Ausnahmefall erst die Situation geschaffen werden, in der Rechtssätze gelten können[721], würde er damit mit der katholischen Lehre übereinstimmen.

Carl Schmitt zog bereits 1914 einen scharfen Trennungsstrich zwischen Recht und Ethik[722]. 1930 lehnt er jede »Unterwerfung des Staates unter ethische Normen«[723] ab: »In soziologischer Konkretheit bedeutet Unterwerfung des Staates unter ethische Normen nichts anderes als Kontrolle und Herrschaft derjenigen Menschen und sozialen Gruppen, die in der konkreten Wirklichkeit gegenüber dem konkreten Staat im Namen ethischer Normen auftreten und sie zur Geltung bringen«[724]. Anstelle von »ethischen Normen« könnte an dieser Stelle auch »naturrechtliche Prinzipien« stehen, die Recht und Ethik in einem gemeinsamen iustum zusammenführen. Die Absage wäre die gleiche. Denn auch hier müssen diese Prinzipien von konkreten Menschen einem konkreten Staat gegenüber

---

[718] C. SCHMITT, Politische Theologie, S. 20.
[719] Thomas von Aquin, De malo XVI, 9; zit. nach H. WELZEL, S. 58.
[720] Vgl. H. WELZEL, S. 58.
[721] C. SCHMITT, Politische Theologie, S. 19.
[722] Vgl. unten III. 1. c).
[723] C. SCHMITT, Staatsethik, S. 144.
[724] EBD., S. 144.

5. Dezisionismus statt Naturrecht

geltend gemacht werden. Schmitts »Philosophie des konkreten Lebens« stellt damit ethische Normen und naturrechtliche Prinzipien 1930 mit einem antiklerikalen Akzent unter Ideologieverdacht.

Leo XIII. setzt in seiner Staatslehre alles daran, um die Katholiken, außer bei offenkundiger Verletzung des natürlichen oder göttlichen Rechts und Verletzung kirchlicher Rechte[725], vom Widerstand gegen die Staatsgewalt abzuhalten. Bei Rechtsmißbrauch empfiehlt er Geduld und Gebet[726]. Sobald sich aber in oder aufgrund einer Revolution eine neue Regierung konstituiert hat, sind die Katholiken verpflichtet, dieses neue Regime anzuerkennen[727]. Nur so könne das »Chaos der Anarchie«[728] vermieden werden. Der eschatologische Vorbehalt gegenüber allem Zeitlichen, der hinter dieser Staatslehre steht, verurteilt die Katholiken, in wichtigen Momenten der Geschichte auf den Zuschauerrängen Platz zu nehmen.[729] Sie handeln nicht und sie entscheiden sich nicht. Sie erkennen lediglich an, solange oder sobald eine Herrschaft politisch etabliert ist. Die leonische Staatslehre ist somit kaum in der Lage, die Katholiken als geschichtliche Größe in den Prozeß des geschichtlichen Wandels, der ja häufig mit einer »sündhaften« Revolution erkauft ist, einzubringen. Sie ist ein Stück weit wirklichkeitsfremd und neigt im Zweifel zur Rechtfertigung und Stabilisierung des Status quo. Eine politische Aktivität im Sinne des Politik-Begriffes Schmitts, eine Aktivität also, die die innenpolitische Konsequenz des Bürgerkrieges nicht scheut, ist den Katholiken nach der Staatslehre Leos XIII. in der Regel nicht möglich.

Schmitts Dezisionismus ist dagegen als Rechtstheorie dynamisch und auf Erklärung des geschichtlichen Wandels hin angelegt. Diese Theorie rührt damit an einer offenen Wunde des zeitgenössischen katholischen Naturrechtsdenkens. Der Dezisionismus hat jedenfalls katholische Zeitgenossen Schmitts in den 20er Jahren angeregt, eigene Versuche zu unternehmen, um über die als unzureichend empfundene naturrechtlich ausgerichtete katholische Staatslehre hinauszukommen.[730]

Bei aller Dynamik, die dem Dezisionismus zugeschrieben wird, darf jedoch nicht übersehen werden, daß Schmitt letztlich, wie Waldemar Gurian 1934 zutreffend feststellte, den rationalistischen durch einen vitalisti-

---

[725] Vgl. P. TISCHLEDER, Staatslehre, S. 222 f.
[726] EBD., S. 230.
[727] EBD., S. 256.
[728] EBD., S. 257.
[729] Vgl. D. JUNKER, S. 140.
[730] Vgl. unten III. 5. c); W. Dirks hat bereits in der Weimarer Republik C. Schmitts Dezisionismus im Kontrast zur Staatslehre Leos XIII. als weiterführend empfunden (Mündlicher Hinweis von W. Dirks am 15. September 1986).

schen Positivismus abgelöst hat[731]. Gurians dafür gepägte Kurzformel »Wer herrscht, hat recht«[732] zeigt, daß sich auch Schmitts Dezisionismus hervorragend als opportunistische, den Status quo rechtfertigende Theorie eignete. Während die katholischen Bischöfe via Naturrecht 1933 den Nationalsozialismus in formaler Hinsicht lediglich als rechtmäßige Obrigkeit anerkannten, stellte sich Carl Schmitt über seinen Dezisionismus und sein konkretes Ordnungsdenken staatsrechtlich und politisch in dessen Dienst. Mochte das katholische Naturrechtsdenken den politischen Status quo legitimieren oder sogar autoritäre Herrschaftsstrukturen begünstigen, letztlich war es gegen einen politischen Totalitarismus gerichtet, dem es seinen eschatologischen Vorbehalt gegen das geschichtliche Menschenwerk und vor allem die Verpflichtung, staatliche Herrschaft am Sittengesetz auszurichten, entgegenhalten konnte. Schmitts Dezisionismus fehlte diese Dimension.

c) Parallele Theorieansätze

Das Naturrecht war zwar für den deutschen Katholizismus nach dem Ersten Weltkrieg »ein Element seiner geistigen Selbstfindung«[733]. Gleichwohl gab es Stimmen, die die Defizite dieses Denkens formulierten und dabei teilweise in die Nähe des Dezisionismus Carl Schmitts gerieten. Am größten war die Skepsis am scholastischen Naturrechtsdenken bei den sog. Linkskatholiken in der Weimarer Republik, die politisch in der Regel auf eine sozialistische Option setzten. Gerade in diesem Lager betrachtete man die naturrechtliche katholische Sozialdoktrin als Hindernis für die als notwendig empfundenen durchgreifenden politischen und sozialen Änderungen. Man fragte kritisch, wem diese Lehre angesichts der konkreten politischen und gesellschaftlichen Verhältnisse zugute kommt. Unter den sog. Linkskatholiken, die ihre eigenen politischen Theorien mit dezisionistischen Elementen anreicherten, sind hier in erster Linie Ernst Michel, Walter Dirks, Robert Grosche und mit Einschränkungen Heinrich Mertens zu nennen. Vergleicht man Schmitts Positionen mit denen dieser Katholiken, läßt sich die These vertreten, daß der katholische Staatsrechtler via Dezisionismus und Naturrechtskritik durchaus den Weg ins Lager der katholischen Sozialisten hätte finden können.

Skepsis gegenüber dem katholischen Naturrechtsdenken war auch im Kreis der katholischen Schüler und Freunde Schmitts, die der »vitali-

---

[731] P. Müller (= W. Gurian), S. 572.
[732] Ebd., S. 576.
[733] A. Hollerbach, Katholizismus, S. 78.

5. Dezisionismus statt Naturrecht

stisch« orientierten katholischen Jugendbewegung zuzurechnen waren, anzutreffen. Zu nennen sind hier vor allem Waldemar Gurian und mit Einschränkungen Karl Eschweiler. Im übrigen gehörten auch Ernst Michel, Walter Dirks und Robert Grosche zur katholischen Jugendbewegung oder standen ihr doch nahe.

Als geschichtlich und heilsgeschichtlich ausgerichteter Intellektueller sympathisierte Michel mit dem in der Tradition Kierkegaards stehenden existentiellen Denken. Gegenüber dem neuzeitlichen idealistischen Humanismus werde hier die Geschöpflichkeit des Menschen ernstgenommen. Man habe erkannt, daß der menschliche Geist nicht in idealen Höhen über den irdischen Wassern schwebe, sondern »in das konkrete Dasein und Sosein des Menschen gebunden«[734] sei. Geist und Geistesleben seien außerdem »in die räumliche und geschichtlich-zeitliche Schicksalswirklichkeit konkreter Gemeinschaft« hineingestellt[735]. Schmitts »Philosophie des konkreten Lebens« mußte vor diesem Hintergrund bei Michel grundsätzlich auf Zustimmung stoßen.

Für Michel bedeutet »die Vordringlichkeit der naturrechtlichen Einstellung unter den Katholiken und katholischen Organisationen [...] die zunehmende Herrschaft eines ungeschichtlichen ethischen Aktivismus«[736]. Dem theologischen und sozialethischen Lehrgut der Kirche fehle, auch wenn es »an sich« wahr sei, die »lebensgestaltende Kraft«, stellt Michel 1926 fest[737]: »Als bloße Lehrsätze, als abstrahierte Grundstrukturen menschlicher Lebensformen, retten sie weder das Leben, noch stiften sie neues geschichtliches Leben, auch wenn hinter sie noch so viel Willenskräfte gesetzt werden. Sie wirken noch als behütende Mauern, aber nicht mehr als gestaltende Lebensmächte. Die Gegenwart belehrt uns zur Genüge, daß ehrliches Bekenntnis und ehrlicher Einsatz für diese naturrechtliche Prinzipien eine sichere Grundlegung der Politik als eines *lebendigen* Tuns nicht zu geben vermögen: gerade bei der Schöpfung und Begründung der besonderen, *geschichtlich* geforderten Lebensordnungen lassen sie uns im Stich«[738]. Michel geht es deshalb darum, die »Alleinherrschaft idealistisch-objektivistischer Theologie zu brechen und in Ehrfurcht vor dem Willen Gottes in der Geschichte auf die besondere *geschichtliche Berufenheit* bestimmter christlicher Wahrheiten den Nach-

---

[734] E. MICHEL, Lebensverantwortung, S. 65.
[735] EBD., S. 65.
[736] EBD., S. 69.
[737] E. MICHEL, Politik, S. 7.
[738] EBD., S. 10.

druck zu legen«[739]. Grundlage einer christlichen Politik sei nicht »das ›christliche‹ Sittengesetz und Naturrecht«[740], sondern das im Glauben verantwortete politische Handeln des Einzelnen[741].

Der linksgerichtete Ernst Michel und Carl Schmitt, der eher dem rechten, national gesinnten Lager zugerechnet wurde, waren sich somit in ihrer – allerdings recht unterschiedlich artikulierten – Kritik an den geschichtlich stumpfen katholischen Sozialprinzipien einig. Den bei Schmitt vorherrschenden antiklerikalen Akzent sucht man bei Michel freilich vergebens. Als entscheidender Unterschied ist festzustellen, daß anders als Schmitt Michel keinen Zweifel daran zuläßt, daß der Staat »einer übergeordneten Instanz und Norm verantwortlich unterstellt«[742] ist und sich dem »Gerechtigkeitsanspruch Gottes«[743] zu beugen hat. Ganz ohne ein Quentchen Naturrecht kommt also auch Michel nicht aus.

Eine gewisse Parallele zu Schmitts Dezisionismus läßt sich bei dem von Walter Dirks (1901 – 1991) Mitte der 20er Jahre entwickelten »christlichen Dezisionismus«[744] feststellen. Dirks gehörte zu den führenden Köpfen der katholischen Jugendbewegung. Auf Vermittlung von Romano Guardini und Ernst Michel kam er 1924 als Leiter des Feuilletons zur »Rhein-Mainischen Volkszeitung«, für die er bis zu deren Schließung durch die Nationalsozialisten 1934 als einer ihrer renommiertesten Autoren arbeitete. Außerdem war er eine wesentliche Stütze der katholischen Pazifisten, deren »Friedenskämpfer« er zeitweise redigierte. Von 1928 bis 1933 studierte er Soziologie und Philosophie.[745] In Dirks Politik-Verständnis fließen neben der Beachtung der Rechtstheorie Schmitts in erster Linie Elemente der Existenzphilosophie, der marxistischen Theorie, der sozialistischen Tradition und vor allem der »Politik aus dem Glauben« von Ernst Michel ein.

Gegen die integralistische, auf dem Boden des Universalismus weitergepflegte Parole des »religion d' abord«, nach der Religion und Kirche gegenüber den Belangen von Politik und Staat der Vorrang eingeräumt werden soll[746], setzt Dirks den »Primat der Politik« in der politischen Sphäre. Dem Zentrum gegenüber stellt er klar, daß politische Parteien primär in den Bereich der Politik und nicht in den der Gesinnung, Weltanschauung

---
[739] EBD., S. 13.
[740] EBD., S. 20.
[741] Vgl. zur politischen Theologie E. Michels oben III. 3. e).
[742] E. MICHEL, Lebensverantwortung, S. 177.
[743] EBD., S. 178.
[744] Der Begriff wurde geprägt von K. Prümm, Einleitung, S. 19.
[745] Zur Person von W. Dirks vgl. U. BRÖCKLING, S. 8 f.
[746] Vgl. K. PRÜMM, Dirks, S. 68.

5. Dezisionismus statt Naturrecht

oder Religion gehören[747]. Von Dirks wird »die allzu unmittelbare Ableitung der Politik aus den überlieferten geistigen Beständen des Katholizismus abgelehnt«[748]. Er beschwört die spezifisch katholische Gefahr, durch »Abbiegung ins Gesinnungsmäßige den Entscheidungen der politischen Sphäre zu entgehen«[749]. Grundsätzliche katholische Standpunkte und Gesinnungen gehörten zu den »*Voraussetzungen* der Politik. Politik selbst fängt erst jenseits dieser Voraussetzungen an«[750]. Dirks unterscheidet folglich eine »Sphäre der Idee und Gesinnung« von der »Sphäre des Handelns«[751], in der die vom Zentrum gepflegte »Politik der Mitte«, des Ausgleichs der weltanschaulichen Gegensätze, nicht mehr möglich sei: »Immer wieder wird für den Handelnden je *eine* einzige eindeutige Tat von der Situation erfordert, und diese Tat muß von jedem Einsichtigen vollzogen werden, mag die Tat konservativ oder fortschrittlich sein, mag der Handelnde sie gern tun oder nicht. In der Sphäre des Handelns wird ›Entscheidung‹ gefordert. Die ›Synthese‹ sagt nicht, was hier und heute zu tun ist«[752]. »Politik ist nicht statisch, sondern dynamisch. Es gilt jeweils zu erkennen, wo die kritischen Punkte, die fruchtbaren Möglichkeiten sind«[753].

Im Zentrum müsse man weg vom »Untersuchen« und hin zur »Parteinahme«. Wenn dabei Uneinigkeit bestehe, müsse »geistig um Klärung gekämpft werden«, wobei man auch nicht vor dem »Augenblick der Machtprobe« zurückschrecken dürfe[754]. Das Christenleben sei nicht so bequem, daß es im politischen Bekenntnis mit Idealen auskommen könne, »die sich unmittelbar aus der Bibel oder dem Katechismus ableiten lassen«[755].

Anders als der Mentor der Jugendbewegung, Romano Guardini, der ein politisch-programmatisches Entweder-Oder vermeiden wollte[756], setzt Dirks für die politische Praxis auf die Entscheidung. Was Dirks von Schmitt abhebt, ist die Kategorie der christlichen Verantwortung, die hinter der Entscheidung steht. Für Dirks ist eine politische Entscheidung auch eine Glaubensentscheidung und damit eingebunden in die Verantwortung des politisch Handelnden vor Gott; eine Dimension, die – zumindest ausformuliert – in Schmitts Theorie nicht aufzufinden ist.

---

[747] W. DIRKS, Primat, S. 131.
[748] EBD., S. 139.
[749] EBD., S. 138.
[750] EBD., S. 134.
[751] EBD., S. 133.
[752] EBD., S. 133.
[753] EBD., S. 135.
[754] EBD., S. 135.
[755] EBD., S. 139; folgende Zitate EBD.
[756] Vgl. K. PRÜMM, Einleitung, S. 15.

Zu den schärfsten Kritikern des scholastischen Naturrechtsdenkens zählte der katholische Sozialist Heinrich Mertens (1906 – 1968). Er schloß sich mit einer Gruppe junger Katholiken der SPD an und gründete 1929 »Das rote Blatt der katholischen Sozialisten«[757]. Für Mertens war der Katholizismus außerstande, »die Eigentümlichkeit *unserer geschichtlichen Epoche*, das Schicksal des Menschen *dieser Zeit* in sich aufzunehmen«[758]. Er hüte Denk- und Lebensformen, die überholt seien. Die herkömmliche katholische Sozialtheorie übertrage »die *soziologischen Grundvorstellungen* der mittelalterlichen Feudalordnung auf das moderne kapitalistische Industriesystem«[759]. Der Unternehmer sei der »Herr«, der Proletarier der untertänige »Knecht«. Beide unterlägen nach patriarchalischem Vorbild einem bestimmten Rechts- und Pflichten-Kodex[760]. Nur aufgrund dieser Übertragung habe man den Klassenkampf ablehnen können, der an sich nichts anderes sei und auf der gleichen sittlichen Stufe stehe wie der Konkurrenzkampf auf dem Warenmarkt[761].

Die Radikalität des Ideologieverdachts, die Schmitt auf der Ebene der politischen Theorie gegen das Naturrechtsdenken formuliert, taucht bei Mertens auf der Ebene der ökonomischen Theorie wieder auf. Eine Bezugnahme auf Schmitt läßt sich freilich nicht feststellen.

Waldemar Gurian war Mitte der 20er Jahre einer der größten Verehrer Schmitts.[762] Ein Zeugnis dieser geistigen Nähe ist noch seine 1930 formulierte kritische Einstellung gegenüber der Bedeutung der naturrechtlichen Theorien in der katholischen Soziallehre. Gurians zentrale These lautet: »Für konkrete Fragen, für die Gestaltung der Wirklichkeit des gesellschaftlichen Lebens unserer Zeit sind abstrakt-theoretische Spekulationen – mögen sie auch in ihren Mittelpunkt den konkreten Menschen, d.h. den Menschen mit seinen Wesenseigentümlichkeiten in der gefallenen Welt stellen – nicht ausreichend. Man kann nicht mit naturrechtlichen Erörterungen Antworten auf Fragen des positiven Rechts geben«[763].

Gurian wendet sich nicht gegen die philosophische Suche nach allgemeinen Prinzipien. Aber in der heutigen sozialen Welt seien die Voraussetzungen des Naturrechts »nicht mehr anerkannt, und damit ist es unmöglich, es in gleicher Weise als Grundregel allen vorzuhalten, wie es in einer Zeit möglich war, da sich Fürsten an Thomas von Aquin mit Fragen

---

[757] Vgl. zur Person H. Mertens: U. Bröckling, S. 96 f.
[758] H. Mertens, S. 357.
[759] Ebd., S. 352.
[760] Ebd., S. 352.
[761] Ebd., S. 353.
[762] Vgl. unten V. 2. b).
[763] W. Gurian, Gestaltungskraft, S. 241 f.

wandten«⁷⁶⁴. Wer dies nicht beachte, drohe in einen »soziologiefreien Raum« zu geraten, in dem man zwar wichtige naturrechtliche Traktate schreiben, aber nicht mit dem Anspruch auftreten könne, zur heutigen Gesellschaft Stellung zu nehmen. Für die abstrakten Erörterungen einer solchen als christlich ausgegebenen Soziallehre bestehe sogar die Gefahr der Ideologie: »Sie rechtfertigt einfach einen bestimmten, vorhandenen sozialen Zustand – und besitzt keine Überzeugungskraft gegenüber denen, die mit ihm unzufrieden sind. Sie vermag keine Kritik gegenüber Bestehendem zu geben – mindestens keine prinzipielle Kritik – wenn sich seine Vertreter einer Terminologie bedienen, die christlichen Traditionen nicht zu widersprechen scheint«⁷⁶⁵. Unter Berufung auf Schmitts These von der Situationsbezogenheit aller politischen Begriffe stellt Gurian fest, es gehe nicht an, »konkrete Fragen der Gestaltung mit abstrakt-formalen Sätzen zu beantworten«⁷⁶⁶, wie das etwa Gustav Gundlach mit dem von ihm als feste Norm vorausgesetzten bonum commune versuche⁷⁶⁷. Wer »von der Situationsgebundenheit aller politischen und sozialen Theorie absehen zu können vermeint, verkennt einfach das Wesen der Geschichtlichkeit«⁷⁶⁸.

Gegenüber allen Versuchen, »die konstruktiv eine katholische Mitte, eine katholische theoretische Einheitsfront in der sozialen Theorie herzustellen streben«⁷⁶⁹, betont Gurian, daß eine politische Gestaltungskraft lediglich dem Katholizismus als konkret-geschichtlicher Kraft und nicht der sozialen Theorie des Katholizismus zukomme. Gurian warnt davor, mit abstrakt-sozialphilosophischer Theorie, die den Katholizismus »an eine bestimmte konkrete Situation absolut zu ketten«⁷⁷⁰ suche, dessen konkret-geschichtliche Wirksamkeit zu gefährden.

In aller Deutlichkeit werden hier die Grundprinzipien des Schmittschen Dezisionismus für eine Analyse der Bedeutung der naturrechtlichen Sozialtheorie für die politische Praxis des deutschen Katholizismus in Weimar fruchtbar gemacht. Hatte Schmitt das Subjekt der Entscheidung über deren Inhalt gestellt, so schreibt Gurian nun dem Katholizismus als historisch-politischer Größe und nicht als sozialer Theorie Wirksamkeit zu. Dem geschichtlich-existentiellen Element wird also gegenüber dem inhaltlich-normativen der Vorrang eingeräumt. Der Katholizsimus soll ein

---

⁷⁶⁴ Ebd., S. 243.
⁷⁶⁵ Ebd., S. 244.
⁷⁶⁶ Ebd., S. 246.
⁷⁶⁷ Ebd., S. 247.
⁷⁶⁸ Ebd., S. 246.
⁷⁶⁹ Ebd., S. 249.
⁷⁷⁰ Ebd., S. 249.

echt politischer werden. Naturrechtliche Theorien werden – noch deutlicher als bei Schmitt – in die Nähe des Ideologieverdachts gestellt. Unter dem Eindruck des 30. Juni 1934 und der Rolle, die Schmitt dabei spielte, sah Gurian das katholische Naturrechtsdenken jedoch wieder in einem weit milderen Licht und Schmitts Dezisionismus aus ganz anderer Perspektive.[771]

Carl Schmitt wurde von seinem Schüler Günther Krauss ein »konkreter Realismus« bescheinigt, der in der »Tradition des katholischen Denkens«, insbesondere im aristotelisch-scholastischen Denken fundiert sei[772]. Eine solche Aussage hätte auch der Bonner katholische Dogmatiker und Schmitt-Freund Karl Eschweiler machen können. Wie Schmitt huldigte auch dieser thomistisch ausgerichtete Theologe einer entscheidungsfreudigen Realpolitik. Seine diesbezüglichen Ausführungen in seiner »Politischen Theologie« von 1932 lesen sich zum Teil wie eine theologische Ergänzung zu Schmitts dezisionistischer Rechtstheorie: »Christgläubige Politik besteht [...] darin, unter den von der Vorsehung gesetzten Bedingungen des Hier und Jetzt die Staatsraison zu vollziehen. Die natürliche und einzig vernünftige Staatsraison aber, die vor dem fleischgewordenen Worte zu ihrem politischen Selbst gekommen ist, fragt: ›Was ist Wahrheit?‹, d.h. sie ist ihrem immanenten Sinn nach geöffnet für das Königreich Christi«[773]. Ohne Schmitt in diesem Zusammenhang zu erwähnen, bietet Eschweiler auf diese Weise für den Dezisionismus ein für katholisches Denken plausibles Interpretationsangebot: Die Entscheidung ist offen für die Wahrheiten des Christentums und der katholischen Lehre!

Zur theologischen Begründung dieses Geöffnetseins greift Eschweiler auf die Dialektik von Natur und Gnade zurück: »Nach echt thomistischer Lehre ist der vernünftige Wille des Menschen nur insofern wirksam, als er von Gott bewegt wird. In dem höchsten Sein und Wirken, was es in der erfahrbaren Welt gibt, nämlich in der vernünftigen, sittlichen Freiheit des Menschen, wirkt der Schöpferwille am mächtigsten. Ohne Gott und wider ihn vermag der freie Wille nur zu ›bewirken‹, was er ohne die erschaffende und bewegende Erstursache ist, nämlich das Nichtsein; d.h. er ist Alleinursache seiner sittlichen Existenz, nur insofern er im Sein fällt, nichtig wird, sündigt. Was er aber an Sein bewirkt, das wirkt er – übrigens auch in seinem zerstörenden, sündigen Tun – in der Kraft des Schöpferwillens. [...] Insofern die freie Vernunftnatur ihr geschaffenes Vermögen

---
[771] Vgl. unten III. 5. d) und III. 8. e) »Der Begriff des Politischen«.
[772] C. LANG (= G. Krauss), Ideologie, S. 962.
[773] C. ESCHWEILER, Theologie, S. 82 f.

5. Dezisionismus statt Naturrecht

in der Kraft des Schöpfers verwirklicht, also insofern sie es nicht in Irrtum und Sünde zerstört, ist sie ihrem eigentümlichen Wesen und Dasein nach offen ausgestreckt auf das, was die Theologie Gnade und übernatürliches Leben nennt«[774]. Damit ist die Offenheit des Entscheidenden zur Gnade Gottes hin aufgezeigt. Allerdings ist in diesem scholastischen System auch die Möglichkeit vorgesehen, daß sich der Mensch in Freiheit für die Sünde entscheidet und entsprechend zerstörerisch wirkt. Dieser Gefahr wäre im Hinblick auf Carl Schmitts Dezisionismus weiter nachzugehen. Eschweiler tut dies nicht und braucht es nicht zu tun, weil er die Kritik an Schmitts Rechtstheorie nicht zum Thema hat.

Wirft man dem Naturrechtsdenken mangelnde Konkretheit und deshalb Untauglichkeit vor, der praktischen Politik Richtschnur sein zu können, so muß dieser Vorwurf dem Konzept der Offenheit der an der Staatsraison orientierten Entscheidung zur Gnade Gottes hin ebenfalls gemacht werden. Eine inhaltliche Ausrichtung vermag diese Theologie des konkreten Realismus in einer konkreten Entscheidungssituation jedenfalls nicht zu leisten. Mit dem formalen Hinweis auf die Staatsraison läßt sich nahezu jede Entscheidung rechtfertigen.

Auf entschiedene Ablehnung stieß das naturrechtliche Denken 1933 auch bei Robert Grosche. Die Natur ist für ihn an sich eine heidnische Kategorie. Der Christ habe »gegenüber den Heiden eine Dimension mehr, nämlich die Dimension der Geschichte«[775]. Mit der Menschwerdung, dem Tod und der Auferstehung Jesu sei der ewige Kreislauf der Natur, Leben und Sterben, Tag und Nacht, Licht und Finsternis etc., unterbrochen. Erst seit dem Einbruch des ewigen Lebens in diese Welt könne von Geschichte geredet werden, da das Geschehen von nun an einen Sinn und eine Richtung habe[776]. Daraus folgt auch, »daß christliche Politik geschichtlich und nicht naturrechtlich begründet werden muß«[777]. In der Gegenwart sei das Bewußtsein von der Wirklichkeit christlicher Geschichte aber auch bei Katholiken verloren gegangen: »Unter Absehung von aller Geschichte hat auch das katholische Denken der neueren Zeit die politische Wirklichkeit nur mehr von einem abstrakten Naturrecht aus zu verstehen vermocht. Der Katholik ist dadurch, daß er dem ordohaften Allgemeinen zugewandt ist, der Versuchung ausgesetzt, die gegebenen geschichtlichen Kräfte zu übersehen und das Allgemeine idealistisch zu mißdeuten. [...] Weil aber so das katholische Denken von den kreatürlichen Gegebenhei-

---

[774] EBD., S. 86 f.
[775] R. GROSCHE, Grundlagen, S. 42.
[776] EBD., S. 47.
[777] EBD., S. 50.

ten absah und sich ihnen gegenüber auf die ›überzeitlichen Gültigkeiten‹, auf die objektiven Allgemeinheiten zurückzog, die das Allgemeine brechenden Notstandsformen außer acht lassend, darum entzog es sich selbst die Möglichkeit politischen, d.h. eben geschichtlichen Wirkens, das nur aus den kreatürlichen Dispositionen, nicht aber aus allgemeinen Prinzipien, aus Ideen, wie ›Wahrheit, Freiheit und Recht‹ erwachsen kann. Diese reichten nur hin zu einer entscheidungslosen Mittelstellung, die freilich vor den extremen Radikalismen sicherte, aber andererseits auf eine pure Konservation des Bestehenden hinauslief, sodaß die Erhaltung der Republik und der Schutz der Verfassung zum eigentlich politischen Ziel etwa der Zentrumspartei seit 1918 wurde«[778].

Man könnte glauben, Grosche habe eine theologische Begründung für Schmitts Dezisionismus und geschichtlichen Existenzialismus schreiben wollen. Da Grosche Konrad Weiß' schwer verständliche, Carl Schmitt gewidmete Zeitdeutung »Der christliche Epimetheus« ganz ähnlich und mit gleicher Intention kommentierte, ist dieser Gedanke auch nicht von der Hand zu weisen[779].

Aus theologischer Sicht sind Grosches Ausführungen zum Verhältnis von Natur und Geschichte sehr beachtlich. Sie werden allerdings von der Tatsache eingetrübt, daß Grosche mit seinem geschichtlichen Denken 1933 beim totalen Staat landete[780], der sich gerade anschickte, besonders geschichtsmächtig zu werden. Verpönte Naturrechtler wie Gustav Gundlach hatten ex post betrachtet jedenfalls einen ziemlich scharfen Blick für die Realitäten und die Gefahren der Geschichte[781].

d) Zeitgenössische Kritik

Eine ausdrückliche rechtstheoretische Auseinandersetzung mit Schmitts Dezisionismus hat der deutsche Katholizismus in den 20er Jahren nicht geleistet. Beachtenswert ist allein eine Stellungnahme Hugo Balls, der diese Rechtstheorie ganz im Kontext der katholischen Theologie aufgehoben wußte. Erst als Schmitt in den 30er Jahren als Propagandist eines diktatorischen Regimes auftrat, geriet sein Entscheidungsdenken in die katholi-

---

[778] EBD., S. 49 f.
[779] Vgl. dazu auch K. THIEME, S. 38.
[780] Vgl. unten III. 9. c). Die Morde des 30. Juni 1934 brachten R. Grosche jedoch dazu, zum totalen NS-Staat auf Distanz zu gehen (vgl. A. KOENEN, S. 577, Fn. 70).
[781] Natürlich kamen die Katholiken 1933 auch und gerade auf naturrechtlicher Basis zur Anerkennung des neuen Regimes. Andererseits standen W. Gurian und W. Dirks als geschichtliche Denker dem Nationalsozialismus ablehnend gegenüber. Die Antithese von naturrechtlichem und geschichtlichem Denken ermöglicht deshalb keine eindeutige Trennung der Gegner und Befürworter des NS-Staates.

sche Kritik. Zu nennen sind hier die Bewertungen von Gustav Gundlach (1932), Waldemar Gurian (1934) und Heinrich Rommen (1936). Ihre Stellungnahmen wurden auch unter dem Eindruck von Schmitts Definition des Politischen als Freund-Feind-Unterscheidung abgegeben.

Hugo Ball bringt dem Dezisionismus im Rahmen seiner Besprechung des Frühwerks Schmitts deutliche Sympathien entgegen. Die Befugnis, das geltende Gesetz aufzuheben, könne »ihrem Sinne nach nur einer der Politik überlegenen geistigen Macht zustehen, die ein höheres als das politische Gesetz zur Geltung bringt«[782]. Aufgrund dieser Überlegung, die in Schmitts Lehre von der Souveränität allerdings nirgends zum Ausdruck kommt, wagt Ball auch die Feststellung, Schmitt verlege »in seiner ›Politischen Theologie‹, wie der Titel schon besagt, den Souveränitätsbegriff ausschließlich in die Theologie«[783].

Der Begriff der Persönlichkeit gewinne »in Schmitts Werk mit jeder neuen Schrift höhere Bedeutung«[784]. In »Diktatur« sei Schmitt sein Personalismus noch gefährlich geworden, weil eine souveräne Diktatur bis heute nur der Papst ausüben könne[785]. Jetzt verbinde er aber das Problem der Souveränität mit dem der Rechtsform überhaupt, »und das schließt eine individuelle Lösung, wie sie das Diktaturbuch für möglich hält, aus; es sei denn, daß das Individuum und die höchste, ideologische Instanz zusammentreffen, was man von [...] individuellen Versuchen, eine souveräne Diktatur außerhalb der Kirche zu errichten, nicht behaupten kann«[786]. Die Annahme Balls, Schmitts Theorie sei nicht nur auf dem Weg zur Theologie, sondern auch zur katholischen Kirche, erscheint ihm Gewähr dafür, daß die Souveränität als Entscheidungsmonopol nicht die Gefahr des Mißbrauchs in sich birgt[787].

Was Ball überzeugt, ist Schmitts rechtsmethodischer Kunstgriff, gegen den herrschenden Rechtspositivismus die Person in Beziehung zum Recht, zur Rechtsform und zum Staat zu setzen: »Die objektive, unpersönliche, abstrakte Auffassung der Form (Kelsen, Krabbe, Preuß), die eine anonyme, formalistische Autorität an den Anfang der Dinge setzt, diese Auffassung erfährt eine kräftige Abfuhr. Recht ist dort, wo entschieden wird; wo inappellativ entschieden wird, ist der Souverän, und wo die Entscheidungen des Souveräns hervortreten, ist der Ausnahmezustand«[788].

---

[782] H. BALL, Theologie, S. 279.
[783] EBD., S. 279.
[784] EBD., S. 280.
[785] EBD., S. 279.
[786] EBD., S. 279 f.
[787] Vgl. EBD., S. 279.
[788] EBD., S. 283.

Balls idealer Souverän ist ganz offensichtlich der Papst. Und der katholische Literat nimmt sicher an, daß der katholische Staatsrechtler Carl Schmitt dies auch so sieht; eine Auffassung, die ab der zweiten Hälfte der 20er Jahre im deutschen Katholizismus allerdings nicht mehr geteilt wurde. Ball blieb mit dieser vorbehaltlosen positiven Würdigung alleine.

Gustav Gundlachs Dezisionismus-Kritik steht ganz im Kontext seiner Auseinandersetzung mit der parteien- und parlamentsunabhängigen »autoritären Staatsführung« von 1932, der er einen »Mangel an Metaphysischem«[789] vorwirft. Dieser Mangel sei wesentlich auf die Staatstheorie zurückzuführen, »die mittelbar und unmittelbar auf die leitenden Männer einwirkt« Gundlachs Urteil über Schmitts Theorie, die er hinter der »autoritären Staatsführung« wirken sieht, läßt keinerlei Gemeinsamkeiten mehr mit der katholischen Staatslehre zu: »Der ›Dezisionismus‹ der Staatslehre Carl Schmitts ist alogisch und voluntaristisch, ist bewußt Gegner der Metaphysik im Sinne des scholastischen Naturrechts und wesenhafter Seinsstrukturen. Dabei liegt freilich dennoch eine ›Metaphysik‹ versteckt zugrunde, die die jeweilige Machtrichtung und Willensentscheidung ›rechtfertigt‹, nämlich eine Art Manichäismus des guten und bösen Prinzips in der Welt mit dem Ergebnis, daß Politik nicht im Sinne des hl. Thomas und der Scholastik ein sinnvolles ›Ordnen‹, sondern ein machtvolles ›Entscheiden‹ zur Bewältigung des ›Freund-Feindverhältnisses‹ ist. Eine derartige ›Metaphysik‹ sieht dann folgerichtig im Staat nur den *Macht*staat, während in Wahrheit vom Wesen des Staates Macht *und* Recht untrennbar und Lebensfunktionen dieses Wesens sind.«

Gundlach wird in seinem Urteil noch deutlicher: »Der Mangel an Staatsmetaphysik macht jedenfalls die Richtung der ›autoritären Staatsführung‹ völlig ungeeignet, über die liberalistische Parteiendemokratie zu Gericht zu sitzen; dieser Mangel richtet sie selbst. Und es ist nicht konfessionelles ›Vorurteil‹, wenn der Großteil des deutschen politischen Katholizismus gegen eine solche ›autoritäre Staatsführung‹ stärkstes Bedenken hat. Der bewußte Katholik denkt eben wesenhaft metaphysisch, auch im Politischen; er hat daher angesichts der neuen politischen Methoden das peinliche Empfinden des Rückfalls ins Primitive, der für den religiösen Mensch und Christen gleichzeitig immer auch ein Sündenfall ist«.

Alogisch, voluntaristisch, primitiv, ja sündhaft – mit solchen Etikettierungen, die freilich vor dem Hintergrund einer nicht gebilligten politischen Praxis ausgesprochen wurden, war Schmitts Dezisionismus, der nun für Schmitts Staatsrechtslehre schlechthin stand, für viele Katholiken

---

[789] G. GUNDLACH, Grundsätzliches, S. 148; folgende Zitate EBD.

erledigt. Schließlich hatte das Urteil des bekannten Jesuiten Gundlach im deutschen Katholizismus erhebliches Gewicht. Beachtenswert ist weiterhin, daß Gundlach Thomas von Aquins Ordnungsverständnis gegen den Dezisionismus Schmitts ausspielt.

Zu einer ähnlichen Einschätzung des Schmittschen Dezisionismus wie Gustav Gundlach kommt 1934 aus dem Schweizer Exil Waldemar Gurian. Er teilt zwar Schmitts Ausgangspunkt, daß die abnorme Situation diejenige der Nachkriegszeit sei, so daß als Antithese zum Positivismus und zum Normativismus alles auf einen Dezisionismus zutreibe[790]. Aber es müsse doch gesichert sein, daß das Recht keine Willkürsetzung sei[791]: »Recht ist trotz aller Situationsgebundenheit zugleich unbedingt geltende Norm, deren Kraft aus keiner Tatsache, aus keinem Machtverhältnis abgeleitet werden kann«[792].

Gurian hat jedoch erhebliche Schwierigkeiten, den Inhalt dieser Norm bei Schmitt festzustellen[793]. Vor allem seine Politik-Definition lasse »die Möglichkeit zu einem rein vitalistischen Opportunismus offen«[794]. Schmitt habe zwar gezeigt, wie das scheinbar abstrakte Recht von konkreten, politischen Entscheidungen getragen sei: »*Er selber aber erliegt der Gefahr, die jeweils geschichtlich wirksame Macht als vernünftig, das heißt als existentielle Grundlage der Entscheidung zu verherrlichen.* [...] Er bringt das Recht in völlige Abhängigkeit zur jeweiligen politischen Entscheidung, *wobei Politik nicht die Gesamtordnung der menschlichen und gesellschaftlichen Existenz, sondern Machtbehauptung bedeutet*. Er hat den Normativismus, der alle Entscheidung und persönliche Herrschaft, damit also auch die Autorität ausscheiden will, schonungslos enthüllt – und er gibt nun die jeweilige Technik der Machtbehauptung als Recht aus. Auf die These des angeblich rationalistischen Positivismus, der in unklarer Weise geschriebenes Gesetz und Norm gleichsetzt, folgt ein vitalistischer Positivismus, für den die Realität der politischen Machtbehauptung rechtsbegründend ist. Norm mit ihrem überzeitlichen Geltungsansprüchen wird in dem ersten Falle naiv mit einer vorübergehenden, aber als selbstverständlich betrachteten ›Normalsituation‹ des 19. Jahrhunderts [...] gleichgesetzt; im zweiten wird verzweifelt die jeweilige politische Wirklichkeit zur Norm erhoben«[795].

---

[790] P. Müller (= W. Gurian), S. 570.
[791] Ebd., S. 569.
[792] Ebd., S. 569.
[793] Vgl. ebd., S. 569.
[794] Ebd., S. 571.
[795] Ebd., S. 571 f.

Gurians Ausführungen zu Schmitts Dezisionismus stehen ganz im Zeichen des 30. Juni 1934 und der Rechtfertigung der politischen Morde durch Schmitts Aufsatz »Der Führer schützt das Recht«. Das Verdikt des »vitalistischen Opportunismus« erhält von daher seinen polemischen Antrieb. Unter dem Eindruck dieser Geschehnisse wird die Kritik an Schmitts Rechtstheorie und der Wunsch nach überzeitlichem Geltungsanspruch der Norm auf der Grundlage des katholischen Naturrechtsdenkens vorgetragen. Nur wenige Jahre vorher dachte Gurian bezüglich des Naturrechts noch ganz anders.[796]

Heinrich Rommen deutet im Schlußwort seines 1936 erschienenen, sehr bekannt gewordenen Buches »Die ewige Wiederkehr des Naturrechts« an, daß er es auch gegen Carl Schmitts Dezisionismus geschrieben hat. Die eigentliche Funktion des Naturrechts sieht Rommen darin, den Zusammenhang von Sittlichkeit und Recht darzustellen. Er schließt sein Buch mit folgendem Bekenntnis: »Die Grundlage des Rechtes ist die Gerechtigkeit. ›Die Wahrheit gibt oder versagt den Werken positiver Gesetzgebung die höchste Krone, und aus der Wahrheit ziehen sie ihre wahre sittliche Kraft.‹ (Franz Brentano) Wahrheit aber ist Wirklichkeitsgemäßheit. Und wie das Wirkliche und das Wahre, so sind auch das Wahre und Gerechte im letzten Grunde eins. *Veritas facit legem.* Und in diesem tiefen Sinn der Einheit von Wahrheit und Gerechtigkeit kann auf die Gemeinschaft der Menschen im Recht der Satz angewandt werden: *Et veritas liberabit vos.* Die Bindung in der Gerechtigkeit ist die wahre Freiheit«[797].

Veritas facit legem – das war die eindeutige Antithese zu Thomas Hobbes' These »auctoritas facit legem«, zu der sich Carl Schmitt 1922 in seinem Dezisionismus bekannte und mit der er seine Theorie berühmt machte. 1936, auf dem Höhepunkt der nationalsozialistischen Karriere Schmitts, war das eine mutige Aussage Rommens. Daß im gesamten Kontext Schmitt nicht genannt wird, tut der Eindeutigkeit der Aussage keinen Abbruch. Jeder katholische Intellektuelle wußte, gegen was und gegen wen sie gerichtet war.

e) Dezisionismus im Christentum

Der rechtsphilosophische Dezisionismus ist keine Erfindung Carl Schmitts. Auch die von ihm vorgestellten Gewährsleute seines Entscheidungsdenkens, de Bonald, de Maistre, Donoso Cortés und Thomas Hob-

---
[796] Vgl. unten III. 5. c).
[797] H. ROMMEN, Wiederkehr, S. 274 f.

5. Dezisionismus statt Naturrecht 197

bes, waren nicht die Urheber dieser Rechtstheorie. Der Rechtsdezisionismus reicht in Form der Machttheorie, wonach das Recht eine Funktion der Macht ist, bis weit in die Antike zurück. Den Vorrang des Stärkeren gegenüber den Schwächeren und die naturrechtliche Identität von Recht und Macht lehrten bereits einige Sophisten.[798]

Auch in der Geschichte des Christentums, vor allem in der Gotteslehre, sind dezisionistische Elemente festzustellen. Der Wille Gottes war in der Tradition der christlichen Theologie immer ein hochspekulatives Objekt, mit dem sich bereits Paulus intensiv beschäftigte. Der ehemalige jüdische Rechtsgelehrte setzt der jüdischen Gesetzesfrömmigkeit Christus, das Ende des Gesetzes (Röm. 10,4), entgegen. Anders als die Juden, die sich über gute Werke zu rechtfertigen suchten, betont er die absolute und grundlose Freiheit Gottes. »Gottes freie Wahl und Vorherbestimmung« bei der Rechtfertigung des Menschen sei »nicht abhängig von Werken, sondern von dem, der beruft« (Röm. 9,12). Gott erbarme sich »wessen er will, und macht verstockt, wen er will« (Röm. 9,18). Die Möglichkeit Gottes zur freien, nicht an die Werke des Menschen gebundenen Rechtfertigung oder Verdammnis ufert jedoch bei Paulus nicht in sinnlose, tyrannische Willkür aus; vielmehr erbarmt sich Gott eines jeden, der an Christus glaubt (Röm. 10,4). Mit der potentia dei absoluta hat Paulus jedenfalls den Topos formuliert, der für den theologischen Dezisionismus richtungsweisend werden sollte.

Augustinus übernimmt zwar in seiner Theologie im wesentlichen den griechischen, von Plato und Aristoteles geprägten und in der Stoa weiterentwickelten idealistischen Intellektualismus. Er färbt diesen jedoch vor allem in der Auseinandersetzung mit dem Pelagianismus stark voluntaristisch ein.[799] Gegen Pelagius, für den der Mensch von Natur aus die Kraft zum Guten hat, so daß der Gnade Gottes nur noch unterstützender Charakter zukommt, behauptet Augustinus die grundsätzliche Verderbtheit und Verworfenheit des Menschen. Gott habe die einen durch seine Gnade zum Heil, die anderen aber zur ewigen Verdammnis bestimmt. Auf die Frage, warum Gott sich der einen erbarmt, die anderen aber verstößt, gibt es für Augustinus nur eine Antwort: quia voluit[800]. War bei Paulus die grundlose Verwerfung des Menschen durch Gott nur eine grundsätzliche Möglichkeit, so wird sie in der augustinischen Prädestinationslehre zur furchterregenden Wirklichkeit. Auch wenn Augustinus noch offen läßt, ob die lex aeterna, die natürliche Ordnung, auf dem göttlichen Willen

---

[798] Vgl. im einzelnen H. WELZEL, S. 17.
[799] Vgl. EBD., S. 53 f.
[800] Vgl. EBD., S. 54.

oder auf dem Willen Gottes gründet[801], so hat er doch dem Grunde nach den theologischen Dezisionismus umfassend beschrieben.

Der teleologische Naturbegriff des Aristoteles und damit die idealistisch-intellektualistische Verbindung von Idee und Natur des Menschen erfahren im Mittelalter durch Thomas von Aquin ihre großartigste und abschließende theoretisch-theologische Entfaltung. Der voluntaristische Gegenentwurf der Franziskaner Johannes Duns Scotus und Wilhelm von Ockham läßt jedoch nicht lange auf sich warten. Ausgehend von der Erfahrung der Liebe definiert Duns Scotus gegen Thomas von Aquin das Individuelle als die höhere Seinsform gegenüber dem Allgemeinen[802]. Die individuelle Willensentscheidung könne nicht völlig von allgemeinen Vernunftideen abgeleitet werden. Duns Scotus kommt deshalb zum Primat des Willens gegenüber dem Intellekt[803]. Das Gleiche gelte auch in Bezug auf Gott. Da über Gott kein höheres Gesetz stehe, sein Wille vielmehr jegliches Gesetz schaffe, müsse Gott notwendigerweise immer richtig handeln. An eine vorrangige ideelle Ordnung sei er nicht gebunden, so daß in Gott Macht und Gerechtigkeit zusammenfielen. Der Wille Gottes ist für Duns Scotus damit erste, nicht mehr hinterfragbare Ursache: »Warum der Wille gerade das will, dafür gibt es keinen anderen Grund, als daß der Wille eben Wille ist«[804].

Wilhelm von Ockham hat die von seinem Ordensbruder entwickelten Lehren besonders schroff und akzentuiert vorgetragen. Er gilt deshalb als der eigentliche Begründer des sog. Nominalismus. Da für die beiden Franziskaner der Mensch nicht mehr wie in der teleologischen Metaphysik des Aristoteles die Idee des Guten in seinem Wesen oder seiner Natur eingraviert erhält, der Mensch vielmehr Gut und Böse aufgrund äußerer und göttlicher Befehle zu unterscheiden hat, gewinnt allmählich, besonders bei Wilhelm von Ockham, eine pessimistische Sicht der menschlichen Natur die Überhand. Der Mensch neige zu Streit und Hader, der Staat sei deshalb vornehmlich Schutzanstalt gegen die Schlechten[805]. Bei den Reformatoren wird das negative Menschenbild im Rückgriff auf Augustinus und dessen Erbsündentheologie noch weiter gefestigt. Voluntarismus und pessimistische Anthropologie gehen damit Hand in Hand.

Thomas Hobbes brauchte auf diesem eingeschlagenen Weg nur fortzufahren, die Allmacht Gottes durch die Omnipotenz des Staates zu erset-

---

[801] Ratio divina vel voluntas Dei ordinem naturalem conservari iubens, perturbari vetans (Augustinus, Contra Faustum XXII, 27; zit nach H. WELZEL, S. 55).
[802] EBD., S. 70.
[803] EBD., S. 71.
[804] Zit. nach H. WELZEL, S. 73.
[805] Vgl. EBD., S. 89, 115.

5. Dezisionismus statt Naturrecht

zen, und schon wurde aus dem theologischen ein säkular-rechtstheoretischer Voluntarismus und Dezisionismus, den Carl Schmitt als Theorie-Schablone heranziehen konnte. Schmitt geht insoweit noch einen Schritt weiter als Hobbes, als er den Austausch der »Götter«, den Wechsel von Gott zum Staat, in seiner politischen Theologie breit thematisiert und noch stärker als Hobbes das Individuum als Träger der Entscheidung in den Mittelpunkt seines Dezisionismus stellt. Der strukturell voluntaristische Spannungsbogen, der von Paulus über Augustinus, Duns Scotus und Wilhelm von Ockham zu Thomas Hobbes reicht und erst bei diesem in einen säkularen Dezisionismus umschlägt, wird damit in der Rechtstheorie Schmitts vollendet.

Auffallend ist, daß dieser Bogen in der Neuzeit in weit stärkerem Maße in den Protestantismus reicht als in den Katholizismus, für den im 19. Jahrhundert der entgegengesetzte, intellektualistische Thomismus die philosophische und theologische Richtung angab. Im 20. Jahrhundert muß schließlich auf protestantischer Seite die Existenztheologie Sören Kierkegaards genannt werden, die Schmitts Dezisionismus wesentlich beeinflußte[806]. Auch die dialektische Theologie Karl Barths oder Friedrich Gogartens sind in dieser Traditionslinie angesiedelt. Die Heiligkeit Gottes wird bei ihnen so hoch und absolut angesetzt, daß demgegenüber von einer Eigenständigkeit des Menschen keine Rede mehr sein kann. Naturrechtliche Normen werden ebenso abgelehnt wie andere statische Seins- und Erkenntnisprinzipien. Christliche Wirklichkeit ist somit »im letzten Grunde rein alogische Tatsetzung Gottes in der Geschichte«[807].

Aus theologischer Perspektive steht Carl Schmitt mit seiner dezisionistischen Methode somit eher in der Tradition des naturrechtsfeindlichen Protestantismus; ein Befund, der sich auch mit Blick auf den »Begriff des Politischen« und die dahinter stehende, dem Protestantismus nahekommende pessimistische Anthropologie verifizieren läßt.[808] Letztlich ist dieses doppelte Ergebnis nicht überraschend, da der Dezisionismus und die politische Freund-Feind-Unterscheidung nur zwei Seiten einer Theorie-Medaille sind. Im Begriff des Politischen findet die dezisionistische Methode lediglich ihre praktisch-politische Anwendung.

---

[806] Zum Einfluß S. Kierkegaards auf C. Schmitt vgl. K.- M. KODALLE, Einzelne, S. 198 f. Vgl. auch den Hinweis auf S. Kierkegaard in: C. SCHMITT, Politische Theologie, S. 22: »Ein protestantischer Theologe, der bewiesen hat, welcher vitalen Intensität die theologische Reflexion auch im 19. Jahrhundert fähig sein kann«.
[807] G. GUNDLACH, Auffassung, S. 2.
[808] Vgl. unten III. 8. g) und h).

f) Exkurs: Carl Schmitt und Donoso Cortés

Carl Schmitt hat sich insbesondere in den 20er Jahren intensiv mit dem spanischen Traditionalisten Donoso Cortés (1809 – 1853) beschäftigt. Bereits in der »Politischen Romantik« nahm Schmitt ihn gegen romantische Vereinnahmungen in Schutz. In der »Politischen Theologie«, dessen 4. Kapitel 1922 zunächst unter dem Titel »Die Staatsphilosophie der Gegenrevolution« in einem der katholischen Rechtsphilosophie gewidmeten Heft des »Archivs für Rechts- und Wirtschaftsphilosophie« veröffentlicht wurde, präsentierte er ihn als bedeutendsten Gewährsmann für seinen Dezisionismus. 1927 befaßte sich Schmitt in der Festschrift für Karl Muth mit »Donoso Cortés in Berlin (1849)« und 1929 erschien im »Hochland« Schmitts Ausatz »Der unbekannte Donoso Cortés«. 1949 veröffentlichte die Dominikaner-Zeitschrift »Die neue Ordnung« ohne Verfasserangabe Schmitts Beitrag »Donoso Cortés in gesamteuropäischer Interpretation«.

Donoso Cortés sympathisierte in seiner Jugend mit dem Liberalismus.[809] Unter dem Eindruck revolutionärer Wirren in Spanien kam er jedoch zur Überzeugung, daß der Liberalismus zur Anarchie führe.[810] Die Februar-Revolution von 1848 in Rom war für ihn eine Empörung gegen Gott.[811] In seiner berühmt gewordenen Rede in der Cortes-Sitzung vom 4. Januar 1849 würdigte er diese Ereignisse dahingehend, daß bei der Erschütterung aller moralischen, staatlichen und sozialen Fundamente nur eine Diktatur die gesellschaftliche Ordnung einigermaßen aufrechterhalten könne: »Es handelt sich [...] die Wahl zu treffen zwischen der Diktatur der Empörung und der Diktatur der Regierung. Vor diese Alternative gestellt, entscheide ich mich für die Diktatur der Regierung, weil sie nicht so drückend und nicht so schimpflich ist. Es handelt sich ferner um die Wahl zwischen der Diktatur von unten und der Diktatur von oben: Ich wähle die Diktatur von oben, weil sie aus reineren und lichteren Regionen kommt. Es handelt sich endlich um die Wahl zwischen der Diktatur des Dolches und der Diktatur des Säbels. Ich wähle die Diktatur des Säbels, weil sie ehrenvoller ist«[812].

In seinem Hauptwerk aus dem Jahre 1853 »Essai sur le catholicisme, le libéralisme et le socialisme« vertritt Donoso Cortés die These, daß die Menschheit gegen den emporwachsenden Sozialismus nur im Katholizismus Heil finden könne. Der Liberalismus, der zwischen den beiden Seiten

---

[809] Vgl. A. GNÄGI, S. 134; F. X. HOERMANN, Staatsmann, S. 3.
[810] EBD., S. 5.
[811] A. GNÄGI, S. 134.
[812] Zit. nach F. X. HOERMANN, Staatsmann, S. 9.

5. Dezisionismus statt Naturrecht 201

stehe, sei ein inkonsequentes, widerspruchsvolles System, das letztlich zum Sozialismus führe[813]. Scharfe Töne findet er gegen den Parlamentarismus: »Der Parlamentarismus ist nichts anderes als der revolutionäre Geist im ersten Stadium seiner Entwicklung. [...] Indem der Parlamentarismus die Standesunterschiede, die natürliche und demgemäß göttliche Form für das, was untereinander *verschieden* ist, beseitigt und die Staatsgewalt (nach Montesquieu) ihrer Unfehlbarkeit entkleidet, lehnt er sich offen gegen Gott als den Schöpfer, Gesetzgeber und Erhalter aller menschlichen Gesellschaft auf«[814].

Seine negative Anthropologie und sein Pessimismus haben Donoso Cortés bereits zu Lebzeiten scharfe, auch theologische Kritik eingebracht.[815] Als sein Hauptwerk von 1853 theologischer und philosophischer Irrtümer bezichtigt wurde, richtete er einen Appell an Papst Pius IX., der bereits kurz darauf in einem Brief Cortés »Eifer für die heilige Religion, die Hingabe an die Apostolische Autorität, den Umfang und die Fähigkeit des Gehorsams« lobte und eine Prüfung der Schrift ankündigte.[816] Drei Wochen später bestätigte die dem Papst verbundene Zeitschrift »Civiltà cattolica« in einer offiziösen Besprechung dem Werk Cortés' trotz ungewöhnlicher Ausdrucksweise mit großem Lob rechtgläubigen Charakter[817]; ein Urteil, das die Stellung Donoso Cortés' im Katholizismus des 19. Jahrhunderts maßgeblich bestimmt und zur Verfestigung der Meinung beigetragen hat, daß die katholische Kirche und die Neuzeit zwei sich ausschließende Größen sind.[818]

Tatsächlich ist auch der Einfluß Donoso Cortés' auf den »Syllabus« von Papst Pius IX. aus dem Jahre 1864, die katholische Absage an die moderne Welt, nachweisbar. Kardinal Fornari, der den »Syllabus« entwarf, forderte 1851/52 führende Laien zu Stellungnahmen zu den wichtigsten Irrtümern der Zeit auf. Einer dieser angefragten Laien war Donoso Cortés, mit dem Kardinal Fernari seit 1842 bekannt war.[819] Daneben war auch Louis Veuillot, ein enger Freund Donoso Cortés' und ein ebenso bedingungsloser Anhänger der Allianz von Thron und Altar, an der Vorbereitung des »Syllabus« beteiligt.[820] Das von Donoso Cortés an den Kardinal gerichtete umfangreiche Schreiben vom 19. Juni 1852 »über das Wesen

---
[813] EBD., S. 10.
[814] Zit. nach EBD., S. 13.
[815] Vgl. dazu C. SCHMITT, Politische Theologie, S. 73.
[816] F. X. HOERMANN, Staatsmann, S. 7.
[817] EBD., S. 7.
[818] Vgl. A. GNÄGI, S. 135.
[819] Vgl. G. MASCHKE, Cortés, S. 317.
[820] Vgl. G. MASCHKE, Zweideutigkeit, S. 204 f., Anm. 43.

und den Ursprung der schwersten Irrtümer unserer Zeit«[821] stimmt mit dem Geist des »Syllabus« weitgehend überein. Donoso Cortés kann deshalb als einer der Väter des Syllabus betrachtet werden.

In seiner »Politischen Theologie« bewundert Carl Schmitt 1922 an Donoso Cortés, »daß die theologische Art des Spaniers ganz in der Linie mittelalterlichen Denkens bleibt, dessen Struktur juristisch ist«[822]. Schmitt hat sich jedoch keineswegs vollständig mit dem Werk Donoso Cortés' identifiziert. Bereits in der »Politischen Theologie« bemängelt er, dieser habe das Dogma der Erbsünde »polemisch radikalisiert zu einer Lehre von der absoluten Sündhaftigkeit und Verworfenheit der menschlichen Natur«[823]. Das tridentinische Dogma lasse aber »die Möglichkeit zum natürlich Guten durchaus bestehen«[824]. Durch seine dogmatischen Erörterungen sei Donoso Cortés in die gefährliche Situation geraten, »daß jeder Berufstheologe ihn überlegen in seine Schranken weisen kann«[825]. Schmitt wirft ihm sogar vor, in der politischen Praxis eine unzulässige politische Theologie betrieben zu haben. Wenn Donoso Cortés den Staatsstreich Napoleons III. mit apokalyptischen Ideen ideologisch fundiere, sei das »ganz unmöglich«[826]. Es könne »die echte, immer vorhandene und notwendige Eschatologie nur gefährden, wenn man sie mit derartigen politischen Angelegenheiten verbinden will«[827].

Auch gegen den literarischen Stil des Spaniers meldet Schmitt Bedenken an: »Das ständige Fortissimo starker Worte – schrecklich, blutig, furchtbar, entsetzlich, gewaltig – nutzt sich ab, es ermüdet und verfehlt sein Ziel«[828]. In seinem Kampf gegen den atheistischen Sozialismus, stellt Schmitt 1930 fest, habe sich Donoso Cortés fälschlicherweise gegen Proudhon als Teufel und Abgesandten der Hölle gerichtet und nicht gegen Karl Marx. Dieser sei »der eigentliche Kleriker des ökonomischen Denkens«[829]. Gerade von Proudhon gehe die intensivste Kritik des Parlamentarismus und Liberalismus aus. Donoso Cortés habe nicht gemerkt, »daß er in gewissem Sinne gegen einen Verbündeten und sogar Verwandten polemisierte, der mit ihm die Kombination von Liberalismus und Demokratie bekämpfte«[830].

---

[821] Vgl. G. MASCHKE, Cortés, S. 300 ff.
[822] C. SCHMITT, Politische Theologie, S. 66.
[823] EBD., S. 79.
[824] EBD., S. 79.
[825] C. SCHMITT, Cortés, S. 492.
[826] EBD., S. 495.
[827] EBD., S. 495.
[828] EBD., S. 492.
[829] EBD., S. 494.
[830] EBD., S. 494.

Trotz dieser Einschränkungen geht Schmitts Urteil dahin, »daß man in ihm einen der größten politischen Denker des 19. Jahrhunderts erkennen muß«[831]. Sein Verdienst sei, »daß er in der Geschichte der Kritik des modernen Parlamentarismus alle entscheidenden Gesichtspunkte endgültig formuliert hat«. So habe er mit großer Kraft dem »Versuch, einen Staat auf Diskussion aufzubauen«, den Gedanken der Dezision entgegengestellt. »Dieser Philosoph einer radikalen Diktatur« hat für Schmitt deshalb auch 1930 noch eine positive Gesamtwürdigung verdient: »Es wäre wohl an der Zeit, diesen ungewöhnlichen und sympathischen Menschen als bedeutende Figur der europäischen Zeitgeschichte in ihrer Reinheit und Größe zu erkennen und sich nicht mehr an die Mängel und Unzulänglichkeiten seiner Demonstrationen zu halten, sondern an das seltene Phänomen einer in säkularen Horizonten stehenden politischen Intuition«[832].

Carl Schmitt hinterläßt bei seinen Ausführungen zu Donoso Cortés mehrfach den Eindruck, es sei sein Verdienst, diesen kämpferischen spanischen Katholiken der Vergessenheit entrissen zu haben. Tatsächlich aber erlebte Donoso Cortés bereits vor Schmitts Würdigungen eine Renaissance im deutschen Katholizismus. Schon vor dem Ersten Weltkrieg hatte der Pfarr-Rektor von Basel, Norbert Mäder, nach eigenem Bekunden Reaktionär und ein erbitterter Gegner der Demokratie[833], das Interesse an dem spanischen Traditionalisten geweckt. 1920 veröffentlichte schließlich Hans Abel eine Übersetzung der wichtigsten Reden und Briefe Donoso Cortés'.[834] Das Interesse an dem Spanier nahm im rechten Spektrum des deutschen Katholizismus nach der Revolution von 1918 und der Etablierung einer parlamentarischen Demokratie sprunghaft zu. In den monarchistisch ausgerichteten »Historisch-politischen Blättern« gehörte er Anfang der 20er Jahren zu den am meisten zitierten katholischen Staatsphilosophen.

Der Chefredakteur dieser Zeitschrift, Franz Xaver Hoermann, würdigte 1921 den »größten katholischen Staatsmann Spaniens im 19. Jahrhundert« in einem umfangreichen Aufsatz, in dem nicht der Schatten einer Kritik auf Donoso Cortés fällt.[835] Hoermann findet in Cortés nicht nur den Kronzeugen gegen den liberalen Parlamentarismus, sondern auch

---
[831] EBD., S. 495; folgende Zitate EBD.
[832] EBD., S. 496.
[833] Vgl. F. X. HOERMANN, Besprechung (von N. Mäders »Gedanken eines Reaktionärs«), S. 483 f.
[834] H. ABEL, Katholische Politik in Reden, München 1920.
[835] F. X. HOERMANN, Staatsmann, S. 1 ff.

eine Stütze für die Monarchie und den Ständestaat. Donoso Cortés bezeichne »die mit den Ständen zu einem Organismus verbundene Erbmonarchie als den ›vollendeten Typ der Staatsgewalt‹« und fordere »die Reorganisation der Stände und ihre Vertretung im Parlament«[836]. Kein Schriftsteller des 19. Jahrhunderts habe »unsere Tage so zutreffend gezeichnet wie er« und auf das »einzige Rettungsmittel hingewiesen«, wenn er nur mit Hilfe Gottes und mit Hilfe von Gott gesandter Männer das herrschende Chaos zu überwinden können glaubte[837]. Donoso Cortés ist deshalb für Hoermann das große Vorbild: »Die *Persönlichkeit* Donoso Cortés ist für unsere Zeit, für unsere Staatsmänner, parlamentarische Vertreter und Politiker wie kaum eine andere vorbildlich. Klarheit und Konsequenz, Charakterfestigkeit und Ablehnung jedes geistigen und schwächlichen Kompromisses, Verwirklichung der katholischen Überzeugung im privaten wie im öffentlichen Leben: eine volle christliche und anziehende Männlichkeit«[838].

Bereits hier zeigt sich, daß Donoso Cortés von Carl Schmitt und Franz Xaver Hoermann mit unterschiedlichen Akzenten vorgestellt wurde. Die antiparlamentaristischen und antiliberalen Züge werden von beiden unterstrichen. Während Carl Schmitt aber vorrangig Donoso Cortés' Dezisionismus herausarbeitet und seinen Gewährsmann als Gegner des katholischen Legitimismus und des organischen Denkens präsentiert, wird der Spanier von Franz Xaver Hoermann und in den »Historisch-politischen Blättern« überhaupt für die monarchistisch-ständische Argumentation zurechtgedrechselt. Diese Donoso Cortés-Anhänger kamen aus dem Ghetto des Legitimismus nicht heraus.[839]

Das macht es verständlich, daß Carl Schmitt 1930 den Hochland-Lesern, die kaum zu den Anhängern des feurigen Spaniers gezählt haben dürften, vor allem die Mißerfolge dieses Diktatur-Philosophen erklären wollte[840] und ihn abschließend als »Phänomen einer in säkularen Horizonten stehenden Intuition« präsentierte. Schmitts Werbung für Donoso Cortés war also der Versuch, ihn aus dem legitimistischen Umfeld herauszulösen und ihn einem katholischen Personenkreis zugänglich zu machen, der nicht in politischer Nostalgie schwelgte, sondern sich an den Realitäten der Gegen-

---

[836] EBD., S. 14.
[837] EBD., S. 16.
[838] EBD., S. 15.
[839] Im Vorwort zu seinen »Gedanken eines Reaktionärs« sah N. Mäder den Tag nahen, »wo alle, die sich noch von der *gesunden katholischen Vernunft* leiten lassen, als staatsgefährliche Narren in die Irrenhäuser gesperrt werden« (zit. nach F. X. HOERMANN, Besprechung, S. 484).
[840] Vgl. C. SCHMITT, Cortés, S. 491.

wart orientierte. Schmitt stellte dem deutschen Katholizismus also einen moderneren Donoso Cortés vor. Insgesamt hat sich Schmitt freilich mit seiner weitgehenden Identifikation mit Donoso Cortés dennoch einen Platz im politisch rechten Lager des Katholizismus zugewiesen.

Carl Schmitt kann zwar nicht für sich in Anspruch nehmen, Donoso Cortés entdeckt zu haben. Er hat aber in den 20er Jahren gleichwohl einen maßgeblichen Beitrag zu dessen Popularität im deutschen Katholizismus geleistet. Es ist bestimmt kein Zufall, wenn »Die Schildgenossen«, die Zeitschrift der katholischen Jugendbewegung, 1926 im gleichen Heft, in dem Schmitts Aufsatz »Um das Schicksal des Politischen« erschien, ihren Lesern drei Seiten markiger Zitate dieses Staatsphilosophen präsentierten.[841] Beachtenswert ist auch, daß Donoso Cortés 1926 in der 5. Auflage des Staatslexikons der Görres-Gesellschaft über sechs Spalten in einer Ausführlichkeit vorgestellt wurde, wie in keiner Auflage vorher und nachher.[842] Die 1923 von dem Bonner Kirchenhistoriker Heinrich Schrörs, einem führenden Legitimisten, geäußerte Befürchtung, der Artikel über Donoso Cortés im Staatslexikon könnte um vier Fünftel seines geplanten Umfangs gekürzt werden, wo doch »auf diesen hochkonservativen und streng katholischen Staatsmann [...] jüngst ein so bedeutender Jurist wie Karl Schmitt [...] wieder sehr nachdrücklich aufmerksam gemacht« habe, war also unbegründet[843].

6. POLITISCHE THEOLOGIE ALS POLITISCHE THEORIE

a) Soziologie juristischer Begriffe

Carl Schmitts »Politische Theologie« von 1922 enthält »Vier Kapitel zur Lehre von der Souveränität«, so der Untertitel dieser Schrift. Das dritte Kapitel ist überschrieben mit »Politische Theologie«. Die Frage, was Carl Schmitt selbst unter diesem schillernden Begriff verstanden hat, ist deshalb zunächst von hier aus zu beantworten. Berühmt wurde die Eingangs- und Zentralthese dieses dritten Kapitels: »Alle prägnanten Begriffe der modernen Staatslehre sind säkularisierte theologische Begriffe. Nicht nur ihrer historischen Entwicklung nach, weil sie aus der Theologie auf die Staatslehre übertragen wurden, indem zum Beispiel der allmächtige Gott zum

---

[841] DIE SCHILDGENOSSEN 6 (1926), S. 332 – 334.
[842] H. TUEBBEN, Sp. 1501 – 1506. Der entsprechende Artikel von E. Schramm in der 6. Auflage schrumpfte auf knapp die Hälfte des Umfangs.
[843] H. SCHROERS, S. 624.

omnipotenten Gesetzgeber wurde, sondern auch in ihrer systematischen Struktur, deren Erkenntnis notwendig ist für eine soziologische Betrachtung dieser Begriffe. Der Ausnahmezustand hat für die Jurisprudenz eine analoge Bedeutung wie das Wunder für die Theologie«[844].

Aus der Erkenntnis dieser Analogie gewinnt Carl Schmitt seine wissenschaftliche Methode der »Soziologie juristischer Begriffe«[845]: »Voraussetzung dieser Art Soziologie juristischer Begriffe ist [...] radikale Begrifflichkeit, das heißt eine bis zum Metaphysischen und zum Theologischen weitergetriebene Konsequenz. Das metaphysische Bild, das sich ein bestimmtes Zeitalter von der Welt macht, hat dieselbe Struktur wie das, was ihr als Form ihrer politischen Organisation ohne weiteres einleuchtet. Die Feststellung einer solchen Identität ist die Soziologie des Souveränitätsbegriffes«[846]. Auf der Basis dieser methodischen Erkenntnis stellt Schmitt fest, daß das 19. Jahrhundert alle theistischen und transzendenten Vorstellungen beseitigt habe. Die demokratische These von der Identität der Regierenden mit den Regierten oder die Lehre von der Identität des Staates mit der Rechtsordnung beruhten auf Immanenzvorstellungen[847]. An die Stelle des überlieferten monarchistischen sei der demokratische Legitimitätsgedanke getreten[848]. So habe Donoso Cortés feststellen müssen, daß die Epoche des Royalismus zu Ende sei, weil es keine Könige mehr gebe. Für ihn – wie für Thomas Hobbes – sei deshalb nur ein Resultat geblieben: die Diktatur[849].

Schmitts Soziologie juristischer Begriffe richtet sich methodisch gegen drei Gegner: Zunächst stellt sie sich gegen den herrschenden Rechtspositivismus. Er mache, wie Schmitt formuliert, »seinem wissenschaftlichen Gegner gern den Vorwurf, daß er Theologie oder Metaphysik treibe«[850]. Schmitt dreht den Spieß um. Aus den wissenschaftlichen Schimpfworten Theologie und Metaphysik gewinnt er den rechtswissenschaftlichen methodischen Königsweg. Max Weber war es, der als erster religiösen Glaubensüberzeugungen wieder Einlaß in die soziologische Methode und damit in die Wissenschaft gewährt hat.[851] Schmitt lieferte dazu die juristische Parallele und Weiterführung.[852]

---

[844] C. SCHMITT, Politische Theologie, S. 49.
[845] EBD., S. 55.
[846] EBD., S. 59 f.
[847] EBD., S. 63.
[848] EBD., S. 65.
[849] EBD., S. 66.
[850] EBD., S. 51.
[851] Vgl. E.-W. BÖCKENFÖRDE, Theorie, S. 18.
[852] In diesem Zusammenhang ist beachtenswert, daß die drei ersten Kapitel der »Politischen Theologie« 1922 zuerst in der Erinnerungsgabe für Max Weber erschienen sind.

6. Politische Theologie als politische Theorie

Trotz dieser prinzipiellen Parallele zu Weber wendet sich Schmitt aber gegen dessen Methode der spiritualistischen Erklärung materieller Vorgänge ebenso wie gegen die marxistische Methode, geistige Vorgänge materialistisch zu erklären: »Die spiritualistische Erklärung materieller Vorgänge und die materialistische Erklärung geistiger Phänomene suchen beide ursächliche Zusammenhänge zu ermitteln. Sie stellen erst einen Gegensatz zweier Sphären auf und lösen dann, durch die Reduzierung des einen auf das andere, diesen Gegensatz wieder in ein Nichts auf, ein Verfahren, das mit methodischer Notwendigkeit zur Karikatur werden muß«[853]. Für Schmitt erklären weder die ökonomischen Verhältnisse den »Überbau« noch der »Überbau« die ökonomischen Verhältnisse. Er will methodisch statt dessen »zwei geistige, aber substantielle Identitäten«[854] nachweisen.

Noch ein anderer Aspekt bleibt im Kontext der Soziologie juristischer Begriffe festzuhalten: Schmitt unterwirft sich mit der Definition der Demokratie als Identität von Regierenden und Regierten sowie der Absage an den monarchistischen Legitimitätsgedanken zumindest als Staatsrechtler der von ihm seit dem 19. Jahrhundert als allgemein einleuchtend bezeichneten Immanenzvorstellung und damit auch dem dazugehörigen atheistischen Weltbild.

Einem Christen und Theisten leuchtet dieses Weltbild der Immanenz jedoch nicht ein. Er hält an der Transzendenz und am Gottesglauben fest. Und daß aus diesem Glauben heraus die Vorstellung der Volkssouveränität im Sinne der Identität von Regierenden und Regierten, so wie sie auch Rousseau formuliert hat, von den Katholiken im 19. und noch im 20. Jahrhundert entschieden abgelehnt wurde, war Schmitt selbstverständlich bekannt. Durch die Akzeptanz des immanenten Weltbilds als Ausgangspunkt seiner Demokratie-Definition wie seiner juristischen Methode der Soziologie von Begriffen macht Schmitt deutlich, daß er das transzendente katholische Weltbild als Geltungsgrund staatsrechtlicher Theorien nicht nur allgemein als überholt und abgelöst ansieht, sondern auch für seine eigene Staatsrechtslehre nicht mehr als Ausgangspunkt heranziehen will.

b) Politische Theologie – eine Begriffsbestimmung

Seit Carl Schmitt 1922 den Begriff »politische Theologie« in die wissenschaftliche Diskussion eingeführt hat, übt er im Spannungsfeld von Reli-

---

C. Schmitt hat im Wintersemester 1919/20 an dessen Dozentenseminar in München teilgenommen (vgl. P. TOMMISSEN, Bausteine, S. 78).
[853] C. SCHMITT, Politische Theologie, S. 57.
[854] EBD., S. 59.

gion und Politik, Kirche und Staat, Geistlichkeit und Weltlichkeit eine große Faszination aus. Gebrauchte Schmitt diesen Begriff primär unter juristischer Perspektive, wurde er in den 60er und 70er Jahren von evangelischen und katholischen Theologen neu entdeckt und mit anderen Inhalten gefüllt.[855] Er erhielt hier einen wesentlich theologischeren Anstrich.

Um eine Klärung des Begriffs »politische Theologie« hat sich 1968 zuerst der Kanonist Hans Barion bemüht. Der Ausdruck lasse offen, »ob die Theologie unter Berufung auf das Recht, alles geistlich zu prüfen, auch das Weltlich-Politische ihrer Formung und Weisung unterstellen will, oder ob weltliche Politik sich für ihre Programme auch auf theologische Argumente beruft«[856]. Zur Klarstellung schlägt er deshalb die Vereinbarung vor, »daß Politische Theologie geistliche Verkündigung meint, die den weltlichen Bereich betrifft, während zeitliche Programmatik mit theologischen Einschlüssen als Theologische Politik verstanden wird«[857].

Die formale Grundfrage der politischen Theologie ist für Barion die, ob es ein Beziehungsfeld zwischen Theologie und Politik gibt oder ob hier zwei Bereiche verknüpft werden, »die in Wirklichkeit seinsmäßig voneinander getrennt sind«[858]. Darauf gebe es grundsätzlich zwei Antworten: Die eine sei die neutestamentliche Lehre von den zwei Reichen, die in der alten Kirche Augustinus am besten vertreten und die Luther zu einem Höhepunkt geführt habe[859]. Danach könne es keine legitime politische Theologie geben. Die anfängliche Verknüpfung von Theologie und Politik sei »nur eine Tatsache, keine Wesenszusammengehörigkeit«[860]. Die entgegengesetzte Antwort sei in klassischer Weise von Papst Gelasius I. gegeben worden. Hier sei eine politische Theologie »als möglich bejaht und zu den Rechten und Aufgaben der Kirche« gezogen worden[861].

Ernst-Wolfgang Böckenförde hat hinsichtlich der politischen Theologie 1983 eine Begriffsdifferenzierung vorgenommen, die sich breiter Zustimmung erfreut. Er unterscheidet die juristische, institutionelle und appellative politische Theologie. Unter juristischer politischer Theologie versteht er »den Vorgang der Übertragung theologischer Begriffe auf den staatlich-juristischen Bereich«[862]. In diesem Sinne habe Schmitt 1922 den Begriff in die wissenschaftliche Diskussion eingeführt und ihm seinen klassischen

---

[855] Vgl. etwa J. B. METZ, 2. Aufl., München-Mainz 1980.
[856] H. BARION, Machtform, S. 600.
[857] EBD., S. 600.
[858] EBD., S. 601.
[859] EBD., S. 603.
[860] EBD., S. 603.
[861] EBD., S. 604.
[862] E.-W. BÖCKENFÖRDE, Theorie, S. 19.

6. Politische Theologie als politische Theorie 209

Bedeutungsgehalt verliehen. Institutionelle politische Theologie sei »der Inbegriff der Aussagen eines Gottesglaubens (einer inhaltlich näher bestimmten göttlichen Offenbarung) über den Status, die Legitimation, Aufgabe und evtl. Struktur der politischen Ordnung, einschließlich des Verhältnisses der politischen Ordnung zur Religion«[863]. Klassische Beispiele aus dem Bereich der christlichen Theologie seien Augustinus' Reich-Gottes-Idee mit der Unterscheidung von Civitas Dei und Civitas terrena, die sog. gelasianische Zwei-Schwerter-Lehre, das hierokratische System von Innocenz III., die Staatslehre Leos XIII. und die politische Theologie des 2. Vatikanischen Konzils. Als appellative politische Theologie bezeichnet Böckenförde »die Interpretation der christlichen Offenbarung im Hinblick auf das von ihr geforderte Engagement der Christen und der Kirche für die politisch-soziale Ordnung (und deren Veränderung) als Verwirklichung christlicher Existenz«[864]. Als Beispiele werden die Arbeiten von Johann Baptist Metz und die Theologie der Befreiung genannt. Diese Theologie gebe eine Begründung für das glaubensmotivierte politische Engagement der Christen.

Böckenförde hat selbst darauf hingewiesen, daß zwischen diesen Bedeutungsgehalten der politischen Theologie sachlich-systematische Zusammenhänge bestehen.[865] So werde von der institutionellen und von der appellativen politischen Theologie das »Verhältnis der Christen und der Kirche zu und in den politischen Ordnungen in Blick genommen.« Bei der einen sei der Blickwinkel institutionell oder institutionell vermittelt, bei der anderen unmittelbar handlungsorientiert[866]. Beide seien theologisch orientierte Formen der politischen Theologie. Dieser stehe die juristische politische Theologie gegenüber, die begriffssoziologische Erkenntnisse verfolge[867].

c) Politische Theologie – Carl Schmitts Position

Carl Schmitt hat für sich geltend gemacht, daß seine Abhandlung »Politische Theologie« kein theologisches Dogma, sondern ein wissenschaftstheoretisches Problem betreffe[868] und eine »rein juristische Schrift«[869] sei. Auf den ersten Blick scheint damit das Problem »Carl Schmitt und die

---

[863] EBD., S. 19.
[864] EBD., S. 20.
[865] EBD., S. 21.
[866] EBD., S. 22.
[867] EBD., S. 23.
[868] C. SCHMITT, Politische Theologie II, S. 22.
[869] EBD., S. 30.

politische Theologie« geklärt. Schmitt hat aber im gleichen Zusammenhang hinzugefügt, daß die »Politische Theologie« im »zeitlichen, stofflichen und systematischen Zusammenhang« mit seinen Frühschriften von 1919 bis 1924 stehe[870]. Dazu gehört auch »Römischer Katholizismus und politische Form«. Nimmt man diesen Essay zum Komplex »Politische Theologie« hinzu, sprengt er die rein juristische und wissenschaftstheoretische Kategorie. Dann ergibt sich, daß die juristische politische Theologie zumindest auch mit der institutionellen politischen Theologie in engem Zusammenhang steht.

Nach Schmitt sind die Begriffe des modernen Staatsrechts nicht nur in ihrer historischen Entwicklung, sondern auch in ihrer systematischen Struktur säkularisierte theologische Begriffe. Im Hinblick auf eine institutionelle politische Theologie bedeutet das die theoretische Möglichkeit, staatsrechtliche Begriffe, das Staatsrecht und die staatlich-politischen Strukturen von der Theologie und der Religion her zu bestimmen. Die französischen Traditionalisten, die auf der Grundlage ihrer katholischen Theologie die Restauration des monarchistischen Staatssystems gefordert haben, werden so von Schmitt zwar nicht im Ergebnis, aber in der Methode, das Verhältnis von Theologie und Staatsrecht zu bestimmen, grundsätzlich bestätigt. Mit der Feststellung dieser Analogie ist zumindest gesagt, daß alle Modelle der institutionellen politischen Theologie, die eine scharfe Trennung der Bereiche Religion und Politik, Kirche und Staat vornehmen wollen, unhaltbar sind. Carl Schmitt bewegt sich damit nicht, um die Unterscheidung Hans Barions heranzuziehen, auf der Schiene Augustins und Luthers, sondern auf derjenigen von Papst Gelasius I., wo ein enger Zusammenhang von Theologie und Politik gesehen wird. Mit der Feststellung der politisch-theologischen Analogie ist freilich noch nicht gesagt, ob Schmitt im Sinne Barions politische Theologie oder theologische Politik betreiben will.

Carl Schmitt stellt 1923 in »Römischer Katholizismus und politische Form« zumindest für den Idealfall die analoge Struktur von Kirche und Staat fest. Ja er schreibt der römisch-katholischen Kirche einen eminent politischen Charakter zu. Gerade wegen dieser Eigenschaft soll sie dem durch das ökonomisch-technische Denken seiner politischen Substanz beraubten Staat der Neuzeit sogar überlegen sein. Die Kirche gerät als idealtypisches politisches Modell gegenüber dem darniederliegenden Staat in die Rolle eines politischen Therapeuten. Von einer geistlichen Verkündigung der Kirche gegenüber der Welt in dem Sinne, daß sie deren Formen

---

[870] EBD., S. 28, Anm. 5.

an ihren eigenen Maßstäben überprüfen und ggf. ihrem eigenen Formwillen unterwerfen will, kann jedoch keine Rede sein. Normativ wirkt sie nur als Vorbild aufgrund ihrer politischen Form, letztlich durch ihr körperschaftliches Dasein.

Schmitts Erkenntnisinteresse geht auf die Frage, wie die Rettung des Politischen im Zeitalter des ökonomischen Denkens bewerkstelligt werden kann. Als Antwort zeigt er auf die katholische Kirche. Ein souveräner Führer, der Papst, repräsentiert eine Idee. Die römische Kirche ist hier nur Mittel einer politischen Theorie. »Römischer Katholizismus und politische Form« ist nicht das Werk eines katholischen Theologen oder Sozialethikers, sondern eines Staatsrechtlers, der auf der Suche nach der idealen politischen Form die katholische Kirche als Vorbild entdeckt und ihr bei dieser Gelegenheit ein grandioses Denkmal setzt.

Nur unter diesem Blickwinkel ist auch der von Schmitt häufig und mit polemischer Absicht gegen die Theologen zitierte Satz des Juristen Albericus Gentilis (1552 – 1611): »Silete, theologi, in munero alieno!«[871] und seine bereits 1914 ausgesprochene Empfehlung an die Ethiker, sie sollten »die methodische Autochthonie des Reiches der Welt gelten lassen«[872] zu verstehen. Plausibel ist es freilich nicht, daß in der Analogie von Theologie und Jurisprudenz die Türe für die Vertreter der einen Wissenschaft zu der ihr analogen verschlossen bleiben soll. Der Prozeß der Säkularisierung wird damit nicht nur historisch, sondern auch systematisch zu einer Einbahnstraße erklärt.

Daß Schmitt keine katholische Theologie betreiben will, wird auch an der Rolle, die der Begriff »Theologie« in seiner »Politischen Theologie« spielt, deutlich. Theologie und Metaphysik werden in säkularisierter Form und synonym verwendet. Die Metaphysik ist für Schmitt »der intensivste und klarste Ausdruck einer Epoche«[873]. Mit der Metaphysik im Sinne der christlichen Philosophie hat diese Begriffsverwendung nichts zu tun. In seiner Abhandlung »Das Zeitalter der Neutralisierungen und Entpolitisierungen« zeichnet Schmitt 1929 die Entwicklung der europäischen Geistesgeschichte in den letzten vier Jahrhunderten nach. In jedem Jahrhundert dominiert danach ein »Zentralgebiet«, ein absolut gesetztes Sachgebiet, von dem aus das gesamte Denken und Handeln der Menschen, aber auch die staatliche Ordnung seine Ausrichtung erfährt: »Es sind dies vier große, einfache, säkulare Schritte. Sie entsprechen den vier Jahrhun-

---
[871] Vgl. die Erläuterungen C. Schmitts zu diesem Satz in: SCHMITT im Gespräch, S. 96.
[872] C. SCHMITT, Wert, S. 12.
[873] C. SCHMITT, Politische Theologie, S. 60.

derten und gehen vom Theologischen zum Metaphysischen, von dort zum Humanitär-Moralischen und schließlich zum Ökonomischen«[874].

Trotz dieses möglichen Wechsels der zentralen und maßgeblichen Sachgebiete bleibt für Schmitt eine unvermeidliche Konstante: die Metaphysik im Sinne des dem jeweiligen Zeitalter unbedingt Einleuchtenden und Maßgebenden. Wechseln können nur die absoluten Instanzen, die metaphysische, ideologische Struktur des menschlichen Denkens bleibt immer erhalten. Bereits in seiner »Politischen Romantik« stellt Schmitt fest, daß Gott durch irdische und diesseitige Faktoren, z.B. durch »die Menschheit, die Nation, das Individuum, die gesellschaftliche Entwicklung oder auch das Leben als Leben um seiner selbst willen«[875] ersetzt werden könnten. Aber immer werde dieser Gott, Ersatzgott oder Götze absolut gesetzt.

Theologie und Religiosität sind in dieser säkularisierten Form lediglich Chiffren, hinter denen sich der absolute Geltungsanspruch der jeweils dominierenden Instanz verbirgt. So schreibt Schmitt 1923: »Wohin man immer das Religiöse stellt, es zeigt überall seine absorbierende, verabsolutierende Wirkung, und wenn das Religiöse das Private ist, so ist infolgedessen auch umgekehrt das Private religiös geheiligt«[876]. So ist für ihn Karl Kautsky der Theologe des Erfurter Programms der SPD[877], Benjamin Constant »ein Kirchenvater der gesamten liberalen Geistigkeit«[878], Karl Marx der »eigentliche Kleriker des ökonomischen Denkens«[879], Bakunin, der Anarchist, gar der »Theologe des Anti-Theologischen«[880], die Juristen sind die »Theologen der bestehenden Ordnung«[881] und die Religion der Bourgeoisie ist die »Rede- und Preßfreiheit«[882].

Kodalle stellt dazu zutreffend fest: »Für diese Art der politischen Theologie ist es prinzipiell gleichgültig, *was* sich denn zum letzten Absoluten aufwirft, was dazu erkoren und ›in gefühlsmäßiger Einheit‹ geglaubt wird. Nur *daß* überhaupt ein Inhalt dem Prozeß der Verabsolutierung unterliegt, ist funktional notwendig«[883].

Der Zusammenhang dieses säkularisierten Theologie-Verständnisses mit Schmitts Politik-Begriff ist offenkundig: Das Politische setzt für

---

[874] C. SCHMITT, Zeitalter, S. 67.
[875] C. SCHMITT, Politische Romantik, S. 23 f.
[876] C. SCHMITT, Katholizismus, S. 59.
[877] EBD., S. 60.
[878] C. SCHMITT, Begriff, S. 56.
[879] C. SCHMITT, Cortés, S. 494.
[880] C. SCHMITT, Politische Theologie, S. 84.
[881] C. SCHMITT, Katholizismus, S. 61.
[882] C. SCHMITT, Politische Theologie, S. 79.
[883] K.-M. KODALLE, Politik, S. 93.

Schmitt Anfang der 20er Jahre eine Idee voraus. Der Inhalt dieser Idee ist aus der Sicht des Staatsrechtlers grundsätzlich gleichgültig. Ende der 20er Jahre geht Schmitt einen Schritt weiter: Das Politische läßt sich nicht auf ein abgrenzbares Sachgebiet festlegen, es kann sein »Material« aus allen möglichen Sachgebieten und seine Kraft aus verschiedenen Bereichen menschlichen Lebens ziehen.[884] Konstant ist nur die formale Freund-Feind-Unterscheidung. Nach der politischen Theologie Schmitts können sich jeweils die metaphysischen Weltbilder ändern. Konstant bleibt nur das formale Element des Absoluten. So fließen die Begriffe Idee, Religion, Theologie, Metaphysik und Politik in dieser Theorie ineinander, sie werden sogar weitgehend austauschbar. Absolut ist die Idee und die Politik ebenso wie die Religion und die Theologie. Politische Theologie, in der dem Begriff nach immer die Theologie, wenn auch in säkularer Form, dominiert, kann umschlagen in die theologische Politik, in der die Politik lediglich ihre Kraft aus dem Ideellen, Religiösen und Theologischen zieht.

Die Gefahren, die einer christlichen Theologie und der Kirche aus einer solchen Theorie erwachsen, liegen auf der Hand: Wenn die politische Instanz, der Staat, seine Kraft aus einem absolut gesetzten nicht- oder gar widerchristlichen Weltbild zieht, ist der Schritt nicht weit, daß auch diese politische Instanz sich selbst in diesem Sinne absolut setzt. Die totalitäre Staatsidee, in der für eine eigenständige societas perfecta der Kirche kein Raum mehr ist, ist deshalb in Schmitts politischer Theologie, seiner Soziologie juristischer Begriffe, keimhaft enthalten. Die Zwei-Schwerter-Lehre von Papst Gelasius I. wird so auf den Kopf gestellt. Der Gebieter über das politische Schwert kontrolliert auch das geistliche. Freilich hat Schmitt diese letzte Konsequenz seiner politischen Theologie ausdrücklich nie gezogen. Nach der Machtergreifung der Nationalsozialisten fanden sich allerdings die Intellektuellen, die dies unter dem Eindruck der politischen Theorie Schmitts getan haben.[885]

d) Zeitgenössische Kritik

Carl Schmitts Feststellung der strukturellen Analogie von Theologie und Staatsrecht ist im deutschen Katholizismus in den 20er und 30er Jahren auf ein recht bescheidenes Echo gestoßen. Aus durchaus verständlichen Gründen erschien Schmitts »Römischer Katholizismus und politische Form« gegenüber der fast zeitgleich erschienenen »Politischen Theologie« als der wesentlich faszinierendere und auch gefährlichere Beitrag. Jeden-

---
[884] Vgl. C. SCHMITT, Begriff, S. 21.
[885] Vgl. zur Lehre vom totalen Staat unten III. 9. b).

falls hat der schillernde Begriff »politische Theologie« bei weitem nicht so heftige Diskussionen ausgelöst wie der Katholizismus-Essay. Abgesehen von Hugo Balls Besprechung der Frühschriften Schmitts, in die auch die »Politische Theologie« einbezogen war, sind hier Erik Peterson und Hans Barion zu nennen, die zu Schmitts politischer Theologie jeweils eigene, dezidierte Gegenpositionen entwickelt haben.

Hugo Ball betitelt seinen 1924 erschienenen Aufsatz mit »Carl Schmitts politische Theologie« und macht damit deutlich, daß er in dem Begriff »politische Theologie« den Schlüssel für das gesamte Frühwerk Schmitts sieht. Fasziniert ist Ball von Schmitts »Grundüberzeugung, daß Ideen das Leben beherrschen«[886]. Und weil in Schmitts Werk »die Ideologie einen ihrer schärfsten und glühendsten Verteidiger«[887] finde, verleiht er ihm den Ehrentitel »Ideologe«. Da Schmitts »Tendenz zum Absoluten«[888] nicht auf Abstrakta gerichtet sei, »sondern zum Papste als der absoluten Person«[889] führe, kann Ball Gefährliches daran nicht entdecken. Vielmehr stellt er fest: »Was Schmitts Rechtslehre zur politischen Theologie stempelt, ist die eigenartige Einführung und Anwendung einer von ihm meisterhaft gehandhabten Analogie zwischen politischer und theologischer Norm, zwischen Theologie und Jurisprudenz. [...] Dieses ›Gesetz‹, diese Analogie gewinnt in Schmitts Händen den Wert einer unfehlbaren Methode, wo es gilt, den Sinn sowohl einer politischen Doktrin wie einer ihr übergeordneten metaphysischen Notion zu erschließen«[890].

In der Soziologie juristischer Begriffe sieht Ball den »Versuch, von der geschichtlichen Wirksamkeit aus und nicht abstrakt, zum Absoluten zu gelangen«[891]. Die erwähnte Analogie sei dabei das vornehmste Werkzeug der soziologischen Betrachtung: »Mit ihr durchdringt der Philosoph die ihm begegnenden Systeme, von hier aus konstruiert und begreift er sie. Die Frage nach den Tatsachen und der Struktur eines Systems wird zuletzt immer zur Frage nach der bewußten oder unbewußten Theologie, die das System beherrscht. Erst wenn der Gott oder Götze gefunden ist, dem vertraut und geglaubt wird, gilt ein System, eine Zeit, für begriffen. Die Sprache Gottes, die Theologie, ist der höchste Begriff, nicht nur der Jurisprudenz, sondern auch der Kunst, der Politik, der Person, ja der Zahl und der Zeit«.

---
[886] H. BALL, Theologie, S. 263.
[887] EBD., S. 263.
[888] EBD., S. 264.
[889] EBD., S. 264.
[890] EBD., S. 281.
[891] EBD., S. 282; folgende Zitate EBD.

6. Politische Theologie als politische Theorie 215

Neben der juristisch-theologischen Analogie sieht Ball in der Antithese von rational und irrational das wesentliche Strukturprinzip der Schriften Schmitts: »Genau betrachtet aber sind beide Prinzipien ein und dasselbe. Denn die Theologie verhält sich zur Jurisprudenz [...] wie das Irrationale höheren Sinnes sich zur ratio verhält. [...] Die Einheit des Schmittschen Werkes beruht in der Erhellung der Vernunftbeziehungen zum Übervernünftigen als ihrem Formprinzip. Diese Beziehungen aber sind akkurat die Beziehungen der Jurisprudenz zur Theologie«.

Da Ball hinter Schmitts Werk die Fragestellungen des Thomismus entdeckt[892] und an Schmitts Katholizität im Ergebnis keinen Zweifel hat, zögert er auch nicht, in dessen politischer Theologie letztlich die Sprache Gottes zu sehen, die alle anderen Bereiche des Lebens dominiert. Ball stülpt seine eigene integralistische Sichtweise über Schmitts Theorie und interpretiert diese dann als eine katholisch-integralistische. Daß Schmitts juristisch-theologische Analogie jedem Integralismus, auch demjenigen einer katholischen Theologie, Tür und Tor öffnet, steht außer Frage. Daß Schmitt aber das ganze Phänomen der politischen Theologie unter säkularem Vorzeichen erörtert, gerät bei dem Blickwinkel Balls in den Hintergrund. In formaler Hinsicht ist Ball durchaus zuzustimmen: Schmitts politische Theologie entwirft ein großartiges integrales Denkgebäude. Das Vorzeichen »katholisch« kann jedoch, wenn es substantiell gemeint ist, dafür nicht aufrechterhalten werden.

Der erste, der sich als Zeitgenosse Schmitts an dem Begriff »politische Theologie« gestört und gerieben hat, war der evangelische Theologe Erik Peterson, der 1930 zum Katholizismus konvertierte. Da Peterson mit Carl Schmitt freundschaftlich verbunden war[893], erfährt seine diesbezügliche theologische Position ein besonderes Interesse.

In seinem Bonner Vortrag »Was ist Theologie?« setzt Peterson 1925 für die Theologie im Unterschied zum Mythos dreierlei voraus: »daß es Offenbarung, daß es Glaube und daß es Gehorsam gibt«[894]. Wer das nicht tue, sei kein Theologe, sondern »Schriftsteller«[895]. Man dürfe auch nie vergessen, daß es »ein wirkliches Reden ›von‹ Gott sinnvollerweise nur bei Christus gibt«[896]. Auf die Frage: Was ist Theologie? gibt Peterson folglich die Antwort: »Es *gibt* keine Theologie bei Juden und Heiden, es *gibt* Theologie nur im Christentum und nur unter der Voraussetzung, daß

---

[892] EBD., S. 283.
[893] Vgl. unten V. 1. a).
[894] E. PETERSON, Theologie, S. 9.
[895] EBD., S. 13.
[896] EBD., S. 15.

das fleischgewordene Wort von Gott geredet hat. Mögen Juden auch Exegese treiben und Heiden Mythologie und Metaphysik, Theologie im echten Sinne gibt es erst seitdem der Menschgewordene von Gott geredet hat«[897]. »Eine Theologie, die nicht *wesentlich* vom Dogma bestimmt ist, ist vielmehr darum Phantasterei, weil in ihr die Offenbarung in Christus nicht konkret zum Ausdruck kommt. [...] Erst durch das Dogma wird die Theologie aus ihrer Verbindung mit den zweifelhaftesten aller Wissenschaften, den sogenannten Geisteswissenschaften gelöst, aus dieser Umgebung von Weltgeschichte, Literaturgeschichte, Kunstgeschichte, Lebensphilosophie und wie das alles heißt, befreit«[898]. Die Theologie setzt für Peterson die Offenbarung voraus: »Gott *hat* geredet in seinem Sohn. Das ist es, was das Dogma sagt und wovon allein die Theologie lebt«[899]. Und Theologie muß es für Peterson in der Form eines Standes geben[900]: »Wenn die Theologie nicht mehr ›Aufgabe‹ eines Standes ist, fällt sie der Mannigfaltigkeit menschlicher ›Berufe‹ anheim. Dann gibt es eine Theologie des Arbeiters, eine Theologie des Kapitalisten, eine Theologie des Journalisten und – auch eine Theologie der Theologieprofessoren. Dann ist jeder in seinem ›Beruf‹ zum Theologen geworden. Glückliches Zeitalter, in dem es ebenso viele Theologen wie ›Berufe‹ gibt, nur Eines aber fehlt – *die* Theologie«[901].

Den Namen seines Bonner Professoren-Kollegen Carl Schmitt nahm Peterson in diesem Vortrag nicht in den Mund. Aber jedem Zuhörer, der die Schriften Schmitts kannte, war klar, daß sich Peterson mit seinen Ausführungen nicht nur gegen die dialektische Theologie Barths und Bultmanns, sondern auch gegen den politischen Theologen Carl Schmitt wandte, der in seinen Augen den Begriff der christlichen Offenbarungstheologie für Schriftstellerei mißbraucht hatte. Es war ein erster Ordnungsruf Petersons, den Carl Schmitt nicht überhört und der ihn auch tief getroffen hat.[902]

Im Juli 1933, also nur kurz nach Hitlers Machtergreifung, erscheint im »Hochland« Petersons Aufsatz »Kaiser Augustus im Urteil des antiken Christentums. Ein Beitrag zur Geschichte der politischen Theologie«. Seine Ausführungen, so Peterson, gehörten einem Gebiet an, »das ein deutscher Staatsrechtler der Gegenwart, Carl Schmitt, als politische Theologie bezeichnet hat«[903]. Damit macht Peterson zum ersten Mal deutlich, wen

---

[897] EBD., S. 18 f.
[898] EBD., S. 23.
[899] EBD., S. 25.
[900] EBD., S. 24.
[901] EBD., S. 32, Anm. 25.
[902] Vgl. C. SCHMITT, Politische Theologie II, S. 20 f.
[903] E. PETERSON, Kaiser, S. 289.

er mit seinen kritischen Bemerkungen zum Mißbrauch der Theologie treffen will. In konsequenter Fortführung seines Bonner Vortrags lautet seine zentrale These: »Politische Theologie ist nicht etwa ihrem Wesen nach ein Bestandteil der Theologie, sondern vielmehr des politischen Denkens. In dem Maße, als das politische Handeln der Polis sich von den Göttern der Polis löst, entsteht das Bedürfnis, mit dem politischen Handeln der Polis eine Theorie, sei es philosophischer, sei es theologischer Art in Einklang zu bringen«[904]. Folglich definiert Peterson die politische Theologie als den Versuch, ein Imperium »theologisch zu unterbauen und zu rechtfertigen«[905]. Er sieht somit in der politischen Theologie eher eine theologische Politik, die Rechtfertigung politischen Handelns oder eines politischen Zustands durch theologische Argumente. Deshalb vergleicht er sie auch mit der politischen Utopie. Sie werde von dem Theologen »stets mit Mißtrauen betrachtet und in seiner meist häretischen Artung erkannt, von den Politikern aber immer wieder mit neuer Zuversicht vorgetragen«[906]. Politische Theologie sei kein »Erzeugnis der Neuzeit«, vielmehr habe schon das im Imperium Romanum lebende Christentum »das Bedürfnis nach einer politischen Theologie empfunden«.

Die Geburtsstunde der christlichen politischen Theologie sieht Peterson in der »Art von wesensnotwendiger Verbindung«, die Origines zwischen dem römischen Reich und der christlichen Verkündigung hergestellt habe. Die Pax Romana, die nach der Ablösung der Nationalstaaten realisiert worden sei, habe für Origenes die Ausbreitung des Christentums erst ermöglicht und dessen Friedensbotschaft verständlich gemacht[907]. Sein Schüler Eusebius, »der in erster Linie Politiker, respektive ein politisch-theologischer Publizist gewesen ist«[908], habe das bei seinem Lehrer keimhaft Angedeutete unter dem Eindruck der Konstantinischen Wende weiterentwickelt. Ergänzend habe Eusebius den Gedanken geprägt, »daß der Friede des Imperium Romanum eine Erfüllung der alttestamentlichen Weissagungen vom Völkerfrieden sei«[909], und damit die religiöse Eschatologie in eine politische Utopie verlegt. Dies ist jedoch für Peterson mit der christlichen Eschatologie nicht vereinbar.

Außerdem habe Eusebius zwischen Polytheismus und Nationalstaat und zwischen Monotheismus und Monarchie, der Alleinherrschaft des römischen Kaisers, einen inneren Zusammenhang hergestellt. Damit soll-

---
[904] EBD., S. 289.
[905] EBD., S. 290.
[906] EBD., S. 289; folgende Zitate EBD.
[907] EBD., S. 291.
[908] EBD., S. 292.
[909] EBD., S. 294.

te der christliche Charakter des Imperium Romanum nach Konstantin belegt werden[910]. Aber diese Lehre »mußte notwendigerweise in einen Gegensatz zu dem christlichen Trinitätsdogma treten«[911]. Da die orthodoxe Lehre die politische Theologie des Imperium Romanum bedrohte, sei das politische Interesse des Kaisers, sich auf die Seite des Arius zu stellen, und der eminent politische Charakter dieses dogmatischen Streits begreiflich[912]. Augustinus sei es schließlich gelungen, die Verknüpfung zwischen Christentum und Imperium Romanum zu lösen und zu zeigen, daß das Christentum nicht auf das Imperium beschränkt sei[913].

1935 veröffentlicht Peterson seine Arbeit »Der Monotheismus als politisches Problem; ein Beitrag zur Geschichte der politischen Theologie im Imperium Romanum«. Gegenüber dem Augustus-Aufsatz wird der Begriff des Monotheismus deutlicher in den Mittelpunkt gerückt und ein zusätzliches Verständnis der politischen Theologie eingeführt. Peterson achtet jetzt auf die Strukturidentität von theologischer und politischer Form. Seine patristisch-theologische Argumentation bleibt aber im wesentlichen unverändert.[914]

In seiner berühmten Schlußthese wiederholt Peterson die Behauptung, daß die Lehre von der göttlichen Monarchie am trinitarischen Dogma und die Interpretation der Pax Augusta an der christlichen Eschatologie scheitern mußten. Daraus folgert er: »Damit ist nicht nur theologisch der Monotheismus als politisches Problem erledigt und der christliche Glaube aus der Verkettung mit dem Imperium Romanum befreit worden, sondern auch grundsätzlich der Bruch mit jeder ›politischen Theologie‹ vollzogen, die die christliche Verkündigung zur Rechtfertigung einer politischen Situation mißbraucht. Nur auf dem Boden des Judentums oder Heidentums kann es so etwas wie eine ›politische Theologie‹ geben«[915]. Und in der letzten Fußnote heißt es dann: »Der Begriff der ›politischen Theologie‹ ist m.W. von Carl Schmitt, Politische Theologie, München 1922 in die Literatur eingeführt worden. Seine damaligen kurzen Ausführungen waren nicht systematisch gehalten. Wir haben hier den Versuch gemacht, an einem konkreten Beispiel die theologische Unmöglichkeit einer ›politischen Theologie‹ zu erweisen«[916].

---

[910] EBD., S. 294 f.
[911] EBD., S. 295.
[912] EBD., S. 295.
[913] EBD., S. 299.
[914] Vgl. R. HARTMANN, S. 14 – 22.
[915] E. PETERSON, Monotheismus, S. 99 f.
[916] EBD., S. 158.

6. Politische Theologie als politische Theorie 219

Mit der These von der theologischen Unmöglichkeit einer politischen Theologie steht Peterson eindeutig auf dem Boden der traditionellen Zwei-Reiche-Lehre. Dies zeigt sich auch darin, daß er das Buch »SANCTO AUGUSTINO« widmet[917] und im letzten Satz der Vorbemerkung schreibt: »Der hl. Augustinus, der an allen geistigen und politischen Wenden des Abendlandes sichtbar geworden ist, helfe mit seinen Gebeten den Lesern und dem Verfasser des Buches!«[918]

Die Erkenntnis, daß die These von der theologischen Erledigung jeder politischen Theologie durch das Beweismaterial nicht gedeckt ist, gehört mittlerweile zur herrschenden Auffassung in der Literatur zu Petersons Theologie[919]. Selbst wenn die theologische Rechtfertigung jeder Einherrschaft mit dem Trinitätsdogma tatsächlich erledigt wäre, dann harrte das allgemeine Problem der politischen Theologie, etwa in dem Sinne, wie es Hans Barion dargestellt hat, nach wie vor seiner theoretischen Bewältigung.

Unabhängig von der Schlüssigkeit seines Monotheismus-Buches und der Frage der theologischen und logischen Haltbarkeit seiner zentralen These ist hier festzuhalten, daß Peterson der einzige Theologe war, der in den 20er und 30er Jahre versuchte, Schmitts Begriff der politischen Theologie von theologischer Seite in Frage zu stellen. Wollte er 1925 den Begriff »Theologie« schlicht vor schriftstellerischem Mißbrauch in Schutz nehmen, enthielt der Augustus-Aufsatz von 1933 schon einen deutlich polemischen Akzent. Schmitts Begrifflichkeit wurde hier unter Häresie-Verdacht gestellt.

Verständlich ist diese Zuspitzung nur unter zeitgeschichtlichem Aspekt. Während Schmitt 1933 auf den Höhepunkt seiner politischen und wissenschaftlichen Karriere zustrebte, betrachtete Peterson aus dem fernen Rom in ärmlichen Verhältnissen[920] die politische Entwicklung in Deutschland mit größter Skepsis. Er mußte sehen, wie gerade der deutsche Protestantismus unter maßgeblichem Einfluß von Schmitts Theorien eine politische Theologie ganz nach dem Geschmack der Nationalsozialisten entwickelte und sich das Führerprinzip unter den sog. Deutschen Christen durchsetzte. So zog etwa Wilhelm Stapel, ein Freund Carl Schmitts, in seinem Buch »Der christliche Staatsmann« eine Linie vom Imperium Romanum zum Imperium Teutonicum[921] und wies gerade den

---

[917] EBD., S. 7.
[918] EBD., S. 9.
[919] Vgl. P. KOSLOWSKI, S. 27; A. SCHINDLER / F. SCHOLZ, S. 156; vgl. auch E.-W. BÖCKENFÖRDE, Theorie, S. 20; zuerst und am kritischsten hat sich 1970 C. SCHMITT, Politische Theologie II, S. 57 ff., mit E. Petersons These auseinandergesetzt.
[920] Vgl. E. L. FELLECHNER, S. 118.
[921] Vgl. W. STAPEL, S. 228.

Deutschen die metaphysische und imperialistische Aufgabe zu, das Reich zu errichten.[922] Unter diesen Vorzeichen ist es in erster Linie politisch zu verstehen, wenn Peterson die Verknüpfung von Imperium Romanum und katholischer Kirche als Produkt der arianischen Häresie einordnete und mit dem »Vater« der neueren politischen Theologie, mit Carl Schmitt, hart ins Gericht ging.[923]

1934 rechtfertigte Carl Schmitt in seinem berühmt-berüchtigten Aufsatz »Der Führer schützt das Recht« das Morden vom 30. Juni 1934. Da machte es Sinn, daß Peterson unter dem Eindruck dieser erschütternden Parteinahme seine Polemik gegen Schmitt noch verschärfte und 1935 jede politische Theologie, die »zur Rechtfertigung einer politischen Situation mißbraucht«[924] wird, für theologisch erledigt erklärte. In diesem zeitgeschichtlichen Kontext erweist sich Petersons auf den ersten Blick streng wissenschaftliche, patristische Studie als eine hochpolitische Kampfschrift, »als eine gut getarnte, intelligent verfremdete Anspielung auf Führerkult, Ein-Parteien-System und Totalitarismus«, wie Carl Schmitt 1970 selbst einräumte[925]. Peterson gebrauchte oder mißbrauchte, je nach politischem Standpunkt, die Theologie für politische Zwecke und betreibt damit ebenfalls politische Theologie.

Dieser aktuelle politische Bezug entging zwar den NS-Zensoren, nicht jedoch der katholischen Intelligenz, wo die Schrift Petersons eine positive Aufnahme fand. So kommentiert der Jesuit Max Rast 1937 Petersons Buch: »Ein solcher historischer Überblick ist wohl der einzige Weg, katholischen Verfechtern einer ›politischen Theologie‹ das Gefährliche ihres Unternehmens klarzumachen«[926].

Wie sehr Petersons »parthische Attacke«[927], wie Hans Barion eindrucksvoll formulierte, Schmitt beschäftigte, zeigt die Tatsache, daß er sich 1970 in seiner »Politischen Theologie II« sehr detailliert mit der These von der Erledigung jeder politischen Theologie auseinandersetzte und deren unzureichende Begründung[928] eindrucksvoll darlegte. Carl Schmitt

---

[922] EBD., S. 166, 244 f., 252 f.
[923] B. Nichtweiß bezweifelt, daß E. Peterson mit seiner Schrift wirklich gegen C. Schmitt polemisieren wollte (B. NICHTWEIß, Peterson, S. 810 ff.).
[924] E. PETERSON, Monotheismus, S. 100.
[925] C. SCHMITT, Politische Theologie II, S. 16.
[926] M. RAST, S. 114.
[927] Vgl. H. BARION, Machtform, S. 640.
[928] Bereits O. Gigon zweifelte, ob jede politische Theologie an der Tatsache der Trinität scheitern müsse. Die Väter hätten sich seiner Auffassung nach wohl kaum zu einer solchen radikalen Distanzierung durcharbeiten können (O. GIGON, S. 310). B. Nichtweiß hält C. Schmitts Kritik an E. Peterson in »Politische Theologie II« nicht für überzeugend (B. NICHTWEIß, Peterson, S. 810 ff.).

6. Politische Theologie als politische Theorie

ging es nach seinen Worten darum, »einer alten Herausforderung zu gedenken und den Parther-Pfeil aus der Wunde zu ziehen«[929].

Die theologisch fundierteste Gegenposition zu Schmitts politischer Theologie hat sein Schüler, Freund und wissenschaftlicher Weggefährte, der Kanonist Hans Barion, vorgetragen. Er hält die Nichtunterscheidung des Geistlichen und des Weltlichen für »*den* Sündenfall der Politischen Theologie«[930]. In drei Aufsätzen, im ersten aus dem Jahre 1933 und in den beiden weitaus umfangreicheren und grundsätzlicheren der Jahre 1965 und 1968, hat sich Barion mit der ganzen Wucht seines scharfsinnigen Intellekts gegen die von ihm bei Carl Schmitt vorgefundene Vermischung zweier Bereiche, die seiner Auffassung nach nichts miteinander zu tun haben, gewandt. Als Ausgangspunkt seiner Kritik an Schmitts politischer Theologie gilt ihm dabei nicht dessen Schrift mit dem gleichnamigen Titel aus dem Jahre 1922, sondern die in »Römischer Katholizismus und politische Form« angetroffene Feststellung des politischen Charakters der Kirche. Barion sieht freilich sehr genau den Zusammenhang beider Arbeiten.

Im ersten Aufsatz von 1933 »Kirche oder Partei? Der Katholizismus im neuen Reich« kommt die Frontstellung gegen Schmitt nur mittelbar zum Ausdruck. Unmittelbar wendet sich Barion gegen den politischen Katholizismus, dem er im neuen Reich die Daseinsberechtigung abspricht. Die »Vermischung des Politischen mit dem Konfessionellen«[931] müsse aufhören, dem Staat das Monopol der politischen Willensbildung zukommen[932]. Den Grund für die bisherige Vermischung beider Sphären sieht Barion in einer unzutreffenden Interpretation der Lehre, in temporalibus habe der Staat unmittelbare (potestas directa) und die Kirche mittelbare Gewalt (potestas indirecta). Bei dieser Interpretation der Lehre von der potestas indirecta der Kirche sehe man die kirchliche und die staatliche Gewalt über die Welt in dem einen Fall mittelbar, in dem anderen unmittelbar wirksam werden[933]. Staat und Kirche seien aber in ihrem Bereich jeweils höchste Gesellschaften mit jeweils höchster Gewalt: »die Kirche hat unmittelbare Gewalt im Geistlichen (in spiritualibus), der Staat im Weltlichen. Anders ausgedrückt: die Gewalt der Kirche ist geistlich, die Gewalt des Staates ist weltlich, beide sind so verschieden wie das Geistliche und das Weltliche verschieden sind. [...] Das Politische aber lebt, um die Defi-

---

[929] C. SCHMITT, Politische Theologie II, S. 11.
[930] W. BÖCKENFÖRDE, S. 6.
[931] H. BARION, Reich, S. 457.
[932] EBD., S. 458.
[933] EBD., S. 458.

nition Carl Schmitts aufzunehmen, von der Unterscheidung von Freund und Feind, während die Kirche bei ihrer Stellungnahme zum Weltlichen nur nach der Sünde fragt«[934]. Die Kirche erhebe keinen Anspruch auf politische Macht: »Die Kirche erhebt einen solchen Anspruch nicht, [...] weil politische Macht ihrem Wesen zuwider ist. Sie ist überpolitisch, oder besser noch, sie ist durchaus nichtpolitisch; um es von der schon angezogenen Definition des Politischen aus auf die schärfste, wenn auch nicht genaue Formel zu bringen: sie steht jenseits von Freund und Feind«[935].

Barion gelingt hier das beachtliche Kunststück, mit Schmitt gegen Schmitt zu argumentieren. Er spielt einen Aspekt aus »Römischer Katholizismus und politische Form«, den Gedanken des eschatologischen Charakters der Kirche, gegen den gesamten Grundtenor des Büchleins aus und ordnet ihm diesen unter. Insgesamt wird jedoch nur schemenhaft deutlich, daß sich Barion gegen Schmitts These von der politischen Form des Katholizismus richtet. Die Frontstellung gegen den politischen Katholizismus steht zu eindeutig im Vordergrund und übertönt die theologischen Spitzen gegen Schmitts politische Theologie.

Wie intensiv, lange und hartnäckig Barion an der Widerlegung von Schmitts politischer Theologie gearbeitet hat, wird erst in den beiden Aufsätzen aus den 60er Jahren deutlich, die er ganz der Auseinandersetzung mit »Römischer Katholizismus und politische Form« widmet. Er räumt ein, daß Schmitt das historische Streben der Kirche nach einer weltgeschichtlichen Machtform durchaus richtig gesehen habe[936]. Was Schmitt aber geschildert habe, sei »der ruhmvolle Glanz einer weltgeschichtlichen Fehlentwicklung«[937]. Es habe nicht nur eine »geschichtliche Entleerung des Elogiums«[938] durch das 2. Vatikanische Konzil gegeben. Barion sieht überhaupt keine übergeschichtliche Möglichkeit einer politischen Theologie. Seine zentrale These lautet: »Es gibt kein legitimes Beziehungsfeld zwischen Kirche und Politik außerhalb der Ratio peccati; wo die Kirche eine positive politische These repräsentiert, die theologisch immer nur eine unter mehreren von den Zehn Geboten aus möglichen ist, überschreitet sie ihren göttlichen Auftrag«[939].

Barion vermag zwar durch seine strenge logische Konsequenz und seine geschliffene Rhetorik zu beeindrucken. Abgesehen von der nachhalti-

---

[934] EBD., S. 459.
[935] EBD., S. 459.
[936] H. BARION, Machtform, S. 640.
[937] EBD., S. 640.
[938] EBD., S. 606.
[939] EBD., S. 640.

6. Politische Theologie als politische Theorie 223

gen Behauptung der Notwendigkeit der Unterscheidung von Weltlichem und Geistlichem in der Tradition der Zwei-Reiche-Lehre kommt er jedoch bei nüchterner Betrachtung theologisch über den Stand von Peterson nicht hinaus. Denn wie dieser sieht Barion die Wurzel der politischen Theologie in der »Leugnung des eschatologischen Charakters der Botschaft Christi«[940]. Diese Botschaft enthalte die radikale Ablehnung jeder Möglichkeit, biblische Sätze »auf das Gesellschaftliche zu übertragen und als dort maßgeblich hinzustellen«[941].

Erik Peterson, Hans Barion und auch Ernst Michel, die gewichtigsten Kritiker der politischen Theologie Schmitts von der Seite der katholischen Theologie, waren sich demnach bei allen Unterschieden im einzelnen einig, daß Schmitts politische Theologie nicht mit der christlichen Eschatologie zu vereinbaren sei. Alle drei haben aber nicht oder nicht ausreichend berücksichtigt, daß Schmitts primäres Interesse weder in »Römischer Katholizismus und politische Form« noch in seiner »Politischen Theologie« darin lag, Aussagen aus der Perspektive der katholischen Theologie zu machen.

Anders als Ernst Michel und Erik Peterson hat sich Hans Barion für die politischen Gefahrenpotentiale der mit der politischen Theologie Schmitts zusammenhängenden politischen Theorie nicht interessiert. Für ihn stellt sich die Frage nach der Legitimität einer politischen Theologie gleich welcher Art als eine abstrakt-grundsätzliche. Er argumentiert nicht wie Erik Peterson zu Beginn der Nazi-Herrschaft theologisch, um Carl Schmitt politisch zu treffen. Er weiß sich zu Schmitt ausschließlich in einem wissenschaftlichen Gegensatz.

In seiner »Politischen Theologie II« besteht Schmitt 1970 auch gegenüber Barion auf der Unmöglichkeit, das Politische exakt als Sachgebiet abgrenzen zu können. Die augustinische Lehre von den zwei Reichen werde bis zum jüngsten Gericht immer vor der Frage stehen: »Wer entscheidet *in concreto* für den in kreatürlicher Eigenständigkeit handelnden Menschen die Frage, was Geistlich und was Weltlich ist und wie es sich mit den res mixtae verhält, die nun einmal in dem Interim zwischen der Ankunft und der Wiederkunft des Herrn die eigene irdische Existenz dieses geistig-weltlichen, spirituell temporalen Doppelwesens *Mensch* ausmachen?«[942]

---

[940] H. BARION, Epilog, S. 672.
[941] EBD., S. 673.
[942] C. SCHMITT, Politische Theologie II, S. 107.

e) Zeitgenössische politische Theologien

Anfangs der 30er Jahre entwickelte sich vor allem im deutschen Protestantismus eine lebhafte Diskussion über die »politische Theologie« und die Fragen, die sich hinter diesem Schlagwort verbergen. Alfred de Quervain entwarf 1931 seine »Grundlinien einer politischen Theologie«, so der Untertitel seines Buchs »Theologische Voraussetzungen der Politik«. 1932 steuerte Friedrich Gogarten seine »Politische Ethik« bei, die zahlreiche Fragestellungen Schmitts aufgriff.[943] Im gleichen Jahr erschien Wilhelm Stapels aufsehenerregendes Buch »Der christliche Staatsmann«. »Carl Schmitts Lehren waren wesentlich bestimmend für die ganze Situation«[944], stellte Stapel darin zu der auf protestantischer Seite schon unübersichtlich gewordenen Diskussion fest.

Mit Blick auf Carl Schmitt und seine politische Theologie sind aus katholischer Sicht besonders zwei Beiträge beachtenswert: zum einen die »Politische Theologie« Karl Eschweilers aus dem Jahre 1932 und zum anderen Robert Grosches »Die Grundlagen einer christlichen Politik der deutschen Katholiken« von 1933. Der erste Beitrag verdient schon wegen seines an Carl Schmitt erinnernden Titels, aber auch wegen der Freundschaft zwischen Schmitt und Eschweiler besonderes Interesse. Der Aufsatz von Grosche enthält aufschlußreiche Parallelen zu Schmitts Staatsrechtslehre.

Eschweiler weist in seinem Aufsatz eingangs darauf hin, daß »der Ausdruck politische Theologie durch den Staatsrechtler Carl Schmitt geläufig geworden«[945] sei. Dieser »Meister prägnanter Begriffsbildung« habe 1922 gezeigt, »daß die politischen Ideologien auf spezifisch theologische Urteile zurückgehen«[946]. Sonstige unmittelbare Hinweise auf die Schriften Schmitts sucht man im weiteren Aufsatz jedoch vergebens.

Eschweiler bemüht sich zunächst um eine begriffliche Klärung. Der Ausdruck »politische Theologie« sei dem Mißverständis ausgesetzt, eine Theologie zu meinen, die »zum Mittel staatspolitischen Denkens und Handelns« werden könne. Tatsächlich habe es eine solche Theologie, die besser als theologische Politik bezeichnet werde, etwa in der Form der konfessionellen theologia polemica, die »der absolutistischen Staatspolitik Rechtfertigungsdienste leisten mußte«[947], gegeben. Seit dem Westfälischen Frieden seien die Theologen aber immer weniger der Versuchung der jeweiligen Staatsmacht ausgesetzt worden. Da aber im Kampf um die

---
[943] F. GOGARTEN, z. B. S. 153 ff, 173 ff.
[944] W. STAPEL, S. 9.
[945] C. ESCHWEILER, Theologie, S. 73.
[946] EBD., S. 73.
[947] EBD., S. 74; folgende Zitate EBD.

6. Politische Theologie als politische Theorie 225

Macht sog. Ideale unentbehrlich seien, sei diese theologia polemica im Laufe der Zeit durch Ersatzmittel, in jüngster Zeit insbesondere durch die »politische Geheimtheologie des Liberalismus« ersetzt worden. Ganz im Sinne Carl Schmitts stellt Eschweiler dabei als Tatsache vor, »daß der Liberalismus eben deshalb zur politisch herrschenden Ideologie werden konnte, weil er das offenbar Theologische in der Politik als dunkles Mittelalter verschrie und die theologischen Urteile, welche die liberale Auffassung von der Natur des Menschen bestimmen, nach Möglichkeit als untheologisch, nämlich als reine Vernunft oder als voraussetzungslose Wissenschaft auftreten ließ.«

Der Schlüssel für eine »reale Theologie der Politik« ist nach Eschweiler die Szene: Jesus vor Pilatus (Joh. 18), wo Jesus auf die Frage, ob er ein König sei, die geistige Königsherrschaft in Anspruch nehme, dessen Bestand nicht auf Waffengewalt, sondern auf der Wahrheit beruhe[948]. Die Frage des Pilatus: Was ist Wahrheit? zeige, daß es dessen Aufgabe gewesen sei, politisch zu handeln und nicht zu philosophieren. Damit sei die Begrenzung der res publica ausgesprochen: »Die Pilatusfrage ist das Wort Gottes von der wesenhaften Verschiedenheit und Unzuständigkeit der Staatsgewalt gegenüber jenem Gewaltbereich, worin über das geistige und ewige Heil der Menschen entschieden wird«[949].

Auch das Quentchen Wahrheit des Liberalismus sieht Eschweiler in der Pilatus-Szene verankert. Erst nachdem sich Pilatus vor dem Königsanspruch Jesu als unzuständig erklärt und der Hohepriester mit der Aussage »Wir haben keinen König außer dem Kaiser!« die jüdische Theokratie aufgegeben habe, gebe es die »Freiheit des Menschen als politische reale Möglichkeit«[950]. Dadurch sei die »Freiheit des Menschengeistes aus dem Stadium, eine in der Menschennatur liegende Sehnsucht und nur als Privatsache realisierbare Möglichkeit zu sein, herausgetreten, um irdisch gegenwärtige Ordnung des öffentlichen Lebens zu werden«[951]. Mit anderen Worten: Die Pilatus-Szene ist die Geburtsstunde des Staates, der seine Existenz der Freigabe des Menschen durch die Religion verdankt. Anders als der Staat, der diesem Gedanken nach seine Wurzel im privaten Streben des Menschen nach Freiheit hat, sei die Kirche »zu keiner Zeit eine bloße Privatangelegenheit«, sondern bereits in den Katakomben »ein für den heidnisch absoluten Staat unerträglicher Eigenbereich der öffentlichen Ordnung«[952] gewesen.

---
[948] Ebd., S. 75.
[949] Ebd., S. 77.
[950] Ebd., S. 77.
[951] Ebd., S. 77 f.
[952] Ebd., S. 78.

Eschweiler fordert die Eigenständigkeit des Staates. Dieser müsse heute »sein natürliches Recht behaupten gegenüber den zur Pseudokirche aufgedunsenen Mächten der individualistischen Gesellschaft«[953]. Einen Grund zur Hoffnung sieht Eschweiler freilich: »Der Staat wird der liberalen Gesellschaft zusehends Herr, um die positive Wahrheit im Liberalismus, daß die Staatsgewalt im Bereich des Religiösen oder Weltanschaulichen unzuständig ist, von sich aus zum förmlichen Staatsrecht zu erheben.«

Mit Art. 137 der Weimarer Verfassung ist Eschweiler denn auch grundsätzlich ganz zufrieden. Der Staat könne und solle nicht entscheiden, »wie seine Bürger das Heil suchen«. Vorbehalte meldet er aber an gegenüber der Gleichstellung von Religions- und Weltanschauungsgesellschaften. Eine Weltanschauung sei »eine subjektive und politische private Angelegenheit«[954]. Eindringlich zeigt Eschweiler die von Weltanschauungen ausgehenden Gefahren auf: »Es gibt nur einen Weg, auf dem die bloße Weltanschauung ein öffentliches Ding, res publica, werden kann, nämlich den, das körperliche Machtschwert dem Staat zu stehlen und ihre geistige Unmacht und Illegitimität unter dem erzwingbaren Recht der Staatsgewalt zu verbergen. Ein Politiker, der die Kirche Christi nicht als die verantwortliche Auktorität des Glaubenslebens anerkennt, ist als Mensch natürlicher Weise versucht, unmittelbar den Staat zu seiner Weltanschauungsanstalt zu machen«[955].

Während die Weltanschauung die Neigung habe, »ihre ideologischen Forderungen für Staatsnotwendigkeiten zu halten und die Einerleiheit von politischer und staatlicher Ordnung zu erstreben«[956], also selbst zum Staat werden wolle, anerkenne das Christentum die existentielle Verschiedenheit und Eigenständigkeit der beiden sich ergänzenden Hoheitsbereiche Staat und Kirche. Christgläubige Politik bestehe darin, »unter den von der Vorsehung gesetzten Bedingungen des Hier und Jetzt die Staatsraison zu vollziehen«.

Die Staatsraison ist die Brücke zwischen Eigenständigkeit und Eingebundenheit des Staates in das Netz der Schöpfungstheologie Eschweilers: »Im vornehmlichen Sinne ist die Staatsgewalt das Werkzeug und die Staatsraison der Ratschluß Dessen, ohne den uns kein Haar vom Haupt fällt. Denn es liegt vorzüglich in dem vernünftigen Willen des Staatsmannes, ob eine Nation die ihr eingeschaffenen Anlagen in der Kraft Gottes

---

[953] EBD., S. 79; folgende Zitate EBD.
[954] EBD., S. 81.
[955] EBD., S. 81.
[956] EBD., S. 82, folgende Zitate EBD.

verwirklicht und in der politischen Verwirklichung als Staat behauptet, oder ob sie verkümmern und verderben«[957].

Eschweiler stellt zusammenfassend unter Berufung auf Thomas von Aquin fest: »Eine Weltanschauung [...] zu haben und zu vertreten, anstatt unbedingt der in der konkreten politischen Lage angelegten Vernunft aufgeschlossen zu bleiben und diese als Staatsraison erfaßte objektive Vernunft entschlossen zu vollziehen, – das ist der normale Weg, auf dem die geistige Verwundung der Adamsnatur, das ›Irren ist menschlich‹, am sichersten sich in der Politik als Krieg und Knechtschaft manifestiert«[958].

Eschweilers politische Theologie ist im Hinblick auf Carl Schmitt in mehrfacher Hinsicht höchst bemerkenswert. Anders als Erik Peterson hat Eschweiler keine Bedenken, den Begriff Theolgie auch im weiteren Sinne für die Rede von den neuzeitlichen Götzen zu verwenden. Ja er steht voll hinter Schmitts Methode der Soziologie juristischer Begriffe, wenn er etwa von der »politischen Geheimtheologie des Liberalismus« spricht. Wie Schmitt sieht auch Eschweiler die größte Gefahr für den Staat von den »zur Pseudokirche aufgedunsenen Mächten der individualistischen Gesellschaft«.

Anders als Schmitt, der von den pluralistischen, staatszersetzenden Mächten spricht, lokalisiert Eschweiler bei den Weltanschauungen die Gefahr, zum starken totalen und totalitären Staat zu drängen. Von hier aus sieht er nicht nur den Staat aufgehoben, sondern auch die Kirche gefährdet. Das Ideelle, das ja nach Schmitts frühem Politik-Verständnis gerade zum Politischen gehört, wird außerhalb der Kirche demnach skeptisch betrachtet und als potentiell totalitär eingestuft. Man möchte Karl Eschweiler hinsichtlich der weiteren Entwicklung der 30er Jahre für seine politische Theologie von 1932, die eine radikale Absage an jede Form des politischen Extremismus beinhaltet, geradezu hellseherische Fähigkeiten zuschreiben. Vor diesem theoretischen Hintergrund ist die Überraschung groß, daß er 1933 zu den prominentesten katholischen Nationalsozialisten zählt.

Was Eschweiler den theoretischen Zugang gerade zu dieser Weltanschauung ermöglichte, war die starke Betonung des neuthomistischen Axioms, daß die Gnade die Natur voraussetzt. Mit dem Hinweis, daß es an dem Staatsmann liege, ob eine Nation »die ihr eingeschaffenen Anlagen«[959] verwirkliche, blitzte bereits 1932 der Topos auf, der einer völkischen Interpretation seiner politischen Theologie zugänglich war und den

---
[957] EBD., S. 88.
[958] EBD., S. 88.
[959] EBD., S. 88.

Eschweiler als theologischen Brückenschlag zum Nationalsozialismus benutzte.

Beachtlich ist im Zusammenhang der negativen Wertung der Weltanschauung, daß Eschweiler einen verfassungsrechtlichen Gedanken in theologischem Gewand aufgreift, den Carl Schmitt 1932 in »Legalität und Legitimität« in den Mittelpunkt gestellt hat: die Wertblindheit der Weimarer Verfassung. Schmitts Festellung, extremistische Parteien könnten die institutionellen Garantien der Verfassung und sogar die Demokratie selbst legal beseitigen, formuliert Eschweiler mit Blick auf Art. 137 Abs. 7 WRV, den er ersatzlos streichen möchte. Hier sei die legale Möglichkeit eingeräumt, »das Deutsche Reich in eine Weltanschauungskirche zu pervertieren«[960]. Ob der Theologe Karl Eschweiler ebenso die Nationalsozialisten im Auge hatte, wie das der Staatsrechtler Carl Schmitt mit der Beschreibung des Modellfalls der legalen Revolution später für sich beanspruchte, darüber läßt sich nur spekulieren.[961]

Eschweiler steht mit seiner politischen Theologie grundsätzlich auf dem Boden der augustinischen Zwei-Reiche-Lehre. Seine These von der »wesenhaften Verschiedenheit«[962] von Staat und Kirche läßt die Radikalität von Hans Barion anklingen. Die Bereiche Staat und Kirche, Weltlichkeit und Geistlichkeit werden grundsätzlich klar abgegrenzt. Außerdem zieht Eschweiler hohe Mauern gegen weltliche Übergriffe. Wenn er aber mit Blick auf die Schöpfungstheologie die Staatsgewalt als Werkzeug und die Staatsraison als Ratschluß Gottes präsentiert, dann wird doch wieder theologische Einflußmöglichkeit auf den Staat vorausgesetzt. Gleichzeitig fordert er – im Zuge einer appellativen politischen Theologie – den Staat zum Kampf gegen die Weltanschauungen mit der Begründung auf, nur so könne er sein eigenes Selbst aufrechterhalten. Bei genauerer Betrachtung geht es ihm aber zumindest auch darum, den Einfluß der katholischen Kirche, die seiner Vorstellung nach alleine den Staat Staat sein läßt, aufrechtzuerhalten oder wiederherzustellen. Rüttelt der Jurist Schmitt mit seiner politischen Theologie und Theorie an der Türe zwischen Staat und Kirche, Weltlichkeit und Geistlichkeit, von der weltlichen Seite her, so tut dies der Theologe Eschweiler mit seiner Schöpfungstheologie von der geistlichen, wenn er den Staat nur mit katholischen Inhalten speisen und andere Weltanschauungen als Mittel der staatlichen Sinnstiftung ausschließen will.

---

[960] EBD., S. 83.
[961] Da K. Eschweiler bereits 1936 starb, blieb ihm eine solche Interpretation seiner Ausführungen nach dem Ende des Nationalsozialismus versagt.
[962] EBD., S. 77.

6. Politische Theologie als politische Theorie 229

Robert Grosches »Grundlagen einer christlichen Politik der deutschen Katholiken« sind der Sache nach eine politische Theologie, auch wenn der Verfasser dieses Wort nicht benutzt. Fündig wird er auf der Suche nach den theologischen Fundamenten einer christlichen Politik bei dem christologischen Dogma von Chalcedon, wonach Christus die göttliche und menschliche Natur unvermischt und ungetrennt in sich eint[963]. Dieses Dogma setzt Grosche zur Geschichte als einer zentralen christlichen Kategorie[964] in Bezug: »Geschichte gibt es nur zwischen den Zeiten, weil zwischen den Zeiten der Leib Christi zur Fülle heranwächst. Die Menschwerdung Jesu Christi ist die Mitte der Geschichte. In der Fülle der Zeit wird in der *Einung* der beiden Naturen *in* der Person des Wortes die Geschichte, d.h. das ›Gott alles in allem‹ vorweggenommen. Was hier im Urbild vollzogen ist und in der katholischen Kirche sakramental sich vollzieht durch den Priester im wirkenden heiligen Zeichen, das verwirklicht sich in der Geschichte durch den Laien in dem Wachstum des Leibes Christi zur Fülle«[965]. Dabei ist Grosche klar, daß die christliche Geschichte keine immanente Vollendung, sondern nur den Mangel kennt. Wenn es die Geschichte nur zwischen den Zeiten gibt, dann steht sie für Grosche »in regnum Christi«[966].

Christus habe durch seinen Kreuzestod die Sünde und damit die letzte Ursache für die Entzweiung unter den Menschen überwunden. In den Frieden Christi sei nicht nur die Einzelperson, sondern die menschliche Gemeinschaft, ja die ganze geschaffene Natur einbezogen. Auch das politische Leben, in dem sich die gleiche Dämonie wie im geschlechtlichen Leben offenbare, sei in diese Erneuerung einbezogen: »*Das, und nichts anderes meinen wir zunächst, wenn wir als Christen vom Reich sprechen.* Wir glauben, daß die Erlösung der Welt durch Jesus Christus [...] auch auf die politische Welt sich erstreckt, daß die pax Christi auch in die politische Wirklichkeit hineinreicht, d.h. daß durch sie auch die Völker ›befriedet‹ sind«[967].

Grosche weist die Vermutung zurück, hier werde eine Theokratie propagiert: »Wie die Menschwerdung Christi in der Einung der beiden Naturen die Vollendung der Geschichte vorwegnimmt, so nimmt die Geschichte der Kirche auf einer höheren Ebene die Geschichte der Welt vorweg, und die dogmatischen Formeln der Kirche haben als Zeugnisse

---

[963] R. GROSCHE, Grundlagen, S. 47.
[964] EBD., S. 46 f.; vgl. auch oben III. 5. c).
[965] EBD., S. 47.
[966] EBD., S. 47.
[967] EBD., S. 48.

dieser ›Entscheidungen‹ darum echt geschichtlichen Charakter. Als im Jahr 1870 die Unfehlbarkeit des Papstes definiert wurde, da nahm die Kirche auf der höheren Ebene jene geschichtliche Entscheidung voraus, die heute auf der politischen Ebene gefällt wird: für die Autorität und gegen die Diskussion, für den Papst und gegen die Souveränität des Konzils, für den Führer und gegen das Parlament«[968].

Das Verhältnis von Staat und Kirche, von Reich und Kirche, sieht Grosche im christologischen Dogma von Chalcedon grundgelegt: »Wir glauben endlich daran, daß gerade in der christologischen Formel die Selbständigkeit der geistlichen und weltlichen Ordnung in der Einheit des Reiches Christi gewährleistet ist, daß also Kirche und Reich [...] im ›Reich Christi‹ stehen, unvermischt und doch auch ungetrennt, daß Priester und Laie ihre besondere Funktion haben – beide aber als Glieder der Kirche –, daß heute wieder voll und ganz der Laie aufgerufen ist, den weltlichen Bereich zu ordnen und zu verwalten, daß er es aber tut, [...] in einer wirklichen (auf dem allgemeinen Priestertum ruhenden, durch Taufe und Firmung sakramental verbürgten) Teilnahme am hierarchischen Apostolat der Kirche«[969].

In einer Anmerkung stimmt Grosche »den die Trennung der beiden Gewalten so scharf betonenden Ausführungen von Hans Barion [...] weithin zu«, vermißt jedoch »die in der Wahrheit von Chalcedon doch auch betonte Beziehung der beiden Gewalten zueinander«[970]. Auch mit dem Hinweis auf die christologische Formel wird deutlich, daß Grosches politischer Theologie mit der antithetischen Unterscheidung der augustinischen von der gelasianischen Linie nicht beizukommen ist. Grosches Ausführungen sind insofern ein Musterbeispiel für die von Carl Schmitt beschriebene und gerühmte Fähigkeit der katholischen Kirche zur complexio oppositorum.

Auch Barions Unterscheidung von politischer Theologie und theologischer Politik läßt sich bei Grosche nicht in voller Reinheit durchführen. Primär sucht Grosche zwar nach den theologischen Grundlagen von Staat und Kirche, aber nebenbei gerät seine Theologie doch zu einer theologischen Politik, wenn die »Entscheidungen« für Autorität und Führer eine theologische Weihe erhalten. Der Führer wird mit dem Papst in eine historische Beziehung gebracht, die ganz nach dem Geschmack Carl Schmitts der frühen 20er Jahre gewesen sein dürfte.

Grosche verfällt zwar nicht in den eschatologischen Irrtum, die Kirche sei die Keimzelle des Reiches Gottes; er weiß, daß die Geschichte vom

---

[968] EBD., S. 49.
[969] EBD., S. 51.
[970] EBD., S. 49.

6. Politische Theologie als politische Theorie   231

Menschen her nicht vollendet werden kann. Durch seine Geschichtstheologie stellt er jedoch gleichwohl eine Linie Christus – Kirche – Staat her, die letztlich, wenn auch auf anderem Wege, zum gleichen Ergebnis kommt wie das Modell »Kirche als Urbild und Staat als Abbild einer idealen politischen Form«. Christus – Kirche – Staat werden nicht seinsmäßig-strukturell, sondern geschichtlich-dynamisch in eine theologische Analogie gebracht. Liegt Grosche mit seiner politischen Theologie ganz auf der existentialistischen Linie Schmitts[971], so geht dieser mit der These von der systematischen Strukturidentität von theologischen und staatsrechtlichen Begriffen jedoch noch einen Schritt weiter.

Eine unmittelbare politische Aktivität der Kirche, etwa über ihre Würdenträger, lehnt Grosche entschieden ab. Hier trifft er sich auch mit Schmitts »Silete theologi in munere alieno«. Politischer Katholizismus in diesem Sinne ist für ihn Monophysitismus, der die menschliche Natur Christi nicht ernst nimmt. Wenn Grosche den Laien aufgrund seines allgemeinen Priestertums in die politische Verantwortung für die Welt stellt, übernimmt er damit exakt die Position Michels aus »Politik aus dem Glauben«. In Sachen »appellative politische Theologie« steht Grosche deshalb im Lager Michels, auch wenn die Analogie der »Entscheidungen« für Papst und Führer auf den ersten Blick eine größere terminologische und vor allem politische Nähe zu Schmitt erkennen läßt.

Auffallend ist Grosches theologische Anthropologie, die geradezu als Antithese zur protestantischen Lehre von der irreversiblen Sündhaftigkeit und Verderbtheit des Menschen und der Welt verstanden werden kann. Wenn er wiederholt betont, durch Christus sei die Sünde und folglich alle Feindschaft zwischen den Menschen getötet worden, dann ist das nicht nur eine Gegenposition zur politischen Theologie Wilhelm Stapels[972], sondern auch zu Schmitts Begriff des Politischen, der den Begriff der Feindschaft als zentrale politische Kategorie in den Mittelpunkt seiner Theorie rückt und mit einer negativen theologischen Anthropologie begründet. Schmitts Freund-Feind-Unterscheidung wird damit der Sache nach eine theologische Absage erteilt. Berücksichtigt man zusätzlich Grosches indirekte Kritik an Schmitts Kirchen-Verständnis[973] sowie andererseits seine Skepsis gegenüber dem katholischen Naturrechtsdenken[974] und seine Zustimmung zur Formel vom totalen Staat[975], dann

---
[971] Vgl. oben III. 5. c).
[972] Vgl. unten III. 8. h).
[973] Vgl. oben III. 3. e).
[974] Vgl. oben III. 5. c).
[975] Vgl. unten III. 9. c).

kann der Kölner Studentenpfarrer geradezu als Inkarnation der katholischen Zwiespältigkeit gegenüber Carl Schmitts Theorien betrachtet werden.

7. Diktatur statt Parlamentarismus

Die Diktatur war in den 20er Jahren trotz des sozialistischen Schlagworts von der »Diktatur des Proletariats« keineswegs eine Staatsform, die im deutschen Katholizismus nur Angst und Schrecken ausgelöst hat. Je schwächer die parlamentarische Demokratie erlebt oder je stärker sie abgelehnt wurde, desto näherliegend war die Sehnsucht nach der Monarchie oder, sofern die Restauration dieser Staatsform nicht für sinnvoll oder machbar gehalten wurde, der Ruf nach dem Diktator oder nach dem Führer. Bereits 1923 fordert Otto Kunze, Schriftleiter der katholischen »Allgemeinen Rundschau«, »eine Reichsleitung ohne marxistische Schwächen, eine Diktatur der lebendigen Kräfte zu bilden, die allein die politische Einheit Deutschlands retten kann«[976]. Karl Klein berichtet 1927 im »Abendland«, die Entwicklung des Parlamentarismus, wie sie insbesondere in den unaufhörlichen Regierungskrisen und den taktischen Streitigkeiten der Parteien zum Ausdruck komme, habe im Volk Mißtrauen hervorgerufen und selbst bei den Gutwilligen »den unbekümmerten Glauben an die ›Demokratie‹ in etwa erschüttert«[977]. Er fährt fort: »Die Möglichkeit einer Wende zur Diktatur steht als Befürchtung oder erwünschte Aussicht hinter fast allen Betrachtungen, die den Parlamentarismus zum Gegenstand haben. Man sucht darum immer wieder nach autoritären Sicherungen, nach verfassungspolitischen Mitteln, die den Staat davor schützen sollen, der Willkür des parlamentarischen Getriebes zum Opfer zu fallen.«

Daß auch bei den Katholiken der Glaube an Demokratie und Parlament ins Wanken geriet, dafür trugen nicht nur die Parteien, sondern auch all diejenigen, die das Scheitern der parlamentarisch getragenen Regierungen geradezu als Zwangsläufigkeit einer geschichtlichen Entwicklung beschrieben, eine Mitverantwortung. Carl Schmitt war der Staatsrechtler, der der Stimmung »weg vom Parlament« und »hin zur Diktatur« die fundierteste theoretische Untermauerung in der Zeit der Weimarer Republik bot. Die Reaktionen im deutschen Katholizismus auf diese antiparlamen-

---

[976] O. Kunze, Diktatur, S. 497 f.
[977] K. Klein, S. 254; folgendes Zitat ebd.

7. Diktatur statt Parlamentarismus

tarische Staatsrechtslehre waren entsprechend der von Klein beschriebenen Hoffnungen oder Befürchtungen unterschiedlich.

a) Zentrale Elemente der Staatstheorie Schmitts in der Weimarer Republik

Carl Schmitts Staatsrechtslehre in den 20er und frühen 30er Jahren steht ganz im Zeichen des Kampfes gegen den Liberalismus und den Parlamentarismus als dessen staatsrechtliche Ausformung. Schmitt sucht eine Autorität, die die Einheit der politischen Gesamtordnung des deutschen Volkes garantieren kann. Dem Parlament spricht er diese Fähigkeit ab. Fündig wird er bei seiner Suche nach einer solchen Garantieinstanz beim Reichspräsidenten. Er soll den Zerfallsprozeß der staatlichen Ordnung aufhalten und überwinden.

»Die Diktatur« (1921)

Die von Schmitt immer wieder vertretene These, daß Autorität von oben kommen muß, bereitet er in der 1921 erschienenen rechtshistorischen Studie »Die Diktatur« vor. Die Diktatur ist für ihn »die Herrschaft eines ausschließlich an der Bewirkung eines konkreten Erfolges interessierten Verfahrens, die Beseitigung der dem Recht wesentlichen Rücksicht auf den entgegenstehenden Willen eines Rechtssubjekts, wenn dieser Wille dem Erfolg hinderlich im Wege steht; demnach die Entfesselung des Zweckes vom Recht«[978]. Schmitt unterscheidet die kommissarische Diktatur, die eine Verfassung aufhebe, »um dieselbe Verfassung in ihrem konkreten Bestand zu schützen«[979], von der souveränen Diktatur, die sich nicht auf eine bestehende, sondern »auf eine herbeizuführende Verfassung«[980] berufe.

Zwischen der Herrschaft der zu verwirklichenden Norm und der Methode der Verwirklichung kann für Schmitt ein Gegensatz bestehen. Rechtsphilosophisch liege das Wesen der Diktatur »in der allgemeinen Möglichkeit einer Trennung von Normen des Rechts und Normen der Rechtsverwirklichung«[981]. Damit macht Schmitt für seinen Diktatur-Begriff eine Differenzierung fruchtbar, die er bereits 1914 in »Der Wert des Staates und die Bedeutung des Einzelnen« gefunden hatte. War es damals noch ganz allgemein der Staat, dem die Aufgabe der Rechtsverwirklichung, der Vermittlung zwischen reinem Recht und konkreter Wirklich-

---
[978] C. Schmitt, Diktatur, S. VIII f.
[979] Ebd., S. 136.
[980] Ebd., S. 137.
[981] Ebd., S. VIII.

keit, zugeschrieben wurde, so rückt 1921 der Diktator in diese Position ein. Er ist jetzt das geeignete Rechtssubjekt für eine machtvolle, von den Fesseln der konkreten Rechtsordnung befreiten Dezision. Von Willkürherrschaft will Schmitt freilich nichts wissen: »Eine Diktatur, die sich nicht abhängig macht von dem einer normativen Vorstellung entsprechenden, aber konkret herbeizuführenden Erfolg, die demnach nicht den Zweck hat, sich selbst überflüssig zu machen, ist ein beliebiger Despotismus«[982].

Mit der »Rechtfertigung der Diktatur, die darin liegt, daß sie das Recht zwar ignoriert, aber nur um es zu verwirklichen«[983], liefert Schmitt bereits 1921 ein staatsrechtliches Modell, das 1932/33 brandaktuell werden sollte: die Rechtfertigung der – verfassungswidrigen – zeitlich nicht begrenzten Diktatur des Reichspräsidenten zur Rettung des substantiellen Kerns der Weimarer Reichsverfassung. Insgesamt versucht Schmitt mit seiner rechtshistorischen Studie bereits zu Beginn der Weimarer Republik eine Rehabilitierung des auch im Katholizismus mit gemischten Gefühlen betrachteten Begriffs »Diktatur«. Ja Schmitt scheut sich nicht, in die Reihe der Diktatoren des 19. Jahrhunderts neben Napoleon und Bismarck auch Pius IX. aufzunehmen.[984] Die päpstliche plenitudo potestatis und die Vorstellung vom Papst als vicarius Christi sind wichtige Begriffe in der Entwicklung seiner Diktatur-Theorie.[985] Der positiv besetzte Begriff der Diktatur ist damit der Plafond, von dem Schmitt 1923 seinen Generalangriff gegen den Parlamentarismus starten kann.

»Die geistesgeschichtliche Lage des heutigen Parlamentarismus« (1923)

Die 1923 in 1. Auflage erschienene Studie über »Die geistesgeschichtliche Lage des heutigen Parlamentarismus« kann als die geistreichste Polemik gegen die Weimarer Republik, wenn nicht sogar gegen die Staatsform der parlamentarischen Demokratie schlechthin gewertet werden. Schmitt geht es dabei nicht darum, das Sündenregister des Parlamentarismus zu erweitern. Er greift viel tiefer und will »den letzten Kern der Institution des modernen Parlaments [...] treffen«, zeigen, »wieweit die Institution moralisch und geistig ihren Boden verloren hat und nur noch als leerer Apparat, kraft einer bloß mechanischen Beharrung *mole sua* aufrechtsteht«[986].

---
[982] EBD., S. VIII.
[983] EBD., S. IX.
[984] EBD., S. V; vgl. auch F. BLEI, Krise, S. 177 zum »Diktator-Papst« Bonifaz VIII.
[985] C. SCHMITT, Diktatur, S. 43 ff.
[986] C. SCHMITT, Lage, S. 30.

7. Diktatur statt Parlamentarismus

Schmitt unterscheidet scharf zwischen der Demokratie und dem Parlamentarismus, den er in die »Gedankenwelt des Liberalismus«[987] verweist. Die Demokratie habe keinen politischen Inhalt; sie sei nur eine Organisationsform[988]. Alle demokratischen Argumente beruhten letztlich auf einer Reihe von Identitäten: »Identität von Regierenden und Regierten, Herrscher und Beherrschten, Identität von Subjekt und Objekt staatlicher Autorität, Identität des Volkes mit seiner Repräsentation im Parlament, Identität von Staat und jeweils abstimmenden Volk, Identität von Staat und Gesetz, letztlich Identität des Quantitativen (ziffernmäßige Mehrheit oder Einstimmigkeit) mit dem Qualitativen (Richtigkeit des Gesetzes)«[989].

Die Auseinandersetzung zwischen der »Idee der Volkssouveränität« und dem »Prinzip der Monarchie« habe mit dem Sieg der Demokratie geendet[990]. Der Glaube, daß alle Gewalt vom Volke komme, erhalte nun »eine ähnliche Bedeutung wie der Glaube, daß alle obrigkeitliche Gewalt von Gott kommt«[991]. Für Schmitt ist das demokratische Prinzip damit allgemein anerkannt. Er zieht daraus als Staatsrechtler seine Konsequenzen: »Man darf also heute für viele juristische Untersuchungen von einer Anerkennung demokratischer Grundsätze ausgehen, ohne dem Mißverständnis ausgesetzt zu sein, alle Identifikationen vorzunehmen, welche die politische Wirklichkeit der Demokratie ausmachen«[992].

Schmitt gibt damit an, daß er seine staatsrechtlichen Studien an den von ihm so vorgefundenen Fakten orientieren möchte. Er läßt seine Leser aber im dunkeln darüber, welche Identifikationen er im Sinne seiner eigenen Wertung für richtig hält. An dieser Stelle offenbart sich ein zentrales Problem, das die Schmitt-Exegese immer wieder vor die Frage stellt: Beschreibt Schmitt nur eine von ihm wahrgenommene Wirklichkeit oder formuliert er seine Überzeugungen? Weil dies nicht immer deutlich wird, sind seine Ausführungen unterschiedlichen Interpretationen zugänglich. Ihm selbst bleibt aufgrund dieser Technik immer die Möglichkeit, sich im Falle einer überraschenden politischen Entwicklung auf den Standpunkt des Wissenschaftlers zurückzuziehen, der ohne eigenes Bekenntnis nur evidente Phänomene beschreibt und staatsrechtlich umsetzt.

Schmitt teilt die Auffassung, daß Rousseau am Anfang der modernen Demokratie stehe. Er weigert sich jedoch, dessen Staatskonstruktion vom

---

[987] EBD., S. 13.
[988] EBD., S. 33.
[989] EBD., S. 35.
[990] EBD., S. 31.
[991] EBD., S. 41.
[992] EBD., S. 39 f.

Contrat social uneingeschränkt dem Liberalismus zuzuschreiben und damit aus katholischer Sicht zu disqualifizieren. Die Begründung des Staates auf freiem Vertrag sei zwar in der Fassade liberal, Rousseaus zentraler Begriff der volonté générale zeige jedoch, daß der wahre Staat nur existiere, wo das Volk homogen sei: »Es darf nach dem Contrat social im Staate keine Parteien geben, keine Sonderinteressen, keine religiösen Verschiedenheiten, nichts, was die Menschen trennt, [...]. Die Einmütigkeit muß nach Rousseau soweit gehen, daß die Gesetze *sans discussion* zustande kommen. [...] Die volonté générale wie sie Rousseau konstruiert ist in Wahrheit Homogenität. Das ist wirklich konsequente Demokratie«[993].

Schmitt geht in der Radikalität dieser Demokratie-Vorstellung noch einen Schritt weiter: »Jede wirkliche Demokratie beruht darauf, daß nicht nur Gleiches gleich, sondern, mit unvermeidlicher Konsequenz, das Nichtgleiche nicht gleich behandelt wird. Zur Demokratie gehört also notwendig erstens Homogenität und zweitens – nötigenfalls – die Ausscheidung oder Vernichtung des Heteronomen«[994].

Durch diese Definition gelingt es Schmitt, die Demokratie vom Parlamentarismus abzukoppeln. Er kann so den Parlamentarismus als »typische Erscheinungsform des rechtsstaatlichen Liberalismus«[995] bezeichnen und gleichzeitig die Demokratie zu autoritären Staatsformen hin öffnen: »Es kann eine Demokratie geben ohne das, was man modernen Parlamentarismus nennt, und einen Parlamentarismus ohne Demokratie; und Diktatur ist ebensowenig der entscheidende Gegensatz zu Demokratie wie Demokratie der zur Diktatur«[996]. In der Geschichte der Demokratie gebe es »manche Diktaturen, Cäcarismen und andere Beispiele auffälliger, für die liberalen Traditionen des letzten Jahrhunderts ungewöhnlicher Methoden, den Willen des Volkes zu bilden und eine Homogenität zu schaffen«[997].

Schmitt denkt dabei an die Akklamation des Volkes, die an die Stelle der Parlamentswahlen treten sollte: »Der Wille des Volkes kann durch Zuruf, durch *acclamatio*, durch selbstverständliches, unwidersprochenes Dasein ebensogut und noch besser demokratisch geäußert werden als durch den statistischen Apparat, den man erst seit einem halben Jahrhundert mit einer so minutiösen Sorgfalt ausgebildet hat. Je stärker die Kraft des demokratischen Gefühls, um so sicherer die Erkenntnis, daß Demo-

---

[993] EBD., S. 19 f.
[994] EBD., S. 13 f.
[995] C. SCHMITT, Rechtsstaat, S. 202.
[996] C. SCHMITT, Lage, S. 41.
[997] EBD., S. 22 f.

7. Diktatur statt Parlamentarismus 237

kratie etwas anderes ist als ein Registriersystem geheimer Abstimmungen. Vor einer, nicht nur in technischen, sondern auch im vitalen Sinne *unmittelbaren* Demokratie erscheint das aus liberalen Gedankengängen entstandene Parlament als eine künstliche Maschinerie, während diktatorische und zäsaristische Methoden nicht nur von der *acclamatio* des Volkes getragen, sondern auch unmittelbare Äußerungen demokratischer Substanz und Kraft sein können«[998].

Nachdem sich Schmitt einen autoritären Demokratie-Begriff zurechtgelegt hat, bestimmt er als wesentliche Prinzipien, als »letzte geistige Grundlage« des Parlamentarismus die Öffentlichkeit und die Diskussion. Der »Liberalismus als konsequentes, umfassendes, metaphysisches System«[999] gehe davon aus, »daß aus dem freien Kampf der Meinungen die Wahrheit entsteht als die aus dem Wettbewerb von selbst sich ergebende Harmonie. Hier liegt auch der geistige Kern dieses Denkens überhaupt, sein spezifisches Verhältnis zur Wahrheit, die zur bloßen Funktion eines ewigen Wettbewerbs der Meinungen wird. Der Wahrheit gegenüber bedeutet es den Verzicht auf ein definitives Resultat«[1000]. Für Schmitt muß sich das Parlament auf relative Wahrheiten beschränken: »Eine durch den Gegensatz der Parteien bewirkte Balancierung der Meinungen kann sich infolgedessen niemals auf absolute Fragen der Weltanschauung erstrecken, sondern nur Dinge betreffen, die ihrer relativen Natur nach für einen derartigen Prozeß geeignet sind. Kontradiktorische Gegensätze heben den Parlamentarismus auf, und seine Diskussion setzt eine gemeinsame, nichtdiskutierte Grundlage voraus. Weder die Staatsgewalt noch irgendeine metaphysische Überzeugung darf in unmittelbarer Apodiktizität auftreten«[1001].

Der aus dem 19. Jahrhundert stammende Glaube des Parlamentarismus, durch öffentliche Diskussion »den Sieg des Rechts über die Macht herbeiführen zu können«[1002], sei heute durch die Wirklichkeit des parlamentarischen und parteipolitischen Lebens erschüttert. Wichtige Entscheidungen seien nicht mehr das Ergebnis parlamentarischer Debatten; das Plenum des Parlaments sei zu einer Fassade geworden: »Sind Öffentlichkeit und Diskussion in der tatsächlichen Wirklichkeit des parlamentarischen Betriebs zu einer leeren und nichtigen Formalität geworden, so hat auch das Parlament [...] seinen Sinn verloren«[1003]. »Wird das Parlament

---

[998] EBD., S. 22.
[999] EBD., S. 45.
[1000] EBD., S. 45 f.
[1001] EBD., S. 58.
[1002] EBD., S. 61.
[1003] EBD., S. 63.

aus einer Institution von evidenter Wahrheit zu einem bloß praktisch-technischen Mittel, so braucht nur in irgend einem Verfahren, nicht einmal notwendigerweise durch eine offen sich exponierende Diktatur, *via facti* gezeigt zu werden, daß es auch anders geht, und das Parlament ist dann erledigt«[1004].

Auf der Suche nach einer »Grundlage einer neuen Autorität, eines neuen Gefühls für Ordnung, Disziplin und Hierarchie«[1005] stößt Carl Schmitt in Anlehnung an Georges Sorel auf die Theorie vom Mythus, konkret die Mythen des Klassenkampfes und der Nation, wobei für Schmitt »der stärkere Mythus im Nationalen liegt«. Für ihn ist die Theorie vom Mythus »der stärkste Ausdruck dafür, daß der relative Rationalismus des parlamentarischen Denkens seine Evidenz verloren hat«[1006].

»Verfassungslehre« (1928)

In seiner 1928 erstmals erschienenen epochalen »Verfassungslehre« stellt Schmitt die »Verfassungslehre des bürgerlichen Rechtsstaates«[1007] dar. Bewußt grenzt er sich mit diesem »Versuch eines Systems«[1008] gegen die dem Rechtspositivismus verpflichteten Kommentare zur Weimarer Verfassung ab. Verfassung ist für Schmitt zunächst allgemein »der konkrete Gesamtzustand politischer Einheit und sozialer Ordnung eines bestimmten Staates«[1009]. Diesen existentiellen Verfassungsbegriff wendet er vor allem gegen die positivistische Staatslehre Kelsens, der den Staat als ein System und eine Einheit von Rechtsnormen darstelle, aber nicht erklären könne, warum die Verfassung als »Grundnorm« gelte:[1010] »In Wahrheit gilt eine Verfassung, weil sie von einer verfassunggebenden Gewalt (d.h. Macht und Autorität) ausgeht und durch deren Willen gesetzt ist. Das Wort ›Wille‹ bezeichnet im Gegensatz zu bloßen Normen eine seinsmäßige Größe als den Ursprung eines Sollens. Der Wille ist existentiell vorhanden, seine Macht oder Autorität liegt in seinem Sein«[1011].

Schmitt knüpft mit diesem verfassungsrechtlichen Existentialismus an seinen bereits zu Beginn der 20er Jahre formulierten Dezisionismus an.[1012] Zentral ist seine Unterscheidung von Verfassung und Verfassungsgesetz.

[1004] EBD., S. 13.
[1005] EBD., S. 89.
[1006] EBD., S. 89.
[1007] C. SCHMITT, Verfassungslehre, S. XI.
[1008] EBD., S. IX.
[1009] EBD., S. 4.
[1010] EBD., S. 8 f.
[1011] EBD., S. 9.
[1012] Vgl. C. SCHMITT, Politische Theologie, S. 11 ff.

7. Diktatur statt Parlamentarismus

Als Verfassung versteht er die Gesamtentscheidung eines Volkes über Art und Form der politischen Einheit[1013]. So habe sich das deutsche Volk kraft seiner bewußten politischen Existenz für die Demokratie, die Republik, eine bundesstaatliche Struktur des Reichs, eine parlamentarisch-repräsentative Form der Gesetzgebung und Regierung sowie für den bürgerlichen Rechtsstaat entschieden. Diese die Verfassung ausmachende politische Grundentscheidung sei grundsätzlich unantastbar. Im Rahmen des Art. 76 WRV könnten nur einzelne Verfassungsgesetze geändert werden.

Die grundsätzliche Unantastbarkeit der Verfassung, die Schmitt propagiert, beinhaltet eine doppelte Relativierung: Zum einen verliert das einfache Verfassungsgesetz an Bedeutung, zum anderen steht die Verfassung als solche zur Disposition, wenn das Volk eine neue politische Grundentscheidung trifft. Die Verfassung wird somit für Schmitt, im Kontext seines politischen Existentialismus und Vitalismus völlig konsequent, zu einer dynamischen und auch relativen Größe.

Eine Verfassung bedarf für Schmitt keiner Rechtfertigung an einer ethischen oder juristischen Norm. Sie habe ihren Sinn in der politischen Existenz und sei legitim, wenn die Autorität der verfassungsgebenden Gewalt anerkannt werde[1014]. Gegen den vor allem im deutschen Katholizismus vertretenen Legitimismus gerichtet schreibt er: »*Legitimität einer Verfassung bedeutet nicht, daß eine Verfassung nach früher geltenden Verfassungsgesetzen zustande gekommen ist. Eine solche Vorstellung wäre geradezu widersinnig. Eine Verfassung kommt überhaupt nicht nach über ihr stehenden Regeln zustande. Außerdem ist es undenkbar, daß eine neue Verfassung, d.h. eine neue fundamentale politische Entscheidung sich einer früheren Verfassung unterordnet und vor ihr abhängig macht*«[1015].

Der Versuch des 19. Jahrhunderts, die Monarchie auf der Grundlage der Legitimität zu restaurieren, ist für Schmitt ein zum Scheitern verurteilter Versuch, einen Status quo durch die Verwendung wesentlich privatrechtlicher Begriffe wie Besitz, Eigentum, Familie oder Erbrecht juristisch zu stabilisieren. Nur weil die Kraft zu repräsentativen Formen fehlte, habe man sich normativ sichern wollen[1016].

Einen nicht zu übersehenden kirchenkritischen Akzent haben Schmitts Ausführungen zur Demokratie. Alles demokratische Denken bewege sich »mit klarer Notwendigkeit in Immanenzvorstellungen«[1017]. Die Staatsge-

---
[1013] C. SCHMITT, Verfassungslehre, S. 20 ff.
[1014] EBD., S. 87.
[1015] EBD., S. 88.
[1016] EBD., S. 212.
[1017] EBD., S. 237.

walt gehe nur vom Volk aus: »Sie geht auch nicht von Gott aus. Wenigstens solange die Möglichkeit besteht, daß ein anderer als das Volk selbst maßgeblich darüber entscheidet, was in concreto Gottes Wille ist, enthält die Berufung auf den Willen Gottes ein Moment undemokratischer Transzendenz.[...] Wenn Gott, in dessen Namen regiert wird, nicht der Gott gerade dieses Volkes ist, kann die Berufung auf den Willen Gottes dazu führen, daß der Wille des Volkes und der Wille Gottes verschieden sind und miteinander kollidieren. Dann muß nach demokratischen Konsequenzen nur der Wille des Volkes in Betracht kommen, weil Gott im Bereich des Politischen nicht anders als der Gott eines bestimmten Volkes erscheinen kann«[1018].

Schmitt formuliert damit einen demokratischen Primat der Politik und der Nation gegenüber Gott. Aus der Feder eines katholischen Staatsrechtlers war mit solchen Feststellungen nicht unbedingt zu rechnen. Sie stehen auch im Gegensatz zu Schmitts Ausführungen in dem 1925 erschienenen Beitrag »Absolutismus« in der 5. Auflage des von der Görres-Gesellschaft herausgegebenen Staatslexikons, wonach nach katholischer Lehre auch in der Demokratie die Staatsgewalt von Gott ausgeht.[1019]

In einem anderen Kontext greift Schmitt jedoch in überraschender Weise auf das in »Römischer Katholizismus und politische Form« herausgearbeitete Formelement der Repräsentation zurück, das er 1923 im römischen Katholizismus vorbildlich verwirklicht sah. Der Staat beruhe als politische Einheit eines Volkes auf den zwei gegensätzlichen Prinzipien der Identität des anwesenden Volkes mit sich selbst und demjenigen der Repräsentation[1020]. Die Definition, die Schmitt für die Repräsentation formuliert, scheint vor dem Hintergrund seiner Ausführungen über die katholische Kirche gewonnen: »Repräsentieren heißt, ein unsichtbares Sein durch ein öffentlich anwesendes Sein sichtbar machen und vergegenwärtigen. Die Dialektik des Begriffes liegt darin, daß das Unsichtbare als abwesend vorausgesetzt und doch gleichzeitig anwesend gemacht wird. Das ist nicht mit irgendwelchen beliebigen Arten des Seins möglich, sondern setzt eine besondere Art Sein voraus«[1021].

Schmitt denkt dabei an Begriffe wie Hoheit, Majestät, Ruhm, Würde und Ehre, mit denen die Besonderheit dieses Seins verdeutlicht werde. Repräsentation sei mehr als eine privatrechtliche Stellvertretung oder Bevollmächtigung: »In der Repräsentation kommt dagegen eine höhere Art

---

[1018] EBD., S. 238.
[1019] C. SCHMITT, Absolutismus, Sp. 33.
[1020] C. SCHMITT, Verfassungslehre, S. 214.
[1021] EBD., S. 210.

7. Diktatur statt Parlamentarismus 241

des Seins zur konkreten Erscheinung. Die Idee der Repräsentation beruht darauf, daß ein als *politische Einheit* existierendes Volk gegenüber dem natürlichen Dasein einer irgendwie zusammen-lebenden Menschengruppe eine höhere und gesteigerte, intensivere Art Sein hat«[1022].

Dieses Zurückgreifen auf den Begriff der Repräsentation gibt der »Verfassungslehre« das häufig gerühmte »katholische« Gepräge[1023]. Es scheint sogar auf ein Aufbrechen der demokratischen Immanenzvorstellungen hinzuweisen[1024]. Allerdings ist doch festzuhalten, daß das Volk als politische Einheit, das Schmitt als höhere Art des Seins und damit als Objekt der Repräsentation beschreibt, nicht als transzendente Größe in einem metaphysischen Sinne in Betracht kommen kann.

»Das Problem der innerpolitischen Neutralität des Staates« (1930)

In dem Vortrag »Das Problem der innerpolitischen Neutralität des Staates« beschäftigt sich Schmitt 1930 mit den praktischen Konsequenzen der Parteienherrschaft. Der auf ständig wechselnden Parlamentsmehrheiten basierende Staat ist für ihn »ein labiler Koalitions-Parteienstaat«[1025], in dem die staatliche Einheit ständig der Gefahr ausgesetzt sei, sich »in ein pluralistisches Nebeneinander kollektivistischer Gebilde«[1026] aufzulösen. Da im Parlament »statt eines staatlichen Willens nur eine nach allen Seiten schielende Addierung von Augenblicks- und Sonderinteressen« zustande komme, werde es für die politische Einheit, solange sie überhaupt noch vorhanden sei, »unvermeidlich, daß die politischen Entscheidungen und Entschlüsse anderswo als bei den verfassungsmäßigen Stellen zustande kommen. Die politische Substanz wandert nach irgendwelchen Punkten des sozialen Systems ab«[1027]. Man suche nach Abhilfe bei scheinbar neutralen Mächten wie dem Beamtentum, der Justiz, Sachverständigen oder bei unabhängigen Größen wie Reichsbank oder Reichsbahn. Je weiter man aber eine »Absplitterung staatlicher Hoheitsrechte«[1028] auf solche Gebilde vorantreibe, desto stärker werde »der Pluralismus des heutigen Staates«[1029]. Die letzte Folge eines solchen Pluralismus »wäre eine Zersplitterung der deutschen Einheit«[1030].

[1022] EBD., S. 210.
[1023] Vgl. A. ADAM, S. 91 ff.
[1024] Vgl. EBD., S. 94, 105.
[1025] C. SCHMITT, Problem, S. 45.
[1026] EBD., S. 46.
[1027] EBD., S. 46 f.
[1028] EBD., S. 52.
[1029] EBD., S. 53.
[1030] EBD., S. 56.

Für Schmitt kann die Lösung der Staatskrise nicht durch eine vermeintliche Neutralisierung und Entpolitisierung gefunden werden. Man vergesse bei solchen Forderungen, »daß zur Neutralität im Sinne einer unabhängigen Sachlichkeit eine besondere Stärke und Kraft notwendig ist, die mächtigen Gruppierungen und Interessen Widerstand zu leisten vermag«[1031]. In Anspielung auf die Notstandsrechte des Reichspräsidenten rät er, zur Herstellung einer »leistungsfähigen Regierung« von den »verfassungsrechtlichen Möglichkeiten Gebrauch zu machen«[1032], die – 1930 – »bei weitem noch nicht erschöpft«[1033] seien. Er stellt das deutsche Volk vor die Alternative: »entweder aus eigenem politischen Willen seine politische Einheit zu retten oder aber als Reparationseinheit kraft fremden Willens zu existieren. Vor einem solchen Entweder – Oder gibt es für einen Deutschen keine Neutralität«[1034].

»Der Hüter der Verfassung« (1931)

Carl Schmitt hat selbst darauf hingewiesen, daß die umfangreichen geschichtlichen und staatstheoretischen Untersuchungen zur Diktatur als Fundament für seine Erörterung der Diktatur des Reichspräsidenten nach Art. 48 WRV dienten[1035]. Der Institution des Reichspräsidenten galt sein zentrales staatsrechtliches Interesse. Dies wird auch in dem 1931 erschienenen Buch »Der Hüter der Verfassung« deutlich. Der Reichspräsident wird hier als »Gegengewicht gegen den Pluralismus sozialer und wirtschaftlicher Machtgruppen« vorgestellt. Er habe die Aufgabe, »die Einheit des Volkes als eines politischen Ganzen zu wahren«[1036]: »Der Reichspräsident steht im Mittelpunkt eines ganz auf plebiszitärer Grundlage aufgebauten Systems von parteipolitischer Neutralität und Unabhängigkeit. Auf ihn ist die Staatsordnung des heutigen Deutschen Reiches in demselben Maße angewiesen, in welchem die Tendenzen des pluralistischen Systems ein normales Funktionieren des Gesetzgebungsstaates erschweren oder sogar unmöglich machen«[1037]. »Die Verfassung sucht insbesondere der Autorität des Reichspräsidenten die Möglichkeit zu geben, sich unmittelbar mit diesem politischen Gesamtwillen des deutschen Volkes zu verbinden und eben dadurch als Hüter und Wahrer der verfassungsmäßi-

---

[1031] EBD., S. 57.
[1032] EBD., S. 57.
[1033] EBD., S. 58.
[1034] EBD., S. 58.
[1035] Vgl. C. SCHMITT, Diktatur 1928, S. VI.
[1036] C. SCHMITT, Hüter, S. 159.
[1037] EBD., S. 158.

gen Einheit und Ganzheit des deutschen Volkes zu handeln. Darauf, daß dieser Versuch gelingt, gründen sich Bestand und Dauer des heutigen deutschen Staates«[1038].

»Legalität und Legitimität« (1932)

In »Legalität und Legitimität« unterscheidet Schmitt 1932 in der Weimarer Verfassung zwei Verfassungsteile, die sich widersprächen[1039]. Der erste Teil beinhalte das Legalitätssystem des parlamentarischen Gesetzgebungsstaates, organisatorische und verfassungsrechtliche Regelungen zur Herstellung parlamentarischer Mehrheiten. Der Glaube, daß ein verfahrensmäßig korrekt zustandegekommener Beschluß der jeweiligen Parlamentsmehrheit »ohne Beziehung zu irgendeinem Inhalt«[1040] Recht schaffe, führe »zu einer absolut ›neutralen‹ wert- und qualitätsfreien, inhaltslos formalistisch funktionalistischen Legalitätsvorstellung«[1041]. Das einzige Gerechtigkeitsprinzip, mit dem das gesamte Legalitätssystem stehe und falle, sei das Prinzip der gleichen Chance für alle denkbaren politischen Richtungen und Bewegungen, die Mehrheit im Parlament zu erreichen[1042].

Der zweite Hauptteil der Weimarer Reichsverfassung mit seiner rechtlichen Garantie von Grundrechten und bestimmten Institutionen enthalte einen »Versuch substantieller Ordnung«[1043] und sei deshalb wertorientiert. Deren Schutz ist aber für Schmitt nicht gesichert: »Man kann nicht die Ehe, die Religion, das Privateigentum feierlich unter den Schutz der Verfassung stellen und in ein und derselben Verfassung die legale Methode zu ihrer Beseitigung offerieren. Man kann nicht gleichzeitig einen ›glaubenslosen Kulturradikalismus‹ feierlich ablehnen und ihm doch alle legalen ›Ventile‹ und gleichen Chancen offenhalten. Und es ist eine kümmerliche, ja unmoralische Ausrede, wenn man erklärt, die Beseitigung der Ehe oder der Kirchen sei zwar logisch möglich, aber es werde hoffentlich nicht zu den einfachen oder Zweidrittelmehrheiten kommen, die auf legale Weise die Ehe abschaffen oder einen atheistischen oder laizistischen Staat durchführen. Wird die Legalität einer solchen Möglichkeit anerkannt [...], so sind alle Anerkennungen des zweiten Verfassungsteiles in der Tat ›leerlaufende‹ Heiligtümer«[1044].

[1038] EBD., S. 159.
[1039] C. SCHMITT, Legalität, S. 307.
[1040] EBD., S. 283.
[1041] EBD., S. 280.
[1042] EBD., S. 285.
[1043] EBD., S. 344.
[1044] EBD., S. 300.

Schmitt fordert hier eine Entscheidung: »Zwischen der prinzipiellen Wertneutralität des funktionalistischen Legalitätssystems und der prinzipiellen Wertbetonung inhaltlicher Verfassungsgarantien gibt es keine mittlere Linie. [...] Wer in der Frage: Neutralität oder Nicht-Neutralität neutral bleiben will, hat sich eben für die Neutralität entschieden. Wertbehauptung und Wertneutralität schließen einander aus«[1045]. Schmitt selbst plädiert für die »Anerkennung substanzhafter Inhalte und Kräfte des deutschen Volkes«[1046].

In dieser Abstraktion konnte sich kaum ein Katholik dieser Entscheidung entziehen. Und doch hatten diese Ausführungen einen konkreten historischen Hintergrund, vor dem sie gerade für Katholiken einen außerordentlich problematischen Akzent bekamen: Diskutiert wurde in der deutschen Staatskrise im Sommer 1932 die Frage, ob das Parlament ohne die durch die Verfassung vorgeschriebene gleichzeitige Festsetzung eines Termins für die Neuwahlen aufgelöst werden kann, um durch eine unbefristete Notverordnungspraxis des Reichspräsidenten eine Stabilisierung des Staates zu erreichen. Und da bekam die Infragestellung und Relativierung der Legalität des ersten Teils der Verfassung eine für den Katholizismus ungeheure Sprengkraft. Verstand sich doch das Zentrum getreu der katholischen Staatslehre als absolut loyale Verfassungspartei. Vor diesem zeitgeschichtlichen Hintergrund konnte Schmitts Plädoyer gegen die »Wertneutralität des organisatorischen Teils« und für »das inhaltliche ›Sinnsystem‹ des zweiten Verfassungsteiles«[1047] durchaus als – versteckte – Aufforderung zum Bruch der Verfassung in ihrem organisatorischen Teil verstanden werden.[1048]

Daß dies auch so verstanden wurde, zeigt eine Besprechung der »Verfassungslehre« von Ernst Forsthoff im September 1932: »Es ist das große Verdienst Carl Schmitts, gezeigt zu haben, daß die Weimarer Verfassung zwei Verfassungen enthält, von denen nur eine verwirklicht werden kann. In dieser Situation ist es notwendig, daß eine *Entscheidung für die sachli-*

[1045] EBD., S. 300 f.
[1046] EBD., S. 344.
[1047] EBD., S. 300.
[1048] C. Schmitt hat sich freilich dagegen gewehrt, als Anstifter zum Verfassungsbruch bezeichnet zu werden. 1958 führte er aus: »An dem Gerede vom Staatsnotstand habe ich mich nie beteiligt, weil ich wußte, daß damit die Legalität einer Verfassung nur ihren Feinden ausgeliefert wird und weil ich der Meinung war, daß die legalen Möglichkeiten, verbunden mit den Prämien auf dem legalen Machtbesitz, noch keineswegs erschöpft waren« (C. SCHMITT, Nachwort zu: Legalität, S. 350). Expressis verbis hat C. Schmitt tatsächlich nirgends zum Verfassungsbruch aufgerufen. Hier zeigt sich – wie in vielen anderen Fällen – der schillernde Charakter von C. Schmitts Staatsrechtslehre, der es ihm erlaubte, seine Schriften unter neuen politischen Vorzeichen neu zu interpretieren.

chen Formen und Einrichtungen des zweiten Hauptteils fällt, auch wenn damit einzelne Organisationsnormen des ersten Hauptteils außer Geltung treten. Verfassungsmäßig handelt, wer die im zweiten Hauptteil der Verfassung feierlich versprochene Volksordnung herstellt, nicht wer an den durch Schuld der Parteien zerstörten und unanwendbar gewordenen Organisationsnormen des ersten Hauptteils unter allen Umständen festzuhalten sucht«[1049].

Schmitts These, mit der dieser formale Verfassungsbruch – zumindest abstrakt – gerechtfertigt werden konnte, geht dahin, daß die »Legalität« als Rechtfertigungssystem mit dem dahinter stehenden parlamentarischen Gesetzgebungsstaat zusammengebrochen sei[1050]. Denn u.a. mit der Verneinung des Prinzips der gleichen Chance für alle Parteien, die Mehrheit zu erringen[1051], sei »die wesentliche Voraussetzung des Begriffs der Legalität im pluralistischen Parteienstaat entfallen«[1052]. Gegen den Legalismus des zusammengebrochenen Gesetzgebungsstaates bietet Schmitt die plebiszitär-demokratische Legitimität des vom Volk unmittelbar gewählten Reichspräsidenten als Alternative an, »die als einziges, anerkanntes Rechtfertigungssystem«[1053] übriggeblieben sei. Nur eine autoritäre Regierung könne im richtigen Augenblick die richtigen plebiszitären Fragestellungen vornehmen. »Die Frage kann nur von oben gestellt werden; die Antwort nur von unten kommen [...]. Autorität von oben, Vertrauen von unten«[1054]. Letztlich ist die Betonung der Legitimität auf Kosten der Legalität lediglich eine Abwandlung der 1921 entwickelten Theorie der kommissarischen Diktatur zur Sicherung des Bestands einer Verfassung oder der Wiederherstellung geordneter Verhältnisse.

b) Beiträge unter katholischen Vorzeichen

»Die Rheinlande als Objekt internationaler Politik« (1925)

In seinem Vortrag anläßlich der Jahrtausendfeier der rheinischen Zentrumspartei wirft Schmitt 1925 den alliierten Besatzungsmächten im Rheinland vor, durch ihre Techniken der verschleierten Machtausübung den christli-

---

[1049] F. LANDECK (= E. Forsthoff), S. 737. Zum Pseudonym vgl. D. VAN LAAK, S. 241.
[1050] Vgl. C. SCHMITT, Legalität, S. 263.
[1051] C. Schmitt hat hier zunächst den Versuch der preußischen Regierung Braun-Severing im Blick, die 1932 der NSDAP den Zugang zum Amt des Ministerpräsidenten mit der Änderung der Geschäftsordnung des preußischen Landtags erschweren wollte; vgl. dazu unten IV. 3. a).
[1052] C. SCHMITT, Legalität, S. 338 f.
[1053] EBD., S. 340.
[1054] EBD., S. 340 f.

chen Begriff der Obrigkeit zu pervertieren. Er stellt fest, daß die Rheinlande zu einem »Objekt internationaler Politik« geworden seien und es den Siegermächten darum gehe, »den Objektcharakter zu organisieren und zu legalisieren, nachdem diese Länder infolge der Besetzung schon zu einer Art Pfandobjekt geworden sind«[1055]. Man vermeide heute die alte Methode der offenen Annexion, mit der man der Bevölkerung des besetzten Gebietes auch die Staatsangehörigkeit des Siegerstaates geben müsse, zugunsten der Methode der politischen und wirtschaftlichen Kontrolle, die nicht davor zurückschrecke, wenn nötig, sogar einen souveränen Staat zu proklamieren, sich gleichzeitig aber alle Interventionsrechte vorbehalte. Die staatliche Souveränität verkomme so jedoch zu einer Fassade[1056].

Schmitt beschreibt in diesem Vortrag ein ideales Verhältnis von autoritärer Obrigkeit und treuen Untertanen. Die christliche Staatslehre bringt er dabei geschickt gegen die französischen Besatzer in Stellung: »Jeder ehrliche Mensch fügt sich der rechtmäßigen Staatsgewalt seines Landes. Nur dadurch sind Redlichkeit und Loyalität des ganzen öffentlichen Lebens möglich. Aber kein zivilisiertes Volk könnte einem im Dienste fremder Mächte funktionierenden Regierungsapparat jene Gefühle von Loyalität und Treue beweisen. Das ist ein elementares, soziales Faktum und eine moralische Selbstverständlichkeit. Die christlichen Moraltheologen verlangen als eine wirklich moralische Pflicht, daß man der Obrigkeit Respekt erweisen müsse und zwar sowohl äußerlichen Respekt, *reverentia externa*, wie inneren Respekt, *reverentia interna*. Das gehört zu der allgemeinen christlichen Pflicht, der Obrigkeit untertan zu sein, weil ›jede Obrigkeit von Gott‹ ist (Röm. 13). Es besteht die große moralische Gefahr, daß bei dieser modernen Entwicklung der christliche Begriff der Obrigkeit überhaupt entfällt«[1057].

Eine internationale Kommission, die verschleiert die Macht in einem Land ausübe, ist für Schmitt »kein mögliches Subjekt der Rechte und Pflichten, wie sie sich aus dem christlichen Begriff der Obrigkeit ergeben«[1058]. Zur Begründung greift er noch auf einen Begriff zurück, der in seiner Staatsrechtslehre ansonsten keine Rolle spielt: »Denn das, was zu einer wirklichen staatlichen Obrigkeit gehört und was selbst bei einem einzelnen Tyrannen möglich ist, daß nämlich das Gesamtwohl des Volkes, das bonum commune, den Zweck seiner Herrschaft bestimmt, wird infolge der Zwischenstaatlichkeit eines solchen Gebildes unmöglich«[1059].

[1055] C. SCHMITT, Schicksal, S. 314.
[1056] Vgl. EBD., S. 315.
[1057] EBD., S. 318.
[1058] EBD., S. 320.
[1059] EBD., S. 321.

Unterstünde eine internationale Kommission der Kontrolle des Völkerbundes, würde »das prinzipiell Unmoralische eines solchen Zustandes«[1060] nicht gemildert, sondern gesteigert. Denn auch der Völkerbund sei eins jedenfalls nicht: »mögliches Subjekt staatlicher Autorität, denkbarer Träger einer Obrigkeit im christlichen Sinne dieses Wortes. Er ist kein Adressat der Gefühle von Treue, Loyalität und innerem Respekt, wie sie der christliche Begriff der Obrigkeit verlangt, und es wäre eine Blasphemie, zu sagen, dieser kunstvoll verschachtelte Konzern sei ›von Gott‹«[1061].

Bei der rheinischen Zentrumspartei wurde dieser Vortrag verständlicherweise sehr positiv aufgenommen. Sogar mit einer Übersetzung ins Englische sollte den Alliierten das »Unmoralische« ihres Tuns vor Augen geführt werden. Auch in der katholischen Publizistik fand der Vortrag eine freundliche Aufnahme.[1062] Den Rheinländern war jedenfalls spätestens nach diesem Beitrag klar, daß sie in Carl Schmitt einen scharfsinnigen und rhetorisch glänzenden Mitstreiter in ihrem Kampf gegen die Bevormundungen und Kontrollmechanismen des Versailler Vertrages hatten. Den Katholiken mußte dabei besonders der Rekurs auf den christlichen Begriff der Obrigkeit zugesagt haben. Erhielt doch Schmitts überwiegend völkerrechtlich ausgerichteter Vortrag dadurch eine theologische Note. Mit der Berufung auf Röm. 13 und dem Hinweis auf das bonum commune greift er zentrale Elemente der katholischen Staatslehre auf und macht sie zu tragenden Pfeilern seiner Argumentation gegen Versailles und Genf.

Inwieweit sich Schmitt mit dieser Lehre wirklich identifizierte, ist eine andere und offene Frage.[1063] Höchst aufschlußreich ist diesbezüglich der Hinweis, den Schmitt bei der teilweisen Aufnahme dieses Vortrags in seine 1940 erschienene Sammlung »Positionen und Begriffe im Kampf mit Weimar – Genf – Versailles 1923 – 1929« gegeben hat: »Veröffentlicht in der Schriftenreihe ›Flugschriften zum Rheinproblem‹ Heft Nr. 4, 1925. Der zweite Teil dieses Vortrages betraf die moralische Bedeutung des Begriffes der ›Obrigkeit‹ unter der Herrschaft internationaler Regierungskommissionen. Ich habe ihn hier nicht mit abgedruckt, weil das politische Regime solcher Kommissionen heute nicht mehr von politischer Bedeutung ist«[1064].

Völlig verschwunden sind in dieser Bemerkung der Bezug zum historischen Anlaß dieses Vortrags, die Veranstaltung der rheinischen Zentrums-

---
[1060] EBD., S. 321.
[1061] EBD., S. 321.
[1062] Vgl. unten III. 7. d) »Die Rheinlande als Objekt internationaler Politik«.
[1063] J. Pieper berichtet von einer Aussage C. Schmitts in kleinem Kreis: »Wer Gemeinwohl sagt, will betrügen« (J. PIEPER, S. 344).
[1064] C. SCHMITT, Positionen, S. 313.

partei, sowie der katholische Verlag, in dem diese Schrift damals erschien. Aus der »christlichen Obrigkeit« wurde die »Obrigkeit«. So ist zu vermuten, daß Schmitt 1940 nicht mehr mit seinen diesbezüglichen Ausführungen von 1925 in Verbindung gebracht werden wollte.

Mitarbeit am Staatslexikon der Görres-Gesellschaft

Schmitts früher Antiliberalismus, seine Ausfälle gegen den Parlamentarismus und sein Eintreten für den autoritären Staat haben ihm Mitte der 20er Jahre im deutschen Katholizismus nicht geschadet. Im Gegenteil. Schmitt galt zu dieser Zeit als katholischer Experte in Sachen »starker Staat«. Anders ist es nicht zu erklären, daß er zu der ab 1926 erschienenen 5. Auflage des Staatslexikons der Görres-Gesellschaft die beiden Artikel »Diktatur« und »Absolutismus« beisteuern konnte.

Das Staatslexikon wußte sich nach dem Vorwort von Hermann Sacher in der 5. Auflage, das den von Freiherrn von Hertling 1878 entworfenen Vorbericht zur 1. Auflage ausgiebig zitierte, »strenger Wahrung des katholischen Standpunktes«[1065] verpflichtet. Das Recht sei »auf seinen ewigen Urgrund, den Schöpfer selbst, zurückzuführen, das Naturrecht als Grundlage und Norm der positiven Rechtsbildung zur Anerkennung zu bringen; es sind die sittlich-rechtlichen Momente zu betonen, welche die Verbindlichkeit menschlicher Gesetze für das Gewissen der Individuen bedingen. Staat u. Gesellschaft sind als die von Gott gewollte Ordnung mit dem Zwecke des Menschen und der Menschheit in Verbindung zu bringen«[1066]. Die Redaktion des Staatslexikons hatte zumindest Mitte der 20er Jahre keine Probleme, Carl Schmitt innerhalb dieses Rahmens einzuordnen.

In seinem Beitrag »Diktatur« gibt Schmitt im wesentlichen die Ergebnisse seiner 1921 erschienenen rechtshistorischen Studie mit einigen Ergänzungen zur Diktatur des Reichspräsidenten wieder. Inhaltlich zeigt er sich vor allem in seinem umfangreichen, 6-spaltigen Absolutismus-Beitrag als engagierter Antiliberaler. So bescheinigt er der liberalen Bewegung absolutistische Züge: »Obwohl der Liberalismus sonst den Staat in einen bewaffneten Diener der Gesellschaft verwandelt, der das freie Spiel der wirtsch. u. sozialen Kräfte, d.h. in Wirklichkeit die unkontrollierte Macht des Stärkeren, schützen soll, erscheinen im Kampf gegen die Kirche Liberale plötzlich als Verteidiger der Macht des Staats über Schule, Erziehung, Ehe u. Familie u. führen mit einem höchst inkonsequenten Pathos einen

---

[1065] G. VON HERTLING, zit. nach H. SACHER, S. VI.
[1066] EBD., S. V f.

7. Diktatur statt Parlamentarismus 249

sog. Kulturkampf des Staats gegen die Kirche«[1067]. Schmitt greift hier sinngemäß einen Gedanken Leos XIII. auf, der bereits 1888 in seinem Rundschreiben »Libertas praestantissimum« auf den Widerspruch des Liberalismus hingewiesen hatte, für sich und den Staat zügellose Freiheit zu verlangen und auf der anderen Seite die Freiheit der Kirche wo immer möglich zu beschränken[1068].

Beachtenswert sind Schmitts Ausführungen zum Verhältnis von Staatsabsolutismus und katholischer Kirche: »Nach kath. Lehre ist der Staat zwar göttlichen Ursprungs, insofern er eine aus der sozialen Natur des Menschen notwendig folgende, daher gottgewollte Einrichtung ist. Alle bestehende staatl. Gewalt ist von Gott (Röm. 13,1), auch in der Demokratie. Die staatl. Autorität ist wirkliche Autorität, sie hat obrigkeitl. Charakter u. ist nicht etwa, wie nach der modern-demokrat. Lehre Rousseaus, bloßer Agent des Volks. Aber neben dem Staat, u. zwar unabhängig von ihm, steht die Kirche als eine freie u. selbständige societas perfecta, die auf ihren Gebieten, nämlich in den anvertrauten göttlichen Dingen, keine Einmischung des Staats duldet, wie sie sich umgedreht in die weltl. Angelegenheiten des Staats nicht einmischen soll. Die beiden Gewalten, Kirche u. Staat, sind jede in ihrer Art u. auf ihren Gebieten höchste Gewalten u. in diesem Sinn beide souverän. So deutet die katholische Kirche das Wort Christi: ›Gebet dem Kaiser, was des Kaisers ist, u. Gott, was Gottes ist‹ (Matth.22,21). Daraus folgt, daß nach katholischer Lehre ein Staats-A. im Sinn einer grenzenlosen, über ihre eigene Zuständigkeit frei entscheidenden allmächtigen Staatsgewalt ebenso unzulässig ist wie der heidnisch-antike Staat, der den Menschen ganz erfaßt u. ein Privatleben eigentlich nicht kennt. Der Syllabus von 1864 Prop. 39 hat die Lehre von der Staatsomnipotenz ausdrücklich als unchristlich verurteilt. ›Man muß Gott mehr gehorchen als den Menschen.‹ Der Staat findet seine Grenzen am göttlichen u. am natürlichen Recht. Doch kann nicht jeder beliebig über diese Grenzen entscheiden, vielmehr ist eine Grenzüberschreitung nur dann anzunehmen, u. das Recht, den Gehorsam zu verweigern, erst da gegeben, wo zweifellos u. offenbar (aperte) das göttliche u. natürliche Recht verletzt wird (Rundschreiben Leos XIII. Diuturnum illud v. 29. Juni 1881)«[1069].

Carl Schmitt ist also mit der katholischen Staatslehre, mit ihrer biblischen Grundlegung und ihrer päpstlichen Ausgestaltung, bestens vertraut.

[1067] C. SCHMITT, Absolutismus, Sp. 33.
[1068] Vgl. E. MARMY, S. 108; vgl. dazu den genau entgegengesetzten Vorwurf gegen die katholische Kirche, sie verlange Freiheiten im Namen der Prinzipien ihrer liberalen Gegner, verweigere sie diesen aber im Namen der eigenen Prinzipien.
[1069] C. SCHMITT, Absolutismus, Sp. 34.

Wenn er betont, daß ein Staatsabsolutismus, der den Menschen ganz erfasse, im Widerspruch zur katholischen Staatslehre steht, mußte er in den 30er Jahren wissen, daß gegen das Konzept des qualitativ totalen Staates dieser Einwand von katholischer Seite erhoben würde.

Schmitt beginnt seine Ausführungen mit »Nach katholischer Staatslehre ...«; eine Formulierung, die noch ein zweites Mal im Text vorkommt. Damit wird deutlich, daß er diese katholische Staatslehre nur referiert. Er läßt ein Bekenntnis zu ihr jedenfalls vermissen. Auch ein Nichtkatholik oder gar Atheist hätte diesen Beitrag in diesem darstellenden Stil präsentieren können. Die einzige Parteinahme zugunsten der katholischen Kirche im gesamten Absolutismus-Beitrag ergibt sich somit in der positiven Darstellung ihres Kampfes gegen den absolutistischen und zugleich inkonsequenten Liberalismus.

c) Parallelen

Die Skepsis gegenüber dem Parlamentarismus und der parlamentarischen Demokratie hat im deutschen Katholizismus eine lange Tradition. In der Regel wurde bei der ablehnenden Grundeinstellung, vor allem im 19. Jahrhundert, nicht exakt zwischen den staatsrechtlichen Begriffen Republik, Demokratie und Parlamentarismus unterschieden. Sie alle wurden in erster Linie im Gegensatz zur Monarchie betrachtet und behandelt. Soweit Demokratie und Parlamentarismus von katholischen Publizisten verurteilt werden, spielt dabei die Lehre von der Volkssouveränität im Sinne Rousseaus eine zentrale Rolle. Auch die Zuordnung beider Prinzipien zum liberalen Gedankengut ist für die Stellungnahmen bestimmend.

Der Jesuit Viktor Cathrein, einer der Begründer des katholischen Naturrechtsdenkens in Deutschland im 19. Jahrhundert, sieht eine geschichtliche Verbindung zwischen Konstitutionalismus und Liberalismus. Letzterer habe die Forderung nach dem allgemeinen Wahlrecht sowie »der unbedingten Cultus-, Preß-, Versammlungs- und Vereinsfreiheit«[1070] mit dem Gedanken einer konstitutionellen Verfassung verknüpft. Aber der Liberalismus sei dem Konstitutionalismus nicht wesentlich, da man dem Volk Mitwirkungsrechte einräumen und den König dennoch als den eigentlichen Souverän ansehen könne[1071]. Das allgemeine, gleiche Wahlrecht hält Cathrein für »wenig geeignet«, da »es einzig und allein auf die Kopfzahl Rücksicht nimmt. Es kommt hier die extrem individualistische Auffassung zum Ausdruck, die den Staat nicht organisch erfaßt, sondern als

---

[1070] V. Cathrein, Moralphilosophie, S. 675.
[1071] Ebd., S. 676.

7. Diktatur statt Parlamentarismus

eine bloße Summe von gleichberechtigten Individuen unter einer gemeinsamen Autorität ansieht«[1072]. Der großen Menge fehle die Einsicht, wer am besten ihre wahren Interessen vertrete. Das Wahlergebnis sei von Zufälligkeiten abhängig. In sog. Wahlkampagnen werde das Volk monatelang in Aufregung versetzt und große gegenseitige Erbitterung erzeugt[1073].

Georg von Hertling, der in den ersten vier Auflagen des von der Görres-Gesellschaft herausgegebenen Staatslexikons das Stichwort »Demokratie« bearbeitete, sieht die Mängel der demokratischen Staatsverfassung in einer geringen Autorität der staatlichen Organe, da das Volk geneigt sei, in ihnen in erster Linie seine Diener zu erblicken, den möglichen Auswüchsen und verderblichen Einflüssen der öffentlichen Meinung auf die Regierung und in der Korruption, die es Geld- und Interessengruppen möglich mache, Einfluß auf die Politik und Wahlen zu nehmen. Dadurch leide die moralische Autorität der Obrigkeit[1074]. Insgesamt läßt von Hertling keinen Zweifel daran, daß die gesellschaftliche Ordnung »in dem festen Gefüge des monarchischen Staates eine weit festere Stütze findet als in einer demokratischen Republik«[1075]. Er hält auch die Auffassung, »daß die Demokratie die allein konsequente Ausgestaltung des modernen Staatsgedankens und die *absolute* Gleichheit aller das anzustrebende Ziel sei«[1076], für falsch.

Parlamentarismus-Kritik wurde gerade nach der Revolution von 1918 mit Leidenschaft auf dem monarchistischen Flügel des politischen Katholizismus geübt. Ein anschauliches Beispiel dafür bietet Prof. Hans Pfeiffer 1920 in den rechtsstehenden »Historisch-politischen Blättern«; zu einem Zeitpunkt also, der vor Schmitts Parlamentarismus – »Erledigung« liegt: »Der Parlamentarismus ist ein Eckstein im Ideengebäude der modernen Demokratie. Die moderne Demokratie ist aber nach ihrem Ideengehalt eine Irrlehre, eine Häresie vom christlichen Standpunkte aus. Sie ruht auf der Volkssouveränität, auf der Volksherrschaft [...]. Die moderne Demokratie fußt ferner auf der unchristlichen Staatsauffassung: der Staat sei die Summe der Individuen, anerkennt nicht den organischen Charakter des Staates und sieht nicht im Menschen ein Teilglied dieses Organismus. Daher *zählt* die moderne Demokratie nur die Stimmen und *wägt* sie nicht, daher ihr Bestreben, den Zählmechanismus so auszubauen, daß ja kein Summand verloren geht. [...] Die moderne Demokratie ruht weiterhin auf

---
[1072] EBD., S. 677.
[1073] EBD., S. 678.
[1074] G. VON HERTLING, Sp. 1195 ff.
[1075] EBD., Sp. 1199.
[1076] EBD., Sp. 1200.

der Formel ›Freiheit, Gleichheit, Brüderlichkeit‹ und verkennt dabei die in der Natur des Menschen gelegene Ungleichheit. [...] Endlich baut die moderne Demokratie auf der Irrlehre, daß die Menschen von Natur aus gut seien und leugnet damit das Dogma von der Erbsünde. Aus diesem brüchigen Bau der modernen Demokratie ist auch der Parlamentarismus erwachsen, ja er ist eine notwendige Folgerung aus der ganzen Irrlehre und verkörpert nach außen ihre gesamte falsche, unchristliche Staatsauffassung. In seiner praktischen Betätigung ist das parlamentarische Regierungssystem die Stätte ewiger Kompromisse und der Halbheiten, der Tagesarbeit ohne weitsteckende Ziele, ist es Gebundenheit an die vorherrschende kapitalistische Presse, Herrschaft der jeweiligen Mehrheit über die zahlenmäßige Minderheit in buntem Wechsel«[1077]. Pfeiffer differenziert zwar zwischen Demokratie und Parlamentarismus, aber letztlich führt er beide auf die häretische Idee von der Volkssouveränität zurück, womit sie aus katholischer Sicht gerichtet sind.

Franz Xaver Hoermann, der Schriftleiter der »Historisch-politischen Blätter«, startet zu Beginn der Weimarer Republik eine regelrechte Hetzkampagne gegen den neuen Staat und seine Prinzipien. Die politische Lage der Gegenwart ist für ihn vom gottlosen Liberalismus zugrunde gerichtet: »Die *Parteipolitik* ist wie das Entstehen der Parteien eine Frucht der atomistischen Zersplitterung der Gesellschaft. Die Revolution, vorab die Umwälzung von 1789, ist die Mutter der Parteien. Die Verwirklichung der radikal-individualistischen Ideen des Philosophen von Genf hat nicht nur die moderne Demokratie geschaffen, sondern dem ganzen parteipolitischen Getriebe des neunzehnten und noch mehr des zwanzigsten Jahrhunderts sein Gepräge verliehen. Aus den politischen Parteien bildete sich das *moderne Parlament* und der Parlamentarismus, welcher nach Donoso Cortés, als indirektes Produkt der Revolution, stets revolutionär wirkt«[1078]. Letztlich führt Hoermann den Liberalismus, den Gedanken der Autonomie des Individuums, auf die Häresie Luthers als »fruchtbare Mutter einer Reihe anderer Häresien«[1079] zurück. Die liberalistische Fiktion der Gleichheit habe die antiindividualistische Ständeordnung zerstört[1080]. Wegen der »Proklamierung der Rousseauschen häretischen Volkssouveränität« hält Hoermann »die *staatlich-parlamentarische Politik*«, für die Gott und sein Gesetz nicht mehr die Grundlage bilde, für »gottlos und morallos zugleich«[1081].

[1077] H. Pfeiffer, S. 571 f.
[1078] F. X. Hoermann, Zum neuen Jahre, S. 11.
[1079] Ebd., S. 2 f.
[1080] F. X. Hoermann, Regierung, S. 322.
[1081] F. X. Hoermann, Zum neuen Jahr, S. 12.

7. Diktatur statt Parlamentarismus 253

Die Kennzeichnung der Demokratie, die Hoermann 1920 vornimmt, erinnert an Schmitts im Anschluß an Rousseau vorgenommene Demokratie-Definition der Identität von Regierenden und Regierten. Der Unterschied besteht darin, daß Hoermann diese Demokratie im Gegensatz zu Schmitt absolut verwirft: »Wenn Gott im Staate und in seiner Verfassung nicht mehr herrscht, wenn die Regenten oder Führer des Staates sich nicht mehr als Gottes Stellvertreter fühlen, dann muß der *Gesamtmensch*, die Masse des Volkes den Staat beherrschen; dann muß, mit anderen Worten, das Volk ›sich selbst regieren‹. *Die Selbstregierung des Volkes* ist ein notwendiges Postulat der atheistischen Demokratie. Diese Selbstregierung nennt R. Mäder mit Recht einen Widerspruch mit der Vernunft, einen Wahnsinn. ›Entweder befiehlt das Volk und dann gehorcht es nicht. Oder das Volk gehorcht, dann befiehlt es nicht. Man kann nicht zugleich regieren und gehorchen... *Es hat niemals ein Volk gegeben, das sich selber regiert hat. Es gibt heute keines und wird nie eines geben. Das Volk ist immer regiert worden*‹«[1082].

Die Regierung eines Volkes aus einer Wahlurne hervorgehen zu lassen hält Hoermann für »Unsinn« und eine die Aufgabe des Staates verkennende »Wahnvorstellung«[1083]. Er beklagt, daß es in einer parlamentarischen Demokratie an jeder Stetigkeit und Festigkeit fehle und in der Gesetzgebung selbst »das ewige Recht zu einem Ergebnisse des Macht- und Mehrheitsbeschlusses«[1084] werde. Er zitiert dazu den Basler Pfarr-Rektor Robert Mäder und kommt damit ganz in die Nähe von Schmitts späteren Legalitätsschelten: »Eine einzige Stimme kann den Ausschlag geben über die wichtigsten Fragen der Religion und des Rechtes. Atheisten können an der Urne das Entscheidungsrecht haben über die Kirche, Diebe über Eigentum, Wucherer über Lohn und Arbeit, Ehebrecher und Verführer über das Strafgesetzbuch, Ungebildete über die Grundlagen der menschlichen Gesellschaft. Die Wahrheit und Gerechtigkeit, die ewig unwandelbar und unabhängig, sind der Willkür der Mehrheit ausgesetzt«[1085].

Hoermann berührt es 1923 in der Terminologie mit Schmitt übereinstimmend seltsam, daß Joseph Wirth »noch immer nicht bemerkt hat, daß es nichts bankrotteres gibt als eben den Parlamentarismus und daß er diesem Götzen noch immer huldigt, als ob ein vernünftiger Mensch in Deutschland noch den Glauben und die Hoffnung hegte, Deutschland

---
[1082] F. X. HOERMANN, Regierung, S. 324.
[1083] EBD., S. 325.
[1084] EBD., S. 326 f.
[1085] EBD., S. 325.

könne durch diesen Bankrottsetzling aus seinem Elend gerettet werden«[1086].

So sehr sich der im konservativ-ultrarechten Lager im deutschen Katholizismus besonders gepflegte Antiparlamentarismus mit demjenigen Schmitts trifft, so unterschiedlich waren hier doch die Rezepte, mit denen man aus dem Zustand der staatlichen Gottlosigkeit herauskommen wollte. Männer wie Franz Xaver Hoermann, Franz Xaver Kiefl und Heinrich Schrörs sahen das Heil in der Wiederaufrichtung der Monarchie und der Reorganisation des Ständestaates. »Autorität und Gehorsam, Ordnung und zielbewußte Arbeit«[1087] glaubten sie am ehesten in der Monarchie und im Ständestaat erreichen zu können. Auch wenn Carl Schmitts Fundamentalprinzipien »Ordnung, Disziplin und Hierarchie«[1088] und dessen Pochen auf die Wahrheit gegenüber dem Relativismus des parlamentarischen Systems mit der Kritik der Legitimisten übereinstimmt, so hat er sich doch mit aller Deutlichkeit gegen deren Heilmittel Monarchie und Ständestaat ausgesprochen. Auch die Hetze gegen »den Philosophen aus Genf« oder die gottlose Lehre von der Volkssouveränität lassen sich bei Schmitt nicht finden. Schließlich war Schmitt auch der katholische Integralismus, auf dessen Basis hier die Angriffe gegen Demokratie und Parlamentarismus vorgetragen wurden, fremd. Deshalb konnten Carl Schmitt und die katholische Rechte auch kein allzu enges Verhältnis zueinander finden.

Hermann Freiherr von Lüninck hat 1922 für den »neuen Geist der Zeit« nur Hohn und Spott übrig. Die »formale, mechanische Demokratie« beruhe auf den Ideen der Französischen Revolution, die bereits 1848 die Mehrzahl der Gebildeten in Deutschland in ihren Bann gezogen hätten. »Und dieses Ideal des vorigen und vorvorigen Jahrhunderts, das sollte 1918 plötzlich als Prinzip der ›neuen Zeit‹ ausgegeben werden? Lächerlich!«[1089]

Den gleichen Gedanken bemüht Carl Schmitt 1928 bei der Einschätzung der Weimarer Verfassung als »etwas Posthumes«[1090]. Sie verwirkliche die Forderungen und Ideale von 1848. »Es ist so, wie wenn ein junger

---

[1086] F. X. HOERMANN, Reichskanzler, S. 593.
[1087] F. X. HOERMANN, Regierung, S. 321 f.
[1088] C. SCHMITT, Lage, S. 89.
[1089] H. Frhr. v. LÜNINCK, S. 594. Als einer der entschiedensten Gegner des Zentrums warf er den Katholiken 1933 die Zentrumspolitik als Sünde wider den Hl. Geist vor. Nach seiner Entlassung als Oberpräsident der Rheinprovinz 1935 sprach er sich allerdings für die Aufrechterhaltung und Förderung der katholischen Vereine aus (H. HÜRTEN, Deutsche Briefe II, S. 305). Zu seiner Person vgl. oben III. 2 b).
[1090] C. SCHMITT, Rechtsstaat, S. 201.

7. Diktatur statt Parlamentarismus

Mann von 20 Jahren, der sich um ein gleichaltriges Mädchen bemüht hat, Jahrzehnte später die Witwe erringt«[1091]. In diesem posthumen Charakter sieht Schmitt einen wichtigen Grund für die Begeisterungslosigkeit, die man gegenüber der Verfassung empfinde.

Daß Katholiken das hohe Alter von Ideen als Argument gegen diese Ideen verwenden, ist doch recht verwunderlich. Wie lächerlich muß nach diesem Maß die gesamte katholische Dogmatik erscheinen? Schmitt war sich aber, wie andere namhafte Katholiken auch, nicht zu schade, selbst mit zweifelhaften Mitteln und Methoden die Ideen von 1789 und 1848 in den Schmutz zu ziehen, um die ungeliebte Verfassung von 1919 damit der Lächerlichkeit auszuliefern.

Zu den wenigen deutschen Katholiken, die wie Carl Schmitt eine scharfe Unterscheidung zwischen Demokratie und Liberalismus vornahmen, gehörte Herman Hefele. In seinem vielbeachteten »Hochland«-Aufsatz »Demokratie und Liberalismus« aus dem Jahre 1924 versucht Hefele, mit dem in Deutschland verbreiteten Mißverständnis aufzuräumen, Demokratie sei »so etwas wie eine radikalere, aufs konkrete politische Tun gerichtete, angewandte Form des liberalen Gedankens«[1092].

Die Ursache dafür, daß in der europäischen Gegenwart liberale und demokratische Elemente fast unlöslich miteinander verquickt seien, sieht Hefele darin, daß »jeder Ansturm des politischen Instinkts gegen den als überaltet erkannten Absolutismus [...] einzig und allein unter der Flagge des liberalen Gedankens«[1093] geschah. Demokratische Formen seien in der Folge deshalb nur bejaht worden, wo sie »Träger liberalen Geistes waren«[1094]. Dies habe dazu geführt, daß sich »viele der gesündesten und lebendigsten politischen Strebungen Deutschlands, deren innere Form von Natur demokratisch war«, abgewandt hätten, »weil sie, theoretisch wie praktisch unfähig zu scheiden, den liberalen Geist nicht mit in den Kauf nehmen wollten«[1095].

Der Gegensatz von Liberalismus und Demokratie ist für Hefele derjenige zwischen den beiden Polen der freien Persönlichkeit und der gebundenen Gemeinschaft: »Jeder Liberalismus geht aus vom Glauben an den bestimmenden Wert des einzelnen und vom Mißtrauen gegenüber dem Wert der Gemeinschaft und ihrer Forderungen. Und jede Demokratie lebt zuinnerst vom Glauben an den Wert der Gemeinschaft und vom

---

[1091] EBD., S. 201.
[1092] H. HEFELE, Demokratie, S. 34.
[1093] EBD., S. 34.
[1094] EBD., S. 35.
[1095] EBD., S. 35.

Mißtrauen gegenüber dem Wert und Recht des einzelnen. [...] Der liberale Mensch ist Subjektivist von Natur. [...] Der demokratische Mensch aber ist von Natur Objektivist. [...] Er fühlt sich, räumlich wie zeitlich, nur als Glied der Kette der Gemeinschaft [...]. Er lebt historisch, wo der Liberale naturhaft lebt, und wo dieser ethisch empfindet, denkt er juristisch«[1096].

Die Idee der persönlichen Freiheit liegt nach Hefele dem liberalen Staatsgedanken, nicht aber der Demokratie zugrunde. Kennzeichen der Demokratie sei nur, daß das Volk Träger der Herrschaft ist: »Dieses Volk aber ist nicht als Masse und kompakte Majorität im liberalen Sinn zu begreifen, sondern als Demos, als geformtes, durch Familie und Beruf gegliedertes Volk, als Organismus [...]. Immer dort, wo der Liberalismus von Freiheit spricht, wird die Demokratie von Ordnung sprechen müssen, von Bindung und Einfügung des einzelnen in den immanenten Willen der Gesamtheit«[1097]. Deshalb liegt für Hefele auch eine übernationale Rechtsordnung »im Wesen des demokratischen Gedankens«[1098]. Innerstes Lebensgesetz der Demokratie sei auf politischem und kulturellem Gebiet »der Cäsarismus, die Herrschaft der Herrschfähigen und der Primat der Leistung«[1099].

Überhaupt kein Verständnis hat Hefele für den »dilettantischen Streit um die äußere Staatsform«[1100]. Für die Demokratie sei zwar auch die Monarchie kein Problem, aber der Legitimismus sei hier auf einer falschen Fährte: »Gegenüber den deutschen monarchischen Verhältnissen von Legitimismus zu reden, das ist dem historisch Geschulten eine Albernheit, wenn nicht bewußt Heuchelei. Alle unsere Monarchien waren revolutionäre Gebilde, aus Hochverrat am alten Reich entstanden, durch Rechtsbrüche genährt.«

Sieht man einmal davon ab, daß sich Hefele nicht gegen den Parlamentarismus, sondern nur gegen den Liberalismus wendet und diesem sogar »eine ungeheure, ewig dankenswerte weltgeschichtliche Mission«, die Zerschlagung des Absolutismus, attestiert, so zeigen sich hier ganz erstaunliche Parallelen zu Schmitts Trennung der Demokratie vom liberalen Parlamentarismus. Dies gilt um so mehr, als auch Hefele nicht zu den legitimistischen Nostalgikern zählt und Demokratie bei ihm durch und durch vom Gedanken der Zucht und Ordnung, eines autoritären Regimes geprägt ist, ohne daß jedoch dieses Element weiter konkretisiert würde.

[1096] EBD., S. 38.
[1097] EBD., S. 40.
[1098] EBD., S. 41.
[1099] EBD., S. 41.
[1100] EBD., S. 42; folgende Zitate EBD.

7. Diktatur statt Parlamentarismus

Was er versucht, ist nichts anderes, als den Begriff der Demokratie für den Katholizismus neu zu interpretieren, ja zu besetzen.

Hefeles Demokratie-Verständnis ist durchdrungen vom organischen Staatsdenken der katholischen Staatslehre, vom aristotelischen Axiom, das Ganze sei vor seinen Teilen. Aber genau dieses Organismus-Denken mußte bei Schmitt auf Skepsis stoßen. In seinem Vorwort zur 2. Auflage von »Die geistesgeschichtliche Lage des heutigen Parlamentarismus« wird Hefeles Aufsatz zwar positiv registriert, Schmitt betont jedoch, er halte gegenüber Hefele an seiner Definition der Demokratie als einer Identität von Regierenden und Regierten fest[1101]. Auch in seinem »Begriff des Politischen« weist Schmitt 1928 noch auf den »sehr interessanten Aufsatz« von Hefele hin[1102]. Alles in allem zeigt sich in Hefeles Aufsatz, daß Schmitt und Hefele nicht nur in der gemeinsamen Opposition gegen das Gedankengut der Romantik, sondern auch bei der differenzierten Betrachtung von Liberalismus und Demokratie weitgehend übereinstimmten.

Einen der eindrucksvollsten und zugleich eigenwilligsten Beiträge zur Demokratie-Diskussion in der Weimarer Republik lieferte Werner Becker in seinem 1925 in den »Schildgenossen« erschienenen Beitrag »Demokratie und moderner Massenstaat«. Mit Blick auf Carl Schmitt ist er aus zwei Gründen von besonderem Interesse: Zum einen basiert er auf einem im Sommersemester 1925 in dessen Seminar gehaltenen Referat[1103], zum anderen fährt er über weite Strecken auf den von Schmitt abgesteckten Geleisen, um sich in einem zentralen Punkt doch von ihm abzuwenden.

Unter Berufung auf Hefele zieht Becker[1104] einen scharfen Trennungsstrich zwischen Demokratie und Liberalismus. Er befürwortet die »verantwortliche Teilnahme der Gesamtheit des Volkes an der souveränen Staatsmacht«[1105]. »Ob ein Gesetz im Namen des Volkes oder im Namen des Königs ergeht, Gott steht nicht weniger dahinter«[1106]. Die demokratische Staatsform ist für Becker allerdings gegenüber bestimmten, liberalen Gleichheitsvorstellungen indifferent. Wem etwa das Wahlrecht zustehe, bestimme sich nicht vom abstrakt Demokratischen, sondern »von bestimmten weltanschaulichen Ideologien, vom historischen Augenblick

---
[1101] C. SCHMITT, Lage, S. 19, Anm. 1.
[1102] C. SCHMITT, Begriff, 1. Ausgabe, S. 27, Anm. 17; in der 2. Ausgabe (vgl. S. 27, Anm. 17) verschwindet dieser Hinweis.
[1103] C. SCHMITT, Lage, S. 18, Anm. 1.
[1104] W. BECKER, Demokratie, S. 459.
[1105] EBD., S. 471.
[1106] EBD., S. 462.

her«[1107]. Das Gleiche gelte für die Art der staatlichen Willensbildung: »Weder gehört es notwendig zur Demokratie, daß überhaupt gewählt wird: Die attische Volksversammlung stand jedem offen, – noch braucht dieses Wahlrecht ›allgemein‹, d.h. allen Menschen zugänglich zu sein. Die Wahl ist nur ein Mittel, den Willen des Volkes festzustellen, also eine Frage der politischen Praxis, die von konkreten Faktoren bestimmt ist«[1108].

Gemessen am demokratischen Ideal erkennt Becker beim »modernen Staat, in dem wir leben«[1109], deutliche Defizite. Er sieht eine ideengeschichtliche Umwälzung, die ihren Weg über den Nominalismus und die Aufklärung auch in Demokratievorstellungen hinein fortsetzt. Durch die allgemeine Loslösung der Begriffe von ihrem Urgrund in Gott sei die Einheit der Weltordnung zersprungen. Im Prozeß der Säkularisierung habe sich der Staat absolut und an die Stelle Gottes gesetzt. Mit dem Liberalismus sei das Individuum dem Staat antithetisch gegenübergetreten. Der säkularisierte Autoritätsbegriff habe die Autorität des Staates ebenso zerstört wie ein absolutistischer Freiheitsbegriff[1110]. Die tiefste Wurzel des Säkularisierungsprozesses sieht Becker in der Negation des Wertes und der Norm auch im Bereich des Politischen[1111].

Das wertgelöste, mechanisch-rationalistische Denken führe zu einem neuen massendemokratischen Legitimitätsgedanken, in dem das Quantitative über das Qualitative herrsche. Aus dem Gesichtswinkel dieser Denkhaltung sei »das Volk nicht mehr qualitativ gegliederte Einheit, sondern bloße Summe der Individuen«[1112]. Dadurch werde wirkliche Rechtsordnung unmöglich; der Staat sei faktischen Machtbeziehungen ausgeliefert[1113]. »Von hier aus gesehen, ist die Klassenherrschaft der proletarischen Majorität massendemokratische Konsequenz; die moderne Demokratie hat kein Argument gegen den Bolschewismus, solange die *Mehrheit* die Herrschaft inne hat«[1114]. Die Unfähigkeit, nach substantiellen Kriterien zu differenzieren, läßt Becker in Übereinstimmung mit vielen seiner katholischen Zeitgenossen den Stab über die sog. Massendemokratie brechen: »Massendemokratie aber, die den herrschenden Willen der zahlenmäßigen Mehrheit anheimstellt, verzichtet damit auf die Autorität der Wahrheit. Sie bringt die uralte Dialektik der Lehre von der Ordnung des

---

[1107] EBD., S. 465.
[1108] EBD., S. 466.
[1109] EBD., S. 471.
[1110] EBD., S. 472.
[1111] EBD., S. 473.
[1112] EBD., S. 473.
[1113] EBD., S. 474.
[1114] EBD., S. 475.

Volkes zu einer gewaltsamen Lösung, indem sie den Knoten durchhaut: Sie glaubt, staatliche Ordnung, die wesenhafte demokratische Einheit von Regierenden und Regierten, zu schaffen, indem sie Subjekt und Objekt der Autorität identifiziert (Carl Schmitt). [...] Diese Haltung gibt sich nicht eher zufrieden, bis aus der Ordnung, die noch Verschiedenheit, und aus der Einheit, die noch nicht rational geordnete Elemente in sich begreift, die mechanische Organisation der Identität geworden ist. Und diese Vorstellung ergriff [...] nicht bloß die Demokratie, sondern auch die anderen Staatsformen: auch hier zeigen sich typische Identifikationen: das ›L'état c'est moi‹ Ludwigs XVI. und das ›rex est populus‹ des Hobbes. Ob der Staat die Domäne eines Einzelnen, des Monarchen wird, oder Heilsinstitut für alle Einzelnen [...], – in beiden Fällen wird das Oeffentliche mit dem Privaten identifiziert, und dadurch geleugnet«[1115].

Beckers vernichtendes Urteil über die moderne Demokratie und den modernen Staat läßt an Eindeutigkeit nichts zu wünschen übrig: »Die Negation der Qualität in der Identifikation von Masse und Volk ist der Sündenfall der modernen Demokratie wie des säkularisierten Staates überhaupt. Diese Aufhebung des Unterschiedes zwischen Befehlenden und Gehorchenden, die Leugnung jeder höheren, vom Willen des Einzelnen unabhängigen Macht ist aber das Ende des Staates, und damit das Ende des wesenhaft Demokratischen im modernen Staat«[1116].

Was Becker hier vorführt, ist das eindrucksvolle Beispiel eines katholischen Intellektuellen, der sich mit dem Phänomen der Aufklärung, mit dem Prozeß der Säkularisierung und den damit für Staat und Kirche einhergehenden Konsequenzen nicht abfinden kann. Das grundsätzliche Ja zur Demokratie als Staatsform wandelt sich unter dem Eindruck dieser Umwälzungen zu Vorbehalten gegenüber der Demokratie von Weimar. Gerade an diesem Beitrag wird deutlich, daß sich der deutsche Katholizismus zu Beginn des 20. Jahrhunderts von seiner von den Päpsten seit der Französischen Revolution vorgegebenen Ablehnung des Geistes der Neuzeit noch nicht so weit frei gemacht hatte, um als überzeugender Verteidiger dieses Staates in den Stunden der größten Gefahr auftreten zu können. Werner Becker und Carl Schmitt waren – je auf unterschiedliche Weise – Exponenten dieser katholischen Skepsis gegenüber der sog. Massendemokratie, die man auch in Weimar am Werke sah. Die Sehnsucht nach einem Integralismus mit katholischem Vorzeichen, die bei Becker zum Ausdruck kommt, ist bei Schmitt jedoch nicht auszumachen. Der

---
[1115] Ebd., S. 478.
[1116] Ebd., S. 478.

Gedanke einer Restauration der alten, vorrevolutionären Ordnung wird bei Schmitt weniger von den typisch katholischen Schwierigkeiten mit dem Prozeß der Aufklärung als vom Wunsch nach staatlicher Ordnung ohne theologische Absicherung getragen.

Becker geht methodisch wie Schmitt vor, wenn er zunächst den Begriff der Demokratie isoliert betrachtet. Über weite Strecken argumentiert er auch in voller Übereinstimmung mit seinem Lehrer, so daß mit dem Hinweis auf Becker durchaus die These begründet werden kann, Schmitt habe »antiliberale Grundstimmungen im deutschen Katholizismus zum Schwingen gebracht«[1117]: Demokratie als solche fordert nach Becker keine Wahl und keine Gleichmacherei und hat vor allem mit Liberalismus nichts zu tun. Die politische Wehrlosigkeit, die Schmitt 1932 der Weimarer Verfassung attestiert, beklagt Becker schon 1925 für die am Quantitativen orientierte Demokratie.

Überraschend ist es, daß sich Becker an Schmitts Demokratie-Verständnis reibt. Für ihn ist Schmitts an Rousseaus Contrat social orientierte Demokratie-Definition der Identität von Regierenden und Regierten aus der Quelle des modernen quantitativen Denkens geschöpft. Dem setzt er sein eigenes qualitatives Bewußtsein einer Ordnungs-Demokratie und vor allem seine von der katholischen Staatslehre getragene Überzeugung, daß auch die demokratische Ordnung durch nichts anderes als »die Hand Gottes«[1118] gehalten wird, entgegen. Für ihn kann also auch die Demokratie ohne Transzendenz nicht bestehen. Er hält es für die größte »Gefahr der Demokratie, diese Ordnung als immanente zu fassen«[1119]. Und dem Duktus seiner Ausführungen nach sieht er die Gefahr, daß Schmitt aufgrund seiner Demokratie-Definition mit seiner Staatslehre im Bereich der Immanenz verharrt.

Wenn Becker feststellt, mit der neuzeitlichen Vorstellung der quantitativen Identität von Regierenden und Regierten werde auch das Öffentliche mit dem Privaten identifiziert und dadurch die rechte Zuordnung von Staat und Persönlichkeit zerstört, klingt das wie eine der frühesten Warnungen vor dem Begriff des qualitativ totalen Staates. Nur aus seiner demokratischen Identitätsvorstellung konnte Schmitt schließlich seine spätere Erkenntnis der Identität von Staat und Gesellschaft im wahrhaft demokratischen Staat ableiten. Werner Becker benennt damit abstrakt, lange bevor die Formel vom »totalen Staat« von Schmitt in die staatsrechtliche Diskussion geworfen wurde, das mit dieser Definition verbun-

---

[1117] A. HOLLERBACH, Katholizismus, S. 78.
[1118] W. BECKER, Demokratie, S. 462.
[1119] EBD., S. 462.

dene Gefahrenpotential: »L'état c'est moi« – das hätte 1933 auch Adolf Hitler sagen können! Deshalb kann zugunsten von Werner Becker trotz der vielen Elemente in seinem Aufsatz, die sich auf den Weimarer Staat destabilisierend auswirken mußten, aus der Sicht von 1925 angenommen werden, daß er auf dem Boden der katholischen Staatslehre gegen die Gefahren des Totalitarismus gefeit war.

Carl Schmitt, der die Qualität des Referates mit dem Prädikat »ausgezeichnet« anerkannte, bemerkte im Vorwort zur 2. Auflage seines Buches »Die geistesgeschichtliche Lage des heutigen Parlamentarismus« lakonisch, er halte auch Becker gegenüber an seiner Definition der Demokratie als einer Identität von Regierenden und Regierten fest[1120]. Tatsächlich ließ ihn dieses Referat keineswegs unbeeindruckt. In seinem Vorwort nimmt er zahlreiche von Becker angerissene Themen und Begriffe auf und führt sie weiter, rückte aber auch manches zurecht. So spricht Schmitt wie Becker nun von der »modernen Massendemokratie« oder der »Menschheitsdemokratie«[1121]. Noch einmal insistiert Schmitt auf dem demokratischen Gehalt der Staatslehre Rousseaus. Dem möglichen Mißverständnis, quantitativen Identitätsvorstellungen anzuhängen, begegnet Schmitt mit dem Hinweis, das Volk sei ein Begriff des öffentlichen Rechts, so daß selbst die einstimmige Meinung von 100 Millionen Privatleuten weder Wille des Volkes, noch öffentliche Meinung sei[1122].

d) Zeitgenössische Kritik

Wie nicht anders zu erwarten, hat es im deutschen Katholizismus zu Weimar eine einheitliche Haltung zu Schmitts Antiliberalismus und Antiparlamentarismus nicht gegeben. So unterschiedlich die Einstellungen der Katholiken zur Weimarer Republik waren, so verschieden fielen auch die Stellungnahmen zu Schmitts Staatslehre, ganz überwiegend in Buchbesprechungen artikuliert, aus.

»Die Diktatur«

Otto Hipp[1123] kommentiert 1923 im »Hochland« Schmitts »Diktatur« ausschließlich positiv. Er begrüßt, daß Schmitt bei dem »Modeschlag-

---
[1120] C. SCHMITT, Lage, S. 18 f., Anm. 1.
[1121] EBD. etwa S. 13 und 16; für W. BECKER, Demokratie, S. 475 (»Menschheitsdemokratie«); freilich stellt sich hier die Frage, ob nicht W. Becker diese Begriffe vorher – noch ungeschrieben – von C. Schmitt übernommen hat.
[1122] C. SCHMITT, Lage, S. 22.
[1123] Der Jurist O. Hipp (1885 – 1952) war von 1920 bis 1933 Oberbürgermeister von Regensburg; 1945 wurde er bayerischer Kultusminister (vgl. K. BOSL, S. 350).

wort unserer Zeit«, das vor allem unter der Einschränkung »Diktatur des Proletariats« Verwirrung stifte, einen ernsten Versuch unternehme, »philosophisch und rechtshistorisch zum Wesen der Sache vorzudringen«[1124]. Als Katholik weiß Hipp besonders zu schätzen, daß das »völlig vernachlässigte Gebiet der kirchlichen Gesetzgebung und Verwaltung und der theologischen Literatur ausführlich mit in die Betrachtungen einbezogen worden ist. Der Verfasser kommt dadurch zu einer ebenso souveränen Beherrschung des gesamten Stoffes, wie sie die Werke eines Joseph Kohler auszeichnet«. Mit dem katholischen Juristen Joseph Kohler, bei dem Schmitt in Berlin studierte und über den er wenig schmeichelhafte Worte fand, in Verbindung gebracht zu werden, wurde also in den 20er Jahren in katholischen Kreisen noch als ehrenwert angesehen.[1125]

Als »besonders geistvoll« empfindet Hipp die Ausführungen Schmitts zur Diktatur Cromwells: »Bei wiederholten Anlässen betonte Cromwell ausdrücklich, daß er, wenn nötig, auch gegen den im Parlament verkörperten Volkswillen eine ihm von Gott gestellte Aufgabe zu erfüllen habe. In der damaligen Zeit war eben noch das Bewußtsein wach, daß aus dem autonomen Menschen mit all seinen Leidenschaften und Schwächen auf die Dauer keine Autorität, auch keine Staatsautorität abgeleitet werden und daß der Staat weder als absolutistischer Staat der uneingeschränkten Fürstengewalt, noch als demokratischer Staat des souveränen Volkswillens die Quelle und letzte Begründung des Rechtes sein könne.«

Zwei Punkte fallen in der Besprechung Hipps besonders auf: Zum einen ist es die Dankbarkeit, mit der Schmitts Verdienst, den Diktatur-Begriff den Marxisten entwunden und wieder mit einer konservativen Staatslehre verknüpft zu haben, aufgenommen wird. Zum anderen wird Schmitt für den Kampf gegen die Lehre von der Volkssouveränität vereinnahmt, obwohl er eine in diese Richtung gehende Position in seiner »Diktatur« gar nicht vertreten hat. Wenn Schmitt vorträgt, Cromwell habe die Quelle seiner Gewalt in Gott und nicht in der Souveränität des Volkes gesehen[1126], ist damit nicht gesagt, daß er dessen Einstellung inhaltlich teilt. Schmitt hat Cromwell lediglich als geschichtliches Beispiel einer souveränen Diktatur vorgestellt; mehr nicht. Aber offensichtlich reichten die profunden theologischen und kirchengeschichtlichen Kenntnisse, die Schmitt darbot, aus, um die Phantasie des Rezensenten zu beflügeln. Dies zeigt jedenfalls, welch großes Vertrauen man Carl Schmitt

---

[1124] O. HIPP, S. 433; EBD. auf S. 433 f. die folgenden Zitate.
[1125] Vgl. zu J. Kohler A. HOLLERBACH, Katholizismus, S. 74; C. SCHMITT, 1907 Berlin, S. 15.
[1126] C. SCHMITT, Diktatur, S. 138.

7. Diktatur statt Parlamentarismus

Anfang der 20er Jahre gerade von konservativer Seite entgegenbrachte und wie sehr man auf seine Staatsrechtslehre hier baute.

Was Otto Hipp so sehr an Schmitts »Diktatur« überzeugt, die Vorstellung Cromwells als souveräner Diktator, nimmt Hugo Ball im Rahmen seiner Besprechung von Schmitts Frühwerk 1924 zum Anlaß, diesem Buch »eine gewisse Verwirrung« zu bescheinigen[1127]. Ball bewegt die Frage, ob außerhalb der Kirche, unabhängig vom Papst, überhaupt eine souveräne Diktatur zulässig ist, die die bestehende Ordnung zum Zwecke der Herstellung einer höheren Ordnung beseitigt.

Ball unterscheidet scharf zwischen dem Rationalen und dem Irrationalen, dem Bereich der Politik und dem der Religion bzw. der Kirche. Am Beispiel Cromwells zeigt er, wie leicht eine Analogisierung dieser beiden Größen ins Abseits führen kann. An diesem Beispiel macht er auch seine Beurteilung für Schmitts »Diktatur« fest: »Cromwell [...] sah den Quell seiner Gewalt in Gott und machte seine Souveränität nicht vom Volke im Sinne der radikalen Demokraten seiner Zeit abhängig. [...] Enfin, er ist ein Ketzer. Niemals wird er kanonisch werden, er war kein Souverän. Und so nötigt die Konsequenz zur Aussage, daß Schmitt in diesem Buche noch an eine Souveränität außerhalb der Kirche glaubt, während man als römischer Katholik an dem Satze festhalten muß, daß innerhalb der Politik nur eine kommissarische Diktatur irrational zu begründen ist; dann nämlich wenn eine irrationale Macht den Auftrag erteilt einem Instrumente, das mit rationalen Mitteln die höheren Absichten der auftraggebenden Macht in die Wege leitet. Der homo a deo excitatus [...] ist ein Rebell, der nicht an den Friedensfürsten, sondern an den Kriegsgott glaubt und der seine politische Mission mit dem Wohlstande der Nation ausweist. Das Heilige und die Staatsgeschäfte schließen einander aus, solange nicht ein universaler Glaube herrscht. Das Irrationale kann niemals in direkten Bezug zum Staate treten. Das ist der Sinn der Kirche als Institution und der kommissarischen Diktatur. Der souveräne Diktator ist nur innerhalb der Kirche zu begründen«[1128]. Ein Hervortreten eines homo a deo excitatus außerhalb der Kirche oder gar gegen sie ist für Ball nicht möglich, »ohne in praxi zu einer Verwirrung aller Rechts- und Moralbegriffe zu führen.« Deshalb kommt er zum wenig schmeichelhaften Ergebnis, Schmitt sei bei dem Versuch, Souveränität außerhalb der Kirche zu begründen, »sein Personalismus gefährlich geworden.« Die »Diktatur« beschreibe die »Beziehung der Jurisprudenz zur Willkür einer Usurpation«[1129].

[1127] H. BALL, Theologie, S. 277.
[1128] EBD., S. 278.
[1129] EBD., S. 282.

Ball hat aus seiner integralistischen Sicht hier zweifellos einen ganz neuralgischen Punkt getroffen. Steht Schmitts Dezisionismus und Personalismus innerhalb oder außerhalb von Theologie und Kirche? Ball räumt ein, er habe »Schwierigkeiten, ihn zu systematisieren, eine Schwierigkeit, die erst mit den beiden letzten Schriften, ›Politische Theologie‹ und ›Römischer Katholizismus und politische Form‹ verschwindet«[1130]. »Die ersten Schriften scheinen außerhalb der Kirche entstanden oder wenigstens konzipiert zu sein«[1131], glaubt Ball und rettet sich so in eine aus katholischer Sicht insgesamt positive Interpretation des Frühwerks Schmitts. Beruhigend findet Ball, daß Schmitt nach dem »Abweg«[1132] der »Diktatur« in seiner »Politischen Theologie« den Souveränitätsbegriff ausschließlich in die Theologie verlege. Die Befugnis, das geltende Gesetz aufzuheben, »kann ihrem Sinn nach nur einer der Politik überlegenen geistigen Macht zustehen, die ein höheres als das politische Gesetz zur Geltung bringt«[1133].

Das hier deutlich werdende Schwanken in der Interpretation des Schmittschen Souveränitätsbegriffes zeigt, daß Ball das Gefahrenpotential, das in dieser Staatslehre steckt, im Ansatz erkannt hat. Das Stichwort von der »Verwirrung aller Rechts- und Moralbegriffe« steht seit 1924 im Raum, auch wenn es Ball letztlich doch nicht auf die Theorie Schmitts anwenden will. Der frühe Tod im Jahre 1927 hat Ball das Wissen um die weitere Entwicklung der Staats- und Rechtslehre Schmitts erspart. Die Unsicherheit in der Deutung des Frühwerks Schmitts und die Entscheidung, dieses doch im Ergebnis unter katholischen Vorzeichen zu sehen, ist ein gutes Beispiel für die Einstellung, mit der man im deutschen Katholizismus in den frühen 20er Jahren dem katholischen Staatsrechtler begegnete.

»Die geistesgeschichtliche Lage des heutigen Parlamentarismus«

Gemessen an der Bedeutung, die Schmitts »Die geistesgeschichtliche Lage des heutigen Parlamentarismus« für die Kritik an der Weimarer Verfassung hatte, fand diese Schrift im zeitgenössischen Katholizismus eine erstaunlich schwache Resonanz. Dies mag damit zusammenhängen, daß Schmitts Stern am katholischen Publizistik-Himmel erst Mitte der 20er Jahre und ganz im Zeichen von »Römischer Katholizismus und politische Form« aufging. Vielleicht wurde diese Schrift auch nicht als ungewöhnlich und bemerkenswert empfunden.

[1130] EBD., S. 276.
[1131] EBD., S. 276.
[1132] EBD., S. 282.
[1133] EBD., S. 279.

Friedrich Curtius[1134] bescheinigt Schmitts Schrift 1924 im »Hochland«, sie behandele »einen Gegenstand von höchster Aktualität«[1135]. Er teilt jedoch die zentralen Positionen Schmitts nicht. So hält er dessen These von der Überlegenheit des irrationalen Mythus entgegen, die irrationalen, seelischen Kräfte erforderten in der Politik ebenso wie in der Religion »die Mitarbeit der Vernunft«[1136]. Und trotz aller theoretischen Anstrengungen Schmitts, Demokratie und Parlamentarismus auseinanderzudividieren, hält Curtius an deren Zusammengehörigkeit fest und bekennt sich zu beiden: »Nach dem Untergang der überlieferten Staatsform ist die Demokratie die schlechthin einzige denkbare Organisation staatlichen Handelns. Zur Demokratie aber gehört das Parlament. Auswüchse des Parlamentarismus sind bei gutem Willen unbeschadet der Demokratie zu beseitigen. Es wäre verkehrt, wegen der unverkennbaren Übelstände Demokratie und Parlamentarismus zu verwerfen und aus politischem Skeptizismus das Staatsschiff den Einfällen der ›Irrationalen‹ und damit den politischen Abenteurern preiszugeben«[1137].

Karl Neundörfer teilt in einer Besprechung der Frühschriften Schmitts in den »Schildgenossen« 1925 dessen – insbesondere in der »Politischen Theologie« vorgetragene – Diagnose, daß sich die Demokratie historisch im Umfeld eines Immanenz-Pantheismus und eines positivistischen Relativismus durchgesetzt habe. Er warnt jedoch, daraus unzulässige Schlüsse zu ziehen: »Damit daß die Demokratie auf solch geistesgeschichtlicher Grundlage sich durchsetzte, ist nicht gesagt, daß sie wesentlich damit verknüpft ist, wenigstens wenn man sie rein objektiv als eine neben anderen Staatsformen betrachtet. Das ist für den Katholiken damit gegeben, daß die Kirche zwar jenen Immanentismus und Positivismus ablehnt, die demokratische Staatsform aber ebenso zuläßt, wie etwa die aristokratische oder monarchische«[1138].

Anders als Curtius stellt sich Neundörfer damit zwar nicht vorbehaltlos hinter die parlamentarische Demokratie. Aber er sieht doch im Zusammenhang mit Schmitts Schriften die Notwendigkeit, in Übereinstimmung mit der leonischen Staatslehre die Demokratie als eine legitime Staatsform vorzustellen und damit etwaigen Mißverständnissen entgegenzutreten. Ob Neundörfer eine Gefährdung der Demokratie durch Schmitt sieht, läßt er freilich offen.

[1134] F. Curtius (1851 – 1933) war protestantischer Theologe und Jurist; Sohn des Archäologen Ernst Curtius und Vater des Romanisten Ernst Robert Curtius (vgl. NEUE DEUTSCHE BIOGRAPHIE, Bd. 3, S. 447).
[1135] F. CURTIUS, S. 112.
[1136] EBD., S. 113.
[1137] EBD., S. 114.
[1138] K. NEUNDÖRFER, Form, S. 327.

»Verfassungslehre«

Ausschließlich Zustimmung erfährt Schmitts »Verfassungslehre« 1929 in einer umfangreichen Besprechung im »Hochland« von Mila Radakovic. Der »hochgeachtete Professor«[1139] habe »in so durchsichtiger Klarheit« aufgezeigt, daß viele Verwirrungen durch die Gleichsetzung des Verfassungsideals des bürgerlichen Individualismus mit der Verfassung als solcher entstanden seien[1140]. Die »Idee des bürgerlichen Rechtsstaates«, in dem die Bürger den Staat nur als Diener nutzen wollten, führe folgerichtig »zum Aufhören des Staates«, zum »Sieg der Gesellschaft über den Staat«[1141]. Schmitts Kritik am Parlamentarismus wird ebenso geteilt wie die von ihm präsentierte Alternative: »Im modernen Majoritätsvotum mit allen seinen Unzulänglichkeiten und Ungerechtigkeiten liegt also der Vertrauensentscheid des Volkes nicht, sondern in der unmittelbaren Demokratie alter Zeit: im Zuruf, in der Akklamation«[1142].

Radakovic trifft den katholischen Zeitgeist Ende der 20er Jahre ganz gut, wenn sie zusammenfassend zu Schmitts »Verfassungslehre« schreibt: »Wir ahnen dunkel, daß etwas Neues, Großes sich heute ins Dasein ringt, daß eine Synthese noch widerstreitender Kräfte im Werden ist, eine Wendung des gesteigerten Individualwillens von sich zum Staat hinüber, eine Wendung, die den Besitz am Staat zur Verantwortung am Staat macht. Aber wir sehen den Weg noch nicht, den dies Kommende gehen wird, und nicht seine Form. Nur daß es im Gegensatz stehen wird zu den Formen eines vergangenen Wollens, ist klar«[1143].

In diesem Zusammenhang bewundert Radakovic in Übereinstimmung mit Schmitt das Vorbild Italiens, »das zu der ursprünglichen, echt demokratischen Form zurückgekehrt ist: aus dem Vertrauen des gesamten Volkes heraus sich einen Führer nicht zu wählen, sondern zu berufen«. In und mit diesem Führer könne der Staat auch wieder der höhere Dritte sein, der über den Interessen der einzelnen Gruppen stehe, und das Ganze bedeuten, dem gegenüber der Einzelne nicht die Pflicht, sondern das Vorrecht zu dienen habe. Die Sehnsucht nach dem starken Staat, sei es auch ein faschistischer Staat nach dem Vorbild Italiens, der dem Überborden der Individualinteressen auf Kosten des Ganzen ein Ende bereitet und den überkommenen Parlamentarismus ersetzt, spricht in aller Deutlichkeit aus diesen Zeilen. Es kann auch kein Zweifel daran bestehen, daß

[1139] M. Radakovic, S. 534.
[1140] Ebd., S. 535.
[1141] Ebd., S. 537.
[1142] Ebd., S. 539.
[1143] Ebd., S. 541; folgende Zitate ebd.

7. Diktatur statt Parlamentarismus

Schmitt diese Sehnsucht der Rezensentin wenn nicht entfacht, so doch zumindest gesteigert hat.

Karl Lohmann[1144] stellt 1929 in den »Schildgenossen« Schmitts »Verfassungslehre« als ein Werk vor, »das mehr und mehr in den Mittelpunkt der wissenschaftlichen Diskussion und der politischen Argumentation« rücken werde[1145]. Auffallend an dieser Besprechung, die über eine zustimmende Inhaltsangabe nicht hinauskommt, ist, daß sie mit dem Zitat von Hugo Ball beginnt, Schmitt sei mit seltener Überzeugung Ideologe, der das Leben nach Ideen ordne. Dieses Urteil treffe auch heute noch zu. Balls Gesamtinterpretation der Schriften Schmitts bis 1923 hatte also bei der deutschen Intelligenz einen bleibenden Eindruck hinterlassen.

»Das Problem der innerpolitischen Neutralität des Staates«

Schmitts Vortrag »Das Problem der innerpolitischen Neutralität des Staates« nimmt Ernst Michel 1930 zum Anlaß für »Eine Auseinandersetzung mit Carl Schmitt«, so der Untertitel seines umfangreichen Aufsatzes »Zur innenpolitischen Krise des Staates« in der »Rhein-Mainischen Volkszeitung«[1146]. In der Diagnose der Krise stimmt Michel mit Schmitt völlig überein, wenn er feststellt, die politische Krise des Staates werde an der Aufgabe offenbar, »die *soziale Massendemokratie* zu verwirklichen, d.h. die durch bürgerliche und proletarische Revolutionen entformten Gesellschaften zu formen«, und fortfährt: »Die kritische Schwierigkeit besteht darin, daß diese gegensätzliche moderne Gesellschaft zu einer politischen Einheit, zu einem staatlichen Ganzen nur gestaltet werden kann, wenn eine genügende gemeinsame Substanz, ein gemeinsamer Willensgehalt da ist, kraft dessen die gesellschaftlichen Gegensätze zur staatlichen Einheit zu organisieren sind und die Staatsgewalt ihre Legitimation empfängt. Diese gemeinsame politische Substanz aber ist heute zum mindesten nicht wirksam genug, wenn sie überhaupt vorhanden ist.«

Diese Krise gelte besonders für die demokratischen Staaten, da die Demokratie »in besonderem Maße von einer schon vorhandenen Willensgemeinschaft abhängig« sei, »weil sie auf der politischen Mitentscheidung

---

[1144] K. Lohmann gehörte zu den protestantischen Schülern C. Schmitts (vgl. H. MICHAEL / K. LOHMANN, Hamburg 1932). C. Schmitt verschaffte ihm 1933 die Stelle des Schriftleiters bei der DEUTSCHEN JURISTEN-ZEITUNG (vgl. H. QUARITSCH, Positionen, S. 102, Anm. 223).
[1145] K. LOHMANN, Verfassungslehre, S. 436.
[1146] E. MICHEL, »Zur innerpolitischen Krise des Staates. Eine Auseinandersetzung mit Carl Schmitt«, in: RHEIN-MAINISCHE VOLKSZEITUNG, Nr. 265/266, 13./14. November 1930; daraus auch alle folgende Zitate.

der Gesamtheit ruht«. Entgegen dieser theoretischen Notwendigkeit leide »unsere Demokratie an einer Zunahme der gesellschaftlichen Gegensätze und an einer Abnahme der grundlegenden gemeinsamen Substanz.« Fehle aber in der parlamentarischen Demokratie »die vorauszusetzende politische Willensgemeinschaft und damit die Gemeinsamkeit der Diskussionsgrundlage«, dann sei »Verständigung und demokratische Willensbildung nicht mehr möglich – ein bloßer Interessensausgleich kann nicht mehr politische Willensbildung heißen – und die gesellschaftlichen Gegensätze sind dann nicht mehr demokratisch zu organisieren.«

Michel teilt insoweit Schmitts Ausgangspunkt, nicht jedoch dessen Folgerungen: »Wir folgen seinem Gedankengang weithin, werden uns aber seinen Folgerungen, die wir für zu optimistisch halten, weil sie den politischen Substanzschwund unterschätzen und zu naiv an einen formalen politischen Willensaufschwung appellieren, nicht anschließen. Bloßer Wille zur politischen Behauptung, der sich dazu wesentlich aus der Opposition gegen die politische Ohnmacht und das Versagen anderer Gruppen nährt, genügt nicht und führt höchstens zur politischen Diktatur bloß *vitaler* Kräfte ohne echte bindende und zukunftskräftige Substanz.«

Die von Schmitt aufgeworfene Alternative Selbstbehauptungswille oder Reparationsstaat ist Michel zu oberflächlich und nicht weiterführend: »Auf die tieferen Fragen nach dem Zustand der politischen Substanz, des gemeinsamen Gehaltes, der die politischen Willenskräfte allererst entbindet und beseelt und der politischen Selbstbehauptung eines Ganzen bei starken sozialen Gegensätzlichkeiten erst eine höhere Legitimität und opferfähige Kraft gibt, geht Carl Schmitt nicht ein. Ihm ist die *vorauszusetzende* Wert- und Willensgemeinschaft unseres disparaten Volkes entweder unzweifelhaft und intakt oder aber – und daraus lassen jene anderen Werke schließen – es kommt ihm überhaupt nicht auf die übergeordnete Legitimität eines politischen Handelns an, sondern nur auf die vitale Selbstbehauptung einer Gesamtheit, die so stark ist, daß sie in die politische Form umschlägt, und die entweder sich vital will, und dann politisch wird, oder kraftlos und damit unpolitisch wird. Die schwierigen Fragen, wie die Voraussetzungen zu schaffen sind, die erst wieder einen gemeinsamen politischen Inhalt geben und einen politischen Willen konstituieren, läßt Schmitt also beiseite.«

Schmitts Beschreibung des Parteienstaates und die damit einhergehende »Lahmlegung jeder verantwortlichen aktiven Regierung« hält Michel für »durchaus zutreffend und in ihrer Schärfe unanfechtbar«. Den daraus abgeleiteten Vitalismus lehnt er jedoch entschieden ab: »So sehr wir mit Carl Schmitt in der Kritik des sog. labilen Koalitions-Parteienstaates, in der

7. Diktatur statt Parlamentarismus   269

Ablehnung einer liberalen unpolitischen Sachlichkeit als Ersatz für politische unabhängige Sachlichkeit übereinstimmen, so wenig können wir in einer bloßen Aktivierung der politischen Willenskräfte zu Gunsten einer zentralen politischen entscheidungsfähigen Gewalt – damit überhaupt Politik und Staat sei, einerlei welcher Art und von welchem verpflichtenden Geist legitimiert – schon die Heilung unserer politischen Krise sehen. Denn diese erscheint uns nicht beschlossen in dem Charakter des heutigen labilen Koalitionsparteienstaates, der vielmehr nur ihre besonders kritische Zuspitzung bedeutet und demgemäß neben dem fundamentalen Heilungsprozeß besonders dringliche interimistische Notmaßnahmen verlangt.«

Der Weg aus der Krise setzt für Michel die Beachtung des katholischen Subsidiaritätsprinzips voraus: »Eine Aktivierung echter politischer Kräfte für den Staat und im Staat wird nur dann gelingen und gestaltungsfähig sein, wenn sie für einen Staat von *begrenzten* Zuständigkeiten geschieht: für einen Staat, der die Zuständigkeit des Politischen und der staatlichen Gewalt auf jene Bereiche eingrenzt, in denen eine wirkliche Gemeinsamkeit in unserem zerspaltenen Volk besteht oder doch ausprägbar ist.«

Die Autoritätskrise des Staates dokumentiert für Michel, daß der Staat für viele Gebiete »wesensgemäß unzuständig geworden ist«. So gehörten die sog. kulturellen Angelegenheiten aus dem staatlichen Verantwortungsbereich herausgenommen. »Nur durch die weitgehende Verselbständigung dieser Gebiete und ihrer Lebensformen [...] vermag der Staat wieder frei und kräftig zu werden für jene Aufgaben, für die eine real fundierte Gemeinsamkeit noch oder wieder da ist«. Deshalb bedauert Michel auch, daß Schmitt in dem Prozeß der Entstaatlichung bestimmter Lebensbereiche »kein allgemeines Prinzip staatlichen Aufbaus« zu sehen vermag.

Carl Schmitt und Ernst Michel bewerten also die Praxis des Parteienstaates 1930 in gleicher Weise negativ. Aber noch viel mehr als Schmitt macht sich Michel Sorgen über die mangelnde gemeinschaftstiftende politische Substanz, die allen Demokraten abverlangt werden muß, um demokratische Willensbildung nicht einfach als nackte Gewalt der Zahlenmehrheit erscheinen zu lassen. Geradezu prophetisch kann der theoretische Lösungsansatz des Subsidiaritätsprinzips gelten, den Michel Schmitts politischem Vitalismus entgegenhält. Dieses Prinzip, das 1931 in der Enzyklika »Quadragesimo anno« seine klassische Formulierung gefunden hat, sollte sich als schärfste theoretische Waffe gegen das Modell des »totalen Staates« erweisen. Michel scheint jedenfalls schon früh geahnt zu haben, wohin die Reise in der Schmittschen Staatsrechtslehre in den 30er Jahren gehen wird. Der Weg zur »politischen Diktatur bloß vitaler Kräfte«, den Michel für Schmitt prognostiziert, ist exakt derjenige, den bereits Hugo Ball 1924 in Schmitts »Diktatur« gesehen, aber dann doch verworfen hat.

»Der Hüter der Verfassung«

Robert Benter bespricht im Hochland 1929 den im gleichen Jahr erschienenen Aufsatz Schmitts »Der Hüter der Verfassung«[1147] ingesamt sehr wohlwollend. Sein Fazit lautet: »Man mag nicht mit Unrecht das Gefühl haben, daß die streng romanische Auffassung vom Recht und Staat, von der Schmitt ausgeht, für uns etwas gläsern und blutleer wirkt, in ihrer kristallenen Klarheit nicht das weitschichtige, schwer nach juristischen Kategorien zu ordnende Rechts- und Staatsleben germanischer Völker zu umfassen vermag und oft den Blick für das strömende Leben gewaltsam verengt. An dieser Stelle zeigt jedoch Schmitt, wie gerade seine juristische Methode – allerdings verbunden mit einem unfehlbaren Instinkt für das Politische – aus einer Sackgasse führt, in die eine sich für rein juristisch ausgebende Auffassung geführt hat. Wo die abstrakte Rechtsstaatslehre ohne politisches Verständnis wichtigste Ansatzpunkte zur Weiterentwicklung unseres Verfassungslebens im Sande verenden lassen wollte, führt Schmitt die Dinge wieder auf ihren Nenner zurück und eröffnet – er als Jurist – der schöpferischen Politik neue Weiten. Möchten daher seine Ausführungen nicht nur von zünftigen Juristen, sondern noch mehr von Politikern gelesen werden«[1148]. Schmitt wird hier also mit einer Anspielung auf Kelsens reine Rechtslehre als konstruktiver, politischer und staatsrechtlicher Antipode des Rechtspositivismus gefeiert. Sein 1929 bereits im Katholizismus hochumstrittener Politik-Begriff schlägt nicht negativ zu Buche.

Als sehr angetan von der Staatsrechtslehre Schmitts zeigt sich Clemens Bauer[1149] 1931 in seiner Besprechung des »Der Hüter der Verfassung« in der Zeitschrift »Der Kunstwart«. Wo immer Schmitt theoretische Fragen erörtere, führten sie »in die volle geistige Problematik und in die politische Wirklichkeit hinein«[1150]. Dies gelte am stärksten im vorliegenden

---

[1147] C. SCHMITT, Hüter 1929, S. 161 – 237.
[1148] R. BENTER, S. 179.
[1149] Der Historiker C. Bauer (1899 – 1984) war seit 1928 Assistent am Seminar für Wirtschaftsgeschichte der Universität München. Nach der Habilitation 1932 lehrte er in Riga, Braunsberg und ab 1938 an der Universität Freiburg i. Br. (DEUTSCHE BIOGRAPHISCHE ENZYKLOPÄDIE, Bd. 1, S. 324).
[1150] C. BAUER, Hüter, S. 809.

Buch, stellt Bauer eingangs fest. Er bestätigt die Analyse Schmitts, das Parlament sei »nur mehr die politische Kulisse für mächtige, bürokratisch organisierte Interessengruppen«[1151]. Die Parteien würden innerhalb der legislativen Sphäre »zum Demiurg ökonomischer Interessen. [...] Die Demokratie als Organisation der ›volonté générale‹ wird damit unmöglich, der Staat selbst wird praktisch pluralistisch aufgespalten«[1152].

Da im Parlament keine politischen Entscheidungen mehr zustande kämen, erhält für Bauer die Frage nach dem Hüter der Verfassung einen völlig neuen Sinn gegenüber der Frage der Garantie der Verfassung in einer konstitutionellen Monarchie: »Die Frage des Schutzes ist neu gestellt: Schutz gegen wen? Schutz vor dem Parlament!«[1153] So kommt Bauer zu dem Ergebnis, Schmitts Buch habe »ein für allemal den Blick für die wirkliche verfassungspolitische Lage geöffnet«[1154]. In diesem Sinne sei es »ein echt politischer Akt, eine wirkliche ›Dezision‹«. Trotz dieser positiven Gesamtwürdigung meldet Bauer beiläufig doch Vorbehalte an: »So sehr auch die ›Selbstorganisation‹ der Gesellschaft im Staat eingetreten ist, so fallen doch Staat und Gesellschaft noch lange nicht zusammen und es bleibt eine Scheidung der Sphären durchaus möglich, nur läßt sich dann allerdings Schmitts Begriffsbestimmung des Politischen als eines existentiellen Freund-Feind-Gegensatzes nicht aufrechterhalten und muß es möglich sein, das Soziale positiv auch als nicht-polemischen Begriff zu fassen«[1155]. Bauer zeigt sich damit in zentralen Punkten der katholischen Soziallehre verpflichtet. Er stimmt der staatsrechtlichen Diagnose über den Zustand des Parlamentes, nicht jedoch den Lehren Schmitts insgesamt zu.

»Legalität und Legitimität«

Schmitts berühmt gewordener Aufsatz »Legalität und Legitimität« wird in der zeitgenössischen katholischen Publizistik kaum erörtert. Lediglich Waldemar Gurian setzt sich in seinem Ende 1932 unter einem Pseudonym erschienenen Buch »Um des Reiches Zukunft« mit der von Schmitt vorgetragenen »grundlegenden Kritik der Weimarer Verfassung«[1156] auseinander. Gurian wendet sich dabei gegen den Versuch, die Verfassung für die Handlungsunfähigkeit des Staates verantwortlich zu machen: »Es

---

[1151] EBD., S. 809.
[1152] EBD., S. 810.
[1153] EBD., S. 810.
[1154] EBD., S. 812; folgendes Zitat EBD.
[1155] EBD., S. 810.
[1156] W. GERHART, S. 35.

bleibt das Verdienst der Weimarer Verfassung, die politische Existenz und Einheit des deutschen Volkes nach dem Zusammenbruch von 1918 gesichert zu haben. Selbst ihre entscheidende Schwäche, der von Carl Schmitt so scharfsinnig herausgearbeitete Versuch, einander widersprechende Prinzipien des Staatsaufbaus zu verwenden, kann nicht als Anlaß benutzt werden, um sie radikal abzulehnen. Denn ohne das Streben, eine möglichst umfassende Synthese zu schaffen, wäre die politische und soziale Spannung nach den Ereignissen von 1918 nicht zu überwinden gewesen. [...] Es spricht für den politischen Instinkt der Männer, die das Verfassungswerk von Weimar entscheidend bestimmt haben, daß sie neben dem parlamentarischen Gesetzgebungstaat, der heute seine Krise erlebt, dem Reichspräsidenten eine so starke Stellung zu geben wußten, daß sie sich heute als genügend kräftig erweist, den Staat zusammenzuhalten. Man kann also nicht der Weimarer Verfassung die Schuld an der innerpolitischen Entwicklung geben«[1157].

Gurian weist darauf hin, daß die Weimarer Verfassung als Antithese zum Bismarckschen Reich möglichst alle Freiheiten wie Vereinsfreiheit, Pressefreiheit, Agitationsfreiheit etc. sichern wollte, die damals bestritten wurden, und fährt fort: »Sie setzt dabei einen einheitlichen Willen voraus, der die Grundlagen der formalen Demokratie bejaht. Das übersehen jene Kritiker, welche ihr einen ›gegen Wert und Wahrheit neutralen Mehrheitsfunktionalismus‹ vorwerfen. Der Fall ist nicht vorgesehen, daß starke politische Strömungen sich gegen die Grundlagen der Verfassung in der Absicht wenden könnten, das Arbeiten des Parlaments unmöglich zu machen. Für Notfälle ist dem Reichspräsidenten durch den berühmten Artikel 48 eine außerordentliche Macht eingeräumt, aber es besteht doch nicht die Vorstellung, daß diese Notlage mehr als ein vorübergehender Zustand sein könnte«[1158].

Gurian gibt außerdem zu bedenken, daß in die Weimarer Verfassung in bisher nie gekanntem Maße kirchliche Forderungen eingeflossen seien: »Man kann diese so wichtigen Ergebnisse der Mitarbeit katholischer Politiker am Verfassungswerke nicht mit der scheinbar einleuchtenden Feststellung abtun, daß eine qualifizierte Mehrheit, die für Verfassungsänderungen vorgesehen ist, dem formalen Majoritätsprinzip entsprechend, alle Verfassungsartikel beseitigen und abändern könne. Diese substantiellen Bestimmungen bedeuten eine grundsätzliche Entscheidung, deren Aufhebung durch Majoritätsbeschlüsse eine vollständige Auflösung der beste-

---

[1157] EBD., S. 35 f.
[1158] EBD., S. 36 f.

henden politischen und gesellschaftlichen Ordnung bedeuten würde. Man kann also die Fiktion von Majoritäten, die etwa die Einehe aufheben und die Vielweiberei einführen oder das öffentliche Bekenntnis zur christlichen Religion verbieten würden, nicht als ernsthafte Kritiken an der Weimarer Verfassung betrachten. Derartige Fiktionen lassen sich gegen jede Verfassung vorbringen«[1159].

Was Gurian hier vorträgt, sind Bekenntnisse eines Demokraten, der 1932 zur Verfassung von Weimar, auch als Kompromißgebilde und »Notbau«[1160], steht und der eine Lösung der nicht bestrittenen Verfassungskrise im Rahmen dieser Verfassung wünscht. Gurian denkt im wesentlichen politisch-pragmatisch. Für die theoretischen Zuspitzungen Schmitts, denen er destruktive Wirkungen zuschreibt, hat er wenig Verständnis, wenngleich er ihre abstrakte Berechtigung nicht bestreitet. Die realen Gefahren für den Weimarer Staat vermag Gurian 1932 freilich noch nicht richtig einzuschätzen. Die Problematik des Verfassungsbruchs erörtert Gurian im Zusammenhang mit Schmitts »Legalität und Legitimität« nicht. Dies zeigt, daß dieser Aufsatz nicht zwingend als Aufruf zum Bruch des formalen Verfassungsrechts zur Rettung des materiellen Rechts des zweiten Hauptteils der Verfassung verstanden werden mußte.

»Die Rheinlande als Objekt internationaler Politik«

Daß Carl Schmitts Abrechnung mit den alliierten Besatzungsmächten unter Hinweis auf den christlichen Begriff der Obrigkeit im deutschen Katholizismus auf eine positive Resonanz stoßen würde, war zu erwarten. In den »Stimmen der Zeit« und im »Hochland« wurde der Vortrag »Die Rheinlande als Objekt internationaler Politik« entsprechend gewürdigt.

Der Kirchenhistoriker Joseph Grisar S. J. schreibt 1925 in den »Stimmen der Zeit« dazu: »Schmitt-Dorotic leuchtet mit dem hellen Licht juristischer und ethischer Betrachtung in die unehrlichen Methoden der heutigen Gewaltpolitik hinein. Er deckt schonungslos auf, was die vielgenannten Begriffe: Sanktionen, Reparationen; und wie die schönen Worte alle heißen, mit denen man die Unterdrückung verdeckt und beschönigt, in Wahrheit bedeuten. Aber er bleibt nicht bei deren politischer Würdigung stehen, er hebt sie auf die Waage sittlicher Wertung und zeigt die tiefe moralische Verwerflichkeit der Schöpfung von staatlichen Gebilden, die dauernd einer verschleierten, landfremden Autorität ausgeliefert sein sollen«[1161].

[1159] EBD., S. 38.
[1160] EBD., S. 39.
[1161] J. GRISAR, S. 307.

Ausgehend vom gegenwärtigen Rheinlandregime habe der Bonner Staatsrechtslehrer Carl Schmitt »bemerkenswerte Ausführungen über das Wesen der modernen Herrschaftsformen«[1162] gemacht, stellt Hermann Port im Oktober 1925 im »Hochland« fest. Port faszinieren diese Ausführungen so sehr, daß er den »Hochland«-Lesern die zentralen Gedanken dieses Vortrags in einer Zusammenfassung wie Katechismus-Lehrsätze präsentiert. So schreibt er etwa: »Eine internationale Kommission ist unfähig, Subjekt obrigkeitlicher Rechte und Pflichten zu sein, und drängt mit unausweichlicher Logik zur Zerstörung des christlichen Begriffes der Obrigkeit. Weil auch der existierende Völkerbund nicht mehr als ein kunstvoll verschachtelter Konzern rivalisierender Interessen ist, kann er nicht als moralische Autorität gelten und die Gefühle von Treue und innerem Respekt beanspruchen«[1163]. Durch eine solche eingängige Kurzdarstellung machte Port Schmitts Gedankengut einer breiten katholischen Öffentlichkeit zugänglich[1164].

Es konnte gar kein Zweifel daran entstehen, daß Carl Schmitt aus der Sicht der Rezensenten unter staats- und völkerrechtlichen Aspekten die Lage am Rhein zutreffend beschrieben hatte. Daß er sie auch noch nach den Grundsätzen der katholischen Staatslehre als moralisch unerträglich präsentierte, mußte Schmitt vollends in den Ruf eines scharfsinnigen katholischen Intellektuellen bringen. Seine Positionen und Überzeugungen gelangten so bei manchem Zeitgenossen schleichend in den Rang »katholischer Wahrheiten«.

e) Gegenpositionen

Einen katholischen Staatsrechtler oder Juristen, der vom Standpunkt der katholischen Soziallehre her eine nachhaltige und zielgerichtete Auseinandersetzung mit Schmitts Antiparlamentarismus leistete, hat es in der Weimarer Republik nicht gegeben. Anfang der 30er Jahre waren es auch eher theologisch oder philosophisch geschulte Katholiken, die Schmitts Theorien kritisch untersuchten.[1165] Im folgenden sollen jedoch noch zwei katholische Juristen mit Gegenpositionen zu Schmitt zu Wort kommen. Der eine, Konrad Beyerle, wurde wegen seiner positiven Haltung zum

---

[1162] H. PORT, Rheinlande, S. 113.
[1163] EBD., S. 114.
[1164] H. Port behandelte in gleicher Weise C. Schmitts »Katholizismus«; vgl. oben III. 3. f).
[1165] Natürlich hat es im deutschen Katholizismus nicht an theoretischen Bekenntnissen zur Republik gefehlt. Man denke nur an J. Mausbach und seinen Schüler P. Tischleder, die sich auf naturrechtlicher Grundlage für den Weimarer Staat engagierten.

7. Diktatur statt Parlamentarismus 275

Parlamentarismus von Carl Schmitt attackiert, der andere, Godehard Josef Ebers, hat in seinen Schriften wenigstens auf Carl Schmitt Bezug genommen.

Konrad Beyerle kann als der katholische Jurist bezeichnet werden, der sich auf dem Boden der katholischen Staatslehre verfassungstheoretisch und zugleich in der praktischen Politik am entschiedensten für die Republik von Weimar engagiert hat. »Parlamentarisches System – oder was sonst?« nannte er seine Broschüre von 1921, mit der er die parlamentarische Demokratie Weimars gegen die Angriffe aus dem rechten Lager der Katholiken verteidigte. Ihr Titel wurde in den 20er Jahren zu einem sehr bekannten und oft zitierten Schlagwort.[1166]

Allen Ideologen einer reinen Lehre schreibt Beyerle in seiner Broschüre ins Stammbuch, daß eine Verfassung »immer *der Ausdruck tatsächlicher politischer Machtverteilung*«[1167] ist. Jede große politische Gruppierung bringe ihr Weltbild und ihre Staatstheorie in die praktisch-politische Arbeit mit. »Was dabei herauskommt, liegt beim freien Spiel der politischen Kräfte, wie sie der demokratische Staat an sich eröffnet, immer auf einer mittleren Linie«[1168]. Zum Vorwurf, das Parlament sei statt einer wirklichen Volksversammlung ein »Tummelplatz wildester Parteienkämpfe«[1169], meint Beyerle, das treffe »alles nur sehr mit Einschränkungen zu«[1170]. Das »volle Licht der Oeffentlichkeit« werde »das Seinige dazu beitragen«, daß der Volkswillen im Parlament nicht verfehlt werde[1171]. Entgleisungen von einzelnen Abgeordneten hätten »*mit dem parlamentarischen Prinzip als solchem*« nichts zu tun[1172]. Auch die »Erschütterungen der Staatsautorität, welche der Zusammenbruch des gewaltigsten militärischen Machtstaats notwendig auslösen mußte«[1173], will er nicht auf das Konto der parlamentarischen Demokratie gebucht wissen. »Gibt man nicht in allen rechtsstehenden Kreisen unumwunden zu, daß daran auch kein Monarch, ebensowenig aber auch der vielberufene ›starke Mann‹ allzuviel ändern könnte?«[1174] Auch die Polemik gegen »das nackte Gesetz der Zahl«[1175] weist Beyerle zurück. Es seien gerade kirchliche Rechtsord-

---

[1166] Vgl. W. GERHART, S. 35, mit einer Würdigung dieser Formel.
[1167] K. BEYERLE, System, S. 8.
[1168] EBD., S. 7.
[1169] EBD., S. 10.
[1170] EBD., S. 10.
[1171] EBD., S. 11.
[1172] EBD., S. 13.
[1173] EBD., S. 15.
[1174] EBD., S. 15.
[1175] EBD., S. 17.

nungen gewesen,»die seit dem Mittelalter in Deutschland dem Gedanken des Mehrheitsprinzips im öffentlichen Leben die Bahn gebrochen und damit Ordnung an die Stelle unseligen Zwiespalts gesetzt haben«[1176]. Schließlich gibt Beyerle zu bedenken, daß es gerade das »Gesetz der Zahl« sei, »das *unseren breiten gläubigen katholischen Volksschichten eine Einwirkung auf das öffentliche Leben sichert* in einem früher ungeahnten Maße«[1177].

Beyerle vermißt bei den Kritikern der parlamentarischen Demokratie realisierbare Gegenvorschläge. Die empfohlenen Heilmittel kämen »über einige allgemeine Schemata nicht hinaus«[1178]. Den Vertretern des Ständestaates hält er entgegen: »*Mit Staatsromantikern kommen wir heute in der harten Wirklichkeit nicht weiter*«[1179]. Wenigstens in diesem Punkt konnte sich Beyerle der Zustimmung Schmitts sicher sein.

Alles in allem trägt Beyerle somit zu Beginn der Weimarer Republik eine Fülle pragmatischer Argumente zusammen, die die parlamentarische Demokratie als die unter den gegebenen Umständen beste Staatsform erscheinen lassen. Schmitt reagiert auf diese Sicht 1923 polemisch. Seine Parlamentarismus-Kritik endet mit der Einschätzung, der parlamentarische Optimismus werde möglicherweise auch die neuen geschichtsmächtigen Mythen durch Diskussion zu relativieren oder gar selbst zur Diskussion stellen wollen, »sofern nur eben diskutiert wird. Aber in der wiederaufgenommenen Diskussion dürfte er sich nicht damit begnügen, nur seine Gegenfrage ›Parlamentarismus, was sonst?‹ zu wiederholen und geltend zu machen, es gebe für ihn vorläufig keinen Ersatz. Das wäre ein hilfloses Argument und nicht imstande, das Zeitalter der Diskussion zu erneuern«[1180]. Und im Vorwort zur 2. Auflage seines Buches unterstreicht Schmitt noch einmal gegen Beyerles Formel gerichtet, daß er selbst einen größeren theoretischen Tiefgang für seine Ausführungen beansprucht: »So anspruchslos wird doch niemand sein, daß er mit einem ›was sonst?‹ eine geistige Grundlage oder eine moralische Wahrheit für erwiesen hielte«[1181]. Da dieses Vorwort auch als »Hochland«-Aufsatz veröffentlicht und damit einem großen katholischen Leserkreis bekannt wurde, war diese spöttische Bemerkung eine Kampfansage an Konrad Beyerle. Umso erstaunlicher ist es, daß sich Beyerle nach diesem Verdikt zumindest öffent-

---

[1176] EBD., S. 18.
[1177] EBD., S. 22.
[1178] EBD., S. 19.
[1179] EBD., S. 22.
[1180] C. SCHMITT, Lage, S. 90.
[1181] EBD., S. 7.

lich mit den Schriften Schmitts nicht mehr auseinandersetzte[1182] und selbst im März 1933 noch private Kontakte mit Schmitt pflegte.[1183]

Anläßlich der Übernahme des Rektorats der Universität Köln im November 1932 unternimmt der Kölner Professor für öffentliches Recht, Godehard Josef Ebers, Schüler Konrad Beyerles[1184] und neben diesem einer der stetigsten Verfechter der Republik auf katholischer Seite, in seiner Rede »Autorität und Freiheit« einen letzten Versuch, mit konkreten Vorschlägen zur Verfassungsreform die Weimarer Reichsverfassung in ihrem Kern zu erhalten. Schmitts Vorstellungen werden dabei, ohne dessen Namen zu erwähnen, in mehreren Punkten zurückgewiesen. Ebers räumt ein, daß die Verfassung »Mängel und Unklarheiten ausweist«[1185], schränkt diesen Befund jedoch deutlich ein: »Die Gründe für die Zustände, die wir seit langem beklagen, liegen weniger in der Unzulänglichkeit der Verfassung, als vielmehr in der Unzulänglichkeit der Menschen, die sie handhaben«[1186].

Für die auch von Ebers befürwortete Verfassungsreform »kann es nur <u>einen</u> Weg geben, den des Rechtes, den der legalen Umformung, aber auch nur <u>ein Ziel</u>: organische Fortentwicklung des Gegebenen unter Beseitigung der offenbaren Mängel, [...] nicht ›Wende‹, sondern ›Reform‹, nicht ein neuer Staat, sondern Erneuerung des Staates von Weimar«[1187]. Mit diesem Grundsatz sei es nicht vereinbar, wenn nur der 2. Teil der Verfassung den »Formen des politischen Lebens« und »den Bedürfnissen des Volkes«[1188] angepaßt werde. Gegen Schmitts Überbetonung des zweiten Teils der Verfassung auf Kosten des ersten spricht sich Ebers damit für eine Beachtung und Weiterentwicklung auch des Verfahrensteils der Verfassung aus.

Ebers hat nichts einzuwenden gegen eine autoritäre Demokratie, in der Autorität und Freiheit zugleich gelten. Denn unter Demokratie versteht er »nicht Herrschaft der Masse, sondern Freiheit des Einzelnen und Freiheit des ganzen Volkes«[1189]. »Trotz aller modischen Verketzerung des Liberalismus« hält Ebers an der Freiheit des Individuums im Staat fest.

[1182] Vgl. oben III. 3. e) zu K. Beyerles Besprechung von C. Schmitts »Katholizismus«.
[1183] C. Schmitt besuchte die Familie Beyerle am 31. März 1933; er äußerte sich in seinem Tagebuch abfällig (»Beyerle selbstgefällig; er tat mir aber leid.«) über seinen Kollegen (vgl. P. NOACK, S. 170).
[1184] Vgl. A. HOLLERBACH, Ebers, S. 144.
[1185] G. J. EBERS, Autorität, S. 5.
[1186] EBD., S. 5.
[1187] EBD., S. 7.
[1188] EBD., S. 10.
[1189] EBD., S. 12.

Außerdem seien mit der Demokratie Parlament und Parteien gegeben: »Man will zwar den Parlamentarismus als überlebte liberale Einrichtung abtun. Aber kein Staat, der nicht absolutistisch regiert wird, kann der Volksvertretung entbehren. Keine Staatsführung, auch nicht eine autoritäre, kann auf Dauer ohne einen starken Rückhalt in der Volksvertretung bestehen«[1190].

Ebers plädiert für eine enge Auslegung des Art. 48 WRV und gesetzlich begrenzte Befugnisse des Reichspräsidenten.[1191] Der Notstandsartikel, eine »bereits allzu scharf geschliffene Waffe«[1192], könne nicht für »Änderungen des verfassungsrechtlichen Aufbaus des Reiches verwandt werden«[1193], wie das Leipziger Urteil – anläßlich des sog. Preußenschlages – klar herausgestellt habe. »Ein Ueberfall des Reiches ohne jede vorgängige Mitteilung«[1194] sei jedenfalls rechtlich unzulässig. Auch »Hüter der Verfassung, wie neuerdings behauptet wurde«, sei der Reichspräsident »nach Wortlaut und Sinn der Verfassung nicht«[1195].

Jedem Hörer mußte am Vorabend der nationalsozialistischen Machtergreifung klar gewesen sein, daß sich Ebers Ausführungen auch gegen Carl Schmitt richteten. Wenn Ebers den Namen Schmitts, anders als etwa den Jellineks, gegen dessen Vorschläge zur Verfassungsreform er sich ebenfalls aussprach[1196], in einem akademischen Vortrag nicht nannte, dann mußte das im November 1932 seine Gründe haben. Eine Wertschätzung Schmitts verbarg sich hinter dieser vornehmen Zurückhaltung jedenfalls nicht[1197].

f) Katholische Staats- und Rechtslehre?

Richard Thoma[1198] hat 1925 die Vermutung geäußert, daß hinter Schmitts Sympathie für die »Irrationalität des Mythischen [...] die unausgesprochene persönliche Überzeugung des Verfassers steht, ein Bündnis des natio-

---
[1190] EBD., S. 13.
[1191] Vgl. EBD., S. 26 f.
[1192] EBD., S. 8.
[1193] EBD., S. 8.
[1194] EBD., S. 26.
[1195] EBD., S. 24.
[1196] Vgl. EBD., S. 9.
[1197] G. J. Ebers ist sein Bekenntnis zur Weimarer Republik nicht gut bekommen. Zu Ostern 1933 wurde er zum Rücktritt vom Amt des Rektors gezwungen; kurz bevor C. Schmitt seine Lehrtätigkeit an der Universität Köln aufnahm. Zum 30. September 1935 wurde G. J. Ebers zwangsemeritiert (vgl. A. HOLLERBACH, Ebers, S. 156).
[1198] R. Thoma war Katholik, hat sich aber in bewußter Distanz zum Katholizismus als gesellschaftlicher Größe und »Weltanschauungssystem« gehalten (vgl. A. HOLLERBACH, Katholizismus, S. 74).

7. Diktatur statt Parlamentarismus

nalen Diktators mit der katholischen Kirche könne die eigentliche Wiederherstellung von Ordnung, Disziplin und Hierarchie bewirken«[1199]. Schmitt stellte dazu 1926 im Vorwort zur 2. Auflage seines »Die geistesgeschichtliche Lage des heutigen Parlamentarismus« lakonisch und sibyllinisch zugleich fest, er dürfe die von Thoma andeutungsweise vermuteten »höchst phantastischen politischen Ziele [...] wohl mit Stillschweigen übergehen«[1200]. Ohne auf die für Schmitt nicht untypische Mehrdeutigkeit einer Aussage näher einzugehen, bleibt hier festzuhalten, daß seine Parlamentarismus-Kritik in den 20er Jahren den Verdacht nährte, sie stehe in einem Zusammenhang mit seiner Wertschätzung der autoritären Strukturen der katholischen Kirche. Ob Schmitts Vorstellungen allerdings mit der katholischen Staatslehre übereinstimmen, ist eine andere Frage.

Wenn Schmitt gegen Ende der Weimarer Republik im wesentlichen zur Überwindung der von ihm als chaotisch empfundenen politischen Verhältnisse für eine als Akklamationsdemokratie verbrämte Präsidialdiktatur eintritt, widerspricht er damit der päpstlichen Staatslehre nicht. Leo XIII. hatte ja gerade die katholische Kirche von ihrer traditionell-faktischen Bindung an die Monarchie befreit und den Völkern die Wahl der Staatsform grundsätzlich freigestellt[1201]. Katholiken konnten nach seiner Lehre für jede Staatsform eintreten, sofern diese die Gerechtigkeit und das Gemeinwohl gewährleistet. Eine Staatsform als solche stand damit nicht unter dem Segen der katholischen Soziallehre.

Schmitts Feststellungen, die Staatsgewalt gehe in einer Demokratie nicht von Gott, sondern vom Volk aus und alles demokratische Denken bewege sich mit klarer Notwendigkeit in Immanenzvorstellungen[1202], sind in dieser Kombination unter der Voraussetzung, daß diese Aussagen nicht als Kritik an der Demokratie gemeint sind[1203], vor dem Hintergrund der katholischen Staatslehre höchst problematisch. Leo XIII. verwarf die Lehre jener Philosophen, »die behaupten, daß alle Gewalt vom Volke stamme«[1204]. Durch eine Volkswahl könne allenfalls der Inhaber der Staatsgewalt bezeichnet werden, das Herrscherrecht und die Gewalt als solche stamme jedoch von Gott. Auch die scholastische Lehre, wonach Gott zwar der Ursprung der Staatsgewalt, das Volk aber dessen naturrechtlicher Träger ist und diese Gewalt in einem Vertrag auf den Herr-

---

[1199] R. Thoma, S. 217.
[1200] C. Schmitt, Lage, S. 5.
[1201] Vgl. E. Marmy, S. 557 (Diuturnum illud).
[1202] C. Schmitt, Verfassungslehre, S. 237.
[1203] Auch A. Adam geht davon aus, daß C. Schmitt »die demokratische Lehre [...] nicht nur darstellt, sondern auch beschwört« (A. Adam, S. 74).
[1204] E. Marmy, S. 557 (Diuturnum illud).

scher überträgt[1205], läßt sich in Schmitts Ausführungen zur Volkssouveränität nicht herauslesen. Auch diese Lehre verlangt zumindest mittelbar einen Transzendenzbezug, der in den Ausführungen Schmitts zur Demokratie bestritten wird.

Schmitt wiederholt in seiner »Verfassungslehre« wörtlich die in Artikel 1 der Weimarer Verfassung enthaltene Feststellung »Alle Staatsgewalt geht vom Volke aus«, ohne auf die im deutschen Katholizismus von Weimar höchst umstrittene Deutung dieses Fundamentalsatzes einzugehen. Die Frage, ob diese Bestimmung im rechtsphilosophischen Sinne einer absoluten Volkssouveränität nach der Lehre Rousseaus auszulegen oder mit der katholischen Staatslehre vereinbar ist, stellt er nicht. Den Staatsrechtler scheint der diesbezüglich in der katholischen Soziallehre geführte Streit zwischen Anhängern der Designations- und der Translationstheorie, ja der gesamte Verfassungsstreit im deutschen Katholizismus, der diesen über viele Jahre intensiv beschäftigte, nicht zu interessieren. Zumindest in seinen Schriften nimmt er keine Notiz davon.

Schmitts berühmte Definition in der »Politischen Theologie«, souverän sei, wer über den Ausnahmezustand entscheidet, könnte als Absage gegen die moderne Theorie von der Volkssouveränität verstanden werden. Wird doch gegen die hier übliche Fundierung des Staates »von unten« eine solche »von oben« gestellt, wenn gleichzeitig der Reichspräsident hinzugedacht wird, der in Weimar mehrfach über den Ausnahmezustand zu entscheiden hatte. Allerdings verläßt Schmitts Definition den Bereich der demokratischen Immanenz nicht. Ihre personale Dimension läßt allenfalls bei dem über den Ausnahmezustand Entscheidenden eine transzendente Komponente zu. Dominant ist in dieser Definition das existentielle Moment. Schmitts Aussage über die Souveränität steht ganz im Kontext seines Rechtsdezisionismus.[1206]

Neben der Souveränitäts-Definition läßt auch der in der »Verfassungslehre« wieder in die staatsrechtliche Diskussion gebrachte Begriff der Repräsentation, der hier als zweites Gestaltungsprinzip politischer Form neben das demokratische Prinzip der Identität und als sein eigentliches Gegenprinzip gestellt wird, daran denken, daß Schmitt trotz seines Bekenntnisses zur Demokratie den Panzer des demokratischen Immanentismus aufzubrechen gedenkt. Hatte er doch diesen Begriff zunächst in »Römischer Katholizismus und politische Form« ganz im Kontext der katholischen Dogmatik und die Kirche als Repräsentantin des »regieren-

---
[1205] Vgl. B. STANGL, S. 39.
[1206] Vgl. dazu oben III. 6. a).

den, herrschenden, siegenden Christus«[1207] präsentiert. Auch in der »Verfassungslehre« führt er aus, daß die Repräsentation »eine höhere Art von Sein zur konkreten Erscheinung«[1208] bringt. Schmitt betont aber ausdrücklich, daß es sich bei der Repräsentation nicht um etwas Normatives, sondern um etwas Existentielles handelt, stellt also wieder die Verbindung zu seinem dezisionistischen Generalthema her.[1209] Repräsentiert wird nach Schmitt »die *politische Einheit als Ganzes*«[1210]. Die konkrete Idee, die die Repräsentation als politisches Formprinzip abbilden soll, ist also etwas durch und durch Weltimmanentes. Allenfalls wird damit die politische Einheit in den Rang des Quasi-Transzendenten und Metaphysischen gehoben.[1211] Von da aus ist der Weg nicht weit, in der »Artgleichheit« die substantielle Identität von Führer und Geführten zu sehen, die zuverlässiger als jede normative Bindung die Tyrannei des Führers verhindern soll[1212]. Schmitt mag das Prinzip der Repräsentation zwar von der katholischen Kirche übernommen haben, im Sinne ihrer Staatslehre, die die Staatsgewalt von Gott ableitet, verwendet er dieses Prinzip in seiner eigenen Staatstheorie jedoch nicht.

Unzweifelhaft ist, daß Schmitt methodisch wie die katholische Staatslehre autoritär »von oben nach unten« denkt. So ist für ihn vorstellbar, daß auch durch eine Wahl echte Repräsentation geschaffen werden kann, wenn es in dieser Wahl darum geht, »den *Besten* einer *Auslese* zu bestimmen« und die Gewählten »die *Höheren*« sind[1213]. Da weht durchaus ein Hauch von Designationstheorie. Von wem die »Höheren« allerdings ihre Autorität erhalten, sagt Schmitt nicht. Deshalb ist dieser Gedanke zwar aristokratisch, katholisch ist er allenfalls in einem formalen Sinne, weil der Grund für diese in der katholischen Staatslehre vertretene Theorie, der Gottesbezug und die Gottesursprünglichkeit jeder Staatsgewalt, von Schmitt nicht übernommen wird.

Daß Schmitt keinen Wert darauf legt, seine Staatstheorie derjenigen der Päpste anzupassen oder auf katholische Empfindlichkeiten Rücksicht zu nehmen, zeigt die Rolle, die Rousseau bei ihm und in der katholischen Staatslehre bei der Begründung bzw. der Verwerfung der Demokratie spielt. Schmitt sieht in Rousseaus Staatskonstruktion einen liberalen und einen wahrhaft demokratischen Gedanken unklar verbunden. Liberal sei

---

[1207] C. SCHMITT, Katholizismus, S. 65 f.
[1208] C. SCHMITT, Verfassungslehre, S. 210.
[1209] EBD., S. 209.
[1210] EBD., S. 212.
[1211] Vgl. dazu A. ADAM, S. 102 ff.
[1212] C. SCHMITT, Staat, S. 42.
[1213] C. SCHMITT, Verfassungslehre, S. 219.

die Fassade, die Staatsbegründung durch freien Vertrag. Da es nach dem Contrat social nichts geben dürfe, was die Menschen trenne, sei die volonté générale in Wahrheit Homogenität, aus der sich die demokratische Homogenität von Regierenden und Regierten ergebe[1214].

So differenziert wurde weder von den Päpsten, die den Namen Rousseaus gar nicht in den Mund nahmen, noch bei den sonstigen Vertretern der katholischen Soziallehre gedacht. Rousseau galt hier als der Volksverhetzer schlechthin. Was die Katholiken an diesem Philosophen besonders verwarfen, war nicht die Vertragstheorie als solche, sondern die Tatsache, daß nach dessen Lehre das Volk nicht nur Träger, sondern Ursprung der Staatsgewalt sein soll. Daß das Volk als Träger der Staatsgewalt diese mittels Vertrag auf den jeweiligen Herrscher übertragen kann, war bereits in der Scholastik herausgearbeitet worden und nicht erst das Ergebnis liberaler Theorie.

Schmitts antiliberale Akzentuierung der volonté générale steht beispielsweise im Gegensatz zur Interpretation Rousseaus durch Peter Tischleder, die für den deutschen Katholizismus durchaus als repräsentativ gelten kann. Nach Tischleder ist der Kerngedanken des Contrat social die »volonté générale, der als Summe aller Einzelwillen gefaßte Allgemeinwille der Gesellschaftsmassen«[1215]. Der gesellschaftliche Zusammenschluß sei danach »lediglich die äußere Zusammenfassung von Menschenatomen durch ein rechnerisches Verfahren«[1216]. Für Tischleder ist Rousseau sogar »der eigentliche Vater des politischen und wirtschaftlichen *Bourgeois-Liberalismus«*, wobei er vor allem auf dessen »rationalistisch-optimistische Freiheits- und Gleichheitsidee« verweist[1217]. Rousseau wird hier also ausschließlich als Liberaler und nur unter negativen Vorzeichen vorgestellt.

Der Antiliberalismus, der einen Antiindividualismus einschließt, war das Markenzeichen der katholischen Staatslehre im 19. Jahrhundert und zu Beginn des 20. Jahrhunderts. Schmitts staatsrechtliche Grundeinstellung kann deshalb insoweit als katholisch bezeichnet werden. Er bewegt sich auch mit der Ablehnung der Idee der Menschengleichheit, die er dem liberalen Individualismus zuordnet[1218], in katholischen Geleisen. Statt einer mechanischen Gleichmacherei, die der Schöpfungsordnung widerspreche, forderte man in der naturrechtlich ausgerichteten katholischen Soziallehre, daß jeder das ihm jeweils Zustehende erhalten solle. Wenn

---

[1214] C. SCHMITT, Lage, S. 19 f.
[1215] P. TISCHLEDER, Staatslehre, S. 53.
[1216] EBD., S. 54.
[1217] EBD., S. 55.
[1218] C. SCHMITT, Verfassungslehre, S. 226.

Schmitt jedoch für eine substantielle Gleichheit, für eine Homogenität, eintritt, die nötigenfalls die »Ausscheidung oder Vernichtung des Heteronomen« fordert[1219], findet dies in der kirchlichen Lehre keinen Rückhalt.

Schmitt befand sich mit seiner Kritik am modernen parlamentarischen System in guter katholischer Gesellschaft.[1220] Bei genauerer Betrachtung zeigt sich jedoch, daß die Struktur der traditionellen katholischen Kritik am Parlament mit derjenigen Schmitts nicht deckungsgleich ist. Daß der Parlamentarismus auf dem häretischen Prinzip der Volkssouveränität beruhen soll, wie gerade von den Vertretern der Designationstheorie vielfach behauptet wurde, wird von Schmitt, der scharf zwischen Demokratie und Parlamentarismus unterscheidet, weder als Problem empfunden noch thematisiert. Die Idee der Volkssouveränität, die er grundsätzlich akzeptiert und seinen staatsrechtlichen Ausführungen zugrunde legt[1221], hält er für etwas genuin Demokratisches und nicht Parlamentarisches. Der moderne Parlamentarismus, dessen Wurzeln er auch im Liberalismus und Individualismus sieht[1222], beruht für ihn auf den Prinzipien der Diskussion und der Öffentlichkeit[1223]. Letztlich glaubt er, den Parlamentarismus dadurch erledigen zu können, daß er ihm nachzuweisen versucht, er mißachte in der parlamentarischen Wirklichkeit diese Prinzipien, die damit ihre ursprüngliche Evidenz verlören und zur leeren und nichtigen Formalität würden[1224]. Schmitt will also den Parlamentarismus von innen her und mit seinen eigenen Prinzipien der Verlogenheit überführen. Etwas spezifisch Katholisches ist an diesem Gedankengang nicht zu finden. Lediglich das Ergebnis, die Ablehnung des Parlamentarismus, ist bei Schmitt und vielen katholischen Theoretikern in der Weimarer Republik identisch.

Schmitts Überzeugung, die Theorie vom Mythus sei »der stärkste Ausdruck dafür, daß die relative Rationalität des parlamentarischen Denkens seine Evidenz verloren hat«[1225], scheint zunächst das immanente demokratische Weltbild zu verlassen. Die Präsentation der irrationalen Kräfte des Klassenkampfes und des Nationalen als neue geschichtsmächtige Träger des Mythos zeigt aber, daß Schmitt trotz seiner Sehnsucht nach einer neuen »Ordnung, Disziplin und Hierarchie«[1226] den Schritt zur Transzendenz nicht geht und damit aus katholischer Sicht bestenfalls auf hal-

---

[1219] C. SCHMITT, Lage, S. 14.
[1220] Vgl. oben II. 2. c) und III. 7. c).
[1221] C. SCHMITT, Lage, S. 31, 39, 40.
[1222] EBD., S. 13, 23.
[1223] EBD., S. 7.
[1224] EBD., S. 63.
[1225] EBD., S. 89.
[1226] EBD., S. 89.

bem Wege stehen bleibt. Was die katholische Staatslehre dem Parlamentarismus entgegenstellt oder von ihm fordert, ist etwas ganz anderes: die Anerkennung der Gottesursprünglichkeit der Staatsgewalt.

Schmitts Vorwurf, der Liberalismus als metaphysisches System degradiere die Wahrheit zu einer »bloßen Funktion des ewigen Wettbewerbs der Meinungen« und verzichte ihr gegenüber »auf ein definitives Resultat«[1227], konnte sicherlich bei Katholiken als verführerisches Argument wirken. Steht doch hinter der päpstlichen Ablehnung der Glaubens-, Gewissens- und Meinungsfreiheit sowie der daraus resultierenden Rede- und Pressefreiheit die Überzeugung, daß es nur eine Wahrheit gibt, über die folglich auch nicht diskutiert oder gar abgestimmt werden kann. So lehnte noch Leo XIII. die Rede- und Pressefreiheit mit der Begründung ab, nur die Wahrheit, nicht jedoch der Irrtum, habe ein Recht auf Propaganda[1228]. Schmitts Philippika gegen die »Fiktionen eines gegen Wert und Wahrheit neutralen Mehrheitsfunktionalismus«[1229] lassen insoweit eine Parallele zur katholischen Staatslehre erkennen.

Auch Schmitts Forderung nach Fundamentalprinzipien mit überlegaler Würde, die der Verfassung vorausgesetzt werden sollen und auch nicht im Rahmen eines verfassungsändernden Gesetzes aufgehoben werden dürfen[1230], konnte von katholischer Seite auf Zustimmung rechnen. Allerdings bleibt Schmitt bei diesen »Öffnungsklauseln« zu Wert und Wahrheit oder Fundamentalprinzipien stehen. Seinem Plädoyer für einen überlegalen Rechtsbegriff, das gegen den Rechtspositivismus gerichtet ist, folgt kein Bekenntnis zum Wahrheitsanspruch der katholischen Kirche oder dem katholischen Naturrechtsdenken.[1231] In seinem Rechtsdezisionismus macht sich Schmitt vielmehr den Satz von Hobbes zu eigen: auctoritas, non veritas facit legem. Auch wenn dieser Satz eine Orientierung an der Wahrheit grundsätzlich nicht ausschließt, werden hier die Akzente doch deutlich anders gesetzt als in der katholischen Soziallehre.

Ein gewichtiges Problem für katholische Politiker war Schmitts 1932 in »Legalität und Legitimität« theoretisch aufgezeigte Möglichkeit, zur Rettung des substantiellen Kerns der Weimarer Verfassung gegen organisatorische Regelungen des parlamentarischen Gesetzgebungsstaats zu verstoßen. Abgesehen von der grundsätzlichen Freiheit der Katholiken bei

---

[1227] EBD., S. 46.
[1228] Vgl. E. MARMY, S. 114 (Libertas praestantissimum).
[1229] C. SCHMITT, Legalität, S. 345.
[1230] Hier sei nur an die von katholischer Seite im Zuge der Diskussion um die Reform des § 218 StGB in den 70er Jahren angestoßene Grundwertediskussion erinnert.
[1231] Vgl. oben III. 1. c) und III. 5. b).

7. Diktatur statt Parlamentarismus   285

der Wahl der Staats- und Regierungsform besteht nach der traditionellen katholischen Staatslehre die grundsätzliche Pflicht, die jeweils bestehende Regierung und Staatsform anzuerkennen[1232]. Mißbräuche der Gesetzgebung sollten nach Leo XIII. nur mit gesetzlichen und erlaubten Mitteln bekämpft werden[1233]. Katholiken durften demnach bei ihrem politischen Engagement in aller Regel nicht gegen Gesetze und schon gar nicht gegen die Verfassung verstoßen. Eine Differenzierung dahingehend, daß es unveränderbare Fundamentalprinzipien gebe, gegen bestimmte, minderwertige Gesetzesbestimmungen aber verstoßen werden dürfe, war in der Staatslehre Leos XIII. nicht enthalten.

In Übereinstimmung mit dieser Staatslehre formulierte Konrad Beyerle 1929, der Katholik könne sich zwar auf gesetzlichem Wege um die Besserung und Änderung der Verfassung bemühen, eine Teilnahme am Staatsstreich sei dem Katholiken jedoch verboten. Für ihn, den Katholiken, komme auch »ein Spielen mit Konterrevolution, mit Diktatur und ähnlichen Gewaltplänen nicht in Frage, auch wo die geltende Verfassung ihre unbestreitbaren Mängel aufweist, und alle, denen das Wohl des deutschen Volkes am Herzen liegt, nach Besserung verlangen«[1234]. Schmitts Überlegungen zur Verfassungssituation des Jahres 1932 mußten mit diesen Grundsätzen in Konflikt geraten.

Allerdings hätte es für die katholische Staatslehre durchaus ein Argumentationsmuster gegeben, einen Staatsstreich nachträglich zu rechtfertigen. Selbst für Leo XIII. war »die Wahrung des Gemeinwohls nicht nur das oberste Gesetz, sondern Grund- und Endzweck der staatlichen Gewalt überhaupt«[1235]. Revolutionäre Gewalt und die Auflehnung gegen die ungerechte Obrigkeit werden von ihm zurückgewiesen, »damit die öffentliche Ruhe und Ordnung nicht noch mehr gestört wird und die Gemeinschaft nicht noch größern Schaden leidet«[1236]. Wenn die Wahrung des Gemeinwohls oberstes Ziel des Staates ist, dann müßte es an sich auch denkbar sein, daß zur Überwindung chaotischer oder gar anarchischer Zustände, zur Wiederherstellung von Ruhe und Ordnung geltendes, positives Recht verletzt werden darf. Schließlich ist die Existenz einer staatlichen Ordnung die fundamentale Voraussetzung für die Geltung positiven Rechts. Carl Schmitt hat darauf hingewiesen.[1237]

[1232] P. Tischleder, Staatslehre, S. 254.
[1233] Ebd., S. 235.
[1234] K. Beyerle, Katholiken, S. 94.
[1235] Zit. nach P. Tischleder, Staatslehre, S. 227.
[1236] Ebd., S. 230.
[1237] Die ratio des Staates »liegt nicht in inhaltsvollen Normen, sondern in der Effektivität, mit der er eine Situation schafft, in welcher überhaupt erst Normen gelten können, weil der

Mit nichts anderem als dem scholastisch-naturrechtlichen Prinzip der Gemeinwohlorientierung hat Joseph Mausbauch die Ersetzung der Monarchie durch die Republik und die darauf fußende Politik des Zentrums 1919 gerechtfertigt. Das Gemeinwohl des Volkes sei heiliger als eine überlieferte Staatsform. Die Republik sei das einzige Mittel, das deutsche Volk vor Zerrüttung und Untergang zu retten und ihm den inneren Frieden wiederzugeben[1238]. Tatsächlich soll auch Ludwig Kaas im September 1931 in einem Gespräch mit Brüning und von Schleicher – gegen den heftigen Widerstand Brünings – bereit gewesen sein, »aus dem Naturrecht heraus die Notwendigkeit und Erlaubtheit eines Verfassungsbruchs zu begründen«[1239].

Schmitt hat sich 1932 bei seinen Überlegungen in »Legalität und Legitimität« freilich nicht auf den in der katholischen Staatslehre dominierenden Topos der Gemeinwohlorientierung des Staates berufen. Schließlich konnte er weder dem Naturrechtsdenken noch dem Begriff des »bonum commune« etwas abgewinnen.[1240] Es wäre auch deshalb vermessen, seine Staatsrechtslehre, mit der der Bruch des ersten Hauptteils der Weimarer Verfassung zur Rettung ihres zweiten Hauptteils gerechtfertigt werden konnte, als katholisches Denken zu vereinnahmen.

Bleibt zusammenfassend festzustellen, daß der Befund zur Frage der Übereinstimmung der Schmittschen mit der katholischen Staatslehre nicht eindeutig ist. Gemeinsamkeiten im Kampf gegen Liberalismus und Individualismus, die hinter dem Parlamentarismus gesehen werden, stehen Gegensätze etwa in der Beurteilung der Volkssouveränität nach der Lehre Rousseaus gegenüber. Das Eintreten für eine autoritäre, akklamationsgestützte Präsidialdiktatur und die Verwerfung des parlamentarischen Gesetzgebungsstaates können insgesamt nicht als direkter Ausfluß eines katholischen Staatsrechtsdenkens gewertet werden. Dazu waren die katholischen Lehren zu unspezifisch und die von Katholiken vertretenen Positionen zu heterogen. Eindeutig ist lediglich, daß sich Carl Schmitt weder an die Vorgaben der katholischen Staatslehre gebunden wußte, noch ihre spezifischen Fragen in Weimar behandelte. Als Staatsrechtler ging er seine eigenen Wege. Beachtlich ist in diesem Kontext allerdings, daß Schmitt Begriffe aus dem reichen Schatz der katholischen Dogmatik,

---

Staat der Ursache aller Unordnung und Bürgerkriege, dem Kampf um das normativ Richtige, ein Ende macht. Dieser Staat ›stellt die öffentliche Sicherheit und Ordnung her‹. Erst als das eingetreten war, konnte der Gesetzgebungsstaat der bürgerlich-rechtsstaatlichen Verfassung in ihn eindringen« (C. SCHMITT, Wendung, S. 148).
[1238] Vgl. B. STANGL, S. 133.
[1239] H. BRÜNING, S. 399.
[1240] Vgl. oben III. 7. b) »Die Rheinlande als Objekt internationaler Politik« (1925).

etwa den der Repräsentation, für seine Staatsrechtslehre methodisch fruchtbar machte.

Daß Schmitt mit der katholischen Staatslehre bestens vertraut war, zeigen nicht nur seine Beiträge im Staatslexikon der Görres-Gesellschaft. Bereits 1917 schrieb er in »Die Sichtbarkeit der Kirche«: »Wenn der Christ der Obrigkeit gehorcht, weil sie – Grund und Grenze – von Gott ist, so gehorcht er Gott und nicht der Obrigkeit. Das ist die einzige Revolution der Weltgeschichte, die das Prädikat einer großen verdient: das Christentum hat der weltlichen Obrigkeit durch seine Anerkennung eine neue Grundlage unterschoben. Der ungeheure Vorbehalt, der jene Anerkennung nicht zu einer heuchlerischen, wohl aber zu einer bedingten macht, wirkt auf die Historiker wie eine ›eigentümliche Mischung von Radikalismus und Konservatismus‹ (Troeltsch)«[1241]. Es macht aber einen großen Unterschied, ob jemand die katholische Staatslehre kennt oder ob er sie für sich und seine eigene Staatslehre als verbindlich empfindet. Letzteres wird aus den Schriften Schmitts nicht erkenntlich.

8. Unterscheidung von Freund und Feind

Den Dezisionismus, den Carl Schmitt Anfang der 20er Jahre, insbesondere in »Politische Theologie«, als allgemeine Rechtstheorie entwickelte, erprobt er in der zweiten Hälfte der 20er Jahre zunehmend im Bereich des Politischen und hier insbesondere des Außenpolitischen. Die Hobbes-Frage: »quis judicabit?« wird nun gestellt in der Verhältnisbestimmung der Staaten zueinander angesichts der von den Siegermächten des Ersten Weltkrieges durchgesetzten Völkerrechtsordnung, wobei hier der Vertrag von Versailles und der Genfer Völkerbund im Vordergrund der Betrachtung stehen. Die Frage nach der Souveränität eines Staates wird in dieser Lage so dringlich, daß von ihr her Schmitt auch den Begriff des Politischen bestimmt.

a) »Die Kernfrage des Völkerbundes« (1926)

Die »Lage, in der Deutschland dem Genfer Völkerbund beitritt«[1242], beschreibt Carl Schmitt 1926 in seiner Schrift »Die Kernfrage des Völkerbundes«. Diese Frage sieht er darin, »ob er als ein wirklicher *Bund* betrachtet werden kann«[1243]. Denn nur ein Bund könne den Status quo von

---
[1241] C. Schmitt, Sichtbarkeit, S. 74.
[1242] C. Schmitt, Kernfrage, S. 82.
[1243] Ebd., S. 15.

Versailles als eine rechtliche Ordnung verkörpern, was fatale Konsequenzen für Deutschland hätte[1244]. Als Kennzeichen eines Bundes gibt Schmitt »ein Minimum von Garantie und von Homogenität«[1245] an. Bei der eingehenden Untersuchung des Völkerbundes auf diese beiden Merkmale hin findet Schmitt keine eindeutige Antwort auf seine Kernfrage. Der Völkerbund sei ein Januskopf mit zwei Gesichtern: »Er kann den westlichen Großmächten gegenüber als dienstbereites, bescheidenes Zweckgebilde vorsichtig und unverbindlich auftreten, während er einem schwachen und entwaffneten Staat das hoheitsvolle Antlitz strengen Rechtes zeigt und ihn, wenn er den politischen Interessen einer Großmacht im Wege steht, justizförmig exekutiert«[1246].

Schmitt stellt fest, daß der Völkerbund »bisher noch kein konkretes Prinzip anerkannt hat, welches rechtmäßige Änderungen des status quo ermöglicht«[1247]. In seinen Satzungsbestimmungen sieht er vielmehr »die *Garantie der Legitimität des status quo*«[1248]. Man suche für die Beilegung von internationalen Konflikten zunehmend nach geregelten Verfahren wie Schlichtungs- oder Gerichtsverfahren: »Je rechtmäßiger und rechtsförmiger es dann zugeht, um so stärker wirkt die Legitimierung. Die Folge ist, daß mit logischer Notwendigkeit immer derjenige als Angreifer oder als Friedensstörer und Feind der bestehenden Ordnung behandelt wird, der an diesem Besitzstand etwas ändern will. Sobald diese Verrechtlichung und Juridifizierung eingetreten ist, wird nicht mehr gefragt, ob der bestehende Besitzstand politisch oder moralisch erträglich ist, es wird vielmehr davon ausgegangen, daß er jedenfalls mit Recht besteht«[1249].

Ein Staat, für den die Änderung einer Lage eine Lebensfrage sei, habe keine Mittel, einen anderen Staat oder den Völkerbund zum Einlenken zu bewegen. In einer solchen Lage sei die Herrschaft des Rechts »gerade das Gefährliche und die *summa injuria*«[1250]. Solange es kein klares und konkretes Prinzip gebe, nach dem entschieden werden könne, ob eine konkrete Änderung berechtigt sei, herrsche »trotz aller schönen Reden im Völkerbund nicht Recht und Gerechtigkeit, sondern die tatsächliche geschichtliche Entwicklung und das politische Interesse der Stärkeren«[1251].

[1244] EBD., S. 15, 18.
[1245] EBD., S. 21.
[1246] EBD., S. 81.
[1247] EBD., S. 78.
[1248] EBD., S. 38.
[1249] EBD., S. 41.
[1250] EBD., S. 43.
[1251] EBD., S. 51.

8. Unterscheidung von Freund und Feind 289

Schmitt fordert damit zwar die Entwicklung eines solchen Entscheidungskriteriums, er läßt an anderer Stelle jedoch keinen Zweifel daran, daß er die Suche danach letztlich zum Scheitern verurteilt sieht. Zumindest für Großmächte habe sich durch den Völkerbund nichts an dem Prinzip geändert, daß souveräne Staaten die letzte Instanz der internationalen Ordnung bilden. Jeder souveräne Staat entscheide selber alle Fragen, »welche seine Existenz und seine Ehre betreffen«[1252]. Der Begriff der Souveränität könne nicht durch die Tatsache aus dem Völkerrecht beseitigt werden, daß kleine und schwache Staaten in den Aktionskreis imperialer Mächte gerieten oder gar zum Objekt der internationalen Politik würden[1253].

Deutschland müsse, fordert Schmitt abschließend, als Mitglied des Völkerbundes in der Lage sein, bei fundamentalen Änderungen oder Festlegungen des Völkerbundes, etwa auf ein straffes System eines Bundes hin, gleichberechtigt mitzuwirken: »Sonst bedeutet seine Mitgliedschaft im Völkerbund die Verewigung seiner Niederlage, und sein Eintritt in den Bund wäre nur die Ergänzung zu der horrenden und beispiellosen Ablieferung seiner Waffen: die weniger sinnfällige, aber nicht weniger folgenreiche Ablieferung seiner Rechte«[1254]. Daß Deutschland 1926 nicht politisch gleichberechtigtes oder gleichgewichtiges Mitglied im Völkerbund sein konnte, war angesichts der politischen Großwetterlage Mitte der 20er Jahre selbstverständlich. Schmitts Schrift konnte deshalb nur als gegen den Völkerbund und die Mitgliedschaft Deutschlands in ihm gerichtete Kampfschrift verstanden werden. Daran ändert auch nichts, daß sich Schmitt elegant mit einer offenen Antwort auf die von ihm gestellte Kernfrage des Völkerbundes aus der Affäre zog und sich dadurch formal einer Wertung enthielt.

b) »Der Begriff des Politischen« (1927)

In »Römischer Katholizismus und politische Form« hatte Carl Schmitt 1923 das Politische mit den Begriffen Idee, Autorität und Repräsentation assoziiert. Er stellte den Katholizismus als eminent politische Größe vor, da in ihm eine autoritäre und souveräne Person, der Papst, in vorbildlicher Weise eine Idee repräsentiere. Im »Begriff des Politischen«, der erstmals 1927 erscheint, werden die Akzente anders gesetzt. Seine berühmte Begriffsbestimmung lautet nun: »Die eigentlich *politische* Unterscheidung ist die Unterscheidung von *Freund* und *Feind*«[1255].

[1252] EBD., S. 11.
[1253] EBD., S. 10.
[1254] EBD., S. 82.
[1255] C. SCHMITT, Begriff, S. 7.

Nachdrücklich betont Schmitt die Selbständigkeit des Politischen und zugleich seine Andersartigkeit im Vergleich zu bestimmten Sachgebieten: »Das Politische kann seine Kraft aus den verschiedensten Bereichen menschlichen Lebens ziehen, aus konfessionellen, wirtschaftlichen, moralischen und anderen Gegensätzen; es bezeichnet kein eigenes, diesen Gegensätzen korrespondierendes Sachgebiet, sondern den *Intensitätsgrad* einer Verbindung oder Unterscheidung von Menschen, deren Motive konfessioneller, nationaler (im ethnischen oder geschichtlichen Sinne), wirtschaftlicher oder anderer Art sein können und zu verschiedenen Zeiten verschiedene Verbindungen und Trennungen bewirken«[1256].

Wert legt Schmitt darauf, daß es sich bei der politischen Unterscheidung von Freund und Feind »nicht um Fiktionen und Normativitäten, sondern um die seinsmäßige Wirklichkeit«[1257] handele. Der Feind »ist in einem besonders intensiven Sinne *existenziell* ein Anderer und Fremder, mit dem im extremen Fall *existenzielle Konflikte* möglich sind«[1258]. Große Sorgfalt verwendet Schmitt auf den Nachweis, daß sein Begriff des Feindes mit dem biblischen Gebot der Feindesliebe nicht in Konflikt gerate: »Feind ist [...] um ihre Existenz *kämpfende* Gesamtheit von Menschen, die einer ebensolchen Gesamtheit gegenübersteht. Feind ist also nur der öffentliche Feind [...]. Feind ist hostis, nicht inimicus [...]. Die viel zitierte Stelle: ›Liebet eure Feinde‹ (Matth. 5, 44, Luk. 6, 27) heißt: ›diligite *inimicos* vestros‹, [...] und nicht: diligite hostes vestros; vom politischen Feind ist da nicht die Rede. [...] Den Feind im politischen Sinne braucht man nicht privatim und persönlich zu hassen, und erst in der Sphäre des Privaten hat es einen Sinn, seinen ›Feind‹, d.h. seinen Gegner zu lieben«[1259].

Der Staat als die klassische politische Einheit versuche, »alle politischen Entscheidungen bei sich zu konzentrieren und dadurch die innerstaatliche Befriedung herbeizuführen«[1260]. Innerhalb dieser politisch befriedeten Einheit gebe es Politik nur im sekundären oder abgeleiteten Sinne. Komme es zu einem Primat der Innenpolitik über die Außenpolitik, beziehe sich die reale Möglichkeit des Kampfes nicht mehr auf den Krieg zwischen den Völkern, sondern auf den Bürgerkrieg[1261].

Eingehend beschäftigt sich Schmitt mit dem Phänomen des Krieges: »Zum Begriff des Feindes gehört die im Bereich des Realen liegende

---

[1256] EBD., S. 21.
[1257] EBD., S. 9 f.
[1258] EBD., S. 8.
[1259] EBD., S. 10 f.
[1260] EBD., S. 11 f.
[1261] EBD., S. 15; die folgenden Zitate EBD.

8. Unterscheidung von Freund und Feind

Eventualität eines bewaffneten Kampfes, das bedeutet hier eines *Krieges*. [...] Der Krieg folgt aus der Feindschaft, denn diese ist seinsmäßige Negierung eines anderen Seins.« »Krieg ist durchaus nicht Ziel und Zweck oder gar Inhalt der Politik, wohl aber ist er die als reale Möglichkeit immer vorhandene *Voraussetzung*, die das menschliche Handeln und Denken in eigenartiger Weise bestimmt und dadurch ein spezifisch politisches Verhalten bewirkt. [...] Daß der Fall nur ausnahmsweise auftritt, hebt seinen bestimmenden Charakter nicht auf, sondern begründet ihn erst«[1262].

Ein aus nichtpolitischen Gründen geführter Krieg ist für Schmitt sinnwidrig: »Von den Menschen im Ernst zu fordern, daß sie Menschen töten und bereit sind, zu sterben, damit Handel und Industrie der Überlebenden blühe oder die Konsumkraft der Enkel gedeihe, ist grauenhaft und verrückt. Den Krieg als Menschenmord verfluchen und dann von den Menschen zu verlangen, daß sie Krieg führen und im Kriege töten und sich töten zu lassen, damit es ›nie wieder Krieg‹ gebe, ist ein handgreiflicher Betrug. Der Krieg [...] hat keinen normativen, sondern nur einen existenziellen Sinn [...]. Es gibt keinen rationalen Zweck, keine noch so richtige Norm [...], die es ›rechtfertigen‹ könnte, daß Menschen sich gegenseitig dafür töten«[1263]. Deshalb steht Schmitt der Forderung eines gerechten Krieges auch ablehnend gegenüber. Mit einem antikirchlichen Akzent führt er aus: »Oft [...] versteckt sich hinter der Forderung des gerechten Krieges das politische Bestreben, die Verfügung über das *ius belli* in andere Hände zu spielen und Gerechtigkeitsnormen zu finden, über deren Inhalt und Anwendung im konkreten Fall ein Anderer, Dritter als Richter entscheidet, der auf solche Weise bestimmt, wer der Feind ist.« Von pazifistischen Bestrebungen, den Krieg zu ächten, hält Schmitt gar nichts: »Dadurch, daß ein Volk nicht mehr die Kraft oder den Willen hat, sich in der Sphäre des Politischen zu halten, verschwindet das Politische nicht aus der Welt. Es verschwindet nur ein schwaches Volk«[1264].

Bei der Prüfung der anthropologischen Grundlage seiner Theorie kommt Carl Schmitt zu der »für viele sicher beunruhigenden Feststellung, daß alle echten politischen Theorien den Menschen als ›böse‹, d.h. als ein keineswegs unproblematisches sondern ›gefährliches‹ und ›dynamisches‹ Wesen voraussetzen«[1265]. Als Vertreter einer solchen »echten politischen Theorie« benennt Schmitt Machiavelli, Hobbes, Bossuet, Fichte, de Mai-

---
[1262] EBD., S. 17.
[1263] EBD., S. 31 f.; folgendes Zitat EBD.
[1264] EBD., S. 35.
[1265] EBD., S. 43.

stre, Donoso Cortés, Taine und Hegel[1266]. Zum »Zusammenhang politischer Theorien mit theologischen Dogmen von der Sünde«[1267], der bei Bossuet, de Maistre, Bonald und Donoso Cortés besonders auffällig hervortrete, und zur diesbezüglichen Rolle der Theologie schreibt Schmitt: »Er erklärt sich zunächst aus der ontologisch-existenziellen Denkart, die einem theologischen wie einem politischen Gedankengang wesensgemäß ist. Dann aber auch aus der Verwandtschaft dieser methodischen Denkvoraussetzungen. Das theologische Grunddogma von der Sündhaftigkeit der Welt und der Menschen führt – solange sich Theologie noch nicht zur bloß normativen Moral oder zur Pädagogik, das Dogma noch nicht in bloße Disziplin verflüchtigt hat – ebenso wie die Unterscheidung von Freund und Feind zu einer Unterscheidung und Einteilung der Menschen, zu einer ›Abstandnahme‹; dadurch wird der unterschiedslose Optimismus eines durchgängigen Menschenbegriffes unmöglich. [...] *E. Troeltsch* [...] und Baron *Seillière* [...] haben [...] gezeigt, daß die Leugnung der Erbsünde alle soziale Ordnung zerstört. Der methodische Zusammenhang theologischer und politischer Denkvoraussetzungen ist also klar. Aber die theologische Unterstützung verwirrt öfters die politischen Begriffe, weil sie die Unterscheidung gewöhnlich ins Moraltheologische verschiebt oder wenigstens damit vermengt und dann meistens moralische Fiktionen [...] die Erkenntnis existenzieller Gegensätzlichkeiten trübt«[1268].

Die »schlimmsten Verwirrungen«[1269] sieht Schmitt dann, wenn Worte wie Recht und Frieden politisch mißbraucht würden. »Herrschaft des Rechts« bedeute häufig nichts anderes als die Legitimierung eines bestimmten Status quo, an dessen Aufrechterhaltung diejenigen ein Interesse hätten, deren politische Macht oder ökonomischer Vorteil mit diesem Recht stabilisiert werde. Andererseits könne die Berufung auf das Recht auch bedeuten, daß dem Status quo ein höheres oder richtigeres Recht entgegengesetzt werde. Für den Politiker sei dabei selbstverständlich, »daß die ›Herrschaft‹ oder ›Souveränität‹ dieser Art Recht die Herrschaft und Souveränität der Völker- oder Menschengruppen bedeutet, die sich auf das höhere Recht berufen können und darüber entscheiden wollen, was sein näherer Inhalt ist und wie und von wem es angewandt werden soll«[1270]. Hobbes habe zur Recht immer wieder betont, »daß die Herrschaft einer ›höheren Ordnung‹ eine leere Phrase ist, wenn sie nicht den

---
[1266] EBD., S. 43.
[1267] EBD., S. 45; folgendes Zitat EBD.
[1268] EBD., S. 45 f.
[1269] EBD., S. 47; folgende Zitate EBD.
[1270] EBD., S. 47 f.

8. Unterscheidung von Freund und Feind 293

politischen Sinn hat, daß bestimmte Menschen auf Grund dieser höheren Ordnung über Menschen einer ›niederen Ordnung‹ herrschen sollen«[1271]. Der Betrachter politischer Phänomene könne »auch in dem Vorwurf der Immoralität immer wieder nur ein politisches Mittel konkret kämpfender Menschen erkennen.«

Schmitts Politik-Begriff bewegt sich ausschließlich in der Kategorie des Existentiellen. Die Forderung einer normativen Einbindung des Politischen wird als lebens- und realitätsfremde, ja naive Fiktion abgelehnt. Trotz dieser Selbständigkeit des Politischen als unableitbare Größe kann es seinerseits nach Schmitt als formale Kategorie der Freund-Feind-Unterscheidung seine Kraft aus allen Lebensbereichen ziehen, grundsätzlich also alles für politisch erklären. Das Politische wird damit gegenüber allen anderen menschlichen Lebenssphären dominant. Es wird durch nichts eingegrenzt und bedingt. Es tritt so an die Stelle des Unbedingten und Absoluten. Wenn Schmitt in Anwendung seiner politischen Theologie seinen Politik-Begriff u.a. mit dem methodischen Zusammenhang theologischer und politischer Denkvoraussetzungen, mit dem Dogma der Erbsünde, begründet und sich gleichzeitig darüber beklagt, daß die theologische Unterstützung die politischen Begriffe durch moraltheologische Fiktionen eher verwirre, dann wird bereits in der Terminologie klar, wem im Verhältnis von Theologie und Politik die Rolle der ancilla und wem die der domina zugedacht wird. Im übrigen bleibt Schmitt seiner dezisionistischen Methode treu, das Wesen einer Sache von der Ausnahme her, hier also das Politische von der Möglichkeit des Krieges, zu bestimmen.

Im Vergleich der Positionen, die Schmitt der katholischen Kirche in seinen Politik-Begriffen von 1923 und 1927 jeweils zugedacht hat, ergeben sich gravierende Unterschiede: War der römische Katholizismus 1923 als eminent politische Größe noch ein Turm in der Schlacht um die Rettung des Politischen und konnte er dem Staat als Vorbild dienen, ist 1927 der Staat die klassische und einzige Gestalt der politischen Einheit: »Die politische Einheit ist [...], solange sie überhaupt vohanden ist, die maßgebende Einheit, total und souverän. ›Total‹ ist sie, weil erstens jede Angelegenheit potenziell politisch sein und deshalb von der politischen Entscheidung betroffen werden kann; und zweitens der Mensch in der politischen Teilnahme ganz und existenziell erfaßt wird«[1272].

Die Kirche dagegen wird als potentiell einheitszersetzende, pluralistische Kraft dargestellt, der Schmitt den Anspruch, Freund und Feind un-

---
[1271] EBD., S. 48; folgendes Zitat EBD.
[1272] EBD., S. 21.

terscheiden zu wollen, grundsätzlich zutraut[1273]. Gerade die heiligen Kriege und Kreuzzüge seien »Aktionen, die auf einer besonders echten und tiefen Feindunterscheidung beruhen«[1274]. Angesichts des staatlichen Souveränitätsanspruchs wird aber ein solcher kirchlicher Anspruch zumindest implizit als illegitim abgewehrt. Schmitt spricht nun – ganz im Gegensatz zu seinen Ausführungen von 1923 – der Kirche grundsätzlich das Recht ab, eine politische Größe zu sein: »Eine religiöse Gemeinschaft, eine Kirche, kann von ihren Anhängern verlangen, daß sie für den Glauben sterben und den Märtyrertod erleiden, aber nicht für die kirchliche Gemeinschaft als ein im Diesseits stehendes, mit andern menschlichen Verbänden kämpfendes Machtgebilde; sonst wird sie zur politischen Größe«[1275].

Das Verhältnis von Staat und Kirche ist nach dem Kriterium der Freund-Feind-Unterscheidung nicht mehr partnerschaftlich, wie es noch 1923 vorgestellt wurde, sondern potentiell konfliktträchtig. Sollte die Kirche von sich aus tatsächlich Freund und Feind unterscheiden wollen, müßte sie im Falle eines Konflikts mit einer politischen Einheit mit ihrer existentiellen Vernichtung als Feind rechnen.

c) Herman Hefeles Betrachtung des Politischen

Bereits 1919 macht der katholische Historiker und Publizist Herman Hefele Ausführungen »Über das Politische«, die Carl Schmitts späterem Politik-Verständnis in zentralen Punkten sehr nahe kommen.[1276] Zunächst fällt auf, daß bereits Hefele den Begriff »das Politische« benutzt.[1277] Aufschlußreich ist auch, daß Hefele seine Gedanken über das Politische in einem fiktiven Brief an Machiavelli entwickelt, dessen Werk für ihn »die vollendetste Offenbarung des Reinmenschlichen in der Politik und des Reinpolitischen in der Menschheit«[1278] ist. Schmitt stand also mit seiner Verehrung für den Florentiner Staatstheoretiker auf katholischer Seite nicht alleine[1279].

[1273] EBD., S. 25, 30.
[1274] EBD., S. 30.
[1275] EBD., S. 30.
[1276] H. HEFELE, Gesetz, S. 91 – 101.
[1277] G. MASCHKE, La rappresentazione, S. 565, Anm. 23, ist der Meinung, C. Schmitt habe den Begriff von H. Hefele übernommen. Tatsächlich war er bereits Anfang der 20er Jahre weit verbreitet; vgl. A. v. MARTIN, Wirtschaftsauffassung, S. 812; F. DESSAUER, Rheinproblem, S. 11: »Das Politische beginnt da, wo aus der Einstellung der Seele das Handeln quillt.« F. Dessauer benutzt den Begriff mehrfach.
[1278] H. HEFELE, Gesetz, S. 93.
[1279] Vgl. unten III. 8. d).

8. Unterscheidung von Freund und Feind

Schon die Alten hätten geahnt, so Hefele, »daß nicht ein konkretes Ziel, sondern ein formales Verhalten das Wesen des Politischen ausmache, daß wie alles geistige Leben so auch das politische nicht Inhalt, sondern Form, nicht Stoff, sondern Methode sei. Der politische Geist ist ein im höchsten Maße methodischer Geist. Sein Wesen ist geschaffene Objektivität und williges Gebeugtsein vor dem ewigen Gesetz der Form«[1280].

Der romantischen Seele mit ihrem sittlichen Pathos und ihrer subjektivistischen Gefühlstiefe sei das wesentlich Politische fremd. Wo von Politik die Rede sein sollte, spreche sie von Wirtschaft und Kultur, von ethischen und sittlichen Werten, von Rechten und Pflichten[1281]. Sie bekenne damit, »daß ihr Dasein sich zwischen den Polen des Profits und der Sentimentalität bewegt«[1282]. Dem setzt Hefele die Überzeugung entgegen: »Das Politische ist nicht im Ethischen, geschweige denn im Moralischen verankert; es ruht einzig und allein im natürlichen Zwang der Dinge und in der Logik der Interessen und Kräfte der stärkeren, inhaltsreicheren und lebensvolleren Ziele. Das wahrhaft Politische kennt weder erzieherische Absichten noch sittliche Beweggründe noch Gesichtspunkte, die aus dem Bereich des Religiösen, des Rechtlichen oder Wirtschaftlichen genommen sind. Sein ganzes Wesen erschöpft sich in der Ordnung der Werte und Fähigkeiten, entsprechend ihrer vitalen Kraft und zwingenden Bedeutung. Und seine innerste und einzige Logik ist, daß das Starke siegen, das Schwache unterliegen soll«[1283].

Der Historiker Hefele denkt wie der Jurist und Politologe Schmitt geschichtlich-existentiell. Beide trennen scharf zwischen dem Bereich des Politischen und dem des Ethischen und Moralischen. Normative Elemente wie etwa das Gemeinwohl blenden sie aus ihrer Politik-Vorstellung aus. Deshalb haben sie auch keine Hemmungen, im Politischen »nackte Kraft« oder »Geltung« am Werk zu sehen, die Ethiker allenfalls als Mittel zur Erreichung eines höheren Zweckes billigen können. Die Dominanz des Stärkeren über den Schwächeren wird als selbstverständlich hingenommen. Das Ethos der Gerechtigkeit macht sich in diesem Konzept nicht »störend« bemerkbar. Profit und ethische Sentimentalität sind bei Hefele die beiden Pole des romantischen Individualismus, der das Politische verdrängen wolle. Wenn Schmitt zu der Überzeugung kommt, daß jeder konsequente Individualismus das Politische verneine

---
[1280] H. HEFELE, Gesetz, S. 97.
[1281] EBD., S. 98.
[1282] EBD., S. 98; folgende Zitate EBD.
[1283] EBD., S. 98 – 100.

und sich das liberale Denken in den Polaritäten von Ethik und Wirtschaft bewege[1284], ist er mit Hefele damit einer Meinung. Ja er könnte sie von diesem sogar übernommen haben. Und wenn Hefele betont, daß das Politische nicht Inhalt oder Stoff, sondern Form und Methode sei, nimmt das bereits Schmitts These, daß das Politischen kein eigenes Sachgebiet kenne, seine Kraft vielmehr aus allen Lebensbereichen ziehen könne, ansatzweise vorweg. Denn die Unterscheidung von Freund und Feind ist als solche eine rein formale Kategorie ohne jeden Stoff und Inhalt. Hefeles Ausführungen zeigen jedenfalls, daß die Abschottung des Politischen vom Sittlichen und die formale Betrachtung des Politischen im deutschen Katholizismus von Weimar nicht nur in Schmitts berühmter Politik-Definition anzutreffen sind. Schmitt hat im Vergleich zu Hefele lediglich die existentielle Dimension des Politischen mit der Freund-Feind-Unterscheidung sehr viel schärfer akzentuiert.

Carl Schmitt stützt sich in seinem »Begriff des Politischen« nicht auf Hefele, obwohl das in vielen Punkten möglich gewesen wäre. Lediglich in seinem in der »Kölnischen Volkszeitung« 1927 erschienenen Beitrag zu Machiavelli würdigt er Hefeles Verdienste. Dieser habe »das Politische gegenüber dem Oekonomischen wieder in seine menschlichen Rechte eingesetzt«[1285].

Insgesamt sind die Parallelen im Gesamtwerk Schmitts zu demjenigen Hefeles frappant. Hefele weist auf die Verwandtschaft von Liberalismus, Protestantismus und Romantik hin, sieht einen klaren Gegensatz von Demokratie und Liberalismus, schwärmt als »Lateiner« für den spezifisch römischen Katholizismus als Ausdruck von Form, Gesetz und Ordnung und huldigt einem formalen, von den anderen Gebieten des Lebens, inklusive der Ethik, losgelösten Politik-Begriff. Faber meint deshalb auch, Hefele einen Schmittianer nennen zu können[1286]. Historisch richtiger dürfte es jedoch sein, Schmitt als Hefelianer zu bezeichnen. Während Hefele aber nach dem Zweiten Weltkrieg kaum noch Beachtung fand, war und ist Carl Schmitt in aller Munde. Allein dieser Unterschied rechtfertigt es jedoch nicht, Hefele von Schmitt her zu definieren. In den 20er Jahren wurden beide im deutschen Katholizismus noch gleichrangig nebeneinander als diejenigen genannt, die »an Schärfe der geistesgeschichtlichen Analyse zur Zeit wohl [...] an der Spitze« stünden[1287], als Vertreter

---
[1284] C. SCHMITT, Begriff, S. 50.
[1285] C. SCHMITT, »Macchiavelli. Zum 22. Juni 1927«, in: KÖLNISCHE VOLKSZEITUNG, Nr. 448, 21. Juni 1927, S. 1.
[1286] R. FABER, Abendland, S. 27.
[1287] Ph. FUNK, Gang, S. 120.

der neuen katholischen Klassik geschätzt[1288] oder als Charles-Maurras-Sympathisanten verdächtigt.[1289]

d) Exkurs: Carl Schmitt und Niccolò Machiavelli

Carl Schmitt hat Hefeles Begeisterung für die Person und das Werk Machiavellis, insbesondere sein Politik-Verständnis, vollauf geteilt. In seinem Beitrag »Macchiavelli. Zum 22. Juni 1927« würdigt er in der »Kölnischen Volkszeitung« anläßlich des 400. Todestages den Florentiner Theoretiker. Er präsentiert ihn und sein Hauptwerk »Il principe« als ein Vorbild großer Klarheit und Ehrlichkeit: »Ein russischer Bolschewist wird die als unmoralisch verschrienen Stellen wahrscheinlich für harmlose Banalitäten halten und die moralische Empörung als bourgeoisen Schwindel erklären. Aber auf einen Westeuropäer wirkt diese Schrift unfehlbar in einer spezifischen Weise, und zwar wegen ihrer humanen Natürlichkeit. Nicht bloß wegen der Sprache, die von klassischer Klarheit und Bescheidenheit ist und die Merkmale humanistischer Bildung trägt – obwohl der Sprachstil auch hier zum Geheimnis des Erfolges gehört. Die sprachliche Natürlichkeit ist nur der Ausdruck unbeirrten Interesses an der Sache, mit dem dieser Mann politische Dinge politisch sieht, ohne moralisches, aber auch ohne immoralistisches Pathos, in ehrlicher Vaterlandsliebe, mit offener Freude an der Virtù, d.h. an staatsbürgerlicher Kraft und politischer Energie, und im übrigen ohne einen anderen Affekt als die Verachtung für politische Stümpereien und Halbheiten«[1290].

Carl Schmitt imponiert es, daß Machiavelli »nicht daran denkt, politische Erörterungen mit idealen Forderungen zu verwirren«, und daß »dieser Popanz der Immoralität, dieser angebliche Bösewicht, [...] einfach erklärt: Meine Ansichten wären schlecht, wenn die Menschen gut wären; aber die Menschen sind nicht gut«. Es gehörte Mut dazu, Machiavelli in einer geachteten katholischen Tageszeitung so zu feiern.

Carl Schmitt hat nach 1945 sein Haus im westfälischen Plettenberg geheimnisvoll »San Casciano« genannt. So heißt der Ort, in dessen Nähe Machiavelli nach seiner Verbannung zurückgezogen lebte. Zum persönlichen Schicksal Machiavellis schreibt Schmitt 1927: »Als die Demokraten, zu denen er gehörte, 1513 unterlagen, war auch sein persönliches Schicksal entschieden. Die siegreiche Partei der Medici setzte ihn gefangen, ließ

[1288] Vgl. z. B. O. Kunze, Rhein, S. 855.
[1289] Vgl. H. Getzeny, Katholizismus, S. 342.
[1290] C. Schmitt, »Macchiavelli. Zum 22. Juni 1927«, in: Kölnische Volkszeitung, Nr. 448, 21. Juni 1927, S. 1; folgende Zitate ebd.

ihn foltern und gab ihn schließlich frei, wahrscheinlich weil er nicht politisch wichtig genug war. Die letzten vierzehn Jahre seines Lebens verbrachte er in der Verbannung auf dem Lande, in einem kleinen Haus an der Straße von Florenz nach Rom, mit den Beschäftigungen eines kleinbürgerlichen Rentners und im ganzen als ein armer Teufel, der sich vergebens bemühte, wieder in die politische Karriere zu kommen.« Carl Schmitt hat 1927 sicherlich nicht geahnt, wie treffend er mit dieser Skizze sein eigenes Leben nach 1945 beschrieb. Mit der Namensgebung für sein Haus in Plettenberg brachte er deutlich zum Ausdruck, daß er sich als der legitime Nachfolger Machiavellis in der Staatsrechtslehre sah. Seine persönlichen Lebensumstände, die denen Machiavellis so ähnlich waren, werden ihn in diesem Selbstverständnis bestärkt haben.

e) Zeitgenössische Kritik

»Die Kernfrage des Völkerbundes«

Der Schweizer Jurist Carl Doka[1291] meldet im Juni 1926 im »Abendland« erste Zweifel an, ob Schmitt die »Kernfrage des Völkerbundes« wirklich getroffen hat. Für Doka ist die Institution des Völkerbundes, der nach seiner ganzen Struktur aus dem amerikanisch-englischen Rechtsraum komme, »ein Vergleichsapparat, der sich nur schwer an den Begriff eines Bundes anlehnen läßt«[1292]. Schmitt komme mit seiner Fragestellung einer kontinental-europäischen Einstellung entgegen, dem obersten Organ des Völkerbundes eine Aufgabe zu übertragen, »welche wesentlich einer Regierung eignet«[1293]. Damit werde aber die Vergleichs- und Vermittlerfunktion des Völkerbundes verkannt.

Den von Schmitt für die Mitglieder eines Völkerbundes vorausgesetzten befriedeten Normalzustand hält Doka nicht für zwingend. Aus der Geschichte des Völkerbundes lasse sich sehr wohl die Auffassung vertreten, daß die »Normalsituation« nicht vorausgesetzt werde, sondern erst geschaffen werden soll. Der Geist von Versailles sei zwar nicht einfach aus dem Pakt zu bannen, aber ausgeschlossen sei es nicht, »daß die Revision im Sinne einer Evolution Fortschritte macht«. Für Schmitts Hinweis, die Bedeutung des Völkerbundes für völkerrechtliche Änderungen des Status

---

[1291] C. Doka war in den 30er und 40er Jahren »Redaktor« der katholischen SCHWEIZERISCHEN RUNDSCHAU; 1934 Mitglied der Verfassungskommission der Schweizerischen Volkspartei. Nach dem 2. Weltkrieg war C. Doka Leiter des kulturellen Auslandspressedienstes der Stiftung Pro Helvetia.
[1292] K. DOCKA (sic!), S. 270.
[1293] EBD., S. 271; folgende Zitate EBD.

quo von Versailles liege bestenfalls darin, Verhandlungen zwischen den beteiligten Staaten praktisch zu erleichtern, da ja auch ohne Völkerbund solche Änderungen durch freiwillige Vereinbarungen zwischen den Beteiligten möglich wären, hat Doka kein Verständnis: »Eine leidenschaftliche Natur, die für die Genfer Institution eingenommen ist, möchte versucht sein, daraus die prinzipielle Ablehnung einer praktisch erweiterten Verständigungmöglichkeit seitens des Verfassers zu folgern. Es ist doch wohl so, daß jede, aber auch jede Disposition laut und freudig begrüßt werden muß, die eine Basis erweitert, auf der die Aenderung nicht durch Gewalt, sondern aufgrund des ›Willens der Beteiligten‹ stattfindet«.

Doka ist kein Freund der harten Auseinandersetzung. So verpackt er seine Kritik in vielen Einzelpunkten in rhetorische Fragen. Und er kommt zum zurückhaltenden Ergebnis, daß man »bei der Betrachtung des Gegenstandes zu Schlüssen kommen kann, die anders, aber vielleicht ebenso zwingend sind«[1294]. Insgesamt läßt er jedoch keinen Zweifel daran, daß ihm der mit juristischem Scharfsinn geführte Kampf gegen die Genfer Institution nicht behagt. Von dem Hinweis auf den vermittelnden Charakter des Völkerbundes abgesehen vermag Doka jedoch Schmitts juristischer Argumentation nichts Substantielles entgegenzusetzen. Was ihn von Schmitt unterscheidet ist letztlich seine optimistische Grundeinstellung gegenüber dem Völkerbund.[1295]

Im Juli 1926 macht Carl-Oscar Freiherr von Soden[1296] in seinem Beitrag »Kritik der Kritik« für die »Allgemeine Rundschau« umfangreiche und tiefschürfende »Randbemerkungen zu der Schrift von Carl Schmitt: Die Kernfrage des Völkerbunds«, wie es im Untertitel heißt. Von Soden setzt sich dabei nicht nur mit Schmitts Kritik am Völkerbund auseinan-

---

[1294] EBD., S. 272.
[1295] Auch in einem anderen Punkt unterschied sich C. Doka deutlich von C. Schmitt: 1933 warnte er vor antisemitischen Agitationen (C. DOKA, Antisemitismus).
[1296] Der Münchner C.-O. Frhr. v. Soden (1898 – 1943) war nach dem juristischen Assessor-Examen 1925/26 Osteuropa-Korrespondent der GERMANIA und der KÖLNISCHEN VOLKSZEITUNG in Warschau. Schon während seiner Ausbildungszeit war er friedenspolitisch engagiert. So zählte er 1924 zu den Mitbegründern des »Reichs- und Heimatbunds deutscher Katholiken«. Eine enge Freundschaft verband ihn seit der gemeinsamen Arbeit bei der »Allgemeinen Rundschau« mit dem Münchner Philosophen D. v. Hildebrand. Auch der führende Kopf des »Friedensbundes Deutscher Katholiken«, F. Stratmann, gehörte zu seinem Freundeskreis. 1926 trat Frhr. v. Soden ins Priesterseminar in Innsbruck ein. 1931 wurde er in Freising zum Priester geweiht. Bereits in den 20er Jahren warnte er vor den Nationalsozialisten. Nach deren Machtergreifung predigte er wider die Hitler-Diktatur. 1939 konnte er seiner Verhaftung durch die Emigration zuvorkommen. Er flüchtete zunächst in die Schweiz und von dort über Portugal nach Brasilien und in die USA, wo er aufgrund der Strapazen der Flucht starb (vgl. im einzelnen F. TRENNER, St. Ottilien 1986).

der, er macht auch einige Ausführungen zum Politik-Verständnis Schmitts, die in eindrucksvoller Weise viele grundsätzliche Einwendungen, die von katholischer Seite später gegen den »Begriff des Politischen« geltend gemacht werden, vorwegnehmen.

Von Soden schätzt »das Sprühen des Geistes, den Schmitt wie gewöhnlich zu entfalten weiß«[1297]. Schmitt sei einer »unserer glänzendsten zeitgenössischen Juristen«[1298], wobei von Soden den besonderen Glanz des Schmittschen Denkens in der Einseitigkeit des römisch-rechtlichen Denkens[1299] sieht: »Die Klarheit und die unerbittliche Strenge des römischen Rechts haben den Charakter dieses Philosophen und Juristen geformt und ihre Stimme spricht aus jedem der Sätze, den er niederschreibt. Jene weichere Art des germanischen Rechts [...] ist für den Romanisten Carl Schmitt eine fremde Welt. Ihre Kategorien handhabt er nicht, vermutlich weil sie ihm aus seinem Weltbild heraus verdächtig vorkommen als Ausgeburten deutscher Verschwommenheit, als Gebilde des nebelreichen, dunklen, von der Natur stiefmütterlich behandelten und daher immer etwas resignierten, nie das Letzte und Höchste verlangenden Nordens, dessen Kinder wir doch eben alle sind. Und dessen Kind mehr als irgend eine Erscheinung der politischen Entwicklung unseres Zeitalters Carl Schmitts Objekt, Carl Schmitts streng, klar, lieblos gemusterter Völkerbund ist!«[1300] Damit ist der erste fundamentale, wenn auch formale Einwand gegen Schmitt formuliert: Er trete dem Völkerbund, der nach von Soden die »*typische Frucht angelsächsischer* (und damit im tiefsten Grund *germanischer*) *politischer Ethik*« ist, »in der Haltung eines Stiefvaters« entgegen. Dem Völkerbund könne man nicht mit den Augen des Romanisten gerecht werden.

Eine weitere methodische Schwäche der von Schmitt vorgetragenen Kritik an der mangelnden juristischen Durchbildung des Völkerbundes sieht von Soden darin, daß Schmitt einen Idealzustand voraussetze und daran die Wirklichkeit messe. Tatsächlich müsse aber an der Festigung des Völkerbundes erst noch gearbeitet werden. Nicht der Völkerbund führe den Frieden herbei, sondern ein wirklicher Friede sei die Grundlage des Völkerrechts: »Der Völkerbund von morgen ist anders als der von heute. Er *wird das sein*, was wir in *politischer* Arbeit aus ihm *machen*. Rein negative Kritik, wie die Schmittsche, möchte man ein Prügelwerfen zwischen die Beine positiv Arbeitender heißen. Der Weg nach Europa, der

---

[1297] C. O. Frhr. v. SODEN, Kritik, S. 418.
[1298] EBD., S. 419
[1299] Vgl. eine entsprechende Kritik bei R. BENTER, S. 176.
[1300] C. O. Frhr. v. SODEN, Kritik, S. 419; folgende Zitate EBD.

8. Unterscheidung von Freund und Feind 301

Weg zum Frieden, der *Weg zum besseren Völkerbund* ist weit und schwer. Warum ihn noch erschweren, warum neue Hindernisse zu den an sich schon großen hinzufügen, die bereits bestehen?«[1301] Die Kritik Schmitts am Völkerbund muß für von Soden vor allem aus einem Grund scheitern: »*Sie muß unfruchtbar bleiben, weil sich der Kritiker nicht entschließen kann, jenen Begriff über Bord zu werfen, der [...] die primitivste und zugleich unüberwindlichste Verneinung des Völkerbundsgedankens in sich schließt, die staatliche Souveränität*«[1302].

Dagegen bekennt sich von Soden zur Notwendigkeit der Überwindung der staatlichen Souveränität als »das erste Wort im Prolog einer neuen Epoche des historischen Kampfes der Menscheit um Fortschritt, um Frieden und Freiheit. Uns ist es die Grundlage des Baues einer universalen menschlichen Organisation, an die zu glauben uns kein faschistischer Aberwitz, kein noch so klägliches Versagen der diplomatischen Künste unseres Erdteils hindern kann«.

Freiherr von Soden weist in diesem Zusammenhang auf einen zentralen Widerspruch in Schmitts Ausführungen hin. Er verlange zu Recht, daß die Völkerrechtslehre ein Prinzip finden müsse, welches für die Lebensinteressen der Völker im Kollisionsfall einen rechtlichen Maßstab gebe. Sie gehe, wie von Schmitt richtig gesehen, tatsächlich solchen prinzipiellen Fragen aus dem Weg mit dem Hinweis, »positiv« zu sein, was nach Schmitt in der Praxis auf eine hilflose Legitimation des Status quo hinauslaufe. Wolle man Schmitts Forderung tatsächlich erfüllen, »so wird man die *prinzipielle Orientierung des positiven Rechts an natürlichen und ethischen Maßstäben bejahen* müssen«[1303]. Aber bezüglich einer solchen Anerkennung der Abhängigkeit rechtlicher Normen von ethischen Prinzipien stehe sich Schmitt selbst im Weg: »Der Souveränitätsbegriff ist das Palladium des romanistischen und modernstaatlichen Positivismus. Er ist zugleich das unüberwindliche Kernwerk, mit dem der Positivismus den Weg zum Naturrecht verlegt. Man kann hier nicht zwei Herren dienen«[1304].

Freiherr von Soden kommt zu einem Abschluß, der an Klarheit und Deutlichkeit der Kritik an der gesamten politischen Theorie Schmitts nichts zu wünschen übrig läßt: »Ist es nicht bester romantischer Okkasionalismus, der Carl Schmitts Kritik am Völkerbund beherrscht? Das Ergebnis scheint paradox. Aber ich glaube es ist unbestreitbar. Wenn Carl

---
[1301] EBD., S. 442.
[1302] EBD., S. 421; folgendes Zitat EBD.
[1303] EBD., S. 440.
[1304] EBD., S. 440 f.

Schmitt die Politik der Neutralität mißachtend als ›eine Außenpolitik der Vermeidung jeder Außenpolitik‹ charakterisiert (S. 65), so hat er in der soziologischen Definition recht, in der ethischen Wertung nicht. Wozu alle Politik, wenn nicht für einen höheren, über der staatlichen Ebene liegenden Zweck? Politik um der Politik willen, ist das nicht l'art pour l'art, freilich nach den Anschauungen der klassizistischen Vertreter der ›reinen‹ Lehre die einzig wahre Theorie? Wir aber sehen im Menschen noch mehr als einen Diener des Staats, wir glauben als Christen, daß der lebendige Mensch mehr ist als die Gemeinschaften, die ihm *dienen*, die ihm zum natürlichen Ziel seiner individualen Entfaltung und zum übernatürlichen seiner Gemeinschaft mit Gott lediglich *helfen* sollen. Soziale Gemeinschaft als Selbstzweck scheint uns Götzendienst und darum auch Politik um der Politik willen als eine Verkehrung der natürlichen, von Gott in die Schöpfung gelegten Ordnung. Alle soziale Gemeinschaft und besonders der Staat bleiben als Gebilde der rein natürlichen Ordnung notwendig dauernd unvollkommen. [...] Darum widerspricht es unserer Religion, sie um ihrer selbst willen entfalten zu wollen. [...] Ja, es scheint mir ein tiefes Geheimnis, daß gerade diejenigen, denen die Entwicklung das verführerische Gift der Großmachtstellung versagte, dem Gesetz der Natur und dem Willen Gottes treuer blieben, indem sie eine Politik der Vermeidung der Politik zu treiben genötigt waren«[1305].

Was spätere Kritiker Carl Schmitt aufgrund seines »Begriffs des Politischen« immer wieder vorwarfen, das Außerachtlassen der Ethik im Bereich des Politischen, hat von Soden bereits an Hand einer Einzelstudie über den Völkerbund mit großer Präzision herausgearbeitet. Wer Schmitt in die Schublade der Verantwortungsethik und von Soden in die der Gesinnungsethik stecken möchte, macht es sich zu einfach. Gerade diese Ausführungen von Sodens zeigen, daß Schmitt eher ein Gesinnungspolitiker genannt werden muß, während sein Kritiker immer wieder die Folgen auch und gerade der wissenschaftlichen Kritik für die politische Praxis bedenkt und herausstreicht. Für von Soden ist Carl Schmitt mit seinem Konzept der reinen Politik bereits 1926 ein politisches Sicherheitsrisiko erster Ordnung. Mit beeindruckender Hellsichtigkeit sieht er die sich 1933 realisierende Brüderschaft zwischen Carl Schmitt und Adolf Hitler auf der Basis einer »Hegelschen Staatsvergötzung«[1306] und eines bellizistischen Nationalismus[1307] voraus. Bevor die

---
[1305] EBD., S. 442.
[1306] EBD., S. 420 f.
[1307] Vgl. EBD., S. 442, wo C. Schmitt im Ergebnis mit dem »national deklamierenden Bierbankpolitiker« auf eine Stufe gestellt wird.

Freund-Feind-Unterscheidung und lange bevor das Stichwort des totalen Staates in die politische Diskussion geworfen wurde, prognostiziert er den Weg und die Auswirkungen der politischen Theorie Schmitts. Aus seiner Sicht konnte Schmitts politische Option 1933 nicht lediglich ein staatsrechtlicher Betriebsunfall, sie mußte vielmehr ein Anwendungsfall des romantischen Occasionalismus sein. Der Nationalsozialismus war die Gelegenheit oder Chance – wie Franz Blei 1936 diagnostiziert[1308] –, politische Theorie in politische Praxis umzusetzen und zu verifizieren.

»Der Begriff des Politischen«

Schmitts »Begriff des Politischen« stieß im deutschen Katholizismus in Weimar auf ein außerordentlich lebhaftes Echo. Hitzige Diskussionen wurden geführt, ob die vorgestellte Definition mit der Lehre der katholischen Kirche vereinbar sei. Wie nicht anders zu erwarten, gingen die Meinungen zu dieser Frage und die Wertungen weit auseinander.

Angesichts der Parallelen zwischen Hefeles und Schmitts Politik-Begriffen ist es nicht erstaunlich, daß Herman Hefele in seinem »Hochland«-Aufsatz »Zum Problem des Politischen« schon im April 1928 Schmitts »Begriff des Politischen« als »überaus verdienstvollen Kampf um eine Restitution des Politischen« würdigt. Er sieht darin den »Anfang zu einer völlig neuen Wertung der politischen Dinge«[1309].

Angeregt von Carl Schmitt will Hefele noch eine metaphysische Begründung der Politik geben und die Frage beantworten, wie Politik möglich ist. Politik setzt für Hefele voraus, daß der Mensch schlecht ist, »daß die menschlichen Dinge unzulänglich und aus sich nicht imstande sind, einen Ausgleich ihrer selbst zu schaffen«[1310]. Recht und Wirtschaft schafften nur vordergründig einen Ausgleich. Sie seien »Sklaven der Dinge«[1311] und hätten ihren Sinn und ihre Wahrheit nicht wie Religion und Politik aus der Einheit des Absoluten. Auch die Moral habe keinen Anteil an dieser Einheit. Zum Begriff der Politik führt Hefele aus: »Politik ist Kraft, nicht Gegenstand. Es gibt im Grunde genommen überhaupt keine politischen Gegenstände; der eine und einzige politische Gegenstand ist der Mensch in der Totalität seiner Existenz und seiner Bezüge. Und Politik vollzieht sich immer dann, wenn im Wirrwar der Dinge Einheit und Ord-

---

[1308] Vgl. unten V. 3. b).
[1309] H. HEFELE, Problem, S. 203; folgende Zitate EBD.
[1310] EBD., S. 203 f.
[1311] EBD., S. 204; folgende Zitate EBD.

nung gesucht werden, nicht um der Dinge, sondern um des Menschen willen. [...] Politik ist Geltungsstreben individualer Werte in den Grenzen formfähiger Gemeinschaft. Dieses Geltungsstreben aber vollzieht sich, welches auch sein stoffliches Gebiet sei, in der Form des Kampfes, in jener Antithese von Freund und Feind, die Carl Schmitt so glücklich formuliert hat. [...] Und immer vollzieht sich dieser Gang des politischen Geschehens in einem willkürlichen Eingriff in die Unzulänglichkeit der Dinge zugunsten einer frei gefaßten Idee der Ordnung. Ohne den Mut zur Willkür keine Politik. [...] Mit der Willkür aber schließt jede Politik notwendigerweise Unrecht in sich. Es ist ein alter Aberglaube unserer liberalen Zeit, daß Politik Recht sein müsse. Politik schafft Recht, sie ist nicht Recht und kommt nicht aus dem Recht«[1312].

Durch das Ausklammern der Ethik aus dem Politischen wird auch bei Hefele der Weg frei zum politischen Existentialismus: »Politik erfordert den vollen Einsatz der ganzen menschlichen Existenz. Wo Politik nicht mit Lebensgefahr verbunden ist, wo sie nicht selber mit dem eigenen Leben spielt, wird sie Geschäft, im besten Fall Bürokratie«[1313]. Hefele scheut sich auch nicht, die Willkür als notwendige Bedingung der Politik zu nennen. Dies sei der Preis, mit dem das Ziel der Politik, »die reine Menschlichkeit im Werk der geordneten Gemeinschaft«, bezahlt werden müsse. In dieser Deutlichkeit übertrifft Hefele 1928 sogar Schmitts rhetorische Härte. Allerdings benennt Hefele ganz im Sinne der katholischen Soziallehre den Begriff der Ordnung als Ziel des Politischen. Bei Schmitts »Begriff des Politischen« sucht man nach einer solchen Aussage vergebens[1314].

Den ersten und markantesten Frontalangriff auf Schmitts Politik-Begriff startet 1928 der theologische Kopf der katholischen Pazifisten, der Dominikanerpater Franziskus Stratmann in der Zeitschrift »Der Friedenskämpfer«[1315]. Dabei ist vorab festzustellen, daß Stratmann Schmitt

---

[1312] EBD., S. 204 f.; folgende Zitate EBD.
[1313] EBD., S. 205.
[1314] H. Hefele erhielt von C. Schmitt auf diese Besprechung »anerkennende Worte«, auf die er, wie er C. Schmitt schrieb, »stolz« war (Nachweis bei A. KOENEN, S. 53, Fn. 152). Zu einem persönlichen Kontakt der beiden kam es jedoch nicht. K. Eschweiler schrieb C. Schmitt 1932, H. Hefele wolle C. Schmitt »endlich einmal facie ad facie« kennenlernen (EBD., S. 53, Fn. 152).
[1315] F. Stratmann (1883 – 1971) war von 1914 bis 1923 Studentenseelsorger in Berlin, danach Pfarrer und Krankenhausseelsorger in Berlin und Köln; 1933 wie viele Mitglieder des »Friedensbundes Deutscher Katholiken«, dessen 2. Vorsitzender F. Stratmann war, zeitweise in Haft; anschließend Flucht nach Italien und 1938 nach Holland, wo er sich während des Krieges in verschiedenen Klöstern versteckte. 1947 kehrte er nach Deutschland zurück (vgl. F. M. STRATMANN, Verbannung, S. 23 ff.; F. MUCKERMANN, Epochen, S. 453; D. RIESENBERGER, S. 250).

8. Unterscheidung von Freund und Feind 305

bis zu seiner schlagzeilenträchtigen Politik-Definition durchaus wohlwollend gegenüberstand: »Prof. Dr. Carl Schmitt [...] ist [...] ein deutscher Gelehrter von so hohem Rang, daß Hugo Ball vor vier Jahren in einer langen Abhandlung über ›Carl Schmitts Politische Theologie‹ ihn geradezu feierte [...]. Und Schmitt ist Katholik. 1922 hat er eine nach Inhalt und Form glänzende Schrift ›Römischer Katholizismus und politische Form‹ geschrieben, die dem Leser nicht nur einen erlesenen literarischen Genuß bereitet, sondern ihn auch in seinem katholischen Glauben befestigen kann«[1316].

Stratmann räumt ein, daß Schmitt auch in seinem »Begriff des Politischen« den Leser durch seine originellen Gedanken verblüffe[1317]. Dennoch hält er diesen »als im Kerne und in vielen Einzelheiten für verfehlt und bedauerlich«[1318]. Dabei kommt er gleich auf den zentralen Punkt seiner Kritik zu sprechen: »der Verfasser zeigt im besten Falle, was *ist*, was *war* und was auch vielleicht weiter *sein wird*; er zeigt nicht, was sein *soll*. Das aber *muß* eine politische Theorie, wenigstens die Theorie eines *Rechts*lehrers. Denn es ist von vornherein anzunehmen, daß die Praxis vom reinen Recht oft abweicht. Nur wenn der Staat als autonom, als auch moralisch souverän, als Quelle und Norm des Rechts, ja der Sittlichkeit betrachtet wird, können politische Praxis und politische Theorie im Sinne von politischer Moral zusammenfallen. Eine solche Auffassung vom Staat und vom Recht ist aber zum mindesten nicht katholisch.«

Die Freund-Feind-Unterscheidung, das existentielle »du oder ich?«, hält Stratmann für eine unverantwortliche Polarisierung. Sie habe zur Konsequenz, »daß Feinde, die noch garnicht vorhanden sind, erst geschaffen werden!«[1319] Dagegen setzt er auf das »du und ich«, auf die These, daß der eine Staat nicht die Verneinung, sondern die Ergänzung des anderen ist. Selbst wenn ein feindlicher Gegensatz gegeben wäre, »würde er zwar zum *Ausgangspunkt* der Politik gemacht werden müssen, aber nur um *ihn zu überwinden!*«[1320]

Nicht gelten läßt Stratmann Schmitts Exegese der Bergpredigt. Daß das christliche Liebesgebot auch für den politischen Feind gelte, zeige die Parabel vom Barmherzigen Samariter. Hier lehre Jesus, sich über die nationale und politische Feindschaft, im konkreten Fall der Juden gegenüber den Samaritanern, hinwegzusetzen. Jesus verurteile also jede Art von

---
[1316] F. STRATMANN, Begriff, Teil 1, S. 5.
[1317] EBD., Teil 1, S. 2.
[1318] EBD., Teil 1, S. 5; folgende Zitate EBD.
[1319] EBD., Teil 1, S. 6.
[1320] EBD., Teil 1, S. 6 f.

feindlicher Gesinnung unter den Menschen. Außerdem zitiert Stratmann aus der Enzyklika »Pacem Dei« von Papst Benedikt XV.: »Das evangelische Gebot der Liebe unter den Einzelwesen ist keineswegs verschieden von dem, das unter Staaten und Völkern zu gelten hat«[1321].

Auch als »rückhaltloser Anhänger der *individualistischen* Völkerrechtslehre, nach der der Einzelstaat Ausgangs- und Zielpunkt aller Politik ist«, wird Schmitt gerügt. Die christliche Auffassung könne nur die von den Päpsten vertretene universalistische sein, nach der Gott der gemeinsame Vater aller Menschen und Völker sei, so daß diese »zueinander in geschwisterlichem Verhältnis«[1322] stünden. Daran ändere auch das Dogma vom Sündenfall nichts. Dieses beweise nur, »daß zwischen den Menschengruppen sehr tiefgreifende Spannungen bestehen, es beweist keineswegs, daß das theologische Dogma uns nun das Recht gäbe, an der Ueberwindung dieser Spannung zu verzweifeln und einem politischen Pessimismus zu huldigen. Im Gegenteil. Untrennbar von dem theologischen Dogma ist die theologische Moral. Lehrt uns das Dogma, was *ist*, so lehrt uns die Moral, was sein *soll*! [...] Darum sind diejenigen ›politischen Theorien, die den Menschen als böse voraussetzen, d.h. negativ bewerten‹, nicht die ›echten‹, wie Schmitt meint, sondern die falschen.«

Entschieden lehnt Stratmann Schmitts scharfe Trennung von Politik und Gerechtigkeit ab: »Kann man die politische Theorie Carl Schmitts bei gutem Willen im allgemeinen als moralisch indifferent bezeichnen, so öffnet sie doch durch die auch von ihm übernommene moderne Auffassung, ›daß *die Gerechtigkeit nicht zum Begriff des Krieges* gehört‹, geradezu der moralischen Anarchie das Tor. Es mag außerordentlich schwer sein, die Gerechtigkeit in Völkerkonflikten *nachzuweisen*, aber sie deshalb sogar als Prinzip fahren zu lassen, ist doch ein unerträgliches Beginnen! [...] Für die vollständig unethische politische Einstellung Schmitts genügt es zur Rechtfertigung eines Krieges, daß ein staatliches ›Sein‹ gegen ein anderes sich durchzusetzen wünscht. Das aber ist unhaltbar. Ich habe doch nicht das Recht, ein *beliebiges* Sein durch Tötung anderer zu verteidigen oder durchzusetzen, sondern höchstens ein Sein, das *im Recht* ist!«[1323]

Für Stratmann verfällt auch derjenige, der das staatliche Sein mit dem staatlichen Recht gleichsetzt, »dem Staatsgötzentum und damit in der Tat der objektiven Immoralität«. Sein Fazit ist deshalb, auch mit Blick auf Herman Hefele, eindeutig: »Der Katholik kann mit solchen Anschauungen keine Gemeinschaft mehr haben. Sie gehören restlos in die Welt des

---
[1321] EBD., Teil 1, S. 2; folgendes Zitat EBD.
[1322] EBD., Teil 2, S. 3; folgende Zitate EBD.
[1323] EBD., Teil 2, S. 5; folgendes Zitat EBD.

8. Unterscheidung von Freund und Feind 307

Unglaubens. Unser Protest dagegen entspringt nicht ›einem alten Aberglauben einer liberalen Zeit‹, sondern unserem alten, wahren katholischen Glauben an die Souveränität des Sollens über dem Sein, des Naturrechtes über irgendwelchem ›willkürlichem‹ Staatsrecht, an die absolute Unterordnung auch der dringendsten Staatsinteressen unter die ewigen Gebote Gottes!«[1324]

Stratmann findet jedoch auch einen Aspekt bei Schmitt, der »dem Pazifismus außerordentlich günstig« sei, nämlich die Begrenzung des Krieges auf die seinsmäßige Behauptung der eigenen Existenz des Staates, die Begründungen des Krieges anderer, insbesondere wirtschaftlicher Art ausschlössen. Schmitts These, es sei verrückt, von den Menschen zu verlangen, aus wirtschaftlichen Gründen zu töten oder selbst zu sterben, kommentiert Stratmann: »Sehr gut! Nun aber wissen wir, daß die Wirtschaftskriege heute die Regel sind. Sie mitzumachen, wäre also auch nach Schmitt ›grauenhaft und verrückt‹. In der Tat: Der Pazifismus findet immer mehr Rechtsanwälte. Auch solche, die ihre Rede anfangen, indem sie ihm fluchen, beschließen sie, wollend oder nicht, indem sie ihn segnen!«[1325]

Gegen Stratmanns Attacke nimmt Werner Becker seinen Lehrer Carl Schmitt 1929 im »Friedenskämpfer« in Schutz. Er wagt es, »für eine Lehre noch eine Lanze einzulegen, gegen die bereits die schwersten Geschütze aufgefahren sind, die einem Katholiken überhaupt zu Geboten stehen: der Vorwurf der Unvereinbarkeit mit dem katholischen Standpunkt und mit der Lehre der letzten Päpste, ja der ›objektiven Immoralität‹«[1326]. Im Gegensatz zu Stratmann sieht Becker in der »Abhandlung des bedeutendsten zeitgenössischen katholischen Staatsrechtlers das eindringlichste Dokument der Verantwortung für den Staat und für das Staatliche«. Den Kern der Lehre Schmitts sieht er so: »Carl Schmitt erweist die relative Selbständigkeit und Geschlossenheit der politischen Sphäre. Und da findet er einen Anpruch des Staates auf Existenz, auf die ›eigene, seinsmäßige Art von Leben‹, einen Anspruch, der auf einer höheren Ebene liegt als der Anspruch des Einzelnen auf das irdische Leben. Das ist es, was den Staat ermächtigt, das Opfer des Lebens vom Individuum zu verlangen, und was ihm zugleich die Verantwortung auferlegt, seine Existenz, die ja gleichzeitig die Existenz der Eingegliederten bedeutet, zu wahren, [...]. Was Schmitt dann am stärksten ins Auge faßt, das ist die Bedrohung und Gefährdung, die existentiell mit dem Begriff des Staates gegeben ist. Der

---
[1324] EBD., Teil 2, S. 6; folgendes Zitat EBD.
[1325] EBD., Teil 2, S. 7.
[1326] W. BECKER, Nochmals, S. 1; folgendes Zitat EBD.

Staat steht unter dem Schicksal der Vernichtung durch den Feind, (wie der einzelne unter dem Schicksal der Vernichtung seiner sittlichen Personalität durch die Sünde steht)«[1327].

Becker hat im Gegensatz zu Stratmann keine Probleme damit, daß sich Schmitt auf die Beschreibung des Faktischen konzentriert. Man könne es einem Staatstheoretiker nicht »verwehren, daß er sich im Rahmen seiner Wissenschaft bewußt darauf beschränkt, zu zeigen, was war und ist. Die Leidenschaft der Erkenntnis dessen, was *ist*, ist verschieden von der wissenschaftlichen Leidenschaft für das, was sein *soll*«[1328].

Becker knüpft bei der Frage der Rechtsverwirklichung im Bereich des Politischen an einem Gedanken Schmitts aus »Der Wert des Staates und die Bedeutung des Einzelnen« an: »Der unmittelbare Gegenstand der Politik ist nicht ›das Recht‹, sondern die Rechtsverwirklichung; der eigentliche Raum für das politische Handeln liegt zwischen dem objektiven Recht und seiner realen Verwirklichung. [...] Der Staat ist es, der ›den Streit um das Recht entscheidet‹, [...] Für die Politik ist somit der Konfliktfall typisch, d.h. der Fall, in dem nicht Recht und Unrecht einander gegenüber stehen, sondern Recht und Recht, in dem gleichsam ein Knoten zerhauen werden muß. [...] Dieses von Hermann Hefele [...] mit Recht sogenannte Willkürelement in der Politik ist so sehr wesentlich für das politische Handeln, daß es nach dem Vorgang von Carl Schmitt zur kategorialen Grundlage der politischen Wissenschaft gemacht werden muß«[1329].

Wie Schmitt betont auch Becker »die Wirklichkeit des Bösen in der Welt durch die Erbsünde«. So sei jedes sittliche Handeln das Erstreben des Guten angesichts der Möglichkeit des Bösen. Auch im Bereich des Politischen werde die Ordnung immer wieder in Frage gestellt. Deshalb sei Politik »das Streben nach der Verwirklichung des Friedens angesichts der Möglichkeit des Krieges«[1330]. Der Mensch sei jedoch keineswegs schlechthin moralisch böse oder politisch negativ zu bewerten, wie eine »mißverständliche Wendung« Schmitts nahelegen könnte. Schmitt habe lediglich »die Meinung des Liberalismus« zurückweisen wollen, durch den Ausbau der im Menschen liegenden positiven Werte könne der Staat überwunden werden.

In dem gesamten Aufsatz ist spürbar, daß sich Becker bei der Erläuterung von Schmitts Begriff des Politischen in der Defensive befindet. Er

---
[1327] EBD., S. 2.
[1328] EBD., S. 3.
[1329] EBD., S. 4; folgendes Zitat EBD.
[1330] EBD., S. 5; folgende Zitate EBD.

8. Unterscheidung von Freund und Feind 309

scheint zu spüren, daß er gegen das klassische naturrechtliche Denken in der katholischen Soziallehre auf verlorenem Boden steht. Es ist auch nicht erstaunlich, daß Becker selbst mit diesem Beitrag im katholischen Lager in die Schußlinie der Kritik geriet.

»Daraus, daß einer der ›bedeutendste katholische Staatslehrer‹ ist, folgt noch nicht, daß er auch eine katholische Staatslehre vertritt«, kontert Franziskus Stratmann noch im gleichen Heft des »Friedenskämpfers«[1331]. Gegen Schmitts und Beckers These von der relativen Eigenständigkeit und Geschlossenheit der politischen Sphäre betont er nochmals, daß die Ethik auch der Staatstheorie übergeordnet sei. Alles andere sei Laizismus; jene vom Papst 1925 verworfene Irrlehre, die Religion und Theologie in ihr geistliches Gebiet verweisen, die Politik jedoch gegen jeden »höheren Einspruch« sicherstellen wolle. Bei Schmitts Theorie sieht Stratmann keine Möglichkeit, gegen machtpolitische Übergriffe des Staates zu protestieren. Wenn ein Staat wie das faschistische Italien »kaltlächelnd ein halbes Dutzend ›feindlicher Mächte‹ ›bestimmen‹ sollte«, dann wäre das nach Schmitt »ganz in Ordnung«[1332]. Unter diesem Eindruck hält Stratmann an seinem Vorwurf der »objektiven Immoralität« fest.

Pater Stratmann hat den Grundtenor aller katholischen Kritik an Schmitts Begriff des Politischen angeschlagen: Schmitt orientiere sich nicht, wie sich das in seinen Augen für einen Katholiken gehört, am Sollen, sondern am Sein; ja er schlage jede normative Bindung des Politischen aus. Das Ergebnis ist für Stratmann die Rechtfertigung der nackten Gewalt des Staates. Unter diesen Vorzeichen kann es ihn nicht gewundert haben, daß Carl Schmitt nach 1933 die Gewalttaten des NS-Regimes rechtfertigte und sich in dessen Dienst stellte.

Auch der Münchner Philosophie-Professor Dietrich von Hildebrand, ein engagierter Mitarbeiter im Katholischen Akademikerverband[1333], wendet sich 1929 entschieden gegen Beckers Beitrag zur Rechtfertigung von Schmitts »Begriff des Politischen«. Er stimmt zwar der Forderung zu,

---

[1331] F. STRATMANN, Entgegnung, S. 6; folgendes Zitat EBD.
[1332] EBD., S. 8; folgendes Zitat EBD.
[1333] D. v. Hildebrand (1889 – 1977) konvertierte 1914 zur katholischen Kirche. Von 1924 bis 1932 war er außerordentlicher Professor an der Universität München. 1933 floh er wenige Tage nach der Machtergreifung nach Wien, wo er sich mit der von ihm gegründeten Zeitschrift DER CHRISTLICHE STÄNDESTAAT gegen den Nationalsozialismus wandte. Mit der Ständestaatsideologie O. Spanns, die D. v. Hildebrand bekämpfte, hatte diese Zeitschrift nichts zu tun. Von der nationalsozialistischen Presse wurde D. von Hildebrand 1937 übel beschimpft (vgl. H. HÜRTEN, Deutsche Briefe II, S. 229, 659). Mit dem Einmarsch der deutschen Truppen nach Österreich mußte er erneut emigrieren. Sein Weg führte ihn über die Tschechoslowakei, Ungarn, Schweiz und Frankreich in die USA (vgl. D. v. HILDEBRAND, Memoiren, S. 32 f.).

daß man dem Eigenwert des Staates Rechnung tragen müsse[1334], jedoch scheinen ihm in Beckers Aufsatz »in mehr als einer Hinsicht tiefgehende philosophische Irrtümer enthalten zu sein.«

Von Hildebrand leuchtet zunächst nicht ein, daß das Recht eines konkreten Staates auf Existenz auf einer höheren Ebene liegen soll als das Recht des Einzelnen auf sein irdisches Leben. Als ganz unbegreiflich empfindet er Beckers Behauptung, die Existenz des Staates bedeute gleichzeitig die Existenz der ihm eingegliederten Individuen: »Der einzelne Mensch ist doch nicht in erster Hinsicht Staatsbürger! Er ist viel primärer nicht nur Einzelperson, sondern auch Glied anderer Gemeinschaften, wie der Menschheit, der Ehe, der Familie, [...]. Es ist nicht einmal seine Existenz als Staatsbürger zerstört, sondern nur die als Bürger dieses *bestimmten* Staates!« Außerdem hält von Hildebrand Beckers Analogie zwischen dem »Tod« einer staatlich gefaßten Volksgemeinschaft und der Sünde aus theologischen Gründen für »völlig irreführend«[1335]. Durch die Sünde werde Gott in einer Weise beleidigt, »zu der keine Analogie unter den sonstigen objektiven Uebel zu finden ist«[1336].

Den zweiten gewichtigen philosophischen Irrtum macht von Hildebrand bezüglich Beckers Feststellung aus, man stünde im Konfliktfall zwischen individuellen Staaten jenseits der Rechtssphäre[1337]. Auch wenn es noch keine Instanz gebe, die bei solchen Konflikten entscheide, unterstehe auch der Staat prinzipiell einer autoritativen Rechtsentscheidung. Auch auf dieser Ebene gebe es objektiv Recht und Unrecht. »Hier tritt in der Beckerschen Auffassung ein Rechtspositivismus zu Tage, der der katholischen Auffassung durch und durch zuwider ist«[1338].

Drittens ist der Staat für von Hildebrand keineswegs anderen Gemeinschaften überlegen. Der Sinnbereich etwa von Ehe und Familie überrage »bei weitem den des Staates und führt in Höhen, von denen der Staat nichts weiß«[1339]. Außerdem stellt von Hildebrand fest: »Ein ganz gefährlicher, spezifisch protestantischer Irrtum ist auch die Einschränkung der sittlichen Sphäre auf die Einzelperson. Wenn auch einzelne Gebiete, wie Wirtschaft, Rechtssphäre u.s.w. gewisse Eigengesetzlichkeiten aufweisen, so steht eine solche Eigengesetzlichkeit nie *neben* der ›Eigengesetzlichkeit‹ der sittlichen Sphäre, sondern sie ist selbstverständlich der sittlichen

---

[1334] D. v. HILDEBRAND, Begrenzung, S. 9; folgende Zitate EBD.
[1335] EBD., S. 12.
[1336] EBD., S. 11.
[1337] EBD., S. 13.
[1338] EBD., S. 13 f.
[1339] EBD., S. 15; folgende Zitate EBD.

8. Unterscheidung von Freund und Feind 311

Sphäre als der höchsten Wertsphäre völlig *unter*geordnet. [...] Die Kirche kennt hier keine doppelte Moral, eine für die Einzelperson und die andere für die Gemeinschaften.«

Schließlich sei es »völlig unzulässig, der sittlichen Sphäre einen antithetischen Charakter geben zu wollen«[1340], wie das in dem Satz von dem Guten angesichts des Bösen mitschwinge. Zwischen »gut« und »böse« gebe es keine analoge metaphysische Stellung. Das Gute sei gut ohne Hinblick auf das Böse und das Böse »nur als Negation des Guten existent«.

Wie Stratmann betont auch von Hildebrand den aus katholischer Sicht unlösbaren Zusammenhang von Politik und Ethik vor dem Hintergrund der scholastischen Vorstellung von der universellen Ordnung der Völkerfamilie, in der ein Volk nur ein Teilglied des gottgewollten Ganzen ist. Noch mehr und weit differenzierter als dieser wendet er sich gegen jede Form der Staatsvergötzung. Er sieht hinter dem Begriff des Politischen bereits 1929 das Konzept des »totalen Staates« aus Stärke stehen und stellt dem omnipotenten Staat der Sache nach das katholische Subsidiaritätsprinzip entgegen. Verdienstvoll, aber in der folgenden Diskussion von keinem Schmitt-Kritiker aufgenommen, ist auch der Hinweis auf die problematische Anthropologie, die antithetische Betrachtung von »Gut« und »Böse« als zwei gleichmächtige sittliche Pole; eine Sicht, die nicht nur bei Werner Becker, sondern auch bei Schmitts Theorie des Politischen anzutreffen ist. Bleibt noch festzuhalten, daß sich von Hildebrand mit keinem Wort unmittelbar gegen die Theorie Carl Schmitts wendet. Der Adressat seiner Kritik ist Werner Becker. Jedoch kann kein Zweifel daran bestehen, daß in den Ausführungen von Hildebrands zwar Becker kritisiert wird, aber im Endeffekt das dahinterstehende Politik-Verständnis Schmitts getroffen werden sollte.

Die engagierteste Zustimmung zu Schmitts Politik-Begriff, die im deutschen Katholizismus der Weimarer Zeit ihren publizistischen Niederschlag gefunden hat, kommt von Schmitt-Schüler Günther Krauss. In seinem Aufsatz »Die Ideologie des Widerstandes. Anmerkungen zu Carl Schmitts ›Begriff des Politischen‹«, den er 1932 im »Deutschen Volkstum« veröffentlicht, stellt er sich ohne jeden Vorbehalt und mit polemischen Attacken gegen die liberale Staatslehre auf die Seite seines akademischen Lehrers. Mit Schmitt sieht Krauss die Aufgabe der Staatslehre darin, zum Bewußtsein der eigenen konkreten Situation zu gelangen: »Die konkrete politische Situation der deutschen Staatslehre in der Nachkriegszeit ist bestimmt durch die Tatsache eines verlorenen Krieges, durch gescheiterte

---
[1340] EBD., S. 16; folgende Zitate EBD.

Versuche seiner Liquidierung in einem System von Friedensverträgen, sowie durch die Möglichkeit eines neuen Krieges, von dem man erwarten darf, daß er an Heftigkeit, Unmenschlichkeit und Totalität den vorhergehenden noch überbieten wird. Dem ›Weltkrieg‹ ist kein ›Weltfriede‹ gefolgt; der Status von Versailles ist vielmehr jener Zwischenzustand zwischen Krieg und Frieden, den schon Donoso Cortés beschrieb: es fehlt ihm das sühnende Vergießen des Blutes, das den Krieg groß und heroisch macht, ebenso wie die tranquillitas animi des echten Friedens; es ist nicht der Friede der Männer, sondern der Krieg der Weiber«[1341].

Scharf geht Krauss angesichts dieser konkreten politischen Situation mit dem »abstrakten, an vorhandenen oder fiktiven Normen orientierten Denken der liberalen Staatslehre« ins Gericht: »sie hat es nur mit einem ›Sollen‹ zu tun und sieht statt konkret kämpfender Menschen überall nur Normen und Zurechnungspunkte. [...] Jedenfalls ist es beunruhigend, daß ein armes Volk sich den Luxus einer Staatslehre leistet, die mit Staat und Politik nichts zu tun hat und an seiner politischen Freiheit desinteressiert ist [...]. Da nun auch auf ideologischem Gebiet die Nicht-Intervention nichts ist als eine Intervention zugunsten des Stärkeren und zugunsten des bestehenden Zustandes, so ist die konsequente Weigerung, dem Feind ins Auge zu sehen und die Realität zu erkennen, bedenklich genug, weil sie nichts anderes bedeutet als die Tolerierung und Perpetuierung des Status von Versailles«[1342].

An seiner »offiziellen Staatslehre«, die Krauss bereits 1932 von »gewissen Staatslehrern jüdischen Geblüts«[1343] mitgeprägt sieht, besitze Deutschland deshalb »kein nennenswertes potentiel de guerre«[1344]. Die Chance auf Rettung sieht er diesbezüglich nur bei Carl Schmitt, dessen »Begriff des Politischen« eine polemische und militante Schrift sei[1345]: »Schmitt hat mit seiner unerbittlichen Sachlichkeit die ›großen Worte und Institutionen‹ des Systems von Versailles und die kleinen Tricks und Manöver seiner liberalen Verbündeten entlarvt. Niemand wird so töricht sein und den Satz von der natürlichen Bosheit des Menschen, diesen Anfang der Politik, soweit außer acht lassen, daß er nicht von jedem neuen Tag neue Lügen und Illusionen erwartete. [...] Wir wissen, daß der Friede von Versailles die Fortsetzung des Krieges mit ökonomisch-unkriegerischen Mitteln ist; [...] daß der ganze Mechanismus der Friedenssicherung

---

[1341] C. LANG (= G. Krauss), Ideologie, S. 959; folgendes Zitat EBD.
[1342] EBD., S. 960.
[1343] EBD., S. 961.
[1344] EBD., S. 963; folgendes Zitat EBD.
[1345] EBD., S. 959.

8. Unterscheidung von Freund und Feind

dem Krieg neue Möglichkeiten eröffnet und daß er in besonderem Maße dazu geeignet ist, entwaffnete und verhungerte Völker, die die Achtung vor der Unterschrift vergessen und sich den feierlich übernommenen Verpflichtungen ›brutal‹ entziehen, mit Hilfe wirksamer militärischer und ökonomischer Argumente auf den Weg der internationalen Moral zurückzubringen. Unter diesen Umständen kann für eine Erkenntnis der konkreten Situation nichts darauf ankommen, ob der ›idyllische Endzustand der Menschen und der Erde‹, wo es weder Feind noch Krieg noch Blutvergießen mehr gibt, prinzipiell möglich ist und jemals eintreten wird. Der enorm hohe Stand der Rüstungen läßt eine solche Frage einfach nicht zu«[1346].

Auf die Frage, ob Schmitts Theorie mit der katholischen Lehre vereinbar ist, verschwendet Krauss keinen Gedanken. Er stellt lediglich fest, Schmitts konkreter Realismus sei, »wie ihm von allen Seiten bescheinigt wird, in der Tradition des katholischen Denkens«[1347] fundiert: »Der aristotelisch-scholastische Realismus hat in Deutschland eine große Vergangenheit; er residierte in Köln in den Tagen eines Albert des Großen, also in einer Umgebung, die deutsch war sozusagen ›ehe Gott Gott war und die Felsen Felsen‹.«

Die Linie, die der gebürtige Kölner Günther Krauss, der selbst einmal in den Dominikanerorden eintreten wollte[1348], von Aristoteles über Albertus Magnus, den Lehrer des heiligen Thomas von Aquin, bis hin zu Carl Schmitt zieht, ist ein eindrucksvoller Beweis für die Gewißheit des jungen Studenten, im Gefolge seines Lehrers auch auf dem Pfad der katholischen Rechtgläubigkeit zu sein. Es ist unverkennbar, daß Kraussens Götze die deutsche Selbstbehauptung ist. Ihr werden alle anderen Werte blindlings geopfert. Das Nationale tritt sogar in einen rhetorischen Vorrang vor Gott. Unabhängig von der völkischen Ideologie, die in diesen Ausführungen zum Ausdruck kommt, bleibt es jedoch das Verdienst von Günther Krauss, in einer geradezu drastischen Deutlichkeit auf den historischen »Sitz im Leben« des Schmittschen Politik-Begriffes hingewiesen zu haben. Mit der Feststellung, Schmitts Realismus sei »in besonderem Maße prädestiniert, abnorme Situationen zu erkennen und nationale Erhebungen ideologisch vorzubereiten«[1349], beschreibt er eine Fähigkeit Schmitts, die von den meisten katholischen Kritikern als brandgefährlich verurteilt wurde.

[1346] EBD., S. 963 f.
[1347] EBD., S. 962; folgendes Zitat EBD.
[1348] Vgl. H. HÜRTEN, Deutsche Briefe II, S. 491.
[1349] C. LANG, Ideologie, S. 962.

Den Reigen der im Sommer 1932 einsetzenden, zum Teil scharfen Auseinandersetzungen mit Schmitts »Begriff des Politischen« eröffnet Georg Schmitt[1350] im Juli 1932 mit einem Beitrag in der »Rhein-Mainischen Volkszeitung«. Der politische Redakteur dieser Zeitung stellt den Begriff der Ordnung in den Mittelpunkt seiner Besprechung von Schmitts Aufsatz, der, »weil einer Zeitstimmung Ausdruck gebend, weit über wissenschaftliche Kreise hinaus zahlreiche Leser«[1351] gefunden habe. »Fast alle Thesen und Formulierungen der Schmittschen Studie stellen den im Grunde unmöglichen Versuch dar, bei der Behandlung des politischen Problems das Problem der Ordnung zu umgehen.«

Als gutes Beispiel, »zu welcher Verwirrung und Unsachlichkeit« dieser Versuch führen müsse, empfindet Georg Schmitt Carl Schmitts These, aus existentiellen Gründen geführte Kriege seien menschlicher als solche, die im Namen der »Menschheit« ausgetragen würden, weil sie außer der existentiellen keine weiteren Disqualifikationen mit sich brächten. In »einer *radikalen Verneinung* der gegnerischen Existenz«, so Georg Schmitt, sei jede andere Form der Disqualifikation, auch eine moralische, schließlich eingeschlossen.

Georg Schmitt ist sich zwar darüber im klaren, »daß eine *vollendete* Ordnung auf der Welt nicht möglich ist und daß durchaus der *tragische* Fall gegeben sein kann, in dem ein einzelner oder eine Gruppe einen Gegner bekämpfen muß, ohne ihn auch gleichzeitig moralisch disqualifizieren zu müssen. Aber selbst der äußerste, *tragische* Fall weist zumindesten auf eine höhere Ordnung der menschlichen Dinge hin.« Deshalb läßt der Journalist auch den Einwand des Staatsrechtlers nicht gelten, Ordnungsgedanken, mögen sie als »Menschheit«, »Demokratie« oder in anderer Gestalt auftreten, seien nichts als Rechtfertigungslehren für Sonderinter-

---

[1350] G. Schmitt kam 1931 über die »Windthorstbunde« auf Empfehlung der Jesuiten zur RHEIN-MAINISCHEN VOLKSZEITUNG. Er galt zunächst für katholische Verhältnisse als extrem links. Nachdem der Herausgeber dieser Zeitung, Prof. F. Dessauer, wegen angeblichen Landesverrats verurteilt worden war und der preußische Staat einen Mehrheitsanteil an der Zeitung übernommen hatte, wurde G. Schmitt 1933 als Chefredakteur eingesetzt. Er sollte die in ihn gesetzten politischen Erwartungen nicht enttäuschen. Als neues Programm der vormals republikanischen Rhein-Mainischen Volkszeitung verkündete er, »die Herzen der Katholiken aufzurütteln, damit sie teilhaben an der nationalsozialistischen Bewegung als der einzigen geschichtlichen Macht, die es von jetzt ab in Deutschland gibt« (G. SCHMITT, Der Weg in die Zukunft, in: RHEIN-MAINISCHE VOLKSZEITUNG, 21. Februar 1934). Vgl. zur Person G. Schmitts vgl. B. LÖWITSCH, S. 1, 19; H. HÜRTEN, Deutsche Briefe I, S. 250 ff.

[1351] G. SCHMITT, »Der Begriff des Politischen oder Soziologie wider Willen. Eine Auseinandersetzung mit Carl Schmitt«, in: RHEIN-MAINISCHE VOLKSZEITUNG, Nr. 153, 5. Juli 1932, S. 1 f.; folgende Zitate EBD.

8. Unterscheidung von Freund und Feind

essen. Er räumt ein, daß im politischen Kampf Ideologien in diesem Sinne eine große Rolle spielten. Gerade deshalb sei es notwendig, diesem Ideologiebegriff »den Begriff der *Utopie* in einer *positiven*, auf eine zukünftige Ordnung gerichteten Weise entgegenzustellen.«

Unverständlich ist für Georg Schmitt, Politik einerseits über das Existentielle definieren zu wollen, andererseits für sie aber doch nach einer anthropologischen Grundlage zu suchen. Die summarische Unterscheidung Schmitts von »gut« und »böse« entspreche zwar der einseitigen Zuspitzung der Freund-Feind-Gruppierung, sie sei jedoch fehlerhaft. Ein einseitiger »anthropologischer Optimismus« werde auf Dauer ebenso wie ein solcher »anthropologischer Pessimismus« bei Pädagogen und Politikern zu Mißerfolgen führen. Es sei »ein protestantischer Irrtum, zu glauben, der Mensch sei durch die Erbsünde ›radikal böse‹ geworden«.

Mit dem bei Carl Schmitt vermißten inhaltlich-substantiellen Ordnungsgedanken spricht Georg Schmitt einen zentralen Punkt an, um den sich die katholische Kritik an Schmitts »Begriff des Politischen« gruppiert. Letztlich steht das erneuerte Naturrechtsdenken, das Georg Schmitt und anderen katholischen Autoren die Feder führt, hinter diesem Kritikansatz. Daß Carl Schmitt an anderer Stelle die politisch hergestellte oder herzustellende Ordnung als Grundlage jeder Rechtsordnung propagierte[1352], war nicht ausreichend, um dem katholischen Ordnungsverlangen auch im Bereich des Politischen Genüge zu tun. Gerade bei Georg Schmitt fällt bei aller Berechtigung der Einwände, die er gegen Carl Schmitts Politik-Begriff vorträgt, auf, wie selbstverständlich er ein statisches Ordnungsdenken voraussetzt, das die Notwendigkeit politischer Gestaltung in geschichtlicher Entwicklung allenfalls auf diesen Ordnungsrahmen hin betrachtet.

»Eine Auseinandersetzung mit Carl Schmitt«, wie es im Untertitel heißt, liefert im August 1932 im »Hochland« Erich Brock[1353] mit einem umfangreichen Aufsatz zum »Begriff des Politischen«, der die Wirkung der »im letzten Jahrzehnt ungemein einflußreichen staatswissenschaftlichen Bücher« Schmitts, so der Rezensent, noch in den Schatten zu stellen scheine[1354]. Im Versuch Schmitts, das Politische von anderen Kategorien unabhängig zu machen, sieht Brock an sich nichts grundlegend Neues:

[1352] Vgl. etwa C. SCHMITT, Politische Theologie, S. 19.
[1353] Der als freier Schriftsteller tätige E. Brock (1889 – 1976) publizierte in zahlreichen, insbesondere katholischen Zeitschriften zu politischen, philosophischen und literarischen Themen. 1928 siedelte er in die Schweiz über und nahm deren Staatsbürgerschaft an. 1951 habilitierte er sich an der Universität Zürich für das Fach Philosophie. Zu seinem Leben und Werk vgl. E. OLDEMEYER, S. 269 – 278.
[1354] E. BROCK, S. 394; folgende Zitate EBD.

»Es ist eine neue zeitgemäße Form der alten [...], immer wieder auftauchenden Lehre des Hobbes und Spinoza gegeben, wonach Recht und Macht dasselbe sind, und jenes nur ein Ausdruck für verwirklichungsbereite Macht. Der innere Sinn dieser Gleichung ist, den Menschen für die Härte der Wirklichkeit tüchtig zu machen, [...] In heutiger Zeit verbindet sich diese Einstellung natürlich mit dem Begriff des Existenziellen, welcher eben, von der Theologie ausgehend, alle Gebiete des Geistes zu erobern sich anschickt«[1355].

Brock hat angesichts einer Zeit, in der »die materiellsten Privatinteressen unter dem Deckmantel selbstlosen Fortschritts-, Zivilisations-, Menschheitsstreben« betrieben würden und »auf dem Gegner unter Friedensgesängen«[1356] herumgetrampelt werde, großes Verständnis für die existentialistische Theorie Schmitts und sein Bedürfnis nach nackter Sachlichkeit. Aber zumindest das deutsche Volk sei so gebaut, daß es ohne eine Idee noch nicht einmal um die eigene Existenz kämpfen könne[1357]. Jedenfalls könne nicht gefordert werden, das Politische vom Gesamt-Ideellen loszulösen. Auch das Politische brauche ein Inhaltsprinzip, eine Norm, »an welcher ich Freund und Feind jeweils erkenne«[1358]. Mit existentiellen Zuspitzungen allein sei es nicht getan. Auf die Frage, wonach entschieden wird, findet Brock bei Carl Schmitt keine befriedigende Antwort. Der Hinweis, daß Sinn des Krieges sei, nur »gegen einen wirklichen Feind« geführt zu werden, sei wenig hilfreich. Mit polemischem Unterton stellt Brock deshalb fest: »Wir glauben nicht, daß der Unvoreingenommene dem Eindruck entgehen wird, in einem System von Tautologien und Zirkelschlüssen umhergeführt zu werden, was durch eine glänzende Diktion zeitweise verschleiert wird. Es handelt sich genau wie in der Barthschen Theologie um ein mit großem Temperament verdecktes Aufderstelletreten – das notwendig sich überall ergibt, wo das Existenzielle immer wieder gepreßt wird, um ein Normatives herzugeben«[1359].

Schmitts Anlehnung an die Theologie im Zusammenhang mit seinem negativen Menschenbild hält Brock für »nicht gerechtfertigt, da es mindestens nach kirchlicher Lehre nicht Aufgabe der Menschen ist, bereits diesseits eine Scheidung von Freund und Feind in religiösem Sinne vorzunehmen.«

Brock läßt nicht locker, bei Schmitt doch ein substantielles Kriterium zu finden, nach der die Freund-Feind-Bestimmung vorgenommen werden

---
[1355] EBD., S. 394.
[1356] EBD., S. 395.
[1357] EBD., S. 397; folgende Zitate EBD.
[1358] EBD., S. 398.
[1359] EBD., S. 399; folgendes Zitat EBD.

8. Unterscheidung von Freund und Feind 317

soll: »Denn daß der Feind der Fremde, der Andere [...] ist, das kann doch einen absolut akuten Sinn nur auf ideologischer Basis annehmen; sonst kommen wir zu dem bitteren Ausspruch Pascals, wonach der eine den anderen tötet, weil er jenseits des Flusses wohnt. Ist es also nichts Ideologisches, was die inhaltliche Fremdheit des Anderen derart auf die Spitze treiben kann, [...] so kann es sich nur um materielle Machtinteressen handeln«[1360]. Nachdem Schmitt auch diese typischen Kriegsursachen ablehne, bleibe »als einziger psychologischer Tatbestand die reine Instinktivität übrig, das Bedürfnis der menschlichen Natur nach Gefährdung, nach letztem Ernste, nach Ich- oder-Du-Situationen übrig, welches sich dann ideologische Vorwände schafft«[1361]. Unter dem Eindruck der Verwüstungen des Ersten Weltkrieges fordert Brock dagegen zur Vernunft auf. Man dürfe sich nicht vormachen, »daß wir irgend etwas zu gewinnen, irgendwie Kraftvolles freizusetzen hätten, wenn wir rein irrationalen Ressentiments in absoluter Weise nachgeben«[1362].

Innenpolitisch verortet Brock Carl Schmitt nach dessen Politik-Begriff, der die letzte Zuspitzung erfordere, eher auf der Seite von Faschismus und Bolschewismus. Beide erklärten andere Parteien zu Staatsfeinden, während doch nach der parlamentarischen Demokratie wenigstens die parlamentarischen Spielregeln geachtet und die jeweils andere Partei dialektisch als notwendig anerkannt werden müßten. Schmitts Politik-Begriff versagt nach Brocks Auffassung jedoch innenpolitisch. Wenn Ludendorff im Weltjudentum, Freimaurertum und Jesuitismus die unversöhnlichen Feinde Deutschlands sehe, so sei gegen diese kein Krieg möglich, »ohne daß der Kampf gegen sie weniger Politik zu sein brauchte«. Auch wäre es nach Schmitts Politik-Verständnis unmöglich, von einer Kultur- oder Kirchenpolitik zu reden. Brock selbst hat außen- und innenpolitisch mehr die Versöhnung als den Konflikt im Blick. Deshalb definiert er auch antithetisch zu Carl Schmitt Politik als eine »Kunst, welche nach Möglichkeit den absoluten Konfliktsfall zu vermeiden hat«[1363].

Auf dieser Basis kehrt Brock noch einmal zur Frage nach dem Inhalt des Politischen zurück. Norm und Existenz stehen für ihn in diesem Bereich in einer Wechselbeziehung; sie können nicht gegeneinander ausgespielt werden. Die Einzelanwendung der Norm bleibe eine Sache des Existentiellen, wie dieses ohne normative Richtlinien letztlich leer bleibe. Deshalb sind für Brock auch in der Politik Normen unabdingbar: »Diese

---
[1360] EBD., S. 399 f.
[1361] EBD., S. 400.
[1362] EBD., S. 401.
[1363] EBD., S. 403; folgende Zitate EBD.

Normen sind bei der Politik natürlich einerseits technischen Klugheitspraktiken, andererseits aber im weitesten Sinn ›moralische‹ Grundprinzipien, von denen die Selbstbehauptung an erster Stelle steht. Aber neben dieser einfachen, obschon nicht selbstverständlichen Regel gibt es noch eine Reihe anderer, welche zusammen einen Begriff von dem geben, was in der Politik Recht ist und was Unrecht. Auch diese Frage ist auf Dauer in keiner Weise darum zu umgehen, weil diese Begriffe auf das schnödeste mißbraucht und zynisch durch den Schmutz gezogen worden sind. Und es ist vollends unmöglich, die Frage nach dem Recht in der Politik damit ins Unrecht zu setzen, daß man ihr die Alternative stellt zwischen dem positiven Recht der Verträge und dem Naturrecht, das unorganisiert ist und das niemand befugt, es *autoritativ* zu handhaben. Alle großen Ideen der Menschheit sind unorganisiert, und alle sind scheußlichem Mißbrauch ausgesetzt, keine kann selbst durch den Gutgläubigen in garantiert irrtumsfreier Weise angewandt werden. Trotzdem wäre jeder armselig, welcher darum auf die Leitsterne dieser Ideen und die Bemühung um ihre richtige Erfassung verzichten würde.«

Brock schiebt noch einen zeitgeschichtlichen Aspekt nach: »Wird aber jede allgemeiner gültige Inhaltsbestimmung des Politischen grundsätzlich verweigert, so ist nicht zu sehen, wie wir den geistigen Kampf gegen die uns aufgezwungene politische Lage noch führen wollen. ›Existentiell‹ ist die Sache entschieden: die Feindschaften sind mit aller Deutlichkeit und nachdrücklich bestimmt, wir erkennen sie daran, daß wir am Boden liegen und wer will, den Fuß auf uns setzt«[1364].

Halte man an der inhaltlichen Begründung der Politik fest, müsse »ein ideelles System der Politik« entwickelt werden, in dem nicht nur die Befreiung Deutschlands, sondern eine neue, ehrliche, haltbare Weltgliederung zur Diskussion stehe. Natürlich könne dies nicht »auf alle politischen Fragen des Erdballs eine fertige Antwort bereit haben.« Das aber sei kein Einwand, »da es für nichts Lebendiges ein System gibt, welches nach greifbaren Kriterien alles eindeutig entschiede.«

Erich Brock hat hier eine sehr feinfühlige Auseinandersetzung mit Carl Schmitt vorgelegt, die jeder grobschlächtigen Polemik entbehrt. Er steht auf dem Boden des Naturrechts, kennt aber gleichzeitig dessen Problematik und Grenzen. Deshalb setzt er nicht der einseitigen Betonung des Existentiellen eine ebenso einseitige des Normativen gegenüber. Nur in der Dialektik beider Pole lassen sich für ihn verantwortbare Ergebnisse in der politischen Theorie und Praxis erzielen. Dieser nüchterne Blick, das

---

[1364] EBD., S. 404; folgendes Zitat EBD.

8. Unterscheidung von Freund und Feind 319

Ringen um eine sachgerechte Lösung, das Suchen nach dem Richtigen und Verdienstvollen auch in Schmitts Theorie, das sind die Punkte, die Brocks Beitrag zu einer der intellektuell redlichsten und überzeugendsten Kritiken am »Begriff des Politischen« machen.

Die Einschätzung, daß Schmitt politisch eher auf der Seite des Faschismus als auf der der parlamentarischen Demokratie stehen werde, sollte sich nur wenige Monate später bestätigen. Brock hat also nicht nur einen philosophisch anspruchsvollen Aufsatz, sondern auch eine zeitgeschichtliche Warnung formuliert. Er hat klar erkannt, wohin ein überzogener theoretischer Existentialismus in der politischen Praxis führen kann.

Scharfe Worte richtet im April 1933 Theodor Haecker in seinem Hochland-Aufsatz »Das Chaos der Zeit« gegen Schmitts Politik-Begriff, mit dem er sich eher beiläufig auseinandersetzt. Für Haecker ist das Wesen des Politischen die Gerechtigkeit, »der gerechte ordo«[1365], dessen Ziel der Friede sei. Von dieser Position aus findet Haecker für Schmitts Politik-Begriff nur Verachtung: »Das Freund-Feind-Verhältnis ist eine ebenso primitive, vermenschlichte, geistig rudimentäre Naturbestimmung wie etwa ›der Kampf ums Dasein‹ – aus diesem Milieu und dieser Ideologie mag sie ja auch letztlich stammen –, sie trifft die Amöbe ebenso wie die einzelnen Menschen und die Völker«[1366]. Auch der »Ernstfall«, der den Einsatz des animalen Lebens um seiner selbst willen fordere, sei »ein reines Faktum der noch untergeistigen Natur«. Auch Ameisen führten Kriege, in denen die einzelnen Ameisen rücksichtslos ihr Leben einsetzten.

Als zentrale Gefahr des Politik-Begriffs Schmitts macht Haecker aus: »Wird das Wesen des Politischen im Freund-Feind-Verhältnis gesehen, dann ist es schwierig die Bestimmung zu vermeiden, daß das Ziel des Politischen nicht mehr der Friede ist, sondern der Krieg. Und das ist nicht gut, und es ist auch nicht wahr.«

Wie Brock stellt auch Haecker den Bezug zur außenpolitischen Lage Deutschlands im Kontext des Versailler Vertrages her: »Und weil [...] – die Gerechtigkeit und nicht das Freund-Feind-Verhältnis -, im Vertrag von Versailles verletzt ist, ist dieser das Chaos kat exochen des *politischen* Lebens unserer Tage. Wäre das Freund-Feind-Verhältnis das Wesen des Politischen, so wäre der Vertrag von Versailles schlechthin ein Wunder politischer Vollkommenheit, denn in ihm wird der Versuch gemacht, die Zeit selber zu leugnen und ihr Wesen – die Veränderung; ein bestimmtes Freund-Feind-Verhältnis in die unwandelbare Ewigkeit selber zu pflan-

---
[1365] Th. HAECKER, Chaos, S. 10.
[1366] EBD., S. 11; folgende Zitate EBD.

zen oder doch wenigstens zu einem rein naturhaft unwandelbaren zu machen, als ob Franzosen und Deutsche Feinde wären ›von Natur‹«[1367].

Theodor Haecker bezichtigt Carl Schmitt philosophisch im wesentlichen des Naturalismus. Sein Politik-Begriff lasse unberücksichtigt, daß der Mensch in das Reich des Geistes und der Freiheit rage. Letztlich steht Haecker mit beiden Beinen auf dem Boden eines in keiner Weise in Frage gestellten statischen Naturrechtsdenkens. So heißt es bei ihm in anderem Zusammenhang: »Das Problem von Macht und Recht gehört zur Welt der Freiheit im Geschöpfe, und es wird und kann nur gelöst werden durch den Gehorsam des geschöpflichen Willens gegenüber dem natürlichen Rechte, dem Naturrechte, und der Hierarchie der Rechte der natürlichen Ordnungen, der generellen wie der individuellen, und, seitdem es eine klare Offenbarung gibt, gegenüber dem übernatürlichen Rechte, dessen Hüterin die Kirche ist«[1368]. Vor diesem geistig-geistlichen Ordnungsdenken hat Schmitts politischer Existentialismus keine Chance auf Verständnis; auf Geltung schon gar nicht.

Ein Beispiel für die Unsicherheit, mit der manche Katholiken Carl Schmitt begegneten, ist die Besprechung des »Begriffs des Politischen« durch den Jesuiten Johann B. Schuster 1933 in den »Stimmen der Zeit«. Schuster lobt die fesselnde Darstellung der Schrift, die auch den gefangen nehme, »der der eigentlichen Hauptthese nicht vorbehaltlos zustimmen kann«[1369]. Schuster hätte sich diesbezüglich gewünscht, »daß eine uralte und wohlbegründete Tradition erwähnt worden wäre, die die staatliche Gemeinschaft auf das ›bonum commune‹ mit Sicherungs- und Wohlfahrtszweck gründet und in der sittlichen Weltordnung verankert. Aus dieser immanenten Wert- und Zweckordnung fließen die staatlichen Befugnisse und Funktionen. [...] Innerhalb der staatlichen Funktion spielt nun freilich im Rahmen der Sicherungsaufgabe die Abwehr des Landesfeindes eine sehr wichtige, ja – das mag man unbedenklich zugeben – die ganz charakteristische Rolle. Und so hat es wohl der Verfasser eigentlich gemeint, der nicht gerade nach dem Wesen im schulmäßigen Sinne, sondern nach einem fruchtbaren Kriterium fragt. In diesem Sinne ist die Freund-Feindstellung wirklich gut und glücklich in den Vordergrund gerückt.«

Eine Einschränkung muß Schuster freilich machen: Die gesamte reiche innerstaatliche Tätigkeit, der Bereich der Innenpolitik, lasse sich »schwer

---

[1367] EBD., S. 11 f.
[1368] EBD., S. 13 f.
[1369] J. B. SCHUSTER, Begriff, S. 61; folgende Zitate EBD.

8. Unterscheidung von Freund und Feind

mit der These Schmitts vereinbaren«. Im Ergebnis würdigt er jedoch Schmitts Arbeit positiv: »Ihr Verdienst ist es, die Problematik der heutigen Außenpolitik in den scheinbar fremden und nüchternen Rahmen einer begrifflichen Untersuchung gespannt und mit lebendiger Bewegtheit erfüllt zu haben. Der Ruf nach Neutralisierung und Frieden *kann* auch von einer illusionären Basis aus erhoben werden. Aber es wäre doch bedauerlich, wenn die Darstellung des Verfassers zu dem *Mißverständnis* führte, das er gewiß ablehnt, als ob die Bemühungen um den Weltfrieden eine *begriffliche* Unmöglichkeit mit sich führten.«

Schuster unternimmt hier den Versuch, Carl Schmitts »Begriff des Politischen« doch noch in einen katholischen Rahmen zu stellen. Allerdings hat das Gemeinwohl-Prinzip, das er in Schmitts Theorie hineinprojiziert, dort nur sehr eingeschränkt Platz[1370]. Das Bedürfnis, Schmitt gegen »Mißverständnisse« in Schutz zu nehmen, ist unübersehbar. Schuster kann sich nicht vorstellen, daß ein Katholik wie Carl Schmitt Ausführungen macht, die mit der katholischen Staatslehre nicht vereinbar sein sollen. Daß gerade Schuster, ein engagierter Verfechter des katholischen Naturrechtsdenkens[1371], bei aller Vorsicht und Unsicherheit noch 1933 für eine »rechtgläubige« Interpretation des Politik-Begriffes Schmitts plädiert, zeigt jedenfalls, daß diese politische Theorie nicht von vornherein als unkatholisch verworfen werden mußte, wie das Schmitts katholische Kritiker zum Teil getan haben.

In der katholischen Publizistik erscheinen ab 1933 auch subtilere Formen der Kritik an Schmitts Freund-Feind-Unterscheidung. So bricht Alfred von Verdroß[1372] 1933 in einem Aufsatz über die Geschichte des Völkerrechts in den »Stimmen der Zeit« eine Lanze für eine naturrechtliche Begründung des Völkerrechts. Auf der Grundlage seiner Überzeugung, daß das Völkerrecht auf einer »in der christlichen Sittlichkeit verwurzelten Rechtsordnung«[1373] basiert, schildert er die Geschichte der Entstehung und des Erfolges dieses Rechts. Seit Thomas von Aquin sei anerkannt, daß ein zwischenstaatlicher Zwangsakt nur als eine Reaktion gegen ein Unrecht erlaubt sei. Dies setze eine übernationale Rechtsordnung voraus. Zum Beweis, daß dieses übergeordnete Recht auch in der Staatenpra-

---

[1370] Vgl. dazu unten G. Dietrich in diesem Kapitel.
[1371] Vgl. oben III. 1. c).
[1372] Der Österreicher A. v. Verdroß (1890 – 1980) war seit 1925 ordentlicher Professor für Völkerrecht, Rechtsphilosophie und Internationales Privatrecht. Er nahm nach dem Zweiten Weltkrieg zahlreiche internationale Aufgaben in Kommissionen und Gerichten wahr und galt als einer der prominentesten Vertreter einer katholischen, naturrechtlich begründeten Rechtsphilosophie (vgl. B. SIMMA, Sp. 613).
[1373] A. v. VERDROß, S. 37; folgendes Zitat EBD.

xis wirksam geworden war, führt von Verdroß an, daß vom 12. bis zum 15. Jahrhundert wenigstens 150 Staatsverträge abgeschlossen worden seien, die die Entscheidung von zwischenstaatlichen Streitigkeiten einem Schiedsrichter übertragen hätten[1374]. Vitoria schließlich habe gezeigt, daß die Staatengemeinschaft in der sittlichen Natur des Menschen verankert sei. Die Rechtsordnung dieser Gemeinschaft habe deshalb in der Vernunftnatur des Menschen und damit im Naturrecht ihre Grundlage, müsse aber im positiven Recht entfaltet werden[1375].

Der Name Carl Schmitt kommt in dem Aufsatz nicht vor. Jeder kundige Leser konnte jedoch ohne weiteres erkennen, gegen was und gegen wen sich das in die Rechtsgeschichte verlegte Plädoyer für das Naturrecht, die dadurch zu begrenzende Souveränität des Staates und der anerkennende Hinweis auf die erfolgreiche Tätigkeit von zwischenstaatlichen Schiedsgerichten, in die Schmitt wenig Vertrauen setzte, richtet. Der gesamte Aufsatz ist auf der Basis des katholischen Naturrechtsdenkens ein rechtsphilosophisches Kontrastprogramm zu Carl Schmitts Begriff des Politischen.

Wie sehr Schmitts Politik-Verständnis trotz aller Kritik auch in die politische Ethik von Katholiken aufgenommen wurde, zeigt ein Beitrag von Georg Dietrich aus dem Jahr 1933 in der »Akademischen Bonifatius-Korrespondenz«. Auch hier wird Carl Schmitt nirgends namentlich erwähnt. Aber seine politische Theorie führt dem Autor erkennbar die Feder. Dietrichs Ziel ist eine Standortbestimmung für den katholischen Akademiker, nachdem mit dem Ermächtigungsgesetz eine Epoche der politischen Verantwortung des deutschen Katholizismus abgeschlossen sei[1376].

Dietrich fragt zunächst nach dem Inhalt der Politik. Seine Antwort lautet in sachlicher Anlehnung an Schmitt: »Man würde vergeblich suchen, wenn man bestimmte Gebiete des menschlichen Lebens finden wollte, die einen abgegrenzten *Bezirk* des Politischen ausfüllen könnten. Kein Sondergebiet des menschlichen Lebens ist ohne weiteres politisch, und jedes Gebiet *kann* politisch werden. Es wird politisch, soweit es öffentliches Interesse hat, soweit es für das Ganze des öffentlichen Lebens bedeutsam wird«[1377].

Zur Rolle des Staates heißt es: »Überall da, wo die Gesellschaft an einer bewußten einheitlichen Regelung ein Lebensinteresse hat, wird der Sinn des Staates einsichtig, der diese Einheitlichkeit garantiert, notfalls er-

---

[1374] EBD., S. 38.
[1375] EBD., S. 39.
[1376] G. DIETRICH, S. 10.
[1377] EBD., S. 13; folgendes Zitat EBD.

8. Unterscheidung von Freund und Feind 323

zwingt und erzwingen darf und dessen jeden Einzelwillen grundsätzlich übersteigende Souveränität gerade in dieser Existenznotwendigkeit einheitlicher Entscheidung ihren Grund hat.«

Dietrich orientiert seine Ausführungen nicht am Ideal eines harmonischen Gesellschaftsmodells, sondern – ganz in der Terminologie Schmitts – am Konflikt: »Die Gesellschaft ist von Gegensätzen zerfressen. Sie ist nicht ohne weiteres harmonisch und nicht ohne weiteres auf Harmonie angelegt. Nicht nur die Sünde ist immer am Werk. Schon die menschliche Endlichkeit führt immer wieder objektive Gegensätze herauf, die oft tragisch zu unlösbaren Widersprüchen werden, zu Knoten, die nicht gelöst werden können, sondern durchhauen werden müssen«[1378].

Im Prozeß des Ordnungsschaffens und Ordnungserhaltens, dem obersten Ziel der politischen Aktion, gehe es »nicht ohne *Härte* ab«. Hier könne es zu schweren Konflikten zwischen »der Forderung der *unmittelbaren* Nächstenliebe und der Forderung der in dem politischen Ordnungswillen *umgesetzten* Nächstenliebe« kommen. Konflikte zeichneten sich insbesondere ab bei dem Prozeß der staatlichen Einheitsbildung, etwa wenn Gruppen unterschiedliche Ordnungsentwürfe für das Staatsganze vorlegten. Aber auch in der Außenpolitik könne Anspruch gegen Anspruch stehen. Und wenn eine höhere Instanz, die entscheide, oder ein höheres Recht, aus der eine Lösung abzuleiten sei, fehle, bleibe nur der Kampf, im äußersten Fall der gewaltsame Kampf in Revolution und Krieg: »Wenn in einer solchen echten Kampfsituation die eigene Existenz und die eigene politische Würde an die Existenz und die Würde der vertretenen Sache gebunden ist, dann wird der andere, der diese Existenz und diese Würde bestreitet, zum ›Feind‹. Man muß mit leidenschaftlicher Energie gegen den bequemen Mißbrauch solcher Erkenntnisse im Dienste einer billigen triebhaften Gewaltpolitik, Interessenpolitik und Prestigepolitik kämpfen, man muß mit aller Energie den *Haß* der Klassen und Staaten bekämpfen, man kann unter den heutigen Umständen innereuropäische Kriege für wahnsinnig halten und sogar die Möglichkeit solcher echter Existenzfeindschaften für die tausendfach verflochtenen europäischen Staaten leugnen, – man muß aber trotzdem diese Möglichkeit der echten politischen Feindschaft zugeben«[1379]. Der oberste politische Begriff ist für Dietrich freilich weiterhin der Begriff der Ordnung. Der Kampf entstehe nur da, »wo konkrete Ordnung gegen konkrete Ordnung steht, und es keine Möglichkeit der Vermittlung gibt«[1380].

[1378] EBD., S. 19; folgende Zitate EBD.
[1379] EBD., S. 20 f.
[1380] EBD., S. 21; folgende Zitate EBD.

Die politische Ordnung ist für Dietrich eine geschichtliche Ordnung. Jeder Entwurf einer politischen Ordnung und damit jede echte politische Entscheidung enthalte ein vorweggenommenes Bild der Zukunft, »ein Stück echter *Utopie* wie ein Stück echten Risikos«. Die politische Entscheidung sei ferner »nicht zeitlos ableitbar und berechenbar«. Daraus folgt: »Dies Element einer einfachen *Setzung*, einer unableitbaren Entscheidung muß dem, der sie nicht mitsetzen kann, als ein Element der *Willkür* erscheinen, weil es nicht von einer gemeinsamen höheren Rechtsnorm abgeleitet ist. Es kann auch *religiös* nicht in der Beziehung auf eine solche Rechtsnorm vertreten werden, sondern muß als echte unableitbare Entscheidung religiös verantwortet werden«[1381]. Die Verantwortung der politischen Entscheidung vor Gott wird damit zu einer zentralen Kategorie: »Was Willkür gegenüber der Gesetzlichkeit ist und Willkür sein muß, weil die Gesetzlichkeit versagt, und was daher vor den widerstrebenden Menschen nur mit dem Argument der *Macht* vertreten werden kann, darf *nicht* Willkür sein vor Gott. Auch diese reinste Form der politischen Verantwortung, die unableitbare Willenssetzung, darf nur aus der *Liebe* heraus gewagt werden«.

Dietrich teilt also Carl Schmitts geschichtlich-existentielle Denken, das mit dem Vorbehalt gegenüber einem normativen Naturrecht verbunden ist. Von dieser theoretischen Voraussetzung aus ist es verständlich, daß Dietrich sowohl Schmitts »Begriff des Politischen« als auch den damit zusammenhängenden Dezisionismus in seine politische Ethik einbezieht. Ja er demonstriert eindrucksvoll, wie Schmitts politische Theorie auch von katholischer Seite her ethisch eingefaßt werden konnte. Das ist allerdings nur möglich, weil die vor Menschen willkürlich erscheinende politische Entscheidung nicht in der voraussetzungslosen Willkür stehen gelassen, sondern in die Verantwortung vor Gott gestellt und nur aus der Grundhaltung der Liebe heraus ethisch zugelassen wird. Ernst Michels politische Theologie und Carl Schmitts politische Theorie werden somit unter christlichen Vorzeichen gekonnt zusammengeführt. Außerdem versteht es Dietrich, das katholische Ordnungsverständnis vor die Klammer eines politischen Entscheidungsdenkens zu setzen und so doch noch einer Grundkategorie der katholischen Soziallehre seine Reverenz zu erweisen. So gelingt es ihm 1933, was Hugo Ball etwa 10 Jahre vorher bereits einmal geleistet hatte: eine Interpretation der Staatslehre Schmitts auf die katholische Staatslehre hin.

Allerdings ist zu beachten, daß Dietrich nicht in erster Linie die Schriften Schmitts interpretieren, sondern eine katholische Staatsethik vorstel-

---
[1381] EBD., S. 22; folgendes Zitat EBD.

len will, die mit den zeitgenössischen Staatslehren konform geht. Da die für Dietrich zentralen Kategorien der Verantwortung des politisch Handelnden vor Gott, der Grundeinstellung der Liebe und der Voraussetzung einer Ordnung als Rahmen jeder politischen Entscheidung in den Arbeiten Schmitts nicht oder – wie der Begriff der Ordnung – nur sehr mißverständlich in Erscheinung treten, wäre es auch nicht gerechtfertigt, in dieser politischen Ethik Dietrichs zugleich eine authentische Interpretation der Staatstheorie Schmitts zu sehen. Aber immerhin demonstriert dieser Beitrag Dietrichs, daß ein Brückenschlag zwischen der katholischen Sozialethik und der Staatslehre Schmitts noch 1933 versucht werden konnte. Außerdem wird deutlich, daß solche Katholiken die Nähe zu Carl Schmitt suchten, die dem sog. politischen Katholizismus der Zentrumspartei ablehnend gegenüber standen und den Anschluß an die neue politische Lage nicht verpassen wollten.

Waldemar Gurian weist 1934 in der »Schweizerischen Rundschau« in seinem Aufsatz »Entscheidung und Ordnung«, in dem er bereits im Titel auf die auch von Erich Brock gesehenen Pole jeder Rechtstheorie anspricht, auf die theoretische Einbindung des Politik-Begriffs Schmitts in dessen dezisionistische Theorie hin.[1382] In seinem umfangreichen Aufsatz zur poltischen Theorie Schmitts benennt er wie viele andere katholische Kritiker die entscheidende Schwachstelle: »So eindrucksvoll diese Bestimmung der existentiellen, durch keine abstrakte Normierung aufhebbare Eigenart des Politischen ist, so sehr läßt sie die Möglichkeit zu einem rein vitalistischen Opportunismus offen. Immer wieder hat Carl Schmitt sich gegen das Ausspielen von Recht und Politik gegeneinander gewandt, immer wieder hat er gezeigt, wie gerade das scheinbar abstrakte Recht von konkreten Entscheidungen getragen ist, [...]. *Er selbst aber erliegt der Gefahr, die jeweils geschichtlich wirksame Macht als vernünftig, das heißt als existentielle Grundlage der Entscheidung zu verherrlichen.* [...] Er bringt das Recht in völlige Abhängigkeit von der jeweiligen politischen Entscheidung, *wobei Politik nicht die Gesamtordnung der menschlichen und gesellschaftlichen Existenz, sondern Machtbehauptung bedeutet.* [...] Auf die These des angeblich rationalistischen Positivismus, der in unklarer Weise geschriebenes Gesetz und Norm gleichsetzt, folgt ein vitalistischer Positivismus, für den die Realität der politischen Machtbehauptung rechtsbegründend ist.«

Gurians kritisch geschärfter Blick auf Schmitts Dezisionismus steht im Herbst 1934 freilich ganz unter dem Eindruck des politischen Anpas-

---

[1382] P. Müller (= W. Gurian), S. 571; folgende Zitate EBD.

sungsvermögens Schmitts. Mitte der 20er Jahre war seine Sympathie für die Kategorie der Entscheidung weitaus ausgeprägter[1383].

f) Zeitgeschichtlicher Kontext und Zielsetzung

Schmitts »Begriff des Politischen« ist eine polemische und militante Schrift, wie Günther Krauss feststellte. Sie ist ohne die außenpolitische Situation des Deutschen Reichs in den 20er Jahren nicht zu verstehen. Das gilt auch für »Die Kernfrage des Völkerbundes«. Der Versailler Friedensvertrag[1384] von 1919 hatte Deutschland politisch die totale Demütigung und wirtschaftlich Not und Elend gebracht. Nahezu völlige Demilitarisierung, weitgehende Einschränkung der staatlichen Souveränität, Zuschreibung der alleinigen Kriegsschuld, erhebliche Gebietsverluste und Auslieferung eines großen Teils der jährlichen Industrie- und Nahrungsmittelproduktion demoralisierten die Deutschen. Das wirtschaftliche Desaster zeigte sich in Hungersnöten und einer galoppierenden Inflation. Als Deutschland seinen Lieferverpflichtungen nicht mehr voll nachkommen konnte, besetzten 1923 französische Truppen das Rheinland.

In den Locarno-Verträgen von 1925 wurden die Restriktionen des Versailler Vertrages gelockert. Deutschland garantierte die bestehenden Grenzen im Westen, das Rheingebiet war weiterhin entmilitarisiert. Streitigkeiten sollten durch Schiedsgerichte beigelegt werden. 1926 wurde Deutschland in den Völkerbund aufgenommen, das Verhältnis zu Frankreich blieb jedoch gespannt. 1928 unterzeichneten 35 Staaten, darunter Deutschland, den sog. Kellogg-Pakt zur Ächtung des Krieges. An die Stelle des Krieges sollten bei Meinungsverschiedenheiten Schiedsgerichtsverfahren treten. An der politischen Entmündigung Deutschlands und an den ökonomischen Krisen änderten diese Versuche, auf internationaler Ebene eine Verständigung zu finden, wenig. Der Friede von Versailles war und blieb der Stachel im Fleisch der Deutschen, er vergiftete das Verhältnis zwischen Deutschland und Frankreich. Vor allem auf der politischen Rechten wurde der »Schmachfriede« von Versailles mit größtem Erfolg als politisches Propagandamittel ge- und mißbraucht. Hier war die Bereitschaft weit verbreitet, notfalls eine gewaltsame Revision des Versailler Diktats durchzusetzen.

Auch im deutschen Katholizismus war man sich über den Unrechtscharakter des Versailler Friedensvertrages im wesentlichen einig. Vereinzelt fielen sogar deftige Worte. So sprach Theodor Haecker bereits 1920

[1383] Vgl. oben III. 5. c).
[1384] Vgl. z. B. R. MORSEY, Versailler Vertrag.

8. Unterscheidung von Freund und Feind 327

von der »Gotteslästerung von Versailles«[1385]. Er sah noch 1933 in ihm die Verkörperung des Chaos im politischen Leben[1386]. Der Wiener Philosophie-Professor Hans Eibl[1387] nannte diesen Vertrag eine »Expositur des Satansreiches«[1388]. Bisweilen wurden solche Formulierungen zwar als zu drastisch empfunden, in der Tendenz hatte man gegen die moralische Verurteilung dieses Vertrages jedoch nichts einzuwenden.

Nicht einig war man sich allerdings, wie auf dieses Unrecht reagiert werden sollte. Hier waren vor allem unter den jüngeren katholischen Intellektuellen Stimmen zu hören, die auf einen friedlichen Ausgleich mit Frankreich setzten.[1389] Eine wichtige Rolle für die gemäßigten Katholiken nahm dabei der 1919 unter dem Eindruck des Friedensappells von Papst Benedikt XV. gegründete und 1923 wiederbelebte »Friedensbund Deutscher Katholiken« ein. Er forderte in seinen 1924 aufgestellten Richtlinien eine »auf den Frieden eingestellte Politik«[1390] und deshalb gegenüber dem Versailler Vertrag »Revision, nicht Revanche«. Er befürwortete außerdem den Eintritt Deutschlands in den Völkerbund.[1391] 1928 hatte der Friedensbund 46 Ortsgruppen mit 6678 Mitgliedern.[1392] Mit Beginn der wirtschaftlichen und politischen Krise in den 30er Jahre verschwand er weitgehend in der Bedeutungslosigkeit. Auch im Zentrum stieß die katholische Friedensbewegung auf keine nennenswerte Resonanz.[1393] Ausdruck für die grundsätzlich militärfreundliche Haltung dieser Partei war etwa die Zustimmung zum umstrittenen Panzerkreuzerbau in den Jahren 1928 und 1930.

Zu den führenden Köpfen des Friedensbundes gehörten neben dem Dominikanerpater Franziskus Stratmann der Kreis um die Rhein-Mainische Volkszeitung, etwa Ernst Michel, Walter Dirks, Friedrich Dessauer, Heinrich Scharp und Werner Thormann. Entsprechend war man gerade in dieser katholischen Zeitung auf eine Politik der Völkerverständigung und des Ausgleichs ausgerichtet[1394]. Auf tendenziell pazifistischem Kurs

---

[1385] Th. HAECKER, Betrachtungen, S. 19.
[1386] Th. HAECKER, Chaos, S. 8 f.
[1387] H. Eibl (1882 – 1958), ab 1924 Professor in Wien, polemisierte als mitreißender und bekannter Redner heftig gegen die Versailler Verträge. Schon früh sympathisierte er mit dem Nationalsozialismus (F. MUCKERMANN, Epochen, S. 342).
[1388] Zit. nach G. MOENIUS, Imperium, S. 3.
[1389] Vgl. zahlreiche Beiträge in der Zeitschrift der katholischen Jugendbewegung DIE SCHILDGENOSSEN.
[1390] Zit. nach D. RIESENBERGER, S. 166; folgendes Zitat EBD.
[1391] EBD., S. 166.
[1392] EBD., S. 167.
[1393] EBD., S. 168 f.
[1394] Vgl. EBD., S. 167; vgl. B. LÖWITSCH, S. 75 ff.

befand sich auch die renommierte Münchner katholische Zeitschrift »Allgemeine Rundschau« unter ihrem Herausgeber Georg Moenius.

Auch der deutsche Episkopat sprach sich gegen nationalistische Haßparolen aus. »Wir wollen nicht Feinde vernichten, sondern Feinde versöhnen, nicht Völker entzweien, sondern verbrüdern, nicht Frieden stören, sondern Frieden stiften«, verlautbarte 1923 die Fuldaer Bischofskonferenz[1395]. Beachtenswert ist in diesem Zusammenhang eine Predigt von Kardinal Faulhaber anläßlich einer Abrüstungskonferenz in Genf im Jahre 1932. Darin begrüßte er den Völkerbund, den Kellogg-Pakt und die Idee der Schiedsverträge als Meilensteine auf dem Weg zum Frieden. Er forderte ein Umdenken auch in der Kriegsethik. Die neuzeitliche Kriegstechnik sei so schrecklich und die Nachwirkungen eines Krieges seien so furchtbar, daß gelten müsse: »Die Vorbedingungen für einen erlaubten Krieg sind viel seltener als früher gegeben, weil heute durch den Krieg die ganze Weltwirtschaft erschüttert wird. Also muß das Werk der Abrüstung mit gutem Willen und von allen Seiten in Angriff genommen werden«[1396].

Das alte Sprichwort »Wenn du den Frieden willst, rüste zum Krieg« müsse heute lauten: »Wenn du den Frieden willst, rüste den Frieden!«

Mit diesen Aussagen stand Kardinal Faulhaber ganz in der Tradition Benedikts XV., der bereits 1917 vorgeschlagen hatte, ein internationales Schiedsgericht mit Sanktionsrechten gegen Staaten, die seinen Beschlüssen nicht Folge leisten, einzurichten. An die Stelle der Waffengewalt sollte »die moralische Macht des Rechts« [1397] treten. Und 1920 forderte dieser Papst die Völker und Staaten auf, sich zu einer »einzigen Vereinigung oder, besser gesagt, zu einer einzigen Familie«[1398] zusammenzuschließen. Er unterstützte also den Gedanken des Völkerbundes. Von Kardinal Faulhaber abgesehen, der dem Friedensbund der Katholiken nahestand, hat es im deutschen Episkopat jedoch keinen weiteren Vertreter gegeben, der ähnlich dezidiert den Friedensgedanken von Papst Benedikt XV. öffentlich zum Ausdruck gebracht hätte. So ist es auch nicht verwunderlich, daß es beim Verbot des Friedensbundes am 1. Juli 1933 von Seiten der deutschen Bischöfe keinerlei Protest gab[1399].

Auf der katholischen Rechten hatte man gegen pazifistische Tendenzen ein zentrales und schlagkräftiges theologisches Argument: die Erbsünde. So heißt es etwa bei Franz Xaver Hoermann 1921: »Das Licht der Wahr-

---
[1395] Zit. nach BLICKE AUF DIE ZEIT, S. 225.
[1396] Zit. nach KARDINAL FAULHABER, der Prediger des Friedens, S. 68; folgendes Zitat EBD.
[1397] Zit. nach A. UTZ / B. VON GALEN, S. 3107.
[1398] EBD., S. 2887.
[1399] K. PRÜMM, Dirks, S. 81.

heit von der Erbschuld wird uns auch abhalten, dem trügerischen Irrlichte mancher optimistischer Irrtümer nachzueilen. Denn alle pazifistischen Zeitlügen sind daraus erwachsen, daß man die Erbsünde überhaupt leugnet oder ihre Folgen als zu wenig schwerwiegend und weitreichend erachtet«[1400].

Die Leugnung oder Ignorierung der Erbsünde machte sich nach Hoermann nicht nur beim Pazifismus, sondern auch bei bestimmten Sozialtheorien, insbesondere liberalistischer Provenienz, bemerkbar: »Sie macht sich insbesondere geltend bei alten und neuen sozialen Systemen, Projekten und Ideen, die das angeborene Böse im Menschen ignorieren oder von einem menschlichen Fortschritte träumen, der weder in der menschlichen Natur noch in der vieltausendjährigen Geschichte der Menscheit begründet ist. Man erwartet vollkommene Ordnungen, zu der die Voraussetzungen: vollkommene Menschen fehlen«[1401].

Eingang gefunden in das politisch-theologische Welt- und Menschenbild bei den konservativeren Katholiken hatte das Schlagwort von der Leugnung der Erbsünde als Wurzel der liberalen Irrtümer im übrigen vor allem über Donoso Cortés, der es zu einem Dreh- und Angelpunkt seiner politischen Theorie machte.[1402]

Carl Schmitt hatte weder für pazifistische Strömungen noch für allgemeine Appelle Verständnis. In der Diskussion um Krieg und Frieden, Recht und Politik, die die Öffentlichkeit in der Zeit der Weimarer Republik beschäftigte, stellte er sich auf die Seite der kompromißlosen Gegner von Versailles und Genf und lieferte ihnen für ihren Kampf gegen diese übernationale Institutionen eine ebenso griffige wie militante politische Theorie. Der Kampf für die Existenz der politischen Einheit wurde nicht nur theoretisch legitimiert, sondern indirekt auch gefordert. Schmitts »Begriff des Politischen« war die »Ideologie des Widerstandes«, wie Günther Krauss seine Anmerkungen zu dessen Schrift betitelte. Er war der große intellektuelle Schlag gegen das »Versailler System«, die ideologische Vorbereitung der nationalen Erhebung, und er war die geistige Einübung für das Gemetzel des Zweiten Weltkrieges. Im deutschen Ka-

---
[1400] F. X. HOERMANN, Sozialreform, S. 301.
[1401] EBD., S. 301 f.
[1402] Vgl. F. X. HOERMANN, Staatsmann, S. 11. Die konservativsten Katholiken erwiesen sich freilich 1933 teilweise als die schärfsten Gegner des Nationalsozialismus. Weit entfernt von jedem bellizistischen Getöse warnte etwa F. X. Hoermann vor Hitlers chauvinistischer Rhetorik. »Das Ende der bejubelten engbegrenzten nationalen Politik«, prophezeite er 1932 hellsichtig, werde »eine kaum dagewesene Enttäuschung, ein Finis Germaniae, eine nicht nur deutsche, sondern auch europäische Katastrophe sein« (F. X. HOERMANN, Massensuggestion, S. 480 f.).

tholizismus fand Schmitt mit seiner politischen Theorie jedoch nur eine kleine Anhängerschaft. Die meisten seiner Kritiker setzten im Kampf gegen Versailles auf Recht und Gerechtigkeit, auf die Kraft der Überzeugung und des Naturrechts. Hier suchte man nicht den Konflikt, sondern den Konsens mit anderen Völkern.

Die Franzosen rechtfertigten ihre Rüstungsanstrengungen Mitte und Ende der 20er Jahre mit dem berühmten Hinweis auf das »potentiel de guerre« ihres östlichen Nachbarn. Sie meinten damit, daß man die Kriegsbereitschaft eines Volkes nicht nur an der effektiven Rüstung, sondern auch an der latenten Möglichkeit einer militärischen Machtentfaltung messen müsse. Zum »potentiel de guerre« gehörten nach dieser Auffassung nicht nur der Stand der Industrialisierung, sondern auch der kriegerische Geist eines Volkes.[1403] Günther Krauss hatte also durchaus recht, wenn er vor dem Hintergrund des Versailler Vertrages Schmitts »Begriff des Politischen« als ideologisches »potentiel de guerre« präsentierte.[1404]

g) Katholische Theorie?

Carl Schmitt hatte zweifellos das von Franziskus Stratmann festgestellte Bedürfnis, das Evangelium für seinen Standpunkt sprechen zu lassen oder sich zumindest nicht im Gegensatz zu ihm zu befinden. So versucht er, mit der Unterscheidung des öffentlichen Feindes von dem privaten Gegner und mit dem Hinweis, daß man den Feind nicht zu hassen brauche, eventuellen theologischen Vorhaltungen von der Bergpredigt her zu entgehen. Das gelingt ihm aber nur, indem er Haß und Feindschaft zwei unterschiedlichen Kategorien, denen der Moral und der Politik, zuweist. Das Politische wird vom Moralischen und Ethischen abgetrennt und der Freund-Feind-Gegensatz als selbständig und unableitbar vorgestellt. Da er seine Kraft aus allen Lebensbereichen ziehen kann, ist er – auch wenn Carl Schmitt diese Konsequenz expressis verbis nicht zieht – der Ethik und letztlich sogar der Religion übergeordnet.

Diese Trennung der Politik von der Sittlichkeit bedeutet gleichzeitig die Leugnung der naturrechtlichen Einbindung der Politik in das Sittengesetz. Schmitts Primat der Politik stellt den von der katholischen Naturrechtslehre geforderten Primat der Gerechtigkeit geradezu auf den Kopf. Die fehlende Ausrichtung des Politischen auf ein normatives Element, seien es die »Leitsterne« des Naturrechts, die Gerechtigkeit, der ordo oder

---
[1403] Vgl. W. WITTICH, S. 375.
[1404] Vgl. C. LANG (= G. Krauss), Ideologie, S. 963.

8. Unterscheidung von Freund und Feind

das Gemeinwohl, mußte deshalb bereits in den 20er und 30er Jahren von katholischer Seite kritisiert werden.

Die Soziallehre der katholischen Kirche ist Bestandteil der Moraltheologie, die das »Sollen« in den Mittelpunkt ihrer Doktrin stellt. Der methodische Ansatz geht vom Allgemeinen zum Konkreten, vom Normativen zum Existentiellen. Schmitts Begriff des Politischen, der im Rahmen seines Rechtsdezisionismus steht, beschreitet methodisch die entgegengesetzte Richtung. Das Konkrete und Existentielle steht im Mittelpunkt; die Ausnahme, die in der katholischen Sozialethik eher ein Schattendasein fristet, wird zur Hauptquelle der wissenschaftlichen Erkenntnis.

Am deutlichsten wird dieser gegensätzliche methodische Ansatz am Beispiel des Krieges. Der Krieg ist, auch wenn er nur ausnahmsweise eintritt, für Carl Schmitt die gedankliche Voraussetzung der Politik. Entfällt die Möglichkeit des Krieges, ist es mit der Politik zu Ende.[1405] Wenn die politische Einheit ständig damit beschäftigt ist, den Freund vom Feind zu unterscheiden, wird der Krieg, auch wenn Schmitt dies in seiner Schrift ausdrücklich bestreitet, in der politischen Praxis zum letzten, reinsten und konsequentesten Inhalt der Politik. Ernst-Wolfgang Böckenförde vertritt unter Hinweis auf dieses Bestreiten Schmitts die Auffassung, es handele sich um ein Mißverständis, »daß es sich in der Schrift um eine normative Theorie der Politik oder des politischen Handelns handele«[1406]. Das Politische habe es zwar an sich, auf den äußersten Gegensatz, der die Bereitschaft zur bewaffneten Auseinandersetzung einschließe, hinauslaufen zu können. Es werde von dieser Möglichkeit jedoch lediglich phänomenal bestimmt[1407]. Eine solche abstrakte Betrachtungsweise läßt freilich die konkrete, außerordentlich explosive historische Situation, in der Schmitt seine Freund-Feind-Theorie hineingestellt hat, außer Betracht.[1408] Sieht man auf die Wirkung dieser Theorie, erscheint eine rein phänomenologische Betrachtung fragwürdig. Schließlich hat ein politischer Theoretiker auch die Auswirkungen seiner Theorie auf die praktische Politik im Auge zu haben.

Für die katholische Lehre vom »gerechten Krieg« ist der Krieg ultima ratio zur Wiederherstellung verletzten Rechts.[1409] Der Katholik hat alles zu tun, um den Krieg zu vermeiden. Dazu gehört auch, alles – und seien es theoretische Ausführungen – zu unterlassen, was die Gefahr eines Krie-

---

[1405] C. SCHMITT, Begriff, S. 17.
[1406] E.-W. BÖCKENFÖRDE, Schlüssel, S. 284.
[1407] Vgl. EBD., S. 284.
[1408] So auch H. Hofmann in der Aussprache zu E.-W. BÖCKENFÖRDE, Schlüssel, S. 304 f.
[1409] Vgl. E.-W. BÖCKENFÖRDE / R. SPAEMANN, S. 126 f.

ges heraufbeschwören könnte. Die Bereitschaft zur Gewaltanwendung kann danach für die Politik keinerlei orientierenden Charakter haben. Und letztlich geht es auch im Krieg um die Gerechtigkeit, die das Recht auf Existenz übergreift.

Auch Schmitts Versuch, seine Theorie der Freund-Feind-Unterscheidung mit dem Hinweis auf das »theologische Grunddogma von der Sündhaftigkeit der Welt und der Menschheit«[1410] zu stützen, greift aus katholischer Sicht nicht durch. Daß die katholische Kirche keinen manichäischen Dualismus von »gut« und »böse« kennt, wußte Schmitt. Er selbst hat 1923 in seinem Katholizismus-Essay noch ausgeführt, die für die politische Theorie entscheidende Frage, ob der Mensch von Natur »gut« oder »böse« sei, sei »im Tridentischen Dogma keineswegs mit einem einfachen Ja oder Nein beantwortet; vielmehr spricht das Dogma, zum Unterschied von der protestantischen Lehre einer völligen Korruption des natürlichen Menschen, nur von einer Verwundung, Schwächung oder Trübung der menschlichen Natur«[1411]. Und 1917 formulierte Schmitt in »Die Sichtbarkeit der Kirche« sogar die Überzeugung, »daß der Mensch und die Welt ›von Natur gut‹ sind. Denn Gott will nichts Böses«[1412]. Auch von seinem Freund, dem Theologen Karl Eschweiler, hätte er erfahren können, daß »die Erbsünde nicht die Natur, und die Sünde nicht die Wirklichkeit des Menschen«[1413] ist. Tatsächlich instrumentalisierte Schmitt den theologischen Topos »Erbsünde« in seinem Begriff des Politischen, ohne sich mit den damit zusammenhängenden theologischen Implikationen näher auseinanderzusetzen. Er ist damit gegen Ende der 20er Jahre doch noch in das Fahrwasser des anthropologischen Pessimismus Donoso Cortés' geraten, auf dessen dogmatische Fragwürdigkeit er selbst hingewiesen hat.[1414]

Schmitts Begriff des Politischen ist somit zwar nicht mit der katholischen Soziallehre auf einen Nenner zu bringen. Er bezieht jedoch seine existentielle Durchschlagskraft aus der Sphäre des Unbedingten und Ab-

---

[1410] C. SCHMITT, Begriff, S. 45.
[1411] C. SCHMITT, Katholizismus, S. 17.
[1412] C. SCHMITT, Sichtbarkeit, S. 78.
[1413] C. ESCHWEILER, Theologie, S. 87.
[1414] Die Annahme der völligen Korruptheit der menschlichen Natur ist wohl der wichtigste Grund dafür, daß viele protestantische Theologen, ganz im Gegensatz zu ihren katholischen Kollegen, C. Schmitts »Begriff des Politischen« überwiegend zustimmend aufnahmen; vgl. unten III. 8. h). Luther konnte den Staat wegen dieser Verderbtheit des Menschen in seiner reinen Weltlichkeit akzeptieren und ihn sogar als »Zuchtmeister auf Christus hin« (I. ZANGERLE, S. 59) mit einer mittelbar christlichen Sendung ausstatten. Von dieser theologischen Anthropologie und Staatslehre ist der Weg nicht weit zu einem christlichen Machiavelliismus.

8. Unterscheidung von Freund und Feind

soluten, das die Religion für sich in Anspruch nimmt. Seine These von der Strukturanalogie von Theologie und Jurisprudenz, die Parallelisierung der Theologie mit dem Staatsrecht, zeigt genau in die gleiche Richtung. Hefele konnte deshalb zu Recht in seiner Besprechung des Schmittschen »Begriff des Politischen« auf diese Verbindung von Politik und Religion hinweisen[1415]. Schmitts Politik-Begriff atmet den Geist der theologia polemica der Konfessionskriege, ja er ist eine säkularisierte Form dieser militanten politischen Theologie, genauer: dieser theologischen Politik. Das Element des Theologischen wird ersetzt durch das Element des Absoluten. Und dieser Politik-Begriff steht ganz in der Linie der Tradition, daß in Deutschland Ideen, Weltanschauungen und Konfessionen nicht nur die geistige Auseinandersetzung, sondern auch den politischen und letztlich auch den kriegerischen Kampfplatz gesucht und gefunden haben.

Wie sehr der polemisch-militante Geist des Konfessionalismus unter katholischen Intellektuellen der Weimarer Zeit noch verbreitet war, läßt sich an zahlreichen mehr oder weniger prominenten Beispielen nachweisen. So schreibt O. Sachse 1921: »Es bedarf keiner absichtvollen Propaganda, der Katholizismus wächst und dringt vor, weil er stark und lebendig ist und dem deutschen Volk etwas zu geben hat. Dabei *muß* er mit dem Protestantismus zusammenstoßen. Der Protestantismus wird sich zur Wehr setzen. [...] Ein solcher Kampf bleibt nicht rein geistig und unpolitisch«[1416].

Und als sich Otto Kunze 1924 »Mitten im Kulturkampf!«, so der Titel seines Aufsatzes, mit Ludendorff wähnt, kommentiert er die Situation konfessionell gemischter Länder: »Ein Kampf der Bekenntnisse kann in solcher Umwelt gar nicht rein geistig sein, vielmehr nur gesellschaftlich, wirtschaftlich, äußerstenfalls auch blutig. Die rein geistigen Kämpfe sind ja überhaupt ein Hirngespinst des Liberalismus. So wahr Ideen in Menschen und menschlicher Gemeinschaft Fleisch werden, so gewiß endet alles Ringen zwischen Ideen fleischlich«[1417].

Welche Blutrünstigkeit katholischer Konfessionalismus entwickeln konnte, zeigt auch Theodor Haecker in einem Aufsatz aus dem Jahre 1932. Er bedauert, daß die liberalen Fürsten Luther am Leben ließen: »Wäre er verbrannt worden, wie wenige Jahrzehnte vor ihm noch Johannes Hus – welch ein feuriger Akt der Liebe wäre das gewesen, der Liebe gegen Gott, der Liebe gegen die Kirche, der Liebe gegen die Christenheit, der Liebe gegen das Römische Reich Deutscher Nation, der Liebe gegen

---
[1415] Vgl. H. HEFELE, Problem, S. 204.
[1416] O. SACHSE, Parteipolitik, S. 562.
[1417] O. KUNZE, Kulturkampf, S. 141.

die deutsche Nation, der Liebe gegen den Häresiarchen selber. Denn vielleicht wäre er selig gestorben«[1418].

Die fundamentalistische Verneinung des Anderen, nach Schmitt eben des Feindes, die Polemik und Militanz, die in solchen Zeilen steckt und für die so klassische demokratische Tugenden wie Toleranz, Kompromißfähigkeit, Suche nach Gemeinsamkeiten etc. Fremdworte sind, finden sich in der Form einer säkularen Destillation in Schmitts Begriff des Politischen wieder. Aus soziologischer Sicht läßt sich deshalb bei Schmitts Politik-Verständnis von einem säkularisierten Konfessionalismus oder Katholizismus sprechen, auch wenn aus dogmatischer oder sozialethischer Sicht seine Theorie, zumindest seine schriftlich niedergelegte, mit der Lehre der katholischen Kirche nicht vereinbar ist. Dieser doppelte Befund ist es, der Schmitts politische Theorie zugleich als unkatholisch und doch als »katholisch« in einem formalen oder säkularen Sinne erscheinen läßt.

h) Exkurs: Wilhelm Stapels theologische Grundlegung des Politik-Begriffes

Anders als im Katholizismus wurde Schmitts Begriff des Politischen im deutschen Protestantismus eifrig rezipiert und der Versuch unternommen, ihn theologisch zu begründen. Da der Sündenfall und die Frage nach der Rechtfertigung des Menschen durch Gott in der protestantischen Theologie zentrale Bedeutung haben, lag es nahe, auf den Spuren Schmitts nach einer Verbindung des Religiösen mit dem Politischen zu suchen.

Als wichtigster theologischer Gefolgsmann Schmitts auf protestantischer Seite betätigte sich Wilhelm Stapel.[1419] In seinem 1932 in erster und zweiter Auflage erschienenen Buch »Der christliche Staatsmann. Eine Theologie des Nationalismus« stimmte er Schmitts Politik-Begriff nicht nur zu, er entwickelte auch eine theologische Grundlegung dazu: Der Abfall Lucifers von Gott habe den Gegensatz von Freund und Feind in der

---

[1418] Th. HAECKER, Betrachtungen, S. 28.
[1419] W. Stapel (1885 – 1954), von 1919 bis 1938 Herausgeber der deutschnationalen Zeitschrift DEUTSCHES VOLKSTUM, gehörte zum Kreis der »Konservativen Revolution«, zu dem nach P. Noack E. Jünger seinem Freund C. Schmitt 1929 persönlichen Zugang verschaffte. Bis in die vierziger Jahre pflegten C. Schmitt und W. Stapel einen regen Briefwechsel (vgl. P. NOACK, S. 109, 137, 161). Nach A. KOENEN, S. 161 f., lernten sich die beiden erst auf einer Tagung im Herbst 1931 kennen. C. Schmitt veröffentlichte ab 1932 mehrere Aufsätze im DEUTSCHEN VOLKSTUM und fungierte als der staatsrechtliche Gewährsmann dieser Zeitschrift schlechthin. Wiederholt wurde hier auf seine Thesen zustimmend Bezug genommen. Seine Schriften wurden sehr wohlwollend besprochen. Mehrere katholische Schüler und Freunde C. Schmitts, etwa G. Krauss (unter dem Pseudonym C. Lang), P. Adams, K. Eschweiler und K. A. Rohan, publizierten ebenfalls im DEUTSCHEN VOLKSTUM.

8. Unterscheidung von Freund und Feind 335

metaphysischen Welt geschaffen. In die Schöpfung sei dieser Gegensatz gekommen, als der Mensch vom »Baum der Erkenntnis« gegessen und daraufhin den Unterschied zwischen »nackt« und »verhüllt« erkannt habe[1420]. Die politische Scheidung von Freund und Feind habe sich aus dem metaphysischen Gegensatz von »nackt« und »verhüllt« entwickelt: »Weil nun aber der Gegensatz zwischen Freund und Feind das Bild des metaphysischen Gegensatzes zwischen Himmel und Hölle ist, weil also einerseits der erste Abfall von Gott den Himmel gleichsam politisiert hat und weil andererseits die abfallende Schöpfung in Gegensätze auseinanderbricht, darum ist der Abfall und das Auseinanderbrechen nicht vom Menschen aus, sondern nur von Gott aus aufzuheben. Darum sind auch alle menschlichen Versuche, den Gegensatz von Freund und Feind wegzumoralisieren, die Welt zu entpolitisieren, vergeblich. Nicht nur vergeblich, sondern auch ein Zeichen der Verderbnis: die geflüchtete und vertriebene Kreatur, die, weil sie sich vor Gott verborgen (säkularisiert) hat und nun glaubt, es gäbe keinen Gott, maßt sich in ihrem Hochmut an, das zu vollbringen, was Gottes ist. Wie wir seit dem Sündenfall weder gut noch gerecht noch wahr noch heilig sein *können* ohne die Gnade Gottes, so können wir von jenem Augenblick an auch nicht aller Kreatur Freund sein. Wer anders will, verhüllt das Menschliche, er wird zu einem metaphysischen Heuchler. Indem er allen Menschen Freund werden will, wird er Gottes Feind. Die Unterscheidung von Freund und Feind ist also ein Teil des Sündenfalles der Schöpfung. Überall wo der Staat Freund und Feind setzt, wird er notwendig zum Sünder. Will er aber aus Verzicht oder aus Selbstüberhöhung die Unterscheidung aufheben, so wird er zum doppelten Sünder, der sich die Hoheit Gottes anmaßt«[1421].

Von der Ethik her läßt Stapel keine Einwände gegen die Notwendigkeit der politischen Freund-Feind-Unterscheidung und ihrer kriegerischen Konsequenz zu. Das Christentum sei »seinem Wesen nach überhaupt nicht Sittlichkeit«. Das »ethisierte Christentum« sei »daher schlechthin ein *Gegenchristentum*«[1422]. Die Bergpredigt ist für Stapel »nicht eine Ermahnung an das christliche Volk, sondern eine *Jüngerlehre*«[1423]. Sie betreffe ausschließlich diesen Personenkreis. Es sei unerlaubt, diese »Jüngerlehre zu einem allgemeinen Sittengesetz und gar zu einer Norm für Politiker zu machen«[1424]. Wie Schmitt bezieht Stapel das Gebot der Fein-

---
[1420] W. STAPEL, S. 169.
[1421] EBD., S. 170 f.
[1422] EBD., S. 24.
[1423] EBD., S. 39.
[1424] EBD., S. 40.

desliebe nur auf den privaten Feind. Das Wort wende sich nur gegen das Gehässige: »Aber wer *haßt* denn seine Gegner im Kriege?«[1425] »Kriege sind ein Teil dieser Welt, der eine andere Moral beizubringen nicht Jesu Sache ist«[1426].

Unter diesen theologischen Prämissen wird der Staat notwendigerweise militant: »Wie Gott mit seinen himmlischen Heerscharen gegen Lucifer und dessen Gesellen kämpft, so kämpft der Staat mit seinen Feinden«[1427]. Der »wahre Staatsmann« wehre nicht nur die Angriffe auf das Lebensrecht seines Volkes ab, sondern ,»wenn sein Volk sich mehrt und wächst, schafft er ihm, indem er die kriegerischen Kräfte seines Volkes sammelt, Raum zu leben«[1428].

Anders als Schmitt scheut sich Stapel nicht, die Linien dieser Theorie, die eine Theologie zu sein beansprucht, auch expressis verbis in die konkrete politische Praxis hinein zu verlängern. Er träumt vom Imperium Teutonicum. Der Nationalismus als Ergebnis der Französischen Revolution müsse durch einen neuen Imperialismus überwunden werden, dessen Träger die deutsche Nation sei. Wo ihr das Imperium nicht zugestanden werde, müsse es errungen werden[1429]. Und mit Blick auf den Vertrag von Versailles gibt Stapel der deutschen Jugend ein klares Ziel: »Stolze Jünglinge und eine unterworfene Nation – wie geht das zusammen? In Eurer Bitterkeit gärt die Zukunft. Euer Stolz muß von Gott belohnt werden mit dem Führer, der Euch zu Herren macht über die weiten Länder, die Eurer Herrschaft bestimmt sind. Eurer Herrschaft, die wieder Größe und Glanz bringen soll in diese dumpf gewordene, dem Geld und der Gemeinheit verfallenen Welt«[1430].

Fürwahr, das war ein gewaltiges »potentiel de guerre« aus der Feder eines Theologen. Wenn es noch eines Beweises bedurft hätte, daß Schmitts Begriff des Politischen geistigen Sprengstoff enthielt, der über kurz oder lang die Produktion militärischen Sprengstoffs nach sich ziehen mußte, dann ist er mit Wilhelm Stapels theologischer Begründung und Weiterführung der politischen Freund-Feind-Unterscheidung erbracht. Der Krieg ist nicht nur die Voraussetzung der Politik, er wird – zumindest unter den konkreten Umständen des Versailler Vertrages und seiner psychologischen Auswirkungen in Deutschland – nach diesen Theorien auch zu

---

[1425] EBD., S. 41.
[1426] EBD., S. 42.
[1427] EBD., S. 170.
[1428] EBD., S. 190.
[1429] EBD., S. 256.
[1430] EBD., S. 272 f.

dessen Ziel und Inhalt. Keiner hat diese Linie konsequenter weiter- und zu Ende gedacht als der Protestant und Schmitt-Freund Wilhelm Stapel.

9. Totaler Staat statt pluralistischer Gesellschaft

a) Carl Schmitts Einführung des Begriffes »totaler Staat«

Zu den schillerndsten staatsrechtlichen Begriffen, die Schmitt je geprägt hat, gehört derjenige des »totalen Staates«. Versteht man darunter heute gemeinhin den totalitären Staat, so verbargen sich dahinter 1931, als Schmitt den Begriff in die politische Diskussion einführte, noch andere Zusammenhänge und Gedankenstränge. In einem schwer entwirrbaren Knäuel vermengen sich dabei eine Fundamentalkritik des Pluralismus, die Feststellung der Identität von Staat und Gesellschaft und die damit zusammenhängende Universalität des Politischen in dem Sinne, daß es seine Substanz aus allen Sphären oder Sachgebieten ziehen kann.

Dreh- und Angelpunkt des von Carl Schmitt mit dem Begriff des totalen Staates bezeichneten Sachverhalts ist die 1931 formulierte These, daß die dem 19. Jahrhundert entstammende liberalistische Unterscheidung von Staat und Gesellschaft mit dem Sieg des parlamentarischen Gesetzgebungsstaates hinfällig geworden sei[1431]. Die Gegenüberstellungen von Fürst und Volk, Regierung und Volksvertretung seien im 19. Jahrhundert Ausdruck des »fundamentalen Dualismus von Staat und Gesellschaft«[1432] gewesen. Das Parlament »war als der Schauplatz gedacht, auf dem die Gesellschaft erschien und dem Staat gegenübertrat.« Die politische Macht des Parlaments sei groß genug gewesen, um Eingriffe in Freiheit und Eigentum der Bürger nur auf der Grundlage eines Gesetzes, einer vom Parlament gebilligten Norm, zuzulassen[1433]. In diesem »dualistischen« Staat habe es eine Balancierung von zwei Regierungsarten, dem Regierungsstaat und dem Gesetzgebungsstaat, gegeben. Der Staat habe sich um so mehr zum Gesetzgebungsstaat entwickelt, als es dem liberalen Zeitalter gelungen sei, das Parlament über die Regierung und damit die Gesellschaft über den Staat zu stellen[1434].

Mit dem Wegfall des Monarchen und der Vollendung des Gesetzgebungsstaates sei der Staat zur »Selbstorganisation der Gesellschaft«[1435] ge-

---
[1431] C. SCHMITT, Wendung, S. 146 ff.
[1432] EBD., S. 147; folgendes Zitat EBD.
[1433] Vgl. EBD., S. 147 f.
[1434] EBD., S. 148.
[1435] EBD., S. 151.

worden. Das hat für Schmitt weitreichende Folgen: »Organisiert sich die Gesellschaft selbst zum Staat, sollen Staat und Gesellschaft grundsätzlich identisch sein, so werden alle sozialen und wirtschaftlichen Probleme unmittelbar staatliche Probleme und man kann nicht mehr zwischen staatlich-politischen und gesellschaftlich-unpolitischen Sachgebieten unterscheiden. [...] der zur Selbstorganisation der Gesellschaft gewordene, demnach von ihr in der Sache nicht mehr zu trennende Staat ergreift alles Gesellschaftliche, das heißt alles, was das Zusammenleben der Menschen angeht. In ihm gibt es kein Gebiet mehr, demgegenüber der Staat unbedingte Neutralität im Sinne der Nichtintervention beobachten könnte. [...] In dem zur Selbstorganisation der Gesellschaft gewordenen Staat gibt es eben nichts, was nicht wenigstens potentiell staatlich und politisch wäre«[1436].

Nach dem Wegfall seines früheren Gegenübers, dem monarchischen Militär- und Beamtenstaat, habe das Parlament seine bisherige Identität verloren. Die gesetzgebende Körperschaft werde »zum Schauplatz und Mittelpunkt der pluralistischen Aufteilung der staatlichen Einheit in eine Mehrheit festorganisierter Sozialkomplexe«[1437]. Die festen sozialen Verbindungen, »Parteien, Interessenverbände, Konzerne, Gewerkschaften, Kirchen usw.«[1438], die heute Träger des pluralistischen Staates seien, machten aus dem Parlament »ein bloßes Abbild der pluralistischen Aufteilung des Staates selbst«[1439]. Angesichts dieser Situation stellt sich für Schmitt die zentrale Frage, wie die Einheit des Staates, die allein die normale Situation, die Voraussetzung jeder ethischen und rechtlichen Norm[1440], garantiere, noch begründet werden kann.

Mitverantwortlich für diese Schwächung und Relativierung des Staates macht Schmitt die pluralistischen Staatstheorien, insbesondere diejenigen der Angelsachsen Cole und Laski. Diese Theorien seien keineswegs neu. Geistesgeschichtlich überraschend dagegen findet Schmitt, »daß Argumente und Gesichtspunkte, die sonst den Sozialphilosophien der römisch-katholischen Kirche oder anderer Kirchen oder auch religiöser Sekten dazu dienten, den Staat gegenüber der Kirche zu relativieren, nunmehr im Interesse eines gewerkschaftlichen oder syndikalistischen Sozialismus vorgebracht werden. [...] Laski beruft sich sogar auf einen Namen, der bei uns in Deutschland durch die bekannte Schrift von Görres zu ei-

---

[1436] EBD., S. 151 f.
[1437] EBD., S. 157.
[1438] C. SCHMITT, Staatsethik, S. 136.
[1439] C. SCHMITT, Wendung, S. 155.
[1440] C. SCHMITT, Staatsethik, S. 145.

9. Totaler Staat statt pluralistischer Gesellschaft

nem Symbol des Kampfes der universalen Kirche gegen den Staat geworden ist, auf den heiligen Athanasius, und beschwört für seinen Sozialismus der zweiten Internationale den Schatten dieses militantesten Kirchenvaters«[1441]. Die Lehre der katholischen Kirche zur Einheit des Staates findet Schmitt 1930 ohnehin suspekt: »Thomas von Aquin [...] sagt doch im Anschluß an Aristoteles, daß die aufs äußerste getriebene Einheit den Staat zerstöre (maxima unitas destruit civitatem). Außerdem steht bei ihm, wie bei allen Philosophen des Katholizismus, die Kirche als selbständige societas perfecta neben dem Staat, der ebenfalls societas perfecta sein soll. Das ist ein Dualismus, der, wie jede Preisgabe der einfachen Einheit, einer Erweiterung zum Pluralismus viele Argumente bietet«[1442].

In dem im Februar 1933 veröffentlichten Aufsatz »Weiterentwicklung des totalen Staats in Deutschland« unterscheidet Schmitt den totalen Staat aus Schwäche von dem totalen Staat aus Stärke[1443]. Zum totalen Staat der Schwäche schreibt er: »Diese Art totaler Staat ist ein Staat, der sich unterschiedslos in alle Sachgebiete, in alle Sphären des menschlichen Daseins hineinbegibt, der überhaupt keine staatsfreie Sphäre mehr kennt, weil er überhaupt nichts mehr unterscheiden kann. Er ist *total in einem rein quantitativen Sinne, im Sinne des bloßen Volumens, nicht der Intensität und der politischen Energie*. Der heutige pluralistische Parteienstaat in Deutschland hat diese Art des totalen Staates entwickelt«[1444].

Demgegenüber stellt Schmitt den totalen Staat aus Stärke, der sich der neuen technischen Mittel der Massenbeeinflussung und Massensuggestion, insbesondere der Presse und des Films, bedienen müsse: »Der totale Staat in diesem Sinne ist gleichzeitig ein besonders starker Staat. Er ist *total im Sinne der Qualität und der Energie*, so, wie sich der fascistische Staat einen ›stato totalitario‹ nennt, womit er zunächst sagen will, daß die neuen Machtmittel ausschließlich dem Staat gehören und seiner Machtsteigerung dienen. Ein solcher Staat läßt in seinem Innern keinerlei staatsfeindliche, staatshemmende oder staatszerspaltende Kräfte aufkommen. Er denkt nicht daran, die neuen Massenmittel seinen Feinden und Zerstörern zu überliefern und seine Macht unter irgendwelchen Stichworten, Liberalismus, Rechtsstaat oder wie man es nennen will, untergraben zu lassen. Ein solcher Staat kann Freund und Feind unterscheiden. In diesem Sinne ist, wie gesagt, jeder echte Staat ein totaler Staat; er ist es, als *societas*

[1441] Ebd., S. 135.
[1442] Ebd., S. 137.
[1443] C. Schmitt griff dabei vermutlich u.a. eine entsprechende Unterscheidung von W. Gurian aus dem Jahre 1932 auf. Vgl. dazu unten III. 9. c) sowie A. Koenen, S. 200 f.
[1444] C. Schmitt, Weiterentwicklung, S. 67.

perfecta der diesseitigen Welt, zu allen Zeiten gewesen; seit langem wissen die Staatstheoretiker, daß das Politische das Totale ist, und das Neue sind nur die neuen technischen Mittel, über deren politische Wirkungen man sich klar sein muß«[1445].

Mit der Formel vom totalen Staat im qualitativen Sinne hat Carl Schmitt 1933 unter dem Eindruck des italienischen Faschismus eine zeitgemäße Anwort auf die Frage, wie den staatszersetzenden pluralistischen Mächten Einhalt geboten werden kann, gefunden. In diesem totalen Staat der Stärke, den Schmitt noch kurz vor der nationalsozialistischen Machtergreifung mit Hilfe der Diktatur des Reichspräsidenten zu verwirklichen hoffte[1446], ist auch die Einheit des Politischen mit dem Staatlichen wiederhergestellt. Diesem Staat, den sein Freund Ernst Jünger mit dem Schlagwort von der totalen Mobilmachung zunächst unter militärischem Aspekt beschrieben hatte[1447], traut Schmitt auch zu, den als widersinnig empfundenen Status quo von Versailles aufzubrechen und zu überwinden[1448].

Daß Schmitt nicht zögert, den totalen Staat im nationalsozialistischen Staat zu errichten, zeigt sein im März 1933 im »Deutschen Volkstum« erschienener Aufsatz »Machtpositionen des modernen Staates«. Gerade in dieser Zeitschrift wurde auch kein Zweifel daran gelassen, daß der »neue Staat«, der eine Neuordnung von Wirtschaft und Gesellschaft vorzunehmen habe, ein totaler Staat im Sinne Schmitts sei[1449].

Schmitt sieht Anfang der 30er Jahre eine Gefahr für die Einheit des Staates auch von Seiten der Kirchen. Sie zählen für ihn ebenso wie Parteien, Gewerkschaften, Konzerne etc. zu den pluralistischen Mächten. Ja er deutet sogar an, daß er die Lehre der katholischen Kirche von der societas perfecta für die Wurzel aller modernen pluralistischen Theorien hält. War die römisch-katholische Kirche 1923 für Schmitt noch das Vorbild für die staatliche Organisation, so rückt sie in den 30er Jahren in die Rolle einer potentiell einheits- und staatszersetzenden gesellschaftlichen Macht. Daß der qualitative totale Staat auch gegen den politischen Katholizismus in der Form der Zentrumspartei gerichtet ist, zeigt sich darin, daß Schmitt bis 1933 eigentlich keinen totalen Staat der Schwäche, sondern eine Mehr-

---

[1445] EBD., S. 57.
[1446] Vgl. die diesbezüglichen Andeutungen am Schluß dieses Aufsatzes S. 70. Zu beachten ist, daß C. Schmitt die Formel vom totalen Staat zunächst 1931 in »Der Hüter der Verfassung« gebrauchte, wo er seine Hoffnungen zur Überwindung des pluralistischen Staates auf die Diktatur des Reichspräsidenten setzte.
[1447] C. SCHMITT stützt sich auf E. Jünger, in: Wendung, S. 152.
[1448] Vgl. C. SCHMITT, Weiterentwicklung, S. 65.
[1449] A. E. GÜNTHER, Staat, S. 272.

9. Totaler Staat statt pluralistischer Gesellschaft

zahl totaler Parteien sieht, »die jede *in sich* die Totalität zu verwirklichen suchen, in sich ihre Mitglieder total erfassen möchten und die Menschen von der Wiege bis zur Bahre, vom Kleinkindergarten über den Turnverein und Kegelklub bis zum Begräbnis- und Verbrennungsverein begleiten, ihren Anhängern die richtige Weltanschauung, die richtige Staatsform, das richtige Wirtschaftssystem, die richtige Geselligkeit von Partei wegen liefern und dadurch das ganze Leben des Volkes total politisieren und die politische Einheit des deutschen Volkes parzellieren«[1450].

Die Beschreibung dieser »totalen Parteien« trifft in der gesellschaftlichen Praxis im wesentlichen zwei Gruppierungen: die Arbeiterbewegung und den Katholizismus, wobei die meisten der von Schmitt genannten Merkmale eher auf den Katholizismus Bezug nehmen. Mit dem »Begriff des Politischen« und der Formel vom totalen Staat liefert Schmitt somit die theoretischen Werkzeuge, mit denen auch der politische Katholizismus und die Kirche der Einheit des Volkes unterworfen werden können, soweit die politische Einheit dies aus ihrer Sicht für notwendig erachtet.

b) »Staat, Bewegung, Volk« (1933)

In seiner 1933 nach der nationalsozialistischen Machtergreifung vorgelegten Verfassungslehre »Staat, Bewegung, Volk. Die Dreigliederung der politischen Einheit« entwickelt Schmitt seine staatsrechtlichen Vorstellungen im Lichte des konkreten Ordnungsdenkens[1451] weiter. Der totale Staat wird darin, wenn auch unter einem neuen Vorzeichen, ins Totalitäre vorangetrieben.

Mit dem »dreigliedrigen Aufbau der politischen Einheit«[1452], mit den »Ordnungsreihen«[1453] Staat, Bewegung und Volk, will Schmitt das »zweiteilige liberaldemokratische Staats- und Verfassungschema des 19. Jahrhunderts«[1454], das »auf dem Gegensatz von *Staat* und freier *Einzelperson*, von staatlicher *Macht* und individueller *Freiheit*, von *Staat* und staatsfreier *Gesellschaft*, von *Politik* und unpolitischer, daher unverantwortlicher und unkontrollierter *Privatsphäre*«[1455] beruhe, überwinden.

Unter Staat versteht Carl Schmitt »das staatliche Behörden- und Ämterwesen, bestehend aus dem Heer und dem staatlichen Beamtentum«[1456].

[1450] C. SCHMITT, Weiterentwicklung, S. 68.
[1451] Vgl. dazu unten III. 10. a).
[1452] C. SCHMITT, Staat, S. 16.
[1453] EBD., S. 12.
[1454] EBD., S. 22.
[1455] EBD., S. 23.
[1456] EBD., S. 12.

Die Bewegung, die er soziologisch mit einer »Elite« oder einem »Orden« gleichsetzt[1457], ist für ihn die »Staat- und Volktragende *Partei* als der politische Körper«. Schließlich sieht er eine »der *Selbstverwaltung* überlassene Sphäre des Volkes, die sowohl die berufsständische Wirtschafts- und Sozialordnung wie auch die kommunale Selbstverwaltung umfaßt«. In diesem dreiteiligen Aufbau, der »dem großen durch Hegel begründeten Überlieferungen deutschen Staatsdenkens« entspreche, lasse sich der Staat »als der *politisch-statische Teil*, die Bewegung als das *politisch-dynamische* Element und das Volk als die im Schutz und Schatten der politischen Entscheidungen wachsende *unpolitische* Seite betrachten«[1458]. Schmitt zollt den politischen Gegebenheiten Tribut, wenn er ausführt, daß die Bewegung die beiden anderen Reihen durchdringe und führe.

Unter Anlehnung an die christologische Formel von Chalcedon stellt Schmitt fest, »daß Staat, Bewegung, Volk *unterschieden*, aber *nicht getrennt*, *verbunden*, aber *nicht verschmolzen* sind«[1459]. Dem Bereich der Selbstverwaltung billigt Schmitt eine relative Entpolitisierung zu: »Diese ›Entpolitisierung‹ hat aber nichts mit dem früheren politischen Mißbrauch der angeblich ›unpolitischen‹ Selbstverwaltungsangelegenheiten zu tun, sondern beruht ganz auf der *politischen Entscheidung* der anerkannten politischen Führung. Es ist eine grundlegende Erkenntnis der gegenwärtigen deutschen Generation, *daß gerade die Entscheidung darüber, ob eine Angelegenheit oder ein Sachgebiet unpolitisch ist, in spezifischer Weise eine politische Entscheidung darstellt*. Sowohl die ›Objektivität‹ des Beamtentums, insbesondere die ›Unabhängigkeit‹ der Richter, wie der unpolitische Charakter der volkstümlichen Selbstverwaltungssphäre sind mit allen Vorteilen und Sicherheiten des Unpolitischen nur dadurch möglich, daß beide sich der politischen Führung und den politischen Entscheidungen der Staat- und Volktragenden Bewegung unterwerfen«[1460]. Mit anderen Worten: Die Selbstverwaltung steht voll und ganz unter dem Primat des Politischen. Und 1933 war das Politische gleichbedeutend mit der NSDAP.

Der starke Staat, der das Ganze der politischen Einheit sichere, sei »die Voraussetzung eines starken Eigenlebens seiner verschiedenartigen Glieder«[1461]. Jede politische Einheit brauche einen »einheitlichen Formgedanken, der alle Gebiete des öffentlichen Lebens durchgängig gestaltet«. Der

---

[1457] EBD., S. 13; folgende Zitate EBD.
[1458] EBD., S. 12; folgendes Zitat EBD.
[1459] EBD., S. 21.
[1460] EBD., S. 17.
[1461] EBD., S. 33; folgendes Zitat EBD.

9. Totaler Staat statt pluralistischer Gesellschaft 343

totale Staat Schmitts ist demnach nicht nur der starke, autoritäre Staat, er ist auch ein eifersüchtiger Staat, der neben sich keinerlei politisches Eigenleben anderer Gruppierungen duldet und sich vorbehält, jederzeit und überall politisch zu intervenieren. Modell für diesen totalen Staat steht Hegels »*Reich* der objektiven Sittlichkeit und der Vernunft, das imstande ist, über der bürgerlichen Gesellschaft zu stehen und sie von oben in sich einzufügen«[1462].

Auf die Stellung der Kirchen im dreigliedrigen Aufbau der politischen Einheit geht Schmitt nur in einer Fußnote ein. Darin heißt es etwas dunkel: »Solange die Kirche keinen politischen Totalitätsanspruch erhebt, kann sie in der dritten, d.h. der autonomen Selbstverwaltungssphäre ihre Stelle finden; erhebt sie aber den politischen Totalitätsanspruch, so bedeutet das, daß sie von sich aus Staat, Bewegung und Volk deren Platz anzuweisen beansprucht und Freund und Feind des Volkes *von sich aus* unterscheiden will«[1463]. Da aber diese Aufgabe nach der Konzeption Schmitts ausschließlich der politischen Bewegung vorbehalten ist, würde ein solcher Anspruch der Kirchen diese als innenpolitische Staatsfeinde ausweisen und nach den im »Begriff des Politischen« entwickelten Grundsätzen mit Krieg und der Vernichtung des Feindes, hier also der Kirchen, beantwortet werden können. Schmitts Anmerkung zur Rolle der Kirchen kann also nicht nur als Aufforderung, sich in die Sakristei zurückzuziehen und den politischen Führungsanspruch der Bewegung zu akzeptieren, sondern auch als eine massive Drohung, die Androhung des Kirchenkampfes für den Fall der Zuwiderhandlung, verstanden werden.

Als »Grundbegriffe des nationalsozialistischen Rechts« stellt Schmitt Führertum und Artgleichheit vor[1464]. Die römisch-katholische Kirche habe »für ihre Herrschaftsgewalt über die Gläubigen das Bild vom Hirten und der Herde zu einem theologisch-dogmatischen Gedanken ausgeformt. Wesentlich aus diesem Bilde ist, daß der Hirt der Herde absolut *transzendent* bleibt«[1465]. Der nationalsozialistische Begriff von Führung sei damit unvereinbar: »Er stammt weder aus barocken Allegorien und Repräsentationen, noch aus einer cartesianischen idée générale. Er ist ein Begriff unmittelbarer Gegenwart und realer *Präsenz*. Aus diesem Grunde schließt er auch, als positives Erfordernis, eine *unbedingte Artgleichheit zwischen Führer und Gefolgschaft* in sich ein. [...] Nur die Artgleichheit kann verhindern, daß die Macht des Führers Tyrannei und Willkür

---
[1462] C. SCHMITT, Arten, S. 46.
[1463] C. SCHMITT, Staat, S. 17.
[1464] EBD., S. 32.
[1465] EBD., S. 41.

wird«[1466]. Die katholische Dogmatik taugt 1933 also auch nicht mehr als Steinbruch für politische Fundamentalbegriffe. Die in den 20er Jahren so zentrale Figur der Repräsentation wird in das Reich des Barocks verwiesen; reale Präsenz ist nun gefragt. Die Aufgabe des Naturrechts, den Staat vor Tyrannei und Willkür abzuhalten, übernimmt bei Schmitt die Artgleichheit. Sie ist für ihn die »Bindung, die zuverlässiger, lebendiger und tiefer ist als die trügerische Bindung an die verdrehbaren Buchstaben von tausend Gesetzesparagraphen«[1467].

Eine einheitliche, stringente Theorie des totalen Staates hat Schmitt nach alledem nicht entwickelt. Er wirft die Formel »totaler Staat« 1931 in die politische Diskussion und gibt ihr mit der Unterscheidung des totalen Staats aus Schwäche von demjenigen aus Stärke 1933 noch einmal eine andere Richtung und einen anderen Bedeutungsgehalt. Stellt er 1931 im Sinne einer Realanalyse mit diesem Begriff die für ihn zunächst bedauerliche Wirklichkeit der Dominanz der pluralistischen Gesellschaft gegenüber dem Staat fest[1468], formuliert er 1933 mit dem totalen Staat der Stärke in Anlehnung an die faschistischen Experimente in Italien doch noch einen staats- und gesellschaftspolitischen Zukunftsentwurf, an dem sich die Phantasie seiner Zeitgenossen entzünden konnte.[1469] Es zeichnet sich hier das Modell einer Ordnung ab, die die Grenze zwischen zentralstaatlich organisierter und freier gesellschaftlicher Sphäre prinzipiell aufhebt.[1470] Schmitt selbst läßt jedoch bei der Beschreibung des – idealen – Verhältnisses von Staat und Gesellschaft viele Fragen offen. Es dient nicht unbedingt der konzeptionellen Klarheit, einerseits unter Berufung auf Hegel die Auflösung der üblichen Unterscheidung und Trennung von Staat und Gesellschaft, Staat und Wirtschaft, Politik oder Kultur sowie die potentielle Ubiquität des Politischen zu verkünden, andererseits aber für das Volk eine Sphäre der Selbstverwaltung zu fordern, in die sich der totale Staat aus Stärke möglichst nicht einmischen soll, dies aber durchaus kann, weil er von sich aus Freund und Feind unterscheidet und den innenpolitischen Feind auch im Bereich der Selbstverwaltung vorfinden kann. Hier wird vieles in der Schwebe gehalten und damit auch unterschiedlichen Interpretationen zugänglich gemacht.

[1466] EBD., S. 42.
[1467] EBD., S. 46.
[1468] In einem Brief an J. P. Faye vom 5. September 1960 bezeichnet C. Schmitt die Formel vom totalen Staat »als reine Wirklichkeits-Analyse, ohne jedes ideologische Interesse, ohne politische Zielsetzung und ohne philosophisch – metaphysische Implikationen« (zit. nach G. MASCHKE, Amt, S. 110, Anm. 80).
[1469] Vgl. L.-A. BENTIN, S. 4.
[1470] EBD., S. 4.

9. Totaler Staat statt pluralistischer Gesellschaft 345

Die staatsrechtlichen Konsequenzen der in der Formel vom totalen Staat und in der politischen Theorie Schmitts insgesamt vorhandenen Tendenzen zum Totalitären haben ab 1933 Schmitts protestantische Schüler Ernst Forsthoff und Karl Lohmann, aber auch andere Rechtslehrer gezogen. Für Forsthoff ist der totale Staat »der Staat mit umfassender inhaltlicher Fülle im Gegensatz zum inhaltlich entleerten, durch Autonomisierungen, d.h. durch juristische Sicherungen vorausgesetzter Eigengesetzlichkeiten minimalisierten und nihilisierten liberalen Staat«[1471]. »Er stellt die totale Inpflichtnahme jedes einzelnen für die Nation dar«[1472]. Und: »die Totalität des Politischen muß in dem totalen Staat ihre Form finden«[1473]. Für Lohmann gibt der nationalsozialistische Staat, der nicht aus Schwäche, sondern aus Stärke total sei, zu erkennen, »daß er die angeblich autonomen Bereiche, in die die liberale Gesellschaft vor der politischen Inpflichtnahme auszuweichen pflegte, von nun ab nicht mehr duldet und von keinem Durchgreifen sich mehr abhalten läßt, wenn es die politische Situation oder das Gemeinwohl erfordern«[1474]. Koellreutter versteht den totalen Staat als »Staat, dessen Staatsgewalt und Zuständigkeiten vor keinem menschlichen Lebensgebiet haltmachen«[1475]. Er ist überzeugt, »daß diese politische Lebensform alle Lebenskreise eines Volkes erfassen und gestalten muß«[1476]. Und für Gerber will der Totalitätsanspruch des nationalsozialistischen Staates »den Geltungsanspruch des Ganzen durch alle Gliederungen hindurch zur Anerkennung bringen und damit die Geschlossenheit und Einheit sicherstellen, die ein lebendiges Volk darstellt und die zu repräsentieren und zu gewährleisten Sache der staatlichen Führung ist«[1477]. In der konservativen Zeitschrift »Der Ring« wird 1933 der Überzeugung Ausdruck verliehen, daß die Totalität des Staatsbegriffes »auch nicht vor dem Problem der Religion, noch weniger vor dem Christentum, am allerwenigsten vor der Kirche Halt machen«[1478] könne. Vor allem solche Äußerun-

---

[1471] E. FORSTHOFF, S. 7.
[1472] EBD., S. 42.
[1473] EBD., S. 29.
[1474] K. LOHMANN, Staatsauffassung, S. 32; er glaubt 1933 noch daran, daß die Stärke des totalen NS-Staates in der Mäßigung liege. Im Vorwort gibt er an, seine Arbeit gründe sich »in weitem Umfang auf das wissenschaftliche Werk von Herrn Staatsrat Professor Dr. Carl Schmitt« (EBD., S. 5).
[1475] O. KOELLREUTTER, Grundriß, S. 64; für ihn ist der liberale Machtstaat »bloß totaler Staat«, während der nationale Rechtsstaat als »autoritärer Führerstaat« über eine vom Vertrauen des Volkes getragene Staatsautorität verfüge. In ihm seien »Gleichschaltung« und »politische Totalität« nicht das »eigentliche Wesen des Staates, das nur in einer auf Gemeinschaftsethik beruhenden Staatsautorität bestehen kann« (EBD., S. 64).
[1476] O. KOELLREUTTER, Führerstaat, S. 15.
[1477] H. GERBER, S. 28.
[1478] Zit. nach W. S., 373.

gen waren es, die um 1933 die Katholiken unter dem Stichwort »totaler Staat« in Furcht und Schrecken versetzten und auch ihre Stellungnahmen zu diesem Konstrukt prägten.

c) Zeitgenössische Kritik

Das Schlagwort vom totalen Staat stieß im deutschen Katholizismus in den Jahren 1932 bis 1936 ganz überwiegend auf Ablehnung. Noch deutlicher als beim »Begriff des Politischen« spürte man, daß mit der These von der Identität von Staat und Gesellschaft, insbesondere in ihrer Version vom totalen Staat der »Qualität und Energie«, der von der katholischen Kirche beanspruchte Freiraum im Gesellschaftlichen und die Persönlichkeitsrechte des Individuums gefährdet sind. Dabei richtete sich die katholische Kritik nicht allein gegen Schmitts totalen Staat. Häufig wurde ein allgemeines Unbehagen formuliert, ohne zwischen den Positionen Schmitts und anderer Autoren, die die Formel vom totalen Staat mit totalitären Inhalten füllten und die Machtbefugnisse des Staates noch stärker betonten, hinreichend zu differenzieren.

Der Journalist Georg Schmitt nimmt als einer der ersten die These von der Identität von Staat und Gesellschaft, mehr in einer Übernahme der Diagnose Schmitts als in einer Kritik, zur Kenntnis. In seinem Aufsatz vom Oktober 1932 »Parteienstaat und Parteiismus. Ein Beitrag zur Soziologie der Parteien« geht er der Frage nach den Ursachen des Bedeutungsverlusts des Parlaments, den zunehmenden politischen Spannungen und dem drohenden Zerfall des Volkes »in einige große soziale Machtkomplexe«[1479] nach. Er legt dabei eine geschichtliche Analyse des seit dem 19. Jahrhundert grundlegend veränderten Verhältnisses von Staat und Gesellschaft« vor, die nahezu wörtlich aus Schmitts »Der Hüter der Verfassung«, wo dieser zuerst seine These vom totalen Staat vorgetragen hatte, abgeschrieben ist[1480]. Seine Quelle legt G. Schmitt freilich nicht offen.

Im 19. Jahrhundert habe, so Georg Schmitt, der Militär- und Beamtenstaat gegenüber der Gesellschaft, insbesondere aber der Wirtschaft noch das Gesetz der Nichteinmischung befolgt. Vor allem durch die Aktivitäten des Staates im Krieg, der »im stärksten Maße in die ehemals freie

---

[1479] G. SCHMITT, »Parteienstaat und Parteiismus. Ein Beitrag zur Soziologie der Parteien, in: RHEIN-MAINISCHE VOLKSZEITUNG«, Nr. 230, 3. Oktober 1931, S. 1; die folgenden Zitate EBD.

[1480] So übernimmt G. Schmitt den von C. Schmitt zitierten Satz Talleyrands: »Nichteinmischung ist ein schwieriger Begriff, er bedeutet ungefähr dasselbe wie Intervention.« Im 19. Jahrhundert habe die Volksvertretung noch Autorität gehabt, da sie im Namen des Volkes dem König und seiner Regierung gegenübergetreten sei. G. Schmitt spricht auch von »einer großen Anzahl dilatorischer Kompromisse«, mit denen die Weimarer Verfassung belastet sei.

Wirtschaft eingreifen« mußte, habe sich das Verhältnis von Staat und Gesellschaft von Grund auf gewandelt: »*Der Staat wird zur Gesamtorganisation der Gesellschaft.* Die Zeit der Nichteinmischung ist vorbei. Handelt es sich im Krieg noch um eine *Gesamt*organisation der Gesellschaft unter der Führung des alten Militär- und Beamtenstaates, so wird nach dessen Zusammenbruch am Ende des Krieges der Staat zu einer neuen Aufgabe, zur *Selbst*organisation der Gesellschaft. Das aber hat zur Folge, daß alle sozialen und wirtschaftlichen Probleme *unmittelbar* staatliche Probleme werden und die frühere Gegenüberstellung von Staat und Gesellschaft zunächst ihren Sinn verliert.«

Georg Schmitt beklagt, daß die Parteien bestrebt seien, »sich in staatsähnlicher Weise zu organisieren und sich voreinander abzuschließen.« Er spricht deshalb »von einer Zeit des politischen Integralismus« und sieht darin eine ansteckende Krankheit, die auch eine Gefahr für den politischen Katholizismus sei: »Der Integralismus in dem oben beschriebenen Sinne mag allenfalls bei denjenigen Parteien verständlich sein, die glauben hoffen zu dürfen, durch ihren Sieg die heutige Mehrzahl von Parteien beseitigen und sich selbst zum ›Staate‹ machen zu können. Demgegenüber erscheint es uns als die vornehmste Aufgabe des politischen Katholizismus, heute noch einmal die Freiheit gegen die verschiedensten Pseudoautoritäten zu verteidigen.«

Georg Schmitts Beitrag zur Soziologie der Parteien ist im Hinblick auf Carl Schmitts These vom totalen Staat in mehrfacher Hinsicht aufschlußreich: Er übernimmt den Befund des modernen Staates als Selbst- und Gesamtorganisation der Gesellschaft, also Carl Schmitts historische Beschreibung, für die dieser zunächst den Begriff des totalen Staates geprägt hat. Beachtlich ist, daß die Schriften Carl Schmitts im Kreis der linksrepublikanischen Rhein-Mainischen Volkszeitung nicht nur gelesen, sondern auch als geistiger Steinbruch für das eigene Theoriegebäude herangezogen wurden. Allerdings wird bei dem Redakteur der Rhein-Mainischen Volkszeitung 1931 ein gehöriges Maß an Skepsis gegen den politischen Integralismus von totalitären Parteien sichtbar, die sich selbst an die Stelle des Staates setzen wollen. Auf einen solchen politischen Absolutismus lief aber im Kern die politische Theorie Carl Schmitts im allgemeinen und die Entwicklung der Lehre vom totalen Staat im besonderen hinaus. Gegenstand einer Kritik an Carl Schmitt ist dies im Beitrag Georg Schmitts aber nicht.

Waldemar Gurian nennt 1932 drei unterschiedliche Zukunftsvorstellungen vom Staat, die sich gegeneinander wenden müßten, sobald die Weimarer Republik als ihr gemeinsamer Gegner erschüttert sei: »autoritàrer Staat gegen die parlamentarische Parteiherrschaft; totaler Staat gegen den Zwiespalt von Staat und Gesellschaft; das Reich gegen die humanitärwestlerische Demokratie«[1481].

Im Willen zum totalen Staat verkörpert sich für Gurian »die Absage an das liberale Bürgertum und den parlamentarischen demokratischen Sozialismus«[1482]. Er versteht dieses Staatsmodell dabei 1932 so, wie es später allgemein verstanden wurde, wie es sich aber aus den Schriften Schmitts bis dahin lediglich aus der Zusammenschau seines gesamten Werkes, nicht aber aus der 1931 im »Hüter der Verfassung« vorgetragenen These dem Wortlaut nach entnehmen läßt: »Im Willen zum totalen Staat lebt die Vorstellung von der einheitlichen Leitung des gesamten menschlichen Lebens. Die letzte Entscheidung ruht immer bei der zentralistischen Autorität; sie greift also nicht nur dann ein, wenn die unteren Gesellschaftsorgane versagen, sondern ihre Eingriffs- und Leitungsrechte sind prinzipiell unbegrenzt. Der totale Staat ist das Gegenstück zum liberalen neutralen Staat. Dieser bejaht prinzipiell die Trennung von politischem Staat und wirtschaftender Gesellschaft. [...] Im totalen Staat dagegen soll diese Trennung von Staat und Gesellschaft aufgehoben werden. In der Beschränkung der staatlichen Eingriffsmöglichkeiten zeige sich, so meinen die Anhänger des totalen Staates, doch nur eine maskierte Herrschaft bestimmter Gesellschaftsgruppen«[1483].

Nach Gurian beruht die Idee des nationalistischen totalen Staates auf der Erfahrung der totalen Mobilmachung, auf dem Willen der deutschen Nation, sich gegen alle Feinde zu behaupten. Aus dieser Einstellung resultiere auch eine Kritik am Parlamentarismus des Weimarer Staates, der eine totale Mobilmachung gegen die »Ordnung von Versailles« nicht habe durchführen können[1484]. In der Formel vom totalen Staat verdichte sich der Wille, »die deutsche Stellung in einer feindlichen Welt, um jeden Preis, unter jedem Verzicht zu behaupten«[1485].

Zeitlich bereits vor Schmitt unterscheidet Gurian einen totalen Staat aus Schwäche von einem solchen aus Stärke: »Der Weimarer Staat [...] ist die Karikatur eines totalen Staates. Seine Eingriffe geschehen nicht aus Stärke, sondern aus Schwäche. Es fehlt ihnen ein Ziel, eine Grundrichtung; [...] Der echte totale Staat dagegen, der die politische Form der Nation darstellt, besitzt einen Plan und eine Idee, die über das Momentane materiel-

---

[1481] W. GERHART (= W. Gurian), S. 112.
[1482] EBD., S. 119.
[1483] EBD., S. 117.
[1484] EBD., S. 118.
[1485] EBD., S. 119.

ler Interessen hinausreicht. Er ist die Fortsetzung Preußens in der modernen Welt der Technik und der Wirtschaft«[1486].

Außerdem differenziert Gurian zwischen dem autoritären und dem totalen Staat: »Der autoritäre Staat setzt noch unpolitische oder von der Politik nicht zentral bestimmte Gebiete voraus. Diese sollen ja gerade seine Autorität tragen. Im totalen Staat dagegen gibt es nichts, was unpolitisch wäre. Der autoritäre Staat kennt noch die Frage nach Legitimationen, die über den politischen und sozialen Kampf hinausreichen. Der totale Staat legitimiert sich selbst, die Existenz der Nation ist für ihn [...] die einzige Grundlage und Rechtfertigung [...]. Im totalen Staat wird die kämpfende Nation zu einer geschlossenen Einheit [...]. Die Antithese: Totaler Staat gegen den Zwiespalt von Staat und Gesellschaft ist also viel prinzipieller als die Antithese: Autoritärer Staat gegen parlamentarische Parteiherrschaft. Sie sucht nicht nur einen in Unordnung geratenen Lebensbereich wieder zu heilen, sondern sie ist der Ausdruck eines das ganze Leben umfassenden und bestimmenden Glaubens«[1487].

Überraschend ist die Einschätzung der parteipolitischen Besetzung des Begriffs totaler Staat und die Beurteilung seiner Zukunftswirkung: »Heute ist er noch eine Angelegenheit nationalistischer Literaten, eine unklare allgemeine Kampfparole, die von Gegnern des Nationalsozialismus benutzt wird, um vor seinen bolschewisierenden Elementen zu warnen. Der Wille zum totalen Staat kann sich allerdings mit militärischen Plänen verbinden und dadurch von einem Programm zu einer realen Möglichkeit sich entwickeln«[1488].

Gurian erwähnt den Namen Carl Schmitts im Kontext seiner Darstellung des totalen Staates nicht. Er nennt überhaupt keine Namen. Daß die Theorien Schmitts die Schablone für seine Skizze abgeben, ist jedoch unverkennbar. Bereits mit der Definition des totalen Staates macht Gurian deutlich, daß sich dieser Staat mit dem katholischen Subsidiaritätsprinzip nicht vereinbaren läßt. Seine Beschreibung ist außerdem durch eine ungewöhnliche Sensibilität für die in Schmitts Staatslehre gegebenen Zusammenhänge von der politischen Theologie, dem Begriff des Politischen und der Formel vom totalen Staat gekennzeichnet. Gurian stellt die Verbindung der Formel vom totalen Staat mit der außenpolitischen Lage Deutschlands nach dem Versailler Vertrag und damit mit Schmitts Begriff des Politischen her. Er durchschaut auch als einer der wenigen katholischen Publizisten schon früh den hinter diesen Theorien steckenden sä-

---
[1486] EBD., S. 118.
[1487] EBD., S. 120.
[1488] EBD., S. 119.

kularen Integralismus Schmitts und die daraus resultierenden möglichen politischen Abgründe. Aus dem ganzen Duktus seiner Ausführungen wird bereits 1932 deutlich, daß er Schmitts Staatsrechtslehre für unvereinbar mit der katholischen Soziallehre hält und ablehnt.

Der Bonner Philosoph Alois Dempf[1489] beschäftigt sich 1932 mit der Stellung des Katholizismus zum Faschismus, wobei er Faschismus und das Konzept vom totalen Staat gleichsetzt. Da Schmitt bereits 1929 den faschistischen Staat Mussolinis als einen Staat, der »mit antiker Ehrlichkeit wieder Staat sein« wolle, als einen Staat »mit sichtbaren Machtträgern und Repräsentanten«, der nicht »Fassade und Antichambre unsichtbarer und unverantwortlicher Machthaber und Geldgeber« sei, rühmte[1490] und 1933 den »stato totalitario« als Vorbild für seinen totalen Staat der Stärke vorstellte, kann und muß Dempfs Beitrag auch als grundsätzliche Kritik an Schmitts Staatsvorstellung verstanden werden.

Als verbindende Elemente zwischen Katholizismus und Faschismus stellt Dempf den Kampf »gegen die zwei Hauptirrtümer des 19. Jahrhunderts«[1491], den Liberalismus und den Sozialismus, und die Forderung nach dem Primat des Politischen gegenüber privatkapitalistischer oder kollektivistischer Interessenpolitik fest. Diese Gemeinsamkeiten erklärten auch die anfängliche Sympathie vieler Katholiken für die faschistische Bewegung[1492].

[1489] A. Dempf (1891 – 1982) kam aus der katholischen Jugendbewegung und gehörte zum Kreis der Laienschüler H. Schells und mit seinem Freund, dem Bonner Romanisten H. Platz, zu den Begründern der »Liturgischen Bewegung« und den Autoren der Zeitschrift ABENDLAND. Seit 1926 lehrte er als Privatdozent an der Universität Bonn, wo er auch mit C. Schmitt Kontakt hatte (vgl. zur Biographie A. Dempfs: F. HAGEN-DEMPF, S. 7 ff.). A. Dempf versuchte Mitte der 20er Jahre, C. Schmitt zur Mitarbeit im ABENDLAND zu bewegen. A. Koenen zieht aus entsprechenden Briefen den Schluß, C. Schmitt sei mit A. Dempf befreundet gewesen (A. KOENEN, S. 50). Nach. V. Berning gab es zwischen den beiden während der gemeinsamen Zeit als Hochschullehrer in Bonn »endlos kontroverse Diskussionen«. A. Dempf habe in C. Schmitt einen Schüler E. Petersons gesehen, »der aus dem von diesem entwickelten historisch-soziologischen Begriff der auf die christliche Theologie nicht anwendbaren ›Politischen Theologie‹ die falschen Schlüsse zog« (V. BERNING, Nachwort, S. 260). A. Dempf war mit E. Peterson, W. Neuß, W. Gurian, W. Becker und K. Muth befreundet, also mit Persönlichkeiten, denen auch C. Schmitt freundschaftlich verbunden war (vgl. dazu unten V.). Er nahm für sich in Anspruch, daß sich W. Gurian und W. Becker (»der Vorzugsschüler des Juristen *Carl Schmitt*«) seiner Position näherten (A. DEMPF, Philosophie, S. 52). Mit H. Platz und W. Neuß gehörte A. Dempf zu den Autoren der 1934 erschienenen, gegen A. Rosenberg gerichteten Streitschrift »Studien zum Mythus des 20. Jahrhunderts«. Drei Berufungen A. Dempfs an deutsche Universitäten scheiterten 1934, 1935 und 1936 am Einspruch A. Rosenbergs. Dem Ruf an die Universität Wien konnte A. Dempf Folge leisten. 1938 wurde er jedoch zwangspensioniert (vgl. F. HAGEN-DEMPF, S. 13 – 17; A. DEMPF, Philosophie, S. 52).

[1490] C. SCHMITT, Wesen, S. 113.
[1491] A. DEMPF, Stellung, S. 750.
[1492] EBD., S. 751; folgende Zitate EBD.

Die jeweilige Begründung für den Antiliberalismus und Antisozialismus von Katholizismus und Faschismus sei jedoch völlig unterschiedlich: hier die katholische Sittenlehre, dort das Streben nach politischer Macht. An Stelle der liberalen Wirtschaftsomnipotenz und der sozialistischen Alleinbedeutung der Gesellschaft und Wirtschaft verkünde der Faschismus eine neue Staatssouveränität[1493]. Mit dem Anspruch des souveränen Primats des Staates oder gar eines Einparteienstaates seien die Konflikte mit der Sozialethik der katholischen Kirche jedoch vorprogrammiert.

Im einzelnen sieht Dempf vier Konfliktfelder. Erstens stehe die Eroberung der Macht durch eine herrschende Minderheit, die sich »im Gegensatz zur formaldemokratischen Mehrheitsideologie zur Herrschaft über ein Volk berufen«[1494] fühle, zu sehr im Mittelpunkt: »Und das steht im Widerspruch mit der christlichen Sozialordnung, die Volk und Staat als eine freie Rechtsgemeinschaft auffassen muß, weil wesentliche Grundrechte der Persönlichkeit nur in einer freien Volkspolitik rechtlich gesichert sind. So gern sich die katholische Soziallehre immer wieder mit einem patriarchalisch gemäßigten Absolutismus vertragen hat, so energisch hat sie doch immer wieder zwar nicht für freie wirtschaftliche und freie politische Bewegung sich eingesetzt, wohl aber immer die demokratischen Rechte betont, sobald die Sittenordnung, die Erziehung, die religiöse Freiheit, kurz die religiös-sittlichen Rechte in Frage gestellt waren.«

Hier sieht Dempf auch den zweiten Konfliktpunkt: Der totale Staat beanspruche »das Monopol der Volkserziehung«, er erhöhe sich »zur Sittenautorität für das Volk.« Das müsse zum Streit mit der Kirche führen, die »längst ihre feste Sittenlehre und ihre bestimmten Ansprüche auf die Volkserziehung in Sittenfragen« habe.

Da der totale Staat seine Autorität zur »unantastbaren Hoheit« emportreibe, stelle sich drittens »die uralte Problematik des Primats des Staats über die Religion oder der Religion über den Staat«[1495]. Während der totale Staat die oberste Entscheidungsgewalt in allen politischen, geistigen und sittlichen Fragen haben wolle, bleibe die »primauté du spirituel« das »Grundgesetz des kirchlichen Verhältnisses zum Staate.«

Schließlich stellt Dempf mit der Forderung des totalen Staates nach außenpolitischer Souveränität über das Völkerrecht einen imperialistischen Zug fest, der mit der katholischen Sozialethik, die am naturrechtlich begründeten Primat des Völkerrechts über den positiven Willen des Staates festhalte, unvereinbar sei: »Die Idee des Rechtes und der Völker-

---

[1493] EBD., S. 751 f.
[1494] EBD., S. 752; folgende Zitate EBD.
[1495] EBD., S. 753; folgende Zitate EBD.

gemeinschaft als freier Rechtsgemeinschaft steht über dem Staatswillen, der sich für die einzige Quelle des Völkerrechts als eines bloßen positiven Vertragswerks halten möchte.«

Dempf zieht also weitgehend mit naturrechtlicher Argumentation gegen das Konzept des totalen Staates ins Feld. Auffällig ist sein Beharren auf demokratische Rechte, soweit sie von der Kirche in Anspruch genommene Felder berühren. Wenn Dempf freimütig einräumt, die Kirche habe sich nicht für freie wirtschaftliche und politische Bewegung eingesetzt, dann dokumentiert er damit, daß die Grundprinzipien der parlamentarischen Demokratie von Weimar für ihn keine Werte darstellen, für die sich ein Engagement lohnen könnte.[1496] So sorgt sich denn Dempf weniger um die Rechte des Individuums als um diejenigen der Kirche. Er weiß, daß sich für die Kirche im totalen Staat bald die Existenzfrage stellen kann und daß dieser Staat ein partnerschaftliches Mit- und Nebeneinander von zwei societates perfectae nicht leben kann und will. Für die deutschen Verhältnisse war dieser Beitrag Ende 1932 eine – vergebliche – Warnung, sich mit dem verführerischen Gift der faschistischen Staatsrechtslehre einzulassen.

Vor dem Hintergrund solcher Ausführungen ist es nicht verwunderlich, daß sich Alois Dempf bald als ein engagierter Gegner des Nationalsozialismus profilierte. Unter dem Pseudonym Michael Schäffler ließ er 1934 in Zürich die von seinem Freund Karl Barth in der Schweiz geschmuggelte Arbeit »Die Glaubensnot der deutschen Katholiken« veröffentlichen.[1497] Darin greift er scharf das die Glaubensfreiheit beeinträchtigende totalitäre NS-Regime an und beklagt die Schwäche der katholischen Kirche, insbesondere der Bischöfe, im kirchenpolnischen Kampf gegen die nationalsozialistische Pseudokirche.[1498] Den ernstesten Grund für diese Schwäche sieht er darin, daß die Kirche nicht klar und rechtzeitig genug den unterschiedlichen Bedeutungsgehalt der Begriffe »totaler Staat«, »totale Bewegung« und »totale Weltanschauung« erkannt habe[1499]. Sie habe sich insbesondere der Täuschung hingegeben, sie könne mit ähnlichem

---

[1496] A. Dempf gehörte zwar zur konservativen katholischen Opposition gegen den Nationalsozialismus, ein Verfechter der realen Weimarer Demokratie war er jedoch nicht. In den 20er Jahren stand er in vielen Überzeugungen näher bei C. Schmitt als bei dessen Kritikern. So warf er 1923 E. Michel vor, er übertreibe die Freiheit des Einzelmenschen, der seine Freiheit nur dadurch erweisen könne, »daß er in freier Hingabe in die objektiven Ordnungen« eingehe (A. DEMPF, Kirche, S. 307). Wiederholt sprach er abwertend von der »heutigen Formaldemokratie« (z. B. A. DEMPF, Gallikanismus, S. 243 f.).
[1497] Vgl. A. DEMPF, Philosophie, S. 52.
[1498] M. SCHÄFFLER, S. 196 – 242.
[1499] EBD., S. 218.

9. Totaler Staat statt pluralistischer Gesellschaft 353

Erfolg wie mit dem Faschismus auch mit Hitler konkordieren. Dieser Vorstellung hält Dempf entgegen: »*der Faschismus ist totale Politik, der Nationalismus aber totale Weltanschauung*«[1500]. Und eine totale Weltanschauung könne niemals vertragstreu gegenüber anderen Weltanschauungen sein[1501].

In diesem Zusammenhang erläutert Dempf auch den Begriff des »totalen Staates« und geht dabei auf die Lehre Schmitts ein. Es habe schon früher, etwa von Hobbes oder Hegel, Theorien über den totalen Staat gegeben: »Es gab sogar noch im dritten Reich eine Theorie über ihn, nämlich von dem Kronjuristen des neuen Regimes, Carl Schmitt. Sie [...] lief im wesentlichen darauf hinaus, der totale Staat habe den bedingungslosen Primat über alle anderen Staatsfaktoren, ohne jede Teilung der Gewalten, ja, er sei die inappellable Entscheidungsgewalt. Als Gegenbild gegen den Pluralismus der anonymen Vielregiererei in Zeiten der Parlamentsherrschaft war diese Theorie immerhin für manchen verführerisch genug. Mittlerweile ist sie freilich von ihrem eigenen Urheber aufgegeben worden [...] zu Gunsten der noch viel radikaleren ›totalen Bewegung‹«[1502].

Dempf rechnet damit Schmitts ursprüngliche Theorie vom totalen Staat eher der – von ihm ebenfalls abgelehnten – faschistischen Linie der »totalen Politik« zu. Er sieht Schmitt freilich 1934 voll im Bannkreis des totalitären NS-Regimes. Was er von Schmitts theoretischer Weiterentwicklung hält, wird schon dadurch deutlich, daß er in diesem Zusammenhang den zuerst von Waldemar Gurian auf Schmitt bezogenen Kampfbegriff »Kronjurist des neuen Regimes«[1503] verwendet.

Dempf entzieht sich nicht der von Schmitt formulierten Erkenntnis, daß der moderne Industriestaat ein totaler Staat ist, »der bis heute alle Lebenszweige durchbürokratisiert und durchrationalisiert hat«[1504]. Aber er wendet sich entschieden gegen die totale NS-Bewegung. Sie nutze die »Totalität aller Mittel der Massenbeherrschung und Massensuggestion [...] zum Gewissenszwang«[1505], sie werde »zu einer förmlichen Ersatzreligion, zu einem den ganzen Menschen für sich fordernden Glauben an die Idee der Hitlerbewegung«[1506]. Gegen diese moderne Häresie fordert er die Bischöfe zum kompromißlosen Kampf auf der Ebene des Glaubenskampfes auf.

[1500] EBD., S. 217.
[1501] EBD., S. 218.
[1502] EBD., S. 219.
[1503] Zu W. Gurian vgl. unten V. 2. b).
[1504] M. SCHÄFFLER, S. 220.
[1505] EBD., S. 220 f.
[1506] EBD., S. 225.

Zu den grundsätzlichsten Kritikern der Idee der politischen Vereinnahmung des Einzelnen durch den totalen Staat gehört um 1933 der Jesuit Gustav Gundlach. Er nimmt die Einführung des Arbeitsdienstes zum Anlaß, seine diesbezüglichen Bedenken erstmals zu formulieren. Diese Dienstpflicht lasse sich folgerichtig in die nationalsozialistische Vorstellung vom totalen Staat einordnen: »Vom Staat herkommende allgemeine Schulpflicht, allgemeine Arbeitsdienstpflicht und allgemeine Wehrpflicht sollen die Formung und Bildung des jungen und heranwachsenden Staatsbürgers so ausschließlich gestalten, daß ihm eigentlich kaum noch ›Ferien vom Staat‹ bleiben. [...] Insofern außerdem die allgemeine Wehrpflicht als die Krönung des pflichtgemäßen staatlichen Erziehungssystems gedacht ist, treten Schulpflicht, Arbeitsdienstpflicht und Wehrpflicht nicht nur in einen äußerlich-zeitlichen, sondern auch in einen innern Zusammenhang. Immer und zu tiefst handelt es sich um die Heranbildung des Bürgers *dieses* ›totalen Staates‹, der wesentlich Macht und dessen politischer Inhalt wesentlich Bewältigung des ›Freund-Feind-Verhältnisses‹ ist, wie mit *Carl Schmitt* der Mode gewordene ›Konservatismus‹ unserer Tage behauptet«[1507].

Mit dem Ordnungsbild der katholischen Soziallehre von Gesellschaft und Staat lasse sich jedoch die Totalität einer solchen Staatsmacht nicht vereinbaren: »Unverkennbar ist nämlich, daß die katholischen Kundgebungen zum Staats- und Gesellschaftsleben – allen voran die jüngste soziale Enzyklika ›Quadragesimo anno‹ – weniger dem Macht- und Entscheidungswillen staatlicher Autorität, als den im Staatsvolk lebendig bewußten und erfaßten inhaltlichen Aufgaben und Zwecken eines wahren Gesellschafts- und Staatslebens die Einheit und Totalität stiftende Rolle zuweisen. Eine einseitige Verlagerung der Gesellschafts- und Staatsmetapyhsik auf das Autoritäre liegt somit nicht in der katholischen Linie«[1508].

Bereits 1930 hatte Ernst Michel Carl Schmitt vorgehalten, er wolle nur die politischen Willenskräfte zu Gunsten einer zentralen politischen Entscheidungsgewalt aktivieren, ohne nach der für einen solchen Prozeß vorauszusetzenden politischen Substanz im Volk zu fragen[1509]. Gundlach wirft der Staatslehre Schmitts nun in ganz ähnlicher Weise einen puristischen Autoritatismus vor, der im Volk selbst nicht verankert sei. Die isolierte Verherrlichung von Entscheidungsmacht ist für Michel zu dürftig, für Gundlach ist sie nicht mit der katholischen Lehre vereinbar.

[1507] G. GUNDLACH, Arbeitsdienstpflicht, S. 56.
[1508] EBD., S. 56.
[1509] Vgl. oben III. 7. d) »Das Problem der innerpolitischen Neutralität«.

9. Totaler Staat statt pluralistischer Gesellschaft

In seinem Aufsatz »Die christliche Auffassung vom Staat« aus dem Jahre 1933 setzt sich Gundlach noch grundlegender mit dem Leitbild des totalen, auch ins Gesellschaftliche hineingreifenden Staates auseinander. Dabei weist er darauf hin, daß er auch »die Staatslehre eines so bedeutenden Forschers wie Carl Schmitt«[1510] gleichsam als Negativfolie im Blick hat.

Der Staat ist für Gundlach »neben der Familie das wesenhafte *Rahmengebilde* menschlichen Gesellschaftslebens«. Dieser Definition entsprechend fordert er die Eigenständigkeit menschlicher Gesellschaftsbezirke, auch die Berechtigung zur Selbstverwaltung ihrer Angelegenheiten: »Den Staat im Sinne des Begriffs ›totaler Staat‹ als *einzigen* und *ursprünglichen* Ordner auffassen, heißt mithin das Verhältnis von Gesellschaft und Staat gerade umkehren. Der Staat hat also die echte Selbstverwaltung gesellschaftlichen Lebens nicht nur zu erhalten, sondern auch, wenn sie etwa durch liberalistische Atomisierung der Gesellschaft verloren war, ihr wieder Raum zu schaffen. [...] Die Berufsstände müssen Organe echter Selbstverwaltung und dürften keineswegs die in die Gesellschaft verlängerten Arme des Staates, der Ausdruck seines Integrations- und Einheitswillens sein.« Der Staat habe aufgrund seiner Zwecke des Rechtsschutzes und der Wohlfahrt in die Gebilde der Selbstverwaltung nur einzugreifen, »als sie nicht aus Eigenem ihre Zwecke verwirklichen können«[1511]. Diese Rahmenfunktion des Staates gegenüber dem Gesellschaftsleben bezeichne man auch als die »subsidiäre Natur des Staates«[1512]. Der Staatszweck des Gemeinwohls sei vom Staat so zu erfüllen, »daß er wirklich nur Rahmenfunktion ist und die natürlichen Einheiten der Gesellschaft zur möglichsten Auswirkung kommen läßt und doch wieder die notwendige letzte Einheit garantiert.«

Deutlich grenzt Gundlach die katholische Staatsauffassung von Schmitts Grundbegriff der Artgleichheit ab: »Daß die im Raum zum Staat geeinten Menschen auch eine Einheit in nationaler Hinsicht oder gar in der Bluteinheit bilden, ist kein aus dem Wesen des Staates erfließendes Erfordernis. [...] Immerhin erleichtert das Ineinsfallen von Staatsvolk und nationaler oder völkischer Einheit das Ineinandergreifen von Staat und Gesellschaft, [...]. Doch dürfen diese Beziehungen nicht übersteigert und vor allem nicht zu einem überzeitlichen und metaphysischen Prinzip der Staatslehre werden.«

Keine Probleme hat Gundlach mit dem Schlagwort des autoritären Staates. Wie der Staat selbst sei auch die staatliche Autorität etwas Gottgege-

---
[1510] G. GUNDLACH, Auffassung, S. 4; folgende Zitate EBD.
[1511] EBD., S. 5.
[1512] EBD., S. 6; folgende Zitate EBD.

benes und deshalb von der Kirche immer unterstrichen worden[1513]. Die Notwendigkeit der Autorität habe nichts mit der Sündhaftigkeit des Menschen zu tun, sondern fließe bereits aus der Natur des Staates und aus seinem Zweck. Das Autoritätsprinzip sei »kein isoliertes staatliches Prinzip«; es stehe vielmehr unter dem Staatszweck des Gemeinwohls. Gundlach läßt aber keinen Zweifel daran, daß die »diktatorische Form der Bildung staatlichen Willens« mit einer auf echter Selbstverwaltung beruhenden berufsständisch gegliederten Gesellschaft nicht zu vereinbaren sei[1514]. Die von der katholischen Staatslehre vom Naturrecht her vorgenommene scharfe Abgrenzung von Staat und Gesellschaft schwäche keineswegs den Staat.

Dagegen teilt Gundlach Schmitts Diagnose vom »Einbruch gesellschaftlicher Gruppen vermittels demokratisch-parlamentarischer Einrichtungen in das Gebiet des Staatlichen und die dadurch bei uns herbeigeführte Schwächung des Staates«[1515]. Er entwickelt von daher in Anlehnung an »Quadragesimo anno« eine katholische Deutung der Theorie vom starken oder totalen Staat. Die Schwächung des Staates sei darauf zurückzuführen, daß der Gesellschaft die Organe echter Selbstverwaltung gefehlt hätten, so daß der Streit wirtschaftlicher Interessen ins Parlament und damit ins eigentlich staatliche Gebiet hineingetragen worden sei. Gerade hier solle die von Pius XI. verkündete Parole von der berufsständischen Ordnung des gesellschaftlichen Lebens Abhilfe schaffen: »Dabei ist die Hauptabsicht des Heiligen Vaters, daß der Staat durch Entlastung von ihm an sich nicht gegebenen Aufgaben wieder frei werde für das eigentlich Politische und dort seine Hoheit und Würde auswirken könne. Besser und klarer kann wahrhaftig nicht umschrieben werden, was im wohlverstandenen Sinne das Wort vom starken oder totalen Staat bedeutet und allein bedeuten kann. Nicht um eine räumliche und gebietliche Ausdehnung staatlicher Entscheidungsgewalt handelt es sich, sondern im Gegenteil um eine Rückbesinnung des Staates auf sein eigentliches Wesen und seinen Zweckinhalt. Wie jede Wesensbestimmung allem Lebendigen zur Stärkung gereicht, so wird auch der Staat dadurch und nur dadurch im eigentlichen Sinne stark werden und wahrhaft total nicht in einem quantitativen, sondern in einem qualitativen Sinne sein. Er wird in Wahrheit *Rahmen*gebilde sein, d.h der zwar letzte, aber notwendige Garant der Einheit und des Bestandes gesellschaftlichen Lebens des im Staat lebenden Volkes.«

Auf den ersten Blick gibt es terminologisch zwischen Carl Schmitt und Gustav Gundlach erstaunliche Identitäten. Für beide ist der Staat auto-

---
[1513] EBD., S. 7; folgende Zitate EBD.
[1514] EBD., S. 9.
[1515] EBD., S. 8; folgende Zitate EBD.

9. Totaler Staat statt pluralistischer Gesellschaft

ritärer Staat und Garant der Einheit, beide befürworten die Selbstverwaltung und die berufsständische Ordnung. Gundlach teilt auch Schmitts Diagnose von der Schwächung des Weimarer Staates durch den parlamentarisch ausgetragenen Gegensatz von Gruppeninteressen. Er fordert sogar in Schmitts Terminologie einen wahrhaft totalen Staat im qualitativen Sinne. So könnte man fast zum Ergebnis kommen, Gundlach billige doch die Grundzüge der Schmittschen Staatsrechtslehre.

Bei näherer Betrachtung gehen die Vorstellungen beider über die Rahmenfunktion des Staates und die dazu gehörende Selbstverwaltung der staatsfreien Sphäre jedoch auseinander. Während Schmitt die liberale Zweiteilung von Staat und Gesellschaft ablehnt, seine Sphäre der Selbstverwaltung also gerade nicht in einer staats- oder politikfreien Gesellschaft ansiedelt, setzt Gundlach diesen Dualismus voraus. Er macht die Selbstverwaltung der berufsständisch gegliederten Gesellschaft zum Dreh- und Angelpunkt seiner Theorie und zum Fundament des Staates.[1516] Schmitt betont die Einheit von Staat, Bewegung und Volk, Gundlach die Trennung von Staat und selbstverwalteter Gesellschaft. Die subsidiäre Zuständigkeit des Staates gegenüber gesellschaftlichen Belangen steht im Gegensatz zu Schmitts Forderung nach dem Primat der Politik gegenüber der Selbstverwaltung auch und gerade in der sog. Kompetenz-Kompetenz, in der Frage, was politisch und was unpolitisch ist. Selbstverwaltung ist bei Gundlach ein genuines, nicht vom Staat abgeleitetes und auch gegen diesen geltend zu machendes Recht, das jede Diktatur von oben ausschließt. Bei Schmitt ist die Selbstverwaltung mit dem jederzeitigen Recht des Widerrufs seitens des Staates und vor allem der Bewegung gewährt. Denkt Gundlach von der Gesellschaft zum Staat, so ist es bei Schmitt gerade umgekehrt. Seine Reihe geht in der Wertung von der Bewegung aus[1517] und über den Staat hinunter zur Sphäre der Selbstverwaltung. Diese bezieht ihre Legitimation von oben; sie steht im »Schutz und Schatten« der Politik und ist diktatorischen Maßnahmen potentiell jederzeit ausgesetzt. Hat sie doch »im Einklag des von der Bewegung getragenen politischen Ganzen«[1518] zu stehen[1519]. Für Gundlach dagegen ge-

---

[1516] Wie die berufsständische Ordnung in der Praxis aussehen und funktionieren soll, darüber macht G. Gundlach – wie C. Schmitt – keine näheren Ausführungen. Er läßt es bei dem allgemeinen Schlagwort bewenden.
[1517] Die Reihenfolge in dem Titel »Staat, Bewegung, Volk« stimmt mit der Wertungsreihe allerdings nicht überein.
[1518] C. SCHMITT, Staat, S. 32.
[1519] Für die kommunale Selbstverwaltung bedeutete dies nach dem von C. Schmitt wesentlich beeinflußten Preußischen Gemeindeverfassungsgesetzes, daß der Gemeindeleiter nicht der Gemeinde, sondern dem Staat verantwortlich und dazu verpflichtet war, in wichtigen An-

winnt der Staat seine Stärke und in diesem Sinne seine Totalität aus der Fülle der natürlichen Ordnungen der Gesellschaft. Quantitativer Verzicht im Bereich des Gesellschaftlichen ist demnach die Quelle von qualitativer Hoheit und Würde im Politischen.

Der entscheidende Unterschied zwischen der Staatslehre Schmitts und derjenigen Gundlachs, der sich auch in der jeweiligen Auffassung vom totalen oder autoritären Staat spiegelt, liegt im Spannungsverhältnis von Dezisionismus und Naturrecht sowie protestantischer und katholischer Staatslehre. Gundlach schildert anschaulich den Zusammenhang zwischen den konservativen Strömungen in der Staatslehre Anfang der 30er Jahre und der altlutherischen Anthropologie, der Erbsünden- und Rechtfertigungslehre, die auch nach dem Erlösungstod Jesu eine durch und durch verdorbene menschliche Natur annimmt. Aufgrund der Ablehnung einer naturrechtlichen Betrachtung der Schöpfung und der Wesens- und Zweckverhältnisse menschlicher Gesellschaft und statt dessen einer Betrachtung der christlichen Wirklichkeit als »im letzten Grunde rein alogische Tatsetzung Gottes in der Geschichte«[1520] sowie infolge dieser negativen Anthropologie komme diese christliche Auffassung, von der Gundlach auch Katholiken berührt sieht, zu einer Verwerfung der »Grundanliegen der Demokratie, nämlich Persönlichkeit und Freiheit«. Im Staatsrecht führe diese Perspektive zu weitreichenden Konsequenzen, die für Gundlach auf der Grundlage der katholischen Soziallehre nicht zulässig sind: »Dadurch gewinnt diese moderne Richtung des Protestantismus den positiven Zugang zum heutigen ›autoritären‹, d.h. die Mitentscheidung des Volkes im Parlament ausschließenden Staat. Auch wird vom christlichen Gedankengut her der Zugang zum ›totalen Staat‹ erschlossen, weil ja in dieser christlichen Betrachtungsweise der Staat als das einzige, gottgegebene Ordnungsinstrument gilt, um in die durch die Sünde vollkommen chaotisch und ordnungslos gewordene Welt und Gesellschaft die Möglichkeit eines Zusammenlebens und Zusammenwirkens zu bringen. Wiederum wird dies nur durch Ablehnung naturrechtlicher Betrachtung möglich. Denn diese würde dem Christen zeigen, daß die menschliche Gesellschaft in sich und aus sich durchaus nicht jenes vermeintliche Chaos ist, sondern von Natur aus mannigfache Ordnungseinheiten und geschlossene Lebenskreise mit eigenen Ordnungsprinzipien einschließt, worauf Pflicht, Recht und grundsätzliche Mög-

---

gelegenheiten die Genehmigung der Aufsichtsbehörde einzuholen, die dafür Sorge zu tragen hatte, daß die Gemeinde u.a. »im Einklang mit den Zielen der Staatsführung« (§ 59 PrGVG) verwaltet wird.

[1520] G. GUNDLACH, Auffassung, S. 2; folgendes Zitat EBD.

9. Totaler Staat statt pluralistischer Gesellschaft

lichkeit dieser Lebenseinheiten zu eigenständiger Selbstverwaltung beruhen«[1521].

Der »Irrationalismus«, der die naturrechtlichen Normen und die damit verbundene logische Erkenntnisweise ablehne, ist für Gundlach nicht nur in der dialektisch-protestantischen Theologie, sondern auch in der profanen Staatsrechtslehre bemerkbar: »Beispielsweise ist die Staatslehre eines so bedeutenden Forschers wie *Carl Schmitt* durch dieselbe Grundhaltung ausgezeichnet. Dies zeigt sich nicht nur in der mindestens methodischen Ablehnung des Naturrechts bei Schmitt, sondern auch in dem Ansatzpunkt seiner Staatslehre. Dieser ist nicht eine Wesensfeststellung, sondern der Aufweis einer irrationalen Gegebenheit, nämlich des ursprünglichen Freund-Feind-Verhältnisses als Kern ›des Politischen‹ und *dann* auch des Staatlichen«[1522]. Im irrationalistisch-dezisionistisch-protestantischen Verständnis des totalen Staates als einzigem Ordner menschlicher Verhältnisse einerseits und der naturrechtlichen Betrachtung des Wesens des Staates andererseits liegen somit die grundlegendsten Differenzen zwischen Carl Schmitt und Gustav Gundlach.

1934 unterstreicht Gundlach seine Distanzierung von der Staatslehre Schmitts noch einmal. In einem Aufsatz, in dem er die katholischen Verbände gegen eine polemische Pluralismus-Kritik in Schutz nimmt, schreibt er, man müsse, um gegen sie die Anklage auf Liberalismus aufrechterhalten zu können, »schon mit Carl Schmitt das ganze naturrechtliche Denken über die Abgrenzung der Rechte von Person, Familie und Staat oder von ›Gesellschaft‹, Staat und Kirche für ein Erzeugnis der atomisierenden Denkweise des liberalen ›bürgerlichen Rechtsstaates‹ oder der ›Barockscholastik‹ erklären«[1523]. Ein solcher Historizismus entspreche freilich nicht den Lehren der katholischen Naturrechtstradition. Anders als der liberalistische Pluralismus, der von den isolierten, autonomen Individuen ausgehe, setze der naturrechtlich begründete Pluralismus die Idee der Ordnung und Einheit voraus: »Daher ist es ein Mißverständnis, wenn in einigen neueren Arbeiten auch auf katholischer Seite – offenbar unter dem Einfluß von Carl Schmitt – der Gedanke nahegelegt wird, daß die Ordnungs- und Einheitsidee der scholastischen Sozialphilosophie einen echten Pluralismus in der Lehre vom menschlichen Zusammenleben

---

[1521] EBD., S. 2 f.
[1522] EBD., S. 4.
[1523] G. GUNDLACH, Verbände, S. 399; der Begriff »Barockscholastik« war im Umfeld von C. Schmitt sehr beliebt; vgl. K. ESCHWEILER, Geist, S. 282; H. BARION, Reich, S. 455, verwendet diesen Begriff gegen G. Gundlach; G. Krauss spricht vom »barocken Kirchenrecht« (C. LANG, Kirche, S. 1039).

nicht zulasse. Nicht anders kann es gemeint sein, wenn man z.B. die Berechtigung der Unterscheidung von ›Gesellschaft‹ und ›Staat‹ unter Berufung auf den hl. Thomas leugnet. Dennoch betrifft diese Unterscheidung seinsmäßig begründete und daher voneinander abgegrenzte Lebensbereiche und ist zudem auch von der Enzyklika ›Quadragesimo anno‹ gelehrt«[1524].

Man spürt, daß Gustav Gundlach 1934 aus der Position der Defensive gegen den Zeitgeist schreibt und daß er vor allem gegen Schmitts Formel vom totalen Staat agiert. Er allein wird hier als Gegner namentlich genannt und er scheint für Gundlach als trojanisches Pferd sogar im katholischen Lager zu stehen. Mit dem Hinweis auf das Subsidiaritätsprinzip und die naturrechtlich begründete Staatslehre formuliert Gundlach von katholischer Seite um 1933 die fundamentale Gegenposition gegen einen Staatsabsolutismus, der sich hinter der Formel vom totalen Staat verbirgt. Und Gundlach läßt keinen Zweifel daran, daß er Schmitt für diese ins Totalitäre abgleitende Staatslehre mitverantwortlich macht.

Im März 1933 nimmt im »Hochland« dessen Schriftleiter Friedrich Fuchs zu Schmitts Aufsatz »Weiterentwicklung des totalen Staats in Deutschland« vom Februar 1933 Stellung. »Wer weiß? bis *dieses* Heft erscheint, ist er vielleicht bereits am Ziele«, stellt er rhetorisch-resignativ den Bezug zur aktuellen politischen Lage her[1525].

Fuchs versucht, die Formel vom totalen Staat »mit den bescheidenen Mitteln, die unserer Phantasie das 19. Jahrhundert und die Gegenwart bieten«, mit Leben zu erfüllen. Er stößt dabei in der Vergangenheit auf den »Borussianismus« und in der Gegenwart vor allem auf den Faschismus als Spezies des Leviathan; wohl wissend, »daß es gemessen an der zu erwartenden Wirklichkeit, Zwerggarten sind«. Eine Hoffnung hat Fuchs freilich: »Wenn sich etwas dem Totalitätsanspruch des Staates weigert, so ist es die Kirche. Der Anspruch ist alt, es ist der Anspruch des heidnischen Staates, der noch ohne schlechtes Gewissen ›total‹ war, weil er auch die Götter in seiner Obhut hatte, weil er selber ›göttlich‹ war, die Könige und Kaiser Götter. Die Kirche hat von ihrem Anfang an diesen Anspruch bestritten«[1526].

Fuchs mißt Schmitts Unterscheidung zwischen dem totalen Staat im quantitativen und qualitativen Sinne im Ergebnis keine große Bedeutung zu. Immerhin zeigt er sich insofern verunsichert, als Schmitt doch dem quantitativ totalen Weimarer Parteienstaat vorwirft, er kenne überhaupt

---
[1524] G. GUNDLACH, Verbände, S. 400.
[1525] F. FUCHS, S. 558; folgende Zitate EBD.
[1526] EBD., S. 559; folgende Zitate EBD.

keine staatsfreie Sphäre mehr. Im Hinblick darauf sieht Fuchs keinen Grund, »gegen Schmitts Begriff des Politischen zu polemisieren.« Er stellt freilich fest, »daß faktisch der totale Staat die Grenze zwischen Qualität und Quantität nicht respektiert.« In der historischen Wirklichkeit bedeute der Staat, der in seinem Innern »keinerlei staatshemmende oder staatszerspaltende Kräfte« zulasse, Christenverfolgung, spanische Inquisition, Bartholomäusnacht, die von Preußen gewaltsam durchgesetzte Union des reformierten und lutherischen Protestantismus sowie Kulturkampf: »Der totale Staat weiß zu gut, daß der Mensch, sein Untertan, Subjekt, nein sein Objekt, im Religiösen verwurzelt ist, um nicht zu versuchen, den Bereich des Religiösen zu zerstören wie in Rußland oder in seine Interessensphäre einzubeziehen, wie es der Borussianismus getan hat und der Faschismus es tut. Die Kirche, die sichtbare Weltkirche Christi als *societas perfecta* hat allein die Macht, dem totalen Staat Grenzen zu setzen und in der religiösen Freiheit zugleich den Lebensatem der Geistesfreiheit zu schützen.«

Die zur Herrschaft gelangte Tyrannis habe immer das Bedürfnis, »sich mittels der konservativen Macht der Religion zu konsolidieren und zu konservieren«[1527]. Im vorwiegend protestantischen Deutschland werde sie diese Unterstützung naturgemäß im Protestantismus suchen. Da der deutsche Protestantismus nach dem Zusammenbruch der Monarchie ohne schützendes Gehäuse sei und führende Protestanten »daher dem Nationalsozialismus schon entgegengehen«, sieht Fuchs in dieser Konstellation für die katholische Kirche einen Vorteil: »Sie wäre das Gewissen Deutschlands. Fände sich dann nur auch ein Athanasius, aus dem kraft seines Amtes und in der Kraft seines Bekennertums dieses Gewissen laut und vernehmlich genug spräche.«

Fuchs argumentiert nicht wie Gundlach naturrechtlich-philosophisch, sondern wesentlich politisch, vor allem kirchenpolitisch. Mit erstaunlicher Klarheit sagt er den sich abzeichnenden Kirchenkampf zwischen totalem Staat und katholischer Kirche voraus. Mit dem Hinweis auf den hl. Athanasius, den Carl Schmitt selbst als militantesten Kirchenvater bezeichnete[1528], gibt Fuchs das Stichwort, um das sich die katholische Opposition gegen den totalitären NS-Staat scharen wird. Klar erkennt er auch die besondere Gefahrensituation des deutschen Protestantismus. Waren es doch gerade führende protestantische Theologen, die sich Anfang der 30er Jahre von Schmitts Staatsrechtslehre inspirieren ließen und der Idee des totalen Staates vom lutherischen Staatsgedanken her sehr viel

---
[1527] EBD., S. 560; folgende Zitate EBD.
[1528] C. SCHMITT, Staatsethik, S. 135.

aufgeschlossener gegenüberstanden als ihre katholischen Kollegen. Insgesamt konnte eine Absage an die Formel vom totalen Staat deutlicher, entschiedener und kämpferischer 1933 kaum ausfallen.

Im April 1933 beschäftigt sich Heinrich Getzeny in einem Beitrag in der Zeitschrift des Katholischen Akademikerverbandes »Der Katholische Gedanke« mit den Ursachen des Versagens des Parlaments. Er kommt dabei zu Ergebnissen, die eine erstaunliche Nähe zu Schmitts Diagnosen über den schwachen totalen Staat aufzeigen.

Getzeny zeigt sich überzeugt, daß die Ursache der Verfassungskrise seit 1930 nicht im Bereich des Politischen oder des Demokratischen, sondern des Gesellschaftlichen liege. Der parlamentarische Gesetzgebungsstaat müsse zu seiner Funktionsfähigkeit »notwendig die unteilbar gleichartige, *wesentliche Einheit des Volkes* zur Grundlage haben«[1529], stellt Getzeny in Übereinstimmung mit Schmitt fest. In Deutschland sei diese Voraussetzung aufgrund der Zersetzungswirkung des liberalen Individualismus des 19. Jahrhunderts aber nicht mehr gegeben. Dieser habe es erreicht, daß der Staat nur noch allgemeine Rechtsordnung, »dagegen nicht mehr der politische Gestalter des Allgemeinwohls«[1530] ist. Der Staat sollte nach dieser Ideologie von den Individuen und der Gesellschaft her kontrolliert werden. In der Praxis hätten freilich die in der Gesellschaft tobenden Klassenkämpfe den Staat ganz in ihre Auseinandersetzungen einbezogen. Das Parlament werde dabei »mehr und mehr das Mittel, um Machtstellungen in den Staat hineinzubauen«[1531]. Die Abgeordneten seien nicht mehr Vertreter des Volkes, sondern lediglich bestimmter Gruppen. In diesem Entwicklungsprozeß werde der ursprünglich minimale Staat »mehr und mehr zum *totalen Staat*, der auf dem Grundsatz ruht: Der Staat ist alles, und alles ist Staat«[1532]. Carl Schmitt habe mit Recht festgestellt, daß es, genau besehen, keinen totalen Staat, sondern eine Mehrzahl totaler Parteien gebe. Jede dieser Parteien würde eine 51prozentige Mehrheit dazu benützen, »ihre Idee von Partei wegen in die Wirklichkeit umzusetzen, die andern Parteien auszuschalten und zu vernichten.«

Angesichts der mit dieser Entwicklung verbundenen Gefahren sei die Forderung nach einem autoritären Staat, der über der Gesellschaft stehe, verständlich. Leicht resigniert stellt Getzeny 1933 freilich fest, die vorläufige politische Entscheidung in Deutschland sei nicht zu Gunsten eines solchen autoritären Staates ausgefallen, »sondern zu Gunsten der Macht-

---

[1529] H. GETZENY, Gesellschaftskrise, S. 176.
[1530] EBD., S. 177.
[1531] EBD., S. 180.
[1532] EBD., S. 181; folgendes Zitat EBD.

übernahme durch eine der totalen Parteien«[1533]. Eine wirkliche Lösung der Schwierigkeiten erscheine jedoch nur durch den Aufbau einer den Staat entlastenden berufsständischen Selbstverwaltung erreichbar zu sein, verweist Getzeny abschließend auf die Forderung der Enzyklika »Quadragesimo anno«.

Getzeny übernimmt auf der Grundlage eines ihnen gemeinsamen Antiliberalismus exakt die staatsrechtliche Diagnose Schmitts zu dem Phänomen des totalen Staates, soweit sie zeitlich vor »Staat, Bewegung, Volk« beschrieben wurde. Aus der Sicht Getzenys steht Schmitts Staatsrechtslehre bis zu diesem Zeitpunkt in Übereinstimmung mit dem katholischen Subsidiaritätsprinzip. Legt man Getzenys Schablone zugrunde, liegt Schmitts Sündenfall in der Hinwendung zu der totalen Partei NSDAP, die mit der totalen Politisierung des Volkes in ihrem ideologischen Sinne genau den Fehler begeht, den Schmitt noch im Februar 1933 als die Einheit des Volkes zersetzend beschreibt. Schmitts Engagement für Hitler mußte auf dem Hintergrund dieser Staatslehre für Getzeny folglich unverständlich erscheinen. Geäußert hat er sich dazu freilich nicht.

Ein Beispiel für eine schwierige Gratwanderung zwischen Anpassung und Kritik an den politischen Verhältnissen nach der nationalsozialistischen Machtergreifung ist der Beitrag Georg Freudenbergers »Zur Lehre vom totalen Staat« in den »Schildgenossen« im Jahre 1933. Er setzt sich darin mit den Schriften Schmitts und Forsthoffs auseinander. Des Lobes voll für das existentielle Denken zeichnet er die Grundlinien der Staatsrechtslehre Schmitts nach. So sehr sich Schmitt mit der herrschenden Lehre kritisch auseinandergesetzt habe, so wenig sei doch seine Gedankenwelt »damals unmittelbar von der aufstrebenden nationalsozialistischen Bewegung«[1534] hergekommen; sie sei vielmehr genährt »an der Auseinandersetzung mit der katholischen Staatsphilosophie«[1535]. Deshalb sieht Freudenberger auch das Bedürfnis nach Rechtfertigung und Nachweis einer Kontinuität: »Trotz der unbedingten Hingabe an die neue Gedankenwelt ist so bei Schmitt der Aufbau seiner eigenen Staatslehre nie unterbrochen worden. Er hat schon in dem alten System die Wurzeln des neuen aufgespürt; er hat mit seinem Gefühl die zukunftsvollen Gedanken (Akklamation, Stellung des Reichspräsidenten, Verfassung nicht als ›Grundnorm‹, sondern als Gesamtentscheidung des Volkes) vorausgeahnt. So eignet seinem Werk trotz aller Wandlungen eine große Konti-

---
[1533] EBD., S. 182.
[1534] G. FREUDENBERGER, Lehre, S. 458.
[1535] EBD., S. 458.

nuität, die die Verfassungsentwicklung als doch noch organisch begreifen läßt«[1536].

Die Grundlinie der neuen Staatslehre bei Carl Schmitt und Ernst Forsthoff sei der autoritäre und totale Staat: »Er umgreift alle Bereiche des Lebens und läßt den Einzelnen nicht das vergessene Idyll des liberalen Privatlebens. Trotzdem muß auch er Freiheit gewähren; denn Freiheit ist ja gerade jene Luftschicht zwischen den Atomen des Volkes, die jedes Teil atmen läßt und die das gegliederte Volk von der ungegliederten Masse trennt. Inwieweit freilich in der Totalität des Politischen die ganzheitsbewußte Freiheit, sei es des Einzelnen, sei es der Selbstverwaltung, sei es der Religionsgesellschaft, rechtlich gesichert werden kann, ist eine noch zum Teil offene Frage. In der Spannung jedoch von Autorität und Totalität, von Freiheit und Treue, wird sich das neue Rechtssystem gestalten müssen«[1537].

Diese Stellungnahme Freudenbergers, die nicht zwischen den Positionen Schmitts und Forsthoffs differenziert, gleicht einer Slalomfahrt: Ein grundsätzliches Ja zum autoritären, antiliberalen Staat wird gekoppelt mit vorsichtigen Vorbehalten gegenüber dem totalen Staat. Zu Recht macht Freudenberger auf die zumindest bei Schmitt in der Schwebe gehaltene Frage nach dem Verhältnis von Totalitätsanspruch des Politischen und Selbstverwaltung aufmerksam und verlangt weitere Aufklärung. Insgesamt ist es eine Position des entschiedenen Sowohl-als-auch, mit der nicht wenige Katholiken dem Nationalsozialismus 1933 begegneten. Es wird der Versuch gemacht, den neuen Machthabern eine Interpretation der Formel vom totalen Staat vorzustellen, mit dem auch Katholiken leben konnten.

Aufschlußreich ist schließlich, daß Freudenberger die Entwicklung der Staatsrechtslehre Schmitts mit den Merkmalen Eigenständigkeit, Hingabe und Kontinuität belegt. Diese complexio oppositorum trägt apologetische Züge. Offensichtlich mußte Schmitt bereits 1933 gegen den Vorwurf in Schutz genommen werden, kein echter Nationalsozialist zu sein und eilig seine Gesinnung vom Katholizismus zum Nationalsozialismus gewendet zu haben.

»Die Staatsverfassung im totalen Staat«, so der Titel seines Aufsatzes, beschreibt 1933 der Jesuit Martin Preis in den »Stimmen der Zeit«. Es geht ihm dabei um die Darstellung der »Grundzüge einer Verfassung, wie sie die Staatsnotwendigkeiten im Lichte der naturrechtlichen Prinzipien

---

[1536] EBD., S. 459.
[1537] EBD., S. 461.

heute erfordern«[1538]. Was Preis, wie er vorgibt, unmittelbar oder mittelbar aus dem Naturrecht folgert, zeugt von erstaunlicher Anpassungsfähigkeit an den Zeitgeist ebenso wie vom Versuch, naturrechtliche Essentialia auch unter veränderten staatsrechtlichen Umständen zu verteidigen. Daß die Gedanken »in dauernder Auseinandersetzung« mit der Staatsphilosophie Schmitts entwickelt werden, wie Preis in einer abschließenden Fußnote anmerkt, ist dabei unübersehbar.

Preis stimmt Schmitts These vom totalen Staat grundsätzlich, wenn auch mit Modifikationen, zu: »Der für das letzte Jahrhundert bestimmende Gegensatz von Staat und freier Gesellschaft [...] ist immer mehr zu Gunsten des ›totalen Staates‹ verschoben worden, in dem alle Kulturbezirke in einer offenbaren oder geheimen Beziehung zum Staate stehen, von der her sie maßgebend (aber nicht ausschließlich!) gestaltet werden müssen«[1539].

Mit der Gemeinwohlorientierung findet Preis die Brücke zwischen der katholischen Staatslehre und dem Gedanken des totalen Staates: »Die katholische Staatsphilosophie hat es stets abgelehnt, den Staat zum bloßen Polizisten der Rechtsordnung zu machen. Ihr Staat war immer Wohlfahrtsstaat, der helfend und fördernd überall da eingriff, wo die Kräfte der Einzelnen und der unvollkommenen Gesellschaft versagen. Insofern war der Staat – wenigstens der Möglichkeit nach – stets ›total‹. [...] In einem Staat einfacher Struktur wird das Gemeinwohl nur ausnahmsweise Eingriffe notwendig machen; im heutigen stark durchgebildeten und gegliederten sind sie entsprechend häufiger und rechtfertigen eine dauernde staatliche Kontrolle aller lebenswichtigen Gebiete«[1540].

Preis unternimmt den Versuch, die Formel vom totalen Staat zwar dem Grunde nach zu akzeptieren, diesen Staat aber zugleich im Sinne der katholischen Soziallehre zu relativieren und auszugestalten. Er stellt einerseits fest, daß der Mensch heute weithin ein »›verstaatlichter‹ Mensch« geworden sei und die meisten Lebensbereiche staatlich normiert seien. Andererseits werde dadurch von der Würde der Person nichts preisgegeben: »Das letzte Wort auch der Staatsphilosophie ist nicht der Staat, sondern der Mensch und sein Weg zu Gott«[1541]. Von daher empfingen Staat und Politik religiöse Weihe wie innere Begrenzung.

[1538] M. PREIS, Staatsverfassung, S. 155.
[1539] EBD., S. 145 f.
[1540] EBD., S. 146.
[1541] EBD., S. 147 f.

Preis ist gerne bereit, auf die »Fiktionen einer formalen Demokratie«[1542] zu verzichten. Aber er verlangt, daß sich auch der christliche Staatsmann um die Zustimmung des Volkes bemüht[1543]. Die Mitwirkung des Volkes führe im totalen Staat zur autoritären Demokratie, »in der die vom Vertrauen der Massen getragene Regierung Eines oder Weniger eine schnelle Willensbildung ermöglicht«[1544]. Durch den Einblick in die Notwendigkeit der inneren Zusammengehörigkeit von demokratischen und autoritären Elementen werde »dem Führergedanken die Unberechenbarkeit, Maßlosigkeit und Gefährlichkeit eines irrationalen Mythos genommen«. Preis will zwar nicht dem modischen Antiparlamentarismus huldigen, aber auch für ihn ist sicher: »das Parlament ist in der autoritären Demokratie nicht der einzige oder auch nur der wichtigste Ort, wo die Regierung mit dem Volke Fühlung sucht. Der Weg über Rundfunk und Presse unmittelbar zum Volke führt unweigerlich von der parlamentarischen zur plebiszitären Demokratie«[1545].

Da ist es nicht verwunderlich, daß sich Preis voll dem Konzept der Akklamations-Demokratie Schmitts anschließt: »Im massendemokratischen Staat geschieht die Gewaltübertragung *zweckmäßig* in dem öffentlichen Akt, durch den die Massen dem Manne ihres Vertrauens ›akklamieren‹ und ihm so ihren Gefolgschaftswillen bekunden. [...] Das Akklamationsrecht ist das politische Grundrecht des Volkes in der autoritären Demokratie. [...] Akklamation ist eine Wahl besonderer und ausgezeichneter Art. [...] Akklamation ist ihrem Wesen nach [...] vertrauensvolle Ermächtigung zu handeln und zu befehlen. Sie entspringt der Einsicht, daß viele Gebiete des Staatslebens sich einer normativen Regelung entziehen und dem freien Ermessen von Fall zu Fall überlassen werden müssen«[1546].

Preis verbindet diese Ausführungen zur Akklamation ganz im Sinne des Schmittschen Dezisionismus mit einem Hinweis auf die ordnungsschaffende Tat einer autoritären Entscheidung: »Insofern ist Akklamation die Antwort des Volkes auf die oben gekennzeichnete Lage, daß heute und in einem weiten Bereiche immer die ›normale‹ Situation fehlt, in der generelle ›Normen‹ erst gelten können. Da aber der Mensch im steten Fluß der geschichtlichen Bewegung sich nur zu behaupten vermag, wenn er von relativen Haltepunkten aus sich über Ziel, Richtung und Gefahren der geschichtlichen Bewegung vergewissern kann, müssen diese Ruhe-

---

[1542] EBD., S. 148.
[1543] EBD., S. 149.
[1544] EBD., S. 150; folgendes Zitat EBD.
[1545] EBD., S. 154.
[1546] EBD., S. 151 f.

9. Totaler Staat statt pluralistischer Gesellschaft

punkte, wo sie natürlicherweise nicht vorhanden sind, ›künstlich‹ geschaffen werden; denn oft ist es wichtiger, daß eine relativ beständige Ordnung überhaupt geschaffen wird, als wie sie im einzelnen aussieht. In diesem Sachverhalt liegt das Recht der Ermächtigung und das Recht der autoritären ›Entscheidung‹«[1547]. Preis grenzt aber gleich wieder ein. Die Notwendigkeit, auf manchen Gebieten autoritär zu regieren, sei nur ein unvermeidlicher Behelf. Es bestehe die Vermutung, »daß jedes Gebiet unter die ›Herrschaft‹ von Gesetzen gestellt werden kann, die nicht bloß der Führer bestimmt«[1548].

Ob das Experiment des totalen Staates gelingt, ist für Preis offen. Das Volk suche »nicht den Feldwebel, der kommandiert, sondern den Führer, der vorangeht und mitreißt. Aber auch der Staat braucht nicht nur die bürokratische Zuverlässigkeit und tugendliche Bürgerlichkeit, die nur handeln kann, wenn ein Paragraph existiert oder eine Weisung von oben erfließt, sondern den dauernden Einsatz *freier* Menschen. An dieser Frage entscheidet sich das Schicksal des totalen Staates«[1549].

Ähnlich wie Georg Freudenberger vollführt Martin Preis mit seinem Aufsatz einen Drahtseilakt. Es geht ihm nicht darum, den totalen Staat zu fordern oder zu rechtfertigen. Er nimmt ihn 1933 als gegebene Tasache hin und versucht in ihm, wie der Titel seines Beitrages deutlich macht, eine christliche Staatsauffassung zu implantieren. So gelingt ihm sogar das Kunststück, den totalen Staat mit dem Subsidiaritätsprinzip in Einklag zu bringen, ja aus ihm die Notwendigkeit der Staatsintervention in manchen Bereichen aufzuzeigen. Klammert man die Terminologie, die über weite Strecken von Carl Schmitt übernommen ist, aus, dann entpuppt sich der totale Staat nach den Vorstellungen des Jesuiten Martin Preis als autoritäre Demokratie, die mit der Konzeption des Naturrechtlers Johannes Meßner[1550] oder seines Ordensbruders Gustav Gundlach[1551] weitgehend übereinstimmt. Hier wie da überwiegen die autoritären Elemente und sind die demokratischen Beteiligungsrechte des Volkes eher unterbelichtet. Auch von Preis werden die Persönlichkeitsrechte des Einzelnen als unüberschreitbare Grenze für den totalen Staat vorgestellt.

Preis spürt zwar die Gefahren, die hinter der Formel vom totalen Staat lauern, er glaubt aber die nationalsozialistischen Geister, die dieses Staatsverständnis mit Führerkult und totalitärem Gedankengut aufladen, ban-

---

[1547] EBD., S. 152.
[1548] EBD., S. 153.
[1549] EBD., S. 155.
[1550] Vgl. unten in diesem Kapitel.
[1551] Vgl. oben in diesem Kapitel.

nen zu können. Er versucht somit, einen im deutschen Katholizismus überwiegend negativ besetzten Begriff von naturrechtlicher Warte her zurückzuerobern oder ihn doch zumindest eine mit der katholischen Staatslehre vereinbare Richtung zu geben. Sein Aufsatz ist insofern eine Meisterleistung der Kunst der katholischen Soziallehre, auf naturrechtlicher Grundlage neue staatsrechtliche Ufer anzusteuern, ohne eigene fundamentale Positionen aufzugeben. Er ist auch der Beweis dafür, daß Schmitts Begriff des totalen Staates 1933 im deutschen Katholizismus nicht schlankweg mit dem Verdikt »unkatholisch« belegt werden mußte. Allerdings läßt sich der Aufsatz über weite Passagen, insbesondere hinsichtlich der Begrenzung des totalen Staates durch Theologie und Naturrecht, auch gegen Schmitt gerichtet verstehen. Kann nach Schmitt nur die Artgleichheit verhindern, »daß die Macht des Führers Tyrannei und Willkür wird«[1552], so erhält nach Preis die Gefährlichkeit des Führergedankens seine Begrenzung durch die Dienststellung dem Ganzen gegenüber. Solche Akzentverschiebungen zeigen, daß Preis nicht bereit war, Schmitt blindlings zu folgen. Er läßt jedoch bewußt und geschickt offen, ob er Schmitt nur interpretieren oder richtigstellen will.

Der Beitrag von Preis zeigt schließlich auch, daß nicht nur im deutschen Protestantismus der Versuch unternommen wurde, die von Carl Schmitt maßgeblich geprägte staatsrechtliche Diskussion um 1933 theologisch konstruktiv zu begleiten und weiterzuführen. Auch Katholiken haben sich auf der Basis ihrer traditionellen Staatslehre darum bemüht.

Eine ausdrückliche Anerkennung der Formel vom totalen Staat kommt 1933 von dem Kanonisten Hans Barion. Er setzt sich dabei weniger mit diesem Staatsmodell als mit dem politischen Katholizismus und den theologischen Versuchen auseinander, den dazu gehörenden »pluralistischen Staat zu rechtfertigen«[1553]. Zu den Angriffen gegen den totalen Staat, die sich nach Barion polemisch und niveaulos besonders gegen die Staatslehre Schmitts richten, stellt er fest: »Als positive Leistung sei der Versuch gebucht, den Staat auf eine Rahmenfunktion einzuschränken und von seiner Betätigung einen Vorraum auszuschließen, in dem die Politik und die rechtsetzende Tätigkeit des Staats keine Stelle haben und in dem sich das Gesellschaftsleben auf der Grundlage eines eigenen Rechts entfaltet, das aus der staatlichen Gewalt nicht weiter abgeleitet werden kann. Die Frage, wieweit diese Gedankengänge mit der Enzyklika ›Quadragesimo anno‹ übereinstimmen [...] ist theologisch interessant, weil in jener Konstruktion neben die beiden vollkommenen und in ihrem Bereich höchsten Ge-

---
[1552] C. SCHMITT, Staat, S. 42.
[1553] H. BARION, Reich, S. 454.

sellschaften (*societates perfectae et in suo genere maximae*) des Staats und der Kirche noch eine dritte bislang unbekannte tritt, die *Societas* als solche [...], und über die man gern näheres hören möchte, wie übrigens auch über die Frage, ob der Kirche ebenfalls nur eine Rahmenfunktion zukomme«[1554].

Diese Attacke richtet sich natürlich in erster Linie gegen Gustav Gundlach. Den Katholiken, so Barion, werde versichert, die Angriffe auf den pluralistischen Staat stünden im Widerspruch zu den zeitlosen Forderungen des Naturrechts. Mit dem dabei verwendeten Begriff des Naturrechts hat Barion seine Schwierigkeiten: »Indes tragen der dabei vorausgesetzte Begriff von Naturrecht und dieses Naturrecht selbst die Herkunft der Aufklärung und weiter zurück aus der Barockscholastik deutlich zur Schau und stehen im scharfen Widerspruch zum echten Naturrecht, wie es für das staatliche Leben die deutsche Revolution zu entdecken und fruchtbar zu machen sich anschickt. Diese angeblich naturrechtlichen Sätze, mit denen eine vergehende Zeit gestützt werden soll, sind im Grunde nur analytische Urteile, deren Prädikat nichts aussagt, was im Subjekt nicht schon enthalten wäre, und deren Abstraktionen beziehungslos über der Wirklichkeit von Volk und Reich schweben, aus der sie allein verpflichtende Kraft gewinnen könnten«[1555].

Nach Barion kann die nichtpolitische Kirche – und nicht der politische Katholizismus – zu jedem Staat in ein positives Verhältnis treten. Der politische Katholizismus gehöre mit dem Pluralismus zusammen und beide seien mit dem Staatsgedanken des neuen Reichs unvereinbar: »Die Entwicklung drängt auf einen einheitlichen und echten, auf den totalen Staat hin. In ihm wird der politische Katholizismus trotz seines guten und ehrlichen Willens zur Mitarbeit ein Fremdkörper bleiben. Man könnte ihn zwar äußerlich eingliedern und das Bild des totalen Staates vortäuschen; tatsächlich würde seine Fortdauer uns an Stelle des totalen den gleichgeschalteten pluralistischen Staat bescheren«[1556].

Barion spürt, daß er mit solchen Ausführungen auf Widerspruch im Katholizismus stoßen mußte. In einer Fußnote merkt er deshalb an »daß aus den obigen Gedanken und der Anerkennung des totalen Staats die Behauptung absoluter Eigengesetzlichkeit des Politischen und unbeschränkter Allmacht des Staates herauszulesen, ein böswilliges Mißverständnis wäre«[1557]. Aber genau um dieses Mißverständnis abzuwehren, hätte man

---
[1554] EBD., S. 454 f.
[1555] EBD., S. 455.
[1556] EBD., S. 456.
[1557] EBD., S. 457.

gerne mehr erfahren. Was Barion letztlich unter dem totalen Staat versteht und inwieweit er die Positionen Schmitts teilt, bleibt somit im dunkeln. Faktum ist, daß Barion zu den wenigen katholischen Theologen und auch Katholiken gehörte, die sich 1933 zur Formel vom totalen Staat bekannten, ohne auf die damit verbundenen Gefahren aufmerksam zu machen; es sei denn, man versteht unter seiner beiläufigen Distanzierung von der Behauptung absoluter Eigengesetzlichkeit des Politischen eine Distanzierung von Carl Schmitts Begriff des Politischen und eine Warnung vor dem totalitären Staat.

Mit Blick auf die Ausführungen Barions zum Naturrecht läßt sich schwer der immer wieder erhobene Vorwurf entkräften, aus der Natur werde das Recht herausgeholt, das der jeweilige Interpret vorher erst hineinprojiziert habe. Für die Katholiken war es 1933 angesichts der um das Naturrecht geführten Auseinandersetzung jedenfalls nicht einfach zu entscheiden, ob das Naturrecht in der Interpretation von Gundlach, Meßner, Dempf etc. oder in derjenigen von Barion, Grosche und Eschweiler das »echte« ist und ob es – in der Terminologie Barions – in der »Barockscholastik« oder in der »Wirklichkeit von Reich und Volk« seine Grundlage haben soll.

Eine im Vergleich zu Hans Barion recht ähnliche Position zum totalen Staat und zur pluralistischen Staatstheorie nahm der Reichstheologe Robert Grosche ein. Er fordert »die katholischen Deutschen« 1933 auf, sich zum Reich und zum Staat zu bekennen »*ohne eine falsche Angst vor dem totalen Staat*, der die Rechte der Kirche zu beeinträchtigen, wie die Erfahrung zeigt, keine Anstalten macht«[1558].

Grosche stimmt dem Angriff Barions »auf den durch ein angebliches Naturrecht gestützten, von katholischen Soziologen (Gundlach z.B.) auch heute noch verteidigten pluralistischen Staat«[1559] zu. Wie Barion sieht er auch einen inneren Zusammenhang von politischem Katholizismus und pluralistischer katholischer Staatstheorie. Beiden wirft er vor, die im christologischen Dogma von Chalcedon grundgelegte Wahrheit der Menschwerdung Christi, die politisch eine Eigenständigkeit von Staat und Kirche zur Folge habe, nicht genügend zu beachten. Ein »politischer Monophysitismus« habe »jene gefährliche Zwischenzone geschaffen, in der Würdenträger der Kirche weltliche Politik zu treiben sich versucht fühlten oder verurteilt waren, faktisch stets besorgt, die Interessen der Kirche zu wahren und zu schützen und darum von vornherein geneigt, den Staat

---
[1558] R. GROSCHE, Grundlagen, S. 52.
[1559] EBD., S. 49, Anm.

als solchen zu beschränken. Dieser politischen Praxis entsprach dann der [...] auch heute noch nicht aufgegebene theoretische Versuch, den Staat auf eine bloße ›Rahmenfunktion‹ einzuschränken und aus einem angeblichen Naturrecht den pluralistischen Staat dem totalen gegenüber zu begründen. Die Wahrheit von Chalcedon scheint mir auch hier nicht gewahrt zu sein, weil eine Aushöhlung des Staates die unausbleibliche Konsequenz dieser Gedanken ist«[1560].

Grosche wendet sich wie Barion primär gegen die pluralistische Staatstheorie. Er akzeptiert – in seinem Aufsatz beiläufig – den totalen Staat, ohne sich mit seiner theoretischen Begründung und seinen möglichen Konsequenzen näher auseinanderzusetzen. Daß er diesen Staat 1933 nicht fürchtet, ist mehr als überraschend und wohl in erster Linie vor dem Hintergrund seiner konkreten politischen Option für den »neuen« Staat zu sehen.

Auch wenn Grosche seine Theologie ausgesprochen geschichtlich-dezisionistisch und mit einem antinaturrechtlichen Akzent vorträgt sowie die Formel vom totalen Staat kritiklos stehen läßt, kann er nicht als ausgesprochener Schmittianer gelten. Abgesehen davon, daß der Name Schmitts in Grosches Aufsatz gar nicht vorkommt, spricht schon sein engagiertes Eintreten für den »Aufbau einer neuen ständischen Ordnung«[1561] gegen eine allzu große Nähe Grosches zur Staatsrechtslehre Schmitts[1562].

In seinem umfangreichen Überblick »Zur Situation der Kirche« warnt Ignaz Zangerle 1933 die Katholiken vor dem Glauben, »daß durch die Neuaufrichtung einer unerbittlichen Autonomie des Staates über dem Chaos der Gesellschaft und der Wirtschaft wieder Ruhe und Ordnung über Europa käme«[1563]. Mit dem totalen Staat bestehe vielmehr »die furchtbare Möglichkeit, daß ein Über-Staat, der Kirche, Staat und Trust in einem sein will, sich als bewußte ›Welt‹ auf allen Lebensgebieten von der Kirche abtrennt, um sie von allen Seiten zu umklammern«[1564]. Mit Blick auf Schmitts Politik-Begriff führt Zangerle zu diesem Staat aus: »Im totalen Staat, der mindestens den Anspruch auf totale Ordnung und Beherrschung aller Lebensgebiete der ›Nation‹ erhebt, gibt es nicht mehr die breite Zone des Wirtschaftlichen und Gesellschaftlichen, die der liberale Staat als ›unpolitisch‹ frei lassen mußte. Alles auf Öffentlichkeit abzielen-

---
[1560] EBD., S. 50.
[1561] EBD., S. 51.
[1562] Vgl. zu R. Grosches Theologie oben III. 6. e).
[1563] I. ZANGERLE, S. 72.
[1564] EBD., S. 68.

de Handeln wird grundsätzlich politisch gewertet. So kann z.B. dieser Staat jederzeit erklären, daß die Erörterung wirtschaftlicher und gesellschaftlicher Fragen in der katholischen Presse und in den katholischen Standesorganisationen etwa aufgrund der Quadragesimo anno bereits politische, staatspolitische Betätigung und daher nur ihm allein vorbehalten sei. Er sucht also seinerseits geradezu den Umfang dessen, was ›Katholische Aktion‹ im Sinne kirchlicher Laienorganisation zu bedeuten habe, festzusetzen«[1565]. Die Kirche kann nach Zangerle jedoch niemals ihren Anspruch aufgeben, »alles weltliche Sein und Geschehen, also auch diesen Staat unter das Kreuz zu stellen« und »positive Ratschläge zur Gestaltung einer Wirtschafts- und Gesellschaftsordnung zu erteilen, die den unverrückbaren Grundlagen der Schöpfungsordnung nicht widerspricht.«

Zangerle ist überzeugt, daß mit Schmitts Politik-Definition das Prinzip der Vernichtungsstrategie, die seit Napoleon die moderne Kriegsführung beherrsche, auf den innerstaatlichen Machtkampf übertragen werde: »Der Staat kann heute auf den einzelnen Menschen einen ungeheuren Druck ausüben. Wenn in diese zubereitete Form ein bewußt antichristlicher Geist hineinführe, wäre der Einzelne bereits dem Martyrium ausgeliefert«[1566].

Zangerle sieht den »Ernstfall« dann eintreten, wenn dieser Staat »die Macht über die Seelen nicht mehr mit einer anderen Macht teilen will«[1567]. Angesichts dieser »neuen Zudringlichkeit des Politischen« und in einer Zeit, in der das Christsein wieder gefährlich werde, helfe nur noch der Mut, vor allem der Mut der Laien[1568]. Nötig sei, für das deutsche Volk zu beten, »damit es nicht wegen seines stolzen Sich-selbst-behaupten-wollens von Gott verworfen werde«[1569].

Zangerle sieht in Schmitts Begriff des Politischen, der die Frage, was zum Bereich des Politischen gehört, selbst als politisch definiert, den Kerngedanken und das Kernproblem des totalen Staates, der potentiell in Bereiche überzugreifen droht, für die ihm die Zuständigkeit mit naturrechtlicher Argumentation bestritten wird. Zangerles Ausführungen haben deshalb gerade die Staatslehre Schmitts im Visier, auch wenn dessen Name und dessen Lehre nur beiläufig erwähnt werden.

Ähnliche Ahnungen wie Ignaz Zangerle plagen 1933 den Jesuiten Friedrich Muckermann. In einem fiktiven Brief an Ernst Jünger, von dessen Be-

---

[1565] EBD., S. 66; folgende Zitate EBD.
[1566] EBD., S. 72.
[1567] EBD., S. 73.
[1568] EBD., S. 80.
[1569] EBD., S. 81.

griff der totalen Mobilmachung sich Schmitt zu seiner staatsrechtlichen Terminologie anregen ließ, schreibt er zu Jüngers Buch »Arbeiter«: »Es läuft doch alles auf eine Totalmobilmachung hinaus, auf den totalen Staat, auf die totale Wirtschaft, auf Arbeitsweltrüstung. Es wird der einzelne dabei zu fronen haben, wie ein Sklave des Pharao. Er wird in einem Gemisch von Kommiß und Werkstatt leben müssen. Bis zu dem Ziel, das Ihnen in noch so idealer Höhe vorschwebt, wird der Tag der Menschheit ausgefüllt sein mit Totalschlachten, die von total mobilgemachten Völkern mit den Waffen der Vernichtung gegenseitig geführt werden. Glauben Sie wirklich, daß, abgesehen von der Rüstungsindustrie, irgend jemand auf der Welt an solch einem ›heroischen Realismus‹ interessiert ist?«[1570]

Diese Zeilen treffen auch Carl Schmitt, auch wenn sie nicht an ihn direkt adressiert sind. Sie sind gleichermaßen eine Kritik der Idee vom totalen Staat, der dem einzelnen keine Luft zur Entfaltung läßt und ihn funktionalisiert, wie des Begriffs des Politischen. Schmitts von Günther Krauss anläßlich seiner Politik-Definition gerühmter »konkreter Realismus«[1571] und Jüngers hier skizzierter »heroischer Realismus« münden im totalen Krieg der totalisierten Völker, wie Muckermann 1933 hellsichtig voraussieht.

Nach 1933 wagen es in Deutschland nur noch wenige Autoren, gegen die Formel vom totalen Staat Position zu beziehen. In ausländischen Zeitschriften läßt sich dagegen noch eher eine Kritik dieser Staatslehre veröffentlichen. So nutzt etwa der Wiener Theologe, Philosoph und Nationalökonom Johannes Meßner die Plattform der auch in Deutschland verbreiteten »Schweizerischen Rundschau«, um 1934 den totalen Staat vom katholischen Staatsgedanken her radikal in Frage zu stellen. Auch in diesem Aufsatz kommt Carl Schmitt namentlich nicht vor. Wie sehr er aber als Antipode hinter und zwischen den Zeilen steht, wird schon eingangs deutlich, wenn Meßner schreibt: »Für jede Staatslehre ist ja die Auffassung vom Menschen entscheidend: je nach der Annahme, daß der Mensch schlechthin gut sei, [...], oder daß die Menschennatur bis ins Innerste verderbt sei, [...] ergeben sich ganz verschiedene Auffassungen vom Staat. Nach katholischer Lehre ist der Mensch geistig-leiblichen Wesens, der Ordnung der Vernunftnatur unterstellt, in seinen natürlichen Kräften durch die Erbsünde zwar geschwächt, aber doch nicht zur Verwirkli-

---

[1570] F. MUCKERMANN, Rätsel, S. 181; er sieht sich zu diesem Brief veranlaßt, weil E. Jünger die preußische Armee und die Societas Jesu als Vorbilder betrachte und in »neuen ordensähnlichen Gebilden die Vorbereiter und Träger des Kommenden« sehe (EBD., S. 175). Dies hätte F. Muckermann auch bezüglich C. Schmitt feststellen können.
[1571] C. LANG (= G. Krauss), Ideologie, S. 962.

chung dieser Ordnung völlig unfähig geworden. Diese Ordnung ist umschrieben im Naturrechte«[1572]. Für den Protestantismus sei die Menschennatur wegen der Erbsünde zur Verwirklichung der sittlichen Ordnung aus sich unfähig. Der Staat als »Zuchtmeister der erbsündigen Menschheit« und die Staatsführung als Trägerin eines »durch keine objektive Ordnung umschriebenen göttlichen Auftrages« müßten erst Ordnung begründen. Deshalb komme gerade die protestantische Theologie, »die die Autorität des ›christlichen Staatsmannes‹ (Stapel) zur absoluten und unbeschränkten erhob«[1573], zum totalen Staat.

Für Meßner hat der Staat entsprechend den in Übereinstimmung mit der katholischen Soziallehre vertretenen naturrechtlichen Vorgaben keine über dem Gemeinwohl stehenden Güter zu kennen: »Darum ist der totale Staat eine Auflehnung gegen das natürliche und göttliche Recht. Denn es ist das Wesen des totalen Staates, daß er alle Werte nur auf den Staat bezogen und auf ihn begründet wissen will, also auch kein Recht anerkennt, das nicht vom Staate selbst ausgeht, kein Recht der Person, der Familie, der Kirche. Damit vollendet der totale Staat den Rückfall in die antike Staatsauffassung, der mit Machiavelli einsetzte. Nach dieser konnte der Staat jegliches Opfer, auch das des Gewissens, von seinen Bürgern fordern. Seitdem aber in Christus die Unverletzlichkeit des in der geistig – sittlichen Persönlichkeit des Menschen begründeten Freiheitsbereiches wieder in das helle Bewußtsein der Menschheit gehoben wurde, sollte diese Unverletzlichkeit zum unverlierbaren Bestande der Kultur gehören«[1574].

Nach Meßner entspricht dem katholischen Staatsgedanken am besten eine »gemischte Verfassung«, die monarchische, aristokratische und demokratische Elemente enhalte. Gegen die liberale Staatsauffassung, die die staatliche Autorität den »Mehrheitsbeschlüssen von Parlamenten«[1575] ausliefere, fordere das katholische Verfassungsideal den autoritären Staat, dem die Staatsgewalt von Gott gegeben werde. Jeder Staat brauche auch eine »politische Führerschicht« und setze als demokratisches Element »das Wirksamwerden der Mitverantwortung aller seiner Glieder« voraus. Insgesamt zeichnet Meßner das Ideal eines autoritären Staates, das in wesentlichen Punkten nicht dem Leitbild der modernen Demokratie entspricht.

Meßner zeigt eindrucksvoll den auch bei Schmitt feststellbaren Zusammenhang von negativer Anthropologie, protestantischer politischer Theo-

---
[1572] J. MEßNER, S. 281.
[1573] EBD., S. 285.
[1574] EBD., S. 284 f.
[1575] EBD., S. 287; folgendes Zitat EBD.

9. Totaler Staat statt pluralistischer Gesellschaft 375

logie, Politik-Verständnis und der Formel vom totalen Staat auf. Seine Ausführungen sind ein naturrechtliches Kontrastprogramm zur Staatslehre Schmitts.

Bereits 1926 pflichtet Ernst Michel dem Wort Eugen Rosenstocks bei, weder die mittelalterliche Kirche, noch der neuzeitliche Staat hätten Ordnungen hervorgebracht, »um die Dämonen der ›Gesellschaft‹ zu bannen, an deren Bändigung heute unser Fortleben geknüpft ist«[1576]. 1930 bekundet Michel in seiner Besprechung von Schmitts »Das Problem der innerstaatlichen Neutralität«, daß er dessen Kritik an der durch den Liberalismus entformten Gesellschaft und die Sorge um die Herstellung einer politischen Einheit als Grundlage jeder funktionsfähigen Demokratie teilt[1577]. Schmitt seinerseits lobt Michel 1931 ausdrücklich dafür, daß er die Entwicklung des Staates zur Selbstorganisation der Gesellschaft erkannt habe und sich keine Illusion darüber mache, daß wir in einem, wie er Michel zitiert, »durch und durch politisierten Gesellschaftsstaat« leben, den Schmitt als »totalen Staat« bezeichnen möchte[1578].

1934 betont Michel erneut, daß eine gemeinsame Substanz über der gegensätzlichen gesellschaftlichen Vielheit vorhanden sein müsse, »wenn *Volk als politische Einheit* möglich sein soll«[1579]. Er geißelt in diesem Zusammenhang »die Herrschaft der apolitischen und antipolitischen Machtgruppen der Gesellschaft«[1580], die der politische Liberalismus auf dem Wege der individualistischen Auflösung und Zersetzung herkömmlicher Ordnungsstrukturen bewirkt habe. Auf der Grundlage dieser Überzeugung und aus der Perspektive des Jahres 1934 ergibt sich eine weitgehende Übereinstimmung mit Schmitts Pluralismuskritik und Parteienschelte: »Im Zeitalter der gesellschaftlichen Gruppenspaltung ohne tiefere gemeinsame politische Substanz oder inhaltlich bestimmte Idee, vor allem auch ohne ein gemeinverpflichtendes Ethos, konnte die demokratische Willensbildung durch das Parlament nur noch einen Interessensausgleich zwischen Gruppen ergeben. Dieser aber wurde immer schwieriger, je mehr die politischen Gruppen sich voneinander abriegelten, jede sich mehr und mehr als *das Ganze* setzte, Totalitätsanspruch erhob und Totalisierung erstrebte. Das ist das politische Phänomen, das Carl Schmitt seinerzeit als *Pluralismus* bezeichnet hat. In diesem Stadium waren die

---

[1576] E. MICHEL, Politik, S.45.
[1577] E. MICHEL, »Zur innerpolitischen Krise des Staates. Eine Auseinandersetzung mit Carl Schmitt, in: RHEIN-MAINISCHE VOLKSZEITUNG, Nr. 265/266, 13./14. November 1930; vgl. oben III. 7. d) »Das Problem der innerpolitischen Neutralität«.
[1578] C. SCHMITT, Hüter, S. 150.
[1579] E. MICHEL, Lebensverantwortung, S. 58 f.
[1580] EBD., S. 59; folgendes Zitat EBD.

Parteien schließlich auch zu einem tragbaren Ausgleich nicht mehr fähig und eine bloße Regierungsreform war aussichtslos.«

Michel teilt also Schmitts Diagnose von den »totalen Parteien« und dem damit einhergehenden totalen Staat aus Schwäche, d.h. dem durch Liberalismus und Pluralismus geschwächten Staat. Der daraus dialektisch abgeleiteten Programmatik eines totalen Staates aus Stärke steht er jedoch ablehnend gegenüber, ohne allerdings in diesem Zusammenhang Schmitt zu erwähnen. Gegen das »Auftreten der *Weltanschauung* als Totalitätsprinzip im politischen Raum«[1581] und »gegen übersteigerte Ansprüche von ›Mächten, Fürstentümern und Gewalten‹ jeder Art«[1582] verteidigt er die Freiheitssphäre der Person. Volkserneuerung und Ordnungen von Dauer könnten nur »nach dem Maße des Aufbruchs *freiwilliger* Gemeinschaftskräfte« entstehen[1583]. Es gehe schließlich »um das Werden des *Volkes* und eines auf ihm ruhenden, von ihm getragenen Staates, nicht wie im Faschismus – um die Bildung einer Nation durch staatliche Diktatur«[1584]. Mit diesem Stichwort ist klar, daß Michels Ausführungen auch gegen Schmitt gerichtet sind. Sah er doch Schmitt bereits 1930 aufgrund dessen politischen Vitalismus auf dem Weg zur politischen Diktatur.[1585]

An anderer Stelle wendet sich Michel entschieden gegen den aus Schmitts Begriff des Politischen ableitbaren Totalitätsanspruch des Staates, ohne aber auch hier Schmitt namentlich zu erwähnen: »Es ist klarer christlicher Glaubensstandpunkt, [...] daß sich der Christ zu einer Staatsauffassung, *die dem Staat Absolutheitsanspruch zuspricht* und daraus eine souveräne Machtwaltung über alle Lebensbereiche seines politischen Raumes ableitet, nicht bekennen kann. Nach christlicher Lehre darf der Staat weder aus sich selbst noch aus einer anderen Realität Absolutheit und Totalität begründen: er [...] ist einer übergeordneten Instanz und Norm verantwortlich unterstellt und in seinen Zuständigkeiten grundsätzlich begrenzt«[1586].

Michel erkennt hinter solchen Totalitätsüberlegungen u.a. einen »laizistischen Irrtum«[1587], der der politischen Macht das irdische Leben als souveränen, uneingeschränkten Herrschaftsbereich zuweise und der Religion das Überirdische überlasse. Auf diese Weise werde die Religion unzulässig als bloße Innerlichkeit und Jenseitsvorbereitung ausgehungert. Auch das

---
[1581] EBD., S. 74.
[1582] EBD., S. 75.
[1583] EBD., S. 79.
[1584] EBD., S. 80.
[1585] Vgl. oben III. 7. d) »Das Problem der innerpolitischen Neutralität«.
[1586] E. MICHEL, Lebensverantwortung, S. 177.
[1587] EBD., S. 180.

9. Totaler Staat statt pluralistischer Gesellschaft 377

Politische trage, so Michel, nicht seinen Sinn in sich und bedürfe der Ausrichtung auf den Willen Gottes.

In den Ausführungen Michels wird insgesamt deutlich, wie sehr ein katholischer Sozialist auf der Basis eines kämpferischen Antiliberalismus und Antipluralismus Schmitts Diagnose vom totalen Staat aus Schwäche teilen konnte. Diese Zustimmung war freilich kein Hindernis, dem Staats- oder Politikabsolutismus Schmitts und seiner Schule aus christkatholischer Überzeugung und in der Sache mit aller Entschiedenheit entgegenzutreten. Michel demonstriert mit seiner Haltung gleichzeitig, daß der Katholizismus um 1933 nicht nur mit ausgewiesenen Naturrechtsanhängern den Herrschaftsansprüchen des totalen Staates entgegentreten konnte. Auch Naturrechtsskeptiker wie Michel wußten sich im entscheidenden Zeitpunkt der den Staat begrenzenden katholischen Staatsauffassung verpflichtet und kämpften – doch wieder mit naturrechtlichen Anklängen – für sie.

Eine der umfangreichsten und zugleich systematisch gründlichsten Auseinandersetzungen mit dem Gedanken des totalen Staates veröffentlicht 1935 der katholische Staats- und Verwaltungsrechtler Hans Peters[1588]. Auf der Suche nach der Staatsphilosophie, die aus dem absoluten Staat einen totalen Staat machte, stößt Peters auf Hegel, der den Staat als absoluten Selbstzweck in die Sphäre der Metaphysik und der Ethik gehoben und für den Einzelnen die Mitgliedschaft in diesem Staat zur höchsten Pflicht erklärt habe[1589].

Der totale Staat ist für Peters keine Staatsform, sondern ein politisches Prinzip, »ein von einer bestimmten Staatsidee getragener Staat, der im Bestreben, Staat und Gesellschaft zu identifizieren, den Anspruch erhebt, seine Allmacht auf allen menschlichen Lebensgebieten zu betätigen«[1590]. Nach dieser Definition gelten die folgenden Ausführungen Peters auch für Schmitts Formel vom totalen Staat. Denn auch Schmitt will den Dualismus von Staat und Gesellschaft im totalen Staat überwinden. Außerdem soll nach Schmitt bereits die Frage, ob eine Angelegenheit unpolitisch ist,

---

[1588] H. Peters (1896 – 1966) war von 1923 bis 1933 im preußischen Innen- und Kultusministerium tätig. Nach seiner Habilitation 1925 lehrte er u.a. in Berlin und Köln. Er vertrat im Staatsgerichtshof-Prozeß »Preußen gegen das Reich« die Zentrums-Fraktion und war damit Prozeßgegner C. Schmitts, der für das Reich den sog. Preußenschlag verteidigte. 1933 wurde er als Zentrumsabgeordneter in den preußischen Landtag gewählt. Er gehörte zum deutschen Widerstand um den Kreisauer Kreis des Grafen von Moltke. Von 1940 an war er Präsident der Görres-Gesellschaft (P. MIKAT, Sp. 365; U. KARPEN, 776 ff.).
[1589] H. PETERS, S. 312 f.
[1590] EBD., S. 316.

in spezifischer Weise eine politische Entscheidung sein[1591]. Damit wird aber im Grundsatz gerade dieser Allmachtsanspruch erhoben, der für Peters unabhängig von der konkreten Praxis des Staates das politische Prinzip des totalen Staates ausmacht. So ist es nur konsequent, wenn Peters in anderem Zusammenhang zu diesem Allmachtsanspruch bemerkt: »Damit wird dem Staate die alleinige, endgültige Entscheidung darüber übertragen, welche Sachgebiete und welche Entscheidungen seiner ausschließlichen Zuständigkeit unterworfen sind. Es bedarf keiner näheren Erörterung, daß auch darin, selbst bei Anerkennung prinzipieller Koordination von Staat und Kirche, die Kirche einen anderen Standpunkt vertritt«[1592].

Als Gemeinsamkeit zwischen Kirche und der Idee des totalen Staates sieht Peters den »gegen den liberalen Rechtsstaat« gerichteten Standpunkt, daß sich der Staat nicht auf den Schutz gegen äußere Angriffe und die Bewahrung der Rechtsordnung beschränken dürfe[1593]. Von Augustinus über Thomas von Aquin bis hin zu den Päpsten der Neuzeit sei der Fürsorgezweck des Staates immer betont worden. Die Schwierigkeiten begännen erst, wenn man dem totalen Staat eine »*alle* Lebensgebiete umfassende Zuständigkeit« zuerkenne[1594].

Entschieden wendet sich Peters gegen die als Rechtfertigung der Allzuständigkeit des totalen Staates vorgebrachte These, die menschliche Gesellschaft sei außerhalb des Staates ungeordnet und bedürfe erst der vom Staat erlassenen Ordnungsprinzipien. Tatsächlich sei die Gesellschaft kein Chaos, sondern in ihr seien »von Natur aus mannigfache Ordnungseinheiten und geschlossene Lebenskreise, wie Familie und Berufsstände, vorhanden«.[1595] Peters teilt deshalb Gundlachs Lehre, wonach der Staat nur als Rahmengebilde Garant der Einheit und des Bestandes der Gesellschaft sei[1596].

Sobald der totale Staat seinen Totalitätsanspruch voll geltend mache, müsse er auch die Selbständigkeit aller sonstigen Gemeinschaftsorganisationen bestreiten und folglich auch von der Kirche Unterordnung fordern[1597]. Die Kirche, die »den Anspruch, die alleinige rechte Führerin des Menschen zu seinem letzten und höchsten Daseinszweck zu sein«[1598], erhebe und von daher in Fragen des Glaubens und der Sitte »gegenüber al-

---
[1591] Vgl. C. SCHMITT, Staat, S. 17.
[1592] H. PETERS, S. 331.
[1593] EBD., S. 325.
[1594] EBD., S. 326.
[1595] EBD., S. 327.
[1596] EBD., S. 327.
[1597] EBD., S. 328.
[1598] EBD., S. 323.

len Mächten der Welt«¹⁵⁹⁹ einen unbedingten Selbständigkeitsanspruch für sich geltend mache, könne einen solchen Vorrang des totalen Staates nicht anerkennen. Beim Staat dagegen gehöre die Totalität nicht zu seinem Wesen. Dieser könne also »der Kirche gegenüber seinen Totalitätsanspruch zurücktreten lassen; die Stellung der Kirche dagegen liegt von jeher fest«¹⁶⁰⁰.

Verschieden sind für Peters auch die Haltungen von Kirche und totalem Staat gegenüber dem Individuum. Der totale Staat sei »in seiner ganzen Einstellung typisch kollektivistisch, dem Individuum als solchem feindlich«¹⁶⁰¹. Auch wenn die Kirche im Konfliktfall das Wohl der Allgemeinheit dem Interesse des Individuums überordne, so fordere sie doch auf naturrechtlicher Basis die Selbstverantwortlichkeit und den dafür notwendigen Spielraum individueller Freiheit, »denn vor Gott hat ja der Einzelne, nicht die Gemeinschaft als solche einmal Rechenschaft abzulegen, und jede Seele, um deren ewiges Heil es geht, stellt auch gegenüber der Gemeinschaft einen ungeheuren Wert dar«¹⁶⁰². Die im totalen Staat vertretene »Auffassung von der Existenzberechtigung des Individuums nur innerhalb der Gemeinschaft«¹⁶⁰³ widerspreche der natürlichen Ordnung und werde deshalb von der Kirche abgelehnt.

Der totale Staat wolle den Menschen in allen seinen Lebensbeziehungen ergreifen und die Kirche laizistisch auf den sogenannten »rein religiösen Bereich«¹⁶⁰⁴ beschränken. Hier muß es für Peters zum Konflikt kommen: »Der totale Staat wie die Kirche wollen die Gesamtpersönlichkeit des Menschen erfassen und in bestimmtem Sinne gestalten, die Kirche von der christlichen Weltanschauung her, der Staat von seiner Staatsidee aus, die christlich sein kann, es aber nicht zu sein braucht. Im letzteren Falle besteht die Gefahr schwerer Reibungen zwischen Staat und Kirche«¹⁶⁰⁵.

Unterschiedliche Positionen ergeben sich für Peters auch »in der Stellung zum Recht«. Da der totale Staat aus seinem Wesen der Totalität allein feststellen wolle, was Recht ist und was nicht, sei seine Rechtsauffassung positivistisch. Die Kirche dagegen glaube an unabhängig vom Staat bestehende allgemeingültige Normen, an das Naturrecht¹⁶⁰⁶.

[1599] EBD., S. 324.
[1600] EBD., S. 325.
[1601] EBD., S. 329.
[1602] EBD., S. 329 f.
[1603] EBD., S. 330.
[1604] EBD., S. 330.
[1605] EBD., S. 331; folgendes Zitat EBD.
[1606] EBD., S. 330.

Sollte man das Wesen des totalen Staates nicht im unbegrenzten Aufgabenkreis, sondern im autoritären Element sehen, sieht Peters diesen Staat in milderem Licht: »Da die Kirche selbst eine autoritäre Organisation ist und da sie den verschiedenen Staatsformen als solchen neutral gegenübersteht, ergeben sich daraus keine Schwierigkeiten. Erst wenn die Staatsautorität von jeder göttlichen Begründung frei gemacht, selbst als höchstes Prinzip über alle anderen Werte gestellt wird, dann lehnt die Kirche eine solche Ansicht ab. Wie *Hegel* sich gegen die Lehre der katholischen Kirche stellen mußte, als er dem Staate die letzte Feststellung der objektiven Wahrheit und der sittlichen Grundsätze übertrug, so kann auch die Entwicklung im totalen autoritären Staat einen ähnlichen antikirchlichen Weg nehmen«[1607].

Peters bringt damit den Konflikt zwischen dem totalen Staat als politischem Prinzip und der katholischen Kirche auf den Punkt: Es geht nicht primär darum, zum Schutz liberaler Freiheitsrechte den autoritären Staat in seine Grenzen zu weisen, sondern darum, die Einflußbereiche von Staat und Kirche sowie von Weltanschauung und Religion auf den einzelnen Menschen abzugrenzen. Es geht letztlich um die von Schmitt immer wieder gestellte Frage: Quis judicabit? Es steht mit dem Prinzip des totalen Staates die Problematik der Kompetenz-Kompetenz bezüglich der Abgrenzung von politischen und religiösen Fragen zur Entscheidung an. Damit ist auch bei Peters ein Zusammenhang hergestellt zwischen der Grundfrage der politischen Theologie[1608], Schmitts Begriff des Politischen und seiner Formel vom totalen Staat. Wenn Peters sich nicht scheut, den Totalitätsanspruch der katholischen Kirche, der zu ihrem Selbstverständnis gehöre, zu beschreiben, dann wird hier deutlich, wie sehr Carl Schmitt unter dem Einfluß Hegels den Katholizismus als religiöse Weltanschauung in seinem Begriff des Politischen und auch in der Formel vom totalen Staat aus Stärke als juristisch-politologische Staatsauffassung säkularisiert hat. Gerade der Hinweis Peters auf die Staatsphilosophie Hegels erweist sich für die Erkenntnis der Vergötzung des Politischen durch Schmitt als fruchtbar. Was bei Hegel der Staat als Selbstzweck ist, ist bei Schmitt das Politische mit der ganzen Wucht des Absoluten.

In der österreichischen Zeitschrift »Der christliche Ständestaat« nimmt 1936 Schmitts ehemaliger Freund Franz Blei unter dem Eindruck der Morde des 30. Juni 1934 zum Theorem des totalen Staates Stellung. Ausgangspunkt seiner Empörung über Schmitts Lehre ist dessen Schrift

---

[1607] EBD., S. 332 f.
[1608] Vgl. oben III. 6. c).

»Staat, Bewegung, Volk« und darin vor allem der Satz, daß ohne den Grundsatz der Artgleichheit der nationalsozialistische Staat nicht bestehen könne und seinen liberalen oder marxistischen Feinden ausgeliefert wäre. Blei schreibt dazu verbittert: »Artgleichheit heißt für Schmitt (wenn es überhaupt was heißt) völliges Verschwinden des persönlichen Meinens und Denkens nicht nur, sondern auch deren Voraussetzung: dem Führer ist die Macht gegeben, sich eine Herde zu schaffen, die ihm folgt, wohin er will. Das ist die Vorstellung vom staatlichen Leben eines Volkes, die noch weit unter der Konzeption des Untertanen in einem absolutistischen Staatswesen irgendeiner asiatischen Zeit liegt, eine Staatsform, die neben dem Führer eine Polizeiorganisation etabliert, gegen die alle bekannten Ochranas und Inquisitionen ein Kinderspiel sind. Ja, um die Artgleichheit zu erfüllen und immer unter strengster Kontrolle zu halten, muß jeder jeden bespitzeln bis auf die Neugeburten. Und blökt ein Schaf zufällig ein anderes Bäh als die übrige Herde, wird es sofort von den anderen Schafen zerrissen«[1609]. »Die beste, ja die einzige Art, ein Volk gleich zu machen, ist die, die Ungleichen zu vernichten. So ähnlich steht der Satz schon im Contrat social. Ihn auf grausig-groteske Weise zu verwirklichen, blieb unserer Zeit vorbehalten: durch Achterklärung, Vernichtung der wirtschaftlichen Existenz, Beraubung der persönlichen Freiheit und des Lebens«[1610].

Blei ist über die Verbrechen des nationalsozialistischen Staates und die Rolle, die Schmitt dabei spielt, so empört, daß er keinen Blick mehr hat für die Beschreibung des quantitativen totalen Staates, die Schmitt 1931 vorgelegte. Schmitts totaler Staat ist für Blei der totalitäre, jede freie Meinungsäußerung unterdrückende, notfalls mordende und vernichtende Staat Hitlers. Angesichts der Fakten, die Blei 1936 bezüglich der Praxis des totalen Staats vorlagen, Fakten, denen Schmitt seine staatsrechtliche Rechtfertigung verlieh, konnte die theoretische Auseinandersetzung weitgehend auf die zynische Beschreibung des Entsetzlichen und des Entsetzens reduziert werden.

d) Der totale Staat und die katholische Staats- und Gesellschaftslehre

Die Urteile im deutschen Katholizismus zur Formel vom totalen Staat fielen Anfang der 30er Jahre nicht einheitlich aus. Das breite Meinungsspektrum hatte mehrere Gründe. Der wichtigste Aspekt dabei war, daß es eine einheitliche, fest umrissene Lehre vom totalen Staat nicht gab. Schmitt führte zwar den Begriff des totalen Staates 1931 in die Diskussion ein, er

---
[1609] F. BLEI, Fall, S. 1219.
[1610] EBD., S. 1220.

war jedoch nicht der einzige, der ihn in den folgenden Jahren mit staatsrechtlichen Inhalten füllte. Wenn Katholiken den totalen Staat begrüßten, mit katholischen Sozialprinzipien anreicherten oder – überwiegend – ablehnten, galten diese Ausführungen deshalb häufig nicht allein den Vorstellungen Schmitts. Viele Kritiker gingen von ihren eigenen Bildern vom totalen Staat aus. Der schillernde Begriff war ohnehin bestens geeignet, die Phantasie anzuregen. Schmitt selbst trug zur begrifflichen Verunsicherung und Verwirrung bei, indem er den totalen Staat 1931 und 1933 mit entgegengesetzten Wertungen und unter neuen politischen Vorzeichen präsentierte. 1933, spätestens mit der Schrift »Staat, Bewegung, Volk«, konnte leicht der Eindruck entstehen, daß es sich auch beim totalen Staat Schmitts um eine spezifisch nationalsozialistische Angelegenheit handelt. Wer gegen dieses von Schmitt geprägte Schlagwort und zugleich gegen die damit bei ihm verbundene Staatslehre Stellung nehmen wollte, hatte es angesichts des entstandenen Begriffsnebels nicht leicht, den Gegenstand seiner Kritik zu bestimmen.

Heinrich Getzeny hat 1933 eindrucksvoll aufgezeigt, daß eine Parteinahme für eine totale Partei wie die NSDAP an sich mit den noch in der Weimarer Republik formulierten Erkenntnissen Schmitts vom totalen Staat nicht vereinbar ist. Aber auch die umgekehrte Sichtweise war denkbar: Wenn sich Schmitt 1933 zu Hitler bekannte, dann lag der Schluß, unabhängig von seiner sachlichen Richtigkeit, nahe, daß Schmitt den totalen Staat auch schon vor 1933 totalitär verstanden haben könnte.

Es fällt auf, daß sich selbst die katholischen Autoren, die sich dem Begriff des totalen Staates grundsätzlich positiv nähern, nicht vorbehaltlos hinter das diesbezügliche Schrifttum Schmitts stellen. Auch Martin Preis, Hans Barion oder Georg Freudenberger lassen mehr oder weniger deutlich erkennen, daß ein allmächtiger, totalitärer Staat, der sich Selbstzweck ist und die Freiheit der Person mißachtet, mit der Lehre der katholischen Kirche nicht zu vereinbaren ist. Allerdings lassen sie offen, ob Schmitts politische Theorie in diesem Sinne verstanden werden kann oder muß. Ihre Stellungnahmen zu Schmitt sind insoweit nicht eindeutig. Robert Grosche warnt beiläufig zwar vor einer »falschen Angst« vor dem totalen Staat, aber sogar diese Formulierung läßt eine »berechtigte Angst« vor diesem Staat zu. Der Frage, ob die Angst vor dem totalen Staat Schmitts berechtigt ist, geht auch er nicht nach.

Als Hauptursache für die unterschiedlichen Positionen zum totalen Staat ist festzustellen, daß die beiden von Waldemar Gurian beschriebenen Antithesen »autoritärer Staat gegen die parlamentarische Parteienherrschaft« sowie »totaler Staat gegen den Zwiespalt von Staat und Gesellschaft« in den Stellungnahmen häufig ineinanderfließen und teilweise der totale Staat vor allem als autoritärer Staat verstanden wird. Und da die katholische Staatslehre, wie einige Kritiker freimütig einräumen, traditionell nichts gegen einen starken Staat einzuwenden hat, ja ihn sogar als Gegenpol zur aufklärerischen Lehre von der Volkssouveränität fordert, konnten sich Katholiken mit einem so verstandenen totalen Staat durchaus anfreunden. Auch der antiliberale Grundzug, der hinter dem totalen Staat aus Stärke steht, findet in der katholischen Staatslehre, wie sie aus dem 19. Jahrhundert überliefert ist, seine Entsprechung. Alois Dempf und Hans Peters haben auf diese Gemeinsamkeit ausdrücklich hingewiesen.

Auch Pius XI. macht in seiner Enzyklika »Quadragesimo anno« 1931 die »Auswirkungen des individuellen Geistes« dafür verantwortlich, daß das Gesellschaftsleben »ganz und gar unförmlich«[1611] geworden sei. Während aber nach Schmitts Diagnose von 1931 die gesellschaftlichen, pluralistischen Mächte den Staat erobert und diesen als über der Gesellschaft schwebenden hoheitlichen Garanten der Einheit liquidiert haben, sieht Pius XI. die gesellschaftlichen Gruppen zerschlagen und nur noch Staat und Individuen sich gegenüberstehen. Schmitt will dann die staatliche Einheit 1933 von oben, vom qualitativ starken Staat und etwas später von der Bewegung her auf Kosten der nun überwundenen liberalen Gesellschaft zurückgewinnen. Pius XI. ist dagegen primär an einer Reform eben dieser Gesellschaft interessiert. Er will sie über die Reorganisation der berufsständischen Ordnung erreichen, durch die er sich auch wieder eine Stärkung des Staates verspricht.[1612]

Hinter dem logischen und wertmäßigen Vorrang der Gesellschaft vor dem Staat steht das in »Quadragesimo anno« klassisch formulierte Subsidiaritätsprinzip: »wie dasjenige, was der Einzelmensch aus eigener Initiative und mit seinen eigenen Kräften leisten kann, ihm nicht entzogen und der Gesellschaftstätigkeit zugewiesen werden darf, so verstößt es gegen die Gerechtigkeit, das, was die kleineren und untergeordneten Gemeinwesen leisten und zum guten Ende führen können, für die weitere und übergeordnete Gemeinschaft in Anspruch zu nehmen; zugleich ist es überaus nachteilig und verwirrt die ganze Gesellschaftsordnung. Jedwede Gesellschaftstätigkeit ist ja ihrem Wesen und Begriff nach subsidiär; sie soll die Glieder des Sozialkörpers unterstützen, darf sie aber niemals zerschlagen oder aufsaugen«[1613].

[1611] Zit. nach TEXTE ZUR KATHOLISCHEN SOZIALLEHRE, S. 120 (Quadragesimo anno, Nr. 78).
[1612] Vgl. EBD., S. 120 ff.
[1613] EBD., S. 121 (Nr. 79).

Daß Pius XI. mit diesem Prinzip auch den totalen Staat und insbesondere den faschistischen »stato totalitario«, der für Schmitts totalen Staat aus Stärke Modell stand, kritisch im Blick hat, zeigt seine Bemerkung, es entgehe ihm nicht, »wie manche die Befürchtung hegen, der Staat setze sich an die Stelle der freien Selbstbetätigung, statt sich auf die notwendige und ausreichende Hilfestellung und Förderung zu beschränken«[1614]. Eine Schwächung der Staatsgewalt sieht Pius XI. durch das Subsidiaritätsprinzip nicht; im Gegenteil: »Sie selbst steht dadurch nur umso freier, stärker und schlagfertiger da für diejenigen Aufgaben, die in ihre ausschließliche Zuständigkeit fallen, weil sie allein ihnen gewachsen ist: durch Leitung, Überwachung, Nachdruck und Zügelung, je nach Umständen und Erfordernis. Darum mögen die staatlichen Machthaber sich überzeugt halten: je besser durch strenge Beachtung des Prinzips der Subsidiarität die Stufenordnung der verschiedenen Vergesellschaftungen innegehalten wird, um so stärker stehen gesellschaftliche Autorität und gesellschaftliche Wirkkraft da, um so besser und glücklicher ist es auch um den Staat bestellt«[1615].

Im deutschen Katholizismus wurde diese naturrechtliche Vorstellung der staatlichen Ordnung nach dem thomistischen Axiom von der »Einheit in wohlgegliederter Vielheit«[1616] um 1933 nicht allenthalben geteilt. Wer wie Hans Barion oder Robert Grosche Gundlachs These von der Rahmenfunktion des Staates als pluralistisch und staatsschwächend verwarf, mußte der Lehre von Pius XI., die derjenigen Gundlachs entsprach, kritisch gegenüberstehen[1617].

Schmitts These von der Aufhebung der liberalen Zweiteilung von Staat und Gesellschaft von oben her, vom Primat des totalen Staates aus Stärke, stieß jedenfalls im 1931 von Pius XI. neu formulierten Subsidiaritätsprinzip, mit dem die unmittelbare Gegenüberstellung von Staat und Individuum von unten her, durch die Stärkung der Gesellschaft, überwunden werden sollte, auf ihre zentrale theoretische Gegenthese. Und dieses Prinzip war und ist die allein verbindliche katholische Aussage über die Verhältnisbestimmung von Staat und Gesellschaft. Auch wenn Schmitt in »Staat, Bewegung, Volk« eine der Selbstverwaltung des Volkes überlassene Sphäre grundsätzlich anerkennt, so ist doch der ganze Duktus dieser Schrift

---

[1614] EBD., S. 126 (Nr. 95).
[1615] EBD., S. 121 (Nr. 80).
[1616] EBD., S. 122 (Nr. 84).
[1617] H. Barion hat die brisante Frage gestellt, ob auch die katholische Kirche nur Rahmenfunktion habe, d. h. ob das Subsidiaritätsprinzip auch innerhalb der katholischen Kirche gelten solle (H. BARION, Reich, S. 455).

darauf ausgerichtet, daß dieser Bereich ebenfalls unter dem absoluten Primat des Politischen steht, der praktisch nicht viel Raum für den Gedanken der Subsidiarität übrig läßt.

Die Kritiker der Formel vom totalen Staat haben zutreffend darauf hingewiesen, daß sich die katholische Kirche nicht auf den rein religiösen Bereich des Gottesdienstes und der Sakramentenverwaltung zurückdrängen läßt, sondern für sich das Recht beansprucht, über die religiöse Dimension des Menschen seine gesamte Welt, auch die politischen Fragen, zumindest ratione peccati unter die potestas indirecta, die geistliche Führungsgewalt der Kirche zu stellen[1618]. Das Bild eines Staates, der allein die Frage entscheiden will, was eine politische und was eine religiöse Frage ist, der nach Schmitts Begriff des Politischen grundsätzlich auch eine religiöse Frage zu einer politischen erklären könnte, der von sich aus der Kirche ihre Stellung im Volk anweist und der insgesamt die sog. Kompetenz-Kompetenz als politisches Fundamentalprinzip für sich beansprucht, kann mit der Lehre der katholischen Kirche und ihrem Selbstverständnis nicht in Übereinstimmung gebracht werden. Aus diesem Anspruch des totalen Staates ergibt sich die permanente Gefahr des Kirchenkampfes. Friedrich Fuchs, Alois Dempf, Ignaz Zangerle und Hans Peters haben eindringlich darauf hingewiesen.

Wenn sich der totale Staat von der Totalität des Politischen im Sinne Schmitts her versteht und von daher den Anspruch auf die absolute Unterwerfung des Individuums herleitet, muß er zwangsläufig auf einen strukturell ganz ähnlichen Anspruch der katholischen Kirche stoßen. Will sie doch »die alleinige und rechte Führerin des Menschen zu seinem letzten und höchsten Daseinszweck« sein, wie Hans Peters 1935 formuliert[1619]. Die Totalität des Politischen stößt hier auf die Totalität des Religiösen. Es steht nach Friedrich Muckermann »Christus gegen Cäsar«[1620].

e) Der totale Staat und die politische Theologie

Die strukturell ähnlichen, auf den ganzen Menschen ausgerichteten Herrschafts- oder Führungsansprüche der politischen Instanz Staat und der religiösen Instanz Kirche sind nicht zwangsläufig auf Konflikt programmiert. Dies gilt insbesondere dann, wenn es einer der beiden Größen gelingt, die andere im Sinne der eigenen Idee auszurichten oder inhaltlich anzufüllen. So ist es durchaus denkbar, daß sich der Staat, wie im Mittel-

---

[1618] Vgl. z. B. H. PETERS, S. 330.
[1619] H. PETERS, S. 323.
[1620] F. MUCKERMANN, Epochen, S. 576.

alter bisweilen geschehen, als weltlicher Arm der Kirche instrumentalisieren läßt. Die jeweiligen Aufgaben und Interessen können auch zu einem Teil gleichgelagert sein. Bei der Konstruktion von Organisations- oder Anspruchsanalogien entsteht freilich die Gefahr der Grenzüberschreitung für beide Institutionen: Der Staat droht dann zur Ersatz- oder Gegenkirche, die Kirche zum Ersatz- oder Gegenstaat zu werden.

Die Bereitschaft, die Totalität des Christus-Anspruchs zunächst innerhalb der Kirche auf einer weltlichen Folie in einem äußeren, unbedingten Gehorsamsanspruch einfordernden Ordnungskatholizismus zu »verstaatlichen« und dann in den Bereich des Staates zu emanieren, war bereits Mitte der 20er und und erst recht Anfang der 30er Jahre bei nicht unbedeutenden Gruppen im deutschen Katholizismus groß. Dies gilt umso mehr, als auch vom naturrechtlichen Denken her die ordnungserhaltende Funktion des Staates in den Vordergrund gerückt wurde. Die Sehnsucht nach Ordnung gerade im Politischen, im Bereich der Innen- wie der Außenpolitik, wurde gegen Ende der Weimarer Republik schließlich immer drängender. Bereits 1923 hatte Schmitt den römischen Katholizismus als ideale politische, rechtliche und ästhetische Form und damit als ideales Modell für die Restauration des abendländischen Staates wider den Ungeist der liberal dominierten Neuzeit präsentiert. Dieses Modell sollte sich auf der Ebene der Analogisierung von Kirche und Staat um 1933 als fruchtbar erweisen.

Die Zahl der politischen Theologen, die ab 1933 auf diese Weise Zugang zur Idee des totalen Staates fanden, war nicht gering. So sagte der gastgebende Abt Ildefons Herwegen auf der 3. soziologischen Tagung des Katholischen Akademikerverbandes in Maria Laach »ein rückhaltloses Ja zu dem neuen soziologischen Gebilde des totalen Staates, das durchaus analog gedacht ist zum Aufbau der Kirche«[1621]. Und der katholische Philosoph Max Müller bejahte für die Neudeutsche Jugend »die Totalität unseres Staates und die Totalität unserer Religion«[1622]. Beide Totalitäten müßten so geeint werden, »wie sich in Christus die Fülle der Menschheit und Fülle der Gottheit ganz geeint hat«: »Wie der Staat keinen bloßen Überbau oder Rahmen darstellt, sondern unserem ganzen individuellen, irdischen Dasein letzte Vollendung gibt: so ist auch Religion kein Teilgebiet neben anderen Teilgebieten unseres persönlichen oder öffentlichen Lebens (Wirtschaft, Technik, Wissenschaft, Kunst), sondern alles durchdringende Lebensmacht, [...]. Erst in der Anerkennung beider Totalitäten

---

[1621] Zit. nach R. FABER, Katholizismus, S. 140, Anm. 19.
[1622] Zit. nach H. MÜLLER, S. 179; folgende Zitate EBD.

9. Totaler Staat statt pluralistischer Gesellschaft 387

ist der Liberalismus wirklich überwunden und die Würde der Persönlichkeit dennoch gewahrt; die Würde jener Persönlichkeit, die nicht freischwebendes und isoliertes Individuum ist, sondern Persönlichkeit gerade ist in der freien Bindung an übergeordnete Werte.« Das Rekurrieren auf die Würde der Persönlichkeit und übergeordnete Werte zeigt freilich, daß nach Müller der totale Staat nicht zum totalitären eskalieren sollte.

Auch Carl Schmitts »Staat, Bewegung, Volk« von 1933 atmet den Geist einer säkularisierten politischen Theologie, wenn er nun der nationalsozialistischen Bewegung die staatstragende Rolle zuspricht, die geschichtlich bisweilen »die Kirche mit ihrem Klerus oder mit einem bestimmten Orden«[1623] übernommen habe. Nationalsozialismus und Katholizismus sind hier funktional und auf den Staat bezogen parallelisiert. Der maßgebliche Führer ist 1933 nicht mehr der Papst, sondern Adolf Hitler.

Die Idee des totalen Staates war somit für den deutschen Katholizismus Anfang der 30er Jahre in einem doppelten Sinne gefährlich: zum einen im Sinne der Existenzbedrohung durch den nationalsozialistischen Staat, zum anderen im Sinne der Versuchung, analoge Strukturen zwischen der katholischen Kirche und diesem Staat zu suchen. Es war eine Frage des Vertrauens in den Nationalsozialismus und abstrakt die Frage, wie total der totale Staat sein sollte, damit Katholiken für ihre Kirche im Verhältnis zu diesem Staat ein Miteinander oder ein Gegeneinander formulierten.

f) Die Dreigliederung der katholischen Kirche

Die politische Theologie von Günther Krauss

Ein Beispiel für eine höchst problematische Strukturanalogie-Konstruktion zwischen dem nationalsozialistischen Staat und der katholischen Kirche bietet 1933/34 Schmitts Schüler Günther Krauss. Hatte sich Carl Schmitt bis etwa Mitte der 20er Jahre in seinen Schriften bemüht, Erkenntnisse über die rechtlichen und politischen Strukturen der katholischen Kirche in seiner Staatstheorie umzusetzen, und die Kirche als Vorbild für die ideale Staatsverfassung präsentiert, beschreitet Günther Krauss nun exakt den entgegengesetzten Weg: »Die grundsätzliche Erkenntnis des Aufbaus der politischen Einheit, die in der nationalsozialistischen Staatslehre Carl Schmitts enthalten ist, geht auch die katholische Kirche etwas an. Sie kann für eine Erkenntnis der konkreten Verfassungslage der katholischen Kirche fruchtbar gemacht werden«[1624]. So nimmt

---
[1623] C. SCHMITT, Staat, S. 28.
[1624] C. LANG (= G. Krauss), Aufbau, S. 446.

sich Krauss den Verfassungsentwurf Schmitts »Staat, Bewegung, Volk« von 1933 zum Vorbild, um der katholischen Kirche eine aus seiner Sicht ideale Struktur und Verfassung zu schneidern.

Krauss' Anspruch ist nicht gerade bescheiden. So wie Hegel und Carl Schmitt die konkrete Verfassungslage für das deutsche Reich von 1648 – 1806 bzw. 1918 – 1933 erkannt hätten, so will er diese Aufgabe für die katholische Kirche meistern[1625]. Er verfährt dabei nach der Methode, die auch Carl Schmitt für den Weimarer Staat erfolgreich angewandt hatte: die Aufzeichnung eines Zerfallsprozesses: »Die Kirche ist heute dem Tode nahe. Sie ist sowenig eine ecclesia militans, wie das [...] von Carl Schmitt beschriebene Deutschland der Weimarer Verfassung ein Staat war«[1626].

Die Kirche hat nach Überzeugung von Krauss nicht mehr die Kraft zur Mission und zur Kultivierung. In der Neuzeit gewinne sie nur noch Einzelseelen[1627]. Sogar die Synagoge triumphiere über die Kirche[1628]. Der Kirche fehle es an Regel, Disziplin und militia. Sie habe »etwas vom Pazifismus der liberalen Gesellschaft abbekommen«[1629]. Eine wesentliche Ursache für die Misere der Kirche liegt für Krauss in der bisherigen liberalen Art der Beziehungen von Kirche und Staat: »Im barocken Kirchenrecht tritt der Staat als die politische Einheit der Kirche als religiöser Gesellschaft gegenüber; beide sind in sich abgeschlossene, selbständige, undurchdringliche Gebilde [...]. Soweit Verbindungen bestehen, werden sie hergestellt durch ein geschriebenes Vertrags- und Kompromißsystem; die Konsequenz ist aber die völlige Trennung«[1630].

Durch den Liberalismus sei die Kirche »vor die Mauern der Stadt«[1631] verbannt worden. Doch Krauss sieht 1933 die Chance, das Verhältnis von Staat und Kirche auf eine neue Grundlage zu stellen. Der Nationalsozialismus mache es möglich, »wieder in das Verhältnis echter Zuordnung und Einheit zur Kirche zu gelangen«[1632]. Die Kirche habe »noch keine geeignete Form gefunden, um mit einer so gänzlich unbarocken [...] Bewe-

---

[1625] C. LANG (= G. Krauss), Kirche, S. 1042; bereits mit dem Untertitel zeigt G. Krauss, wessen Schüler er ist.
[1626] EBD., S. 1046.
[1627] EBD., S. 1037.
[1628] G. Krauss meint in diesem Zusammenhang, auf die Mission der »Neger« könnten keine großen Hoffnungen gesetzt werden, »weil die Neger nicht fähig sind, missioniert zu werden«. Es möge »dem barocken Ehrgeiz der Bolschewiken überlassen bleiben, die Schwärze der Knechtschaft durch Aufklärung von ihnen herunterzuwaschen« (EBD., S. 1037).
[1629] EBD., S. 1044.
[1630] EBD., S. 1039.
[1631] EBD., S. 1039.
[1632] EBD., S. 1040; folgendes Zitat EBD.

gung wie dem Nationalsozialismus auf vernünftigem Fuße verkehren zu können.« Unter Berufung auf Schmitt lehnt Krauss das Reichskonkordat als Form der Begegnung von Staat und Kirche ab: »Solange überhaupt eine Verschiedenheit von Staat und Kirche besteht, besteht natürlich auch eine Mehrheit von Treuebindungen für die katholischen Deutschen. [...] Das Reichskonkordat räumt die Konfliktsmöglichkeiten nicht aus, solange die echte innere Einheit nicht verwirklicht ist; vielmehr eröffnet der geschriebene Vertrag neue Konfliktsmöglichkeiten [...]. Besteht eine echte *Gleichartigkeit* der Vertragspartner nicht, so hilft kein rechtliches Band, und die Verabredung eines Bundes, eines Konkordates ist ein nichtiges Scheingeschäft«[1633].

Der Konkordatsidee setzt Krauss ein eigenes Modell einer dem Nationalsozialismus adäquaten Beziehung von Staat und Kirche entgegen: »Die Einordnung der katholischen Kirche in das deutsche Volk setzt eine innere Gleichartigkeit voraus, und sie muß sich, wenn sie mehr sein soll als eine platonische Beteuerung oder eine scheinheilige Fiktion, institutionell und organisatorisch ausprägen«[1634]. Dabei schwebt ihm ein konkretes Beispiel als Anschauungsmaterial vor Augen. Wie »die Evangelische Kirche von innen her durch die Glaubensbewegung Deutscher Christen dem Reiche gleichgeschaltet wurde, so muß auch die katholische Kirche *durch eine elementare Bewegung des Kirchenvolkes selbst* zu einer echten Kirche und zu dem würdigen Partner des Deutschen Reiches neu- und umgeschaffen werden«[1635].

Die Suche nach der Gleichartigkeit setzt für Krauss an bei dem Begriff der ecclesia. Er versteht darunter die Versammlung des Volkes für den profanen wie für den christlichen Bereich. Der Begriff des Volkes geht nach dieser Überlegung also dem der Kirche vor. Folglich setzt für Krauss auch »die Erörterung des Kirchenbegriffs eine Bestimmung des Begriffs Volk voraus«[1636]. Dieser Begriff werde im Fall der Kirche »in die übernatürliche Ordnung aufgenommen«. Zum Volk gehöre die seinsmäßige Einheit der »Gemeinsamkeit des Blutes«, eine »Sichtbarkeit und Publizität« und »eine öffentliche Sittlichkeit«. Es sind dies Merkmale, die Krauss auch bei der katholischen Kirche findet. So sei die Kirche aus dem Blut Christi gebaut, durch Sakrament und Dogma öffentlich konstituiert und die einzelnen Glieder seien im Gehorsam des Glaubens der sittlichen Autorität der Kirche unterworfen. Aus diesen Identitäten zieht Krauss den Schluß, »daß je-

---

[1633] EBD., S. 1040 f.
[1634] C. LANG (= G. KRAUSS), Aufbau, S. 446 f.
[1635] EBD., S. 1046 f.
[1636] EBD., S. 447; folgende Zitate EBD.

de Darlegung des katholischen Kirchenbegriffs politische Theologie« sei, die dem Politischen nicht entgehen könne. Auf die Verhältnisse von 1934 bezogen bedeutet das: »Die Aufgabe einer konkret der Gegenwart dienenden politischen Theologie kann nur darin bestehen, die vernünftigen Erkenntnisse der politischen Praxis und Theorie des Nationalsozialismus auf die Kirche zu übertragen, und nicht darin, den Staat des neunzehnten Jahrhunderts, den wir als Fiktion und Unsinn erkannt haben, zu verabsolutieren. Es ist notwendig, daß politische Formeln und Begriffe auf die Kirche übertragen werden, und zwar nicht im Sinne einer an die Theologie zu stellenden ethischen Forderung, sondern im Sinne einer unausweichlichen praktischen Konsequenz aus der Struktur des Ekklesia-Begriffs. [...] Die Theologie muß entweder in deutscher und nationalsozialistischer Sprache und aus deutscher und nationalsozialistischer Geistesart heraus zum Volk sprechen, oder sie muß darauf verzichten, zum Volke zu sprechen. Es ist also theologisch und politisch gerechtfertigt, die dreigliedrige Einheit des deutschen Staates nunmehr auch in der Kirche aufzusuchen. Wenn die Kirche in früheren Zeiten das Verfassungsrecht des griechisch-römischen und des römisch-germanischen Reiches in ihr jus divinum aufnahm – wodurch dieses nicht aufhörte, jus divinum zu sein –, dann ist es auch heute möglich, daß der natürlichen Ordnung des deutschen Volkes das Material für eine Wesenserkenntnis der katholischen Kirche entnommen wird«[1637].

Krauss beansprucht, wie er in einer Fußnote einräumt, für die folgenden Überlegungen, mit denen er die Gleichartigkeit von Kirche und Staat aufzeigen will, keine besondere Originalität. Es handele sich lediglich um »ein Nachdenken vorgedachter Gedanken einer deutschen Staatslehre und Theologie«, gibt er, ohne direkt auf Carl Schmitt zu verweisen, an.

Dem Staat im Sinne des Behörden- und Ämterwesens entspricht nach Krauss in der katholischen Kirche »das hierarchisch organisierte Priestertum, der Klerus.« Das Volk sei unschwer in den Laien zu erkennen. Das Kirchenvolk sei aber keine internationale Körperschaft, sondern »nach dem heiligen Thomas eine Kongregation der einzelnen Völker und ihrer Kirchen, wobei unter den einzelnen Kirchen durchaus ein Verhältnis der Hierarchie und der Führerschaft bestehen kann«[1638]. Als Bewegung, die die Kirche trägt, bezeichnet Krauss – in nicht ausgewiesener Anknüpfung an Carl Schmitt[1639] – das Ordenswesen. Den Unterschied zwischen Klerus und kirchlicher Bewegung verdeutlicht er am Beispiel von Petrus und

---

[1637] EBD., S. 449; folgende Zitate EBD.
[1638] EBD., S. 450.
[1639] Vgl. C. SCHMITT, Staat, S. 28, wo C. Schmitt feststellt, daß es Zeiten gegeben habe, in der die Kirche »mit einem bestimmten Orden die Rolle der staatstragenden Organisation übernahm«.

9. Totaler Staat statt pluralistischer Gesellschaft

Paulus. Petrus stehe für das Kollegium der Zwölf und für die gesetzliche Ordnung. Nur der »in illegitimer Weise, und doch iure divino«[1640] in die Stellung eines Apostels berufene Paulus habe das Christentum aus judenchristlicher Sicht illegal den Heiden öffnen können. Die charismatische Ordnung trage die Kirche, die ohne sie zur Synagoge geworden wäre[1641]. Sie setze sich fort »in den Martyrern und im Mönchtum, und ferner in der neuzeitlichen Prophetie und Didaskalie. Nicht der Bischof, sondern der Lehrer, d.h. der Doktor, nicht der Magister ist das Salz der Erde«[1642]. Es sei die »besondere Funktion der Bewegung, Ordnung zu schaffen, wenn die kirchliche Organisation, wie das in der Kirchengeschichte nicht selten geschieht, in Korruption verfällt«[1643].

Schmitts Formel vom totalen Staat aus Stärke, der keine politischen Freiräume mehr zuläßt, wird von Krauss strukturell in den Bereich der Kirche hinein verlängert. Ein ideologisch aufgeladener Volk-Begriff soll dazu dienen, den Primat des Politischen gegenüber der Kirche geltend zu machen und zu sichern. Krauss gibt sogar offen zu, daß es ihm darum geht, die katholische Kirche nach dem Vorbild der Deutschen Christen dem Nationalsozialismus gleichzuschalten[1644].

Günther Krauss' kirchlicher Verfassungsentwurf ist aus der Sicht der politischen Theorie Carl Schmitts eine Umkehrung des Säkularisierungsprozesses, eine ideologische Profanisierung der Kirche, eine »Rolle rückwärts« in der von Schmitt Anfang der 20er Jahre entwickelten politischen Theologie. Nahm Schmitt beim Auszug der Juristen aus der Kirche so manches Heiligtum mit, um es in säkularem Gewand staatsrechtlich zu präsentieren[1645], so stellt Krauss die Feldzeichen der nationalsozialistischen Ideologie in der katholischen Kirche auf. Silete, advocati, in munero alieno, möchte man in Abwandlung des von Schmitt so häufig zitierten Satzes von Albericus Gentilis dem Juristen Krauss entgegenhalten.

Zeitgenössische Kritik

Unter dem Pseudonym »Michael Schäffler« setzt sich Alois Dempf in seiner 1934 in der Schweiz erschienenen Kampfschrift gegen den National-

---
[1640] C. LANG, Aufbau, S. 454.
[1641] EBD., S. 454.
[1642] EBD., S. 454; es kann kein Zweifel daran bestehen, daß sich der Doktor Krauss, der an den Eintritt in den Dominikanerorden dachte (vgl. H. HÜRTEN, Deutsche Briefe II, S. 491), der Didaskalie zugehörig fühlte und von daher in der Kirche im nationalsozialistischen Sinne für Ordnung sorgen wollte.
[1643] EBD., S. 455.
[1644] Vgl. EBD., S. 1046.
[1645] C. SCHMITT, Ex Captivitate salus, S. 70.

sozialismus »Die Glaubensnot der deutschen Katholiken« beiläufig mit der politischen Theologie Günther Krauss' auseinander, ohne diesen jedoch namentlich zu benennen. Er spricht dabei Carl Schmitt als den geistigen Vater dieser Theologie an. Dempf ist in Sorge, daß die Erfolge der Nationalsozialisten im deutschen Protestantismus beim Versuch, die Konfessionsgrenzen angesichts des neuen Glaubens an Adolf Hitler aufzuheben, auch die Katholiken auf Abwege bringen könne. Er fordert die deutschen Katholiken zum Kampf gegen diesen häretischen Glauben auf.[1646]

Von einer »kleinen Gruppe von Katholisch-Deutschen, die um die geistige Führung des Staatsrechtslehrers Carl Schmitt geschart ist, wird die zynische Behauptung aufgestellt: *die katholische Kirche in Deutschland ist schon tot, weil sie ihren Gegner nicht erkennt*«[1647]. Jener Anhänger Schmitts habe jedoch nicht bedacht, »daß er gerade damit den schleichenden Kulturkampf zu einem offenen gemacht hat: um den alten Glauben und die Kirche tot sagen zu können, gibt er zu, daß daß der neue Glaube ein Gegner des alten und der Kirche ist«[1648]. Dieser Unheilsprophet, der ganz in der häretischen Ausschließlichkeit des Politischen lebe, habe außerdem nicht gesehen, »daß die Freund-Feind-Unterscheidung der Kirche eine ganz andere als eine bloß politische ist: daß die Kirche, wenn sie ihren Gegner erkennt und benennt, ihn zeichnet als eine Erscheinung des *geheimen Antichrist*, jenes bösen Feindes, [...] dessen hauptsächlichste Zeichen die Häresie und der Cäsaropapismus sind.« Dempfs ganze Schrift läuft auf eine Aufforderung an den Episkopat hinaus, diesen neuen Feind der katholischen Kirche als häretisch zu benennen und den Glaubenskampf gegen ihn zu führen.

Der deutsche Katholizismus brauche sich, so Dempf, vor den abgefallenen »Katholisch-Deutschen« nicht zu fürchten. Es sei ein ärmliches Grüppchen, das unter dem Niveau der Deutschen Glaubensbewegung stehe. Eine Ausnahme von diesem Urteil macht er jedoch und kommt damit auf Carl Schmitt zu sprechen: »Zwar haben sie einen sehr geistreichen, aber leider immer zweideutigen Führer, den berufenen Schöpfer der neuen Verfassung selbst, Carl Schmitt, der ausgerechnet im ›Deutschen Volkstum‹ eines anderen Katholikenhassers, Wilhelm Stapel, schon den Tod der Kirche verkünden läßt, weil sie ihren Gegner nicht erkenne. Der

---

[1646] Vgl. oben III. 9. c).

[1647] M. SCHÄFFLER (= A. Dempf), S. 204; A. Dempf kommentiert in diesem Zusammenhang beiläufig C. Schmitts »Begriff des Politischen«: »So eng und einseitig diese Auffassung des Politischen ist, so enthält sie natürlich doch auch einen (freilich sehr bitteren) machiavellistischen Kern von Wahrheit« (EBD., S. 205).

[1648] EBD., S. 205; folgendes Zitat EBD.

antirömische Affekt, den er selbst längst erkannt und benannt hat, hat ihm dabei ein Schnippchen geschlagen. Da zudem die große Beweglichkeit dieses ›theologischen Politikers‹ ihn schon vor seiner eigenen Theorie des ›totalen Staates‹ zum Bekenntnis der ›totalen Bewegung‹ weitergeführt hat, darf man wohl auch annehmen, daß er bald auch von seinem ›katholischen Deutschtum‹, wenn sich dessen Erfolglosigkeit zeigt, zum nächsten Thema hinüberwechseln werde! Jedenfalls wird er aber (wie der letzte kleine Häresiarch des deutschen Katholizismus, Ignaz Döllinger, [...]) niemals in seine eigene Kirche eintreten. Sie ist also von Anfang an dazu verurteilt, eine Kirche ohne Haupt zu sein«[1649]. Dempf macht damit deutlich, daß er Günther Krauss' Ausführungen nur insofern ernst nimmt, als hinter ihnen das Gedankengut Schmitts steht. Dieser hätte aus der Sicht Dempfs das geistige Rüstzeug, die Häresie anzuführen. Doch hält er ihn im Zweifel doch – wie 1926 schon Johannes Kirschweng[1650] – für einen Romantiker, der von einem Thema zum anderen springt, ohne sich mit ihm eigentlich zu identifzieren.

Martin Preis, ein Mitglied des von Krauss als artfremd bezeichneten Jesuitenordens, hat 1935 den Mut, die politische Theologie seines Kommilitonen im Seminar Schmitts als theologischen Unsinn anzuprangern. Für Preis gibt es zwar die Möglichkeit, den politischen Aufbau eines Staates auf das Volk zu gründen, da dies immer vor der Verfassung da sei. In der Kirche sei es aber genau umgedreht. Dem Kirchenvolk werde man durch die Taufe eingegliedert: »Ein Kirchenvolk entsteht also nur durch die Einfügung in die hierarchische Kirche, deren Verfassung nicht an den Bedürfnissen eines vorgegebenen Kirchenvolkes gemessen wird, sondern in ihren Grundzügen von Gott gesetzt ist und ihrerseits erst die Bildung eines Kirchenvolkes [...] ermöglicht. [...] Die kirchliche Verfassung ist darum kein bloßer ideologischer Überbau, noch ein Aufbau über der eigentlichen substantiellen Wirklichkeit der Kirche, sondern ihrerseits Unterbau und der Wurzelboden, aus dem das Leben des Volkes sich dauernd nährt und erhält. Man wird dem Wesen der Kirche nur schwer gerecht, wenn man ihm mit staatsrechtlichen Begriffen beizukommen versucht«[1651].

Von dieser dogmatischen Feststellung abgesehen, gebe es in Deutschland auch keine »Artgleichheit des Glaubens und Bekenntnisses«[1652]. Kraft seiner natürlichen Artgleichheit sei das Volk nicht Kirchenvolk, sondern deutsches Volk, kraft seiner übernatürlichen und religiösen

---
[1649] EBD., S. 239.
[1650] Vgl. oben III. 2. e).
[1651] M. PREIS, Aufbau, S. 156 f.
[1652] EBD., S. 157.

Überzeugung gebe es nicht Volk, sondern eine Mehrheit von Kirchen[1653]: »Der Mangel kann nicht durch eine Angleichung der kirchlichen Verfassung, sondern nur durch eine Beseitigung seiner Ursache behoben werden. Sonst haben wir trotz aller Manipulationen nicht eine gleichartige, sondern eine gleichgeschaltete Kirche«[1654].

Es geht nach Preis auch nicht an, die kirchliche Hierarchie in eine Parallele zum staatlichen Verwaltungsapparat zu setzen: »Nur diese mechanistische Verzerrung des Klerus als einer kirchlichen Bureaukratie ermöglicht es dem Verfasser, so etwas wie eine ›Bewegung‹ als neue Ordnungsreihe zu verlangen. Ihr weist er dann alle Aufgaben zu, die er vorher dem Priestertum entzogen hat, vor allen Dingen, das kirchliche Leben vor Erstarrung zu schützen«[1655]. Allein der Heilige Geist könne die Kirche vor der Gefahr der Erstarrung bewahren: »Es ist abwegig, da wo sich das *freie* Wirken Gottes am deutlichsten zeigt, ihn an eine Institution binden zu wollen, und wäre es auch die der Rechtsordnung der Hierarchie entgegengesetzte charismatische Bewegung.« Der Vergleich von Petrus und Paulus überzeuge nicht, da die Verheißung der Unüberwindlichkeit der katholischen Kirche auf dem Nachfolger Petri und nicht auf einer charismatischen Bewegung gründe. Eine politische Theologie, stellt Preis fest, sei nicht möglich als »Angleichung der kirchlichen Verfassung an die jeweilige Staatsverfassung«[1656]. Wenn sich die Kirche in der Vergangenheit an die bürgerliche Gesellschaft angepaßt habe, so sei dies kein Grund, »den Irrtum heute unter anderem Vorzeichen zu wiederholen.«

Preis bestreitet nicht, daß das Verhältnis von kirchlicher Hierarchie und weltlicher Führungsgewalt der Bewegung problematisch sei: »Aber die eine Gewalt der andern ›einzugliedern‹, was nur soviel wie unterordnen heißt, ist zwar glatt, aber keine Lösung, sondern die glatte Vernichtung und Leugnung des Problems. Beide Gewalten wenden sich an das Volk. Aber mit einem bemerkenswerten Unterschied: Die nationalsozialistische Bewegung will [...] nicht Dinge, die im Wesen des Volkes unentschieden sind, entscheiden, sondern den Ordnungen des Seins, soweit sie aus diesem Sein selbst erkennbar sind, zum Durchbruch verhelfen. Die Sendung der hierarchischen Gewalt [...] will dem Volk nicht zum Bewußtsein bringen, was es ist, sondern was es nach dem Willen Gottes sein soll. [...] Sie knüpft grundsätzlich da an, wo die Bewegung aufhört, und beantwortet die Fragen, die die Natur des Volkes und damit der Wille der Bewegung

---
[1653] EBD., S. 157.
[1654] EBD., S. 158.
[1655] EBD., S. 159; folgendes Zitat EBD.
[1656] EBD., S. 161; folgendes Zitat EBD.

9. Totaler Staat statt pluralistischer Gesellschaft

offen läßt«[1657]. Preis glaubt, damit eine hinreichende und plausible Abgrenzung beider Gewalten gefunden zu haben und eine Antwort auf die unausgesprochene Frage geben zu können, die im Hintergrund aller Auseinandersetzungen stehe: »wer entscheidet im Zweifelsfalle?«

Wie schon bei der Stellungnahme zum totalen Staat gelingt Preis auch mit der Entgegnung auf die politische Theologie von Günther Krauss ein diplomatisches Meisterstück. Er versteht es, die Nähe zur nationalsozialistischen Bewegung zumindest äußerlich zu wahren, ohne den Anspruch der Kirche auf Selbstbestimmung in ihren eigenen Angelegenheiten auch nur im geringsten in Frage zu stellen. So beruft er sich auf Adolf Hitler, nach dessen Wort die Totalität der Bewegung der Totalität des Volkes zu dienen habe[1658]. Und er pflichtet Carl Schmitt bei, eine Verfassung müsse dem Schutz und der Entfaltung des natürlichen Lebens eines Volkes dienen[1659]. Er wirft Krauss sogar vor, es sei ihm entgangen, daß auch die dreigliedrige Verfassung Schmitts auf einer zweigliedrigen Unterscheidung zwischen dem »Volk als gegebener, rassisch-geschichtlicher Größe und als politisch verfaßtem und geformtem Wesen«[1660] beruhe. Preis präsentiert sich damit als der gelehrigere Schüler Schmitts.

Auch wenn Preis anfänglich mit dem Nationalsozialismus sympathisiert haben mag, zeigt doch die Auseinandersetzung mit Günther Krauss, daß er die Kraft zur Unterscheidung der Geister nicht verloren hatte. Der totale Staat soll nach seinem Verständnis nicht totalitär sein und die Rechte der Kirche achten. Daß sich die Nationalsozialisten in ihrem politischen Anspruch nicht, wie von ihm gefordert, auf den Bereich der völkischen Seins-Erkenntnis beschränkten, sondern mit einer quasireligiösen Botschaft auch das völkische Sollen vorgeben wollten, war 1935 freilich nicht mehr zu übersehen. Deshalb kann Preis' Beitrag nur als ein letzter, verzweifelter Versuch verstanden werden, mit taktischem Geschick die Kirche gegenüber den Anmaßungen des nationalsozialistischen Regimes zu schützen.

Auch Preis spricht mit der Hobbes-Frage: »quis judicabit?« das Grundproblem der Formel vom totalen Staat an: Wer entscheidet im Zweifel, ob eine Angelegenheit politisch oder unpolitisch ist? Aber wie bereits in seinem Aufsatz über »Die Staatsverfassung im totalen Staat« aus dem Jahre 1933 vermeidet es Preis auch 1935, Schmitt für den Anspruch des nationalsozialistischen Staates, über diese Frage entscheiden zu wollen, verant-

---

[1657] EBD., S. 162; folgendes Zitat EBD.
[1658] EBD., S. 163.
[1659] EBD., S. 158.
[1660] EBD., S. 158.

wortlich zu machen. Schließlich glaubt er, eine auch für diesen Staat maßgebliche Abgrenzung der Zuständigkeiten zur Kirche hin gefunden zu haben.

10. Konkretes Ordnungs- und Gestaltungsdenken

a) Die Überwindung von Normativismus und Dezisionismus

Bereits in seiner Verfassungslehre unterscheidet Carl Schmitt 1928 zwei entgegengesetzte Formen des Rechtsdenkens: »Eine Norm kann gelten, weil sie richtig ist; dann führt die systematische Konsequenz zum Naturrecht [...] oder eine Norm gilt, weil sie positiv angeordnet ist, d.h. kraft eines existierenden Willens«[1661]. Schmitts Rechtsdenken stand bis zu diesem Zeitpunkt nicht in Gefahr, den Weg des Naturrechts zu gehen. 1934 unterscheidet Schmitt drei Arten des rechtswissenschaftlichen Denkens: den Normativismus, den Dezisionismus und das von ihm nun bevorzugte konkrete Ordnungs- und Gestaltungsdenken. Mit diesen drei Denkarten kennzeichnet Schmitt auch die Etappen seines eigenen juristischen Denkens. Auf das konkrete Ordnungsdenken stößt Schmitt auf der Suche nach dem letzten Geltungsgrund des Rechts. Antwortet er 1914 auf diese Frage mit dem dunklen Hinweis auf das »Naturrecht ohne Naturalismus«[1662], in den 20er Jahren mit einem reinen Dezisionismus, so setzt er 1934 der Rechtsnorm eine substantielle Rechtsordnung voraus: »Die Norm oder Regel schafft nicht die Ordnung; sie hat vielmehr nur auf dem Boden und im Rahmen einer gegebenen Ordnung eine gewisse regulierende Funktion mit einem relativ kleinen Maß in sich selbständigen, von der Lage der Sache unabhängigen Geltens«[1663]. Die geschichtlich-soziale Wirklichkeit von Institutionen oder, wie es Schmitt nennt, konkreten Ordnungen wie Ehe, Familie, Sippenverband, Stand etc. enthielten die Substanz, die für jede Rechtssetzung und -anwendung maßgebend sein müsse[1664].

Der Normativismus, der für sich »die unpersönliche, objektive Gerechtigkeit gegenüber der persönlichen Willkür des Dezisionisten«[1665] in Anspruch nehme und polemisch die lex gegen den rex ausspiele[1666], führe zu

---

[1661] C. Schmitt, Verfassungslehre, S. 9.
[1662] Vgl. oben III. 1. b).
[1663] C. Schmitt, Arten, S. 13.
[1664] Ebd., S. 20.
[1665] Ebd., S. 13.
[1666] Ebd., S. 15.

10. Konkretes Ordnungs- und Gestaltungsdenken   397

einer scharfen »Trennung von Norm und Wirklichkeit, Sollen und Sein, Regel und konkretem Sachverhalt«[1667]. In dieser Logik sei ein Verbrechen nicht Unordnung, sondern bloßer »Tatbestand«. Der Verbrecher breche juristisch betrachtet nichts, da die abstrakte Regel ja trotz des »Verbrechens« weitergelte[1668]. Nur »der *konkrete Frieden* oder eine *konkrete Ordnung*« könne gebrochen werden, hält Schmitt dem reinen Normativismus entgegen. Die Sachlichkeit dieses Rechtsdenkens werde »zu einer ordnungszerstörenden und -auflösenden juristischen Absurdität«[1669].

Beim dezisionistischen Rechtsdenken, das in der »Autorität oder Souveränität einer letzten *Entscheidung*« die Quelle allen Rechts[1670] sehe, erkennt Schmitt nun – selbstkritisch – die Gefahr, »durch die Punktualisierung des Augenblicks das in jeder großen politischen Bewegung enthaltene ruhende Sein zu verfehlen«[1671]. Vor der Auflösung der antiken und christlichen Weltordnungsvorstellungen durch die neuen Naturwissenschaften seien bestimmte Ordnungsvorstellungen jeder Entscheidung vorausgesetzt worden[1672]. Wenn etwa Tertullian sage, »Wir sind zu etwas verpflichtet, nicht, weil es gut ist, sondern weil es Gott befiehlt«, werde dabei noch der christliche Gottesbegriff vorausgesetzt und es fehle »die bewußte Vorstellung von einer völligen Unordnung«[1673]. Auch die unfehlbare Entscheidung des Papstes »begründet nicht die Ordnung und Institution der Kirche, sondern setzt sie voraus.« Erst bei Hobbes sei die souveräne Entscheidung der absolute Anfang, »aus einem normativen Nichts und einer konkreten Unordnung«[1674] entsprungen. Bei ihm werde »die logische Struktur des Dezisionismus am besten deutlich, weil der reine Dezisionismus eine *Unordnung* voraussetzt, die dadurch in Ordnung gebracht wird, *daß* (nicht: *wie*) entschieden wird.«

Den juristischen Positivismus des 19. Jahrhunderts definiert Schmitt als Verbindung von Dezisionismus und Normativismus. Dieser Positivismus unterwerfe sich einer angeblich von allen metajuristischen Erwägungen gereinigten Norm und zugleich »der *Entscheidung* des jeweilig im Besitz der staatlichen Macht stehenden Gesetzgebers«[1675]. Nur diese Entscheidung mache es möglich, »die Frage nach dem letzten Geltungsgrund der

---
[1667] EBD., S. 17.
[1668] EBD., S. 18; folgendes Zitat EBD.
[1669] EBD., S. 19.
[1670] EBD., S. 25.
[1671] C. SCHMITT, Politische Theologie, Vorbemerkung zur 2. Auflage, S. 8.
[1672] C. SCHMITT, Arten, S. 25.
[1673] EBD., S. 26; folgendes Zitat EBD.
[1674] EBD., S. 28; folgendes Zitat EBD.
[1675] EBD., S. 35.

geltenden Norm« an einer bestimmten Stelle abzubrechen[1676]. Die Unverbrüchlichkeit, auf die sich der Positivist berufe, verdanke er aber lediglich der »Sicherheit und Festigkeit der Legalität des im 19. Jahrhundert zur Herrschaft gelangten Gesetzgebungsstaates«[1677]. Entfalle die im Positivismus vorausgesetzte »Normalität der konkreten Lage«[1678], so entfalle »jede feste, berechenbare und unzerbrüchliche Normanwendung.« Schmitt zieht daraus die Konsequenz: »Ohne das Koordinatensystem einer konkreten Ordnung vermag der juristische Positivismus weder Recht und Unrecht, noch Objektivität und subjektive Willkür zu unterscheiden.«

Rechtsgeschichtlich sieht Schmitt eine Entwicklung vom mittelalterlichen, aristotelisch-thomistischen Naturrecht, »eine in Wesens- und Seinsstufen, in Über- und Unterordnungen, Einordnungen und Ausgliederungen aufgebaute, lebendige Ordnungseinheit«, aus der sich dann im 16. Jahrhundert »die staatliche Ordnung als *die eine*, alle die vielen anderen Ordnungen in sich absorbierende Ordnung«[1679] herausgebildet habe, über den Dezisionismus als folgerichtigen »Ausdruck des neuen Souveränitätsdenkens« und zum normativistischen Vernunftrecht im 18. Jahrhundert, das »alle natürlichen Ordnungen in Normen und individualistische Vertragsbeziehungen auflöst«[1680], bis hin zum Rechtspositivismus einer »bürgerlich-individualistischen Verkehrsgesellschaft«. In Deutschland habe das konkrete Ordnungsdenken niemals aufgehört: »die institutionelle Bestimmtheit der katholischen Kirche und des von ihr geistig gebildeten Klerus in katholischen Ländern, aber nicht weniger im protestantischen Deutschland der lutherische Sinn für die ›natürlichen Schöpfungsordnungen‹ bestimmten die Wirklichkeit des rechtlichen Lebens zunächst immer noch stärker als die bei den Philosophen herrschenden Rechts- und Staatstheorien des Vernunftsrechtes.«

Der deutsche Geist habe sich gegen »die liberalen ›Ideen von 1789‹ und ihre Auflösung des Ordnungsdenkens«[1681] lange gewehrt. Die »Summa« dieses Widerstandes sieht Schmitt in Hegels Staats- und Rechtsphilosophie, in der das konkrete Ordnungsdenken noch einmal lebendig geworden sei. Hier werde die bürgerliche Gesellschaft durch Stände »in eine große Gesamtordnung eingefügt und dem Staate untergeordnet«[1682]: »Der

---

[1676] EBD., S. 38.
[1677] EBD., S. 38 f.
[1678] EBD., S. 40; folgende Zitate EBD.
[1679] EBD., S. 41; folgendes Zitat EBD.
[1680] EBD., S. 42; folgende Zitate EBD.
[1681] EBD., S. 44.
[1682] EBD., S. 46.

Staat Hegels [...] ist nicht die bürgerliche Ruhe, Sicherheit und Ordnung eines berechenbaren und erzwingbaren Gesetzesfunktionalismus. Er ist weder bloß souveräne Dezision, noch eine ›Norm der Normen‹, noch eine alternierende, zwischen Ausnahmezustand und Legalität wechselnde Kombination dieser beiden Staatsvorstellungen. Es ist die konkrete Ordnung der Ordnungen, die Institution der Institutionen«[1683].

In Frankreich habe Maurice Hauriou mit seiner Lehre von den Institutionen »den ersten systematischen Versuch einer Wiederherstellung des konkreten Ordnungsdenkens«[1684] gemacht. Allein durch die »bloße Wiederherstellung eines Begriffes der ›Institution‹«[1685] werde hier Normativismus, Dezisionismus und Positivismus überwunden. In der institutionalistischen Denkweise sei der Staat »die Institution der Institutionen, in deren Ordnung zahlreiche andere, in sich selbständige Institutionen ihren Schutz und ihre Ordnung finden«[1686]. Um nicht in den Verdacht »einer bloßen Restauration vergangener Dinge oder Konservierung überalteter Einrichtungen«[1687] zu kommen und um einen deutschen Begriff zu verwenden, schlägt Schmitt vor, die dritte und gegenwärtige Art des rechtswissenschaftlichen Denkens nicht institutionelles, sondern »konkretes Ordnungs- und Gestaltungsdenken« zu nennen. Als spezifisches Mittel dieses rechtswissenschaftlichen Denktypus sieht Schmitt die »auf das Interesse des Volksganzen«[1688] bezogene Handhabung der Generalklauseln in den Gesetzen.

Schmitt legt Wert darauf, daß die neue juristische Methode nicht nur ein Korrektiv der alten sei, sondern in einem inneren geschichtlichen Bezug zur »jeweiligen Lage des politischen Gemeinschaftslebens«[1689] stehe. Und hier sei zu berücksichtigen, daß der Staat nicht mehr das Monopol des Politischen habe, sondern »nur ein Organ des Führers der Bewegung«[1690] sei.

b) Katholisches Naturrechtsdenken?

In der polemischen Frontstellung gegen die liberal-individualistische Gesellschaft ist sich Carl Schmitt auch 1934 treu geblieben. Der inhaltsleere

---
[1683] EBD., S. 47.
[1684] EBD., S. 54.
[1685] EBD., S. 56.
[1686] EBD., S. 57.
[1687] EBD., S. 58; folgendes Zitat EBD.
[1688] EBD., S. 59.
[1689] EBD., S. 66.
[1690] EBD., S. 66 f.

Normativismus und der angeblich metaphysikfreie Rechtspositivismus, Denkrichtungen, die sich im Zuge der »Ideen von 1789« in Deutschland weitgehend durchgesetzt hatten, waren bereits Gegenstand seiner Kritik in »Der Wert des Staates und die Bedeutung des Einzelnen« und in der »Politischen Theologie«. Überraschend ist lediglich, daß Schmitt 1934 von seinem in den 20er Jahren hochverehrten Vorbild Hobbes rechtsmethodisch abrückt und dem reinen Dezisionismus abschwört. Hatte Schmitt 1922 normativ aus dem Nichts geborene Entscheidungen noch kritiklos hingenommen und die dezisionistische Auffassung einschränkungslos geteilt, daß es wichtiger ist, *daß* als *wie* entschieden wird, so stellt er nun diese Rechtsposition in Frage. Er läßt die Annahme nicht gelten, daß am Anfang das Chaos sei, das durch die kraftvolle Entscheidung erst in Kosmos, in Ordnung, verwandelt werden müsse. Wenn Schmitt 1934 doch die »Ordnung« als rechtsphilosophischen und rechtsmethodischen Grundstein[1691] seiner Rechtstheorie heranzieht und eine geordnete Wirklichkeit dem Recht voraussetzt, dann ergeben sich in ganz überraschender Weise Anknüpfungsmöglichkeiten zum katholischen Naturrechtsdenken.

Bereits 1927 hatte sich Romano Guardini gegen die Differenzierung von Wirklichkeit und Geltung im Rechtsdenken gewandt, hinter der er das idealistische Schema entdeckte.[1692] Die Frage bestehe nicht darin, »wie über der wirklichen Person ein unwirkliches Netz von Geltungspunkten und Geltungslinien ausgespannt werden kann, sondern darin, daß Recht als wirkliche Rechtsordnung unter wirklichen Personen begriffen wird. Denn Recht ist Form von Gesellschaft, Ganzheitsordnung. Die Ganzheit aber, die Gesellschaft, ist Wirklichkeit«[1693]. Auch wenn der Theologe Romano Guardini keine ausformulierte Rechtsphilosophie vorlegt, so wird doch hier deutlich, daß dem juristischen Normativismus ein substantielles, von der Person ausgehendes Ordnungsdenken entgegengestellt wird. Von daher zeigen sich in der Grundrichtung durchaus Parallelen zu dem von Schmitt 1934 präsentierten konkreten Ordnungsdenken.

Die Ordnung in den Mittelpunkt der Staats- und Rechtsphilosophie zu rücken, war für die in der Tradition der katholischen Naturrechtslehre stehenden Autoren eine Selbstverständlichkeit. Hingewiesen sei hier nur auf Theodor Haecker und dessen Vorliebe für den mittelalterlichen Begriff des »ordo«[1694]. Auch Carl Schmitt hat sein konkretes Ordnungs-

---
[1691] Zu diesem Dualismus vgl. E.-W. BÖCKENFÖRDE, Ordnungsdenken, Sp. 1312 f.
[1692] R. GUARDINI, Vorbemerkung, S. 127 f.
[1693] EBD., S. 127.
[1694] Vgl. Th. HAECKER, Chaos, S. 10 f.

10. Konkretes Ordnungs- und Gestaltungsdenken

und Gestaltungsdenken in die von der katholischen Kirche gepflegte Traditionslinie des aristotelisch-thomistischen Naturrechts des Mittelalters gestellt[1695].

Ein ständisch geordnetes Gemeinschaftsleben gehört zu den bestimmenden Elementen der thomistischen Sozialphilosophie. Entsprechend dem Grundsatz des »suum cuique« wird jedem Menschen ein bestimmter Stand mit spezifischen Rechten und Pflichten zugeordnet[1696]. Die Ordnung ist für Thomas überhaupt das höchste irdische Gut. Jedes einzelne Wesen, auch der Mensch, ist in das Ganze des Universums hineinverflochten. Thomas betrachtet den Menschen nicht an sich, isoliert von allen Gebundenheiten, er sieht ihn vielmehr als zoon politicon, als Teil der Natur und ihrer gesellschaftlichen Formen. Die Schöpfungsordnung bildet eine Stufenleiter, wobei jede Stufe dieser Ordnung und jede konkrete Ordnung wie Ehe, Familie, Stand etc. letztlich auf das Absolute, auf Gott, bezogen ist. Auch der einzelne Mensch gewinnt durch diese Hinordnung und die Ergriffenheit durch Gottes Liebe eine hohe personale Würde[1697].

Auf dem Hintergrund dieser theologischen Anthropologie ist es nicht zu rechtfertigen, Schmitts konkretes Ordnungs- und Gestaltungsdenken mit dem Etikett »thomistisch« zu versehen[1698]. Seine konkrete Ordnung ist nicht in die Schöpfungsordnung integriert und damit naturrechtlich auf Gott bezogen. Seine Stufenleiter endet vielmehr beim Staat als »Ordnung der Ordnungen« oder »Institution der Institutionen« und letztlich sogar beim Führer, dessen Organ diese höchste Ordnung ist. So läßt Schmitt selbst auch keinen Zweifel daran, daß ihm der Staatsabsolutismus Hegels näher steht als das thomistische Ordnungsdenken: Haurious Lehre von der Institution sei bei dessen Schüler Renard ganz in einen Neo-Thomismus eingemündet, »wodurch sie als typisch römisch-katholische Theorie«[1699] erscheine. Für Schmitt wäre es »bedauerlich, wenn der gewaltige Anlauf zum konkreten Ordnungs- und Gestaltungsdenken, den das rechtswissenschaftliche Denken der Völker heute nimmt, durch solche Mißverständnisse und Verengungen gehemmt würde.« Neo-Thomismus

---

[1695] C. SCHMITT, Arten, S. 7, 41.
[1696] THOMAS VON AQUIN, s. th. 18, 57, IV.
[1697] Vgl. H. WENZEL, S. 57 ff.
[1698] J. H. Kaiser zitiert E. R. Huber dahingehend, für das konkrete Ordnungsdenken Schmitts seien in diesen Jahren Scholastik und katholische Naturrechtslehre maßgebliche rechtstheoretische Fundamente gewesen (J. H. KAISER, S. 330). E. R. Huber hat diese Aussage auf »die erste Stufe des Ordnungsdenkens« bezogen, womit er die Periode C. Schmitts um »Römischer Katholizismus und politische Form« bezeichnete (E. R. HUBER, Positionen, S. 5 f.). Aber selbst für diese Epoche erscheint E. R. Hubers Einschätzung problematisch (vgl. oben III. 5. b).
[1699] C. SCHMITT, Arten, S. 58; folgendes Zitat EBD.

war 1934 nicht die philosophische Richtung, mit der sich ein von Schmitt gefordertes Rechtsdenken begründen ließ, das »den zahlreichen neuen Aufgaben der staatlichen, völkischen, wirtschaftlichen und weltanschaulichen Lage und den neuen Gemeinschaftsformen gewachsen ist«[1700].

c) Zeitgenössische Kritik

Die Spannung zwischen der grundsätzlichen Offenheit für dem Recht vorgegebene substantielle Inhalte einerseits und dem Bekenntnis Schmitts zum Nationalsozialismus und insbesondere zu seiner Rassenideologie andererseits kommt in Waldemar Gurians Einschätzung des konkreten Ordnungsdenkens deutlich zum Ausdruck. Gurian ist, soweit ersichtlich, der einzige katholische Intellektuelle, der sich zu Schmitts Wendung zum konkreten Ordnungsdenken noch kritisch äußert. Das Exil ermöglicht es ihm, in der »Schweizerischen Rundschau« 1934 deutliche Worte zur neuen rechtswissenschaftlichen Ausrichtung Schmitts zu finden. Gurian schreibt zu Schmitts Schrift »Über die drei Arten des rechtswissenschaftlichen Denkens«: »Hier ist die bisher von Carl Schmitt vertretene Entgegensetzung von Dezisionismus und Normativismus scheinbar überwunden durch die Anerkennung eines inhaltlichen Ordnungsbegriffes. [...] Damit scheint dem Recht eine wirklich tragfähige sozial-metaphysische Grundlage gegeben und eine Rückkehr zu jenem Ordnungsbegriff des christlichen Mittelalters vollzogen zu sein, aus dessen Auflösung sich die Antithetik: Normativismus – Dezisionismus ergab«[1701].

So zutreffend Gurian diese theoretische Kehrtwende Schmitts zu einer »Bindung an eine inhaltliche, vorgegebene Ordnung«[1702] findet, so ablehnend steht er der damit einhergehenden Verherrlichung des Nationalsozialismus gegenüber. Die Wendung »öffnet wieder den Zugang zu einem metyphysisch begründeten Naturrecht –, *aber bei Carl Schmitt verbindet sich diese prinzipiell wahre Erkenntnis von den seinsmäßigen Grundlagen allen Rechtes und aller von Entscheidungen bestimmten Machtpolitik mit durchaus problematischen Identifizierungen.*« Zum einen werde im Sinne Hegels der Staat als sich die Gesellschaft von oben einfügende konkrete Ordnung der Ordnungen verstanden, zum anderen werde der Nationalsozialismus und damit Adolf Hitler als Träger dieses Staates gesehen: »Die alle Entscheidungen begründende und tragende Ordnung wird [...] mit einer konkreten Entscheidung identifiziert; der politische Machtbehaup-

---

[1700] VGL. EBD., S. 67.
[1701] P. MÜLLER (= W. Gurian), S. 572 f.
[1702] EBD., S. 574; folgendes Zitat EBD.

tungswille einer Bewegung und ihres Führers werden als ordnungsschaffende oder aus der Ordnung fließende Entscheidungen einfach hingestellt und verherrlicht«[1703].

Da Schmitt die Unmöglichkeit gesehen habe, den Führungsanspruch Hitlers auf seine faktische Entscheidungsfähigkeit zu gründen, sei er bei der Artgleichheit als Grundlage des Rechts und des NS-Staates überhaupt gelandet; eine Antwort, die zeige, daß es ihm nicht wirklich gelungen sei, die Antithese zwischen dem die faktische Macht betonenden Dezisionismus und dem abstrakt-idealistischen Normativismus zu überwinden: »Carl Schmitt endet bei einem naturalistischen Ordnungsbegriff, der die Artgleichheit als Grundlage betrachtet, bei einer Erneuerung der ›volonté générale‹ Rousseaus in einer zeitgemäßen, die Rasse verwendenden Form. *Die Artgleichheit wirkt das gleiche Wunder wie die den Gesellschaftsvertrag tragende ›volonté générale‹ von Rousseau. Sie macht jeden und zugleich alle zum Souverän.* Denn im Gehorsam gegen Adolf Hitler bejaht jeder Artgleiche sich selber.« Der Begriff der Artgleichheit spielt in Schmitts »Über die drei Arten des rechtswissenschaftlichen Denkens« keine Rolle. Die von Gurian vorgenommene unmittelbare Verbindung des konkreten Ordnungs- und Gestaltungsdenkens als solchem mit dieser völkisch-rassistischen Kategorie ist deshalb unzulässig.[1704] Aber Gurian begnügt sich nicht mit der Besprechung eines Einzelwerkes. Er hat die gesamte Staatsrechtslehre Schmitts seit 1933 im Blick.

Für Gurian hat sich Schmitt nicht damit begnügt, den Nationalsozialismus als erfolgreiche Entscheidungsmacht zu feiern, vielmehr habe er es gewagt, »ihn auch als inhaltliche substantielle Ordnung zu entdecken.« Das Fazit des Kritikers ist deshalb vor dem Hintergrund von Schmitts Apologie der Morde vom 30. Juni 1934 bitter: »Und so sieht Carl Schmitt heute seine Aufgabe darin, die Wirklichkeit zu interpretieren und metaphysisch zu rechtfertigen. Norm fällt mit Entscheidung in der Ordnung der bestehenden Macht zusammen. Wer herrscht hat recht, und so ist Carl Schmitt heute nationalsozialistischer Kronjurist; denn der Nationalsozialismus ist die heutige deutsche Wirklichkeit«[1705].

Waldemar Gurian legt damit den entscheidenden Schwachpunkt in Schmitts konkretem Rechts- und Gestaltungsdenkens offen. So zutreffend die aus der Sicht des katholischen Naturrechtsdenkens von Schmitt vorgelegten Ansätze zur Überwindung von Normativismus und Dezisio-

---

[1703] EBD., S. 575; folgende Zitate EBD.
[1704] Vgl. E.-W. BÖCKENFÖRDE, Ordnungsdenken, Sp. 1313.
[1705] EBD., S. 576.

nismus auch sind, so naheliegend ist es, die mit diesem theoretischen Ansatz verbundene Verbeugung vor dem Nationalsozialismus in die Bewertung miteinzubeziehen. Daß Schmitt die Antithese von Normativismus und Dezisionismus, wie Gurian ausführt, 1934 nicht wirklich überwindet, zeigt bereits die merkwürdige Dialektik in dem aus zwei Elementen zusammengesetzten Begriff »konkretes Ordnungs- und Gestaltungsdenken«. Auch wenn es bei dem Gestalten um das nähere Ausformen einer als vorgegeben gedachten Ordnung geht, beinhaltet dieses aktive Moment in letzter Konsequenz doch ein dezisionistisches Element, das leicht von der konkreten politischen Wirklichkeit und vom Zeitgeist her besetzt werden kann.

d) Joseph Kleins kanonistische Parallele

Konkretes Ordnungsdenken war Mitte der 30er Jahre als rechtswissenschaftliche Methode hochaktuell. Der Kanonist Joseph Klein veröffentlicht 1935 einen Aufsatz, eine »theologische Festgabe für Kardinal Schulte zu seinem silbernen Bischofsjubiläum«, in dem er aufzeigt, daß das kirchliche Recht schon immer konkretes Ordnungsdenken gewesen und damit zeitlos modern sei. Die »Aufspaltung der Wirklichkeit in Sein und Sollen«, die in der positivistischen Rechtsphilosophie zu einem »Glauben an die Methode« geführt habe[1706], hält Klein für gescheitert. Das Versagen der sog. reinen Philosophie sei nach dem Zusammenbruch des Weltkrieges gerade der jungen Generation deutlich geworden. Diese Generation sei so unbarmherzig vor das Nichts gestellt worde, daß alle Ideologien »vor dem Existentiellen verblaßten wie der Schatten vor dem Licht«[1707]. Über die Phänomenologie sei man zu einer neuen Einschätzung des deutschen Idealismus gekommen. Ein neues Rechtsverständnis, das an der »Erneuerung des konkreten hegelschen Denkens«[1708] anknüpfe, sei berufen, »den kollektivistischen Bolschewismus als letzten Ausläufer eines liberalistischen Rechtsverständnisses mit seinem rein rationalistischen vertraglich-normativistischen Aufbau der Gesellschaft durch *Besinnung auf die naturgegebenen Ordnungen* menschlichen Gemeinschaftslebens zu überwinden. Das Entscheidende und doch so Selbstverständliche dieses neuen Rechtsdenkens besteht darin, daß es sich der notwendigen Abhängigkeit des Rechts von der konkreten historischen Gemeinschaft bewußt ist«[1709].

[1706] J. KLEIN, S. 235.
[1707] EBD., S. 182.
[1708] EBD., S. 182.
[1709] EBD., S. 183.

10. Konkretes Ordnungs- und Gestaltungsdenken 405

Klein läßt keinen Zweifel daran, wen er als den wichtigsten und erfolgreichsten Vertreter des neuen Rechtsdenkens einschätzt: »Carl Schmitt war es, der ›mit der unerhörten Präzision seines Denkens und seines Ausdrucks‹ für das heutige im Umbruch begriffene und wieder der konkreten Wirklichkeit zugewandte Rechtsdenken die ausgezeichnete Formulierung ›konkretes Ordnungsdenken‹ gefunden und durch diese Prägung der rechtswissenschaftlichen Überwindung des frei schwebenden Normativismus und Positivismus einen ungemein großen Dienst erwiesen hat«[1710]. In einer Anmerkung macht Klein zugleich deutlich, daß er nicht nur hinter Schmitts letzter rechtsphilosophischer und -methodischer Entwicklungsstufe steht. Durch dessen rechtswissenschaftliches Denken gehe »zweifelsohne eine geradlinige Konsequenz«, die sich in »Über die drei Arten des rechtswissenschaftlichen Denkens« ihrer selbst erst voll bewußt werde[1711].

Kleins zentrale These geht dahin, daß das von Schmitt beschriebene mittelalterliche aristotelisch-thomistische Denken dem kanonischen Recht geblieben sei: »*kanonisches Recht erschließt sich nur konkretem Rechtsdenken.* [...]Das kirchliche Recht hat nicht vergessen, daß das Individuum in einem normativ nicht restlos erfaßbaren existentiellen Verhältnis steht, daß m. a. W. Recht und Tatsache zueinander konvergieren, ohne aber jemals zur Deckung zu kommen«[1712]. Für Klein war die Kirche »mit der Überwindung jeglichen Parlamentarismus gefeit gegen ein abstraktes Normensystem, das ihr etwa aus dem modernen Individualismus hätte erwachsen«[1713] können. Er ist sich jedoch darüber im klaren, daß ohne normativistisches Denken überhaupt kein Recht bestehen kann. Was er ablehnt ist lediglich die neukantianische Zerreißung von Sein und Sollen[1714]. Normativismus habe in der Kirche sogar mehr Platz als im Staat, u.a. »weil die unter der Idee der Ethik stehende Idee des Rechtes das Recht in der Kirche an den unabänderlichen Normen der Moraltheologie teilhaben läßt«[1715].

Viel Mühe verwendet Klein darauf zu zeigen, daß der Satz »*nulla poena sine lege*«, nach seiner Auffassung »ein Produkt des individualistischen Denkens der Aufklärung«[1716], trotz seiner Aufnahme in can. 2195/ CIC 1917 nicht »zur magna charta des kirchlichen Strafrechts«[1717] geworden

---

[1710] EBD., S. 186.
[1711] EBD., S. 186 f., Anm. 6.
[1712] EBD., S. 196.
[1713] EBD., S. 205.
[1714] EBD., S. 205.
[1715] EBD., S. 208.
[1716] EBD., S. 207.
[1717] EBD., S. 214.

sei. Nach can. 2222/ CIC 1917 könne der superior legitimus, in der Regel der Bischof, bei ärgerniserregendem Verhalten oder schweren Gesetzesübertretungen auch ohne Strafgesetz und Strafandrohung eine gerechte Strafe verhängen[1718]. Selbst unter Zugrundelegung der 1935 erörterten Streichung des Satzes »nulla poena sine lege« im staatlichen Recht und der vorgeschlagenen Analogiestrafe seien die Möglichkeiten der Kirche, gegen unkirchliches Verhalten mit Strafen durchzugreifen, ungleich größer als bei der für den Staat vorgesehenen Regelung, gegen gemeinschädliches Verhalten mit Strafmaßnahmen vorzugehen[1719]. Den Grund für diesen Vorteil des kirchlichen Rechts sieht Klein im wesentlichen im unverlierbaren Autoritätsprinzip der Kirche, das allenfalls eine Arbeitsteilung kenne, aber im Hirtenamt des Papstes und der Bischöfe alle drei Gewalten belasse[1720]. Deshalb könne die Kirche ohne Schwierigkeiten »die letzten Konsequenzen eines wahrhaft konkreten Ordnungsdenkens«[1721] ziehen.

Anders als Schmitt bringt Klein das konkrete Ordnungsdenken mit den Prinzipien der Ethik und der Person in Verbindung, wenn er im Zusammenhang mit den staatlichen Reformüberlegungen, die Gesinnung des Täters und die sittliche Verwerflichkeit seines Tuns wieder in den Mittelpunkt der Strafwürdigkeit zu stellen, ausführt: »Die Abkehr vom Positivismus und Normativismus führte zur Erkenntnis der Bedeutung des materialen Sittlichkeitsprinzips für das Strafrecht und zu einem neuen Verständnis der Stellung und Bedeutung der wirklichen Person auch im Recht und damit zu einer Wiederaufnahme eines jetzt nicht mehr individualistisch verstandenen ethischen Begriffs vom Menschen, wodurch die Trennung von Ethik und Recht aufgehoben und ihre enge Verbindung miteinander wiederhergestellt werden kann«[1722].

Karl Larenz, so Klein, sehe eine Gefahr darin, daß Schmitt der Frage, ob das Recht einer konkreten Gemeinschaft wie im scholastischen Naturrecht als ewig und unabänderlich oder als geschichtlich wandelbar aufzufassen sei, nur geringes Gewicht beilege[1723]. Nur im letzteren Fall seien Mißverständnisse abgewehrt. Auch wenn Klein die Notwendigkeit eines »übergeschichtlichen« Ordnungsdenkens als »eine äußerst schwierige Frage«[1724] betrachtet, will er doch gegen Larenz daran festhalten, daß

[1718] EBD., S. 215.
[1719] EBD., S. 220.
[1720] EBD., S. 214.
[1721] EBD., S. 221.
[1722] EBD., S. 236; folgende Zitate EBD.
[1723] Vgl. K. LARENZ, S. 115 f.
[1724] J. KLEIN, S. 237; folgendes Zitat EBD.

menschliches Denken und Werten »notwendig immer mit der Hypothese einer letzten Geltung« arbeite. Die Verankerung des Rechts müsse im Absoluten vorgenommen werden; die Person sei dabei der Vermittlungspunkt: »In der *Person* stößt das Recht auf ein unaufhebbares Überrechtliches, auf ein von allem positiven Recht Gelöstes (Absolutes), an dem doch alles positive Recht teilhat, weil es selber in ihm gründet: eine letzte Begründung aller Norm ist nur möglich, wenn diese verstanden wird als Beziehung der Person des endlichen Menschen zur Person des unendlichen Gottes«[1725].

Die Katholiken Carl Schmitt und Joseph Klein vertreten Mitte der 30er Jahre beide das konkrete Ordnungsdenken als Heilmittel gegen Normativismus und Positivismus. Beide sind autoritär, antiliberal und antiparlamentarisch ausgerichtet. Ihre politischen Grundüberzeugungen decken sich damit weitgehend. Ihr konkretes Ordnungsdenken gründet aber im Letzten auf unterschiedlichen Fundamenten. Während Carl Schmitt um 1933 sein Rechtsdenken in der Artgleichheit als einer quasimetaphysischen Größe verankert, bekennt sich Joseph Klein im Anschluß an Romano Guardini zur personalen Dimension des Rechts und seiner Grundlegung in der Begegnung des Menschen mit Gott. Und im Gegensatz zu Schmitt beharrt er auf einer engen Verbindung von Recht und Ethik. So nahe Carl Schmitt und Joseph Klein 1935 in den zentralen Begriffen ihres Rechtsdenkens auch nebeneinanderstehen, so schauen sie doch vom gleichen methodischen Standpunkt aus in entgegengesetzte Richtungen. Der eine verherrlicht den Führer, der andere gibt Gott die Ehre. Die politische Option Schmitts kann Klein 1935 jedoch nicht dazu bewegen, zu diesem auf Distanz zu gehen. Schmitt fungiert im Gegenteil sogar als rechtstheoretischer Gewährsmann Kleins.

e) Carl Schmitt und Maurice Hauriou

Ein Anlaß, von katholischer Seite bei Carl Schmitts konkretem Ordnungsdenken nach dessen Orientierung am Naturrecht zu fragen, liegt bei Schmitts Anknüpfung an Maurice Haurious Lehre von den Institutionen[1726]. Maurice Hauriou war nicht nur Katholik wie Schmitts frühere Gewährsleute Donoso Cortés, de Maistre und de Bonald. G. Renard feierte ihn in Frankreich sogar als Restaurator des Thomismus in der Rechtsphilosophie[1727]. Aber auch in Deutschland wurde Hauriou als Ver-

---
[1725] EBD., S. 238.
[1726] Vgl. A. HOLLERBACH, Katholizismus, S. 79.
[1727] Vgl. H. FRIEDRICH, S. XIII.

treter des katholischen Naturrechtsdenkens vorgestellt[1728]. Bekannt wurde er hier zunächst durch Carl Schmitts Vermittlung. Für ihn war Hauriou »ein hervorragender französischer Staatsrechtslehrer«[1729].

Hauriou geht mit einer an der platonischen Philosophie genährten Grundüberzeugung davon aus, »daß die Rechtsverhältnisse, die scheinbar aus sich selbst Bestand haben, in Wirklichkeit auf Ideen zurückgehen, die im Unterbewußtsein einer bestimmten Zahl von Einzelpersonen vorhanden sind«[1730]. Eine Institution ist für ihn »eine Idee vom Werk oder vom Unternehmen, die in einem sozialen Milieu Verwirklichung und Rechtsbestand findet. Damit diese Idee in die konkrete Tatsachenwelt umgesetzt wird, bildet sich eine Macht aus, von der sie mit Organen ausgestattet wird. Zwischen den Mitgliedern der an der Durchsetzung der Idee beteiligten sozialen Gruppe ergeben sich unter der Oberleitung der Organe Gemeinsamkeitsbekundungen, die bestimmten Regeln folgen«[1731].

Die objektiven Ideen fallen für Hauriou mit der Idee der Gerechtigkeit zusammen, die göttlichen Ursprungs ist und auf die Hauriou das Naturrecht reduziert[1732]. Zwischen der Welt der Ideen, der Gerechtigkeit und des Naturrechts und der geschichtlichen Wirklichkeit besteht nach diesem Konzept das Spannungsverhältnis von Urbild und Abbild[1733]. Die Gerechtigkeit ist für Hauriou »immer jenes aequum et bonum, das in der Wirklichkeit des Lebens mehr oder weniger vorhanden ist«[1734], das Recht »eine Art Programm, das gleichzeitig auf die Herstellung von Sozialordnung und die Gerechtigkeit eingerichtet«[1735] und damit auf das Naturrecht bezogen ist[1736]. Da dieses Naturrecht nach Haurious Überzeugung grundsätzlich nicht wandelbar ist, bedarf es zu seiner Umsetzung der Menschen: »Gerechtigkeit wird wahrhaft nur durch besondere Entscheidungen im konkreten Fall in die Tat umgesetzt«[1737].

Der geschichtliche Wandel erklärt sich nach dieser Theorie durch die menschliche Vermittlung und durch die unterschiedliche und begrenzte Einsicht der Menschen in die Welt der Ideen[1738]. Wenn Hauriou das Schö-

---

[1728] Vgl. P. SCHNEIDER, Sp. 1 f.
[1729] C. SCHMITT, Legalität, S. 311.
[1730] M. HAURIOU, Theorie, S. 28.
[1731] EBD., S. 34.
[1732] Vgl. M. HAURIOU, Sozialordnung, S. 67; vgl. H. FRIEDRICH, S. 14.
[1733] Vgl. P. SCHNEIDER, Sp. 1.
[1734] M. HAURIOU, Sozialordnung, S. 78.
[1735] EBD., S. 91.
[1736] EBD., S. 91 ff.
[1737] EBD., S. 74.
[1738] P. SCHNEIDER, Sp. 1.

ne, Gute und Gerechte in eins setzt[1739] und die Rechtswissenschaft gleichzeitig als »*die ars boni et aequi und die ars stabilis et securi*«[1740] definiert, die als Kunst und nicht nur als Technik zur Wahrheit vordringe und dadurch Gerechtigkeit schaffe, schwingen in dieser Rechtstheorie thomistische Züge mit.

Hauriou bezeichnet, wie von Carl Schmitt zitiert, den Staat als Institution der Institutionen[1741]. Dabei ist jedoch zu beachten, daß er keineswegs seine primäre Aufgabe darin sieht, eine juristische Konstruktion des Staates zu entwerfen; der Staat dient ihm lediglich – ebenso wie die Kirche – als Anschauungsmaterial für seine allgemeine Theorie der Institutionen[1742]. Hauriou warnt sogar vor einer Einmischung des Staates in andere Institutionen und einer daraus resultierenden Verstaatlichung[1743]. Von einem hegelianischen Verständnis des Staates als Institution der Institutionen, der die Gesellschaft in sich aufsaugt, ist Hauriou deshalb weit entfernt.

Auch wenn Haurious Grundhaltung gegenüber der Philosophie der Aufklärung nicht ohne kritische Reserve ist, steht er im Konklikt zwischen Freiheit und Ordnung innerhalb einer Institution im Zweifel auf der Seite der Freiheit und der Menschenrechte. Ja man könnte ihn sogar als einen Vertreter der modernen freiheitlich-demokratischen Grundordnung bezeichnen. So sieht Hauriou das Naturrecht am ehesten in einer Demokratie realisiert, weil »kein anderes System so viel egalitäre Gerechtigkeit in sich birgt wie gerade das demokratische, und weil in diesem die Klammern der Sozialordnung bis zu der äußersten Grenze gelockert sind, ohne das ganze Gebäude der Gesellschaft der Gefahr des Einsturzes auszusetzen. Dagegen glauben wir nicht, daß irgendeine aristokratische Institution in dem Bereich des Naturrechts einbezogen werden könnte«[1744].

Aus dieser Skizze ergibt sich, daß Maurice Haurious Lehre von den Institutionen, insbesondere deren Einbettung in seine naturrechtlich-demokratischen Grundüberzeugungen, in wesentlichen Punkten nicht mit dem von Carl Schmitt 1934 entwickelten konkreten Ordnungs- und Gestaltungsdenken übereinstimmt. Als gemeinsamer Ausgangspunkt bleibt der Begriff der »Institution«. Haurious Plädoyer für das Ideal der Gerechtigkeit, das in jeder Institution ansatzweise verwirklicht sei, aber noch ver-

---

[1739] M. HAURIOU, Sozialordnung, S. 94 f.
[1740] EBD., S. 95.
[1741] Vgl. H. FRIEDRICH, S. 51.
[1742] Vgl. EBD., S. 50 f.
[1743] EBD., S. 50 f.
[1744] M. HAURIOU, Sozialordnung, S. 93.

vollkommnet werden müsse, hat vorrangig die Freiheit und Würde der Person im Auge[1745]. Schmitts konkretes Ordnungsdenken drängt 1934 dagegen auf der Linie Hegels auf den Staat und die Bewegung als Zuchtmeister der konkreten Ordnungen. Die Akzente sind damit deutlich unterschiedlich gesetzt. Aus dieser Perspektive hat sich Schmitt zu Recht gegen eine zu enge Anlehnung an Hauriou ausgesprochen[1746].

Nachhaltigen Einfluß auf das Bonner Grundgesetz von 1949 hatte Maurice Haurious Vorstellung von einer »superlégalité constitutionnelle«[1747], deren Beseitigung durch verfassungsändernde Gesetze ausgeschlossen ist. Schmitt war mit Hauriou der Meinung, »daß *jede* Verfassung solche grundlegenden ›Prinzipien‹ kennt, daß sie zum grundsätzlich unveränderlichen ›Verfassungssystem‹ gehören«[1748]. Es war Schmitts Verdienst, die Vermittlung dieser Auffassung ins deutsche Rechtsdenken übernommen zu haben[1749]. Art. 79 Abs. 3 des Grundgesetzes schließt jede Verfassungsänderung aus, die die Identität der freiheitlich-demokratischen Grundordnung aufheben würde.

[1745] Vgl. P. SCHNEIDER, Sp. 3.
[1746] Vgl. C. SCHMITT, Arten, S. 58.
[1747] Zit. nach C. SCHMITT, Legalität, S. 311.
[1748] EBD., S. 311.
[1749] Vgl. auch C. SCHMITT, Freiheitsrechte, S. 140 ff.

IV. CARL SCHMITTS WEG IM DEUTSCHEN KATHOLIZISMUS

1. Katholische Herkunft

Carl Schmitt wurde am 11. Juli 1888 in Plettenberg, einem Dorf im Sauerland mit damals fünftausend Einwohnern, geboren. Er wuchs mit vier Geschwistern in einer streng katholischen Familie auf. Seine Eltern, Johann und Louise Schmitt, kamen von der Mosel, die Mutter aus Trier, der Vater ursprünglich aus der Südeifel. Eine berufsbedingte Versetzung des Vaters hatte die Familie in das protestantische Sauerland verschlagen.[1] Der Vater war kaufmännischer Angestellter mit einem recht bescheidenen Gehalt, ein »sehr frommer katholischer Mann«[2]. Da er etwas von Buchhaltung verstand, bearbeitete er als Mitglied des Kirchenvorstandes ehrenamtlich die Kirchensteuern der katholischen Gemeinde.[3] Bis zu seinem Tod war er Mitglied des Zentrums.[4] Die Mutter stammte aus der alteingesessenen Trierer Familie Steinlein. Drei Großonkels von Carl Schmitt aus dieser Linie waren Pfarrer an der Mosel; sie hatten Bismarck im Kulturkampf die Stirn geboten.[5] Ein Onkel mütterlicherseits, Jacob Soissong, besaß in Saarburg an der Saar das Hotel und Restaurant »Zur Post«. Er unterstützte mit einem Stipendium bedürftige Familienmitglieder, die sich auf das Priesteramt vorbereiteten.[6] Verständlicherweise hoffte die Mutter, ihr Sohn Carl könnte davon Gebrauch machen und die klerikale Tradition der Familie fortsetzen.[7]

Schon in jungen Jahren mußte Carl Schmitt die Erfahrung der konfessionellen Zerissenheit Deutschlands machen. In seinem Heimatort Plettenberg herrschte ein sektiererischer Protestantismus.[8] Sein Elternhaus war in diesem Milieu eine Bastion des Katholizismus. Jenseits der Familiengrenzen begann somit »feindliche« Umgebung. Schmitts spätere Definition des Politischen als Freund-Feind-Unterscheidung soll nach Auffas-

---

[1] Schmitt im Gespräch, S. 92.
[2] Ebd., S. 92.
[3] Ebd., S. 92.
[4] J. W. Bendersky, S. 5.
[5] Ebd., S. 5; Schmitt im Gespräch, S. 95 f.
[6] Vgl. E. Kennedy, Expressionismus, S. 240, Anm. 23; Schmitt im Gespräch, S. 93, 96.
[7] G. Schwab, S. 13.
[8] Schmitt im Gespräch, S. 92.

sung mancher Schmitt-Exegeten[9] in dieser konfessionellen Frontstellung ihre tiefste biographische Wurzel haben.[10]

Carl Schmitt besuchte zunächst die katholische Volksschule in Plettenberg. Im Alter von 11 Jahren wechselte er 1900 an das staatliche humanistische Rivius-Gymnasium im katholischen Attendorn. Untergebracht war er im katholischen Konvikt.[11] In solchen Konvikten wurde begabten katholischen Schülern vom Land eine Unterkunft am Schulort ermöglicht. Diese Einrichtungen sollten aber gleichzeitig die jungen Gymnasiasten auf ein späteres Theologiestudium vorbereiten und damit auf das Priestertum hin erziehen. Sicherlich hatten die Eltern, insbesondere die Mutter, dieses Ziel vor Augen, als sie ihren Sohn ins katholische Konvikt nach Attendorn gaben.

Der junge Carl bewegte sich zunächst willig auf dem Pfad der katholischen Bildung. So las er begeistert in Annegarns Weltgeschichte, »ein gutes Hausbuch, das die deutsche Geschichte vom katholischen Standpunkt darstellt«[12]. Sehr lange vermochte er jedoch nicht dem Idealbild des Priesternachwuchses zu entsprechen. In der Unterprima wurde bei ihm »Das Leben Jesu« von David Friedrich Strauß entdeckt.[13] Der liberale protestantische Theologe vertrat 1835 in diesem Buch die These, das Leben und die Gestalt Jesu seien historisch nicht greifbar. Er exponierte sich damit als einer der Väter der historisch-kritischen Methode der Bibelexegese; eine Methode, die von der katholischen Kirche zu Beginn des 20. Jahrhunderts noch scharf verurteilt wurde.[14] Da war es nicht verwunderlich, daß die Konvikt-Erzieher an Schmitts katholisch-klerikaler Zukunft zweifelten. Der Präses schrieb an die Eltern, es sehe bedenklich mit Carl aus. Sein Betragen entspreche nicht seinem Wissen. Carl Schmitt wurde nach diesem Vorfall aus dem Konvikt genommen.[15]

Gründe für das aus katholischer Sicht unbotmäßige Verhalten Schmitts lassen sich in den Einflüssen einiger Lehrer finden. Unter dem Schutz des

---

[9] Vgl. J. W. BENDERSKY, S. 6. B. Rüthers bezweifelt dagegen den bestimmenden Einfluß der Diaspora-Situation auf C. Schmitt und verweist dabei auf dessen Aussage anläßlich seines 50. Geburtstags, er stamme aus dem katholischen Teil Westfalens (B. RÜTHERS, Schmitt, S. 1683).

[10] F. Muckermann schildert sehr plastisch die kampfbetonte Diaspora-Situation einer katholischen Familie in der Kleinstadt Bückeburg (Schaumburg-Lippe) Ende des 19. Jahrhunderts (F. MUCKERMANN, Epochen, S. 6 ff.).

[11] EBD., S. 92.

[12] C. SCHMITT, Ex Captivitate Salus, S. 25.

[13] SCHMITT im Gespräch, S. 93.

[14] Erst die Enzyklika »Divino afflante Spiritu« von 1943 ermöglichte eine wissenschaftliche Erforschung der Bibel in der katholischen Theologie (vgl. A. DEISSLER, S. 21).

[15] SCHMITT im Gespräch, S. 93.

preußischen Staates propagierten manche Freigeister Gedankengut, das der Lehre der katholischen Kirche widersprach, aber bei einem aufgeweckten Schüler wie Carl Schmitt Neugierde weckte. Außerdem impfte ein Plettenberger Volksschullehrer, der unter der Aufsicht eines pädagogisch unerfahrenen geistlichen Inspektors zu leiden hatte, den jungen Carl in den Ferien mit antiklerikalen Parolen.[16]

Carl Schmitt wurde zwar während seiner Gymnasialzeit mit einem Zeitgeist konfrontiert, der dem Katholizismus nicht wohlgesonnen war. Dies führte aber zu keiner Distanzierung von seinem katholischen Bekenntnis. Zu lebendig waren in der Familie noch die auch den jungen Carl mittelbar prägenden Erfahrungen des Kulturkampfes, in dem die katholische Kirche etwa 1872 bis 1887 gegen die Anmaßungen des preußischen Staates um ihre Unabhängigkeit kämpfen mußte. Schmitt selbst schrieb 1965 rückblickend zu seinen ersten Begegnungen mit dem Milieu der Berliner Universität: »Ich war ein katholisch erzogener junger Mann aus Westdeutschland, der von seinen Eltern, Grosseltern und geistlichen Verwandten her noch starke Erinnerungen an den Kulturkampf BISMARCKs ins sich trug. Der Kulturkampf war kein blutiger Bürgerkrieg gewesen. Aber der Konflikt war doch scharf genug, um einen jungen Katholiken gegenüber der herrschenden Schicht zu distanzieren. In meiner Jugend lag soviel religiöse Substanz und Bindung, dass die verschiedenen Erscheinungsformen des Ich-Glaubens wie fremde Masken an mir vorüberzogen«[17].

Schmitt verließ 1907 nach dem Abitur das Gymnasium mit dem im Zeugnis angegebenen Ziel, Philologie zu studieren. Aber schließlich folgte er doch dem Rat seines in Lothringen lebenden, durch Immobiliengeschäfte reich gewordenen Onkels André Soissong, der die Philologie als »ganz kümmerliche Angelegenheit« einschätzte und ein Jura-Studium empfahl.[18] Schmitt immatrikulierte sich im April 1907 an der Juristischen Fakultät der Friedrich-Wilhelm-Universität Berlin. Mit großer Ehrfurcht betrat er diese Universität, in der er zunächst noch den »Tempel einer höheren Geistigkeit« sah; eine Einstellung, die er jedoch bald überwand.[19] Gleich im ersten Semester entdeckte er seine Freude am römischen Recht. 1908 studierte er zunächst in München und wechselte noch im gleichen

---

[16] EBD., S. 93.
[17] C. SCHMITT, 1907 Berlin, S. 20.
[18] SCHMITT im Gespräch, S. 94; E. KENNEDY, Expressionismus, S. 239.
[19] C. SCHMITT, 1907 Berlin, S. 14; er schildert in diesen Erinnerungen ausführlich seine Eindrücke von Berlin und der Universität. Einer der Professoren, die er beschreibt, ist der Katholik J. Kohler. Auf dessen katholische Herkunft geht C. Schmitt jedoch nicht ein.

Jahr nach Straßburg.[20] Bereits 1910 erscheint seine von dem Strafrechtler Fritz van Calker betreute Dissertation »Über Schuld und Schuldarten«.[21]

2. AKADEMISCHER AUFSTEIGER

a) Stationen einer Karriere

Nach seinem Assessor-Examen trat Carl Schmitt im Februar 1915 als Kriegsfreiwilliger bei einem Infanterie-Regiment in München seinen Heeresdienst an. Nur wenige Wochen später wurde er zum Stellvertretenden Generalkommando des I. Armee-Korps in München abkommandiert, wo er als Referatsleiter u.a. für die Friedensbewegung, Einfuhr ausländischer Druckerzeugnisse und Verhinderung feindlicher Propaganda zuständig war. Erst Anfang 1919 schied Schmitt aus dem Heeresdienst aus.[22] Trotz seiner Dienstpflichten als Soldat gelang es ihm, sich am 16. Februar 1916 an der Universität Straßburg zu habilitieren.[23] Von Mai bis August 1916 wurde ihm auch gestattet, dort als Privatdozent zu lesen.[24] 1919, nach der Abtretung Elsaß-Lothringens an Frankreich, wechselte Schmitt als hauptamtlicher Dozent an die Handelshochschule in München. Dort war er bis 1921 tätig. Während seines sechsjährigen Aufenthalts in München nahm Schmitt mit namhaften katholischen Künstlern, Literaten und Publizisten freundschaftliche Beziehungen auf. Zu nennen sind hier etwa Theodor Haecker, Albert Paris Gütersloh, Konrad Weiß, Franz Blei, Theodor Däubler und der Verleger Jakob Hegner.[25]

Zum Wintersemester 1921 wurde Carl Schmitt ordentlicher Professor an der Universität Greifswald, »in dessen protestantischer Luft sich der katholische Westfale recht unglücklich fühlte«, wie Moritz Julius Bonn, der Schmitt zur Dozentenstelle in München verholfen hatte, in seinen Erinnerungen berichtet.[26] Auch Franz Blei riet seinem Freund, der Wohnung in der Bahnhofstraße in Greifswald eine symbolische Bedeutung beizulegen.[27]

Bereits zum Sommersemester 1922 wurde Carl Schmitt als Ordinarius an die juristische Fakultät der damals sehr angesehenen Rheinischen Friedrich-

---

[20] E. KENNEDY, Expressionismus, S. 239.
[21] P. TOMMISSEN, Bausteine, S. 75.
[22] EBD., S. 76.
[23] EBD., S. 77.
[24] J. W. BENDERSKY, S. 16.
[25] Vgl. P. TOMMISSEN, Bausteine, S. 80.
[26] Zit. nach EBD., S. 81.
[27] EBD., S. 80.

2. Akademischer Aufsteiger 415

Wilhelm-Universität Bonn berufen, wo er den durch den Weggang von Rudolf Smend freigewordenen Lehrstuhl übernehmen konnte.[28] Seit Februar 1923 war er auch Mitleiter des Seminars für wissenschaftliche Politik.[29] Als Bonner Professor wurde Schmitt bis Mitte der 20er Jahre vor allem durch seine Arbeiten über den Parlamentarismus, den römischen Katholizismus und die »Politische Theologie« weit über den Bereich des Staatsrechts, ja der Wissenschaft hinaus bekannt. Es war auch die Zeit, in der sich Schmitt als »katholischer Autor« einen Namen machen konnte. An der Universität scharte er einen großen Kreis vielversprechender Schüler um sich. Seinen Vorlesungen und Seminaren waren die besten Erfolge beschieden.[30] Auch mit Kollegen anderer Fakultäten trat Schmitt in einen regen Gedankenaustausch. Unter seinen Freunden sind etwa die katholischen Theologen Karl Eschweiler und Wilhelm Neuß sowie der 1930 zum Katholizismus konvertierte protestantische Theologe Erik Peterson zu finden.

Ab Sommersemester 1928 lehrte Schmitt an der Handelshochschule Berlin.[31] Über die Gründe, warum er von einer renommierten Universität an eine Handelshochschule wechselte, an der er keine Juristen, sondern Volks- und Betriebswirte auszubilden hatte, wurde viel spekuliert.[32] Für einen Außenstehenden mußte dieser Schritt als wissenschaftlicher und gesellschaftlicher Abstieg erscheinen.[33] Nach Ansicht seines Schülers Günther Krauss hat Berlin als Hauptstadt Preußens und des Reichs und als geistiger Mittelpunkt Deutschlands Schmitt unwiderstehlich angezogen.[34] Wenn Schmitt in Berlin den Ort suchte, der ihm unmittelbaren Zugang zu den Zentralen politischer Entscheidungsmacht, der Intelligenz und der Bildungsschicht öffnete,[35] dann sollte er nicht enttäuscht werden. Noch in der Weimarer Republik konnte er die Reichskanzler Brüning, von Papen und von Schleicher staatsrechtlich beraten und kam mit höchsten Kreisen der Reichswehr in Kontakt.[36] Mit ihnen erörterte er 1932

---

[28] G. KRAUSS, Erinnerungen, Teil 1, S. 128.
[29] P. TOMMISSEN, Bausteine, S. 81.
[30] Dies berichtet 1922 C. Schmitt an M. J. Bonn (vgl. J. W. BENDERSKY, S. 44).
[31] Zum keineswegs glatt verlaufenen Berufungsverfahren vgl. A. KOENEN, S. 88 f.
[32] Nach Auffassung von G. J. Ebers hatte C. Schmitt infolge seiner zweiten Eheschließung trotz des noch laufenden Ehenichtigkeitsprozesses seine Basis in Bonn verloren und war »froh, nach Berlin gehen zu können« (zit. nach A. KOENEN, S. 87, Fn. 14).
[33] Vgl. G. KRAUSS, Erinnerungen, Teil 1, S. 128; P. Adams schrieb am 17. Juli 1928 an E. Peterson: »C. Schmitt in der Handels Hochschule, eine Groteske! Dieser objective Geist der Handels Hochschule und der Geist C. Schmitts sind vollendet incongruent, berühren sich in keinem Punkte« (zit. nach B. NICHTWEIß, Zeit, S. 78).
[34] G. KRAUSS, Erinnerungen, Teil 1, S. 128.
[35] E. R. HUBER, Schmitt, S. 36.
[36] Vgl. zur Zusammenarbeit C. Schmitts mit H. Brüning und Vertretern der Reichswehr A. KOENEN, S. 132 ff.

Notstandspläne.[37] Im gleichen Jahr vertrat er das Reich vor dem Staatsgerichtshof in Leipzig im Prozeß wegen des aufsehenerregenden »Preußenschlags«, in dem Reichskanzler von Papen am 20. Juli 1932 die preußische Regierung Braun-Severing abgesetzt hatte.[38]

Ende 1932 wurde Carl Schmitt an die Universität Köln berufen, wo er im Sommersemester 1933 lehrte. Zeichen für die akademische Wertschätzung, die sich Schmitt zu dieser Zeit erfreuen konnte, sind die Begrüßungsfeier der juristischen Fakultät sowie die feierlich inszenierte Antrittsvorlesung, von der der Westdeutsche Rundfunk sogar eine Schallaufnahme anfertigen ließ.[39] Trotz dieser öffentlichen Ehrerweisungen blieb Schmitt nur ein Semester in Köln. Im Herbst 1933 wechselte er, nachdem er vorher auch Rufe aus Leipzig, Heidelberg und München erhalten hatte, an die Friedrich-Wilhelm-Universität Berlin.[40] Es muß für ihn eine große Genugtuung gewesen sein, als Katholik Zugang zu diesem Hort des preußischen Protestantismus gefunden zu haben. Kam er als Student 1907 voller Neugierde an die Berliner Universität, um die »weltberühmten Professoren«[41] zu hören, konnte er 1933 als weltberühmt gewordener Professor an seine ehemalige Alma Mater zurückkehren. Anders als damals[42] wandte er sich nun aber nicht enttäuscht und ernüchtert von der liberalen Atmosphäre dieser Universität ab.

b) Der Katholik und die Wissenschaft

1933 konnte Carl Schmitt auf eine glänzende akademische Karriere zurückblicken. Daß er als Katholik sogar an die Berliner Universität vordringen konnte, war keineswegs selbstverständlich. So soll Rudolf Smend Ende der 20er Jahre noch alles daran gesetzt haben, eine Berufung Schmitts dorthin zu verhindern.[43]

Katholiken hatten vor allem in Preußen bis 1918 im Staatsdienst nur geringe Karrierechancen. Besondere Vorbehalte begegneten ihnen an den Universitäten. Wissenschaftlichkeit wurde im 19. Jahrhundert gleichgesetzt mit dem Postulat der Wertfreiheit oder Werturteilsfreiheit. Der dominierende methodische Positivismus verwies jedes Bekenntnis in das Reich der vermeintlich unwissenschaftlichen »Metaphysik«. Ein Katho-

---

[37] E. R. HUBER, Schmitt, S. 39 ff.; A. KOENEN, S. 191 f.
[38] Vgl. A. KOENEN, S. 190 ff.
[39] P. TOMMISSEN, Bausteine, S. 86; A. KOENEN, S. 353 ff.
[40] Vgl. zu den Umständen der Berufung A. KOENEN, S. 449 ff.
[41] C. SCHMITT, 1907 Berlin, S. 13 f.
[42] EBD., S. 21.
[43] Vgl. J. Isensee, Aussprache zu: K. KRÖGER, S. 173.

lik, der nicht nur seinem konfessionellen Bekenntnis treu war, sondern auch unter dem Verdacht stand, sich als Ultramontaner den Weisungen Roms zu unterwerfen, konnte nach dieser Auffassung wissenschaftlichen Anforderungen nicht gerecht werden. Deshalb wurde die Zulassung der Katholiken für die akademische Lehre erheblich behindert. Unter den akademischen Dozenten in Preußen waren sie in den letzten Jahrzehnten des 19. Jahrhunderts mit ca. 12% bei einem Bevölkerungsanteil von etwa 33% deutlich unterrepräsentiert.[44] Der katholische Philosoph Georg Freiherr von Hertling (1843 – 1919), der 1876 die Görres-Gesellschaft gründete, mußte 25 Jahre auf eine ordentliche Professur warten.[45]
Als sich der katholische Historiker Martin Spahn, Sohn des bekannten Zentrumspolitikers Peter Spahn, an der Universität Berlin habilitierte, wurde ihm nahegelegt, er möge diese Hochburg des Protestantismus verlassen. Als er dann an der Universität Straßburg 1901 einen Lehrstuhl übernehmen wollte, gab es scharfe Proteste der liberalen und protestantischen Presse und einen Einspruch der dortigen philosophischen Fakultät. Theodor Mommsen attackierte die Berufung mit seinem berühmten Artikel über die Voraussetzungslosigkeit der Wissenschaft. Es sei ein Anschlag auf die Lehrfreiheit, wenn die Regierung außerhalb der theologischen Fakultäten Lehrstühle nach konfessionellen Rücksichten vergebe.[46] Kaiser Wilhelm II. war es schließlich, der Martin Spahns Berufung gegen alle Widerstände durchsetzte. Der »Fall Spahn« wühlte noch lange die Welt der liberalen Wissenschaft auf. Sogar der Reichstag hatte sich mit dem Berufungsfall zu befassen.[47]
Dem Straßburger Studenten, Doktoranden und Habilitanden Carl Schmitt mußte dieser Vorgang bekannt gewesen sein. Überhaupt könnte ihn das Wissen um die im Wissenschaftsbetrieb gepflegten Vorbehalte gegenüber Katholiken dazu bewogen haben, seinen frühen Schriften einen konfessionell neutralen und damit dem herrschenden Wissenschaftsideal entsprechenden Charakter zu geben. So betont Schmitt zwar in seinen Arbeiten bis 1918 immer wieder den methodischen Vorbildcharakter der katholischen Dogmatik und des Kirchenrechts für die Rechtswissenschaft, er verzichtet jedoch darauf, sich zu den Inhalten dieser katholischen Lehren zu bekennen.[48]

---

[44] Th. LEGGE, S. 108.
[45] H. ROST, S. 1087.
[46] Vgl. zu den Hintergründen der Berufung M. Spahns und des Protestes Th. Mommsens E. R. HUBER, Verfassungsgeschichte, S. 960 ff.
[47] Vgl. W. SPAEL, S. 139 ff.
[48] Vgl. oben III. 1.

418 IV. Schmitts Weg im Deutschen Katholizismus

Die Weimarer Reichsverfassung von 1919 bescherte zwar den Katholiken volle Glaubensfreiheit und kulturelle Parität, schloß also eine staatliche Ungleichbehandlung der Katholiken aus. Die Relikte des Kulturkampfes und der Wissenschaftsideologie des 19. Jahrhunderts wirkten jedoch noch weiter.[49] 1930 zählten die Katholiken im Reich 37% der Bevölkerung, an der Gesamtzahl der akademischen Dozenten betrug ihr Anteil aber immer noch nur 13%.[50] Vor diesem Hintergrund war es auch in den 20er Jahren noch nicht selbstverständlich, daß der Katholik Carl Schmitt zu höchsten akademischen Ehren gelangen konnte.

3. Katholischer Rechtsgelehrter

a) Carl Schmitt und das Zentrum

Dem kulturellen Aufschwung des deutschen Katholizismus nach dem Ersten Weltkrieg entsprach seine steigende politische Bedeutung. Die Zentrumspartei, in der sich die Katholiken ganz überwiegend politisch organisierten, stellte in den 14 Kabinetten der Weimarer Republik acht Mal den Reichskanzler und verwaltete wichtige Ministerien. Zentrumspolitiker wie Matthias Erzberger, Joseph Wirth, Wilhelm Marx oder Heinrich Brüning machten Geschichte. Zwar konnte das Zentrum in den 20er Jahren nur 12 – 13% der Wählerstimmen auf sich vereinigen, aufgrund der parlamentarischen Mittelstellung zwischen den großen Blöcken auf der politischen Rechten und der politischen Linken wurde es jedoch regelmäßig zur Regierungsbildung gebraucht.

Professoren hatten im Zentrum und in der Bayerischen Volkpartei, die sich 1918 vom Zentrum abgetrennt hatte, gute Karrierechancen. Erwähnt seien hier der Moraltheologe Joseph Mausbach, der Rechtshistoriker Konrad Beyerle und der Kirchenrechtler Prälat Ludwig Kaas. Sie alle konnten aufgrund der politischen Bedeutung des Zentrums und der BVP großen Einfluß auf die Staatsgeschäfte nehmen. Als katholischer Staatsrechtler von Rang hätte Carl Schmitt die besten Voraussetzungen für eine politische Laufbahn im Zentrum mitgebracht. Im Gegensatz zu seinem Vater, der bis zu seinem Tode Zentrumsmitglied war,[51] trat Schmitt dieser Partei jedoch nicht bei. Außerdem legte er in seinen Schriften großen Wert darauf, seine Theorien aus dem parteipolitischen Meinungskampf

---

[49] Vgl. dazu F. Muckermann, Epochen, S. 349.
[50] Th. Legge, S. 111.
[51] J. W. Bendersky, S. 5.

herauszuhalten. Er wollte sie ausschließlich wissenschaftlich verstanden wissen.[52] Aus der Sicht des Zentrums mußte diese Zurückhaltung Schmitts enttäuschend sein.

Im Zentrum hat es dennoch Vorstöße gegeben, Schmitt für eine parlamentarische Mitarbeit zu gewinnen. Der erste Versuch wurde aus dem Kreis der katholischen Jugend gestartet. Die Windhorstbunde und die Jungakademiker schlugen dem Reichsparteivorstand im Februar 1924 Schmitt für eine Reichstagskandidatur vor. Schmitt lehnte jedoch umgehend ab.[53] Im Frühjahr 1927 hat es in Zentrumskreisen erneut Pläne für eine politische Verwendung Schmitts gegeben.[54] Anders läßt sich ein vertrauliches Schreiben, das der Vorsitzende der Bonner Zentrumsortsgruppe, Rechtsanwalt Johannes Henry, am 27. Mai 1927 an den Vorsitzenden der Zentrumsfraktion im Preußischen Landtag, Dr. Joseph Heß, richtete, nicht erklären. Darin heißt es u.a.: »Herr Schmitt bezeichnet sich offen als Zentrumsmann, ist zweifellos ein solcher und hat auch schon in unserer Zentrumsakademikervereinigung geredet. Er gilt auch bei seinen Kollegen als ausgesprochener Zentrumsmann. Diese Stellung scheint stark weltanschaulich beeinflußt zu sein. Auf jeden Fall ist er rechtsstehend, wie sich das aus seinen verschiedenen Schriften ergibt«[55]. Unter Berufung auf den Bonner Kirchenhistoriker Wilhelm Neuß, der mit Schmitt befreundet war, teilt Henry weiter mit, Schmitt sei überzeugter Republikaner. Außerdem wird im Brief festgehalten, daß Schmitt gegen ausdrücklichen kirchlichen Rat ein zweites Mal geheiratet habe[56]. Mit diesem Faktum war allerdings einer politischen Karriere Schmitts im Zentrum der Boden entzogen.

Daß Carl Schmitt in den 20er Jahren unter den Weimarer Parteien dem Zentrum weltanschaulich und parteipolitisch am nächsten stand, kann als gesichert gelten. Sein Ruf als »Zentrumsmann«[57] war zu dieser Zeit weit verbreitet. Schmitt referierte nicht nur vor der Zentrumsakademikervereinigung. Bekannt wurde vor allem sein Vortrag »Die Rheinlande als Objekt internationaler Politik«, den er 1925 in Köln auf der vom rheinischen

---

52 Vgl. C. SCHMITT, Lage, S. 5; daß C. Schmitt mit seinem Pochen auf die Wissenschaftlichkeit seiner Schriften mit seiner eigenen Erkenntnis über Kreuz lag, daß alle politischen Begriffe einen polemischen Sinn haben (C. SCHMITT, Begriff, S. 13), braucht hier nicht weiter verfolgt zu werden. Verwunderlich ist, daß er mit seinem Insistieren auf ein Wissenschaftsverständnis Bezug nimmt, das gerade durch seine politische Theologie überholt sein müßte.
53 Nachweise bei A. KOENEN, S. 45, Fn. 118.
54 H. QUARITSCH, Positionen, S. 75.
55 Zit. nach EBD., S. 75.
56 EBD., S. 75.
57 Vgl. H. HÜRTEN, Deutsche Briefe I, S. 53.

Zentrum veranstalteten Jahrtausendfeier der Rheinlande hielt. Diese Rede wurde als Zentrumsflugschrift vertrieben.[58] Daß gerade das rheinische Zentrum an Schmitts rechtswissenschaftlich begründeter Opposition gegen den Vertrag von Versailles und seine für das Rheinland besonders belastenden politischen und ökonomischen Folgen interessiert war, ist verständlich.[59]

Auf das Konto einer Zentrums-Nähe könnte auf den ersten Blick auch Schmitts staatsrechtliche Unterstützung von Reichskanzler Heinrich Brüning im Jahre 1930 gebucht werden.[60] Brüning gehörte dem rechten Zentrumsflügel an und war der erste Reichskanzler der Weimarer Republik, der ein Notstands- und Diktaturregiment führte, das seine Legitimation nicht mehr vom Parlament, sondern vom Reichspräsidenten bezog.[61] Mit den ersten Ansätzen zur Suspendierung des Parlaments schlug Brüning einen politischen Weg ein, der ganz im Sinne von Schmitts staatsrechtlichem Antiparlamentarismus war. Der mit Schmitt befreundete katholische Publizist Prinz Rohan sah 1932 Brünings Mission sogar darin, »auf legalem Wege den deutschen Fascismus zu verwirklichen«[62]. Verfassungsrechtliche Grundlage der Präsidialregierung war Art. 48 WRV. Carl Schmitt lieferte im Juli 1930 der Regierung Brüning ein umfangreiches Rechtsgutachten, das diesen Notstandsartikel weit interpretierte und damit die diktatorische Praxis des Präsidialkabinetts rechtfertigte[63]. Schmitt zeigte sich auch durch die restriktive, autoritäre Wirtschaftspolitik Brünings beeindruckt.[64]

Daß Schmitt bei der Unterstützung Brünings in erster Linie nicht an einer Hilfestellung für das Zentrum, sondern an der Nähe zur politischen Macht und an einer Einflußnahme auf deren Ausübung interessiert war, zeigte sich darin, daß er später auch die Reichskanzler von Papen und von Schleicher staatsrechtlich unterstützte.[65] Von Papen war 1932 an Brünings Sturz beteiligt, was im Zentrum für große Empörung sorgte.[66] Dem drohenden Parteiausschluß aus dem Zentrum kam von Papen 1932 durch seinen Austritt zuvor. Carl Schmitts Aktivitäten zugunsten des »Verräters«

---

[58] Flugschriften zum Rheinproblem, Heft Nr. 4, Verlag der Rheinischen Volkswacht, Köln 1925.
[59] Vgl. zu diesem Vortrag oben III. 7. b) »Die Rheinlande als Objekt internationaler Politik« (1925).
[60] Zum Verhältnis von C. Schmitt zu H. Brüning vgl. A. KOENEN, S. 132 ff.
[61] Vgl. P. NOACK, S. 123 f.; R. FABER, Verkündigung, S. 241 ff.
[62] K. A. ROHAN, Bericht, S. 5; er zitiert zustimmend einen »Berliner Finanzmann«.
[63] Vgl. R. FABER, Verkündigung, S. 250.
[64] P. NOACK, S. 131 f.
[65] Vgl. P. NOACK, S. 137 ff.; A. KOENEN, S. 188 ff., 211 ff.
[66] Vgl. D. JUNKER, S. 72.

von Papen müssen folglich aus der Sicht des Zentrums ebenfalls verräterische Züge getragen haben.[67]

Wenn Schmitt Mitte der 20er Jahre als rechter Zentrumsmann vorgestellt wurde, dann war diese innerparteiliche Verortung nicht unproblematisch. Das Eintreten für eine autoritäre Regierung, zumal für eine, die ohne parlamentarische Legitimation auskommen soll, galt in der Weimarer Republik zweifellos als »rechts«; ebenso das bei Schmitt unübersehbare Eintreten für die nationalen Interessen des Deutschen Reichs. Auf der politischen Rechten im deutschen Katholizismus wie im Zentrum tummelten sich aber auch die antirepublikanisch gesinnten Monarchisten, die im Bekenntnis der Weimarer Verfassung zur Volkssouveränität den mit der katholischen Lehre nicht zu vereinbarenden Geist Rousseaus am Werke sahen. Gegen das sog. rationalistische und mechanische Denken der Französischen Revolution und der Aufklärung, die den Deutschen die »Formaldemokratie«[68] gebracht habe, wurde hier mit besonderer Hingabe das Ideal des organischen Staates nach dem theoretischen Vorbild der deutschen politischen Romantik gepflegt.

Carl Schmitt hatte sich bereits 1919 mit seiner »Politischen Romantik« aus dieser Traditionslinie ausgeklinkt. Und der Sturz der Monarchie war ihm weder ein staatsrechtliches noch ein theologisches Problem. Seine These von der Souveränität dessen, der über den Ausnahmezustand entscheidet, war 1922 eine Unterstützung des Reichspräsidenten, der bereits damals in der politischen Praxis den Ausnahmezustand verhängte. Wenn Schmitt später dem »Hüter der Verfassung« die umfangreichsten staatsrechtlichen Vollmachten bestätigte und die Präsidialdiktatur als geeignetes Mittel zur Überwindung der Staatskrise zu Beginn der 30er Jahre vorstellte, war das eine klare Absage an jede Form einer monarchistischen Nostalgie. Legitimismus stand seinem politischen Vitalismus ohnehin diametral entgegen.[69] Auf dem rechten Flügel des Zentrums hätte Schmitt deshalb nur sehr eingeschränkt eine politische Heimat finden können.

Andererseits hatte Schmitt durch seinen radikalen Antiparlamentarismus, seine scharfe Absage an jede Form von Liberalismus einschließlich des bürgerlichen Rechtsstaats und seinen betont national-etatistischen Standpunkt auch die Brücken zum sog. republikanischen Flügel des Zentrums um Joseph Wirth abgebrochen,[70] wo man der parlamentarischen Demokratie und der Verfassung von Weimar zum Erfolg verhelfen woll-

---

[67] Vgl. A. KOENEN, S. 218.
[68] A. Stegerwald, zit. nach J. STEGMANN, S. 111.
[69] Vgl. C. SCHMITT, Verfassungslehre, S. 212.
[70] Vgl. H. MUTH, S. 128 f.

te. Der Begriff »Rechtsstaat« war hier kein Schimpf-, sondern ein Ehrenwort.[71] So richtig Schmitt auch die Schwächen des parlamentarischen Systems und des modernen Gesetzgebungsstaates erkannt und offengelegt haben mag, so destruktiv mußte seine als rein wissenschaftlich vorgestellte Kritik für die parlamentarische Praxis des Zentrums, insbesondere für ihren republikanischen Flügel sein, der sich aus Überzeugung hinter die Weimarer Verfassung stellte. So ist es nicht erstaunlich, daß gerade vom Kreis um die Rhein-Mainische Volkszeitung, dem publizistischen Sprachrohr dieser Gruppierung im Zentrum, harsche Kritik an den Arbeiten Schmitts vorgetragen wurde.

Schmitts Entscheidung, nicht Mitglied im Zentrum zu werden, lag schließlich in der Konsequenz seiner antiparlamentarischen Theorie. Wenn es ihm darum ging, »den letzten Kern der Institution des modernen Parlamentarismus zu treffen«[72], wenn er in den Parteien nur »soziale oder wirtschaftliche Machtgruppen« sah, die »die zielbewußte Berechnung der Interessen und Machtchancen« im Auge haben und »deren größte Wirkung auf einem Appell an nächstliegende Interessen und Leidenschaften beruhen«[73], dann wäre es kaum nachvollziehbar gewesen, wenn er einer solchen Partei beigetreten wäre. Schließlich verstand sich auch das Zentrum, je mehr sich die Weimarer Republik etablieren konnte, als Verfassungspartei, die sich auf den Boden der Weimarer Verfassung und damit der parlamentarischen Demokratie stellte.[74] Hätte sich Schmitt an den parlamentarischen Aktivitäten des Zentrums beteiligt, um den Parlamentarismus zu überwinden, hätte er sich sinngemäß den Vorwurf gefallen lassen müssen, den er 1932 formuliert hat: den Vorwurf des Mißbrauchs der Legalität.

Das Zentrum geriet nach dem Wegfall der Monarchie in eine Identitätskrise, die bis 1933 nicht behoben werden konnte. Die Zentrumspartei sei »mit der Einführung des Parlamentarismus unmöglich geworden«[75], lautete eine These, die bereits 1920 formuliert wurde. Vor dem Kriege waren die Parteien noch nicht Träger der Politik, sie standen vielmehr einer Regierung des Monarchen gegenüber, die den Interessen des ganzen Volkes verpflichtet war. Unter diesen Rahmenbedingungen konnten sich Parteien auch auf kultureller oder religiöser Basis bilden, um ihre Sonderinteressen zu formulieren. Als Weltanschauungspartei, die den Schutz der kirchli-

---

[71] Vgl. D. JUNKER, S. 79.
[72] C. SCHMITT, Lage, S. 30.
[73] EBD., S. 11.
[74] Vgl. D. JUNKER, S. 83.
[75] F. GEUKE, S. 385.

chen Rechte und Interessen zu ihrem eigentlichen Ziel erhob, hatte das Zentrum im Kulturkampf gegen Bismarck auch die größten politischen Erfolge zu verzeichnen. Unter den Vorgaben der parlamentarischen Demokratie, in der die Parteien selbst politische Verantwortung übernehmen mußten, stellte sich verschärft die Frage, ob das Zentrum als Weltanschauungspartei noch eine Lebensberechtigung habe. Unterschiedliche Rezepte wurden in den 20er Jahren diskutiert, wie das Zentrum den politisch veränderten Umständen begegnen sollte. Schon 1920 wurde vorgeschlagen, »das Zentrum in seine zwei natürlichen Bestandteile zu zerlegen«[76]. Die Mehrheitsmeinung hielt dagegen an der »Ideologie der Mitte« und der »Einheitsfront der Katholiken« fest. Hermann Port riet dem Zentrum 1925 sogar, es solle die überparteiliche Funktion der Monarchie übernehmen[77]. Dagegen wurde von Karl Neundörfer, Ernst Michel und Walter Dirks eine primär politische Orientierung des Zentrums gefordert. An die Stelle der Leerformel von der katholischen Mitte, die Extreme zu vermeiden und Gegensätze auszubalancieren habe, sollte nach ihren Vorstellungen ein eindeutig politisches Programm treten[78].

Carl Schmitt hat sich an der Diskussion über die programmatische Krise im Zentrum zu keiner Zeit beteiligt. Sein grundsätzlich geschichtlich ausgerichtetes Politik-Verständnis sowie gelegentliche polemische Seitenhiebe auf die Theorie der »mittleren Linie«[79] deuten jedoch darauf hin, daß er den Versuchen des Zentrums, naturrechtliche Prinzipien auf die jeweilige politische Situation anzuwenden[80], nicht viel abgewinnen konnte. Auch die in »Römischer Katholizismus und politische Form« vorgetragene Vision vom Katholizismus als Vorbild des Politischen und Rettungsanker im Chaos der Zeit sah für das Zentrum keinen Platz vor. Parteien waren in diesem Konzept gar nicht nötig; es stand weit neben der Praxis des Parlamentarismus.

Ernst Michel, der das Zentrum-Konzept »ausgleichender‹ Zwischenstellung zwischen den Fronten« als unschöpferisch und ungeschichtlich empfand und im kirchenpolitischen Aktivismus eine »falsche Verquickung von Religion und Leben, Kirche und Welt« sah[81], hat 1934 die Auffassung vertreten, auch Schmitt habe das Zentrum für politisch liberal und zu wenig staats- und politikorientiert gehalten: »Carl Schmitt

---

[76] EBD., S. 385.
[77] H. PORT, Zweiparteiensystem, S. 376 f.
[78] Vgl. dazu etwa W. DIRKS, Primat, S. 129 ff.; K. NEUNDÖRFER, Basis, S. 137 f.; vgl. B. LÖWITSCH, S. 44 m.w.N.
[79] Vgl. C. SCHMITT, Legalität, S. 300.
[80] So z. B. auch F. DESSAUER, Zentrum, S. 50.
[81] Vgl. E. MICHEL, Lebensverantwortung, S. 206.

hat [...] an der damaligen Zentrumspartei aufzuweisen versucht, daß sie trotz ihres bewußten *religiösen* Antiliberalismus in politischer Sicht sich wesentlich als eine liberale Partei darstelle, weil dieser Form des politischen Katholizismus der primäre *politische* Verwirklichungswille als Grundantrieb fehle. Zugrunde liege dieser Partei vielmehr, gemäß ihrem Ursprung im Kulturkampf, der Wille zur Wahrung und Verteidigung naturrechtlicher Prinzipien, vorstaatlicher Rechte des Einzelnen, der Familie, der Gesellschaft und der Belange der Kirche. Damit seien aber nicht nur liberale Elemente rezipiert, sondern es sei auch eine liberale politische Haltung bezogen: den Vorrang vor dem Denken und Handeln aus den Staatsnotwendigkeiten hätte hier die Durchsetzung außerpolitischer, weltanschaulicher Interessen, zwar mit politischen Mitteln, aber im Grunde *gegenüber* dem Staat und nötigenfalls *gegen* ihn«[82]. Auch wenn sich Schmitt in seinen Schriften expressis verbis in dieser Eindeutigkeit nicht zum Zentrum geäußert hat, so kann Michels Einschätzung insgesamt zugestimmt werden. Abgesehen davon, daß Schmitt bis Mitte der 20er Jahre als katholischer Gelehrter bei Veranstaltungen des Zentrums gelegentlich referierte, deutet nichts darauf hin, daß er sich mit dieser Partei politisch sonderlich identifizierte.

Sollte Schmitt je ein »ausgesprochener Protegé des Zentrums«[83] gewesen sein, so war er dies spätestens im Krisenjahr 1932 nicht mehr. Denn in der Frage, wie das ins Schlingern geratene Staatsschiff wieder stabilisiert werden sollte, gingen die Meinungen Schmitts und des Zentrums deutlich auseinander. Am 12. April 1932, nur wenige Tage vor der nächsten Wahl in Preußen, änderte der preußische Landtag u.a. mit den Stimmen des Zentrums die Wahlordnung dahingehend, daß statt der relativen eine absolute Mehrheit für die Wahl des Ministerpräsidenten notwendig wurde. Damit sollte die Übernahme der Regierung durch die NSDAP verhindert, zumindest aber erschwert werden.[84] Einer der wenigen Abgeordneten, die dieser Aktion ihre Zustimmung versagten, war Franz von Papen. Er charakterisierte das Vorgehen der Weimarer Koalition als »unmögliches Manöver«[85]. In seiner kurz darauf erschienenen Schrift »Legalität und Legitimität« definierte Schmitt das Offenhalten der gleichen Chance der innerpolitischen Machtgewinnung als politisches Lebensprinzip der parlamentarischen Demokratie. »Wird dieses Prinzip preisgegeben, so gibt der

---

[82] EBD., S. 36.
[83] So R. Altmann in einem Diskussionsbeitrag zu K. KRÖGER, S. 171.
[84] Vgl. J. A. BACH, S. 185. Bei der Wahl am 24. April 1932 errang die NSDAP 162, die sog. Weimarer Koalition 163 von 423 Sitzen.
[85] Zit. nach J. A. BACH, S. 186.

3. Katholischer Rechtsgelehrter 425

parlamentarische Gesetzgeberstaat sich selber, seine Gerechtigkeit und seine Legalität preis«[86].

Was Carl Schmitt später als Warnung vor der Legalitätstaktik der NSDAP interpretierte, war historisch zunächst an der Praxis in Preußen abgelesen und konnte an den Maßstäben des Zentrums gemessen auch als Kritik an dieser Partei vestanden werden. Stellte Schmitt doch fest, daß das Zentrum, das sich nach der bekannten Formel von Wilhelm Marx als Verfassungspartei verstand und deshalb größten Wert auf die Einhaltung des Legalitätsprinzips legte[87], das politische Lebensprinzip der parlamentarischen Demokratie, die Chance der Offenhaltung der gleichen Chance zur politischen Machterlangung für alle Parteien, selbst nicht beachtete.

Aber Schmitt ging es weniger darum, die innere Widersprüchlichkeit des Zentrums zu entlarven, als das Ende des Parlamentarismus überhaupt zu verkünden. So bemerkte Ernst Forsthoff im September 1932 mit Blick auf Schmitts These zutreffend: »Dadurch daß die in Preußen seit 1918 regierende Mehrheit durch die berüchtigte Geschäftsordnungsänderung dem politischen Gegner die gleiche Chance der Machtergreifung nahm, hat das bisherige Legalitätssystem seine rechtfertigende Kraft verloren«[88].

Schmitts abstrakt vorgetragene Überlegungen waren eine vorweggenommene staatsrechtliche Rechtfertigung des sog. Preußenschlags vom 20. Juli 1932, in dem Reichskanzler Franz von Papen auf Art. 48 WRV gestützt die handlungsunfähig gewordene preußische Regierung ihres Amtes enthob.[89] Denn ein Legalitätssystem, das sich nach Schmitt bereits selbst zerstört hatte, konnte sich nicht mehr auf seine Legalität berufen. Mit großer Wahrscheinlichkeit waren es auch die verfassungsrechtlichen Ausführungen Schmitts, die den Reichspräsidenten Hindenburg bewegen konnten, die Notverordnung zur Absetzung der preußischen Regierung zu unterzeichnen.[90] Vieles spricht dafür, daß Schmitt an den Vorbereitungen für den Preußenschlag beteiligt war.[91] Bemerkenswert ist etwa sein Hinweis, daß »Legalität und Legitimität« am 10. Juli, also 10 Tage vor diesem Ereignis, abgeschlossen war. Am 25. Juli, nur fünf Tage nach dem Preußenschlag, erklärte von Papen im Kabinett, Schmitt werde demnächst einen Artikel veröffentlichen, der der Reichsregierung recht gebe[92]. Auch

---

[86] C. SCHMITT, Legalität, S. 289.
[87] Vgl. D. JUNKER, S. 72 ff.
[88] F. LANDECK (= E. Forsthoff), S. 235.
[89] Vgl. zu den Zielen dieser Aktion im einzelnen E. R. HUBER, Schmitt, S. 36.
[90] Vgl. D. JUNKER, S. 63.
[91] Vgl. E. R. HUBER, Schmitt, S. 37 f.
[92] P. NOACK, S. 138; der angekündigte Artikel »Die Verfassungsmäßigkeit der Bestellung eines Reichskommissars für das Land Preußen« erschien am 1. August 1932 in der DEUT-

daß Schmitt die Reichsregierung im anschließenden Prozeß vom 10. bis 17. Oktober 1932 vor dem Staatsgerichtshof in Leipzig vertrat, läßt sich als Indiz für seine vorherige Beteiligung an der Vorbereitung dieser Aktion von Papens gegen Preußen anführen.

Das Zentrum hielt den vom parteiabtrünnigen Reichskanzler zu verantwortenden Preußenschlag für verfassungswidrig und protestierte energisch. »Die Gründe, mit denen Reichskanzler von Papen diesen unerhörten, in der Geschichte des deutschen Volks beispiellosen Eingriff in die verfassungsmäßigen Einrichtungen des größten deutschen Landes zu rechtfertigen versucht, können in keiner Weise als stichhaltig anerkannt werden«[93], stellte die preußische Zentrumsfraktion fest. Der geschäftsführende Reichsparteivorstand erklärte: »Das Vorgehen der Reichsregierung gegenüber Preußen hat im deutschen Volke Staatsautorität untergraben, Rechtssicherheit im Lande erschüttert und damit unentbehrliche Voraussetzungen auf das schwerste beeinträchtigt«[94]. Der Fraktionsvorsitzende Prälat Prof. Lauscher forderte im preußischen Landtag, die verfassungsmäßigen Zustände in Preußen wiederherzustellen, damit »man der illegalen Diktatur die Zähne zeigen kann«[95].

Nach dem Modell »Preußenschlag« arbeiteten die Regierungen von Papen und von Schleicher von August 1932 bis Januar 1933 mehrere Pläne aus, um den handlungsunfähigen und nur in der Opposition gegen die Präsidialregierung einigen Reichstag auszuschalten. Ziel all dieser Notstandspläne war, die NSDAP von der parlamentarischen Regierungsbeteiligung und nach Lage der Dinge Adolf Hitler von der Reichskanzlerschaft abzuhalten.[96] Notfalls sollte eine Präsidialdiktatur für die Herstellung der durch die bürgerkriegsähnlichen Aktionen der extremen Parteien erschütterten öffentlichen Ordnung sorgen. Voraussetzung für diese Pläne war, daß der Reichstag auf unbefristete Dauer aufgelöst würde. Da nach Art. 25 Abs. 2 der Weimarer Reichsverfassung spätestens 60 Tage nach einer Reichstagsauflösung Neuwahlen stattfinden mußten, wäre das unbefristete Aussetzen von Neuwahlen ein klarer Verfassungsverstoß gewesen.

Carl Schmitt war an der Erarbeitung der Notstandspläne der Präsidialkabinette von Papen und von Schleicher, vor allem über enge Kontakte zu Reichswehrkreisen, die bei diesen Planspielen eine zentrale Rolle spielten,

---

SCHEN JURISTEN-ZEITUNG (Sp. 952 ff.) und am 29. Oktober 1932 in der DEUTSCHEN ALLGEMEINEN ZEITUNG.
[93] Zit. nach D. JUNKER, S. 82.
[94] Zit. nach EBD., S. 82.
[95] Zit. nach EBD., S. 88.
[96] EBD., S. 43 ff.

3. Katholischer Rechtsgelehrter

beteiligt.⁹⁷ Der Umfang seiner Mitarbeit ist allerdings ebenso unklar wie die Position, die er in diesen Überlegungen einnahm. Die Beteiligten vermieden es bei ihren konspirativen Treffen ganz bewußt, belastendes Beweismaterial zu produzieren.⁹⁸ Offen ist insbesondere, ob Schmitt für eine unbefristete Reichstagsauflösung und damit den Verfassungsbruch plädierte.⁹⁹ In seinen Publikationen hat Schmitt dazu nicht Stellung genommen. Damit ist jedoch nicht geklärt, wie er sich in den entscheidenden Beratungen äußerte.¹⁰⁰ Jedenfalls berief sich Reichskanzler von Schleicher bei seinem sog. Zeitgewinnungsplan wiederholt, auch dem Zentrums-Vorsitzenden Prälat Ludwig Kaas gegenüber, auf Carl Schmitt als seinen staatsrechtlichen Gewährsmann.¹⁰¹

Das Zentrum führte 1932 einen Zwei-Fronten-Wahlkampf gegen Hitler einerseits und gegen von Papen sowie den hinter ihm stehenden von Schleicher andererseits. So schrieb Prälat Schreiber: »Nun droht dem Rechtsstaat die Erschütterung durch Machtgruppen, die den machtlüsternen Totalstaat aufrichten gedenken. Es sind ja starke Bestrebungen vorhanden, die darauf abzielen, politisch-parlamentarische Grundlagen der deutschen Entwicklung zu verlassen und künftighin Präsidialkabinette aufzurichten, die sich praktisch auf Reichswehr oder Sturmabteilungen oder auf beides stützen sollen. Also eine völlige Umlagerung der Gewalt«¹⁰². Und Heinrich Krone stellte sich energisch gegen »jeden Verfassungsbruch und alles, was zur Diktatur führt«¹⁰³. Statt dessen wollte man im Zentrum nahezu um jeden Preis zurück zu einer parlamentarisch gestützten Regierung.

Die nach dem Sturz von Heinrich Brüning ausgegebene Losung des Zentrums »Zurück zur parlamentarischen Regierung« paßte weder mit Schmitts antiparlamentarischer Grundhaltung noch mit seiner politischen Beraterpraxis für die Präsidialkabinette zusammen. Deshalb mußte er 1932 in die Schußlinie des Zentrums geraten. So wandte sich etwa Prälat Schreiber, Reichstagsabgeordneter der Zentrumspartei, auf dem Katholikentag im September 1932 in Essen gegen »die von den ›Kronjuristen‹ der Reichsregierung (C. Schmitt und H. Herrfahrdt) am ›pluralistischen Parteienstaat‹ geübte Kritik« und forderte eine politische Entwicklung, die

---

97 Vgl. E. R. Huber, Schmitt, S. 39 ff.; vgl. P. Noack, S. 147 ff.
98 Vgl. A. Koenen, S. 191 f.
99 C. Schmitt hat nach dem Zweiten Weltkrieg ausgeführt, er habe sich an »dem Gerede vom Staatsnotstand [...] nie beteiligt« (C. Schmitt, Nachbemerkung zu: Legalität, S. 350).
100 Vgl. dazu E. R. Huber, Schmitt, S. 51 ff.
101 Vgl. H. Muth, S. 145.
102 D. Junker, S. 79.
103 Zit. nach ebd., S. 89.

der Volksvertretung gebe, »was ihr zukommt«[104]. Die schärfste Attacke seitens des Zentrums kam von seinem Vorsitzenden Prälat Kaas, der sich in einem offenen, in der »Germania« und in der »Kölnischen Volkszeitung« veröffentlichten Brief vom 26. Januar 1933 an Reichskanzler von Schleicher ablehnend zu dessen Notstandsplänen äußerte und darin nebenbei Schmitt in den Kontext des Verfassungsbruchs stellte: »Auf Grund einer Andeutung Ihrerseits gelegentlich unserer letzten Besprechung habe ich die von verschiedenen Seiten ins Feld geführten juristischen Konstruktionen zugunsten einer sog. notstandsrechtlichen Verschiebung des Wahltermins einer eingehenden Prüfung unterworfen und möchte nicht verhehlen, Ihnen von dem Ergebnis dieser Prüfung in aller Offenheit Kenntnis zu geben. So wie ich damals schon mit Nachdruck mich gegen die das gesamte Staatsrecht relativierenden Grundtendenzen von Carl Schmitt und seinen Gefolgsmännern aussprach, so kann ich auch in diesem besonderen Falle nur eindringlichst vor dem Beschreiten des Weges warnen, dessen Rechtfertigung juristisch unmöglich ist. Die Hinausdatierung der Wahl wäre ein nicht zu leugnender Verfassungsbruch, mit all den Konsequenzen rechtlicher und politischer Natur, die sich daraus ergeben müßten«[105].

Bei dem Brief von Prälat Kaas handelte es sich keineswegs um einen Alleingang des Zentrumsvorsitzenden. In der Sitzung der Reichstagsfraktion des Zentrums vom 26. Januar 1933 regte Heinrich Brüning an, das Schreiben an Reichskanzler von Schleicher auch dem Reichspräsidenten zukommen zu lassen; eine Anregung, der die Fraktion zustimmte. Brüning sorgte auch dafür, daß der Brief noch am gleichen Tag der Reichsregierung zugestellt wurde.[106] Im übrigen warnte er, »die Frage eines möglichen Verfassungsbruchs zu diskutieren innerhalb der Partei. Die Zentrumspartei habe im Interesse ihrer Erhaltung die Aufgabe, die Grundlagen des Rechts- und Verfassungsstaates zu verteidigen.« Auch der ehemalige Reichskanzler Joseph Wirth vertrat in dieser Sitzung die Auffassung, »die Zentrumspartei habe die Pflicht, mit allen Mitteln die Verfassung zu verteidigen.«

In der Zentrumspresse wurde das Schreiben von Prälat Kaas einhellig zustimmend kommentiert. Kaas habe die »Notstandstreibereien« als das bezeichnet, was sie in Wirklichkeit seien, »die Propagierung eines [...] Verfassungsbruchs«, meinte etwa die »Kölnische Volkszeitung« am 28. Januar 1933. Auch die Bayerische Volkspartei bezog Stellung gegen jegliche

---
[104] R. MORSEY, Zentrumspartei 1960, S. 324.
[105] Zit. nach dem Abdruck des Dokuments in: E. MATTHIAS / R. MORSEY, S. 428.
[106] R. MORSEY, Protokolle, S. 609; folgende Zitate EBD.

Staats- und Verfassungsexperimente. Der Vorstand der Christlichen Gewerkschaften und die geistlichen Führer der katholischen Arbeiterbewegung Westdeutschlands warnten Hindenburg sogar per Telegramm, einen Staatsnotstand zu konstruieren und Teile der Verfassung außer Kraft zu setzen.[107]

Carl Schmitt hat später darauf hingewiesen, daß das Zentrum mit dieser Haltung Hitler den Zugang zur Macht ermöglichte[108]. Tatsächlich war es auch kein Ruhmesblatt in der Geschichte des politischen Katholizismus, die Gefährlichkeit der NSDAP und ihres Führers nicht realistisch genug eingeschätzt zu haben. Aus der Perspektive nach 1945 war Schmitts politische Analyse, wenn sie denn als versteckter Aufruf zum Verfassungsbruch mittels einer Präsidialdiktatur gedeutet werden kann, mit der die braune Diktatur verhindert werden sollte, derjenigen des Zentrums zweifellos überlegen.[109]

Carl Schmitt hat der in der Zentrumspresse veröffentlichte Brief von Prälat Kaas schwer getroffen.[110] Es war klar, daß er nun mit dem Stigma des Verfassungsfeindes belegt und damit im deutschen Katholizismus entsprechend gebrandmarkt war. So ist auch sein wütender Brief zu verstehen, den er am 30. Januar auf Empfehlung seines Freundes Johannes Popitz an Prälat Kaas richtete. Er selbst fand es »lächerlich, dieser trüben Inkarnation grenzenloser Kompatibilitäten nachzulaufen«[111]. In den Schreiben heißt es u.a.: »Meine verfassungsrechtlichen Darlegungen sind sämtlich von dem Bestreben getragen, ohne Rücksicht auf die wechselnden Parteiinteressen den Sinn und die Konsequenzen der deutschen Verfassung zur Geltung zu bringen und ihrer Herabwürdigung zu einem taktischen Instrument und Werkzeug entgegenzutreten. Ich relativiere nicht das Staatsrecht, sondern kämpfe gegen einen Staat und Verfassung zerstörenden Mißbrauch, gegen die Instrumentalisierung des Legalitätsbegriffes und gegen einen wert- und wahrheitsneutralen Funktionalismus. Zu der Frage des Staatsnotstandsrechts habe ich mich, zum Unterschied zu anderen Kollegen, bisher nur mit größter Zurückhaltung geäußert. [...] Ich halte es für ein Unrecht, wegen abweichender Ansicht und Stellung-

---

[107] D. JUNKER, S. 123.
[108] C. SCHMITT, Nachbemerkung zu: Legalität, S. 350.
[109] Alle Versuche, die in jüngster Zeit zur politischen Rehabilitation C. Schmitts unternommen wurden, weisen auf diesen Punkt hin. C. Schmitt wird dabei bis 1933 als Widerstandskämpfer gegen den Nationalsozialismus gefeiert (vgl. etwa H. QUARITSCH, Positionen, S. 45 ff.).
[110] Vgl. C. SCHMITT, Nachbemerkung zu: Legalität, S. 345 ff.; vgl. C. Schmitts Tagebucheintragungen vom 28. und 29. Januar 1933 in: P. NOACK, S. 159 f.
[111] Zit. nach H. QUARITSCH, Positionen, S. 48.

nahme, die wissenschaftliche Arbeit, die rechtliche Gesinnung und sogar den Namen eines deutschen Rechtsgelehrten [...] mit Warnungen vor Illegalität in Zusammenhang zu bringen und in der Öffentlichkeit politisch zu verdächtigen«[112].

Daß Schmitt Prälat Kaas in der Folge nicht gerade wohlgesonnen war, zeigt auch eine Stelle in seiner 1933 erschienenen Schrift »Staat, Bewegung, Volk«, wo er den »anarchischen Pluralismus sozialer Mächte« im sog. liberaldemokratischen Verfassungsschema an den Pranger stellt. In einem solchen System könne man »gleichzeitig Reichstagsabgeordneter, Reichsratbevollmächtigter, hoher Staatsbeamter, hoher kirchlicher Würdenträger, Parteiführer, Aufsichtsratsmitglied verschiedenartiger Gesellschaften und viel anderes mehr sein«[113]. Hinter diesem Beispiel stand natürlich Prälat Kaas, Professor für Kirchenrecht und u.a. Aufsichtsratsvorsitzender der »Kölnischen Volkszeitung«.[114]

b) Carl Schmitt und die katholischen Verbände

Die meisten katholischen Vereine und Verbände wurden in der zweiten Hälfte des 19. Jahrhunderts während des Kulturkampfes als Bollwerke gegen den liberal-protestantischen Staat gegründet. Auch nach der durch die Weimarer Verfassung garantierten konfessionellen Gleichstellung fühlten sich die Katholiken hinter den Mauern ihrer gesellschaftlichen Vereinigungen ausgesprochen wohl. Diese erlebten im Zuge der allgemeinen katholischen Renaissance nach dem Ersten Weltkrieg sogar eine neue Blüte und banden Hunderttausende, ja Millionen von Katholiken in die soziale, kulturelle und politische Arbeit des Katholizismus ein. Es gab kaum eine gesellschaftliche Gruppierung, die nicht im Sinne des traditionellen ständischen Denkens wenigstens einen katholischen Verband hervorbrachte. Neben oder hinter dem Zentrum waren sie die zentralen katholischen Stützen im politischen und gesellschaftlichen Leben der Weimarer Republik. Für einen katholischen Universitätsprofessor boten sich vor allem zwei katholische Verbände als potentielle Betätigungsfelder an: die Görres-Gesellschaft und der Katholische Akademikerverband.

Die Görres-Gesellschaft wurde 1876 von dem Philosophen Georg Freiherr von Hertling mit dem Ziel gegründet, die katholische Wissenschaft im protestantischen Deutschland zu fördern. Ihre wichtigste Leistung während der Weimarer Republik war die Herausgabe der 5. Auflage des

---

[112] Zit. nach P. TOMMISSEN, Bausteine, S. 53.
[113] C. SCHMITT, Staat, S. 27.
[114] Vgl. H. HÜRTEN, Deutsche Briefe II, S. 491.

3. Katholischer Rechtsgelehrter

Staatslexikons. Die Vorbereitungen dazu wurden bereits 1922 aufgenommen. Das Staatslexikon wollte aus katholischer Sicht und auf naturrechtlicher Grundlage »die ewigen Wahrheiten in der Erscheinungen Flucht«[115] für alle Formen des menschlichen Zusammenlebens festhalten. Die 5. Auflage war »Ausdruck des kulturellen Selbstbewußtseins des deutschen Katholizismus in der Weimarer Zeit, zugleich Mitgestalter dieses Selbstbewußtseins«[116]. Carl Schmitt verfaßte zwei Beiträge zum 1925 erschienenen 1. Band dieser Auflage. In seinem Absolutismus-Beitrag zeigte er, daß ihm die katholische Staatslehre geläufig war.[117] Im Beitrag »Diktatur« trug er seine aus seiner gleichnamigen Monographie bekannten Thesen vor, ohne auf die katholische Staatslehre Bezug zu nehmen.[118] Insgesamt widersprachen beide Artikel der Zielsetzung des Staatslexikons nicht. Niemand konnte diesbezüglich an der »Katholizität« Schmitts zweifeln. Im Gegenteil: Seiner Reputation im deutschen Katholizismus mußte die Mitarbeit am renommierten Staatslexikon mächtigen Auftrieb verleihen.[119]

Ansonsten hat sich Schmitt in der Görres-Gesellschaft nicht engagiert, obwohl eine Mitarbeit etwa in ihrer rechts- und sozialwissenschaftlichen Sektion hätte erwartet werden können. Konrad Beyerle bat Schmitt 1923 ausdrücklich um einen Vortrag bei der Generalversammlung in Münster.[120] Schmitt stellte sich jedoch weder 1923 noch später als Referent auf den von der Gesellschaft veranstalteten Tagungen, die in den 20er Jahren ein Treffpunkt der wissenschaftlichen, kulturellen und politischen Intelligenz im deutschen Katholizismus waren,[121] zur Verfügung.[122]

Der Katholische Akademikerverband stand in einem engen räumlichen und personellen Zusammenhang mit der sog. Liturgiebewegung. Die Benediktinerabtei Maria Laach und ihr rühriger Abt Ildefons Herwegen (1874 – 1946) sind die auffälligsten Verbindungsglieder dieser beiden gesellschaftlichen Größen im deutschen Katholizismus von Weimar. 1913, im Jahr des Amtsantritts Ildefons Herwegens, trafen sich in Maria Laach u.a. Hermann Platz, Heinrich Brüning und Robert Schumann und initi-

---

[115] H. Sacher, S. V.
[116] C. Bauer, Katholizismus, S. 89.
[117] Vgl. dazu oben III. 7. b) Mitarbeit am Staatslexikon der Görres-Gesellschaft.
[118] Vgl. dazu ebd.
[119] Die in Köln ansässige Görres-Gesellschaft soll C. Schmitt 1933 die Mitarbeit am Staatslexikon und am Ausbau ihrer Monatszeitschrift angeboten haben, um – so die Interpretation Schmitts – ihn in Köln zu halten (A. Koenen, S. 366).
[120] Nachweis bei A. Koenen, S. 38, Fn. 86.
[121] Vgl. V. Berning, Ausstrahlung, S. 138.
[122] In den Vereinsschriften der Görresgesellschaft finden sich keine Hinweise auf eine Teilnahme C. Schmitts an Veranstaltungen der Görres-Gesellschaft.

ierten die Liturgiebewegung.[123] Im gleichen Jahr gründeten u.a. der in Bonn lehrende Romanist Hermann Platz, Abt Ildefons Herwegen und der kunstliebende Prälat Franz Xaver Münch (1883 – 1940), der seit 1916 zugleich der erste Generalsekretär des Verbandes war,[124] den »Verband der Vereine katholischer Akademiker«.[125] Die Akademikerbewegung war im wesentlichen ein Gewächs des rheinischen Katholizismus.[126]

Der Katholische Akademikerverband (KAV) steckte sich ein hohes Ziel. Er wollte als eine Art Oberverband die gesamte Akademikerschaft unter den Anspruch einer bewußt katholischen Lebensgestaltung stellen.[127] Es ging ihm um die »Entsäkularisierung des geistigen, wirtschaftlichen und sozialen Lebens wie des zeitigen Wissenschaftsbetriebes«[128]. Der Verband hatte schon rein quantitativ im deutschen Katholizismus ein beachtliches Gewicht. Bereits 1925 zählte er bei steigender Tendenz in Deutschland 180 Gruppen mit 16 000 Mitgliedern.[129]

Während der Weimarer Republik machte der KAV durch seine auf geistig hohem Niveau stehenden Tagungen und Vortragsveranstaltungen in ganz Deutschland und im deutschsprachigen Ausland auf sich aufmerksam. Zahlreiche namhafte Katholiken stellten sich als Referenten zur Verfügung. Aus dem persönlichen Umfeld Carl Schmitts sind etwa Karl Eschweiler, Erik Peterson, Wilhelm Neuß, Romano Guardini, Waldemar Gurian, Paul Adams, Karl Muth und Erich Przywara zu nennen. Einige von ihnen waren auch im Vorstand oder im Beirat des Verbandes vertreten. Carl Schmitt wirkte dagegen nicht als Referent oder in sonstiger Weise in verantwortlicher Position am Verbandsgeschehen mit.[130] Die Referate für staatsrechtliche oder staatsphilosophische Themen übernahmen auf den Verbandsveranstaltungen in der Regel Alois Dempf, Konrad Beyerle oder Dietrich von Hildebrand; Persönlichkeiten, die Carl Schmitts staatsrechtlichen Grundpositionen nicht sonderlich nahe standen.

Ganz im Banne von Maria Laach und Abt Ildefons Herwegen stehend verschrieb sich der Katholische Akademikerverband römischem Geist, romanischer und klassischer Strenge. Man hätte in seiner Verehrung der

---

[123] Vgl. V. Berning, Ausstrahlung, S. 137; R. Grosche, Weg, S. 30.
[124] Vgl. R. Grosche, Weg, S. 29; F. Muckermann, Epochen, S. 338.
[125] Vgl. W. Spael, S. 225.
[126] Vgl. R. Grosche, Weg, S. 28 f., V. Berning, Ausstrahlung, S. 137.
[127] F. Muckermann, Epochen, S. 338; vgl. den programmatischen Aufsatz von F. X. Münch, Gedanke.
[128] F. X. Münch, Gedanke, S. 1 f.
[129] W. Spael, S. 226.
[130] Dies ergibt die Auswertung der Verbandsmitteilungen in der ab 1928 herausgegebenen Zeitschrift Der Katholische Gedanke.

Form und des Objektiven die Welt am liebsten in eine Benediktinerabtei verwandelt.[131] Thomas von Aquin stand hoch im Kurs, die Heiligsprechung seines Lehrers Albert des Großen wurde mit Nachdruck und Erfolg in Rom betrieben.[132] »Vergil als der repräsentative Dichter der römischen Kirche, als der legitime Führer zum Christentum«[133] wurde verehrt im Rahmen der Begeisterung für »die klassische, große, geformte Kunst«[134]. Schmitts Wertschätzung des römischen Form-Katholizismus, der Scholastik und Vergils paßte sehr gut in diesen Kontext. Das Wort vom »antirömischen Affekt« sei »so sentenzenhaft richtig, daß man seinen Urheber Carl Schmitt gar nicht zu zitieren brauchte«[135], heißt es 1931 in der Zeitschrift des Verbandes.

Bei diesem gemeinsamen »prorömischen Affekt« war es folgerichtig, daß der Verband 1925 Schmitts »Römischer Katholizismus und politische Form« in seine Schriftenreihe »Der katholische Gedanke« aufnahm.[136] Im Münchner Theatiner-Verlag erschien das Buch sogar mit kirchlichem Imprimatur versehen. Mit seiner Schriftenreihe wollte der Verband einem akademischen Publikum auf hohem Niveau katholische Weltanschauung zeitgerecht vermitteln. Aus katholischer Sicht gehörte die Aufnahme dieser Schrift in diese populäre Schriftenreihe, zudem mit amtskirchlichem Segen versehen, zu den größten Erfolgen Schmitts. 1925 lag es unter diesen Umständen nahe, Schmitt dem Umfeld des Katholischen Akademikerverbandes zuzurechnen.

Der Verband stand der Parteipolitik insgesamt ablehnend gegenüber. Er war ein Hort der katholischen Zentrumsgegner. Die Sympathien gehörten dem autoritären, für Zucht und Ordnung sorgenden, auch totalen Staat. Deutschnationale Gesinnung war weit verbreitet.[137] 1933 distanzierte man sich ausdrücklich vom politischen Katholizismus.[138] So ist auch nicht verwunderlich, daß Kreise um den Katholischen Akademikerverband, allen voran die Benediktiner von Maria Laach mit ihrem Abt an der Spitze, zu den ersten gehörten, die »die Hand zum Hitlergruß im sakralen Bereich der Kirche erhoben haben«[139]. Carl Schmitt war freilich weder vor noch nach 1933 ein staatsrechtlicher Gewährsmann des KAV.

---

[131] So F. MUCKERMANN, Epochen, S. 341; vgl. F. X. MÜNCH, Formkraft, S. 109 ff.
[132] Vgl. GESUCH, S. 229 ff.
[133] E. KAMNITZER, S. 180.
[134] EBD., S. 183.
[135] EBD., S. 182.
[136] Zu den sonstigen Autoren dieser Reihe vgl. UNSERE VERÖFFENTLICHUNGEN, S. 298 ff.
[137] F. MUCKERMANN, Epochen, S. 339, 342.
[138] Vgl. F. LANDMESSER, Katholizismus, S. 264.
[139] EBD., S. 341.

Seine Schriften spielten in der Zeitschrift des Verbandes keine Rolle. Weder hat Schmitt dort einen Beitrag veröffentlicht, noch wurden seine Werke dort besprochen oder besonders erwähnt.[140] Generalsekretär Franz Landmesser sah sich 1934 sogar zum Hinweis genötigt, daß die katholische Staatsidee »jede Überbetonung der Nation« ablehne und deshalb »auch dem heutigen völkischen totalen Staat, wenigstens soweit er sich uns bisher darstellt«, mit Skepsis begegnet werden müsse[141].

In den 30er Jahren geriet der KAV unter der Führung Franz Xaver Landmessers zunehmend unter den Einfluß der Philosophie Othmar Spanns. 1931 konnte Spann auf einer Veranstaltung in Maria Laach seine Theorie den katholischen Akademikern selbst präsentieren.[142] In der Folge standen die Verbandstagungen ganz im Zeichen des universalistischen Denkens. Diese philosophische Orientierung stieß bei Katholiken, die dem linken Flügel des deutschen Katholizismus zugerechnet wurden, auf Kritik.[143] Auch bei Carl Schmitt, der den Universalismus und Othmar Spann selbst aufgrund seiner Fundierung in der politischen Romantik als unwissenschaftlich ablehnte,[144] muß dieser Kurs zu einer Entfremdung gegenüber dem Katholischen Akademikerverband geführt haben.

Carl Schmitt nahm zumindest an einer Tagung des Katholischen Akademikerverbandes, der dritten soziologischen Tagung am 21. – 23. Juli 1933 in Maria Laach, teil. Sie wurde im zeitgenössischen deutschen Katholizismus auch wegen der bei diesem Anlaß gegen das Zentrum gerichteten Ausfälle sehr bekannt.[145] Freiherr von der Heydte berichtete 1933, der Verband habe »150 seiner Mitglieder und Freunde, darunter [...] Vizekanzler von Papen, den Oberpräsidenten der Rheinprovinz Freiherrn von Lüninck [...], Prof. Carl Schmitt sowie andere Funktionäre der Nationalsozialistischen Partei« zur »Aussprache über den nationalen Gedanken, den nationalsozialistischen Staat und die Idee des Reichs«[146] eingeladen. In der Begrüßungsansprache forderte Abt Herwegen »ein rückhaltloses Ja zu dem neuen soziologischen Gebilde des totalen Staates, das durchaus analog gedacht ist dem Aufbau der Kirche«, wobei er den Begriff des totalen Staates im Sinne Carl Schmitts als »Gegensatz zu der Vielgestaltig-

---

[140] Lediglich H. Getzeny hat sich 1933 mit dem Begriff des totalen Staates beschäftigt und dabei C. Schmitts Diagnose weitgehend zugestimmt. Vgl. oben III. 9. c).
[141] F. LANDMESSER, Katholizismus, S. 270.
[142] Vgl. J. STEGMANN, S. 123.
[143] Vgl. zu W. Dirks: K. Prümm, Einleitung, S. 19.
[144] Vgl. oben III. 2. f).
[145] F. MUCKERMANN, Epochen, S. 341.
[146] Frhr. von der HEYDTE, S. 1131.

keit der Partei im demokratischen Staate«[147] verstanden wissen wollte. Generalsekretär Landmesser erläuterte das Ganzheitsdenken als Leitmotiv der Tagung.[148] Vizekanzler Franz von Papen, der gerade von der am 20. Juli 1933 erfolgten Unterzeichnung des Reichskonkordates aus Rom zurückgekehrt war, übermittelte u.a. die Einstellung des Papstes, »daß ein Land wie Italien und jetzt auch Deutschland so ungeheuer vieles getan habe für die Christenheit durch die Niederkämpfung des Bolschewismus und der Gottlosenbewegung, daß er nun alles tun müsse, um diese Bewegung zu stützen«[149]. Bevor von Papen jedoch das Reichskonkordat erläutern konnte, hatten die NSDAP-Mitglieder Carl Schmitt und Fritz Thyssen demonstrativ die Abtei verlassen. Dies wurde von den Tagungsteilnehmern als Distanzierung von Franz von Papen verstanden.[150]

Für Schmitt sollte diese Tagung einen unerfreulichen Nebenaspekt haben. Im Anschluß an den von Herwegen ins Spiel gebrachten Begriff des totalen Staates wurde Schmitt in der Diskussion aufgefordert, die »Totalitätsauffassung des nationalsozialistischen Staates«[151] näher zu erklären. Außerdem warf der Protestant Edgar Jung die Frage auf, ob das Christentum mit dem totalen Staat vereinbar sei[152]. Waldemar Gurian berichtete dazu 1934 aus dem Schweizer Exil, Schmitt habe sich »zum allgemeinen Erstaunen vor der klaren Beantwortung der Frage nach dem Wesen des totalen Staates«[153] gedrückt. Schmitt antwortete, er müsse »ein Buch schreiben, wenn er sich darüber verbreiten wolle«[154]. An anderer Stelle schrieb Gurian mit Blick auf Edgar Jung: »Carl Schmitt flüsterte laut vernehmbar: ›Dieser Mann ist reif fürs Konzentrationslager‹«[155]. Jung kam zwar nicht ins KZ. Sein Schicksal ereilte ihn aber am 30. Juni 1934, als der Führer – nach den Worten von Carl Schmitt – das Recht schützte[156].

Für Schmitt selbst wurden nach 1934 seine Kontakte zum Katholischen Akademikerverband negativ verbucht. Der »Sicherheitsdienst« (SD) der SS stellte die Verbindung zwischen KAV und Carl Schmitt als ein für beide Seiten belastendes Faktum fest.[157] Die Auffassung dieses Geheimdien-

---

[147] Zit. nach A. KOENEN, S. 412 f.
[148] Frhr. von der HEYDTE, S. 1131.
[149] Anmerkung der Schriftleitung, zit. nach EBD., S. 1131.
[150] Vgl. zu den Hintergründen A. KOENEN, S. 421 f.
[151] EBD., S. 413.
[152] Vgl. H. HÜRTEN, Deutsche Briefe II, S. 510.
[153] EBD., S. 343.
[154] Zit. nach A. KOENEN, S. 413.
[155] H. HÜRTEN, Deutsche Briefe II, S. 510.
[156] Vgl. C. SCHMITT, Führer.
[157] H. BOBERACH, S. 297 ff.

stes, Schmitt setze sich für Prof. Spann ein, dürfte jedoch nicht zutreffend gewesen sein.[158]

Soweit ersichtlich hat Carl Schmitt andere Verbindungen zu bedeutenden katholischen Verbänden nicht unterhalten.[159] Da auch in seinem Schrifttum jede Annäherung zu dem gerade in der katholischen Publizistik in den 20er Jahren weit verbreiteten »Wir-als-Katholiken«- Pathos fehlt, muß sein Verhältnis zum organisierten Laien-Katholizismus als distanziert betrachtet werden. Schmitt war nicht der Mann, der sich im engen Ghetto des Verbandskatholizismus wohlgefühlt hätte.

c) Carl Schmitt und die katholische Publizistik

Von »Römischer Katholizismus und politische Form« und »Die Rheinlande als Objekt internationaler Politik« abgesehen hat Carl Schmitt seine in Buchform herausgegebenen Schriften nicht bei katholischen Verlagen veröffentlicht. Diese Aufgabe übernahm für die umfangreicheren Werke überwiegend der renommierte Berliner Wissenschaftsverlag Duncker & Humblot. Dem Verdikt des »catholica non leguntur« waren Schmitts Hauptwerke somit nicht ausgesetzt. Ganz anders ist der Befund bei Schmitts Aufsätzen. Bis 1930 sind viele davon in katholischen Zeitschriften und Zeitungen erschienen. Hier hatte Schmitt keine Hemmungen, auch konfessionell Farbe zu bekennen.

Den publizistischen Auftakt in der katholischen Presse bildeten 1917 die drei Beiträge Schmitts in der von seinem damaligen Freund Franz Blei verlegten »Summa«. Diese Kulturzeitschrift stand auf einem hohem Niveau, kam aber über einen Jahrgang nicht hinaus. Beim ersten Aufsatz »Recht und Macht« handelte es sich um einen Auszug aus der Schrift »Der Wert des Staates und die Bedeutung des Einzelnen«. Der zweite Beitrag »Die Sichtbarkeit der Kirche« war, wie es im Untertitel heißt, »Eine scholastische Erwägung«. Mit dem dritten Beitrag »Die Buribunken« lieferte Schmitt eine literarisch verfremdete Satire auf die damals noch herrschenden Wissenschaftsideale Rechtspositivismus und Historismus. Der gebildeten »Summa«-Leserschaft präsentierte sich Schmitt damit als Multitalent, das in der Rechtsphilosophie ebenso wie in der Theologie und der Literatur zu Hause ist.[160]

---

158 Zum Verhältnis von C. Schmitt zu O. Spann vgl. oben III. 2. f).
159 Erwähnenswert ist noch ein 1930 auf einer Veranstaltung des »Katholischen Deutschen Frauenbundes« in Berlin gehaltenes Referat Schmitts zum Thema »Frau und Staat«. Vgl. dazu A. KOENEN, S. 101.
160 Zu den wenigen Autoren der SUMMA gehörte auch der nach dem Ersten Weltkrieg im deutschen Katholizismus geachtete Philosoph M. Scheler, zu dem F. Blei gute Kontakte pfleg-

3. Katholischer Rechtsgelehrter 437

Carl Schmitts Ruf als »katholischer Autor« erhielt den mächtigsten Auftrieb durch seine mehrjährige Mitarbeit beim »Hochland«. Diese von Karl Muth 1903 gegründete und herausgegebene katholische Kulturzeitschrift stand nach dem Urteil von Alois Dempf 1927 »mindestens ebenbürtig neben den drei oder vier besten deutschen Zeitschriften« und wurde »auch außerhalb der katholischen Welt gelesen und gehört«[161]. Schmitt veröffentlichte hier zwischen 1924 und 1930 sechs Aufsätze. Er gehörte in dieser Zeit zum Kreis der engsten Mitarbeiter Karl Muths.[162]

Das Entrée zu dieser Zeitschrift wurde Schmitt erheblich erleichtert durch Hugo Balls im Juni 1924 im »Hochland« veröffentlichten umfangreichen Aufsatz über »Carl Schmitts politische Theologie«, der bereits kurz nach seinem Erscheinen großes Aufsehen erregte.[163] Ball feierte Schmitt als »neuen Kant« und interpretierte sein Frühwerk ganz unter katholischem Vorzeichen. Die Leserschaft des »Hochland« war damit auf die Beiträge des umjubelten katholischen Rechtsgelehrten bestens vorbereitet.

Als erster Aufsatz erschien im November 1924 das Vorwort zur 2. Auflage der »Politischen Romantik« vorab unter dem Titel »Romantik«. Mit der Breitseite gegen die politische Romantik und jetzt auch gegen die Romantik als Kunstideal demonstrierte Schmitt seine ideelle Verbundenheit mit Karl Muth, der als Klassik-Verehrer in einer Auseinandersetzung mit dem Kreis um Richard von Kralik stand, wo die Romantik als katholisches Kunstideal propagiert wurde. Auch Schmitts Vorwort zur 2. Auflage seiner Schrift »Die geistesgeschichtliche Lage des heutigen Parlamentarismus« erschien unter dem Titel »Der Gegensatz von Parlamentarismus und moderner Massendemokratie« im Juni 1926 als »Hochland«-Aufsatz. Darin wurde das Konzept einer Akklamationsdemokratie einem überholten Parlamentarismus gegenübergestellt, der auf dem Gedankengut des individualistischen, gleichmacherischen Liberalismus beruhe. Vor allem dieser Beitrag, der über das »Hochland« einer breiten katholischen Öffentlichkeit zugänglich wurde, dürfte im deutschen Katholizismus antiparlamentarisches Denken gefördert haben; dies umso mehr, als das »Hochland« nicht im Verdacht stand, ein Publikationsorgan der katholischen Rechten zu sein.

Schmitts Kampf gegen Versailles und Genf schlug sich in seinen beiden Aufsätzen »Der Status quo und der Friede« vom Oktober 1925 und »Der

---

te (vgl. P. TOMMISSEN, Bausteine, S. 83). Nach K. Löwith stammte C. Schmitt »aus dem neukatholischen Kreis, der sich früher um Scheler gebildet hatte« (K. LÖWITH, S. 87).
[161] A. DEMPF, Muth, S. 172.
[162] Vgl. W. C. MUTH, S. 341.
[163] Vgl. P. TOMMISSEN, Bausteine, S. 83.

Völkerbund und Europa« vom Januar 1928 im »Hochland« nieder. Energisch wandte sich Schmitt im ersten Beitrag gegen die Gleichsetzung des in den 20er Jahren hochaktuellen Begriffs »Status quo« mit dem Frieden. Der Status quo sei allenfalls der Friede von Versailles. Gerade aus der Friedlosigkeit dieses Zustandes entspringe ja die Sehnsucht nach dem Frieden[164]. Die Garantie des Status quo sei »etwas Schlimmeres als ein Krieg, nämlich die Legalisierung eines unerträglichen Zwischenzustandes von Krieg und Frieden, in welchem der politisch Mächtige dem politisch Schwachen nicht nur das Leben, sondern auch sein Recht und seine Ehre nimmt«[165]. Die Rechtfertigung des kommenden Krieges mit den Siegermächten von Versailles wurde den »Hochland«-Lesern damit ins Haus geliefert.

Den Völkerbund stellte Schmitt im »Hochland« als »das politische Werkzeug einer Gruppe von Staaten im Kampf gegen andere Staaten, die Organisation des Status quo von Versailles, die Legitimation der Beute«[166] vor. Die fundamentale Ungleichheit von Siegern und Besiegten, Bewaffneten und Unbewaffneten, okkupierten und freien Staaten hebe der Völkerbund auch nach dem Beitritt Deutschlands nicht auf[167]. Bezüglich einer friedensstiftenden Funktion des Völkerbundes warnte Schmitt vor Illusionen. Auch Europa komme eine solche Rolle nicht zu[168].

Im Dezember-Heft von 1925 steuerte Schmitt den Beitrag »Illyrien / Notizen von einer dalmatinischen Reise« bei. Er nahm einen Aufenthalt in der Heimat seiner serbischen Ehefrau zum Anlaß, die »ungeheuerliche Verbindung verschiedener Rassen« und die »phantastische Mischung von Sprachen und Religionen«[169] auf dem Balkan einfühlsam und kenntnisreich zu beschreiben. In seinem letzten »Hochland«-Aufsatz »Der unbekannte Donoso Cortes« stellte Schmitt im September 1930 die Frage, warum dieser »theoretische Herold einer konservativen Diktatur«[170] mit so vielen Vorbehalten bedacht worden sei. Schmitt lag viel daran, den »Hochland«-Lesern »diesen ungewöhnlichen und sympathischen Menschen als bedeutende Figur der europäischen Geistesgeschichte in ihrer Reinheit und Größe«[171] vorzustellen.

---

[164] C. SCHMITT, Status, S. 9.
[165] EBD., S. 9.
[166] C. SCHMITT, Völkerbund, S. 351.
[167] Vgl. EBD., S. 354.
[168] EBD., S. 353.
[169] C. SCHMITT, Illyrien, S. 294.
[170] C. SCHMITT, Cortés, S. 491.
[171] EBD., S. 496.

3. Katholischer Rechtsgelehrter

Daß sich Carl Schmitt als »Hochland«-Autor profilieren konnte, lag auch daran, daß dieser Zeitschrift bis zu Beginn der 30er Jahre eine klare politische Ausrichtung fehlte. Ihr Begründer und Herausgeber Karl Muth war wesentlich stärker an der literarischen Annäherung des deutschen Katholizismus an die zeitgenössische deutsche Kunst und Kultur interessiert als an Fragen der politischen Theorie.[172]

Spätestens seit 1932 stand die »Hochland«-Redaktion nicht mehr uneingeschränkt hinter Schmitt. Es häuften sich nun die Beiträge, in denen er kritisiert und sogar frontal angegriffen wurde. Den Anfang machte im März 1932 Ferdinand Aloys Hermens, der unter dem Carl Schmitt provozierenden Titel »Parlamentarismus oder was sonst?« für einen vom Verhältniswahlrecht befreiten Parlamentarismus warb. Er wandte sich dabei gegen jene »freischwebende Intelligenz«, die stets bereit sei, nein zu sagen, ohne sich zu einem dazugehörenden Ja zu entschließen: »Man hat dabei den taktischen Vorteil des Franktireurs, der den Feind angreift, wenn bei ihm eine schwache Stelle sichtbar wird, aber nicht daran denkt, durch die Uniform die offene Verantwortung für sein Verhalten zu übernehmen«[173].

Namen nannte Hermens zwar nicht, aber allein die Titelwahl machte deutlich, wer getroffen werden sollte. Das »Hochland« scheute die offene Auseinandersetzung jedoch keineswegs. Erich Brock wandte sich auf naturrechtlicher Basis in einem umfangreichen Aufsatz im August 1932 couragiert gegen Schmitts existentialistischen Begriff des Politischen.[174] Friedrich Fuchs zeigte im März 1933 Schmitts totalem Staat die Grenzen aus katholischer Sicht.[175] Und einen Monat später zieh Theodor Haecker Schmitts Freund-Feind-Unterscheidung der naturalistischen Primitivität.[176] Karl Muth stellte im Juni 1934 fest, Schmitt habe das tiefste Wesen Donoso Cortés nicht erfaßt.[177]

Eine besonders feinsinnige Art der Auseinandersetzung mit Carl Schmitt steuerte im September 1934 Karl Schaezler bei der Vorstellung der 5. Auflage des von der Görres-Gesellschaft herausgegebenen Staatsle-

---

[172] Vgl. K. ACKERMANN, S. 24 f.
[173] F. A. HERMENS, Parlamentarismus, S. 481; vgl. auch F. A. HERMENS, Begegnungen, S. 337 – 347. Obwohl F. A. Hermens C. Schmitt nach eigenem Bekunden »nicht ausstehen« konnte (EBD., S. 337), suchte er die persönliche Begegnung mit ihm (EBD., S. 338 f.).
[174] Vgl. oben III. 8. e) »Der Begriff des Politischen«.
[175] Vgl. oben III. 9. c).
[176] Vgl. oben III. 8. e) »Der Begriff des Politischen«.
[177] Vgl. K. MUTH, Cortés, S. 277; C. Schmitt selbst hat 1940, als ihm an Zustimmung von katholischer Seite wenig gelegen war, auf diese Kritik hingewiesen (C. SCHMITT, Positionen, S. 314).

xikons bei. Ausführlich zitierte er aus dem Beitrag »Absolutismus« die Passagen, in denen Carl Schmitt dem liberalen Staat vorwirft, dieser habe der Kirche mit Erziehung und Schule, Ehe und Familie Lebensgebiete, die ihm bisher fremd gewesen seien, entrissen und sich selbst aller sichtbaren Kundgebungen des Religiösen bemächtigt.[178] Die Beschäftigung mit dem Staatslexikon, »das zeitloses und somit auch von den politischen Verhältnissen seiner Entstehungszeit unabhängiges Gedankengut«[179] berge, rege an »zum grundsätzlichen Durchdenken politischer Probleme im weitesten Wortsinn«, schloß Schaezler seine Betrachtungen. Das war zu Beginn des nationalsozialistischen Kirchenkampfes eine elegant verpackte und dennoch schallende Ohrfeige für den Kronjuristen des totalen NS-Staates. Vom hochgejubelten katholischen Rechtsgelehrten Mitte der zwanziger Jahre wurde Carl Schmitt somit für die »Hochland«-Redaktion zum politischen Gegner, den es zu bekämpfen galt. Mit dieser Wende vollzog das »Hochland« eine Kehre, die für das Verhältnis des deutschen Katholizismus zu Carl Schmitt in Weimar als nicht untypisch bezeichnet werden kann.

Mitte der 20er Jahre konnte die aus der katholischen Jugendbewegung hervorgegangene Zeitschrift »Die Schildgenossen« ein beachtliches Niveau und eine geachtete Position in der katholischen Publizistik erreichen. Sie veröffentlichte 1925 Schmitts Vortrag bei der Jahrtausendfeier der rheinischen Zentrumspartei unter dem Titel »Um das Schicksal des Politischen« sowie 1928 die von Werner Becker angefertigte, von Schmitt autorisierte Niederschrift des Vortrages »Der bürgerliche Rechtsstaat«.

Den »Schildgenossen« fehlte es sowohl an einer klaren politischen Ausrichtung als auch an einer eindeutigen Haltung gegenüber Carl Schmitt. Neben der schneidigen Attacke Heinrich Getzenys gegen Schmitts »Römischer Katholizismus und politische Form«[180] und Karl Neundörfers differenzierender Präsentation der Frühschriften Schmitts bis 1923 finden sich in dieser Zeitschrift zahlreiche positive Besprechungen seiner Schriften.[181] Ein Prozeß der Distanzierung von Schmitt wie beim »Hochland« ist bei den »Schildgenossen« nicht feststellbar. Insgesamt vermitteln die Autoren dieser Zeitschrift durch zahlreiche Zitate oder die Übernahme von Begriffen und Gedanken eher den Eindruck, daß Schmitts Schriften weit verbreitet waren und geschätzt wurden.[182] Wenn die »Schildgenos-

---

[178] K. SCHAEZLER, S. 566.
[179] EBD., S. 568; folgendes Zitat EBD.
[180] Vgl. oben III. 3. e).
[181] Vgl. unten IV. 3. d).
[182] Vgl. unten IV. 3. d).

3. Katholischer Rechtsgelehrter 441

sen« ein halbwegs repräsentativer Spiegel für den Einfluß Schmitts auf die katholische Jugendbewegung waren, dann kann der so gering nicht gewesen sein, wie bisweilen behauptet wird.[183]

Werner Beckers von Schmitt autorisierte Vortragsniederschrift »Der bürgerliche Rechtsstaat« erschien 1928 auch in der katholischen Zeitschrift »Abendland«. Ebenso war dort 1930 Schmitts Aufsatz »Die politische Lage der entmilitarisierten Rheinlande« zu lesen. Unter den »Abendland«-Autoren waren mit Waldemar Gurian, Paul Adams und Werner Becker mehrere Carl Schmitt nahestehende Persönlichkeiten zu finden. Becker war sogar bis Juli 1928, bis zum Beginn seines Theologiestudiums in Tübingen, Schriftleiter dieser Zeitschrift. Nach dem Wunsch der Redaktion und des Verlags sollte Carl Schmitt 1925 als Mitherausgeber des »Abendlandes« gewonnen werden. Schmitt lehnte jedoch ab. Auch Versuche, von ihm programmatische Beiträge für die Zeitschrift zu erhalten, scheiterten Mitte der 20er Jahre.[184]

Das »Abendland«, das von 1925 bis 1930 erschien, wurde von Hermann Platz mit Hilfe der »Kölnischen Volkszeitung« gegründet und stand auf einem hohen Niveau.[185] Der Name der Zeitschrift war ihr politisch-kulturelles Programm, hinter dem vor allem Hermann Platz als geistiger Vater stand. Unter Abendland verstand er die tausendjährige geistige, kulturelle und politische Einheit der romanischen und germanischen Völker. Praktisch wurde dieser Gedanke insbesondere in Platz' Lebenswerk und -ziel, der politischen Aussöhnung Deutschlands mit Frankreich. Die Wiederherstellung der europäischen Einheit auf der Grundlage der christlichen Tradition sollte die durch den Ersten Weltkrieg aufgerissenen Gräben zwischen den beiden Nationen einebnen helfen. Daß das »Abendland« Mitte der 20er Jahre eine hochaktuelle Zielsetzung verfolgte, ergibt sich schon daraus, daß der Katholische Akademikerverband 1928 »die Einheit des Abendlandes zum Leitmotiv seiner diesjährigen Jahresversammlung« machte, wie die Zeitschrift im Vorwort zum 4. Jahrgang voller Stolz berichtete.

Eine einheitliche Einstellung des »Abendlandes« gegenüber Schmitts Theorien läßt sich nicht feststellen. Einerseits bejubelte etwa Herman Hefele Schmitts »Römischer Katholizismus und politische Form« und dessen »Begriff des Politischen«. Auch andere zustimmende Aussagen zu Schmitt lassen sich in der Zeitschrift finden. Andererseits stieß Schmitts nationalstaatliches Souveränitätsdenken und die damit verbundene Kritik

---
[183] Vgl. etwa V. BERNING, Ausstrahlung, S. 158, Anm. 6; J. BINKOWSKI, S. 225 f.
[184] Vgl. A. KOENEN, S. 49 f.
[185] Vgl. A. DEMPF, Intelligenz, S. 238 f.

des Völkerbundes erwartungsgemäß auf Ablehnung. Für den Schweizer Juristen Karl Doka orientierte sich Schmitt zu sehr an der »überkommenen Auffassung der absoluten Souveränität«[186]. Auch Werner Becker wies im »Abendland« darauf hin, daß der nationalstaatliche Begriff der Souveränität mit dem neuen europäischen Gedanken in Konflikt gerate und überwunden werden müsse[187].

Schmitts Einstellung zum Abendland-Gedanken war zwiespältig. Als Abwehrbegriff gegen das anarchistische, russische »Morgenland«, gegen den Individualismus und die von ihm unterstellte Formenfeindlichkeit des Ostens war er in seinem Idealgemälde der katholischen Kirche, wie er es 1923 entwarf, durchaus einzupassen. Auch Schmitts römisches Wesen und seine frankophile Ader hätten als Anknüpfungspunkte für ein Engagement in der Abendland-Bewegung dienen können. Aber hinter die Vision von der staatsübergreifenden und versöhnenden Kraft des Christentums in Europa hat sich Schmitt in seinen Schriften nicht gestellt. Visionen waren ohnehin nicht seine Sache. In der Analyse realer Politik lag seine Stärke. Insbesondere sein Beharren auf die nationalstaatliche Souveränität und sein Kampf gegen Versailles und Genf liefen den Hauptintentionen des Abendland-Gedankens zuwider. Seine beiden Beiträge in dieser Zeitschrift können deshalb nicht als Zeichen der Identifikation mit diesem Programm gedeutet werden. Sie behandelten ohnehin keine spezifischen Abendland-Fragestellungen.[188]

Neben dem »Hochland« war die »Kölnische Volkszeitung« für Schmitt die wichtigste Plattform in der katholischen Publizistik. In ihr veröffentlichte er von 1922 bis 1930 sechs Beiträge, ganz überwiegend zu aktuellen verfassungsrechtlichen Fragen. Den Anfang machte er mit einer Stellungnahme zu Konrad Beyerles Gutachten zur Bayerischen Fürstenabfindung[189], 1924 gab er in einem Leitartikel einen »staatsrechtlichen Hinweis« zur Reichstagsauflösung[190], in einem weiteren Leitartikel nahm er 1925 Stellung zu »Reichspräsident und Weimarer Verfassung«.[191] 1926

---

[186] K. DOCKA (sic!), S. 272.
[187] W. BECKER, Politik, S. 330.
[188] Vgl. zu C. Schmitts Verhältnis zum Abendland-Gedanken oben III. 3. b) Die Diskussion um das Abendland. Nach A. KOENEN, S. 51, war C. Schmitt der »spiritus rector« des Abendland-Kreises. A. Koenen übergeht jedoch die kritischen Stimmen gegen C. Schmitt in der Zeitschrift ABENDLAND.
[189] C. SCHMITT, »Die Auseinandersetzung zwischen dem Hause Wittelsbach und dem Freistaat Bayern«, in: KÖLNISCHE VOLKSZEITUNG, Nr. 436, 4. Juni 1922, S. 1.
[190] C. SCHMITT, »Nochmalige Reichstagsauflösung – Ein staatsrechtlicher Hinweis«, in: KÖLNISCHE VOLKSZEITUNG, Nr. 836, 26. Oktober 1924, S. 1.
[191] C. SCHMITT, »Reichspräsident und Weimarer Verfassung«, in: KÖLNISCHE VOLKSZEITUNG, Nr. 198, 15. März 1925, S. 1.

hatte er »Das Ausführungsgesetz zu Art. 48 der Reichsverfassung; sog. Diktaturgesetz«[192] zum Thema und 1927 widmete er »Macchiavelli«[193] einen Beitrag.

Die »Kölnische Volkszeitung« war im Kulturkampf die Hauptstütze des Zentrums[194] und galt bis zum Ende der Weimarer Republik als publizistisches Flaggschiff des deutschen Katholizismus. Nach dem Ersten Weltkrieg wurde sie, obwohl sie der Monarchie nicht nachtrauerte, zunächst dem rechten Zentrumsflügel zugeordnet.[195] Ab Mitte der 20er Jahre stellte sich die »Kölnische Volkszeitung« nahezu uneingeschränkt hinter die offizielle Zentrumspolitik, wenngleich die Skepsis gegen die »sozialistische Verbrüderung« noch lange in den Leitartikeln wach blieb.[196]

Bei der »Kölnischen Volkszeitung«, zu deren Redaktion Mitte der 20er Jahre u.a. Schmitt-Freund Paul Adams gehörte und für die gelegentlich auch Waldemar Gurian und Werner Becker schrieben, war man Carl Schmitt wohlgesonnen. »Die Werke des Bonner Juristen Carl Schmitt werden immer stärker beachtet«, hieß es in einer Notiz am 29. Juni 1924. Als Symptom dafür wertete die Redaktion, daß in zwei der angesehensten deutschen Zeitschriften Aufsätze erschienen seien, die sich mit seinem Schaffen befaßten. Verwiesen wurde dabei auf Hugo Balls Beitrag im »Hochland« und Friedrich Sternthals Besprechung von »Römischer Katholizismus und politische Form« im »Neuen Merkur«[197]. Balls Beitrag wurde dabei als »beste Würdigung eines lebenden Autors, die in den letzten Jahren erschienen ist«[198], bezeichnet.

Neben der »Kölnischen Volkszeitung« galt die in Berlin erscheinende »Germania« in der Weimarer Rupublik als wichtigste katholische Tageszeitung. Ab 1928, also nachdem Carl Schmitt von Bonn nach Berlin gewechselt war, öffnete auch sie ihm ihre Spalten. Am 21. April 1928 veröffentlichte sie das 5. Kapitel aus »Der Begriff des Politischen«, in dem das Recht des Staates beschrieben wird, auch den inneren Feind bestimmen zu können. Bei Schmitts Beitrag vom 12. Mai 1928 handelte es sich um einen Auszug des Vortrags »Der bürgerliche Rechtsstaat«. Und am 9. April 1930 stellte Schmitt die Frage nach der staatlichen »Neutralität gegenüber

---

[192] C. SCHMITT, »Das Ausführungsgesetz zu Art. 48 der Reichsverfassung; sog. Diktaturgesetz«, in: KÖLNISCHE VOLKSZEITUNG, Nr. 805, 3. Oktober 1926, S. 1.
[193] C. SCHMITT, »Macchiavelli – Zum 22. Juni 1927«, in: KÖLNISCHE VOLKSZEITUNG, Nr. 448, 21. Juni 1927, S. 1.
[194] Vgl. K. BUCHHEIM, Sp. 1127.
[195] Vgl. K. TÖPNER, S. 179.
[196] Vgl. R. KRAMER, S. 266.
[197] Vgl. oben III. 3. d) und e).
[198] A.U., »Carl Schmitt«, in: KÖLNISCHE VOLKSZEITUNG, Nr. 491, 29. Juni 1924.

der Wirtschaft?«. Daß man bei der »Germania«, bei der Paul Adams Ende der 20er und Anfang der 30er Jahre als Chefredakteur für die literarische Beilage »Das neue Ufer« verantwortlich war, Carl Schmitt gegenüber aufgeschlossen war, zeigt sich auch darin, daß noch 1931 Johannes Popitz, der protestantische Freund Schmitts, in einem langen und mit großem Pathos geschriebenen Aufsatz auf der Grundlage der Schmittschen Analyse des Parteienstaats und dessen Interpretation des Art. 48 WRV den Reichspräsidenten als Hüter der Verfassung vorstellte.[199]

Auch katholische Zeitschriften und Zeitungen, in denen Carl Schmitt keine Beiträge veröffentlicht hat, haben seine Schriften aufmerksam verfolgt. Allen voran ist hier die Zeitschrift der Jesuiten »Stimmen der Zeit« zu nennen, in der Schmitts Werke regelmäßig besprochen wurden. Eine einheitliche Einstellung Schmitt gegenüber hatte man freilich auch bei den Jesuiten nicht. Während etwa Erich Przywara, Martin Preis und auch Johann B. Schuster dessen Theorien trotz einiger kritischer Anmerkungen insgesamt positiv gegenüberstanden, zählte Gustav Gundlach zu Schmitts schärfsten Kritikern.

Von den katholischen Tageszeitungen war es die in Frankfurt erscheinende »Rhein-Mainische-Volkszeitung«, die die Schriften Schmitts skeptisch verfolgte. Bereits 1926 machte sich Johannes Kirschweng über den »Romantiker Carl Schmitt«[200] lustig, 1930 sah Ernst Michel in einer umfangreichen Auseinandersetzung mit Schmitts politischer Theorie dessen existentialistischen Voluntarismus auf dem Weg zur politischen Diktatur[201] und 1932 hielt Georg Schmitt Carl Schmitt vor, er verkenne und umgehe in seinem Begriff des Politischen das Problem der substanzhaften Ordnung; ein klassisch naturrechtlicher Vorwurf gegen Schmitts Politik-Definition.

Nach 1930 hat Carl Schmitt bis zum Ende der nationalsozialistischen Herrschaft in der katholischen Publizistik keine Beiträge mehr geliefert. Anfang der 30er Jahre erschienen viele seiner Aufsätze in dem von dem Protestanten Wilhelm Stapel herausgegebenen »Deutschen Volkstum«. Schmitts Distanzierung vom Katholizismus und die Hinwendung zum deutschnationalen Lager ist bereits daran zu erkennen.

d) Carl Schmitt und die katholische Jugendbewegung

Wie in keiner anderen Gruppe im deutschen Katholizismus artikulierte sich nach dem Ersten Weltkrieg in der katholischen Jugendbewegung, vor

---
[199] Vgl. den Abdruck bei C. SCHMITT, Aufsätze, S. 101 ff.
[200] Vgl. oben III. 2. e).
[201] Vgl. oben III. 7. d) »Das Problem der innerpolitischen Neutralität«.

allem im sog. Quickborn-Bund, das Unbehagen an den Auflösungserscheinungen der durch die industrielle Revolution und die Philosophie der Aufklärung geprägten Gesellschaft. Die Materialisierung und Mechanisierung des Weltgeschehens wurden als Bedrohung der personalen Werte empfunden.[202] Die Jugendbewegung wollte gegen diese Gefahren in die geistige Offensive gehen. Sie verstand sich als »Absage gegenüber dem mechanischen Zeitalter, dem substanzfernen Denken der letzten Jahrzehnte«[203]. Man wollte aus der mechanischen Erstarrung ausbrechen und strebte »nach der unmittelbaren Subjektivität allen Werten gegenüber«[204]. Orientierung fand man in der in den 20er Jahren modernen »Philosophie des Lebens«. So sah Heinrich Getzeny 1926 in der Jugendbewegung »stark vitale Kräfte, ein neues ›Lebensgefühl‹ zum Durchbruch«[205] gekommen.

In den Jahren nach dem Ersten Weltkrieg wurde die Jugendbewegung für eine beträchtliche Zahl katholischer Jugendlicher, insbesondere für Schüler und Studenten, zur geistigen Heimat. Auf Burg Rothenfels im Spessart schufen sie sich einen Begegnungsort, der in ganz Deutschland bekannt wurde. Geistiger und geistlicher Mentor der Jugendbewegung war Romano Guardini. Seinem seelsorglichen und schriftstellerischen Wirken ist es zu verdanken, daß die Jugendbewegung über jugendlichen Sturm und Drang hinauskam und im deutschen Katholizismus zu einer eigenen Größe wurde. Als prominenter Vertreter der liturgischen Bewegung vermochte er auch den ungestümen Subjektivismus der Jugend auf die Erneuerung der Liturgie, dem Inbegriff der objektiven Form, hinzulenken. Romano Guardini sorgte auch dafür, daß die Jugendbewegung in ihrem Kern eine innerkirchliche religiöse Aufbruchbewegung blieb und der Erneuerung der Herzen Vorrang gegenüber der Erneuerung der politischen Ordnung eingeräumt wurde.

Die innere Struktur der Kirche wünschten sich die jungen Katholiken mehr nach paulinischem denn nach petrinischem Vorbild. Dem juridisch-institutionellen Element begegneten sie mit Skepsis, wobei gerade das spezifisch Römische an der katholischen Kirche auf Ablehnung stieß. Der unsichtbare Geist der Kirche wurde über ihre sichtbare Institution und ihren hierarchischen Aufbau gestellt.[206] Geistiger Urheber dieser ekklesiologischen Ausrichtung war Ernst Michel, der neben Romano Guardini

---

[202] Vgl. J. BINKOWSKI, S. 18 ff.
[203] ZUR IDEOLOGIE DER JUGENDBEWEGUNG, S. 169.
[204] A. DEMPF, Kirche, S. 308.
[205] H. GETZENY, Metaphysik, S. 437.
[206] Vgl. R. GROSCHE, Student, S. 68 f.

auf die jungen Katholiken einen prägenden theoretischen Einfluß ausüben konnte. Seine Schrift »Politik aus dem Glauben« wurde zum Katechismus der Quickborner.[207]

Das von Carl Schmitt 1923 enworfene Bild des römischen Katholizismus konnte vor diesem Hintergrund in der katholischen Jugendbewegung kaum auf fruchtbaren Boden fallen. Heinrich Getzenys in den »Schildgenossen«, dem publizistischen Organ der Jugendbewegung, vorgetragene Schelte gegen die »Form- und Staatsromantiker«[208] Herman Hefele und Carl Schmitt ist ein beredtes Zeugnis dafür, wie sehr man bei Quickborn auf die Liebeskirche nach der Konzeption von Ernst Michel setzte und Carl Schmitts Katholizismus-Verständnis als Gefahr für die Kirche verwarf.[209] Allerdings gab es auch Ausnahmen. Joachim Sindermann, der Mitte der 20er und Anfang der 30er Jahre mit zahlreichen Beiträgen in den »Schildgenossen« vertreten war, griff mehrfach auf Schmitts Thesen aus »Römischer Katholizismus und politische Form« zurück und ließ sich von dieser Schrift sowie von der »Politischen Theologie« anregen.[210]

So eindeutig insgesamt die theologisch-ekklesiologische Orientierung der Jugendbewegung bestimmt werden kann, so schwierig ist es, eine klare politische Ausrichtung bei ihr festzustellen. Daß eine politische Konzeption nicht formuliert wurde, mag auf Romano Guardini zurückzuführen sein, der sehr darauf bedacht war, Quickborn nicht als Organisation, sondern als Bund zu prägen, der vom katholischen Lebensgefühl getragen wurde.[211] »Die Schildgenossen« öffneten folglich ihre Spalten politisch ganz unterschiedlich orientierten Autoren: Ernst Michel und Walter Dirks, die für die sozialistische Option plädierten,[212] Alois Dempf, der für eine ständische Ordnung nach mittelalterlichem Vorbild eintrat[213], und Autoren, die einen inbrünstigen Nationalismus predig-

---

[207] Besonderen Einfluß hatte E. Michel auf W. Dirks, einen der bedeutendsten, wenn auch nicht repräsentativen Vertreter der Jugendbewegung. W. Dirks nennt E. Michel seinen Freund und Lehrer (vgl. W. DIRKS, Politik, S. 5 f.).
[208] H. GETZENY, Katholizismus, S. 343.
[209] K. Neundörfer, ein Freund R. Guardinis, mühte sich bis zu seinem frühen Tod 1926 in der katholischen Jugendbewegung um das rechte Verständnis auch des juristischen Elements in der Kirche.
[210] Vgl. J. SINDERMANN, Glaubensdoktrin; J. SINDERMANN, Volksbegriff, wo er auf »die glänzende Darstellung von C. Schmitt in ›Römischer Katholizismus und politische Form‹« hinweist (EBD., S. 362, Anm. 1) und einige Gedanken daraus (Kirche als Repräsentantin und complexio oppositorum) übernimmt; J. SINDERMANN, Kirche.
[211] Vgl. K. PRÜMM, Einleitung, S. 15 f.
[212] E. MICHEL, Katholik; W. DIRKS, Position.
[213] A. DEMPF, Tugendlehre.

ten[214] oder eine Annäherung an die »Ring«-Bewegung unter Möller van den Bruck anstrebten.[215]

Trotz dieser großen politischen Bandbreite ist bei sehr vielen Autoren der »Schildgenossen« ein antiparlamentarischer Akzent feststellbar. So wurde der 1922 auf der Reichstagung in Godesberg unternommene Versuch der Windthorstbunde, der Jugendorganisation des Zentrums, die eingeladenen Quickborner zur politischen Mitarbeit zu bewegen, schroff abgelehnt.[216] W. Engel stellte zur Begründung dieser Absage in den »Schildgenossen« kurz darauf fest: »Wir haben eine grundverschiedene innere Einstellung. Unsere geistig-seelische Haltung biegt sich heute mit keiner Linie dem geschichtlich überkommenen Gebilde zu, das man Partei nennt. Auch die Partei, die uns weltanschauungsgemäß am nächsten stehen soll, betrachten wir nicht als eine ewige Kategorie [...]. Wir glauben nicht an die völkische Heilkraft des vom liberalen Westen geerbten Parlamentarismus, selbst dann nicht, wenn er sich in den Flittermantel einer formal sauberen Demokratie hüllt«[217].

Solche Kritik an der Parteipolitik und das Unbehagen gegenüber der »westlerischen Formaldemokratie« durchzogen viele politische Aufsätze der »Schildgenossen« in den 20er Jahren. So bekundete Werner Becker 1926 das Mißtrauen und die Enttäuschung der Jugend gegenüber dem Parlament.[218] Auch Romano Guardini vermochte »in politischen Dingen [...] heute nur Chaos zu sehen«[219] und stellte enttäuscht fest, daß »die Aussprache, zu der das Volk die Männer seines Vertrauens gesandt hat, in einem wüsten Lärm«[220] ende. Seine politische Wunschvorstellung war der starke, autoritäre Staat, der die Ordnung garantiert. Es ist anzunehmen, daß der Einfluß Schmitts auf Vertreter der Jugendbewegung die dort herrschende Grundstimmung des Antiparlamentarismus und Antiliberalismus noch verstärkt hat.

1925 wurde in den »Schildgenossen« ein großer Teil des Vortrags Schmitts anläßlich der Jahrtausendfeier der rheinischen Zentrumspartei unter dem Titel »Um das Schicksal des Politischen« veröffentlicht. Aufschlußreich ist das Vorwort, mit dem die Redaktion die Lektüre dieses Beitrags empfahl: »Durch die Schärfe des Gedankens wie durch die Le-

---

[214] P. A. v. LOEWEN, Nationalismus. Die Schriftleitung merkte an, sie wolle mit diesem Beitrag »kein politisches Glaubensbekenntnis« aufstellen (S. 65).
[215] P. A. v. LOEWEN, Möller, S. 92.
[216] Vgl. dazu aus der Sicht der Windhorstbunde H. KRONE, S. 341.
[217] W. ENGEL, S. 367.
[218] W. BECKER, Politik, S. 328.
[219] R. GUARDINI, Rettung, S. 112.
[220] R. GUARDINI, Staat, S. 152 f.

bendigkeit, mit welcher er die augenblickliche geschichtliche Lage deutlich macht, wird er dem Lesenden die Frage nahe bringen, worin das Wesen des Politischen liege, und welche dessen Zukunft sein werde«[221].

Daß Schmitts Frage nach dem Wesen des Politischen und seine Sorge um die »Rettung des Politischen«[222] in der Jugendbewegung diskutiert wurden, läßt sich an den Beiträgen in den »Schildgenossen« deutlich ablesen. So fand Werner Beckers auf Carl Schmitts politischer Theorie fußender und sich damit auseinandersetzender Beitrag »Demokratie und moderner Massenstaat«[223] in den Spalten dieser Zeitschrift ein lebendiges und kontroverses Echo.[224]

Gerade der 5. Jahrgang der »Schildgenossen« brachte 1925 eine solche Massierung von auf Carl Schmitt bezogenen Beiträgen, daß der Eindruck entsteht, er habe zu dieser Zeit auf die Redaktion einen großen Einfluß ausüben können. So erschien in diesem Jahrgang neben dem erwähnten Schmitt-Vortrag Werner Beckers Aufsatz »Demokratie und moderner Massenstaat«, der auf ein Referat in einem Seminar bei Schmitt zurückging,[225] Karl Neundörfers insgesamt durchaus wohlwollende Besprechung der Frühschriften Schmitts und, was wohl kein Zufall war, unmittelbar danach eine dreiseitige Sammlung von Donoso Cortés-Zitaten.[226]

Im 1928 in den »Schildgenossen« veröffentlichten Vortrag »Der bürgerliche Rechtsstaat« verwarf Schmitt die beiden Grundprinzipien dieses Staates: Freiheit des Einzelnen und Gewaltenteilung. Sie enthielten Methoden der Hemmungen des Staates und zerstörten »die Substanz des Politischen«[227]. Der liberale bürgerliche Rechtsstaat, dessen typische Erscheinungsform das parlamentarische System sei und in dem politische Entscheidungen des Volkes durch geheime und damit undemokratische Einzelabstimmungen zustande kämen, sei den wichtigsten politischen Aufgaben, etwa der Integration des Proletariats, nicht gewachsen[228]. Schmitt plädierte deshalb für »eine Lösung außerhalb dieser demokratisch-politischen Methoden«[229]. Noch im gleichen Heft der »Schildgenossen« wurde zum antiparlamentarischen Akzent dieses Vortrags passend

---

[221] Anmerkung der Schriftleitung vor: C. SCHMITT, Schicksal, S. 313.
[222] So R. Guardinis Aufsatz-Titel.
[223] Vgl. dazu oben III. 7. c).
[224] Vgl. etwa A. WIßLER, der W. Beckers Beitrag »zum Anstoß« für den seinigen nahm (S. 352).
[225] Vgl. oben III. 7. c).
[226] J. D. CORTÉS.
[227] C. SCHMITT, Rechtsstaat, S. 129.
[228] EBD., S. 131, 133.
[229] EBD., S. 133.

3. Katholischer Rechtsgelehrter

berichtet, die Jugend wünsche statt der Parteien »neue *Gliederungsmöglichkeiten des Volkes*, durch die das mechanisch-unpersönliche demokratische Prinzip überwunden werden könnte. An Stelle des bezahlten Funktionärs fordert die Jugend den geborenen Volksführer, der zu den einzelnen Volksgliedern wieder in einem unmittelbaren Verhältnis steht«[230]. Daß Schmitts Sorge um die Substanz des Politischen, um das Substantielle überhaupt, in der katholischen Jugendbewegung auf offene Ohren stieß, läßt sich an vielen Beiträgen in den »Schildgenossen«, insbesondere an den zahlreichen zustimmenden Zitaten, ablesen.[231] Noch nach der nationalsozialistischen Machtergreifung finden sich in dieser Zeitschrift recht wohlwollende Besprechungen der aktuellen Werke Schmitts.[232]

Auch Schmitts politischer Dezisionismus wurde in der katholischen Jugendbewegung aufgegriffen. Seine »Philosophie des konkreten Lebens« paßte ausgezeichnet in ihren subjektivistisch-existentialistischen Kontext. So stellte etwa Bernd Pfister 1924 in den »Schildgenossen« fest, das Wesen des politischen Menschen bestehe darin, daß er sich entscheide[233]. Da ist es nicht verwunderlich, daß Pfister Schmitts Schriften als für seinen Beitrag »von grundlegender Bedeutung«[234] präsentierte. Einer der prominentesten katholischen Jugendbündler, Walter Dirks, entwickelte gar eine politische Theorie, die als »christlicher Dezisionismus«[235] beschrieben wurde. Mag bei Dirks auch letztlich mehr Ernst Michel als Carl Schmitt Vorbild gewesen sein, so standen doch diese beiden in puncto Dezisionismus und Ablehnung des katholischen Naturrechtsdenkens nicht weit auseinander.[236] Für Michel war der in der Jugendbewegung unternommene Versuch, aus dem religiösen Gemeinschaftsleben eine schöpferische Haltung auch für den Bereich der politischen Verantwortung zu gewinnen, der Struktur nach »darauf angelegt, die überkommene Form des politischen Katholizismus abzulösen«[237]. Diesbezüglich kann auch eine Über-

---

[230] Eine politische Partei der Jugend ?, S. 342.
[231] Beispielhaft seien neben den bereits erwähnten Arbeiten J. Sindermanns hier genannt:
K. Lohmann, Verfassungslehre, wo C. Schmitts »Verfassungslehre« positiv gewürdigt wird.
F. Helmschried; mit Bezugnahme auf C. Schmitts Dezisionismus und den »Begriff des Politischen«. G. Freudenberger, Erschütterung; ein Beitrag mit antiparlamentarischem Akzent, ganz im Sinne C. Schmitts geschrieben.
[232] Vgl. z. B. G. Freudenberger, Lehre.
[233] B. Pfister, S. 122.
[234] Ebd., S. 127.
[235] Vgl. K. Prümm, Einleitung, S. 19; vgl. oben III. 5. c).
[236] Vgl. oben III. 5 c).
[237] E. Michel, Lebensverantwortung, S. 62.

einstimmung mit Schmitts Skepsis gegenüber der Zentrumspartei festgestellt werden.[238]

Schließlich muß im Zusammenhang mit dem Dezisionismus auch der Carl Schmitt einige Jahre nahestehende Publizist Waldemar Gurian, ebenfalls ein engagierter Vertreter der Jugendbewegung, genannt werden. Noch 1930 konnte er unter Berufung auf Schmitt der existentiellen Entscheidung mehr abgewinnen als der naturrechtlichen Methode zeitgenössischer katholischer Sozialethiker.[239]

Insgesamt darf der Einfluß Schmitts auf die katholische Jugendbewegung freilich nicht überschätzt werden. Es waren insbesondere sein Schüler Werner Becker und Waldemar Gurian, die dort Schmitts Theorien oder Elemente davon verbreiteten. Anders etwa als Romano Guardini, Karl Neundörfer oder Ernst Michel hat sich Carl Schmitt nicht an den Aktivitäten oder den Treffen der Jugendbewegung beteiligt.[240] Diese Bewegung dürfte ihm ohnehin zu romantisch, schwärmerisch, politisch konzept- und konturenlos erschienen sein. Mit seinem Verständnis als »Römer«[241] waren diese Stimmungen der jungen Katholiken nicht zu vereinbaren.[242] Außerdem hatte die Jugendbewegung im deutschen Katholizismus in den 20er Jahren nicht den allerbesten Ruf.[243] Wer ernsthafte Wissenschaft betreiben wollte, ließ sich, wie noch Romano Guardini erklärt wurde, auf ein persönliches Verhältnis mit den Jugendbündlern nicht ein.[244] Das war für Carl Schmitt ein Grund mehr, auf die Wahrung ausreichender Distanz zu achten.

---

[238] Vgl. oben IV. 3. a).
[239] Vgl. oben III. 5. c).
[240] Vgl. V. BERNING, Austrahlung, S. 158, Anm. 8; Hinweise auf ein persönliches Engagement C. Schmitts lassen sich auch in den Veröffentlichungen der Jugendbewegung nicht finden. Nach K.-E. Lönne war C. Schmitt Mitglied des Quickbornbundes (K.-E. LÖNNE, S. 14). Belege für diese These bleibt er freilich schuldig.
[241] Vgl. E. NIEKISCH, S. 242.
[242] Dies ist ein Befund, der grundsätzlich auch für das Verhältnis C. Schmitts zum Nationalsozialismus hätte gelten müssen. Im Gegensatz zur katholischen Jugendbewegung besaß der Nationalsozialismus aber 1933 die politische Macht.
[243] F. Muckermann rückt die Jugendbewegten in die Nähe der Pharisäer: »Sie traten damals auf mit keckem Gesicht. Die Frisur war ein Protest gegen alles Städtische. Der Hals war frei vom Stehkragen. Die Kleidung war sportsmäßig. Trat ein solcher Unentwegter in eine Kirche, eine Versammlung, auch nur auf die Straße, dann schien er sagen zu wollen: ›Herrgott, wir begreifen es. Du wirst mit Deiner Welt nicht mehr fertig. Die alte Generation ist zu nichts nütze. Aber, Herrgott, bleibe ruhig, denn siehe, jetzt kommen wir‹« (F. MUCKERMANN, Epochen, S. 371).
[244] Vgl. R. GUARDINI, Berichte, S. 36; ein von R. Guardini abgelehntes Angebot einer Professur für »Praktische Theologie und Liturgiewissenschaft« an der Universität Bonn war an die Bedingung geknüpft, die Tätigkeit im Quickborn aufzugeben (H.-B. GERL, S. 139).

e) Carl Schmitt und das Rheinland

Nach dem Wiener Kongreß kam das Rheinland 1815 unter die Herrschaft des protestantischen Preußens; eine Entscheidung, die auch nach über hundert Jahren bei den Katholiken am Rhein auf Widerstand stieß. Die »fast ausschließlich protestantischen und ostelbischen Beamten vom Oberpräsidenten bis zum letzten Gendarm«[245] waren Objekte derber Witze. Der antiborussische Affekt erhielt nach der Revolution von 1918 neue Nahrung, als der preußische Kultusminister Adolf Hoffmann den kirchlichen Einfluß auf die Schule zurückdrängen wollte. Die »Kölnische Volkszeitung« reagierte darauf mit der Parole »Los von Berlin«.[246] Ihr Chefredakteur Karl Hoeber forderte, »baldigst die Proklamierung einer dem Deutschen Reiche angehörigen selbständigen Rheinisch-Westfälischen Republik«[247] in die Wege zu leiten. Die liberale Presse spottete über diese Separationsbewegung[248], die auch in der Rheinischen Zentrumspartei mehrheitlich auf Ablehnung stieß.[249]

Frankreich, das an einer Schwächung des Deutschen Reichs ein besonderes Interesse hatte, unterstützte bereits im 19. Jahrhundert nachhaltig solche Bestrebungen am Rhein. Auch in der Weimarer Republik versuchten die Franzosen, separatistische Tendenzen zu schüren.[250] Allerdings stieß die wiederbelebte Idee der »Rheinischen Republik« gerade wegen ihrer französischen Vaterschaft in der Bevölkerung letztlich doch überwiegend auf Ablehnung.[251]

Überlagert wurde der antiborussische Affekt am Rhein durch die Folgen des Versailler Vertrags, wovon das Rheinland besonders betroffen war. Truppen der Siegermächte besetzten 1921 und 1923 große Teile des Rheingebiets. Die Besatzungszone wurde durch eine Zoll- und Paßgrenze vom Deutschen Reich abgetrennt. Die Bevölkerung hatte unter als willkürlich empfundenen Kontrollen zu leiden.[252] Eine von den Alliierten beschickte Rheinland-Kommission übte die politische Oberhoheit aus. Die Souveränität des Deutschen Reichs wurde dadurch erheblich eingeschränkt. In zwei Etappen, 1926 und 1930, beendeten die Siegermächte ihr Besatzungsregime.

---
[245] K., Die rheinische Republik und der »Fall Kastert-Kuckhoff«, S. 35.
[246] Titel-Schlagzeile der KÖLNISCHEN VOLKSZEITUNG, Nr. 554, 26. November 1918; vgl. im einzelnen R. MORSEY, Zentrumspartei 1966, S. 117 ff.
[247] Zit. nach R. MORSEY, Zentrumspartei 1966, S. 121.
[248] Vgl. K., Die rheinische Republik und der »Fall Kastert-Kuckhoff«, S. 40.
[249] Vgl. R. MORSEY, Zentrumspartei 1966, S. 261 ff.
[250] K. W. ANDRÉE, S. 321 f.
[251] Vgl. zur politischen Stimmungslage im Rheinland ab 1919: K. D. ERDMANN, S. 28 ff.
[252] Vgl. B. DEERMANN.

Carl Schmitt hat als Professor in Bonn von 1922 bis 1928 die Stimmung und die Wirren der Auswirkungen des Versailler Vertrags auf das Rheinland hautnah miterlebt. In seinen gegen Versailles gerichteten Schriften nahm er immer wieder die Situation im besetzten Rheinland als Anschauungsbeispiel, so daß er sich gerade in katholischen Kreisen den Ruf eines Rheinland-Sachkenners verschaffen konnte.[253]

Die größten Verdienste für das Rheinland erwarb sich Schmitt 1925 mit seinem Vortrag anläßlich der Jahrtausendfeier der rheinischen Zentrumspartei, bei dem er den Besatzungmächten vorwarf, durch ihre Techniken der verschleierten Machtausübung den christlichen Begriff der Obrigkeit zu pervertieren.[254] Den Rheinländern war nach diesem Beitrag klar, daß sie in Carl Schmitt einen scharfsinnigen und rhetorisch glänzenden Mitstreiter in ihrem Kampf gegen die Versailler Bevormundungen und Kontrollmechanismen hatten.

Obwohl Carl Schmitt im Sauerland geboren und aufgewachsen ist, gab er sich und galt er bei Freunden als Rheinländer. So schrieb Franz Blei 1936: »Als Rheinländer war Carl Schmitt niemals auch nur das gewesen, was man in Oesterreich einen ›national betonten Deutschen‹ nennt, geschweige ein Deutschnationaler. Er liebte seine rheinische Heimat, weil sie römisch durchackert war und da ein Wein wuchs und hatte nur Spott und Verachtung für die Kartoffelfelder Preußens, die Sprit ergeben, aber nicht Esprit«[255].

Im Gegensatz zum protestantisch-preußischen Greifswald fühlte sich Schmitt nach seinem Wechsel nach Bonn im Jahre 1922 am Rhein ausgesprochen wohl. Bonn sei herrlich, schrieb Schmitt 1922 an Julius Moritz Bonn. Glücklicherweise scheine hier die Sonne der 1000jährigen Zivilisation und Humanität, obwohl die Universität als preußischer Vorposten betrachtet werde[256]. Schmitt hat sich allerdings in keinem seiner Schriften an der Pflege des »antiborussischen Affekts« beteiligt oder Sympathie für die Los-von-Berlin-Parole geäußert. Er beklagte sogar im Hinblick auf die französischen Aktionen zur Gründung einer »Rheinrepublik« nach dem Ersten Weltkrieg die »furchtbare Separatistenzeit«[257]. Im Kampf gegen Preußen hatten die Rheinländer in Carl Schmitt keinen Verbündeten.

---

[253] Vorbemerkung der Schriftleitung zu einer Aufsatz-Serie über das Ende der Rheinland-Besetzung 1930, in: ABENDLAND 5 (1930), S. 304.
[254] C. SCHMITT, Schicksal, S. 318.
[255] F. BLEI, Fall, S. 1220.
[256] Vgl. J. W. BENDERSKY, S. 44.
[257] C. SCHMITT, Schicksal, S. 313.

3. Katholischer Rechtsgelehrter

Schmitt hat den preußischen Staat stets geachtet. Sein Militär und Beamtentum, das am Rhein so wenig beliebt war, betrachtete er als die letzten Stützen des Staates nach dem Siegeszug der liberalen Ideen. Für ihn war in Preußen »die stärkste Reserve überlieferter Vorstellungen staatlich organisiert«[258]. Nach Günther Krauss hat Schmitt auch Berlin als die Hauptstadt Preußens »glühend«[259] verehrt. Vermutlich entspricht diese Einschätzung nicht ganz den Fakten, denn am 13. Januar 1933 schrieb Schmitt an Franz Blei: »Dieses Berlin ist ein Vakuum zwischen Osten und Westen, eine Passage, in der es scheußlich zieht. Die Berliner selbst halten diesen Luftzug für den Atem des Weltgeistes und fühlen sich in einer historischen Rolle«[260]. Daß Schmitt zu diesem Zeitpunkt bereits einen Ruf an die Universität Köln angenommen hatte, mag die wenig schmeichelhafte Ortsbeschreibung verständlicher machen. Umso erstaunlicher ist es jedoch, daß er nur wenige Monate darauf an den zugigen Ort zurückkehrte, um an der Universität Berlin zu lehren.

Erich Przywara beschrieb 1955 den geistig-geographischen Dualismus Carl Schmitts ganz treffend. Er nannte seinen Freund »den anti-berlinerischen Rheinländer, aber ›Preußen dem Geiste nach‹«[261]. In einer »fast ›selbstmörderischen‹ Selbstüberwindung seines rheinischen Erbes« habe er in seiner Staatsphilosophie den Geist Spaniens (Donoso Cortés) und Preußens verwirklicht[262]. Auch mit dem von Hugo Ball geprägten Begriff des »preußischen Militärkatholizismus«[263] ist zumindest bis Mitte der 20er Jahre ein wesentliches Element der Geisteshaltung Schmitts zu treffen. Schmitt schätzte das römische Erbe des Rheinlands ebenso wie den Etatismus Preußens, wobei sich auf der Zeitachse in der Weimarer Republik eine Verschiebung der Wertschätzung von dem ersten zum zweiten Pol ergab. Den Ortswechseln von Bonn und Köln nach Berlin ist insofern sogar symbolische Bedeutung zuzuschreiben.

f) Carl Schmitt und das katholische Eherecht

So sehr Carl Schmitt in seinen Frühschriften, insbesondere in »Römischer Katholizismus und politische Form«, die katholische Kirche bewunderte, so eindeutig ist in seinen Schriften gegen Ende der 20er Jahre und vor allem in der ersten Hälfte der 30er Jahre eine Distanzierung von der katho-

---
[258] C. SCHMITT, Cortés in Berlin, S. 372.
[259] G. KRAUSS, Erinnerungen, Teil 1, S. 128.
[260] Zit. nach P. NOACK, S. 154.
[261] E. PRZYWARA, In und gegen, S. 243.
[262] EBD., S. 246.
[263] Vgl. dazu R. FABER, Verkündigung, S. 274 ff.

lischen Kirche und vom Katholizismus feststellbar. Im Vergleich zu seinen Arbeiten bis etwa Mitte der 20er Jahre schneidet die Kirche nun, wenn er sich überhaupt noch mit ihr auseinandersetzt, bei der Betrachtung aus staatsrechtlicher Perspektive schlecht ab. Schmitt reiht sie neben Gewerkschaften und Verbände in das Heer der für die Substanz des Staates gefährlichen pluralistischen Mächte ein.[264] Sie ist nicht mehr das Vorbild für den Staat, sondern eher dessen potentielle Konkurrentin.[265] Nun sind polemische Spitzen gegen Theologen im allgemeinen,[266] aber auch in der Art distanzierende Hinweise zu Stellungnahmen von Theologen zur Weimarer Reichsverfassung[267] zu verzeichnen. Wurde Schmitt Mitte der 20er Jahre mit dem Zentrum in Verbindung gebracht, ist spätestens ab 1932 eine beidseitige Distanzierung feststellbar. Es fällt auf, daß Schmitt nach 1930 bis zum Ende des Zweiten Weltkrieges in katholischen Zeitschriften und Zeitungen keine Beiträge mehr veröffentlichte. Auch die Wertschätzung der Schriften Schmitts in der katholischen Presse ließ ab diesem Zeitpunkt deutlich nach.

Eine Ursache für die offenkundige Entfremdung Schmitts von der katholischen Kirche und vom katholischen Milieu dürfte darin liegen, daß seine zweite zivilrechtliche Ehe nicht mit den Bestimmungen des katholischen Eherechts zu vereinbaren waren. Schmitt heiratete 1915 die Serbin Pawla Dorotič. Die Ehe war bereits nach wenigen Jahren gescheitert. Seine Frau verschwand schließlich mit einem Teil der Wohnungseinrichtung und seinen Büchern.[268] Das Landgericht Bonn erklärte die Ehe am 18. Januar 1924 gem. § 1334 BGB wegen arglistiger Täuschung für nichtig. Da Schmitt seinem nicht gerade außergewöhnlichen Namen durch Anfügung des Zusatzes »Dorotič« Glanz verleihen wollte und unter diesem Doppelnamen einige Jahre publizierte, war die Schadenfreude seiner Kollegen groß, als sich herausstellte, daß er einer Hochstaplerin aufgesessen war.[269] Der sog. Dorotič-Skandal war Mitte der 20er Jahre an der Universität Bonn in aller Munde.[270] Da lag es für Schmitt nahe, dem Gerede über sei-

---

[264] C. SCHMITT, Staatsethik, S. 136; vgl. auch R. ALTMANN, S. 28.
[265] Vgl. C. SCHMITT, Staat, S. 17, Anm. 1; vgl. dazu oben III. 8. b).
[266] Nach der 1. Ausgabe des »Begriffs des Politischen« »gefährdet« die theologische Unterstützung den rein politischen Begriff (C. SCHMITT, Begriff 1927, S. 24 f.), nach der 4. Ausgabe von 1933 »verwirrt« sie die politischen Begriffe (C. SCHMITT, Begriff, S. 46). Berühmt machte C. Schmitt den Satz des Albericus Gentilis: »Silete theologi in munero alieno« (vgl. dazu: SCHMITT im Gespräch, S. 96).
[267] Vgl. die Hinweise auf J. Mausbach und P. Tischleder in: C. SCHMITT, Grundrechte, S. 197.
[268] Vgl. zur ersten Ehe und zur ersten Ehefrau C. Schmitts P. NOACK, S. 42 ff.
[269] H. QUARITSCH, Positionen, S. 32 f.
[270] Mündlicher Hinweis von E. R. Huber am 26. Januar 1987.

ne Eheprobleme im Jahre 1928 durch den Wechsel vom kleinbürgerlichen, katholischen Bonn in die protestantische Weltstadt Berlin zu entkommen. Schmitts Versuche, seine erste Ehe auch kirchenrechtlich annullieren zu lassen, scheiterten. Das Erzbischöfliche Offizialat in Köln sah in seiner Entscheidung vom 18. Juni 1925 die Voraussetzungen nach can. 1083, 1092,4 CIC/1917 als nicht erwiesen. Ebenso urteilte das Bischöfliche Offizialat Münster in der Berufungsinstanz am 9. Juli 1926.[271] Daß Schmitt in den kirchlichen Eheprozessen nicht das von ihm gewünschte Ergebnis erreichen konnte, war nicht nur seinen engsten Freunden bekannt.[272]

1926 heiratete Schmitt in zweiter Zivilehe die Serbin Duschka Todorovič. Er hatte sie in seinem Seminar als Studentin kennengelernt.[273] Dechant Hinsenkamp von der Bonner Münsterpfarrei hatte Schmitt vorher eindringlich und vergebens gebeten, sich diese Eheschließung noch einmal zu überlegen.[274] In kirchenrechtlicher Konsequenz dieses Schrittes war Schmitt als Ehebrecher bis zum Tod seiner zweiten Ehefrau vom Sakramentenempfang ausgeschlossen. Auch wenn Schmitt insbesondere nach dem Zweiten Weltkrieg bekannte, er sei so »katholisch wie der Baum grün ist«[275], und an seinem Katholischsein nicht rütteln lassen wollte, liegt die Erklärung nahe, daß seine insgesamt distanziertere und sogar polemisierende Haltung gegenüber der katholischen Kirche und ihren Theologen ab Ende der 20er Jahre mit diesem äußeren rechtlichen Bruch zusammenhängt.[276]

---

[271] H. QUARITSCH, Positionen, S. 32.
[272] Vgl. R. SEEWALD, S. 118.
[273] Mündlicher Hinweis von E. R. Huber am 26. Januar 1987.
[274] H. QUARITSCH, Positionen, S. 75.
[275] Zit. nach B. Willms, Diskussionsbeitrag zu K. KRÖGER, S. 167; dort auch Ausführungen zu C. Schmitts katholischem Bekenntnis.
[276] B. Rüthers hat die These, daß C. Schmitt nach dem erfolglosen Eheprozeß zum Kritiker der katholischen Kirche wurde, zuerst klar formuliert (B. RÜTHERS, Recht, S. 160). R. Altmann führt die zunehmende Entfremdung C. Schmitts mit dem Zentrum auf diesen »Bruch mit der Kirche« zurück, »der nie mehr ganz heilte« (R. ALTMANN, S. 28). Die von H. Quaritsch dagegen aus den Schriften C. Schmitts angeführten Texte, mit denen er dessen katholische Kontinuität belegen will, erscheinen fragwürdig. Abgesehen davon, daß sich C. Schmitts frühe Bewunderung der katholischen Kirche in seinen späteren Schriften nicht mehr findet, könnten seine Versuche nach 1933, seine enge Verbindung zum Katholizismus in den frühen 20er Jahren zu verschweigen oder herunterzuspielen, nur als Opportunismus gegenüber dem Nationalsozialismus erklärt werden. Für A. KOENEN, S. 60, führte hauptsächlich die katholische Kritik an »Römischer Katholizismus und politische Form« dazu, daß C. Schmitt ab Mitte der 20er Jahre jede öffentliche Preisgabe seines »katholischen Impulses« und jede Äußerung, die ihn als »abendländischen Staatsphilosophen« hätte entlarven können, vermied. Aber welchen Sinn macht eine solche Vermeidungsstrategie, wenn C. Schmitt in den 20er Jahren doch bereits als katholischer oder abendländischer Staatsphilosoph »entlarvt« war?

4. NATIONALSOZIALISTISCHER PARTEIGÄNGER

a) Mitwirken im Nationalsozialismus

Carl Schmitt stand dem Nationalsozialismus bis Anfang 1933 skeptisch bis ablehnend gegenüber. In seiner im Sommer 1932 erschienenen Schrift »Legalität und Legitimität« beschrieb er den Modellfall einer legalen Revolution, wonach »eine Partei durch die Tür der Legalität eintritt, um diese Tür dann hinter sich zu schließen«[277]. Dies konnte und mußte zu diesem Zeitpunkt zumindest auch[278] als Warnung vor Hitler verstanden werden, der nach seinem fehlgeschlagenen Putsch von 1923, insbesondere zu Beginn der 30er Jahre, immer wieder beteuerte, er wolle auf legale Weise die Macht im Staate erobern, der aber ebenso wenig einen Zweifel daran ließ, daß er diese Macht, falls er sie erringen sollte, ausschließlich in seinem Sinne verwenden werde. In der Staatskrise des Sommers 1932 wurde Schmitt von führenden Generalstabsoffizieren zur Vorbereitung von Notstandsplänen heranzogen.[279] Günther Krauss wird deshalb mit seiner Feststellung, Schmitt sei zu dieser Zeit der Reichswehr wesentlich näher gestanden als der NSDAP und »hätte sicher eine graue Diktatur der braunen vorgezogen«[280], richtig liegen.

Spätestens nach dem Ermächtigungsgesetz vom 24. März 1933 stellte sich Schmitt jedoch auf den Boden der neuen staatsrechtlichen Tatsachen.[281] Zum 1. Mai 1933 trat er in Köln der NSDAP bei. Versuche, Schmitt von diesem Schritt abzuhalten, soll es mehrere gegeben haben. Nach Günther Krauss gelang es etwa dem katholischen Journalisten Franz A. Kramer in einem langen Gespräch nicht, Schmitt noch umzustimmen.[282]

Carl Schmitt machte im NS-Staat schnell Karriere. Er wurde als Vertrauter des Reichsrechtsführers Hans Frank Herausgeber der »Deutschen Juristen-Zeitung«[283], eine der damals bedeutendsten juristischen Fachzeitschriften, außerdem Mitglied der Akademie für Deutsches Recht, Reichsgruppenwalter der Reichsgruppe Hochschullehrer im NS-Rechtswahrer-

---

[277] C. SCHMITT, Nachbemerkung zu: Legalität, S. 345.
[278] Die Weimarer Koalition im preußischen Landtag wollte durch eine Änderung der Wahlordnung am 12. April 1932 die Machtergreifung der NSDAP erschweren. Vgl. dazu oben IV. 3. a).
[279] Vgl. E. R. HUBER, Schmitt, S. 40 ff.
[280] G. KRAUSS, Erinnerungen, Teil 3, S. 58.
[281] Vgl. H. QUARITSCH, Positionen, S. 92.
[282] Vgl. G. KRAUSS, Erinnerungen, Teil 3, S. 62; F. A. Kramer begründete nach dem Zweiten Weltkrieg den RHEINISCHEN MERKUR.
[283] Vgl. dazu A. KOENEN, S. 541 ff.

4. Nationalsozialistischer Parteigänger 457

bund und juristischer Referent in der Hochschulkommission beim Stellvertreter des Führers, die für die Berufung der Professoren aller deutschen Universitäten zuständig war.[284] Am 11. Juli 1933, also an seinem 45. Geburtstag, wurde Carl Schmitt von Hermann Göring zum preußischen Staatsrat ernannt[285]; ein Titel, der ihm außerordentlich viel bedeutete[286] und ihm bis zum Ende der nationalsozialistischen Ära verblieb.

Bis Dezember 1936 veröffentlichte Schmitt in nationalsozialistischen Zeitungen über 40 Aufsätze, in denen er sich für die neue Rechts- und Verfassungsordnung aussprach. Das Ermächtigungsgesetz vom 24. März 1933 rechtfertigte er in einem am 1. April 1933 erschienenen Aufsatz ebenso, wie er die Reichstagswahl vom 5. März 1933, die der NSDAP 43,9% der Wählerstimmen einbrachte, als »Plebiszit, durch welches das deutsche Volk Adolf Hitler [...] als politischen Führer des deutschen Volkes anerkannt hat«[287], einstufte.

Auf Bitten seines Freundes Johannes Popitz beteiligte sich Carl Schmitt wesentlich an der Ausarbeitung des Reichsstatthaltergesetzes vom 7. April 1933, mit dem die Länder dem Reich gleichgeschaltet wurden.[288] Auch am preußischen Gemeindeverfassungsgesetz vom 14. Dezember 1933 arbeitete er mit.[289] Schmitts bedingungslose Unterwerfung unter die nationalsozialistische Ideologie wurde am deutlichsten in der Rechtfertigung der am 30. Juni 1934 auf Befehl Hitlers durchgeführten Mordaktion gegen führende Vertreter der SA und einer von Hitler vermuteten konservativen Opposition. Zu den Opfern gehörten neben dem ehemaligen Reichskanzler und Reichswehrgeneral Kurt von Schleicher und dem Berater Franz von Papens, Edgar Jung, auch bekannte katholische Persönlichkeiten. Zu nennen sind hier Ministerialdirektor Erich Klausener[290], der Vorsitzende der katholischen Aktion in Berlin, sowie Adalbert Probst.[291] Heinrich Brüning, der ebenfalls beseitigt werden sollte, konnte in dieser Nacht

---

[284] Vgl. EBD., S. 552 ff.
[285] Vgl. EBD., S. 427 ff.
[286] Vgl. H. QUARITSCH, Positionen, S. 102; dieser Titel hat C. Schmitt nach eigenen Angaben mehr als ein Nobelpreis bedeutet (EBD., S. 102, Anm. 224).
[287] C. SCHMITT, Staat, S. 7; weitere Einzelheiten bei B. RÜTHERS, Reich, S. 71 ff.
[288] Vgl. SCHMITT im Gespräch, S. 106; A. KOENEN, S. 329 ff. mit Einzelheiten.
[289] SCHMITT im Gespräch, S. 109; vgl. A. KOENEN, S. 509 ff.
[290] E. Klausener (1885 – 1934) war zunächst Landrat in Adenau und Recklinghausen, seit 1924 Ministerialdirektor und seit 1928 Leiter der Katholischen Aktion in Berlin (vgl. F. MUCKERMANN, Epochen, S. 569). Er gehörte zu den führenden Vertretern des Katholischen Akademikerverbandes und galt als notorischer Gegner des Nationalsozialismus (P. TOMMISSEN, Schmittiana – 2, S. 109, Anm. 68). C. Schmitt soll ihn nach G. Krauss »nicht näher« gekannt haben (G. KRAUSS, Erinnerungen, Teil 5, S. 98).
[291] A. Probst (1900 – 1934) war Reichsleiter der DJK (vgl. H. GRUBER, S. 262).

nicht aufgefunden werden.²⁹² In seinem berühmt-berüchtigten, am 1. August 1934 erschienenen Aufsatz »Der Führer schützt das Recht« verteidigt Schmitt als einziger Staatsrechtler von Rang die Morde Hitlers: »Der Führer schützt das Recht vor dem schlimmsten Mißbrauch, wenn er im Augenblick der Gefahr kraft seines Führertums als oberster Gerichtsherr unmittelbar Recht schafft: ›In dieser Stunde war ich verantwortlich für das Schicksal der deutschen Nation und damit *des Deutschen Volkes oberster Gerichtsherr*‹. Der wahre Führer ist immer auch Richter. Aus dem Führertum fließt das Richtertum. [...] In Wahrheit war die Tat des Führers echte Gerichtsbarkeit. Sie untersteht nicht der Justiz, sondern war selbst höchste Justiz«²⁹³.

Auf die konkreten Morde Hitlers bezogen waren solche Sätze eine Ungeheuerlichkeit. Die abstrakten Überlegungen, die Schmitt zum Verhältnis von Führertum und Richtertum anstellte, konnten losgelöst vom historischen Kontext, in dem sie angestellt wurden, aus der Sicht eines Katholiken allerdings nicht völlig abwegig sein. Denn das von Schmitt gegeißelte liberale Auseinanderreißen von Führertum und Richtertum, das den Staat zerstöre,²⁹⁴ kennt auch die katholische Kirche nicht. Nach ihrem Recht umfaßt die aufgrund göttlicher Einsetzung gegebene Leitungsgewalt der Geweihten die gesetzgebende, ausführende und richterliche Gewalt.²⁹⁵

Bereits Mitte 1933 ließ sich Schmitt zu antisemitischen Äußerungen hinreißen und rechtfertigte die damals einsetzenden Aktionen zur Vertreibung jüdischer Professoren von deutschen Universitäten. Der »Westdeutsche Beobachter« zitiert am 1. Juni 1933 aus einer Rede Schmitts anläßlich eines Begrüßungsabends der Juristischen Fakultät der Universität Köln: »Rechtswissenschaftliche Erkenntnis gibt es nur dort, wo man dem Gegenstand dieser Wissenschaft existentiell zugehört, an dem Leben des Volkes als Volksglied beteiligt ist und infolgedessen auch an der Rechtsgemeinschaft, die das Recht schafft und trägt, teil hat«²⁹⁶.

Beschäftigt sich Schmitt mit den rassistischen Elementen der nationalsozialistischen Ideologie zunächst nur beiläufig,²⁹⁷ so ändert sich das ab dem Jahre 1935. Die Nürnberger Rassengesetze feiert er als »Die Verfassung der Freiheit«²⁹⁸. Höhepunkt der antisemitischen Ausfälle Schmitts

---

²⁹² Vgl. F. MUCKERMANN, Epochen, S. 569.
²⁹³ C. SCHMITT, Führer, Sp. 946 f.
²⁹⁴ EBD., Sp. 947.
²⁹⁵ Vgl. can. 135 § 1 CIC / 1983.
²⁹⁶ Zit. nach B. RÜTHERS, Reich, S. 66.
²⁹⁷ Zu den Wurzeln des Antijudaismus C. Schmitts vgl. A. KOENEN, S. 316, Fn. 243.
²⁹⁸ C. SCHMITT, Die Verfassung der Freiheit.

4. Nationalsozialistischer Parteigänger 459

war der »Kongreß zum Kampf gegen den jüdischen Geist«, den er als Reichsgruppenwalter der Reichsgruppe Hochschullehrer im NS-Rechtswahrerbund am 3./4. Oktober 1936 in Berlin organisierte. In seinem Schlußwort formuliert er als Ergebnis dieser Tagung *die klare und endgültige Erkenntnis, daß jüdische Meinungen in ihrem gedanklichen Inhalt nicht mit Meinungen deutscher oder sonstiger nichtjüdischer Autoren auf eine Ebene gestellt werden können*[299]. Seinen Professoren-Kollegen gibt er die Empfehlung mit auf den Weg, jüdische Autoren, wenn aus einem sachlichen Grund notwendig, nur mit dem Zusatz »jüdisch«[300] zu zitieren, »durch *Säuberung der Bibliotheken* unsere Studenten vor Verwirrung«[301] zu bewahren und die Studenten immer wieder auf die Ausführungen des Führers zur Judenfrage in »Mein Kampf« hinzuweisen[302]. Seine Rede schließt er mit dem bekannten Zitat: »Indem ich mich des Juden erwehre, sagt unser Führer *Adolf Hitler*, kämpfe ich für das Werk des Herrn«[303].

b) Zugang zum Nationalsozialismus im katholischen Vergleich

Carl Schmitt stand mit seinem Bekenntnis zum Nationalsozialismus unter den katholischen Intellektuellen 1933 keineswegs alleine. Selbst die deutschen Bischöfe anerkannten nur wenige Tage nach Verabschiedung des Ermächtigungsgesetzes das NS-Regime als »rechtmäßige Obrigkeit«[304]. Sie gaben damit ihre jahrelangen Vorbehalte gegenüber der NSDAP auf. Die Gründe für die zumindest äußerlich glatt vollzogene Anpassung zahlreicher Katholiken an das neue Regime sind vielfältig. Manche Stränge, die im deutschen Katholizismus 1933 zum Nationalsozialismus führten, lassen sich auch bei Carl Schmitt finden. Gleichwohl ist er nicht alle gängigen Wege, die zur Anerkennung oder gar Wertschätzung der neuen Obrigkeit geführt haben, mitgegangen.

Katholisches Naturrechtsdenken

Es waren im wesentlichen die gleichen Argumente, mit denen die deutschen Katholiken den Wechsel der Staatsformen 1919 und 1933 hinnah-

---

[299] C. SCHMITT, Rechtswissenschaft, Sp. 1196.
[300] EBD., Sp. 1196.
[301] EBD., Sp. 1195.
[302] EBD., Sp. 1198.
[303] EBD., Sp. 1199; nach A. Koenen ging es C. Schmitt auf dieser Tagung auch darum, »dem rassischen Antisemitismus das christliche antijudaistische Motiv entgegenzusetzen« (A. KOENEN, S. 710).
[304] Vgl. E.-W. BÖCKENFÖRDE, Katholizismus, S. 37.

men und akzeptierten. Da jeder rechtmäßigen Obrigkeit nach katholischer Staatslehre Gehorsam zu leisten ist, unterwarf man sich der Demokratie und der Republik ebenso wie der Diktatur Hitlers. Nach der naturrechtlichen Staatslehre Leos XIII. verhält sich die katholische Kirche gegenüber den dem geschichtlichen Wandel unterliegenden Staats- und Verfassungsformen neutral. Hat sich ein Regime oder eine Staatsform politisch durchgesetzt, ist der Katholik um des Gemeinwohls willen verpflichtet, die etablierte Herrschaft anzuerkennen.

Die Katholiken hielten auch 1933 an diesen Prinzipien der katholischen Soziallehre fest. Da sie nach dieser Lehre nicht mehr an die überwundenen alten Formen des politischen Lebens gebunden waren – und viele Katholiken ihr Herzblut tatsächlich auch nicht der Weimarer Republik verschrieben hatten –, konnten sie sich ohne weiteres den neuen Formen zuwenden.[305] Im praktischen Ergebnis lief die naturrechtliche Zuordnung der Staatsform in den Bereich des geschichtlich Kontingenten auf die von katholischer Seite immer heftig bekämpfte Theorie von der »normativen Kraft des Faktischen« hinaus.[306]

Carl Schmitt war zwar kein Anhänger oder Vertreter des katholischen Naturrechtsdenkens, aber er reagierte im Grunde ganz ähnlich wie die deutschen Bischöfe, als er sich nach dem Ermächtigungsgesetz auf den Boden der neuen staatsrechtlichen Tatsachen stellte. Allenfalls der Grad der Identifikation mit dem neuen Regime war anderer Natur. Während für die katholische Kirche auch die nationalsozialistische Regierung und die von ihr durchgesetzte Staatsform selbstverständlich unter dem »Vorbehalt des Tant que cela dure«[307] standen, verschrieb sich der Staatsrechtler dem NS-Staat ohne eine solche Einschränkung. Er bekannte sich etwa mit der Verherrlichung der Artgleichheit und dem Antisemitismus zu zentralen Inhalten des Nationalsozialismus. Er trug damit auch das weitaus höhere politische Risiko für den Fall des Scheiterns der von ihm unterstützten konkreten politischen Ordnung.

Daß die Staatsrechtslehre und der Katholizismus im Ergebnis zum gleichen politischen Positivismus kommen können, hatte Schmitt bereits 1923 eindrucksvoll dargelegt: »Aus ihrer formalen Überlegenheit heraus kann die Jurisprudenz gegenüber wechselnden politischen Formen leicht eine ähnliche Haltung annehmen, wie der Katholizismus, indem sie sich zu verschienenen Machtkomplexen positiv verhält, unter der einzigen Voraussetzung, daß ein Mindestmaß von Form genügt, eine ›Ordnung herge-

---

[305] Vgl. die Argumentation von M. PREIS, Staatsverfassung, S. 145.
[306] Vgl. E.-W. BÖCKENFÖRDE, Katholizismus, S. 58 ff.
[307] H. BARION, Form, S. 483.

stellt ist«. Sobald die neue Situation eine Autorität erkennen läßt, bietet sie den Boden für eine Jurisprudenz, die konkrete Grundlage für eine substantielle Form«[308]. Es waren gerade solche Feststellungen, die von nationalsozialistischer Seite an Schmitts Bekenntnis zum NS-Staat Zweifel und den Verdacht weckten, Schmitt sei ein Opportunist, der sich doch noch einen Frontwechsel zum Katholizismus offenhalten wolle[309].

Antiliberalismus und Autoritarismus

Abgesehen von der abstrakt formulierten Neutralität der katholischen Staatslehre gegenüber den konkreten Staats- und Verfassungsformen, die auf einer politisch-geschichtlichen Oberflächenebene unter allen naturrechtlichen Vorbehalten die Anerkennung der Regierung Hitlers ermöglichte, gab es auch materiell-substantielle Gründe für die politische Annäherung der Katholiken an den Nationalsozialismus. Zu nennen ist hier zuerst die im 19. und Anfang des 20. Jahrhunderts eingenommene scharfe Frontstellung gegen die »Ideen von 1789«. Die päpstliche Staatslehre von Pius VI. bis Pius X., aber auch die in Deutschland entwickelten katholischen Staatsethiken waren gekennzeichnet durch ihre restaurativen Tendenzen. Der Geist der Aufklärung, der Liberalismus und Individualismus, die daraus resultierenden Ideologien des Sozialismus und des Marxismus sowie der Demokratiebegriff Rousseaus waren aus der Sicht vieler Katholiken die geistigen Seuchen der Neuzeit, für deren Ausrottung gesorgt werden mußte. Da man in diesen Kreisen solche Gifte in der Verfassung und in der politischen Praxis des Weimarer Staates wirken sah, fehlte es trotz mancher Versuche namhafter katholischer Politiker und Theoretiker, diesem Staat auch eine im Gewissen verpflichtende Anerkennung zu verschaffen,[310] in der Breite des deutschen Katholizismus an einem positiven inneren Verhältnis zur Weimarer Republik. Zwar durfte man sich nach der eigenen Staatslehre bei den Abbrucharbeiten an diesem »Notbau«[311] nicht offen beteiligen, gleichwohl fehlte es nicht an publizistischen Beiträgen, die die Verfassung in vielen Punkten als verfehlt und vor allem nicht der katholischen Lehre entsprechend kritisierten und damit den politischen Bestrebungen zur Überwindung dieser Verfassung gewollt oder ungewollt Vorschub leisteten. Man denke nur an die katholischen Monarchisten, die nichts mehr als den Zusammenbruch dieses als

---

[308] C. SCHMITT, Katholizismus, S. 61 f.
[309] Vgl. unten IV. 4. c).
[310] Vgl. oben III. 7. e).
[311] Dieser Begriff C. Schmitts wurde auch von katholischen Publizisten übernommen; vgl. W. GERHART, S. 79.

gottlos beschimpften republikanischen Verfassungsgebäudes herbeisehnten.

Selbst wenn Carl Schmitt zu der Staatsform der Republik ein von seiner Überzeugung getragenes Ja gesagt und das Ziel verfolgt haben sollte, die letzte tragende Säule der Weimarer Verfassungswirklichkeit, den Reichspräsidenten, zu stabilisieren, leistete er doch im Ergebnis mit seiner durchschlagend antiliberalen und antiparlamentarischen, weitgehend der katholischen Restaurationsphilosophie verbundenen Theorie einen der wirksamsten Beiträge dazu, die Fundamente dieser Verfassung zu unterspülen und den ungeliebten »Notbau« zum Einsturz zu bringen. Wer den Parlamentarismus mit Hohn und Spott übergoß, taugte schlecht als Retter der Weimarer Verfassung.

Die Frage, ob im tiefsten Kern der politischen Argumentation Schmitts gegen Liberalismus und Parlamentarismus wie bei den meisten Katholiken religiöse Überzeugungen die tragende Rolle spielten, läßt sich aus seinen Schriften nicht beantworten. Wenn dem so gewesen sein sollte, legte er diese Motive jedenfalls nicht offen. Feststellen läßt sich nur, daß die katholische Kirche, der Nationalsozialismus und Carl Schmitt mit dem Geist des Liberalismus und seinen ideologischen Abkömmlingen die gleichen Gegner bekämpften. Zumindest diesbezüglich ergab sich 1933 eine gemeinsame weltanschauliche Plattform.

Die Agitation gegen den Bolschewismus war nur ein besonders akzentuiertes Element aus dem gegen die »Ideen von 1789« gerichteten Vorgehen, das viele Katholiken 1933 eine politische Brücke zum Nationalsozialismus bauen ließ. Carl Schmitt, der bereits 1923 die Gefahren des anarchistischen und sozialistischen Russentums beschwor und in Liberalismus und Sozialismus das gleiche ökonomische Denken wirken sah, konnte sich mühelos unter diese Brückenbauer einreihen.

Einig waren sich Katholiken und Nationalsozialisten in der Forderung nach einem starken Staat. Die katholische Staatslehre hat das liberale Ideal des Nachtwächterstaats, in dem lediglich die Spielregeln zugunsten der Stärkeren organisiert und garantiert, ansonsten aber die Wirtschaft dem freien Markt der Egoismen überlassen wird, stets abgelehnt und eine starke Hand gefordert, die für »Ordnung, Zucht und Sitte«[312] ebenso sorgt wie für die allgemeine Wohlfahrt der Bürger. So lag es ganz auf dieser traditionellen Linie, als die deutschen Bischöfe in ihrem Hirtenbrief vom 3. Juni 1933 die »überraschend starke Betonung der Autorität«[313] im neu-

---

[312] TEXTE ZUR KATHOLISCHEN SOZIALLEHRE, S. 49 (Rerum novarum, Nr. 26).
[313] Zit. nach E.-W. BÖCKENFÖRDE, Katholizismus, S. 39; folgendes Zitat EBD.

en Staat begrüßten. Sie gehe »vom naturrechtlichen Standpunkt aus, daß kein Gemeinwesen ohne Obrigkeit gedeiht.«

Die Wertschätzung einer starken staatlichen Autorität, die erst die Ordnung zu schaffen vermag, auf deren Grundlage Recht überhaupt gelten und angewandt werden kann, gehörte zu den zentralen Thesen in der staatsrechtlichen und rechtsphilosophischen Theorie Schmitts.[314] Auch seine Forderung nach dem besonders starken, totalen Staat, der in seinem Inneren keine staatszerspaltenden Kräfte zuläßt und der den Primat der Politik gegenüber der Wirtschaft durchsetzt, paßte im Ansatz in die Richtung der katholischen Soziallehre. Freilich ging hier der Wunsch nach dem starken Staat einher mit der Unterstreichung des Subsidiaritätsprinzips, das die Grenzen gerade des machtvollen Staates nicht zuletzt im Interesse der Kirche markierte. Diese ausgeprägte Dialektik zwischen Betonung und Relativierung des Staates, die in der katholischen Staatslehre auch um 1933 anzutreffen war, wurde von Carl Schmitt nicht übernommen.[315]

Mit den zunehmenden wirtschaftlichen und politischen Wirren steigerte sich gegen Ende der 20er Jahre auch im deutschen Katholizismus die Sehnsucht nach dem Führer, der wie ein deus ex machina die anstehenden Probleme bewältigen sollte. So rief etwa Prälat Kaas auf dem Katholikentag 1929 »nach einem Führertum großen Stils« in den Tagen, »wo die vaterländische und kulturelle Not uns allen die Seele bedrückt«[316]. Und 1931 glaubte er den Führer in Reichskanzler Brüning gefunden zu haben[317]: »Seit Jahren haben wir nach dem Führer gerufen. Heute haben wir ihn. Folgen wir ihm«[318].

Vom Führer Brüning zum Führer Hitler war der Weg nicht weit. Abt Ildefons Herwegen stellte im Juli 1933 unter dem Eindruck der Erklärung Hitlers, »daß das neue Reich auf dem Fundament des Christentums aufbaut«,[319] fest: »Volk und Staat sind wieder eins geworden durch die Tat des Führers Adolf Hitler. Weil der Führer aus der Einsamkeit des Dienens und Opferns heraus, getragen von einem unbeirrbaren Glauben an das deutsche Volk, dieses wieder zu freudigem Bekenntnis zu sich selbst gebracht hat, ist er zu Millionen gewachsen. [...] Führer und Gefolgschaft, das ist der neue Grundbegriff des neuen Deutschland, [...]. Auf den Glau-

---

[314] Vgl. etwa C. SCHMITT, Politische Theologie, S. 23 ff.
[315] Vgl. oben III. 9. b).
[316] Zit. nach R. FABER, Verkündigung, S. 242.
[317] EBD., S. 242.
[318] Zit. nach EBD., S. 242.
[319] I. HERWEGEN, Heldentum, S. 124.

ben des Führers an das Volk antwortet die Gefolgschaft des Volkes. Die treue Gefolgschaft aller gegenüber dem Einen schafft ein neues Gemeinschaftserlebnis, das unser Volk zurückfinden läßt zu den letzten Wurzeln seiner Gemeinsamkeit: zu Blut, Boden und Schicksal«[320].

Da der Ruf nach dem Führer in aller Regel mit der Absage an den in Mißkredit gebrachten Parlamentarismus verbunden war,[321] läßt sich Schmitts staatsrechtliches Agieren durchaus in die Grundrichtung dieser Sehnsucht einordnen. Zwar beteiligte er sich vor 1933 nicht an der Pflege des Führerkults im engeren Sinne, doch seine theoretische Einstimmung auf die Staatsform der Diktatur seit Beginn der 20er Jahre und die scharfe Akzentuierung der Befugnisse und Aufgaben des Reichspräsidenten als »Hüter der Verfassung« liefen dieser Stimmung zumindest parallel. Uneingeschränkt positiv stellte sich Schmitt 1933 in »Staat, Bewegung, Volk« zum Führerprinzip als einem Grundbegriff des nationalsozialistischen Rechts.

Organisches Denken

Die Rezepte, mit denen man kirchlicherseits die Auflösungserscheinungen der Gesellschaft und einen damit erklärten sittlichen Verfall in der Bevölkerung aufhalten wollte, wurden im wesentlichen aus dem retrospektiv verklärten Mittelalter gewonnen, in dem man die Welt noch im christlichen Sinne geordnet empfand. Gegen das individualistische Gesellschaftsbild der Aufklärung und die als mechanistisch und atomistisch diffamierte »westlerische Formaldemokratie« setzten die katholischen Sozialethiker als positive Ordnungsvorstellung das auch naturrechtlich begründete Modell einer berufsständisch gegliederten Gesellschaft mit einer autoritären Staatsspitze. 1931 wurden diese Vorstellungen in der Enzyklika »Quadragesimo anno« unterstrichen. Als die Nationalsozialisten die organische Betrachtungsweise des Volkes in ihr Programm aufnahmen, die Volksgemeinschaft in den Mittelpunkt ihres politischen Denkens rückten und die Formel vom »Gemeinnutz vor Eigennutz« propagierten, lagen solche Begriffe ganz auf der Linie der traditionellen katholischen Staats- und Gesellschaftslehre. Bei vielen Katholiken war deshalb die Hoffnung groß, im Nationalsozialismus einen Verbündeten im organischen Denken gefunden zu haben.

---

[320] EBD., S. 122; I. Herwegen macht freilich einen entscheidenden Vorbehalt: »Nur wo der Führer sich in letzter Verantwortung vor Gott verantwortlich weiß, kann das Volk ihm in hingebender Treue Gefolgschaft leisten« (EBD., S. 124).
[321] Vgl. etwa R. GROSCHE, Grundlagen, S. 48.

Carl Schmitt war ein großer Verehrer des christlichen Mittelalters.[322] Noch 1934 zollte er dem konkreten Ordnungsdenken des Thomas von Aquin seine Anerkennung.[323] Er vertrat auch den Gedanken der natürlichen Ungleichheit unter den Menschen, der üblicherweise mit der organischen Gesellschaftsbetrachtung verbunden war.[324] Schließlich lag die nach spiritualistischem, geschichtsphilosophischem Schema aufgebaute Verfallstheorie, nach der dem aktuellen gesellschaftlichen Chaos vorangegangene vermeintlich goldene Zeiten als Ideal entgegengehalten werden, sowohl den Arbeiten der Organismustheoretiker als auch implizit denjenigen Schmitts zugrunde.[325] Zu den überwiegend an den politischen Romantikern anknüpfenden Ganzheitstheorien der 20er und 30er Jahre hielt Schmitt jedoch deutliche Distanz.[326] Die bei katholischen Theoretikern so beliebte Gegenüberstellung von »toter« Mechanik und »lebendigem« Organismus lehnte er entschieden ab.[327] Er warnte vor einer allzu blauäugigen Idealisierung der mittelalterlichen berufsständischen Ordnungen.[328] Schmitt sprach zwar in »Staat, Bewegung, Volk« 1933 reichlich abstrakt von einer der Selbstverwaltung des Volkes überlassenen Sphäre der berufsständischen Ordnung.[329] Nach dem ganzen Duktus seiner vorherigen Staatslehre kann jedoch nicht angenommen werden, daß er über die Organismustheorie, die dieser Vorstellung gemeinhin zugrundelag, zum Nationalsozialismus vorstieß. Dieser Weg ist für Othmar Spann und seine Schule, aber nicht für Carl Schmitt feststellbar.

Der Reichsgedanke

Eine weitere begriffliche Gemeinsamkeit, die geeignet war, 1933 eine Verbindung zwischen Nationalsozialismus und Katholizismus herzustellen, war der am Ende der Weimarer Republik in konservativen christlichen sowie nichtchristlichen Kreisen weitverbreitete Reichsgedanke. Bei der Rede vom »Dritten Reich« handelte es sich um ein nationalsozialistisches Plagiat aus der Geschichtsphilosophie des Joachim von Fiore. Dieser hatte um das Jahr 1200 nach dem von Adam bis Christus reichenden ersten Zeitalter, dem Reich des Vaters, und dem zu Ende gehenden Zeitalter des

---

[322] Vgl. C. Schmitt, Politische Theologie, S. 66; C. Schmitt, Buribunken, S. 91, Anm.
[323] C. Schmitt, Arten, S. 41.
[324] Vgl. z. B. C. Schmitt, Lage, S. 13 ff.
[325] Vgl. E. Kaufmann, Schmitt, S. 1015.
[326] Vgl. oben III. 2. d) und f).
[327] C. Schmitt, Zeitalter, S. 81.
[328] C. Schmitt, Starker Staat, S. 91.
[329] C. Schmitt, Staat, S. 13; vgl. dazu III. 9. b).

von der Menschwerdung Jesu bestimmten Reiches des Sohnes ein bis zur Wiederkehr Christi bevorstehendes »Drittes Reich« des Hl. Geistes prophezeit. Gerade bei geschichtlich denkenden Katholiken konnte diese Form der Zeit- und Zukunftsdeutung eine große Faszination ausüben.[330] Der Reichsgedanke bot insofern eine ideale dynamische Ergänzung oder Erweiterung zu der stark naturrechtlich ausgerichteten statischen Organismustheorie.

Neben der geschichtstheologischen Deutung des »Dritten Reiches« gab es auch die lediglich numerisch-historische Betrachtungsweise, nach der dem Heiligen Römischen Reich deutscher Nation und dem Deutschen Reich Bismarcks das nun verklärte »Dritte Reich« folgen sollte. Diese Interpretation konnte freilich bei Katholiken nicht ohne weiteres auf Zustimmung rechnen. »Wir kennen kein ›Drittes Reich‹, weil wir kein zweites anerkennen«[331], stellte Freiherr von Soden 1932 angesichts der zunehmenden Diskussion um das Reich fest.

Das Reich wurde zu Beginn der 30er Jahre, zum Teil in engem Zusammenhang mit dem Abendland-Gedanken, zu einer Zauberformel, mit der man im politischen Chaos der Zeit nach Orientierung suchte[332] und die man als metaphysisch-religiöse Idee dem materiell-westlichen Humanitätsglauben und rationalistischen Denken entgegenhielt.[333] Die Hoffnung auf das Reich bezeichnete Gurian treffend als den »Einbruch des Glaubens in die Welt der politischen Verzweiflung und des wirtschaftlichen Niedergangs«[334]. Und Robert Grosche, der den Vorstellungen der nationalsozialistischen Reichsideologen offen gegenüberstand, schreibt 1933: »Wenn wir heute an das Reich glauben und mit der Formel des Reiches den Inhalt einer katholischen Politik zu umschreiben suchen, dann heißt das nichts anderes als: wir glauben als katholische Christen daran, daß die Grundlagen aller christlichen Politik nicht in allgemeinen Wahrheiten liegen, sondern daß der Grund gelegt ist in der Menschwerdung des Sohnes Gottes«[335].

Der mit Carl Schmitt befreundete Albert Mirgeler[336] formuliert 1933, es habe im alten Reich keine katholische Sonderpolitik gegeben, weil in

---

[330] Zu nennen ist hier etwa R. Grosche; vgl. oben III. 6. e).
[331] C. O. Frhr. v. SODEN, Das wahre Reich, S. 496.
[332] G. MOENIUS, Imperium.
[333] Vgl. W. GERHART, S. 124.
[334] EBD., S. 128.
[335] R. GROSCHE, Grundlagen, S. 50.
[336] Der Historiker A. Mirgeler (1901 – 1979) gehörte zum sog. Siedlinghäuser Kreis um den Landarzt Dr. F. Schranz. Er hatte damit auch Kontakt zu C. Schmitt. Vgl. dazu V. RUNTE-SCHRANZ, S. 67, 81 Anm. 12; A. KOENEN, S. 50, Anm. 139.

4. Nationalsozialistischer Parteigänger

ihm katholische Politik und Reichspolitik identisch gewesen seien[337]. Katholische Sonderpolitik ist für ihn ein »Zeichen der Heimatlosigkeit der deutschen Katholiken«[338] in der nun überwundenen Epoche des politischen Katholizismus, in der man sich »in die Ersatzheimat der katholischen Vereine und der Zentrumspartei«[339] geflüchtet habe. Gerade das Zentrum habe es versäumt, sich mit Hilfe seiner parlamentarischen Schlüsselstellung für den Aufbau eines neuen Reichs einzusetzen. Der jugendbewegte Autor setzt seine Hoffnung deshalb auf die neuen Machthaber. Sie ermöglichen den Katholiken, »im Neuen Deutschland Heimatrecht« zu finden und »nicht nur Mitglieder einer Partei, nicht nur Nutznießer eines Konkordats, sondern Mitarbeiter an einem Neuen Reich werden zu dürfen«[340].

Eine einheitliche theoretische Linie unter den katholischen Reichstheologen, die zu einem großen Teil aus der Jugendbewegung kamen, war freilich nicht vorhanden. Die Vorstellungen zum Begriff »Reich« gingen weit auseinander. Sie führten auch nicht zwangsläufig zum Nationalsozialismus. Bei manchen Autoren waren sie geradezu eine Kampfparole gegen ihn. So stellt Hans Weinzierl 1932 fest, Brüning habe es nie fertiggebracht, »dem nationalsozialistischen Chiliasmus eine überlegene Parole entgegenzuschleudern«[341]. Dagegen sei es zweifellos von Papens Verdienst, »die ewige Idee des sacrum imperium überhaupt wieder den verstaubten Kodizes entrissen und in die aktuelle Politik eingeführt zu haben.« Allerdings gibt er dem Reichskanzler mahnend mit auf den Weg, daß das Heilige Römische Reich deutscher Nation unter Karl dem Großen »kein Nationalstaat und kein Nationalreich, sondern die Civitas der abendländischen Christenheit« gewesen sei. Weinzierl bringt die Frage personalistisch auf den Punkt: »Bismarck oder Karl der Große? Darum geht es!«[342]

Freiherr von Soden warnt im August 1932 vor den gefährlichen, imperialistischen Irrlehren von Möller van den Bruck, Stapel und Wirsing. Er hält diese Reichsideologen für »Verkünder des vom Stolz verdorbenen gibellinischen Reichsgedankens, der nur Herrschaft, keinen Dienst des deutschen Staates kennt«[343]. Sie seien »Ausdruck des Wahnwitzes von der nordischen Herrenrasse.« Er erinnert die Katholiken, die einer solchen

---

[337] A. Mirgeler, S. 53.
[338] Ebd., S. 54.
[339] Ebd., S. 55.
[340] Ebd., S. 55.
[341] H. Weinzierl, Papen, S. 644; folgende Zitate ebd.
[342] Ebd., S. 645.
[343] C. O. Frhr. v. Soden, Das wahre Reich, S. 496; folgende Zitate ebd.

Lehre im Eifer um die »Ganzheit« verfallen könnten, daran, daß ein solches »Reich, das nur auf sich selbst schaut, als schlimmster Feind aller abendländischen und wahren christlichen Ganzheit entgegensteht.« Die Europapolitik eines katholischen Reichs sei »kein tobender Revisionismus«. Im übrigen würde der Kaiser dieses Reichs »nicht in Versailles, nicht in Berlin gekrönt, sondern zu Aachen.«

Als polemischer Meister bei dem Versuch, den Reichsgedanken von Preußen abzukoppeln und ihn dem Protestantismus streitig zu machen, erwies sich Theodor Haecker. Im November 1932 formuliert er überspitzt, aber doch die vorherrschende katholische Auffassung treffend: »Die Deutschen bleiben das Volk des ›Reiches‹ bis ans traurige Ende, wiewohl sie es verwirkt haben dadurch, daß sie Luther, den Häresiarchen, mehr liebten als Christus«[344]. »Die Deutschen haben eine Beziehung zum Reiche [...] noch im Augenblick, da sie es selber zerstören, wie niemand sonst es zerstören kann, da sie den Bock zum Gärtner machen: Preußen; da sie abfallen und die conditio sine qua non des Reiches, nämlich die Katholizität preisgeben: das ›Reich‹ ist entweder ›katholisch‹ oder es wird zur Karikatur, wenn nicht zu schlimmerem. Ein protestantisches ›Reich‹ ist eine herzquälende contradictio in adjecto [...]. Ein protestantisches ›Reich‹ ist despotische Anarchie, oder wenn man lieber will: anarchischer Despotismus«[345]. Bismarck habe in seiner Fiktion eines protestantischen Reiches Österreich, das substantiell Reichliche, ausgeschlossen und die Katholiken politisch entmannt, indem er ihnen die protestantischen Prinzipien, daß Religion Privatsache sei und daß Welt und Staat nicht der christlichen Sittlichkeit unterlägen, aufgenötigt habe[346].

Auch der Abendländer Georg Moenius wirbt 1933 für das Imperium Romanum, mit dem er »die Idee des Rechts und die Idee des Friedens«[347] verbindet. »Laßt uns wieder Bürger des Imperium Romanum sein«[348], fordert er deshalb seine Zeitgenossen auf. Doch wie Haecker sieht auch er diesen Reichsgedanken unter den politischen Vorzeichen des Jahres 1933 pervertiert: »Heute [...] gibt es kein Land, wo gegen die Reichsidee so gefrevelt wird wie in Deutschland. Man haßt nicht nur Frankreich und Polen um die Wette; man ist dem dümmsten Stolz verfallen, dem Rassenstolz, um ein Reich aufzubauen«[349]. Das »Reich Karls des Großen«

---

[344] Th. HAECKER, Betrachtungen, S. 21.
[345] EBD., S. 23.
[346] EBD., S. 24.
[347] G. MOENIUS, Imperium, S. 9.
[348] EBD., S. 7.
[349] EBD., S. 8.

4. Nationalsozialistischer Parteigänger

sieht Moenius als politischen »Ausdruck des katholischen Universalismus«. Wie viele Katholiken spricht er sich in dieser Traditionslinie stehend für Aachen, wo, wie Theodor Haecker bereits 1930 festgestellt hatte[350], der Stuhl Karls des Großen stehe, als Symbol des katholischen Reichsgedankens aus. Dieser habe mit der Berliner Reichsidee, die für das Hohenzollernreich stehe und die Nietzsche als die »Exstirpation des deutschen Geistes« bezeichnet habe, nichts gemein.

Publizisten wie Weinzierl, von Soden, Haecker oder Moenius machten deutlich, wie im deutschen Katholizismus das Reich ganz überwiegend verstanden wurde: Es ging nicht um einen deutschen oder preußischen Imperialismus, sondern um die Idee der Revitalisierung der christlich-abendländischen Einheit unter der geistigen Führung der katholischen Kirche nach einem mittelalterlichen Ideal. Nach dieser Vision sollten die Nationen Europas versöhnt und nicht in Freund-Feind-Konstellationen versetzt werden. Man orientierte sich dabei nicht an Potsdam, sondern an Aachen. Deshalb gehörten »Reichs«-Katholiken wie Haecker und Moenius 1933 trotz ihrer autoritär-konservativen politischen Grundausrichtung zu den Gegnern des Nationalsozialismus.

Obwohl Carl Schmitt als »Römer« und gemäßigter Abendländer durchaus einen Bezug zum Gedanken des erneuerten Imperium Romanum hätte haben können, hat er sich zumindest öffentlich nicht als katholischer Reichstheologe exponiert. Das sacrum imperium spielt in den Schriften seiner Staatsrechtslehre bis 1933 keine Rolle. In seiner Verfassungslehre »Staat, Bewegung, Volk« von 1933 taucht der Reichsbegriff nicht unter den von ihm vorgestellten nationalsozialistischen Grundbegriffen auf. Lediglich in »Über die drei Arten des rechtswissenschaftlichen Denkens« bekennt sich Schmitt 1934 »zu dem höchsten und deutschesten Ordnungsbegriff, zum ›Reich‹ als einer konkret-geschichtlichen, Freund und Feind von sich aus unterscheidenden, politischen Einheit«[351]. Für »Reich« könnte in diesem Kontext auch »deutscher Nationalstaat« stehen. Jedenfalls zeigt Schmitt mit dieser Formulierung, daß er mit der herrschenden katholischen Vorstellung, wonach durch das Reich der Nationalstaat gerade überwunden werden soll,[352] nichts gemein hat. Eher läßt sich sein Standpunkt unter die nationalistische, preußisch-protestantische Reichsidee subsumieren, die zunächst Bismarck und später die Nationalsozialisten aufgegriffen haben. Auch seine Bewunderung für Preußen und

---

[350] Vgl. R. Faber, Abendland, S. 149 f.
[351] C. Schmitt, Arten, S. 44.
[352] Vgl. G. Moenius, Imperium, S. 8 f.; H. Weinzierl, Papen; H. Weinzierl, Ringen, S. 9 ff.

seinen Staatsphilosophen Hegel rücken Schmitt in Sachen »Reich« näher an Berlin oder Potsdam als an Aachen.[353]

Unabhängig von der Frage nach seiner Nähe zum katholischen oder protestantischen Reichsverständnis mußte sich Schmitt durch die Renaissance dieses Begriffs in seiner 1922 in »Politische Theologie« formulierten These, daß alle staatsrechtlichen Begriffe säkularisierte theologische Begriffe sind, bestätigt fühlen. Das nationalsozialistische Plagiat vom »Dritten Reich« ist ein Musterbeispiel für die politisch-manipulative Säkularisierung eines geschichtstheologischen Topos.

Insgesamt standen den deutschen Katholiken mehrere Optionen offen, um 1933 den Anschluß zu den neuen Machthabern oder gar eine weitgehende Identifikation mit ihnen zu finden. Zu einigen dieser Zugangsmöglichkeiten lassen sich in der politischen und staatsrechtlichen Theorie Schmitts Parallelen feststellen. Nimmt man die aufgezeigten Grundsätze zum Maßstab, dann reagierte Schmitt 1933 mit einigen Abstrichen durchaus im Spektrum des im Katholizismus üblichen Verhaltens. Aber ein genuin katholischer Zugang zum Nationalsozialismus ist bei ihm nicht zu diagnostizieren. Entscheidend dürfte für Schmitt gewesen sein, daß er 1933 als Staatsrechtler vor einer neuen Situation stand, die er mit dem von ihm bereits vorher entwickelten theoretischen Instrumentarium, insbesondere mit der Erkenntnis, daß sich das Staatsrecht wie die katholische Kirche jeder etablierten Ordnung gegenüber positiv verhalten kann, bewältigen konnte, und daß er glaubte, durch seine Mitarbeit im neuen Staat die weitere Entwicklung in seinem Sinne mitbestimmen und gestalten zu können. Es gibt jedenfalls in seinen Schriften keine Hinweise, daß sich Schmitt 1933 aus theologischen oder gar konfessionellen Motiven dem Nationalsozialismus zugewandt hätte.[354]

c) Katholizismus als Verhängnis

Daß Carl Schmitt aufgrund seines staatsrechtlichen Engagements ab 1933 eine beachtliche wissenschaftliche und politische Karriere machen konnte,

---

[353] Die These von A. Koenen, C. Schmitt habe zu den führenden katholischen Reichstheologen gehört, ist allenfalls haltbar, wenn C. Schmitt zu der kleinen Minderheit der Katholiken gezählt wird, die diese Abgrenzung vom preußischen Reichsgedanken nicht vorgenommen hat.

[354] Nach A. Koenen sah der eschatologisch denkende C. Schmitt im Nationalsozialismus den von Paulus im 2. Kapitel des 2. Briefes an die Thessalonicher vorgestellten »Aufhalter«, der den Antichristen und das Ende der Welt aufhält (A. KOENEN, S. 584 ff.). Mit dieser These läßt sich freilich eine besondere inhaltliche Nähe C. Schmitts zum Nationalsozialismus nicht begründen. Die Rolle des Aufhalters kann jede Regierung, die für Ordnung sorgt, übernehmen. Der Hinweis auf die »Katechon«- Vorstellung vermag danach im Er-

4. Nationalsozialistischer Parteigänger 471

rief insbesondere unter Professoren-Kollegen, die sich schon vor der politischen Machtergreifung zum Nationalsozialismus bekannt hatten, manchen Neider auf den Plan. Man witterte in dem NS-Proselyten einen unliebsamen Konkurrenten.[355]

Der Staatsrechtler Otto Koellreutter, der schon lange vor der Machtergreifung der NSDAP angehörte, attackiert bereits 1933 in seiner Staatslehre Schmitt als einen Liberalen. Dessen Beschränkung der Kategorie des Politischen auf den politischen Gegensatz entspringe »nur der individualistischen Auffassung des bindungslosen Kampfes aller gegen alle«[356]. In einem Vortrag vor der Kant-Gesellschaft verschärft Koellreutter seine Kritik. Schmitts Politik-Begriff orientiere sich nicht an der Gemeinschaft oder am Volk, sondern am politischen Gegner. Er sei »a-völkisch«[357] und stehe deshalb im Gegensatz zur »völkischen Auffassung des Nationalsozialismus vom Wesen des Politischen.« Die Dreigliederungslehre Schmitts in »Staat, Bewegung, Volk« krankt nach Koellreutter daran, daß sie als reine Konstruktion »nicht die spezifisch deutsche und damit völkische Grundposition heraushebt, die den Nationalsozialismus sowohl vom Bolschewismus wie vom Faschismus unterscheidet«[358]. Staat, Bewegung und Volk bildeten nicht, wie Schmitt annehme, gleichwertige Ordnungsreihen, »sondern Staat und Bewegung wurzeln ihrerseits wieder nur im völkischen Sein und sind nur Gestaltung und Mittel der im Volke ruhenden autoritären Führung«[359]. Eine Konstruktion, die das Wesen des nationalsozialistischen Staates zum Ausdruck bringen wolle, könne auch nicht, so ein weiterer Kritikpunkt Koellreutters an dieser Schrift, »eines der schwierigsten und brennendsten Probleme unserer Zeit«, »die Frage, in welche Reihe dieses dreigliedrigen Aufbaus die Kirchen gehören«[360], einfach beiseite schieben.

Koellreutter ließ es nicht bei dieser öffentlichen Form der Auseindersetzung bewenden. In Briefen an verschiedene NS-Größen beschuldigte er Schmitt, kein überzeugter Nationalsozialist, sondern ein karrieresüchtiger Opportunist zu sein[361]. Ähnliche Briefe schrieb auch Karl August

---

gebnis allenfalls zu erklären, daß sich C. Schmitt zu jeder autoritären Regierung »positiv« verhalten kann.
355 Vgl. B. RÜTHERS, Reich, S. 81 ff.; A. KOENEN, S. 509 ff.
356 O. KOELLREUTTER, Grundriß, S. 14.
357 O. KOELLREUTTER, Volk, S. 8; folgendes Zitat EBD.
358 EBD., S. 20.
359 EBD., S. 20; vgl. auch O. KOELLREUTTER, Führerstaat, S. 28, Anm. 17.
360 O. KOELLREUTTER, Volk, S. 19.
361 Vgl. A. KOENEN, S. 527 ff., 549 ff.; O. Koellreutter merkt mit Blick auf C. Schmitts politisches Engagement vor 1933 an, es sei »nicht ohne Reiz«, daß dieser in »Staat, Bewegung, Volk« von der »angeblich ›autoritären‹ Regierung von Papen und Schleicher« spreche,

Eckhardt, 1933 noch Rechtshistoriker in Bonn und danach in der Ministerialverwaltung tätig.[362]

Der gefährlichste Gegner Schmitts war der Staatsrechtler Reinhard Höhn, 1934 Professor in Heidelberg und ab 1935 Hauptabteilungsleiter im SD-Hauptamt, dem Sicherheitsdienst der SS, der gegen Oppositionelle innerhalb der NSDAP gerichtet war. Höhn nutzte diese Stellung, um im Sommer 1936 Carl Schmitts Kontakte und Aktivitäten überwachen zu lassen.[363] Der SS-Sicherheitsdienst stufte Carl Schmitt in internen Vermerken als katholischen Denker und Opportunisten mit zahlreichen jüdischen Verbindungen ein.[364] Er vermutete, daß Schmitt die Tagung über das Judentum in der Rechtswissenschaft nur organisiert habe, um »von dem Gegner, der gefährlich ist, nämlich die Kirche, abzulenken und auf ein Gebiet hinzulenken, wo der Nationalsozialismus sowieso schon gesiegt hat«. Schmitt gehe es auch darum, »sich nationalsozialistisch zu rehabilitieren«[365].

Im Februar 1936 griffen NS-Studenten Schmitt öffentlich wegen seiner früheren Verbindungen zum Katholizismus und seiner aus ihrer Sicht falschen Deutung des Verhältnisses von »Bewegung« und »Volk« an. Schmitt brach die Vorlesung entnervt ab.[366] In dieser Situation war es der Katholik Günther Krauss, der es wagte, sich öffentlich hinter seinen Lehrer Carl Schmitt zu stellen und ihn gegen den Vorwurf des Opportunismus in Schutz zu nehmen.[367] In der Zeitschrift »Jugend und Recht«, dem »Organ der jungen Rechtswahrer«, versucht er, in einem Aufsatz »Zum Neubau deutscher Staatslehre. Die Forschungen Carl Schmitts« im November 1936 eine Kontinuität in den »Wandlungen«, die Schmitts Lehre innerhalb eines verhältnismäßig kurzen Zeitraums durchgemacht habe, aufzuzeigen.[368] Dessen Denken verlaufe in drei Entwicklungsstufen: »Die Entwicklung geht von der Kirche über den Staat zum Reich.« Denjenigen, die mit »Verdächtigungen und Unterstellungen« arbeiteten, gibt Krauss zu bedenken, »daß das Denken Carl Schmitts gerade in seinem Gestaltwandel ein Spiegelbild der tausendjährigen Geschichte des deutschen

---

nun aber feststelle, daß sie »den Schwierigkeiten der inner- und außenpolitischen Lage nicht gewachsen gewesen sei« (O. KOELLREUTTER, Führerstaat, S. 27, Anm. 2).

[362] Vgl. B. RÜTHERS, Reich, S. 83 ff.
[363] Vgl. J. W. BENDERKSY, S. 232 f.; B. RÜTHERS, Reich, S. 88.
[364] Vgl. I. VILLINGER, S. 29.
[365] Ebd., S. 30.
[366] Vgl. J. W. BENDERKSY, S. 230 f.; H. QUARITSCH, Positionen, S. 109.
[367] Zu den Umständen der Veröffentlichung dieses Beitrags vgl. G. KRAUSS, Erinnerungen, Teil 5, S. 102, Anm. 4.
[368] G. KRAUß, Neubau, S. 252; folgendes Zitat EBD.

4. Nationalsozialistischer Parteigänger 473

Volkes ist. Auch die Geschichte des deutschen Volkes vollzieht sich seit der Einigung der deutschen Stämme in drei Entwicklungsstufen: auch sie geht von der Kirche über den Staat zum Reich«[369].

Den Kritikern Schmitts hält Krauss entgegen, auch der Führer stamme aus einer katholischen Landschaft und sei durch den preußischen Staat hindurchgegangen. In der Sache pocht er auf die Kontinuität in Schmitts Werk, wobei der defensive Charakter seiner Ausführungen unübersehbar ist: »Auch die älteren Schriften Carl Schmitts enthalten bereits mächtige Ansätze eines echten Ordnungsdenkens. [...] Die Summa aus diesen Ansätzen [...] konnte freilich erst in dem Augenblick gezogen werden, als die nationalsozialistische Bewegung in der politischen Wirklichkeit eine echte Ordnung geschaffen hatte. Insofern verhilft die nationalsozialistische Bewegung dem Denken Carl Schmitts zu einer echten Erkenntnis der eigenen Prinzipien, wie umgekehrt die Arbeiten Carl Schmitts dem rechtswissenschaftlichen Vollzug der Prinzipien der nationalsozialistischen Bewegung dienen. [...] Seine Werke sind es auch heute wert, daß man sich mit ihnen auseinandersetzt und daß man, wo man ihnen widerspricht, wenigstens einen Versuch macht, diesen Widerspruch sachlich zu begründen«[370].

Die Reaktion auf diese Verteidigung ließ nicht lange auf sich warten. Am 3. Dezember 1936 erschien im »Schwarzen Korps«, dem Organ der SS, eine erste mittelbare Attacke gegen Carl Schmitt.[371] Unmittelbar war sie zunächst noch gegen Günther Krauss gerichtet. Als »Vermessenheit« wird der »Versuch einer Rechtfertigung der Episoden von 1918 bis 1933« bezeichnet. Zu Krauss' Entwicklungsmodell Kirche – Staat – Reich heißt es: »Noch nie ist die deutsche Geschichte so schamlos verbogen worden, um die gestaltlosen Wandlungen einer intellektuellen Schicht in kürzestem Zeitraum zu verherrlichen. Wer derart Schindluder treibt mit dem gewaltigen Umbruch unserer Zeit, hat das Recht verwirkt, zu jungen Rechtswahrern zu sprechen.« Als »Gipfelpunkt einer Unverschämtheit« bezeichnet das »Schwarze Korps« den Hinweis, daß auch der Führer diese Wandlungen »im Schnellzugtempo« durchgemacht habe. Krauss müße »selbst merken, daß er durch die Zitierung Adolf Hitlers den Staatsrat Carl Schmitt bis auf die Knochen bloßstellt.«

Die Hauptattacke gegen Carl Schmitt erfolgt erst in der nächsten Ausgabe des »Schwarzen Korps« vom 10. Dezember 1936. Unter der Über-

---
[369] EBD., S. 253.
[370] EBD., S. 253.
[371] »Eine peinliche Ehrenrettung« (ohne Verfasserangabe), in: DAS SCHWARZE KORPS, Folge 49, 3. Dezember 1936, S. 14; folgende Zitate EBD.

schrift »Es wird immer noch peinlicher!« räumt man zunächst einen taktischen Irrtum ein: »*Wir haben inzwischen festgestellt, daß Günther Krauß ein gründlicher Kenner der Lehre Carl Schmitts ist und als sein vertrautester Freund und Schüler galt. Die Arbeit von Günther Krauß ist deshalb nicht die Auffassung eines unmaßgeblichen Betrachters, sondern sie spiegelt auf kurzem Raum mit seltener Treffsicherheit die Wandlungen der wandelbaren Lehre des Prof. Schmitt*«[372].

Deshalb gab man nun den »Ausführungen eines Sachkenners« Raum. Dieser »Sachkenner« präsentiert im folgenden Fakten, die Waldemar Gurian in den Jahren 1934 bis 1936 in der Schweizer Emigranten-Zeitschrift »Deutsche Briefe« mehrfach veröffentlicht hatte.[373] Vor allem Schmitts frühere Kontakte zu Juden und zum Katholizismus werden genüßlich ausgebreitet. So heißt es u.a.: »Ehe Prof. Schmitt seine Gedanken in besonderen Schriften vertrat, wurden sie als Aufsätze in der von dem Juden Wilhelm Fuchs redigierten Monatsschrift ›Hochland‹ veröffentlicht. [...] An der Seite des Juden *Jakobi* focht Carl Schmitt im Prozeß Preußen-Reich für die reaktionäre Zwischenregierung Schleicher. Den Kennern der Lehre des Prof. Schmitt war nur zu gut bekannt, daß er in der Schriftenreihe des ›*Verbandes der Union katholischer Akademiker zur Pflege der katholischen Weltanschauung*‹ mit päpstlichem Unbedenklichkeitsvermerk beachtliche Beiträge zur theoretischen Unterbauung des politischen Katholizismus geliefert und diese seine Haltung in der aktiven Unterstützung der Zentrumspartei und später der Zentrumsregierung Brüning durch die Tat weithin sichtbar bekräftigt hatte. Hier hat er den klassischen Satz geprägt, der die Legalität seiner Wandlungen zu begründen sucht: ›*Mit jedem Wechsel der politischen Situation werden anscheinend alle Prinzipien gewechselt, außer der einen, der Macht des Katholizismus.*‹ *Ist es da verwunderlich, daß die katholische Wissenschaft ihn noch heute unwidersprochen für sich in Anspruch nimmt und zu ihren maßgeblichen Vertretern zählt, ihn, der durch die katholische Schule gegangen war und die ›lateinische‹ und katholische Geistigkeit in seltener Reinheit repräsentiert?*«

Bei diesem polemischen Ton erstaunt es nicht, daß bezüglich Schmitts katholischer Vergangenheit Präzision nicht gefragt war[374] und Halb-

---

[372] »Es wird immer noch peinlicher!« (ohne Verfasserangabe), in: DAS SCHWARZE KORPS, Folge 50, 10. Dezmber 1936, S. 2; folgende Zitate EBD.
[373] Zu W. Gurian vgl. unten V. 3. a); ob DAS SCHWARZE KORPS tatsächlich auf dieses von W. Gurian präsentierte Material zurückgriff oder über andere Quellen verfügte, ist nicht geklärt. Vgl. dazu B. RÜTHERS, Reich, S. 105; P. NOACK, S. 204; M. LAUERMANN, Begriffsmagie, S. 126.
[374] Der »päpstliche Unbedenklichkeitsvermerk« war eine kirchliche Druckerlaubnis (imprimatur), Hauptschriftleiter des HOCHLAND war bis März 1935 F. Fuchs (vgl. HOCHLAND

4. Nationalsozialistischer Parteigänger 475

wahrheiten manipulativ präsentiert wurden. Das Material sollte schließlich dazu dienen, dem Attackierten grenzenlosen Opportunismus nachzuweisen.

Der »Sachkenner« meint, Schmitt habe sich theoretisch zwar in Anlehnung an »ausländische katholische Vorgänger« für das Entscheidungsdenken ausgesprochen, praktisch habe seine Parole jedoch »Abwarten« geheißen: »*Am 30. Januar 1933 war es soweit. Nachdem die Entscheidung gefallen war, konnte auch Prof. Schmitt ohne Gefahr für sich eine Entscheidung vollziehen. Schweigend und voller Verwunderung sahen die Kenner seiner Persönlichkeit und seines Werdeganges, wie er sich nun plötzlich zum Hüter der nationalsozialistischen Idee aufzuschwingen verstand.*«

Der anonym bleibende Autor glaubt Schmitt trotz oder gerade wegen der redaktionellen Änderungen an den Neuauflagen seiner früheren Schriften die Bekehrung zum Nationalsozialismus nicht: »Aber immer noch geistert im Schatten der politischen Einheit das päpstliche Imprimatur des Buches ›*Römischer Katholizismus und politische Form*‹. Wie würde es, wenn die Kirche von sich aus ›*den politischen Totalitätsanspruch erhebt*‹? Was macht Carl Schmitt, wenn die totale Kirche ›Staat, Bewegung und Volk von sich aus deren Platz anzuweisen beansprucht und Freund und Feind des Volkes von sich aus unterscheiden will‹? Liegt in dieser Fragestellung nicht schon ein tiefer Sinn? Ist die Entscheidung für Carl Schmitt wirklich schon gefallen?«

Der Vorwurf, Schmitt hänge nach wie vor einem politischen Katholizismus an, diente hier allein dem Zweck der politischen Kaltstellung. War der »Sachkenner« wirklich ein solcher, konnte ihm gar nicht entgangen sein, daß gerade von katholischer Seite Anfang der 30er Jahre die massivsten Angriffe gegen die Theorien Schmitts vorgetragen worden waren. Andere Nationalsozialisten haben schließlich diese Attacken gerade als politisches Guthaben Schmitts gebucht.[375] Bei aller Unlauterkeit, die in diesen Zeilen steckt, ist jedoch die Angst aufschlußreich, die man bei der SS auch 1936 noch vor der »totalen Kirche« hatte.

In hohen SS-Kreisen befürchtete man im Sommer 1936, daß Schmitt im Wege einer Kabinettsumbildung Staatssekretär im Reichsjustizministeri-

---

32 II (1934/35), S. 481, Anm. 1), der »Jude Jakobi« hieß Jacobi und der aus »Römischer Katholizismus und politische Form« (S. 10) zum Teil grammatikalisch unzutreffend zitierte Satz wurde von C. Schmitt im Zusammenhang mit den Vorwürfen gegen den Katholizismus präsentiert.
[375] Vgl. z. B. A. WIEDEMANN, S. 568, der gegen den politischen Katholizismus gerichtet schrieb: »Der Katholik Carl Schmitt [...] war ihnen ein Greuel«.

um werden könnte.³⁷⁶ Dies wollten die Gegner Schmitts verhindern. Ihre Attacken im SS-Blatt waren zeitlich so positioniert, daß sie den politischen Aufstieg Schmitts stoppen konnten.³⁷⁷ Carl Schmitts Karriere im NS-Staat war nach den beiden Polemiken beendet. Seine Parteiämter mußte er abgeben. Lediglich der entschiedenen Intervention Hermann Görings hatte es Schmitt zu verdanken, daß ihm sein Lehrstuhl in Berlin und der Titel »Staatsrat« erhalten blieben. Er könne es nicht dulden, »daß gegen Mitglieder des Preußischen Staatsrates in der von Ihnen beliebten Weise vorgegangen wird. Unter diesen Umständen ersuche ich Sie zunächst, den Pressefeldzug gegen den Staatsrat Prof. Dr. Carl Schmitt sofort einzustellen«, schrieb Göring an das »Schwarze Korps«³⁷⁸.

Waldemar Gurian verfolgte und kommentierte aus dem Schweizer Exil in seinen »Deutschen Briefen« mit nicht zu übersehender Freude den Prozeß der Entmachtung Schmitts. Am 11. Dezember 1936, also nur wenige Tage nach der ersten Attacke des »Schwarzen Korps«, die er breit wiedergibt, titelt Gurian: »Der NS – Kronjurist Carl Schmitt als Mohr ...«³⁷⁹: »Nun scheint Carl Schmitt in Ungnade zu kommen. Man beginnt sich in NS Kreisen von ihm zu distanzieren und plötzlich wird an seine für alte Parteigenossen anrüchige Vergangenheit erinnert. Noch geschieht das diskret, aber es geschieht.[...] Das Ganze ist also eine Warnung an Carl Schmitt – er soll sich hüten, noch allzusehr aufzufallen. Er soll bescheiden und still sein. Vorbei ist es mit der Rolle des führenden NS Kronjuristen. Man hat ihn nicht mehr nötig und lässt ihn fallen. Nichts hat ihm seine zynische Gleichschaltung, seine Kriecherei vor NS Größen – so hat er z.B. Julius Streicher und seinen ›Stürmer‹ dieses Jahr öffentlich gefeiert – genützt.«

Die zweite Attacke des »Schwarzen Korps« gegen Schmitt meldet Gurian am 18. Dezember 1936 unter dem Titel »Die NS Treibjagd gegen NS Kronjuristen Carl Schmitt hat eingesetzt«³⁸⁰. Gurian kommentiert: »Was heute gegen Carl Schmitt vorgebracht wird, ist nicht neu. Alles ist schon seit Jahren bekannt. Aber man konnte Carl Schmitt brauchen und so ignorierte man seine vom NS Standpunkte aus peinliche Vergangenheit. Dann liess man ihn zunächst mehr privat die beginnende Ungnade fühlen und trieb ihn zu extremen Formen der Gleichschaltung. Aber all dies hat ihm nichts genützt. [...]. Carl Schmitt ist heute zur überflüssigen Hilfs-

---

³⁷⁶ Vgl. H. QUARITSCH, Positionen, S. 103.
³⁷⁷ Vgl. M. LAUERMANN, Begriffsmagie, S. 124.
³⁷⁸ I. VILLINGER, S. 34.
³⁷⁹ H. HÜRTEN, Deutsche Briefe II, S. 489 f.; folgende Zitate EBD.
³⁸⁰ EBD., S. 498.

4. Nationalsozialistischer Parteigänger

kraft geworden und man läßt ihn fallen. Das ›Schwarze Korps‹ ist Ende 1936 ›charaktervoll‹ genug, die längst bekannte Charakterlosigkeit von Carl Schmitt empört festzustellen. Offenbar gilt im Dritten Reich der Grundsatz: Charakterlosigkeit ist solange ›Charakterstärke‹, als sie dem Nationalsozialismus dient«[381].

Als Schmitt alle Parteiämter angeblich aus Gesundheitsgründen niedergelegt hatte, fragt Gurian schonungslos mit der Schlagzeile: »Auf dem Wege in die Emigration oder ins Konzentrationslager?«[382] Carl Schmitt wisse selber »ganz genau, was ihm bevorsteht; er erinnert sich bestimmt an sein Verhalten in Maria Laach 1933.« Dann schildert Gurian die Frage des Protestanten Edgar Jungs nach der Vereinbarkeit von Christentum und totalem Staat: »Carl Schmitt flüsterte laut vernehmbar: ›Dieser Mann ist reif fürs Konzentrationslager.‹ Wer kennt Edgar Jung heute? Er gehört ja zu jenen Mitarbeitern v. Papens, die am 30. Juni 1934 erschossen worden sind. Carl Schmitt weiss also ganz genau, was ihm mindestens drohen kann. Edgar Jung ist auch erst ein Jahr, nachdem er unangenehm aufgefallen war, verhaftet worden ...«

Neben Koellreutter, Eckhardt und Höhn sprach sich auch der Chefideologe der NSDAP, Alfred Rosenberg, gegen eine Verwendung Schmitts in hohen Staats- und Parteiämtern aus. In einem Brief vom 2. Oktober 1934 schreibt er dem Parteigenossen Heß, Carl Schmitt sei »erster Berater von Brüning« gewesen. Er werde »zwar heute alles begründen, was der Führer verordnet, kann aber unmöglich in weltanschaulich-nationalsozialistischer Bestimmung in der Parteileitung tätig sein«[383]. In den vertraulichen »Mitteilungen zur weltanschaulichen Lage« des Beauftragten des Führers für die Überwachung der gesamten geistigen und weltanschaulichen Erziehung der NSDAP, kurz: des »Amtes Rosenberg«, vom 8. Juni 1937 wird getreu dem antirömischen Weltbild Alfred Rosenbergs Carl Schmitt als ein Opportunist vorgestellt, der insgeheim nur die Machtentfaltung der katholischen Kirche im Sinn habe. Nach dem Hinweis auf »Römischer Katholizismus und politische Form«, den Vortrag Schmitts vor der rheinischen Zentrumspartei[384], den Versuch von 1932, die NSDAP für illegal zu erklären, die Unterstützung der Präsidialregime durch die zunehmende Ausdehnung der Befugnisse des Reichspräsidenten nach Art. 48 WRV und auf einige Positionsänderungen in der Bewertung des pluralistischen Parteiensystems stellt das »Amt Rosenberg« fest: »Dieser

---

[381] EBD., S. 499.
[382] EBD., S. 510; folgendes Zitat EBD.
[383] H. QUARITSCH, Positionen, S. 51.
[384] C. SCHMITT, Schicksal.

Überblick an inneren Widersprüchen, die aus der Fülle des Materials herausgegriffen sind, könnte zu der Einsicht verleiten, hier ein Beispiel <u>vollendeter politischer Charakterlosigkeit</u> zu sehen. Doch läßt sich eine einheitliche Linie feststellen, die sich durch alle Schriften sehr deutlich hindurchzieht: im Hintergrund der rechtlichen und politischen Begriffe steht die Macht der katholischen Kirche«[385].

Mit Hinweis auf einige Zitate aus »Römischer Katholizismus und politische Form« kommt man zum Ergebnis, Schmitt bekenne sich »leidenschaftlich« zur katholischen Kirche und verteidige die Fehler der Päpste[386]. Teilweise aus dem Zusammenhang gerissene positive Wertungen in Rezensionen von Gustav Gundlach, Erich Przywara, Konrad Beyerle und Hugo Ball werden als Beweise für Schmitts Katholizität ins Feld geführt. Daß man im »Amt Rosenberg« nicht an einer sachlichen Darstellung dieser Besprechungen interessiert war, ergibt sich schon daraus, daß die kritischen Passagen dieser katholischen Autoren zu Schmitts Theorien ungenannt bleiben. Schmitts konkretes Ordnungsdenken wird als schlecht getarnter Neothomismus[387] eingestuft. Zum Teil erstaunlich hellsichtig sind die Ausführungen zu Schmitts Begriff des totalen Staates[388]: »Der Totalität der theologischen Entscheidung entspricht die Totalität des Staates im Bereich des Weltlichen. [...] Wir erkennen in der Totalität des Staates säkularisierte Erscheinungsformen der inneren römischen Kirche und nichts anderes [...]. Schmitt prägt das Wort vom Totalen Staat für den Brüning-Papen-Schleicher-Staat in ›Hüter der Verfassung‹ (1931) erstmalig. Und der gleiche Begriff soll nun den nationalsozialistischen Staat kennzeichnen! Die Formel vom totalen Staat ist römisch-katholischer Herkunft, der Begriff des totalen Staates ist eine neue Rezeption des römischen Rechts im 20. Jahrhundert!«[389]

Insgesamt sieht man in der Lehre Schmitts eine »säkularisierte Theologie«[390]. Seine Feststellung von 1923, Jurisprudenz und Katholizismus könnten eine ähnlich flexible Haltung wechselnden politischen Formen gegenüber einnehmen, erweise sich »mit eindeutiger Klarheit als römisch-byzantinisch und bekundet ein Rechtsdenken, das absolut entgegengesetzt ist jedem Denken, das irgendwie an eine Wertordnung durch Volk

---

[385] Zit. nach G. MASCHKE, Amt, S. 103 f.
[386] EBD., S. 104.
[387] EBD., S. 108.
[388] Den ersten Angriff auf C. Schmitts »totalen Staat« trug A. Rosenberg bereits in einem Leitartikel des VÖLKISCHEN BEOBACHTERS vom 9. Januar 1934 vor. Vgl. dazu A. KOENEN, S. 517 ff.
[389] Zit. nach G. MASCHKE, Amt, S. 110 f.
[390] EBD., S. 111.

und Rasse gebunden ist. Ebenso macht er den Begriff der Politik geeignet zu seiner Verwendung: Wenn das Politische die Intensität der Freund- und Feindsetzung bestimmt, dann wird ein Riegel vorgeschoben der weltanschaulichen Ausrichtung des Begriffs der Politik; unter dem Schutze einer Neutralität können dann kirchliche Elemente eingeschmuggelt werden«[391].

Solche Ausführungen dürften Helmut Quaritsch zu der These geführt haben, die Nationalsozialisten hätten »den geistigen Kern C. Schmitts schärfer gesehen als manche Autoren, die sich nach 1945 mit Carl Schmitt beschäftigten«[392]. Tatsächlich wurde hier die Theorie Schmitts als säkularisierte Theologie gar nicht so unzutreffend interpretiert. Gleichwohl überwogen eindeutig die polemischen Absichten und Spitzen. Um Schmitt als Katholiken vorzuführen, wurden überwiegend seine Frühwerke bis 1925 herangezogen. Seine spätere Distanz zur katholischen Kirche und zum politischen Katholizismus ignorierte man ebenso wie die zahlreichen heftigen Attacken von katholischer Seite gegen Schmitt, die Anfang der 30er Jahre zunahmen und in denen ihm mehrfach gerade die Katholizität seiner Theorien abgesprochen wurde.

Es bleibt festzuhalten, daß dem »Konvertiten« Schmitt sein Bekenntnis zum Nationalsozialismus von dessen Hütern der reinen Lehre nicht oder nicht mehr geglaubt wurde. Da sich Schmitts frühere Nähe zum Katholizismus unter den geänderten politischen Umständen leicht als Waffe gegen ihn richten ließ, konnten die NS-Ideenwächter diese Vergangenheit aufgreifen, um Schmitt anzugreifen. Dabei kann letztlich dahingestellt bleiben, ob sie nach 1933 wirklich an Schmitts Verbundenheit zur katholischen Kirche glaubten oder ob sie dessen Vergangenheit nur als Vorwand heranzogen, um einen Konkurrenten bei der Besetzung hoher Staats- oder Parteiämter auszuschalten. Im Ergebnis saß Carl Schmitt zwischen allen Stühlen. Führende Vertreter des politischen Katholizismus ächteten ihn vor der nationalsozialistischen Machtergreifung öffentlich als Verfassungsfeind. Repräsentanten des Nationalsozialismus, die sich für dessen ideologische Reinheit verantwortlich fühlten, stuften ihn als trojanisches Pferd der katholischen Kirche ein. Und von beiden Seiten wurde ihm grenzenloser Opportunismus vorgeworfen.[393]

---

[391] EBD., S. 111.
[392] H. QUARITSCH, Positionen, S. 29.
[393] Diesen Vorwurf konnten natürlich diejenigen, die Schmitt von Seiten der reinen NS-Lehre vorwarfen, zu wenig rassistisch und zu katholisch zu denken, nicht erheben.

V. PERSÖNLICHE BEZIEHUNGEN UND INHALTLICHE BEZÜGE

Carl Schmitt war ein überaus geselliger Mensch. Er gehörte nicht zu den Wissenschaftlern, die sich in den Elfenbeinturm ihres Fachgebietes zurückzogen. Er suchte vielmehr neben dem Bezug zur politischen Praxis auch die Kontakte zu Menschen, mit denen er sich über wissenschaftliche, politische, religiöse, künstlerische und alltägliche Angelegenheiten austauschen konnte. Es wird ihm sogar nachgesagt, er habe außerhalb von menschlichen Beziehungen gar nicht denken können.[1] Schmitts Gastfreundschaft wurde ebenso oft gerühmt[2] wie seine Liebe zum Wein, der bei diesen Treffen reichlich floß.[3] Unter den zahlreichen Professoren-Kollegen, Schülern und Publizisten, mit denen Carl Schmitt persönlichen Umgang pflegte und mit denen er manche Lehrmeinung oder politische Überzeugung teilte, waren auch viele namhafte Katholiken.

1. Professoren

a) Erik Peterson

Erik Peterson (1890 – 1960) gehörte zu den Bonner Professoren-Kollegen, mit denen Carl Schmitt lange Zeit intensive freundschaftliche Beziehungen unterhielt.[4] Der gebürtige Hamburger studierte ab 1910 in Straßburg, Greifswald, Berlin und Göttingen evangelische Theologie, wurde 1920 mit der Arbeit »Εἷς Θεός« zum Licentiaten der Theologie promoviert und habilitierte sich mit der gleichen Arbeit und im gleichen Jahr an der Universität Göttingen, wo er anschließend auch als Privatdozent tätig war. 1924 wurde Peterson auf den Lehrstuhl für Kirchengeschichte und Neues Testament an der evangelischen Fakultät der Universität Bonn berufen. Er lehrte dort bis zum Sommer 1929.[5]

Durch seine heftigen Auseinandersetzungen mit der damals im Protestantismus dominierenden dialektischen Theologie näherte sich Peterson immer weiter der katholischen Dogmatik an. Meilensteine auf diesem

---

[1] Vgl. A. Mohler, Diskussionsbeitrag zum Referat von E. R. Huber, Schmitt, S. 69.
[2] Vgl. G. Krauss, Erinnerungen, Teil 2, S. 181.
[3] Vgl. ebd.; F. Blei, Gespräch, S. 518.
[4] Im Nachlaß von C. Schmitt befinden sich 33 Briefe und 6 Postkarten von E. Peterson aus den Jahren 1925 bis 1949 (Nachlaß, S. 120).
[5] Zur Biographie E. Petersons vgl. E. L. Fellechner, S. 76, 78 f., 84, 87, 103; B. Nichtweiß, Leben, S. 529 – 543; B. Nichtweiß, Peterson.

Weg waren seine beiden Bonner Vorträge »Was ist Theologie?«[6] (1926) und »Die Kirche« (1929). Sein an Weihnachten 1930 in Rom vollzogener Übertritt zur katholischen Kirche war die logische Konsequenz seines theologischen Weges und seiner dabei gewonnenen Überzeugungen. Ab diesem Zeitpunkt lebte Peterson in Rom. Der konvertierte Privatgelehrte konnte dort nur mit großer Mühe den Lebensunterhalt für sich und seine Familie bestreiten.[7] In Deutschland war es ihm trotz verschiedener Anläufe nicht gelungen, eine gesicherte wirtschaftliche Existenz im katholischen Umfeld zu finden.[8]

Nach ersten Kontakten in München im Kreis von Theodor Haecker[9] lernten sich Schmitt und Peterson während ihrer Lehrtätigkeit an der Universität Bonn Mitte der 20er Jahre intensiver kennen und schätzen.[10] Die Verbindung ging soweit, daß sie sich gegenseitig in die persönlichsten Angelegenheiten einbezogen.[11] So war Peterson Schmitts Trauzeuge bei der standesamtlichen Eheschließung mit der Serbin Duschka Todorovič am 8. Februar 1926 in Bonn.[12] Peterson war es auch, der die serbische Studentin in Schmitts Bonner Seminar eingeführt hatte.[13]

Schmitt dürfte indirekt dafür verantwortlich gewesen sein, daß eine Verlobung Petersons auseinanderging. Karl Barth, der trotz ganz anderer theologischer Grundausrichtung mit Peterson seit dessen Göttinger Dozentenzeit befreundet war, berichtete in einem Brief an Schweizer Freunde, Peterson habe sich an Weihnachten 1923 mit einer Studentin verlobt und wolle am 1. März heiraten.[14] In einem weiteren Brief meldete Barth dann, Peterson habe seine Verlobung »unergründlicherweise wieder aufgelöst [...]. Ich vermute, er wird nun kopfüber katholisch werden«[15]. Schmitt hat 1972 eine Begebenheit geschildert, die mit größter Wahrscheinlichkeit auf diese Trennung Petersons zu beziehen ist: »Ein evangelischer Theologe hat mir erzählt, seine Verlobung, die schon bis zu den Terminen im Standesamt und in der Kirche für die Trauung gediehen war,

---

[6] Vgl. oben III. 6 d); insbesondere in diesem Vortrag setzte sich E. Peterson mit der dialektischen Theologie K. Barths auseinander.
[7] Vgl. E. L. FELLECHNER, S. 110 f.; K. LÖWITH, S. 93 f.; B. NICHTWEIß, Leben, S. 541 f.
[8] Der Weg zum katholischen Priestertum wurde E. Peterson durch zu strenge Auflagen abgeschnitten (B. NICHTWEIß, Leben, S. 540).
[9] Zu Th. Haecker und E. Peterson vgl. H. SIEFKEN, Biographie, S. 11; zum Verhältnis C. Schmitts zu Th. Haecker vgl. unten V. 3. a).
[10] Vgl. B. NICHTWEIß, Verfassungslehren, S. 40.
[11] Vgl. C. SCHMITT, Politische Theologie, Anm. 3.
[12] F. SCHOLZ, Bemerkungen, S. 191, Anm. 89.
[13] Mündlicher Hinweis von E. R. Huber am 26. Januar 1987.
[14] F. SCHOLZ, Bemerkungen, S. 87, Anm. 59.
[15] EBD., S. 87.

sei auseinandergegangen, weil seine Braut, die aus einem evangelischen Pfarrhaus stammte, bei ihm meine Schrift ›Römischer Katholizismus‹ gefunden und einen Blick hinein geworfen habe«[16]. Die Auflösung des Verlöbnisses hat Peterson jedenfalls nicht daran gehindert, seinen katholisierenden Kurs in der evangelischen Theologie aufzunehmen und fortzusetzen. Vielleicht hat sie ihn sogar beschleunigt.

Die Rolle, die Schmitt bei der Konversion Petersons gespielt hat, ist nicht eindeutig geklärt. Edgar Salin,[17] der in den 20er Jahren ebenfalls an der Universität Bonn lehrte, berichtete 1962, daß der »böse Dämon von Universität und Politik in diesen Jahren«, Carl Schmitt also, »Petersons Konversion« in langen Diskussionen erleichterte«[18]. Der protestantische Theologe Heinrich Oberheid, der mit Peterson und über diesen auch mit Schmitt eng befreundet war,[19] hat 1964 diese Darstellung als »freie Erfindung« zurückgewiesen. Schmitt habe wie er Peterson von der Konversion abgeraten. Pate gestanden habe bei der Konversion »eine dunkle Figur jener Zeit, ein Journalist namens Gurian«[20].

Die Wahrheit dürfte zwischen Salin und Oberheid liegen. Schmitt, der selbst seine Abneigung gegen Proselytenmacherei bekundet hat[21], wird Peterson kaum zur Konversion aufgefordert haben. Tatsächlich lassen sich jedoch deutliche Parallelen seines Kirchenverständnisses und auch seiner politischen Theorie in Petersons Vorträgen und Aufsätzen nachweisen. Insbesondere Schmitts juridisch-autoritärer Ordnungskatholizismus muß bei Peterson einen nachhaltigen Eindruck hinterlassen haben. Denn zentrale Topoi aus »Römischer Katholizismus und politische Form« finden sich, ohne daß darauf allerdings Bezug genommen worden wäre, in Petersons Schriften wieder: Christus habe »seine Gewalt der Kirche verliehen, die ihn seit seiner Himmelfahrt zu repräsentieren

---

[16] SCHMITT im Gespräch, S. 95.
[17] Zu E. Salin (1892 – 1974) und zu seinem Verhältnis zu C. Schmitt vgl. P. TOMMISSEN, Schmittiana – 3, S. 163. Daß E. Salin als Jude (K. LÖWITH, S. 21) auf C. Schmitt nicht gut zu sprechen war, ist verständlich.
[18] E. SALIN, S. 16.
[19] H. Oberheid (1894 – 1974) studierte bei E. Peterson in Bonn. Bereits 1930 schloß er sich der NSDAP an und gehörte schon vor 1933 zu den führenden Vertretern der Deutschen Christen. 1933 wurde er Bischof von Köln-Aachen. Gleichzeitig konnte er als theologischer Berater des Reichsbischofs L. Müller dessen Kirchenpolitik steuern. Auf Empfehlung C. Schmitts wurde H. Oberheid Referent für kirchenrechtliche Fragen an der Akademie für Deutsches Recht. C. Schmitt verschaffte ihm auch Zugang zu J. Popitz. Ihm trug H. Oberheid 1933 gemeinsam mit Reichsbischof L. Müller seine Pläne für die Schaffung eines Ministers in evangelicis vor. Für diese Aufgabe schlugen sie H. Göring vor (K. SCHOLDER, S. 16, 29 ff.).
[20] Zit. nach P. TOMMISSEN, Bausteine, S. 82.
[21] SCHMITT im Gespräch, S. 95.

hat«²². »Die Kirche kann darum Christus repräsentieren, weil Christus abwesend und die Kirche – ihrem Wesen nach – sichtbar ist, wie eben ein Leib sichtbar ist«²³. Und in anderem Zusammenhang findet sich ein analoger Gedanke zur Repräsentation: »Theologie gibt es nur unter der Voraussetzung der Autorität der Propheten und der Autorität Christi – mit anderen Worten, *die in der Theologie sich manifestierende Autorität ist abgeleitete Autorität*«²⁴.

Peterson wird nicht müde, den autoritären Charakter der Kirche und des Dogmas zu beschreiben, dem gegenüber der Christ Glaube und Gehorsam schulde.²⁵ Immer wieder betont er den rechtlichen Charakter des Dogmas: »Im Dogma setzt es sich fort, daß Christus den Menschen auf den Leib gerückt ist. Das Evangelium ist ja keine frohe Botschaft, die sich ›an alle‹ richtet – wie unterschiede es sich noch von dem kommunistischen Manifest? –, sondern es ist ein positiver Rechtsanspruch Gottes, der aus dem Leibe Christi heraus einen jeden von uns konkret trifft, und zwar jure divino«²⁶. Das Dogma hält Peterson für einen so adäquaten Ausdruck dafür, daß Gott den Menschen auf den Leib gerückt sei, »daß jede Wendung gegen das Dogma, wie sie etwa der Ketzer unternimmt, sinnvollerweise auch eine am *Leibe* des Ketzers vorgenommene Bestrafung im Gefolge hat«²⁷.

Auch die von Schmitt unter politischen Vorzeichen präsentierte Analogie von katholischer Kirche und Staat findet bei Peterson eine ekklesiologische Entsprechung: »Die profane ἐκκλησία der Antike ist bekanntlich eine Institution der πόλις. Es ist die zum Vollzug von Rechtsakten zusammentretende Versammlung der Vollbürger einer πόλις. Man könnte in analoger Weise die christliche ἐκκλησία die zum Vollzug bestimmter Kulthandlungen zusammentretende Versammlung der Vollbürger der Himmelsstadt nennen. Der Kult, den sie feiert, ist ein öffentlicher Kult und keine Mysterienfeier und er ist eine pflichtmäßige öffentliche Leistung, eine λειτουργία, und nicht eine vom freiwilligen Ermessen abhängige Initiation. In dem öffentlich – rechtlichen Charakter des christlichen Gottesdienstes spiegelt sich wider, daß die Kirche politischen Gebilden, wie Reich und πόλις, weit näher steht als den Freiwilligkeitsverbänden und Vereinen«²⁸.

---

[22] E. PETERSON, Theologie, S. 31.
[23] EBD., S. 43, Anm. 24.
[24] EBD., S. 24.
[25] EBD., z. B. S. 15.
[26] EBD., S. 29.
[27] EBD., S. 28.
[28] E. PETERSON, Kirche, S. 422 f.

Gerade mit dieser Analogiesetzung von christlicher Ekklesia und weltlicher Polis entpuppt sich Peterson trotz aller Kritik an Schmitts politischer Theologie[29] im Ansatz selbst als politischer Theologe. Die Analogie hat hier durchaus auch eine strukturelle Dimension. Wird durch sie doch gerade der öffentlich-rechtliche Charakter der Kirche, den Schmitt 1923 ebenso sehr betonte, begründet. Die Kirche ist für Peterson »auch kein rein spirituelles Gebilde, in dem solche Begriffe wie Politik und Herrschaft überhaupt nicht vorkommen dürfen, das sich vielmehr darauf zu beschränken hätte, zu ›dienen‹«.[30] Da den Aposteln »viel Macht von Jesus verliehen war, mußte sich auch notwendig viel Macht vererben«[31].

Seinen betont katholischen Charakter noch als evangelischer Theologe unterstreicht Peterson mit der Verwendung des Gedankens der apostolischen Sukzession. Dabei greift er auch auf die bei Schmitt so zentralen Begriffe der »Entscheidung« und der »Legitimität« zurück: Die Kirche gründe historisch und theologisch in der Entscheidung der Apostel, zu den Heiden zu gehen: Darum »kann nur dieses die Aufgabe der Kirche sein, die Entscheidung der ›Zwölfe‹ in allen späteren Situationen der Kirche festzuhalten und zu wiederholen. Man hält die Entscheidung ›der Zwölfe‹ dann nicht fest, wenn man auf Legitimität, kirchliche Ämter und Kirchenrecht verzichtet. Man hält aber auch die Entscheidung ›der Zwölfe‹ nicht fest, wenn man der Meinung ist, daß es keine dogmatische Entscheidung der Kirche geben dürfe, daß vielmehr allein die Heilige Schrift Artikel des Glaubens aufzustellen habe. In der Möglichkeit der Kirche zu dogmatischen Entscheidungen spiegelt sich vielmehr gerade die aus dem Heiligen Geist stammende Freiheit ›der zwölf Apostel‹ wider«[32]. Ohnehin sieht Peterson in den Entscheidungsstrukturen Parallelen zwischen Kirche und Staat: »*Denn die Sphäre der dogmatischen Entscheidungen ist in der Kirche die Analogie zu der Sphäre der politischen Entscheidung im Staat*«[33]. Petersons Vorliebe für die existentiellen Kategorien der »Entscheidung« und des »Konkreten«[34], die er mit Schmitt teilte, dürfte auf die Wertschätzung Kierkegaards zurückgehen, die den drei Freunden Theodor Haecker, Erik Peterson und Carl Schmitt gemeinsam war.[35]

---

[29] Vgl. oben III. 6. d).
[30] E. PETERSON, Kirche, S. 423.
[31] EBD., S. 423.
[32] EBD., S. 421 f.
[33] E. PETERSON, Entwicklung, S. 156.
[34] Vgl. z. B. E. PETERSON, Theologie, S. 16.
[35] Vgl. F. SCHOLZ, Zeuge, S. 120–148; zwischen Th. Haecker und E. Peterson lassen sich im übrigen auch interessante stilistische Parallelen (z. B. Wechsel von Frage und Antwort) feststellen.

Aus seiner »krankhaften Furcht vor unangenehmen persönlichen Kollisionen oder Nachteilen und speziell vor dem im evangelischen Lager herrschenden ›antirömischen Affekt‹«, so Schmitt 1974,[36] habe sich Peterson trotz der über weite Strecken großen sachlichen Nähe zu Schmitt nie auf ihn bezogen. Schmitt dagegen hatte keine Scheu offenzulegen, wo er Petersons theologische Forschungsergebnisse in seine politische Theorie einfließen ließ. »Es war unter Umständen zu zeitraubend, daß jeder sein Votum abgab, dann trat eben dafür die Akklamation ein und ersetzte somit das bei uns gewöhnliche Zählen der Stimmen«[37], beschrieb Peterson in seiner Dissertation das in der Antike auf Versammlungen übliche Akklamieren. Schmitt griff diese religionsgeschichtliche Erkenntnis in seinem staatsrechtlichen Konzept der Akklamationsdemokratie auf und baute sie aus. In einem Vortrag am 11. Dezember 1926 »vor einer prominenten Hörerschaft«[38] wies er auch ausdrücklich auf die große Bedeutung Petersons für die Lehre von der plebiszitären Demokratie hin.[39]

Als Carl Schmitt 1928 nach Berlin wechselte, war Erik Peterson über diese räumliche Trennung von seinem Freund sehr betrübt.[40] Der persönliche Kontakt wurde noch einige Jahre aufrechterhalten. In den 30er Jahren kühlte das Verhältnis jedoch deutlich ab.[41] Als sich Schmitt 1933 zum Nationalsozialismus bekannte, war Peterson davon tief getroffen.[42] Diese Enttäuschung wird auch ein wesentlicher Grund dafür gewesen sein, daß Peterson seine Monotheismus-Studien nun polemisch auch gegen Schmitts politische Theologie richtete.[43] Schmitt, der in den 30er Jahren enge persönliche Beziehungen zu bedeutenden Theologen der Deutschen Christen, allen voran zu Wilhelm Stapel, unterhielt und protestantische politische Theologien initiierte, die auf eine theologische Rechtfertigung des Nationalsozialismus hinausliefen[44], mußte aus der Sicht Petersons für das Desaster der zunächst weitgehend gleichgeschalteten protestantischen Kirche nicht zuletzt durch seine politische Theologie Mitverantwortung tragen. Insofern war es konsequent, seine theologische Attacke gegen den

---

[36] Zit. nach F. SCHOLZ, Bemerkungen, S. 170 ff., 191.
[37] E. PETERSON, Theos, S. 141.
[38] C. Schmitt, zit. nach F. SCHOLZ, Bemerkungen, S. 191.
[39] C. SCHMITT, Volksentscheid, S. 34; vgl. C. SCHMITT, Politische Theologie II, S. 52; möglicherweise sind in C. Schmitts »Begriff des Politischen«, vor allem in seiner Interpretation des Gebots der Feindesliebe, auch Anregungen von E. Peterson eingegangen (vgl. B. NICHTWEIß, Verfassungslehren, S. 47 ff.).
[40] B. NICHTWEIß, Leben, S. 538.
[41] Die Freundschaft zerbrach endgültig erst 1951 (B. NICHTWEIß, Verfassungslehren, S. 38).
[42] B. NICHTWEIß, Leben, S. 538.
[43] Vgl. oben III. 6. d).
[44] Vgl. oben III. 8. h); vgl. K. SCHOLDER, S. 17 ff.

geistigen Vater der »Verwirrung des theologischen Vokabulars«[45] zu richten.

b) Karl Eschweiler

Unter den katholischen Theologen, mit denen Carl Schmitt befreundet war, ist an vorderer Stelle der Dogmatiker Karl Eschweiler (1886 – 1936) zu nennen.[46] Eschweiler wurde 1920 an der katholisch-theologischen Fakultät der Universität Bonn mit einer Arbeit über »Der theologische Rationalismus von der Aufklärung bis zum Vatikanum. Ideengeschichtliche Studien zur theologischen Erkenntnislehre«[47] promoviert. Er habilitierte sich 1922 an der gleichen Fakultät mit der Schrift »Die Erlebnistheologie Joh. Mich. Sailers als Grundlegung des theologischen Fideismus in der vorvatikanischen Theologie. Ein ideengeschichtlicher Beitrag zur theologischen Erkenntnislehre«[48]. Eschweiler galt als ausgesprochener Thomist und als großer Kenner Aristoteles', der Spätscholastik, Hegels sowie der Theologie der Tübinger Schule.[49]

Eschweiler nahm 1922, also zur gleichen Zeit wie Schmitt, an der Universität Bonn seine Lehrtätigkeit auf. Er war zunächst Privatdozent und ab 1928 außerplanmäßiger Professor. Noch im gleichen Jahr wechselte er an die Staatliche Akademie Braunsberg in Ostpreußen, wo er eine ordentliche Professur für systematische Theologie übernahm.[50] An dieser Akademie, die aus einer theologischen und einer philosophischen Fakultät bestand, wurden die katholischen Priester der Diözesen Ermland und Danzig sowie der Freien Prälatur Schneidemühl ausgebildet.[51] Mehrere Jahre war Eschweiler Rektor der Akademie, die 1933 als Hochburg der NSDAP bekannt wurde.[52]

Eschweiler kam aus der katholischen Jugendbewegung[53] und scharte in Bonn einen Kreis junger katholischer Intellektueller um sich.[54] Zu ihnen gehörte neben Carl Schmitt auch dessen Freund Waldemar Gurian, der bis Anfang der 30er Jahre mit Eschweiler einen intensiven Kontakt und

---

[45] E. PETERSON, Entwicklung, S. 157; er rechnet in diesem Beitrag vor allem mit der politischen Theologie W. Stapels ab.
[46] In C. Schmitts Nachlaß befinden sich 33 Briefe und 8 Postkarten von K. Eschweiler aus den Jahren 1925 bis 1935 (Nachlaß, S. 56).
[47] Vgl. K. ESCHWEILER, Wege, S. 13.
[48] EBD., S. 13.
[49] Vgl. G. KRAUSS, Erinnerungen, Teil 1, S. 128.
[50] Vgl. J. HASENFUß, Sp. 1100.
[51] Vgl. S. SCHRÖCKER, S. 26.
[52] EBD., S. 28; auf Anraten des ermländischen Bischofs Kaller traten die Mitglieder des Lehrkörpers 1933 in die NSDAP ein (vgl. EBD., S. 26).
[53] Vgl. E. PRZYWARA, Krise, S. 109.
[54] Vgl. H. HÜRTEN, Gurian, S. 15.

1. Professoren 487

Gedankenaustausch pflegte.[55] Schmitts Wertschätzung für Eschweilers Theologie zeigte sich u.a. darin, daß er dessen Hauptwerk »Die zwei Wege der neueren Theologie« häufig verschenkte.[56]

Eschweilers Theologie hat sich in Schmitts Schrifttum unmittelbar nicht niedergeschlagen. Übernommen haben könnte Schmitt die negative Bewertung des Barock.[57] Eschweiler war ein entschiedener Gegner der von ihm so bezeichneten »Barockscholastik«, also der von den Jesuiten getragenen theologischen Schule der Molinisten, gegen die er heftig polemisierte.[58] Eschweiler hat mehrfach auf die Arbeiten Schmitts hingewiesen,[59] ohne sich mit ihnen aber näher auseinanderzusetzen.

Gemeinsam war Schmitt und Eschweiler die Verehrung Hegels, die bei Schmitt insbesondere in seinem konkreten Ordnungsdenken zum Ausdruck kam. Nach Günther Krauss ist Schmitts konkretes Ordnungsdenken »nichts anderes als Hegels Lehre vom objektiven Geist, ins Juristische gewendet«[60]. Eschweiler bezeichnete Hegel als »Aristoteles der sittlichen Welt«[61]. 1930 vertritt er die These, Möhlers katholischer Kirchenbegriff sei eine theologisch korrigierte Form des Hegelschen Staatsbegriffs[62]. Werde die katholische Kirche gemeint, wo Hegel vom Staat spreche, so bleibe »die philosophisch große Wahrheit vom objektiven Geist unverkürzt und in Ordnung«[63]: »Der absolute Geist ist derjenige, ohne den kein Haar vom Kopf fällt; er ist sozusagen Weltgeist geworden, dadurch daß er – nicht durch immanente Entwicklung, sondern ›von außen‹ her sich schenkend – Mensch geworden ist in dem historischen Christus [...]. Der Gang der objektiven Dialektik der Weltgeschichte ist die Fügung des Allwissenden und darum vom menschlichen Geiste nicht restlos begreifbar«[64]. »Im Hegelianismus treffen sich die beiden großen Freunde«[65], meinte Günther Krauss 1990 zur Hegel-Orientierung Eschweilers mit Blick auf Schmitt. Und Günther Krauss, beider Freunde, traf sich mit ihnen, wäre hier zu ergänzen.[66]

---

[55] Vgl. EBD., S. 13, Anm. 70; S. 45, 90.
[56] Vgl. G. MASCHKE, Tod, S. 38, Anm. 47.
[57] Vgl. C. SCHMITT, Staat, S. 42.
[58] Vgl. K. ESCHWEILER, Geist.
[59] Z. B. K. ESCHWEILER, Kirchenbegriff, S. 39 mit Hinweis auf C. Schmitts »Politische Romantik«; K. ESCHWEILER, Theologie, S. 72; vgl. dazu oben III. 6. e).
[60] G. KRAUSS, Erinnerungen, Teil 4, S. 85.
[61] K. ESCHWEILER, Kirchenbegriff, S. 170.
[62] EBD., S. 146 f.
[63] EBD., S. 147.
[64] EBD., S. 161.
[65] G. KRAUSS, Erinnerungen, Teil 4, S. 85.
[66] Zu G. Krauss vgl. unten V. 2. b).

Gemeinsam war Schmitt und Eschweiler weiterhin ein dezidierter Antiliberalismus. So bezeichnete sich etwa Eschweiler als katholischer Theologe, »der in dem für jedes liberale Gemüt so widerwärtigen Syllabus Pius IX. (1864) noch immer eine kostbare Hilfe theologischer Erkenntnis sieht«[67]. Und wenn er die »Weltherrschaft des technisch-ökonomischen Wesens« feststellte, die »gerade in ihrer Rationalität und Zweckmäßigkeit zum dunkelsten Rätsel geworden«[68] sei, dann zeigte er damit, wie nahe er – bis in die Terminologie hinein – einem zentralen Gedanken aus Schmitts »Römischer Katholizismus und politische Form« stand. Einig waren sich beide auch, »daß die im Industrialismus akut gewordene Menschheitsfrage nicht mit dem Tradieren mittelalterlicher Texte und noch weniger mit ›organischer‹ Romantik zu bewältigen ist«[69]. Schließlich erinnert auch Eschweilers These: »Das spezifische Wesen eines Dings wird an seiner Begrenzung erkannt«[70] sehr an Schmitts dezisionistisches Theorieelement, die Regel beweise nichts, die Ausnahme aber alles.[71]

Eschweiler bekannte sich 1933 als einer der wenigen katholischen Theologen öffentlich zum Nationalsozialismus. Er versuchte aufzuzeigen, daß das nationalsozialistische Programm mit der Lehre der katholischen Kirche vereinbar sei.[72] Er räumt jedoch ein, es bedürfe »noch zähester Arbeit, um die politisch bedingten und religiös aufgezogenen Vorurteile gegen die natürlich deutsche und die Einheit des Reiches innerlich begründende Weltanschauung des Nationalsozialismus auszumerzen und zu zeigen, daß dieser echt politische Glaube der Freiheit und Wahrheit des heiligen Glaubens nicht nur nicht widerspricht, sondern die ungezwungenste und offenste Bereitschaft dafür bringt, daß man im neuen Staat wahrhaft katholisch leben und sterben kann ....«[73].

»Die kirchenpolitische Lage«[74] – ein Begriff, der an die Diktion Schmitts erinnert, – analysiert Eschweiler 1933 so: »Der Parlamentarismus der liberalen Demokratie, den Dr. Brüning schon zurückdrängen mußte, ist unter der Kanzlerschaft Adolf Hitlers restlos beseitigt worden. Die NSDAP und die Staatsgewalt sind de facto eins geworden. Wer also diese Partei angreift, vergreift sich an der bestehenden Staatsordnung,

---

[67] K. ESCHWEILER, Theologie, S. 75.
[68] K. ESCHWEILER, Herkunft, S. 379.
[69] EBD., S. 398.
[70] K. ESCHWEILER, Theologie, S. 77.
[71] Vgl oben III. 5. a).
[72] Vgl. K. ESCHWEILER, Kirche.
[73] K. ESCHWEILER, Weltanschauung, S. 548.
[74] K. ESCHWEILER, Kirche, S. 451.

muß Konterrevolution betreiben«[75]. Vor dem Hintergrund der Staatslehre Leos XIII., wonach die jeweils bestehende Staatsgewalt grundsätzlich anzuerkennen ist, konnte eine eindringlichere Aufforderung und zugleich Warnung an die deutschen Katholiken 1933 kaum formuliert werden.

Energisch wendet sich Eschweiler gegen den Parlamentarismus und in diesem Kontext auch gegen das Zentrum: »Die Zeit der Koalitionen von sich abgeschlossenen Parlaments- oder Regierungsparteien ist vorüber. Unter dem Druck von Versailles ist der Wille des deutschen Volkes, über alle stammesmäßigen und geschichtlichen Grenzen hinaus endlich zu einem politisch einigen Reichsvolk zu werden, hart und unwiderstehlich geworden. [...] Die schwachgewordenen letzten Überreste des Cujus regio ejus religio sind aber die konfessionellen Parlaments- oder Regierungsparteien; sie verschwinden jetzt. Die neue Regierung hat das Staatsgefüge des Reiches, ohne Widerstand zu finden, fest verbunden. Sie müßte sich selbst aufgeben, wenn sie den rechtlich und tatsächlich zur Einheit geschweißten Staatswillen durch konfessionelle Parteipolitik gefährden ließe«[76]. Mit dem »einheitlichen Staatswillen«, der nur durch die Überwindung des Parlamentarismus erreicht werden könne, macht sich Eschweiler eine der zentralen Aussagen der Staatslehre Schmitts zu eigen. Daß in dieser Staatsvorstellung dem Zentrum kein Platz mehr zukommt, ist nur konsequent.

Noch 1936 bemüht Eschweiler die Dialektik von Natur und Gnade als wichtigsten Begründungsmodus für die Vereinbarkeit von Nationalsozialismus und Katholizismus. Einen Gegensatz zwischen völkischer und katholischer Weltanschauung zu konstruieren, hält er für eine »Sudelei«, die »nur im Mischmasch eines konfusen Weltanschauungsgeredes möglich«[77] sei. Der christliche Glaube sei »seinem Wesen nach *nicht* Weltanschauung«[78], sondern Gnade: »Gegenüber der Gnade vermag der Mensch von sich aus nur dieses: entweder für sie offen und empfänglich zu sein durch die möglichst gerade Betätigung seiner geschaffenen Natur, oder sich ihr zu verschließen durch die Zerstörung dieser Natur in der Sünde. Das Offen- und Empfänglichsein für die Gnade des göttlichen Lebens bedeutet also die höchste Aktivierung der natürlichen Kräfte in zuchtvoll artgetreuer Sittlichkeit«[79].

---

[75] EBD., S. 451.
[76] EBD., S. 452.
[77] K. ESCHWEILER, Wahrheit, S. 177.
[78] EBD., S. 183.
[79] EBD., S. 184.

Vom Politischen her formuliert bedeutet das: »In der Weltanschauung des Nationalsozialismus treten die Völker wieder bewußt unter das ewige Gesetz, das sich in ihrem ›Naturzustand‹ vor aller Eitelkeit und Einbildung offenbart. Eine Nation hat soviel Freiheit und Ehre, als sie den in ihrer völkischen Lebenskraft sprechenden Schöpferwillen behauptet – ein Sprechen und Behaupten freilich, das schwerste Pflicht und dauernden Kampf mit dem Bösen bedeutet«[80].

Man könnte meinen, Eschweiler habe hier eine schöpfungstheologische Ergänzung zu Schmitts staatstheoretischem Vitalismus schreiben wollen. Auch Schmitts konkretes Ordnungsdenken findet in diesem Kontext bei Eschweiler eine Entsprechung: »Ein Recht, dessen gesetzliche Bestimmungen dem eingeborenen Rechtsempfinden des Volkes fremd oder gar feindlich gegenüberstehen, kann unmöglich *gutes Recht* sein«[81]. Da sich die »völkische Weltanschauung« in allem an der Erneuerung des Volkes orientiere[82], sei sie auch »wesenhaft ausgerichtet auf das Geheimnis des Schöpfers aller Rassen und Völker«[83]. Deshalb könne sie dem katholischen Glauben auch nicht widersprechen[84]. Eschweiler konstruiert sogar schöpfungstheologisch eine Verbindung zwischen der neuen politischen Lage und dem Gottesglauben: »Das Reich ist durch einen einheitlich geführten Volkswillen erneuert worden zu dem Ziel und in der Absicht, die natürliche Schöpfungsordnung im Familien-, Wirtschafts-, Kultur- und Staatsleben wirksam zu machen. Ohne den echten im Kampfe sich bewährenden Gottesglauben wäre die politische Erneuerung nicht gekommen und kann sie nicht gehalten werden. Das neue Reich *will* beten«[85].

Bleibt noch anzumerken, daß die 1931 noch von Eschweiler vertretene These, daß der Besitz oder das Vertreten einer Weltanschauung in der Politik der sicherste Weg zu Krieg und Knechtschaft sei[86], unter den nach 1933 obwaltenden Umständen zumindest für die von ihm nun verherrlichte »völkische Weltanschauung« nicht mehr gelten konnte. Was die theoretische Geschmeidigkeit hinsichtlich neuer politischer Gegebenheiten angeht, stand Karl Eschweiler seinem Freund Carl Schmitt also nicht nach.

Wie Schmitt ließ es auch Eschweiler nicht in einer rein passiven Mitgliedschaft in der NSDAP bewenden. Er trat nicht nur demonstrativ in

---

[80] Ebd., S. 183.
[81] Ebd., S. 182.
[82] Ebd., S. 182.
[83] Ebd., S. 183.
[84] Ebd., S. 185.
[85] K. Eschweiler, Kirche, S. 457.
[86] Vgl. oben III. 6. e).

Parteiuniform auf[87] und ließ seine Theologiestudenten an der Akademie Braunsberg in SA-Uniformen einkleiden.[88] Er soll auch für die Reichsregierung in einem Gutachten die Vereinbarkeit des Gesetzes zur Verhütung erbkranken Nachwuchses von 1933 mit dem päpstlichen Rundschreiben »Casti connubii« von 1930 nachgewiesen haben.[89] Am 20. August 1934 verhängte Rom deshalb gegen Eschweiler die Kirchenstrafe der Suspension (Dienstenthebung).[90] Damit war den Theologiestudenten der Besuch seiner Vorlesungen untersagt.[91]

Waldemar Gurian, der vormalige Freund Schmitts und Eschweilers, hat aus dem Schweizer Exil die Aktivitäten des Braunsberger Dogmatikers mit großem Interesse verfolgt und in seinen »Deutschen Briefen« kommentiert. So meldete er bereits am 12. Oktober 1934 die Verhängung der Kirchenstrafe gegen Eschweiler. Es folgte ein erster Hinweis, daß Eschweiler »stark unter dem Einflusse des heute als nationalsozialistischer Kronjurist wirkenden bekannten Staatsrechtlers Carl Schmitt« stehe.[92] Auch daß Eschweiler früher als Wahlredner für das Zentrum tätig gewesen sei und deshalb keinen Grund habe, nun über den sog. politischen Katholizismus zu schimpfen, merkte Gurian an.[93] Nachdem Eschweiler 1936 in Stapels »Deutsches Volkstum« zwei Aufsätze veröffentlicht hatte, schreibt Gurian am 19. Juni 1936: »Wenn man sie liest, überkommt einen das Mitleid mit diesem Opfer des Zynikers der Gleichschaltung Carl Schmitt [...]. Der naive Braunsberger Theologieprofessor hat dem Nihilisten geglaubt, als dieser Hitler pries ... und er will von diesem Glauben nicht lassen. Dieser Glaube frißt seine ganze Begabung, die auch heute in seinen Artikeln noch hie und da durchbricht. Aber dieses Bedauern, das man der persönlichen Tragödie Eschweiler entgegenbringen muss, hindert nicht daran, festzustellen; *seine heutige publizistische Tätigkeit ist von grösster Schädlichkeit!* [...], weil sie den Vorwand liefert, zu behaupten: ein bekannter katholischer Dogmatiker ist für die NS Weltanschauung, weist nach, daß die Jesuiten ihrem Wesen nach antideutsch sein müssen, usw.«[94].

Nach dem Tod Eschweilers beklagt Gurian im Oktober 1936 noch einmal den Einfluß, den der »an nichts glaubende Zyniker Carl

---

[87] Vgl. G. KRAUSS, Erinnerungen, Teil 3, S. 62.
[88] Vgl. S. SCHRÖCKER, S. 28.
[89] EBD., S. 71, 30.
[90] EBD., S. 28.
[91] Vgl. H. HÜRTEN, Deutsche Briefe I, S. 34.
[92] EBD., S. 34.
[93] EBD., S. 34.
[94] H. HÜRTEN, Deutsche Briefe II, S. 240.

Schmitt«[95] auf diesen ausübte: »Noch 1930 war Eschweiler empört – wir wissen das aus persönlichen Unterredungen – wenn man auch nur andeutete, dass Carl Schmitt Nationalsozialist werden könne, aber nach 1933 war alles vergessen. Der Theologe nahm den ›Juristen‹ ernst, der seine Anpassung an das Regime als eine Art durch Hitler bewirktes ›Wunder‹ rechtfertigte, dabei im stillen Kämmerlein über jenen naiven Geistlichen spottend, der diese Erzählung glaubte. [...]; er ist mehr als armes Opfer eines Nihilisten zu bedauern denn als Verfechter verhängnisvoller Anschauungen anzuklagen.«

Unabhängig von der Frage, ob Gurians »Verführungsthese« im Kern zutrifft oder ob er aus persönlicher Animosität zu seinem ehemaligen Freund Schmitt nicht doch zu weit über die historische Wahrheit hinausgeschossen ist, läßt sich feststellen, daß Eschweilers Theologie vor 1933 Elemente aufzuweisen hatte, die einen Zugang zum Nationalsozialismus ermöglichten. So war er ein Vertreter des Reichsgedankens und erhoffte sich, ganz anders als etwa Theodor Haecker, vom Reich eine Verständigung mit dem Protestantismus. Im September 1932 schreibt Eschweiler in einem in der Zeitschrift »Deutsches Volkstum« veröffentlichten Brief an den Protestanten Wilhelm Stapel: »Aus dem Reichsbestande, der durch die Barmherzigkeit Gottes über die Katastrophe von 1918 hinaus gerettet werden konnte, aus diesem armen, gefesselten, kaum noch atmen könnenden Deutschland ein naturgemäß nationales Staatsgefüge zu machen und dabei, so Gott uns gnädig ist, jenes lebendige Reich der Deutschen vorzubereiten, das allein dem Abendlande die politische Form einer Christenheit wiedergeben kann – der heilige Ernst dieses Auftrags führt die deutschen Protestanten und Katholiken mit sittlicher Notwendigkeit zusammen«[96].

Auch dem nationalen Denken stand Eschweiler bereits vor 1933 offen gegenüber. 1931 sieht er im Nationalen »die Grundwirklichkeit, aus der heraus alles politische Denken und Tun wirken muß, wenn es wirklichkeitsmächtiges Aufbauen«[97] werden solle. Allerdings warnt er auch vor Übertreibungen. Den Versuch, das Christentum dem Deutschtum unterordnen zu wollen, nennt er 1931 einen Verrat an Jesus Christus[98]. Gegenüber den Pazifisten und ihrem Schlagwort »Nie wieder Krieg« war Eschweiler skeptisch.[99] Sein Plädoyer für einen Ausgleich mit Frankreich

---

[95] EBD., S. 418; folgendes Zitat EBD.
[96] K. ESCHWEILER, Gebote, S. 58.
[97] K. ESCHWEILER, Gedanke, S. 19.
[98] EBD., S. 22.
[99] Vgl. EBD., S. 30.

zeigt andererseits, daß er nicht zu den nationalistischen Kriegstreibern gehörte.[100]

Trotz aller Begeisterung für den Nationalsozialismus blieb Eschweiler auch nach 1933 primär Katholik. So formuliert er ganz unmißverständlich die Grenzen, die der Nationalsozialismus in seiner Politik gegenüber den Kirchen einzuhalten habe: »Wenn aber die Staatsgewalt im Vollzuge der ›Gleichschaltung‹ nicht nur die konfessionelle Parteipolitik, sondern von sich aus die kirchlichen Gegensätze beseitigen wollte, so fände sie an der katholischen Kirche unbrechbaren Widerstand«[101]. Und Eschweiler läßt auch keinen Zweifel daran, »daß wir deutschen Katholiken in heiliger Treue dem Papste in Rom anhängen«[102] und daß die deutsche Kirche in der lateinischen Sprache, »die als ein natürliches Gleichnis für die Wirkweise der Gnade die gottgeschaffene Nationalart nicht vergewaltigt, sondern erweckt und befruchtet«[103], festhalten werde.

So mag denn das Urteil Günther Krauss', der selbst zahlreiche Anregungen von Eschweiler erhalten und Positionen von ihm übernommen hat,[104] im wesentlichen zutreffen. Für ihn war Eschweiler »ein herzensguter Mensch, der dafür sorgen wollte, daß Hitler wieder in die Kirche gehen könne, nachdem ihm ja der Episkopat die Tür gewiesen hatte«.[105]

c) Hans Barion

Zu den katholischen Professoren-Kollegen und wissenschaftlichen Weggefährten Carl Schmitts gehörte der Kanonist Hans Barion (1899 – 1973). Der gebürtige Düsseldorfer stieß nach seinem Theologie-Studium an der Universität Bonn 1923 im Kölner Priesterseminar auf Schmitts »Römischer Katholizismus und politische Form«. »Dieser Essay hat mein wissenschaftliches Leben sowie meine Betrachtung der Wissenschaft überhaupt und der theologischen Arbeit völlig verändert«[106], bekannte Barion 1970. Er besuchte unter dem Eindruck dieses Aufsatzes nach seiner Priesterweihe 1924 als junger Kaplan die Vorlesungen Schmitts in Bonn und nahm an dessen Seminaren teil.[107] Es war der Anfang einer lebenslangen, intensiven Freundschaft mit Schmitt.[108]

---

[100] Vgl. K. ESCHWEILER, Mißtrauen, S. 38 f.
[101] K. ESCHWEILER, Kirche, S. 452.
[102] EBD., S. 457.
[103] EBD., S. 458.
[104] Dazu gehört auch die Ablehnung der Jesuiten (vgl. G. KRAUSS, Erinnerungen, Teil 4, S. 79).
[105] G. KRAUSS, Erinnerungen, Teil 2, S. 182.
[106] H. BARION, Aufgabe, S. 668.
[107] W. BÖCKENFÖRDE, S. 1.
[108] Von dem intensiven Kontakt zeugen 350 Briefe und 64 Postkarten H. Barions aus den Jahren 1933 bis 1974 im Nachlaß C. Schmitts (Nachlaß, S. 31).

1928 wurde Barion an der Universität Bonn mit einer von Albert Koeniger betreuten rechtshistorischen Dissertation zum Doktor der Theologie und 1930 an der Päpstlichen Universität Gregoriana in Rom zum Doktor des kanonischen Rechts promoviert.[109] Nach der Habilitation für Kirchenrecht an der Universität Bonn im gleichen Jahr begann Barion seine wissenschaftliche Laufbahn 1931 als Privatdozent an der Staatlichen Akademie Braunsberg. Er wurde dort am 6. November 1933 zum Professor für Kirchenrecht ernannt.[110]

Wie seine Braunsberger Kollegen Karl Eschweiler und Joseph Lortz trat Hans Barion 1933 in die NSDAP ein. In einem im gleichen Jahr veröffentlichten Aufsatz »Kirche oder Partei? Der Katholizismus im neuen Reich« verteidigte er die Staatslehre Schmitts, insbesondere die Lehre vom »totalen Staat« und wandte sich gegen den politischen Katholizismus. Er forderte eine Entkonfessionalisierung des politischen Lebens und einen Rückzug der katholischen Kirche aus dem Bereich der Politik.[111] In politischer Hinsicht rannte Barion damit offene Türen ein. Als der Aufsatz erschien, hatte sich das Zentrum bereits aufgelöst und der Heilige Stuhl sich im Reichskonkordat verpflichtet, die Mitgliedschaft von Geistlichen in politischen Parteien zu untersagen.[112] Barion fügte deshalb seinem Beitrag den Vermerk bei: »Abgeschlossen am 22. VI. 1933«; ein Zeitpunkt also, der vor der Selbstauflösung des Zentrums und vor dem Abschluß des Reichskonkordates lag.[113]

Vom August 1934 bis Oktober 1935 war gegen Barion die Kirchenstrafe der Suspension verhängt.[114] Was die kirchlichen Behörden zu diesem Vorgehen gegen Barion veranlaßt hat, liegt nach wie vor im dunkeln. Barion soll anläßlich der Verhandlungen über das Reichskonkordat für die Reichsregierung ein kirchenrechtliches Gutachten angefertigt haben. Dies könnte Rom mißfallen haben.[115] Tatsächlich war Barion dem Konkordat gegenüber sehr kritisch eingestellt. 1938 wurde Hans Barion an die Universität München berufen. Dies geschah gegen den Widerstand der theologischen Fakultät, der Universitätsleitung und Kardinal Faulhabers auf Druck höchster NSDAP-Kreise. Dieser nationalsozialistische Machtakt löste einen staatskirchenrechtlichen Eklat aus, der die Beziehungen zwi-

---

[109] W. BÖCKENFÖRDE, S. 1 f.
[110] EBD., S. 1 f.
[111] H. BARION, Reich, S. 453 ff.
[112] Vgl. S. SCHRÖCKER, S. 27 f.
[113] Vgl. zur Methode der Abschlußdatierung C. SCHMITT, Legalität, S. 345.
[114] W. BÖCKENFÖRDE, S. 2.
[115] Vgl. S. SCHRÖCKER, S. 68 ff.

schen Kirche und Staat aufs schwerste belastete. Die Auseinandersetzungen, die schließlich von den Vertragspartnern des Reichskonkordats als sog. Konkordatsfall ausgetragen wurden, eskalierten derart, daß das bayerische Kultusministerium auf ein von Kardinal Faulhaber an die katholischen Theologiestudenten gerichtetes Verbot, Barions Vorlesungen zu besuchen, am 16. Februar 1939 mit der Schließung der Münchner theologischen Fakultät reagierte.[116] Zum Sommersemester 1939 wurde Hans Barion mit Zustimmung des Kölner Erzbischofs Kardinal Schulte schließlich als Nachfolger seines kirchenrechtlichen Lehrers Albert Koeniger an die Universität Bonn berufen und der Konflikt so zu einem Ende gebracht.

Nach dem Zweiten Weltkrieg verweigerte das Kultusministerium des Landes Nordrhein-Westfalen Barion die Rückkehr auf seinen Lehrstuhl. Verwaltungsrechtliche Schritte Barions gegen diese Entscheidung blieben in letzter Instanz 1957 erfolglos.[117] Folglich mußte er wie Carl Schmitt das kärgliche Dasein eines Privatgelehrten fristen.[118] Barion litt sehr unter der wissenschaftlichen Ausgrenzung, noch mehr aber darunter, daß seine Arbeiten nach 1945, insbesondere seine scharfe Kritik an der konziliaren Entwicklung, durch Nichtbeachtung gestraft wurden.[119] »Umso stärker war die Verbundenheit mit seinem Freundeskreis, dem Kreis von Carl Schmitt und seinen Schülern. Dieser Kreis hat das Schaffen und Denken Barions mitgetragen. In ihm fühlte er sich heimisch; ihm gegenüber fühlte er die Verpflichtung, sich auch noch wissenschaftlich zu legitimieren«[120]. So steuert er zur Festschrift für Carl Schmitt zum 70. Geburtstag den Beitrag »Ordnung und Ortung im kanonischen Recht« bei, in dem er mit der Einheit von Ordnung und Ortung »eine Erkenntnis Carl Schmitts aufnimmt, um sie für eine grundsätzliche Betrachtung des Rechts der katholischen Kirche nutzbar zu machen«[121]. »Die schöpferische und prägende Kraft *Carl Schmitts* trägt auch diese Darlegungen und hält sie oberhalb des kirchenrechtlichen Alltags«[122], schickt er seinem Beitrag als Anerkennung des zu ehrenden Jubilars voraus.

---

[116] Vgl. EBD., S. 34 ff., 43, 46.
[117] Vgl. W. BÖCKENFORDE, S. 2.
[118] EBD., S. 3.
[119] »Im allgemeinen werde ich ja totgeschwiegen, was ja in gewisser Weise die subtilste Form der Anerkennung ist« (H. BARION, Aufgabe, S. 670). An anderer Stelle spricht er vom »stummen Jubel«, mit dem seine Kritik am Konzil aufgenommen worden sei (H. BARION, Konzil, S. 538).
[120] W. BÖCKENFORDE, S. 2 f.
[121] H. BARION, Ordnung, S. 181.
[122] EBD., S. 182.

Zu Beginn seiner wissenschaftlichen Tätigkeit beschäftigt sich Hans Barion vor allem mit dem protestantischen Kirchenrechtler Rudolph Sohm. Dieser habe, so Barion, mit der These, daß in der katholischen Kirche die sichtbare Kirche mit der unsichtbaren Kirche Christi übereinstimme, »die gültige Formulierung des Wesens der Katholischen Kirche geprägt«[123]. Die von Sohm abgelehnte Identität von Kirche im Glaubenssinn und Kirche im Rechtssinn macht Barion zum Fundament seiner Rechtstheologie. Zwischen der von Sohm skizzierten Alternative des katholischen und des evangelischen Kirchenbegriffs gibt es für ihn keine wissenschaftliche Entscheidung: »Das sind zwei Möglichkeiten, die stehen nebeneinander. Das ist der Punkt, wo die Glaubensentscheidung einsetzt«[124].

Mit der Betonung des Rechtscharakters der katholischen Kirche bewegt sich Barion ganz auf der Linie von Carl Schmitts »Römischer Katholizismus und politische Form«. Bereits in »Der Wert des Staates und die Bedeutung des Einzelnen« hatte Carl Schmitt zu Rudolph Sohm einen Standpunkt eingenommen, der demjenigen Barions erstaunlich nahe kam. Für Schmitt blieb »nur die Alternative, die katholische Lehre als berechtigt anzuerkennen, oder den Standpunkt Luthers, wie ihn *Sohm* [...] und *Stutz* [...] dargestellt haben, anzunehmen und alles Recht als mit dem Wesen der Kirche unvereinbar zu betrachten«[125]. In der Beurteilung der berühmten These Sohms stimmten also Barion und Schmitt im Kern überein.[126]

Heftigen Widerstand leistete Barion allerdings gegen Schmitts politische Theologie. Die von Schmitt 1923 entwickelte These, der Katholizismus werde kraft seiner politischen und juristischen Form das Monopol des Politischen errringen, wenn die Ökonomisierung des gesellschaftlichen und staatlichen Lebens so weitergehe, hat Barion sein Leben lang nicht ruhen lassen. »Das ist eine These, die ich immer noch nicht richtig widerlegt habe, deren Widerlegung ich aber jetzt so allmählich in den Griff bekomme«[127], stellt Barion 1970 rückblickend fest. Die »Nichtunterscheidung von Weltlichem und Geistlichem« ist für ihn »genau das, was den Sündenfall der katholischen Kirche ausmacht«[128]. Dostojewski habe das in seinem Großinquisitor »vollständig richtig gesehen«[129].

---

[123] H. BARION, Aufgabe, S. 653.
[124] EBD., S. 658.
[125] C. SCHMITT, Wert, S. 81.
[126] C. Schmitt hat 1970 H. Barion attestiert, er habe Sohms »gültige Interpretation gegeben« (C. SCHMITT, Politische Theologie II, S. 99).
[127] H. BARION, Aufgabe, S. 668.
[128] EBD., S. 672.
[129] EBD., S. 673; folgende Zitate EBD.

Schmitts diesbezüglichem Urteil, »das sei so flach wie alles, was nur Gefühl und Empfindung ist«, setzt Barion seine Überzeugung entgegen, dies sei »die exakte Beschreibung der ständigen Versuchung und des ständigen Sündenfalls der katholischen Kirche: der Versuchung, die Botschaft Christi ins Politische umzumünzen.« Um sich von diesem Sündenfall hinreichend zu distanzieren, bezeichnet sich Barion als einen der »wenigen Vertreter des religiösen Katholizismus.«

Auf dieser Linie liegt auch Barions erbitterte Kritik an der Konstitution »Gaudium et spes« und der vom Zweiten Vatikanischen Konzil darin formulierten Sozial- und Staatslehre der Kirche. Aus der Offenbarung sei ebensowenig ein Plädoyer für die Mitbestimmung wie für die Staatsform der Demokratie abzuleiten. Barion ist überzeugt, daß das Konzil hier »die Grenze überschritten hat, die getreue Verwaltung der Offenbarung von ihrer eigenmächtigen, rein menschlichen Erweiterung oder Umdeutung trennt«[130]. In kleinerem Kreis nennt er die konziliaren Ausführungen zur Mitbestimmung sogar »ein geradezu klassisches Beispiel dafür, daß die Kirche theologisch heute beim Marxismus angelangt ist«[131].

Mit der konziliaren Entwicklung der katholischen Kirche sieht Barion Schmitts Katholizismus-Essay auch als »durch die Geschichte widerlegt«[132] an. Noch 1958, im Todesjahr Pius' XII., habe man, so Barion, »dieses Elogium« schreiben können[133]: »Seine Wahrheit wurde wie mit einem einzigen Schlage zunichte, als Johannes XXIII. das von ihm als Aggiornamento bezeichnete humanistische Appeasement der Kirche einleitete. Das Vaticanum II hat dem Elogium Schmitts die Fundamente genommen: die ästhetische Form ist [...] dem Schönheitssinn Calibans gewichen; die juridische Rechtsform wird durch ›die beginnende Integration des päpstlichen wie des bischöflichen Lehramtes in die gesamttheologische Forschung‹ zerfleddert; und der vom Vaticanum I mit dem Prophetenwort des ›Signum levatum in nationes‹ (Jes. 11, 12) apastrophierte ›ruhmvolle Glanz einer weltgeschichtlichen Machtform‹ ist vom Vaticanum II der Angst vor dem sogenannten Triumphalismus und dem schwächlichen Bemühen geopfert worden, die Kirche nur noch ein Signum conformatum Nationibus Unitis sein zu lassen«[134].

Hans Barion war sicherlich der Theologe, der sich am intensivsten und hartnäckigsten mit Schmitts in »Römischer Katholizismus und politische

---
[130] EBD., S. 643.
[131] EBD., S. 674.
[132] EBD., S. 669.
[133] H. BARION, Machtform, S. 605.
[134] EBD., S. 605 f.

Form« entwickeltem Katholizismus-Veständnis auseinandergesetzt hat. Andererseits hat er wie kein anderer die Stilistik seines Freundes nachgeahmt. Die Abhängigkeit von Schmitt kommt sogar in den Titeln seiner Aufsätze zum Ausdruck. Die Brillanz seiner geradlinigen und geistreichen Gedankenführung kann als ein Beleg für die von Carl Schmitt bewunderte juristische Form in der katholischen Kirche gewertet werden. Wenn Günter Maschke Hans Barion als den »Carl Schmitt der Theologie«[135] bezeichnet, hat das trotz fundamentaler Meinungsverschiedenheiten beider hinsichtlich der politischen Theologie deshalb durchaus seine Berechtigung. Barion selbst verheimlichte nicht, daß er in Schmitt nicht nur ein großes Vorbild sah. Er nahm für sich selbstbewußt die Rolle in der Kanonistik in Anspruch, die er Schmitt in der Legistik zuwies.[136]

Die hartnäckige Gegnerschaft Barions gegen die These vom politischen Chrakter des Katholizismus hat der Freundschaft zu Schmitt keinen Abbruch getan. Schmitt widmete seine »Politische Theologie II« Barion »als Zeugnis einer langen, an theoretischen, praktischen und persönlichen Erfahrungen reichen, vierzigjährigen Weggenossenschaft, die einen Legisten und einen Kanonisten im Geiste ihres *jus utrumque* miteinander verbunden hat«[137], zum 70. Geburtstag und bekundete ihm darin seine »Verehrung und Dankbarkeit«[138]. Für Schmitt war Barion »ein Jurist vom Range Rudolf Sohms, einer der großen universalen Forscher und Lehrer der Rechtswissenschaft«[139], ja »Sohms legitimer Nachfolger von der römisch-katholischen Seite her«[140]. Ein größeres Kompliment hätte Schmitt Barion nicht machen können. Persönliche Verbundenheit zwischen Schmitt und Barion schufen nicht zuletzt die biographischen Parallelen hinsichtlich der Verstrickung in den Nationalsozialismus sowie die beruflichen Folgen dieses politischen Engagements nach 1945.

d) Wilhelm Neuß

Neben Karl Eschweiler war Wilhelm Neuß (1880 – 1965) der zweite katholische Theologe an der Universität Bonn, mit dem Carl Schmitt freundschaftliche Beziehungen pflegte.[141] Neuß war seit 1920 ordentlicher

---

[135] G. MASCHKE, Europa, S. 582.
[136] Vgl. H. BARION, Lage, S. 343 f.
[137] C. SCHMITT, Politische Theologie, S. 11.
[138] EBD., S. 10.
[139] EBD., S. 10.
[140] EBD., S. 100.
[141] Im Nachlaß C. Schmitts befinden sich 10 Briefe und eine Postkarte von W. Neuß aus den Jahren 1931 bis 1953 (Nachlaß, S. 115).

Professor für Kirchengeschichte, christliche Archäologie und Kunstgeschichte.[142] Er galt als Kenner der rheinischen und besonders der Kölner Kirchengeschichte, mit der er sich auch in zahlreichen Veröffentlichungen beschäftigt hat. Das Rheinland war damit ein Schmitt und Neuß gleichermaßen interessierendes Forschungsobjekt.

Gegenseitige wissenschaftliche Bezugnahmen in den Schriften der beiden Freunde sind nicht feststellbar. Allerdings wurde Neuß 1925 von Alfred von Martin wegen seiner antiromantischen Deutung der Nazarener neben Carl Schmitt und anderen Publizisten in die Phalanx einer »neuen katholischen Klassik«[143] eingereiht. So wird die Gegnerschaft zur Romantik eine weitere Gemeinsamkeit der beiden Bonner Gelehrten gewesen sein. Auch Schmitts antiliberale Grundeinstellung hat Neuß geteilt. In seiner Kirchengeschichtsschreibung ist die Sehnsucht nach der Überwindung des Geistes der Aufklärung und der Französischen Revolution deutlich spürbar. Noch 1954 feierte Neuß den Syllabus von Pius IX. »als ein Dokument päpstlicher Voraussicht und Weitsicht«[144].

In einem auf den 2. Mai 1947 datierten »Gutachten«, das zur Verteidigung Schmitts im Nürnberger Kriegsverbrecherprozeß bestimmt war, stellt Neuß Carl Schmitt als einen »Anhänger einer starken zentralen Staatsautorität vor«[145], der über Donoso Cortés zu seinen politischen Überzeugungen gekommen sei. Weiter heißt es in diesem Dokument, mit dem Neuß Carl Schmitt vor dem auch von den Siegermächten erhobenen Vorwurf, Nationalsozialist gewesen zu sein, schützen und ihm damit ersichtlich einen Freundschaftsdienst erweisen wollte: »Es ist begreiflich, daß Carl Schmitt die Ereignisse nach 1918 (Spartakusaufstand) als ein Mahnzeichen aufgefaßt hat, daß auch in den modernen europäischen Verhältnissen nur eine starke staatliche Zentralautorität das Heil und die Wohlfahrt der Völker verbürgen könne. Sein geistiger Werdegang hat also mit nationalsozialistischen Ideen als solchen gar nichts zu tun gehabt. – Bestärkt wurde Carl Schmitt in seiner Überzeugung durch die ersten positiven Leistungen Mussolinis. Ich entsinne mich eines Gesprächs, in dem er mir sagte, daß seiner Ansicht nach Mussolini der Mann sei, dessen Leben das Wertvollste sei für die europäische Menschheit. Wenn er von dessen Tod hören würde, so würde ihn das um Europas willen mehr erschüttern, und noch tiefer bewegen, als wenn ihm ein naher Verwandter stürbe. Ich selbst war damals von dieser Äußerung überrascht und konnte die

---

[142] Biographische Angaben bei H. Quaritsch, Positionen, S. 75.
[143] A. v. Martin, Katholizismus, S. 316.
[144] W. Neuß, Kirche, S. 411.
[145] Zit. nach P. Tommissen, Bausteine, S. 92.

Überzeugung von Carl Schmitt nicht teilen, weil ich auf Reisen in Italien mit den häßlichen und gewalttätigen Methoden der faschistischen Machtergreifung näher bekannt geworden war. Aber es ist kein Zweifel, daß es sich bei Carl Schmitt um eine ganz ehrliche und in ernstem geistigen Bemühen errungene Überzeugung handelte«[146].

Neuß' häufige Italienreisen nahm Schmitt zum Anlaß, ihn mit Hugo Ball, einem anderen damaligen Freund, der in den 20er Jahren zeitweise in Rom lebte, bekanntzumachen. Im Laufe des Jahres 1924 kam es zwischen diesen beiden in der heiligen Stadt zu mehreren Begegnungen.[147]

Neuß hat recht früh gegen den Nationalsozialismus aktiven Widerstand geleistet. 1934 veröffentlichte er unter Mithilfe anderer katholischer Gelehrter anonym, als amtliche Beilage zum kirchlichen Anzeiger für die Erzdiözese Köln[148] seine gegen Alfred Rosenbergs Pamphlet »Mythus des 20. Jahrhunderts« gerichteten »Studien zum Mythus des XX. Jahrhunderts«, in denen er Punkt für Punkt die Behauptungen des NS-Chefideologen über die angeblichen geschichtlichen Schandtaten der katholischen Kirche richtigstellte. Er gibt Rosenberg darin schließlich den Rat, »wenn nicht um der Wahrheit und der Gerechtigkeit willen«[149] dieses Buch aus anderem Grund zurückzuziehen: Kein Land könne gesunden, wenn »nicht der Respekt vor der fremden Überzeugung das ungeschriebene Grundgesetz des öffentlichen Lebens«[150] sei. Wilhelm Neuß gehörte somit zu den katholischen Theologen, die den Mut hatten, der NS-Ideologie auf dem Höhepunkt ihrer gesellschaftlichen Akzeptanz ihre Grenzen aufzuzeigen.

e) Romano Guardini

Zu den großen Gestalten des deutschen Katholizismus, mit denen Carl Schmitt in persönlichem Kontakt stand, gehörte der Theologe und Pädagoge Romano Guardini (1885 – 1968); ein Mann, der bereits in den 20er Jahren, aber auch noch nach dem Zweiten Weltkrieg zu den berufensten Interpreten des katholischen Denkens in Deutschland zählte und als geistiger Mentor der katholischen Jugendbewegung in die Geschichte des deutschen Katholizismus einging. Guardini habilitierte sich nach seiner Priesterweihe 1922 in Bonn mit einer Arbeit über Anselm von Canter-

---

[146] EBD., S. 92.
[147] Vgl. A. SCHÜTT-HENNINGS, S. 187, 190, 195.
[148] Das war damals die einzige Möglichkeit, die Broschüre zu veröffentlichen. Einzelheiten in: W. NEUß, Kampf.
[149] STUDIEN ZUM MYTHUS DES XX. JAHRHUNDERTS, S. 85.
[150] EBD., S. 65.

bury. Im Sommersemester 1922 und Wintersemester 1922/23 war er dort als Privatdozent an der theologischen Fakultät tätig. Da er durch seine Referate vor dem Bonner Katholischen Akademikerverband, insbesondere durch seine 1922 gehaltenen Vorträge »Vom Sinn der Kirche«, bereits Anfang der 20er Jahre weit über den theologisch-universitären Raum hinaus bekannt war, ist anzunehmen, daß Carl Schmitt, der im Frühjahr 1922 nach Bonn kam, bald auf diese katholische Persönlichkeit aufmerksam wurde.[151] Romano Guardini wechselte 1923 auf den Rat Max Schelers auf den neugeschaffenen Lehrstuhl für Religionsphilosophie und katholische Weltanschauung an die Friedrich-Wilhelm-Universität Berlin.[152] In der protestantisch-laizistischen Atmosphäre dieser Universität hatte er lange Zeit einen schweren Stand.[153] Als Carl Schmitt 1928 nach Berlin kam, trafen sich die beiden Katholiken im Kreis um den protestantischen Volkswirtschaftler Werner Sombart.[154]

In den Schriften Schmitts lassen sich unmittelbare Bezugnahmen auf Romano Guardini nicht feststellen. Der Theologe hat dagegen mehrfach auf Arbeiten seines katholischen Professoren-Kollegen hingewiesen. So nannte er Schmitts »Römischer Katholizismus und politische Form« ein »feines Büchlein«[155]. Von ihm ließ er sich, wie er in einer Fußnote an anderer Stelle bekannte, auch zu seinem Aufsatz »Rettung des Politischen« anregen. »Doch unterschreibe ich darin nicht alles. Auch wird der Fehler begangen, ›katholisch‹ und romanisch gleichzusetzen«[156], schränkte er sein Lob zu dieser Schrift ein.

In zahlreichen Fragestellungen und Ausführungen Guardinis wird insgesamt jedoch eine erstaunliche sachliche Nähe Guardinis zum Gedankengut Schmitts sichtbar. Man spürt, daß die beiden Gelehrten zahlreiche Auffassungen aus dem ihnen gemeinsamen katholischen Zeitgeist der 20er Jahre schöpften. Freilich waren die Akzente hier stärker theologisch und dort eher juristisch-politisch gesetzt.

Mit dem von Friedrich Heiler gegen den Katholizismus gerichteten Vorwurf der »complexio oppositorum«[157] setzt sich Romano Guardini bereits 1921, also zwei Jahre vor Carl Schmitt, kritisch auseinander. In ei-

---

[151] Vgl. H.-B. GERL, S. 123. Der erste Kontakt zwischen C. Schmitt und R. Guardini war nicht feststellbar. Im Nachlaß C. Schmitts befinden sich 2 Briefe von R. Guardini aus den Jahren 1926 und 1938 (Nachlaß, S. 71).
[152] H.-B. GERL, S. 141.
[153] EBD., S. 141, 277 ff.
[154] N. SOMBART, S. 274. Außerdem nahm R. Guardini 1932 in Berlin an der Tauffeier für C. Schmitts Tochter Anima teil (vgl. A. KOENEN, S. 100, Fn. 73).
[155] R. GUARDINI, Briefe, S. 338.
[156] R. GUARDINI, Rettung, S. 112, Anm.*.
[157] Vgl. oben III. 3. b) Der antirömische Affekt in der protestantischen Theologie.

nem kurzen Beitrag im Jahrbuch der deutschen Katholiken hält er der protestantischen Anklage den Gedanken der geeinten Gegensätzlichkeit entgegen: »Gerade weil der Katholizismus diese Gegensätze ins sich befaßt – und andere noch dazu –, ist er lebendig und einheitlich. Gerade weil er alle Gegensätzlichkeiten voll entfalteter Lebendigkeit enthält, ist er wahr und seines Namens wert. Denn der besagt: nach all ihren Seiten umspannte Wirklichkeit; vollkommene Positivität ohne alle ›Hairesis‹«[158]. Wie bei Carl Schmitt wird hier der Vorwurf der complexio oppositorum ins Positive gewendet und als Strukturgesetz alles Lebendigen vorgestellt. Im Vergleich zu Schmitts Katholizismus-Elogium erreicht dieser Einwand Guardinis zwar bei weitem nicht dessen Glanz. Aber die intellektuelle Stoßrichtung gegen den »antirömischen Affekt« ist die gleiche. Im übrigen hat Guardini die Kirche nicht vorrangig unter formaler und juristischer Perspektive gesehen. Er ging diese Thematik sehr viel stärker in pastoraler Betrachtungsweise an, wie sein berühmtes Wort vom »Erwachen der Kirche in den Seelen«[159] aus dem Jahre 1922 zeigt.

Große Ähnlichkeiten zwischen Guardini und Schmitt sind in den im Umfeld des Politischen angesiedelten Fragen feststellbar. Dabei lassen sich die Spuren des Staatsrechtlers bei dem Theologen deutlich erkennen: »In politischen Dingen vermag ich heute weithin nur Chaos zu sehen«[160], diagnostiziert Guardini in Übereinstimmung mit der vorherrschenden katholischen Situationsbeschreibung der 20er Jahre. Hintergrund für diese Einschätzung ist die Übernahme des geschichtsphilosophischen Schemas der Verfallstheorie, die als charakteristischer Topos Guardinis gesamtes Werk durchzieht[161] und die auch in Schmitts »Die geistesgeschichtliche Lage des heutigen Parlamentarismus« zu erkennen ist. Das »heutige Chaos« wird einem vergangenen »goldenen Zeitalter« gegenübergestellt. Bei Guardini läuft die Linie des Verfalls über das Mittelalter, die Renaissance und die Neuzeit, wobei das Mittelalter als »Modellfall christlicher Verwirklichung«[162] erscheint.

Die Vorstellungen Guardinis von der Politik, vom Wesen und der Aufgabe des Staates und vom Recht sind unter spürbarer Anlehnung an den Repräsentationsgedanken aus Schmitts Katholizismus-Essay sowie dessen Monographie »Der Wert des Staates und die Bedeutung des Einzelnen« formuliert. Dabei wird das theologische Element, das bei Schmitt besten-

---

[158] Zit. nach H.-B. GERL, S. 149.
[159] Vgl. EBD., S. 139.
[160] R. GUARDINI, Rettung, S. 112.
[161] Vgl. H. MERCKER, S. 78.
[162] EBD., S. 78.

falls implizit mitgedacht werden kann, bei Guardini explizit artikuliert und betont: »Eigentlich politischer Sinn des Staates scheint mir, daß er Hoheit sei. Zweckfreie Verkörperung von Majestät. Hoheit aber hat wesenhaft nur Gott. So erscheint mir der politische Sinn des Staates, daß er, selbst Gott ergeben, dessen Majestät unter den natürlichen Dingen und Wirklichkeiten des Lebens darstelle und zur Geltung bringe. Nicht in sittlichen und religiösen Dingen; darin ist nicht der Staat zuständig, sondern die Kirche. Der Staat hat Gottes Majestät zu vertreten in den Dingen des natürlichen Lebens. [...] Er schafft Recht. [...] Recht, auf daß Gott darin bejaht werde, welcher die wesenhafte Ordnung selbst ist. Recht also als natürliche Offenbarung göttlicher Hoheit. Für dieses Recht setzt der Staat seine legitime Existenz, die geistige Wucht seiner Hoheit ein, d. h. er ist ›Autorität‹. Im letzten ergeht jedes Gesetz ›im Namen Gottes‹. Für das Recht setzt der Staat aber auch seine Macht ein. Er erzwingt dem Recht Gehorsam«[163].

In diesem Staatsverständnis wird, wie bei Guardinis Schriften überhaupt, das Dasein von der Offenbarung her, die durch die Autorität der Kirche und das von ihr gesetzte Dogma garantiert ist, konstruiert. Die Hierarchien der Ämter in Kirche und Staat stellen für Guardini jeweils ein Abbild der göttlichen Ordnung dar. Sie treten folglich auch in eine enge Beziehung zueinander[164]. Politische Theologie ist deshalb auch hier programmiert. So sieht Guardini »keine Möglichkeit, auch rein philosophisch eine staatliche Hoheit anders zu begründen, als aus ›Gottes Gnaden‹, d.h. so, daß sie Gott vertritt, irdisches Abbild seiner absoluten Autorität ist«[165].

Einer Rettung bedarf nach Ansicht Guardinis das Politische vor allem angesichts der ökonomischen Entwicklung. Auch hier ist die Parallele zu oder der Einfluß von Schmitts »Römischer Katholizismus und politische Form« erkennbar: »Ich sehe, wie sich quer durch die Staaten hindurch, kaum nach diesen fragend, Gebilde eigener Art legen: [...] Diese Querschichtungen, zumal die wirtschaftlichen, werden immer stärker und zahlreicher. Wird, wenn diese Entwicklung weiter geht, auf die Dauer noch für wirkliche Staaten Raum sein? Wird es noch freie Völker als Träger geschichtlichen Handelns geben? Oder gehen wir einem Zustand entgegen, darin die Welt von den Büros der Aktiengesellschaften, den Arbeitsräumen der geistig Schaffenden und den internationalen Gerichtshöfen aus regiert wird? Ist in Zukunft noch für politisches Handeln

---

[163] R. GUARDINI, Rettung, S. 114.
[164] Vgl. H. MERCKER, S. 80 f.
[165] R. GUARDINI, Rettung, S. 114, Anm. ***.

Raum?«[166] Guardini stellt hier zwar nur Fragen. Aber der ganze Duktus seiner Ausführungen zeigt, daß er die Antworten im Sinne Schmitts mitdenkt. Was Schmitt Anfang der 30er Jahre als totaler Staat aus Schwäche und als die Einheit des Staates zerstörende pluralistische Mächte beschreibt, klingt bei Guardini Anfang der 20er Jahre dem Grunde nach bereits an.

Auffallend ist auch Guardinis Ablehnung eines gefühlsbetonten Pazifismus: »Das Recht, gegen den Krieg zu reden, billigt man einem Menschen nur zu, wenn man in ihm die politische Haltung spürt«[167]. In einer Art, die an Schmitts späteren Politik-Begriff erinnert, heißt es dann: »Jede Frage hat eine Ebene, auf der sie erst voll gesehen und behandelt werden kann. Für die Friedens-Kriegsfrage ists, scheint mir, die politische. [...] Auf der Ebene politischen Fühlens und Denkens muß der Kampf um den Frieden zuletzt ausgetragen werden, soll er keine Ideologie oder Gefühlsangelegenheit bleiben«[168].

Anders als Schmitt läßt Guardini eine Trennung von Politik und Sittlichkeit jedoch nicht zu: »Wenn Politik als eigenes Gebiet gefaßt wird, so bedeutet das nicht, sie sei dem Sittengesetz entzogen. Ich betone das aufs Allernachdrücklichste, damit diese Gedanken nicht mit irgendwelcher Machtlehre verwechselt werden. Selbstverständlich gilt die sittliche Ordnung auch für das politische Gebiet«[169].

Bei aller Betonung der Ordnung und der staatlichen Autorität läßt Guardini keinen Zweifel daran, daß das staatliche Sein »nicht der höchste der Werte«[170] ist. Es gebe auch Bereiche, »darein der Staat nicht zu reden hat: Die Innensphäre der Person; der Innenbereich der Familie mit den wesensmäßigen Beziehungen ihrer Glieder; die Kirche«[171]. In dieser Deutlichkeit hat Schmitt die Grenzen des Staates nie bestimmt. Guardini geht aber noch einen Schritt weiter: »Die Hoheit des Staates besteht nur darin, daß er Gottes Stellvertreter sei im Natürlichen, Rechtlichen. Er aber sucht sie zur ursprünglichen, einzigen, absoluten zu begründen. Im Letzten: der Staat sucht immer wieder ›Gott zu sein‹. ›Den präsenten Gott‹ hat ihn ja Hegel genannt! Und in dem Maße gelingt es ihm, diesen Anspruch durchzusetzen, als der Einzelne Gott vergißt. Denn dann hat er dem Staate nichts mehr entgegenzustellen. Ja, dann richtet sich die ihres eigentlichen

---

[166] EBD., S. 118.
[167] EBD., S. 120.
[168] EBD., S. 121.
[169] EBD., S. 117.
[170] EBD., S. 116.
[171] EBD., S. 116.

Ziels beraubte Anbetungskraft seiner Seele unbemerkt auf den Staat, und rechtfertigt dessen Ansprüche. [...] Nur der Einzelne kann diesen Anspruch brechen; aus der Kraft seines Gott ergebenen Gewissens. Pflicht der Persönlichkeit ist auch dies: Dem Staat gegenüber Wache zu halten, daß er in seinen Grenzen bleibe«[172]. Diese Sätze lesen sich wie eine frühe Fundamentalkritik der von Schmitt später entwickelten Lehre vom totalen Staat aus Stärke. Sie zeigen, daß Guardini trotz der vielen Parallelen zu Schmitt in entscheidenden Fragen mit dessen Staatslehre nicht in Einklang zu bringen ist.

Auffällig ist das Carl Schmitt und Romano Guardini gemeinsame Interesse am Mythos. Sieht der Staatsrechtler in ihm die Quelle, aus der sich die irrationale Kraft des Politischen speist, und bringt er ihn als Überwinder des relativistischen parlamentarischen Denkens in Verbindung mit einem »neuen Gefühl für Ordnung, Disziplin und Hierarchie«[173], so interessiert sich der Theologe vor allem für das Verhältnis des Mythos zur Offenbarung. In ihm scheint für Guardini das Jenseits, das Un-Weltliche, das die Welt Übersteigende auf; er ist ein Tor zur Offenbarung, ein Koppelungselement zwischen Immanenz und Transzendenz[174]. Der Sprung ins Irrationale oder Überrationale findet somit sowohl für den Staatsrechtler als auch für den Theologen im Mythos eine begriffliche Stütze.

Neben der gemeinsamen Wertschätzung für das Objektive und Absolute und die klassische Form[175] waren Carl Schmitt und Romano Guardini beide einer »Philosophie des konkreten Lebens« (Schmitt) bzw. einer »Philosophie des Lebendig – Konkreten« (Guardini) verpflichtet.[176] Sie standen damit in der im Katholizismus nach dem Ersten Weltkrieg modernen Tradition Bergsons, Péguys, Simmels und Diltheys; Philosophen, die ihr Denken in der Abwehr des Rationalismus und Intellektualismus auf das erfahrbare Leben konzentrierten. Von theologischer Seite ist hier Sören Kierkegaard zu nennen, den sowohl Schmitt als auch Guardini sehr schätzten. Allerdings hat Romano Guardini von der Philosophie des Konkreten ausgehend einen weitaus deutlicheren, religiös motivierten und geprägten Personalismus entwickelt als Carl Schmitt. In dessen Dezisionismus ist die Dimension des Personalen im Ergebnis eher unterbelichtet.

---

[172] EBD., S. 116 f.
[173] C. SCHMITT, Lage, S. 89.
[174] Vgl. H. MERCKER, S. 129.
[175] Vgl. oben III. 3. b) Die katholische Klassik.
[176] Vgl. G. MAHR, S. 22.

Eine Parallele zwischen Schmitt und Guardini läßt sich schließlich auch im Rechtsdenken feststellen. Mit der These, daß Recht nicht nur ein über die Person ausgespanntes »unwirkliches Netz von Geltungspunkten und Geltungslinien«, sondern »wirkliche Rechtsordnung unter wirklichen Personen«[177] ist, nahm Guardini 1927 keimhaft vorweg, was Carl Schmitt mit seinem konkreten Ordnungsdenken 1934 zumindest der Richtung nach ausführlich darstellte.

Trotz aller Übereinstimmungen und Ähnlichkeiten im Denken Schmitts und Guardinis bleiben doch in entscheidenden Punkten Differenzen, die sich spätestens 1933 politisch auswirkten. Zwar spielten die Elemente Ordnung und Autorität sowie die skeptische Betrachtung des Individualismus bei Guardini eine wesentliche Rolle, so daß von hier aus durchaus ein Zugang zum Nationalsozialismus möglich gewesen wäre. Aber es war für ihn, der die Freiheit der Person, des Gewissens, der Familie und der Kirche gegenüber dem Staat so scharf betonte,[178] nicht möglich, ein Ja zum totalitären Staat zu sagen. Guardini hielt sich nach der nationalsozialistischen Machtergreifung mit politischen Äußerungen sehr zurück, so daß die Machthaber zunächst keine Handhabe fanden, gegen ihn vorzugehen. Erst 1939 wurde sein Berliner Lehrstuhl mit der Begründung aufgehoben, der Staat vertrete selbst eine Weltanschauung, neben der eine andere nicht zulässig sei.[179] Für Guardini bedeutete dies die Zwangspensionierung.

f) Joseph Lortz

Freundschaftlich verbunden war Carl Schmitt mit dem katholischen Kirchenhistoriker Joseph Lortz (1887 – 1975). Der gebürtige Luxemburger war seit 1929 Professor an der Staatlichen Akademie in Braunsberg.[180] Seit 1943 gehörte er zum sog. Siedlinghäuser Kreis um den Landarzt Dr. Franz Schranz.[181] Lortz war neben seinen Braunsberger Kollegen Hans Barion und Karl Eschweiler der bekannteste katholische Theologe, der sich 1933 offen zum Nationalsozialismus bekannte und sich um dessen Anerkennung von katholischer Seite aus mühte. Im Mai 1933 trat er in die

---

[177] R. GUARDINI, Vorbemerkung, S. 127.
[178] R. GUARDINI, Rettung, S. 116.
[179] H.-B. GERL, S. 317.
[180] Vgl. G. LAUTENSCHLÄGER, S. 299.
[181] V. RUNTE-SCHRANZ, S. 73. Der Standpunkt J. Lortz' zum Nationalsozialismus ist im Hinblick auf C. Schmitts politische Überzeugungen Anfang der 30er Jahre unabhängig davon, wann der erste persönliche Kontakt zwischen beiden zustande gekommen ist, von großem Interesse. Im Nachlaß C. Schmitts befinden sich 4 Briefe von J. Lortz aus den Jahren 1952 bis 1954 (Nachlaß, S. 102).

NSDAP ein.¹⁸² 1935 wurde Lortz unter Mithilfe seines Freundes Hans Barion, der über gute Kontakte zum zuständigen Reichsministerium verfügte, auf den noch vom ehemaligen Zentrumsabgeordneten und NS-Gegner Georg Schreiber in Münster besetzten Lehrstuhl berufen. Schreiber wurde gleichzeitig nach Braunsberg zwangsversetzt, wo er seine Lehrtätigkeit allerdings nicht aufnahm.¹⁸³

Weltanschaulich-politisch stand Lortz Schmitt bereits vor der nationalsozialistischen Machtergreifung sehr nahe. In der ersten Auflage seiner »Geschichte der Kirche« stellt er 1932 fest, daß sich in Deutschland eine Umschichtung vollziehe, die im politischen Bereich eine Beschneidung der liberal-demokratischen Idee und des Parlamentarismus verwirkliche. Die dem Aufbau dienende geistige Umschichtung lasse den Gedanken der Führerschaft, der Diktatur und des überparteilichen Parlaments mehr Gewicht zukommen¹⁸⁴. Lortz bringt hier also dem Grunde nach die Sehnsucht nach dem autoritären Staat, der den schwächlichen liberalen Parlamentarismus überwinden solle, in gleicher Weise zum Ausdruck wie Schmitt in seinem staatsrechtlichen Schrifttum der Weimarer Republik.

In der 1933 und 1934 in drei Auflagen in der Schriftenreihe »Reich und Kirche« erschienenen, den »Braunsberger Freunden« gewidmeten Broschüre »Katholischer Zugang zum Nationalsozialismus« appelliert Lortz an die Katholiken, zum Nationalsozialismus »ein volles ›Ja‹ zu sprechen«¹⁸⁵. Er notiert in diesem Büchlein die »Erkenntnis *grundlegender Verwandtschaften* zwischen Nationalsozialismus und Katholizismus. Verwandtschaften, die erstaunlich tief reichen und vor denen wir beschämend unsere Kurzsichtigkeit von gestern empfinden«¹⁸⁶. Gleich der katholischen Kirche sei der Nationalsozialismus »wesenhaft Gegner des Bolschewismus, des Liberalismus, des Relativismus«¹⁸⁷. Für Lortz ist es providentiell, daß gerade in Deutschland, dem Zentrum Europas, dem Bolschewismus in der NSDAP »ein siegreicher Gegner erstand, gleichermaßen fern dem kraftlosen Liberalismus wie der Bolschewismus, aber ebenso erbitterter Hasser von dessen Materialismus«¹⁸⁸. So dankt Lortz Hitler für »die Rettung Deutschlands und dadurch Europas vor dem Chaos des Bolschewismus, d.h. der Zerstörung des christlichen Euro-

---

¹⁸² G. LAUTENSCHLÄGER, S. 297.
¹⁸³ EBD., S. 302 f.
¹⁸⁴ Vgl. EBD., S. 296 f.
¹⁸⁵ J. LORTZ, S. 30.
¹⁸⁶ EBD., S. 13.
¹⁸⁷ EBD., S. 13.
¹⁸⁸ EBD., S. 7.

pas«[189]. Dies zeige, daß der Nationalsozialismus in wichtigen Dingen »zu gleichen Zielen strebt wie die Kirche«. Zum Liberalismus, den der Nationalsozialismus schließlich auch beseitigt habe, heißt es: Diesen »und den durch ihn sich vollendenden Relativismus allgemeiner Halbheiten – Zersetzungsfrüchte des die Neuzeit beherrschenden Subjektivismus – muß jede halbwegs treffende Deutung des 19. Jahrhunderts als die Todeskrankheiten der Zeit und als Hauptfeinde der Kirche erkennen. Demgegenüber ist es geradezu befreiend, daß endlich in der Moderne außerhalb der Kirche eine große Kraft und Gestaltung des Lebens erscheint, die das verkündet und weit in die Wirklichkeit des Lebens einführt, was im 19. Jahrhundert die Päpste Gregor XVI., Pius IX. und auch Leo XIII. unter dem überheblichen Hohngelächter der ganzen sogenannten gebildeten und fortschrittlichen, für die ›Kultur‹ kämpfenden Welt lehrten bzw. ablehnten, was auch jene Päpste ablehnten: die Überschätzung der Majorisierung und ihre Verwechslung mit der Autorität; die Forderung schrankenloser Presse- und Redefreiheit, kurz alle Auswüchse, die der individualistische Liberalismus mit dem Wesen der Freiheit verwechselte«[190]. Auf dieser Basis begrüßt Lortz den nationalsozialistischen »Kampf gegen die parlamentarischen Parteien, nicht zuletzt gegen die Hauptorganisation des politischen Katholizismus, das für die deutsche katholische Kirche so hochwichtige Zentrum«[191]. Mit der Zerstörung des Liberalismus bedürfe es des politischen Katholizismus, der sich gegen diesen Gegner erfolgreich zur Wehr gesetzt habe, nicht mehr. Lortz teilte damit 1933 die ablehnende Haltung gegenüber dem Zentrum mit seinen Kollegen Karl Eschweiler und Hans Barion, aber auch mit Carl Schmitt.

Für Lortz erhebt der Nationalsozialismus als rein politische Bewegung in der politischen Sphäre »den vollen Totalitätsanspruch auf die Leitung aller Lebensäußerungen des Menschen im Dienste der Nation; d.h. er macht aus dem politischen Positivismus eine den ganzen Menschen erfassende Weltanschauung, die vom Primat der Politik her aufgebaut ist«[192]. Die Anklänge an Schmitts Politik-Begriff sowie die Nähe zu seiner Lehre vom totalen Staat im qualitativen Sinne werden in solchen Ausführungen deutlich. Aus der Perspektive von Lortz mußte Carl Schmitt 1933 als ein moderner katholischer Staatsrechtler erscheinen.

Lortz bewundert am Nationalsozialismus das Bekenntnishafte, das dem Katholizismus ebenfalls zugrunde liege: »Nach einer Zeit, die durch ihren

---

[189] EBD., S. 8; folgendes Zitat EBD.
[190] EBD., S. 13 f.
[191] EBD., S. 8.
[192] EBD., S. 9.

Relativismus wie durch die ungeheure tatsächliche Relativierung des Lebens jede wirkliche Kraft auf allen Gebieten des Lebens auszurotten drohte, ist es für die katholische Offenbarungsreligion von hohem Wert, daß durch den Nationalsozialismus die formale Haltung des Bekenntnismäßigen, die weitestgehend außer Kurs geraten war, in ungeahnter Stärke breitesten Schichten wieder als wertvolle Haltung eingeimpft wird«[193]. Lortz formuliert so die Analogie von bekenntnisorientiertem Politik- und Religionsverständnis. Er greift damit in der Sache die formale Strukturidentität zwischen dem Politischen und dem Katholizismus auf, die Schmitt bereits 1922/23 in voller Tiefe und programmatisch aus weltlich-autoritärer Perspektive beschrieben hatte. Gerade der Geist von Schmitts »Römischer Katholizismus und politische Form« ist bei Lortz deutlich spürbar. So erkennt er in der nationalsozialistischen Betonung des Vorrechts der Gemeinschaft vor dem Individuum »das Verständnis für die Wichtigkeit der politischen Form«[194], mit dem der Nationalsozialismus seine »innere Haltung« der katholischen annähere: »denn im Gegensatz zu allem Spiritualismus (dessen Hauptrepräsentant der Protestantismus mit der Ablehnung der sichtbaren und wirklich objektiven Kirche ist) mißt der Katholizismus das innere religiöse Leben des Einzelnen daran, wie weit es wesentlich aus der großen politischen Form der sakramentalen Kirchenanstalt fließt.«

In Sachen »politische Theologie« und ihrer dogmatischen Begründung wandelt Lortz ganz auf den Spuren seines Braunsberger Kollegen Eschweiler. Der Nationalsozialismus anerkenne »als grundlegend die gottgegebene *Gliederung* der menschlichen Gesellschaft« und lehne »die das echte Leben zerstörende Gleichmacherei als verhängnisvollen Grundirrtum ab«[195]. Damit schaffe er »die Vorbedingung alles religiösen Lebens, das sich regelt nach dem theologischen Fundamentalsatz: die Gnade wirkt gemäß der natürlichen Gegebenheiten. Eine in gezügelter Natürlichkeit und Anerkennung des positiven Christentums gesund gewachsene Generation bietet den christlichen Grundwahrheiten, bietet der Gnade ganz andere Gestaltungsmöglichkeiten als das dem Natürlichen entfremdete Produkt des wurzelhaft religionsfremden Liberalismus. Der natürliche Mensch ist der katholische Mensch«[196].

Unabhängig von der Frage, wie nahe sich Carl Schmitt und Joseph Lortz persönlich gestanden haben, zeigen Lortz' Ausführungen große

---
[193] EBD., S. 17.
[194] EBD., S. 19; folgendes Zitat EBD.
[195] EBD., S. 14.
[196] EBD., S. 15.

geistige Verwandtschaften mit den Theorien Schmitts. Ja Lortz kann als ein Zeuge für die Katholizität Schmitts im Sinne seiner Einbindung in den politisch-kulturellen Zeitgeist des deutschen Katholizismus im ersten Drittel des 20. Jahrhunderts gelten. Viele Aspekte, die Lortz für sein Engagement für den Nationalsozialismus vorgetragen hat, hätte auch Schmitt benennen können.

Joseph Lortz hat sich bereits 1934 in einem Nachwort zur 3. Auflage seiner Broschüre von Alfred Rosenbergs »Mythus des 20. Jahrhunderts« distanziert. Hitlers Bekenntnis zum »positiven Christentum« schenkte er zu diesem Zeitpunkt aber nach wie vor Glauben. Wenig später jedoch nahm Lortz die Gelegenheit wahr, in einer Neuauflage seiner »Geschichte der Kirche in ideengeschichtlicher Betrachtung« den Abschnitt »Kirche und Nationalsozialismus«, in dem er vorher die Verwandtschaft dieser beiden Größen propagiert hatte, zu streichen.[197] Durch diesen diplomatischen Akt des Protestes zeigte sich Lortz aufgrund der konkreten Erfahrungen mit den neuen Machthabern als lernfähig. Deutlicher auf Distanz ging er erst ab etwa 1940. 1944 trat er aus der NSDAP aus.[198] Da Joseph Lotz als Mitläufer entnazifiziert wurde, konnte er nach 1945 seine wissenschaftliche Karriere fortsetzen.[199] Er übernahm an der Universität Mainz einen Lehrstuhl für abendländische Religionsgeschichte und gründete das Institut für Europäische Geschichte.[200] Große wissenschaftliche Verdienste erwarb er sich durch seine Forschungen zur Reformationsgeschichte.

2. Schüler

Carl Schmitt hat insbesondere in seiner Bonner Zeit einen großen Kreis von Schülern um sich versammelt, die regelmäßig an seinen Seminaren teilnahmen. Viele dieser Schüler, die Schmitt häufig persönlich verbunden waren und sich überwiegend auch mit seinen Theorien identifizierten, wurden bereits in der Weimarer Republik, in der Zeit des NS-Regimes oder nach dem Zweiten Weltkrieg namhafte Rechtsgelehrte. Die bekanntesten unter ihnen, etwa Ernst Rudolf Huber, Ernst Forsthoff oder Werner Weber, waren Protestanten. Aber auch Katholiken wie Werner Becker,

---

[197] Vgl. E. Iserloh, S. 5.
[198] G. Lautenschläger, S. 297.
[199] Ebd., S. 310.
[200] C. Schmitt lagerte in diesem Institut vorübergehend den von den Amerikanern beschlagnahmten und 1952 zurückgegebenen größeren Teil seiner privaten Bibliothek (vgl. E. Frhr. v. Medem, S. 25).

Günther Krauss und Ernst Friesenhahn gehörten seit den 20er oder 30er Jahren zur intellektuellen Elite Deutschlands.

a) Werner Becker

Der gebürtige Mönchengladbacher Werner Becker (1904 – 1981), der bereits mit 17 Jahren sein Abitur machte, war einer der begabtesten Schüler Schmitts. Er wurde 1923 von Waldemar Gurian auf Schmitts »Römischer Katholizismus und politische Form« aufmerksam gemacht. Die Folge der Lektüre war ein Besuch bei Carl Schmitt.[201] Kurz darauf gehörte Becker zu Schmitts Bonner Seminar. Bereits 1925 wurde er mit einer Arbeit über »Die politische Systematik der Staatslehre des Thomas Hobbes« bei Schmitt zum Doktor der Rechte promoviert.[202]

Zwischen 1925 und 1930 erschienen in katholischen Zeitschriften, insbesondere im »Abendland« und in den »Schildgenossen«, zahlreiche Aufsätze Beckers. In diesen beiden Zeitschriften veröffentlichte er 1928 auch eine von ihm angefertigte Niederschrift des von Carl Schmitt gehaltenen Vortrags »Der bürgerliche Rechtsstaat«[203]. Schmitt hatte diese schriftliche Fassung autorisiert.[204] 1928 übernahm Becker kurzfristig die Redaktion des »Abendland«.

Unter den Schülern Schmitts war Becker derjenige, der der katholischen Jugendbewegung am engsten verbunden war. Sie hat seinen persönlichen Lebensweg maßgeblich geprägt. Dabei ist in diesem Zusammenhang besonders Romano Guardini zu nennen, als dessen Schüler Becker sich zeitlebens verstand. Unter seinem Einfluß studierte Becker ab 1926 Philosophie und Theologie in Bonn, Paris, Tübingen, Köln und Berlin. Mit Guardini verband ihn bis zu dessen Tod eine innige Freundschaft. Während seines Studiums in Berlin war Becker sogar zeitweise Guardinis Sekretär.[205] 1932 wurde Becker in Aachen zum Priester geweiht. Danach

---

[201] Vgl. P. TOMMISSEN, Bausteine, S. 82; W. Becker und W. Gurian waren Mitte der 20er Jahre befreundet und veröffentlichten gemeinsame Aufsätze; z. B. W. BECKER/W. GURIAN, Deutschland und Frankreich im neuen Europa.
[202] Vgl. Nachlaß, S. 385. Die Arbeit wurde nicht veröffentlicht. Eine Zusammenfassung der Ergebnisse enthält W. Beckers Lexikon-Beitrag »Hobbes«. Er setzt sich darin mit dem Rechtspositivismus von Hobbes sehr kritisch auseinander.
[203] In den SCHILDGENOSSEN fehlt die Autoren-Angabe. In einer Fußnote wird darauf hingewiesen, daß es sich um eine von W. Becker angefertigte Niederschrift eines Vortrages von C. Schmitt handelt. Dieser habe das Manuskript durchgesehen und der Veröffentlichung zugestimmt.
[204] Im ABENDLAND wurde C. Schmitt als Autor des Aufsatzes genannt. Erst im Mai-Heft 1928 wurde der Hinweis nachgeholt, es handele sich um »eine stark gekürzte Niederschrift nach einem im Januar d. J. in kleinem Kreise gehaltenen Vortrag« (S. 255).
[205] Vgl. H.-B. GERL, S. 123 f.

war er viele Jahre Studentenseelsorger, unterbrochen durch den Dienst als Sanitäter im Zweiten Weltkrieg. 1938 schloß er sich in Leipzig dem 1930 gegründeten Oratorium vom Hl. Philipp Neri an, einer Gemeinschaft von Priestern und Laien, die im Sinne John Henry Newmans lebten und arbeiteten.[206] Beckers besonderes theologisches Interesse galt der ökumenischen Bewegung, der Una Sancta. Aufgrund seiner Fachkenntnisse wurde er 1961 als Konsultor in das »Sekretariat für die Einheit der Christen« berufen. Von 1963 bis 1965 nahm er an den Sitzungen des Zweiten Vatikanischen Konzils teil. Becker gehörte somit, ohne akademischer Lehrer zu sein, zu den bedeutendsten katholischen Theologen in Deutschland.[207]

Beckers im Sommersemester 1925 in Schmitts Seminar gehaltenes und unter dem aufschlußreichen Titel »Demokratie und moderner Massenstaat« in den »Schildgenossen« veröffentlichtes Referat liest sich wie eine Synthese des staatstheoretischen Gedankenguts Schmitts mit den sozialethischen Grundüberzeugungen Guardinis. Antiliberalismus und Antiparlamentarismus sind gepaart mit der Werbung für einen autoritären Staat, der sich an Werten und der Wahrheit auszurichten hat. Aber bereits in diesem, in der Diktion und in der antiliberalen Tendenz Schmitt vollauf verpflichteten Referat macht Becker deutlich, daß er nicht in allen Punkten seinem Lehrer folgen kann.[208]

Wie sehr Schmitts Antiparlamentarismus auch Becker gefangen genommen hatte, wird in dem Aufsatz »Die Politik der jungen Generation in Europa« aus dem Jahre 1925 deutlich: »Die Jugend ist mißtrauisch gegen das Parlament; aber weil es nicht mehr wesenhaft ›Parlament‹, d.h Stätte öffentlicher Diskussion mit dem Ziel politischer Wahrheitsfindung ist. [...] Sie ist mißtrauisch gegen die Demokratie, eben weil sie nicht genug, nicht wesenhaft Demokratie ist: weil der einzelne nicht wirklich politische Verantwortung trägt, weil nicht politische, sondern letzten Endes ökonomische Gesichtspunkte bestimmen. Sie ist mißtrauisch gegen die Parteien und ihre Politik, weil sie oft gar keine eigentlich politischen Parteien, sondern nur Interessengruppierungen sind«[209]. Hier greift Becker wesentliche von Schmitt angesprochene Themen, einschließlich der Skepsis gegenüber dem ökonomischen Denken, auf. Aber Becker plädiert nicht für eine Radikallösung. Die Jugend wolle im allgemeinen das Parlament, die Parteien und die Demokratie nicht abschaffen. Sie sei bei allem »Ungenügen am Heute [...] bereit, vom Bestehenden ihren Ausgang nehmend, das

---

[206] Vgl. W. BECKER, Vorwort, S. 12 f.
[207] Vgl. H.-B. GERL, S. 124.
[208] W. BECKER, Demokratie; vgl. dazu oben III. 7. c).
[209] W. BECKER, Politik, S. 328.

Gute und Berechtigte, das Zeitgemäße an diesen und allen Institutionen zu sehen«[210].

Partei für seinen Lehrer Schmitt ergriff Becker 1929 in der Diskussion um dessen Begriff des Politischen. Die »zur Rede stehende Abhandlung des bedeutendsten zeitgenössischen katholischen Staatslehrers« war für Becker »das eindringlichste Dokument der Verantwortung für den Staat und das Staatliche«[211]. Dieser Beitrag brachte Becker heftige Kritik von dem Dominikaner-Pater Franziskus Stratmann und dem Münchner Philosophen Dietrich von Hildebrand ein.[212]

In der Kontroverse zwischen Carl Schmitt und Ernst Michel über den Rechtscharakter der katholischen Kirche versuchte Becker, zwischen den beiden Kontrahenten zu vermitteln. Tendenziell stand er aber, anders als die Mehrheit der katholischen Jugendbewegung,[213] näher bei Schmitt, wenn er ausführte, daß dem staatlich-rechtlichen Aufbau der Kirche »grundsätzliche, nicht geschichtlich vorübergehende Geltung«[214] zukomme.

Was das nationalstaatliche Denken angeht, konnte Becker Schmitt nicht folgen. Der junge Idealist träumte, seiner Zeit weit voraus, von der Überwindung der staatlichen Grenzen in Europa: »Europa ist eben heute wirklich kein utopischer Traum mehr, sondern von der jungen Generation als realpolitische Aufgabe gesehen und angepackt. Es ist ja heute nicht mehr möglich, die staatlichen Interessen anders als universell aufeinander bezogen zu sehen. [...] Die Tatsache dieses Zusammenhangs [...] hat von nun an für alle politische Arbeit als point de départ zu gelten«[215]. Für Becker entstammten »der nationalstaatliche Begriff der Souveränität« und »der Begriff der Hegemonie eines Staates in Europa«[216] einer der Vergangenheit angehörenden Staatslehre. Diese könne einer neuen Politik keine brauchbaren Mittel und Methoden an die Hand geben. Damit setzte Becker 1926 deutlich andere Akzente als sein akademischer Lehrer.

Völlig unterschiedlich bewerteten Schmitt und Becker auch die pluralistische Staatstheorie Harold J. Laskis. Während Schmitt die stark am Individuum und gesellschaftlichen Gruppen orientierte Lehre 1930 als Gefahr für die Einheit des Staates ablehnte[217], stellte Becker zu dem englischen Theoetiker 1927 bewundernd fest, »wie nah sich seine Gedan-

---

[210] EBD., S. 329.
[211] W. BECKER, Nochmals, S. 1.
[212] Vgl. oben III. 8. e) »Der Begriff des Politischen«.
[213] Vgl. oben IV. 3. d).
[214] W. BECKER, Gedanken, S. 199.
[215] W. BECKER, Politik, S. 329.
[216] EBD., S. 330.
[217] Vgl. C. SCHMITT, Staatsethik, S. 134 ff.

kengänge mit ältestem katholischem Erbgut berühren«[218]. Mit Laski teilt Becker die Auffassung, »daß Gesellschaft und Staat nicht identisch sind«[219]. Der Anspruch des Staates auf Souveränität im klassischen Sinne könne »weder vor der Wirtschaft und der Kirche noch überhaupt vor der erwachten Persönlichkeit Bestand haben«. Der Einzelne sei, so Laski, neben dem Staat verschiedenen gesellschaftlichen Assoziationen wie Kirche, Gewerkschaften oder Vereinen, wenn auch in unterschiedlichem Grad, verpflichtet. Bei Loyalitätskonflikten entscheide sein Gewissen. Becker läßt keinen Zweifel daran, daß er dieser Staats- und Gesellschaftskonzeption mit großer Sympathie begegnet[220]. Mit diesem theoretischen Rüstzeug war er gegen die Gefahren totalitären Staatsdenkens in den 30er Jahren bestens gewappnet.

Mit großem Interesse betrachtete Becker die nach dem Ersten Weltkrieg einsetzende Renaissance des katholischen Naturrechtsdenkens[221]. Er sah bei der aktuellen Frage in der Völkerrechtslehre, ob es »oberste Prinzipien« gebe, die unabhängig vom Willen der Staaten dem Völkerrecht zugrunde lägen, eine Tendenz, diese Frage zu bejahen[222]. Wie Schmitt war er jedoch sehr zurückhaltend, in dieser Situation das Naturrecht als Grundlage dieser obersten Prinzipien ins Spiel zu bringen. Man müsse sich fragen, »ob denn die naturrechtlichen Theorien der eigenartigen Verknüpfung des Faktischen und des Normativen, die das Wesen des Rechtes ausmacht, gerecht geworden sind«[223]. In dieser Aussage zum Spannungsfeld zwischen Positivismus und Naturrecht wird ebenso wie bei seinen Ausführungen zum Rechtscharakter der katholischen Kirche oder in seiner Einstellung zum Parlamentarismus deutlich, daß Werner Becker bereits in jugendlichem Alter nicht zu den dezisionismustrunkenen Draufgängern gehörte. Er war vielmehr ein bedächtiger, abwägender und sich eher dem Prinzip des Sowohl-als-auch als dem Entweder-oder verpflichtet wissender Mann der Mitte. Radikales Entscheidungsdenken war seine Sache nicht. In diesem Punkt unterschied er sich von manchen Schülern Schmitts.[224]

---

[218] W. BECKER, Gegner, S. 141.
[219] EBD., S. 140; folgendes Zitat EBD.
[220] W. Becker stellt abschließend fest, die Kritik Laskis treffe nicht die Tatsache, daß den in Gemeinschaft miteinander lebenden Menschen Ordnung und Eintracht nicht einfach immanent sei, »sondern über eine Autorität, eine personale Entscheidungsinstanz von außen gesetzt werden müssen« (EBD., S. 141). In einer Anmerkung verweist er dabei auf C. Schmitts »Politische Theologie«. W. Becker wollte also 1927 noch keinen Gegensatz zwischen Schmitt und Laski herstellen.
[221] W. BECKER, Naturrecht, S. 220.
[222] EBD., S. 220.
[223] EBD., S. 221.
[224] Vgl. z. B. W. Gurian oder G. Krauss.

2. Schüler   515

Werner Becker hat sich nach 1930 zu den Schriften Carl Schmitts öffentlich nicht mehr geäußert. Dessen Engagement für den Nationalsozialismus lehnte Becker ab.[225] In den 50er Jahren nannte er zwar Romano Guardini, Karl Adam und Robert Grosche, nicht jedoch Carl Schmitt als seine Lehrer und Freunde, »die in den zwanziger Jahren unseres Jahrhunderts von dem neuen Kirchenbewußtsein gekündet haben«[226]. Gleichwohl ließ er den persönlichen Kontakt zu Schmitt nie abreißen.[227] Insgesamt spiegelt das sachliche und persönliche Verhältnis Werner Beckers zu Carl Schmitt recht gut die Spannungen und die Dialektik zwischem dem deutschen Katholizismus und Carl Schmitt wider: Übereinstimmung in Grundüberzeugungen und Differenzen in einzelnen Punkten. Daraus konnten Zustimmung und Ablehnung zu Schmitt resultieren.

b) Günther Krauss

Günther Krauss (1911 – 1989) studierte Rechtswissenschaften in München, Berlin, Bonn und Köln. Durch Vermittlung seines Freundes Paul Adams kam er 1931 in Schmitts Berliner Seminar. Ende 1933 folgte Krauss Schmitt von Köln als Doktorand nach Berlin.[228] 1935 wurde er mit der von Carl Schmitt betreuten Arbeit »Das rechtswissenschaftliche Denken Rudolph Sohms« zum Doktor juris utriusque promoviert.[229] 1936 war er Referent in der von Carl Schmitt geleiteten wissenschaftlichen Abteilung des NS-Rechtswahrerbundes.[230] Krauss zählte vor und auch nach dem Zweiten Weltkrieg zum engsten Freundeskreis Schmitts.[231] Auch mit Karl Eschweiler verband ihn eine innige Freundschaft. Dieser konnte maßgeblichen Einfluß auf die Überzeugungen des jungen Doktoranden ausüben. Eschweilers neuscholastische Theologie, aber auch die Verachtung der Jesuiten schlugen sich in Krauss' Aufsätzen nieder.[232]

Günther Krauss veröffentlichte ab 1932 unter dem Pseudonym Clemens Lang mehrere Aufsätze in der von Schmitt-Freund Wilhelm Stapel

---

[225] Nach E. R. Huber hat es deswegen zwischen W. Becker und C. Schmitt zeitweise erhebliche Spannungen gegeben (Mündlicher Hinweis am 26. Januar 1987).
[226] W. BECKER, Ärgernis, S. 81 f.
[227] In C. Schmitts Nachlaß befinden sich 23 Briefe und 6 Postkarten von W. Becker aus den Jahren 1924 bis 1978 (Nachlaß, S. 32).
[228] G. KRAUSS, Erinnerungen, Teil 4, S. 73.
[229] Vgl. C. SCHMITT, Nachwort, S. 85.
[230] G. KRAUSS, Erinnerungen, Nachträge, S. 46.
[231] Vgl. dazu seine »Erinnerungen an Carl Schmitt«. Im Nachlaß C. Schmitts befinden sich 188 Briefe und 25 Postkarten von Krauss aus den Jahren 1931 bis 1982 (Nachlaß, S. 95).
[232] Vgl. dazu das Eingeständnis von G. KRAUSS, Erinnerungen, Teil 4, S. 79.

herausgegebenen Zeitschrift »Deutsches Volkstum«.[233] Dabei handelte es sich ganz überwiegend um Beiträge aus kirchlich-theologischer Perspektive. Unter seinem richtigen Namen erschienen nur rechtswissenschaftliche Arbeiten.[234] Mit seinem Namen stand Krauss ein, als Schmitt 1936 in die Schußlinie der nationalsozialistischen Kritik geriet.[235] In seinem Aufsatz »Zum Neubau deutscher Staatslehre – Die Forschungen Carl Schmitts« in der Zeitschrift »Jugend und Recht«, dem »Organ der jungen Rechtswahrer«, verteidigte er Schmitt gegen den Vorwurf des Opportunismus.[236] Nachdem das »Schwarze Korps« 1936 diese »peinliche Ehrenrettung« als eine die deutsche Geschichte schamlos verbiegende »Salbaderei« eingestuft und dem »krausen Günther« das Recht abgesprochen hatte, künftig »zu jungen Rechtswahrern zu sprechen«[237], mußte Krauss jede Hoffnung auf eine wissenschaftliche Karriere im NS-Staat begraben.

Nach dem Krieg, aus dem er 1945 nach kurzer russischer Gefangenschaft zurückkam, war Krauss in Köln als Notar und Rechtsanwalt tätig. Die akademische Laufbahn blieb ihm versperrt.[238] Öffentlich profilieren konnte er sich als führendes Mitglied des »Vereins zur Wiedereinführung der Todesstrafe«[239]. In den 80er Jahren, kurz vor seinem Tod, beteiligte sich Krauss mit seinen mehrteiligen »Erinnerungen an Carl Schmitt« nachhaltig an der einsetzenden Schmitt-Apologie. Er verehrte darin seinen Lehrer als den profiliertesten Staatsrechtler des 20. Jahrhunderts. Schmitts wissenschaftliche, politische und menschliche Ächtung sind nach dem Duktus dieser Erinnerungen nur aus einer irrationalen Verfolgungswut, die Wahrheiten um jeden Preis verdrängt, zu erklären.

Bereits in seinem ersten Aufsatz über »Die Ideologie des Widerstandes. Bemerkungen zu Carl Schmitts ›Begriff des Politischen‹«[240] gibt sich der

---

[233] Das Pseudonym Clemens Lang wurde von G. Krauss nie offengelegt. Auch im Kreis der Schmitt-Verehrer war es ein gut gehütetes Geheimnis. So verweist etwa G. Maschke wiederholt voller Anerkennung auf den »Publizisten Clemens Lang« als einen der besten Schmitt-Interpreten, obwohl er wissen muß, wer sich hinter diesem Namen versteckte (vgl. G. MASCHKE, Tod, S. 123, Anm. 24, S. 134, Anm. 52). Zum Pseudonym vgl. H. HÜRTEN, Deutsche Briefe II, S. 491).
[234] Vgl. etwa G. KRAUß, Staat, S. 23 f.
[235] Vgl. G. KRAUSS, Erinnerungen, Teil 4, S. 102, Anm. 4. Danach will G. Krauss sein Manuskript dem Herausgeber von »Jugend und Recht« gegenüber zurückgezogen haben, so daß die Veröffentlichung nicht mit seinem Einverständnis erfolgt wäre.
[236] Vgl. oben IV. 4. c).
[237] »Eine peinliche Ehrenrettung«, in: DAS SCHWARZE KORPS, 49. Folge, 3. Dezember 1936, S. 14.
[238] Sein Versuch, sich an der Universität Bonn mit einer Arbeit über Francisco de Vitoria zu habilitieren, scheiterte (D. VAN LAAK, S. 248).
[239] D. VAN LAAK, S. 250.
[240] C. LANG, Ideologie; vgl. zu diesem Aufsatz oben III. 8. e) »Der Begriff des Politischen«.

2. Schüler

21jährige Student als überzeugter Schmittianer. Er macht sich die politischen und staatsrechtlichen Diagnosen seines Lehrers kritiklos zu eigen. Inhalt und Diktion dieses und auch späterer Beiträge zeigen einen Grad der Übereinstimmung mit seinem Lehrer, den ansonsten allenfalls Waldemar Gurian Mitte der 20er Jahre erreichte.

Schon 1932 vertritt Krauss einen ausgeprägten Antisemitismus. Er äußert sich nicht nur kritisch gegenüber »gewissen Staatslehrern jüdischen Geblüts«[241], sondern stellt neben Bonald, de Maistre und Donoso Cortés, also den drei Hauptgewährsleuten Carl Schmitts, auch die beiden französischen Judenhasser Edouard Drumont, ein Schüler Veuillots, wie Krauss notiert[242], und Georges Bernanos als Vertreter eines wahrhaft politischen Katholizismus vor, in dem die liberale Ideologie einer parlamentarischen Partei überwunden sei[243]. Der Antisemitismus ist für Krauss »eine große politische Idee und der konkrete Vollzug der staatlichen Vernunft«[244]. Er teilt die Diagnose von Karl Marx, das Judentum sei »ein allgemeines gegenwärtiges antisoziales Element«[245] und versteigt sich sogar zu einer existentialistischen Abgrenzung: »Es genügt, den einfachen und klaren Sachverhalt zu sehen, daß das Volk der Juden und die christlichen Völker seinsmäßig verschieden sind. Ihre Gleichbehandlung ist daher weder gerecht noch vernünftig. Sofern die Juden bestrebt sind, diesen Zustand aufrechtzuerhalten und auszunutzen, sind sie echte Feinde derjenigen Völker, die sie durch ihre Geldmacht beherrschen; ihre Herrschaft ist eine Fremdherrschaft. [...] In der Erkenntnis des Feindes liegt Drumonts bleibendes Verdienst«[246]. Für die jüdischen Erfolge hat Krauss eine griffige Erklärung: »Die Lehren der Französischen Revolution, besonders der Moralismus aus Genf sind es, die die jüdische Eroberung ermöglicht haben: im Kapitalismus der bürgerlichen Gesellschaft kommen Judentum (Finanz) und Kalvinismus (Industrie) zusammen«[247].

Grundsätzlich positiv äußert sich Krauss 1933 auch zur Action Française, in der Bernanos noch 1931 »die rechtmäßige Fortsetzung des Drumontschen Antisemitismus«[248] gesehen habe. Er begrüßt deren »Einsicht in die Notwendigkeit eines starken Staates, der die Machtmittel an sich bringt und beherrscht, die zur Erfüllung seiner Aufgaben notwendig sind,

---

[241] C. LANG, Ideologie, S. 961.
[242] C. LANG, Frankreich, S. 373.
[243] C. LANG, Die Ideologie, S. 963.
[244] C. LANG, Frankreich, S. 370.
[245] EBD., S. 368.
[246] EBD., S. 368 f.
[247] EBD., S. 375.
[248] EBD., S. 369.

der schnell und nach Lage der Sache handelt und sich dabei um Legalität und Illegalität nicht kümmert«[249]. Kein Verständnis dagegen hat Krauss für den Monarchismus der Action Française, der »nicht auf eine aktuelle Frage« anworte, da die Könige unwiederbringlich nicht mehr vorhanden seien[250]. Hinter solchen Sätzen hört man geradezu die Stimme Carl Schmitts. Zitiert hat ihn Krauss aber in diesen Zusammenhängen nicht.

Kein gutes Haar an der Politik der katholischen Bischöfe gegenüber dem Nationalsozialismus läßt Krauss in seinem 1933 erschienenen Aufsatz »Die katholische Kirche und das Volk der Deutschen. Die konkrete Verfassungslage der katholischen Kirche«[251]. Die Annäherung an den Nationalsozialismus von katholischer Seite erscheint ihm zu spät und von dem Motiv getragen, »dem Nationalsozialismus das spezifisch Nationalsozialistische aus- und einen neuen Menschen anzuziehen«[252]. Er schreibt: »Die Herrschaft und Aufsicht der kurialen und bischöflichen Bürokratie hat die katholischen Deutschen dem Nationalsozialismus entfremdet und sie auf diese Weise in eine politisch fast ausweglose Lage hineinmanövriert. Sie hat *auch jetzt noch nicht* begriffen, daß der Westfälische Friede durch die Deutsche Revolution liquidiert ist, und weiß dem neuen Staat *auch jetzt* nicht mehr zu versprechen, als daß ihm das katholische Volk die Treue halten werde *wie bisher*, d.h. also wie zu Zentrumszeiten; das ›wie bisher‹ ist zu streichen und durch ein ›*besser als bisher*‹ zu ersetzen«[253].

In »Der dreigliedrige Aufbau der katholischen Kirche« entwirft Krauss 1934 ein Konzept für das erstrebte »Besser als bisher«. Es geht ihm dabei darum, die »Eingliederung der Kirche in die bürgerliche Gesellschaft zu überwinden« und »die vernünftigen Erkenntnisse der politischen Praxis und Theorie des Nationalsozialismus«, konkret: die von Schmitt 1933 entwickelte Verfassungslehre, »auf die Kirche zu übertragen«[254].

Auch in seiner Dissertation über Rudolph Sohms Rechtsbegriff lassen ihn kirchliche Fragen nicht los. Ausgangspunkt für seine Themenwahl ist Hans Barions Bonner Antrittsvorlesung von 1931, in der dieser Sohms These, das Wesen des Kirchenrechts stehe mit dem Wesen der Kirche im Widerspruch, vom katholischen Standpunkt zwar verwirft, ihr aber gleichzeitig zubilligt, daß sie, auf dem protestantischen Glaubens- und

---
[249] EBD., S. 370.
[250] EBD., S. 369.
[251] C. LANG, Kirche; bereits der Untertitel des Aufsatzes verrät die Diktion C. Schmitts.
[252] EBD., S. 1038.
[253] EBD., S. 1045 f.
[254] C. LANG, Aufbau, S. 449; vgl. oben III. 9. f) Die politische Theologie von Günther Krauss.

2. Schüler

Kirchenbegriff beruhend, wissenschaftlich nicht angreifbar sei[255]. Außerdem ist Barion der Auffassung, die Auseinandersetzung mit Sohm sei, da der Glaube den Kirchenbegriff und der Kirchenbegriff das Kirchenrecht bestimme[256], vom Theologen und nicht vom Juristen zu führen. Für Krauss macht Barion damit »nicht entschieden genug gegen Sohm Front«[257]. Ihm erscheint die These Sohms abwegig[258]. Er stellt sich die Frage, »ob nicht hier auch der Jurist etwas leisten kann und als Katholik dann auch etwas zu leisten hat«[259]. Sohms These, so Krauss im Vorwort seiner Dissertation, »erscheint paradox und enthüllt doch gerade in ihrer konsequenten Paradoxie eine spezifische innere Logik [...]. Wo die logische Konsequenz zu paradoxen Ergebnissen führt, müssen die Voraussetzungen falsch sein«[260].

Fehler sind für Krauss beim Kirchen- und beim Rechtsbegriff Sohms denkbar. Bezüglich des Kirchenbegriffs erklärt er sich als Jurist für unzuständig und verweist auf Barions Antrittsvorlesung. Er will deshalb »dem Rechtsbegriff Sohms eine erhöhte Beachtung« zuwenden. Dabei liefert Schmitts »Über die drei Arten des rechtswissenschaftlichen Denkens« für Krauss »eine brauchbare und sogar unentbehrliche Operationsbasis«. Ihr verdankt er »die Angabe der Richtung, in welcher die Lösung zu suchen ist«. Die Lösung findet Krauss in der Überwindung des Rechtspositivismus durch Schmitts konkretes Ordnungsdenken. Das rechtswissenschaftliche Denken Sohms sei »aus Normativismus (Norm, Regel, Satz) und Dezisionismus (Imperativ, Zwang) zum Positivismus des 19. Jahrhunderts, d.h. zur imperialistischen Zwangsnorm kombiniert«[261]. Krauss bietet Thomas von Aquin, Hegel und Carl Schmitt als seine Gewährsleute dafür an, daß dieses positivistische Rechtsdenken nicht haltbar sei: »Nicht die Normen bestimmen die Rechtspraxis, sondern die Rechtspraxis interpretiert die Normen«[262]. »Der Gegensatz von rechtlicher Geltung und von konkreter Gerechtigkeit und Sachgemäßheit kann erst dann entstehen, wenn alles Recht auf Normen, Regeln und Sätze zurückgeführt ist«[263]. Eine von Sohm auf dieser Basis formulierte paradoxe Aussage wie »Summum ius summa iniuria [...] wäre in einem konkreten Ordnungs-

---
[255] Vgl. oben V. 1. c).
[256] Vgl. H. Barion, Sohm, S. 102.
[257] G. Krauss, Erinnerungen, Teil 4, S. 79.
[258] Ebd., S. 78.
[259] Ebd., S. 79.
[260] G. Krauß, Rechtsbegriff, S. 7; folgende Zitate ebd.
[261] Ebd., S. 32.
[262] Ebd., S. 60.
[263] Ebd., S. 66.

denken unmöglich«[264]. Sohm habe deshalb nur nachgewiesen, »daß der Rechtsbegriff des Positivismus mit dem Wesen der Kirche im Widerspruch steht«[265]. Aber »über das Verhältnis der Kirche zu einem anders gearteten Rechtsdenken ist damit nichts ausgemacht«[266]. Mit diesem Ergebnis befand sich Krauss nach eigenem Bekunden »in voller Übereinstimmung mit Carl Schmitt«[267]. Auch dieser war 1935 der Überzeugung, daß das positivistische Rechtsdenken, von dem Sohm getragen sei, »in eine hoffnungslose Sackgasse führt und bei einem völligen Paradoxon endet«[268].

Anläßlich seiner Promotion am 1. Februar 1935 verteidigt Günther Krauss gegen Otto von Schweinichen in einer in der Aula der Berliner Universität geführten Disputation die These, der Begriff des Rechtsstaates sei an die verfassungsrechtliche Lage des 19. Jahrhunderts gebunden und habe für den Staat des 20. Jahrhunderts keine Berechtigung mehr[269]. Krauss bewegt sich dabei ganz im Gedankengut des von Carl Schmitt entwickelten Konzeptes des totalen Staates. Die Ausführung der These ist über weite Strecken eine Abrechnung mit der Staatsphilosophie Julius Stahls, die auf dem Gegensatz von Staat und Gesellschaft beruhe[270]. Stahl, den Krauss nicht mit seinem »Tarnungsnamen«, sondern – damit einer 1936 von Carl Schmitt ausgesprochenen Empfehlung in vorauseilendem Gehorsam folgend – »mit seinem wahren Namen *Jolson*«[271] anführt, wird in einer Weise erledigt, die in vielem an die geistige Hinrichtung Adam Müllers durch Carl Schmitt erinnert: »*Jolson* hat die deutsche Staatsphilosophie *Hegels* vom Boden der deutschen Universitäten verdrängt, er hat den Deutschen aus seiner Heimat vertrieben, damit Sem in den Zelten Japhets wohne. [...]. Durch seine christlich-konservative Staatsphilosophie hat er den Konservativismus und, was noch schlimmer ist, das Christentum diskreditiert, das wirkliche Christentum außerdem in der Sache bekämpft. Die Seichtigkeit und Flachheit seiner Lehren mußte den deutschen Liberalen zugute kommen [...]. Am schlimmsten ist, daß er die Freund-Feind-Unterscheidung für das 19. Jahrhundert unmöglich machte«[272].

---

[264] Ebd., S. 66.
[265] Ebd., S. 30.
[266] Ebd., S. 87.
[267] G. Krauss, Erinnerungen, Teil 4, S. 79.
[268] C. Schmitt, Nachwort, S. 85, Anm. 2; im Zusammenhang mit den Studien H. Barions äußerte sich C. Schmitt freilich R. Sohm gegenüber wesentlich wohlwollender (vgl. oben V. 1. c).
[269] G. Krauss / O. v. Schweinichen, Disputation, S. 5.
[270] Ebd., S. 14.
[271] Ebd., S. 14, Anm. 1.
[272] Ebd., S. 21 f.

Krauss weiß sich dagegen ganz einem christlichen Hegelianismus verpflichtet: »Wenn an die Spitze der vorliegenden Untersuchung der Satz gestellt wurde, im Rechtsstaat sei das Recht die Form des Staates, so findet der dabei vorausgesetzte Rechtsbegriff in der Abgrenzung gegen die Sphäre der Sittlichkeit und in der Negativität gegenüber dem Christentum seine notwendige Erläuterung. Der Nichtrechtsstaat, den der Rechtsstaat als seinen Gegenbegriff notwendigerweise fordert, ist konkret gesprochen der Staat der objektiven Sittlichkeit und Vernunft und der christliche Staat«[273].

Krauss vergleicht den Bruch des Nationalsozialismus mit dem Rechtsstaat mit dem Streit um die Beschneidung in der alten Kirche: »Ebensowenig wie die Kirche nach der Auferstehung Christi das jüdische Gesetzesdenken und die jüdischen Zermonialgebote noch anerkennen konnte, ebensowenig kann sich der Nationalsozialismus nach der Machtübernahme den Regeln des früheren Staatsdenkens unterwerfen. Die Rechtsstaatlichkeit und Legalität eines vergangenen Systems heute noch zu respektieren, hieße sich so verhalten, als seien Sieg und Machtübernahme niemals Wirklichkeit geworden«[274]. Krauss schreibt der Revolution von 1933 damit geradezu eine heilsgeschichtliche Dimension zu. Sie erhält den Charakter eines Neuen Testamentes. Dieser Vergleich zeigt, wie sehr Krauss dem Denken der politischen Theologie Schmitts verhaftet war. Die dem Hegelianismus verschriebene Gedankenführung mündet in die Verherrlichung des totalen Staates, in der die objektive Sittlichkeit und Vernunft auch in religiöser und sittlicher Hinsicht vom Staat selbst definiert werden kann. Ein partnerschaftliches Miteinander von Staat und Kirche ist in diesem Gedankengebäude kaum möglich.

Carl Schmitt hatte in Günther Krauss einen katholischen Meisterschüler gefunden, der wie kein anderer Anfang der 30er Jahre die Versöhnung oder besser: Verschmelzung von Nationalsozialismus und katholischer Kirche gefordert und konzipiert hat.[275] Dabei verstand er es ausgezeichnet, seinen Ausführungen unter Berufung auf Thomas von Aquin sowie die Thomisten Karl Eschweiler, Josef Pieper oder A. D. Sertillanges die Aura einer neuthomistischen oder neuscholastischen Ausrichtung zu geben. Für einen 1932 gerade 21jährigen Jurastudenten waren die Clemens-Lang-Aufsätze zweifellos eine intellektuelle Glanzleistung. Für seine Dissertation und seinen Disputationsbeitrag nur wenige Jahre

---

[273] EBD., S. 22.
[274] EBD., S. 32.
[275] Vgl. oben III. 9. f) Die politische Theologie von Günther Krauss.

später gilt das nicht minder. Carl Schmitt hat ihnen seine Anerkennung auch nicht versagt.[276]

1949 geriet Krauss in die Schlagzeilen der katholischen Presse, als er auf dem Katholikentag in Bochum über »Die totalitäre Staatsidee«[277] referierte. Dabei griff er terminologisch und stilistisch auf die Lehren Carl Schmitts zurück, ohne diesen aber zu nennen oder zu zitieren. Statt dessen skizzierte er, zu Beginn des kalten Krieges besonders eindrucksvoll, die blutrünstige Geschichtsphilosophie von Donoso Cortés. Dieser habe »unsere Situation schon vor hundert Jahren vorausgesehen: die Diktatur des Proletariats in der Verbindung von Sozialismus und Sklaventum. Was war sein Gegenmittel gegen diese Diktatur? Die Diktatur«[278]. Und um im Kampf gegen den Bolschewismus bestehen zu können, warb Krauss für den totalen Staat, der bereit sei, Freiheit und Humanität auch mit Gewalt zu verteidigen[279]. Der Vortrag führte zu einem Eklat. Viele Zuhörer sahen bei Krauss ein Bekenntnis zur totalitären Staatsidee und äußerten lautstark ihren Unmut[280].

Carl Schmitt wurde nach dem Zweiten Weltkrieg vorgeworfen, er habe die akademische Jugend verführt und auf nationalsozialistische Abwege geführt. Wenn dieser Vorwurf mit konkreten Beispielen belegt werden sollte, dann wäre der Name Günther Krauss in diesem Zusammenhang an vorderster Stelle zu nennen. So vorbehaltlos wie er hat von katholischer Seite kein anderer Schüler die Lehren seines Meisters übernommen und diese sowie den Meister selbst verehrt. Daß irgend etwas nicht gestimmt haben konnte an den von ihm und seinem Lehrer in den 30er Jahren vertretenen Theorien, kam Krauss auch nach 1945 nicht in den Sinn. Die Abwege eines »Clemens Lang« wurden in seinen »Erinnerungen an Carl Schmitt« mit keinem Wort des Bedauerns oder der Einsicht erwähnt.

c) Ernst Friesenhahn

Ernst Friesenhahn (1901 – 1984) studierte von 1920 bis 1924 in Bonn und Tübingen Nationalökonomie und Rechtswissenschaften.[281] Seine Vorliebe für das Staats- und Verfassungsrecht verdankte er seinem Lehrer Carl Schmitt. Dessen Vorlesungen haben den jungen Studenten fasziniert.[282]

---

[276] Vgl. C. Schmitt, Nachwort, S. 84 ff.
[277] G. Krauss, Staatsidee.
[278] Ebd., S. 498.
[279] Vgl. ebd., S. 508.
[280] Vgl. Vorwort der Schriftleitung, ebd., S. 494.
[281] R. Knütel, 7 f.
[282] Ebd., S. 8.

2. Schüler

Nach dem Referendarexamen war der gebürtige Oberhausener von 1924 bis 1928 Fakultätsassistent an der juristischen Fakultät der Universität Bonn. Carl Schmitt hatte ihm diese Stelle vermittelt. Ihm arbeitete er auch hauptsächlich zu.[283] 1928 wurde Friesenhahn mit der von Schmitt betreuten Arbeit »Der politische Eid« an der Universität Bonn promoviert. Ab 1. Oktober 1929 war er erneut, diesmal für 6 Jahre, Assistent an der juristischen Fakultät der Bonner Universität. Diesmal arbeitete er vor allem für Richard Thoma. Unter seiner Betreuung habilitierte er sich 1932 mit der Arbeit »Grundfragen der Staatsgerichtsbarkeit« für die Fächer Staatsrecht, Verwaltungsrecht, Steuerrecht und Völkerrecht.[284]

Im April 1933 stellte Friesenhahn nach gemeinsamer Beratung mit den Bonner Assistenten und Dozenten an der juristischen Fakultät den Antrag auf Aufnahme in die NSDAP.[285] Doch noch bevor über diesen Antrag entschieden wurde, zog er ihn wieder zurück.[286] Seiner akademischen Karriere war diese Entscheidung nicht förderlich. Zwar gelang es ihm noch, an der Universität Bonn ab November 1937 einen Lehrauftrag zu erhalten, im Juli 1938 zum nichtbeamteten außerordentlichen Professor und im November 1939 zum außerplanmäßigen Professor ernannt zu werden. Ein Lehrstuhl blieb ihm jedoch versagt. Entweder wagten die Universitäten den als »politisch unzuverlässig« eingestuften, dezidierten Katholiken erst gar nicht auf ihre Berufungslisten zu setzen, oder die erfolgte Berufung scheiterte, wie in Königsberg 1941, am Veto der NSDAP.[287] Unter dem Eindruck der sog. Reichskristallnacht vom 9. November 1938 reduzierte Friesenhahn seine akademische Lehrtätigkeit deutlich. Er arbeitete bis zum Ende des Zweiten Weltkrieges überwiegend als Rechtsanwalt.[288]

1946 wurde Friesenhahn zum ordentlichen Professor für öffentliches Recht an der Universität Bonn ernannt.[289] Ihr diente er 1950 und 1951 auch als Prorektor und Rektor. Von 1951 bis 1963 war er Richter am Bundesverfassungsgericht, anschließend bis zu seiner Emeritierung im Jahre 1970 wieder Professor an der Universität Bonn. Von 1950 an war Friesenhahn im Vorstand des Deutschen Juristentages, davon fünf Jahre als sein Präsident.[290] Er hat damit als Professor, Verfassungsrichter und Rechtspo-

---
[283] Ebd., S. 8.
[284] Ebd., S. 9.
[285] Ebd., S. 11.
[286] Ebd., S. 11.
[287] Ebd., S. 14.
[288] Ebd., S. 14.
[289] Ebd., S. 15.
[290] M. Lutter, S. 27.

litiker am Aufbau der freiheitlich-demokratischen Grundordnung der Bundesrepublik maßgeblich mitgewirkt.

Daß Friesenhahn in den 20er Jahren Carl Schmitt schätzte, geht aus dem Vorwort seiner Dissertation hervor, in dem er abschließend seinem »hochverehrten Lehrer« seinen »aufrichtigen Dank« für die reichen Anregungen sagte, die er von diesem empfangen habe[291]. Friesenhahn konnte gleichwohl seine intellektuelle Unabhängigkeit gegenüber seinem Lehrer stets wahren. In der Dissertation von 1928 ist der antiliberale, dezisionistische Geist Schmitts so gut wie nicht spürbar. Im Kontext der Definition des politischen Eides nimmt er lediglich Bezug auf Schmitts Begriff des Politischen[292]. So bezeichnet er schließlich in Anlehnung an Rudolf Smend und Carl Schmitt als politische Eide solche, »die dazu dienen, den Staat zur Einheit zu integrieren, die Gruppierung von Freund und Feind klar hervortreten zu lassen«[293]. Wiederholt zitiert Friesenhahn auch den im rheinischen Katholizismus geschätzten Vortrag »Die Rheinlande als Objekt internationaler Politik«. So ist sich Friesenhahn mit Schmitt einig, daß durch eine militärische Besetzung keine neue Obrigkeit entstehe, der man Treue schuldig wäre[294], und daß kein zivilisiertes Volk einem im Dienst fremder Mächte stehenden Regierungsapparat die Gefühle von Loyalität und Treue beweisen könne[295].

Außerdem legt Friesenhahn seinen Ausführungen zum Verfassungseid den Verfassungsbegriff Schmitts – Verfassung als Formulierung der politischen Entscheidung der verfassungsgebenden Gewalt über Art und Existenzform der politischen Einheit – zugrunde[296]. Große Sorge macht sich Friesenhahn in diesem Zusammenhang um den Bestand und die Einheitlichkeit dieser politischen Gesamtentscheidung. Gegen Kelsen, der die Abgeordneten nicht an einen Verfassungseid binden wollte, weil diese doch berufen seien, die Rechtsordnung zu ändern, führt er aus: »Das Grundgesetz tritt mit dem Anspruch auf dauernde Geltung auf und soll den legislativen Organen Richtschnur für ihre Tätigkeit sein. Die für einen Staat unentbehrliche Einheitlichkeit der politischen Willensbildung kann nur zustande kommen, wenn Einheit wenigstens über die letzten Prinzipien besteht. Daß heute im Parlament Leute sitzen, die ›die Institution, an der sie sich beteiligen, mit vollem Bewußtsein dazu benutzen, um

---

[291] E. Friesenhahn, Eid, S. 2.
[292] Vgl. ebd., S. 13 f., 16.
[293] Ebd., S. 14.
[294] Ebd., S. 56.
[295] Ebd., S. 89, Anm. 25.
[296] Ebd., S. 114 f., 121.

ihre Grundlagen aufzulösen und zu beseitigen‹ ist ein unhaltbarer Zustand«[297]. Friesenhahn zitiert hier Carl Schmitt. Und unter Berufung auf ihn weist er wiederholt darauf hin, daß nur »die Verfassungs*gesetze*, nicht die ›Verfassung‹«[298] auf dem Wege des Art. 76 WRV geändert werden könnten. Die Einführung einer anderen Staatsform sei nur über eine Revolution möglich. »Bestrebungen zur Herbeiführung der monarchistischen Regierungsform sind daher *verfassungsfeindlich*«, erteilt er in diesem Kontext allen diesbezüglichen Tendenzen gerade im deutschen Katholizismus eine Abfuhr. Er hält es außerdem für »ein Unding«, daß Beamte, deren Aufgabe gerade die Erhaltung der bestehenden Staatsordnung sei, sich zu Parteien bekennen würden, die die Staatsordnung verneinten[299].

Das Konzept der »wehrhaften Demokratie«, das hier Friesenhahn in Umrissen unter Berufung auf Schmitt entwickelte und das erst im Bonner Grundgesetz seinen verfassungsrechtlichen Niederschlag fand, war ein wuchtiger Gegenentwurf zu jeder Form des Rechtspositivismus. Er mutet aus heutiger bundesrepublikanischer Sicht hochmodern an. Friesenhahn präsentierte dabei einen Carl Schmitt, der in dieser Perspektive sogar als einer der geistigen Väter dieser Verfassungskonzeption gelten kann.

Carl Schmitt hat die Arbeit Friesenhahns sehr geschätzt. In »Der Hüter der Verfassung« nannte er sie eine »vortreffliche Abhandlung«[300]. Auch zahlreiche andere Hinweise auf Aufsätze[301] sowie die damals noch ausstehende Habilitationsschrift[302] Friesenhahns zeigen, wie sehr Schmitt an den Forschungen seines Schülers Anteil nahm. In Konsequenz dieser Verbundenheit[303] hat Schmitt auch 1933 versucht, Friesenhahn für die Mitarbeit an der »Erneuerung des Rechts« zu gewinnen.[304] Im Sommer 1934 bot er ihm die Hauptschriftleitung der »Deutschen Juristen-Zeitung« an. Er wies Friesenhahn dabei nachdrücklich darauf hin, daß er als praktizierender Katholik keine Aussicht habe, auf einen Lehrstuhl berufen zu werden[305]. Doch unter dem Eindruck der Morde des 30. Juni 1934 lehnte Friesenhahn dieses Angebot ab und verweigerte fortan jede Zusammenar-

---

[297] EBD., S. 69 f.
[298] EBD., S. 124.
[299] EBD., S. 124.
[300] C. SCHMITT, Hüter, S. 2, Anm. 2.
[301] Vgl. C. SCHMITT, Aufsätze, S. 151, 175, 214, 252.
[302] EBD., S. 69, Anm. 4.
[303] Im Nachlaß C. Schmitts befinden sich 16 Briefe und 2 Postkarten E. Friesenhahns aus den Jahren 1929 bis 1983 (Nachlaß, S. 63).
[304] R. KNÜTEL, S. 10.
[305] EBD., S. 10.

beit mit dem Nationalsozialismus und seinen Exponenten[306]. Auch nach dem Zweiten Weltkrieg blieb Friesenhahns Verhältnis zu Schmitt gespannt. Er nannte ihn 1957 einen »Feind des Rechtsstaates«. Schmitt habe eine »verhängnisvolle Rolle [...] bei der Zersetzung der Weimarer Demokratie und in der Nazi-Diktatur gespielt«[307].

Ernst Friesenhahn war derjenige Jurist unter den katholischen Schülern Schmitts, der trotz großer Verlockungen am überzeugendsten zeigte, daß die Schülerschaft bei Carl Schmitt 1933 nicht in die Rolle des staatsrechtlichen Erfüllungsgehilfen des Nationalsozialismus einmünden mußte. Wenn eine so integre katholische Persönlichkeit in den 20er Jahren von Carl Schmitt persönlich wie von seinen Lehren so fasziniert war, daß er unter dessen Einfluß seinen beruflichen und wissenschaftlichen Weg wählte, dann belegt dies die Anziehungskraft, die von dem damaligen Bonner Staatsrechtler ausging. Der »dezidierte Katholik«, wie sich Friesenhahn selbst bezeichnete[308], der sich zum christlichen Glauben als letztem Grund aller verfassungsrechtlich garantierten Grundwerte bekannte[309], stellte außerdem in seiner Dissertation einen Carl Schmitt vor, gegen den von katholischer Seite keinerlei Verwahrung einzulegen war.

3. Publizisten

Carl Schmitt unterhielt zu zahlreichen Künstlern, Literaten, Wissenschaftlern, Politikern Journalisten und Publizisten enge Beziehungen. In seinen Wohnungen gingen neben den bereits erwähnten Kollegen und Schülern zahlreiche bekannte Persönlichkeiten des öffentlichen Lebens ein und aus.[310] Im folgenden wird nur auf die wichtigsten katholischen Journalisten und Publizisten eingegangen, mit denen Schmitt freundschaftlich verkehrte und bei denen Gemeinsamkeiten zu Schmitt in kultureller, politischer oder konfessioneller Hinsicht aufzeigbar sind.

a) Waldemar Gurian

Waldemar Gurian (1902 – 1954) wurde in St. Petersburg als Russe jüdischer Abstammung geboren. 1911 kam er mit seiner Mutter nach Berlin,

---

[306] EBD., S. 10 ff.; vgl. J. LISTL, S. 12.
[307] E. FRIESENHAHN, Leserbrief, S. 71.
[308] J. ISENSEE, S. 23.
[309] EBD., S. 23.
[310] Vgl. G. KRAUSS, Erinnerungen, Teil 3, S. 64 ff.

wo er nach ihrem Übertritt zur katholischen Kirche nach dreijähriger religiöser Unterweisung ebenfalls getauft wurde.[311] Dieser Taufakt hat bei dem jungen Gurian einen nachhaltigen Eindruck hinterlassen. Er verstand sich sein Leben lang als bekennender und der Kirche treu ergebener Katholik. Während seiner Gymnasialzeit kam Gurian in Düsseldorf mit einer Gruppe des Quickborn in Verbindung. 1919 traf er auf Burg Rothenfels auf Romano Guardini, der maßgeblichen Einfluß auf den jungen Gymnasiasten nehmen konnte. Das Studium in Köln, Breslau, München und Berlin beendete Gurian 1923 mit der Promotion bei Max Scheler. Seine Doktorarbeit »Die Deutsche Jugendbewegung« erreichte innerhalb von zwei Jahren drei Auflagen.[312]

Nach dem Studienabschluß arbeitete Gurian zunächst als Redakteur bei der »Kölnischen Volkszeitung«. Ab November 1924 lebte er als freier Schriftsteller in Bad Godesberg.[313] In den kommenden Jahren veröffentlichte Gurian zahlreiche Aufsätze in verschiedenen katholischen Zeitschriften und Zeitungen. Er zählte zu den bekanntesten katholischen Journalisten der Weimarer Republik.

Der erste persönliche Kontakt Gurians mit Schmitt dürfte in das Jahr 1924 fallen.[314] Von da an nahm Gurian an Schmitts Bonner Seminaren teil. Die Ehepaare Schmitt und Gurian besuchten sich gegenseitig, bis 1932 schrieb man sich zahlreiche Briefe.[315] Regen Kontakt hielt Gurian auch mit Schmitts Freunden Karl Eschweiler und Erik Peterson.[316] Über Schmitt entwickelten sich ab 1925 auch persönliche Beziehungen zu Hugo Ball.[317] Schmitts und Gurians Freundes- und Bekanntenkreise waren somit Mitte der 20er Jahre zum Teil identisch.

Gegen Ende der 20er Jahre entstanden sachliche Differenzen zu Schmitt. Anfang der 30er Jahre kam es schließlich auch zum persönlichen Bruch.[318] Anders als Schmitt stand Gurian bereits der Kanzlerschaft Brü-

---

[311] Vgl. im folgenden H. HÜRTEN, Gurian, S. 3.
[312] EBD., S. 7.
[313] EBD., S. 11.
[314] EBD., S. 12.
[315] EBD., S. 12; nach H. Hürten befinden sich 29 Briefe C. Schmitts, datiert vom 12. Juni 1924 bis zum 30. April 1932, im Nachlaß W. Gurians. Im Nachlaß C. Schmitts befinden sich 4 Briefe von W. Gurian aus den Jahren 1927 bis 1929 (Nachlaß, S. 71).
[316] H. HÜRTEN, Gurian, S. 15.
[317] EBD., S. 15.
[318] EBD., S. 33; der genaue Zeitpunkt ist nicht bekannt. Zu den Vermutungen über die Gründe des persönlichen Bruchs vgl. A. KOENEN, S. 626. K. Muth warnte C. Schmitt im Anschluß von Klagen H. Balls über eine negative Rezension der Ball-Schrift »Die Folgen der Reformation« durch W. Gurian in einem Brief vom 7. November 1927 vor diesem. W. Gurian berufe sich in »einer so auffällig nachdrücklichen Weise« auf ihn – C. Schmitt – ,

nings sehr skeptisch gegenüber. Das Regime von Papens lehnte er völlig ab.[319] Vor allem in seiner unter dem Pseudonym »Walter Gerhart« veröffentlichen Schrift »Um des Reiches Zukunft« bekämpfte er 1932 den aufkommenden Nationalsozialismus. Auch die Theorien Schmitts waren hier bereits Gegenstand scharfer Kritik.[320] Da Gurian als Verfasser dieser Schrift bald ausfindig gemacht werden konnte, wurde er nach der Machtergreifung Hitlers von nationalsozialistischer Seite mit polemischen Attacken überzogen. In einem gegen das Zentrum gerichteten Beitrag im »Deutschen Volkstum« wurde der »unter höchst deutsch klingendem Decknamen« schreibende Gurian als Beispiel dafür vorgestellt, »daß der deutsche Katholizismus sich so stark *überjuden* ließ«[321]. »Der Katholik Carl Schmitt mit seiner für das Politische grundlegenden Freund-Feind-Unterscheidung war ihnen ein Greuel«, hieß es dabei noch zu den »katholischen Juden« und »verwelschten Zentrumsdemokraten«[322]. Auch Günther Krauss sprach 1933 verächtlich von dem »Armenier-Juden Waldemar Gurian«[323].

Gurian nahm solche Attacken zum Anlaß, 1934 in die Schweiz zu emigrieren.[324] Noch im gleichen Jahr gab er bis 1937 die »Deutschen Briefe« heraus, mit denen er die politischen Vorgänge in Deutschland kritisch kommentierte. Trotz kleiner Auflage zählte diese einfach aufgemachte Emigranten-Zeitschrift zu den wichtigsten publizistischen Stützen der katholischen Opposition gegen den Nationalsozialismus.[325] Im Juli 1937 wurde Gurian an die Universität Notre Dame in Indiana / USA berufen, wo er bis zu seinem Tod 1954 lehrte.[326]

Wie eng Gurian Mitte der 20er Jahre dem Gedankengut Schmitts verbunden war, läßt sich an zahlreichen Beispielen demonstrieren. Die Ablehnung der bürgerlichen Gesellschaft, die Aversion gegen den Liberalismus und die Distanz zur toten Materie, zu der er auch den Bereich der Wirtschaft zählt, sind bereits Grundpositionen in seiner Doktorarbeit. So ist es nicht verwunderlich, daß sich Gurian in einer Ergänzung zur dritten

---

daß er – K. Muth – sich »ernstlich frage«, ob er »wirklich Freude daran empfinden« könne, »für das Tun des Dr. Gurian als Autorität und Kronzeuge herhalten zu müssen« (zit. nach A. KOENEN, S. 626).
[319] H. HÜRTEN, Gurian, S. 71 f.
[320] Vgl. oben III. 7. d) »Legalität und Legitimität«.
[321] A. WIEDEMANN, S. 568.
[322] EBD., S. 568.
[323] Vgl. C. LANG, Kirche, S. 1038.
[324] H. HÜRTEN, Gurian, S. 91.
[325] EBD., S. 96 ff.
[326] EBD., S. 149 ff.

3. Publizisten 529

Auflage dieser Arbeit mit Attacken gegen den Liberalismus als Schmitt-Anhänger ausweist: »Nie unbedingt für etwas eintreten, Entscheidungen ausweichen, um harte Tatsachen mit verschwommenen Argumenten sich herumdrücken – das ist liberal. [...] Echte Jugend und Liberalismus können ihrem ganzen Wesen nach nichts miteinander zu tun haben, denn die Jugend liebt das Unbedingte, haßt Kompromisse, sagt: Entweder – Oder und verachtet das Sowohl als Auch, das der Unfähigkeit sich zu entscheiden entspringt«[327].

Gurian hatte Schmitts Theorie bis in die Terminologie hinein verinnerlicht. Zu einer Neuerscheinung des Soziologen Paul Honigsheim schreibt er 1924: »Auf Entscheidung kommt es an, nicht auf Schärfen meidende Diskussion. Carl Schmitt sagt in seiner ›Politischen Theologie‹ von de Maistre und Donoso Cortes: ›Der systematische und metaphysische Kompromiß war ihnen unfaßbar‹. Es hieße einen metaphysischen Kompromiß schließen, wenn man sich mit Honigsheim in irgendwelche Diskussionen einließe. Ohne Scheu muß man zupacken: Es gilt, die ganze Brüchigkeit der humanitären Romantik zu enthüllen. Denn Honigsheim ist humanitärer Romantiker [...]. Über ein Buch entscheidet die Grundhaltung, in der sich die Dezision zeigt, aus der heraus es geschrieben ist. [...] Die romantische, d.h. der Wirklichkeit nicht entsprechende unechte Entscheidung, für welche die Welt eine Okkasion ist, seine Fähigkeiten zu zeigen [...], entwertet alle wahren und treffenden Einzelerkenntnisse«[328].

Wie Schmitt entwickelt Gurian auch ein Vorliebe für das Römische im Katholizismus. So sieht er die Rheinlande »von römischer Kultur durchtränkt«. Nur hier »konnte eine Abtei wie Maria Laach entstehen«, die »in einer Zeit der Unklarheit und der Unfähigkeit zu repräsentativen Werken [...] klares geordnetes Leben und Sinn für repräsentative Form« darzustellen vermöge als »ein lebendiger Beweis für die Verbindung von im Römertum wurzelnder Kultur mit dem Katholizismus«[329]. Der Einfluß von »Römischer Katholizismus und politische Form« auf diese Zeilen und auf Gurians Katholizismus-Verständnis ist dabei unübersehbar.

Daß sich Gurian noch 1930 Schmitts »Philosophie des konkreten Lebens« verpflichtet weiß, zeigt seine Skepsis gegenüber dem katholischen Naturrechtsdenken. Unter Bezugnahme auf Schmitt stellt er fest, es gehe nicht an, »konkrete Fragen der Gestaltung mit abstrakt-formalen Sätzen zu beantworten«[330]. Statt einer »Berufung auf das statische Naturrecht«

---
[327] Zit. nach H. HÜRTEN, Gurian, S. 8 f.
[328] W. GURIAN, Traum, S. 237 f.
[329] Zit. nach H. HÜRTEN, Gurian, S. 37.
[330] W. GURIAN, Gestaltungskraft, S. 246.

sei »mit aller Energie die Notwendigkeit einer Untersuchung soziologisch-historischer Gestaltungsformen zu betonen«[331]. Aber spätestens unter dem Eindruck der NS-Gewaltherrschaft besann sich auch Gurian wieder auf die Bedeutung eines metaphysisch begründeten Naturrechts[332].

Das erste große Thema, das sich Gurian stellte und in dem er sich bald den Ruf eines Experten erwarb, war der französische Katholizismus. Im Vorwort seines 1928 erschienenen Buches »Die politischen und sozialen Ideen des französischen Katholizismus. 1789 – 1914« gibt er an, Hermann Platz habe bei ihm das Interesse für Frankreich geweckt und Carl Schmitt die Beschäftigung mit Lamennais angeregt. »Zahlreiche Gespräche mit dem Bonner Staatsrechtslehrer in den Jahren 1924 – 1926 haben stark zur Klärung der Anschauungen des Verfassers beigetragen«[333], fügt er noch an.

Mit Fragen aus dem Bereich des französischen Katholizismus setzte sich Gurian bereits früher auseinander. So veröffentlicht er 1926 einen ersten Aufsatz über Charles Maurras. Gurian taucht dabei diese Symbolfigur der französischen Action Française in ein eigentümliches Zwielicht. Einerseits läßt er keinen Zweifel an dessen Unglauben, andererseits bringt er ihm, der die Kirche als »Repräsentantin der Humanität für die ganze Welt« und »Erbin des antiken Roms«[334], vorstelle, doch auch Sympathien entgegen, die bis zur kirchlichen Verurteilung der Action Française im Dezember 1926 auch der französische Thomist Jacques Maritain teilte, mit dem Gurian befreundet war.[335]

Mochte Gurian Maurras' System bis dahin noch als »eine Vorstufe zum echten Katholizismus«[336] betrachten, so stellt er es nach dem Spruch Roms als eine klassische Spielart des säkularisierten Katholizismus vor: »Für ihn ist es charakteristisch, daß er an die Welt mit dem durch die katholische Tradition bestimmten Ordnungs- und Erkenntnisschema herangeht. Er sieht die Welt gleichsam in katholischer Färbung. Für ihn ist das Bedürfnis nach Einheit, der Wille zu einer hierarchischen Ordnung, die Notwendigkeit eines geordneten nach außen hin in festen Formen zum Ausdruck kommenden Verhältnisses zur Innerlichkeit selbstverständlich«[337]. »Für den säkularisierten Katholizismus ist der überweltliche

---

[331] EBD., S. 246.
[332] Vgl. P. MÜLLER (= W. Gurian), S. 574.
[333] W. GURIAN, Ideen, S. VIII.
[334] W. GURIAN, Maurras, S. 244.
[335] H. HÜRTEN, Gurian, S. 38; W. GURIAN, Kirche, S. 337.
[336] W. GURIAN, Katholizismus, S. 445.
[337] EBD., S. 444.

Charakter der Kirche verwischt. Sie ist zur Garantin oder Hervorruferin natürlich-weltlicher Ordnungen geworden [...]. Die Kirche ist sozusagen zur höchsten Expression der Welt geworden. Ob sie mehr ist als die Welt, interessiert den säkularisierten Katholizismus nicht«[338].

Man könnte meinen, Gurian habe mit dem von ihm erarbeiteten Topos des säkularisierten Katholizismus den Schlüssel für die Interpretation von Schmitts »Römischer Katholizismus und politische Form«, ja dessen gesamtes Frühwerk in der Hand. Andere Zeitgenossen Gurians haben jedenfalls nicht gezögert, Carl Schmitt mit Charles Maurras auf eine Stufe zu stellen und ihn der Säkularisierung des Katholischen zu zeihen.[339] Gurian vermeidet es jedoch in seinem Aufsatz, diese Kategorie auf das Katholizismus-Verständnis seines Lehrers anzuwenden. In einem Brief an Erik Peterson schreibt er jedoch 1926: »wie ähnlich ist Maurras mit Schmitt; nur ist Maurras ehrlicher; er präsentiert sich nicht nach außen als Katholik!«[340]

Bei aller Kritik an der Action Française bleibt auch nach deren Verurteilung durch die katholische Kirche bei Gurian noch eine Restsympathie für diese Bewegung. Maurras' These, die katholische Kirche sei »als Erbin der Antike Repräsentantin der Humanität und damit die höchste sichtbare Autorität«[341], werde auch von der katholischen Sozialphilosophie geteilt, stellt Gurian 1927 fest. Die Kirche sei gegen eine Häresie vorgegangen, »die umso gefährlicher ist, weil sie in vielfacher Hinsicht tatsächlich nicht nur liberale Irrtümer erfolgreich bekämpft, sondern auch den Weg zu positiven Wahrheiten gewiesen, etwa den Sinn für den objektiven Charakter der Autorität, die repräsentative Seite der Kirche (ihre ›politische Form‹) geweckt hat«[342]. Unverkennbar ist, daß Gurian bei dieser Charakterisierung inhaltlich und terminologisch auf Carl Schmitts Essay »Römischer Katholizismus und politische Form« zurückgreift.

Das zweite Thema, das Gurian neben dem französischen Katholizismus intensiv beschäftigte, war der Totalitarismus in seinen Formen Faschismus und Bolschewismus. Anreger dazu war auch hier Carl Schmitt mit der These, daß die Mythen der Nation und des Klassenkampfes die liberale Ära der Diskussion abgelöst hätten[343]. Infolge dieser These sind für Gurian »Fascismus und Bolschewismus die beiden aktivsten politischen Ideo-

---
[338] EBD., S. 446.
[339] Vgl. z. B. I. ZANGERLE, S. 51 f.
[340] Zit. nach B. NICHTWEISS, Peterson, S. 729, Anm. 63.
[341] W. GURIAN, Kirche, S. 340.
[342] EBD., S. 345.
[343] Vgl. C. SCHMITT, Lage, S. 89.

logien in der heutigen Welt«[344]. Sie seien »an Stelle der Ideen von 1789« getreten.

Auch Schmitts Auffassungen, daß der faschistische Staat eine Erneuerung des antiken Staates[345] sei, als starker Staat das Proletariat wieder integrieren und als wahre Demokratie, in der das Volk öffentlich seinem Führer akklamiere, die undemokratische liberale Parteiendemokratie überwinden könne, veranlassen Gurian 1929, den Faschismus näher zu untersuchen.[346] Ihn interessiert, ob diese Ideologie wirklich die in sie gesetzten Hoffnungen erfüllen kann. Dabei blitzt bereits im Ansatz die erste Kritik an Schmitt auf: Wer sich auf die bekannte Formel »Parlamentarismus – was sonst?« berufe, mache es sich zwar zu einfach, räumt Gurian ein, aber damit sei »nicht eine unter Umständen literarisch ausgezeichnete, an elementare Gefühle pathetisch appellierende antiparlamentarische Offensive gerechtfertigt«[347]. Bedenken hat Gurian in diesem Kontext gegen das von Schmitt vertretene Konzept der charismatischen Demokratie. In ihr werde die Identität von Regierenden und Regierten »nicht durch eine nachkontrollierbare Entscheidung«, sondern durch eine als real beanspruchte Identifikation bewirkt[348]. Außerdem schließe sie eine Demokratie im Aufbau aus: »Daher kann der, für den die Demokratie im Aufbau entscheidend ist – und diese Demokratie setzt, wenn sie nicht ›unmittelbar‹ ist, unstreitig Parteien voraus – entrüstet sein, wenn der Faschismus als Demokratie bezeichnet wird.« Die Ideologie des Faschismus sei ein rein technisches Mittel zur Machtbehauptung[349]. »Seine Politik ist einfach nur ein Komplement zur immanenten Politik eines auf alle transzendenten Beziehungen als Maskierung realer Interessen, als unvernünftig bewußt verzichtenden Liberalismus. An Stelle eines humanitären Fiktionssystems tritt bei ihm nur ein vitalistisches«[350].

Gurian nutzt schließlich seinen Begriff des säkularisierten Katholizismus als Hilfe zur Interpretation des Faschismus: »Er verpflichtet zu keinem Glauben – übernimmt aber vom Glauben den unbedingten Anspruch auf Bestimmung der Öffentlichkeit. So wird er zur Kirche derer, die über ihren Glaubensinhalt nicht sprechen – weil es ja nur auf den formalen Akt des Glaubens ankommt. [...] Politik ist an Stelle des Glaubens getreten, der Staat an Stelle der Kirche [...] und man braucht nicht einmal

---

[344] W. GURIAN, Fascismus, S. 197; folgendes Zitat EBD.
[345] Vgl. C. SCHMITT, Wesen, S. 113.
[346] W. GURIAN, Der Fascismus, S. 507 f.
[347] EBD., S. 511.
[348] EBD., S. 512; folgendes Zitat EBD.
[349] EBD., S. 513.
[350] EBD., S. 517 f.

sich selber einzugestehen, daß man genau so wie der Liberale Kirche und Religion säkularisiert hat: Denn man hat ja ihre formalen Prinzipien: Autorität, Hierarchie, Disziplin, Gehorsam, Ordnung übernommen, man versucht es sogar – denn sie ist ja rein geistig und darum ungefährlich – sie als Triebkraft auszunutzen«[351].

In den Faschismus-Studien von 1929 wird zum ersten Mal offenkundig, daß die Wege Schmitts und Gurians auseinandergehen mußten. Gurian durchschaut den vitalistischen Charakter der Schmittschen Theorien und legt die Schwächen der von diesem propagierten charismatischen Demokratie schonungslos offen. Meisterhaft wendet er die von Schmitt ins Spiel gebrachte Schablone der politischen Theologie, der Strukturanalogie von Theologie und Staatsrecht, sowie die ganz ähnlich fundierte Formel des säkularisierten Katholizismus auf den Faschismus an.

In seinem 1931 erschienenen Bolschewismus-Buch geht Gurian noch einmal indirekt mit Carl Schmitt ins Gericht: »Carl Schmitts These von der Wendung zum totalen Staat, der die alte Trennung des 19. Jahrhunderts von Staat und Gesellschaft nicht mehr kenne [...], ist im bolschewistischen Reiche seit Jahren verwirklicht. Da ist der Staat tatsächlich ein totaler Staat, der prinzipiell keinen Bereich kennt, in den er nicht bestimmend eingreifen kann«[352]. Gurian dürfte damit zum ersten Mal den von Schmitt 1931 in die Diskussion geworfenen Begriff des totalen Staates im Sinne eines totalitären Staates, der alle Bereiche des gesellschaftlichen Lebens dominieren will, verwendet haben. Freilich schreibt er diesem schillernden Begriff 1931 damit eine Bedeutung zu, die ihm Schmitt zumindest zu diesem Zeitpunkt noch nicht beigemessen hatte.[353] Mit dem Sinngehalt der Identifikation von Bolschewismus und totaler Staat war das negative Echo auf Schmitts Formel im deutschen Katholizismus geradezu vorprogrammiert. Die meisten katholischen Kritiker haben Schmitts »totalen Staat« dann auch so wie von Gurian vorgegeben verstanden.[354] In seiner 1932 erschienenen Schrift »Um des Reiches Zukunft« unterstreicht Gurian mit dem differenzierenden Hinweis auf die beiden Antithesen von autoritärer Staat gegen parlamentarische Parteiherrschaft und totaler Staat gegen den Zwiespalt von Staat und Gesellschaft diese Interpretation.[355] Er gibt damit dem Begriff des totalen Staates endgültig seine nach 1945 übliche Bedeutung.

---

[351] EBD., S. 517 f.
[352] W. GURIAN, Der Bolschewismus, S. VI f.
[353] Vgl. zum Begriff des totalen Staates oben III. 9. a).
[354] Vgl. oben III. 9. c).
[355] W. GERHART (= W. Gurian), S. 117.

Noch im Bolschewismus-Buch von 1931 wirken bei Gurian die Fragestellungen, aber auch die Antworten Schmitts hinsichtlich der Rolle der Kirche in der Welt des 20. Jahrhunderts nach. Im Kapitel »Die Kirche zwischen Bolschewismus und bürgerlicher Gesellschaft« greift Gurian Schmitts These auf, daß die Kirche im Zweifel eher »auf der Seite von Idee und westeuropäischer Zivilisation, neben Mazzini und nicht neben dem atheistischen Sozialismus des Russen« (Bakunin) stehe[356]. Anders als der Bolschewismus, der den Staat in den Dienst einer Doktrin stelle, biete die bürgerliche Gesellschaft der Kirche die Möglichkeit, die Öffentlichkeit in ihrem Sinne zu beeinflussen. Das seien Tatsachen, so Gurian ganz in der Terminologie Schmitts, »welche die Stellung der Kirche im Kampfe gegen den Bolschewismus an den Seiten der bürgerlichen Gesellschaft begründen«[357]. Allerdings warnt Gurian, auch in sachlicher Übereinstimmung mit Schmitt, vor dem Mißverständnis, »der Kampf der Kirche gegen den Bolschewismus« sei als »ein Kampf für die bürgerliche Gesellschaft des Kapitalismus zu betrachten«[358].

In der Bewertung der Weimarer Verfassung gehen die Auffassungen Schmitts und Gurians 1932 deutlich auseinander. Zwar sieht Gurian in ihr in der Diktion Schmitts einen »Notbau« ohne Tradition[359], der errichtet worden sei, um Schlimmeres, den Sozialismus, zu verhüten. »Vor allem in den programmatischen Formulierungen herrscht der Geist von 1848«[360], beklagt Gurian. »Weltanschauliche Entscheidungen werden umgangen – da herrscht der dilatorische Kompromiß«[361], diagnostiziert er noch ganz der Begrifflichkeit Schmitts verbunden. Den entscheidenden Grund für die Schwäche des Weimarer Staates sieht Gurian darin, daß keine Partei stark genug gewesen sei, »der politischen Entwicklung ihren Stempel aufzudrücken«, so daß sich »eine tragende Staatsidee« nicht habe entwickeln können[362]. Trotz all dieser von ihm gesehenen Schwächen und Probleme der Verfassung verteidigt er diese doch gegen die als überzogen empfundene Kritik Schmitts in »Legalität und Legitimität«. Auch wenn sich die Weimarer Republik historisch als schwacher Staat erwiesen habe, solle »in keiner Weise das Werk der Nationalversammlung von 1919 als verfehlt bezeichnet werden«[363].

---

[356] C. SCHMITT, Katholizismus, S. 80.
[357] W. GURIAN, Der Bolschewismus, S. 204.
[358] EBD., S. 206.
[359] W. GERHART, S. 39.
[360] EBD., S. 37.
[361] EBD., S. 37.
[362] EBD., S. 38.
[363] EBD., S. 35.

3. Publizisten

Unter dem Eindruck der Morde vom 30. Juni 1934 und deren Rechtfertigung durch Schmitt legt Gurian 1934 unter einem Pseudonym und bereits aus dem Schweizer Exil in einem Aufsatz eine Generalabrechnung mit dessen Staatsrechtstheorie vor. Trotz aller Versuche Schmitts, seine katholische Vergangenheit vergessen zu machen, könne man ihn nicht nur als »einen mehr oder weniger geschickten Opportunisten«[364] abtun: »Carl Schmitt ist trotz seiner verhängnisvollen Schwäche, sich von den Mächten der Zeit [...] bestimmen zu lassen, eine Erscheinung, die sehr ernst genommen werden muß. Denn an ihm zeigt sich eine typische Entwicklung; seine Fragen sind nicht Fragen, welche die Laune einem isolierten Individuum eingibt, sondern sie sind wirkliche Fragen, welche die Krise im 19. Jahrhundert als selbstverständlich geltender rechtlicher und gesellschaftlicher Grundvorstellungen hervortreibt«[365].

Die Antworten, die Schmitt gab, will Gurian aber 1934 nicht mehr ohne weiteres gelten lassen: »Carl Schmitt hat diese Krise als einer der ersten gespürt [...]. Aber er ist trotz allen Scharfsinns bei der Krise stehen geblieben. Er hat sich begnügt, den bisher als selbstverständlich geltenden Thesen Antithesen entgegenzustellen, die trotz allem – eben als Antworten und Reaktionen – von ihnen als fragwürdig entlarvten Vorgängern abhängig sind. [...] Carl Schmitt ist nur ein Diagnostiker der Zeit- und Gesellschaftskrankheiten, aber nicht ihr Therapeut. Er ahnt zwar, wodurch die Heilung erfolgen kann –, aber er ahnt es nur ganz allgemein. [...] Er stellt in allen seinen Arbeiten [...] die Welt vor die Notwendigkeit einer die aufgelöste oder zersetzte Ordnung wiederherstellenden und neu begründenden Entscheidung. Aber diese Entscheidung bleibt entweder rein formal – es ist besser, daß überhaupt entschieden wird, als daß keine Entscheidung erfolgt und die unerträgliche Anarchie weiter herrscht – oder sie verbindet sich mit einer nur theoretisch richtig erkannten Ordnung, die praktisch verneint wird«[366].

In den »Deutschen Briefen« setzt Gurian aus dem Schweizer Exil seine Angriffe gegen Schmitt fort. Der Ton, den er dabei anschlägt, wird immer polemischer. Schmitt ist für ihn ein »Nihilist«[367], »der an nichts glaubende Zyniker«[368], »Staatsrat von Görings Gnaden«[369] und »Repräsentant einer sich den jeweiligen Machthabern anpassenden Charak-

---

[364] P. MÜLLER (= W. Gurian), S. 567 f.
[365] EBD., S. 568.
[366] EBD., S. 568 f; vgl. auch oben III. 10. c).
[367] H. HÜRTEN, Deutsche Briefe II, S. 240, 418.
[368] EBD., S. 418.
[369] EBD., S. 403.

terlosigkeit«[370]. Gurian zeigt sich überzeugt, daß »der Kronjurist des III. Reiches« den Nationalsozialismus nicht ernst nehme, sondern ihn nur »als Mittel für persönliche Zwecke« benutze[371]. Immer wieder nennt er die nun Schmitt belastenden Fakten aus seiner Vergangenheit: Verherrlichung der katholischen Kirche, Aktivitäten für das Zentrum, Freundschaft mit und Förderung durch Juden, jüdische Assistentin, Verehrung von Juden und manipulative Textveränderungen bei Neuauflagen seiner Bücher. Mit Verachtung beschreibt Gurian Schmitts »Lobhudelei der Nürnberger Gesetze«[372] und berichtet über den Antrag der von Schmitt geführten Fachgruppe der NS-Hochschullehrer, den Rechtsbegriff »Mensch« abzuschaffen, da er die Verschiedenheit von Volksgenosse, Reichsbürger, Ausländer, Jude etc. verdecke. »Künftig soll es keine Menschen mehr geben – wenigstens nicht für die deutsche Rechtsprechung, wenn Carl Schmitts Vorschlag durchgeht«[373], kommentiert Gurian voller Abscheu.

Waldemar Gurian ist somit in einer Schärfe wie kein anderer Katholik in den 30er Jahren gegen die Theorien, politischen Aktivitäten und die Person Carl Schmitts zu Felde gezogen. Obgleich er dessen staatsrechtliche Diagnostik dem Grunde nach mehrfach als zutreffend bestätigte, durchschaute er bald die totalitäre Versuchung, die in dessen politisch-säkularisierter Theorie des Absoluten verborgen war. Unverkennbar ist dabei, daß es der von der katholischen Kirche geformte Glaube und ihre Soziallehre waren, die Gurian in seiner Auseinandersetzung mit Schmitt die Richtung wiesen. Gerechtigkeit, Menschenwürde, Freiheit der Person, aber auch der Kirche – solche Grundwerte und -positionen stellte er über die Verherrlichung der Faktizität der Macht; auch wenn diese Macht erst die Geltung einer Ordnung garantieren kann. Gurians Engagement liefert den Beweis, daß ein ursprünglich von den Theorien Schmitts faszinierter junger katholischer Intellektueller zu einem erbitterten Kämpfer gegen den Ungeist des Nationalsozialismus werden konnte, auch wenn dieser 1933 im Gewande der rechtmäßigen Obrigkeit daherkam. Die Fähigkeit zur Unterscheidung der Geister, an sich auch von Carl Schmitt gefordert, war dem weniger bekannten und brillanten Journalisten Waldemar Gurian in einer entscheidenden Stunde der deutschen Geschichte erhalten geblieben.

---

[370] EBD., S. 405.
[371] H. HÜRTEN, Deutsche Briefe I, S. 54.
[372] EBD., S. 716.
[373] EBD., S. 716.

b) Paul Adams

Journalisten der »Kölnischen Volkszeitung« bildeten in Schmitts Bonner Seminar eine starke Gasthörer-Fraktion. Neben Waldemar Gurian gehörten auch die katholischen Gebrüder Paul und Alfons Adams, die nach dem Abschluß ihrer Studien bei dieser Zeitung tätig waren, regelmäßig zu diesem Kreis.[374] Wie Schmitt waren sie Sauerländer. Ihr Geburtsort Menden lag jedoch im katholischen, ehemals kurkölnischen Sauerland.[375]

Paul Adams (1894 – 1961) wurde in der Öffentlichkeit wesentlich bekannter als sein jüngerer Bruder Alfons.[376] Nach seiner Tätigkeit bei der »Kölnischen Volkszeitung« war er ab März 1928 als Feuilletonredakteur der Berliner »Germania« für die kulturelle Beilage »Das Neue Ufer« verantwortlich.[377] Einen Namen machte er sich vor allem als Theaterkritiker.[378] Paul Adams war ein ausgezeichneter Kenner der angelsächsischen Literatur. Wahrscheinlich wies er Carl Schmitt auf den amerikanischen Autor Herman Melville hin, mit dessen tragischer Romanfigur »Benito Cereno« in der gleichnamigen Erzählung sich Schmitt nach dem Zweiten Weltkrieg identifizierte.[379] Paul Adams war Junggeselle und galt als Bohemien.[380] Zwischen den beiden Weltkriegen lebte er in Berlin, Paris und München.[381] Er hatte zahlreiche Kontakte zu bekannten Theologen, Schauspielern und Literaten, so auch zu Schmitts Freunden Erik Peterson, Karl Eschweiler, Konrad Weiß, Veit Roßkopf und dem Siedlinghäuser Landarzt Franz Schranz.[382] Mit ihnen führte er ausgiebige, teils nächtelange Dialoge.[383] Von Paul Adams ist der Satz überliefert, »Schmitt, Pe-

---

374 Mündlicher Hinweis von E. R. Huber am 26. Januar 1987.
375 Vgl. G. KRAUSS, Erinnerungen, Teil 2, S. 180.
376 A. Adams (1899 – 1973) war später bei einer Berliner Wohnungsbaugesellschaft tätig. Er war er mit zwei Beiträgen (»Bonald« und »Merkel, Adolf«) in der 5. Auflage des Staatslexikons vertreten. Vgl. zu A. Adams G. KRAUSS, Erinnerungen, Teil 3, S. 62, Anm. 17.
377 B. NICHTWEIß, Zeit, S. 65.
378 Vgl. G. KRAUSS, Erinnerungen, Teil 2, S. 180.
379 EBD., S. 184.
380 EBD., S. 180.
381 Vgl. F. KEMP / K. NEUWIRTH, S. 73. P. Adams gehörte neben C. Schmitt zu den größten Verehrern und engsten Freunden des katholischen Dichters K. Weiß.
382 In den 30er Jahren bildete sich um den Landarzt Dr. F. Schranz ein Kreis von Intellektuellen. C. Schmitt lernte den kunst- und kulturbeflissenen Arzt 1933 über den Tübinger katholischen Theologieprofessor P. Simon kennen (V. RUNTE-SCHRANZ, S. 65; vgl. zu P. Simon P. TOMMISSEN, Schmittiana – 3, S. 80, Anm. 3). C. Schmitt führte nacheinander viele seiner Freunde, u.a. K. Weiß, P. Adams, V. Roßkopf, K. Eschweiler und H. Barion, in diesen Kreis ein. Auch J. Pieper (J. PIEPER, S. 344 f.), A. Mirgeler, E. Przywara und J. Lortz gehörten diesem Kreis an (V. RUNTE-SCHRANZ, S. 65 ff.).
383 Vgl. G. KRAUSS, Erinnerungen, Teil 2, S. 180.

terson und Eschweiler wären die drei gescheitesten Menschen«[384]. Daß er die Freundschaft gerade mit ihnen pflegte, ist angesichts dieser Wertschätzung verständlich. Es war Paul Adams, der Günther Krauss 1931 den Zugang zu Schmitts Berliner Seminar verschaffte. So ist es auch nicht verwunderlich, daß Adams und Krauss lebenslang befreundet waren.[385]

Paul Adams bekannte sich 1933 zum Nationalsozialismus. Er übte wie Günther Krauss scharfe Kritik an der Haltung des deutschen Episkopats, der ihm zu wenig national gestimmt erschien[386]. Seine nationale Gesinnung brachte Adams auch durch einen Beitrag im »Deutschen Volkstum« zum Ausdruck.[387] Schmitts Freund Veit Roßkopf, bereits vor 1933 ein überzeugter Nationalsozialist,[388] verhalf Paul Adams 1934 zu einer Stelle beim Rundfunk in München.[389]

Großes Interesse zeigte Paul Adams an Schmitts Begriff des Politischen und der daraus resultierenden Frage nach der Berechtigung des Krieges. 1929 beklagte er gegen den christlichen Pazifismus gerichtet die »im ganzen 19. Jahrhundert beliebte Verwechselung von Nächstenliebe und allgemeiner Menschenliebe«[390]. Die Kirche werde zwar immer zum Frieden mahnen, »aber sie wird niemals die Möglichkeit des gerechten Krieges bestreiten. Sie glaubt an die Folgen der Erbsünde und nicht, daß der Mensch mit allgemeiner Menschenliebe schon ein guter Mensch wird.« Schmitts theologische und politische Anthropologie in diesen Aussagen sind unübersehbar.

In einem Streitgespräch mit Ernst Jünger, das der Deutschland-Sender am 1. Februar 1933 übertrug, vertrat Paul Adams gegen Ernst Jünger in Übereinstimmung mit der katholischen Soziallehre die These, der Sinn des Krieges liege in der Herbeiführung von Herrschaft, Ordnung und Frieden. Für Jünger war nach seinem agonalen Prinzip der Mensch nicht auf den Frieden angelegt. Carl Schmitt hat in der 4. Ausgabe des »Der Begriff des Politischen« auf Adams These hingewiesen.[391] Allerdings ließ er offen, ob er sich ihr anzuschließen vermochte.[392]

Nach dem Zweiten Weltkrieg war Paul Adams infolge eines schweren Augenleidens publizistisch kaum mehr tätig. Im Freundeskreis Schmitts

---

[384] Zit. nach B. NICHTWEIß, Verfassungslehren, S. 37.
[385] G. KRAUSS, Erinnerungen, Teil 2, S. 180.
[386] G. KRAUSS, Erinnerungen, Teil 3, S. 62.
[387] P. ADAMS, Shakespeare.
[388] Zu V. Roßkopf (1898 – 1976) vgl. F. BLEI, Gespräch, S. 519; G. KRAUSS, Erinnerungen, Teil 3, S. 65, Anm. 29.
[389] Vgl. G. KRAUSS, Erinnerungen, Teil 3, S. 65; Teil 5, S. 100.
[390] Zit. nach GLOSSEN ZUM TAGE, S. 7; folgendes Zitat EBD.
[391] C. SCHMITT, Begriff, S. 10, Anm. 1.
[392] Vgl. dazu K. THIEME, S. 46.

nahm er gleichwohl eine bedeutende Stellung ein.³⁹³ Schmitt zählte ihn zu den wenigen Freunden, die mit ihm den Weg der »katholischen Verschärfung« gegangen sind.³⁹⁴ Bei aller Wertschätzung achtete Paul Adams freilich auch auf ausreichende Distanz zu seinem Freund.³⁹⁵ In Briefen an Erik Peterson klagte er Ende der 20er Jahre, Schmitt sei »in allen religiösen Dingen wie ein bockiger, kleiner Student«³⁹⁶, er habe »nie einen religiös unruhigeren Menschen als Schmitt« gesehen³⁹⁷.

c) Theodor Haecker

Zu den Freunden Schmitts aus seiner Münchner Zeit gehörte der Schriftsteller Theodor Haecker (1879 – 1945), der durch seine sprachgewaltigen Polemiken, Satiren sowie philosophischen und kulturkritischen Aufsätze vor allem in den 20er und 30er Jahren von sich reden machte. Der protestantische Schwabe lernte zunächst auf Drängen seines Vaters Kaufmann und arbeitete einige Jahre in diesem Beruf.³⁹⁸ 1901 begann er an der Universität Berlin ein Literaturstudium,³⁹⁹ machte 1905 in Esslingen das Abitur nach und studierte anschließend in München, insbesondere bei Max Scheler, Philosophie. 1910 verließ er die Universität ohne Abschluß.⁴⁰⁰ Seinen Unterhalt verdiente er während des Studiums und fortan als Redakteur der »Meggendorfer Blätter«⁴⁰¹. Ab 1914 erschienen zahlreiche Aufsätze Haeckers in der Innsbrucker, von Ludwig von Ficker herausgegebenen Zeitschrift »Der Brenner«.

Bereits während des Ersten Weltkrieges sammelte Haecker in München einen Kreis junger Intellektueller um sich, zu denen ab 1915 auch Carl Schmitt gehörte.⁴⁰² 1918 stieß aus Göttingen der Theologiestudent Erik Peterson dazu. Ihn verband eine lebenslange Freundschaft mit Haecker.⁴⁰³ Man traf sich wöchentlich zu oft nächtelangen Diskussionen, in denen Fragen der Zeit, der Kunst und der Religion erörtert

---

³⁹³ C. Schmitt soll P. Adams sogar finanziell unterstützt haben (G. KRAUSS, Erinnerungen, Teil 5, S. 111, Anm. 96).
³⁹⁴ C. SCHMITT, Glossarium, S. 165; im Nachlaß C. Schmitts befinden sich 134 Briefe und 36 Postkarten P. Adams aus den Jahren 1929 bis 1957 (Nachlaß, S. 25).
³⁹⁵ Vgl. B. NICHTWEIß, Zeit, S. 65.
³⁹⁶ Zit. nach EBD., S. 83 (Brief vom 26. August 1929).
³⁹⁷ Zit. nach EBD., S. 75 (Brief vom 6. September 1927).
³⁹⁸ H. SIEFKEN, Haecker, S. 8; zur schweren Kindheit Th. Haeckers vgl. C. HOHOFF, Haecker, S. 547 ff.
³⁹⁹ H. SIEFKEN, Biographie, S. 7.
⁴⁰⁰ H. SIEFKEN, Haecker, S. 9.
⁴⁰¹ H. SIEFKEN, Biographie, S. 8.
⁴⁰² SCHMITT im Gespräch, S. 95.
⁴⁰³ H. SIEFKEN, Haecker, S. 11.

wurden.⁴⁰⁴ Der Maler Richard Seewald, der diesem Kreis ebenfalls angehörte, beschrieb die Faszination, die von dem knorrigen Schwaben damals ausging: »Hochachtung, Bewunderung, gemischt mit ein wenig Angst waren die Gefühle, die Haecker den meisten einflöste. Bewunderung für die unbestechliche Gerechtigkeit seines Urteils und seiner Sprachkunst, Angst, durchschaut zu werden von diesen klaren blauen Augen, die eine ungewöhnliche Kraft ausstrahlten, so daß man die gebrochene Nase, die sein Gesicht entstellte, zwischen ihnen nicht sah«⁴⁰⁵.

Haecker beschäftigte sich intensiv mit Sören Kierkegaard. Er schrieb mehrere Bücher und Aufsätze über diesen protestantischen Theologen. Im Juli 1918 schenkte er Schmitt ein Exemplar von Kierkegaards »Begriff des Auserwählten« und setzte ihn damit auf eine existenztheologische Fährte, die sich auch für den rechtstheoretischen Dezisionismus fruchtbar machen ließ.⁴⁰⁶ Kierkegaards theologische Schlüsselbegriffe »Entscheidung«, »Entweder / Oder«, »Ernst«, »Einzelner« und »Ausnahme« kehren bei Schmitt bald in rechtsphilosophischem Gewand wieder.⁴⁰⁷

Nach dem Ersten Weltkrieg wandte sich Haecker der Theologie John Henry Newmans zu. Unter seinem Einfluß trat er 1921 in die katholische Kirche ein.⁴⁰⁸ 1922 wurde Karl Muth im Rahmen einer Rezension auf den scharfsinnigen Konvertiten aufmerksam. Haecker dankte die freundliche Besprechung von »Satire und Polemik« mit einem Besuch bei Muth. Ab 1923 gehörte Haecker zum ständigen Mitarbeiterkreis des »Hochland« und zu Muths engsten Freunden.⁴⁰⁹ In den 20er Jahren avancierte er schließlich zu einem der bekanntesten katholischen Publizisten in Deutschland.

1932 bezog Haecker mit polemischer Schärfe Stellung gegen den Nationalsozialismus. Das Hakenkreuz nannte er »das Zeichen des Tieres, die *Karikatur* des Kreuzes« und »*das Symbol des Dreh*«⁴¹⁰. Die Nationalsozialisten versuchten deshalb bald, diesen unliebsamen katholischen Oppositionellen auszuschalten. 1936 belegten sie ihn mit einem Rede- und

---

⁴⁰⁴ R. SEEWALD, S. 117.
⁴⁰⁵ EBD., S. 14.
⁴⁰⁶ Vgl. E. KENNEDY, Expressionismus, S. 244, Anm. 37.
⁴⁰⁷ Vgl. EBD., S. 244 ff.; zu C. Schmitts Sympathie für S. Kierkegaard vgl. sein mit »Herbst 1918« datiertes Vorwort zu J. A. Kanne. C. Schmitt nennt J. A. Kanne einen Mann, der »entschlossen den Sprung in die Paradoxie des Christentums tat« (C. SCHMITT, Vorwort, S. 4). Vgl. auch C. SCHMITT, Politische Theologie, S. 22, zu S. Kierkegaard.
⁴⁰⁸ H. SIEFKEN, Haecker, S. 19.
⁴⁰⁹ H. SIEFKEN, Biographie, S. 9, 11.
⁴¹⁰ Th. HAECKER, Betrachtungen, S. 30 f.

1938 schließlich mit einem Schreibverbot.⁴¹¹ Seine intellektuelle Wirkung konnten sie freilich nicht völlig aufheben. Gehörte Haecker in München doch zu den geistigen Vätern der studentischen Widerstandsbewegung »Weiße Rose«⁴¹². Betrachtet man die konträre Haltung Schmitts und Haeckers zum Nationalsozialismus, so ist es nicht verwunderlich, daß ihre Freundschaft das Jahr 1933 nicht überdauern konnte. Eine Entfremdung soll bereits ab 1925 eingesetzt haben.⁴¹³ Schmitt beteiligte sich freilich 1929 noch nachträglich an dem zu Haeckers 50. Geburtstag von dessen Freundeskreis besorgten Geschenk, einer Vergil-Ausgabe aus dem Jahre 1757.⁴¹⁴

Thematisch lassen sich zwischen Schmitt und Haecker eine Reihe von Gemeinsamkeiten, aber auch elementare Differenzen feststellen. Schmitt selbst hat darauf hingewiesen, daß sein Essay »Römischer Katholizismus und politische Form« aus Gesprächen mit den damaligen Freunden Theodor Haecker, Konrad Weiß und Franz Blei entstanden ist.⁴¹⁵ Schmitt nahm sogar an, daß Haecker, »ein typisch protestantischer Sektierer«, wie er ihn nannte, »nicht sobald zum Katholizismus übergetreten wäre, wenn wir nicht jahrelang (1915 – 1920) miteinander darüber gesprochen hätten«⁴¹⁶. Auch wenn für diesen Schritt letztlich der Einfluß John Henry Newmans entscheidend gewesen sein wird⁴¹⁷, so blieb Schmitts Konzept des römischen »Ordnungskatholizismus« auf Haecker nicht ohne Eindruck. War doch Haecker in diesen, von Schmitt angegebenen Jahren intensiv auf der Suche nach der geistigen Ordnung, die seinem von Kierkegaard aufgewühlten Herzen Ruhe verschaffen konnte.⁴¹⁸ So stellt Haecker 1920 in seinem unnachahmlichen Stil fest, »daß die Idee der ›Ordnung‹ – auch die leerste, die abstrakteste, ja die ungerechteste – einen geheimnisvollen, jedem unverdorbenen, unvoreingenommenen Geist unmittelbar sich aufdrängenden, wenn auch wie alle den ›unsichtbaren Dingen‹ zugehörigen Eigenschaften schwer zu erklären den Vorzug hat vor der ›Unordnung‹, was aber damit zusammmenhängen muß, daß Gott ein Gott der Ordnung ist, nicht *jeder* Ordnung, [...], aber immerhin und immer und unter *allen* Umständen der ›Ordnung‹ und niemals und unter *keinen*

---

⁴¹¹ H. SIEFKEN, Haecker, S. 53, 55.
⁴¹² H. SIEFKEN, Biographie, S. 14 ff.
⁴¹³ EBD., S. 25; nach C. HOHOFF, Haecker, S. 3, zählte C. Schmitt Mitte der 20er Jahre zu den Gelegenheitsgästen im Münchner Freundeskreis Th. Haeckers.
⁴¹⁴ H. SIEFKEN, Haecker, S. 41 f.
⁴¹⁵ C. SCHMITT, Politische Theologie II, S. 27, Anm. 4.
⁴¹⁶ SCHMITT im Gespräch, S. 95.
⁴¹⁷ Vgl. C. BAUER, Haecker, S. 381.
⁴¹⁸ Vgl. EBD., S. 378.

Umständen der ›Unordnung‹«[419]. Haeckers Entscheidung für die katholische Kirche war deshalb eine Entscheidung für die »Kirche der Ordnung«[420], für die doch Schmitt in seinen Frühschriften so sehr geworben hatte. Haeckers Denken in Hierarchien läßt sich jedenfalls mit Schmitts Ordnungskatholizismus leicht auf einen Nenner bringen.[421]

Haecker dürfte jedoch nicht alle Aussagen Schmitts in »Römischer Katholizismus und katholische Form« geteilt haben. Trotz seiner Vorliebe für das Römische und Lateinische wandte er sich 1932 gegen Versuche, die Kirche »auf das Lateinische«[422] einzuengen: »Das Fundament der Kirche ist der Fels Petri, der weder jüdisch, noch griechisch noch römisch ist«[423]. Da im deutschen Katholizismus neben Herman Hefele Carl Schmitt der Hauptvertreter des lateinischen Kirchenverständnisses war, mußte sich diese Abgrenzung zwangsläufig auch gegen ihn richten.

Der Begriff der Ordnung beherrschte das Gedankengut der beiden Freunde auch in ihren späteren Schriften, wenn auch in recht unterschiedlicher Weise. Während Schmitt wesentlich stärker die Herstellung der Rechtsordnung durch die politische Tat und Dezision im Auge hatte, setzte Haecker seinen ordo-Begriff jeder politischen Entscheidung als maßgebende Richtschnur voraus. Er traf sich damit mit dem klassischen katholischen Naturrechtsdenken.[424] So verurteilt er bereits 1921 eine politische Theorie, die von der Notwendigkeit einer Autorität ausgeht, aber auf die Erkenntnis von Wahrheit verzichten zu können glaube, als »eine unheimliche Nachmachung wahrlich der katholischen Lehre, für die doch mit dem Begriff der Autorität ebenso absolut, ebenso notwendig, ebenso transzendent der Begriff der Wahrheit und der Erkenntnis der Wahrheit für ewig verbunden ist«[425]. Von dieser philosophischen Warte aus polemisiert Haecker 1933 auch gegen Schmitts Begriff des Politischen. Vor dem Hintergrund seiner ordo-Vorstellung ist die Freund-Feind-Bestimmung eine primitive und geistig rudimentäre Naturbestimmung[426]. Auch Haeckers Verurteilung des Staatsabsolutismus nährt sich aus diesem Geist. Bereits 1923 formuliert er gegen Mussolini gerichtet im »Brenner« den programmatischen und prophetischen Satz: »Mit der Deifikation des Staates gleichen Schritt hält die Bestifikation des Men-

---

[419] Th. HAECKER, Satire und Polemik, S. 276.
[420] C. BAUER, Haecker, S. 378.
[421] Vgl. C. HOHOFF, Haecker, S. 560.
[422] Th. HAECKER, Essays, S. 433 ff., S. 436.
[423] EBD., S. 434.
[424] Vgl. Th. HAECKER, Chaos, S. 1 – 23.
[425] Th. HAECKER, Satire und Polemik, S. 263 f.
[426] Vgl. oben III. 8. e) »Der Begriff des Politischen«.

schen«[427]. Und im September 1932 schreibt er, die Familie sei vor dem Staat, »und nur in einer pervertierten Ordnung wird dieser Primat verletzt«[428].

Was Schmitt und Haecker stets verbunden hat, war ihr kämpferischer Antiliberalismus, der sich auch bei Haecker in beißendem Spott niederschlug: »Im Warenhaus unserer liberalen Zeit wird alles feilgeboten, auch Religionen«[429] formuliert er bereits 1914. Ja er spricht von der »Religion des Warenhaus-Liberalismus«[430] und nimmt damit einen Grundgedanken der politischen Theologie Schmitts vorweg. Wie Schmitt stellt Haecker eine Verbindung zwischen Protestantismus und Liberalismus her. Der Protestantismus sei »ein Produkt des Liberalismus«[431]. Gegen Wilhelm Stapel und seine Gesinnungsgenossen schreibt er 1932: »Auch der antiliberale Protestantismus kann den Liberalismus ohne Selbstmord nicht ganz austreiben, er saugt selber aus dieser Wurzel, er trinkt selber dieses Gift, sein schwankender Bau ruht selber auf dem schwankenden Grunde des Liberalismus. Denn es war Liberalismus dort, wo er am gefährlichsten ist, nämlich in der Sphäre *absoluter* Autorität, es war *Liberalismus*, der Luther am Leben ließ«[432].

Antiliberalismus war bei Schmitt und Haecker auch Antikapitalismus. So schreibt Haecker 1932: »Daß eine bestimmte Art von Kapitalismus eine himmelschreiende Sünde ist, daß der zynische Brauch, die Dividende der Aktionäre oder die Gehälter der Generaldirektoren für wichtiger zu halten als die Lebensbedürfnisse arbeitender Menschen, so brutal der Gerechtigkeit ins Gesicht schlägt, daß er unerträglich geworden ist – das ist von jedem redlichen Menschen längst erkannt«[433].

Auch im Kampf gegen Versailles und Genf waren Haecker und Schmitt ganz auf einer Linie zu finden. Scharfe Attacken richtet Haecker nach dem Ersten Weltkrieg »gegen die Verbrechen und Verbrecher von Versailles«[434]. Sein Verdikt über die »Gotteslästerung von Versailles«[435] wurde im deutschen Katholizismus in den 20er Jahren ein häufig benutztes Schlagwort. An der französischen Nachkriegspolitik, insbesondere der Besatzungspolitik im Rheinland, läßt Haecker kein gutes Haar. Scharf

---

[427] Th. HAECKER, Notizen, S. 9.
[428] Th. HAECKER, Betrachtungen, S. 13.
[429] Th. HAECKER, Satire und Polemik, S. 45.
[430] EBD., S. 46.
[431] Th. HAECKER, Betrachtungen, S. 28.
[432] EBD., S. 28.
[433] EBD., S. 9.
[434] Th. HAECKER, Satire und Polemik, S. 295.
[435] EBD., S. 260.

geißelt er die Exzesse der Okkupanten.⁴³⁶ Er vergleicht die französische Politik mit der von Dostojewski geschilderten grausamen Strafe in einem Totenhaus: »es wurden den Gefangenen am Nacken Stricke durch das Fleisch gezogen und jeden Tag hin und her gezerrt, damit die Wunden schmerzhaft und eiternd bleiben. Das ist die Politik Frankreichs in Europa seit dreieinhalb Jahren«⁴³⁷. Die »älteste Tochter der Kirche« sei »zur irren Hure geworden«⁴³⁸. Auf den Völkerbund will Haecker seine Hoffnung für eine Besserung der politischen Lage Deutschlands nicht setzen. Er nennt ihn voller Bitternis eine »Spottgeburt aus Wilsongift und gallischem Dreck«⁴³⁹.

Carl Schmitt und Theodor Haecker waren insgesamt geistig sehr ähnlich strukturiert. Beide beziehen die Wucht ihrer Theorien, die Radikalität ihres Denkens aus einem von Kierkegaard mitgeprägten Fundamentalismus. Beide waren auf ihre Art letztlich politische Theologen und Integralisten, wobei der Integralismus Schmitts in seinen politischen und staatsrechtlichen Theorien säkularisiert war. Aber das ist genau der entscheidende und folgenreiche Unterschied zwischen den ehemaligen Freunden, der auch zum persönlichen Bruch führen mußte. Während Schmitt den weltlichen Absolutismus in nationalsozialistischer Form 1933 aufgriff und staatsrechtlich untermauerte, verharrte Haecker in seiner von der Ordo-Vorstellung der katholischen Soziallehre gespeisten Überzeugung, daß sich die Politik an der Gerechtigkeit zu orientieren habe. Deshalb konnte Haecker 1933 auf dieser Basis auch als einer der radikalsten katholischen Opponenten gegen Schmitts Politik-Begriff ins Feld ziehen. Die Aggressivität, mit der Haecker dies tat, kann jedoch die geistig-strukturelle Verwandtschaft dieser beiden je auf ihre Art fundamentalistisch denkenden Katholiken nicht aufheben. Die Heftigkeit der Attacke hat vielmehr darin ihren tiefsten Grund.

Eine letzte Gemeinsamkeit zwischen Schmitt und Haecker ist noch festzuhalten: Beide waren aus unterschiedlichen Gründen im deutschen Katholizismus Außenseiter, deren Intellekt zwar bewundert wurde, die aber auch auf nicht zu übersehende Ablehnung stießen. Während sich Schmitt mit den Eigentümlichkeiten seiner politischen Theorie zwischen den politisch-kulturellen Hauptströmungen im Katholizismus bewegte,⁴⁴⁰

---

⁴³⁶ »Kinder, die hungern, weil ein Vieh von Stabsoffizier mit seinem Haushalt von Huren und Hunden ihre Milch säuft« (Th. HAECKER, Notizen, S. 11).
⁴³⁷ Th. HAECKER, Satire und Polemik, S. 269.
⁴³⁸ EBD., S. 236.
⁴³⁹ EBD., S. 264.
⁴⁴⁰ Vgl. oben III. 2. d).

machte es Haecker seinen Freunden durch seine oft maßlose und ungerechte Polemik schwer, ihm zu folgen.[441] Auch seine gedrechselte Ausdrucksweise stieß häufig auf Ablehnung. So bat Romano Guardini Theodor Haecker 1932, er möge doch »seiner schönen Sprache jene Eigenschaft erhalten – oder wenn nötig erwerben –, die zu ihrem demütigsten, aber wesentlichsten, Echtheit und Fruchtbarkeit bewahrenden Ethos gehört: die Verständlichkeit«[442]. Eine ähnliche Bitte in puncto Eindeutigkeit hätte Romano Guardini auch an Carl Schmitt richten können.[443]

d) Franz Blei

Neben Theodor Haecker gehörte der katholische Essayist Franz Blei (1871 – 1942) zu den langjährigen und älteren Freunden Schmitts. Ihre Bekanntschaft reichte noch in die Zeit während des Ersten Weltkrieges zurück.[444] Schmitt und Blei nahmen in ihren Veröffentlichungen mehrfach Bezug aufeinander und bekundeten sich gegenseitig größten Respekt. Durch die Freundschaft mit dem umtriebigen Blei lernte Schmitt auch zahlreiche andere Literaten und Künstler kennen.[445]

Franz Blei wurde in Wien geboren, besuchte von 1881 bis 1885 das Gymnasium der Benediktiner in Melk, wurde dort jedoch wegen eines heimlichen Experiments im Schullaboratorium relegiert.[446] Schon als Schüler hatte er Kontakt mit der Sozialdemokratie. 1888 trat er infolge dieser politischen Orientierung aus der katholischen Kirche aus, die ihn jedoch nach wie vor intensiv beschäftigte.[447] Bekannt wurde Blei durch seine Zeitschriften-Manie.[448] Er gab mehrere kurzlebige Zeitschriften heraus, darunter 1917 die literarisch hochstehende, bei Jakob Hegner erschienene »Summa«, zu der auch Schmitt drei Beiträge beisteuerte.[449] Der

---

[441] Vgl. H. SIEFKEN, Haecker, S. 6.
[442] R. GUARDINI, Vergilbuch, S. 135.
[443] Vgl. das Wort W. Rathenaus in einem Brief an C. Schmitt: »Sprich Dich nur aus, 's wird schon ein Rätsel sein« (zit. nach G. MASCHKE, La rappresentazione, S. 571).
[444] Der erste Brief C. Schmitts an F. Blei datiert aus dem Jahre 1917 (vgl. F. BLEI, Fall, S. 1217). Im Nachlaß C. Schmitts befinden sich 39 Briefe und 4 Postkarten F. Bleis aus den Jahren 1917 bis 1933 (Nachlaß, S. 36).
[445] F. Blei stellte z. B. die Verbindung C. Schmitts zu A. P. Gütersloh her (P. TOMMISSEN, Bausteine, S. 80). Dagegen gehörte F. Blei nicht dem Kreis um Th. Haecker in München an. L. Ficker monierte 1920 sogar Th. Haecker gegenüber, daß C. Schmitt gleichzeitig bei Th. Haecker verkehre und F. Blei sekundiere (H. SIEFKEN, Haecker, S. 19). F. Blei kannte auch M. Scheler sehr gut, ebenso hatte er Kontakte zu H. Ball.
[446] A. GABRISCH, S. 539.
[447] Vgl. F. BLEI, Krise, S. 171 ff.; vgl. dazu oben III. 3. c).
[448] P. TOMMISSEN, Bausteine, S. 79; A. GABRISCH, S. 558.
[449] Vgl. oben IV. 3. c).

Name dieser Zeitschrift nahm auf Thomas von Aquin Bezug.[450] Den meisten Katholiken war sie allerdings zu wenig katholisch. Bleis sozialistischen Freunden dagegen mißfiel die katholisierende Tendenz.[451] Der Zwiespalt, der sich hier andeutete, wurde noch verschärft. Der erste Jahrgang seiner gemeinsam mit Albert Paris Gütersloh herausgegebenen Zeitschrift »Die Rettung. Blätter zur Erkenntnis der Zeit« endete mit dem fulminanten Satz Bleis: »Es lebe der Kommunismus und die katholische Kirche!«[452] »Das kam jenen, welche in beiden Lagern den Ruf hörten, dem christlichen und dem kommunistischen, die sich prinzipiell gegensätzlich wähnten, als ein Witz vor«[453], berichtete Blei 1930 selbst über die Verwirrung, die er mit seinem ideologischen Standort stiftete. Blei machte aber ernst mit diesem dualistischen Standpunkt und trat 1919 wieder in die katholische Kirche ein.[454]

Zu den bekanntesten Werken Bleis gehört das zuerst als Privatdruck 1920 in München erschienene »Bestiarium Literaricum«; eine geistreiche Verspottung der führenden Literaten Deutschlands.[455] Im Vorwort verweist Blei auf Diskussionen mit seinem »verehrten Freunde Dr. Negelinus«, der die Ansicht vertreten habe, der Wert des Bestiarums liege bald nur noch im Historischen[456]. Dr. Negelinus war niemand anders als Carl Schmitt.[457] Abschließend bedankt sich Blei bei diesem Freund »für seinen auf Spezialstudien gegründeten Beitrag, die Beschreibung der Fackelkraus«[458]. Mit der Fackelkraus beschrieb Carl Schmitt den Satiriker Karl Kraus, der die Zeitschrift »Die Fackel« herausgab.[459]

Blei verfolgte das wissenschaftliche Schaffen Schmitts mit großem Interesse. Die »Verfassungslehre« pries er gleich in zwei Kurzbesprechungen in der »Literarischen Welt«; einer Kulturzeitschrift, in der politische oder gar staatsrechtliche Themen nur am Rande Beachtung fanden. 1928 empfiehlt er seinen Schriftsteller-Kollegen als Weihnachtslektüre »das

---

[450] A. GABRISCH, S. 558.
[451] EBD., S. 619.
[452] Zit. nach EBD., S. 561.
[453] F. BLEI, Erzählung, S. 487.
[454] Möglicherweise spielten bei diesem Entschluß auch die Gespräche eine Rolle, die F. Blei mit C. Schmitt anläßlich der Entstehung von »Römischer Katholizismus und politische Form« führte. Vgl. C. SCHMITT, Politische Theologie II, S. 27, Anm. 4.
[455] Vgl. R. SEEWALD, S. 119.
[456] F. BLEI, Bestiarium, S. 9.
[457] Vgl. C. SCHMITTS Schattenrisse, 1913 unter dem Pseudonym »Johannes Negelinus mox Doctor« erschienen.
[458] F. BLEI, Bestiarium, S. 10.
[459] C. Schmitt soll auch die beiden Beiträge »Das Hofmannsthal« und »Der Thomasmann und der Heinrichsmann« verfaßt haben (R. SEEWALD, S. 119).

prachtvolle Werk des politischen Philosophen Professor Carl Schmitt« als »ein Buch von feinster gedanklicher Reinheit und Konzentration«[460]. Und 1929 lobt Blei die »Verfassungslehre« als »ein sehr bedeutendes Werk«[461]. Dies können man bereits an der Beliebtheit, die sich dieses Buch bei daraus abschreibenden Kollegen erfreue, feststellen, merkt er sarkastisch an. »Vielleicht halten die Herren, die bei Carl Schmitt entlehnen, die Namen Schmitt und Carl für ein Allerweltsgut, für einen Sammelbegriff messerscharfer Gedanken, die erst in der billigen Umwicklung, die sie ihnen geben, gebrauchsfähig werden.« Dieser Hinweis auf die Plagiate und die Empfehlung, sich doch an das Original zu halten, war zweifellos ein Freundschaftsdienst für Schmitt.

1931 schildert Franz Blei ein bei reichlichem Weingenuß geführtes »deutsches Gespräch«[462], an dem neben ihm Carl Schmitt und der gemeinsame Freund Veit Roßkopf, nach Blei ein »Nationalsozialist mit großen Zweifeln an dem Hitler, geringeren an dem Goebbels und gar keinen an Ernst Jünger«[463] teilnahmen. Im Vorspann charakterisiert er den »Rheinländer«, wie er Carl Schmitt umschreibt, ohne ihn beim Namen zu nennen: »Nicht nur aus dem Studium der römischen Antike und ihres Rechts hat er eine Vorliebe und mehr als das für die Genauigkeit und die klassische Definition. Ich bin geneigt, in seiner Kirchlichkeit nichts anderes zu sehen, als weil sie ihm Weiterführung und einzige Behauptung des antikischen Verhaltens und Wesens ist gegen alle anstürmende Romantik des nichts als Moralischen, in das der Mensch – und auch die Kirche – das Religiös-Bindende aufzulösen eine immer mehr zunehmende Schwäche zeigt. Seine Bildung geht weit über das Fachliche hinaus, und sein intensiver und extensiver Geist setzt ihn instand, auch in seiner Neigung abliegenden Gebieten überaus Wertvolles zu erkennen und festzustellen. Sein heller Witz, ich meine Esprit, läßt ihn das Deutsche so klar schreiben, wie es das Lateinische ist. Die große, fast französische Lebhaftigkeit seines Geistes läßt es nicht dazu kommen, daß er unter der Gefährdung des Gelehrten, antiquarisch zu werden, leidet. [...] Er ist also Dogmatiker. Er hält die Dogmen für die vernünftigsten Denkformen in den Bereichen des Nicht-Denkbaren«[464]. Bei aller Wertschätzung, die in diesen Zeilen zum Ausdruck kommt, ist eine gewisse Skepsis gegenüber Schmitts Katholi-

---

[460] W. HAAS (= F. Blei), S. 5; zur Entschlüsselung des Pseudonyms vgl. eine Anzeige des Verlags Duncker & Humblot, in: DIE LITERARISCHE WELT 5 Nr. 16 (1929), S. 9.
[461] F. BLEI, Verfassungslehre, S. 6; folgendes Zitat EBD.
[462] F. BLEI, Gespräch.
[463] EBD., S. 519.
[464] EBD., S. 518 f.

zismus nicht zu übersehen. Was diesbezüglich beschrieben wird, läßt eine Parallele zu Charles Maurras' Bewunderung der katholischen Kirche als ordnungsstiftender Kraft erkennen. Auch Schmitts Liebe zum Dogmatischen, Antiken, Lateinischen, auf dessen Basis er als Katholik vorgestellt wird, hat einen stark weltlichen, kulturell-funktionalen Charakter.

Franz Blei schrieb nicht nur über Carl Schmitt, Schmitt veröffentlichte auch seine Gedanken über Blei. Im Literaturblatt der »Frankfurter Zeitung« erscheint 1931 von Carl Schmitt der Beitrag »Franz Blei«[465]. Darin heißt es u.a.: »Sein Wissen bewirkt nichts. Weder Welt und Menschheit, noch Staat und Nation, Gesellschaft oder öffentliche Meinung bemühen sich um ihn, obwohl sie ihn kennen. [...] Noch weniger ist er ein romantischer Okkasionalist. [...] Weder eine Situation, noch ein Wert, noch eine Impression dient ihm bloß als Anlaß, sich in irgendeinen höheren Qualm zu steigern. [...] Er ist gewiß ein säkularisierter Kleriker [...]. Das Bedeutende ist aber doch, daß er zu keiner einzigen der säkularisierten Ersatzkirchen gegangen ist, weder zu der des Militarismus, noch der des Pazifismus, weder zum Positivismus, noch zu irgendeinem Metaphysizismus, und daß er sich auch nicht als Sektenstifter etabliert hat, wie man das in Deutschland von jedem erwartet, der sich bei keiner Organisation einschreiben läßt. Er ist kein Kultur- und kein Zivilisations-Clerc geworden und hat keines der Attribute, mit denen die anderen Clercs erscheinen, keine Gemeinde, keine Küster, und keine heimliche Tonsur und kein heimliches Bäffchen. Wirklich ein *individuum ineffabile*. Das Urteil über ihn ist der beste Prüfstein für die geistigste aller Fähigkeiten, die Gabe der Unterscheidung der Geister«[466].

Die gegenseitige Wertschätzung, die 1931 noch so eindrucksvoll ihren publizistischen Niederschlag fand, sollte nicht mehr lange andauern. Die Freundschaft des Literaten, dessen Wissen ja nach Schmitt nichts bewirkte, und des Staatsrechtlers, der die Geschicke von Staat und Gesellschaft mitgestalten wollte, zerbrach an der Bewegung, die Schmitt die Realisierung dieses Anspruchs erhoffen ließ: am Nationalsozialismus. Die Gabe zur Unterscheidung der Geister, die Schmitt bezüglich Blei 1931 reklamiert hatte, besaß er im Gegensatz zu diesem 1933 nicht.

Im Dezember 1936, also kurz nach der Entmachtung Schmitts durch die Nationalsozialisten, meldet sich Franz Blei aus Wien zum »Fall Carl Schmitt« zu Wort. Schmitt habe ihm ein Exemplar seiner Schrift über die Diktatur als »signum reverentiae, gratiae, amicitiae«[467], so dessen Wid-

---
[465] C. SCHMITT, »Franz Blei«, in: FRANKFURTER ZEITUNG (Literaturblatt), 22. März 1931, S. 1.
[466] EBD., S. 1.
[467] F. BLEI, Fall, S. 1217.

3. Publizisten 549

mung, geschenkt: »Als er mir seine Broschüre ›Staat, Volk, Bewegung‹ (1933) schickte, schrieb ich Carl Schmitt, daß ich ihm nach wie vor gratia und amicitia bewahren würde, aber daß über die reverentia ein häßlicher Schatten gefallen sei. Ich bekam keine Antwort. Der Schatten hat sich durch die weiteren Publikationen und Stimmungen Schmitts, die mir zu Gesicht gekommen, zur ägyptischen Finsternis verdichtet«[468].

Blei treibt die Frage um, wie »dieser römische rheinländische Katholik« dem Leviathan erliegen konnte[469]: »Wie dieser Gegner der politischen Romantik einem politischen Sensationsroman? Wie dieser betrachtende stille, weinfrohe Mann, der in seiner rheinischen Heimat mit ihrem Römischen und Christlichen den Humanismus erfüllt sah, diesem lärmenden Berseker-Deutschtum?«

Einen ersten Ansatzpunkt für die Beantwortung seiner Frage findet er in Schmitts Geltungssucht: »Das christliche Grundgefühl vom Jammertal dieser Erde hat bei diesem katholischen Gelehrten eine protestantische Schärfe bekommen, die man vielleicht nur aus privat-persönlichen Gründen erklären kann. Etwas klein von Figur wird er in einer Gruppe von fünf, sechs Leuten als letzter gesehen. Er wurde viel abgeschrieben, aber nie zitiert. Er sah darin, ganz unprofessoral, eine Mißachtung seiner Person, nicht seiner Leistung, die man ja abschrieb und damit anerkannte als wertvoll. Gern ist er der Lehrer, aber mit den Kollegen in Zeitschriften gelehrte Debatten führen, genügt seinem Temperament nicht.«

Schmitt sei auch ein Verächter der chaotischen Masse, »die nur dazu da wäre, zu einem Zweck gebraucht, also, vom Staatlichen her gesehen, vom Leviathan verschlungen zu werden. Und der ungeheuren Masse gegenüber muß es ein gigantischer, ein totaler Leviathan sein«[470]. Brüning habe aber »von Schmitts Diktatur nichts wissen wollen. Die folgenden Versuche mit Papen führten ebenfalls zu nichts.« Dann seien zwei Nationalsozialisten aus der Intelligenz, Ernst Jünger und Albrecht Erich Günther, in Schmitts Umfeld aufgetaucht, Schmitt habe daraufhin Hitlers »Mein Kampf« gelesen und diesen gegenüber festgestellt, daß es nur Gemeinplätze enthalte. Günther habe geantwortet, Hitler sei der Trommler, man habe keinen besseren. So habe Schmitt den Mann gefunden, der die Masse, aber keine Staatstheorie habe, die ihm Schmitt nun habe verschaffen wollen. Hitler biete mit der Masse »die Voraussetzung für die Verwirklichung des Theorems vom totalen Staat: die Diktatur«. Dies ist für Blei der Schlüssel für Schmitts Hinwendung zum Nationalsozialismus: »Er kann

---
[468] EBD., S. 1217.
[469] EBD., S. 1218; folgende Zitate EBD.
[470] EBD., S. 1219; folgende Zitate EBD.

das nicht wahrhaft denken, was er zum Preise des Führers und aller der anderen Führer drucken läßt. Er sagt es zur vermeinten Rettung der Norm, seines Theorems vom totalen Staat. [...] Es ist schon so: ein für sein Theorem fanatischer Gelehrter nimmt das Absurde, das Verbrecherische auf sich mit der ersten sich ihm bietenden Chance, dieses Theorem im Großen zu praktizieren«[471].

Blei selbst ließ sich mit den Nationalsozialisten auf keinerlei Kompromisse ein. Als er sich 1934 weigerte, die Beitrittserklärung zur Reichsschriftumskammer zu unterschreiben, wurden seine Bücher in Deutschland verboten.[472] Bereits 1931 hatte Blei Deutschland den Rücken gekehrt. Er lebte zunächst auf Mallorca, eine Zeitlang in Wien, Italien und Südfrankreich, bevor er sich, immer auf der Flucht vor den Nationalsozialisten, über Lissabon nach New York absetzen konnte. Er starb dort 1941.[473]

e) Karl Muth

Wohl die bekannteste Persönlichkeit im deutschen Katholizismus der Weimarer Zeit, zu der Carl Schmitt in den 20er Jahren freundschaftliche Beziehungen unterhielt, war Karl Muth (1867 – 1944), Begründer und Herausgeber des »Hochland«[474]. Muth verfolgte um die Jahrhundertwende das Ziel, die deutschen Katholiken aus ihrer literarischen Inferiorität und kulturellen Isolation herauszuführen, in die sie seit dem erfolgreich geführten Kulturkampf hineingeraten waren. Mit der 1903 gegründeten Monatszeitschrift »Hochland« wollte er eine »Wiederbegegnung von Kirche und Kultur in Deutschland«[475] erreichen.

Das Thema, das Karl Muth und Carl Schmitt beide intensiv beschäftigte und wohl auch zusammengebracht hat, war die Romantik. Im Hang zur Romantik als katholisches Kunstideal sah Muth eine der wichtigsten Ursachen für die kulturelle Isolation der deutschen Katholiken. Vor dem Ersten Weltkrieg focht er im sog. Literaturstreit gegen Richard von Kralik und seine Anhänger, die sich der Romantik als katholisches Kulturideal verschrieben hatten. Konrad Weiß, eine Zeitlang Redakteur beim »Hochland«, referierte im Dezember 1916 in seinem Tagebuch eine Auseinandersetzung mit Muth, in der sich dieser über die Wirrnis und Unklarheit

---

[471] EBD., S. 1220; folgende Zitate EBD.
[472] A. GABRISCH, S. 569.
[473] EBD., S. 571 ff.
[474] Im Nachlaß C. Schmitts befinden sich 8 Briefe und eine Postkarte K. Muths aus den Jahren 1926 bis 1931 (Nachlaß, S. 113).
[475] Titel der 1927 zum 60. Geburtstag von K. Muth erschienenen Festschrift.

der Romantik beklagte.[476] Carl Schmitts »Politische Romantik« mußte Muth als willkommene Unterstützung seiner ideellen Position im deutschen Katholizismus erscheinen. Tatsächlich war 1920 in der Weihnachtsbücherschau des »Hochland« zu lesen: »Mehr als je stehen wir heute in einer Auseinandersetzung mit der Romantik, die, wie es den Anschein hat, zu ihrer Überwindung im Sinne einer Hinwendung zu einem neuen klassischen Ideal führt. Unter den Schriften, die dieser Aufgabe dienen, steht an erster Stelle die geistreiche und zugleich wissenschaftlich gediegene Abhandlung *Politische Romantik* von Dr. Carl Schmitt-Dorotič«[477]. Da diese Schrift im Rahmen einer Bücherschau nicht gewürdigt werden könne, versprach das »Hochland«, auf sie noch zurückzukommen;[478] ein Versprechen, das mit dem umfangreichen Aufsatz von Alfred von Martin im Dezember 1925 eingelöst wurde.[479]

Es lag nahe, daß Karl Muth, der sich ständig um die Mitarbeit katholischer Intellektueller in seiner Zeitschrift mühte, vor diesem ideellen Hintergrund den Kontakt zu Carl Schmitt suchte. Beide standen jedenfalls seit den frühen 20er Jahren im Briefkontakt und pflegten einen intensiven Gedankenaustausch. Auf seinen Reisen nach Paris führte der – wie Schmitt – frankophile Publizist die »Politische Romantik« in die Kreise französischer Intellektueller ein.[480] Schmitt bedankte sich für diese Aufmerksamkeit damit, daß er dem »Hochland« das Vorwort zur 2. Auflage seiner »Politischen Romantik« für das November-Heft 1924 als Aufsatz zur Verfügung stellte. Schmitt kam darin Muths Bedürfnissen insofern entgegen, als er nicht nur die politische Romantik, sondern auch die Romantik als Kunstideal einer harschen Kritik unterzog. Bis 1930 veröffentlichte das »Hochland« mehrere Aufsätze Schmitts zu unterschiedlichen Themen.[481] Zur Festschrift für Karl Muth anläßlich seines 60. Geburtstages steuerte Schmitt 1927 den Beitrag »Donoso Cortés in Berlin (1849)«[482] bei.

Karl Muth beschäftigt sich bis zum Ende des Ersten Weltkrieges in erster Linie mit religiösen und kulturellen Themen. Politik interessiert ihn zunächst nur am Rande.[483] Nach dem politischen Neubeginn von 1919 verfolgt er den Kurs des Zentrums mit großer Skepsis. Er gilt trotz seiner

---

476 F. KEMP / K. NEUWIRTH, S. 51.
477 WEIHNACHTSBÜCHERSCHAU, S. 387.
478 EBD., S. 387.
479 Vgl. oben III. 2. e).
480 J. W. BENDERSKY, S. 50.
481 Vgl. oben IV. 3. c).
482 C. SCHMITT, Cortés in Berlin.
483 K. ACKERMANN, S. 25, Anm. 40.

Kontakte zu bedeutenden Repräsentanten des Zentrums[484] sogar als Gegner des politischen Katholizismus.[485] Im Oktober 1921 schreibt er im »Hochland« auf der Suche nach einem richtigen Konservatismus: »Aber auch das Zentrum ist faktisch von dem Standpunkt abgewichen, den ein Mann wie Bischof Ketteler als den allein heilversprechenden in der ›größten Prinzipienkrisis‹ des Jahrhunderts angesehen hat. Es ist gar kein Zweifel möglich, daß er den Standpunkt derer, die heute im Zentrum ihren Frieden mit der westlerischen Formaldemokratie geschlossen haben, [...] als Verrat an den Grundsätzen erklärt hätte, von deren Bewahrung Deutschlands Wohlfahrt und Größe abhänge. Wo ist demnach heute der konservative Gedanke, der durchaus nicht wesensnotwendig mit der Idee einer monarchischen Restauration verbunden sein muß, denn auch die Republik kann der konservativen Kräfte nicht entbehren«[486].

Mit diesem republikanischen Konservatismus, der auch vor Kritik an der katholischen Partei nicht Halt machte, wird Muth mit Schmitt Anfang der 20er Jahre übereingestimmt haben. Wie Schmitt schreibt auch Muth 1926 den katholischen Legitimisten ins Stammbuch, »die Monarchien in Deutschland sind zu Grabe getragen und die Republik ist Tatsache, eine Entscheidung also damit überflüssig geworden«[487]. Ganz anders als Schmitt kann sich Muth allerdings 1926 dazu durchringen und fordert auch die Katholiken dazu auf, dem Staat von Weimar auch ein inneres Ja entgegenzubringen. Er räumt ein, daß die konkrete Republik nicht wie in Frankreich erkämpft, sondern 1919 nur als kleineres Übel hingenommen worden sei, um die drohende Anarchie oder die bolschewistische Diktatur abzuwenden. Muth bekennt sich jedoch mit nahezu prophetischem Blick zu der Auffassung, »daß es heute, so wie die Dinge wirklich liegen, von erschreckender politischer Unreife zeugt, der also entstandenen politischen Form unseres nationalen Lebens gegenüber sich feindlich oder, was nicht weniger verhängnisvoll sein kann, gleichgültig oder teilnahmslos zu verhalten. Jedenfalls muß im politischen Kredo eines jeden echten Christen der Satz stehen, daß, wenn Geschehnisse von solcher Unabwendbarkeit in die Geschichte eintreten, sie eine durch den göttlichen Lenker aller Völkergeschicke gestellten Aufgabe in sich schließen, der sich zu entziehen eine Herausforderung neuer Verhängnisse gleichkäme«[488].

---

[484] Vgl. W. C. MUTH, S. 232 ff.
[485] K. TÖPNER, S. 177.
[486] K. MUTH, Politik, S. 114.
[487] K. MUTH, Res publica, S. 2.
[488] EBD., S. 9.

Erstaunliche Parallelen zwischen Schmitt und Muth lassen sich hinsichtlich des Politik-Verständnisses feststellen. Bereits 1926, und damit vor Schmitts berühmtem Aufsatz »Der Begriff des Politischen«, warnt Muth mit einem Seitenhieb auf bestimmte Kreise im Zentrum vor dem Standpunkt, der politische Mensch könne über den Dingen stehen und Zuschauer spielen: »Denn innerhalb der Politik muß alles Geistige naturgemäß sich in die Tat umsetzen, es kann nicht in der Indifferenz verharren, denn ›Partei ergreifen‹ gehört nun einmal zum Wesen alles Politischen. Eine überparteiliche Politik ist ein Widerspruch in sich selbst«[489].

Da ist es nicht verwunderlich, daß Muth Schmitts Politik-Definition von 1927 positiv wertet. In einem Brief vom 7. November 1927 bestätigt er Schmitt, sein Aufsatz habe zweifellos alles übertroffen, was bisher über das Politische gesagt worden sei[490]. Gleichzeitig warnte er Schmitt, daß er »sich nicht wundern« dürfe, »wenn die grosse Mehrzahl selbst der Gebildeten nicht ohne weiteres mit Ihnen geht.« Er weist darauf hin, daß die Freund-Feind-Unterscheidung nicht einleuchten werde, »wo es sich um den Begriff des Innenpolitischen, und noch viel weniger dort, wo es sich um die Anwendung des Wortes in noch engeren und auch durchaus menschlichen Beziehungen handelt«[491]. Die grundsätzliche Sympathie mit Schmitts Politik-Begriff war auch von Gemeinsamkeiten zwischen Schmitt und Muth in der außenpolitischen Grundausrichtung getragen. Das »Hochland« kämpfte lange gegen die sog. Kriegsschuldlüge und den Vertrag von Versailles.[492]

Ab 1932 wird die Kritik an Schmitt im »Hochland« heftiger.[493] Nimmt man sie zum Maßstab für die Freundschaft zwischen Schmitt und Muth, dann kann diese Schmitts Engagement für den Nationalsozialismus nicht überdauert haben.

f) Hugo Ball

Für kurze Zeit befreundet war Carl Schmitt mit dem katholischen Dichter, Kulturhistoriker und -kritiker Hugo Ball (1886 – 1927); ein Grenzgänger zwischen Katholizismus und der künstlerischen Avantgarde zu Beginn des 20. Jahrhunderts. Ball stammte aus einem frommen katholischen Elternhaus in Pirmasens.[494] Die Taufe war für ihn jedoch keine Ver-

---
[489] EBD., S. 2.
[490] J. W. BENDERSKY, S. 84.
[491] Zit. nach A. KOENEN, S. 396 f.
[492] K. TÖPNER, S. 197, Anm. 6.
[493] Vgl. oben IV. 3. c).
[494] H. B. SCHLICHTING, S. 11.

pflichtung. Bereits als Jugendlicher verstand sich Ball als konfessionsloser Freigeist.[495] Von 1906 bis 1910 studierte er in München und Heidelberg Germanistik, Geschichte und Philosophie. Sein Plan, mit einer Arbeit über Nietzsche zu promovieren, gab er 1910 auf und widmete sich ab diesem Zeitpunkt als Regisseur, Dramaturg und Schriftsteller den Künsten.[496] 1913 lernte er Franz Blei kennen.[497] Ball lebte nach seinem Studium in München, Berlin und ab 1915 in Zürich, wo er in seinem Cabaret Voltaire den Dadaismus begründete und damit die Werte der bürgerlichen Gesellschaft verspottete.[498] Seinen Lebensunterhalt verdiente er im wesentlichen als Redakteur der in Bern erscheinenden »Freien Zeitung«.

Die materialisierte Welt vor dem Ersten Weltkrieg empfindet Ball – Carl Schmitt durchaus vergleichbar – als chaotisch: »das Leben ist völlig verstrickt und gekettet. Eine Art Wirtschaftsfatalismus herrscht und weist jedem Einzelnen, mag er sich sträuben oder nicht, eine bestimmte Funktion und damit ein Interesse und seinen Charakter an. Die Kirche gilt als ›Erlösungsbetrieb‹ von wenigem Belang, die Literatur als Sicherheitsventil«[499]. Den Ausweg sieht Ball nur in der »Flucht aus der Zeit«, wie er später seine Tagebücher aus dieser Zeit betitelt, verbunden mit der Gründung des Dadaismus. Für Ball ist dieser »ein Narrenspiel aus dem Nichts«[500].

Im Sommer 1916, als Ball wieder einmal auf der Bühne im Cabaret Voltaire stand und feierlich seine dadaistischen Verse vortrug, verfiel er plötzlich in den Stil des Meßgesangs der katholischen Kirche. Ball entdeckte in der Folge eine Verwandtschaft des Dadaismus mit dem Katholizismus. Dessen Objektivismus, den er etwa in dem Gesang des Credo entdeckte, faszinierte ihn. Im Sommer 1920 fand Ball auch persönlich den Weg zurück zur katholischen Überlieferung und Glaubenspraxis.[501] Er schreibt in sein Tagebuch: »Es gibt nur eine Macht, die der auflösenden Tradition gewachsen ist: den Katholizismus. Nicht aber der Katholizismus der Vorkriegsjahre und der Kriegsjahre, sondern ein neuer, vertiefter, ein integraler Katholizismus, der sich nicht einschüchtern läßt; der die Interessen verachtet; der den Satan kennt und die Rechte verteidigt, koste es, was es wolle«[502]. Ball sieht den Katholizismus zu diesem Zeitpunkt noch durch die protestantische Majorität in der Defensive. Der »große katholi-

---

[495] EBD., S. 57.
[496] EBD., S. 12 ff.
[497] EBD., S. 15; H. Ball führte Regie bei der Uraufführung von F. Bleis »Die Welle«.
[498] EBD., S. 24 ff.
[499] H. BALL, Flucht, S. 5.
[500] EBD., S. 98.
[501] H. B. SCHLICHTING, S. 34.
[502] H. BALL, Flucht, S. 288.

sche Schriftsteller« sei in Deutschland nicht möglich, »weil er überall, wo er zum Grund durchstößt, gegen protestantische und skeptische Positionen anrennt«[503].

Die erste Begegnung zwischen Carl Schmitt und Hugo Ball war nach den Angaben Schmitts etwa 1920 in München.[504] Im Sommer 1923 beschäftigt sich Ball zur Vorbereitung eines von Karl Muth in Auftrag gegebenen Aufsatzes[505] mit den Schriften Schmitts. Und dabei findet er in dem Staatsrechtler den einige Jahre vorher noch nicht für möglich gehaltenen »großen katholischen Schriftsteller«. Im November 1923 schreibt Ball an seine Frau Emmy Hennings: »Monatelang hatte ich ja die Schriften von Professor Schmitt in Bonn studiert. Er bedeutet für Deutschland mehr als das ganze übrige Rheinland, die Kohlengruben mit inbegriffen. Selten habe ich eine Philosophie mit so viel Spannung gelesen, wie die seine, und es ist doch eine Philosophie der Rechte. Für deutsche Sprache und Rechtlichkeit ein großer Triumph. Er scheint mir genauer zu sein, wie sogar Kant, und streng wie ein spanischer Großinquisitor, wenn es sich um Ideen handelt«[506]. Und kurz darauf schreibt Ball seiner Frau, Schmitt sei »als Katholik eine Art neuer Kant«. Er sei »groß und umfassend wie ein Scholastiker«[507].

Mit dem im Juni 1924 im »Hochland« veröffentlichten Beitrag »Carl Schmitts Politische Theologie« lieferte Ball die erste Gesamtinterpretation der Frühschriften Schmitts. Durch diesen überaus wohlwollenden Aufsatz wurde Schmitt, der bis dahin allenfalls in Fachkreisen einen Namen hatte, der breiten katholischen Öffentlichkeit bekannt. Er wurde ihr zugleich als bedeutendster Diagnostiker der Zeit präsentiert. Ball stellt Schmitts Schriften in diesem Beitrag ganz unter katholische Vorzeichen. Analog zu seiner eigenen Konversion sieht er bei Schmitt eine zum Katholizismus hinführende Entwicklung, die mit »Römischer Katholizismus und politische Form« 1923 ihren Höhepunkt erreicht.[508] Was Ball am »Lateiner Carl Schmitt«[509] besonders fasziniert, sind die thomistischen Fragestellungen, der Topos der Repräsentation und vor allem seine Ten-

---

[503] EBD., S. 134.
[504] J. SCHICKEL, S. 32; E. KENNEDY, Schmitt, S. 160 f.; B. Wacker weist auf die Merkwürdigkeit hin, daß das Gespräch um 1920 in H. Balls zugänglichen Aufzeichnungen nicht erwähnt wird und nach H. Balls Angaben die erste Begegnung mit C. Schmitt erst 1924 stattfand (B. WACKER, Zweideutigkeit, S. 125 ff.).
[505] H. B. SCHLICHTING, S. 35; J. SCHICKEL, S. 33.
[506] A. SCHÜTT-HENNINGS, S. 164.
[507] EBD., S. 171.
[508] H. BALL, Theologie, S. 265.
[509] EBD., S. 284.

denz zum Absoluten. Schrieb Ball doch bereits 1916 in sein Tagebuch: »Solange der Staat die überlegene Autorität einer unfehlbaren Kirche nicht anerkennt und seine Bürger nicht nötigt, solcher Kirche anzugehören oder das Land zu verlassen, solange muß man mit einem latenten Zustand der Rebellion rechnen«[510].

Erich Przywara beobachtet 1927 in einer Besprechung von Balls Bekenntnis-Buch »Die Flucht aus der Zeit« richtig, »daß das Kulturprogramm, das der Heimgekehrte nun skizziert, in fast allen seinen Teilen mit jenem Hauptteil der sog. ›katholischen Bewegung‹ einig geht, den man den objektivistischen nennen kann, objektivistisch in seinem Betonen der reinen Werte, der reinen Ordnung, der reinen Liturgie«[511]. Gleichzeitig stellt Przywara fest, daß diese Bewegung »die Bewegung der Heimkehrer sei, also nicht eigentlich Bewegung im Katholizismus, sondern Bewegung zum Katholizismus, und darum mit der Geste des Radikalen, die noch nicht in die katholische Einfalt überwunden ist«[512].

Die Betonung der Form, des Objektiven, der Hierarchie und der Ordnung, die Ball in dieser Anfang der 20er Jahre hochmodernen katholischen Bewegung gefunden hatte, konnte er in Schmitts Schriften ebenfalls antreffen. Balls Bekenntnis zum Katholizismus und seine Verehrung der politischen Theorie Schmitts wurden aus der gleichen Quelle des Unbehagens über das Chaos der Zeit zu Beginn des 20. Jahrhunderts gespeist. Katholizismus und Schmittianismus waren demnach für Ball im wesentlichen deckungsgleiche Begriffe.

Nach der Veröffentlichung des »Hochland«-Beitrages besuchte Carl Schmitt mit seiner Ehefrau das Ehepaar Ball im Tessin.[513] Schmitt versicherte Ball, er habe in diesem Aufsatz Aufschlüsse gefunden, die ihm bisher nicht bewußt gewesen seien[514]. Sie sprachen über die geplante Neuauflage der »Politischen Romantik«. Insbesondere das neue Vorwort wollte Schmitt mit Ball besprechen.[515] Das Gespräch drehte sich außerdem um die Studie »Die Folgen der Reformation«, die Ball zu dieser Zeit vorbereitete. Es handelt sich dabei um eine Bearbeitung seiner 1919 erschienenen Schrift »Zur Kritik der deutschen Intelligenz«. Beide Arbeiten sind von einem scharfen Antiborussianismus gekennzeichnet. Der preußische Militarismus wird als eine »Institution ›praktischen Christentums‹«

---

[510] H. BALL, Flucht, S. 285.
[511] E. PRZYWARA, Katholizismus, S. 115.
[512] EBD., S. 115.
[513] Vom 19. August bis 9. September 1924 logierte das Ehepaar Schmitt in Lugano-Sorengo (H. B. SCHLICHTING, S. 36).
[514] Vgl. A. SCHÜTT-HENNINGS, S. 202.
[515] EBD., S. 202.

vorgestellt:[516] »Seit Clausewitz wird die deutsche Moral vom Generalstab gemacht. [...] Die Souveränität des Soldaten über den Menschen ist so weit gediehen, daß schließlich ein Stand, dessen Vorahnen Rüpel gewesen, der Nation Gesittung dozieren darf. Und es ist dahin gekommen, daß Beamte, die ihre ›verdammte‹ Pflicht und Schuldigkeit tun, (...) sich anmaßen, Religion und Philosophie zu traktieren. Priester, Künstler und Philosophen aber haben zu zittern vor jedem Lümmel von Subalternoffizier, der sich als eines ebenso formidablen wie majestätischen Systems geruhsame Stütze empfindet. Und ein Volk, in dem das tagtäglich geschieht und zum Kodex geworden ist, nennt sich ein Volk der Dichter und Denker«[517].

Schmitt, der »Preuße dem Geiste« nach, wie ihn Erich Przywara genannt hat[518], wußte von der geplanten Veröffentlichung schon vor dem Besuch bei Ball. Er versuchte, diesen mit allen Mitteln zu bewegen, das Buch zurückzuziehen. Er bot sogar an, das bereits vom Verleger ausgezahlte Honorar zu übernehmen.[519] Doch Ball blieb hart. »Ich lehnte diese Zumutung, die ich für einen Fanatismus von Freundschaft hielt, nach reiflicher Überlegung ab«[520], schrieb er am 11. Februar 1925 in einem an Carl Schmitt adressierten, aber nicht abgeschickten Brief.

Diese Meinungsverschiedenheit tat zunächst der Freundschaft keinen Abbruch. Nach dem Besuch wurden noch mehrere freundliche Briefe ausgetauscht.[521] Schmitt schickte u.a. Zeitungsausschnitte nach Italien und vermittelte Ball die Bekanntschaft mit seinem Bonner Freund, dem Kirchenhistoriker Wilhelm Neuß, der öfters in Rom weilte.[522] Am 27. Januar 1927 schreibt Ball an Schmitt: »Über meine verdrießlichen Reformationsfolgen treffen nun die ersten Wetterberichte ein. Es ist eine lehrreiche Angelegenheit, die ich nicht gerne missen möchte. Ich habe hinreichend Distanz, lassen Sie sich darum bitte ja nicht abhalten, mir hie und da einen Ausschnitt zu schicken, der Ihnen begegnet. [...] Leben Sie wohl, lieber Herr Professor, und behalten Sie mich lieb«[523].

Doch die Beziehung zu Schmitt verschlechterte sich schlagartig, als Waldemar Gurian eine wenig freundliche Rezension des neuen Ball-Bu-

---

[516] H. BALL, Folgen, S. 67.
[517] EBD., S. 72.
[518] E. PRZYWARA, In und Gegen, S. 245.
[519] A. SCHÜTT-HENNINGS, S. 202; das Geld hätte C. Schmitts Freund G. von Schnitzler zur Verfügung gestellt (vgl. P. TOMMISSEN, Bausteine, S. 37, Anm. 23).
[520] A. SCHÜTT-HENNINGS, S. 202.
[521] Im Nachlaß C. Schmitts befinden sich 4 Briefe H. Balls aus den Jahren 1924 und 1925 (Nachlaß, S. 31).
[522] A. SCHÜTT-HENNINGS, S. 190.
[523] EBD., S. 197.

ches in der »Kölnischen Volkszeitung« veröffentlichte. In dem bereits erwähnten, nicht abgeschickten Brief an Schmitt bezeichnet Ball diese als »nicht nur für mein Buch, sondern für mich selbst vernichtend«, da sie doch in der tonangebenden katholischen Zeitung erschienen sei[524]. Weiter schreibt Ball: »Dr. Gurian ist ein unbedeutender junger Mensch [...]. Aber Dr. Gurian ist, wie Sie mir selbst einmal mitteilten, Schüler Ihres Seminars und ich darf ruhig annehmen Ihr bevorzugter Schüler. Daß seine Rezension keinen Anspruch auf Selbständigkeit erheben kann, geht (freilich nur privatim für mich) daraus hervor, daß sie Fakten und Meinungen enthält, die auf Ihre Gespräche mit mir in Lugano zurückgehen«[525].

Auch in einem Brief an Karl Muth beklagt sich Ball bitterlich über die Rezension, die »ein junger unselbständiger Mensch aus dem histor. Seminar Carl Schmitts«[526] veröffentlicht habe. Und seinem Verleger Ludwig Feuchtwanger schreibt Ball, daß er »nach einer kameradschaftlichen Korrespondenz« mit Schmitt nicht erwartet hätte, »in heimtückischer Weise von seinem Seminaristen beurteilt zu werden«[527]. Ball war über das Verhalten Schmitts so verbittert, daß er sich immer mehr zurückzog und gar keinen Besuch mehr empfangen wollte. Im Frühjahr 1927 schreibt er mit Blick auf einen »Professor aus Bonn« an eine Verwandte, er wolle keinen Besuch mehr empfangen. Er habe die Erfahrung gemacht, »daß es eine schwierige und delikate Sache ist, sich von Person zu Person zu verständigen. Deshalb schreibt man ja Bücher«[528]. Ball starb noch im gleichen Jahr. Den Verdacht, Schmitt habe bei der Gurian-Rezension die Hände im Spiel gehabt, nahm er mit in den Tod. Schmitt wurde dieser Verdacht im November 1927 von Karl Muth übermittelt.[529] Vergeblich habe er, so Muth an Schmitt, versucht, diesem den »Verfolgungswahn« auszureden[530].

Carl Schmitt und Hugo Ball, beide auf ihre Art hochinteressante Außenseiter im deutschen Katholizismus, waren ein zu ungleiches Paar, als daß ihre Freundschaft von Dauer hätte sein können.[531] Die katholische Bewegung des objektiven Katholizismus-Verständnisses hatte die beiden nach dem Ersten Weltkrieg zusammengebracht. Ihre Theorien, aber auch

---

[524] EBD., S. 202.
[525] EBD., S. 202.
[526] EBD., S. 199.
[527] EBD., S. 208.
[528] EBD., S. 294.
[529] Vgl. E. KENNEDY, Schmitt, S. 146.
[530] Vgl. EBD., S. 146, Anm. 8.
[531] Zu den unterschiedlichen »Theologien« C. Schmitts und H. Balls, die zwangsläufig zum Bruch der Freundschaft führen mußten, eingehend B. WACKER, Zweideutigkeit, S. 142 ff.

ihre Persönlichkeitsstrukturen und Interessen waren letztlich zu unterschiedlich. So beklagte Schmitt, daß sich Ball 1924 für Fragen der Tagespolitik und für den »politischen Katholizismus«, der in Deutschland zu dieser Zeit immerhin Regierungspartei war, nicht interessierte.[532] In seinen Augen war Ball in politischen Dingen über den Dadaismus nicht hinausgekommen. Ja er hielt ihn für einen verträumten Romantiker, der keine politische Sensibilität dafür aufbrachte, daß sein beißender Antiborussianismus im Nachkriegsdeutschland fehl am Platze war.[533] Schmitt argumentierte politisch gegen Ball, einer theologischen Auseinandersetzung ging er aus dem Weg.

Andererseits mußte für den frommen Ball, der die Wirklichkeit in den 20er Jahren nach seiner Konversion durch seine integralistische Brille gefiltert wahrnahm, der Professor aus Bonn als ein unaufrichtiger politischer Taktierer erscheinen, der dem Zeitgeist hemmungslos Tribut zollte. So entbehrt es nicht einer gewissen Dramatik, daß gerade Waldemar Gurian, dessen Kritik Ball zu Tode grämte, Carl Schmitt nur wenige Jahre später als den »an nichts glaubenden Zyniker«[534] geißelte. Er hätte Hugo Ball, wenn dieser den politischen Weg Schmitts in den 30er Jahren noch erlebt hätte, damit sicherlich aus der Seele gesprochen.

g) Erich Przywara

Neben Erik Peterson, Karl Eschweiler, Wilhelm Neuß, Joseph Lortz und Hans Barion war Erich Przywara (1889 – 1969) ein weiterer namhafter katholischer Theologe, mit dem Carl Schmitt befreundet war. Der im schlesischen Kattowitz geborene Jesuit zählte bereits in der Weimarer Republik, erst recht aber nach dem Zweiten Weltkrieg zu den renommiertesten Vertretern der katholischen Theologie in Deutschland. Für Reinhold Schneider war er 1955 »nach wie vor der modernste Theologe«[535].

Przywara machte sich in den 20er Jahren als ein begeisternder Vortragsredner einen Namen. Er war einer der gefragtesten Referenten auf den Tagungen des Katholischen Akademikerverbandes. Auch durch zahlreiche Aufsätze in der Jesuiten-Zeitschrift »Stimmen der Zeit«, der er als Redakteur angehörte, wurde Przywara sehr bekannt. An die 50 Buchveröffentlichungen zeugen von seiner enormen Schaffenskraft. Schließlich prägte er als Exerzitienmeister eine Generation katholischer Intellektueller.[536]

---

[532] EBD., S. 145; J. SCHICKEL, S. 35.
[533] B. WACKER, Zweideutigkeit, S. 161.
[534] Vgl. H. HÜRTEN, Deutsche Briefe II, S. 418; vgl. zu W. Gurian oben V. 3. a).
[535] R. SCHNEIDER, S. 4.
[536] Vgl. G. WILHELMY, S. 20.

Für den katholischen Publizisten Karl Anton Rohan war Przywara nach seinen Erinnerungen aus dem Jahre 1954 »einer der souveränsten Geister dieser Zeit, ein Sprachschöpfer, der nicht nur Wahrheiten diskutiert, sondern zur Wahrheit überzeugt«[537]. Rohan war es auch, der Przywara mit dem Juristen und Industriellen Georg von Schnitzler bekannt machte,[538] der wiederum mit Schmitt befreundet war.[539] Im Frankfurter Haus des Ehepaars von Schnitzler, in dem sich nach Rohan regelmäßig Wirtschaftsführer und Intellektuelle trafen, wird es auch zur Begegnung Przywaras mit Schmitt gekommen sein.[540]

Przywaras Deutung der Zeit nach dem Ersten Weltkrieg zeigt Ähnlichkeiten mit derjenigen Schmitts. Auch er sprach sein entschiedenes »Nein gegen die Verkehrtheiten der Neuzeit«[541]. Und mit Hugo Ball war er ausdrücklich einig, daß »allein ein energisch seine Alleingeltung betonender Sieg-Katholizismus auf das Trümmerfeld treten kann«. Trotz seiner Vorliebe für »die wahre Objektivität der juridischen Kirche« hat Przywara aber vor Übertreibungen gewarnt. Ohne sich für oder gegen Schmitts »Römischer Katholizismus und politische Form«, zu dem er nicht ausdrücklich Stellung nahm, auszusprechen, plädiert er für eine Lösung zwischen den Extremen, für einen Katholizismus der strengen, ruhenden Form und einen Katholizismus des freien schöpferischen Lebens[542]: »Katholizismus ist letztlich nicht eine Menschenform, nicht eine Menschenhaltung, sondern eine Gotteshaltung, in der Gott sich hineinsenkt in die Menschen, in der Gott Mensch wird, in der Gott das innere Lebensprinzip von Menschheit wird, in der Gott alles ist, alles in allem wird«[543].

Carl Schmitt nahm, soweit ersichtlich, bis 1945 in seinen Schriften nicht auf das umfangreiche Werk Przywaras Bezug. Dagegen äußerte sich Przywara mehrfach zu Arbeiten Schmitts. Daß er diesem keineswegs kritiklos gegenüberstand, zeigt etwa seine Besprechung der »Politischen Romantik« im Jahre 1925.[544] Wiederholt rügte er Schmitts »unge-

---

[537] K. A. ROHAN, Heimat, S. 158 f.; ähnlich positiv äußerte sich E. Przywara über K. A. Rohan (E. PRZYWARA, Demokratie, S. 21); zu K. A. Rohan vgl. unten V. 3. h).
[538] G. WILHELMY, S. 29.
[539] Zu G. v. Schnitzler vgl. oben III. 4. a).
[540] Wann sich C. Schmitt und E. Przywara zu ersten Mal persönlich begegnet sind, konnte nicht festgestellt werden. In Briefen von H. Fischer an C. Schmitt aus den Jahren 1931 und 1933 wird E. Przywaras Bekanntschaft mit C. Schmitt vorausgesetzt (P. TOMMISSEN, Schmittiana – 1, S. 92, 98). Im Nachlaß C. Schmitts befinden sich 11 Briefe E. Przywaras aus den Jahren 1953 bis 1969 (Nachlaß, S. 124).
[541] E. PRZYWARA, Katholizismus, S. 119; folgende Zitate EBD.
[542] E. PRZYWARA, Krise, S. 20 ff.
[543] EBD., S. 30.
[544] Vgl. E. PRZYWARA, Augustinismus, S. 472.

3. Publizisten 561

rechte Einseitigkeit«[545] und »Übersteigerungen«[546] gegenüber der Romantik und setzte dem seine eigene Haltung des Sowohl-als-auch von Klassik und Romantik, von Thomismus und Augustinismus als lösende und erlösende Einheit entgegen[547]. Das hinderte ihn freilich nicht, 1933 das Urteil, »das der führende Staatsphilosoph des ›Deutschen Aufbruchs‹, Carl Schmitt, in seiner ›Politischen Romantik‹« fälle, gegen die von ihm bei Moeller van den Bruck festgestellten romantischen Züge zu zitieren[548].

Während sich die Kritik katholischer Publizisten an Carl Schmitt Anfang der 30er Jahre immer deutlicher artikulierte, stellte sich Erich Przywara uneingeschränkt hinter ihn. In seinem Aufsatz »Deutsche Front« sieht er 1933 »zwei katholische Denker«, nämlich Carl Schmitt und Othmar Spann, »in der ersten Reihe« dieser Front stehen[549]. Beide bezeichneten »das gereifte Schrifttum der ›Deutschen Front‹«[550]. In der Spanne ihrer Ideen liege »eigentlich alles übrige«[551]. Über mehrere Seiten hinweg stellt Przywara in diesem Aufsatz die zentralen Gedanken Schmitts und Spanns vor, wobei er keinen Zweifel daran läßt, daß er sich insbesondere mit dem Denken Schmitts identifizieren kann. Er verwischt die Differenzen zwischen beiden nicht: »Sie bilden zueinander einen scharfen Gegensatz, insofern Carl Schmitt gegen alle Romantik ankämpft (Politische Romantik), diese aber der Wurzelboden Spanns ist. Aber sie finden sich in dem unbedingten Primat der Gemeinschaft vor dem Ich«[552]. »Im Begriff der ›Totalität‹ trifft sich das Denken Carl Schmitts mit dem *Othmar Spanns* (geboren 1878), in dessen Mittelpunkt die ›Ganzheit‹ steht. Aber während Schmitt in seiner religiösen Grundlage die juridische Repräsentation (des opus operatum des Amtes) betont, ist es für Spann das ›organische‹ Corpus Christi mysticum, das zum ›religiösen Apriori‹ seiner gesamten Gesellschaftslehre ward. Und während Schmitt in seinem religiösen Pathos des ›regierenden, herrschenden, siegreichen Christus‹ den ›Hofdienst der Liturgie‹ zum Ausdruck bringt, ist für Spann der religiöse Mittelpunkt die ›Abgeschiedenheit‹ Meister Eckarts«[553]. Unter den »drei bedeutendsten Zeitschriften der ›Deutschen Front‹: ›Deutsches

---

[545] E. Przywara, Ringen, S. 220.
[546] Ebd., S. 347.
[547] Vgl. oben III. 2. e).
[548] E. Przywara, Aufbruch, S. 93.
[549] E. Przywara, Front, S. 153; folgende Zitate ebd.
[550] Ebd., S. 158.
[551] Ebd., S. 158.
[552] Ebd., S. 153.
[553] Ebd., S. 156.

Volkstum‹, ›Ring‹ und ›Tat‹« sieht Przywara den »Ring« »fast ganz von dem Geist Carl Schmitts getragen«[554].

Angesichts dieser Sympathie für den »Deutschen Aufbruch« verwundert es nicht, daß Erich Przywara von katholischen Zeitgenossen als dem Nationalsozialismus aufgeschlossen eingestuft wurde.[555] Vereinnahmen ließ er sich von dieser Ideologie jedoch nicht. So betonte er 1933, die katholische Politik identifiziere sich »mit keiner politischen Form, sondern steht allen in Freiheit gegenüber«[556]. Es dauerte auch nicht lange, bis seine Vorträge von studentischen NS-Rollkommandos gesprengt wurden.[557] Bereits 1930 hatte der Jesuiten-Hasser Alfred Rosenberg in seinem gegen die katholische Kirche gerichteten Pamphlet »Der Mythus des 20. Jahrhunderts« Przywaras Analogia entis als jüdisch-römische Lehre, die gegen den nordischen Geist stehe, attackiert[558]. Als die Gestapo 1941 die Zeitschrift »Stimmen der Zeit« zum Schweigen brachte und das Münchner Haus der Jesuiten aufhoben, zog sich Przywara aus dem öffentlichen Leben völlig zurück.[559]

Nach dem Zweiten Weltkrieg bemühte sich Erich Przywara als einer der ersten öffentlich um die Rehabilitierung Carl Schmitts. Bereits 1953 rühmt er ihn als einen großen Soziologen und Staatsrechtler, »der wegen seiner unabhängigen Genialität nazistische wie anti-nazistische Verfolgung erdulden mußte«[560]. Er läßt in den 50er Jahren keinen Zweifel daran, daß er nach wie vor dessen Staatstheorie als vorbildlich betrachtete. So träumt er in einer Veröffentlichung aus dem Jahre 1955 von einer Wiederbelebung des »Ring«-Programms durch die christlichen Parteien. Der »heute modisch verfemte große Staatsphilosoph Carl Schmitt« habe »diesem Neu-Konservatismus im Grunde das Programm geschaffen, in großer Nachfolge zu Donoso Cortés. Dieser wichtige Anfang wurde nicht nur durch den Nazismus zerstört, sondern nach dem Krieg endgültig durch die Siegermächte, die eine konservative Partei nicht wünschten«[561].

Bitter beklagt Przywara, daß Amerika Schmitt »als ›Weltfeind Nr. 1‹ am liebsten in Nürnberg aufgehängt hätte (nachdem derselbe Schmitt als

---

554 EBD., S. 165; allerdings hat es im RING auch deutliche Kritik an C. Schmitt gegeben (vgl. etwa H. ROGGE).
555 Vgl. H. HÜRTEN, Deutsche Briefe I, S. 184.
556 E. PRZYWARA, Nation, S. 378.
557 Vgl. H. HÜRTEN, Deutsche Briefe I, S. 184.
558 Vgl. A. ROSENBERG, S. 244 – 252.
559 Vgl. G. WILHELMY, S. 22.
560 E. PRZYWARA, Botschaft, S. 278.
561 E. PRZYWARA, In und Gegen, S. 230 f.

›Erzfeind‹ des Nazismus verfolgt war)«⁵⁶². Er bewundert den unbeirrten Mut Schmitts, »im Zeitalter der Weimarer Demokratie den grundsätzlichen Anti-Demokraten Donoso Cortés wiederaufzuerwecken und dem blinden Zeitalter die Alternative zwischen seiner ›Diktatur von oben‹ und Bakunins ›Diktatur von unten‹ vorzuhalten«⁵⁶³. Noch größer sei sein Mut gewesen, »in Berlin, unmittelbar unter den Augen Hitlers, das Negative des Nazismus in seinem Buch über den ›Leviathan‹ des Thomas Hobbes zu demaskieren (1938) und das Positive desselben Nazismus in seinem ›Staat, Bewegung und Volk‹ souverän abzuheben aus diesem Nazismus, gegen den Nazismus«⁵⁶⁴.

Przywara sieht 1955 die »große staatsphilosophische Leistung« Schmitts darin, »daß er den Versuch unternahm, die Demokratie zu einer Demo-archie zu vertiefen, d.h. das Zahlen-Spiel der realen Demokratien zu überwinden hin zu einem echten archaischen Ursprung der Macht, der erst dem Staat die ›Vollmacht‹ gibt«⁵⁶⁵. Schmitt habe erkannt, »daß niemals das Spiel der Wahlziffern, wie es alle unechten Parteien so sehr lieben, der Grund eines Staates sein kann, sondern immer nur eine echte personale Autorität. Es ist die Urweisheit Homers: Nicht gut ists, daß viele Herren seien. Einer ist Herr«⁵⁶⁶. Was Plato als beste Regierungsform, als die »Mitte zwischen Monarchie und Demokratie«, sah, könnte, so Przywara, »den Namen ›autoritäre Demokratie‹ tragen (wie es die große Konzeption Carl Schmitts war)«⁵⁶⁷.

Auch in seinem Aufsatz »Christ und Obrigkeit« aus dem Jahre 1961 lassen sich deutliche Parallelen zum geistigen Kosmos Schmitts erkennen: Der Begriff der »Repräsentation« durchzieht den gesamten Aufsatz. So ist die kirchliche Obrigkeit für Przywara »Repräsentation Gottes«⁵⁶⁸. Weltliche und geistige Obrigkeit gründeten beide in der göttlichen »exousia«, hätten hier ihren gemeinsamen metaphysischen Grund. Daraus folgt: »›Seins-Macht‹ (exousia) des Staates oder des Reichs oder des Volks-Ganzen – und autoritäre Kirche in ihren Vollmachten von Gott in Christo her – das allein sind die ebenbürtigen Partner«⁵⁶⁹. Diese »zwei Welten« stehen nach Przywara »in ihrer höchsten Ausprägung einander gegenüber, da beide das Ganze des Menschen anlangen, das heißt methodisch ›total‹

---

⁵⁶² Ebd., S. 245.
⁵⁶³ Ebd., S. 246.
⁵⁶⁴ Ebd., S. 146.
⁵⁶⁵ Ebd., S. 223 f.
⁵⁶⁶ E. Przywara, Idee, S. 10.
⁵⁶⁷ Ebd., S. 224.
⁵⁶⁸ E. Przywara, Christ und Obrigkeit, S. 26.
⁵⁶⁹ Ebd., S. 22.

sind und hierin zuletzt abbildliche Züge Gottes tragen, der ›alles in allem‹ ist«.⁵⁷⁰ Da der einzelne Christ gegenüber weltlicher und kirchlicher Obrigkeit nur Glied sei, »Glied im Kosmos weltlicher Seins-Macht, Glied in der Kirche als ›mystischem Leib‹ Gottes in Christo«, bleibe für ihn nur das eine: »der jeweils obwaltenden ›Seins-Macht‹ als Christ zu dienen«⁵⁷¹.

Daß der Staat von Weimar das politische Ideal des Jesuitenpaters nicht sein konnte, liegt angesichts solcher Überzeugungen auf der Hand. Für ihn mußte Schmitts autoritäre Staatstheorie, die er 1961 als »autoritäre Demokratie«⁵⁷² vorstellte, eine große Verlockung und die überzeugende Alternative zugleich gewesen sein. In ihr konnte er seine platonischen Vorstellungen von einem idealen, autoritären Staat am ehesten verwirklicht sehen. Der populäre und renommierte Theologe stand mit solchen Überzeugungen keineswegs allein. Er war einer der vielen konservativen katholischen Intellektuellen, die »von oben nach unten« und in der Staatstheorie vom Staat auf das Individuum hin dachten.

Carl Schmitt hat die Verbundenheit, die ihm sein Freund Erich Przywara auch öffentlich bekundete, im Jahre 1959 mit seinem Beitrag »Nomos – Nahme – Name« zur Festschrift zu dessen 70. Geburtstag erwidert. Er rühmt darin Przywaras Gesamtwerk als »eine der großartigsten Antworten, die der deutsche Geist auf den ungeheuerlichen challenge einer durch zwei Weltkriege geprägten Epoche gegeben hat«⁵⁷³. In einer Neuauflage seiner Schrift »Der Begriff des Politischen« im Jahre 1963 nennt Schmitt Przywara in einem Nachwort sogar unter den katholischen Theologen, die »die Diskussion über den Begriff des Politischen wesentlich vertieft und gefördert«⁵⁷⁴ hätten.

Carl Schmitt und Erich Przywara waren zwei katholische Persönlichkeiten, die die von ihrer Epoche gestellten Fragen auf der Basis einer weitgehend gemeinsamen geistig-politischen Grundhaltung her beantwortet haben. Ihre Freundschaft über den Zweiten Weltkrieg hinaus war deshalb folgerichtig. Der Theologe hatte freilich 1933 die größere Vorsicht und Zurückhaltung gegenüber den neuen Machthabern walten lassen. Das Urteil der Geschichte konnte deshalb – ganz im Gegensatz zu seinem Freund, der als Staatsrechtler die Weichen der Politik mitstellen wollte, – positiv ausfallen. Przywara gilt heute als »Opfer« des Nationalsozialis-

---

570 EBD., S. 22.
571 EBD., S. 27.
572 EBD., S. 25.
573 C. SCHMITT, Nomos – Nahme – Name, S. 105.
574 C. SCHMITT, Begriff 1963, S. 117. Ein veröffentlichter Diskussionsbeitrag E. Przywaras zu C. Schmitts »Der Begriff des Politischen« konnte nicht gefunden werden.

mus, während Schmitt unter die »Täter« subsumiert wird. Die Unterschiede in den politischen Grundüberzeugungen und Denkstrukturen der beiden waren jedoch nur gering.[575]

h) Karl Anton Prinz Rohan

Zu den katholischen Intellektuellen im näheren Bekanntenkreis Carl Schmitts zählte der aus Niederösterreich stammende Publizist und gelernte Jurist Karl Anton Prinz Rohan (1898 – 1975).[576] Bekannt wurde der Aristokrat in den 20er und 30er Jahren als Organisator und Generalsekretär (1922 – 1936) der von ihm ins Leben gerufenen »Féderation des Unions Intellectuelles« (Kulturbund)[577], als Begründer und Herausgeber der Zeitschrift »Europäische Revue« (1925 – 1936)[578], als Autor zahlreicher deutscher und österreichischer Zeitschriften und Zeitungen sowie als Vortragsredner im deutschen Sprachraum und in den Hauptstädten Europas. Wie kaum ein anderer Publizist seiner Epoche wußte er sich in all seinen Aktivitäten dem Gedanken der europäischen Einigung verpflichtet. »Europa« war sein Programm und sein politisches Ziel. Auch die Aufgabe des Kulturbundes definierte Rohan in dieser Richtung: »Auf der Ebene hoher Elite sollte die Bildung einer geistig-gesellschaftlichen Oberschicht als Träger europäischen Bewußtseins gefördert werden«[579].

Mit zahlreichen hochgestellten Persönlichkeiten aus Wissenschaft, Politik, Kirche, Kultur, Kunst und Wirtschaft unterhielt Rohan in der Zeit zwischen den Kriegen enge, freundschaftliche Beziehungen.[580] So ging er etwa bei den österreichischen Kanzlern Ignaz Seipel und Kurt von Schuschnigg ein und aus. Er hatte ebenso Zutritt bei den deutschen Reichskanzlern Heinrich Brüning, Franz von Papen und Kurt von Schleicher.

Öfters und dann für mehrere Wochen zog sich Rohan zu Exerzitien hinter Klostermauern zurück. Am liebsten weilte er bei den Benediktinern in Beuron. Ihren Orden schätzte er besonders. Hier sah er »außerordentlich gefestigte Persönlichkeiten wachsen, die nicht nur mit sich selbst und Gott in Ordnung sind, sondern ›ordo‹, im höchsten Sinne des Wortes, ausstrahlen«[581]. Aber auch im Haus der Jesuiten in München war

---

[575] Wesentliche Unterschiede liegen im Antisemitismus und der Rechtfertigung der Morde des 30. Juni 1934.
[576] Zur Biographie: K. A. ROHAN, Heimat, S. 40.
[577] EBD., S. 56.
[578] K. A. ROHAN, Heimat, S. 58.
[579] EBD., S. 56.
[580] Vgl. seine Erlebnisberichte in: Heimat.
[581] K. A. ROHAN, Heimat, S. 312.

Rohan ein häufiger Gast. Dort lernte er auch Erich Przywara kennen und schätzen.[582]

Mitte der 20er Jahre versuchte Rohan wiederholt, allerdings vergeblich, Schmitt für Veröffentlichungen in der »Europäischen Revue« zu gewinnen.[583] Allerdings erklärte sich Schmitt zu einem Referat zum Thema »Die europäische Kultur in Zwischenstadien der Neutralisierung« anläßlich einer Tagung des internationalen Kulturbundes in Barcelona 1929 bereit, das auch im November-Heft der »Europäischen Revue« abgedruckt wurde.[584]

In seinen Erinnerungen von 1954 zeichnet Rohan Schmitt in den hellsten Farben: »Carl Schmitt ist einer der größten Juristen, die ich kenne, und seit Schelers Tod wohl auch die bedeutendste Denkkraft. Wenn es bei uns und in anderen europäischen Völkern auch nur wenig führende Geister gegeben hätte, die Europa als geistige Einheit derart umfassend in sich realisiert hätten wie Carl Schmitt, die politische Integration Europas wäre bereits weiter fortgeschritten. [...] Die vielfältigen Lichter seines Könnens und Vermögens sammelt er in der Linse des Juristen. Kein Wunder, daß jedes seiner Werke brennt. Die Ausstrahlung seiner Persönlichkeit reicht weit. Seine Bücher sind in viele Sprachen übersetzt. Vor 1945 übte er Einfluß nicht nur auf seine Studenten aus fast allen Nationen Europas, sondern auch auf Gesetzgebungen, auf den Aufbau von Staaten, auf Verfassungen aus. Seine größte Begabung: Diagnostiker eines politischen Zustandes. Er ist deshalb der geborene Kronjurist«[585].

Nicht von ungefähr abstrahiert und verschleiert damit Rohan Schmitts Einfluß vor 1945. Er selbst war 1933 glühender Nationalsozialist. »Der liberale Rechtsstaat von Weimar ist tot, es lebe das Recht der nationalen Revolution«, jubelte er 1933 im »Deutschen Volkstum«[586]; und: »der politische Katholizismus ist tot, es lebe die politische Mitarbeit der deutschen Katholiken am neuen Staat«[587].

---

[582] EBD., S. 158.
[583] Vgl. A. KOENEN, S. 54, Fn. 157. Im Nachlaß C. Schmitts befinden sich 6 Briefe K. A. Rohans aus den Jahren 1927 bis 1968 (Nachlaß, S. 134). A. Koenen berichtet von einem Brief C. Schmitts an K. A. Rohan aus dem Jahre 1925, in dem C. Schmitt die EUROPÄISCHE REVUE als »ausgezeichnet« würdigt, gleichwohl aber eine Mitarbeit ablehnt, da die Zeitschrift als Kategorie einer liberalen Epoche angehöre. Er wolle sich nicht an einer Diskussion über die Diskussion beteiligen (A. KOENEN, S. 54 f.). Daß diese Antwort nur als Ausrede verstanden werden kann, ergibt sich aus den Publikationen C. Schmitts in anderen, insbesondere katholischen Zeitschriften Mitte der 20er Jahre.
[584] Vgl. dazu A. KOENEN, S. 110 f., 158 f.
[585] K. A. ROHAN, Heimat, S. 233.
[586] K. A. ROHAN, Katholizismus, S. 958.
[587] EBD., S. 960.

3. Publizisten

Noch 1937 feierte Rohan Faschismus und Nationalsozialismus als Sieg über Bürgertum einerseits und antibürgerlichen Bolschewismus andererseits[588], huldigte den politischen Bekenntnissen und Erkenntnissen Mussolinis und Hitlers und verteidigte die Nürnberger Rassengesetze.[589] Mit seinem Antisemitismus lag er voll auf der ideologischen Linie der NS-Machthaber. Die deutschen Juden müßten »einsehen, daß ihre Zeit herum ist, daß sie dem schweren Schicksal Ahasvers folgend, wieder zum Wanderstab greifen müssen, und dies wegen ihres eigentlichen Seins, wegen ihrer wesentlichsten Substanz. [...] Mag der Rassebegriff wissenschaftlich auch nicht zu klären sein, so spricht das nicht gegen die Existenz von Rasse, sondern gegen die Fähigkeiten der Wissenschaft. Denn jeder Arier, auch der Judenfreund, weiß, und zwar mit der gleichen Gewißheit, mit der er weiß, daß er lebt, daß der Jude etwas anderes ist, etwas Artfremdes ist; [...] Wahrscheinlich war es nicht möglich, die deutsche Judenfrage anders als revolutionär zu lösen«[590].

Rohan gehörte zu den konservativen Katholiken, für die die Welt im 19. Jahrhundert durch den Liberalismus und das durch ihn geprägte Bürgertum in Unordnung geraten war und die sich nach einer Ordnung, nach Autorität und Disziplin sehnten. Vor diesem Hintergrund konnte die Republik von Weimar bei ihm nicht auf Unterstützung rechnen. Die politische Grundeinstellung Rohans, wie sie 1937 in seinem Buch »Schicksalsstunde Europas« zum Ausdruck kommt, deckt sich in vielem mit derjenigen Schmitts. Zum Teil hat Rohan lediglich von Schmitt abgeschrieben, ohne dies jedoch offenzulegen: »Der Übergang vom liberalen Rechtsstaat der Vergangenheit zum Machtstaat der Gegenwart vollzieht sich [...] in dem Augenblick, da die Regierung aus ihrer Neutralität heraustritt und namens der marxistischen Revolution oder der antimarxistischen Gegenrevolution eine gesinnungsmäßige Freund-Feind-Position bezieht. [...] im modernen Machtstaat verschwindet das *pouvoir neutre* der Regierung, die Partei wird zum Staat und der Staat zum Träger des Parteiwillens; die Opposition wird zum Staatsfeind. [...] Dieser ganze Vorgang bedeutet die Wiedergeburt des Politischen, die Wiedereinsetzung der Macht auf ihren Thron, von dem sie der Liberalismus mit seiner Privatisierung des Lebens vertrieben hatte«[591].

In Sachen Parlamentarismus übernimmt Rohan exakt die Position Schmitts: »Zur Regierungstechnik des liberal-demokratischen Staats

---

[588] K. A. ROHAN, Schicksalsstunde, S. 309 ff.
[589] EBD., S. 341.
[590] EBD., S. 342 f.
[591] EBD., S. 245 f.

gehörte auch die äußere Form der Willensbildung in der Diskussion. [...] In einer Welt, die an die Vernunft, also an die Erkenntnisse objektiver Wahrheiten und daher auch an Argumente glaubte, war die Methode der Diskussion verständlich. [...] In einer Welt aber, die sich dem Primat des Willens unterstellt hat, in der der Glaube an Vernunft und objektive Wahrheiten entscheidend erschüttert erscheint, [...] ist Diskussion im alten parlamentarischen und vereinsmeierischen Sinn schlechthin lächerlich geworden«[592].

Wie Schmitt ist Rohan überzeugt, daß im autoritären Staat, der auf allen Ebenen vom Führerprinzip geprägt sei, der Gegensatz zwischen Staat und Wirtschaft ebenso aufhört wie derjenige zwischen Staat und Gesellschaft[593]. Auch Schmitts Erkenntnisse über das Wesen des Politischen übernimmt Rohan uneingeschränkt: »Kampflosigkeit ist gleichbedeutend mit Tod; das politische Leben ist ewiger Kampf gegen den Feind, denn Macht ist ohne Feind nicht denkbar. Und wie innenpolitisch keine Herrschaft möglich ist, ohne ihren Gegner, sei es die Konkurrenzgruppe, sei es den Staatsfeind, sei es den Ungerechten, der sich der gerechten Herrschaft entgegenstellt, so ist kein Staat möglich ohne Spannung zu anderen Staaten, kein Reich denkbar ohne den Reichsfeind, der, wenn schon nicht personifiziert, so doch potentiell vorhanden sein muß, damit überhaupt Gestalt möglich wird. Die Geschichte zeigt nun, daß solche Gegnerschaften zwischen den Staaten immer wieder zum Kriege geführt haben. Deshalb ist der illusionsfreie Konservative aller Völker geneigt, mit dem Krieg als einer gegebenen Welteinrichtung zu rechnen und jene zu belächeln, die glauben, man könne der Welt den ewigen Frieden geben«[594].

Am Völkerbund kritisiert Rohan vor allem »die enge Verbundenheit mit dem Friedensvertrag von Versailles« und »die überaus unklare Bestimmung seines Wesens«. Die Leidensgeschichte dieser Institution zeige, »daß sie in allen entscheidenden Momenten immer wieder zum Instrument des Machtwillens der Siegerstaaten wurde«[595].

Die geistige Verwandtschaft dieser Gedanken mit denen Schmitts ist unverkennbar. Rohan, der katholische Intellektuelle aus Österreich, muß deshalb, auch wenn er sich in seinen Schriften in den 30er Jahren nicht

---

[592] EBD., S. 250 f.
[593] EBD., S. 251, 256 f.
[594] EBD., S. 391.
[595] EBD., S. 404; in einem Brief vom 10. Mai 1926 an C. Schmitt rügt K. A. Rohan bezüglich »Die Kernfrage des Völkerbundes« zwar »die Kälte Ihrer Formulierungen«, räumt aber ein, vom Rechtsstandpunkt aus »kann wohl die Sache nicht anders angefaßt werden«. Schließlich sei er »vom politisch-theoretischen Standpunkt aus zu demselben Ergebnis gelangt« (zit. nach P. TOMMISSEN, Bausteine, S. 97).

durch Zitate entsprechend auswies, in wesentlichen Punkten seiner politischen Überzeugung als Schmittianer betrachtet werden. Er kann als ein Beispiel für den prägenden Einfluß Schmitts auf Teile der katholischen Jugend im deutschen oder deutschsprachigen Raum zwischen den beiden Weltkriegen herangezogen werden. Dabei ist durchaus zu berücksichtigen, daß der konservativ-restaurative, antiliberale und autoritäre Wurzelboden, den der junge Österreicher wie viele seiner katholischen Zeitgenossen gerade durch seine konfessionelle Erziehung mitbrachte, die Rezeption des Schmittschen Gedankengutes sehr erleichterte. Nicht übersehen werden soll, daß Rohan mit seinem zentralen politischen Anliegen, die geistige Einheit Europas wieder aufzurichten, nicht an der Vertiefung, sondern an der Überwindung der Gräben zwischen den Nationen gearbeitet hat. Der Traum von der Wiederherstellung eines christlichen Abendlandes war nicht der Traum Carl Schmitts, auch wenn ihn Rohan für den Gedanken der europäischen Integration vereinnahmen wollte.[596]

Sein Bekenntnis zum Nationalsozialismus hat Rohan nach dem Zweiten Weltkrieg eine eineinhalbjährige Haft zunächst bei den Amerikanern und später unter österreichischer Verantwortung eingetragen. Im persönlichen Schicksal nach 1945 ergab sich somit eine Parallele zur Biographie Schmitts, wenngleich dieser mit einer wesentlich kürzeren Haftzeit davonkam.

---

[596] Vgl. zu C. Schmitts Verhältnis zum Abendland-Gedanken oben III. 3. b) Die Diskussion um das Abendland.

VI. ZUSAMMENFASSUNG

1. Eine »katholische« Karriere mit Brüchen

Carl Schmitt wuchs in einer streng katholischen Familie auf. Die elterliche Erziehung, die weitere familiäre und schulische Umgebung sowie die Diasporasituation im heimischen Sauerland vermittelten ihm in jungen Jahren ein Katholizismusbild, das stark von postkulturkämpferischen und konfessionell abgrenzenden Elementen geprägt war. Schmitts Ausführungen über die katholische Kirche bis Mitte der 20er Jahre, aber auch Teile seiner Staatsrechtslehre atmen den Geist dieser katholischen Prägung.

Schmitt machte bereits in den Anfangsjahren der Weimarer Republik eine wissenschaftliche Karriere, die für einen Katholiken außerhalb der theologischen Fakultäten oder der sog. Konkordatslehrstühle keineswegs selbstverständlich war. Er lökte gegen den Stachel der damals von Positivisten und auch Protestanten beherrschten Rechtswissenschaft. Und er betonte seinen eigenen wissenschaftlichen Anspruch mit einer Hartnäckigkeit, die als Reflex eines katholischen Behauptungswillens in einer »feindlichen« universitären Umgebung gedeutet werden kann. Für einen Staatsrechtler damals ungewöhnlich bewegte sich Schmitt in den Grenzbereichen seines Faches zur Soziologie und zur Theologie. Gerade seine Arbeiten über die politische Romantik, die politische Theologie und den römischen Katholizismus verschafften ihm Ruhm und Anerkennung im deutschen Katholizismus und darüber hinaus, aber auch erste theologisch und politisch argumentierende katholische Gegner. Schmitts Einseitigkeit in der Argumentation war manchem scholastisch geschulten Theologen ein Dorn im Auge. Auch sein Antiparlamentarismus, den er schon Anfang der 20er Jahre entwickelte, stieß nicht nur auf Zustimmung. Dennoch mußte es die deutschen Katholiken mit Stolz erfüllen, daß einer der ihren »in die vordere Reihe der Weimarer Staatsrechtslehre« eindringen konnte.[1]

Als renommiertem Staatsrechtler standen Carl Schmitt zu Beginn der 20er Jahren alle Tore für ein erfolgreiches Engagement in den gesellschaftlichen Gruppierungen des deutschen Katholizismus offen. Schmitt hat diese Chancen jedoch weitgehend ungenützt gelassen, wenn sie ihm überhaupt als solche erschienen. So brachte Schmitt als katholischer Professor, der sich wissenschaftlich mit Staat und Politik beschäftigte, die be-

---

[1] H. Maier, Gesellschaftslehre, S. 104.

1. Eine »katholische« Karriere mit Brüchen

sten Qualifikationen für eine politische Karriere in der Zentrumspartei mit. Über gelegentliche Vortragstätigkeiten Mitte der 20er Jahre kam die Zentrum-Verbindung jedoch nicht hinaus. Bei dieser parteipolitischen Zurückhaltung wird eine Rolle gespielt haben, daß Schmitt nach dem Scheitern seiner ersten Ehe und seiner zivilrechtlichen Wiederverheiratung kirchenrechtlich vom Sakramentenempfang ausgeschlossen war. Der Legist bekam hier schmerzhaft die rigorose Konsequenz der von ihm einstmals bewunderten Kanonistik zu spüren. Unabhängig davon wäre es jedoch angesichts seines kämpferischen Antiparlamentarismus höchst inkonsequent gewesen, ein politisches Mandat für die Zentrumspartei anzustreben. Auch das im Zentrum mit naturrechtlicher Begründung vertretene Konzept einer ausgleichenden »Politik der Mitte« und die hier vorherrschende Fixierung auf die Sicherung der kirchlichen Interessen waren für einen handlungsorientierten Dezisionisten, der eher die Interessen und Notwendigkeiten der politischen Einheit im Blick hatte, wenig einladend.

Spätestens Anfang der 30er Jahre standen die große Mehrheit im Zentrum und Carl Schmitt in unterschiedlichen politischen Lagern. Nach seiner Unterstützung des sog. Preußen-Schlags von Papens und seiner Relativierung der Verbindlichkeit des die parlamentarischen Regularien enthaltenden ersten Teils der Weimarer Verfassung im Jahr 1932 hatte sich Schmitt den Ruf eines Anstifters zum Verfassungsbruch eingehandelt. Das Tischtuch zwischen dem im Zentrum organisierten politischen Katholizismus, der auf seine Verfassungstreue nach den Grundsätzen der katholischen Soziallehre größten Wert legte, und dem hinter den Kulissen politisch agierenden katholischen Staatsrechtler war damit zerschnitten.

Mit seiner Parteinahme für den neuen Staat und die nationalsozialistische Regierung stand Schmitt 1933 im deutschen Katholizismus keineswegs allein. Es fanden sich genug Katholiken, die nach der nationalsozialistischen Machtergreifung den politischen Katholizismus nach Art des Zentrums als einen Irrweg beschrieben. Insgesamt blieben sie freilich in der Minderheit. Die Amtsträger der katholischen Kirche begnügten sich damit, das NS-Regime als neue Obrigkeit nach den Grundsätzen der Staatslehre Leos XIII. anzuerkennen. Nur wenige prominente Katholiken engagierten sich aus innerster Überzeugung für den Aufbau des NS-Staates. Für die Mehrheit der Skeptiker und der Distanzierten mußte Schmitts Mitarbeit am neuen Staat auf Vorbehalte oder Ablehnung stoßen.

Die für das Zentrum festgestellte Dialektik von Nähe und Distanz läßt sich auch bei Schmitts Verhältnis zu den katholischen Verbänden und der katholischen Publizistik beobachten. Es konnte erwartet werden, daß ein berühmter katholischer Professor in den zu Weimarer Zeiten außerordentlich aktiven katholischen Verbänden und in der katholischen Publizistik mitwirkte. Tatsächlich gab der Katholische Akademikerverband 1925 in 2. Auflage »Römischer Katholizismus und politische Form« im Rahmen seiner verbreiteten Reihe »Der katholische Gedanke« heraus. Schmitt steuerte auch zwei Beiträge zum ab 1926 in 5. Auflage erschienenen Staatslexikon der Görres-Gesellschaft bei. Unterm Strich waren die Kontakte Schmitts zum Verbandskatholizismus jedoch sehr bescheiden. Ein Verbandskatholik war er jedenfalls nicht.

Dagegen konnte Schmitt, was seine Präsenz in der katholischen Publizistik in den 20er Jahren anging, sehr wohl als »katholischer Autor« bezeichnet werden. Seine Aufsätze erschienen in so bekannten und geachteten katholischen Zeitschriften wie »Hochland«, »Abendland« und »Die Schildgenossen« sowie in den überregionalen katholischen Tageszeitungen »Kölnische Volkszeitung« und »Germania«. Aber auch hier läßt sich Anfang der 30er Jahre eine Zäsur feststellen. Ab diesem Zeitpunkt veröffentlichte Schmitt seine Aufsätze fast durchweg in rechtsgerichteten, national eingestellten Zeitschriften, ab 1933 auch in ausgesprochenen NS-Zeitungen.

Angesichts dieser bereits phänomenologisch feststellbaren Distanzierung vom Katholizismus, die in Schmitts Schriften mit einer ab Ende der 20er Jahre zunehmend kühler werdenden Betrachtung der katholischen Kirche einherging, ist es auf den ersten Blick überraschend, daß nationalsozialistische Eiferer Schmitts Karriere im NS-Staat 1936 auch mit Hinweisen auf seine Vergangenheit im politischen Katholizismus und seine angeblich kirchenfreundliche Staatslehre stoppten. Allerdings ging es den Neidern Schmitts, die seine Entmachtung betrieben, weniger darum, die Unterwanderung des Nationalsozialismus durch die katholische Kirche zu verhindern, als einen unliebsamen Konkurrenten auszuschalten.

2. Eine Rechtsphilosophie um das katholische Naturrechtsdenken herum

Was Carl Schmitt für die katholische Staats- und Rechtsphilosophie besonders attraktiv erscheinen lassen mußte, war sein Kampf gegen den in der Rechtswissenschaft um die Jahrhundertwende noch absolut dominierenden Positivismus. Hinsichtlich des Gegners hatten der deutsche Katholizismus und Carl Schmitt damit eine rechtsphilosophische Gemeinsamkeit. Die Plattform, von der aus Schmitt gegen diese Rechtstheorie

2. Eine Rechtsphilosophie um das kath. Naturrecht herum

operierte, war jedoch nicht das erneuerte katholische Naturrechtsdenken, das insbesondere nach dem Ersten Weltkrieg eine große Blüte erlebte.

In seiner Staats- und Rechtsphilosophie aus dem Jahre 1914 »Der Wert des Staates und die Bedeutung des Einzelnen« vertrat Schmitt zwar wider jede positivistische Macht- oder Rechtslehre den reinen Normcharakter des Rechts. Er formulierte sogar die These, daß das reine, originäre Recht als »Naturrecht ohne Naturalismus« auftreten müsse. Er zog aber einen so scharfen Trennungsstrich zwischen Recht und Ethik, daß eine Brücke zum katholischen Naturrechtsverständnis kaum zu schlagen war.

Eine ausdrückliche Absage gegen jedes statische Naturrechtsdenken formulierte Schmitt mit seinem in den 20er Jahren entwickelten Rechtsdezisionismus. Zwar gab er hier die katholischen Traditionalisten de Maistre, de Bonald und Donoso Cortés als seine Gewährsleute an, aber letztlich dominierte doch der Einfluß von Hobbes, dessen »auctoritas, non veritas facit legem« Schmitt zu seinem dezisionistischen Glaubensbekenntnis machte. Wenn Schmitt die Unterwerfung von Staaten unter ethische Normen mit der polemischen Bemerkung abtat, in soziologischer Konkretheit bedeute diese Unterwerfung nur die Herrschaft derjenigen, die diese Normen zur Geltung brächten, dann mußte er damit in erster Linie die katholische Staats- und Gesellschaftslehre treffen. Sie forderte schließlich die Ausrichtung auch der Politik an den allgemeinen Grundsätzen des Naturrechts und des Sittengesetzes.

Daß oberstes Ziel jeder Politik nach katholischer Lehre die Verwirklichung des Gemeinwohls zu sein hat, klang bei Schmitt nur einmal beiläufig gleichsam als captatio benevolentiae 1926 in einem Vortrag auf einer Veranstaltung der rheinischen Zentrumspartei an. Ansonsten gilt auch für seine Schriften, was Schmitt einmal in kleinem Kreis gesagt hat: Wer Gemeinwohl sagt, will betrügen! Da ist es verständlich, daß Gustav Gundlach Schmitts Dezisionismus als alogisch und voluntaristisch und die damit gerechtfertigte autoritäre Staatsführung des Jahres 1932 als primitiv und sündhaft brandmarke. Waldemar Gurian attestierte Schmitt 1934 sogar, er habe an die Stelle des rationalistischen einen vitalistischen Positivismus gesetzt.

Das insgesamt herrschende katholische Naturrechtsdenken war in der Zeit der Weimarer Republik unter den katholischen Intellektuellen keineswegs unumstritten. Vor allem bei dem auf der politischen Skala eher links einzuordnenden Kreis um die »Rhein-Mainische Volkszeitung«, insbesondere bei Ernst Michel, Walter Dirks und Robert Grosche, wurde die naturrechtliche Betrachtung der politischen Wirklichkeit eher skeptisch gesehen. Mit gewissen Sympathien für Schmitts Entscheidungsdenken entwickelte etwa Walter Dirks einen sog. christlichen Dezisionismus, um die Erstarrungen der leonischen Staatsphilosophie aufzubrechen, die die Katholiken in einem gewissen Umfang zu Zuschauern auf der Bühne der Weltgeschichte machte.

Das von Schmitt 1934 vorgestellte »konkrete Ordnungs- und Gestaltungsdenken« ließ auf den ersten Blick doch noch eine Annäherung an die katholische Rechtstradition vermuten. Schmitt grenzte trotz seiner lobenden Hinweise auf das aristotelisch-thomistische Ordnungsdenken seine eigene Theorie jedoch ausdrücklich gegen das vermeintliche Mißverständnis ab, er wolle dem Neothomismus der katholischen Kirche das Wort reden. Vor allem durch die vorbehaltlose Identifizierung seiner Theorie mit der von der nationalsozialistischen Ideologie durchtränkten konkreten politisch-staatlichen Ordnung wurde Schmitts grundsätzliche Öffnung in »Über die drei Arten des rechtswissenschaftlichen Denkens« für ein metaphysisch begründbares Naturrechtsdenken, wie Waldemar Gurian 1934 zutreffend feststellte, zu einer NSDAP-Propagandaschrift entwertet.

3. Ein römischer Ordnungskatholizismus als Vorbild für die politische Form

Bereits in seinen Frühschriften »Der Wert des Staates und die Bedeutung des Einzelnen« sowie »Politische Romantik« zeigte Schmitt seine Bewunderung für die methodische Klarheit der katholischen Dogmatik und den ausgefeilten Rechtscharakter der katholischen Kirche. In »Römischer Katholizismus und politische Form« pries er 1923 darüber hinaus den römischen Katholizismus aufgrund seines repräsentativen Charakters als Musterbeispiel einer politischen Form und als Vorbild für den Wiederaufbau der infolge liberaler Verwirrungen und der daraus resultierenden Dominanz des ökonomischen Denkens darniederliegenden Staatenwelt. Diese Schrift kann als die brillanteste Apologie des römischen Katholizismus bezeichnet werden, die der deutsche Katholizismus zwischen den beiden Weltkriegen, wenn nicht gar im 20. Jahrhundert hervorgebracht hat. Sie war Balsam für die Seelen der damals noch vom Inferioritätsvorwurf belasteten deutschen Katholiken. Sie steht gleichzeitig für das Erwachen eines neuen kulturellen und politischen Selbstbewußtseins der Katholiken nach dem Ersten Weltkrieg. Entsprechend dieser Bedeutung wurde diese Schrift von vielen Katholiken mit Begeisterung aufgenommen und auch außerhalb der katholischen Mauern mit großem Respekt registriert. Mit ihr katapultierte sich Schmitt in das Rampenlicht der katholischen Öffentlichkeit und erreichte hier einen für einen Staatsrechtslehrer ungewöhnlichen Bekanntheitsgrad.

Das von Schmitt mit postkulturkämpferischem Impetus gezeichnete Gemälde einer ecclesia triumphans mit politischem Selbstverständnis und rechtlicher Organisationsstruktur löste im deutschen Katholizismus gleichwohl eine lebhafte Diskussion über das Wesen und den Charakter der katholischen Kirche als Rechts- und / oder Liebeskirche aus, in dessen Verlauf Schmitts Schrift zunehmend in die Schußlinie der Kritik geriet. Insbesondere Ernst Michel hielt Schmitts These, die Kirche könne als Rechts- und Ordnungskirche dem politischen Leben zum Vorbild dienen, vor, das Wesen der Kirche als Kirche der Liebe zu verkennen und einem falschen Reich-Gottes-Verständnis anzuhängen. Die Kirche als solche habe keine politische Funktion. Es sei vielmehr die Aufgabe des christlichen Individuums, die Welt mit einer »Politik aus dem Glauben« zu erneuern. Spätestens seit dem Zweiten Vatikanischen Konzil ist Schmitts triumphalistisches, juridisches Katholizismusverständnis überholt. Michels »politische Theologie« der Sendung der Laien in die Welt erhielt durch dieses Konzil den Vorzug gegenüber dem Modell einer unmittelbaren politischen Funktion der Kirche.

In seiner 1922 in »Politische Theologie« vorgetragenen These von der Strukturanalogie von theologischen und staatsrechtlichen Begriffen stellte Schmitt eine systematische Verbindung zwischen Theologie und staatsrechtlicher Theorie her. Die 1923 in »Römischer Katholizismus und politische Form« präsentierte politische Modellfunktion der katholischen Kirche ist nur eine praktische Anwendung seiner kurz vorher in Anlehnung an Leibniz entwickelten allgemeinen Theorie, daß die Bereiche des Theologischen und Kirchlichen auf diejenigen des Politischen und Weltlichen systematisch bezogen sind. In der zeitgenössischen katholischen Kritik beider Schriften wurde dieser Zusammenhang kaum beachtet. Bezogen auf die »Politische Theologie« Schmitts war es Erik Peterson, der 1935 unter stark zeitgeschichtlichem Eindruck einer insbesondere in der protestantischen Theologie betriebenen theologischen Rechtfertigung des NS-Regimes die in ihrer Allgemeinheit kaum haltbare Gegenthese von der theologischen Unmöglichkeit jeder politischen Theologie vertrat. Mit Blick auf »Römischer Katholizismus und politische Form« engagierte sich der Kanonist Hans Barion gegen Schmitt für eine puristische Scheidung von Theologie und Politik, wobei er sich damit gleichzeitig ganz im Gegensatz zu Peterson hinter den Machtanspruch des NS-Staates stellte.

Schmitt bewegte sich mit seinen Schriften zur politischen Theologie und zum römischen Katholizismus in einer aus der Sicht des damals noch dominierenden Rechtspositivismus ungewöhnlichen Weise im Grenzbereich von Rechtswissenschaft und Theologie. Ein Großteil der Rätselhaftigkeit des Schrifttums Schmitts, aber auch zahlreiche Angriffe von katholischer Seite gehen auf diese Ausflüge in für einen Staatsrechtler fremdes Terrain zurück. Bei aller Zwiespältigkeit und Unschärfe in den Theorien Schmitts kann aus dem Bereich der »politischen Theologie« eine Erkenntnis als gesichert gelten: Das Absolutistische der politischen Theorie Schmitts resultiert im wesentlichen aus einer Säkularisierung theologischer Denkstrukturen, aus einer Übertragung dieser Strukturen ins Politische und Staatsrechtliche. Dieser Vorgang gibt Schmitts Dezisionismus auch unter dem Eindruck Sören Kierkegaards seine existentielle Durchschlagskraft. Angesichts seiner zumindest methodischen Ausflüge in die Theologie ist es überraschend und nicht ganz konsequent, daß Schmitt den Theologen geradezu eifersüchtig die Legitimation zur Mitsprache im Bereich des Staatsrechtes und der Rechtstheorie bestritt.

4. Eine Staatsrechtslehre mit Parallelen und Differenzen zur katholischen Soziallehre

Zur Bestimmung von Schmitts theoretischer Position im katholischen Lager ist festzustellen, daß die Lehren der päpstlichen Staatslehre recht abstrakt und die innerhalb des deutschen Katholizismus vertretenen Positionen sehr unterschiedlich waren. In diesem Rahmen kann vieles als katholisch angesehen werden. Nach der Staatslehre Leos XIII. stand es den Völkern frei, die ihnen gemäße Staatsform zu bestimmen, sofern die Gerechtigkeit und das Gemeinwohl gewahrt sind. Die von Carl Schmitt vor allem gegen Ende der Weimarer Republik favorisierte, als Akklamationsdemokratie verbrämte Regierungsform der Präsidialdiktatur ist aus dieser Sicht grundsätzlich nicht zu beanstanden.

Die offenkundigste Gemeinsamkeit in der päpstlichen Staats- und Gesellschaftslehre seit der Französischen Revolution und der Staatslehre Schmitts war eine fundamentale Opposition gegen den Liberalismus und den daraus resultierenden Individualismus. Die Päpste sprachen sich gegen die liberalen, gegen den Staat gerichteten Freiheitsrechte und für einen autoritären Staat aus. Hier bestehen Parallelen zu Schmitts Antiparlamentarismus, wo die liberalen Grundprinzipien Diskussion und Öffentlichkeit sowie »das ganze System von Rede-, Versammlungs- und

4. Parallelen und Differenzen zur katholischen Soziallehre 577

Preßfreiheit«[2], auf dem der Parlamentarismus beruhe, als von der Wirklichkeit überholt und grundsätzlich ungeeignet für politische Entscheidungsfindungen präsentiert werden. Schmitts Kritik am Parlamentarismus, er verzichte gegenüber der Wahrheit auf ein definitives Resultat, konnte im Katholizismus auf eine bereitwillige Aufnahme stoßen.

Die Päpste verwarfen abstrakt den Parlamentarismus nicht. Demokratische Mitwirkung des Volkes ist für die katholische Soziallehre auch in Form eines parlamentarischen Systems denkbar, wenn damit nicht die Lehre von der absoluten Volkssouveränität im Sinne Rousseaus verknüpft wird. Wer diese Verbindung wie viele katholische Publizisten noch in der Weimarer Republik sah, mußte aus katholischer Perspektive zu dem Ergebnis kommen, daß der Parlamentarismus auf einem häretischen Prinzip beruhe und damit selbst häretisch sei. Genau an diesem Punkt setzte der den deutschen Katholizismus noch in den 20er Jahren intensiv beschäftigende Verfassungsstreit über die Auslegung des Art. 1 der Weimarer Reichsverfassung, wonach alle Staatsgewalt vom Volke ausgeht, an. Schmitt beteiligte sich an dieser grundsätzlichen Diskussion nicht. Er attackierte den Parlamentarismus massiv, nicht jedoch aus einer spezifisch theologischen Perspektive. Insbesondere verwarf er ihn nicht als eine Häresie. Seine berühmte These, daß derjenige souverän sei, der über den Ausnahmezustand entscheide, kann auf den ersten Blick zwar als Absage an die Lehre von der Volkssouveränität verstanden werden. Schmitt vermied jedoch auch in diesem Kontext jeden Bezug zu der spezifisch katholischen Fragestellung.

Die sich im Bereich der Immanenz bewegende Definition der Demokratie als Identität von Regierenden und Regierten deutet eher darauf hin, daß Schmitt in der Interpretation der Lehre von der Volkssouveränität näher bei Rousseau als bei der katholischen Staatslehre stand, wenngleich Schmitt in diesem Kontext stärker auf den Aspekt der Homogenität als der Souveränität des Volkes abstellte. Die in diesem Zusammenhang vorgenommene positive Bezugnahme Schmitts auf den Contrat social Rousseaus mußte die Katholiken, die dieses Staatskonstrukt im allgemeinen in Bausch und Bogen verwarfen, irritieren.

Auf das Konto seines Antiliberalismus können Schmitts Kampf gegen die Vorherrschaft des ökonomischen Denkens und seine Bemühungen um die »Rettung des Politischen« gebucht werden. In dieser Grundeinstellung stimmt er mit weiten Kreisen des deutschen Katholizismus überein. Dem Ideellen und Politischen mußte aus dieser Perspektive wieder der

---
[2] C. SCHMITT, Lage, S. 62.

Primat über das Materielle und Ökonomische verschafft werden. Darüber hinaus hatte Schmitt jedoch kein Interesse, sich an den im deutschen Katholizismus geführten Diskussionen über eine adäquate Ökonomie-Theorie zu beteiligen.

Auf der Seite der monarchistisch gesinnten katholischen Legitimisten war Schmitt nicht anzutreffen. Er stellte sich hinter die Staatsform der Republik, da er erkannt hatte, daß die Monarchie geschichtlich überholt und der Gedanke der dynastischen von dem der demokratischen Legitimität abgelöst war. Eine Identifikation mit der Weimarer Republik war damit freilich nicht verbunden. Er akzeptierte sie allenfalls als »Notbau«, mit dessen Hilfe 1919 die marxistisch-sozialistische Machtübernahme abgewehrt werden konnte. Er war sich in dieser Beurteilung mit vielen Katholiken, die in dieser Verfassung ihr eigenes Staatsverständnis nicht ausreichend berücksichtigt fanden, einig. Zu den wenigen sog. Herzensrepublikanern, die den Weimarer Staat und seine Verfassung als im Gewissen verpflichtend akzeptierten, trennte Schmitt ein tiefer Graben. Aus dieser Ecke kamen auch die deutlichsten Warnungen vor den irrationalen, vitalistischen Folgen der antiparlamentarischen Positionen und Alternativen Schmitts.

Im politisch rechten Spektrum des deutschen Katholizismus konnte Schmitt, von seiner Distanz zu den legitimistisch argumentierenden Monarchisten abgesehen, auch wegen seiner scharfen Frontstellung gegenüber der politischen Romantik keine politische Heimat finden. Auf diesem Flügel hing man in der Staatsphilosophie überwiegend dem organisch-ständischen Denken der politischen Romantik an. Dieses erlebte sogar im Universalismus Othmar Spanns in den 20er und 30er Jahren eine Renaissance. Durch seine polemische Absage an die politischen Romantiker um Adam Müller verbaute sich Schmitt 1919 den Zugang zum Lager derjenigen Katholiken, die ausgesprochen antiparlamentarisch eingestellt waren und diese Position mit den Idealen des ständischen Denkens zu begründen pflegten.

Dennoch hat Schmitt durch seine viele Intellektuelle faszinierenden staatsrechtlichen Diagnosen und blendenden Formeln die im deutschen Katholizismus von Weimar offen oder latent vorhandenen antiparlamentarischen Strömungen verstärkt. Feststellen läßt sich dieser Einfluß vor allem bei Teilen der katholischen Jugendbewegung, wo die Bereitschaft zur Ablehnung parlamentarischer Formen und westlicher Demokratie-Muster bereits zu Beginn der Weimarer Republik sehr ausgeprägt war.

Von Schmitts staatsrechtlichen Begriffen stieß die Politik-Definition, eine Weiterentwicklung seiner dezisionistischen Rechtstheorie, auf den heftigsten Widerstand im deutschen Katholizismus. Auf der Basis des katholischen Naturrechtsdenkens hielt man der Freund-Feind-Unterscheidung vor, sie negiere in ihrem existentialistischen Absolutismus normative, sittliche Kategorien und sei von daher nicht mit der katholischen Soziallehre zu vereinbaren. Gemessen an dem von der katholischen Staatslehre formulierten Staatsziel, das Gemeinwohl zu verwirklichen, ist die von Schmitt für die politische Einheit beschriebene Aufgabe, Freund und Feind zu unterscheiden, ungewöhnlich. Allerdings gab es auch im katholischen Lager Versuche, analog zur Kritik am statischen Naturrechtsdenken, dem realen politischen Sein und dem existentiellen Denken, gerade vor dem Hintergrund des als politisch unerträglich und unmoralisch gebrandmarkten Versailler Vertrages, ein höheres Gewicht beizumessen und von daher Schmitts Politik-Begriff als geistiges »potentiel de guerre« positiv zu werten.

Aus katholischer Sicht fällt an der Politik-Definition ihre von Schmitt zugrunde gelegte ausgesprochen negative Anthropologie auf. Auch wenn im Lager der politisch rechtsstehenden Katholiken die Erbsünde ein beliebter Topos war, mit dem man gegen die politischen Utopien von Liberalismus und Marxismus gleichermaßen ins Feld ziehen konnte, findet Schmitts negatives Menschenbild in der katholischen Dogmatik keinen Rückhalt. Dazu paßt eher die lutherische Überzeugung von der Verworfenheit des Menschen vor Gott und der Notwendigkeit seiner Rechtfertigung. Deshalb ist es auch nicht erstaunlich, daß gerade die protestantische Theologie Anfang der 30er Jahre auf Schmitts Politik-Begriff zurückgriff und ihn zu einem theologischen Nationalismus weiterentwickelte.

Abgesehen von der protestantischen Schärfe, die hinter dem dezisionistischen Politik-Begriff Schmitts auszumachen ist, beinhaltet diese Definition auch eine Transformation eines religiösen Absolutismus in den Bereich der politischen Theorie. Die existentielle Durchschlagskraft wird hier genährt von dem Anspruch des Religiösen, den ganzen Menschen zu erfassen. Insoweit kann der Begriff des Politischen aus soziolgischer Sicht einem säkularisierten Konfessionalismus zugerechnet werden. Die ins Weltliche und letztlich auf den Staat übetragene Dimension des Absoluten und Unbedingten verschafft der politischen Theorie Schmitts die Tendenz zum politischen Totalitarismus.

Gerade diese Verbindung zum Begriff des Politischen ist es, die die von Schmitt 1931 in die Diskussion geworfene und 1933 noch einmal mit einem anderen Bedeutungsgehalt versehene Formel vom totalen Staat aus katholischer Sicht gefährlich macht. Eine Staatstheorie, die zudem den Dualismus von Staat und Gesellschaft, der Kirche und Individuum gewisse Freiräume vor dem Staat garantiert, in Frage stellt, kann mit der katholischen Soziallehre nicht in Einklang stehen. Pius XI. hat 1931 in der Enzyklika »Quadragesimo anno« dazu mit dem Subsidiaritätsprinzip in klassischer Weise die sozialphilosophische Position der Kirche formuliert. Die zeitgenössischen katholischen Kritiker der Staatslehre Schmitts haben darauf immer wieder insistiert.

Wie kein anderer der von Schmitt geprägten staatsrechtlichen Begriffe war derjenige des totalen Staates schillernd, mit verschiedenen Überlegungen verknüpft und deshalb auch verschiedenen Deutungen zugänglich. Soweit mit der Beschreibung des totalen Staates aus Schwäche die staatszersetzenden Gefahren einer Entwicklung hin zu einer vom Pluralismus gezeichneten und unter ökonomischen Vorzeichen stehenden Gesellschaft aufgezeigt wurden, konnten viele Katholiken dieser Diagnose zustimmen. Auch der Vorstellung von einem autoritären Staat, der die Rechte der Kirche anerkennt, begegnete die große Mehrheit der deutschen Katholiken in den 30er Jahren mit Sympathie. Von daher sind auch die Versuche verständlich, Schmitts Lehre vom totalen Staat aus Stärke im Sinne eines autoritären Staates oder einer autoritären Demokratie zu interpretieren und in einen katholischen Kontext zu stellen. Freilich überwogen in der katholischen Publizistik ab 1933 die Warnungen vor einem totalitären Staat, der unter dem Anspruch des Primats des Politischen seine Grenzen zur Gesellschaft, zur Kirche und zum Individuum nicht akzeptiert. Auch wenn die entsprechende Staatslehre eher aus dem Schülerkreis Schmitts formuliert wurde, so ist doch die absolutistische Tendenz von Schmitts Begriff des Politischen ein wichtiges Fundament der totalitären Staatstheorie. In diesem Punkt war und ist das katholische Subsidiaritätsprinzip wesentlich liberaler.

5. Katholische Freunde und Gleichgesinnte

Das katholische Bekenntnis war für Carl Schmitt nicht entscheidend für freundschaftliche Begegnungen. Gleichwohl waren unter seinen Freunden zahlreiche Katholiken, die zu einem großen Teil seine theoretischen und weltanschaulichen Grundüberzeugungen teilten.

Auffällig ist, daß Schmitt gerade zu Theologen freundschaftliche Kontakte pflegte. Die hier auf katholischer Seite zu nennenden Karl Eschweiler, Wilhelm Neuß, Romano Guardini, Joseph Lortz, Hans Barion und Erich Przywara hingen alle mit gewissen Variationen und Modifikationen dem Leitbild des autoritären Staates an. Karl Eschweiler, Hans Barion

5. Katholische Freunde und Gleichgesinnte

und Joseph Lortz gehörten zu den wenigen katholischen Theologie-Professoren, die 1933 für den Nationalsozialismus Partei ergriffen und warben. Auch Erich Przywara wurden anfangs Sympathien für das neue Regime nachgesagt. Unter den Theologen war es Erik Peterson, der 1930 zum Katholizismus konvertierte Freund, der Schmitts staatsrechtliches Denken am meisten befruchtete, der allerdings auch unter dem Eindruck der nationalsozialistischen Machtergreifung und -ausübung die politische Theologie Schmitts heftig bekämpfte. Auch Wilhelm Neuß sprach sich schon früh gegen ideologische Ausfälle des Nationalsozialismus gegen die katholische Kirche aus.

Unter den akademischen Schülern Schmitts fanden sich hochintelligente Katholiken, die dessen antiliberalen, antiparlamentarischen Staatsrechtslehre anhingen und ihren Lehrer verehrten. Für die 20er Jahre ist hier vor allem Werner Becker, für die 30er Jahre Günther Krauss zu nennen. Zu den katholischen Intellektuellen, die Schmitt lebenslang ununterbrochen die persönliche Treue gehalten haben, zählen neben Günther Krauss der Kanonist Hans Barion und der Journalist und Literaturkritiker Paul Adams.

Wie sehr Schmitt zur Entscheidung für oder gegen seine Lehre und Person herausforderte, läßt sich bereits anhand seines persönlichen Umfelds aufzeigen. Das eindrucksvollste Beispiel dafür, wie aus einem glühenden Verehrer Schmitts ein kämpferischer Schmitt-Gegner werden konnte, ist sicherlich Waldemar Gurian. Seine im Schweizer Exil in den »Deutschen Briefen« veröffentlichten Polemiken gegen Schmitt haben letztlich wesentlich zu dessen Entmachtung durch den Nationalsozialismus beigetragen. Auch Ernst Friesenhahn hatte zeitweise persönlich mit seinem Lehrer gebrochen. Und schließlich war Hans Barion, obwohl er bis zu seinem Tod zu den engsten Freunden Schmitts gehörte, der hartnäckigste und zugleich gewichtigste wissenschaftliche Gegner von dessen politischer Theologie.

Auch andere katholische Intellektuelle, zu denen Schmitt in den 20er Jahren ein inniges freundschaftliches Verhältnis hatte, distanzierten sich noch während der Weimarer Republik oder kurz nach der nationalsozialistischen Machtübernahme von ihm. Zu nennen sind hier vor allem Theodor Haecker und Karl Muth. Beide verband mit Schmitt eine antiliberale Grundüberzeugung, aber auch der gemeinsame Kampf gegen den Versailler Vertrag. Muth schätzte bei Schmitt außerdem die Gegnerschaft zur Romantik und die Vorliebe für die Klassik. Haecker schleuderte seinem ehemaligen Freund 1933 den Satz entgegen, die Freund-Feind-Unterscheidung sei eine ebenso primitive und geistig rudimentäre Naturbestimmung wie der »Kampf ums Dasein«, aus deren Ideologie sie wohl auch stamme. Aus solchen Bemerkungen läßt sich die Enttäuschung und Verbitterung über die Theorie eines ehemaligen Freundes ablesen. Sowohl Haecker wie Muth zählten von Anfang an zu den Gegnern des Nationalsozialismus. Eine ähnliche Entwicklung nahm auch die Freundschaft Schmitts mit Franz Blei, die bis in die Münchner Zeit zurückreichte. Unter dem Eindruck der Schriften Schmitts in den Jahren 1933 bis 1936 brach Blei den Kontakt zu Schmitt ab. Von Österreich aus machte er sein Entsetzen über den politischen Opportunismus seines Freundes öffentlich.

Die Entwicklung der persönlichen Kontakte zu bedeutenden Größen des deutschen Katholizismus zeichnet somit den Prozeß der Distanzierung nach, der sich ab Ende der 20er Jahre zwischen Carl Schmitt und dem deutschen Katholizismus ergeben hat. Bei aller Begeisterung, die Schmitt insbesondere in den 20er Jahren hier auslöste, stand ab 1933 nur noch eine kleine, freilich verschworene Schar von katholischen Schülern und Freunden zu ihm und seinen Lehren.

6. Das Schicksal katholischer Schmitt-Kritiker

Während Schmitt 1933 als gefeierter und von den Universitäten umworbener Professor zum Kronjuristen des nationalsozialistischen Staates avancierte, mußten einige seiner ehemaligen Freunde um ihre Freiheit oder gar um ihr Leben fürchten. Dazu gehörten etwa Theodor Haecker, Karl Muth, Waldemar Gurian und Franz Blei. Daß Erik Peterson nicht zu diesem Personenkreis zählte, liegt allein daran, daß er bereits seit 1930 bis nach dem Ende des Zweiten Weltkrieges unter ärmlichen Verhältnissen in Rom lebte. Franz Blei hatte bereits 1931 Deutschland den Rücken gekehrt, Waldemar Gurian entzog sich 1934 dem Zugriff des Nationalsozialismus durch die Emigration. Theodor Haecker wurde 1936 mit Rede- und 1938 mit Schreibverbot belegt.

Auch viele katholische Kritiker Schmitts, die in keinem persönlichen Verhältnis zu diesem standen, entschieden sich unter der nationalsozialistischen Herrschaft für den Weg ins Exil. Zu nennen sind hier etwa Franziskus Stratmann[3] und Carl-Oscar Freiherr von Soden. Auch die katholischen Gelehrten Dietrich von Hildebrand und Heinrich Rommen, die

---

[3] Vgl. F. STRATMANN, Verbannung, zu den beschwerlichen Umständen seines Exils in verschiedenen Klöstern in Holland.

6. Das Schicksal katholischer Schmitt-Kritiker   583

eher indirekte Kritik an Schmitt übten, zählten zum Kreis der Exilanten.⁴ Es war alles andere als ein bequemer Weg, den sie gingen. Die meisten stürzten in wirtschaftliche und psychische Not. Krankheit und Erschöpfung führten bei manchen sogar zu einem frühen Tod.⁵

Carl Schmitts Verachtung war den Emigranten sicher: »Aus Deutschland sind sie ausgespien für alle Zeiten«, schloß er 1933 seinen Aufsatz »Die deutschen Intellektuellen«⁶. Im Vergleich mit diesen »Ausgespienen« lebte Schmitt selbst nach dem jähen Ende seiner nationalsozialistischen Karriere bis zum Ende der NS-Herrschaft als ordentlicher Professor unter recht komfortablen und geruhsamen Verhältnissen.

---

⁴ Sie hielten sich in den USA auf; vgl. F. TRENNER, S. 211.
⁵ Zum Schicksal von C.-O. Frhr. von Soden vgl. F. TRENNER, S. 198 ff.
⁶ Zit. nach B. RÜTHERS, Recht, S. 132.

QUELLEN- UND LITERATURVERZEICHNIS

Das Verzeichnis umfaßt die benutzten selbständigen Schriften sowie Artikel und Aufsätze in Zeitschriften und Sammelwerken. Sie sind alphabetisch nach dem Namen des Verfassers oder – falls dieser nicht angebbar ist – nach dem ersten Wort des Titels geordnet. Artikel und Aufsätze in Zeitungen sind an Ort und Stelle in den Anmerkungen genannt. Mehrere Titel desselben Verfassers werden in zeitlicher Reihenfolge aufgeführt. Soweit in den Anmerkungen Kurztitel verwendet werden, sind diese im Verzeichnis in Klammern vermerkt.

A) SCHRIFTEN CARL SCHMITTS

I. Selbständige Schriften

Gesetz und Urteil. Eine Untersuchung zum Problem der Rechtspraxis, Berlin 1912 (zit.: C. SCHMITT, Gesetz).
Der Wert des Staates und die Bedeutung des Einzelnen, Tübingen 1914 (zit.: C. SCHMITT, Wert).
Politische Romantik, München-Leipzig 1919 (zit.: C. Schmitt, Politische Romantik).
Die Diktatur. Von den Anfängen des modernen Souveränitätsgedankens bis zum proletarischen Klassenkampf, München-Leipzig 1921 (zit.: C. SCHMITT, Diktatur).
Römischer Katholizismus und politische Form, Hellerau 1923 (zit.: C. SCHMITT, Katholizismus).
Die geistesgeschichtliche Lage des heutigen Parlamentarismus, 2. Aufl., München-Leipzig 1926 (zit.: C. SCHMITT, Lage).
Die Kernfrage des Völkerbundes, Berlin 1926 (zit.: C. SCHMITT, Kernfrage).
Volksentscheid und Volksbegehren. Ein Beitrag zur Auslegung der Weimarer Verfassung und zur Lehre von der unmittelbaren Demokratie, Berlin 1927 (zit. C. SCHMITT, Volksentscheid).
Verfassungslehre, Berlin 1928.
Die Diktatur. Von den Anfängen des modernen Souveränitätsgedankens bis zum proletarischen Klassenkampf, 2. Aufl., München-Leipzig 1928 (zit.: C. SCHMITT, Diktatur 1928).
Der Hüter der Verfassung, Tübingen 1931 (zit.: C. SCHMITT, Hüter).
Der Begriff des Politischen, 4. Ausgabe, Hamburg 1933 (zit.: C. SCHMITT, Begriff).
Staat, Bewegung, Volk. Die Dreigliederung der politischen Einheit, Hamburg 1933 (C. SCHMITT, Staat).
Politische Theologie. Vier Kapitel zur Lehre von der Souveränität, 2. Ausgabe, München-Leipzig 1934 (zit.: C. SCHMITT, Politische Theologie).

Über die drei Arten des rechtswissenschaftlichen Denkens, Hamburg 1934 (zit.: C. SCHMITT, Arten).
Ex Captivitate salus. Erfahrungen der Zeit 1945/47, Köln 1950 (zit.: C. SCHMITT, Ex Captivitate salus).
Der Begriff des Politischen, Neuauflage der 3. Ausgabe von 1932, Berlin 1963 (zit.: C. SCHMITT, Begriff 1963).
Politische Theologie II. Die Legende von der Erledigung jeder Politischen Theologie, Berlin 1970 (zit.: C. SCHMITT, Politische Theologie II).

II. Aufsatzsammlungen

Positionen und Begriffe im Kampf mit Weimar – Genf – Versailles. 1923 – 1939, Hamburg 1940 (zit.: C. SCHMITT, Positionen).
Verfassungsrechtliche Aufsätze aus den Jahren 1924 – 1954. Materialien zu einer Verfassungslehre, Berlin 1958 (zit.: C. SCHMITT, Aufsätze).

III. Aufsätze und Lexikonartikel

Die Buribunken, in: Summa 1 (1917/18), S. 89 – 106 (zit.: C. SCHMITT, Buribunken).
Die Sichtbarkeit der Kirche. Eine scholastische Erwägung, in: Summa 1 (1917/18), S. 71 – 80 (zit.: C. SCHMITT, Sichtbarkeit).
Politische Theorie und Romantik, in: HZ 123 (1921), S. 377 – 397.
Um das Schicksal des Politischen, in: Die Schildgenossen 5 (1924/25), S. 313 – 322 (zit.: C. SCHMITT, Schicksal).
Romantik, in: Hochl. 22 I (1924/25), S. 157 – 171.
Der Status quo und der Friede, in: Hochl. 23 I (1925/26), S. 1 – 9 (zit.: C. SCHMITT, Status).
Illyrien. Notizen von einer dalmatinischen Reise, in: Hochl. 23 I (1925/26), S. 293 – 298 (zit.: C. SCHMITT, Illyrien).
Der Begriff des Politischen, 1. Ausgabe, in: Archiv für Sozialwissenschaft und Sozialpolitik 58 H. 1 (1927), S. 1 – 33 (zit.: C. SCHMITT, Begriff 1927).
Donoso Cortés in Berlin (1849), in: Wiederbegegnung, S. 358 – 373 (zit.: C. SCHMITT, Cortés in Berlin).
Der Völkerbund und Europa, in: Hochl. 25 I (1927/28), S. 345 – 354 (zit.: C. SCHMITT, Völkerbund).
Der bürgerliche Rechtsstaat, in: Abendland 3 (1927/28), S. 201 – 203 (zit.: C. SCHMITT, Rechtsstaat).
Der bürgerliche Rechtsstaat, in: Die Schildgenossen 8 (1928), S. 127 – 133 (zit.: C. SCHMITT, Rechtsstaat).
Der Hüter der Verfassung, in: AöR 55 (1929), S. 161 – 237 (zit.: C. SCHMITT, Hüter 1929).
Wesen und Werden des faschistischen Staates, in: Schmollers Jahrbuch für Gesetzgebung, Verwaltung und Volkswirtschaft im Deutschen Reiche 53 (1929), S. 107 – 113 (zit.: C. SCHMITT, Wesen).

Der unbekannte Donoso Cortés, in: Hochl. 27 II (1929/30), S. 491 – 496 (zit.: C. SCHMITT, Cortés).
Staatsethik und pluralistischer Staat (1930), in: C. SCHMITT, Positionen, S. 133 – 145 (zit.: C. SCHMITT, Staatsethik).
Das Problem der innerpolitischen Neutralität des Staates (1930), in: C. SCHMITT, Aufsätze, S. 41 – 59 (zit.: C. SCHMITT, Problem).
Die politische Lage der entmilitarisierten Rheinlande, in: Abendland, 5. Jg., 1930, S. 307 – 313.
Freiheitsrechte und institutionelle Garantien der Reichsverfassung (1931), in: C. SCHMITT, Aufsätze, S. 140 – 173 (zit.: C. SCHMITT, Freiheitsrechte).
Die Wendung zum totalen Staat (1931), in: C. SCHMITT, Positionen, S. 146 – 157 (zit.: C. SCHMITT, Wendung).
Das Zeitalter der Neutralisierungen und Entpolitisierungen, in: C. SCHMITT, Der Begriff des Politischen, 3. Ausgabe, München 1932, S. 66 – 81 (zit.: C. SCHMITT, Zeitalter).
Legalität und Legitimität (1932), in: C. SCHMITT, Aufsätze, S. 263 – 350 (zit.: C. SCHMITT, Legalität).
Grundrechte und Grundpflichten (1932), in: C. SCHMITT, Aufsätze, S. 181 – 231 (zit.: C. SCHMITT, Grundrechte).
Machtpositionen des modernen Staates, in: Deutsches Volkstum 15 (1933), S. 225 – 230 (zit.: C. SCHMITT, Machtpositionen).
Weiterentwicklung des totalen Staates in Deutschland, in: Europäische Revue 9 (1933), S. 65 – 70 (zit.: C. SCHMITT, Weiterentwicklung).
Starker Staat und gesunde Wirtschaft. Ein Vortrag vor Wirtschaftsführern, in: Volk und Reich 9 I (1933), S. 81 – 94 (zit.: C. SCHMITT, Starker Staat).
Der Führer schützt das Recht, in: DJZ 39 (1934), Sp. 946 – 950 (zit.: C. SCHMITT, Führer).
Die Verfassung der Freiheit, in: DJZ 40 (1935), Sp. 1133 – 1135.
Die deutsche Rechtswissenschaft im Kampf gegen den jüdischen Geist. Schlußwort auf der Tagung der Reichsgruppe Hochschullehrer des NSRB vom 3. und 4. Oktober 1936, in: DJZ 41 (1936), Sp. 1193 – 1199 (zit.: C. SCHMITT, Rechtswissenschaft).
Nomos – Nahme – Name, in: Der beständige Aufbruch. Festschrift für Erich Przywara S. J., hrsg. v. Siegfried BEHN, Nürnberg 1959, S. 92 – 105.
1907 Berlin, in: P. TOMMISSEN, Schmittiana – 1, S. 11 – 21.

IV. Sonstiges

Vorwort zu: Johann Arnold KANNE, Aus meinem Leben, Berlin 1918, S. 3 – 5.
Art.: Absolutismus, in: StL, Bd.1, 5. Aufl., Sp. 29 – 34.
Art.: Diktatur, in: StL, Bd. 1, 5. Aufl., Sp. 1448 – 1453.
Nachwort zu: Günther KRAUß / Otto von SCHWEINICHEN, Disputation über den Rechtsstaat, Hamburg 1935, S. 84 – 88 (zit.: C. SCHMITT, Nachwort).

Carl Schmitt im Gespräch mit Dieter GROH und Klaus FIGGE, in: Piet TOMMISSEN, Over en zake Carl Schmitt, 2. Teil, Brüssel 1975, S. 89 – 109 (zit.: SCHMITT im Gespräch).

Glossarium. Aufzeichnungen der Jahre 1947 – 1951, hrsg. v. Eberhard Freiherr von MEDEM, Berlin 1991.

B) NACHLASS CARL SCHMITT

Nachlaß Carl Schmitt. Verzeichnis des Bestandes im Nordrhein-Westfälischen Hauptstaatsarchiv, bearb. v. Dirk van LAAK und Ingeborg VILLINGER, Siegburg 1993 (zit.: Nachlaß).

C) SCHRIFTEN SONSTIGER AUTOREN

A. H., Thomas von Aquin und die naturrechtliche Staatslehre, in: Abendland 2 (1926/27), S. 159 f.

ABEL, Hans, Katholische Politik in Reden, München 1920.

ACKERMANN, Konrad, Der Widerstand der Monatsschrift Hochland gegen den Nationalsozialismus, München 1965.

ADAM, Armin, Rekonstruktion des Politischen. Carl Schmitt und die Krise der Staatlichkeit. 1912 – 1933, Weinheim 1992.

ADAMS, Paul, Katholisches Frankreich unserer Tage, in: Abendland 2 (1926/27), S. 222 f. (zit.: P. ADAMS, Frankreich).

DERS., Shakespeare als politischer Dichter, in: Deutsches Volkstum 15 (1933), S. 945 – 953 (zit.: P. ADAMS, Shakespeare).

ADRIAN, Josef, Die Welt des Mittelalters und wir, in: ABK 39 (1924), S. 134 – 143.

ALTMANN, Rüdiger, Analytiker des Interims. Wer war Carl Schmitt, was ist von ihm geblieben?, in: Klaus HANSEN / Hans LIETZMANN (Hrsg.), Carl Schmitt und die Liberalismuskritik, Opladen 1988, S. 27 – 35.

ANDRÉE, Konrad W., Freier Rhein und entwaffnetes Deutschland?, in: Abendland 5 (1930), S. 313 – 323.

BACH, Jürgen A., Franz von Papen in der Weimarer Republik. Aktivitäten in Politik und Presse 1918 – 1932, Düsseldorf 1977.

BALL, Hugo, Die Folgen der Reformation, München-Leipzig 1924 (zit.: H. BALL, Folgen).

DERS., Carl Schmitts Politische Theologie, in: Hochl. 21 II (1924), S. 263 – 285 (zit.: H. BALL, Theologie).

DERS., Der Künstler und die Zeitkrankheit, in: Hochl. 24 I (1926/27), S. 129 – 142 (zit.: H. BALL, Künstler).

DERS., Die Flucht aus der Zeit, München-Leipzig 1927 (zit.: H. BALL, Flucht).

BARION, Hans, Kirche und Kirchenrecht. Gesammelte Aufsätze, hrsg. v. Werner BÖCKENFÖRDE, Paderborn-München-Wien-Zürich 1984 (zit.: H. BARION, Aufsätze).

DERS., »Weltgeschichtliche Machtform«? Eine Studie zur Politischen Theologie des II. Vatikanischen Konzils, in: H. BARION, Aufsätze, S. 599 – 645 (zit.: H. BARION, Machtform).

DERS., Aufgabe und Stellung der katholischen Theologie in der Gegenwart, in: H. BARION, Aufsätze, S. 649 – 680 (zit.: H. BARION, Aufgabe).

DERS., Das Zweite Vatikanische Konzil. Kanonistischer Bericht, in: H. BARION, Aufsätze, S. 513 – 550 (zit.: H. BARION, Konzil).

DERS., Epilog, in: H. BARION, Aufsätze, S. 649 – 580 (zit.: H. BARION, Epilog).

DERS., Kirche oder Partei? Der Katholizismus im neuen Reich, in: H. BARION, Aufsätze, S. 453 – 461 (zit.: H. BARION, Reich).

DERS., Kirche oder Partei? Römischer Katholizismus und politische Form, in: H. BARION, Aufsätze, S. 463 – 508 (zit.: H. BARION, Form).

DERS., Ordnung und Ortung im kanonischen Recht, in: H. BARION, Aufsätze, S. 181 – 214 (zit.: H. BARION, Ordnung).

DERS., Zur gegenwärtigen Lage der Wissenschaft vom katholischen Kirchenrecht, in: H. BARION, Aufsätze, S. 341 – 406 (zit.: H. BARION, Lage).

BATTAGLIA, Otto Forst de (Hrsg.), Prozess der Diktatur, Zürich-Leipzig-Wien 1930.

BAUER, Clemens, »Der Hüter der Verfassung« von Carl Schmitt, in: Der Kunstwart 44 (1930/31), S. 809 – 811 (zit.: C. BAUER, Hüter).

DERS., Philipp Funk. Ein Nachruf, in: Hochl. 34 I (1936/36), S. 526 – 532 (zit.: C. BAUER, Funk).

DERS., Deutscher Katholizismus. Entwicklungslinien und Profile, Frankfurt 1964 (zit.: C. BAUER, Katholizismus).

DERS., Herman Hefele, in: Clemens BAUER, Gesammelte Aufsätze zur Wirtschafts- und Sozialgeschichte, Freiburg-Basel-Wien 1965, S. 487 – 515 (zit.: C. BAUER, Hefele).

DERS., Theodor Haecker, in: Theodor HAECKER. Vergil, Schönheit, Metaphysik des Fühlens, München 1967, S. 371 – 412 (zit.: C. BAUER, Haecker).

DERS., Georg von Hertlings Beitrag zum Werden der katholischen Soziallehre, in: GESTALTEN UND PROBLEME KATHOLISCHER RECHTS- UND SOZIALLEHRE, S. 9 – 19 (zit.: C. BAUER, Soziallehre).

BECKER, Werner, Demokratie und moderner Massenstaat, in: Die Schildgenossen 5 (1924/25), S. 459 – 478 (zit.: W. BECKER, Demokratie).

DERS., Naturrecht und Völkerrecht, in: Abendland 1 (1925/26), S. 220 f. (zit.: W. BECKER, Naturrecht).

DERS., Die Politik der jungen Generation in Europa, in: Abendland 1 (1925/26), S. 328 – 330 (zit.: W. BECKER, Politik).

DERS., Ein englischer Gegner des staatlichen Souveränitätsbegriffs, in: Abendland 2 (1926/27), S. 140 f. (zit.: W. BECKER, Gegner).

DERS., Gedanken zur Staatslehre Leos XIII., in: Abendland 2 (1926/27), S. 198 – 201 (zit.: W. BECKER, Gedanken).

DERS., Art.: Hobbes, in: StL, Bd. 2, 5. Aufl., Sp. 1221 – 1227 (zit.: W. BECKER, Hobbes).
DERS., Der Sozialismus und die Aufgaben der deutschen Katholiken, in: Abendland 3 (1927/28), S. 230 – 233 (zit.: W. BECKER, Sozialismus).
DERS., Nochmals zu Carl Schmitts »Begriff des Politischen«, in: Der Friedenskämpfer 5 H.1 (1929), S. 1 – 5 (zit.: W. BECKER, Nochmals).
DERS., Das Ärgernis an der Kirche, in: Der Weg aus dem Ghetto. Vier Beiträge von Robert GROSCHE, Friedrich HEER, Werner BECKER, Karlheinz SCHMIDTHÜS, Köln 1955, S. 81 – 112 (zit.: W. BECKER, Ärgernis).
DERS., Vorwort zu: Charles Stephan DESSAIN, J. Henry Newman, Freiburg 1981, S. 12 f. (zit.: W. BECKER, Vorwort).
BECKER, Werner / GURIAN, Waldemar, Deutschland und Frankreich im neuen Europa. Ein Gespräch mit Lucien Romier, in: Abendland 2 (1926/27), S. 169 – 172.
BENDERSKY, Joseph W., Carl Schmitt. Theorist for the Reich, Princeton 1983.
BENEYTO, José M., Politische Theologie als politische Theorie, Berlin 1983.
BENTER, Robert, Der Hüter der Verfassung, in: Hochl. 27 I (1929/30), S. 176 – 179.
BENTIN, Lutz-Arwed, Johannes Popitz und Carl Schmitt. Zur wissenschaftlichen Theorie des totalen Staates in Deutschland, München 1972.
BERNING, Vincent, Die geistig-kulturelle Austrahlung des deutschen Nachkriegskatholizismus, in: Hans MAIER (Hrsg.), Deutscher Katholizismus nach 1945, München 1964, S. 136 – 160 (zit.: V. BERNING, Ausstrahlung).
DERS., Hermann Platz (1880 – 1945). Eine Gedenkschrift, Düsseldorf 1980 (zit.: V. BERNING, Platz).
BERNING, Vincent / MAIER, Hans (Hrsg.), Alois Dempf: 1891 – 1982. Philosoph, Kulturtheoretiker, Prophet gegen den Nationalsozialismus, Weissenhorn 1992.
BERNING, Vincent, Kommentierendes Nachwort zum Neudruck der Schrift »Die Glaubensnot der deutschen Katholiken«, in: V. BERNING / H. MAIER (Hrsg.), S. 243 – 267 (zit.: V. BERNING, Nachwort).
BEYERLE, Konrad, Parlamentarisches System – oder was sonst?, München 1921 (zit.: K. BEYERLE, System).
DERS., Römischer Katholizismus und politische Form, in: Allgemeine Rundschau 20 (1923), S. 241 f. (zit. K.: BEYERLE, Katholizismus).
DERS., Die Katholiken und der Volksstaat von Weimar, in: Godehard Josef EBERS (Hrsg.), Katholische Staatslehre und volksdeutsche Politik, Freiburg 1929, S. 85 – 96 (zit.: K. BEYERLE, Katholiken).
BINDER, Julius, Philosophie des Rechts, Berlin 1925.
BINKOWSKI, Johannes, Jugend als Wegbereiter. Der Quickborn von 1909 bis 1945, Stuttgart 1981.
BLANKENBERG, Heinz, Politischer Katholizismus in Frankfurt am Main 1918 – 1933 (= VKZG, Reihe B: Forschungen, Bd. 34), Mainz 1981.
BLEI, Franz, Die Krise der Kirche, in: Summa 1 (1917/18), S. 171 – 182 (zit.: F. BLEI, Krise).
DERS., Das große Bestiarium der modernen Literatur, Berlin 1922 (zit.: F. BLEI, Bestiarium).

DERS., Carl Schmitt: Verfassungslehre, in: Die Literarische Welt 5 Nr. 24 (1929), S. 6 (zit.: F. BLEI, Verfassungslehre).
DERS., Erzählung eines Lebens, Leipzig 1930 (zit.: F. BLEI, Erzählung).
DERS., Ein deutsches Gespräch, in: NSR 24 (1931), S. 518 – 533 (zit.: F. BLEI, Gespräch).
DERS., Der Fall Carl Schmitt. Von einem, der ihn kannte, in: Der christliche Ständestaat, Nr. 52, 25. Dezember 1936, S. 1217 – 1220 (zit.: F. BLEI, Fall).
BLICKE AUF DIE ZEIT, in: Allgemeine Rundschau 29 (1932), S. 225.
BOBERACH, Heinz, Berichte des SD und der Gestapo über Kirchen und Kirchenvolk in Deutschland 1934 – 1944 (= VKZG, Reihe A: Quellen, Bd. 12), Mainz 1971.
BÖCKENFÖRDE, Ernst-Wolfgang, Kirchlicher Auftrag und politische Entscheidung, Freiburg 1973 (zit.: E.-W. BÖCKENFÖRDE, Auftrag).
DERS., Der deutsche Katholizismus im Jahre 1933. Eine kritische Betrachtung, in: E.-W. BÖCKENFÖRDE, Auftrag, S. 30 – 65 (zit.: E.-W. BÖCKENFÖRDE, Katholizismus).
DERS., Politische Theorie und politische Theologie. Bemerkungen zu ihrem gegenseitigen Verhältnis, in: J. TAUBES (Hrsg.), S. 16 – 25 (zit.: E.-W. BÖCKENFÖRDE, Theorie).
DERS., Art.: Konkretes Ordnungsdenken, in: HWP, Bd. 6, Sp. 1312 f. (zit.: E.-W. BÖCKENFÖRDE, Ordnungsdenken).
DERS., Der Schlüssel zum staatsrechtlichen Werk Carl Schmitts, in: H. QUARITSCH (Hrsg.), S. 283 – 299 (zit.: E.-W. BÖCKENFÖRDE, Schlüssel).
BÖCKENFÖRDE, Ernst-Wolfgang / SPAEMANN, Robert, Christliche Moral und atomare Kampfmittel, in: E.-W. BÖCKENFÖRDE, Auftrag, S. 123 – 155.
BÖCKENFÖRDE, Werner, Der korrekte Kanonist. Einführung in das kanonistische Denken Barions, in: H. BARION, Aufsätze, S. 1 – 23.
BÖCKLE, Franz / BÖCKENFÖRDE, Ernst-Wolfgang (Hrsg.), Naturrecht in der Kritik, Mainz 1973.
BOSL, Karl, Bosls bayerische Biographie, Regensburg 1983.
BRAUER, Theodor, Die Bedeutung der kirchlichen Standesvereine für die Volksseelsorge, in: Deutsches Volk 2 (1934/35), S. 361 – 369.
BROCK, Erich, »Der Begriff des Politischen«. Eine Auseinandersetzung mit Carl Schmitt, in: Hochl. 29 II (1930), S. 394 – 404.
BRÖCKLING, Ulrich, Katholische Intellektuelle in der Weimarer Republik. Zeitkritik und Gesellschaftstheorie bei Walter Dirks, Romano Guardini, Carl Schmitt, Ernst Michel und Heinrich Mertens, München 1993.
BRÜNING, Heinrich, Memoiren. 1918 – 1934, Stuttgart 1970.
BUCHHEIM, Karl, Art.: Kölnische Volkszeitung, in: StL, Bd. 4, 6. Aufl., Sp. 1127 – 1129.
CATHREIN, Victor, Moralphilosophie. Eine wissenschaftliche Darlegung der sittlichen, einschließlich der rechtlichen Ordnung, Bd. 2, 3. Aufl., Freiburg 1899 (zit.: V. CATHREIN, Moralphilosophie).
DERS., Recht, Naturrecht und positives Recht, Freiburg 1909 (zit.: V. CATHREIN, Recht).

CORTÉS, Juan Donoso, Notizen, in: Die Schildgenossen 5 (1925), S. 332 – 335.
CURTIUS, Friedrich, Demokratie und Parlamentarismus, in: Hochl. 22 I (1924/25), S. 112 – 114.
DECOT, Rolf / VINKE, Rainer (Hrsg.), Zum Gedenken an Joseph Lortz (1887 – 1975). Beiträge zur Reformationsgeschichte und Ökumene, Stuttgart 1989.
DEERMANN, B., Für das deutsche Rheinland!, in: Allgemeine Rundschau 21 (1924), S. 3 – 5.
DEISSLER, Alfons, Die Grundbotschaft des Alten Testaments, 6. Aufl., Freiburg 1978.
DEMPF, Alois, Der größere Gallikanismus, in: Hochl. 20 II (1923), S. 235 – 244 (zit.: A. DEMPF, Gallikanismus).
DERS., Die Kirche und die christliche Persönlichkeit, in: Hochl. 21 I (1923/24), S. 305 – 309 (zit.: A. DEMPF, Kirche).
DERS., Karl Muth zum 60. Geburtstage, in: Abendland 2 (1926/27), S. 172 f. (zit.: A. DEMPF, Muth).
DERS., Zur politischen Tugendlehre, in: Die Schildgenossen 8 (1928), S. 138 – 142 (zit.: A. DEMPF, Tugendlehre).
DERS., Die Stellung des Katholizismus zum Fascismus, in: Europäische Revue 8 (1932), S. 750 – 754 (zit.: A. DEMPF, Stellung).
DERS., Fortschrittliche Intelligenz nach dem Ersten Weltkrieg, in: Hochl. 61 (1969), S. 234 – 242 (zit.: A. DEMPF, Intelligenz).
DERS., in: Ludwig J. PONGRATZ (Hrsg.), Philosophie in Selbstdarstellungen I, Hamburg 1975, S. 37 – 79 (zit.: A. DEMPF, Philosophie).
DESSAUER, Friedrich, Das Rheinproblem (= Flugschriften der Rheinischen Zentrumspartei, II. Folge, Nr. 3), Köln 1924 (zit.: F. DESSAUER, Rheinproblem).
DERS., Das Zentrum, Berlin 1931 (zit.: F. DESSAUER, Zentrum).
DEUTSCHE BIOGRAPHISCHE ENZYKLOPÄDIE, hrsg. v. W. KILLY, München-New Providence-London-Paris 1995.
DIETRICH, Georg, Zum sittlichen Charakter der politischen Verpflichtung, in: ABK 48 (1933), S. 10 – 22.
DIRKS, Walter, Primat der Politik. Zur politischen Aufgabe der Zentrumspartei, in: Das Heilige Feuer 13 (1926), S. 129 – 141 (zit.: W. DIRKS, Primat).
DERS., Zur Position der katholischen Sozialisten, in: Die Schildgenossen 9 (1929), S. 74 – 77 (zit.: W. DIRKS, Position).
DERS., Republik als Aufgabe. Publizistik 1921 – 1933 (= Gesammelte Schriften, Bd. 1, hrsg. v. Fritz BOLL, Ulrich BRÖCKLING und Karl PRÜMM). Mit einem Vorwort v. Walter DIRKS und einer Einleitung v. Karl PRÜMM, Zürich 1991 (zit.: W. DIRKS, Republik).
DERS., Politik aus dem Glauben. Aufsätze zu Theologie und Kirche (= Gesammelte Schriften, Bd. 6, hrsg. v. Fritz BOLL, Ulrich BRÖCKLING und Karl PRÜMM), Zürich 1989 (zit.: W. DIRKS, Politik).
DOCKA, Karl, Die Kernfrage des Völkerbundes, in: Abendland 1 (1925/26), S. 270 – 272.
DOEBERL, Anton, Liberalismus und Romantik, in: HPBl 168 (1921), S. 437 – 445.
DOKA, Carl, Antisemitismus, in: SchwRd 32 (1932/33), S. 660 – 663.

EBERLE, Joseph, Im Kampf um Revision der modernen Wirtschaftsauffassung, in: Schönere Zukunft 2 (1926/27), S. 372 – 375.

EBERS, Godehard Josef, Reichsverfassung und christliche Staatslehre, in: Hochl. 26 II (1929), S. 564 – 578 (zit.: G. J. EBERS, Reichsverfassung).

DERS., Autorität und Freiheit. Rede, gehalten bei der feierlichen Übernahme des Rektorats der Universität am 12. November 1932 (= Kölner Universitäts-Reden), Köln 1932 (zit.: G. J. EBERS, Autorität).

EINE POLITISCHE PARTEI DER JUGEND ? (ohne Verfasserangabe), in: Die Schildgenossen 8 (1928), S. 340 – 348.

ENGEL, W., Godesberger Merkwürdigkeiten, in: Die Schildgenossen 2 (1922), S. 367 f.

ERDMANN, Karl Dietrich, Adenauer in der Rheinlandpolitik nach dem Ersten Weltkrieg, Stuttgart 1966.

ESCHWEILER, Karl, Die Herkunft des industriellen Menschen, in: Hochl. 22 II (1925), S. 378 – 398 (zit.: K. ESCHWEILER, Herkunft).

DERS., Die zwei Wege der neueren Theologie, Augsburg 1926 (zit.: K. ESCHWEILER, Wege).

DERS., Vom französischen Mißtrauen, in: Abendland 3 (1928/29), S. 38 f. (zit.: K. ESCHWEILER, Mißtrauen).

DERS., Joh. Adam Möhlers Kirchenbegriff, Braunsberg 1930 (zit.: K. ESCHWEILER, Kirchenbegriff).

DERS., Der nationale Gedanke als reale Vernunft, in: ABK 46 (1931), S. 18 – 30 (zit.: K. ESCHWEILER, Gedanke).

DERS., Politische Theologie, in: RelBes 4 (1931/32), S. 72 – 88 (zit.: C. ESCHWEILER, Theologie).

DERS., Zehn Gebote und Naturgesetz. Brief an Dr. Wilhelm Stapel, in: Deutsches Volkstum 15 (1933), S. 53 – 59 (zit.: K. ESCHWEILER, Gebote).

DERS., Die Kirche im neuen Reich, in: Deutsches Volkstum 15 (1933), S. 451 – 458 (zit.: K. ESCHWEILER, Kirche).

DERS., Von der Weltanschauung, in: Der Ring 6 (1933), S. 547 f. (zit.: K. ESCHWEILER, Weltanschauung).

DERS., Die Wahrheit der Rede von der Weltanschauung, in: Deutsches Volkstum 18 (1936), S. 176 – 185 (zit.: K. ESCHWEILER, Wahrheit).

DERS., Der weltanschauliche Geist der Barockscholastik, in: Deutsches Volkstum 18 (1936), S. 282 – 290 (zit.: K. ESCHWEILER, Geist).

FABER, Richard, Die Verkündigung des Vergil. Reich – Kirche – Staat. Zur Kritik der »Politischen Theologie«, Hildesheim 1975 (zit.: R. FABER, Verkündigung).

DERS., Abendland. Ein »politischer Kampfbegriff«, Hildesheim 1979 (zit.: R. FABER, Abendland).

DERS., Politischer Katholizismus. Die Bewegung von Maria Laach, in: Hubert CANCIK (Hrsg.), Religions- und Geistesgeschichte der Weimarer Republik, Düsseldorf 1982, S. 136 – 158 (zit.: R. FABER, Katholizismus).

DERS., Carl Schmitt, der Römer, in: B. WACKER (Hrsg.), S. 257 – 278.

FAULHABER, Kardinal Michael von, Am Brückenbau der neuen Wirtschaftsordnung, in: Schönere Zukunft 7 I (1932), S. 491 – 493 (zit.: KARDINAL M. FAULHABER, Brückenbau).

DERS., Die alte Kirche und die neue Technik, in: Schönere Zukunft 7 II (1933), S. 1100 f. (zit.: KARDINAL M. FAULHABER, Kirche).

FEDERER, Julius, Art.: Beyerle, in: StL, Bd. 1, 6. Aufl., Sp. 1243 – 1246.

FELLECHNER, Ernst L. (unter Mitarbeit v. Michael Gerges), Zur biographischen und theologischen Entwicklung Petersons bis 1935. Eine Skizze, in: A. SCHINDLER (Hrsg.), S. 76 – 120.

FERBER, Ernst, Liberale und konservative Elemente im sozialen Katholizismus der Gegenwart, in: Deutsches Volkstum 15 (1933), S. 363 – 369.

FOCKE, Franz, Sozialismus aus christlicher Verantwortung. Die Idee eines christlichen Sozialismus in der katholisch-sozialen Bewegung und in der CDU, Wuppertal 1978.

FORSTHOFF, Ernst, Der totale Staat, Hamburg 1933.

FRANK, Simon, Die Legende vom Großinquisitor, in: Hochl. 31 I (1933/34), S. 56 – 63.

FRANZEN, August, Kleine Kirchengeschichte, 6. Aufl., Freiburg 1976.

FREUDENBERGER, Georg, Die Erschütterung des demokratischen Rechtsstaates, in: Die Schildgenossen 12 (1932), S. 351 – 360 (zit.: G. FREUDENBERGER, Erschütterung).

DERS., Zur Lehre vom totalen Staat, in: Die Schildgenossen 13 (1933/34), S. 457 – 461 (zit.: G. FREUDENBERGER, Lehre).

FREUND, Michael, Georges Sorel und unsere Zeit, in: Hochl. 31 II (1934), S. 193 – 206.

FRIEDRICH, Hansjürgen, Die Institutionenlehre Maurice Haurious, Mainz 1963.

FRIESENHAHN, Ernst, Der politische Eid, Bonn 1928 (unveränderter Nachdruck: Darmstadt 1979) (zit.: E. FRIESENHAHN, Eid).

DERS., Leserbrief, in: Civis 4 (1957), S. 71 (zit.: E. FRIESENHAHN, Leserbrief).

FUCHS, Friedrich, Der totale Staat und seine Grenzen, in: Hochl. 30 I (1932/33), S. 558 – 560.

FUNK, Philipp, Selbstbewußtsein oder Selbstbesinnung, in: Hochl. 23 I (1925/26), S. 110 – 113 (zit.: Ph. FUNK, Selbstbewußtsein).

DERS., Literarischer Ratgeber für die Katholiken Deutschlands 1925/26, München 1925 (zit.: Ph. FUNK, Ratgeber).

DERS., Der Gang des geistigen Lebens im katholischen Deutschland unserer Generation, in: Wiederbegegnung, S. 77 – 126 (zit.: Ph. FUNK, Gang).

GABRISCH, Anne, Zum Porträt Franz Blei, in: Franz Blei. Portraits, hrsg. v. Anne GABRISCH, Wien 1987, S. 537 – 573.

GERBER, Hans, Staatsrechtliche Grundlinien des neuen Reichs, Tübingen 1933.

GERHART, Walter, Um des Reiches Zukunft. Nationale Wiedergeburt oder politische Reaktion?, Freiburg 1932.

GERL, Hanna-Barbara, Romano Guardini: 1885 – 1968. Leben und Werk, Mainz 1985.

GERMANUS, In Treue, in: HPBl 168 (1921), S. 478 – 484 (zit.: GERMANUS, Treue).
DERS., Zum Kapitel »Katholiken und Demokratie«, in: HPBl 169 (1922), S. 105 – 113 (zit.: GERMANUS, Katholiken).
GESTALTEN UND PROBLEME KATHOLISCHER RECHTS- UND SOZIALLEHRE (= Rechts- und Staatswissenschaftliche Veröffentlichungen der Görres-Gesellschaft, hrsg. v. Alexander HOLLERBACH, Hans MAIER und Paul MIKAT, N. F., Heft 29), Paderborn 1977.
Gesuch des Katholischen Akademikerverbandes an den Heiligen Vater um die Aufnahme des seeligen Albert des Großen in das Verzeichnis der Heiligen, in: KathGed 4 (1931), S. 229 – 237 (zit.: Gesuch).
GETZENY, Heinrich, Biozentrische Metaphysik – die Weltanschauung unserer Zeit, in: Die Schildgenossen 6 (1926), S. 436 – 449 (zit.: H. GETZENY, Metaphysik).
DERS., Katholizismus des Seins oder Katholizismus des Geltenwollens, in: Die Schildgenossen 7 (1927), S. 341 – 346 (zit.: H. GETZENY, Katholizismus).
DERS., Die Gesellschaftskrise als Ursache unserer Verfassungskrise, in: KathGed 6 (1933), S. 175 – 182 (zit.: H. GETZENY, Gesellschaftskrise).
GEUKE, Franz, Die Krise in der Zentrumspartei, in: HPBl 166 (1920), S. 379 – 388.
GIERS, Joachim, Demokratie im Urteil des sozialethischen und sozialtheologischen Denkens in Deutschland, in: JCSW, Bd. 10, 1969, S. 77 – 100.
GIGON, Olof, (Besprechung von Erik Peterson, Der Monotheismus als politisches Problem, in:) Schweizer Annalen 1 (1935/36), S. 309 – 311.
GLOSSEN ZUM TAGE, in: Der Friedenskämpfer 5 H. 5 (1929), S. 6 – 8.
GNÄGI, Albert, Katholische Kirche und Demokratie. Ein dogmengeschichtlicher Überblick über das grundsätzliche Verhältnis der katholischen Kirche zur demokratischen Staatsform, Zürich-Einsiedeln-Köln 1970.
GOGARTEN, Friedrich, Politische Ethik. Versuch einer Grundlegung, Jena 1932.
GRISAR, Josef, Rheinlandbücher, in: StZ 109 (1925), S. 306 – 310.
GROSCHE, Robert, Der katholische Student und die Kirche, in: Die Schildgenossen 7 (1927), S. 66 – 70 (zit.: R. GROSCHE, Student).
DERS., Die Grundlagen einer christlichen Politik der deutschen Katholiken, in: Die Schildgenossen 13 (1933/34), S. 46 – 52 (zit.: R. GROSCHE, Grundlagen).
DERS., Der geschichtliche Weg des deutschen Katholizismus aus dem Ghetto, in: Der Weg aus dem Ghetto. Vier Beiträge v. Robert GROSCHE, Friedrich HEER, Werner BECKER, Karlheinz SCHMIDTHÜS, Köln 1955, S. 11 – 34 (zit.: R. GROSCHE, Weg).
GRUBER, Hubert, Friedrich Muckermann S.J.: 1883 – 1946. Ein katholischer Publizist in der Auseinandersetzung mit dem Zeitgeist (= VKZG, Reihe B: Forschungen, Bd. 61), Mainz 1993.
GUARDINI, Romano, Vom Sinn der Kirche, Bonn 1922 (zit.: R. GUARDINI, Sinn).
DERS., Rettung des Politischen, in: Die Schildgenossen 4 (1924), S. 112 – 119 (zit.: R. GUARDINI, Rettung).
DERS., Briefe aus Italien, in: Die Schildgenossen 4 (1924), S. 335 – 342 (zit.: R. GUARDINI, Briefe).

DERS., Vorbemerkung zu: Karl Neundörfer, Personalität und Auktorität im Kirchenrecht, in: Die Schildgenossen 7 (1927), S. 127 f. (zit.: R. GUARDINI, Vorbemerkung).

DERS., Zu Theodor Haeckers Vergilbuch, in: Die Schildgenossen 12 (1932), S. 133 – 136 (zit.: R. GUARDINI, Vergilbuch).

DERS., Berichte über mein Leben. Autobiographische Aufzeichnungen. Aus dem Nachlaß hrsg. v. Franz HENRICH, 3. Aufl., Düsseldorf 1985 (zit.: R. GUARDINI, Berichte).

DERS., Staat in uns, in: Briefe über Selbstbindung, Mainz o. J. (zit.: R. GUARDINI, Staat).

GUNDLACH, Gustav, Konservatismus und antiliberale Konjunktur, in: StZ 123 (1932), S. 289 – 299 (zit.: G. GUNDLACH, Konservatismus).

DERS., Zur Arbeitsdienstpflicht, in: StZ 124 (1932/33), S. 56 – 59 (zit.: G. GUNDLACH, Arbeitsdienstpflicht).

DERS., Grundsätzliches über Partei und Parteien, in: StZ 124 (1932/33), S. 145 – 153 (zit.: G. GUNDLACH, Grundsätzliches).

DERS., Art.: Ständestaat, in: StL, Bd. 5, 5. Aufl., Sp. 67 – 71 (zit.: G. GUNDLACH, Ständestaat).

DERS., Die christliche Auffassung vom Staat, in: ABK 48 (1933/34), S. 1 – 9 (zit.: G. GUNDLACH, Auffassung).

DERS., Die katholischen Verbände, in: StZ 127 (1934), S. 396 – 405 (zit.: G. GUNDLACH, Verbände).

GÜNTHER, Albrecht Ernst, Der neue Staat, in: Deutsches Volkstum 15 (1933), S. 269 – 272 (zit.: A. E. GÜNTHER, Staat).

DERS., Zwiesprache, in: Deutsches Volkstum 15 (1933), S. 399 f.

GURIAN, Waldemar, Ein Traum vom Dritten Reich, in: Hochl. 22 I (1924/25), S. 237 – 242 (zit.: W. GURIAN, Traum).

DERS., Charles Maurras, in: Gral 21 (1926), S. 236 – 244 (zit.: W. GURIAN, Maurras).

DERS., Léon Bloy, in: Abendland 2 (1926/27), S. 118 – 122 (zit.: W. GURIAN, Bloy).

DERS., Die Kirche und die Action française. Eine prinzipielle Darlegung, in: Das Heilige Feuer 14 (1926/27), S. 330 – 345 (zit.: W. GURIAN, Kirche).

DERS., Faschismus und Bolschewismus, in: Das Heilige Feuer 15 (1927/28), S. 197 – 203 (zit.: W. GURIAN, Faschismus).

DERS., Der säkularisierte Katholizismus, in: Das Heilige Feuer 15 (1927/28), S. 442 – 448 (zit.: W. GURIAN, Katholizismus).

DERS., Der Abtrünnige, in: Abendland 4 (1928/29), S. 356 – 358.

DERS., Die politischen und sozialen Ideen des französischen Katholizismus. 1789/1914, Mönchengladbach 1929 (zit.: W. GURIAN, Ideen).

DERS., Der Faschismus, in: Das Heilige Feuer 16 (1929), S. 507 – 518 (zit.: W. GURIAN, Faschismus).

DERS., Die Gestaltungskraft sozialer Theorie der Katholiken, in: Soziale Revue 30 (1930), S. 241 – 249 (zit.: W. GURIAN, Gestaltungskraft).

DERS., Der Bolschewismus. Einführung in Geschichte und Lehre, Freiburg 1931 (zit.: W. GURIAN, Der Bolschewismus).

HAAS, Willy, Die Bibliothek des Schriftstellers, in: Die Literarische Welt 4 Nr. 50 (1928), S. 5 f.

HAECKER, Theodor, Betrachtungen über Vergil, Vater des Abendlandes, in: Brenner, 13 (1932), S. 3 – 31 (zit.: Th. HAECKER, Betrachtungen).

DERS., Das Chaos der Zeit, in: Hochl. 30 II (1933), S. 1 – 23 (zit.: Th. HAECKER, Chaos).

DERS., Essays, München 1958 (zit.: Th. HAECKER, Essays).

DERS., Notizen, in: Brenner 8 (1923), S. 9 – 19 (zit.: Th. HAECKER, Notizen).

DERS., Satire und Polemik, München 1961 (zit.: Th. HAECKER, Satire und Polemik).

HAGEN-DEMPF, Felicitas, Alois Dempf – ein Lebensbild, in: V. BERNING / H. MAIER (Hrsg.), S. 7 – 24.

HALM, George N., Art.: Weber, Adolf, in: StL, Bd. 8, 6. Aufl., Sp. 462 – 464.

HARNACK, Adolf von, Das Wesen des Christentums, Leipzig 1900.

HARTMANN, Rudolf, Die Entstehung des Monotheismus-Aufsatzes, in: A. SCHINDLER (Hrsg.), S. 14 – 22.

HAßENFUß, J., Art.: Eschweiler, Karl, in: LThK, Bd. 3, 2. Aufl., Sp. 1100.

HAURIOU, Maurice, Die Theorie der Institutionen und der Gründung (Essay über den sozialen Vitalismus), in: R. SCHNUR (Hrsg.), S. 27 – 66 (zit.: M. HAURIOU, Theorie).

DERS., Sozialordnung, Gerechtigkeit und Macht, in: R. SCHNUR (Hrsg.), S. 67 – 95 (zit.: M. HAURIOU, Sozialordnung).

HEFELE, Herman, Die Bettelorden und das religiöse Volksleben Ober- und Mittelitaliens im XIII. Jahrhundert, Leipzig 1910 (zit.: H. HEFELE, Bettelorden).

DERS., Das Gesetz der Form. Briefe an Tote, Jena 1919 (zit.: H. HEFELE, Gesetz).

DERS., Der Katholizismus in Deutschland, Darmstadt 1919 (zit.: H. HEFELE, Katholizismus).

DERS., Der politische Katholizismus, in: Karl Alexander von GLEICHEN-RUSSWURM (Hrsg.), Der Leuchter, Darmstadt 1919, S. 127 – 160 (zit.: H. HEFELE, Der politische Katholizismus).

DERS., Demokratie und Liberalismus, in: Hochl. 22 I (1924/25), S. 34 – 43 (zit.: H. HEFELE, Demokratie).

DERS., Zum Problem einer Politik aus dem katholischen Glauben, in: Abendland 2 (1926/27), S. 195 – 197 (zit.: H. HEFELE, Politik).

DERS., Zum Problem des Politischen, in: Abendland 3 (1927/28), S. 203 – 205 (zit.: H. HEFELE, Problem).

DERS., Niccolo Machiavelli, Lübeck 1933 (zit.: H. HEFELE, Machiavelli 1933).

DERS., Niccolò Machiavelli, in: Herman Hefele, Geschichte und Gestalt. Sechs Essays. Mit einem Nachwort hrsg. v. Clemens BAUER, Leipzig 1940, S. 318 – 335 (zit.: H. HEFELE, Machiavelli 1940).

HEILER, Friedrich, Das Wesen des Katholizismus, München 1920 (zit.: F. HEILER, Wesen).

DERS., Der Katholizismus, München 1923 (zit.: F. HEILER, Katholizismus).

HEILER, Joseph, Karl Adam, in: Die Schildgenossen 8 (1928), S. 411 – 421.

HEINRICH, Walter, Othmar Spann. Gestalt, Werk und Wirkungen, in: Othmar Spann, Leben und Werk (= Othmar Spann – Gesamtausgabe, Bd. 21), Graz 1979.
HELLPACH, Willy, Politische Prognose für Deutschland, Berlin 1928.
HELMSCHRIED, Fritz, Vom westlichen und östlichen Menschen. Beitrag zur politischen Entscheidung, in: Die Schildgenossen 11 (1931), S. 369 – 377.
HERMENS, Ferdinand A., Begegnungen im Dritten Reich, in: Hochl. 59 (1966/67), S. 337 – 347 (zit.: F. HERMENS, Begegnungen).
DERS., Parlamentarismus oder was sonst?, in: Hochl. 29 II (1931/32), S. 481 – 494 (zit.: F. HERMENS, Parlamentarismus).
HERTLING, Georg von, Art.: Demokratie, in: StL, Bd. 1, 4. Aufl., Sp. 1187 – 1200.
HERWEGEN, Ildefons, Lumen Christi. Gesammelte Aufsätze, München 1924 (zit.: I. HERWEGEN, Lumen Christi).
DERS., Antike, Germanentum und Christentum, Salzburg 1932 (zit.: I. HERWEGEN, Antike).
DERS., Deutsches Heldentum in christlicher Verklärung, in: Deutsches Volk 1 (1933/34), S. 121 – 125 (zit.: I. HERWEGEN, Heldentum).
HEYDTE, Freiherr von, Die Katholiken im neuen Deutschland. Dritte soziologische Tagung des Katholischen Akademikerverbandes in Maria Laach vom 21. bis 23. Juli 1933, in: Schönere Zukunft 8 (1933), S. 1131 – 1133.
HILDEBRAND, Dietrich von, Zur Begrenzung des Staates, in: Der Friedenskämpfer 5 H. 1 (1929), S. 8 – 16 (zit.: D. v. HILDEBRAND, Begrenzung).
DERS., Memoiren und Aufsätze gegen den Nationalsozialismus 1933 – 1938. Mit Alice von HILDEBRAND und Rudolf EBNETH hrsg. v. Ernst WENISCH (= VKZG, Reihe A: Quellen, Bd. 43), Mainz 1994 (zit.: D. v. HILDEBRAND, Memoiren).
HIPP, Otto, Rundschau, in: Hochl. 20 I (1922/23), S. 433 – 436.
HOERMANN, Franz Xaver, Regierung der Revolution und des Zufalls und Regierung der Tradition und der Voraussicht, in: HPBl 166 (1920), S. 321 – 337 (zit.: F. X. HOERMANN, Regierung).
DERS., Sozialreform und Erbsünde, in: HPBl 167 (1921), S. 301 – 313 (zit.: F. X. HOERMANN, Sozialreform).
DERS., Stand, Partei und Staat, in: HPBl 167 (1921), S. 525 – 540 (zit.: F. X. HOERMANN, Stand).
DERS., Der größte katholische Staatsmann Spaniens im 19. Jahrhundert, in: HPBl 168 (1921), S. 1 – 16 (zit.: F. X. HOERMANN, Staatsmann).
DERS., Europa, in: Allgemeine Rundschau 26 (1929), S. 792 – 794 (zit.: F. X. HOERMANN, Europa).
DERS., Kürzere Besprechung, in: HPBl 170 (1922), S. 483 f. (zit.: F. X. HOERMANN, Besprechung).
DERS., Zum neuen Jahre. Die revolutionären Auswirkungen des Irrtums, in: HPBl 171 (1923), S. 1 – 16 (zit.: F. X. HOERMANN, Zum neuen Jahre).
DERS., Reichskanzler a. D. Dr. Wirths Kampf gegen die »Reaktion«, in: HPBl 171 (1923), S. 592 – 602 (zit.: F. X. HOERMANN, Reichskanzler).
DERS., Politische Massensuggestion im 18. und 20. Jahrhundert, in: Allgemeine Rundschau 29 (1932), S. 480 f. (zit.: F. X. HOERMANN, Massensuggestion).

HOFMANN, Hasso, Legitimität gegen Legalität. Der Weg der politischen Philosophie Carl Schmitts, Neuwied-Berlin 1964.
HOHOFF, Curt, Erinnerung an Léon Bloys Grenze und Größe, in: Hochl. 46 (1953/54), S. 428 – 436 (zit.: C. HOHOFF, Erinnerung).
DERS., Theodor Haecker. Eine Erinnerung, in: IKaZ 8 (1979), S. 543 – 560 (zit.: C. HOHOFF, Haecker).
HOLLERBACH, Alexander, Über Godehard Josef Ebers (1880 – 1958). Zur Rolle katholischer Gelehrter in der neueren publizistischen Wissenschaftsgeschichte, in: Festschrift für Ulrich SCHEUNER zum 70. Geburtstag, hrsg. v. Horst Ehmke und Joseph H. Kaiser, Berlin 1973, S. 143 – 162 (zit.: A. HOLLERBACH, Ebers).
DERS., Katholizismus und Jurisprudenz in Deutschland 1876 – 1976, in: GESTALTEN UND PROBLEME KATHOLISCHER RECHTS- UND SOZIALLEHRE, S. 55 – 90 (zit.: A. HOLLERBACH, Katholizismus).
HUBER, Ernst Rudolf, »Positionen und Begriffe«. Eine Auseinandersetzung mit Carl Schmitt, in: ZGStW 101 (1941), S. 1 – 44 (zit.: E. R. HUBER, Positionen).
DERS., Deutsche Verfassungsgeschichte seit 1789, Bd. IV, Stuttgart 1969 (zit.: E. R. HUBER, Verfassungsgeschichte).
DERS., Carl Schmitt in der Reichskrise der Weimarer Endzeit, in: H. QUARITSCH (Hrsg.), S. 33 – 50 (zit.: E. R. HUBER, Schmitt).
HUBER, Georg Sebastian, Romanität oder Katholizität?, in: Hochl. 27 II (1930), S. 289 – 305.
HÜRTEN, Heinz, Deutsche Briefe 1934 – 1938. Ein Blatt der katholischen Emigration, I: 1934 – 1935 (= VKZG, Reihe A: Quellen, Bd. 6), Mainz 1969 (zit.: H. HÜRTEN, Dt. Briefe I).
DERS., Deutsche Briefe 1934 – 1938. Ein Blatt der katholischen Emigration, II: 1936 – 1938 (= VKZG, Reihe A: Quellen, Bd. 7), Mainz 1969 (zit.: H. HÜRTEN, Dt. Briefe II).
DERS., Waldemar Gurian. Ein Zeuge der Krise unserer Welt in der ersten Hälfte des 20. Jahrhunderts (= VKZG, Reihe B: Forschungen, Bd. 11), Mainz 1972 (zit.: H. HÜRTEN, Gurian).
DERS., Der katholische Carl Schmitt, in: HJ 116 (1996), S. 496 – 502 (zit.: H. HÜRTEN, Schmitt).
ISENSEE, Josef, Ansprache, in: J. LISTL (Hrsg.), S. 21 – 26.
ISERLOH, Erwin, Joseph Lortz. Leben und ökumenische Bedeutung, in: R. DECOT / R. VINKE (Hrsg.), Stuttgart 1989, S. 3 – 11.
ISSING, Othmar (Hrsg.), Adolf Weber zum hundertsten Geburtstag, Berlin 1977.
JUNKER, Detlef, Die Deutsche Zentrumspartei und Hitler 1932/33. Ein Beitrag zur Problematik des politischen Katholizismus in Deutschland, Stuttgart 1969.
K., Die rheinische Republik und der »Fall Kastert-Kuckhoff«, in: HPBl 164 (1919), S. 34 – 47.
KAISER, Joseph H., Konkretes Ordnungsdenken, in: H. QUARITSCH (Hrsg.), S. 319 – 330.
KAMNITZER, Ernst, Vergil und die römische Kirche, in: KathGed 4 (1931), S. 179 – 193.

KARDINAL FAULHABER, der Prediger des Friedens, über »Neue Kriegsethik und Friedensrüstung«, in: Allgemeine Rundschau 29 (1932), S. 67 – 68.

KARPEN, Ulrich, Hans Peters, in: Die Öffentliche Verwaltung 49 (1996), S. 776 – 782.

KAUFMANN, Erich, Kritik der neukantianischen Rechtsphilosophie, Tübingen 1921 (zit.: E. KAUFMANN, Kritik).

DERS., Carl Schmitt und seine Schule. Offener Brief an Ernst Forsthoff, in: Deutsche Rundschau 84 (1958), S. 1013 – 1015 (zit.: E. KAUFMANN, Schmitt).

KELSEN, Hans, Hauptprobleme der Staatsrechtslehre entwickelt aus der Lehre vom Rechtssatz, Tübingen 1911.

KEMP, Friedhelm / NEUWIRTH, Karl, Der Dichter Konrad Weiß 1880 – 1940, Marbacher Magazin 15/1980.

KENNEDY, Ellen, Carl Schmitt und Hugo Ball. Ein Beitrag zum Thema »Politischer Expressionismus«, in: ZPol 2 (1988), S. 143 – 161 (zit.: E. KENNEDY, Schmitt).

DIES., Politischer Expressionismus. Die kulturkritischen und metaphysischen Ursprünge des Begriffs des Politischen von Carl Schmitt, in: H. QUARITSCH (Hrsg.), S. 233 – 251 (zit.: E. KENNEDY, Expressionismus).

KIEFL, Franz Xaver, Die Staatsphilosophie der katholischen Kirche und die Frage der Legitimität in der Erbmonarchie, Regensburg 1928.

KLEIN, Joseph, Modernes Ordnungsdenken und kanonisches Recht, in: Joseph KLEIN, Skandalon, Tübingen 1958, S. 181 – 238.

KLEIN, Karl, Demokratie, Parlamentarismus, Diktatur, in: Abendland 2 (1926/27), S. 254 f.

KNÜTEL, Rolf, Ernst Friesenhahns Lebensweg, in: In memoriam Ernst Friesenhahn, Reden gehalten am 8. Juni 1985 bei der Gedenkfeier der Rheinischen Friedrich-Wilhelm-Universität Bonn, Bonn 1985, S. 7 – 21.

KODALLE, Klaus-Michael, Politik als Macht und Mythos. Carl Schmitts »Politische Theologie«, Stuttgart-Berlin-Köln-Mainz 1973 (zit.: K.-M. KODALLE, Politik).

DERS., Der non-konforme Einzelne. Kierkegaards Existenztheologie, in: J. TAUBES (Hrsg.), S. 198 – 226 (zit.: K.-M. KODALLE, Einzelne).

KOELLREUTTER, Otto, Grundriß der Allgemeinen Staatslehre, Tübingen 1933 (zit.: O. KOELLREUTTER, Grundriß).

DERS., Der deutsche Führerstaat, Tübingen 1934 (zit.: O. KOELLREUTER, Führerstaat).

DERS., Volk und Staat in der Weltanschauung des Nationalsozialismus, Berlin 1935 (zit.: O. KOELLREUTTER, Volk).

KOENEN, Andreas, Der Fall Carl Schmitt. Sein Aufstieg zum »Kronjuristen des Dritten Reichs«, Darmstadt 1995.

KÖHLER, Oskar, Art.: Romantik, in: StL, Bd. 6, 6. Aufl., Sp. 943 – 954 (zit.: O. KÖHLER, Romantik).

DERS., Art.: Funk, in: LThK, Bd. 4, 3. Aufl., Sp. 239 (zit.: O. KÖHLER, Funk).

KOSCH, Wilhelm, Die religiöse Wiedergeburt unserer Zeit, in: HPBl 165 (1920), S. 69 – 83.

KOSLOWSKI, Peter, Politischer Monotheismus oder Trinitätslehre? Zur Möglichkeit und Unmöglichkeit einer christlichen Politischen Theologie, in: J. TAUBES (Hrsg.), S. 26 – 44.

KRALIK, Richard von, Literarische Umschau, in: Der Gral 1 (1906/07), S. 507 – 515.

KRAMER, Rolf, Kölnische Volkszeitung (1860 – 1941), in: Heinz-Dietrich FISCHER (Hrsg.), Deutsche Zeitungen des 17. bis 20. Jahrhunderts, Pullach bei München 1972, S. 257 – 267.

KRAUSS, Günther, Staat, Bewegung, Volk. Zu der neuen Schrift von Carl Schmitt, in: Deutsches Recht 4 (1934), S. 23 f. (zit.: G. KRAUSS, Staat).

DERS., Zum Neubau deutscher Staatslehre. Die Forschungen Carl Schmitts, in: Jugend und Recht 10 (1936), S. 252 f. (zit.: G. KRAUSS, Neubau).

DERS., Der Rechtsbegriff des Rechts, Hamburg 1936 (zit.: G. KRAUSS, Rechtsbegriff).

DERS., Die totalitäre Staatsidee, in: NOrd 3 (1949), S. 494 – 508 (zit.: G. KRAUSS, Staatsidee).

DERS., Erinnerungen an Carl Schmitt, Teil 1: 1929 – 1931, in: Criticón 16 (1986), S. 127 – 130 (zit.: G. KRAUSS, Erinnerungen, Teil 1).

DERS., Erinnerungen an Carl Schmitt, Teil 2: 1931 – 1933, in: Criticón 16 (1986), S. 180 – 184 (zit.: G. KRAUSS, Erinnerungen, Teil 2).

DERS., Erinnerungen an Carl Schmitt, Teil 3: 1933, in: P. TOMMISSEN, Schmittiana – 1, S. 55 – 69 (zit.: G. KRAUSS, Erinnerungen, Teil 3).

DERS., Erinnerungen an Carl Schmitt, Teil 4: Neuer Anfang in Berlin, in: P. TOMMISSEN, Schmittiana – 2, S. 72 – 89 (zit.: G. KRAUSS, Erinnerungen, Teil 4).

DERS., Erinnerungen an Carl Schmitt, Teil 5: Das Jahr 1934, in: P. TOMMISSEN, Schmittiana – 2, S. 90 – 111 (zit.: G. KRAUSS, Erinnerungen, Teil 5).

DERS., Erinnerungen an Carl Schmitt, Nachtrag, in: P. TOMMISSEN, Schmittiana – 3, S. 45 – 51 (zit.: G. KRAUSS, Erinnerungen, Nachtrag).

KRAUSS, Günther / SCHWEINICHEN, Otto von, Disputation über den Rechtsstaat. Mit einer Einleitung und einem Nachwort von Carl Schmitt, Hamburg 1935 (zit.: G. KRAUSS / O. v. SCHWEINICHEN, Disputation).

KRITISCHE UMSCHAU, »Politik aus dem Glauben« indiziert, in: Das rote Blatt der katholischen Sozialisten 2 (1930), S. 29 f.

KRÖGER, Klaus, Bemerkungen zu Carl Schmitts »Römischer Katholizismus und politische Form«, in: H. QUARITSCH (Hrsg.), S. 167 – 180.

KRONE, Heinrich, Der Windthorstbund, in: Die Schildgenossen 5 (1924/25), S. 341 – 345.

KRUPA, Hans, Carl Schmitts Theorie des »Politischen«, Leipzig 1937.

KÜLP, Bernhard, Art.: Briefs, in: StL, Bd. 1, 7. Aufl., Sp. 887 – 889.

KÜNG, Hans, Die Kirche, 2. Aufl., München 1980.

KUNZE, Otto, Parlamentarische Diktatur, in: Allgemeine Rundschau 20 (1923), S. 497 f. (zit.: O. KUNZE, Diktatur).

DERS., Das Nationalbewußtsein der gebildeten deutschen Katholiken, in: Allgemeine Rundschau 21 (1924), S. 81 f. (zit.: O. KUNZE, Nationalbewußtsein).

DERS., Mitten im Kulturkampf!, in: Allgemeine Rundschau 21 (1924), S. 141 f. (zit.: O. KUNZE, Kulturkampf).
DERS., Um Rhein und Abendland, in: Allgemeine Rundschau 21 (1924), S. 854 f. (zit.: O. KUNZE, Rhein).
LAAK, Dirk van, Gespräche in der Sicherheit des Schweigens. Carl Schmitt in der politischen Geistesgeschichte der frühen Bundesrepublik, Berlin 1993.
LABAND, Paul, Das Staatsrecht des Deutschen Reiches, Bd. 1, 5. Aufl., Tübingen 1911.
LANDECK, Friedrich, Verfassung und Legalität, in: Deutsches Volkstum 14 (1932), S. 733 – 737.
LANDMESSER, Franz, Der Kampf um das Problem Wirtschaft und Weltanschauung, in: Allgemeine Rundschau 21 (1924), S. 733 f. (zit.: F. LANDMESSER, Kampf).
DERS., Um Wirtschaftsentwicklung und Sozialidee, in: KathGed 5 (1932), S. 75 – 83 (zit.: F. LANDMESSER, Wirtschaftsentwicklung).
DERS., Katholizismus und neue Ordnung, in: KathGed 6 (1933), S. 264 – 273 (zit.: F. LANDMESSER, Katholizismus).
LANG, Clemens, Die Ideologie des Widerstandes. Bemerkungen zu Carl Schmitts »Begriff des Politischen«, in: Deutsches Volkstum 14 (1932), S. 959 – 964 (zit.: C. LANG, Ideologie).
DERS., Das jüdische Frankreich, in: Deutsches Volkstum 15 (1933), S. 368 – 375 (zit.: C. LANG, Frankreich).
DERS., Die katholische Kirche und das Volk der Deutschen. Die konkrete Verfassungslage der katholischen Kirche, in: Deutsches Volkstum 15 (1933), S. 1036 – 1047 (zit.: C. LANG, Kirche).
DERS., Der dreigliedrige Aufbau der katholischen Kirche, in: Deutsches Volkstum 16 (1934), S. 446 – 455 (zit.: C. LANG, Aufbau).
LARENZ, Karl (Besprechung von Carl Schmitt: Über die drei Arten des rechtswissenschaftlichen Denkens), in: Zeitschrift für Deutsche Kulturphilosophie (Neue Folge des Logos) 1 (1935), S. 112 – 118.
LAUERMANN, Manfred, Begriffsmagie. »Positionen und Begriffe« als Kontinuitätsbehauptung. Bemerkungen anläßlich der Neuerscheinung 1988, in: Hans Georg FLICKINGER (Hrsg.), Die Autonomie des Politischen. Carl Schmitts Kampf um einen beschädigten Begriff, Weinheim 1990, S. 97 – 124 (zit.: M. LAUERMANN, Begriffsmagie).
DERS., Carl Schmitt – jenseits biographischer Mode. Ein Forschungsbericht 1993, in: B. WACKER (Hrsg.), S. 295 – 319.
LAUFS, Adolf, Konrad Beyerle: Leben und Werk, in: GESTALTEN UND PROBLEME KATHOLISCHER RECHTS- UND SOZIALLEHRE, S. 21 – 54.
LAUTENSCHLÄGER, Gabriele, Neue Forschungsergebnisse zum Thema: Joseph Lortz, in: R. DECOT / R. VINKE (Hrsg.), S. 293 – 313.
LEGGE, Th., Der Anteil der Katholiken am akademischen Lehramt, in: ABK 45 (1930), S. 105 – 117.
LEMIN, R. K., Aufnordung der Kirche, in: Allgemeine Rundschau 26 (1929), S. 795 – 800.

LINDGENS, Godehard, Freiheit, Demokratie und pluralistische Gesellschaft in der Sicht der katholischen Kirche. Dokumente, Stuttgart 1985.

LIPPERT, Peter, Christus und der Geist des Abendlandes, in: StZ 117 (1929), S. 321 – 330.

LISTL, Joseph (Hrsg.), Ernst Friesenhahn zum Gedächtnis. 26. 12. 1901 – 5. 8. 1984, Bonn 1985.

DERS., Predigt im Trauergottesdienst in der Pfarrkirche St. Michael in Bonn am 9. August 1984, in: J. LISTL (Hrsg.), S. 9 – 15.

LOEWEN, Paul Arnold von, Möller van den Bruck, in: Die Schildgenossen 6 (1926), S. 92 (zit.: P. A. LOEWEN, Möller).

DERS., Konservativer Nationalismus, in: Die Schildgenossen 7 (1927), S. 61 – 65 (zit.: P. A. LOEWEN, Nationalismus).

LOHMANN, Karl, Carl Schmitts Verfassungslehre, in: Die Schildgenossen 9 (1929), S. 433 – 436 (zit.: K. LOHMANN, Verfassungslehre).

DERS., Hitlers Staatsauffassung, Berlin 1933 (zit.: K. LOHMANN, Staatsauffassung).

LÖNNE, Karl-Egon, Carl Schmitt und der Katholizismus der Weimarer Republik, in: B. WACKER (Hrsg.), S. 11 – 35.

LORTZ, Joseph, Katholischer Zugang zum Nationalsozialismus, 3. Aufl., Münster 1934.

LÖWITH, Karl, Mein Leben in Deutschland vor und nach 1933, Stuttgart 1986.

LÖWITSCH, Bruno, Der Kreis um die Rhein-Mainische Volkszeitung, Wiesbaden 1980.

LÜNINCK, Hermann Freiherr von, Das Zentrum am Scheideweg, in: HPBl 165 (1920), S. 53 – 68 (zit.: H. Frhr. v. LÜNINCK, Zentrum).

DERS., Der neue Geist der neuen Zeit, in: HPBl 169 (1922), S. 593 – 612 (zit.: H. Frhr. v. LÜNINCK, Geist).

LUTTER, Marcus, Nachruf, in: J. LISTL (Hrsg.), S. 27 f.

LUTZ, Heinrich, Demokratie im Zwielicht. Der Weg der deutschen Katholiken aus dem Kaiserreich in die Republik 1914 – 1925, München 1963.

MAHR, Gerhard, Romano Guardini, Berlin 1976.

MAIER, Hans, Katholizismus und Demokratie. Schriften zu Kirche und Gesellschaft, Bd. 1, Freiburg 1983 (zit.: H. MAIER, Katholizismus und Demokrtie).

DERS., Katholische Gesellschaftslehre und neuere deutsche Staatslehre, in: H. MAIER, Katholizismus und Demokratie, S. 74 – 109 (zit.: H. MAIER, Gesellschaftslehre).

DERS., Politische Theologie? Einwände eines Laien, in: H. MAIER, Katholizismus und Demokratie, S. 185 – 207 (zit.: H. MAIER, Politische Theologie).

DERS., Zur Soziologie des deutschen Katholizismus 1803 – 1950, in: H. MAIER, Katholizismus und Demokratie, S. 271 – 284 (zit.: H. MAIER, Soziologie).

DERS., Art.: Katholizismus, in: LThK, Bd. 5, 3. Aufl., Sp. 1368 – 1370 (zit.: H. MAIER, Katholizismus).

MARMY, Emil (Hrsg.), Mensch und Gemeinschaft in christlicher Schau. Dokumente, Freiburg in der Schweiz 1945.

MARTIN, Alfred von, Christliche Wirtschaftsauffassung, in: Allgemeine Rundschau 21 (1924), S. 812 f. (zit.: A. v. MARTIN, Wirtschaftsauffassung).

DERS., Romantischer »Katholizismus« und katholische »Romantik«, in: Hochl. 23
I (1925/26), S. 315 – 337 (zit.: A. v. MARTIN, Katholizismus).
DERS., Die Religion Jacob Burckhardts, München 1947 (zit.: A. v. MARTIN, Religion).
MASCHKE, Günter, Carl Schmitt in Europa, in: Der Staat 25 (1986), S. 575 – 599
(zit.: G. MASCHKE, Europa).
DERS., Der Tod des Carl Schmitt. Apologie und Polemik, Wien 1987 (zit.: G.
MASCHKE, Tod).
DERS., Das »Amt Rosenberg« gegen Carl Schmitt. Ein Dokument aus dem Jahre
1937, in: Zweite Etappe, Bonn 1988, S. 96 – 111 (zit.: G. MASCHKE, Amt).
DERS., Die Zweideutigkeit der »Entscheidung«. Thomas Hobbes und Juan Donoso Cortés im Werk Carl Schmitts, in: H. QUARITSCH (Hrsg.), S. 193 – 221 (zit.:
G. MASCHKE, Zweideutigkeit).
DERS., La rappresentazione cattolica. Carl Schmitts Politische Theologie mit Blick
auf italienische Beiträge, in: Der Staat 28 (1989), S. 557 – 575 (zit.: G. MASCHKE,
La rappresentazione).
DERS. (Hrsg.), Juan Donoso Cortés. Essay über den Katholizismus und den Sozialismus, Weinheim 1989 (zit.: G. MASCHKE, Cortés).
MAUSBACH, Joseph, Katholische Moraltheologie, Bd. III 2, 4. Aufl., Münster
1921.
MEDEM, Eberhard Freiherr von, Der wissenschaftliche Nachlaß von Carl Schmitt,
in: H. QUARITSCH (Hrsg.), S. 25 – 29.
MEHRING, Reinhard, Pathetisches Denken. Carl Schmitts Denkweg am Leitfaden
Hegels. Katholische Grundeinstellung und antimarxistische Hegelstrategie, Berlin 1988.
MEIER, Heinrich, Carl Schmitt, Leo Strauß und »Der Begriff des Politischen«. Zu
einem Dialog unter Abwesenden, Stuttgart 1988.
DERS., Die Lehre Carl Schmitts. Vier Kapitel zur Unterscheidung politischer
Theologie und politischer Philosophie, Stuttgart-Weimar 1994.
MERCK, Heinrich, Jakob Hegner, in: Allgemeine Rundschau 29 (1932), S. 742.
MERCKER, Hans, Christliche Weltanschauung als Problem. Untersuchungen zur
Grundstruktur im Werk Romano Guardinis, Paderborn 1988.
MERTENS, Heinrich, Das Recht und die Aufgabe der katholischen Sozialisten in
Kirche und Arbeiterschaft, in: Zeitschrift für Religion und Sozialismus 2 (1930),
S. 351 – 365.
MEßNER, Johannes, Der katholische Staatsgedanke, in: SchwRd 34 (1934/35), S.
281 – 289.
METZ, Johann Baptist, Jenseits bürgerlicher Religion. Reden über die Zukunft des
Christentums, 2. Aufl., München-Mainz 1980.
MICHAEL, Horst / LOHMANN, Karl, Der Reichspräsident ist Obrigkeit! Ein Mahnruf an die evangelische Kirche, Hamburg 1932.
MICHEL, Ernst, Politik aus dem Glauben, Jena 1926 (zit.: E. MICHEL, Politik).
DERS., Katholik und sozialistische Bewegung, in: Die Schildgenossen 8 (1928),
S. 148 – 157 (zit.: E. MICHEL, Katholik).

Ders., Lebensverantwortung aus katholischem Glauben, Berlin 1937; zuerst erschienen als: Die Krisis des späten Liberalismus, in: Hochl. 32 II (1935), S. 97 – 114 (zit.: E. Michel, Lebensverantwortung).

Ders., Sozialgeschichte der industriellen Arbeitswelt, Frankfurt 1947 (zit.: E. Michel, Sozialgeschichte).

Mikat, Paul, Art.: Peters, in: StL, Bd. 4, 7. Aufl., Sp. 365 f.

Mirgeler, Albert, Die deutschen Katholiken und das Reich, in: Die Schildgenossen 13 (1933), S. 53 – 56.

Moenius, Georg, Streiflichter, in: Allgemeine Rundschau 26 (1929), S. 385 – 388 (zit.: G. Moenius, Streiflichter).

Ders., Zur Psychologie des abendländischen Geistes, in: Allgemeine Rundschau 26 (1929), S. 786 f. (zit.: G. Moenius, Psychologie).

Ders., »Romanae majestati reddere proprium decus«, in: Allgemeine Rundschau 27 (1930), S. 143 – 145 (zit.: G. Moenius, Romanae).

Ders., »Wir leben im Imperium Romanum«, in: Allgemeine Rundschau 30 (1933), S. 2 – 9 (zit.: G. Moenius, Imperium).

Morsey, Rudolf, Die Deutsche Zentrumspartei, in: Erich Matthias / Rudolf Morsey, Das Ende der Parteien 1933, Düsseldorf 1960, S. 281 – 453 (zit.: R. Morsey, Zentrumspartei 1960).

Ders., Die Deutsche Zentrumspartei 1917 – 1923, Düsseldorf 1966 (zit.: R. Morsey, Zentrumspartei 1966).

Ders., Die Protokolle der Reichstagsfraktion und des Fraktionsvorstands der Deutschen Zentrumspartei 1926 – 1933 (= VKZG, Reihe A: Quellen, Bd. 9), Mainz 1969 (zit.: R. Morsey, Protokolle).

Ders., Versailler Vertrag, in: StL, Bd. 5, 7. Aufl., Sp. 705 – 707 (zit.: R. Morsey, Versailler Vertrag).

Muckermann, Friedrich, Diktatur und Christentum, in: O. F. de Battaglia (Hrsg.), S. 65 – 80 (zit.: F. Muckermann, Diktatur).

Ders., Vom Rätsel der Zeit. Gedanken zur Reichsidee, München 1933 (zit.: F. Muckermann, Rätsel).

Ders., Im Kampf zwischen zwei Epochen. Lebenserinnerungen, bearb. v. Nikolaus Junk (= VKZG, Reihe A: Quellen, Bd. 15), Mainz 1973 (zit.: F. Muckermann, Epochen).

Müller, Franz, Katholische Kapitalismuskritik im 19. Jahrhundert, in: Allgemeine Rundschau 29 (1932), S. 514 – 516.

Müller, Hans, Katholische Kirche und Nationalsozialismus. Dokumente, München 1963.

Müller, Paul, Entscheidung und Ordnung. Zu den Schriften von Carl Schmitt, in: SchwRd 34 (1934/35), S. 566 – 576.

Münch, Franz Xaver, Der katholische Gedanke. Sinn und Ziel, in: KathGed 1 (1928), S. 1- 11 (zit.: F. X. Münch, Gedanke).

Ders., Das Religiöse und seine Formkraft, in: KathGed 7 (1934), S. 109 – 124 (zit.: F. X. Münch, Formkraft).

Muth, Heinrich, Carl Schmitt in der deutschen Innenpolitik des Sommers 1932, in: Theodor SCHIEDER (Hrsg.), Beiträge zur Geschichte der Weimarer Republik, Beiheft 1 der »Historischen Zeitschrift«, München 1971, S. 75 – 147.

MUTH, Karl, Die Wiedergeburt der Dichtung aus dem religiösen Erleben, München 1909 (zit.: K. MUTH, Wiedergeburt).

DERS., Konservative Politik und konservative Partei, in: Hochl. 19 I (1921/22), S. 113 – 115 (zit.: K. MUTH, Politik).

DERS., Zeitgeschichte, in: Hochl. 21 I (1923/24), S. 96 – 100 (zit.: K. MUTH, Zeitgeschichte).

DERS., Res publica 1926. Gedanken zur politischen Krise der Gegenwart, in: Hochl. 24 I (1926/27), S. 1 – 14 (zit.: K. MUTH, Res publica).

DERS., Donoso Cortés, in: Hochl. 31 II (1934), S. 277 – 279 (zit.: K. MUTH, Cortés).

MUTH, Wulfried C., Carl Muth und das Mittelalterbild des Hochland, München 1974.

NELL-BREUNING, Oswald von, Gerechtigkeit und Freiheit. Grundzüge katholischer Soziallehre, 2. Aufl., München 1985.

NEUE DEUTSCHE BIOGRAPHIE, Bd. 3, hrsg. v. der Historischen Kommission bei der Bayerischen Akademie der Wissenschaften, Berlin 1957.

NEUNDÖRFER, Karl, Die politisch-religiöse Basis der Zentrumspartei, in: Die Schildgenossen 4 (1923/24), S. 135 – 138 (zit.: K. NEUNDÖRFER, Basis).

DERS., Bücher über die Kirche, in: Die Schildgenossen 5 (1924/25), S. 203 – 207 (zit.: K. NEUNDÖRFER, Bücher).

DERS., Politische Form und religiöser Glaube. Eine Bücherbesprechung, in: Die Schildgenossen 5 (1924/25), S. 323 – 331 (zit.: K. NEUNDÖRFER, Form).

DERS., Katholizismus und politisches Parteienleben in Deutschland. Die Zentrumsfrage in Deutschland, in: Schönere Zukunft 1 (1925/26), S. 133 – 137 (zit.: K. NEUNDÖRFER, Katholizismus).

DERS., Zum Problem des Konkordats, in: Abendland 2 (1926/27), S. 304 f. (zit.: K. NEUNDÖRFER, Problem).

DERS., Recht und Macht in der Kirche, in: Karl NEUNDÖRFER, Zwischen Kirche und Welt. Ausgewählte Aufsätze aus seinem Nachlaß hrsg. v. Ludwig NEUNDÖRFER und Walter DIRKS, Frankfurt 1927, S. 25 – 39 (zit.: K. NEUNDÖRFER, Recht).

NEUß, Wilhelm, Kampf gegen den Mythus des XX. Jahrhunderts, Köln 1947 (zit.: W. NEUß, Kampf).

DERS., Die Kirche der Neuzeit, Bonn 1954 (zit.: W. NEUß, Kirche).

NICHTWEIß, Barbara, Erik Petersons Leben, Werk und Wirkung, in: StZ 208 (1990), S. 529 – 543 (zit.: B. NICHTWEIß, Leben).

DIES., Erik Peterson. Neue Sicht auf Leben und Werk, Freiburg-Basel-Wien 1992 (zit.: B. NICHTWEIß, Peterson).

DIES., Apokalyptische Verfassungslehren. Carl Schmitt im Horizont der Theologie Erik Petersons, in: B. WACKER (Hrsg.), S. 37 – 74 (zit.: B. NICHTWEIß, Verfassungslehren).

DIES., »Die Zeit ist aus den Fugen«. Auszüge aus den Briefen von Paul Adams an Erik Peterson, in: B. Wacker (Hrsg.), S. 65 – 87 (zit.: B. NICHTWEIß, Zeit).

NICOLETTI, Michele, Die Ursprünge von Carl Schmitts »Politischer Theologie«, in: H. QUARITSCH (Hrsg.), S. 109 – 128.
NIEKISCH, Ernst, Gewagtes Leben, Köln 1958.
NIKOLAUS VON KUES, Von der allgemeinen Eintracht. Ausgewählte Texte mit einer Einführung, hrsg. v. Karl Gottfried HUGELMANN, Salzburg 1966.
NOACK, Paul, Carl Schmitt. Eine Biographie, Berlin-Frankfurt/Main 1993.
NOLTE, Ernst, Der Faschismus in seiner Epoche, 5. Aufl., München 1979.
OELINGER, Josef, Art.: Vogelsang, in: StL, Bd. 5, 7. Aufl., Sp. 765 f.
OLDEMEYER, Ernst, Nachwort des Herausgebers, in: Erich BROCK, Naturphilosophie, hrsg. v. E. OLDEMEYER, Bern 1985, S. 269 – 280.
PESCH, Heinrich, Neubau der Gesellschaft (= Flugschriften der »Stimmen der Zeit«, 1. Heft), Freiburg 1919.
PETERS, Hans, Der totale Staat und die Kirche, in: Erich KLEINEIDAM / Otto KUß (Hrsg.), Die Kirche in der Zeitenwende, Paderborn 1935, S. 301 – 334.
PETERSON, Erik, Heis Theos. Epigraphische, formgeschichtliche und religionsgeschichtliche Untersuchungen, Göttingen 1926 (zit.: E. PETERSON, Theos).
DERS., Was ist Theologie?, Bonn 1926 (zit.: E. PETERSON, Theologie).
DERS., Kaiser Augustus im Urteil des antiken Christentums. Ein Beitrag zur Geschichte der politischen Theologie, in: Hochl. 30 II (1933), S. 289 – 299 (zit.: E. PETERSON, Kaiser).
DERS., Die neueste Entwicklung in der protestantischen Kirche in Deutschland, in: Hochl. 31 I (1933/34), S. 64 – 79 (zit.: E. PETERSON, Entwicklung).
DERS., Der Monotheismus als politisches Problem. Ein Beitrag zur Geschichte der politischen Theologie im Imperium Romanum, Leipzig 1935 (zit.: E. PETERSON, Monotheismus).
DERS., Die Kirche, in: Erik PETERSON, Theologische Traktate, München 1951, S. 409 – 429 (zit.: E. PETERSON, Kirche).
PFEIFFER, Hans, Die »Krise« im Zentrum, ihre Ueberwindung und der Parlamentarismus, in: HPBl 166 (1920), S. 570 – 580.
PFISTER, Bernd, Vom politischen Menschen, in: Die Schildgenossen 4 (1924), S. 122 – 129.
PFLEGER, L., Art.: Veuillot, in: LThK, Bd. 10, 2. Aufl., Sp. 759 f.
PHILOSOPHISCHES WÖRTERBUCH, 20. Aufl., Stuttgart 1978.
PIEPER, August, Was geht den Geistlichen seine Volksgemeinschaft an?, Mönchengladbach 1926.
PIEPER, Josef, Notizen, in: Hochl. 46 (1953/54), S. 342 – 345.
PLATZ, Hermann, Zeitgeist und Liturgie, Mönchengladbach 1921 (zit.: H. PLATZ, Zeitgeist).
DERS., Geistige Kämpfe im modernen Frankreich, München 1922 (zit.: H. PLATZ, Kämpfe).
DERS., Großstadt und Menschtum, München 1924 (zit.: H. PLATZ, Großstadt).
DERS., Das Religiöse in der Krise der Zeit, Einsiedeln 1928 (zit.: H. PLATZ, Religiöse).
PORT, Hermann, Zweiparteiensystem und Zentrum, in: Hochl. 22 II (1925), S. 369 – 377 (zit.: H. PORT, Zweiparteiensystem).

DERS., Die Rheinlande als Objekt internationaler Politik, in: Hochl. 23 I (1925/26), S. 113 f. (zit.: H. PORT, Rheinlande).
DERS., Römischer Katholizismus und politische Form. Eine Betrachtung über die religiösen Grundlagen der Politik und der Wirtschaft, in: GelbeH 2 I (1925/26), S. 451 – 456 (zit.: H. PORT, Katholizismus).
POTTMEYER, Hermann Josef, Unfehlbarkeit und Souveränität. Die päpstliche Unfehlbarkeit im System der ultramontanen Ekklesiologie des 19. Jahrhunderts, Mainz 1975.
PREIS, Martin, Die Staatsverfassung im totalen Staat, in: StZ 125 (1933), S. 145 – 155 (zit.: M. PREIS, Staatsverfassung).
DERS., Dreigliedriger Aufbau der katholischen Kirche?, in: StZ 128 (1935), S. 154 – 163 (zit.: M. PREIS, Aufbau).
PRÜMM, Karl, Walter Dirks und Eugen Kogon als katholische Publizisten der Weimarer Republik, Heidelberg 1984 (zit.: K. PRÜMM, Dirks).
PRÜMM, Karl, Einleitung, in: W. DIRKS, Republik, S. 11 – 30 (zit.: K. PRÜMM, Einleitung).
PRZYWARA, Erich, Augustinismus und Romantik, in: StZ 109 (1925), S. 470 – 472 (zit.: E. PRZYWARA, Augustinismus).
DERS., Integraler Katholizismus?, in: StZ 113 (1927), S. 115 – 121 (zit.: E. PRZYWARA, Katholizismus).
DERS., Ringen der Gegenwart I, Augsburg 1929 (zit.: E. PRZYWARA, Ringen).
DERS., Deutscher Aufbruch, in: StZ 124 (1932/33), S. 82 – 93 (zit.: E. PRZYWARA, Aufbruch).
DERS., Deutsche Front, in: StZ 124 (1932/33), S. 153 – 167 (zit.: E. PRZYWARA, Front).
DERS., Nation, Staat, Kirche, in: StZ 125 (1933), S. 370 – 379 (zit.: E. PRZYWARA, Nation).
DERS., Botschaft, in: Die Besinnung 8 (1953), S. 275 – 279 (zit.: E. PRZYWARA, Botschaft).
DERS., Demokratie, in: Die Besinnung 10 (1955), S. 11 – 24 (zit.: E. PRZYWARA, Demokratie).
DERS., In und Gegen. Stellungnahmen zur Zeit, Nürnberg 1955 (zit.: E. PRZWYWARA, In und Gegen).
DERS., Idee Europa, in: Die Besinnung 11 (1956), S. 3 – 13 (zit.: E. PRZYWARA, Idee).
DERS., Christ und Obrigkeit. Ein Dialog, Nürnberg 1961 (zit.: E. PRZYWARA, Christ und Obrigkeit).
DERS., Katholische Krise, Düsseldorf 1967 (zit.: E. PRZYWARA, Krise).
QUARITSCH, Helmut (Hrsg.), Complexio Oppositorum. Über Carl Schmitt, Berlin 1988.
DERS., Einleitung: Über den Umgang mit Person und Werk Carl Schmitts, in: H. QUARITSCH (Hrsg.), S. 13 – 21 (zit.: H. QUARITSCH, Einleitung).
DERS., Positionen und Begriffe Carl Schmitts, Berlin 1989 (zit.: H. QUARITSCH, Positionen).

RADAKOVIC, Mila, Carl Schmitts Verfassungslehre, in: Hochl. 26 II (1929), S. 534 – 541.
RAHNER, Karl / VORGRIMLER, Herbert, Kleines Konzilskompendium, 12. Aufl., Freiburg 1978.
RAPHAEL, Max, Die neuthomistische Auferstehung des Mittelalters und der kulturkämpferische Neothomismus, in: NSR 24 (1931), S. 261 – 264.
RAST, Max (Besprechung von: Erik Peterson, Der Monotheismus als politisches Problem), in: Schol. 12 (1937), S. 113 f.
REYNOLD, Gonzague Graf de, Romanitas, in: Allgemeine Rundschau 26 (1929), S. 781 – 783.
RIESENBERGER, Dieter, Geschichte der Friedensbewegung in Deutschland. Von den Anfängen bis 1933, Göttingen 1985.
RITTER, Gerhard A. / MILLER, Susanne (Hrsg.), Die deutsche Revolution 1918 – 1919. Dokumente, Frankfurt 1968.
ROGGE, Heinrich, ›Feindschaft‹ als Lebenselement von Staat und Politik. Eine staatstheoretische Warnung, in: Der Ring 5 (1932), S. 16 – 18.
ROHAN, Karl Anton, Bericht zur Lage, in: Europäische Revue 8 (1932), S. 3 – 16 (zit.: K. A. ROHAN, Bericht).
DERS., Katholizismus und Recht, in: Deutsches Volkstum 15 (1933), S. 958 – 960 (zit.: K. A. ROHAN, Katholizismus).
DERS., Schicksalsstunde Europas. Erkenntnisse und Bekenntnisse, Wirklichkeiten und Möglichkeiten, 2. Aufl., Graz 1937 (zit.: K. A. ROHAN, Schicksalsstunde).
DERS., Heimat Europa. Erinnerungen und Erfahrungen, Düsseldorf 1954 (zit.: K. A. ROHAN, Heimat).
ROMMEN, Heinrich, Liebeskirche und Rechtskirche, in: Das Heilige Feuer 18 (1931), S. 104 – 113 (zit.: H. ROMMEN, Liebeskirche).
DERS., Die ewige Wiederkehr des Naturrechts, Leipzig 1936 (zit.: H. ROMMEN, Wiederkehr).
ROSENBERG, Alfred, Der Mythus des 20. Jahrhunderts. Eine Wertung der seelischgeistigen Gestaltungskämpfe unserer Zeit, 137. – 142. Aufl., München 1938.
ROST, Hans, Der Entwicklungsstand des deutschen Katholizismus, in: Schönere Zukunft 2 (1926/27), S. 1087 – 1089.
RUNTE-SCHRANZ, Veronica, Dr. Franz Schranz und sein Siedlinghäuser Kreis, in: P. TOMMISSEN, Schmittiana – 3, S. 63 – 88.
RÜTHERS, Bernd, Entartetes Recht. Rechtslehren und Kronjuristen im Dritten Reich, München 1988 (zit.: B. RÜTHERS, Recht).
DERS., Carl Schmitt im Dritten Reich. Wissenschaft als Zeitgeistverstärkung?, 2. Aufl., München 1990 (zit.: B. RÜTHERS, Reich).
DERS., Wer war Carl Schmitt? Bausteine zu einer Biographie, in: Neue Juristische Wochenschrift 47 (1994), S. 1681 – 1687 (zit.: B. RÜTHERS, Schmitt).
SACHER, Hermann, Vorwort, in: StL, 5. Aufl., S. V – VI.
SACHSE, Otto, Stegerwalds Parteipolitik, in: Allgemeine Rundschau 18 (1921), S. 562 f. (zit.: O. SACHSE, Parteipolitik).

DERS., Katholizismus und Faschismus, in: Allgemeine Rundschau 20 (1923), S. 13 f. (zit.: O. SACHSE, Katholizismus).
SALIN, Edgar, Systeme und Methoden in den Wirtschafts- und Sozialwissenschaften. Erwin Beckerath zum 75. Geburtstag, hrsg. v. Norbert KLOTEN u.a., Tübingen 1964, S. 13 – 17.
SCHAEZLER, Karl, Betrachtungen zu einem Standwerk des Staatsdenkens, in: Hochl. 31 II (1934), S. 565 – 568.
SCHÄFFLER, Michael, Die Glaubensnot der deutschen Katholiken, in: V. BERNING / H. MAIER (Hrsg.), S. 196 – 242.
SCHAMBECK, Herbert, Kirche, Staat und Demokratie. Ein Grundthema der katholischen Soziallehre, Berlin 1992.
SCHATZ, Klaus, Zwischen Säkularisation und Zweitem Vatikanum. Der Weg des deutschen Katholizismus im 19. und 20. Jahrhundert, Frankfurt/Main 1986.
SCHICKEL, Joachim, Gespräche mit Carl Schmitt, Berlin 1993.
SCHILLING, Otto, Christliche Sozial- und Rechtsphilosophie, München 1933.
SCHINDLER, Alfred (Hrsg.), Monotheismus als politisches Problem? Erik Peterson und die Kritik der politischen Theologie, Gütersloh 1978.
SCHINDLER, Alfred / SCHOLZ, Frithard, Die Theologie Carl Schmitts, in: J. TAUBES (Hrsg.), S. 153 – 173.
SCHLANG, F., Kulturkampf am Rhein!, in: Allgemeine Rundschau 21 (1924), S. 438 f.
SCHLICHTING, Hans Burkard, Hugo-Ball-Chronik, in: Ernst TEUBNER (Hrsg.), Hugo Ball (1886 – 1986). Leben und Werk, Pirmasens 1986, S. 11 – 261.
SCHNEIDER, Peter, Art.: Hauriou, in: StL, Bd. 4, 6. Aufl., Sp. 1 – 3.
SCHNEIDER, Reinhold, Grußwort an die Jubilarin, in: Die Besinnung 10 (1955), S. 3 f.
SCHNUR, Roman (Hrsg.), Die Theorie der Institutionen und zwei andere Aufsätze von Maurice Hauriou, Berlin 1965.
SCHOLDER, Klaus, Die Kirchen und das Dritte Reich, Bd. 2, Barmen-Rom-Berlin 1985.
SCHOLZ, Frithard, Zeuge der Wahrheit – ein anderer Kierkegaard, in: A. SCHINDLER (Hrsg.), S. 120 – 148 (zit.: F. SCHOLZ, Zeuge).
DERS., Bemerkungen zur Funktion der Peterson-These in der neueren Diskussion um eine Politische Theologie, in: A. SCHINDLER (Hrsg.), S. 170 – 201 (zit.: F. SCHOLZ, Bemerkungen).
SCHÖNINGH, Franz Josef, Georges Sorel, in: Hochl. 30 I (1932/33), S. 565 – 567.
SCHRAMM, Edmund, Art.: Donoso Cortés, in: StL, Bd. 2, 6. Aufl., Sp. 941 – 943.
SCHRÖCKER, Sebastian, Der Fall Barion, in: H. BARION, Aufsätze, S. 25 – 75.
SCHROERS, Heinrich, Das alte und das neue Staatslexikon, in: HPBl 171 (1923), S. 621 – 635.
SCHUSTER, Johann B., Vom Kampf um das Naturrecht, in: StZ 115 (1928), S. 196 – 209 (zit.: J. B. SCHUSTER, Naturrecht).
DERS., Der Begriff des Politischen, in: StZ 124 (1933), S. 59 – 61 (zit.: J. B. SCHUSTER, Begriff).

SCHÜTT-HENNINGS, Annemarie (Hrsg.), Hugo Ball. Briefe 1911 – 1927, Einsiedeln-Zürich-Köln 1957.
SCHWAB, George, The Challenge of the Exception. An introduction to the Political Ideas of Carl Schmitt between 1921 and 1936, Berlin 1970.
SEEWALD, Richard, Die Zeit befiehlts, wir sind ihr untertan. Lebenserinnerungen, Freiburg 1977.
SEMMEL, Jakob, Politik aus dem Glauben. Zum gleichnamigen Buch von Ernst Michel, in: StZ 113 (1926/27), S. 278 – 289.
SIEFKEN, Hinrich, Theodor Haecker 1879 – 1945, Marbacher Magazin 49/1989 (zit.: H. SIEFKEN, Haecker).
DERS., Zur Biographie Theodor Haeckers, in: Theodor Haecker. Tag- und Nachtbücher 1939 – 1945. Hrsg. v. Hinrich SIEFKEN. Erste vollst. und kommentierte Ausgabe, Innsbruck 1989, S. 7 – 17 (zit.: H. SIEFKEN, Biographie).
SIMMA, Bruno, Art.: Verdroß, Alfred von, in: StL, Bd. 5, 7. Aufl., Sp. 613.
SINDERMANN, Joachim, Glaubensdoktrin und Recht, in: Die Schildgenossen 6 (1926), S. 247 – 256 (zit.: J. SINDERMANN, Glaubensdoktrin).
DERS., Zum Volksbegriff in Kirchenlehre und Kirchenrecht, in: Die Schildgenossen 8 (1928), S. 355 – 376 (zit.: J. SINDERMANN, Volksbegriff).
DERS., Die revolutionäre Kirche. Zu Eugen Rosenstocks ›Europäische Revolutionen‹, in: Die Schildgenossen 12 (1932), S. 283 – 302 (zit.: J. SINDERMANN, Kirche).
SODEN, Carl Oskar Freiherr von, Kritik der Kritik. Randbemerkungen zu der Schrift von Carl Schmitt: Die Kernfrage des Völkerbundes, in: Allgemeine Rundschau 23 (1926), S. 418 – 421, 440 – 443 (zit.: C. O. Frhr. v. SODEN, Kritik).
DERS., Das wahre Reich, in: Allgemeine Rundschau 29 (1932), S. 495 – 497 (zit.: C. O. Frhr. v. SODEN, Das wahre Reich).
SOHM, Rudolph, Wesen und Ursprung des Katholizismus, 2. Aufl., Leipzig-Berlin 1912.
SOMBART, Nicolaus, Jugend in Berlin. 1933 – 1943. Ein Bericht, München-Wien 1984.
SONTHEIMER, Kurt, Antidemokratisches Denken in der Weimarer Republik. Die politischen Ideen des deutschen Nationalismus zwischen 1918 und 1933, München 1962.
SORGENFREI, Helmut, Die geistesgeschichtlichen Hintergründe der Sozialenzyklika »Rerum novarum«, Heidelberg 1970.
SPAEL, Wilhelm, Das katholische Deutschland im 20. Jahrhundert. Seine Pionier- und Krisenzeiten. 1890 – 1945, Würzburg 1964.
SPANN, Othmar, Tote und lebendige Wissenschaft. Kleines Lehrbuch der Volkswirtschaft, 3. Aufl., Jena 1929.
DERS., Die politisch-wirtschaftliche Schicksalsstunde der deutschen Katholiken, in: Schönere Zukunft 7 I, 1932, S. 565 – 567 (zit.: O. SPANN, Schicksalsstunde).
DERS., Der wahre Staat (= Othmar Spann – Gesamtausgabe, Bd. 5), Graz 1972 (zit.: O. SPANN, Staat).
STANGL, Bernhard, Untersuchungen zur Diskussion um die Demokratie im deutschen Katholizismus unter besonderer Berücksichtigung ihrer Grundlagen und

Beurteilung in den päpstlichen und konziliaren Erklärungen und Stellungnahmen, München 1985.
STAPEL, Wilhelm, Der christliche Staatsmann. Eine Theologie des Nationalismus, 2. Aufl., Hamburg 1932.
STEED, Wickham, Diktatur und liberale Weltanschauung, in: O. F. de BATTAGLIA (Hrsg.), S. 81 – 88.
STEGMANN, Josef, Um Demokratie und Republik. Zur Diskussion im deutschen Katholizismus der Weimarer Zeit, in: JCSW, Bd. 10, 1969, S. 101 – 127.
STERNTHAL, Friedrich, Über eine Apologie der römischen Kirche, in: Der Neue Merkur 7 II (1924), S. 764 – 768.
STOCKMANN, Alois, Auf dem Weg zu einer neuen Klassik?, in: StZ 108 (1925), S. 214 – 221.
STRATMANN, Franziskus, Carl Schmitts »Begriff des Politischen«, in: Der Friedenskämpfer, 4 H. 5 (1928), S. 1 – 7 (Teil 1) und 4 H. 6 (1928), S. 1 – 7 (Teil 2) (zit.: F. STRATMANN, Begriff).
DERS., Entgegnung, in: Der Friedenskämpfer 5 H. 1 (1929), S. 6 – 8 (zit.: F. STRATMANN, Entgegnung).
DERS., In der Verbannung. Tagebuchblätter 1940 – 1947, Frankfurt/Main 1962 (zit.: F. STRATMANN, Verbannung).
STUDIEN ZUM MYTHUS DES XX. JAHRHUNDERTS (ohne Verfasserangabe), Köln 1934.
TAUBES, Jakob (Hrsg.), Religionstheorie und Politische Theologie, Bd. 1: Der Fürst dieser Welt. Carl Schmitt und die Folgen, Paderborn 1983.
TESAR, Otto, Rechtsphilosophie (Besprechung von Carl Schmitt: Der Wert des Staates und die Bedeutung des Einzelnen), in: Zeitschrift für die gesamte Strafrechtswissenschaft 36 (1915), S. 244 – 251.
TEXTE ZUR KATHOLISCHEN SOZIALLEHRE. Die sozialen Rundschreiben der Päpste und andere kirchliche Dokumente, hrsg. v. Bundesverband der Katholischen Arbeitnehmer-Bewegung (KAB) Deutschlands, 4. Aufl., Kevelaer 1977.
THIEME, Hans, Eugen Rosenstock-Huessy als Rechtshistoriker, in: Lothar BOSSLE (Hrsg.), Eugen Rosenstock-Huessy. Denker und Gestalter, Würzburg 1989, S. 9 – 16.
THIEME, Karl, Una sancta Catholica. Rückblick und Ausblick 1933, in: Religiöse Besinnung 5 (1933), S. 37 – 59.
THOMA, Richard, Zur Ideologie des Parlamentarismus und der Diktatur, in: Archiv für Sozialwissenschaft und Sozialpolitik 53 (1925), S. 212 – 217.
THOMAS VON AQUIN, Summa contra gentiles III, Rom 1967.
DERS., Vollständige, ungekürzte deutsch-lateinische Ausgabe der SUMMA THEOLOCICA, Bd. 1 ff., Salzburg-Leipzig 1934 ff. (zit.: THOMAS VON AQUIN s. th.).
TISCHLEDER, Peter, Die Staatslehre Leos XIII., Mönchengladbach 1925 (zit.: P. TISCHLEDER, Staatslehre).
DERS., Staatsgewalt und katholisches Gewissen, Frankfurt 1927 (zit.: P. TISCHLEDER, Staatsgewalt).
DERS., Der katholische Klerus und der deutsche Gegenwartsstaat, Freiburg 1928 (zit.: P. TISCHLEDER, Klerus).

TOMMISSEN, Piet, Carl Schmitt – metajuristisch betrachtet. Seine Sonderstellung im katholischen Renouveau des Deutschlands der Zwanziger Jahre, in: Criticón 5 (1975), S. 177 – 184.

DERS., Problemen rond de houding van Carl Schmitt in en na 1933, in: Liber Memorialis. Tien Jaar Economische Hogeschool Limburg (1968 – 1978), Diepenbeek 1979 (zit.: P. TOMMISSEN, Problemen).

DERS., Bausteine zu einer wissenschaftlichen Biographie (Periode: 1988 – 1933), in: H. QUARITSCH (Hrsg.), S. 71 – 100 (zit.: P. TOMMISSEN, Bausteine).

DERS. (Hrsg.), Schmittiana – 1, Brüssel 1988 (zit.: P. TOMMISSEN, Schmittiana – 1).

DERS. (Hrsg.), Schmittiana – 2, Brüssel 1990 (zit.: P. TOMMISSEN, Schmittiana – 2).

DERS. (Hrsg.), Schmittiana – 3, Brüssel 1991 (zit.: P. TOMMISSEN, Schmittiana – 3).

TÖPNER, Kurt, Der deutsche Katholizismus zwischen 1918 und 1933, in: Hans-Joachim SCHOEPS (Hrsg.), Zeitgeist im Wandel, Bd. 2: Zeitgeist der Weimarer Republik, Stuttgart 1968, S. 176 – 202.

TRENNER, Florian, Carl-Oscar Freiherr von Soden. Ein Politiker-Priester in Bayern zwischen Monarchie und Diktatur, St. Ottilien 1986.

TUEBEN, H., Art.: Donoso Cortés, in: StL, Bd. 1, 5. Aufl., Sp. 1501 – 1506.

UNSERE VERÖFFENTLICHUNGEN, in: KathGed 5 (1932), S. 298 – 307.

UTZ, Arthur / GALEN, Brigitte Gräfin von (Hrsg.), Die katholische Sozialdoktrin in ihrer geschichtlichen Entfaltung, Bd. 4, Aachen 1976.

VERDROß, Alfred von, Vierhundert Jahre Völkerrechtswissenschaft, in: StZ 125 (1933), S. 36 – 41.

VERGIL, Aeneis, übersetzt und hrsg. v. Wilhelm PLANKL, Stuttgart 1974.

VILLINGER, Ingeborg (Bearb.), Verortung des Politischen. Carl Schmitt in Plettenberg, hrsg. v. der Stadt Plettenberg, Hagen 1990.

VOLK, Ludwig, Kardinal Faulhabers Stellung zur Weimarer Republik und zum NS-Staat, in: StZ 177 (1966), S. 173 – 195.

W. S., Der Sinn der Mitte, in: Hochl. 30 II (1933), S. 373 – 375.

WACHINGER, Lorenz (Hrsg.), Joseph Bernhart. Leben und Werk in Selbstzeugnissen, Weissenhorn 1981.

WACKER, Bernd (Hrsg.), Die eigentlich katholische Verschärfung ... Konfession, Theologie und Politik im Werk Carl Schmitts, München 1994.

DERS., Die Zweideutigkeit der katholischen Verschärfung. Carl Schmitt und Hugo Ball, in: DERS. (Hrsg.), S. 123 – 145 (zit.: B. WACKER, Zweideutigkeit).

DERS., Carl Schmitts Katholizismus und die katholische Theologie nach 1945, in: DERS. (Hrsg.), S. 279 – 294.

WALDECKER, Ludwig (Besprechung von Carl Schmitt: Der Wert des Staates und die Bedeutung des Einzelnen), in: KVGR 17 (1916), S. 326 – 345.

WEBER, Adolf, Volkswirtschaft und Politik, in: Hochl. 21 I (1923/24), S. 561 – 582 (zit.: A. WEBER, Volkswirtschaft).

DERS., Sozialpolitik, München 1931 (zit.: A. WEBER, Sozialpolitik).

DERS., Über die berufsständische Idee in Deutschland, in: Jahrbücher für Nationalökonomie und Statistik, hrsg. von Otto von ZWIEDINECK-SUEDENHORST und Gerhard ALBRECHT, Bd. 143, Jena 1936, S. 129 – 162 (zit.: A. WEBER, Idee).

WEIHNACHTSBÜCHERSCHAU, in: Hochl. 18 I (1920/21), S. 387 – 392.
WEINERT, H. K., Art.: Hello, in: LThK, Bd. 5, 2. Aufl., Sp. 233.
WEINZIERL, Hans, Herr von Papen proklamiert das sacrum imperium. Zum Staatsbesuch des Herrn Reichskanzlers in München, in: Allgemeine Rundschau 29 (1932), S. 640 – 645 (zit.: H. WEINZIERL, Papen).
DERS., Das Ringen um ein christliches Reich des Abendlandes, in: Allgemeine Rundschau 30 (1933), S. 9 – 14 (zit.: H. WEINZIERL, Ringen).
WELZEL, Hans, Naturrecht und materiale Gerechtigkeit, Göttingen 1951.
WIEDEMANN, Albert, Stimme aus der katholischen Jugend, in: Deutsches Volkstum 15 (1933), S. 567 f.
WIEDERBEGEGNUNG VON KIRCHE UND KULTUR. Eine Gabe für Karl Muth, München 1927 (zit.: WIEDERBEGEGNUNG).
WILHELMY, Gustav, Vita Erich Przywara 1889 – 1969. Eine Festgabe, Düsseldorf o. J.
WIßLER, Albert, Demokratie und Massenstaat als Problem staatspolitischer Bildung, in: Die Schildgenossen 6 (1926), S. 352 – 365.
WITTICH, Werner, Potentiel de guerre, totaler Staat, in: Hochl. 30 I (1932/33), S. 375 – 377.
WOHLGEMUTH, Heinrich, Das Wesen des Politischen in der heutigen deutschen neoromantischen Staatslehre. Ein methodenkritischer Beitrag zu seiner Begriffsbildung, Emmendingen 1933.
WOLFF, Paul, Stefan George und das katholische Ethos, in: KathGed 7 (1934), S. 47 – 57.
ZANGERLE, Ignaz, Zur Situation der Kirche, in: Der Brenner 14 (1933), S. 42 – 81.
ZIMMERMANN, Karl, Art.: Romantik, in: StL, Bd. 4, 5. Aufl., Sp. 1011 – 1021.
ZUR IDEOLOGIE DER JUGENDBEWEGUNG (ohne Verfasserangabe), in: Die Schildgenossen 8 (1928), S. 168 – 171.

PERSONEN-, ORTS- UND SACHREGISTER

Nicht aufgenommen sind *Carl Schmitt* und einige durchgehend vorkommende Begriffe wie *Katholizismus, katholische Soziallehre, Staat* und *Gesellschaft*. Die Fußnoten sind nicht berücksichtigt, soweit sie nur Quellenangaben und Literaturhinweise enthalten. Ansonsten sind die sich auf Fußnoten beziehenden Seitenangaben kursiv, solche mit biographischen Hinweisen kursiv und fett gedruckt.

Aachen 468-470, 511, *482*
Abel, Hans 203
Abendland (Zeitschrift) 100, 134, 232, 298, *350*, 441, 442, 511, 572
Abendland 96, 98, 100-106, 123, 219, 441, 442, 466, 492, 569
Absolutismus 240, 248, 250, 255, 256, 347, 351, 431, 440, 544, 579
acclamatio 236, 237
Action Française 31, 102, 138, 140, 151, 155-163, 517, 518, 530, 531
Adam, Armin *279*
Adam, Karl 94, 515
Adams, Alfons 537, *537*
Adams, Paul *334, 415*, 432, 441, 443, 444, 515, 537-539, *581*
Adenau *457*
Adrian, Josef 91, 92
Aggiornamento 497
Akademie für Deutsches Recht 456, *482*
Akademische Bonifatius-Korrespondenz (Zeitschrift) 322
Akklamation 236, 266, 363, 366, 485
Akklamationsdemokratie 279, 366, 437, 485, 576
Albericus Gentilis 211, 391, *454*
Albert Magnus 103, 313, 433
Allgemeine Rundschau (Zeitschrift) 96, 100, *102*, 116, 232, 299, 328
Amerika 562
Amerikanismus 169
analogia entis 562
Analogie 59, 115, 135, *141*, 142, 153, 206, 210, 211, 213-215, 231, 310, 483, 484, 508, 575
Analogiesierung 150, 263, 386
Anarchie 28, 101, 157, 177, 183, 200, 306, 468, 535, 552
Anarchismus 104
Ancien Régime 23, 26, 30, 149
Annexion 246
Anschütz, Gerhard *35*
Anselm von Canterbury 500

Anthropologie 55, 198, 199, 201, 231, 311, 358, 374, 401, 538, 579
Antiborussianismus 556, 559
Antiborussischer Affekt 451, 452
Antiindividualismus 282
Antikapitalismus 175, 543
Antikapitalistischer Affekt 110
Antike 158, 197, 483, 485, 531, 547
Antiliberalismus 38, *130*, 248, 261, 282, 351, 363, 377, 424, 447, 461, 488, 512, 543
Antiparlamentarismus 161, 162, 254, 261, 274, 366, 420, 421, 447, 512, 570, 571, 576, 577
Antipluralismus 377
Antipreußischer Affekt 103
Antirömischer Affekt 84, 86, 88, 91, 93, 104, 105, 111, 112, 120, 393, 433, 485, 502
Antisemitismus 155, *299, 458, 459*, 460, 517, *565*, 567
Antisozialismus 351
Apologie 83, 92, 112, 117, 403, 516, 574
Arbeiterbewegung 122, 341, 429
Arbeiterschaft 39, 176
Arbeitsdienst 354
Archiv für Rechts- und Wirtschaftsphilosophie (Zeitschrift) 35, 200
Aristokratie 84, 157
Aristoteles 26, 27, 41, 49, 60, 136, 197, 198, 313, 339, 486
Aristotelismus 72
Arius 218
Artgleichheit 281, 343, 344, 355, 368, 381, 393, 403, 407, 460
Athanasius 339, 361
Atheismus 104
Atheisten 150
Attendorn 412
Attila 105
Aufklärung 22, 24, 25, 29, 56, 60, 98, 174, 175, 258-260, 405, 409, 421, 445, 461, 464, 486, 499
Augsburger Postzeitung 97, 121

Augustinismus 72, 73, 561
Augustinus 49, 72, 73, 197-199, 208-210, 218, 219, 378
Augustus 216, 218, 219
Ausnahmezustand 177, 193, 206, 280, 399, 421
Außenapologie 58
Baden 87
Bakunin, Michail 86, 212, 534, 563

Ball, Hugo 19, 69, 70, 73, 119, 120, 155, 192-194, 214, 215, 263, 264, 267, 270, 305, 324, 437, 443, 453, 478, 500, 527, *545*, 553-560
Barcelona 566
Barion, Hans 18, 134, 208, 210, 214, 219-223, 228, 230, *359*, 368-371, 382, 384, 493-498, 506, 508, 518, 519, *537*, 559, 575, 580, 581
Barock 95, 122, 344, 487
Barockscholastik 359, 369, 370, 487
Barrès, Maurice 149
Barth, Karl 199, 216, 316, 352, 481
Bartholomäusnacht 361
Basel 203
Bauer, Clemens 270, *270*, 271
Bäumler, Alfred 79
Baxa, Jakob 67
Bayerische Volkspartei 37, 116, 418, 428
Bayern 87
Beamtenstaat 346, 347
Beamtentum 241, 341, 342, 453
Becker, Werner 34, 132, 133, 136, 257-261, 307-310, *350*, 440-443, 447, 448, 450, 511-515, 581
Belgien 39
Bendersky, Joseph B. 18
Benedikt XV. 87, 306, 327, 328
Beneyto, José M. 18
Benito Cereno 537
Benter, Robert 270
Bergpredigt 305, 330, 335
Bergson, Henri 154, 505
Berlin 163, 262, *304*, *377*, 413, 415-417, *436*, 443, 451-453, 455, 457, 459, 468, 470, 476, 480, 485, 501, 511, 515, 526, 527, 537, 539, 551, 554, 563
Bern 554
Bernanos, Georges 154, 155, 517
Bernhart, Joseph 20, *155*
Berufsständische Ordnung 31, 61, 62, 165, 166, 169, 175-177, 342, 356, 357, 383, 446, 465
Beuron 92, 95, 565

Bewegung (NS) 166, 341-343, 352, 353, 363, 381, 382-384, 387-395, 399, 403, 410, 430, 464, 465, 469-473, 475, 548, 549, 563
Beyerle, Konrad 32, 39, *42*, 116, 117, 274-277, 285, 418, 431, 432, 442, 478
Binder, Julius *35*
Bismarck, Otto von 234, 272, 411, 413, 423, 466, 467, 469
Blei, Franz 76, 82, 98, 108-113, 155, 303, 380, 381, 414, 436, 452, 453, 541, 545-550, 554, 582
Bloy, Léon 152, 154, 155
Bochum 522
Böckenförde, Ernst-Wolfgang 18, *33*, 208, 209, 331
Bolschewismus 38, 100, 101, 103, 105, 140, 258, 317, 404, 435, 462, 471, 507, 522, 531, 533, 534, 567
Bonald, Louis de 23, 58, 60, 69, 70, 149-151, 154, 156, 178, 196, 292, 407, 517, 573
Bonifaz VIII. 109, 110, *234*
Bonn 414, 415, 443, 452- 455, 472, 480-482, 486, 493-495, 498, 500, 501, 511, 515, 522, 523, 555, 558, 559
Bonn, Julius Moritz 452
bonum commune 26, 54, 181, 189, 246, 247, 286, 320
Borussianismus 360, 361
Bourgeois 154, 155, 282
Bourgeoisie 155, 212
Bourget, Paul 149
Bousset, Jacques 291, 292
Brasilien *299*
Braunsberg *64*, *270*, 486, 491, 494, 506, 507
Brentano, Franz 196
Breslau 527
Briefs, Götz *173*
Brock, Erich *315*, 315-319, 325, 439
Bröckling, Ulrich 19, *129*, *130*
Brüning, Heinrich 95, 286, 415, 418, 420, 427, 428, 431, 457, 463, 474, 477, 478, 488, 527, 549, 565
Bückeburg *412*
Bultmann, Rudolf 216
Bürgerkrieg 28, 183, 290, 413
Bürgertum 155, 168, 348, 567
Burke, Edmund 58, 69

Calker, Fritz van 414
Carducci, Giosuè *102*
Cäsar 90, 385
Cäsarentum 90
Cäsarismus 236, 256

Cäsaropapismus 392
Casti connubii (Enzyklika) 491
Catholica (Zeitschrift) *139*
catholicisme du dehors 15, 160
Cathrein, Victor 32-35, 250
Chalcedon 229, 230, 342, 370, 371
Christentum 14, 71, 90, 104, 110, 112, *130*, 152, 153, 159, 174, 190, 196, 197, 215-218, 226, 335, 345, 433, 435, 442, 463, 477, 492, 520, 521, 566
Christlicher Dezisionismus 186, 574
Civiltà cattolica (Zeitschrift) 201
civitas Dei 46, 126, 209
civitas humana 85
civitas terrena 126, 209
Claudel, Paul 154, 155
Clausewitz, Carl Philipp Gottfried von 557
Codex Iuris Canonici 87, 132
Cole, George Douglas Howard 338
complexio oppositorum 73, 84, 88, 89, 91, 111, 125-127, 131, 143, 148, 230, 364, 501, 502
Comtes, Auguste 156, 158, 162
Constant, Benjamin 212
Contrat social 49, 236, 260, 282, 381, 577
Cortés, Donoso 26, 87, 149, 152, *155*, 178, 179, 196, 200-206, 252, 292, 312, 329, 330, 407, 438, 439, 448, 453, 499, 517, 522, 529, 551, 562, 563, 573
Coulanges, Fustel de 156
Cromwell, Oliver 262, 263
Curtius, Ernst *265*
Curtius, Ernst Robert *265*
Curtius, Friedrich 265, *265*

Dadaismus 554, 559
Dante *102*
Danzig 486
Das Neue Ufer (Zeitschrift) 537
Das rote Blatt der katholischen Sozialisten (Zeitschrift) 131, 188
Das Schwarze Korps (Zeitschrift) 473, 476, 477, 516
Däubler, Theodor *20*, 44, 414
Demokratie 30, 31, 39, 41, 42, 49, 80, 84, *141*, 146, 149, 156, 157, 161, 165, 202, 203, 207, 228, 232-237, 239, 240, 249-260, 265, 267, 268, 271-273, 276, 277, 279-281, 283, 314, 317, 319, 352, 358, 366, 374, 375, 409, 421-425, 448, 460, 485, 488, 497, 512, 525, 526, 532, 563, 564, 577, 578
Dempf, Alois *350*, 350-353, 370, 383, 385, 391-393, 432, 437, 446

Der Brenner (Zeitschrift) 539, 542
Der christliche Ständestaat (Zeitschrift) *309*, 380
Der Friedenskämpfer (Zeitschrift) 186, 304, 307, 309
Der Gral (Zeitschrift) *62*
Der katholische Gedanke (Zeitschrift) 83, *95*, 96, 137, 362, *432*, 433, 572
Der Kunstwart (Zeitschrift) 270
Der Neue Merkur (Zeitschrift) 112, 443
Der Ring (Zeitschrift) 345, 447, 562
Der Stürmer (Zeitschrift) 476
Descart, René 69
Designationstheorie 27, 36, 42, 49, 280, 283
Despotismus 234, 468
Dessauer, Friedrich 40, *294*, *314*, 327
Deutsche Briefe (Zeitschrift) 474, 476, 491, 528, 535, 581
Deutsche Christen 219, 389, 391, *482*, 485
Deutsche Juristen-Zeitung *267*, 456, 525
Deutsches Reich 228, 242, 326, 388, 389, 421, 451, 466
Deutsches Volkstum (Zeitschrift) 311, *334*, 340, 392, 444, 491, 492, 516, 528, 538, 561, 566
Deutschnationale Volkspartei 38
Dezisionismus 46, 73, 177-205, 238, 264, 280, 284, 287, 324, 325, 331, 358, 366, 396-404, 449, 450, 505, 519, 540, 573, 574, 576
Die Fackel (Zeitschrift) 546
Die Literarische Welt (Zeitschrift) 546
Die neue Ordnung (Zeitschrift) 200
Die Rettung (Zeitschrift) 546
Die Schildgenossen (Zeitschrift) 100, 136, 205, 257, 265, 267, *327*, 363, 440, 446-449, 511, 512, 572
Die Tat (Zeitschrift) 562
Dietrich, Georg 322-325
Diktator 109, 146, 232, 234, 263, 279
Diktatur 26, 70, 109, 141, 178, 179, 180, 193, 200, 203, 204, 206, 232-234, 236, 238, 242, 245, 248, 261-264, 268, 270, 285, 340, 357, 376, 426, 427, 429, 431, 438, 444, 456, 460, 464, 507, 522, 526, 548, 549, 552, 563
Dilthey, Wilhelm 505
Dirks, Walter 21, 40, 66, 80, 101, *183*, 184-187, *192*, 327, 423, 446, 449, 573, 574
Diuturnum illud (Enzyklika) 249
Divino afflante Spiritu (Enzyklika) *412*
Dogmatismus 84
Doka, Carl 298, *298*, 299, 442
Döllinger, Ignaz 393
Dorotič, Pawla 454

Dostojewski, Fjodor M. 103, 104, 120, 154, 496, 544
Dreyfus-Affäre 156
Drittes Reich 81, 353, 465, 466, 470, 477, 536
Drumont, Edouard 149, 517
Dunker & Humblot 436, *547*
Duns Scotus 198, 199
Dupanloup 84, 141
Düsseldorf 527

Eberle, Joseph *130*
Ebers, Godehard Josef 39, 275, 277, 278
Ebert, Friedrich 37
Eckhardt, Karl August 472, 477
Eibl, Hans 327, *327*
Ekklesiologie 72, 94, 115, 122, 128, 129, 136
Elsaß 414
Engel, W. 447
Entelechie 181
Erbmonarchie 61, 204
Erbsünde 55, 58, 202, 252, 292, 293, 308, 315, 328, 329, 332, 373, 374, 538, 579
Erbsündentheologie 198, 358
Erfurter Programm 212
Ermächtigungsgesetz 322, 456, 457, 459, 460
Ermland 486
Erzberger, Matthias 418
Eschatologie 119, 202, 217, 218, 223
Eschweiler, Karl 26, *155*, 171, 172, 185, 190, 191, 224-228, *304*, 332, *334*, *359*, 370, 415, 432, 486-494, 498, 506, 508, 509, 515, 521, 527, 537, 538, 559, 580
Essen 427
Esslingen 539
Ethik 43, 47, 51, 52, 169, 182, 224, 296, 300, 302, 304, 311, 322, 335, 377, 405-407, 573
Europa 68, 86, 87, 92, 101, 105, 118, 125, *141*, 147, 300, 371, 438, 442, 468, 469, 499, 507, *511*, 512, 513, 544, 565-567, 569
Europäische Revue (Zeitschrift) 565, 566
Eusebius 217
Evangelismus 143
Existentialismus 192, 238, 239, 304, 319, 320
Existenzphilosophie 186
Existenztheologie 199

Faber, Richard 19, 296
Faschismus 102, 317, 319, 340, 350, 351, 353, 360, 361, 376, 420, 471, 531-533, 567
Faulhaber, Michael von (Kardinal) 37, *102*, 172, 238, 494, 495
Faye, Jean-Pierre *344*
Feind 154, 167, 289-296, 339, 343, 344, 381, 443, 468, 475, 568, 579

Feindesliebe 290, 335, *485*
Feindschaft 231, 291, 318, 323, 330
Feuchtwanger, Ludwig 558
Fichte, Johann Gottlieb 73, 291
Ficker, Ludwig von 539, *545*
Florenz 298
Form(al)demokratie 40-42, 421, 447, 464, 552
Fornari, Raffaele Niccolò (Kardinal) 201
Forsthoff, Ernst 244, 345, 363, 364, 425, 510
Frank, Hans 456
Frankfurt *70*, 122, 444
Frankfurter Zeitung 548
Frankreich 17, 23, 31, 61, 103, 149-163, 326, 327, 399, 408, 414, 441, 468, 492, *511*, 530, 544, 552
Französische Revolution 19, 22-24, 30, 60, 68, 145, 149, 152, 254, 258, 336, 421, 499, 517, 576
Freiburg 11, *270*
Freimaurer 158, 317
Freising *299*
Freudenberger, Georg 363, 364, 367, 382
Freund, Julien *181*
Freund, Michael 153
Freund-Feind-Unterscheidung 193, 194, 199, 213, 222, 231, 271, 287-336, 359, 392, 411, 439, 520, 524, 528, 542, 553, 579, 581
Friedensbund Deutscher Katholiken *299*, *304*, 327, 328
Friesenhahn, Ernst 511, 522-526, 581
Fuchs, Friedrich 360, 361, 385, 439
Führer 42, 81, 99, 230- 232, 266, 281, 343, 367, 368, 381, 387, 392, 399, 401, 403, 407, 429, 433, 435, 457-459, 463, 464, 473, 550
Führerkult 220, 367, 464
Führerprinzip 42, 219, 464, 568
Führertum 343, 458, 463
Funk, Philipp 74, **74**, 75, 77, 95

Gaudium et spes (Enzyklika) 497
Gelasius I. 208, 210, 213
Gelbe Hefte (Zeitschrift) 144
Gemeinwohl 26-29, 31, 36, 38, 39, 41, 50, 53, 54, 113, 133, 181, *247*, 279, 285, 286, 295, 321, 331, 355, 356, 365, 374, 460, 573, 576, 579
Genf 247, 252, 254, 328, 329, 437, 442, 517, 543
George, Stefan *160*
Gerber, Carl Friedrich von 43
Gerber, Emil 97, 121, 122
Gerber, Hans 345
Gerhart, Walter (= W. Gurian) 528

Germania 121, *299*, 428, 433, 444, 537, 572
Gesetzgebungsstaat 242, 243, 245, 272, 284, 286, 337, 362, 398, 422, 425
Gestapo 81, 562
Getzeny, Heinrich 136-138, 156, 362, 363, 382, *434*, 440, 445, 446
Gigon, Otto 220
Gnade 37, 58, 71, 138, 161, 190, 191, 197, 227, 335, 489, 493, 508
Godesberg 447, 527
Goebbels, Joseph 547
Goethe, Johann Wolfgang von 70
Gogarten, Friedrich 199, 224
Göring, Hermann 61, 457, 476, *482*, 535
Görres, Joseph 60, 61, 338
Görres-Gesellschaft 25, *60*, *74*, 77, 99, 116, 205, 240, 248, 250, 287, *377*, 417, 430, 431, 439, 572
Gotik 64
Göttingen *70*, 480, 539
Gralsbund 62
Gregor XVI. 23-25, 508
Gregoriana 494
Greifswald 414, 452, 480
Griechenland 157, 158
Grisar, Joseph 273
Grosche, Robert 118, 138, *138*, 140, 141, 156, 161, 184, 185, 191, 192, 224, 229-231, 370, 371, 382, 384, 466, 515, 573
Großinquisitor 103, 104, 128, 140, 496, 555
Grotius, Hugo 180
Grundgesetz 351, 410, 500, 524, 525
Grundrechte 243, 351
Guardini, Romano 40, 66, *73*, 94, 96, 97, 99, *155*, 170, 171, 173, 186, 187, 400, 407, 432, 445-447, 450, 500-506, 511, 512, 515, 527, 545, 580
Gundlach, Gustav 32, 80, 174, 175, 189, 192-195, 354-360, 367, 369, 370, 378, 384, 444, 478, 573
Günther, Albrecht Erich 175, 549
Gurian, Waldemar 19, *58*, 160, 161, 183-185, 188-190, *192*, 193, 195, 196, 271-273, 325, *339*, 347-349, *350*, 353, 382, 402-404, 432, 435, 441, 443, 450, 466, 474, 476, 477, 482, 486, 491, 492, 511, 517, 526-537, 557-559, 573, 574, 581, 582
Gütersloh, Albert Paris *20*, 414, *545*, 546

Haecker, Theodor 100, 108, *155*, 319, 320, 326, 333, 400, 414, 468, 469, 481, 484, 492, 539-545, 581, 582
Hanssler, Bernhard 21

Häresie 156, 219, 220, 251, 252, 353, 392, 393, 531, 577
Harnack, Adolf von 88, 89, 91, 111
Hauriou, Maurice 399, 401, 407-410
Hefele, Herman *63*, *64*, 63-66, 97, 106-108, 134, 135, 137, 140, *160*, 169, 170, 255-257, 294-296, 303, 304, *304*, 306, 308, 333, 441, 446, 542
Hegel, Georg Wilhelm Friedrich 73, 292, 302, 342, 344, 353, 377, 380, 388, 398, 399, 401, 402, 410, 470, 486, 487, 504, 519, 520
Hegelianismus 487, 521
Hegner, Jakob 83, 96, *155*, 155, 414, 545
Heidelberg 99, 416, 472, 554
Heiler, Friedrich 89, 91, 94, 111, 501
Hello, Ernest 154, 155
Hellpach, Willy 42
Helmschried, Fritz 100, 101
Hennings, Emmy 555
Henry, Johannes 419
Hermens, Ferdinand Aloys 439
Herrfahrdt, Heinrich 427
Hertling, Georg Freiherr von 32, 34, 248, 251, 417, 430
Herwegen, Ildefons 95-97, 99, 386, 431, 432, 434, 435, 463
Herzensrepublikaner 40, 578
Heß, Johannes 419, 477
Heydte, Friedrich August Frhr. von der 434
Hildebrand, Dietrich von 80, *299*, *309*, 309-311, 432, 513, 582
Hindenburg, Paul von 38, 425, 428
Hinsenkamp (Dechant) 455
Hipp, Otto *261*, 261-263
Historisch-politische Blätter (Zeitschrift) 38, 61, 144, 203, 204, 251, 252
Historische Schule 34
Historismus 436
Historizismus 359
Hitler, Adolf 81, 93, 155, 216, 261, 302, *329*, 353, 363, 381, 382, 387, 392, 395, 402, 403, 426, 427, 429, 456-461, 463, 473, 488, 490, 491, 493, 510, 528, 547, 563, 567
Hobbes, Thomas 55, 60, 178, 180, 181, 196, 198, 199, 206, 259, 284, 287, 291, 292, 316, 353, 395, 397, 400, 511, 563, 573
Hochland (Zeitschrift) 63, 64, 69, 70, 96, 117, 119, 145, 148, 200, 204, 216, 255, 261, 265, 266, 270, 273, 276, 303, 315, 319, 360, 437-440, 443, 474, 540, 550-553, 555, 556, 572
Hoeber, Karl 451
Hoermann, Franz Xaver 61, 101, 169, 203, 204, 252-254, 328, 329

Hoffmann, Adolf 93, 451
Höhn, Reinhard 472, 477
Holland *304*, *582*
Hollerbach, Alexander 18
Homer 563
Homogenität 236, 282, 288, 577
Honigsheim, Paul 529
Honnegger, Hans 67, 68
Huber, Ernst Rudolf 21, *162*, *401*, *455*, 510, *515*, *537*
Huber, Georg Sebastian 105, 106
Humanismus 185, 549
Hürten, Heinz 19, *102*
Hus, Johannes 333
Hüter der Verfassung 242, 270, 271, 278, *304*, 346, 348, 421, 444, 464, 478, 525

Idealismus 144, 145, 404
IG Farben 163, *164*
Illyrien 75, 76, 438
Immanentismus 265, 280
Immanenz 128, 164, 207, 260, 265, 280, 505, 577
Immanenzvorstellung 206, 207, 239, 241, 279
Immoralität 293, 297, 306, 307, 309
Imperialismus 85, 91, 110, 124, 173, 336, 469
Imperium Romanum *102*, 217-220, 468, 469
Imperium Teutonicum 219, 336
Imprimatur 83, *474*, 475
Individualismus 59, 62, 80, 94, 158, 161, *173*, 174, 266, 282, 283, 286, 295, 362, 405, 442, 461, 506, 576
Industrialisierung 167, 330
Industrialismus 168, 169, 172, 488
Inferiorität 93, 112, 139, 550, 574
Innocenz III. 209
Innsbruck 299
Inquisition 155, 361, 381
Integralismus 215, 254, 259, 347, 350, 544
Integralisten 64, 148, 544
Intellektualismus 197, 505
Irrationalismus 74, 359
Iseensee, Josef 13
Italien 17, 170, 266, *304*, 309, 344, 550, 557
ius belli 291
ius divinum 47, 124, 125, 390, 391, 483
ius humanum 125

Jacobi, Erwin 474
Jellinek, Walter 278
Jesuitismus 84, 317
Jhering, Rudolf von *43*
Joachim von Fiore 465

Johannes XXIII. 497
Juden 92, 97, 158, 197, 215, 216, 305, 459, 474, 517, 528, 536, 567
Judentum 218, 317, 472, 517
Jugend und Recht (Zeitschrift) 472, 516
Jugendbewegung 20, 30, 36, 40, 62, *73*, 96, 132, 136, 139, 161, 185-187, 205, *327*, 440, 441, 444-450, 467, 486, 500, 511, 513, 527, 578
Jung, Edgar 435, 457, 477
Jünger, Ernst *334*, 340, 372, 373, 538, 547, 549

Kaas, Ludwig 93, 286, 418, 427-430, 463
Kaiser, Joseph H. *401*
Kaller (Bischof) *486*
Kanne, Johann Arnold 540
Kant, Immanuel 169, 171, 437, 471, 555
Kapitalismus 80, 101, 109, 152, 155, 165, 168, 169, 173-176, 534
Karl der Große 152, 467-469
Katechon 470
Katholikentag 37, 172, 427, 463, 522
Katholische Aktion 457
Katholischer Deutscher Frauenbund *436*
Katholischer Akademikerverband *80*, 83, 95, 96, 129, 137, 309, 362, 386, 430-435, 441, 457, 501, 559, 572
Kattowitz 559
Kaufmann, Erich 35, *48*
Kautsky, Karl 212
Kellogg-Pakt 326, 328
Kelsen, Hans *35*, 43, 44, 193, 238, 270, 524
Kennedy, Ellen 19
Ketteler, Wilhelm Emmanuel Frhr. von 552
Kiefl, Franz Xaver 37, 254
Kierkegaard, Sören 185, 199, 484, 505, 540, 544, 576
Kirchenkampf 385, 440
Kirschweng, Johannes *75*, 75-77, 393, 444
Klassenkampf 188, 238, 283, 362, 531
Klassik 56, 60, 63, 64, 66, 67, 71, 72, 94-100, 158, 161, 297, 437, 499, 561, 581
Klausener, Erich 457, **457**
Klein, Joseph 404-407
Klein, Karl 232
Kleist, Heinrich von 60
Klerikalismus 84
Klerus 39, 109, 390, 394, 398
Kodalle, Klaus Michael 18, 212
Koellreutter, Otto 345, 471, 477
Koenen, Andreas 11, 18, *102*, *350*, *442*, *455*, *470*, *566*
Koeniger, Albert 494, 495

Kohler, Josef 22, 262, *413*
Köln 103, *138*, 277, *278*, *304*, 313, *377*, 416, *431*, 453, 455, 456, 458, *482*, 500, 511, 515, 516, 527
Kölnische Volkszeitung 67, 121, 296, 297, 299, 428, 430, 441-443, 451, 527, 537, 558, 572
Kommunismus 24
Kompetenz-Kompetenz 357, 380, 385
Konfessionalismus 333, 334, 579
Königsberg 523
Konkordat 87, 114, 129, 133, 467, 494, 570
Konkreter Realismus 190, 191, 313, 373
Konkretes Ordnungsdenken 184, 341, 396-410, 465, 478, 487, 490, 506, 519, 574
Konservative Revolution *334*
Konservatismus 81, 152, 287, 354, 552, 562
Konstantin der Große *102*, 218
Konstitutionalismus 250
Konversion 63, 64, 92, 482, 555, 559
Konvertiten 15, 58, 65, 80, 108, 540
Krabbe, Hugo 193
Kralik, Richard von *62*, 62-64, 94, 437, 550
Kramer, Franz A. 456
Kraus, Karl 546
Krauss, Günther 114, 142, 151, 155, 190, 311-314, 326, 330, *334*, *359*, 373, 387-395, 415, 453, 456, 472-474, 487, 493, 511, 515-522, 528, 538, 581
Kreisauer Kreis 377
Krone, Heinrich 427
Kronjurist 353, 403, 427, 440, 476, 491, 536, 566, 582
Krupa, Hans 48
Kulturbund 565, 566
Kulturkampf 33, 39, 93, 139, 249, 333, 361, 392, 411, 413, 418, 424, 430, 443, 550
Kulturkatholizismus 95, 105, 139, 140
Kunze, Otto 96, 97, 232, 333

L'Univers (Zeitschrift) 26, 151, 152
Laband, Paul 43
Laizismus 309
Lamennais, Félicité Robert de 23, 530
Landmesser, Franz 129, 434, 435
Lang, Clemens (= G. Krauss) 515, *516*, 521, 522
Langnamverein *67*
Larenz, Karl 406
Laski, Harold J. 338, 513, 514
Lateranverträge 87
Lauermann, Manfred 19
Lauscher, Albert 426

Le Bon, Gustave 149
Le Play, Frédéric 156
Legalismus 245
Legalität 44, 243-245, 398, 399, 422, 425, 456, 474, 518, 521
Legalität und Legitimität 228, 243-245, 271-273, 284, 286, 424, 425, 456, 534
Legalitätsprinzip 425
Legalitätssystem 243, 244, 425
Legitimismus 40, 204, 239, 256, 421
Legitimisten 36-39, 205, 254, 552, 578
Legitimität 36, 38, 44, 179, 223, 239, 245, 268, 288, 484, 578
Legitimitätsgedanke 206, 207, 258
Leibniz, Gottfried Wilhelm 575
Leipzig 416, 426, 512
Lenin, Wladimir I. 165
Leo XIII. 22, 26-29, 33, 36-39, 50, 53, 54, 113, 132, 133, 159, 176, 183, 209, 249, 279, 284, 285, 460, 488, 508, 571, 576
Leviathan *53*, 360, 549
lex aeterna 49, 50, 180, 181, 182, 197
lex divina 118
lex humana 49
lex naturalis 49, 50, 118, 180-182
Liberalismus 22, 25, 26, 29, 38, 40, 54, 59, 60, 65, 66, 77, 80, 86, 91, 106, 118, *130*, *141*, 146, 165, 169, 174, 175, 179, 200, 202, 225-227, 233, 235-237, 248-250, 252, 255-258, 260, 277, 282-284, 286, 296, 308, 333, 339, 350, 359, 375, 376, 387, 388, 421, 437, 461, 462, 507-509, 528, 529, 532, 543, 567, 576, 579
Libertas praestantissimum (Enzyklika) 249
Lissabon 550
Literarischer Ratgeber für die Katholiken Deutschlands 74
Literaturstreit 64, 550
Liturgie 95, 97-99, 107, 445, 556, 561
Liturgiebewegung 95, 96, 98, 100, *350*, 431, 432
Locarno-Verträge 326
Loé, Clemens von 61
Lohmann, Karl 267, *267*, 345
London *156*
Lönne, Karl-Egon 18
Lortz, Joseph 494, 506-510, *537*, 559, 580, 581
Lothringen 413
Lucifer 334, 336
Ludendorff, Erich 93, 317, 333
Ludwig III. 37
Ludwig XVI. 259

Personen-, Orts- und Sachregister 621

Ludwig XVIII. 23
Lugano 556, 558
Lüninck, Hermann Frhr. von 38, 61, *61*, 254, 434
Luther, Martin 52, 90, 143, 208, 210, 252, 333, 468
Luthertum *130*

Machiavelli, Niccolò 294, 296-298, 374, 443
Machiavelliismus *332*
Machttheorie 45, 197
Mäder, Norbert 203, *204*, 253
Maier, Hans 14, 18, *108*
Mainz *73*, 510
Maistre, Joseph de 23, 58, 60, 69, 70, 149-151, 154, 156, 158, 178, 179, 196, 291, 292, 407, 517, 529, 573
Malebranche, Nicole 57
Mallorca 550
Manichäismus 194
Maria Laach 80, 92, 95, 98-100, 386, 431-434, 477, 529
Maritain, Jacques *120*, *155*, 530
Martin, Alfred von *70*, 70-73, 97, 98, 499, 551
Marx, Karl *155*, 202, 212, 517
Marx, Wilhelm 37, 418, 425
Marxismus 461, 497, 579
Marxisten 262
Maschke, Günter 18, 19, *294*, 498, *516*
Massendemokratie 258, 259, 261, 267, 437
Materialismus 507
Maurras, Charles 15, 31, *58*, 102, 103, 105, 106, 138, 149, 151, 156-163, 297, 530, 531, 548
Mausbach, Joseph 32, 35, 38-41, *274*, 286, 418
Mazzini, Giuseppe 86, *102*, 534
Meggendorfer Blätter 539
Mehring, Reinhard 19
Meier, Heinrich 18
Meister Eckardt 561
Melk 545
Melville, Herman 537
Menden 537
Mertens, Heinrich 184, 188
Meßner, Johannes 367, 370, 373, 374
Metaphysik 32, 127, 146, 182, 194, 198, 206, 211-213, 216, 354, 377, 416
Metaphysizismus 548
Metz, Johann B. 18, 129, 209
Meyer, Theodor 32
Michel, Ernst 19, 40, 66, 80, 118-120, **122**, 122-138, 142, 143, 161, 184-186, 223, 231, 267-270, 324, 327, *352*, 354, 375-377, 423, 424, 444-446, 449, 450, 513, 573, 575
Michelangelo 87
Militarismus 548, 556
Militärkatholizismus 453
Mirari vos (Enzyklika) 23
Mirgeler, Albert 466, **466**, *537*
Mittelalter 61, 78, 86, 105, 169, 182, 198, 225, 276, 385, 401, 402, 464, 465, 502
Mittwochs-Gesellschaft *163*
Mobilmachung 340, 348, 373
Modernismus 30
Modernist 64
Moeller van den Bruck 447, 467, 561
Moenius, Georg 100, *102*, 104, 105, 328, 468, 469
Möhler, Johann Adam 487
Moltke, Helmuth James Graf von *377*
Mommsen, Theodor 417
Monarchie 36, 39, 41, 61, 84, 87, 89, 141, 146, 150, 156-159, 162, 179, 204, 217, 218, 232, 235, 239, 250, 254, 256, 271, 279, 286, 361, 421-423, 443, 552, 563, 578
Monarchismus 40, 157, 160, 518
Monarchisten 37-39, 150, 156, 159, 160, 421, 461, 578
Monophysitismus 231, 370
Monotheismus 217-219, 485
Montesquieu 38, 201
Moraltheologie 34, 51, 292, 331, 405
Morgenland 100, 104, 442
Muckermann, Friedrich 141, 142, 372, 385, *412*, 450
Müller, Adam 41, 57, 58, 60, 62, 66, 69, 70, 73, 74, 78, 168, *173*, 178, 520, 578
Müller, Ludwig 482
Müller, Max 386
Münch, Franz Xaver 95, **95**, 432
München 70, 163, *207*, 218, *309*, 413, 414, 416, 481, 494, 515, 527, 537-539, 541, *545*, 546, 554, 555, 565
Münster 35, 431, 455, 507
Mussolini, Benito *102*, 103, 140, 350, 499, 542, 567
Muth, Karl 62-64, 66, 94, 95, 98, 117-119, 200, *350*, 432, 437, 439, *528*, 540, 550-553, 555, 558, 581, 582
Mystik 64, 120
Mythus 100, 101, 153, 215, 238, 265, 276, 278, 283, 366, 500, 505, 510, 531, 562

Napoleon 234, 372
Napoleon III. 202

Nation 28, 91, 226, 227, 238, 240, 263, 334, 336, 345, 348, 349, 371, 376, 434, 441, 458, 466, 469, 490, 508, 531, 548, 557, 569
Nationalismus 155, 160, 302, 334, 336, 446, 579
Nationalisten 104, 156
Nationalsozialismus 13, 15, 17, 19, 20, 42, 81, 99, 100, *102*, 142, 175, 184, *192*, 228, 303, *309*, *327*, *329*, 349, *352*, 361, 364, 387-395, 402-404, *429*, *450*, 456, *457*, 459-465, 467, 469- 472, 475, 477, 479, 485, 488-490, 492, 493, 498, 500, 506-510, 515, 517, 521, 526, 528, 536, 538, 540, 541, 548-550, 553, 562, 564, 567, 569, 572, 581, 582
Nationalstaat 102, 217
Naturalismus 24, 46, 180, 320, 396, 573
Naturrecht(slehre) 27, 29, 33-36, 43, 46, 48, 50, 51, 155, 177-205, 248, 286, 301, 307, 315, 318, 322, 324, 330, 344, 356, 358, 359, 365, 368-371, 374, 379, 396, 398, 402, 406-409, 514, 529, 530, 573
Naturrechtsdenken 34, 35, 48, 50, 52, 153, 181-192, 196, 231, 250, 284, 286, 309, 320-322, 399-401, 408, 449, 459-461, 514, 529, 542, 572-574, 579
Nazarener 97, 99, 499
Nell-Breuning, Oswald von 32, 174, 175
Neothomismus *120*, 401, 478, 574
Neri, Philipp 512
Neudeutsche Jugend 386
Neukantianismus 44
Neundörfer, Karl 73, *73*, 74, 131-133, 136, 265, 423, 440, *446*, 448, 450
Neuscholastik 36
Neuß, Wilhelm 53, 97-100, *350*, 415, 419, 432, 498-500, 557, 559, 580, 581
Neuzeit 25, 29, 30, 31, 98, 167, 199, 201, 210, 217, 259, 378, 386, 388, 461, 502, 508, 560
New York 550
Newman, John Henry 512, 540, 541
Nichtweiß, Barbara 18, 19, *220*
Nietzsche, Friedrich 469, 554
Noack, Paul 18
Nominalismus 198, 258
Nordrhein-Westfalen 495
Normativismus 195, 396-407, 519
Notre Dame (USA) 528
Notstandspläne 416, 426, 428, 456
Notverordnung 244, 425
Novalis 178
NS-Rechtswahrerbund 456, 459, 515

NSDAP 342, 363, 382, 424-426, 429, 435, 456, 457, 459, 471, 472, 477, *482*, 486, 488, 490, 494, 507, 510, 523, 574
Nürnberg 562, 164

Oberheid, Heinrich 482, *482*
Objektivismus 554
Obrigkeit 24, 28, 246-248, 250, 273, 285, 287, 452, 459, 460, 463, 524, 536, 563, 564, 571
Occasionalismus 57, 69, 72, 75, 77, 301, 303
Offenbarung 58, 119, 126, 153, 209, 215, 216, 497, 503, 505
Ökonomisches Denken 85, 86, 103, 115, 129, 134, 163-177, 211, 212, 512, 574, 577
Ökonomisierung 164, 168, 496
Ökonomismus 140
Opportunismus 195, 196, 325, 472, 475, 479, 516, 582
Ordnungskatholizismus 15, 108, 129, 136, 151, 386, 482, 541, 542, 574
ordo 319, 330, 400, 542, 544, 565
Organisches Denken 27, 40-42, 68, 464
Organismus 170, 204, 251, 256, 257
Organismustheorien 99, 167, 465, 466
Origines 217
Österreich 17, 61, 81, *309*, 452, 468, 568, 582
Ostpreußen 486

Pacelli, Eugenio 93, *102*
Pacem Dei (Enzyklika) 306
Pantheismus 57, 145, 265
Papen, Franz von 61, 67, 147, 415, 416, 420, 424-427, 434, 457, 467, *471*, 477, 478, 528, 549, 565
Papismus 84
Paris 103, 511, 537, 551
Parlamentarismus 31, 61, 62, 65, 145-148, 153, 201-203, 232-237, 248, 250-257, 261, 264-266, 276, 278, 279, 283, 284, 286, 405, 415, 422, 423, 425, 437, 462, 464, 488, 489, 502, 507, 514, 532, 567, 577
Parteienherrschaft 241, 348, 349, 382, 533
Parteienstaat 40, 241, 245, 268, 269, 339, 346, 360, 427
Parteipolitik 447, 489, 493
Pascal, Blaise 317
Paulus 24, 197, 199, 391, 394, *470*
Pax Augusta 218
Pax Christi 229
Pax Romana *102*, 217
Pazifismus 307, 320, 388, 504, 538, 548
Péguy, Charles 505
Pelagianismus 197

Pelagius 197
Personalismus 129, 178, 193, 263, 264, 505
Pesch, Heinrich 32, 174
Peters, Hans *135*, *377*, 377-380, 383, 385
Peterson, Erik 18, 19, *53*, *161*, 214-221, 223, 227, *350*, 415, 432, 480-485, 527, 531, 537, 539, 559, 575, 581, 582
Petrus 390, 391, 394, 542
Pfeiffer, Hans 251, 252
Pfister, Bernd 449
Phänomenologie 404
philosophia perennis 91, 182
Pieper, August 41
Pieper, Josef *247*, 521, *537*
Pilatus 225
Pirmasens 533
Pius IX. 24-26, 38, 48, 54, 158, 201, 234, 488, 499
Pius VI. 23, 461
Pius X. 30, 36, 87, 159, 461
Pius XI. 31, 62, 87, 88, 159, 176, 177, 356, 383, 384, 508, 580
Pius XII. *102*, 497
Plato 41, 197, 563
Platz, Hermann *26*, 66, 95-98, 100, 103, 168, 169, *350*, 431, 432, 441, 530
Plötzensee *163*
Plettenberg 297, 298, 411, 412
Pluralismus 241, 242, 337, 339, 353, 359, 369, 375, 376, 430, 580
Polen 468
Politische Romantik 56-81, 95, 96, 99, 200, 212, 421, 434, 437, 549, 551, 556, 560, 561, 570, 574, 578
Politische Romantiker 41, 57, 59, 61, 66, 68, 74, 168, 178, 465, 578
Politische Theologen 151, 386, 544
Politische Theologie 18, 19, 35, 55, 59, 69, 73, 74, 115, 117, 119, 129, 130, 135, 142, 144, 148, 149, 151, 159, 177, 179, 180, 190, 193, 199, 200, 202, 205-231, 264, 265, 280, 287, 293, 305, 349, 375, 380, 385-387, 390-395, 400, 415, 437, 446, 470, 485, 496, 498, 503, 509, 521, 529, 533, 543, 555, 570, 575, 576, 581
Politischer Katholizismus 113, 221, 325, 341, 424, 429, 433, 449, 467, *475*, 479, 491, 494, 508, 517, 552, 559, 566, 571, 572
Polytheismus 217
Popitz, Johannes 163, *163*, 429, 444, 457, *482*
Port, Hermann 144-148, 274, 423
Portugal *299*
Positives Christentum 509, 510

Positivismus 44, 75, 195, 265, 301, 325, 397-399, 405-407, 416, 460, 508, 514, 519, 520, 548, 572, 573
potentiel de guerre 312, 330, 336, 579
potestas indirecta 53, 119, 124, 221, 385
Potsdam 469, 470
Prädestinationslehre 197
Präsidialdiktatur 279, 286, 421, 426, 429, 576
Präsidialkabinett 420, 426, 427
Preis, Martin 364-368, 382, 393-395, 444
Preuß, Hugo 193
Preußen 87, 93, 349, 361, *377*, 415, 416, 424-426, 451-453, 468, 469, 474
Preußenschlag 278, *377*, 416, 425, 426, 571
Proletariat 86, 176, 232, 262, 448, 522, 532
Propst, Adalbert 457, *457*
Protestantismus 14, 29, 65, 66, 91, 94, 97, 120, *123*, 143, 158, 160, 161, 164, 199, 219, 224, 296, 333, 334, 358, 361, 368, 374, 392, 411, 416, 417, 468, 480, 492, 509, 543
Proudhon, Pierre Joseph 202
Przywara, Erich 72, 73, *120*, *155*, 432, 444, 453, 478, *537*, 556, 557, 559-564, 566, 580, 581
Puchta, Georg Friedrich *43*

Quadragesimo anno (Enzyklika) 31, 62, 173, 175, 176, 269, 354, 356, 360, 363, 368, 372, 383, 464, 580
Quanta cura (Enzyklika) 24
Quaritsch, Helmut 19, *455*, 479
Quervain, Alfred 224
Quickborn 445, 446, *450*, 527
Quod aliquantum (Enzyklika) 23

Radakovic, Mila 266
Rahner, Karl 14
Ralliement-Politik 113, 159
Rasse 15, 403, 479, 490, 567
Rassengesetze 458, 567
Rassenideologie 402
Rast, Max 220
Räterepublik 38, 86
ratio 60, 119, 120, 153, 165, 215, *278*
Rathenau, Walter *545*
Rationalismus 56, 60, 238, 486, 505
Rechtspositivismus 27, 32- 35, 43, 44, 48, 50, 154, 177, 181, 193, 206, 238, 270, 284, 310, 398, 400, 436, *511*, 519, 525, 576
Rechtsstaat 54, 238, 239, 266, 339, 359, 378, 421, 422, 427, 440, 441, 443, 448, 511, 520, 521, 526, 566, 567
Rechtstheorie 45, 179

Recklinghausen *457*
Reformation *29*, 31, 56, 64, 71, *527*, 556
Regensburg *261*
Reich 14, 52, 88, 101, 139, 217, 220, 221, 229, 230, 239, 256, 271, 272, 278, 320, 343, 369, 370, 389, 415, 416, 434, 457, 463, 465-470, 472-474, 483, 488-490, 492, 494, 507, 533, 568
Reich Gottes 52, 109, 123, 124, 126, 128, 161, 172, 209, 230, 575
Reichskonkordat 114, 389, 435, 494, 495
Reichskristallnacht 523
Reichspräsident 37, 146, 149, 233, 234, 242, 244, 245, 248, 272, 278, 280, 340, 363, 420, 421, 428, 442, 444, 462, 464, 477
Reichstheologen 103, 370, 467, 469, *470*
Reichstheologie 19, *102*, 142
Reichswehr 415, 426, 427, 456
Reichswirtschaftsrat 67, 165
Relativismus 44, 91, 254, 265, 507-509
Renan, Ernest 156
Renard, G. 407
Renouveau catholique 153-155
Repräsentation 59, 60, 82, 84-86, 114, 115, 119-121, 125-127, 133, 135, 136, 138, 164, 235, 240, 241, 280, 281, 287, 289, 343, 344, 483, 555, 561, 563
Republik 30, 37-39, 61, 113, 158, 159, 192, 239, 250, 251, *274*, 275, 277, 286, 460, 462, 552, 567
Rerum novarum (Enzyklika) 176
Restauration 24, 26, 30, 56, 61, 74, 87, 89, 101, 103, 123, 127, 149, 150, 162, 178, 210, 232, 260, 386, 399, 462, 552
Revolution 23, 28, *29*, 30, 37, 56, 61, 91, 113, 160, 169, 178, 183, 200, 203, 228, 251, 252, 267, 287, 323, 369, 451, 456, 518, 521, 525, 566, 567
Reynold, Gonzague Graf de 105, 106
Rhein-Mainische Volkszeitung 40, 66, 75, 122, *139*, 186, 267, 314, 327, 347, 422, 444, 573
Rheinische Republik 451, 452
Rheinland *160*, 245, 246, 273, 274, 326, 419, 420, 436, 441, 451-453, 499, 524, 529, 543, 555
Riga *270*
Rohan, Anton *334*, 420, 560, 565-569
Rom 31, 75, 87-91, *102*, 105, 112, 114, 156-162, 200, 219, 298, 417, 433, 435, 481, 491, 493, 494, 500, 530, 557, 582
Romanismus 90, 105, 112
Romantik 56-81, 96-98, 158, 161, 172, 257, 296, 437, 488, 529, 547, 550, 551, 561, 581

Römisches Reich Deutscher Nation 333, 466, 467
Rommen, Heinrich 39, 131, 193, 196, 582
Rosenberg, Alfred 100, *350*, 477, 478, 500, 510, 562
Rosenstock, Eugen 123, *123*, 138, 375
Roßkopf, Veit 537, 538, 547
Rothenfels 445, 527
Rousseau, Jean Jacques 24, 27, 36, 38, 49, 60, 207, 235, 236, 249, 250, 252, 253, 260, 261, 280-282, 286, 403, 421, 461, 577
Rumpf, Helmut 15
Rußland 101, 361
Rüthers, Bernd 19, *412*, *455*

SA 457, 491
Saarburg 411
Sacher, Hermann 248
Sachse, Otto 333
sacrum imperium 467, 469
Sailer, Johann Michael 486
Säkularisierter Katholizismus 334, 530-533
Säkularisierung 57, 89, 143, 164, 211, 258, 259, 391, 470, 576
Salin, Edgar 482
San Casciano 297
Sangnier, Marc 30, 31, 159
Sauerland 411, 452, 537, 570
Schaezler, Karl 439, 440
Schäffler, Michael (= A. Dempf) 352, 391
Scharp, Heinrich 327
Scheler, Max 75, *436*, 501, 527, 539, *545*, 566
Schell, Hermann *350*
Schelling, Friedrich Wilhelm 73
Schickel, Joachim 19
Schilling, Otto 32, 35, 41
Schlegel, Friedrich 58, 60, 65, 69
Schleicher, Kurt von 286, 415, 420, 426-428, 457, *471*, 474, 478, 565
Schmitt, Anima *501*
Schmitt, Georg 314, *314*, 315, 346, 347, 444
Schmitt, Johann 411
Schmitt, Louise 411
Schneidemühl 486
Schneider, Reinhold 559
Schnitzler, Georg von 163, *163*, *557*, 560
Scholastik 54, 194, 282, 433, 486
Scholz, Frithard 18
Schönere Zukunft (Zeitschrift) 66, 79
Schöpfung 72, 100, 124, 185, 273, 302, 335, 358
Schöpfungsordnung 23, 49, 182, 282, 372, 398, 401, 490

Schöpfungstheologie 226, 228
Schranz, Franz *139*, *466*, 506, 537
Schreiber, Georg 427, 507
Schrörs, Heinrich 37, 205, 254
Schuhmann, Robert 431
Schulte, Karl Joseph (Kardinal) 404, 495
Schuschnigg, Kurt von 565
Schuster, Johann B. 50, 320, 321, 444
Schwab, George 18
Schweinichen, Otto von 520
Schweiz 17, *299*, *309*, *315*, 352, 391, 528
Schweizerische Rundschau (Zeitschrift) *298*, 325, 373, 402
Seewald, Richard *20*, 540
Seillière, Ernest Baron 292
Seipel, Ignaz 565
Selbstverwaltung 166, 177, 342, 344, 355-357, 359, 363, 364, 384, 465
Semmel, Jakob 135, 136
Sertilllanges, Antonin *120*, 521
Severoli (Nuntius) 150
Siedlinghäuser Kreis *139*, *466*, 506
Sillon 30, 31, 159
Simmel, Georg 505
Sindermann, Joachim 446
Smend, Rudolf 415, 416, 524
Smith, Adam 169
societas perfecta 86, 133, 146, 213, 249, 339, 340, 352, 361, 369
Soden, Carl-Oscar Frhr. von 299, *299*, 302, 466, 467, 469, 582
Sohm, Rudolph 82, 90, 91, 112, 120, 496, 498, 515, 518-520
Soissong, André 413
Soissong, Jacob 411
Solidarismus 173, 174
Sombart, Nicolaus 83
Sombart, Werner 163, *163*, 501
Sontheimer, Kurt *102*
Sophisten 197
Sorel, Georges 149, 152, 153, 238
Souveränität 89, 114, 118, 126, 129, 150, 177-179, 193, 205, 206, 230, 246, 263, 280, 287, 289, 292, 301, 307, 322, 323, 326, 351, 397, 421, 442, 451, 513, 514, 557
Souveränitätsbegriff 193, 206, 264, 301
Souveränitätsdenken 398, 441
Sozialdemokratie 545
Sozialismus 22, 24, 26, 87, 109, 122, 130, 140, 165, 174, 179, 200-202, 338, 348, 350, 461, 462, 522, 534
Spahn, Martin 38, 417
Spahn, Peter 417

Spanien 17, 200, 203, 453
Spann, Othmar 41, 62, 66, 67, 78-81, 174, 175, *309*, 434, 436, 465, 561, 578
SPD 188, 212
Spengler, Oswald 100, 117
Spinoza 316
Spiritualismus 509
SS 81, 435, 472, 473, 475, 476
St. Petersburg 526
Staatsabsolutismus 249, 250, 360, 401
Staatsgerichtshof *377*, 416, 426
Staatslexikon 25, *60*, 77, 205, 240, 248, 250, 287, 431, 439, 572
Staatsraison 150, 156, 190, 191, 226-228
Stahl, Friedrich Julius 51, 520
Stammler, Rudolf 51
Ständeordnung 81, 252
Ständestaat 60, 80, 81, 204, 254, 276
Ständische Ordnung 61, 62, 81, 174, 371, 446
Stapel, Wilhelm 219, 224, 231, ***334***, 334-337, 374, 392, 444, 467, 485, *486*, 491, 492, 515, 543
Sternthal, Friedrich 443
Stimmen der Zeit (Zeitschrift) 273, 320, 321, 364, 444, 559, 562
Stoa 49, 197
Straßburg 31, 414, 417, 480
Stratmann, Franziskus 156, 162, *239*, *304*, 304-309, 327, 330, 513, 582
Strauß, David Friedrich 412
Streicher, Julius 476
Stuttgart 64
Stutz, Ulrich 496
Subjektivismus 71, 91, 94, 97, 99, *130*, 445, 508
Subsidiaritätsprinzip 31, 177, 269, 311, 349, 360, 363, 367, 383-385, 463, 580
Summa (Zeitschrift) 82, 110, 155, 545
Suspension 491, 494
Syllabus 24, 25, 38, 98, 158, 159, 201, 202, 249, 488, 499
Synkretismus 89

Taine, Hippolyte 149, 156, 292
Talleyrand *346*
Taubes, Jacob 15
Tertullian 397
Tesar, Otto 48
Tessin 556
Theatiner-Verlag 83, 433
Theokratie 225, 229
Thoma, Richard *22*, 32, 278, 279, 523
Thomas von Aquin 26, 27, 39, 41, 49, 51, 60, 72, 73, 103, 120, 133, 136, 171, 182, 188,

194, 195, 198, 227, 313, 321, 339, 360, 378, 390, 401, 433, 465, 519, 521, 546
Thomismus 73, 119, 199, 215, 407, 561
Thormann, Werner 327
Thyssen, Fritz 435
Tischleder, Peter 32, *41, 42*, 38-40, *274*, 282
Tocqueville, Charles 149
Todorovič, Duschka 455, 481
Tommissen, Piet 18
Totaler Staat 53, 80, *135*, 165, 192, 227, 231, 250, 260, 269, 303, 311, 337-395, 433-435, 439, 440, 463, 477, 478, 494, 504, 505, 508, 520-522, 533, 549, 550, 579, 580
Totalitarismus 184, 220, 261, 531, 579
Translationstheorie 27, 29, 36, 49, 280
Transzendenz 207, 240, 260, 280, 283, 505
Tridentinum 137
Trier 411
Trinitätsdogma 218, 219
Triumphalismus 91, 497
Troeltsch, Ernst 287, 292
Tschechoslowakei *309*
Tübingen *64*, 441, 511, 522
Tübinger Schule 486

Ubi arcano (Enzyklika) 31, 87
Ultramontanismus 106
Una Sancta 131, 512
Ungarn *309*
Universalismus 41, 62, 66, 78, 79, 81, 173, 186, 434, 469, 578
USA *123, 299, 309*, 528

Vaticanum I 137, 152, 486, 497
Vaticanum II 54, 129, 130, 209, 222, 497, 512, 575
Vatikan 26, 87, 93, 159
Verbandskatholizismus 436, 572
Verdroß, Alfred von 321, *321*, 322
Vereinigung Deutscher Staatsrechtslehrer 35
Verfassungsbruch *244*, 245, 273, 286, 427-429, 571
Verfassungsgesetz 238, 239, 525
Verfassungslehre 238, 241, 266, 267, 280, 396, 469, 546, 547
Verfassungspartei 40, 244, 422, 425
Verfassungsreform 277, 278
Verfassungsstreit 38, 40, 280, 577
Vergil 100, 102, 433, 541
Vernunftrepublikaner 39
Versailler Vertrag 247, 287, 319, 326, 327, 336, 349, 451, 452, 579, 581

Versailles 247, 288, 298, 299, 312, 326, 329, 330, 340, 348, 420, 437, 438, 442, 452, 468, 489, 543, 553, 568
Veuillot, Louis 26, 151, 152, 156, 201, 517
Vichy 160
Vitalismus 239, 268, 269, 421, 490
Vitoria, Francisco de 322, *516*
Vogelsang, Karl von 61, *173*
Völkerbund 102, 247, 274, 287-289, 298-303, 326-328, 438, 442, 544, 568
Völkerrecht 321, 351, 352, 514, 523
Volkssouveränität 24, 27, 29, 36-39, 48, 49, 207, 235, 250-252, 254, 262, 280, 283, 286, 383, 421, 577
Volksverein für das katholische Deutschland 39, 41, 136
volonté générale 236, 271, 282, 403
Voluntarismus 198, 199, 444

Wacker, Bernd 19, *555*
Wahrheit 23, 55, 137, 150, 190, 192, 196, 225, 226, 237, 238, 253, 254, 258, 272-274, 276, 282, 329, 466, 488, 500, 512, 542, 560, 568, 577
Waldecker, Ludwig 48
Warschau 299
Weber, Adolf 173-175
Weber, Max 206, 207
Weber, Werner 510
Weimarer Reichsverfassung 32, 37, 49, 100, 116, *138, 183*, 226, 228, 234, 238, 239, 242-244, 254, 260, 271-273, 277, 278, 280, 284, 286, *346*, 388, 418, 420-422, 426, 430, 442-444, 454, 462, 477, 525, 534, 571, 577
Weimarer Republik 13, 15, 18, 19, 21, 25, 26, 32, 37, 40-42, 65, 100, 113, 121, 122, 144, 168, 173, 184, 232-234, 252, 257, 261, 264, 274, 276, 279, 329, 347, 382, 386, 415, 418, 420-422, 430, 432, 443, 451, 453, 460, 461, 465, 507, 510, 527, 534, 559, 570, 573, 576-578, 581
Weinzierl, Hans 467, 469
Weiß, Konrad 20, 108, 192, 414, 537, 541, 550
Weiße Rose (Widerstandsbewegung) 541
Weltanschauung 97, 186, 226-228, 237, 341, 352, 353, 376, 379, 380, 433, 488-491, 501, 506, 508
Weltanschauungspartei 147, 422, 423
Westdeutscher Beobachter 458
Westfälischer Friede 224, 518
Wien 78, 79, *156, 309, 327, 350*, 545, 548, 550
Wiener Kongreß 23, 451
Wiener Schule 43

Wilhelm II 417
Wilhelm von Ockham 198, 199
Windthorstbunde 40, *314*, 419, 447
Wirsing 467
Wirth, Joseph 40, 253, 418, 421, 428
Wittig, Josef *87*
Wohlgemuth, Heinrich 48
Württemberg 136

Zangerle, Ignaz 142-144, 160, 161, 371, 372, 385

Zentrum 20, 32, 38-40, 42, 61, *70*, 81, 93, 118, 134, 144-148, 162, *181*, 186, 187, 192, 244, 245, 247, *254*, 286, 325, 327, 340, 411, 418-429, 440, 447, 450, 452, 454, 467, 474, 477, 489, 491, 494, 508, 518, 528, 536, 551-553, 571, 573
Zimmermann, Karl 77
Zürich *315*, 554
Zwei-Reiche-Lehre 208, 219, 223, 228
Zwei-Schwerter-Lehre 209, 213